WENCHUAN TEDA DIZHEN

SHANGHAISHI JIUZAI YUANZHU SHILU

汶川特大地震

上海市救灾援助实录

上海市地方志办公室　编

图书在版编目(CIP)数据

汶川特大地震上海市救灾援助实录/上海市地方志办公室编.
—北京:方志出版社,2015.5
ISBN 978-7-5144-1588-9

Ⅰ.①汶… Ⅱ.①上… Ⅲ.①抗震救灾—概况—上海市 Ⅳ.①D632.5

中国版本图书馆CIP数据核字(2015)第067077号

汶川特大地震上海市救灾援助实录

编　　者:上海市地方志办公室
责任编辑:徐　宏
美术编辑:陈永建

出 版 人:冀祥德
出 版 者:方 志 出 版 社
地址　北京市朝阳区潘家园东里9号(国家方志馆4层)
邮编　100021
网址　http://www.fzph.org
发　　行:方志出版社发行中心
电话(010)67110500
经　　销:各地新华书店
印　　刷:上海江杨装订有限公司

开　　本:890×1240　1/16
印　　张:69
字　　数:1396千字
版　　次:2015年5月第1版　2015年5月第1次印刷
印　　数:0001~3000册

ISBN 978-7-5144-1588-9　定价:260.00元

《汶川特大地震上海市救灾援助实录》编纂委员会

李碧影	台湾民主自治同盟上海市委员会	秘书长
肖文高	中共上海市经济和信息化工作委员会	秘书长
吴延风	中共宝山区委组织部	部长
吴志宏	闵行区人民政府	副区长
吴金城	中共上海市委统战部	秘书长
吴建国	上海市旅游局	副局长
沈志刚	中国民主同盟上海市委员会	专职副主委
沈依云	上海市水务局	巡视员
宋宗德	长宁区人民政府	副区长
张月明	上海市消防局	副政治委员
张立军	中国致公党上海市委员会	专职副主委
陆　瑾	金山区人民政府	副区长
陈万钧	上海铁路局	宣传部长、统战办主任
陈　凯	上海市人民政府外事办公室	副主任
陈勇章	奉贤区人民政府	副区长
陈　臻	上海市公安局	党委副书记、副局长
季红星	中国福利会	党组副书记
金如颖	中国农工民主党上海市委员会	专职副主委
周正凯	民航华东管理局	党委副书记
周贤行	中共上海市合作交流工作委员会	巡视员
周　锋	九三学社上海市委员会	专职副主委
周　强	上海市发展和改革委员会	秘书长
赵　勇	上海市卫生和计划生育委员会	副主任
赵福禧	中共上海市委统战部 上海市工商业联合会	副部长 党组书记、常务副主席
姚　凯	上海市民政局	副局长
姚宗强	上海市慈善基金会	副理事长
袁嘉蓉	上海市城乡建设和管理委员会	副主任
夏以群	静安区人民政府	副区长

四川省汶川县发生8.0级地震

2008 年 5 月 12 日 14 时 28 分 04 秒，四川省汶川县（北纬 31.0 度，东经 103.4 度）发生里氏 8.0 级特大地震（最初速报 7.8 级，5 月 18 日修订为 8.0 级），最大烈度达 11 度，余震 7 万余次，涉及四川、甘肃、陕西等 10 个省区市 417 个县（市、区）。

地震发生后，中共上海市委、市政府坚决贯彻执行中共中央、国务院和中央军委的统一部署，第一时间响应，全市动员、全力以赴、果断有力、紧张有序、持续有效地全面展开救灾援助。

解放日报
胡锦涛要求部队迅速出动 全军和武警全力以赴救灾
震中：汶川 震级：7.8级 震感：16省区市
截至今日零点统计，地震灾区死亡人数已近万人
四川大地震 全国大救援
胡锦涛作出重要指示：尽快抢救伤员保证灾区人民生命安全
中央政治局常委会当晚开会全面部署抗震救灾工作，胡锦涛主持
不惜一切连夜打通道路 多争一分一秒多救一人
汶川三分之一房屋倒塌
千方百计保夏粮丰收

新民晚報
飞入寻常百姓家 / www.xinmin.cn
12580
汶川大地震 全力救人最要紧
胡锦涛主持政治局常委会会议全面部署抗震救灾
温家宝昨抵都江堰要求今夜进入所有受灾市、县甚至乡镇
守望相助 共渡难关
本报倡议市民为四川灾区捐款捐物

Wen Hui Bao
文匯報
“一定要向我报告真实情况”
温家宝在河南考察时到粮库爬上梯子仔细察看粮食储存情况
四川汶川县发生7.8级强烈地震
胡锦涛立即指示要求尽快抢救伤员保证灾区人民生命安全 已有近万人罹难
胡锦涛主持中共中央政治局常委会会议全面部署当前抗震救灾工作
就是步行也要尽快进入灾区
温家宝昨夜在灾区召开国务院抗震救灾指挥部会议，强调第一位工作是抓紧时间救人
中央决定成立抗震救灾总指挥部
全军和武警部队贯彻胡主席重要指示 数万子弟兵赶赴灾区救灾
上海地区高层建筑普遍有感 市民无需担心和惊慌
4月份CPI涨8.5%
存款准备金率再升0.5个百分点
二十三篇文献首次公开发表
上海有一支勤劳的公务员队伍
每5个上海人中就有一位老人
奥运圣火展开“双城之旅”

上海部分新闻媒体灾情报道（一）

东方早报
ORIENTAL MORNING POST
5月13日 星期二
四川汶川7.8级地震
8533人死亡
（截至发稿时四川省统计数据）
胡锦涛作重
温家宝抵灾区

EAST3AY.COM
2008.5.14 星期三
不畏艰辛 奋力拼
四川汶川县发生7.8级震级
今日要闻
上海"全国城市节约用水宣传周"

新闻晨报
SHANGHAI MORNING POST
2008年5月13日 星期二
汶川大地震 震动全中国
■震级7.8级，与唐山大地震相同 ■截至凌晨2时，四川电视台报8533人死亡

劳动报
Laodong Daily
汶川7.8级强震已致近万人死亡
■胡锦涛主持政治局常委会议部署救灾工作 温家宝震后数小时抵达现场指挥
■都江堰一中学楼房垮塌已有60余人死亡 什邡两化工厂数百工人被埋
■震中汶川交通通讯中断，救援人员只能徒步靠近
4月CPI同比涨幅飙至8.5%
央行宣布存款准备金率再次上调0.5%
登顶珠峰火炬手与本报采访团座谈
英雄披露登顶故事
87天

青年报
YOUTH DAILY
2008.05.13
星期二
四川汶川遭遇7.8级强震
胡锦涛作出重要指示 温家宝抵达灾区指导救灾工作
"众志成城，守望相助"
"我接到40个慰问电话"

上海部分新闻媒体灾情报道（二）

2008年5月14日，四川北川县城，震后的楼房摇摇欲坠

2008年5月14日，四川绵竹市汉旺镇东汽公司家属区内被震裂的居民楼

2008年5月14日，四川绵竹市汉旺镇东汽小学操场，失去亲人的灾民相拥失声痛哭

2008年5月，映秀镇被震垮的楼房

2008年5月15日，位于地震中心的映秀镇漩口中学

2008年5月16日，四川都江堰市，震后的马路一片狼藉

2008年5月16日，四川都江堰市，居民使用街头免费电话报平安或寻亲

2008年5月18日，通往汉旺的道路四分五裂，随时可能塌方

损毁的山路（摄于2008年6月25日市领导考察汶川映秀镇、漩口镇的路途）

断裂的路桥（同上）

塌方的公路（摄于2008年6月25日市领导考察汶川映秀镇、漩口镇的路途）

倾覆在道旁的轿车

扭曲变形的卡车

一部小轿车不但损毁严重，而且后轮离地腾空而起

2008年5月17日中午，中共中央总书记、国家主席、中央军委主席胡锦涛（中）慰问在四川汶川县水磨镇执行搜救任务的上海特警

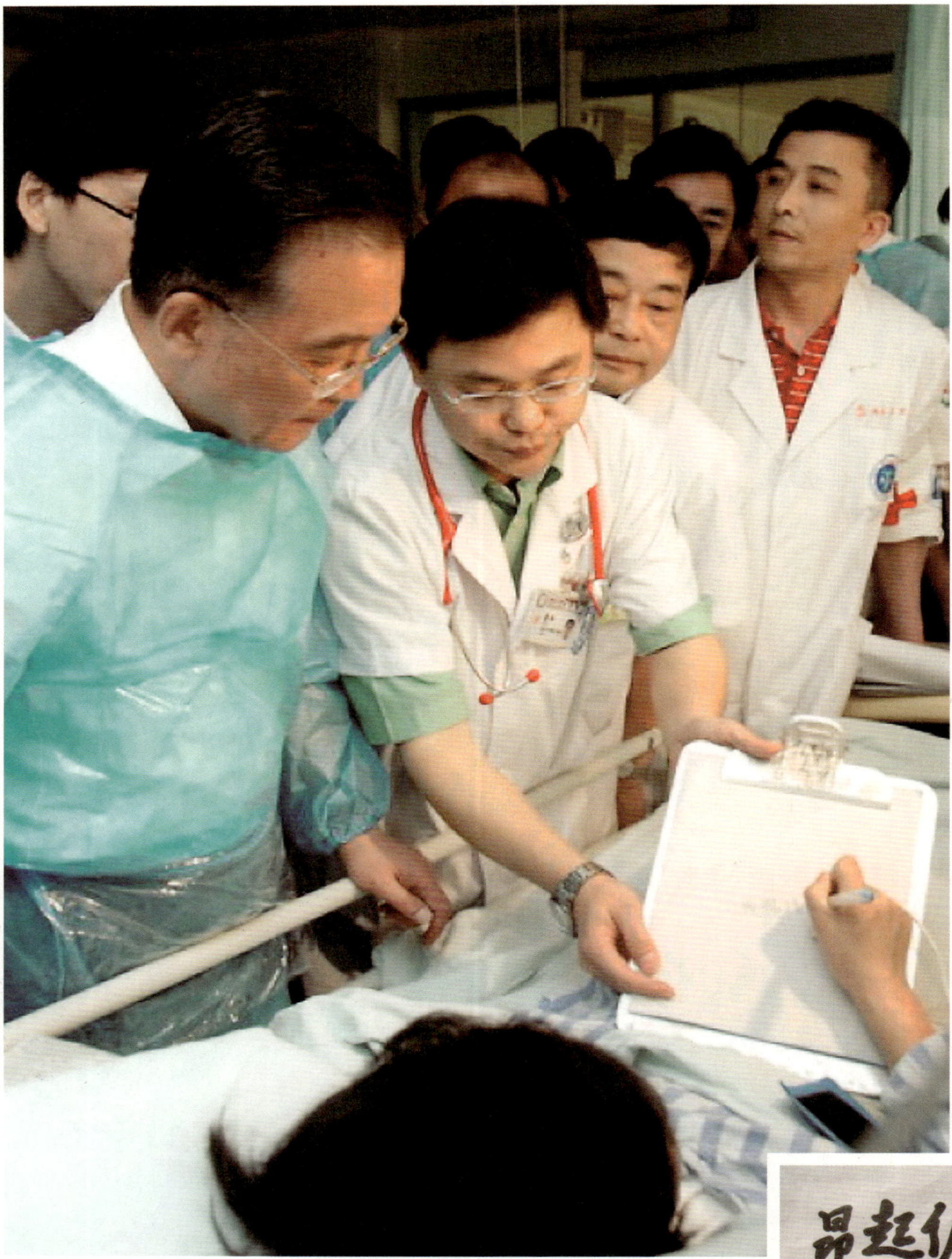

2008年5月24日，中共中央政治局常委、国务院总理温家宝（左一）到华西医院向上海瑞金医院医生详细了解坚强女孩段志秀的病情

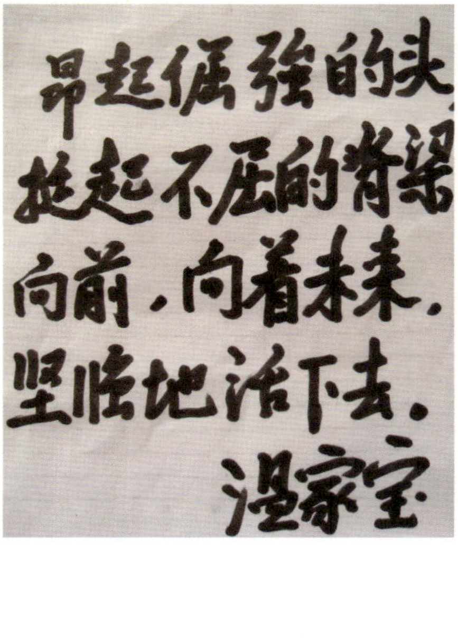

温家宝给段志秀的题词

2008年6月7日，中共中央政治局委员、上海市委书记俞正声（右一）到都江堰市考察灾情

2008年6月23日，中共上海市委副书记、市长韩正（中）到上海援助四川抗震救灾成都工作站指导工作

2008年8月23日，上海市人大常委会主任刘云耕（右一）等领导慰问上海市公安救助队伍

2008年9月25日，上海市政协主席冯国勤（右三）等领导赴都江堰市考察灾情

2008年10月29日，中共上海市委副书记殷一璀（中）赴映秀镇考察灾情

2008年9月24日，中共上海市委常委、市委政法委书记吴志明（左四）考察都江堰市农产品展销会，并向参展商了解情况

2009年3月5日，中共上海市委常委、市纪委书记董君舒（左）一行到上海援建指挥部与援建干部座谈交流

2008年5月22日，中共上海市委常委、市委宣传部部长王仲伟（前右一）等领导看望和慰问《新民晚报》赴灾区采访归来的记者

2008年11月18日，中共上海市委常委、市委组织部部长沈红光（右二）在都江堰考察援建工作

2009年7月25日，中共上海市委常委、市委统战部部长杨晓渡（前右一）慰问上海援川医疗卫生队员

2010年2月3日，中共上海市委常委、上海警备区司令员江勤宏（前右一）看望上海援建同志

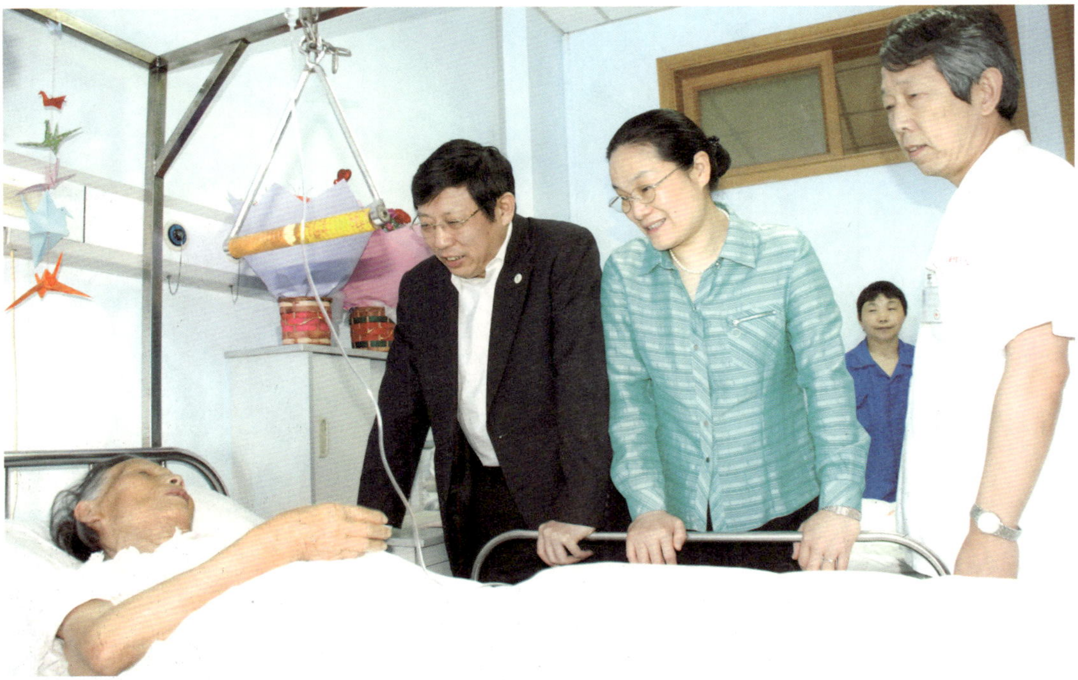

2008年5月30日，中共上海市委常委、常务副市长杨雄（右三），副市长赵雯（右二）到上海市第三人民医院慰问四川灾区伤员

2008年10月24日，中共上海市委常委、副市长屠光绍（右一）赴上海援建指挥部慰问援建干部

2009年7月25日，中共上海市委常委、市委秘书长丁薛祥（左一）陪同中共中央政治局委员、上海市委书记俞正声（右一）赴都江堰市看望援建干部并慰问灾区群众

2009年4月24日，中共上海市委常委、浦东新区区委书记徐麟（左二）一行到上海援建指挥部看望援建干部

2009年10月16日上海市副市长唐登杰（左三）、市人大常委会副主任王培生（右二）在都江堰上海援建指挥部了解援建工作进展情况

2008年7月1日，上海市副市长胡延照（左）赶赴都江堰市虹口乡考察，途中遇到险情

2008年年8月13日，上海市副市长艾宝俊（中）在都江堰市青城后山视察灾情

2009年3月6日上海市副市长沈骏一行在上海援建工程现场调研援建项目进展情况

2008年6月11日，上海市副市长沈晓明（右二）到都江堰看望并慰问灾区群众

2008年5月25日，上海市政府副秘书长、协调工作小组组长沙海林（一排左五）到汶川县漩口镇慰问上海医疗防疫队

途中遭遇山顶滑落二巨石，轿车险些被砸中

2008年9月19日，上海市人大常委会副主任、上海市总工会主席陈豪（右二）看望上海医疗卫生前线救援人员

2008年7月14日，共青团上海市委书记潘敏（左一）赴都江堰市看望抗震救灾青年突击队

2008年7月，上海市妇联主席张丽丽（中）到汶川地震灾区慰问

2008年5月13日，上海市政府成立“上海市救灾援助指挥协调工作小组”。图为14日晚召开的小组第一次全体会议

2008年5月13日，上海市政府合作交流办公室建立上海援助四川抗震救灾工作接待服务站（5月17日起改称“上海援助四川抗震救灾成都工作站”）。图为工作站同志与各行各业的志愿者们一起工作

工作站连夜转运物资

上海洋帆实业有限公司职工加班加点赶制支援灾区的帐篷

上海德新旅游用品有限公司日夜赶制1万顶帐篷支援四川灾区

2008年5月16日，在浦东机场紧急运送小型发电机等救灾装备

2008年6月10日，帐篷生产企业在浦东机场紧急装运应急物资

2008年5月13日14时43分，满载上海人民筹集的首批15吨抗震救灾物资的邮航专机8Y9049从浦东国际机场飞往成都双流机场

上海邮政免费办理捐款汇款和寄递赈灾包裹

2008年5月15日，上海市地震局派遣专家到达都江堰

2008年5月16日，上海市地震局现场工作队奔赴北川县地震现场

2008年5月14日，上海市公安消防总队应急救援队队员在浦东国际机场整装列队，准备搭乘东航专机赶赴灾区

2008年5月14日，上海市公安消防总队应急救援队从都江堰徒步负重进入重灾区映秀镇

上海公安特警挺进灾区进行救援

上海市公安消防总队应急救援队在灾区搜救

2008年5月16日傍晚，上海市公安消防总队应急救援队救出被埋101小时的映秀小学三年级学生尚婷

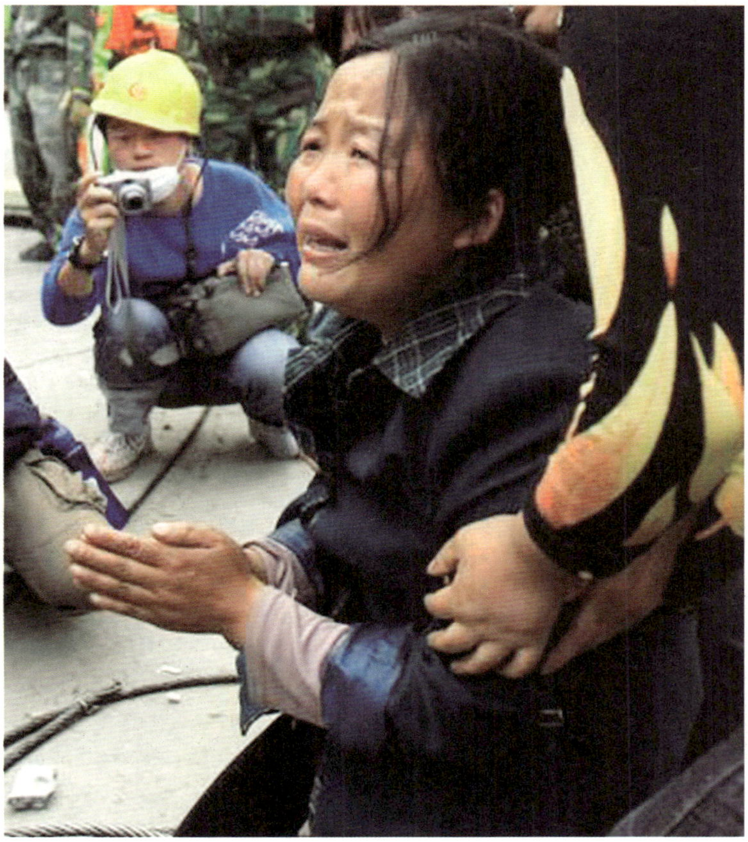

尚婷被救出的一刻，守候在旁的母亲激动地向消防队员跪谢

2008年5月17日18时08分，上海市公安消防总队应急救援队救出被埋124小时的映秀镇公路收费站职工蒋雨航

2008年12月，蒋雨航报名从军，加入了给他第二次生命的上海市公安消防总队。图为蒋雨航（左二）为新战友讲解装备操作方法

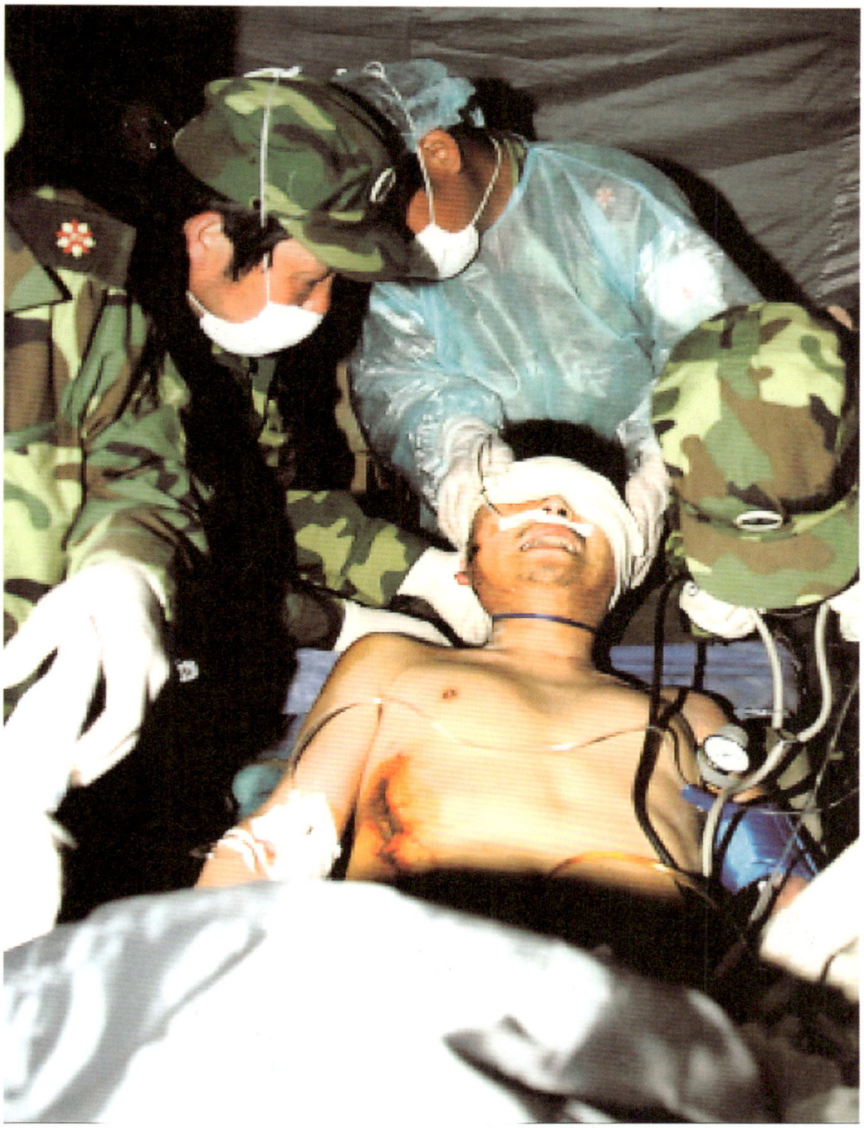

2008年5月20日凌晨，上海市公安消防总队应急救援队通过连续16小时的挖掘抢救，在映秀镇电厂废墟中，成功救出被埋179小时的电厂职工马元江

一年后，马元江又创造了一个奇迹，虽然左前臂装着假肢，但他已经能够独自开车，重返工作岗位

2008年5月20日，上海市公安消防总队应急救援队奉命返沪，灾区群众自发到成都机场送行

受灾群众向上海市公安消防总队总队长陈飞鞠躬致谢

5月22日上午，上海市质量技术监督局入川抗震救灾特种设备技术服务队全体队员面向国旗庄严宣誓后，飞赴灾区驰援抗震救灾

服务队队员现场检验情况

2008年5月24日深夜，上海水务局赴川抗震救灾供水抢修队队员到达重灾区绵竹市广济镇，连夜抢修供水设施

2008年5月25日中午，上海水务局赴川抗震救灾供水抢修队建成的第一个集中生活供水点——广济镇震区临时应急集中供水点顺利出水

灾区群众高兴地用上了自来水

2008年5月17日下午3时，中共上海市委副书记、市长韩正（左一）等领导为上海市救灾卫星通信突击队送行

市食品药品监督局派出对口援助都江堰市卫生执法组在当地开展工作（上：上山检测蓄水池水质　下：检查指导帐篷食堂）

2008年5月17日晚，东方卫视等直播2008年上海市社会各界赈灾文艺晚会

2008年6月1日，中共上海市委宣传部副部长陈东（中）率领艺术家慰问团赴绵竹市广济镇，向灾区小朋友送礼物

2008年6月1日，著名舞蹈艺术家黄豆豆在绵竹市广济镇为灾区儿童表演

2008年5月14日，上海首批赴川救援医疗队

2008年5月15日7时50分，上海首批援川救灾防疫队出发仪式

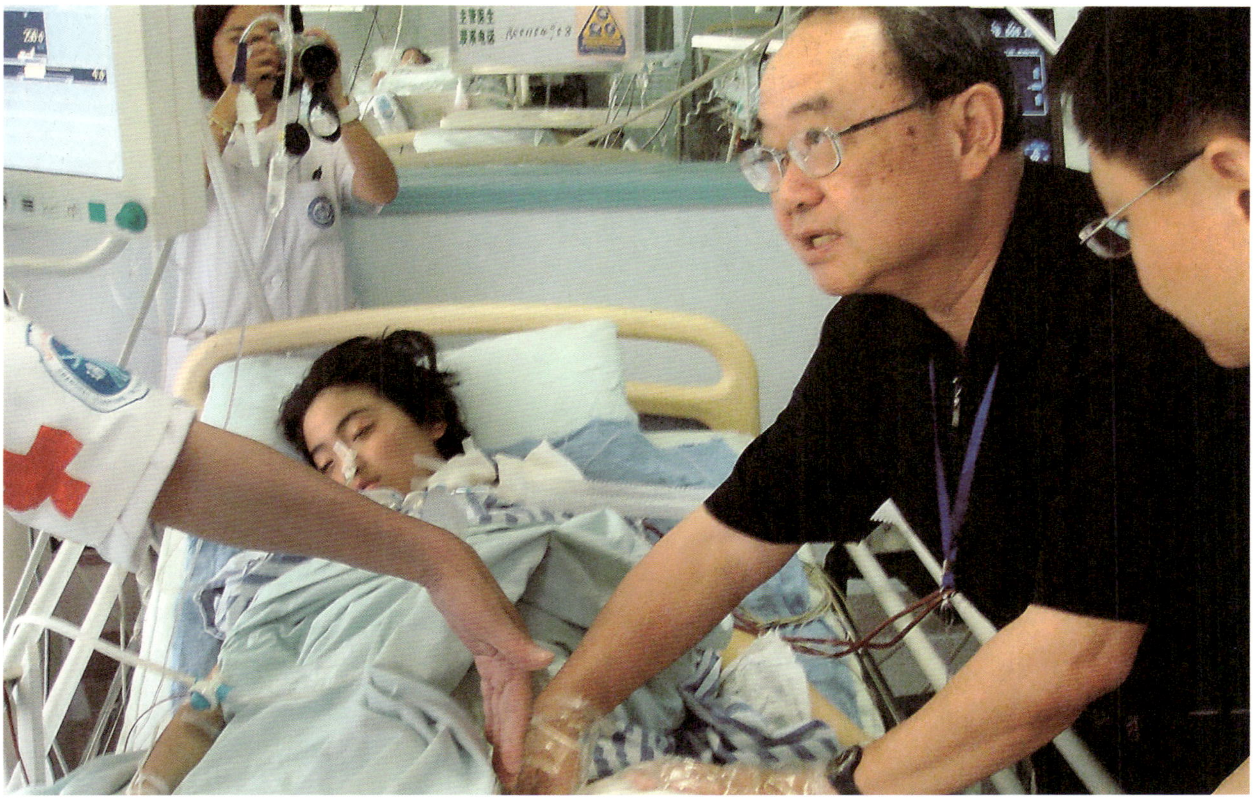

中国工程院院士、上海市第九人民医院骨科专家戴尅戎（右二）在抗震救灾第一线救治伤员

上海华山医院副院长汪志明（左）在绵阳市安县茶坪乡为受伤群众紧急处理伤口

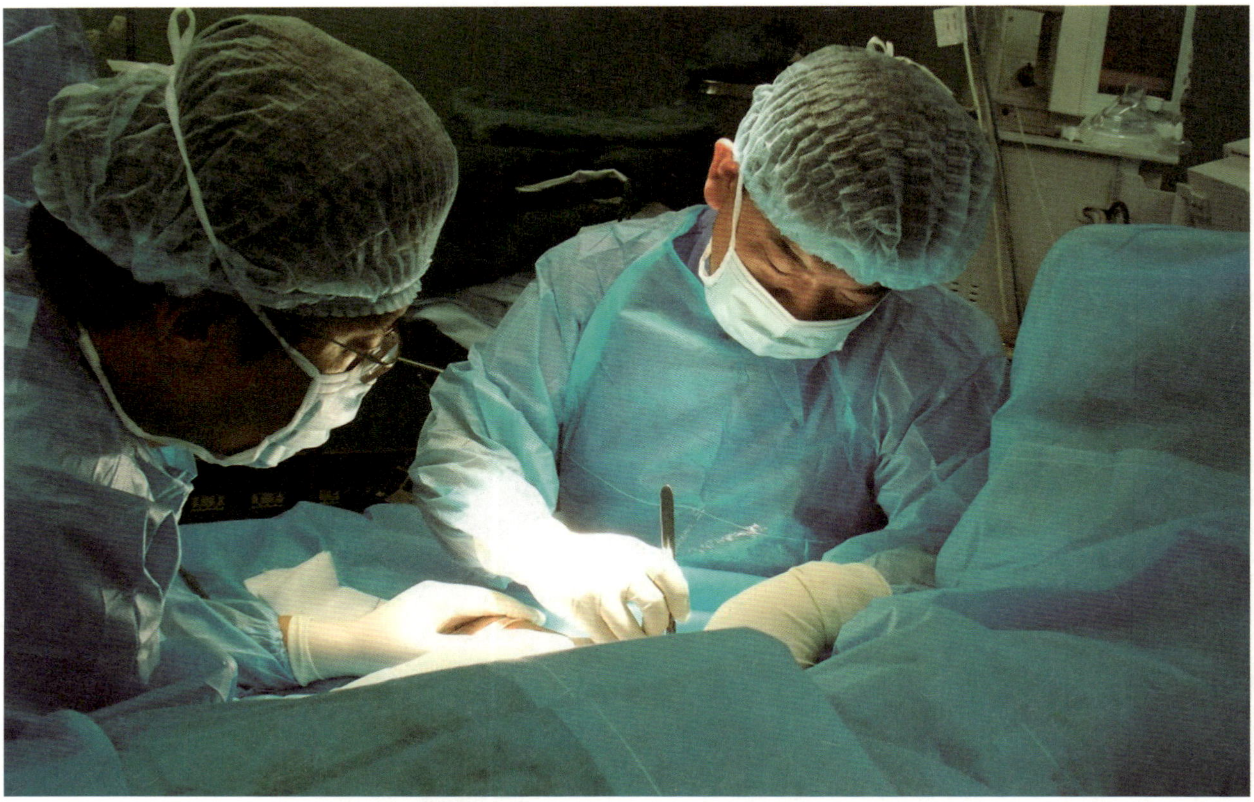

2008年5月15日，复旦大学附属儿科医院骨科主任助理马巍（右）为灾区儿童李小兰做手术，保住了她的右腿

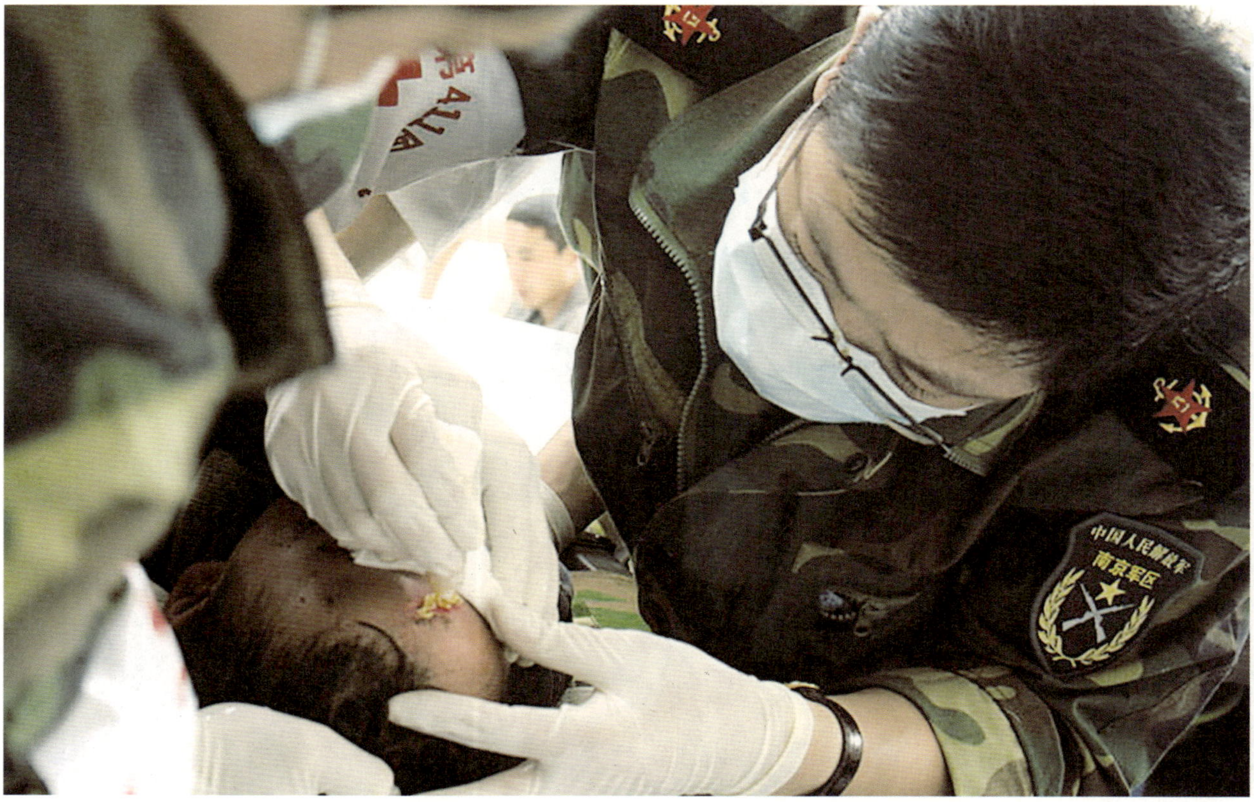

2008年5月18日，解放军411医院医生在汶川县水磨镇救治伤员

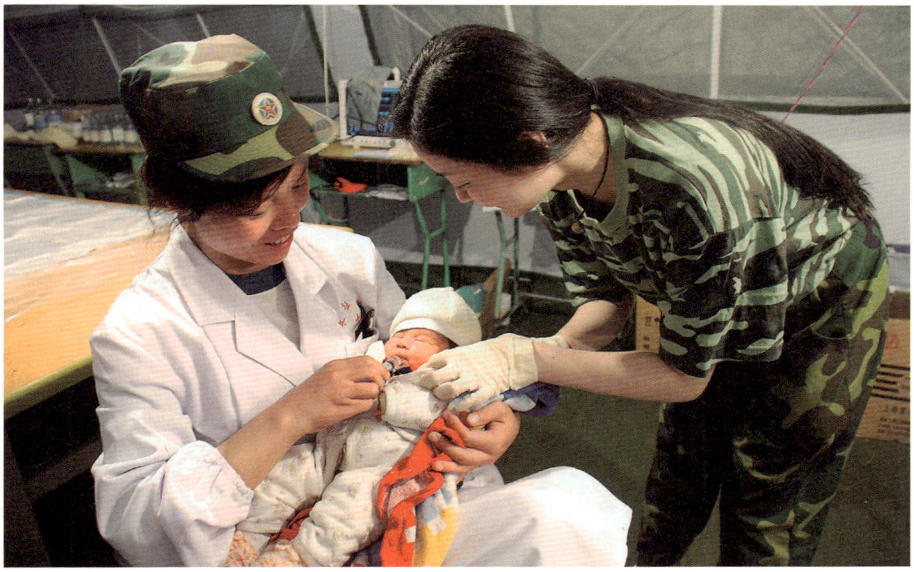

2008年5月17日，上海长征医院医疗队救治了出生仅三天的男婴，男婴的父亲给儿子取名“长征”

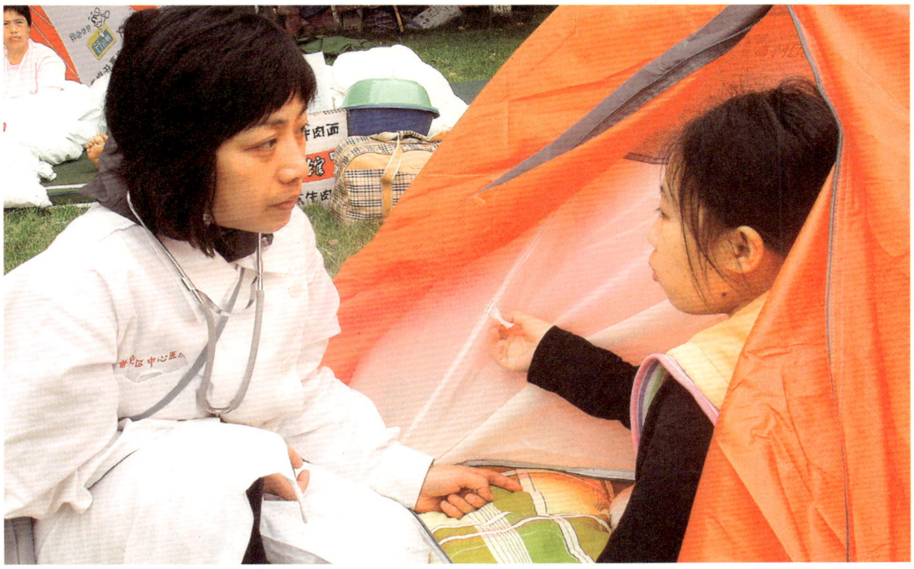

2008年5月19日，普陀区中心医院肾内科主治医师王红婷（左）在四川灾区为小伤员检查身体

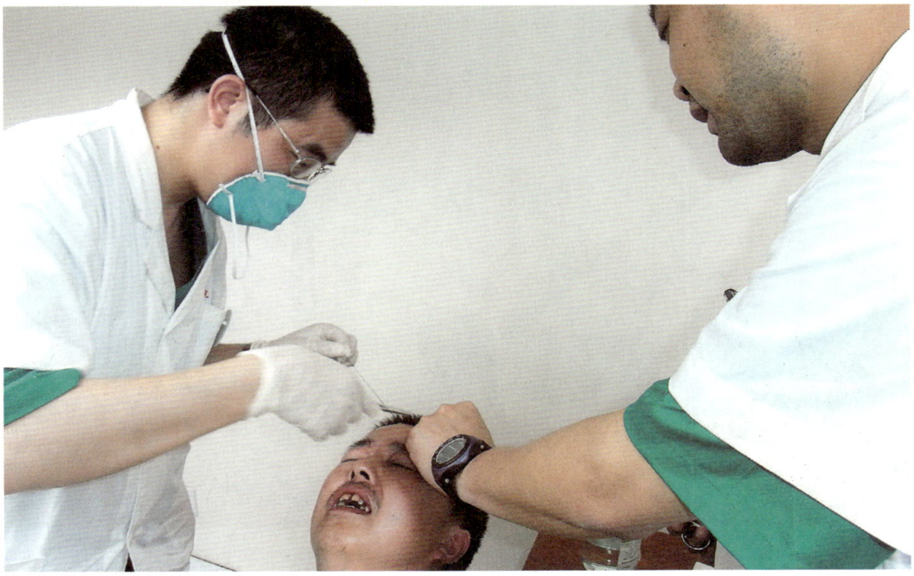

2008年6月2日，普陀区中心医院普外科副主任奉典旭（左）在汶川为伤员做清创手术

2008年5月25日，中德红十字会野战医院搭建完成，正式开诊。8月26日正式关闭。三个月间，免费为都江堰市灾区诊治病员7万余人次

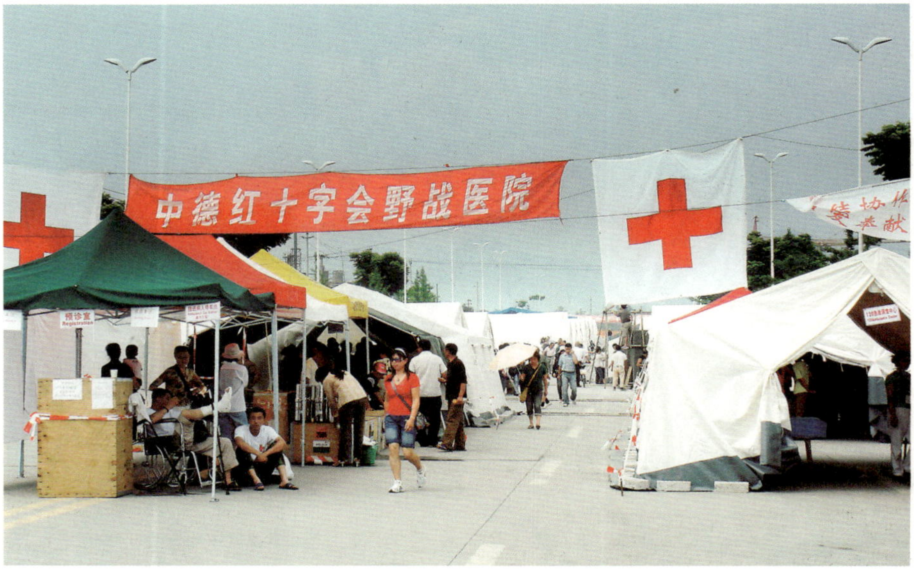

上海医疗队员在帐篷医院内为都江堰灾民诊断

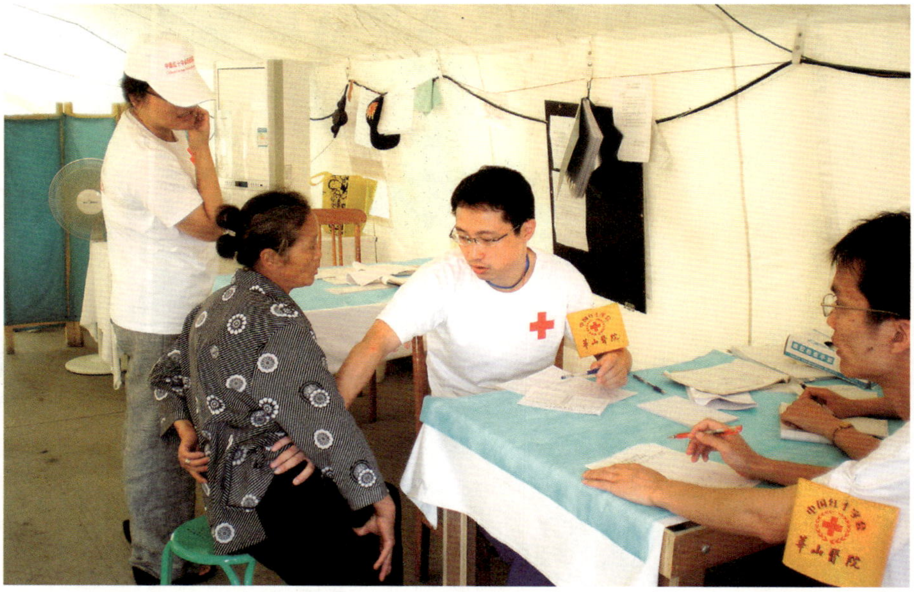

裘沛然（左图右）和颜德馨（右图中）在上海名老中医抗震救灾义诊现场

2008年5月16日中午，上海市青年医疗卫生志愿者抗震救灾服务队20人，从浦东机场出发奔赴灾区

青年志愿者与送行的亲人告别

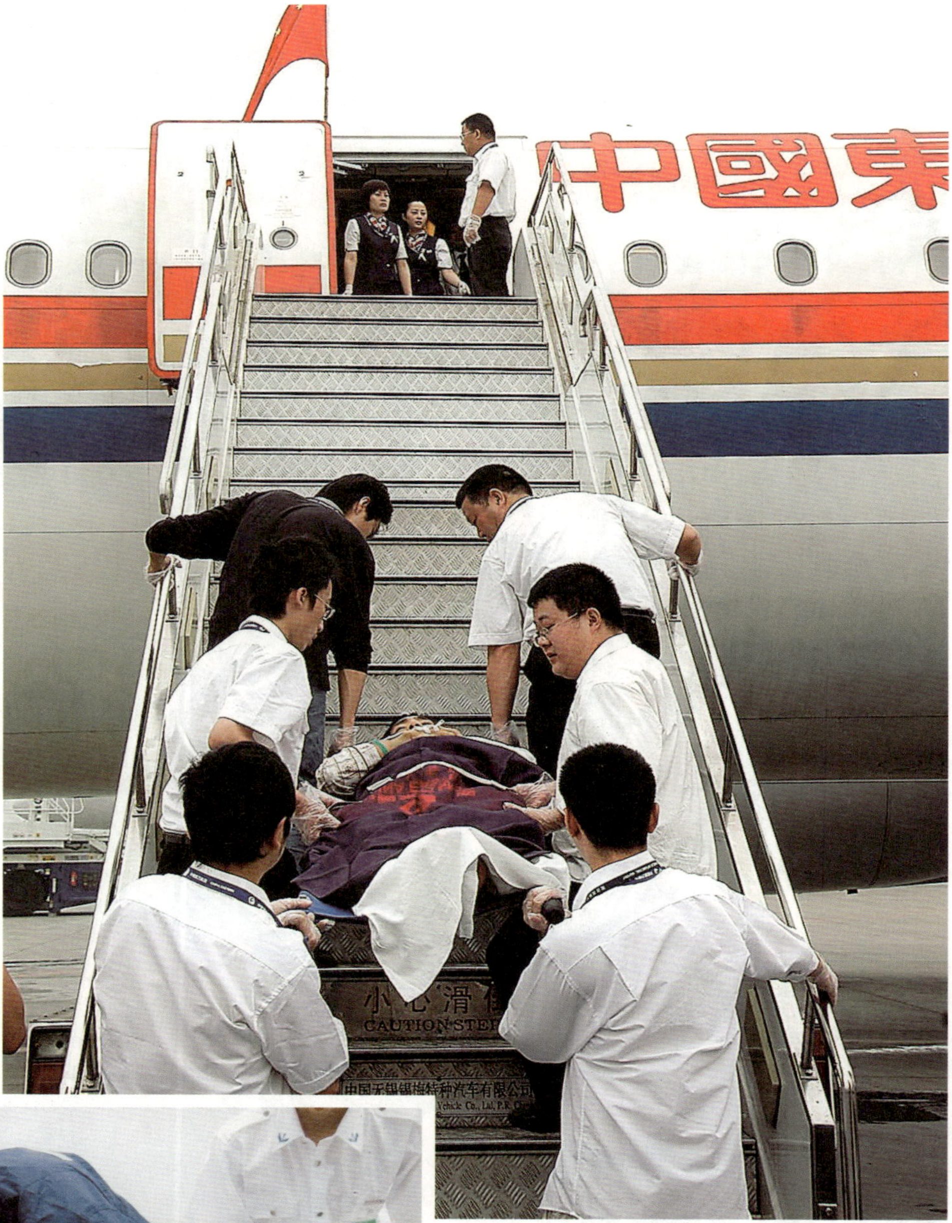

2008年5月26日，东航A300-600改装的“空中医院”从成都运载首批灾区危重伤员到上海治疗

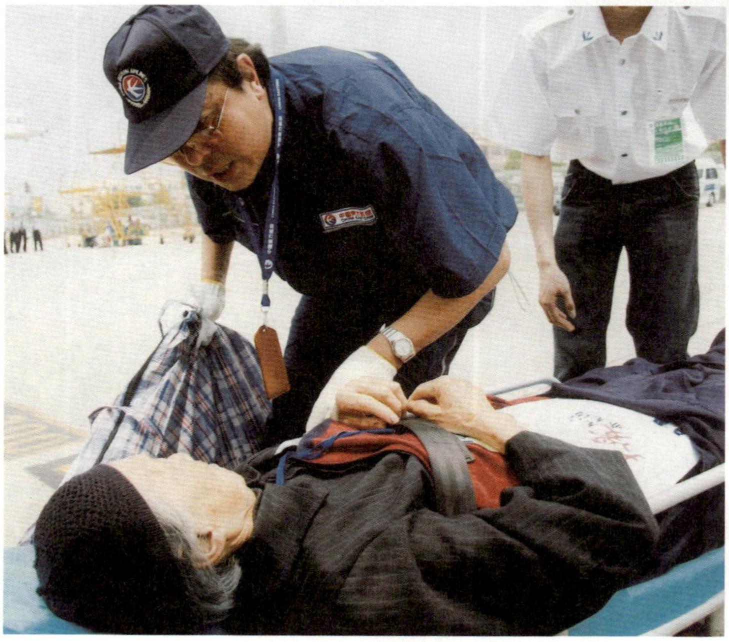

东航工作人员安慰灾区老人

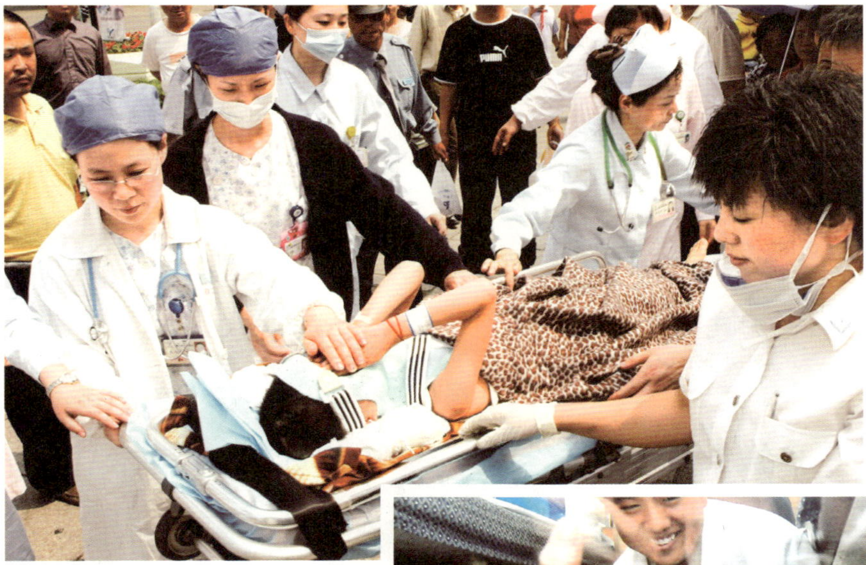

2008年5月26日中午，灾区小伤员安抵上海儿童医学中心

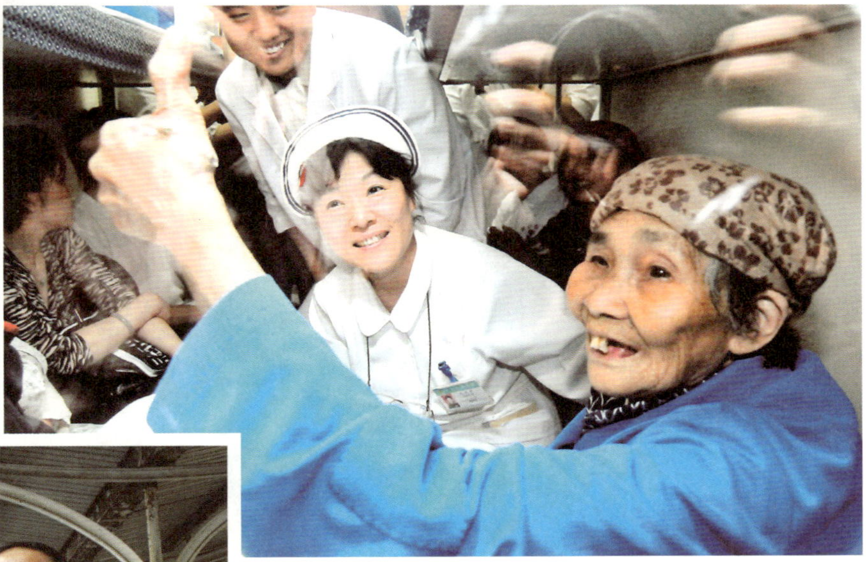

康复的灾区伤员向上海医疗人员翘起大拇指

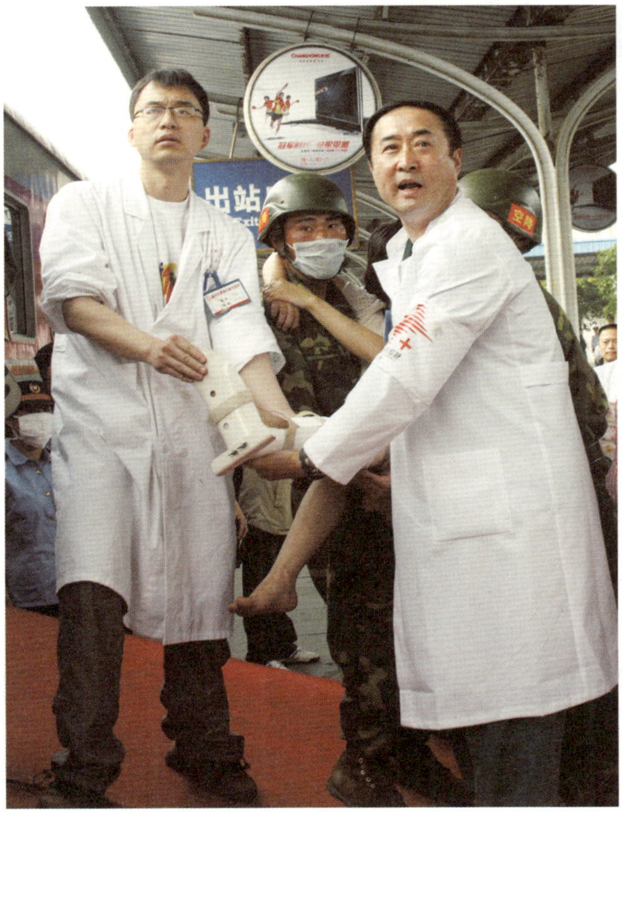

东方医院院长刘中民（右）转运伤员

杨浦区疾病控制中心医生在汶川县漩口镇进行卫生消毒工作

静安区疾病控制中心医生在汶川县漩口镇给危房消毒

奉贤区援川卫生防疫队队员为当地群众讲解卫生防疫知识

救灾物资整装待发

2008年5月13日早晨，东方航空首班汶川地震救援运输机从上海虹桥机场起飞，整整22个小时后，专机安全返回上海

上海救灾物资通过上航班机运往灾区

上海铁路局精心组织抢运运往四川灾区的救灾物资

2008年5月13日，上海交运集团将20万支蜡烛、1万只电筒和40320万节电池运往浦东国际机场货运站

2008年5月23日，上海交运集团救灾队员在即将运输灾区物资的车辆前整装待发

2008年5月25日，上海市建设四川绵阳过渡安置房开工仪式举行，安置房建设总指挥许解良（右一）宣布正式开工

2008年5月20日，宝钢捐赠的首批彩板房运抵绵竹市汉旺镇

上海建工在绵阳搭建的第一房建设现场

上海城建集团承建的绵阳1号地块建设前后

中建八局援建绵阳5号地块过渡安置房工程现场

绿地建设公司援建的绵阳14号地块过渡安置房全景

中铁二十四局集团员工进入甘肃省文县援建需要翻越令人望而生畏的高楼山

绿地建设公司援建的甘肃省甘南藏族自治州临潭县城关镇安置点全景

2008年6月24日，中共上海市委副书记、市长韩正（左）出席“绵阳市申游爱心学校”入学仪式，并向该校校长赠送了钥匙

2008年6月27日，中铁二十四局集团援建的上海在甘肃第一个援建项目——文县中医院过渡安置房交付使用

2008年7月14日，上海援建、中交三航局承建的游仙区欧家坝16号地块学校验收交接仪式

灾区小学生在上海援建的板房学校里上课

灾区小学生在申游爱心学校操场上高兴地踢足球

2008年8月19日，上海市政府副秘书长、上海援建指挥部总指挥沙海林（右二）、上海市汶川地震灾区过渡安置房建设现场指挥部指挥许解良（左一）接受绵阳市市长曾万明（左二）赠送的锦旗

中建八局抗震救灾表彰大会暨火线入党仪式

赴四川地震灾区心理援助专家组成员、武警上海总队医院副院长孙策平在罗江中学开展震后心理专题辅导

赴四川地震灾区心理援助专家组成员、武警上海总队肖丽与灾区小朋友做游戏

2008年5月24日下午，上海志愿者抗震救灾心理援助服务队出征仪式在上海图书馆举行。上海市人大常委会主任刘云耕（前排左一）为志愿者服务队授旗并宣布市志愿者服务队出征，中共上海市委常委、市委宣传部部长、市文明委副主任王仲伟（后排左一）出席仪式并讲话

上海心理援助志愿者陶炎在九洲体育馆与孩子们席地而坐，开展团训辅导

志愿者赵红娣在给残疾老人做心理咨询

草坪上的团体心理辅导

2008年5月13日成立的上海市社会捐助工作领导小组办公室，全面负责上海市抗震救灾捐赠工作。图为上海市民政局设在江西中路汉口路215号的接收点，是全市接收社会和单位募集捐款的重要窗口

许多市民赶到市民政局捐赠接收点踊跃捐款

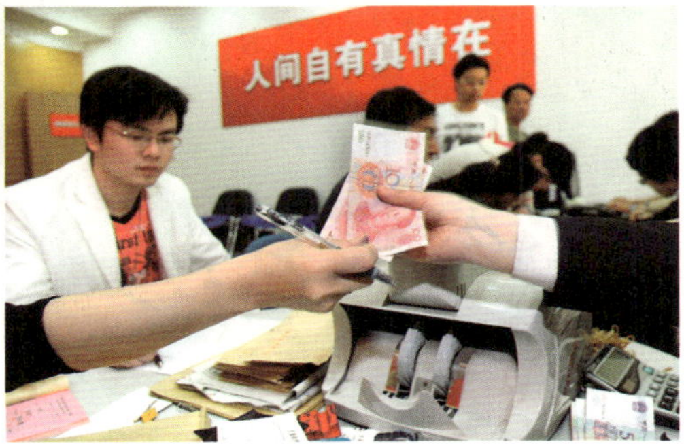

2008年5月24日，宝钢集团公司总经理何文波（右三）代表全体员工向四川省政府转交2323万元捐款

2008年5月27日，东航集团公司总裁李丰华（前排左二）参加在北京召开的中央企业向地震灾区捐款暨“5·12灾后重建中央企业援助基金”仪式

2008年5月14日，均瑶集团董事长王均金（前排右六）带领员工为灾区募捐

2008年7月20日，“复星”董事长郭广昌（左）和四川省光彩事业促进会副会长高鲁炎（右）在捐赠现场

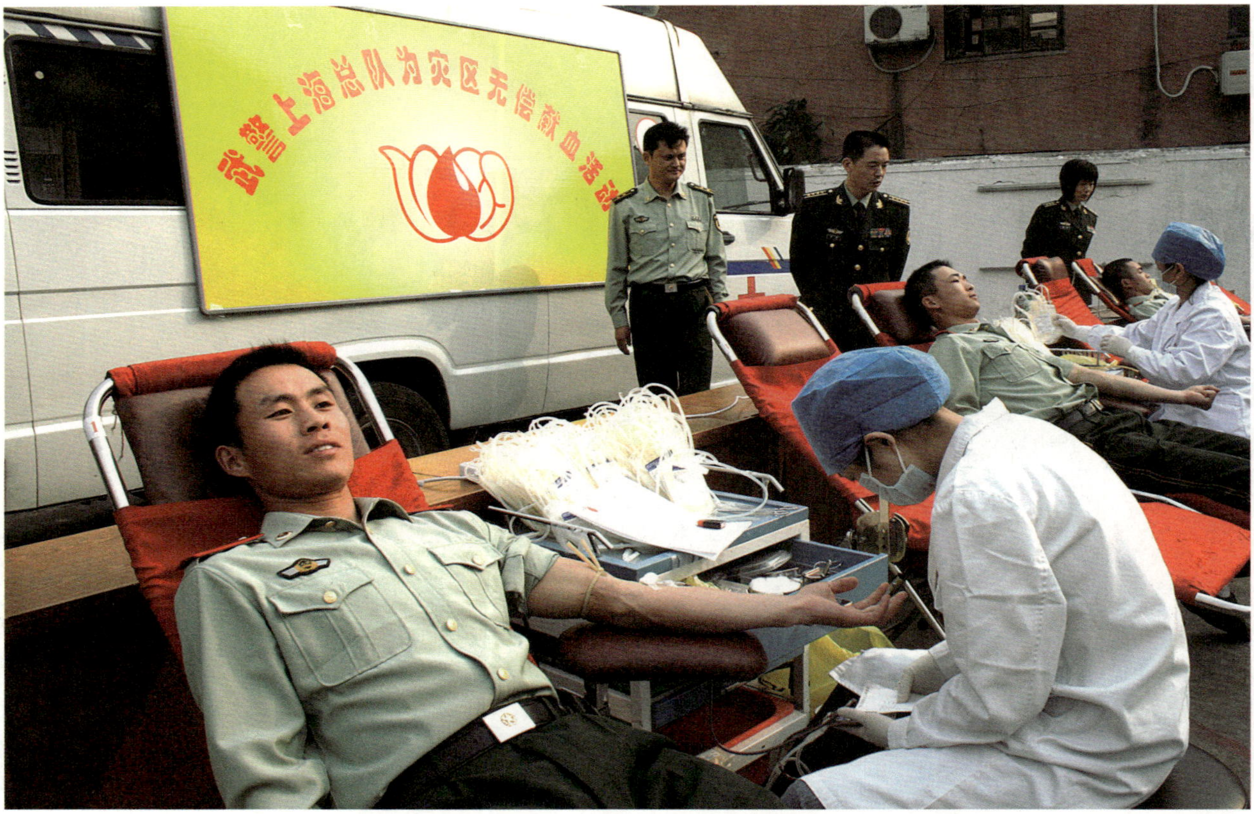

2008年5月14日—6月20日，武警上海市总队先后组织2300余名官兵参加了抗震救灾无偿献血活动，充分体现了军民“同呼吸、共命运、心连心”的鱼水深情

上海民营企业家参加抗震救灾献血活动

南京东路流动采血车上市民排队献血

2008年6月3日，上海市红十字会会长谢丽娟（后排右四）在四川灾区慰问“中国红十字会野战医院”医护人员

上海市民排队在上海市红十字会捐款点外等候捐款

2008年6月12日，上海市慈善基金会联合市拍卖行业协会共同举办“上海百家拍卖企业赈灾慈善拍卖”活动，理事长陈铁迪（左下图）为拍卖会举锤开拍

由“上海奶奶”沈翠英捐房拍卖款与上海市慈善基金会出资共同援建的都江堰市尚慈翠英小学

2008年10月，上海市慈善基金会理事长陈铁迪（左二）一行在上海援建指挥部

2009年9月，上海市慈善基金会组织爱心人士参加上海市援建都江堰市灾后重建中小学校竣工交钥匙仪式

2008年6月6日上午，联合国难民署地区高级全球采购专员高天瑞（左）代表联合国难民署向甘肃地震灾区捐赠4000顶帐篷

2008年5月19日上午，在上海市民政局140会议室举行日本驻沪总领事馆向四川灾区捐赠价值人民币700余万元设备的仪式

碧云国际社区外籍人士参加捐赠仪式，来自美国、加拿大、英国、德国等国家和地区的1000多户外籍家庭慷慨解囊

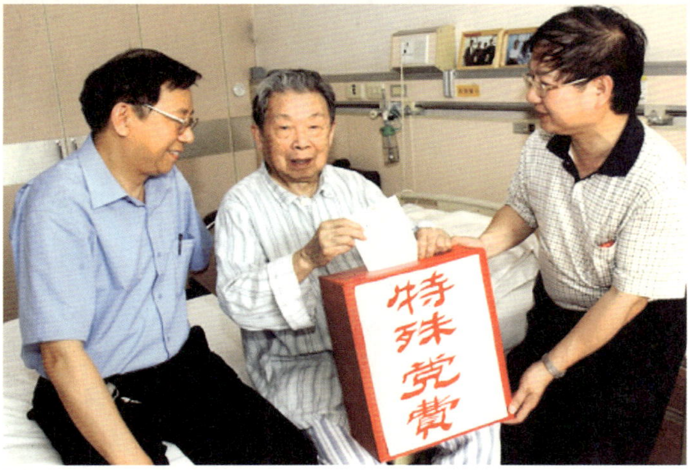

2008年5月18日，中共中央组织部下发《关于做好部分党员交纳“特殊党费”用于支援抗震救灾工作的通知》，上海各级党组织纷纷响应，全市党员积极通过自愿交纳“特殊党费”等方式支援抗震救灾工作

2008年7月14日，中国福利会副主席、党组书记、上海宋庆龄基金会副主席洪纽一（左二）出席中福会流动少年宫赠送礼物仪式

中福会少年宫老师在为灾区孩子们上课

2008年6月10日，上海市教委筹措抗震救灾物资运往地震灾区

2008年6月21日，上海市教委支援的2万套课桌椅送抵都江堰，协助安装的解放军在学习安装方法

2008年5月20日，“上海社工灾区援助团”专家先遣队一行11人从市民政局出发，飞赴绵阳，开展孤儿、青少年服务需求评估

① 上海社工灾后重建服务团复旦大学队——祥园奥运知识竞赛
② 上海社工灾后重建服务团华东理工大学队——创建“和谐巷”
③ 上海社工灾后重建服务团浦东社工队——“火凤凰计划”绒绣培训班
④ 上海社工灾后重建服务团阳光上海师大队——“奥运乐一夏”活动

2008年6月25日，上海市农委紧急采购一批价值100万元的农机具运抵都江堰，标志对口支援都江堰灾区农业回复重建工作进入实质性启动阶段

上海市农委援建的都江堰农业园区

2008年6月13日，中国残疾人福利基金会联合上海证大集团等多家企业与都江堰市人民政府签订了《共建四川都江堰友爱学校（暂定名）意向协议书》。图为中国残疾人福利基金会理事长江上舟（右二）、上海证大集团董事长戴志康（左二）等在工程示意图前合影

2008年5月17日晚，《解放日报》记者张海峰（左）、简工博（中）等在灾区向报社发稿

《文汇报》记者郑蔚（中）在映秀镇采访后接受消毒

作为第一批到灾区采访的记者，《新民晚报》孙中钦在震区工作

《新民晚报》年轻女记者姜燕（右）和周馨（左），白天跟着救援部队攀爬残垣断壁艰苦采访，晚上在条件简陋的帐篷内写稿、发稿

《劳动报》特派记者李蓓（左）深入灾区采访

2008年5月14日凌晨，《青年报》摄影记者施剑平（中）背负沉重装备和救援队伍一起进入重灾区北川县

2008年5月14日上午，《青年报》摄影记者马骏（中）和救援先遣部队一起进入北川县城

2008年5月，《东方早报》记者王炬亮在汶川地震采访现场

2008年5月18日，《东方早报》特派记者赵昀在震中映秀镇采访

嘉定区农民在田间地头参加募捐活动

上海街头的早餐车开展赈灾义卖活动

申花足球队向灾区捐赠100箱奶粉

上海民工子女小学的学生们捐出了自己的零用钱

普陀区小学师生为四川都江堰灾区捐款

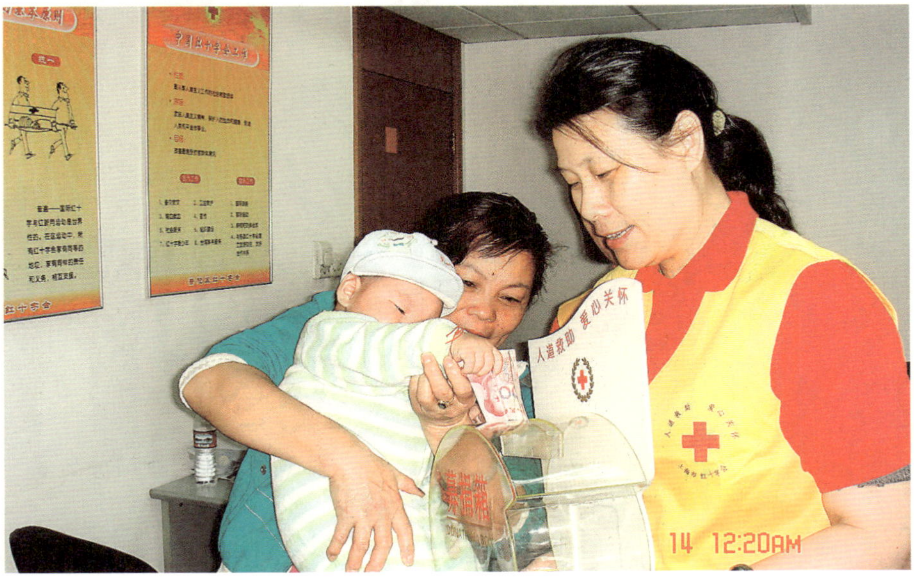

一位母亲带着刚刚出生100天的婴儿前来捐款

普陀区长征镇总工会组织四川来沪农民工实施心理辅导

四川籍在沪务工人员为感谢长宁区江苏街道党工委、办事处的关心，特意送上一面锦旗

奉贤区弘文学校迎来首位四川地震灾区学生

宝山区杨泰小学一（1）班举行仪式，欢迎四川灾区来沪小朋友

闸北区民政局给灾区来沪小朋友过生日

2008年5月14日，上海各民主党派及人民团体机关干部职工在上海民主党派大厦举行向四川地震受灾地区捐款仪式

2008年5月19日14时28分，上海各民主党派市委机关干部与领导及欧美、黄埔、台联等团体同志在上海民主党派大厦门口集体默哀

2008年5月27日，民建成员马国湘捐助的第一批活动板房历经艰辛，到达总装备部绵阳八一帐篷学校的施工现场

2008年5月20日，民革香山画院的画家们在民革市委机关会议室泼墨作画，参加义卖捐赠

2008年6月14日，由上海市侨联、上海民盟书画院、上海市华侨基金会和上海华侨基金会侨之书画家联谊会共同发起的“抗震救灾 重建校园——名家书画义拍”活动在上海市委统战部二楼会议厅举行

2008年7月5日，民进上海市委举办“人文关怀”阳光基金成立仪式暨赈灾义卖活动

上海市少数民族联合会会长火恩杰（中）从青海省在沪少数民族务工人员代表手中接过他们为地震灾区的募捐款

2008年5月14日，上海各寺院僧人在玉佛寺踊跃向四川省汶川地震灾区捐款

上海城隍庙内，信徒在为汶川震灾遇难同胞祈祷

2008年6月18日，上海市伊斯兰教界为四川汶川地震灾区捐建民族希望小学交流会会场

2008年5月，天主教上海教区神父及修女在四川省北川县重灾区慰问受灾群众

基督教信徒在教堂为四川地震同胞举行“灾难中的祈祷”大型烛光祷告会

2008年5月26日，上海基督教青年会、女青年会举行心系灾区报告会，总干事吴建荣（左）主持，上海文广新闻传媒集团记者周导（右）介绍四川灾区一线情况

序　一

韩　正

汶川特大地震发生七周年之际，组织编撰《汶川特大地震上海市救灾援助实录》，再现了“一方有难、八方支援”的感人场景，展示了社会主义制度的巨大优越性，在全社会进一步弘扬“万众一心、众志成城，不畏艰险、百折不挠，以人为本、尊重科学”的伟大抗震救灾精神，很有意义。

2008年5月12日，里氏8级强烈地震突袭汶川。这是新中国成立以来破坏性最强、波及范围最广、救灾难度最大的一次地震。面对突如其来的灾害，全党全军全国各族人民在党中央、国务院和中央军委的坚强领导下，众志成城，顽强奋战，展开了一场我国历史上救援速度最快、动员范围最广、投入力量最大的抗震救灾斗争，最大限度挽救受灾群众的生命，最大限度减少灾害造成的损失。上海市委、市政府坚决贯彻党中央、国务院的决策部署，第一时间启动应急响应，组织动员全市各方面力量，全力以赴支援灾区抗震救灾。公安消防干警以最快速度挺进灾区，医务人员第一时间奔赴一线，一批批志愿者自觉组织起来踊跃参与救援行动，许多企业加班加点生产抢运各种救灾物资，广大市民纷纷慷慨解囊……整个申城凝聚起一股强大的合力，从上到下传递着同一个声音，那就是：“灾区需要什么，我们就全力以赴支援什么！”

在那段时间里，上海人民的救灾援助足迹踏遍了整个四川灾区，最多时，奔赴灾区的救援队伍多达57支、1.5万余人。

这是一场艰苦卓绝、感天动地的战斗。这场战斗的胜利表明，越是紧要关头，中国共产党的坚强领导越能体现中流砥柱作用，社会主义制度越能显示集中力量办大事的优势，中华民族越能彰显守望相助、万众一心的强大凝聚力和战斗力！

在这场战斗中，上海人民与全国人民一道，万众一心，奋力拼搏。无论是抢险救援中体现出的“上海速度”，还是对口支援都江堰灾后恢复重建中体现出快中求好的“上海质量”，都饱含着上海人民与灾区人民心连心、同呼吸、共命运的真挚情感，凝结着全市广大党员干部群众的坚强决心，进一步彰显和弘扬了上海城市精神。

这本139.6万字的文稿和数百幅珍贵图片组成的援助实录，重现了抗震救灾、恢复重建的过程，激励我们不惧风险，直面挑战，奋勇前行。当前，上海正处在创新驱动发展、经济转型升级的关键时期，肩负着建设中国（上海）自由贸易试验区、加快向具有全球影响力的科技创新中心进军等一系列重大战略任务。我们要按照中央要求，继续当好全国改革开放排头兵、创新发展先行者，弘扬伟大的抗震救灾精神，众志成城，克难奋进，努力在以开放促改革、创新驱动发展、创新社会治理、从严管党治党等四个方面继续走在前列，为实现中华民族伟大复兴的中国梦作出上海更大的贡献。

2015年4月

（作者为中共中央政治局委员、上海市委书记）

序　二

沙海林

3月，在北京参加全国政协十二届三次会议时，我看到了《汶川特大地震上海市救灾援助实录》样稿。从去年12月下旬启动动员至今，不到4个月，编纂139.6万字及数百幅珍贵图片，我知道参加此书编纂的同志们都蛮拼的。当我阅读那一篇篇很有“温度”的文章时，更是感受到了所有参与者，源自内心深处的那份激情，那么熟悉，那么亲切，那么难以忘怀。

发生于2008年5月12日的汶川特大地震，是我们埋入心底抹之不去的大痛，也是融入生命忘之不去的大爱。地震发生后，中共上海市委市政府第一时间作出动员和部署，成立上海市救灾援助指挥协调工作小组；各行各业、各个区县迅速启动相关应急预案；人民群众、社会各界心系灾区、爱心涌动，整个城市总动员，顿时成为救灾援助可靠而强大的大后方。地震当天，连夜集结队伍，第二天上海救灾援助队伍奔赴一线，武警、消防、医护、媒体……从那以后，一直到6月底上海开始对口援建都江堰。这段时间，上海人民的救灾援助足迹遍及整个四川灾区，尤其是重灾区，同时还有甘肃、陕西等省的受灾区域，最多时，赴灾区的救援队伍达57支、1.5万余人。

在地震发生后24小时内，上海市卫生系统组建由上海市中山医院、儿科医院、仁济医院、新华医院、第九人民医院、第一人民医院、第六人民医院医护人员组成的首批紧急医疗救援队。13 日 11 时 10 分，首批 6 支赴四川抗震救灾医疗救援队共 109 位队员登上专机，飞赴四川抗震救灾第一线。第二军医大学附属长海医院、长征医院和东方肝胆外科医院，以及驻上海的解放军第 85 医院、411 医院、455 医院，均组成医疗分队开赴灾区。上海市的医疗救援队分别在成都、绵阳、德阳、汶川、广元、都江堰、青川、安县、什邡等重灾区展开医疗救治，共收治伤员 60665 人次，开展手术 1157 台次；另外，在汶川县雁门乡、威州镇、漩口镇、水磨镇和什邡市师古镇、皂角镇等灾区乡镇开展传染病防治、食品饮水卫生、病媒生物防治、消毒、灾害心理危机干预和群众健康教育等卫生防疫工作。

在抗震救灾前线的日日夜夜，100 多位上海水务救援队员顶着余震、滑坡、劳苦、高温、疫情等恶劣条件无私奉献，谱写了一篇上海水务人“爱如潮水”的抗震救灾之歌。援建期间，上海共组织水务项目运营管理人员到上海培训 116 人次，上海专家到都江堰指导设备安装、调试、运行 20 余人次，为项目顺利移交、可持续运营创造了良好的条件。上海水务系统赴川抗震救灾的工作获得了各方好评。5 月 28 日，水利部专门向上海水务局发来了感谢信，赞扬上海水务救援队伍特别能吃苦、特别能战斗、特别能忍耐、特别能奉献的精神。

“川之伤，国之殇”。在四川的 16 天灾后心理危机干预，与以往参加的任何一次灾后紧急行动都完全不同，数以万计的生命离去，引起的心理余震令幸存者、救援者、目击者心碎胆裂，泪流满面。心理救灾是一场争分夺秒的攻坚战，也是一场考验耐心的持久战。上海的心理医生，从来走在全国前列，这一次，也没有例外！上海市精神卫生中心在第一时间内就组织了“心理救援医疗队”。

这次跨区域救灾援助，上海市公安消防总队应急救援队携带了世界上最先进的4大类21种、63件套价值千万元的特种装备，救援行动效率倍增。5月14日，地震重灾区德阳市一家伐木厂宿舍坍塌，救援队利用大型液压顶撬开了上百吨重的水泥板，将一名夹在水泥残块最底层缝隙中的妇女成功救出。进入映秀镇后，救援队利用生命探测仪救出了多名幸存者。5月17日清晨6时，救援队用生命探测仪搜寻到发电厂废墟中有生命体征，可是非常微弱。已被任命为映秀镇抗震救灾总指挥的陈飞将军判断：幸存者被埋得很深，废墟构件大，营救时间预计需要五六个小时。为了避免碎石砸落，官兵们制定了科学施救的方案。先用牵引起重器材移开大块残垣，再用手动冲击钻、榔头、扩张器等破拆工具，一小块一小块剥开混凝土。有的地方干脆用手刨，不少官兵手指磨破了，指甲蹭掉了，但坚持着向纵深推进。渐渐地，幸存者露出了身体，他——就是被困124小时的幸存者、年仅20岁的贵州青年蒋雨航。而此刻，千里迢迢从贵州老家赶来的蒋雨航母亲，正在废墟外呼唤着儿子的名字。

地震对通信设施也造成了严重破坏，为了保障灾区的应急通讯指挥工作，应中共上海市委市政府要求，上海维赛特（VSAT）网络系统有限公司迅速组建了一支救灾卫星通信突击队，赶赴灾区，连夜奋战，于5月21日早晨6点半完成卫星调试。同日下午3点，全国民政系统支援汶川特大地震灾区电视电话会议成功召开，通过上海维赛特（VSAT）民政卫星视频会议系统，将关于抗震救灾的最新情况和民政部的最新指示，及时传输至全国各地。这是历史上灾害时期，国内通过专网召开的最大规模的电视电话内部会议。“上海市救灾卫星通信突击队”通过高新技术、专业水平，践行了“情系天府、心念汶川”的爱心承诺。

强烈地震造成房倒屋坍，灾区人民无家可归，上海建设交通系统迅速行动，在住房和城乡建设部统一部署下，组织上海建筑设计、施工、监理企业奔赴灾区，用了短短55天时间，在四川、绵阳、都江堰25个地块，72个安置点建成了5万多套过渡安置房，使灾区群众早日搬入新家。

灾后重建，百废待兴。6月，党中央、国务院确定上海市对口支援四川都江堰市灾后恢复重建。市发改委以最快的速度、最高的效率、最大的热情，打破工作常规，连续挑灯夜战，统筹安排上海对口支援都江堰灾后重建第一批项目规划。6月21日，市发改委向市政府提出了对口援建都江堰市规划。规划共44个项目，总投资约32.3亿元，包括永久性救助安置房、学校建设、医院民政福利设施建设、农业恢复重建、城乡道路建设、供排水设施建设，教育、卫生、农业、民政、旅游对口建设以及城市建设技术援助等项目。其中，硬件类项目31个，总投资约31.7亿元；软件类项目13个项目，投资约6000万元。多种形式，多种方式，软硬兼具，软硬结合。

科学援建，规划先行。同济大学为都江堰市做永久性重建安置规划，建设目标是国际水准，代表中国水平的重建规划。都江堰市的重建安置规划是由同济大学建筑与城市规划学院院长吴志强教授领衔的，吴志强——2010年上海世博会总规划师，这次又多了一个新的头衔——成都灾区灾后安置规划总规划师。根据同济专家的规划，作为临时性的安置点，一般不超过500户为一组，以减低垃圾处理、粪便排放等的环境压力。每户为12–20平方米的纯居住起居空间，每50套配建1个集中供水点、一个公共卫生间和一个垃圾回收点；每1000套住房配建1所300平方米的小学，一个20平方米的诊疗所和1个50平方米的粮食、商品市场；每2000套住房配建1所中学。此外，还配置居委会、心理咨询点等管理、服务机构办公用房。做到四“通”：通电、通水、通气、通讯，家里可以安装电话。

灾区需要什么，我们就支援什么。四川血库告急，市民献血热情高涨，血液库每天能收到2000份爱心人士的血液，几乎是平时的3倍。人民广场上海城市规划馆旁，流动采血车前天天排起长队。队伍里男女老少皆有，有职员、游客、学生，还有身穿黄袈裟的和尚，互不相识的人们只为了一个共同心愿：支持灾区人民。松江区献血站，一天之内就有169名市民捋袖献血，来自台湾的陈胜义第五次献血，他说四川汶川的地震让他回想起了1999年台湾的9.21大地震。当时他身边很多人都被压埋在瓦砾堆下，亲历这种大灾难，深知灾区人民对外界帮助的强烈渴求，为了灾区人民，他义不容辞。爱的暖流在申城的每一处大街小巷流淌。

上海市民情系灾区。市领导带头，群众响应，机关、商店、工厂、港口、码头、车站、学校、部队、社区、居民区，只要是有人群的地方，就纷纷自发和有组织地为灾区慷慨解囊捐赠款物。上海的普通群众把省吃俭用存下来的钱物捐给灾区。20世纪50年代的全国劳动模范、87岁高龄的张金妹，在孙子的搀扶下捐出2个月4000元的退休工资。上海癌症康复俱乐部的会员，虽身患癌症需要治疗，仍坚持捐款14万元。上海普陀区抗震救灾捐助接收点，收到上海悦苗残疾人寄养园老师和智障孩子捐款2236.5元。上海提篮桥监狱2000余名服刑人员，自发从劳动改造所得中捐出65212.8元。上海市退休教师沈翠英，捐出147.82平方米住房拍卖款450万元。她说，把房款捐给灾区"比留给孙子孙女更有意义"。

是的，上海的救灾援助就是这样，因为有你们的无私奉献更有意义，因为有你们自发主动的参与更有意义。上海的救灾援助就是这样，全市总动员，各界人士共同参与，包括各民主党派、社会团体、少数民族、宗教团体以及台湾同胞、港澳同胞和海外华侨华人，都奉献了自己的关爱和行动。上海的救灾援助就是这样，有领导也有组织，有专业也有技术，有硬件也有软件，有紧急救援也有长远规划，既精细、低调，又高效、务实。最可贵的是上海人的无疆大爱精神，超越年龄，超越性别，超越职业，超越自我。无论老人还是儿童，无论男性还是女性，无论职场白领还是服刑人员，无论身体健康还是罹患重疾，都贡献了力所能及甚至超越自身能力的爱心和行动。这是平凡人的世界，但又是不平凡的大爱！这也颠覆了全国人民对上海人的传统看法。上海人其实不排外自我的，而是海纳百川的；上海人其实不安于现状的，而是追求卓越的；上海人其实不斤斤计较的，而是开明睿智的；上海人其实不小气算计的，而是大气谦和的。上海人在国家民族危难关头是敢于牺牲、乐于奉献的！

今年5月12日，是汶川特大地震七周年纪念日。七年过去了，我在想，为什么我们要编纂这本书？当年的救灾援助对我们究竟意味着什么？记得当年，纽约时报的一位记者曾经问过我："你们上海援助那么多东西，你们的议会能同意吗？"就在将这本《实录》样稿送交我时，参与此书编纂的《解放日报》记者洪梅芬说："阅读这些文章，常常被感动得流泪"，感叹"我们这个城市曾经有过如此美丽的精神高地！"

不同的视角、不同的感悟。我想，倘若《纽约时报》的记者也来深度地了解一下，中国人民开展的这场惊天地泣鬼神的救灾援助行动，那么一定会看到，在中国共产党的坚强领导下，中华民族在危难时刻彰显的超强凝聚力。救灾援助的最后胜利，无疑源于我们强大的制度优势。这也是救灾援助为我们留下的宝贵财富。

我注意到，救灾援助时，不论是武警战士，还是白衣战士，不论是防疫队员，还是新闻记者，没有人担心危险，没有人考虑艰难，大家只有一个愿望，那就是尽早赶到现场，拯救同胞的生命。当地受灾群众不顾自己失去亲人的痛苦，不顾自己失去家园的艰难，把从废墟挖出来的蔬菜送到上海援救队员的手里。救助与被救助者亲人般地拥抱在一起的情景处处可见。正是这场救援，上海人民在充分彰显拼搏与人文精神的同时，“海纳百川、追求卓越、开明睿智、大气谦和”的城市精神也得到了充分的锤炼和升华，并融入到上海这座城市的血脉当中。救灾援助事业也已成为上海发展史上浓墨重彩的伟大篇章。

对汶川特大地震的救援是全市人民共同参与的伟大行动。这本《实录》肯定无法记全所有，但没关系，还可以不断充实，再续下篇。让我们共同为建设上海城市的精神高地而不懈努力！让我们铭记这一刻，鞭策自我，激励后人！

2015 年 4 月

（作者为中共上海市委常委、市委统战部部长）

编纂说明

一、本实录重点记述“5·12”汶川特大地震后中共上海市委、市政府以及全市人民积极响应中共中央、国务院号召，迅速开展救灾援助的全过程。

二、本实录记述时间自2008年5月12日汶川特大地震发生始，至2008年6月救灾援助基本结束，大事记适当延伸至2008年10月全国抗震救灾表彰大会。

三、本实录记述范围包括上海市救灾援助的四川省、甘肃省和陕西省等地震灾区。

四、本实录分上下两卷，设概述、第一时刻、紧急救援、医疗救援、交通救援、安置房建设、心理援助、大爱赈灾、灾后重建、新闻报道以及区县篇、民主党派篇、民族宗教篇等门类，卷后附大事记、英雄集体、抗震救灾模范，图照集中于卷首或随文穿插。

五、本实录资料由参与救灾援助的相关单位提供，力求翔实、准确、全面。

目　录

紧急救援

医疗救援

交通救援

安置房建设

心理援助

大爱赈灾

灾后重建

新闻报道

下　卷

区　县　篇

民主党派篇

民族宗教篇

附　录

概　　述

汶川特大地震的巨大灾难历史铭记，灾区人民从悲壮走向豪迈，感动世界，灾区浴火重生，春回大地，举世震撼！“任何困难都难不倒英雄的中国人民”的伟大抗震救灾英勇气概将永远激励中华民族自强不息。在党中央、国务院的领导下，上海市与灾区人民心手相连，全力以赴，第一时间开展生命救援，积极进行宣传报道，确保救灾紧急物资供应，做好受灾民众安置，并积极捐款捐物，谱写了一曲抗震救灾的壮丽诗篇。

一

2008年5月12日14时28分，北纬31.0度、东经103.4度，发生了以四川省汶川县为中心震惊世界的里氏8.0级特大地震。这是新中国成立以来破坏性最强、波及范围最广、救灾难度最大的一次大地震。地震涉及四川、甘肃、陕西等10个省区市417个县（市、区）、4667个乡（镇）、48810个村庄。灾区总面积50万平方公里，受灾群众4625万人，其中极重灾区、重灾区面积13万平方公里。截至2008年10月8日，汶川特大地震共造成69227人遇难，17923人失踪，紧急转移安置受灾群众1510万人。2008年9月4日，民政部等国家五部委校核，四川、甘肃、陕西三省直接经济损失8451.36亿元，严重受灾的51个县（市、区）直接经济损失总共高达6503.4亿元；其中四川6080.69亿元。

面对空前惨烈的灾难，在党中央、国务院和中央军委的坚强领导下，全党全军全国各族人民众志成城、迎难而上，展开了中国历史上救援速度最快、动员范围最广、投入力量最大的气壮山河的抗震救灾斗争。灾难发生后，中共中央总书记、国家主席、中央军委主席胡锦涛立即作出重要指示，要求尽快抢救伤员，确保灾区人民群众生命安全。12日16时40分许，国务院总理温家宝乘专机紧急赶赴四川，现场指挥抗震救灾工作。当晚，胡锦涛主持召开中共中央政治局常务委员会会议，全面部署抗震救灾工作。为加强对抗震救灾工作的领导，中央决定成立由温家宝任总指挥，副总理李克强、回良玉任副总指挥的抗震救灾总指挥部，全面负责抗震救灾工作。“灾情就是命令，时间就是生命！”灾难突袭，骤显国家应急反应能力。截至12日24时，有近2万名解放军和武警官兵、公安消防干警到达灾区开展救援；另有2.4万名官兵紧急空运到重灾区，还有1万名官兵通过铁路输送灾区，其他救援力量也乘坐飞机、火车、汽车等向灾区紧急挺进。15日晚在列车上召开的国务院抗震救灾总指挥部会议上，温家宝强调，抗震救灾工作是关系全国、关系全局的大事，必须举全国之力。抗震救灾的关键时刻，救灾一线聚集了14余万解放军、武警官兵和2万名消防队员、公安特警及各类专业救援队员,7 万余名民兵预备役人员,14 余万医疗卫生人员,以及 20 余万志愿者和其他救援力量,形成了上下贯通、军地协调、全民动员、区域协作的抢险救灾机制。

地震发生后,上海市民心系灾区。中共上海市委、市政府坚决贯彻执行党中央、国务院的统一部署,第一时间启动应急响应,全市动员、全力以赴,弘扬"万众一心,众志成城,不畏艰险、百折不挠,以人为本、尊重科学"的伟大抗震救灾精神,果断有力、紧张有序、持续有效地全面开展救灾救助。5 月 12 日晚,中共中央政治局委员、上海市委书记俞正声,副书记、市长韩正连夜召开紧急会议,紧急动员全市有关救援力量投入抗震抢险救灾。上海市委、市政府分别致电四川、陕西、甘肃省委、省政府,代表上海人民对地震灾区人民表示深切慰问,向灾区捐赠救灾资金。13 日,俞正声在上海市双拥表彰会上指出:上海是全国人民的上海,上海有今天的发展,得益于全国人民的支持,灾区有难,上海人民、上海各级党委和政府应该响应中央号召,尽最大力量,全力以赴支援灾区人民。同日,市委、市政府决定成立上海市救灾援助指挥协调工作小组,负责指挥统筹协调上海市支援灾区各项工作,指挥救灾援助,由市政府应急办、市政府合作交流办、市经委、市民政局、市卫生局、市建设交通委等 21 个部门和单位组成,市政府副秘书长沙海林任组长。

根据党中央、国务院的统一部署,上海在第一时间组织抢险队、医疗队千里驰援灾区。上海市卫生系统在地震发生后 24 小时内,组建由上海市中山医院、儿科医院、仁济医院、新华医院、第九人民医院、第一人民医院、第六人民医院医护人员组成的首批紧急医疗救援队。13 日 11 时 10 分,首批 6 支赴四川抗震救灾医疗救援队共 109 名队员登上专机飞赴四川抗震救灾第一线。上海市公安局派出的上海消防应急救援先遣队,搭乘军用直升机赶赴震中映秀镇开展救援。第二军医大学附属长海医院、长征医院和东方肝胆外科医院以及驻上海的解放军第 85 医院、411 医院、455 医院均组成医疗分队开赴灾区。至抗震抢险阶段结束,上海累计向四川灾区派出 57 支专业救援队伍,共 15404 人。上海市的医疗救援队分别在成都、绵阳、德阳、汶川、广元、都江堰、青川、安县、什邡等重灾区展开医疗救治,共收治伤员 60665 人次,开展手术 1157 台次;另外,在汶川县雁门乡、威州镇、漩口镇、水磨镇和什邡市师古镇、皂角镇等灾区乡镇开展传染病防治、食品饮水卫生、病媒生物防治、消毒、灾害心理危机干预和群众健康教育等卫生防疫工作。5 月 16 日起,上海市民政局等部门和单位开始成立志愿者队伍赶赴灾区。市建设交通委组建建筑工程救援队从事灾区桥梁、隧道等建筑物抢修。市安全生产监管局组建安全生产救援队伍从事消防、危化、起重作业。市环保局组建环境监测队伍从事环境和核辐射监测。上海安畅汽车牵引有限公司组建城市道路清障队伍从事吊车、照明、牵引工作。同济大学组建抗震救灾专业技术志愿者服务队进行灾区房屋勘测和灾损评估。仅 22 日,就有一支包括 30 多位专家教授和博士硕士研究生参加的上百人的志愿者服务队奔赴四川灾区。

上海市积极安排灾区伤员到沪救治。5 月 26 日,四川地震灾区第一批 141 名伤员乘 3 个航班抵达上海;28 日,第二批 166 名伤员分 4 个航班抵达上海。全市调派 160 余辆救护车、300 余名医务人员，在民航管理局、机场、公安、东航、国航等部门和单位的大力支持和配合下，及时将灾区分两批转来的307名伤员送至中山医院、仁济医院、第九人民医院、第十人民医院、曙光医院、同济医院、儿科医院、儿童医学中心等19家医疗机构，261名伤员家属分别妥善安置。市卫生局下发紧急通知，对诊疗过程中的手术、知情同意、会诊、转院、心理干预等做出明确规定，并组织成立由骨科、普外科、泌尿外科、肾脏内科、院内感染、精神科等专业的39名专家组成的“上海汶川地震伤员医疗救治专家组”。收治医院按照“集中伤员、集中专家、集中资源、集中救治”的方式，切实加强病例会诊、手术、特殊病人护理，院内感染、与患者家属沟通、转院收治等各项工作。6月18日晚，汶川地震来沪救治的第一批25位伤员康复出院并乘坐上海至成都的K282次列车返川。随后，其他治愈的伤员也陆续康复返川。

根据灾区需求，上海市认真做好紧急救灾物资的生产和调度。由市经委牵头，市发改委、市财政局、市食品药品监管局等参加的协调工作小组物资统筹组，依托上海市重要商品储备机制，协调筹措灾区急需、特需物资以及各类应急物资；统筹上海市支援灾区的应急物资。在市应急办的牵头协调下，市经委、市发改委、市财政局等建立工作例会制度，保障物资生产供应，提高物资调运效率，建立职能部门相关处室沟通联系制度，掌握相关企业的生产能力、生产库存、销售库存及储库存情况，加大应急物资的调运力度，保障应急物资的生产、采购与调运。上海市相关企业加紧生产，保障灾区急需物资的供应。5月12日晚，上海荣辉蜡艺公司接松江区委通知，紧急召回下班回家休息的员工，奋战9小时，突击生产，把160箱共20万支蜡烛装箱运往灾区。5月13日，冠生园(集团)有限公司按照准备150吨压缩饼干的指令，每天12个小时满负荷生产。上海罗氏制药有限公司职工放弃休息时间，完成500万元的高效抗生素药物的生产及检验，并紧急运往灾区。市经委组织上海洋帆实业有限公司等4家帐篷生产企业，紧急生产帐篷，6月10日前先期提供1万顶帐篷支援灾区。宝钢等企业从5月29日起，每天提供900吨彩钢板，确保援建过渡安置房所需彩钢板供应。

上海市交通运输部门及相关企业积极做好灾区急需物资的运输工作。由市建设交通委牵头，市交通港口局、上海铁路局、民航华东管理局、上海机场集团、上海邮政公司、东方航空公司、上海航空公司等参加的协调工作小组交通运输组，统筹全市运能，协调上海市航空、铁路、公路等运输单位，积极向灾区运送各类应急救援队伍和应急物资。5月17日上午，市建设交通委召集上海铁路局、民航华东管理局、市邮政局、建工集团、城建集团、中建八局、中铁二十四局、现代设计集团、市政设计研究总院、建科院、房科院、三航局、救助局、打捞局、航道局、上海航空公司、东方航空公司等部门和单位，部署落实市建设交通系统和行业抗震救灾工作，要求铁路、民航、邮政、公路运输等单位，统筹运能，深入挖潜，确保及时向灾区运送各类应急救援物资和队伍。13日16时20分，市政府要求1680顶帐篷运往灾区，东方航空公司即把原定第二天凌晨3点飞旧金山的货机紧急调运浦东机场，装运物资飞赴成都。14日11时，又调派一架空客A320运送上海支援灾区的120名医疗人员。5月13日至

18 日 18 时，上海铁路局通过积极调配运力，累计抢运各类救灾应急物资 628 车皮（全路局），主要包括消毒用品、发电机、棉衣棉被和军用物品等；上海市内闵行、北郊、桃浦、杨浦、南翔等 5 个站点实行全天候开放，1492 名装卸工轮班装车，确保了各类救灾应急物资随到随发。截至 6 月 2 日，上海铁路局共开行“抢”字列车 180 列，装运帐篷、药品、医疗设备等物资 3074 车。5 月 15 日，上海 12 家货运企业落实 180 辆各类运输车辆，随时确保抗震救灾物资运往灾区。截至 5 月 29 日，上海全市道路运输行业共发车 309 次，运送抗震救灾物资 64 批共计 1978 吨。

根据党中央、国务院要求，上海市积极为四川绵阳等灾区建设过渡安置房。5 月 22 日凌晨，市建设交通委援建灾区先遣队一行 13 人抵达四川绵阳，立即同当地政府取得联系，了解援建项目位置，水、电、煤及其他建筑材料、施工机械等保障情况。23 日，上海城建集团首批赴四川绵阳的 52 名援建人员抵达，24 日正式开工建设过渡安置房。这是上海援建队伍中最早开工建设的过渡安置房。5 月 28 日，住房和城乡建设部下发《关于调整第一批地震灾区过渡安置房建设和分配任务的通知》，上海首批援建任务为 8 万套，其中四川绵阳 5 万套，甘肃陇南、天水 3 万套。按照要求，市建设交通委确定上海市 6 家施工单位共同负责承建；其中建工集团 3.5 万套，城建集团 2.2 万套，中建八局 2.8 万套，中铁二十四局 7500 套，三航局 7500 套，绿地集团承建 1 万套及配套学校。6 月 7 日至 8 日，中共中央政治局委员、上海市委书记俞正声利用端午节假日到都江堰市、绵阳市，分别视察上海将要对口支援的都江堰市地震灾情和上海援建绵阳市过渡安置房建设情况。对于援建安置房工作，特别强调各建设单位要统一标准、优化设计、科学管理、精心施工，多为灾区百姓着想，多为地方政府分忧，能克服的困难一定要克服，能做的工作尽量自己做，按期、优质地完成任务。6 月 9 日上午，四川省委书记刘奇葆视察了由上海建工集团施工的过渡安置房工地，听取了上海市建设绵阳过渡安置房现场指挥部有关工作汇报，查看了建设中的 7 号地块现场，询问了公建配套和施工中的一些问题，对上海各建设单位克服天气炎热、现场条件艰苦等困难，严格按照时间节点、保质保量推进过渡安置房建设表示感谢，并请指挥部负责同志转达他对上海市委书记俞正声亲临绵阳施工现场表示衷心感谢。要求四川省、绵阳市有关部门积极配合上海各建设单位，加强协调，提供方便，确保工程进度。截至 6 月 18 日 14 时，上海建设绵阳地震灾区过渡安置房共开工 24 个地块，现场施工人员 9288 人（其中招募当地务工人员 2925 人），进场施工机械 289 台（其中租用当地施工机械 129 台）。完成过渡安置房搭建 21687 套。其中，建工集团完成 6847 套、城建集团完成 5040 套、中建八局完成 6971 套、绿地集团完成 1680 套、中铁二十四局完成 420 套、三航局完成 702 套。建工集团承建的 7 号地块、城建集团施工的 1 号地块已经整体完成。

上海市各教育部门、各高校及社会各界积极开展教育援建工作。上海市各界积极在灾区援建学校，并为灾区学校配备课桌椅。5 月 21 日上午，由中国青少年发展基金会和东方卫视等多家单位在四川省绵竹遵道镇共同合作援建的全国第一所抗震希望小学举行了开学典礼。市教委克服时间紧、要求高、任务重的困难,采取上海运送和当地采购相结合的办法,承担起为灾区临时板房教室配置2万套中小学课桌椅的任务。首批1.4万套,在克服重重困难后,于6月23日前全都安装到了都江堰市21所中小学,确保了都江堰更换掉所有从废墟中捡出的临时应急用的破旧课桌椅。上海市教育及相关部门积极安排灾区学生到沪就读,并给予关心和帮助。市教委下发通知,要求各区县对灾区来沪投亲靠友的适龄儿童少年按就近入学的原则尽快安排插班就读,对家庭遭受地震灾害影响且目前经济困难的,予以必要的关心和帮助;对民政部门统一安排由上海家庭领养的灾区孤儿,按就近入学原则统筹安排进入义务教育学校就读,并依法享受义务教育的相关待遇;过细做好教育教学工作,加大心理健康教育的工作力度。同时,上海教育部门安排地震灾区技工学校100名在校学生至市高级技工学校、江南造船集团职业技术学校、沪东中华造船集团高级技工学校等学校就读。截至6月12日,共有1271名地震灾区适龄儿童少年来沪插班就读。其中幼儿园103人,占总数8.1%;小学729人,占总数57.3%;初中376人,占总数29.6%;高中63人,占总数5.0%。上海市教育部门、各高校认真做好家在地震灾区的学生慰问和关爱工作,用关心、爱心、暖心抚慰来自地震灾区家庭并受到影响的每一位学生。市科教党委、市教委在第一时间迅速动员本市各高校行动起来。各高校及时开展了对于家庭受灾学生的帮困救助工作,确保受灾学生生活正常。同济大学、电力学院、二工大等学校设立了专项困难补助金,及时向受灾学生发放现金、电话卡和慈善爱心券;复旦大学为每位受灾学生发放面值200元的亲情电话卡和500至1000元补助金;华东师大针对每一名受灾学生制定了不同的帮困组合方案,通过助学贷款、勤工助学、助学金、学费减免等多种途径进行帮困解难;建桥学院免去受灾学生的本学年学费,并每月给予300元生活补贴费。根据教育部安排,上海市的部属高校和市属高校增加灾区尤其是受灾延考区的招生计划;中等职业学校招生向灾区学生倾斜。上海部属高校和市属高校都将已经确定的四川省招生计划按照8∶2拆分,取其中的20%单独作为受灾地区的招生计划,另外再增加2%招生计划用于受灾延考区的招生。

上海市招募心理援助志愿者赴灾区开展心理援助,文艺界积极组织开展赴灾区慰问演出活动,慰问关爱灾区群众。5月14日上午,卫生部组建灾后心理干预医疗队深入灾区,上海精神卫生中心张海音和范娟两位医生被指定参加首批10人心理干预医疗队。6月1日上午,中共上海市委宣传部副部长陈东率领由上海9家文艺单位15位艺术家组成的慰问团,赴绵竹重灾区慰问了战斗在第一线的上海救援队、解放军指战员和灾区学校的孩子们。6月2日起,共青团上海市委开展上海青年志愿者亲情陪护行动,800余名青年志愿者为上海收治的306名灾区伤员提供亲情陪护和心理援助服务。6月5日,由上海市慈善基金会、上海市教育委员会、四川省教育厅共同举办的“爱让城市更美丽——沪川百名校长、教师夏令营”活动在华东师范大学举行。该夏令营以心理康复培训为主,邀请了华东师范大学心理教育专家,为在四川地震中造成心理创伤和影响的灾区中小学师生开展有针对性的心理疏导培训。

上海市认真做好到沪投亲靠友人员的安置等工作。截至6月18日16时,上海市已接待来自灾区投亲靠友人员共计866户1993人。其中男性856人,女性1137人;18岁以下699人,18至60岁673人,60岁以上621人。很多社区推出各种个性化举措帮助灾区群众,让他们在异乡也能感受到家的温暖。

上海市劳动社会保障、工会等部门采取多种措施,做好就业援助工作,对在沪灾区务工人员实施帮扶。5月21日,上海市农民工工作联席会议办公室下发通知,对来自地震灾区的在沪农民工实施一次性特殊帮困救助。5月28日,上海市劳动保障局下发紧急通知,对切实做好地震灾区来沪农民工工资支付工作作出部署,要求用人单位对有返乡意愿并需结清工资的灾区农民工,在其离开单位时一次性及时予以结清。上海各级工会全面排摸在沪灾区农民工情况。坚持在沪灾区农民工情况每日上报制度,及时了解其家庭受灾情况。19个区县和一些农民工就业群体较多的产业集团共排摸受灾务工人员6.6万余人,他们不同程度地存在亲属遇难、家庭成员受伤和财产受损等情况。各级工会共安排专项帮扶资金5332万元,向18555人次在沪灾区农民工实施帮扶援助,走访慰问16076人次,慰问金额达479.2万元。奉贤、卢湾等区总工会给予灾区在沪农民工每人500至1000元补助。黄浦、普陀等区总工会向直系亲属伤亡严重的受灾职工进行慰问。市总工会下发通知,要求各级工会督促相关企业为急需返乡的农民工及时足额结清工资;尽可能为返乡农民工提供带薪假期,不得随意解除劳动关系,让其处理好善后事宜能重返工作岗位;配合劳动监察部门查处侵害农民工权益的行为,切实维护来自灾区农民工的合法权益。

新闻宣传报道是抗震救灾的又一重要战场。国务院抗震救灾总指挥部以及四川、甘肃、陕西等受灾省份迅速建立健全抗震救灾新闻发布机制,及时准确客观地向国内外媒体发布灾情和抢险救灾进展情况,做到信息公开透明,为抗震救灾工作营造良好的舆论氛围。广大新闻工作者,包括上海的新闻工作者克服重重困难第一时间深入灾区一线,全面真实地报道广大军民不屈不挠、团结奋斗的民族精神和英雄事迹,激发凝聚了全国人民包括上海人民的情感和力量。5月13日起,上海的各类媒体紧密配合,制作招风旗、标语横幅、灯箱、救灾捐赠广告牌,置于重点公交线路、商业中心、标志性文化设施、重要行政机关、商务楼宇,全面宣传抗震救灾。上海文明网、东方网、上海热线等沪上大型网站连续在首页醒目位置打出宣传口号、播放抗震救灾宣传片。夜晚,家家户户围在电视机旁与灾区人民、抢险的人民解放军指战员、公安消防部队、医疗救援人员声息相通。5月15—18日,东方卫视每天早上7点到次日凌晨1点,打通全天版面,实施全天新闻大直播。5月15日,东方明珠移动电视特别制作播出上海市红十字会人道救助基金专用账号、热线电话的宣传短片,全天分30次在黄金时间滚动播出。上海有1200万人次通过装有东方明珠移动电视的公交车、出租车及楼宇,随时随地看到捐款账号及热线电话。5月15日,《解放日报》与四川省政府驻沪办联合四川媒体共同推出的"大地震后爱心寻亲"活动,在60万川籍在沪经商务工人员中引起强烈反响。数百人通过《解放日报》、四川省政府驻沪办、成都商报、四川在线公布的爱心寻亲热线和网站，给予或咨询四川地震灾情，或倾诉对受灾亲人的思念，或急切寻求打听受灾亲人信息的帮助。上海各家出版社迅速策划编辑了一批抗震救灾图书选题，包括上海文艺出版社的《生命的感动——我们与汶川同在》，上海大学出版社的《生死不离——汶川抗震救灾纪实》，上海锦绣文章出版社的《心疼的灯光》，华东师范大学出版社的《惊天地·泣鬼神——5·12 大地震诗抄》，上海三联书店的《地震灾后 100 个特别提醒》，文汇出版社与 17 家媒体出版社共同署名出版的《大爱感动中国——汶川大地震纪实》。自 5 月 16 日起，上海各大网站首页纷纷在醒目位置，打出整屏横幅："同饮长江水，川海血脉情——上海千万网民抗震救灾爱心集结"。该活动由中共上海市委宣传部、上海市网宣办、上海市政府新闻办等 15 家网络文化建设和管理联席会议成员单位组织发起，由东方网、上海热线、解放网等 30 多家网站联合主办。据不完全统计，截至 20 日 12 时，活动覆盖网民数量已超过 500 万人次，参与活动的网站也在不断增加。在这场寓意上海网友与四川等灾区同胞心手相连的申城互联网抗震救灾统一行动中，各大网站充分发挥自身特色，第一时间发布新闻报道，组织爱心活动。

在伟大的抗震救灾精神鼓舞下，在充满大爱、气壮山河的国家行动中，上海前方后方众志成城，前方抢险救灾队伍置生死于度外，后方提供救灾物资源源不断，并做好灾民安置、伤员救治工作，奉献对国家对人民的无限忠诚，对灾区生命的无疆大爱。上海市全市的抗震救灾行动得到了中央领导和灾区群众的赞扬。参加抢险救灾的复旦大学附属华山医院中德红十字会野战医院、上海市援建汶川地震灾区绵阳陇南过渡安置房现场指挥部、解放军第 411 医院抗震救灾医疗队、上海市公安消防总队赴川抗震救灾救援大队等 4 个集体，姜亦山、王晋超、范存义、何晓、周庆阳等 5 位个人受到中共中央、国务院、中央军委的联合表彰。蔡茗升、李国忠、赵华强 3 位个人受到四川省委、省政府表彰。中德野战医院在都江堰收治周边伤病员 7.2 万人次，被都江堰人民称为"生命驿站""生命的守护神"。

二

"一方有难，八方支援"。"风雨同舟，生死与共"。灾难面前，充分彰显出中华民族万众一心、共克时艰、守望相助的伟大民族精神。抢险救人阶段，人们翘首企盼更多生命奇迹出现的同时，纷纷捐款捐物赈济灾区。党和国家领导人带头捐献。举国上下，人不分男女老幼、地不分天南海北，自发的和有组织地积极捐钱捐物，筹办募捐活动，无偿献血，出人出钱出力，大灾大难面前形成了全社会共同参与的赈灾捐赠高潮。

上海市民的心同样无时无刻不在紧紧牵挂着灾区，情紧紧联结着灾区。市领导带头，人民群众响应，机关、商店、工厂、港口、码头、车站、学校、部队、社区、居民区，只要是有人群的地方就纷纷自发和有组织地为灾区慷慨解囊捐赠款物。其情其景感人至深。全国性向灾区大规模的捐赠活动从

2008年5月13日开始至10月14日基本结束。上海的普通群众把省吃俭用存下来的钱物捐给灾区。20世纪50年代的全国劳动模范、87岁高龄的张金妹在孙儿的搀扶下，捐出2个月4000元的退休工资。已有60多年党龄的退休伤残军人吴邦盛，将节俭下来的10万元捐给了灾区。上海癌症康复俱乐部的会员，虽身患癌症需要治疗，仍坚持捐款14万元。上海普陀区抗震救灾捐助接收点收到上海悦苗残疾人寄养园老师和智障孩子捐款2236.5元。卢湾区红十字会收到江西打工人员小胡的2万元捐款。上海提篮桥监狱2000余名服刑人员自发从劳动改造所得中捐出65212.8元。上海市退休教师沈翠英捐出147.82平方米住房拍卖款450万元。她说，把房款捐给灾区"比留给孙子孙女更有意义"。5月13—15日3天，全市各献血点共有近万名市民无偿献血，采血量220万毫升，日均3000余份。5月19—21日为全国哀悼日。哀悼更净化了广大市民的心灵，唤起了无疆大爱，捐赠活动达到高潮。20—24日5天时间，全市共捐赠7.77亿元。截至5月21日上海共发运衣服25.5万件、被子(含睡袋)2.49万条。6月2日利用赈灾资金向上海纺织集团紧急采购5.45万套衣裤、5.99万床毛巾被运往灾区。社会名人姚明、刘翔、秦怡等都慷慨捐款。105岁的革命老人夏征农委托女儿向灾区学生捐赠价值10万元的学生服。已故著名作家巴金的子女以巴金本名"李尧棠"的名义捐款，延续巴老的爱心。驻沪部队的驻沪三军、解放军94826部队、南京政治学院上海分院、驻沪海军基地、上海警备区、第二军医大学的干部、战士纷纷向灾区捐款捐物。

企业捐赠十分踊跃，无论是上海地方企业、驻沪央企、外地在沪企业、港澳台资企业、外资企业，还是民企，均捐款、捐物。上海地方企业百联集团、振华港口机械(集团)股份公司、绿地集团、上海汽车工业集团、上海烟草集团、上海电器集团、上海国际港务集团、光明食品有限公司、上海证交所、中央企业宝钢等，港澳台资企业香港世茂集团、瑞安集团、永恩投资(集团)有限公司达芙妮中国总部、台资上海大润发、上海震旦公司等，分别捐资1000万至3000万元不等。上海佛教、道教、伊斯兰教、天主教、基督教界捐赠大批善款。5月13日，佛教、道教、伊斯兰教、天主教、基督教五大宗教团体负责人到市红十字会捐款280万元。11月27日上海市玉佛寺又向都江堰市慈善会捐赠善款600万元。行业协会也积极组织捐献款物，仅5月25日一天，上海通信广播电视行业协会、上海海外联谊会、上海福建商会、上海四川商会、上海石材行业协会、上海市集成电路行业协会、上海保健品行业协会、上海市科技企业联合会共捐款3.48亿元，其中最多的捐款9600万元，最少的捐款1100万元。

赈灾期间，上海的机关、社会团体还举办了一系列的赈灾活动，上海市委宣传部、上海市精神文明办公室等13家单位联合举办了"血脉相连众志成城——2008年上海市社会各界赈灾义演晚会"；市妇联举办了"伸出你的手，献出你的爱——上海市妇联系统支援四川省地震灾区爱心捐款行动"；市信息化行业协会工作党委联合巾帼园和上海炎黄文化研究会朗诵艺术委员会举办了"川之情、海之声——心系震区"赈灾义演；卢湾区在淮海路无限度广场举行"情系汶川——卢湾在行动"抗震救灾义演募捐活动；上海文化名人举行赈灾义演义捐晚会等等。这些活动既凝聚人心抗震救灾，也募集了大量款物捐给灾区。活动表达了上海人民与灾区同胞“共饮一江水，同援一家亲”的深情。

为了援助灾区，5 月 27 日上海市政府号召全市机关公务员厉行节约，全市市级机关经常性预算开支削减 10%，停止新增公务用车。鼓励 19 个区县机关经常性经费预算开支压缩 5%，削减压缩下来的资金全部用于抗震救灾。在灾区伤员千里转运外地救治期间，5 月 26—28 日，两批共 307 名四川地震灾区伤员空运上海，分别被安置在中山医院、仁济医院、长海医院等 19 家市级医院治疗，其后除一例 87 岁高龄的伤员外，均康复出院。中共中央政治局委员、上海市委书记俞正声，市委副书记、市长韩正，市人大常委会主任刘云耕，市政协主席冯国勤，市委副书记殷一璀分别带队看望慰问伤病员。俞正声说，医治、照顾好灾区伤员，帮助灾区人民重建家园、恢复生产，是上海义不容辞的责任和义务。赈灾期间，上海的中国共产党党员还参加了“特殊党费”缴纳活动，接受了特殊的党课教育。5 月 18 日，中共中央组织部下发《关于做好部分党员交纳“特殊党费”用于支援抗震救灾工作的通知》，次日，中央组织部率先在全国组织系统开展了自愿缴纳抗震救灾“特殊党费”的活动。上海党的各级组织纷纷响应，党员踊跃捐赠，截至 9 月 8 日，上海全市有 1067854 名党员交纳“特殊党费”，占全市党员总数 1586818 名的 67.35%，总金额 297789408.8 元，其中一次性交纳 1000 元以上的就有 109012 名党员。

截至 10 月 14 日全国性捐赠活动结束，上海市共收到社会捐赠款 25.25 亿元，款物折合 27.6 亿元，有力地支援了灾区的抗震救灾、灾后重建。

汶川特大地震发生后的生命救援、群众安置、灾后重建是中华民族创造的历史奇迹，也是人类与自然灾害斗争史上的奇迹。中国人民抗震救灾、上海人民与灾区人民心手相连的伟大壮举将永远彪炳史册。万众一心、众志成城，不畏艰险、百折不挠，以人为本、尊重科学的伟大抗震救灾精神，将永远激励中华民族勇往直前，在建设中国特色社会主义道路上不断从一个胜利走向更加辉煌的胜利。上海“海纳百川、追求卓越、开明睿智、大气谦和”的城市精神在这次抢险救灾、社会捐赠中得到进一步发扬，为城市应急管理，集中力量办大事办特事，为对口支援西部地区等积累了极有价值的经验，成为建设上海这座现代化国际大都市征程上的宝贵精神财富，成为更好地按照中央统一部署做好服务全国工作的宝贵精神财富。

一切为了灾区、一切服务灾区

——上海市指挥部署抗震救灾

汶川特大地震后，上海市按照党中央、国务院的部署，积极组织实施抗震救灾各项工作。

5 月 12 日晚，中共上海市委、市政府立即召开紧急会议研究部署动员，中共中央政治局委员、市委书记俞正声，市委副书记、市长韩正指示成立上海市救灾援助指挥协调工作小组，负责统筹、协调支援灾区有关工作。次日，中共上海市委、市政府成立上海市救灾援助指挥协调工作小组，由市政府应急办、市政府合作交流办、市经委、市民政局、市卫生局、市建设交通委等 21 个部门和单位组成，协调工作小组办公室设在市政府应急办。市政府副秘书长沙海林任组长。协调小组下设物资统筹、交通运输、宣传报道、社会捐赠、救助协调、综合联络、简报编写 7 个小组。同日，上海市 19 个区县成立由区（县）委、区（县）政府主要领导为组长的抗震救灾捐赠工作领导小组。各级捐赠领导小组层层设点布网，逐一落实专人坚持 24 小时值班制度，形成市、区（县）、街镇、居村四级网络覆盖。当晚，受韩正委托，副市长赵雯赴市旅游委了解在震区的上海旅游团队情况。14 日，上海市政府办公厅发出《关于成立上海市救灾援助指挥协调工作小组的通知》。沙海林担任组长，市政府办公厅副主任、市应急办主任盖国平，市政府合作交流办副主任周贤行，市经委副主任张新生，市民政局副局长张喆人，市卫生局副局长李卫平，市建设交通委副主任孙建平等担任副组长。成员有市发展改革委副主任吴振国、市财政局副局长赵伟星、市教委副主任莫负春、市政府新闻办副主任王建军、市公安局指挥部主任胡顺康、市食品药品监管局副局长葛美君、市交通局副局长葛明明、市旅游委副主任沈山州、市地震局副局长王建军、上海铁路局副局长应慧刚、民航华东管理局局长夏兴华、上海机场集团副总裁汪光弟、上海邮政公司总经理王观锠、东方航空公司副总经理樊儒、上海航空公司副总经理顾佳丹。协调工作小组下设办公室，设在市应急办。协调工作小组在市委、市政府的领导下，负责统筹、协调上海市支援灾区各项工作，组织动员全市力量积极参与抗震救灾；负责统筹灾区提出的各项救援需求，协调做好灾区急需、特需物资以及各类救援物资的筹措和运输；负责与上海派往四川省各救援组的总联络和总协调，做好后勤保障工作；统筹中央各部委提出的各项救援任务和要求；协调全市性跨部门抗震救灾重大活动；负责全市面上信息汇总工作，协调上海市新闻媒体做好抗震救灾舆论引导；承办市委、市政府交办的其他救灾事项。晚上 8 时，上海市政府副秘书长、协调工作小组组长沙海林主持召开协调工作小组第一次全体会议。会议明确了协调工作小组有关运转机制和各成员单位的分工职责，并对物资调运、队伍组建、信息联络、舆论宣传、社会安抚等工作进行了具体协调部署。

5 月 13 日，俞正声在上海市双拥表彰会上指出：上海是全国人民的上海，上海有今天的发展，得益于全国人民的支持，灾区有难，上海人民、上海各级党委和政府应该响应中央号召，尽最大力量，全力以赴支援灾区人民。同日，中共上海市委办公厅、市政府办公厅发出《关于全力做好支援四川抗震救灾工作的紧急通知》。要求全市各有关方面坚决贯彻中央要求，以高度的责任感和大局意识，发扬“一方有难，八方支援”的精神，积极主动、全力以赴做好支援四川抗震救灾工作。上午，按照市长韩正、副市长胡延照的要求，市政府秘书长姜平、副秘书长范希平召开市政府抗震救灾紧急会议，市政府应急办、经委、卫生局、民政局、财政局、政府新闻办、上海航空公司、东方航空公司、上海铁路局派人出席。会议传达俞正声和韩正“尽快组织采购物资发运”，“抓紧筹运，尽快发出，药品物资按灾区需要，听听各方情况，按灾区需求和中央的要求，尽一切可能帮灾区”的批示。各有关部门紧急行动。下午，上海市副市长沈晓明专题听取市卫生局、市红十字会关于支援抗震救灾工作情况的汇报，要求市卫生局、市红十字会抓紧组织应急医疗队伍和救灾物资，摸清情况、有序投入，为抗震救灾工作做出积极贡献。

同日，按照中共上海市委、市政府对援助四川抗震救灾工作的统一部署，上海市政府合作交流办公室以上海市政府驻重庆（川渝）办事处和市政府驻成都联络处为基础，调派委办工作力量，建立上海援助四川抗震救灾成都工作站，由市政府驻重庆（川渝）办事处主任姚新兼任工作站站长。主要负责与四川省抗震救灾有关部门沟通，了解灾区紧缺物资情况，配合灾区伤员转运上海，做好上海有关救灾援助物资的接收、转运和移交，为上海派往灾区一线的各类救灾队伍、志愿者队伍提供应急物资保障和人员进出成都的协调接待服务工作。次日，上海市合作交流办领导分别带队走访四川省和成都市驻沪办事处、四川省灾区有关地市驻沪联络处以及部分川籍在沪企业、川籍人士集中的中央在沪大企业开展慰问，了解地震灾区最新情况以及救灾需求，协助做好有关社会稳定工作。同时，推动与受灾城市结成友好城区的有关区县主动对接，形成市区联动支援四川抗震救灾的工作合力。次日派遣工作组赴四川成都，会同市政府驻重庆办事处、驻成都联络处共同做好上海市援助抗震救灾物资转接、上海市赴川援助人员接待等协调保障工作。

5 月 15 日下午，沙海林主持召开协调工作小组例会，听取有关工作进展汇报，协调落实有关具体事项，强调要充分发挥协调工作小组的综合协调作用。会议明确了 7 个专业组的牵头单位和工作任务：物资统筹组，由市经委牵头，市发改委、市财政局、市食品药品监管局等参加。主要工作是依托上海市重要商品储备机制，协调灾区急需、特需物资以及各类应急物资的筹措；统筹本市支援灾区的应急物资交通运输组，由市建设交通委牵头，市交通港口局、上海铁路局、民航华东管理局、上海机场集团、上海邮政公司、东方航空公司、上海航空公司等参加。主要工作是统筹全市运能，协调上海市航空、铁路、公路等运输单位，负责向灾区运送各类应急救援队伍和应急物资。宣传报道组，由市新闻办牵头。主要工作是掌握舆情和舆情引导工作；负责向新闻媒体提供上海市救灾援助工作信息，组织开展相关宣传报道。社会捐赠组，由市民政局牵头。主要工作是统筹协调上海市社会捐赠工作；

负责动员社会力量,做好救灾援助工作。救助协调组,由市卫生局牵头,市公安局、市食药监局、市地震局等参加。主要工作是统筹协调上海市医疗救护、抗震救灾等专业队伍保障等工作;掌握震情信息和抗震救灾进展情况,负责医疗救护、防震减灾等技术层面有关工作;配合宣传报道组开展抗震救灾宣传。综合联络组,由市合作交流办牵头,市教委、市旅游委等参加。主要工作是负责与灾区政府建立沟通机制;负责上海市在灾区各救援队伍的联络、协调工作,做好有关后勤保障工作;协调灾区在沪各类人员的安抚慰问工作;做好本市在灾区游客的联系、安抚工作。简报编写组,由市政府办公厅牵头。主要工作是负责全市面上信息汇总工作;负责编写指挥协调工作小组工作简报。会议明确了协调工作小组日常工作机制。一要建立集中办公机制。办公室设在市应急办,各组成单位派员相对集中办公,以每日例会形式通报情况、协调问题、安排任务。二要建立全市统筹制度,各单位的救灾援助工作包括物资调配、运能安排、信息发布等统一报协调工作小组后进行统筹安排。三要建立信息报送、发布制度。各组成单位每天将有关情况集中上报协调工作小组,经汇总整理后统一报送,并经由市新闻办对外提供新闻素材,加强宣传报道。同时,沙海林与四川省政府秘书长于伟通电话,通报上海市委市政府主要领导极为关切灾区的情况,已建立协调工作小组负责统一协调指挥上海方面的救灾援助工作,并重点对上海救灾物资进灾区等需四川方面协助的情况沟通交流。当晚,上海市政府办公厅、市政府应急办向国务院抗震救灾总指挥部报告,并致函四川省政府办公厅,通报根据市委、市政府的要求,市有关部门组建完成了25支抗震救灾专业救援队伍,可根据需要随时投入抗震救灾战斗,并主动请战,表示上海市各专业救援队伍可随时听从调遣,在国务院抗震救灾总指挥部统一指挥下参与灾区一线救援、救助活动,为夺取抗震救灾胜利贡献力量。截至本日晚,上海市已派出200名公安特警、407名公安消防队员和109名医疗救护人员奔赴四川灾区参加抗震救灾工作。

5月16日下午,根据市委常委会有关要求,姜平、沙海林召开协调小组工作会议,要求认真贯彻市委常委会精神,立即开展对各赴灾区救援队伍家属的慰问活动。当晚,中共上海市委常委、市委宣传部部长王仲伟致电各新闻媒体领导,请他们转达对奔赴抗震救灾第一线新闻工作者及其家属的慰问,并要求及时关心前、后方处在繁重工作岗位工作同志的身体和生活情况,搞好后勤服务、生活保障、安全提醒和安全防范。至17日11时,中共上海市委常委、统战部部长杨晓渡,市长助理、市公安局局长张学兵在市公安局指挥中心大厅与正在灾区现场的上海市公安消防总队队长陈飞通话并慰问上海消防救援队员。14时30分,张学兵再次与陈飞通话,代表市公安局党委慰问上海消防救援队员,并详细询问抢险救援工作的情况。16时,各救援队伍派出单位已通过上门走访、电话联系等方式基本完成家属慰问工作。18日下午,沙海林召开协调工作小组例会,强调要认真贯彻市委书记俞正声批示要求,切实做好上海社会各界捐赠款物的管理交接工作,进一步依法规范款物接收、转交、发放的程序,做到每笔款物都有案可查,每笔款物都找得到经办人,让人民群众放心,经得住历史检验。援助灾区的有关物资要做到"两个集中",即上海市各个条线的援助物资要集中到协调工作小组统筹,四川省各条线、各地区的援助物资需求要集中到省政府统筹。

5 月 19 日上午,俞正声打电话给沙海林,详细询问上海市赴灾区救援人员的工作、生活情况,表达出对前方人员十分牵挂的心情,叮咛协调工作小组一定要高度重视、切实关心前方救援人员的健康安危,形成全市合力,全力以赴做好后勤保障工作。与此同时,韩正到协调工作小组办公现场,要求协调工作小组尽快研究派遣轮换的后续队伍,以保证前方救援人员身心健康。肯定协调工作小组近阶段的工作,对协调工作小组的全体人员表示感谢和慰问,并要求全体人员胸怀灾区人民,再接再厉,充分发挥协调工作小组的功能作用,统筹协调全市力量,有序、有力、有效推进救灾援助工作,为夺取抗震救灾全面胜利贡献力量。同时,沙海林立即召开协调工作小组专题协调会议,部署前线救援队伍轮换、后勤保障和组织协调等工作。会议决定:一要立即健全通信指挥系统,确保一线救援队伍信息畅通。建立以市民政局 VSAT 应急指挥车为骨架,以协调工作小组为后方枢纽、以上海援助四川抗震救灾成都工作站为前方枢纽的通讯指挥系统。二要尽快轮换救援人员,确保援助工作高效有序。由市卫生局负责,在第一、二批医疗救援队已开展工作的基础上,抓紧派出第三批医疗救援队,替换首批队员,并抓紧组建第四批医疗救援队。要注意加强与卫生部、四川省卫生厅的沟通协调,按照“先进后出”的原则安排人员轮换,确保救援工作不断、不乱。要根据阶段性工作特点,选派年富力强的专业人员,并适度调整人员结构,当前要增加卫生防疫、心理安抚等方面的医务人员。同时,各医疗队要配备专职的联络保障人员和懂业务的思想政治工作人员。对其他派往灾区的救援队伍、新闻记者的轮换和后勤保障问题,由市应急办、上海援助四川抗震救灾成都工作站负责联络、协调。三要进一步强化现场组织协调,全力做好后勤保障。协调工作小组要加强与上海援助四川抗震救灾成都工作站的联系,成都工作站要加强与各救援队伍的联系,依托上海、以我为主,打通瓶颈,确保各救援队的后勤供应。派市应急办负责人代表协调工作小组,尽快前往四川,加强与当地政府和部队的沟通联系。此外,增派特种车辆和特需物资即赴灾区,做好救援队伍后勤保障工作。

同日,上海市政府办公厅下发《关于加强本市抗震救灾募捐管理的紧急通知》,要求救灾的社会捐赠由民政部门、市红十字会、市慈善基金会等具有法定公募资格的机构及组织负责实施。救灾捐赠、募捐活动及款物分配、使用情况由民政部门统一向社会公布。通知要求,要统一管理抗震救灾募捐,切实规范捐赠行为,严格加强监督检查,以激发和保护广大市民的捐赠热情,保证支援灾区工作有序开展。下午,副市长沈骏召开专题会议,研究落实过渡性安置住房 8 万套建设任务。会议要求各有关方面高度统一思想,充分认识灾区群众极其困难的生活状况和迫切需要,一切为了灾区群众,充分体现上海人民的深情厚谊,坚决完成国家下达的任务。一是成立市支援四川地震过渡性安置住房建设工作小组,由市建设交通委牵头,相关方面密切配合,调派有水平、负责任的精干队伍参与,全力以赴推进该项工作。二是抓紧建立过渡性安置住房现场建设指挥部。市建设交通委派专家前往灾区踏勘现场,加强与当地政府联系,协调过渡性安置住房建设急需解决的相关事宜,切实做好建设前期工作。三是抓紧排摸联系过渡性安置住房建设所需材料的生产、加工单位，保证材料及时供应。同时，加快研究过渡性安置住房材料、设备的运输保障，充分调动企业积极性，千方百计按时间节点完成各期安置房建设任务。四是过渡性安置住房设计要符合建设部有关要求，坚持标准化建设，妥善考虑相关生活配套设施，确保安全、质量和实用。并请市建设交通委抓紧测算安置房建设所需资金。

5 月 20 日上午，副市长屠光绍、赵雯一行到上海市社区服务中心慰问 24 小时轮班工作的捐赠热线工作人员，并前往市慈善基金会看望现场工作人员，向前来捐款的单位、个人表示感谢。

同日，沙海林等一行飞赴成都，指挥上海市救灾援助工作，看望上海赴川参加抗震救灾的部分医疗卫生人员和前方记者。先后看望了市第六人民医院医疗救援队、市仁济医院医疗救援队、市救灾卫星通信保障突击队、上海援助四川抗震救灾成都工作站的全体同志以及上海电视台、东方卫视、《解放日报》《文汇报》《劳动报》《新闻晨报》《新闻晚报》等部分赴川报道的新闻工作者。沙海林转达了市领导的亲切慰问并表示，市委书记俞正声、市长韩正非常牵挂奋战在抗震救灾援助第一线的同志们，多次询问大家的工作情况和身体状况，对于各支队伍的安全和保障也十分关心，希望参与抗震救灾的全体工作人员在出色完成援救任务的同时，也要注意个人安全和身体健康。晚上，沙海林一行拜访四川省副省长黄小祥，转达俞正声、韩正对灾区群众的深切慰问，通报上海援助四川地震灾区抗震救灾有关工作情况，表示上海继续将按照党中央、国务院的统一部署，一切为了灾区、一切服务灾区，尽全力做好抗震救灾各项保障工作。黄小祥感谢俞正声、韩正对灾区人民的关心与帮助，说“患难之中见真情，四川人民永远不会忘记上海人民无私的援助”，并简要介绍了四川省抗震救灾工作情况，提出灾区最紧缺的物资还是帐篷，至少还需要 300 万顶。次日，沙海林一行驱车 800 多公里，先后赴广元、绵阳、德阳、安县等地看望连日奋战在一线的上海医务人员和青年志愿者，转达俞正声、韩正和全市人民的牵挂、关心和慰问，并叮嘱大家在出色完成救援任务的同时，一定要注意安全。24 日，他们走访、慰问了部分上海在川企业的同志。

5 月 22 日下午，韩正召开专题会议，沙海林、陈飞先后介绍上海派往灾区队伍参加抗震救灾工作情况。韩正指出，按照国务院常务会议的要求，当前工作的重点是要坚持两手抓，一手要毫不松懈地抓抗震救灾，一手要坚定不移地抓经济社会发展。抗震救灾仍处于关键时期，我们要认真分析新的形势，研究部署好下阶段本市的救灾援助工作。一是全力做好救援物资的生产、储备和调运，尽最大可能满足灾区实际需求；二是抓紧制定完善相关预案，妥善做好来沪灾民尤其是孤儿、孤老和孤残人员的安置；三是保质保量圆满完成国务院下达的灾区过渡安置房援建任务；四是从灾区实际需要出发，继续组织配置好灾区卫生救援队伍；五是切实做好川籍在沪经商务工人员、学生的安抚工作，有关措施要落实到位；六是进一步健全交通运输“绿色通道”，确保救援物资高效有序运往灾区；七是千方百计筹措救援资金并加强管理，尤其是要厉行节约，努力缩减市区各级机关经常性经费开支用于救灾援助；八是进一步加强舆论宣传工作，着力营造万众一心、众志成城的社会氛围；九是进一步加强信息沟通和面上工作的总体协调；十是切实加强对各类捐赠的监督管理，使其公开、透明地用于支援灾区，体现政府诚信。次日下午，沈骏赴市消防局，看望上海市参加抗震救灾的消防部队官兵。

5 月 26 日上午，韩正主持召开市政府常务会议，研究援助四川地震灾区抗震救灾工作，听取协调工作小组关于上海市援助四川地震灾区抗震救灾工作的汇报。会议要求：一是全力做好灾区急需的救灾物资的生产、运输和储备，尽最大可能满足灾区的需要，此项工作由市财政局统一调度资金，由市经委负责物资的生产和调度，并根据当前救灾特点，调整救灾物资储备。二是进一步健全救灾物资调运“绿色通道”，保证随到随运，同时增加驻成都联络站人员力量，加强有关工作衔接。三是保质保量、按期完成过渡安置房建设任务，此项工作由市建设交通委总负责，市财政局预拨 3 亿元用于周转。四是继续做好灾区伤员救治和防疫工作，从灾区实际需要出发，调整工作重点和人员队伍，同时做好灾区转运来沪伤员的救治、康复工作。五是统筹救灾援助资金的筹措和安排，全市各级机关要坚持厉行节约，市级机关今年经常性预算开支节省 10%，鼓励、支持区级机关经常性经费压缩 5%，用于支援抗震救灾。六是加强全市救灾捐赠的管理，保证全部用于救灾，捐助资金要归口归集，审计、监察等部门要加强全过程监管，并接受全社会监督，使之做到公开透明。七是全力做好来沪受灾群众的有关工作，精心安置好来沪的孤儿、孤老、孤残。八是切实做好川籍在沪务工人员、学生的安抚工作，已出台的有关政策措施要落实到位。九是进一步做好舆论宣传工作，着力宣传灾区人民排除万难抗震救灾、上海全力以赴援助灾区以及全市人民万众一心支援灾区共渡难关的感人事迹。十是进一步加强救灾援助工作的统筹协调和领导，协调工作小组要进一步加强面上工作的总体协调和信息沟通。

5 月 27 日，俞正声在市委有关会议上强调指出，抗震救灾正在进入新的阶段，上海要把支援灾区灾后重建工作放在重要位置，主动请战，对对口支援县市做好长期帮助恢复重建的准备，该出队伍就出队伍，该出钱就出钱，同时要帮助对口支援县市恢复造血功能，完成好中央交给上海的任务，为灾区恢复重建作出上海应有贡献。俞正声指出，全国是个大家庭，上海也是灾区群众的家乡。要认真做好灾区来沪伤员救治工作，解决好灾区来沪学生的读书问题。要加快生产、调配、运送灾区急需的各种救灾和恢复重建物资，要关心救灾物资生产企业，帮助企业解决实际困难。次日下午，俞正声、韩正、市委副书记殷一璀分别带队至上海部分医院和企业，看望四川转移来沪的伤病员，察看灾区急需物资的生产情况。同日，韩正号召全市机关公务员厉行节约，全市市级机关经常性预算开支削减 10%，停止新增公务用车，鼓励 19 个区县机关经常性经费预算开支压缩 5%，削减压缩下来的资金全部用于抗震救灾。

5 月 28 日下午，沙海林召集市经委、市建设交通委、市民政局、市卫生局、市合作交流办、市政府新闻办、市应急办等 23 家部门和单位召开协调工作小组第三次全体会议。沙海林指出，协调工作小组成立两周来，在市委、市政府的正确领导下，在市委书记俞正声、市长韩正直接具体的关心指导下，全市上下共同努力，救灾援助工作总体运行有序、有力、有效。会议明确，下阶段救灾援助工作要做到六个“更加突出”。一是更加突出重点。要有效使用人力、物力、财力，集约配置各种社会资源，重点解决好灾区最急需、最根本、最关键、最重要的问题，比如帐篷生产供应、过渡安置房援建等。各相关部门要更主动、更自觉、更务实、更加创造性地投入工作。二是更加突出统筹。各部门、各单位要加强信息的及时沟通报送，形成协调小组汇总、前后方衔接、条块信息互通的机制。要主动加强与国务院各部委、四川省政府、成都市政府和即将明确的对口支援地区的沟通、联系。要进一步加强前方协调，紧紧依靠各职能部门，充实、优化上海市援助四川抗震救灾成都工作站力量配置。三是更加突出实效。要注重救灾援助工作的实效性，把发挥实际效果作为衡量救灾援助工作的标尺。四是更加突出监管。要加强救灾援助涉及资金、物资的监管，政府部门的所有操作程序要体现规范运作、公开透明，并主动接受审计、监察等部门监管，切实维护好政府的公信力。五是更加突出科学。要树立科学救灾援助的理念，援助工作不仅要雪中送炭、及时有效，更要考虑到灾区的今后发展。要帮助对口支援地区恢复造血功能，使援助效果可持续、最大化；要在前一阶段物资、设备等硬件援助的基础上，充分发挥上海人力、智力、资源优势，在心理抚慰、城镇规划、教育培训等方面进一步加大工作力度。六是更加突出宣传。要整合前方新闻报道队伍，维护好采访秩序。进一步弘扬万众一心、齐心协力抗震救灾、恢复重建的主旋律，坚持正确的舆论导向，掌握舆论主导权。要加强对抗震救灾英模人物和典型事迹的报道，进一步在全社会营造“一方有难、八方支援”的氛围，激励全市广大干部群众为灾区恢复重建作出新的更大贡献。会议还对进一步发挥协调小组统筹协调作用，加强信息沟通，强化捐赠管理，规范经费结算和充实上海援助四川抗震救灾成都工作站力量等进行了具体部署。30日下午，胡延照专门听取市民政局关于抗震救灾工作的情况汇报，并对下一步相关工作进行部署。当晚，沙海林召集市发改委、市建设交通委、市财政局、市交通局、上海交运集团、市应急办研究抗震救灾公路运输价格问题。

5月31日，俞正声、丁薛祥、沈骏先后到奉浦钢结构工程有限公司和上海洋帆实业有限公司，察看上海救灾物资生产情况。俞正声指出，上海要按照党中央、国务院的要求，把支援灾区恢复重建工作放在重要位置，千方百计、全力以赴生产灾区急需的各种救灾和恢复重建物资，为支援灾区作出应有贡献。

6月2日上午，韩正出席市政府工作会议，强调当前工作要坚持“两手抓”。一手抓好支援灾区抗震救灾和灾后重建各项任务的坚决落实，一手抓好全市经济社会发展各项措施的有力推进。关于支援灾区工作，要按照中央要求和灾区需求，重点落实好以下工作：落实灾区急需的救灾物资，帮助生产企业克服困难全力生产；按“三包”“三保”要求，抓好第一批8万套安置房建设，以及后续建设任务；落实全市各级机关经常性经费压缩任务，全部用于灾后重建；完成上海市承担的灾区防疫任务；做好在沪伤员的医疗、救治和康复工作；落实四川籍在沪务工人员、学生的安抚政策举措；严格社会捐赠救灾款的使用管理,加强监管和审计,并向社会公布;做好灾后重建对口支援的各项准备工作;加强物资运输保障和前方援建人员的后勤保障;加强宣传引导,创造良好的舆论氛围。

6月5日下午,沙海林召集市建设交通委等部门召开会议,专题研究前阶段救灾援助经费结算问题。会议要求,各有关部门要根据任务发出的主体对已发生费用进行归类、清理和结算,发生的费用经清理后,严格按程序报批,并根据中央有关部委明确的规定,从财政和社会捐赠资金等来源中合理支出。整体援建工作要同即将明确的上海市对口援建任务结合,早考虑、早安排、早打算。民政、财政要完善有关资金管理办法,指导各部门合理使用资金,确保实现科学救灾、可持续救灾。同日,上海援助四川抗震救灾成都工作站工作人员深入绵阳、北川等地受灾群众安置点,实地了解到安置点急需电风扇、藿香正气水等防暑降温用品以及煤气、太阳能热水器等淋浴设备。另外,工作站工作人员历时10个小时,先后到绵阳、北川等地受灾群众安置点,给灾区群众送上了由新闻午报社与易初莲花超市有限公司联合捐助的4万个上海粽子。次日,上海援助四川抗震救灾成都工作站各组认真做好各项工作。联络组联系在绵阳、都江堰灾区上海各救援队情况,提前做好应对唐家山堰塞湖泄洪险情的防范措施;物资组认真做好应急物资准备;信息组起草阶段工作总结并布置站内宣传。

6月9日,俞正声、韩正听取协调工作小组汇报,指示立即成立对口支援前期工作调研组。次日晚,沈晓明召集对口支援前期工作调研组召开会议,沙海林、翁铁慧参加会议。根据俞正声、韩正指示精神,由沈晓明、沙海林带队,市应急办、市发改委、市建设交通委、市教委、市旅游委、市卫生局、市民政局、市政府合作交流办、市水务局、市市政局等部门领导和职能处室负责人以及建科院、现代建筑设计集团、同济大学的专家组成对口支援灾区前期工作调研组,6月11—13日赴四川省都江堰市开展工作。调研组主要任务:一是全面掌握上海市对口支援的都江堰市基本情况并实地走访察看灾情;二是对一些近期可以启动的援助项目,比如学校、卫生站等进行深入了解,争取能基本确定下来;三是对都江堰市要求上海援建的基础设施、景点修复等项目所需的资金、队伍等进行初步判断。四是尽快汇总当地援助项目的需求,提出上海市对口支援的工作方案,为中央对口支援工作会议以后市委常委会决策提供依据。为此,沈晓明召开准备会议,对调研工作作出安排,指出这次调研的总体工作要求是按照俞正声和韩正的指示精神,深入实地、深入了解、深入讨论,确保全面、顺利地完成此次调研任务,为下阶段全方位的对口支援打下坚实基础。要求:一是尽可能全面、翔实摸清都江堰市与对口支援相关的各方面情况,要一个猛子扎到底,尽可能实地察看,尽可能多的、完整的了解当地房屋破坏、市政设施损毁等受灾情况,了解当地重建规划、计划和具体需求、恢复重建资源,包括建设设备、材料、劳务队伍、交通运输、建设管理程序等,也要基本摸清灾民安置的总体情况和主要困难,了解当地政府和灾民对安置方面的想法。二是对教育、卫生等项目,要进一步明确援建哪些学校、医院,了解这些项目的具体地理位置、地貌地形、建设条件、设施的服务半径、建设标准等,援建计划要和对口单位基本敲定。三是对当地政府部门提出的其他项目需求,各专业小组之间要加强沟通协调，各部门要及时报告后汇总，有关援建任务要在市委、市政府的统一部署下统筹安排。四是明确定位，对口支援主要是以项目为主，不搞大包大揽。在重建过程中，我们主要是配合、支持，但又要保证建设质量。五是对教育、卫生的援建做到软硬件并举，既要考虑硬件建设，也要考虑人才培养，当地部分歇业、停课的医生、教师可以考虑安排到上海进修。六是虚心听取当地的意见和建议，充分尊重对方，协商要平等，给当地留下好的印象。七是考虑到灾区的实际情况，要充分体谅灾区的困难，接待和安排尽可能自己解决、自己保障，工作上要低调简朴，尽可能减少对当地政府部门的麻烦和干扰。八是注意安全，尽管现在当地的安全问题已经不像开始那样突出，但毕竟还有余震，希望大家确保安全。

6 月 14 日上午，韩正召开专题会议，研究上海市对口支援都江堰灾后重建工作。会议明确，要坚持以项目为主线开展对口支援各项工作；首批援建项目中把解决民生问题的项目作为重中之重；成立市对口支援领导小组；现有的协调工作小组充实力量，转为对口支援指挥部；抓紧成立专家组指导对口支援有关工作。

15 日，上海市召开党政负责干部大会，俞正声、韩正讲话指出，要继续做好抗震救灾工作，全力做好对口支援工作。上海承担对口支援都江堰市的灾后恢复重建任务，各有关部门和地区要心系都江堰、聚焦都江堰，把都江堰的繁荣、昌盛、重建，作为上海义不容辞的责任，必须全力以赴，从灾区的具体困难和现实需要出发，积极提供人力、物力、财力、智力等支持，成为都江堰坚实的后盾，为恢复重建提供强大的支撑力。要继续做好灾区伤员的救治工作和临时安置房的建设工作。16 日，韩正主持召开市政府常务会议，研究对口支援都江堰市灾后重建等工作。听取并原则同意协调工作小组、市发改委《关于本市对口支援都江堰市灾后重建有关调研情况汇报》。决定成立对口支援都江堰市灾后重建领导小组，下设办公室作为援建工作总指挥部。组建对口支援都江堰市灾后恢复重建专家小组。研究制定对口支援资金管理办法。

6 月 17 日，中共上海市委举行常委会，听取并审议对口支援前期工作调研组关于对口支援都江堰市灾后重建有关调查情况的报告。俞正声主持会议并讲话指出，上海要坚决执行中央决定，按照中央要求，加快行动，做好对口支援都江堰灾后重建工作，努力走在全国前列。要明确对口支援的方针、政策和资金管理办法，尽快确定第一批援建项目，做到软项目和硬项目相结合，严把工程质量关，要动员社会各界积极参与灾区学校、卫生、社会福利等公共设施建设。会议研究指出，紧密结合都江堰实际情况，决定成立对口支援工作领导小组，市长韩正任组长，下设上海对口支援都江堰市灾后重建指挥部。当晚，俞正声、韩正会见了从灾区返沪的上海医疗防疫队员，代表市委、市政府向大家在灾区救援工作中的杰出表现表示衷心感谢。俞正声说，上海广大党员干部要学习上海医疗防疫等救援人员在灾区一线表现出的英雄气概，奋不顾身、全心全意为人民服务的精神，继续做好对口支援都江堰灾后重建工作，圆满完成党中央、国务院交给上海的对口支援任务。汶川地震后，同志们按照党中央、国务院和中央军委的决策，根据卫生部、市委的决定，奔赴抗震救灾第一线，在灾区人民最困难的时候，不畏艰险，不怕困难，奋不顾身，勇往直前，反映了中华民族万众一心的传统美德，实践了党全心全意为人民服务的宗旨。同志们到灾区后，在天天有余震、时时有垮塌的艰难环境里，克服供应不足等困难，全心全意为灾区人民服务，赢得了灾区人民的信任和赞誉，大家不愧为人民信赖的优秀医务工作者，不愧为人民的公仆，全国人民、灾区人民、上海人民感谢你们。当前，灾区已经进入灾后重建阶段，上海还有许多医务工作者在灾区承担着医疗防疫重任，希望在灾区的同志继续发扬前一阶段的优良作风，上海的医务工作者要继续做好支援灾区的工作，做好来沪伤病员的治疗救护工作。次日上午，胡延照召开会议，专题研究市民政局、市农委、市合作交流办等相关部门对口支援都江堰灾后重建有关工作。

2008 年 6 月 18 日，上海市对口支援都江堰市灾后重建工作领导小组（以下简称“领导小组”）成立。组长韩正（市长）、副组长胡延照（副市长），成员共 49 人，包括市政府正副秘书长、各有关委办局主任局长、各区（县）区（县）长以及市政府发展研究中心、上海申康医院发展中心、市慈善基金会、市红十字会负责人。领导小组下设办公室，同时为上海市对口支援都江堰市灾后重建指挥部（以下简称“上海援建指挥部”），沙海林兼任办公室主任、总指挥。上海援建指挥部由市委组织部选调干部组成，在都江堰市专设领导小组办公室，具体工作由上海市交流合作办公室承办。上海援建指挥部、领导小组办公室分别以上海市在都江堰（前方）、上海（后方）对口支援都江堰市灾后重建相关事项为主开展工作，并加强相互衔接、强化整体推进。

上海援建指挥部在市委、市政府和领导小组的领导下，承担全市对口支援都江堰市灾后重建工作的总体统筹、指导协调、具体推进的职责，承办领导小组明确的相关工作。主要职责和任务：贯彻落实市委、市政府和领导小组确定的对口支援都江堰市灾后重建工作的重大方针、政策和措施。制订上海对口支援都江堰市灾后重建的工作计划，统筹中央各部门下达给上海各相关部门的援建任务，提出援建项目，编制项目实施、资金使用和年度安排等具体方案。负责总体统筹、指导协调、具体推进上海对口支援都江堰市灾后重建各项援助工作任务。负责统筹协调上海各区县、各有关部门和单位对口支援都江堰市灾后重建各项援助工作任务。负责监督、检查对口支援都江堰市各援建项目的实施和专项资金使用情况。负责领导小组关于对口支援工作的各项会务和文件办理工作，协助领导小组组织实施会议和文件决定的事项。负责起草领导小组关于对口支援工作的工作计划、总结、报告等重要文件。负责与成都市、都江堰市等当地党委、政府的协调、联络。负责统一领导上海在川援建队伍党组织，加强思想政治工作。负责市委、市政府领导和领导小组交办的其他事项。

上海援建指挥部下设 6 个专业组，其中，联络协调组（秘书组）主要工作职责是负责承办指挥部的日常办公事务，并负责协调、联系指挥部各专业组，保障指挥部各项日常工作的正常运转。主要职责：负责指挥部确定的各项重点工作和领导批示件的总体协调、督促检查和情况反馈。负责审核或起草以指挥部名义发布的各类重要文件、通知、总结、计划等。负责指挥部总指挥办公会、指挥部专题会、指挥部全体会议的会务工作，协助指挥部领导组织实施会议决定的重要事项。负责指挥部各类公文的收发、拟办、流转、催办、保管等工作。负责指挥部信息简报的采编、印发和重点工作的宣传报道。负责指挥部领导工作日程和重要活动的联络安排；编写指挥部工作大事记。负责指挥部的制度建设、印章管理使用和档案的收集、整理、保管工作。承办指挥部临时党委办公室的日常工作。负责与成都市、都江堰市等当地党委、政府的联络、协调。负责指挥部领导交办的其他事项。

综合计划组工作职责是会同都江堰市对口援建工作组和本部经济发展组、社会工作组编制三年援建项目计划和年度援建计划。会同项目建设组安排分阶段实施项目的节点进度。加强与都江堰市有关项目审批部门的沟通、协调，推进项目立项和可行性研究报告审批进度；协调、组织可行性研究评审。编制年度投资计划，规范项目建设资金拨付。会同经济发展组、社会工作组编写上海19个区县对口援建项目指南。会同都江堰市对口援建工作组和本部经济发展组、社会工作组、项目建设组等做好项目跟踪调研，做好与各部门的工作对接。

经济发展组工作职责是贯彻执行上海市对口支援都江堰市灾后重建的工作方针，按照指挥部的要求，提出对口支援都江堰市经济恢复与发展工作的指导方针、工作原则、工作目标与计划。按照指挥部的要求，开展调查研究，进行综合分析，编制对口支援都江堰市经济恢复与发展项目方案，提出对策建议，及时为领导小组（指挥部）提供决策参考。按照指挥部的统一安排，协调、推进、服务列入对口支援都江堰市经济恢复与发展项目的实施。受指挥部授权，负责上海对口支援都江堰市经济恢复与发展工作信息的综合与发布，组织汇总、整理全市对口支援都江堰市经济恢复与发展工作信息，为社会提供相关信息公共服务，按程序发布上海对口支援都江堰市经济恢复与发展进展信息。重点组织、统筹、协调、推进对口支援都江堰市农业、工业、科技、商贸、旅游等重点领域的经济恢复与发展工作，推进双方相关区（县）乡（镇）、企业、组织与机构间的对口支援与合作，引导开展相关智力支持与扶助。完成指挥部交办的其他工作。

工程建设组工作职责是协助做好工程项目的前期审批手续。负责研究、提出工程项目的实施计划并组织实施，落实工程项目管理单位、设计单位、监理单位和施工单位。负责对工程项目建设全过程指导、监督工作。牵头协调工程项目进度的监督，并按进度审核、拨付工程款项。牵头协调工程项目建设质量、安全、统计、文明施工等管理工作。负责组织工程项目建设立功竞赛分赛区工作。牵头协调审核重要的设计修改和变更，做好投资控制。组织工程建设中重大技术问题的研究论证。建立工程项目的有关资料档案。负责在工程项目建设全过程中与都江堰市有关部门的同步沟通协调。组织工程项目的竣工验收，负责向都江堰市方面移交。完成指挥部交办的其他工作。

社会工作组工作职责是在指挥部的领导下，紧紧围绕“项目意向书”，组织协调上海援建都江堰市社会发展“软件项目”的相关工作。工作原则：调查研究，满足需求；加强互动，软硬结合；统筹兼顾，注重效果；沟通协调，及时报送。对上海相关部门提出的“软件项目”，主动提供服务，加强与都江堰市有关部门的沟通，协助项目建设落到实处。对都江堰市灾后重建中出现的实际需求，主动开展调研，加强与上海有关委、办、局和区县的沟通，协助设计可操作的援助“软件项目”方案。主动与“硬件项目”相衔接，不断完善“软件项目”，形成“软硬相配”的援建格局。紧密联系上海委、办、局和区县，按时按质落实“软件项目”。及时报送已落实的“软件项目”信息。协助配合其他工作组，完成各项援建工作的开展。完成指挥部交办的其他工作。

后勤保障组工作职责是牵头联络本市在四川企业，采取市场运作方式，配合做好本市在四川省工作队伍的后勤保障工作。负责适时组织本市在四川省工作队伍负责后勤保障的领导，召开有相关企业参加的后勤保障工作会议。负责指挥部物品采购、保管、领用等工作，负责固定资产管理、车辆管理，负责安全保卫、环境卫生工作。管理指挥部工作经费，负责指挥部工作经费预决算。配合做好市代表团赴四川省学习考察的接待保障工作，配合做好市委办局、区县代表团到对口地区学习考察的接待保障工作，负责指挥部各项活动的服务保障，负责到指挥部来访工作团队、人员就餐、联系住宿等工作。完成领导交办的其他事项。

根据“前方协调、后方支撑”的要求，上海援建指挥部各组成员派出单位要全力支持指挥部工作，尤其是市相关委办局要确保按部门职能完成所担负的任务并提供政策、信息、资源等方面的保障。

领导小组办公室依托市合作交流办公室工作平台，承办领导小组和上海（后方）各条线、各单位、社会各界对口支援都江堰工作相关事项，负责组织指挥部的后勤保障。其中，对口援建处负责相关政策法规研究和与指挥部的工作衔接，承办领导小组办公室明确的专项任务；秘书处负责办理领导小组办公室各类公文、函件；联络处负责相关会议、活动安排及联络工作；信息处负责汇总各类信息，编写简报和专报。

从上海援建项目推进实际需要出发，指挥部聘请上海城投（项目管理公司）、上海建科院（代建单位）、上海东华造价（财务监理）三家专业公司，依托其人员、技术、业务等方面的专业优势，对援建项目进行专业化管理，形成了“1+3”（指挥部+项目管理公司、代建单位、财务监理）的援建指挥机制。

7月2日，上海市对口支援都江堰市灾后重建工作领导小组提出《关于提请明确上海市对口支援都江堰市灾后重建指挥部成员的请示》，拟定灾后重建指挥部领导成员。4日，市长、领导小组组长韩正批复同意。同日，上海市对口支援都江堰市灾后重建工作领导小组公布组成单位及成员名单。5日，指挥部就领导成员职责进行分工。总指挥沙海林全面负责指挥部工作，并分管联络协调组、经济发展组和社会工作组。副总指挥许解良分管工程建设组，并协助副总指挥是明芳分管综合计划组，同时协助沙海林分管经济发展组。是明芳分管综合计划组和后勤保障组，并协助许解良分管工程建设组。总指挥助理张海涛协助沙海林分管联络协调组和社会工作组，并协助是明芳分管后勤保障组。

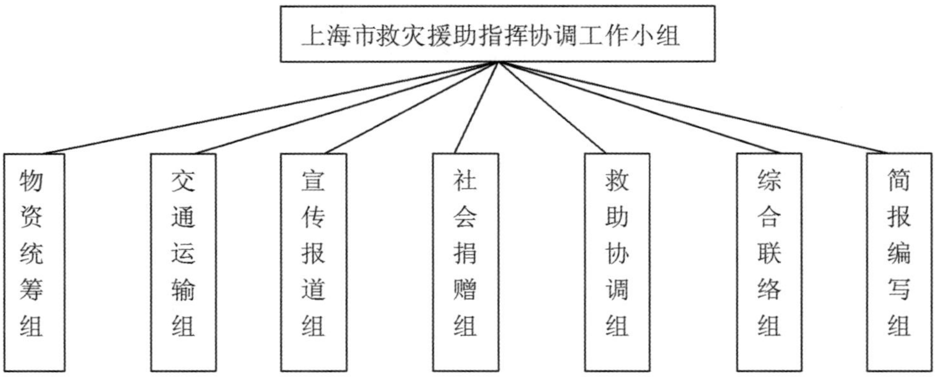

上海市救灾援助指挥协调工作小组机构隶属示意图

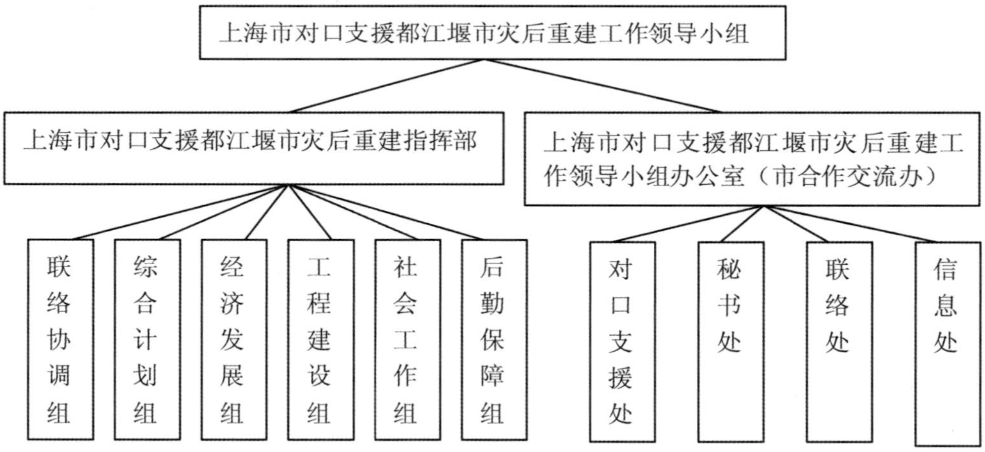

上海市对口支援都江堰市灾后重建工作领导小组机构隶属示意图

上海市领导赴灾区视察灾情

汶川特大地震后，上海市领导多次赴灾区指导抗震救灾工作，慰问灾区群众和抗震救灾一线救援人员。

坚决按照中央的方针政策办　做好灾区坚强后盾可靠后方
俞正声在四川灾区视察

2008 年 6 月 7 日，中共中央政治局委员、市委书记俞正声（中）视察抗震救灾工作

6 月 7—8 日，中共中央政治局委员、上海市委书记俞正声利用端午节假日，来到成都市、都江堰市、绵阳市等灾区视察地震灾情和上海援建的过渡安置房建设情况，着重了解成都市及都江堰市对上海对口支援的考虑和要求，沿途慰问了上海在川参与抗震救灾相关工作的 20 多支队伍。按照俞正声“一切为了抗震救灾大局，多为灾区着想，不要打扰当地政府，也不要做宣传报道”的要求，视察

慰问活动轻车简从,上海方面陪同的有市委副秘书长李强,市政府副秘书长、协调工作小组组长沙海林,市建设交通委主任黄融和同济大学规划设计院院长吴志强。

7 日傍晚,在都江堰市武装部应急指挥中心三楼会议室与成都市、都江堰市领导等会谈。俞正声表示:上海尽管自己建设任务很重,民生方面的开销也很大,但支援灾区是义不容辞的责任,无论中央要求按财政收入多大的比例支援灾区,上海都将坚决执行。灾区有什么困难、什么要求尽管讲,上海坚决按照中央的方针、政策办,一定做好都江堰恢复重建的坚强后盾、可靠后方,一定走在全国前面。对口支援主要是配合和支持,规划的大盘子、建设的总方针,由省委、省政府和成都市委、市政府定,我们主要是援建项目。如果中央确定对口支援以项目为主,就按照要求每年落实一些项目。具体的援助方案回去后研究。除了项目建设之外,上海还可以提供一些软的支持,包括职业学校招生、招工等。对口支援还有各部门之间的支援,接下来各部门要对接。我们要在这边建立一个对口支援的机构。这次来,尽可能的不麻烦省委,以后我们的同志来了也不麻烦省委、省政府,尽量不干扰成都市,直接跟都江堰打交道,吃住我们都自己安排。另外,在抗震救灾过程中,有很多生动的事迹,对我们广大基层干部有很好的教育作用,鼓舞了士气,增加了群众对党的信心。从这个方面讲,抗震救灾和恢复重建也是加强党的建设的一个关键时期。

8 日,俞正声慰问了在成都市区及都江堰、绵阳市的各支队伍和上海援助四川抗震救灾成都工作站工作人员,听取了前方人员的简要汇报,询问了工作生活情况,代表市委、市政府致以节日慰问,并送上粽子等慰问品。勉励大家牢记上海人民的嘱托,不怕苦,不怕累,克服一切困难,圆满完成任务。对于援建安置房工作,特别强调各建设单位要统一标准、优化设计、科学管理、精心施工,多为灾区百姓着想,多为地方政府分忧,能克服的困难一定要克服,能做的工作尽量自己做,按期、优质地完成任务。在视察灾情途中,他认真听取了当地领导的介绍,并和随行的黄融、吴志强反复讨论了有关规划和建筑问题。在和四川省委领导听取了黄融同志关于援建过渡安置房工作的汇报以后,俞正声表示在灾区全国一盘棋,四川的事就是我们的事,解决四川的困难就是我们义不容辞的责任。这不仅是一种同情,更是一种责任感。“一方有难、八方支援”,也是一种民族精神。中央下了决心,我们坚决执行。我们一定要按照中央的要求,保质、保量、按期完成过渡安置房及其学校等配套的建设任务。上海有责任并有义务做得更好。这是应该的,是不讲条件的。我们一定要体谅当地领导的困难,努力把困难解决在自己内部。另外,陪同考察的绵阳市委领导、市长曾万明途中恳请上海在教学设备援助、产业转移等方面给予支持。

视察慰问活动,行程近 700 公里;看的点和安排的活动多,有 15 个;时间紧凑,中途不休息,晚上 8 点多还去看望前方记者;甚至还利用早、中、晚餐碰头的机会和一线同志、参与抗震救灾的驻川企业负责人交谈,了解抗震救灾的实际情况;会见活动一直到临上飞机的最后几分钟。俞正声视察期间,住宿上海光明集团所属心族宾馆普通套房,吃盒饭或自助餐。

上海定举全市之力对口支援
韩正调研视察四川地震灾区

2008 年 6 月 23 日，中共上海市委副书记、市长韩正（中）与医疗队员亲切交谈

2008 年 6 月 23 日，上海市对口支援都江堰市灾后恢复重建首批启动项目意向书签字仪式在都江堰市举行。上海市委副书记、市长韩正，副市长胡延照，市政府秘书长姜平，市政府副秘书长、上海援建指挥部总指挥沙海林，上海市合作交流办公室主任林湘，上海市建设交通委主任黄融，成都市委副书记、市长葛红林，成都市副市长、成都市恢复重建都江堰市工作委员会主任王忠林及都江堰市委领导、市政府领导等出席签字仪式。沙海林和王忠林分别在首批启动项目意向书上签字。首批项目包括，建设和修复永久性安置房小区，建设修复中小学、医疗卫生设施、社会福利设施、城乡道路、供排水设施、农业基础设施等，并提供都江堰急需的设备和规划编制等服务，同时选派师资和医务人员、人才培训等服务。具体包括 2 个城乡居民住房项目、10 个学校项目、2 个医院项目、1 个社会福利院项目、1 个城乡道路项目、3 个供（排）水设施项目、1 个农业基础设施项目、3 个提供急需设备支持项目。另根据协议书

中第9、10条，含文物修复和都江堰市灾后重建等5项专业规划2个项目上海市对口支援都江堰市灾后重建首批项目23日正式启动，包括建设和修复永久性安置房、学校、医院、基础设施在内23个硬件项目和一批软件服务项目。

韩正在讲话时首先代表上海市委、市政府和2000万上海人民向英雄的四川人民表示崇高的敬意。他说，岷江黄浦江水水相连、上海都江堰心心相印。对口支援都江堰是党中央、国务院交给上海的光荣任务，我们深感责任重大。上海市委、市政府和全体上海人民将坚定不移全面贯彻落实党中央、国务院关于开展灾后重建、对口支援的一系列方针政策，举全市之力做好对口支援都江堰工作。

韩正说，我们带着全体上海人民对灾区人民的深厚情意、带着全体上海人民的重托来到都江堰，和大家一起商量如何把对口支援工作做得更好、更实，我们是代表上海人民来领任务书的。他说，上海将严格按照中央有关对口支援八项任务和方式，一切从都江堰实际出发，在当地党委和政府的领导下开展对口支援工作，滚动实施援建项目，启动第一批、研究第二批、准备第三批。他说，请成都人民放心，请都江堰人民放心，上海一定派出最有经验的专家、建设和管理人员参加援建，确保每一个项目都建成优质项目，经得起都江堰人民的检验，经得起上海人民的检验，经得起历史的检验。

胡延照在四川灾区调研考察

2008年6月25日，上海市副市长胡延照（右一）在四川灾区调研考察

2008 年 6 月 25 日上午，上海市副市长、市对口支援都江堰市灾后重建工作领导小组副组长胡延照，上海市政府副秘书长、上海援建指挥部总指挥沙海林一行在都江堰海蓉药业招待所会议室与都江堰灾后重建工作指挥部总指挥、成都市副市长王忠林等进行简要座谈。胡延照表示尽快启动已签约的上海第一批援建项目，援建项目主要采取“交钥匙”方式，希望都江堰市把第二批援建项目再筛选一遍，开展两地工业、商业和旅游业等方面的合作，尽早启动上海对口支援都江堰市灾后重建工作指挥部的工作。7 月 1 日，上海市副市长胡延照、上海支援都江堰重建指挥部总指挥沙海林先后赶赴都江堰市人民医院、龙池镇、虹口乡、幸福镇活动板房工地、紫坪铺水库和泰安古镇，慰问上海医疗和建设队伍，实地考察都江堰受灾情况，听取当地政府和人民对灾后重建的建议，并与陪同考察的成都市副市长王忠林、都江堰市委领导等当地干部交换有关灾后重建工作的意见。胡延照要求上海医疗卫生队要成为灾区最好最出色的医疗救护队伍。

沈晓明在四川灾区调研考察

2008 年 6 月 11 日至 13 日，根据市委书记俞正声、市长韩正指示精神，上海市副市长沈晓明，市政府副秘书长、协调工作小组组长沙海林带队，市政府办公厅（市应急办）、市发改委、市建设交通

2008 年 6 月 12 日，上海市副市长沈晓明（前左二）在都江堰市视察灾情

委、市教委、市旅游委、卫生局、市民政局、市政府合作交流办、市水务局、市民政局等部门领导和职能处室负责人以及建科院、现代建筑设计集团、同济大学组成的对口支援灾区前期工作调研组，赴四川省都江堰市进行对口支援灾区前期调研。调研组主要任务，一是全面掌握上海市对口支援的都江堰市基本情况并实地走访察看灾情；二是对一些近期可以启动的援助项目，比如学校、卫生站等进行深入了解，争取能基本确定下来；三是对都江堰市要求上海援建的基础设施、景点修复等项目所需的资金、队伍等进行初步判断；四是尽快汇总当地援助项目的需求，提出上海市对口支援的工作方案，为中央对口支援工作会议以后市委常委会决策提供依据。成都市副市长王忠林，都江堰市委副书记、市长许兴国对上海工作组的到来表示欢迎。都江堰市恢复和重建共有530多个项目，有90多项是亟待恢复和重建的项目。其中包括恢复和重建都江堰、青城山景区；山区乡镇道路恢复和重建；供给水和污水处理；30多所学校的重建；17个医疗机构的重建；公共公益设施重建等。沈晓明还实地考察了受损严重的福利院、救助站、烈士陵园，对都江堰红十字野战医院的上海医疗救援人员予以慰问，感谢他们为四川地震灾区人民所做的贡献，感谢他们为上海争光。

上　卷

■ 第一时刻

非常援救背后的“上海速度”

——记汶川特大地震中的上海市救灾援助指挥协调工作小组

汶川地震对于后方的我们来说，没有惊心动魄的灾难梦魇，没有气壮山河的生死营救，但是正是有了“上海市救灾援助指挥协调工作小组”（以市应急办为主体组建）这样一个团队，在这场感天动地的举国驰援中，在这场无形至爱的真情接力中，用“上海速度”统筹协调着上海支援灾区的各项工作，用忘我的工作传递着上海人民对灾区人民的情谊，对国家的责任。

汶川特大地震的灾情牵动着全国人民的心，同样也牵动上海人民的心。灾情让无数上海人牵肠挂肚、夜不能寐……在市委、市政府的领导下，立即启动预案，紧急成立市救灾援助指挥协调小组，会同有关职能部门，调度上海所有救灾物资，以最快的速度送往抗震第一线，抗震救灾“直通车”一路畅通无阻。这是上海第一次为跨省市救灾成立专门的应急救援指挥小组，体现了前所未有的物资和人员的调配强度，更体现了我们的“上海速度”！

5 月 13 日凌晨 5∶30，市政府总值班室，电话铃声响起，收到了四川省第一个请求物资帮助的电函。此时，上海援助行动已经全部准备就绪，迅速起跑，接力棒一直传递下去。

灾情意味着刻不容缓。迅速行动，不到五个小时，这批急需物资的 80% 已经到位，但加速度还在继续。下午 2∶00，所需的照明用品等物资已经全部调集完毕，通过空运飞向四川灾区。这时，离收到

2008 年 5 月 15 日下午，上海市政府副秘书长、协调工作小组组长沙海林（右排，右二）主持召开协调工作小组例会

四川方面的商请函还不到 9 个小时。仅仅 5 月 13 日那一天，上海就向灾区运发了 5 批物资，共 150 吨。

5 月 16 日下午 4:00 多钟，一份紧急来函从四川发到上海：由于地震灾情重大，目前救灾物资供应和采购出现了困难，商请上海帮助购买和运输速食品、饮用水、牛奶、火腿肠等受灾急需物资。在最短时间内，有关领导作出批示：无偿为灾区提供这批价值 500 万元的物资。

立即，市救灾援助指挥协调小组再度上足马力。由于灾情巨大而突然，前方急需的远远超过了后方的应急储备。物资保障组在调用市级储备物资之外，马不停蹄进行物资采购。334 吨 16 个品种的食品，遍布全市 10 多个发货点，供货企业最远的在嘉定、闵行……

虽然时值周末，又是十万火急，但各个环节密切配合，很多工作人员彻夜不眠。物资保障、交通运输、灾区联络所涉及的各部门，光明集团、良友集团、交运集团等相关企业争分夺秒，大小 28 辆卡车的物资从零点开始陆续抵达上海铁路北郊站，整装待发。

15 个小时后，也就是 5 月 17 日早晨 7:00，7 大类 16 个品种总计 334 吨的物资全部集结完毕，装载在 10 多个车皮即将发车。看着这整车整车的救灾物资，不少工作人员由衷地感慨："上海的应急救灾机制发挥得淋漓尽致，这样的速度和效益，真是不可想象！"

就这样，数以万吨的物资，一支支奔赴前线的救援队，带着千里之外滚烫的牵挂和祝福，从上海到灾区。

作为后方指挥"中枢神经"的市救灾援助指挥协调小组，俨然像个战时指挥部，在一间不算大的会议室内，正前方挂着一幅巨大的前方灾区救援地图，供工作人员更直观地了解前方情况，一台电视机时时刻刻地开着，音量调得小小的，抗震救灾直播节目即时传送最新动态。一旦接到任务，办事程序就像走"流水线"一样，环环相扣，有序运作。通常是，牵头单位根据情况提出建议，小组领导当场审定，给出明确意见，然后立即进入了具体实施。虽然，每天穿梭往来这里的只有 20 多位工作人员，但是他们都是从不同部门抽调过来的有经验、能调度的领导或业务骨干，而且不管是什么职务，都有"拍板"权力。有人说，这是他们自己工作以来，从未经历过或见到过的一种节奏和高效。

然而，更让他们感到欣慰的是，启动应急救援"绿色通道"以来，得到了全市方方面面的有力支持，没有一件事情遭遇"卡壳"，没有一次任务被打"回票"。面对罕见的地震灾害，担任重大职责的指挥小组在非常时刻紧急集结，工作流程打破壁垒，在肩负高度责任的同时，也被赋予了高度的权力，从而保证了执行力、权威性和高效率。在这一次震灾中，所有滞留灾区的上海游客得到全部顺利返回，这是各部门通力协作的成果。

在市救灾援助指挥协调小组，每天甚至周六、周日的早上，工作人员 8:00 左右就开始上班，而下班却几乎没有时间表，每晚 7:30 的"会商"会议是雷打不动的。大家在这个时候对一天工作进行交流总结，并布置第二天的工作。有工作人员说，每天最起码 12 个小时要不停忙碌，感觉自己除了睡觉，就是在工作，而下班时间最早也要到晚上10:00左右。但不管面色如何憔悴，每一位党员干部都像上足了发条。大家都说，“现在全社会都想为灾区分担一些，一起共渡难关。我们24小时保持工作状态，就能随时协调，随时解决问题。”

负责汇总工作材料的信息简报组的同志通常持续工作直至第二天凌晨，他们将及时整理出来的稿件送到市四套班子领导手中，为市委、市政府决策提供依据，再通过市政府新闻办一个口子提供媒体。

作为负责协调交通运输统筹安排的工作人员，市建设交通委驻扎指挥小组的负责人张天福嗓子哑了。他自己每天除了安排调度运力，还要不停地向焦急的人们做解释工作。同事们也戏称他是“三多”——电话多、传真多、说话解释多。但张天福说：“物资不积压不滞留，能够准确抵达，能够解灾区眼前的燃眉之急，再累再苦我们也是心甘情愿的。”

自市救灾援助指挥协调小组成立以来，所有工作人员克服困难、任劳任怨、加班加点，为确保各类救援物资能够以最快的速度发运灾区，尽可能为灾区抢救生命争取时间，以非常援救的“上海速度”，践行着上海市基层党组织的先进性，展示着上海市共产党员的新风采。

灾难面前众志成城　危急之中守望相助

——上海援助四川抗震救灾成都工作站救援纪实

2008年5月12日14时28分，四川省汶川县发生里氏8.0级特大地震，这是新中国成立后破坏性最强、涉及范围最广、救灾难度最大的自然灾害。灾难面前众志成城，危急之中守望相助，5月13日起，按照市委、市政府对援助四川抗震救灾工作的统一部署，在市救灾援助指挥协调工作小组和市政府合作交流办的具体指导下，依托市政府驻重庆办事处和成都联络处，成立了上海援助四川抗震救灾成都工作站。通过及时有效地开展两地救灾信息沟通、救灾物资转送、受灾伤员转运、救灾队伍保障等工作，工作站成为连接上海各界参与四川救灾援助的纽带。自5月13日至7月4日这53个日日夜夜，工作站同志夜以继日、齐心协力、不惧艰险、忘我奉献，在上海与四川之间架起了一座沟通联系的桥梁。

48小时内，完成工作站组建

承担联系重庆市和四川省工作的上海市政府驻重庆办事处及其下属的市政府驻成都联络处，在地震发生的那一刻即全力投入抗震救灾工作中。地震时，重庆、成都两地均有较强震感，成都联络处办公室受到地震较强损坏，多处墙面出现较大裂缝，几位同志在撤离办公地点时还不同程度受伤。时任市政府驻重庆办事处主任的姚新，一方面指导身在成都联络处的同志，在自救的同时，收集灾害信息，克服通信时常中断的困难，尽一切力量与当地有关部门保持沟通联系；另一方面向上海发回灾情报告，同时获取在川、渝的上海企业和上海籍人员相关信息。时任市政府驻重庆办事处成都联络处处长何怀青、副处长杜嘉宝及业务员吴炜杰，未顾及自身安危，在地震发生的数分钟后，克服通讯不畅、余震不断的困难，及时与市政府驻重庆办和市政府合作交流办取得联系，并按照上级部门的指示要求，及时向四川省应急办等相关部门了解地震受灾情况，同时通过各种渠道及时掌握上海驻川企业和在川人员受灾、受损情况，迅速编成信息专报向市政府驻重庆办事处、市政府合作交流办发回信息。

市政府合作交流办公室在收到地震灾难信息后，领导高度重视，迅速作出部署，由时任市政府合作交流办副主任周贤行立即牵头召开临时会议，及时会同市民政局启动市外灾害相应机制，协商捐助物资款项，指导市政府驻重庆办事处做好人员物资的清点，做好开赴灾区的准备。

由于灾情严重，大量灾区伤员需要转移，大量救灾人员和物资急需进入灾区，当地救灾工作协调部门承受着巨大压力。为及时掌握当地灾情和救灾需求，做好两地救灾信息收集传送，减少给当

上海援助四川抗震救灾工作接待服务站成立并立即投入到紧张的工作中

地政府的工作压力，同时做好上海救灾物资、人员的协调转运、服务保障等工作，经市合作交流工作党委研究，决定在市政府驻重庆办事处和成都联络处基础上，由市政府合作交流办抽调力量，在四川成都成立上海援助四川抗震救灾工作接待服务站（5月17日起改称"上海援助四川抗震救灾成都工作站"，以下简称工作站）。

5月13日上午，根据市委、市政府统一部署，市政府驻重庆办事处调集力量，在成都组建工作站。时间就是生命，灾情就是命令，市政府合作交流办在时任上海市政府副秘书长、市救灾援助指挥协调工作小组组长沙海林的亲自指挥下，由周贤行率领选拔出来的精兵强将奔赴灾区。姚新在5月13日中午即带领重庆办事处5位同志赶赴成都，与成都联络处4位同志汇合后，立即着手工作站的组建，由姚新为组长，何怀青为副组长，下设协调、物资、信息、接待四个工作组。从地震发生到抵达灾区完成工作站组建，仅仅用了不到48小时。

工作站承担了向市委、市政府及时报送信息，与四川省抗震救灾有关部门沟通灾区有关情况，做好上海有关救灾援助物资的接收、转运和移交，为上海派往灾区一线的各类救援队伍、志愿者队伍提供应急保障、人员的协调接待，配合灾区伤员转运上海等工作任务，迅速形成了市政府驻外办事处在突发特大自然灾害时的应急工作机制，为上海救灾援助建立了一个应急的前方工作平台。

架起沟通联络的桥梁——信息联络篇

灾情十万火急。工作站成立后，全体同志就立刻投入到抗震救灾的战役中去。要开展工作，当务之急就是先要和四川当地政府及有关部门取得对接，畅通联络渠道，掌握灾情信息，了解灾区最迫切的需求，为川沪两地建立起沟通的桥梁。为此，工作站成立后在第一时间与市应急办主动对接四川省抗震救灾指挥部和四川省政府应急办、经委、旅游局等当地相关部门，建立及时的联系制度，沟通情况，了解需求和上海援助信息。5 月 15 日，周贤行一行一到成都，即拜会四川省副省长黄小祥，了解地震情况，掌握灾区需求。当了解到受灾地区的孩子急需大量的帐篷和棉被以迎接 20 多天后即将到来的中考、高考，周贤行立刻指示工作站将信息传回上海，请求优先准备上述迫切物资。上海采取空运等方式，在最短时间内提供了最急需的帐篷棉被。

地震时，有数十名在川旅游的上海籍游客失去联系。在当地大部分地震灾区信息联系普遍中断的情况下，上海游客的生命安全牵动着市领导、游客家属和全上海人民的心。工作站得知消息后，四处打听，通过各种渠道想方设法进行寻找。5 月 16 日，工作站从由茂县步行走出灾区的旅游生还者处了解到，在地震灾区的上海奉贤海景旅行社 27 人的团在距茂县 30 公里左右的一个小村庄里等待救援，工作站立即将此情况报四川省应急办公室，请求给予救援；同日，工作站还从成都春秋旅行社处得知，在地震灾区的上海春秋旅行社 29 人的团已联系上，目前在平武的一个村庄中等待救助，工作站紧急安排车辆将该团游客从青川、绵阳返回成都；5 月 18 日，经多方联系，在地震灾区的上海春秋旅行社 23 人的团有了下落，该团目前在茂县等待救援，工作站连夜致函四川省应急办与阿坝州应急办，并与茂县旅游局取得联系，要求在保证安全的情况下优先安排上海游客撤离，并得到了积极响应。据统计，在震后一周内，工作站先后将来自 5 支旅行团的 83 名游客安全救出并送至成都，使全体游客转危为安。为使游客及早返回上海，工作站还与上海航空公司成都营业部取得联系，希望得到优先提供回沪机票服务。在得知上海籍游客滞留的消息后，上航营业部洪雪良经理亲自为游客办理机票转签，并护送游客登机。游客抵达成都机场后，周贤行、姚新及何怀青亲往机场表示慰问并送行。

震后，上海各界投入了多支救援力量深入灾区一线，但灾区通信和交通的困难，造成很多救援队伍与后方失去联系，自身给养不足，身陷危险境地。为了保证救援队伍自身安全，及时掌握救援动向，提供救援需求，保障救援工作顺利开展，工作站主动联络，深入一线，克服重重障碍，成功与上海在川各救援队对接。周贤行、何怀青等在余震不断，道路颠簸的情况下，为对接一线救援队伍，驱车前往绵阳、安县、绵竹等地震重灾区看望慰问连续奋战在抗震救灾第一线的上海市赴川抗震救灾医疗救援队和上海市青年医疗卫生志愿者抗震救灾服务队，实地了解上海赴川救灾医疗人员工作情况，询问救援工作中遇到的困难，并送上目前紧缺的饮用水、食品等物资。

2008 年 5 月 18 日，周贤行、何怀青慰问上海市青年医疗卫生志愿者抗震救灾服务队。

5 月 16 日晚 22 时 38 分，工作站接到已在汶川县映秀镇地震重灾区一线指挥的上海消防总队救援队陈飞的求助电话。由市公安局根据公安部统一布置的 407 名消防队员组成应急救援队于 5 月 13 日轻装步行进入汶川县映秀镇展开救灾工作，连日来，由于原备给养有限，对外通讯联络中断，没有接收到补给，到 15 日下午，已严重缺乏水和食品。工作站接报后，立即行动，一方面与救援队保持联系，了解掌握所需物资和确切位置，一方面与四川省政府领导及应急指挥部联系反映情况。22 时 55 分，接待服务站向四川省政府应急办发出了关于向上海消防总队救援队紧急空投给养物资的函。四川省政府应急办接报后非常重视，向省政府建议请成都空军太平寺机场 17 日上午安排空投。省政府领导当即签署意见，并要求一定要指定投放地点，物资上务必贴上标签，确保上海消防总队顺利收到给养物资。23 时 20 分，四川省政府救灾指挥部向太平寺机场发出了关于给上海消防总队救援队紧急空投给养物资的指示。17 日下午 14 时 50 分，将 30 吨给养物资空投到了映秀镇。

工作站在救灾期间承担着综合信息材料的起草报送，各类专报、抗震事迹的编写和工作站自身板报的制作等任务。为了做好烦琐的信息报送工作，工作站在成立之初就建立了联系沟通制度和信息报送制度以及抗震救灾应急机制，每天及时向市政府总值班室、市指挥协调小组、市政府合作交流办和市应急办报送各类重要信息，工作站设立期间共起草并报送《情况专报》140 多期，为市指挥协调工作小组及时开展救灾援助工作提供了重要信息。此外，工作站还接待、配合各类媒体做好素材提供和信息报道工作，多次陪同上海电视台等媒体深入灾区一线进行采访，为上海人民从媒体了解最及时的地震灾区信息作出了贡献。

信息采集和报送在那个特殊时期是非常艰难的一项工作，由于通讯中断，要想获得第一手资料，必须冒着余震危险亲自深入灾区，通过各种危险路段，在一个个救援队伍里寻找，向一个个当地群众询问。每一位信息组的同志都是出色的抗震救灾"战地记者"，他们每天白天下灾区搜集信息、寻找素材，晚上熬夜撰写信息，第二天一早来不及休息又再出发。时任市政府驻重庆办秘书处处长、工作站信息组组长王秋林同志，主要负责信息收集汇编报送、后勤管理与保障、站内人员组织协调等工作，他休息最少、工作最多，不辞辛劳，夜以继日，带领信息组全面搜集整理编发了快报 30 多条、情况专报 120 多期。他多次深入绵阳、都江堰、安昌、晓坝、广元、北川等灾区一线，为前方救助点的上海救灾医疗队送上矿泉水、食品等紧缺物资，及时向市抗震救灾指挥协调小组发回信息，为市领导决策提供了重要参考。工作站信息组副组长曾勇同志在震后第 3 天即由市政府合作交流办机关赶赴成都投入战斗。白天他陪同领导深入一线，晚上他又熬夜整理信息，并承担了工作站各类重要材料的起草工作。他先后 7 次涉险深入广元、绵阳、都江堰、北川等重灾区，为灾区群众送去粽子等慰问品的同时详细了解受灾群众生活困难和上海一线队伍工作进展情况，并及时将各类重要信息报回市指挥协调工作小组和市合作交流办。市政府驻重庆办秘书处信息员、工作站信息组卢宏每天都要对全站工作情况进行汇总，因此他总是工作站休息得最晚的人。同时，他还兼职担任工作站驾驶员，总是最早上班最晚离开，在此危难时刻体现了高度的责任感和使命感。

生命线上的运输者——物资、伤员转运篇

地震发生后，灾区道路中断，通信不畅，物资匮乏，灾区人民急需各类物资维系生命，如何把物资尽早送到最需要的灾区前线，事关无数灾民的生命。在此情况下，全国人民纷纷伸出援手，支援抗震救灾。一时间，大量救灾援助物资抵达成都，承担四川地震灾区各县市所有物资需求信息和各地捐赠物资调拨工作的四川省抗震救灾指挥部物资保障组应接不暇。为协助四川方面做好物资接收转运工作，为尽快将物资送到灾区挽救更多生命，工作站急人之所急，主动承担起上海方面送来物资的接收转运工作。

物资组全体同志废寝忘食，全天候 24 小时"泡"在机场和仓库之间，随时跟踪航班、列车、汽车的动向，及时掌握物资进库信息，争分夺秒为抗震救灾提供支援。人手少，所有同志就自己扛，时间紧，大家就日夜不间断工作。很多同志仅仅靠压缩饼干维持能量，为了及早将送来的物资转运出去，所有工作人员都几天几夜不睡觉，累了、病了仍然顾不上休息，有的在搬运中手磨破了皮，有的在重体力劳动中受了伤，但没有一个人喊过苦叫过累。争分夺秒为救灾提供支持、竭尽全力为灾区人民送去帮助的信念，支持着每一个人咬牙坚持。时任市政府驻重庆办业务处处长、工作站物资组组长赵

晖，主要负责上海支援四川灾区各类物资的接收、清点、移交工作和为上海一线队伍提供应急物资的运送、供给和保障工作。他每天忙碌往返于机场、火车站、汽车站和工作站、仓库之间，累了车上打个盹，饿了压缩饼干吃一口，他不辞辛苦、认真仔细地做好每批物资的接收、清点、移交工作。他不俱艰险、深入一线重灾区，及时为前方各支队伍做好应急物资保障工作。运输、搬运、清点都是亲力而为，被同事们称为“处级快递员兼搬运工附带仓库管理人员”。

市政府驻重庆办秘书处童晓波作为工作站最年轻的同志，在地震灾难发生后，他在皮肤过敏的情况下，带病赶赴成都投入抗震救灾工作。他在全力做好工作站各项财务出纳工作的同时，配合物资组组长及时完成各项应急物资的接收、清点、库存和运送工作，不辞辛苦亲自搬运各种货物，将饮用水和食品等物资直接送到在救灾一线从事医疗、建设的上海同志手中。在端午节来临之际，工作站同志深入北川县擂鼓、永安等 6 个安置点，将 4 万只上海企业捐赠的粽子亲自送到受灾群众手中，让灾区人民感受到上海人民的深情厚谊。

此外，在获悉上海赴川救灾队伍物资匮乏后，工作站立即组织人员，多次冒险深入地震灾区一线，为上海在川的一线救援队、医疗队、援建队、救护车队、新闻工作者和青年志愿者运送紧缺食品、饮用水等生活物资。

工作站副站长刘瑞群分管物资工作，每天和同志们一起在货场亲自搬运货物、清点物资。他多次深入重灾区，亲手为一线同志送上饮用水、食品等应急物资。他率队奔赴绵阳、都江堰，为设立工

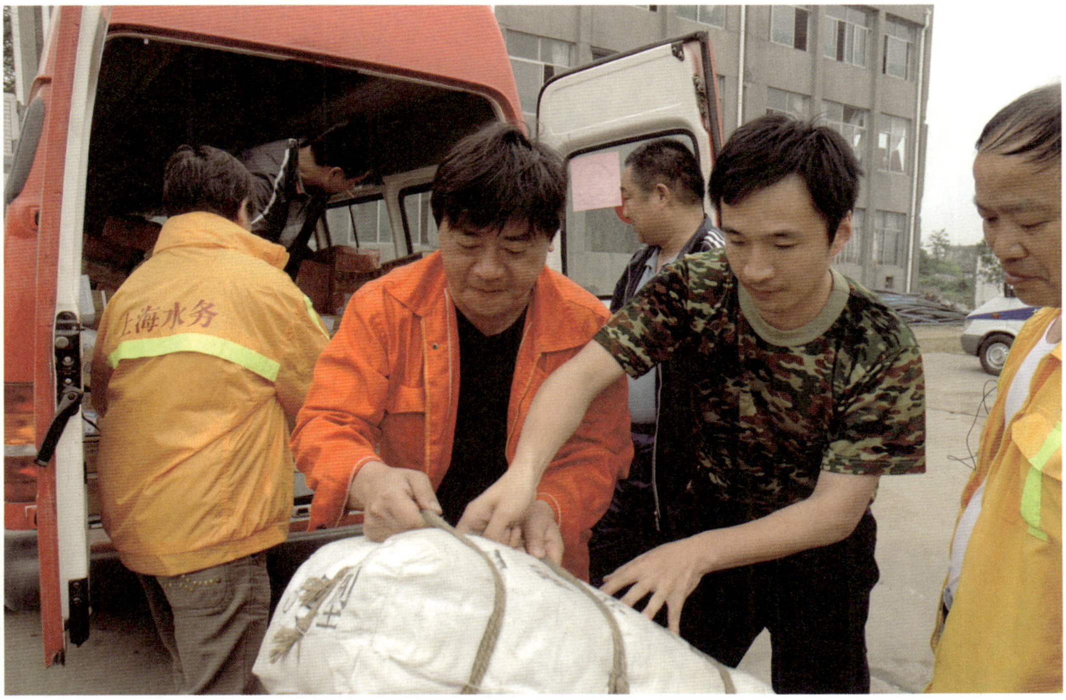

将物资装车运往灾区一线

作站前方联络点作实地考察。顾不上吃饭，他就在车里啃点饼干喝点矿泉水。他穿梭于都江堰老市区危房险楼之间，不惧余震险情，获取一手信息。时任市政府驻成都联络处副处长杜嘉宝是外勤跑的最多的。地震发生时，他的右手在紧急撤离中受伤，几厘米长的伤口鲜血直流，但他没来得及顾及伤口，而是继续想方设法和当地政府部门联络情况、获取灾情和当地紧缺药品清单等重要信息，并及时向市有关部门报送，直到10个小时后才对伤口进行简单包扎。6月2日，受市领导委托，杜嘉宝在站领导指挥协调下，带领工作组3名同志冒着泥石流和道路塌方的危险，驾车翻越海拔5000多米的夹金山、巴郎山，来回行程1200多公里奔赴卧龙灾区，给灾区孤儿送去在沪灾区伤员石海林转赠的500元慰问金和工作站全体同志的6500元捐款以及部分食品。市政府驻重庆办张凯作为办事处唯一专职驾驶员，在别人休息的时候他还要在开裂的灾区道路上谨慎驾驶，回到成都又要四处去转运物资，在高强度的工作下顾不上与在渝的家人联系，无怨无悔地奋战在抗震救灾的第一线。

救灾援助期间，工作站完成了上海到达成都的21批援助物资的接收和移交工作。其中，空运14批、铁运4批、汽运3批，约1220吨，包括医疗物品78.6吨、帐篷6026顶、棉被睡袋防寒服16220件、食品48吨、口罩25万只、民政用品13吨、生活用品30.06吨及1万平方米防水雨布。工作站应急保障物资70.6吨，遣送上海在川各援助队应急保障、慰问的物资51批次，约50吨。

由于灾区重伤员过多，当地医疗跟不上，需要将伤员空运至上海进行救助。工作站同志紧急联

工作站同志和航空公司人员拆改座位，将伤员抬上飞机

系上海东航等单位，提出拆改飞机客舱的座位，以更好地放置伤员乘坐飞机回沪的方案。在机场，当一批批伤员被运送过来后，工作站人员就和航空公司人员一起拆改座位，和医护人员一起用担架把伤员抬上飞机，以最高效快捷的方式把伤员运送回上海及时接受治疗，感受上海带来的温暖。

此外，工作站同志还主动联系从事救灾的上海在川企业和志愿者们，主动帮他们对接灾区一线有关部门和人员，将掌握的运送物资的地点、线路和路况第一时间通知相关志愿者和企业，帮助他们把最紧缺、最需要的物资及时送到灾区百姓和救援队伍手中。

危险而特殊的接待任务——接待服务篇

市委、市政府领导高度重视上海援助四川抗震救灾工作，先后派出多批队伍前来四川灾区视察慰问。地震发生后，除了有多批上海各级领导前来四川，越来越多的队伍、团体也去往灾区。四川省各级政府在地震发生后非常忙碌，按照市领导指示，为了不给四川政府添麻烦，市合作交流办将熟悉接待工作的骨干力量派往工作站，主动承担上海市代表团、区县和市委办局各部门、各类救灾队伍和

2008 年 6 月 8 日，中共中央政治局委员、上海市委书记俞正声深入灾区一线慰问上海市普陀区中心医院医疗队工作人员，并看望伤员

社会团体的接待服务工作。

在灾情严重、余震不断、通信不畅、道路不通等各种困难面前，工作站全体同志临阵不乱，齐心协力，发挥主观能动性，在这段特殊的时期，弘扬“万众一心、众志成城、迎难而上、百折不挠”的精神，完成了一系列危险而特殊的接待服务工作。

6 月 7 日，时任上海市委书记俞正声到灾区视察。获悉后，工作站在不惊动当地政府的情况下，及时做好保障服务准备。接待组的工作人员分工协作，自己联系落实住宿地点，向上海在川企业借来越野车辆，汇总救灾信息，提前到考察点查看，合理设计线路。在当时通信不便、道路不畅、余震不断的情况下，接待前期准备困难重重，然而接待组每位同志却不辞辛劳，连续作战，确保俞正声同志等一行顺利考察。当日，俞正声同志等轻车简从专程赴都江堰、绵阳等地震灾区，视察灾情、慰问伤员，并与四川省初步确定了灾后重建意向，圆满完成考察任务。

紧接着，时任上海市长韩正到都江堰市对接灾后重建事宜。工作站同志在安排食宿、车辆、路线之外，认真研究上海对口都江堰市灾后重建的方案，准备好相关重建材料，为两市签订重建协议发

2008 年 6 月 8 日，中共中央政治局委员、上海市委书记俞正声在绵阳看望上海过渡安置房建设工作人员，向奋战在救灾援助一线的工作者送上慰问品

2008 年 6 月 24 日，中共上海市委副书记、市长韩正，副市长胡延照察看都江堰向峨乡灾情

2008 年 6 月 24 日，上海市副市长胡延照在映秀镇听取灾情介绍

挥了重要作用。6 月 23 日，韩正同志出席上海市与成都市、都江堰市会谈暨对口支援都江堰灾后重建第一批项目协议签订仪式，上海对口支援都江堰灾后重建工作随之正式启动。

时任副市长胡延照在抗震救灾期间，多次前来灾区视察慰问。工作站同志不顾沿途危险，事先做足预案，陪同胡延照前往震中映秀和虹口乡，克服了道路不畅的困难，给当地群众送去关怀。

2008 年 5 月 19 日，市政府副秘书长、协调工作小组组长沙海林看望在灾区一线从事医疗救护的外籍友人

2008 年 5 月 19 日，市政府副秘书长、协调工作小组组长沙海林慰问上海市疾病预防控制中心防疫人员

在获悉时任副市长沈晓明将要带领卫生医疗队伍前往灾区后，工作站同志穿过随时可能塌方、出现泥石流的道路，跑遍灾区数十个医护工作站进行联系对接，掌握第一手灾区医疗情况，整合所有上海救灾医护人员力量，为沈晓明同志实地考察、帮助灾区进一步做好伤员救治、恢复当地医疗力量和开展医疗重建打下坚实的基础。

5 月 19 日，四川再次发生 5.4 级余震，震感强烈，就在这样危险的情况下，沙海林在当天前来灾区考察慰问，并指导工作站组建的具体工作。在深入灾区考察的过程中，考察队伍不断遇到塌方、泥石流等险情，危急时刻，工作站人员不畏艰险，沉着应对，及时排除困难。

整个抗震救灾期间，工作站克服接待人员和车辆有限的困难以及冒着考察慰问线路余震不断等危险，在确保安全的前提下，及时联络协调、认真设计线路、自行安排食宿、借调社会车辆、全力确保安全，圆满完成了 30 余批次的接待任务。

何怀青作为成都地区情况最熟悉的同志，负责了大部分的协调联络工作。他多次陪同市领导、委办领导深入灾区一线，实地了解情况，送上紧缺物资。通过他及时的联络沟通和协调保障，确保了市委领导来川考察工作的圆满成功，也使得市救灾援助指挥协调工作小组和市政府合作交流办公室领导在抵成都后都能立即与当地政府领导进行情况沟通。

工作站联络组副组长周立 5 月 20 日到工作站后立刻参加抗震救灾工作。他主动请缨上前线，积极参与做好市委领导赴川考察的路线设置、接待陪同和后勤服务工作，先后深入汶川映秀、漩口、水磨，德阳绵竹、什邡、洛水、八角、蓥华，以及绵阳广济、都江堰龙池、虹口、向娥等重灾区近 30 次，是工作站到灾区次数、地点最多的同志之一。

韦臻 6 月 9 日到工作站后，立刻投入繁重的接待工作中。他发挥自己在公务接待方面的特长和经验，先后参与完成韩正、胡延照、沈晓明、沙海林等领导所率代表团的拟制接待方案、前期踩点、工作保障等重要接待任务。他还冒着灾区道路塌方和泥石流、余震等危险，先后 6 次深入都江堰、德阳、什邡、绵阳、安县等重灾区，陪同各级领导实地考察灾情、慰问上海在当地参加抗震救灾的武警、消防官兵和医护人员、志愿者队伍。

工作站的工作得到了上海市委、市政府和市合作交流办领导的关心和指导。救灾援助期间，俞正声、韩正、胡延照、沈晓明、沙海林等市领导以及时任市合作交流工作党委书记林湘、副书记鹿金东都先后来工作站，亲切慰问战斗在一线的工作站同志们并指导工作。

2008 年 6 月 8 日，中共中央政治局委员、上海市委书记俞正声来工作站指导工作

深入灾区一线考察的林湘、鹿金东和工作站同志们

一方有难、八方支援

工作站的工作还得到了来自上海和当地各个部门、各行各业以及志愿者们的大力帮助和支持。在这个危难的时刻，所有人都不分彼此、齐心协力，向工作站和灾区伸出了援助之手。大家都默默地做着最艰苦、最烦琐也是最平凡的事情，却体现出大灾面前不计得失、无私奉献的崇高精神。

上海市卫生局在地震发生后，第一时间选派专门协调卫生工作的骨干同志，长期驻守工作站参与到救灾工作中来。这些同志发挥自己在医疗卫生领域的专长以及长期工作积累的经验，主动联系协调当地卫生部门和上海在川各医疗队伍，根据灾区需求及时联系上海卫生部门，调动医疗方面资源和人力投入到灾区。他们一次次深入一线实地查看灾区医疗卫生和医护救援情况，为灾区医疗救助提供了坚实的保障。

上海市民政局得知工作站车辆、人力紧缺的情况后，专门从上海运送了数辆车并配备了一批司机，全力投入到物资运输工作中来。这些司机不计得失、不顾危险，夜以继日地行驶在灾区道路上。同时，市民政局还根据工作站的反馈，调动上海民政系统资源力量，在最短时间内提供物资支持，为灾区和一线救灾队伍送去了最及时的支援。

灾区各个部门也给予工作站大力支持。四川省副省长黄小祥在百忙之中会见周贤行，沟通协调川沪两地救灾工作。四川省抗震救灾指挥部和四川省政府应急办、经委、旅游局等当地相关部门,建立及时的联系制度,积极与工作站和上海方面对接,为上海派出的救援队伍提供保障,为上海运来的救灾物资进行转运,还主动为工作站提供大量地震情况和救灾信息,确保了上海参与救灾工作顺利开展。

抗震救灾工作更是得到包括中铁通信信号上海工程公司、四川和平国旅等众多上海在川、在渝企业和各志愿者的大力支持。他们主动派遣志愿者承担工作站摄影、内勤、值班和各项服务保障工作,主动提供驾驶员和多辆工作用车协助参与工作站接待服务工作。很多企业主动为工作站提供车辆、物资、人员,用自己的车、烧自己的油、出自己的人,加入到救灾中来,人手不够,很多志愿者就自行开车运送物资。

重庆华坤房地产有限公司董事长梁琦,在5月15日那天,自己驾车从重庆赶到成都,主动要求加入工作站,参与物资组工作。身为一个企业的老总这时却干起了伙计的活,他每天出入机场、火车站、汽运站,一会儿是搬运工,一会儿是物资清点员,一会儿又是仓库保管员,晚上回到工作站还要统计当天的物资接收情况,又要为第二天的物资接收作好准备。就这样他放弃了公司和家里的一切事务,一干就是半个多月。

来自中国铁路通信信号上海工程有限公司第五分公司的王军,发挥自己的摄影特长,主动承担了工作站的部分摄影、摄像工作。他冒着道路塌方和泥石流、余震等危险,先后10多次深入都江堰、映秀、漩口、北川、什邡、绵阳、安县、绵竹、广济、水磨等重灾区,陪同各级领导实地考察灾情、慰问上海在当地参加抗震救灾的武警、消防官兵和医护人员、志愿者队伍,并为工作站留下了宝贵的图片和影像资料。

王军还主动将公司一部新款越野车提供给工作站作为"上海援川救灾应急交通车",并安排专职司机瞿培负责驾驶。瞿培先后12次驾车确保上海市各级领导前往重灾区了解灾情和慰问战斗在一线的同志,并出色地完成了工作站安排的各项接待保障工作。此外,他还主动参与了护送23位上海游客返回上海、护送灾区伤员赴上海治疗的运送工作以及接送上海文艺团体深入灾区慰问义演等重要工作。

上海平玻实业总公司西南分公司总经理、四川省政协特邀委员庄严,在震后的几个小时就主动和上海方面联系,自愿要求参与工作站的前期筹建工作。他利用专业特长和在成都方面的关系,多方打听联系,翻阅相关建筑图纸,最后帮助工作站在地震当天下午就解决了选址问题,使工作站在第一时间得以成立,确保了上海抗震救灾工作及时有序开展。在工作站成立后,他又主动要求无偿提供车辆和司机,无偿为工作站出车10多次,直接参与了接待俞正声、韩正等市领导来灾区考察慰问等重大活动。更令人感动的是,在地震时,庄严所在公司有2000多平方米的职工食堂、宿舍严重损坏已无法使用,3000多平方米的办公楼受损,直接经济损失在300多万元。但他反而带头组织所在公司全体员工为灾区捐款,他本人捐款8万元,全公司共捐款10万元,为灾区群众献上了一片心意。

来自四川和平国旅的美丽姑娘江丹,于5月13日工作站成立的第一时间就主动、自发、自愿加入工作站,以一名志愿者的身份积极主动配合工作站开展各项工作。她负责的信息统计、材料收发、物品采购等项工作，纷繁复杂，工作量特别大，但她总能在第一时间圆满完成任务。早上天不亮，第一个在工作站忙碌的就是她，深夜以至凌晨最后离开工作站的也是她，她以娇弱的身躯散发出坚强的毅力，争分夺秒不辞劳累的做好每一件工作。她夜以继日、争分夺秒的工作干劲，无私奉献、勤勤恳恳的工作精神，让每一个人为这位姑娘的美丽心灵而深深感动。

张远强、李善勇两名志愿者先后协助物资组完成了21批救灾物资的接收、存储、发放工作和22批慰问物资（每月20吨货物）的装卸工作，他们还主动承担起现场视频、照片原始资料的收集以及编辑整理工作。他们服从安排，主动要求干最苦最累的活，从不叫苦叫累。两位志愿者轮流换班，主动承担起了夜间值班的工作。由于工作站工作时间紧、任务重、强度大，志愿者们经常起早摸黑，连续几天睡眠时间仅有2、3个小时。

上海在川企业的同志及志愿者与工作站同志一起搬运物资

王军、梁琦、江丹、尹娟、张远强、李善勇、瞿培等十多名志愿者夜以继日、持续战斗的工作干劲，无私奉献、勤勤恳恳的工作精神，深深打动了工作站的每一位同志，也让大家看见了这些志愿者“危难之时伸援手、大难之际显大爱”的精神风貌。

“灾难无情人有情，患难之际见真情”，工作站因抗震救灾而应急成立，随着抗震救灾向灾后重建工作的转变，上海市对口支援都江堰市灾后重建指挥部的成立，工作站完成了它光荣的历史使命。工作站为夺取抗震救灾的胜利发挥了重要作用，它成立后的53个日日夜夜，留下了一笔永远难忘、永恒不灭的宝贵精神财富。

与时间赛跑　与死神争速

——汶川特大地震中上海市经济和信息化系统应急保障纪实

汶川特大地震发生后，上海市经济工作党委、上海市经济委员会、上海市信息化委员会根据市委、市政府要求和市应急办的统一部署，迅速行动、统筹协调，组织有关部门和企业，全力以赴做好应急物资和通信保障工作，积极参加医疗救护和灾区重建；精心组织、广泛动员，号召系统干部职工立足本职岗位，大力弘扬抗震救灾精神，认真做好捐款和“特殊党费”收缴工作。

2008 年底，上海市经济工作党委、上海市经济委员会、上海市信息化委员会合并成立中共上海市经济和信息化工作委员会、上海市经济和信息化委员会。在抗震救灾这场特殊的战役中，上海市经济和信息化系统不分岗位，无论是机关工作人员，还是在沪央企的一线员工，都尽职尽责，默默付出；不分年龄，无论是两鬓斑白的老职工，还是刚参加工作的小青年，都义无反顾，勇往直前，体现了全体干部职工的责任意识和大局意识。

跨越 2000 公里的应急物资大调运

汶川特大地震发生后，灾区人民的生活是否有保障？灾区伤员的抢救药品是否足够？灾区救援物资能否供应得上？这一连串的问号沉甸甸压在市经委所有人员的心上。这一刻起，上海与灾区搭起了应急物资调运的桥梁；这一刻起，市经委与四川省商务厅搭起了应急物资供需的桥梁；这一刻起，物资需求与供应的信息在此交汇，灾区急需的帐篷、医药、救援设备等物资在上海 6340 平方公里的大地上，奋力生产、快速集中、紧急调拨，一刻不停地转运到 2000 公里之外的灾区人民手中。

灾情严重，使命如山

5 月 12 日，一得知汶川大地震消息后，市经委立即主动与商务部等国家部委及四川省商务厅取得联系，明确表示时刻做好支援灾区各类救灾物资调运准备工作。5 月 12 日晚和 5 月 13 日，市经委召开紧急会议和专题会议，分别传达市委、市政府会议精神，贯彻落实中央政治局常委会会议精神，按照市委办公厅、市政府办公厅关于全力做好支援四川抗震救灾工作的紧急通知要求，部署抗震救灾物资的组织和调运准备工作，确保抗震救灾物资供应“供得出、供得好、供得及时”。

5 月 13 日，市经委成立市救灾援助物资保障组，集中办公，形成应急物资组织、调运、生产机制。发动机关近百位干部组成抗震救灾志愿者，加强委内 24 小时值班制度，双休日加强值班，并明确值班电话；建立日报表制度，及时跟踪、记录和报告救灾物资生产、组织起运等情况；加强与四川省驻上海办事处、上海市驻四川省办事处和四川省商务厅取得联系并建立联动机制，了解灾区物资需求。

汶川特大地震发生的第二天，市经委就紧急调运 5 批物资赶送四川。5 月 13 日 14 时，1 万支电筒及应急灯、4 万枚电池、20 万支蜡烛等组成的第一批物资由中国邮政货运航空公司承运，从浦东机场直飞成都；16 时，白蛋白、复方氨基比林等急救药品组成的第二批医药物品由上海航空公司承运，飞往成都双流机场；19 时，一次性输血器、急救呼吸机、84 消毒液等急救器械与药品组成的第三批物资由扬子江快运公司承运，飞往成都。同日，棉被 4000 条、薄型羽绒服 5000 件、敌敌畏 20 吨等第四批防寒防疫物资，由上海铁路局承运，编组 5 个车皮发往成都铁路东站；帐篷 1500 顶组成的第五批物资从浦东国际机场运送四川。

灾区是抗震救灾的主战场，上海市就是物资保障的大后方。为了保障应急物资及时、源源不断地运出，市经委以高度的政治责任感、社会责任感，建立了救灾援助物资应急生产体系，构建由市经委、区县经委、大集团和生产企业组成的三级协调网络，组织协调与生产有关的 14 个区县经委和光明、纺控、上药、华谊等 4 个集团及 30 多家相关生产企业，做好药品、食品、防寒防疫三大类物资的生产调度工作。

抗震救灾期间，市、区县经委和企业的联络员们，白天加强生产环节的组织和协调，巡查企业的生产质量，监测药品和医疗器械、日用品、食品等三大类 126 家企业的生产调度情况（药品和医疗器械 40 家、日用品 56 家和食品 30 家）；晚上时时待命，24 小时手机开机，保持信息联系渠道畅通，随时做好生产准备工作。他们望着西下的月亮踏上回家的道路，不等东方的太阳升起又回到办公室，准备接受灾区的新需求和生产的新任务。

多一顶帐篷，就少一些风雨

帐篷！还是帐篷！灾区群众急需“临时家园”，牵动着上海全市上下的心。市领导高度重视灾区物资保障工作，多次深入企业生产现场，察看救灾帐篷生产、调度、运输等情况，协调解决企业有关困

洋帆公司员工夜以继日生产救灾帐篷

2008 年 5 月 31 日，中共中央政治局委员、上海市委书记俞正声（前中）视察洋帆公司

难。5 月 31 日，中共中央政治局委员、市委书记俞正声到上海洋帆实业有限公司深情地说："大家责任很重，这是中央交给上海的任务，一定要按期保质完成，拜托大家了。"上海市副市长胡延照、艾宝俊也分别赶赴帐篷生产企业，了解帐篷生产情况，并慰问加班加点的车间工人。根据市委、市政府要求，市经委召开帐篷生产企业现场会，组织洋帆实业有限公司、上海德新旅游用品公司、上海鑫苑休闲用品有限公司等 4 家帐篷生产企业，加班加点生产灾区急需的帐篷，建立日常巡视制度，严格监控帐篷质量。市经委主任王坚牵头协调解决生产中的资金、劳动用工和关键零部件采购等问题。至 6 月 30 日的 49 天时间里，上海市向灾区累计生产、发运近 16 万顶帐篷。

赶制帐篷，抗震救灾，就是与时间赛跑。洋帆实业有限公司等企业员工不计个人得失，夜以继日地生产帐篷。为了尽可能缩短原料采购和生产准备周期，洋帆公司打破了以前原料到厂付款的惯例，由采购人员携款到原料生产企业当场付款提货。5 月份本是旅游、野营等帐篷的生产旺季，但这些生产线纷纷转产，紧急赶制救灾帐篷。原本每天 8 时至 16 时 30 分的工作时间，也被一再拉长。洋帆公司有 200 名川籍员工，默默奋战在生产第一线。没有豪言壮语，没有埋怨抱怨，所有员工的目标只有一个：尽早生产出更多的帐篷，让受灾群众得到临时安置。帐篷缝纫工人、四川泸州姑娘牟明双说："现在，我们唯一能做的就是加倍努力地工作，唯有这样，才能寄托我们对遇难老乡的深深

2008年6月19日，上海市副市长胡延照（右一）在洋帆公司视察帐篷生产情况

2008年5月20日，上海市副市长艾宝俊（前中）在洋帆公司了解帐篷生产情况

哀思。”

帐篷生产是应急物资供应的一个缩影。建筑材料、食品供应企业，同样有着紧张生产的事迹。市经委积极协调宝钢等企业，从5月29日起，每天提供900吨彩钢板，完成1.6万吨彩钢板生产任

务。建工集团派了3位同志作为联络员，驻扎在宝钢销售中心接收彩钢板，确保援建过渡安置房所需彩钢板供应。灾区需要快速方便的食品，上海乐惠食品有限公司生产的无菌方便盒饭保质期较长，成为救灾物资中食品的首选，公司干部职工加班加点，保证可向灾区每天提供数万盒卫生方便的米饭。光明、百联等企业紧急调拨灾区人民爱吃的榨菜，加班加点生产小包装的常温奶。

“把应急物资尽快送到灾区去！”

应急物资“供得出”问题解决了，接下去就是“供得好、供得及时”。灾区人民的安危时刻牵动我们的心，他们时刻都需要应急物资。多长时间才能运出上海？市经委给出的答案是：10小时，从生产出库到装车发送。在市应急办的牵头协调下，市经委构筑快速响应的应急物流网络，组织物资保障、交通运输、灾区联络所涉及的各部门，协调上海医药集团、纺织控股集团、光明集团、良友集团、百联集团等企业以及交运、上航、东航、扬子江快运等相关企业一棒一棒地“接力”，照明、药品、医疗器械、帐篷、防寒防疫、食品、救援装备等应急物资实现了当天接到任务、当天组织调拨、当天发送灾区。从存储地出库、装箱、送到机场或铁路、装机、装车、发送全过程，只需要10个小时。

同时，市经委迅速补充市级物资储备，要求承储企业加快采购补充储备，确保市级物资储备不缺货、不断货，做到“储得好、调得动、用得上”，并加强储备商品、储备设施和储备队伍的检查管理，提高救灾援助物资供应保障能力。

市经委密切关注灾区前线物资需求变化，及时了解灾区需求，做好各种物资调运准备，随时提供物资保障。5月15日晚，时任国家发展改革委副主任欧新黔来电说：“目前，灾区断电、重型救援设备无法进入灾区，上海能否紧急调运小型发电机和切割机、液压钳等救灾装备”。第二天清晨，市经委就赶赴生产企业，寻找、组织救灾设备。当天，200台切割机、284台发电机（5千瓦）、600台液压钳等救灾设备就被送往浦东机场，并由空军的伊尔76运输机运往灾区。上海援助四川抗震救灾成都工作站打来紧急电话，希望帮助筹措上海赴川救援队急需的矿泉水、方便食品、帐篷、睡袋、手电筒、口罩、急救药品等物资。市经委连夜筹措物资，同时还考虑到上海赴川救援人员的实际需求，增加了防暑降温用品、毛巾、内衣裤、药皂等物资配备，大大缓解了上海救援队的燃眉之急。

哪里需要物资，物资就保障到哪里。汶川特大地震不仅给四川造成难以估量的破坏，而且也给甘肃、陕西两省造成严重的损失。甘肃震灾造成遇难365人，受伤10158人，紧急转移安置179.7万人。陕西震灾造成遇难113人，受伤1920人，房屋倒塌6.32万间，危房24.6万间。甘肃、陕西两省同样紧急需要帐篷等救灾物资。上海市迅速与甘肃、陕西两省取得联系，6月10日向外紧急调运30000顶帐篷，其中甘肃省10000顶帐篷、陕西省10000顶帐篷。

不负重托尽职守，不辱使命供物资。市经委发扬不怕疲劳、连续作战、敢打硬仗的优良作风，以实际行动向市委、市政府和灾区人民交上了一份满意的答卷。截至2008年6月30日17时，应四川省政府和国家相关委办要求，由市经委、市发展改革委组成的物资保障组通过紧急调用市级储备物

向陕西省捐赠帐篷 10000 顶

向甘肃省捐赠帐篷 10000 顶

资和紧急采购，累计组织 45 批抗震救灾支援物资，总价值 1. 17 亿元，总重量 3610. 92 吨。其中，医疗器械与药品 1320. 02 万元，防寒物资 8326. 83 万元，防疫物资 323. 9 万元，抢险救灾物资 951 万元，食品 565. 3 万元，照明物资 129. 24 万元，上海救援队应急物资 94. 85 万元。其中，市政府累计无偿支援四川灾区 23 批物资，重量 3064.6 吨，价值 8525.11 万元；协调国家和四川省等部门物资运输 22 批，重量 546.32 吨，价值 3186.03 万元。协助调运其他社会援（捐）助物资 25 万吨。

应急通信保障：架起空中生命线

灾区通信严重损坏，处处告急。中国移动在四川省共有 3434 个基站因停电原因退出服务，中国联通阿坝地区 G、C 两网全部中断；四川铁通共近 2.5 万固话用户和 6700 多个宽带用户受断电影响通信服务中断。

5 月 17 日，电信科学技术第一研究所（以下简称“电信一所”）接到中国移动和中国联通的通知，要求派员抢通四川抗震救灾卫星通信设备。召唤就是命令，时间就是生命。接到任务通知后，在卫星通信工程方面有着丰富经验的王汉荣、李弘祖、康宁、陆伟强等 4 名工程师组成小分队赴四川灾区。4 人接到命令后，没有一丝犹豫，有的顾不上自己年龄大，身体不好，有的来不及向正在备战高考的孩子打声招呼，就毫不犹豫地收拾好行装，及时赶赴余震不断的地震灾区。此时此刻，他们想得更多的是通信人的责任与使命。

18 日到达成都双流机场后，小分队连夜奔赴四川移动公司。从移动公司那里，他们具体了解到，此次主要任务是利用卫星链路恢复移动通信，使那些尚未恢复通信的乡镇能打通电话，同时满足

2008 年 5 月 23 日，王汉荣（左一）、李弘祖（右二）与其他指挥部同志合影

抢险部队的通信指挥需求。这一夜，如同大战前的紧张气氛，使大家久久不能入睡。

5 月 19 日，王汉荣一组接到了去小鱼洞抢通设备的命令——彭州银厂沟的部队需要 CDMA 通讯！现场待命的人们顾不上吃东西，立即行动起来，设备很快被装上一辆成都军区派来的通信车，随即向彭州方向进发。一路上只见到军车和救护车，部队的同志告诉大家，地震使银厂沟两边的山垮了下来，填满了山沟，“银厂沟”已成“银厂山”。

由于路面损坏，桥梁坍塌，车子只能在山间小路迂回绕行，这个时候，谁也没有想过，余震会不会使山体再次垮塌；谁也没有想过，自己在不断有石块滚落的山路上行进，会不会有生命的危险；他们心里只有一个信念，快些抢通设备，快些、再快些。路面损坏，桥梁坍塌，车子很晚才到目的地——小鱼洞镇。由于断电，抢通人员只能靠手电照明。在检查完安装在菜地里的卫星天线后，已近午夜。

帐篷搭在老百姓的菜地里，几个大汉，挤在一个帐篷里，带的水和其他物品只能堆放在门口。刚钻进睡袋，就发生了余震，因为是贴着地面，所以感觉特别强烈，犹如被人用拳头在脊椎上杵了一下，感觉大地会被撕开一道口子。第二天媒体报道，那次余震有 6 级。

20 日一早，队员们简单地吃了块压缩饼干，就迅速投入到抢修的任务中。在部队官兵的帮助下，王汉荣组选择了一小块平地，重新安装好天线，开设备，找卫星，开始了一天的忙碌。现场的条件给工作带来了很多困难，没有现成的基础架天线，就冒着余震，在堆满巨石的公路边找块不大的平地，扛来沙包，固定支架，工具不凑手就跪在地上拧螺丝，设备不熟悉就凭借自身在卫星通信方面的

2008 年 5 月 20 日，王汉荣（左一）在小鱼洞镇成功抢修第一个卫星链路地面站

2008 年 5 月 24 日，康宁（右一）在应急指挥部安装调试卫星天线

丰富经验一边摸索一边干，硬是靠着平时积累的技术和能力，几经奋战，终于开通了设备，这是灾后第一个抢修成功的通过卫星链路解决移动通信问题的地面站，大家无不感到欣慰。

随着光缆抢通速度的加快，卫星通信应急需求逐渐地从大规模、大范围向个别点、临时需求方面转移。现场指挥部搬进了楼内，现场人员也开始逐步撤离。这让大家感觉：交接撤离的时候快到了。然而这时，传来了堰塞湖险情越来越严重的消息，为了防止溃坝造成已有通信线路再次中断，指挥部决定使用卫星通信作为光缆备份。小分队随同移动公司立即出发，分赴绵阳、清川、三台等地，以最快的速度完成了卫星通信地球站的建设工作。

2008 年 5 月 26 日，小分队启程返沪前合影。左起：康宁、陆伟强、李弘祖、王汉荣

请记住他们普通而又不平凡的言语吧！

李弘祖：说不怕是不可能的，但荣誉感、责任感战胜了恐惧。在当时情况下，谁都会去的。

康宁：亲情和友情让我感到很温暖，作为一名工程师，全面掌握技术非常必要，到战场上要独立作战，对个人技术是一次严峻的考验。

陆伟强：为灾区人民做得太少了，还应做得更多。

小小手机，让上海与灾区人民心连心。地震发生后，灾区的通信设施遭受了严重的破坏。连通灾区，让灾区人民第一时间联系到亲人家属，让全国人民第一时间了解到震区情况，成为中国移动通信集团上海有限公司（以下简称上海移动）的头等大事。

为了尽快完成任务，上海移动紧急启动了通信应急预案，与五大电信运营商签署“网间应急通道”协议，并在第一时间向网通和联通发出最高配合请求，要求实施协议中包括“异地网间互通”“省际长途应急”等条款，启用最高级别应急通讯通道。

5 月 16 日，上海移动紧急派遣了应急通信保障人员赶赴重庆，为重庆移动在受灾地区开通应急通信车及卫星通信车提供支援。5 月 25 日，组织一辆抗震救灾卫星通信车和一辆抢修车，随车配备 2 名技术人员和 3 名驾驶人员，不间断地直奔四川灾区，加强通信保障能力。该卫星应急通信车配有

2008 年 6 月 2 日，上海移动应急卫星车在四川阿坝值班

一个 2TRX 的微型基站，并具备 WLAN 等业务支撑功能，自带传输、自备油机，具有灵活、轻便、开通快等优势，为重灾无通讯地区提供了有力的支撑。

地震无情人有情。为了更好地满足救灾援助人员的通信需求，地震灾害发生后，上海移动向社会做出承诺，5 月 12 日至 31 日赴四川成都、绵阳、德阳、广元和阿坝藏族自治州等五个市（州）漫游客户手机通信费进行减免。10086 客服热线在这时也开放成为抗震救灾热线，接入人工服务后，提供 24 小时 100% 的热线接通与信息沟通服务工作，进行灾情信息查询、紧急电话查询等服务，重点落实在寻亲和救助请求的受理登记、亲友查找、代联络及位置查询等功能上。

同时，上海移动筛选出 5 月 12 日漫游到受灾地但没有通话记录的用户，组织 10086 立即展开外呼救援，通过不间断的呼叫、一次次的拨打的不懈努力，一个一个电话确认用户的安全。小小的电话，此时传递的不仅仅是声音，更传递着上海人民的关切，成为连通上海和灾区的信息之路。

5 月 27 日，第一批灾区伤员被逐渐转入上海进行医治。如何满足灾区伤员在上海的通信需求，帮助他们及时与家中的亲人联系，成为上海移动的又一项重点任务。公司要求客户经理对有医治伤员任务的 18 家医院逐一上门服务。通过调研，上海移动根据伤员需求紧急采购了一批移动座机，及时安装到每个病区，为灾区病人提供免费服务，让灾区人民一踏入上海土地，就感受到上海人民的温情与贴心。

用真情保障群众住房安全

汶川特大地震过后，灾区房屋大量受损。建筑物的安全谁说了算，能不能保证群众居住得放心、使用得放心，中船九院在结构、规划方面的优势，怎样能在灾区重建中发挥出来？这些问题成为中船第九设计研究院工程有限公司（以下简称中船九院）最关心的事。

6 月 17 日，瞿革、黄延、朱德勇、谢宇峰、朱炜、邓以栋、黄华、连军等一行八人组成的房屋受损评估工作小组出发奔赴灾区，其中朱德勇、朱炜、连军等三位党员成立了临时党小组。在四川省建设厅的协调下，他们被安排在重灾区青川县，开展房屋损坏评估工作。

青川地处摩天岭与龙门山交接的若干个地质断裂带上，三大主断裂带全部经过青川，历来属地震频发区。6 月 18 日，工作小组出发赶往青川县城。萧条冷清的县城满是断壁残垣，几乎每幢房屋上都有大大的“拆”字，在与青川县规划建设局局长沟通之后得知，他们被安排对青川县下属青溪镇、桥楼乡、三锅乡、房石镇、曲河乡、前进镇、乐安寺乡、蒿溪回族乡等十余个乡镇进行房屋损毁程度的评估。分配任务时，县规划局同志特别指出他们这组任务特别繁重，路途特别险恶，希望他们做好思想准备。由于房屋损毁严重，工作小组只租了两个房间用于办公和洗漱，晚上宿附近居民家的帐篷。那晚他们经历了此次赴川的第一次余震。

6 月 19 日清晨，工作小组离开帐篷，出发至青溪镇开始了他们艰辛的历程。他们按照预定计划，两人一组分头开展工作。在现场，他们受到了当地灾民的热烈欢迎，许多人拉着他们的手，希望工作

中船九院房屋受损评估工作小组在前往青川的路上。左起：黄华、朱德勇、朱炜、连军、谢宇峰、瞿革、邓以栋、黄延

小组能到他们家中进行评估。面对群众期盼的眼神，他们斗志昂扬，为了赶上县建设局的行程计划安排，工作小组决定再次拆分，每人作为一小组，同时由一名乡镇政府工作人员及一名村干部陪同，独立进行工作。当日结束工作时，已是午夜十二点。短短两天时间，他们就评估了青溪镇 4973 户中的 2800 余户以及村委、卫生院、学校、变电站等诸多公共建筑。

由于当地用水受时间限制，组员们只能在晚饭后八点多到河里洗澡，河水虽冷，但冷却不了大家为灾区做奉献的那颗炽热的心。那晚他们整理数据，写评估报告，一直工作到凌晨两点多。当第二天工作小组把报告交至青溪镇党委书记手中时，他感动地说“我看到了你们这两天忘我工作的成果，实在令人太感动了，我代表青溪镇人民、代表灾区人民衷心感谢你们……”

由于长时间徒步山路，各人腿脚都出现不同程度的损伤。有的同志脚上磨出了水泡，但他们没吭一声，只是坐在角落里挑破水泡，擦酒精消毒后简单包扎；有的同志脚踝出现瘀青，上楼梯很困难。但为了灾区群众早日住进安全的房屋，他们咬牙坚持。在青川期间，气候十分恶劣，几乎天天下大雨，但为了工作进度，他们没有停下脚步，即使雨衣里外都湿透。

评估期间，工作小组遭遇了数十次余震，山体滑坡，山路塌方。在自然灾害面前，他们不惧怕各种恶劣的生活条件，没有退缩，反而迎难而上，每天步行近30公里，睡眠不足五个小时。在受灾情况极为严重的曲河乡和前进镇，队员们看到房屋几乎全部倒塌，感觉那里就像一座“死镇”，空空荡荡、凄凄惨惨，极目所见，尽是废墟。当地乡镇领导说，余震到现在时有发生，附近山上仍有地裂现象，最大的宽0.5米，可见深度1米，长3.8公里。

几个乡镇之间几乎都是崎岖的山路，山路的一边是随时发生着滑坡的山体，另一边是堰塞湖，高涨的湖水显得格外凶险。接送工作小组的司机说：“其实你们犯不着冒着生命危险上这里来，这里的余震、山体滑坡和山路塌陷每天都要发生很多次，你们上海人对付这种特殊状况又没有经验，很容易发生意外。”但他们却郑重地回答：“这里需要我们！”

6月份的四川，毒虫跳蚤极多，带去的驱蚊水、风油精几乎没用，晚上又是睡帐篷，带队领导瞿革为了让大家能休息好，主动把自己和另一个打呼噜的同志安排在了一个帐篷。有次瞿革不小心弄坏了眼镜，灾区又无条件及时修理，但每天的报告是必须完成的，他并没有因为这个原因而推诿这项工作，几乎脸贴着纸张完成每天的工作总结报告。

在青川县的最后一晚，为了能在次日上午把所有评估报告交至青川县建设局，工作小组必须连夜加班完成报告，由于帐篷里没有电，他们只能借用一个已经不适合住宿的宾馆。凌晨5点，工作了一个通宵的组员们喜悦万分地正准备迎接大功告成的一刻到来。忽然，大楼剧烈地晃动了起来。只听有人一声大吼：“地震了！快跑！”随着地板的跳动，几个人不约而同地冲下了楼梯，来到了大街上。强余震过去后，大家相视而笑，八人中有四人光着脚丫子，两人穿着宾馆的纸质拖鞋。当他们把3679

工作小组在三锅乡帐篷中撰写评估报告

栋房屋的评估报告交到青川县规划建设局局长的手上时，局长的脸上流露出的不仅仅是满意的微笑，更多的是对中船九院工作效率和工作质量的惊讶。

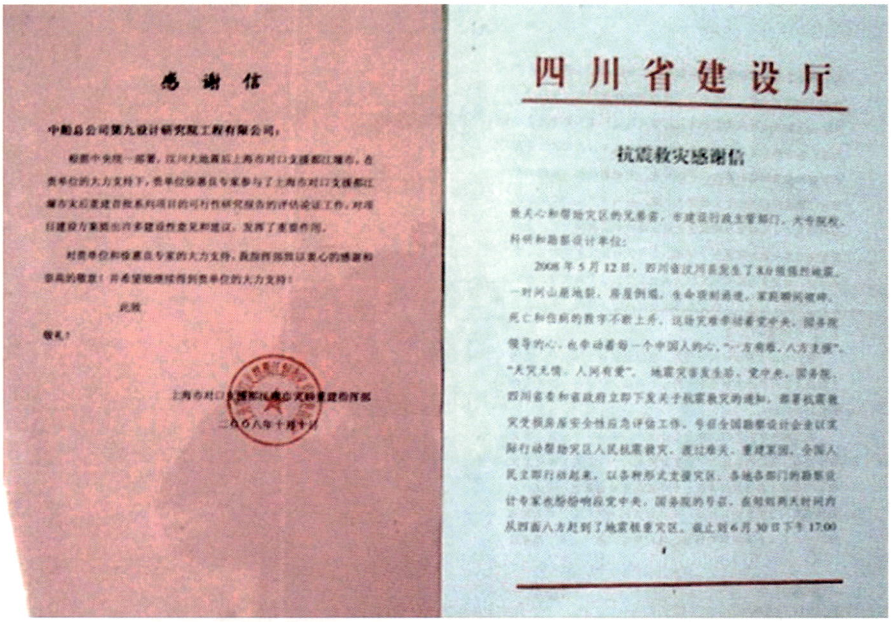

四川省建设厅给中船九院发来的感谢信

托起生的希望

5月12日下午，汶川发生特大地震灾害，灾情牵动着上海电力医院全体医务人员的心，医院上下在第一时间行动起来，积极请战。

5月13日晚上，医院接到紧急命令，立即组建了16人医疗队奔赴四川都江堰。经过13天的艰苦奋战，医疗队为3215名灾民提供了医疗救助，抢救治疗了547名受伤灾民。他们中的5人还组成突击队，不顾生命安全，携带医疗抢救器械及药品进入映秀镇，坚守紫坪铺坝七天七夜，出色地完成了灾区医疗救援任务。

紫坪铺坝是本次地震震中区——映秀镇通往外界的唯一通道。地震发生后，都江堰至映秀镇的213国道完全坍塌，映秀镇与外界的通道及通讯完全中断。四川省抗震救灾指挥部决定在紫坪铺坝设立临时码头，利用冲锋舟运输人员及物资进入映秀镇开展救援工作，紫坪铺坝临时码头成为运送救援人员、转送灾民、伤员的“生命之门”。

紫坪铺坝临时码头位于大坝的上游，是由一堆大小不等的碎石堆积而成的斜坡，地势险峻。由于余震不断发生，码头四周经常出现滑坡，情况非常危险。15日中午，医疗队率先在紫坪铺坝设立救灾医疗救援站，立即投入医疗救援工作。随着冲锋舟载着一批批受灾群众到来，医疗队的医护人员展开了争分夺秒的救援工作。当天就救治伤员100余名，随后几天，医疗队先后救治伤员超过

3000 人次。19 日晚上，电台里传出了 2 天内可能发生 6 至 7 级余震的消息，上级指挥部领导非常担心，从安全的角度考虑，希望医疗队的同志暂时撤离。在坝上负责安排救援工作的领队邱忠荟同志在接到电话后坚定地说："我们不能撤，照明车更不能撤，这里的解放军需要我们，只要有医生在，就能稳定军心，救灾工作就不会停！"

5 月 17 日早晨，电力医院医疗队接到命令，突击进入重灾区映秀镇进行抢救及运送医药品。赵崇华、向阳、贾莲明、王彬彬、刘玉英（女）等坐上冲锋舟，在紫坪铺水库中逆流而上。山上冲下的植被碎片漂浮在水面上，坍塌的桥体斜插在水中，两边山体地震时滑坡的巨大石块堵住了部分的水道，冲锋舟不得不"S"形地行使在岷江中。

由于 213 国道被坍塌的山体完全堵住，突击队只能跟随着轰鸣的推土机、挖土机，深一脚浅一脚地慢慢向前推进。沿途不断有山体滑坡发生，刚刚挖通的人行小道，瞬间又被巨大的塌方土石堵上了。万不得已，医疗队员决定沿着 70 度的陡峭山坡爬到 150 米高的山间小道进入映秀。他们只有一个信念，一定要把药品送到映秀。经过近 5 小时的艰难跋涉，小分队终于到达映秀镇。

在映秀镇的临时码头，突击队遇见了数百名群众。突然，一位白发老人抱着一个婴儿冲过来，大声呼喊："医生在哪儿？医生在哪儿？这个娃儿受伤了！"。贾莲明医生立即冲了过去，双手接过婴儿，医生向阳、护士刘玉英立即打开抢救箱，对婴儿进行了救治。这是一个出生才 13 天的婴儿，被埋在废墟下已经 3 天，刚被家人从废墟下挖出，小家伙口鼻处被灰尘堵住，面色发紫，突击队迅速清除了婴儿口鼻处的污物，检查包扎伤口，清洗面部污垢，孩子终于哭出了声音。医疗队又用针筒一点点地喂食葡萄糖液，经过一番安抚，婴儿慢慢地安静了下来。白发老人告诉我们，这个孩子的父亲已经在地震中遇难。

在奔赴四川抗震救灾的 13 个日日夜夜中，电力医院医疗队的全体队员在大大小小的余震中努力工作，在废墟中奔波，为拯救同胞的生命顽强地奋斗，用自己的行动证明：他们不辱使命，他们无愧于医务工作者的神圣职责。

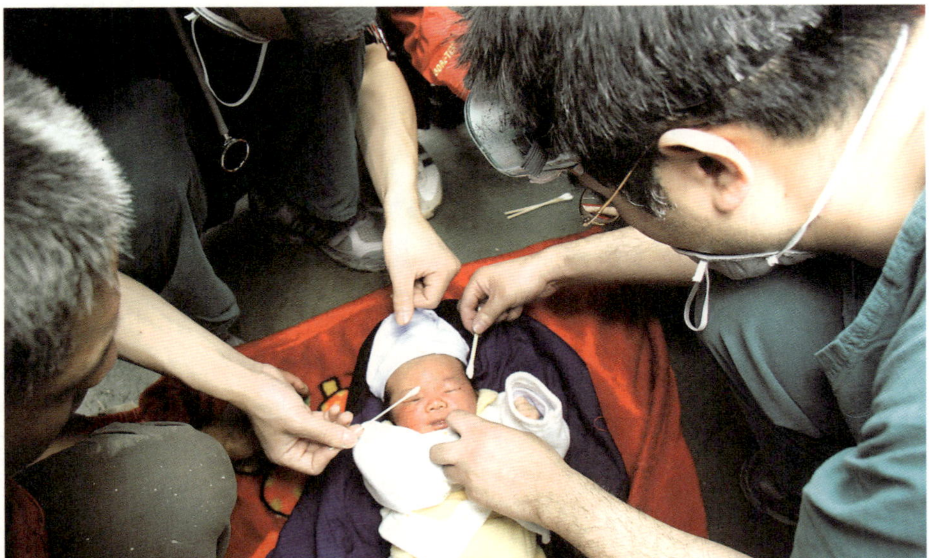

上海电力医疗救助队医护人员为婴儿进行紧急护理

为了震区游客的安危

——汶川特大地震上海旅游系统应急救援纪实

第一时间摸清在川沪客动态

2008年5月12日，我国四川汶川发生强烈地震后，上海市市长韩正、副市长赵雯立即电询本市旅游安全情况，当晚，赵雯受韩正委托亲赴市旅游委应急办了解在震区的上海旅游团队动态。赵雯要求市旅游委及各区县旅游管理部门密切关注震区灾情，迅速启动应急预案，做好救灾抢险工作；要求本市各旅行社，立即停止组织赴灾区或途径灾区的旅游业务，对已组团的旅游团队，要立即终止途经灾区旅游，并做好说服解释和善后工作。赵雯还要求各级旅游管理部门启动应急预案，加强值班，保持与辖区内旅行社的信息畅通，遇有情况迅即上报市旅游委。

地震发生后，市旅游委立即启动应急预案和应急机制，实施24小时值班制度，利用上海旅游管理短信群发系统，第一时间向各区县旅游部门和全市所有国际、国内旅行社负责人发送短信，要求立刻汇总当下在四川的上海游客人数，并停止一切前往四川的旅游活动。地震发生后72小时内共发送7批次短信，累计发送8500余人次，统计在地震的组团旅行社名称、团号、人数、游客姓名、团队联系方式、有无人员伤亡等信息。各单位迅速通过短信直接回复或传真至应急管理办公室上报相关情况。由于快速的反应和高效的信息平台，至5月13日下午14:00，地震发生24小时内就确定了由上海春秋、海景等旅行社组团在川开展旅游活动的游客共计50个团队1411人，并不断更新游客在川情况。同时做好新闻发布工作，及时准确地将游客消息向社会发布，稳定了游客家属的情绪。

千方百计搜寻震区失联游客

5月14日凌晨2:25，第一批由灾区返沪的131位本市游客安抵虹桥机场。

5月15日16:00，本市在灾区的尚未联系上的游客数减至25人，自灾区返沪的上海游客数已达700余人。当天下午，赵雯亲赴市旅游委，传达韩正市长在本市抗震救灾工作会议上的讲话精神，并对进一步做好相关人员搜救和善后工作提出明确要求。按照市领导指示，市旅游委已将尚未取得联系的游客详细资料传至上海援助四川抗震救灾接待服务站和国家旅游局，请求帮助搜救。同时，督促本市有关组团旅行社积极与灾区地接社联系，逐团、逐人制订落实游客返沪方案。

5月17日12:00，一直未取得联系的23名游客通过救援部队提供的通信设备已与旅行社及各自家属取得联系。这些游客仍在四川茂县地区，处于等待救援状态。本市在灾区的1413名游客，除1人死亡外，1170人已安全抵沪，其余游客均可于近期陆续抵沪。

5 月 20 日，滞留震区的最后 23 名上海游客，经市旅游委、春秋国旅不断协调，在四川省有关方面的大力支持下，分别于 5 月 19 日、20 日分两批搭乘军用直升机从茂县到达成都。同日副市长屠光绍、赵雯同志赴市旅游委向奋战了七昼夜的市旅游应急小组全体同志进行慰问，并通过上海旅游政务网，向亲历了此次地震灾害的上海游客表示亲切的慰问，向此次始终奋战在搜救一线的广大旅游系统干部职工表示诚挚的感谢和崇高的敬意。

灾难面前导游体现职业道德

2008 年 5·12 汶川特大地震发生时，上海共有春秋、海景等旅行社组团在川开展旅游活动的游客共计 50 个团队 1413 人，部分团队正途径都江堰、汶川等地震重灾区，直接经历了地震发生时惊心动魄、九死一生的场面；也有团队地震后被困于九寨沟等景区点，缺粮少食，苦苦等待救援。这些团队中，带队导游、司机面对突如其来的大灾难，积极组织游客开展自救互救，涌现出许多可歌可泣的感人事迹，充分体现了旅游行业以游客为本的核心价值观和职业道德。

春秋国旅一个 34 人上海散客团，在地震发生时正行驶在经映秀镇前往都江堰的途中。强烈的地震使公路右边路基塌陷、山体大面积塌方，旅游车像风雨中的小船剧烈摇动。司机紧急靠左停车后，与导游一起组织游客在空旷处避险，安抚游客情绪。在交通中断，与外界失联的情况下，司机和导游决定开展自救，由司机冒险前行探明路况后，组织游客徒步前往都江堰。途中道路被毁，路基下陷达 2 米，司机、导游带领着游客，沿着土质松软的河边 30 厘米宽的小道，手牵手，连走带爬艰难通

救援大巴避险绕道兰州，司机不得不查看地图

过。到达山脚紫坪库水库彩虹桥附近，路况开始好转，但是大多数游客已体力透支，疲惫不堪，导游又千方百计地拦下一辆小车，通过分批短驳的方式将游客送至都江堰市区，前后历经十余个小时，最终安全返回成都。该公司另一个 22 人的旅游团地震时也处于该路段，最终也通过徒步方式走回都江堰。

地震发生后，九寨沟回成都的两条道路全部中断，上航假期旅行社 92 名游客、春秋国旅 98 名游客被困九寨沟。由于当地余震不断，食物电力也出现紧缺，两公司的导游、司机带领游客从九寨沟出发，途经诺尔盖—郎木寺—合作—临夏，最后到达兰州，由公司派飞机将游客从兰州接回上海。春秋一旅行团 23 名游客在地震发生后被困在了茂县，原只能容纳 2 万人的茂县县城，一下子聚集了近 6 万避难者，大大超过了这个小县城的承受能力。因该团 23 位游客中，50 岁以上的就有 16 位，身体状况不能胜任长途跋涉，公司和导游否决了步行 28 公里到两河口，然后乘坐大巴车到兰州的方案，而是决定原地等待救援，直到 5 月 20 日乘坐军用直升机返回成都。这也是震区最后一批返沪的上海游客。在等待救援的 8 天时间里，由于保障得力，游客生活基本没有受到影响，该旅游团中还有一位糖尿病患者，地震发生时慌乱中将胰岛素落在 7 公里外的旅游车中，导游和司机冒着余震、塌方、山石滚落等重重危险，徒步取回了客人的胰岛素和相关药品，为等待救援争取了时间。

12 小时不间断行进，70 名游客终于在凌晨 2 点抵达兰州

大灾面前的责任与担当

——汶川特大地震上海市邮政公司援救纪实

2008 年 5 月 12 日，四川汶川发生 8.0 级特大地震，这场地震使原本秀美的山川河流瞬间变为废墟，让无数幸福的家庭支离破碎。地震带来了巨大的灾难，却把全中国人民的心紧紧系在了一起。为了支援灾区，上海邮政震后第一时间作出反应，向全公司员工发出“国家有难，邮政有责”的动员令，公司上下迅速掀起抗震救灾的热潮，以实际行动支援灾区，奉献爱心。

邮航专机第一时间运输赈灾物资

5 月 13 日一早，上海市邮政公司党委书记、总经理王观锠接到上海市人民政府应急指挥部电话，了解上海邮航班机情况，并获悉市政府正在采办四川灾区急需的蜡烛、手电筒、电池等救灾物资。

王观锠迅速与中国邮政集团公司联系，中国邮政集团公司党组书记、总经理刘安东非常重视，立即部署中国邮政货运航空有限公司调拨专机赴上海。中国邮政货运航空有限公司迅速落实飞机和机组工作人员等事宜，并与空管部门联系，调整航空邮路。两个半小时后，中国邮政货运航空有限公司一架波音 737 货运专机飞抵上海浦东机场。

上午 10 点，在得到应急指挥部的指令后，上海邮政迅速调集力量，最快时间赶赴浦东机场，接收、清点、装载市政府陆续送来的近 10 吨救灾物资。并在短短 2 小时内采购了 500 顶帐篷、118 块雨布、500 件棉大衣、3168 节大号电池、1728 节 5 号电池、100 箱八宝粥、100 箱方便面、50 箱饼干、20 箱蜡烛及手电筒等灾区急需的物品。12 点 30 分，满载着上海市人民政府的第一批 10 吨抗震救灾物资以及上海邮政第一批援助四川邮政的 5 吨救灾物资的邮航专机，从上海浦东机场起飞，飞向西南大地，这是上海市向四川震区运送救灾物资的第一架飞机。

邮政押运竭尽全力保障邮路畅通

汶川地震发生后，途经灾区的邮车被迫停运，航班临时取消，邮路中断。上海与成都的火车邮路——沪成线有 3 个押运班滞留在地震区域。5 月 12 日下午，震后不久，上海邮政就设法与押运员们进行联系，很快，两个班有了消息，人员、邮件、邮车无恙，可是与孔云龙班却始终联系不上。一直到晚上 10 点过后，才接到他们一个短暂的电话，之后再度失去联系……到第二天早上 8 点，通信才恢复正常。押运员们在不足 100 立方米的邮车空间里坚守了 50 多个小时，经历了近千次余震，克服了断电、缺水、饥饿等生活上的困难，确保邮件万无一失。

为了尽快恢复通往灾区的邮路，上海邮政千方百计摸清情况，向中国邮政集团公司提出调整邮件发运计划建议，并根据地震对交通影响的状况，启动应急预案。5 月 12 日，上海出发的沪成 K282 次 33 班由湖北襄樊折返回沪，沿途办理邮件交接，并在襄樊站卸下全部邮件，重要邮件按照中国邮政集团公司要求全部带回上海；沪成 K283 次 31 班绕道安康至达县、重庆前往成都；后续发运的班次均绕道襄渝线、达成线前往成都，保证了邮件的正常发运。5 月 14 日午夜 0 点 30 分，灾后第一辆由上海邮政派押的邮车绕行到达成都北站。5 月 16 日 23 点 28 分，从成都到上海的第一班沪成线 K284 次列车回到上海。上海到成都的邮路被打通了。

在地震发生后的两周内，沪成线 12 个押运班共完成了 21 个押运班次，运送邮件 71337 袋，其中机要邮件 881 袋，邮件全部安全送达灾区。

公路铁路民航接力抢运救灾物资

地震的巨大破坏力使通往震区的运输渠道受到严重影响，许多救灾物资一时无法送抵灾区。5 月 16 日，上海邮政下达抢运救灾物资的指令。17 日，增派运输车辆将新购置的 500 顶帐篷驳运到上海邮件转运站赶发沪成 K282 次列车运送，该批物资于 19 日 11 点运抵四川成都；5 月 16 日 16 点，在得知有一件 200 公斤重的救灾仪器急需运往成都后，即刻与中国邮政集团公司联系，得到中国邮政货运航空有限公司及江苏省邮政公司的大力支持，通过汽车邮路和航空邮路接力，将救灾仪器以最快速度运至成都；5 月 29 日，组织沪成 K282/283 次铁路一级干线邮路带运 100 台“净水器”；5 月 30 日，组织沪成 K282/283 次铁路一级干线邮路带运 2 万封爱心信件及 1225 只书包等文具用品。另有全市少先队员捐赠的 5 万余册课外图书发往四川灾区。

2008 年 5 月 17 日夜，上海邮政全力以赴完成 500 顶帐篷发往四川灾区的装车任务

全市500余网点免费寄递赈灾物资

地震发生后，邮政迅速作出反应，为市民支援灾区开辟绿色爱心通道。上海500多个邮政网点的营业窗口挂出“免收抗震救灾捐款汇费”、“免收赈灾包裹邮费”的牌子，对通过邮政汇往中国红十字总会、中华慈善总会、民政部及其下属机构，以及各类公益性基金会的捐款免收汇费及相关费用；对寄往汶川地震重灾区47个市、县民政局、红十字会、抗震救灾指挥办公室及慈善机构等部门的赈灾包裹免收邮费及相关费用。邮政网点不仅开设免费收寄赈灾包裹和捐款专窗，还设立大宗用户收寄点，提供直接封装、转发等一条龙服务，尽最大努力为市民寄递赈灾物资提供便利。

5月15日上午，上海邮政下属民星支局接到市委一名离休老干部的电话，他说为四川灾区准备了一些救灾物资，希望邮局能上门服务。支局局长一口应允，并带人上门收寄。在封装打包的过程中，为了确保这些物资尽快稳妥地运往灾区，支局工作人员还打印了“赈灾”的标志贴在包裹的显眼处，并在详情单上注明“赈灾”二字。十余个平均15公斤重的包裹很快处理完毕，看着老人一份沉甸甸的爱心通过邮政渠道顺利传递出去后，每个员工脸上都露出欣慰的神情。

截至年底，全市各营业网点共免费受理汇款8352笔，汇款金额601.5万元；收寄赈灾包裹5421件。

发起“鸿雁传书、爱心专递”活动

“朋友，近来可好？突如其来的天灾，撼动着四川大地，同样也拨动着每一个中国人的心弦……”主席台上，徐汇区世界外国语中学严佳林同学深情朗诵着写给灾区小伙伴的一封信；主席台

2008年5月30日，“鸿雁传书 爱心专递——情相系、心相印，我给震区小伙伴写封信”活动启动仪式举行

下，数百名青少年学生代表肃然聆听，默默为震区小伙伴祈福。这是“鸿雁传书、爱心专递——情相系、心相印，我给震区小伙伴写封信”活动启动暨首发仪式上感人的一幕。

地震使无数个儿童瞬间失去了父母，成为孤儿，更多的儿童失去了亲人和家园，他们需要物质资助也需要精神的抚慰。上海邮政发挥行业优势，架设爱心专递的桥梁，积极联系上海市科教党委、共青团上海市委、上海市教委、上海市文广集团、上海市少工委等，组织开展“鸿雁传书、爱心专递——情相系、心相印，我给震区小伙伴写封信”活动，倡议本市广大共青团员、青少年学生写信给震区小伙伴，向震区小伙伴传递关心、抚慰和力量。5 月 30 日上午，启动仪式在上海邮政浦东邮件处理中心举行，市少先队辅导员和学生代表参加现场活动。当天，首批 2 万封装满上海青少年爱心的信函通过爱

一封封“爱心信函”通过邮政工作人员的“手”飞向灾区

上海广大青少年写给震区儿童的两万封信启运

心专递绿色通道送往灾区孩子的手中，由此架起两地小伙伴的心灵之桥。活动期间，20 万只“爱心专递”专用邮资信封由上海邮政分批送至本市各中小学校，派出“鸿雁传书、爱心专递”专车收取信件，用“爱心专袋”封发至四川地震灾区。由共青团上海市委、上海市邮政公司提供的第一批“爱心专递”信函和赠送的文具于 6 月 2 日到达成都，由四川省邮政公司第一时间投送到地震灾情较重的成都、阿坝、雅安、绵阳、德阳、广元等地区的青少年手中。

通过此次活动，全市 800 多所中小学校、24 万余名学生给震区小伙伴写了慰问信，有 1000 多对小朋友结成互助促学对子。

阿坝州理县的小朋友开心地收到通过上海邮政邮寄的“爱心专递”信函和文具

2008 年 6 月 5 日，共青团上海市委、上海市邮政公司提供的第一批“爱心专递”慰问信和文具由四川邮政分别投递到安县桑枣镇飞龙村红星帐篷小学和花荄帐篷小学学生手中

震情就是命令

——汶川特大地震上海市地震局应对处置与现场工作实录

2008 年 5 月 12 日 14 时 28 分，四川汶川发生了震惊世界的 8.0 级特大地震。地震发生后，上海市地震局迅速组织全局干部职工，第一时间行动起来，全面展开了地震应急工作。

信息第一时间发布

震情就是命令。地震面波在地震发生后 10 分钟左右传到上海，上海 15 层以上建筑普遍摇晃，市民纷纷跑出楼外，聚集在街头、马路、空地，一时间，上海街道人潮涌动，人心浮动。上海市各大媒体第一时间赶到我局了解情况，我局和 110 应急指挥中心的询问电话也随之激增。局领导果断决策，迅速向上海市委市府、市应急办和市应急联动指挥中心报告了震情。同时召开记者见面会，通过我局新闻发言人向本市各大媒体发布“地震不会对上海造成危害”的公告。当晚，宋治平研究员参加东方卫视夜新闻和上视新闻夜线节目的录制，次日又参加了上视早新闻等栏目的直播和接受记者采访等。

市地震局王建军副局长（中）接受采访

地震发生后，地震局官方网站一度阻塞。在李红芳副局长的带领下，局宣教中心全体同志想方设法确保网站信息畅通，及时发布抗震救灾权威信息，坚持正确的舆论导向，维护社会稳定，开展科普宣传。本次地震应急和宣传工作取得了比较好的效果，在及时为政府提供决策依据、迅速平息民众恐慌情绪和维护社会稳定等方面起到了积极的作用，得到了市政府的充分肯定。沈骏副市长5月16日批示，市地震局及时快速反应很好，望继续做好相关工作。

奔赴一线　开展科考

地震发生后，根据上级统一部署，我局迅速派出一支地震现场工作队赴四川灾区开展地震科学考察工作。地震现场工作队一行7人，由宋治平研究员任队长，队伍5月14日抵达成都，宋治平、徐永林、吕恒俭、王军、王锋、李奇超、温燕林冒着余震和次生灾害的危险，先后转战都江堰、北川、绵阳等地震重灾区，队员们除了协助救援队伍探寻幸存者外，还对震灾损失和地震烈度分布情况进行记录，调查观测地质变化，为地震灾害损失评估收集宝贵的数据。

“对地震工作者来说，震情就是命令，每一次余震都可能对数据的准确性产生影响。作为地震工作者，第一时间出现在地震现场是我们的天职。”队长宋治平是这样说的，也是这样做的。在他的带

2008年5月16日，上海市地震局现场工作队在北川县进行救援

领下，地震现场工作队冒着余震、滑坡等种种危险，奋战在灾区第一线。据不完全统计，从真正进入灾区开始，我局队伍驱车驶过了1600多公里，走过了6个县11个镇。除北川、青川的某些地区由于塌方、泥石流阻隔道路以外，几乎走遍了所有重灾区，考察统计了数百栋毁坏和破损的建筑物。连续爬山路长达15个小时，徒步行程百余公里。

"疾风知劲草，板荡识诚臣"。在目睹着"共产党员突击队"官兵不顾安危奋力冲向泥石流的同时，队员王锋同志取出笔记本，趴在摇摇欲坠的石墩上，庄重地写下了《入党申请书》。"我志愿加入中国共产党……"这段熟悉的文字放在此刻有了一种特殊的含义，在巨大灾难面前，共产党人众志成城的精神所感召出的信念，是绝没有任何杂质的。"这几天在抗震救灾的第一线感受到了很多一生中都无法体会的东西，或许若干年后人们会淡忘，但这些场面已经深深地刻在了我的脑中。在北川，在绵竹，在什邡，哪里没有奋不顾身的党员的身影，哪里没有镰刀锤子的闪闪金光，我真的无法不为之感动。虽然这不是战争年代，但共产党员面对死亡的从容，共产党员的舍生忘死，共产党员视人民利益高于一切的坚定信念，与战争年代并无二致！"王锋同志以最简朴的方式向党组织表达了愿望，这位平时率直随性的同志，在此刻表现出来的认真，让所有在场队员深受鼓舞。队长宋治平临时代表党组织接受了王锋同志的入党申请书，在场的另外3名党员也为其见证。

王锋写入党申请书

同时，我局专家王绍博同志和韦晓同志参加了中国地震局组织的专家队伍，转战在重庆灾区灾害损失评估现场，圆满完成了中国地震局交付的各项任务。专家马钦忠于5月18日下午赴四川省地震局参与地震前兆分析预报工作。

24小时连续监测与会商

地震发生后，局监测中心、预报中心、佘山地震台和崇明地震台都根据预案加强了地震监测和预报工作。监测中心紧急调整值班班次，从原来每隔1小时查看观测资料变成24小时不间断监测震情，并由专人进行巡检，保证观测系统和前兆系统正常运行；预报中心加密会商，由周会商改为日会商，双休日也不间断，加强震区余震序列分析，同时密切关注上海及邻近地区震情趋势。

■ 紧急救援

映秀镇的铁甲雄兵

——记汶川特大地震中的上海市公安消防总队应急救援队

映秀镇是汶川“5·12”特大地震灾情最严重、环境最恶劣的重灾区。根据都江堰抗震救灾消防总指挥、公安部消防局郭铁男局长的命令，上海消防总队应急抢险救援队280名官兵，在总队长陈飞的带领下，于5月14日中午12时徒步向映秀镇突进。

映秀镇抢险救援的日日夜夜，在上海消防官兵心中留下了刻骨铭心的记忆。上海消防官兵在抗震救灾中表现出的良好专业素质、优良的器械装备、高昂的战斗精神以及科学施救，也在汶川的干部群众中留下了难以磨灭的印象，被称为“拯危救难的铁甲雄兵”。

70公里的凶险跋涉，宁可摔人不摔装备

通向映秀镇的道路，已被地震摧毁。在当地向导的带领下，部队沿山沟蜿蜒前进。由于沿途山崩地裂，曲折凶险，有时过一个坎就要绕行一个多小时。更严峻的是，每个官兵都背负着50公斤左右的抢险救援器材，这使得整个行军异常艰辛。

为了尽快赶到映秀镇，陈飞命令部队将后勤给养和食物，分发给沿途遇到的受灾群众，自己身先士卒，一马当先。在长时间的跋涉中，他的脚底血泡磨破，鲜血把皮肉和鞋子粘连在一起。他折断树枝当拐杖，继续走在队伍的最前列。就这样，他走断了三根“拐杖”，仍然像一匹呼啸的战马，昂首在前。

连续不断的负重急行军，使战士们的体力严重透支。一些战士摔倒了，但他们仍保护住随身携带的装备，他们知道：宁可摔人也不能摔装备，因为这些装备将在拯救生命中发挥关键的作用。为了保护装备，不少战士走一段路，喘一口气；再走一段路，再喘一口气。他们在千难万险中一步步向映秀镇挺进。

然而就在离映秀镇不到10公里处，又一次余震发生，乱石轰鸣的隧道内涌出一群乡亲，他们边跑边向队伍挥手，大声呼喊：“不能再往前了，不能进隧道，里面随时落石头，进去就砸没了！”

这条隧道是通向映秀镇的唯一道路，不走这条路，就无法到达目的地。路，已成绝境，人却不能被绝境堵死。陈飞望着前来劝阻的群众，说：“谢谢乡亲们的好意，但我们还是要前进！”

陈飞集合好队伍，脸色庄重地对官兵们说："同志们，我们出发前立下过誓言'牢记嘱托，坚定信念，克服万难，死而后已'。前面有危险，但我们没有退路，我们的选择只能是前进，因为前面有等待我们的人民！"

陈飞与上海消防总队丁克富副总队长、陈家华副总队长仔细观察了隧道崩石情况后，缜密制定了穿越险境的方案。就这样，经过 17 个小时 70 公里的艰难跋涉，上海消防总队抢险救援官兵于 5 月 15 日 14 时 30 分终于到达了映秀镇。而此时，乘坐直升机先期到达的上海消防突击队 20 人，已在一个晚上救出 7 名幸存者，其中年仅 10 岁的李秋曼，是映秀镇第一个被抗震救灾部队救出的幸存者。

先进装备科学施救，蒋雨航母子废墟团聚

这次跨区域抗震救灾，上海消防救援队携带了世界上最先进的四大类 21 种、63 件套价值千万元的特种装备，救援行动效率倍增。

5 月 14 日，在地震重灾区德阳的一家伐木厂宿舍坍塌地，救援队利用大型液压顶撬开了上百吨重的水泥板，将一名夹在水泥残块最底层缝隙中的妇女成功救出。

进入映秀镇后，救援队利用生命探测仪救出了多名幸存者。5 月 17 日清晨 6 时，救援队用生命探测仪搜寻到发电厂废墟中有生命体征，可是非常微弱。已被任命为映秀镇抗震救灾总指挥的陈飞判断：幸存者被埋得很深，废墟构件大，营救时间预计需要五六个小时。

为了避免碎石砸落，官兵们制定了科学施救的方案。先用牵引起重器材移开大块残垣，再用手动冲击钻、榔头、扩张器等破拆工具，一小块一小块剥开混凝土。有的地方干脆用手刨，不少官兵手指磨破了，指甲蹭掉了，但坚持着向纵深推进。渐渐地，幸存者露出了身体，他——就是被困 124 小时的幸存者、年仅 20 岁的贵州青年蒋雨航。而此刻，千里迢迢从贵州老家赶来的蒋雨航母亲，正在废墟外呼唤着儿子的名字。

当母亲看到自己活生生的儿子被救援队员从废墟中抬出的时刻，这位已经哭哑了嗓子的妇女再一次泪如雨下。她扶着儿子的担架，不住地喃喃自语："这是真的？这是真的？"一直到儿子微微抬起了自己的手，她相信了眼前的一切。她转身握住陈飞的手说："是上海公安消防总队救援队给了我儿子第二次生命，感谢党中央、感谢国务院、感谢消防官兵。"

16 小时连续作战，马元江被埋 179 小时

随着时间的推移，营救幸存者的战斗越来越艰难，越来越漫长。

19 日早晨 8 时，救援队发现了被埋在倒塌的八层办公楼第二层内的幸存者马元江。然而如何打通压在被困者身上厚达 10 米的废墟构件，又不伤到幸存者，成了摆在救援队员面前的一道难题。

为了保证马元江的安全，不使救援造成二次伤害，救援队员制定了定点钻探、钻扩结合的方案。他们冒着余震的危险，用风镐、液压钳等装备，在废墟构件上一点一点钻探，一厘米一厘米推进。当日的气温十分闷热，消防官兵只能在容纳大半个身子的狭小空间内坚持作战，体力消耗十分巨大。

经过 11 小时的艰辛作战，一条穿越 10 米废墟层的通道终于打通。抢险队员看见并触摸到了马元江。此时的马元江，在被埋 7 天以后，仍然神志清醒，并能吸食送入的营养水。16 小时以后，这名被埋 179 小时的幸存者被上海消防救援队救出。

被救出后的马元江，清楚地向现场指挥说了姓名、籍贯，以及亲属的联系电话。等候在周围的救灾军民、记者都为救援者的坚韧不拔、幸存者的坚持不懈报以热烈的欢呼与掌声。

汶川大地震最后的幸存者、被埋压 179 个小时的马元江被成功救出

八方勇士齐心协力，英雄团队屡立战功

进入映秀镇抢险救援的总兵力有 1500 人。他们分别来自上海、山东、江西、安徽、海南 5 个消防总队跨区域应急救援队和解放军成都军区第 13 集团军、武警成都指挥学院救援队。

在抢险救援的日日夜夜，各部队的参战官兵齐心协力、团结合作，使得整个救援行动开展得紧张有序。每天早上，陈飞召集映秀镇所有救援分队负责人晨会，明确各分队职责和任务。晚上召开小结会，汇总一天的救援情况，确保各个参战部队分工明确、行动统一、信息畅通。

担任这次上海消防抗震救灾应急抢险救援的成员，大多来自上海消防总队的英雄连队。他们中有特勤支队地震救援队，也有来自全国“模范消防中队”车站中队的官兵，这些连队在上海的火灾扑救及抢险救援中屡立战功。为了能参加这次汶川抗震救灾行动，不少面临退伍的三级士官，都纷纷请战，要求上前线为灾区人民抢险救难。正在山东老家探亲的赵凤良老兵，闻知部队将赴汶川抢险后，星夜兼程赶回连队，加入了救援队。抢险班长潘宜南，当他开赴汶川时，正值父亲查出食道癌，深明大义的父亲在电话中对儿子说：“个人事再大也是小事，国家事再小也是大事。你在汶川好好干，多救出几条人命，就是对我最大的尽孝”。正是这些来自四面八方的力量，使映秀镇的抢险救援工作取得了不断进展。

不畏艰险救死扶伤，医疗救援广受赞誉

5 月 13 日下午，上海消防应急救援医疗队 22 人，携带 7 种 140 余件医疗器械、28 种 800 余盒药品、30 种 150 余件医疗材料，到达地震重灾区四川德阳市汉旺镇。根据现场指挥部统一安排，队员们马不停蹄、争分夺秒地搭建战地医疗点，开展抗震医疗急救，协助其他救援力量拉网式搜救幸存人员，全力做好参战官兵的卫勤保障和当地的卫生防疫工作。当晚，在救援人员将 45 岁妇女张达菊从一家伐木厂宿舍坍塌废墟的底层救出后，上海消防医疗队第一时间对其实施静脉输液、口服营养液、伤口消毒包扎等急救措施。这也是上海消防医疗队在重灾区成功急治的第一个受伤群众。

截至 5 月 22 日 12 时，上海消防部队从地震废墟中共营救出被埋群众 358 人（其中 23 人幸存。335 人遇难），医疗救治灾区伤病员 167 人，协助处理遇难群众 110 人，最大限度地抢救出灾区人民群众的生命财产。

用忠诚托举生命的希望

——上海公安特警赴川抗震救灾纪实

2008年5月12日14时28分,8.0级特大地震袭击四川省汶川地区,顷刻间山崩地裂,房倒屋塌,道路崩陷,通讯中断,成千上万鲜活的生命被吞噬在废墟之中。情牵万众,世人瞩目,一双双援助之手跨越千山万水伸向灾区。医学界普遍认为,在断绝食物、水源的情况下,生命的极限只能延续7天7夜。震后的7天啊!上海人民的心一直紧绷着,灾区人民的生命、生存状况紧紧系在上海人民的心弦上!“灾害就是命令,时间就是生命”,一场紧急救援的硬仗迅速在上海打响。

灾情就是命令——永不磨灭的瞬间

5月13日午夜,上海市公安局根据公安部紧急集结令,立即部署调警工作,3个小时内迅速组建了一支由特警总队和长宁、静安、普陀、闸北、虹口、宝山、金山、奉贤、南汇9个分局200名特警组成的上海特警应急救援队。14日凌晨1时许,接公安部指令“当日12时前全部警力抵赴成都双流机场”。在火速集结警力的同时,市公安局连夜筹集了破拆工具、软管窥镜、发电机等救援装备和帐篷、睡袋、药品等生活保障用品并装箱打包。披星戴月,肩负重托,踏上征程,这也是上海公安特警首次参加跨区域大规模抢险救援行动。

5月14日5时,特警队员们集结完毕,带着各种装备物资抵达浦东国际机场,一进停机坪,随即被眼前的景象震住了,以往只有在军事大片中看到的场景,真实地展现在了他们的面前。空旷的机场,飞机蓄势待发,机身下面黑压压地簇拥着600多名紧张忙碌着的勇士。三种色彩汇聚三股救援力量呈现在我的眼前:特警—厚重的黑色,消防—跳跃的橘红色和象征着生命的绿色。特警队员们个个神色严峻,精神抖擞,战斗帽檐下是一张张年轻而沉静的脸。

时任市委常委、市委政法委书记吴志明,时任市长助理、市公安局局长张学兵专程赶到机场,为上海公安特警应急救援队送行,并勉励大家要发扬特警“特别能吃苦、特别讲奉献、特别能战斗、特别守纪律”的顽强精神,克服一切困难,完成党和人民赋予的重托,不辜负市委、市政府、市局党委的希望。全体队员庄严地举起右手:“牢记嘱托,坚定信念,克服困难,死而后已!”铿锵的誓言响彻夜空,其中不但蕴含着一种“风萧萧兮易水寒,壮士一去兮不复还”的悲壮,还凝聚着猛虎下山的磅礴气势和大无畏的英雄主义精神。

时间就是生命——连夜兼程进汶川

5月14日下午14时，连夜兼程的特警队员们到达都江堰市，在位于都江堰市幸福镇联盟村的公安部前线指挥部接到了任务，六个字：立即挺进汶川。同时把上海、武汉、南宁、杭州、宁波五地的特警队伍和85名上海和海南的消防队员混编成抢险救灾第三大队，由上海市特警总队总队长马淮海担任大队长。

当时，都江堰市的灾情十分严重，全市断水断电，由于所有楼房都有重大安全隐患，所以特警们只能在草地上搭帐篷。5月15日，上海特警接到命令，步行至汶川县漩口镇、水磨镇、三江镇参加救援工作。漩口镇、水磨镇、三江镇三个地区中有两个还没有救援人员到达，是此次受灾最严重、生活最艰苦的地区。四川省公安厅的一位副厅长介绍情况说，汶川属于龙门山脉，是典型的高山峡谷。古话说，西来之路，戛然而止，所以山不是完整的山，坡度都在40度以上。地震后余震、泥石流和山体滑坡随时都会发生，去汶川的路已经没有了，原先的路现在是一边峭壁，一边悬崖，崖下就是湍急的岷江。整个汶川已经断水、断电、断路、断通讯，多次空投都没有成功，队伍上去时要特别当心，每一步都要踩实。

行进途中，特警队员们身负30多公斤的干粮、饮用水和救援装备，沿着塌方险情不断的山路急行军40余公里，爬陡坡、踏泥泞、钻隧道、宿野外。为防止灾区余震造成的山体滑坡和碎石造成的伤害，整个队伍专门设了几个观察哨，一旦遇到险情能及早通知大家。一次，突然山上传来轰隆隆的巨响，紧接着，观察哨大喊，注意，快散开。只见一块磨盘大小的巨石翻滚而下，砸在队伍中间，离最近的队员只有不到2米，大家都惊出一身冷汗。

17日中午，时任中共中央总书记胡锦涛同志与上海公安特警在漩口镇寿江桥头相遇，在和队员们握手时，胡锦涛总书记关切地说："同志们辛苦了，现在是抢险救灾的关键时刻，大家一定要坚持住，加倍努力，安排好灾区人民群众的生活，党和人民不会忘记你们的功绩。希望大家在抢险救灾中一定要注意安全"。总书记的重要指示和殷切希望极大地鼓舞了全体特警队员，大家齐声回答："请总书记放心，我们一定完成党和人民赋予的光荣任务！"

地震后，灾区缺水，整整4天所有队员没刷牙没洗脸，没喝过一口热水。帐篷不足，队员们只能露宿，200号人只有92个睡袋。在连夜赶往漩口镇百花乡抢险救灾途经寿江大桥时，大桥正在抢修不能通过，前指命令就地宿营，脚下满地碎石，连个平坦的可以躺的地方都没有，队员们见缝插针，和衣蜷缩在公路边上。这一夜，伴着不断的余震和不远处山石滑落的巨大声响，特警队员们竟然沉沉地睡着了，他们实在太累了。

面对这样的困境，特警队员们没有一个叫苦叫累的，始终保持高昂的情绪和旺盛的斗志。

希望就是目标——坚韧创造出奇迹

16日中午，特警队员赶到水磨镇，飘散的尘土、掩埋的尸骸、撕心的哭声弥漫在空气中，充斥着这个无名的边陲小镇。刚到水磨镇，就听说镇政府和当地一个硅酸盐厂有人埋在废墟下面，特警队员们立刻顶着余震、山体塌方和建筑二次倒塌的危险，在废墟中连续奋战6个多小时，用撬棒、铁锹、甚至双手在废墟中寻找4名失踪的群众，可挖出的4个人全都遇难了，队员们的眼眶湿润了。

18日上午10点多，有人说向峨乡小学可能还有幸存者，队员们一下都跳了起来，带上生命探测仪、电锯、液压扩张器和大力钳马上出发。虽然已经有了充分的心理准备，但眼前的情景还是让我们无比震惊。已分不出哪里是校园，教学楼化为废墟，每块石头每块砖瓦都像被无形的机器碾过，成了粉末，废墟里到处散落着书包和鞋子。捡起一本本教科书，不知道书的小主人是否还活着？队员们打开探测仪，左探右寻，没有任何反应。队员们甚至怀疑探测仪是不是坏了。然而把探测仪对着废墟上的一只野猫，红灯马上亮了起来。队员们顿时默不作声，扒，拼命地扒，不管探测仪是否亮起意味着生命迹象的红灯，队员们一遍一遍搜索，一寸一寸挖掘。只要有百分之一的希望，也要做出百分之百的努力！正是有了这样的信念，队员终于在距离地震发生266小时后，救出了一个名叫肖致户的八旬老人。老人住在绵竹市广济镇一个非常偏僻的村里，去年瘫痪在床，地震时房梁倒下来，压住了他。他老伴也快80了，家里没有通信工具，也没有力气走远路找人，更没有力气自己来救他，老太太能做的，也只有在瓦砾堆里刨出点米粒，煮点粥喂给他吃，再没有人来，恐怕两人都会被饿死。5月23日中午，当队伍到达广济镇中新村时，5名特警队员在一偏僻村落的小树旁，发现了无助茫然的老太太，她面色苍白，说话含糊，只会用手势比画。特警队员跟着她往里走才明白，原来那里还有一个老人被压在废墟里，已经奄奄一息。队员们一下子急了，马上呼叫增援，虽然距离地震已过去近261个小时，但队员们相信只要有希望，就要托起生的可能。队员们立刻组织施救，大家用手扒掉盖在老人身上的瓦砾，小心翼翼地把横梁搬开，慢慢地把老人抱了出来，老人脱险了。回到驻地后，队员们自发组织了捐款活动，并买了食品、帐篷多次到大爷家看望慰问，还亲手将大爷抱进了队员们精心搭建的帐篷内，帮他们重新建起了一个临时小家园。

责任就是使命——维护稳定是天职

灾后，灾区中谣言较多，说堰塞湖洪水暴发要被淹没，有人扬言要趁火打劫并抢娃娃，部分不法宗教分子也在扰乱人心，说这是天意造成的。灾民情绪有波动，甚至连救援队伍也被误作可疑人，发生冲突，社会秩序急需稳定。指挥部要求上海公安继续寻找生命迹象，实施抢救挖掘工作，对银行、水库、救灾物资中转站等重点区域和重点设施开展安全保卫，参与当地社会治安的巡逻和治安秩序维护，处置突发事件。当地很多派出所民警只剩二到五人，辅警也只有二三名，警力相当紧缺。地震后许多当地的民警没有回过一次家，90%派出所倒塌，只能在简易帐篷中办公，上海公安的到来真好比雪中送炭。

都江堰市看守所关押了200多个在押人员，还有部分暴力犯罪嫌疑对象，原本警力就不多，地震中又有一个同志遇难。最严重的是地震后停电，所有监室的电控铁门都失效了，一推就开，形同虚设。当时，一些在押人员蠢蠢欲动，情况非常紧急。都江堰市公安局请求增援。当上海公安特警全副武装地出现在看守所时，那些在押人员看到这阵势，一下子安定了下来。

发生地震后，绵竹农村出现不少疯狗，咬伤群众，极易传播疾病，一时整个地区老百姓见狗色变。为了稳定人心，特警队员们到当地派出所借枪打疯狗，队员枪法很好，一枪一只，当地老百姓看到后，都竖起大拇指夸上海特警枪法准。

最值得骄傲的是，在抗震一线，特警队员们还先后三次圆满完成了党和国家领导人视察灾区的警卫任务，雷厉风行、踏实高效的工作作风，得到了前指和灾区人民的高度赞扬。

坚持就是胜利——出生入死战友情

上海公安特警总队马淮海总队长在震区的13天中，换了三双鞋，出发时他脚蹬一双41码的特警战斗靴，到了震区，长途跋涉双脚浮肿，不得已换了双42码的警用球鞋，最后，脚肿得厉害，又换了一双43码的布鞋。由于连日劳累，他喉咙嘶哑发不出声音，但他忙碌的身影告诉了灾区的群众：群众在哪，我们在哪，上海特警和灾区人民生死不离！

灾区的余震时常威胁着特警队员们的安全，在通过一条一公里长的隧道时，特警队员们都争着要先进入隧道，宝山分局特警支队胡建中副支队长命令队员："分三批走。陈磊、李士竑跟我第一批上。第二批由陶艳带队，祁崇伟、张振中、董宗伟跟进。陈秦佳、韩俊和杨晓易殿后"。当冲出隧道后，几个年轻人都抱怨为什么不让他们第一批探路。代理中队长陶艳这才神色凝重地说："弟兄们，我们刚才闯过了一条生死线！你们知道胡支队长这么安排的用意吗？他说，他的女儿已经大了，就算有个万一也没什么。因此由他带上两个'光杆司令'打头阵，如果在电台里听不到他的声音，就由我领着几个大个子带上重装备闯过去。而最后一批，韩俊，你爱人身怀六甲，陈秦佳新婚燕尔，杨晓易家里还比较困难需要照顾"。听到这里，大家都霍然明白了。想起隧道里随处可见的汽车残骸、遇难者遗体、余震引发的闷声不断和弥漫着绝望的空气……此时，平时坚强的特警队员们的眼睛湿润了，大家目光聚在了一起，手紧紧相握。

抗震救灾任务的圆满完成，离不开民警家属的默默支持和无私奉献。特警队员朱一梦的父亲也是警察，而且30年前在部队参加过唐山的抗震救灾，知道抗震救灾的艰苦和危险。这位老警察写给儿子一封没有寄出去的信，信中写道：儿子，你不仅是我的儿子，你参加了抗震救灾就是灾区人民的儿子！你是特警，该是你冲到第一线的时候了。辗转几天通过相关途径儿子知道父亲曾给自己写了一封没有寄出的信，他立刻给他的警察父亲发了一条短信：放心吧，老爸，我将勇敢地去战斗。特警队员彭斌5月18日的婚期，酒席定好了，请柬发出了，可他5月14号去了抗震救灾第一线。未婚妻知道后只说了一句话:我支持他,家里有我。

理解就是力量——风雨同舟渡难关

在整个抗震救灾过程中,虽然任务很艰巨,生活条件很差,但是灾区群众的坚强信念和真情关怀也时时激励着特警队员们。

有一天,一个中年妇女开了辆小货车来到我们驻地,问,你们是不是上海的警察?队员回答说,是。那妇女说,快,车上麻袋里有黄瓜和新鲜蔬菜,是送给你们的。原来,我们特警队员在路上休息时,由于喝不上水,有几个队员憧憬着如果能吃上新鲜的蔬菜、水果就好了。说这话时,这位大嫂正在边上,听到了队员们的对话,她就赶回家中,从地里摘了两麻袋新鲜蔬菜,因为她不知队员们住在哪里,一路打听才找到了上海警察。当队员要给钱时,这位大嫂说,我怎么好要你们钱啊。她拉着一名队员的手心疼地说,你们这些大城市来的孩子,和我儿子差不多大,为我们都累成这个样子,你们……那妇女突然哽咽了。原来,她全家十几口人都在地震中遇难了,只剩她一个。听完大嫂的讲述,我们的队员默默无语,纷纷上前拥抱她,哽咽着叫着,妈妈……

外出征战的日子,特警饮用水十分紧缺,回到都江堰,他们却喝上了热乎乎的茶。送开水的是驻地附近的一对老夫妇。他们家在地震中倒塌了,自己生活都很艰难,但看到特警整天忙着救灾没热水喝,就拣来碎砖搭了个灶头,为大家烧开水。有几天下雨没有干树枝,湿漉漉的树枝烧起来只见烟不见火,两位老人就趴在地上使劲吹,好半天才烧开一壶水。天黑了,外出救援的队员还未归,老人就焦急地问留守队员:娃儿们回来了没有?啥时能到呀?就像在关心自己的孩子。临别时,队员们把吃的、喝的悄悄留给了这对善良的老人。

信念就是方向——人间自有大爱在

为了不给灾区人民增添负担,上海公安后勤保障部门在5月14日凌晨连夜紧急采购了食品和药品,特警队员们要背着30多公斤的给养和装备在山间行进。而在抗震前线,特警队员只要一看到受灾的老乡,就会慷慨解囊,把急行军舍不得吃的肉罐头留给饥肠辘辘的老人,把随身携带的巧克力送给灾区的小朋友。

绵竹市土门镇麓棠村,有一条灌溉渠,方圆2000多亩稻田都靠这渠水灌溉,可一地震,震下来的瓦砾和房梁把渠道给堵实了,结果上游的水溢出去,渗进灾民的帐篷里,而下游的2000亩稻田秧刚插下去,因为缺水都蔫了。疏通得要人力,要工具,但村里地震中损失惨重,几乎没有壮劳力,工具也都压在坍塌的房子下面了。一季庄稼关系到村民一年的生计。没人,特警队员上,没有工具,用手。说干就干,20个特警队员从下午一直干到深夜,连一口水都顾不上喝,抬房梁,搬瓦砾,硬是靠着双手作业和浸泡在水渠中的双脚战胜了已经严重堵塞的水渠。100来米长的渠道疏通了,灾民帐篷里的水退了,老百姓的庄稼保住了,爱的传递与奉献将永远流淌在这条水渠中。

灾后老百姓需要帮助的地方太多了。麦子在地里收不回来,危房里的粮食、电视、冰箱、被子、衣服要拿出来,生病的群众需要药,化脓的伤口需要清理,救出的孩子需要转移……遇到这些事,特警队员们总能冲在最前面,尽一切可能把老百姓的事情办好办妥。危房里的物资我们来搬,灾民的帐篷我们来搭,村民的农活我们来干,上海特警就是人民的公仆,灾区人民的守护神。灾民是我们的朋友更是我们的亲人,为了鼓励灾区的孩子重拾信心,上海特警应急救援队在当地认助了3个孤儿,承诺把孩子供养到大学毕业,用真情延续生命,用爱心点燃希望。

公安部前沿指挥部曾特批了一笔慰问金给特警,并且强调这是发给每位队员的。可是,在全国哀悼日那天,特警们排着整齐的队伍,向遇难的灾区同胞默哀后,再次倾囊而献。当地红十字会的工作人员,捧着厚厚一叠钱,一边数,一边掉泪。最后,他们向队员们深深地鞠了三个躬。

天灾无情,人间有爱。在灾区的13天里,上海公安特警用百分之百的努力,在废墟上挺起了人民公安的不屈脊梁。他们坚信,世界上的水都是相通的,大地上的爱也都是相通的,无论何时何地,只要人民群众有危难,上海公安特警必定义无反顾,冲锋陷阵,用"特别讲政治、特别守纪律、特别能吃苦、特别能奉献、特别能战斗"的警魂续写一曲曲生命赞歌。

铁汉也有柔情——来自战地的日记

赴四川参加抗震救灾的上海市公安局虹口分局特警支队支队长曲海卫一直有记日记的习惯,节选其中触景生情的点滴感想和话语,以最朴实却又是最生动的形式,再现出抗震救灾的艰辛时刻和上海公安对灾区同胞真挚的爱。

5月14日　星期三　多云

高速滑行后,飞机腾空而起。我看了看手表,上午7时。

从事特警工作近20年了,如此大规模成建制跨区域的调动还是第一次。昨晚23:30的紧急会议已经很明确了,公安部紧急调集上海200名特警队员赶赴四川灾区实施救援,看来任务很重。我回头扫了下队员们,从凌晨集结完毕到现在已经6个小时了,6小时内,全体队员按照预案紧急集结,分局领导临战动员,个人装备整理捆扎,应急食物采购装箱,市委、市局领导到浦东国际机场送行,各项工作紧张有序,他们先前的亢奋状态已趋平静,抓紧这飞机上的三小时休整一下吧。

中午12时,车队到达都江堰市暂住地。强震后成片成堆的残垣断壁令我们感到触目惊心,头顶上直升机高速盘旋,路面上救援车辆川流不息,一批批救援队伍向震区挺进。迎接我们的前指联络员说:我们车队刚经过的区域还不是受灾最严重的地区,汶川、绵竹、白峨才是重灾区,他随手指了指公路旁的人行道说:这就是你们的宿营地,目前都江堰市的所有楼房都不能居住,断水断电还将持续一星期,条件艰苦,请上海来的同志能够原谅。尽管在到达之前我们已经有思想准备,但现实状况还是出乎我们意料。

从13时到20时，领取救援装备，介绍搜救仪器，学习救援方法，划分营地，装卸机器等开展救援的准备工作全面铺开，直到20:30时，总队下达了吃晚饭、休息的命令。晚饭是由都江堰市政府提供的一个窝头和一袋牛奶，窝头很小，大概就比上海生煎大一点，别说吃饱，垫肚子都不够，但是所有队员都没有怨言，因为大家知道在断水断电的情况下，都江堰市政府已经尽了他们最大的努力。

夜色渐晚，战友们相继进入梦乡，我的心情久久不能平复，他们中有的妻子怀孕3个多月；有的为了不让家里人担心，就瞒着家长借口出差到外地；有的正在为结婚购置物品就毅然奔赴抗震救灾的第一线。他们的名字虽然叫特警，但是他们也是有血有肉的平凡人，也需要有人关爱和理解。我深知在肩负抢险救灾的重任的同时，还有个重大任务，那就是必须把他们平安地带回上海。

5月15日　星期四 多云

凌晨2时，一阵剧烈的抖动让我从睡梦中醒来，我知道这是发生余震了，立刻跳下车。我打开手电，一一察看马路上休息的队员，他们一个个裹紧睡袋，还睡得很熟。我的心虽然暂时放了下来，但却为他们的健康担心。

早晨6时我们就起床了，没有水供我们刷牙、洗脸，只能"干料理"。上午刚过8时，就传来了前指命令，让我们明天进入汶川地区进行救援。由于进入汶川地区的公路至今未能打通，必须由总队组织先遣队开路。一阵紧张的准备以后，先遣队于13时出发，他们先坐车到达都江堰大坝，然后步行进入灾区，经漩口镇到水磨镇。而我们所在的补给队除了携带自己重达20多公斤的装备外，还必须背负整支队伍200多人的两天口粮于明天跟进，负重将超过40公斤。20时，先遣队传来了消息，他们已步行到漩口镇，并就地安营扎寨。漩口镇离水磨镇还有近20公里路，这下子我真有点担心，明天我们负重步行，这些小伙子能撑得住吗？

5月16日　星期五　阴有时有小雨

全体队员7时不到就起床了，简单吃完八宝粥后，大家开始整理装备。10时30分发车，12时车队到达都江堰大坝。泥石流阻挡住了车辆前进的道路，大家背负40多公斤重的装备开始徒步跋涉。岷江咆哮、碎石滚落之间的狭小通道成了延续生命的必经之路，有多少生死未卜的人们正等待着我们。

行进中，翻越一段坡度为45度，高度为500米左右的小山让我们犯了愁。兄弟单位队员从山上放下绳子才把我们一个个拽了上去，像这样的山路每行进一小段就会遇到一处，我们相互鼓励、相互扶持，用了整整一个半小时才走了仅三公里。午饭后，随着体力的透支，行军速度明显放缓，呼吸也越发急促，背负重物的双肩都已磨出血泡。在一段路况较好的公路上停着一辆土方车，驾驶员听说我们是上海来的救援队伍，表示愿意送我们一程，开车前他问："怕不怕死"，我们回答：

"已经进入汶川了,怎么会怕死?"队员们年轻的脸庞透出坚毅与果敢。土方车开了十多分钟以后,驾驶员停车要我们推荐一个视力好、嗓门大的队员趴在车顶上给车厢里的人传话,我们推选了胡文。行车十多分钟以后,有一段被泥石流阻断的道路出现在我们的面前,驾驶员大声命令全车人向左压,我们几十个人紧紧抱成一团压在了车辆的左侧,驾驶员将一侧轮胎几乎贴着石头边驶过,另一侧轮胎一半是在悬崖边上通过的。顺利经过了这个路口以后,又见被扯断的高压电线从我们头顶掠过,打在旁边的铁架上,击起电花四处飞溅……就这样,我们冒着车毁人亡的危险向前挺进。17 时,全体队员顺利抵达水磨地区大本营,交接完物品后,挡不住乏意的队员们立刻就趴在草皮上休息了。

晚 20 时左右,紧急集合的哨音将我们从睡梦中惊醒,消防队员在汶川白花镇废墟下发现了生命迹象,需要我们迅速赶赴救援。尽管满身疲惫,浑身酸痛,但想到一些生命正在消失,我们迅速扛起背包,向任务区迈进。由于无法充电,每个支队只能使用一支强光手电来照明,为了防止泥石流的突然袭击,我们必须逆向沿着悬崖一侧行进。尽管路途险恶,但所有队员的心都是一致的,只要早一分钟到达现场就能使幸存者多一丝生的希望,我们是在与死神赛跑。

5 月 17 日　星期六　晴转雷阵雨

昨晚没有睡帐篷,而是露营在扭曲开裂、碎石满地的公路上。一早醒来,睡袋上积满了厚厚的尘土,足足活动了好几分钟才把僵硬的身躯舒展开,大家相互拍去头发上的碎石与尘土,振奋精神,投入今天的救灾工作。

接指挥部通知,白花镇上最后一名幸存者的生命体征已完全消失。于是,原本今日到汶川县白花镇抢救幸存者的行动计划取消了。我们默默无语地站立在原地,谁也没多说什么,累点苦点不要紧,睡公路、啃干粮、走山路都没什么,只要能挽救鲜活的生命就是最大的幸福。白花镇最后一名幸存者的逝去,让我感受到了生命的脆弱和人类在自然界面前的渺小,也让我的心情越发凝重。

中饭是压缩饼干和午餐肉,正在大家席地而坐就餐时,又一次余震发生了,让我们再次领教了大自然的"震撼"。刚行军不多久,得知总书记的车队将要经过,全体特警停住脚步列队行注目礼。没想到总书记特意停下车来,亲切慰问了我们,还与我们一一握手。

晚上又得到命令:上海特警全体撤到都江堰市待命。本以为都江堰的情况会好些,到了后才知道,一样的断水断电断通信,晚上吃的还是干粮。

5 月 18 日　星期日　晴

昨日的大雨拂去了地震后留下的满目尘土,却拂不去岁月的尘埃与历史的烟尘。

因大雨把帐篷内个人的装备、睡袋等全部淋湿,一早起来我们就开始整理个人物品。上午 10

时多，接到指挥部命令：赶往都江堰市向峨乡小学进行搜救工作。疾驰的救援车在颠簸的道路上与时间赛跑，满怀希望的我们誓与灾难斗争到底。下午 14 时，到达向峨乡小学，虽然有所心理准备，但满目疮痍还是让我们震惊不已。在废墟中搜救、清理了 3 个多小时，生命探测仪上的红灯却始终没有任何反应，怀疑生命探测仪是否发生了故障？我们拿着仪器对着动物测试，红灯闪闪发亮，满怀希望却成泡影，怎能不叫人揪心？随着清理的深入，废墟下被埋压的十几具尸体逐渐被发现，看着这些向峨乡小学的学生，幼小的躯体被挤压变形，堆满尘垢的脸蛋不再有光彩，一阵酸楚涌上心头。儿子可爱的脸庞立刻浮现在我的脑海，这些和我儿子同龄的花朵，还未享尽这美好的童年时光，就逝去了宝贵的生命，是我们来得太晚了还是大自然的威力过于强大？

2008 年 10 月 11 日，上海市市长助理、公安局局长张学兵（前右）代表上海市公安局向都江堰市公安局赠送警车和电脑等警用物资

情洒巴山蜀水　行动诠释忠诚

——武警上海市总队医疗小分队赴川抗震救灾纪实

“5·12”特大地震，一场大自然带给人类的悲剧，它牵动着亿万中华儿女，牵动着2000万上海人民，也牵动着武警上海总队的每一名官兵。

地震发生后，武警上海总队医院的医护人员通过电视、网络、报刊等媒介无时无刻不关注相关的报道，当看到灾区因地震引发的一幕幕惨状，都感到无比的揪心，尽快到灾区去抢救同胞的生命，成为当时所有医护人员的共同心愿。医院消化内科主任杨龙，从得知地震的那一刻起，就联系自己研究的专业学科，一直关注着大灾之后疫情防控情况，他一边查阅大量的相关资料，一边向医院党委递交了请战书，要求尽快奔赴一线。与此同时，全院37名医护人员和杨龙一样递交了申请书，他们当中有年逾花甲的老专家，有新婚燕尔蜜月期提前归队的年轻夫妇，有小孩不满1周岁的年轻妈妈，还有入伍不到半年的年轻女战士。医院党委经过慎重考虑，决定委派消化内科主任杨龙和主治医师

2008年5月30日，武警上海市总队举行医护人员赴四川抗震救灾出征仪式

董勤、骨科医师周杰等3人组成医疗防疫小分队，于5月30日奔赴四川地震灾区开展疾病防疫工作。

在灾区的35个日日夜夜里，小分队的主要任务是开展紧急救援和卫生防疫，宣传卫生防范知识，督察饮水、饮食和环境卫生，督促救灾官兵搞好个人防护，指导任务部队科学消毒。期间，共洗消面积达11万余平方米，洗消人员2200余人次，为1130名战士注射疫苗，检测水质90次，为救灾部队开展卫生防病宣传和业务培训20余次，发放《地震灾区卫生防疫手册》3000余册，圆满地完成了上级交给的各项任务，受到当地政府和救灾部队的一致好评。

视灾区为故乡　把人民当亲人

5月31日凌晨，医疗防疫小分队一行3人抵达成都。从那时起，紧张、艰苦而又面临重重危险的医疗防疫工作正式开始。

6月1日，根据上级安排，小分队3人被安排到青川、平武、江油三个重灾区展开支援。蜀道难，难于上青天！经过地震后的蜀道更是难上加难，没有人能比行进在震后的蜀道上更能深刻地领悟这句话的含义。主治医师董勤，一名刚刚从第二军医大学毕业的博士生，在一次从桂溪前往北川县城的路途中，当乘车行进40公里的山路后，由于道路陡峭、坡度超过30度，且多次遭遇余震，时有山体滑坡，巨石和松动的土层频繁滑落，车辆无法通行，只好改为步行爬山前进，途中到处悬着摇摇欲坠的巨石，脚下是几百米的深壑，艰险至极。时值中午，酷热炎炎，早已汗流浃背的他，仅仅靠几片饼干和少许的矿泉水充饥，随后又继续前行，经过2个多小时的艰难行进，终于到达了目的地。此时的他已经十分疲惫，两腿像灌了铅一样，多想好好的歇一会儿，当他想起出征时总队全体官兵和全院医护人员的重托，想起受灾群众急切的期盼，马上全身心地投入到医疗防疫工作中。

为了帮助灾区组建村级卫生防疫机构，他给村民上防疫课，讲解有关防疫知识，经常一讲就是好几个小时，口干舌燥、嘴角冒泡他全然不顾，灾区的饮用水非常有限，他首先想的是把水留给更需要的伤病员，留给受灾群众。经过几天的培训和指导，在短短的时间内就帮助灾区建起了一支“不走”的村级防疫力量，有效地促进了村民自力更生、自助自救，确保了卫生防疫工作长期有效的开展。为了表达感谢，村民们特意送上一面锦旗，上面写道：视灾区为故乡，把人民当亲人。

哪里最需要小分队就出现在哪里

6月5日至6日，江油营区遭遇暴雨侵袭，简易营房内瞬间一片汪洋，床铺被褥都湿透了，夜间也无法正常休息，大家忙着整理行李、抢救物资、搬运药品，一直忙到凌晨3点才结束，小分队队员周杰半靠半就的在角落里睡着了。恶劣的天气给救灾工作带来了很多困难，在停电缺水、物资紧缺、器材简陋的艰苦条件下，他冒着山体滑坡、余震不断的危险，不顾疲劳、连续奋战在第一线，始终把灾区群众的安危放在心头。

小分队与大多数参与救灾的同志相比，有着军人和白衣天使的双重身份，同时肩上也多了一份责任和担当。他们所在的位置都是最危险的地区,3 名同志早已把个人安危置之度外,越是危险的地方他们就冲向那里,那里灾情最严重就奔向那里。在任务异常紧急的情况下,小分队都在与时间赛跑,每天徒步几十公里,走村串户,积极为村民讲解卫生防疫知识,分发防疫知识宣传册,提高灾民的卫生防病意识。由于灾后当地尚未引入自来水,救灾官兵的饮用水均由送水车从百里之外运来,在环境极其艰苦、用水极为困难的情况下,还经常把有限的水分给灾民。为了解决用水难题,小分队与救灾部队密切配合,采取抽取地下水保障清洗衣物和日常洗漱,有效缓解了用水压力。为了确保用水安全,小分队每天都要对饮用水进行检测,并对水质的余氯、铅、汞、pH 值、铜、砷等各项指标均进行详细记录,密切关注着水质变化。为了防止食用腐败食物,小分队加班加点,加强对食品卫生的监督监测,对救援官兵日常饮食以及使用的餐具进行全面检查,对就餐环境进行重点监测,明确食品来源及安全状况,有力地确保了救援部队无食源性疾病发生。当地的救援官兵高兴地说:"有上海来的专家为我们保驾护航,我们很放心!"

危难时刻冲得上去、关键时刻豁得出去

六月,灾区天气已经相当炎热,不仅没有水洗澡,还不时有蚊虫、跳蚤的骚扰,大家都不同程度地感染了虫咬性皮炎和严重脚气。但小分队一心想着的仍然是灾区的群众,带头把自己的补给分给了灾民们。在最艰苦的日子里,每天工作时间达 16 个小时以上,经常忙碌到凌晨 2、3 点钟。灾区白天温度高达 35 摄氏度,小分队的同志穿上厚厚的防护服,身背喷雾器,工作还没有开始全身便湿透了。一天洗消结束后,浑身上下的衣服就像刚从水里捞出来一样,防护眼镜里聚集的汗水像水帘一样从上往下淌,防护口罩被汗水完全浸湿了,雨鞋里都能够倒出水来。平时那双握笔杆、拿听诊器的手被捂得蜕了一层皮。可是小分队的同志时刻牢记自己是一名共产党员,牢记党的教诲、人民的恩情,每当体力不支时,眼前总会浮现一双双从残砖碎瓦下伸出的手和期盼的眼神,继而加倍振奋,将昼夜的疲劳、环境的恶劣抛之脑后,抓紧一切时间工作,他们的心和灾区人民的心是紧紧连在了一起!

在做好医疗防疫工作的同时,小分队还积极与战士进行心理交流,传授相关医学知识,缓解战士的心理压力,所保障的部队没有一名官兵因心理问题而减员。

危难中彰显铁军风采

——上海市质量技术监督局入川抗震救灾特种设备技术服务队纪实

汶川地震灾情，牵动着上海质监人的心。接到国家质检总局紧急通知后，上海市质量技监局迅速组织了一支23人组成的入川抗震救灾特种设备技术服务队，赶赴灾区。他们顽强拼搏，连续作战，仅用5天完成检验44家维保单位、584家用户的3026台特种设备，占总局确认需要检验的20918台特种设备总数的1/7强，尽显上海质监铁军风采。

迅速出击，周密筹备，确保各项工作有效落实

灾情就是命令，时间就是生命。接到支援抗震救灾工作的通知后，上海市质量技术监督局迅速成立抗震救灾工作领导小组，由局主要领导任组长，召开专题会议，研究部署各项工作。

面对地震灾区的复杂情况和艰巨任务，上海市质监局、上海市特检院的特种设备安全技术人员踊跃报名，主动请战，最终确定2名监察人员、21名检验人员组成入川抗震救灾特种设备技术服务队。

担任服务队领队的上海市质监局副总工程师孙永安已年届60，仍坚决向局党委请战。他说，“1968年入伍是第一次出征，明年就将退休，40年后的第二次出征，可能是此生做贡献的最后机会了，我有处理各种事故和突发事件的经验，有能力应付各种复杂情况，最合适带领这支服务队，指挥前移，确保完成任务”。队员孙持跃，因糖尿病需要每天注射胰岛素，但他提前准备好替代药物，带病上阵；队员姚建平岳母21日下午手术，他连医院都没来得及去，就在22日一早踏上征途。他用质朴的话语说，“家里的事情总不如救灾的事大”。李克的母亲因病住院、陈文觉和李志魁两位同志孩子年幼、妻子高烧，但他们舍小家、为大家，义无反顾奔赴救灾前线。队员们表示，面对突如其来的汶川地震，守望相助、共渡难关是每个中国人应尽的责任，我们早就准备好了！

兵马未动，粮草先行！为尽量减少人员进驻灾区后可能带来的供应压力，同时以有力的后勤保障保证队伍的战斗力，具体承担任务的上海市特检院立即启动应急预案，相关职能部门群策群力、协同作战，短短几小时，就完成了仪器设备、食品、药品和各类生活必需品的准备工作。

考虑到灾区可能出现的情况，服务队出发前多次召开准备会议，制定预案，以便入川后能抢抓时机，快速投入，大家纷纷表示要圆满完成这项光荣而神圣的任务，不辜负国家总局对上海质监、上海特检的信任！服务队中还及时成立临时党支部，充分发挥党支部的战斗堡垒作用和党员的先锋模范作用。

5月22日上午，市质量技术监督局党委书记、局长翁祖亮为服务队授队旗，市政府副秘书长范希平出席出征仪式。“敬业奉献、团结协作，坚决完成救援抢险任务”，全体队员面向国旗庄严宣誓后飞赴灾区驰援抗震救灾。

上海质监抗震救灾服务队入川出征仪式

22日下午抵达成都后，服务队当即按照在上海制定的预案，根据摸清家底，制定方案，逐台交代、不留死角的原则，召开排查会议，逐一了解上海各公司在成都市、绵阳市、德阳市、广元市、阿坝州及雅安市等受灾严重地区的电梯受损和抢修情况，摸清了家底。明确了按照国家质检总局抗震救灾指挥部的排查节点要求，保质保量地完成本次检验任务的工作目标；先易后难，先近后远，先集中后分散的工作步骤；抢修队与检验队两队合一，检修、检验各负其责的工作方式；在企业抢修自检合格的基础上进行检查确认的工作程序。强调全队要认真贯彻国家质检总局指示精神，统一思想、鼓足干劲，讲究方法、打破常规，突出重点、密切配合，严明纪律、团结协助，以高度的责任心完成此次任务。

因事前有预案、工作有目标、排查有方向，第二天服务队马不停蹄投入了紧张高效的工作中。需要检验的电梯数量大、区域广，服务队克服时间紧、交通工具缺乏等困难，分兵前往，自带工具、干粮、水壶、记录和防护用品，采用租车和步行相结合的方式，冒着余震不断的危险，严格检验，力保不漏掉一个

全体队员面向国旗庄严宣誓后飞赴灾区驰援抗震救灾

安全隐患。经过连日的早出晚归，高强度运转，有的同志水土不服、饮食不惯，有的同志因连续奔波脚上磨起了水泡，但都坚持工作。队员们表示，我们抓紧时间多干一些，灾区的百姓就能早一点放心。

在完成本队任务的基础上，服务队发扬抗震救灾一盘棋的精神，主动联系并检验了20家四川本地维保单位维保的180家用户、879台电梯。在得知四川省抗震救灾总指挥部所在地省公安厅等多个省直机关重要场所的电梯尚未检验时，服务队不顾刚刚完成一天任务的疲劳，再次出发，在没有当地人员协助的情况下，自行联系，租车前往，又完成了61台电梯检验，为确保抗震救灾指挥顺畅做出了应有的贡献。临行前，队员们留意到入住宾馆的电梯一直未张贴检验确认标志，便主动联系宾馆，检验了31台电梯。宾馆集团的党委书记对服务队主动服务、恪尽职守的工作作风和大局意识表示深深的敬意和感谢。

28日下午，服务队23名队员圆满完成任务，胜利而归。在简短而隆重的回沪欢迎仪式上，市质监局主要领导致欢迎辞，向服务队全体成员表示崇高的敬意和诚挚的慰问；要求全系统干部职工振奋精神，立足岗位，争做贡献，以实际行动支援灾区抗震救灾和灾后重建；希望队员们尽快休整好身体，继续保持和发扬抗震救灾中所激发的团结协作、顽强拼搏的精神，在今后工作中再立新功。

队员现场检验情况

团结协作、不畏艰难，确保各项检验有序高效

抗震救灾中，服务队的队员们团结协作、不畏艰难。领队孙永安胸有全局、指挥果断，是全队领导核心。工作中身先士卒，长途奔波，致使腰伤发作，难以行走，连饭都无法出门去吃，但他仍坚持工作，为确保按期完成任务起到关键作用。副领队李炜除做好检验工作，还负责全队统计、宣传及保障工作，废寝忘食，赶写材料，报送信息，安排生活。作为临时党支部书记，他经常与队员谈心，关心思想生活情况，鼓舞士气，激励大家更好地为灾区服务。副领队彭力除积极协助孙领队组织、协调安装维保单位与检验队伍之间的配合外，还发挥身兼监察员和高级检验师的技术特长，冲锋在前，帮助指导检验确认工作。

李克、孙持跃、江幼龙、阮海雷、姚建平 5 位服务队的组长，既是基层指挥员又是战斗员，承担的责任更大，付出的辛劳更多。他们白天带领全组奋战在各检验现场，晚上还要参加组长碰头会，汇报

服务队队长孙永安在返沪后介绍入川工作情况

一天的工作情况和需要解决的问题，根据工作进度主动联系维保单位，协调安排第二天任务，保证后续工作连贯、有序、高效。

杨宇清同志高烧至38℃，服药后仍坚持参加工作，在完成医用氧舱检验任务后，他不顾高烧未退，继续协助进行电梯检验，直至被医院查出病毒感染，才不得不依依不舍地提前返沪。

钱耀洲很不习惯成都的饮食，每天只能以咸菜下饭，但他毫无怨言。在完成医用氧舱检验任务后，他又积极协助进行电梯检验和后勤保障工作，千方百计安排好服务队的伙食，使队员们保持旺盛的战斗力，受到全队同志的肯定。

一组的李克、金春、陈志华、汪志钢4位队员针对震后特种设备状况，在检验中不断总结研究，改进检验方法，提高检验效率，精益求精，在本次入川任务中完成检验工作量最多。

二组的孙持跃、郑青、严志杉、张弛4位同志完成一天工作后，听说离重灾区都江堰市仅20公里的四川教育学院还有2台震后停用尚未检验的电梯时，不顾一天疲劳和余震频发的危险，立即赶往检验，解除电梯停用给师生带来的不便。

四组的阮海雷、王涌淼在6.4级余震中，正在成都新会展中心6楼进行电梯检验，由于安全钳动作，被困在轿箱顶约20分钟，他们临危不乱，沉着应对。危险无时无刻不在威胁着他们，但却挡不住他们前进的步伐。认真负责、不怕艰苦、顽强拼搏，这正是我们质监人的精神！

钱耀洲、杨健、张鹏塈、陈志华、汪志钢5位同队队员亲身经历和目睹了抗震救灾第一线党员干部舍生忘死、可歌可泣的一幕幕后，在一线郑重地向党组织递交了入党申请书，愿以自己的实际行动践行对党的忠诚、对灾区人民的无限深情。

默默支持、深切关怀，共铸抗震救灾坚强后盾

“军功章有我的一半，也有你的一半”。23名服务队员在抗震救灾一线忘我、投入的工作离不开23个家庭无私、默默的支持。金春的父母牵肠挂肚，彻夜难眠，但是为了不耽误儿子工作，坚决不给儿子增加心理负担；汪志钢的女儿每天在校园网上留言，为父亲加油鼓劲，期盼父亲早日完成任务；姚建平的妻子身体不好，还要独自照料因病开刀的母亲，尽管他们未身临灾区，但他们通过对奋战在一线亲人的支持也在为四川加油、为中国加油！

利用双休日和晚上时间，上海市质监局的领导分头走访慰问23位服务队员家属，关心家庭生活情况，解决实际困难，消除队员们的后顾之忧。市特检院的其他同志坚守岗位，主动为赴川服务队的同志们分担任务，坚持做好一手抓抗震救灾，一手抓奥运安全保障和特种设备日常检验工作，认真履行职责，以实际行动支持灾区抗震救灾。

上海质监入川抗震救灾特种设备技术服务队以顽强奋斗的精神，以自己的实际行动，超额、圆满完成了灾区受损特种设备的紧急检验任务，为促进抗震救灾工作的顺利开展和灾区群众尽快恢复正常生活做出了应有的贡献，充分展现了“海纳百川、追求卓越”的上海精神，充分体现了“特别能吃苦、特别能战斗、特别能奉献”的质监人的精神风貌和“精益求精、勇创一流”的特检精神。

爱如潮水,播洒生命之源
——汶川特大地震上海市水务系统救援纪实

“5·12”汶川地震发生以后,灾区供水设施受到了严重的破坏,水源被污染,群众和救援人员缺乏基本的用水保障。为尽快帮助灾区恢复供水设施,给灾区人民送去生命之水,上海市水务系统先后派出“水务赴川抗震救灾抢修队”、“供水驰援救灾志愿队”和“水务灾后援建”三支队伍,在第一时间奔赴灾区实施救援。在此次抗震救灾战斗中,107 名队员顶着余震、滑坡、溃坝、高温、疫情等恶劣条件,先后转战绵竹、什邡、都江堰、罗江等市县的数十个乡镇,帮助灾区抢修设施恢复供水,充分发扬了上海水务“不怕疲劳、连续作战;不畏困难、艰苦奋斗;不惧危险、勇往直前;不分你我、团结协作;不计得失、乐于奉献”的抗震救灾精神,谱写了一首可歌可泣的上海水务抗震救灾的赞歌。

昼夜星驰,第一时间赴灾区

上海水务赴川抗震救灾抢修队从组建到出征的过程,就是一场与时间赛跑、与死神夺路、与救灾争速的战役。从 5 月 19 日上午 8 时,水利部抗震救灾指挥部来电,要求上海市水务局组织抢修队伍帮助受灾严重的四川省德阳市恢复供水,到下午 4 时先遣组一行五人集结出发,这期间召开紧急会议、组建队伍、筹措物资、研究方案仅用了 8 个小时。5 月 20 日 14 时,由上海市水务局副局长沈依云任总指挥、上海城投总公司纪委书记杨申鲁任临时党委书记的上海供水抢修队 69 名队员,携带最先进的供水抢险和水质检测设备,其中包括一辆目前国内最先进的价值 270 万元的水质应急监测车和两辆 180 万元的多功能抢修车,从上海北郊站乘坐赴川抗震救灾货运专列赶赴灾区。这是上海供水历史上最大规模的一支抢险队伍,时任上海市委副书记、市长韩正等市领导和水务局、城投总公司领导亲往送行。

为了尽早到达灾区,抢修队选择了搭乘“军列”,但由于一路上挤满全国各地驰援灾区的列车,原本 36 个小时的路程用了 84 个小时。在整整 3 天 4 夜的“闷罐车”里,抢修队员们一刻不闲,紧急成立了临时党委,召开了第一次党委会,并不间断的与灾区前方的先遣队员和上海后方的救援工作组保持密切联系,了解灾区情况,研究救援抢修方案。

5 月 24 日凌晨 2 时 30 分,列车抵达德阳后,抢修队连夜召开工作会议,安排救灾工作。会议决定抢修队兵分三路,一路进行物资卸载,两路立即前往绵竹市广济镇和什邡市湔氐镇开展救援工作。大家唯一的心愿,就是以最短的时间、最快的速度恢复灾区自来水供应,让灾民尽快喝上干净、安全的饮用水。

2008 年 5 月 20 日，中共上海市委副书记、市长韩正等市领导亲往上海北郊火车站为上海水务赴川抗震救灾供水抢修队出征送行

2008 年 5 月 29 日，国家水利部副部长胡四一到绵竹、什邡灾区现场进行指导和慰问，并将水利部的慰问电转送给上海水务赴川抗震救灾指挥部总指挥、临时党委副书记沈依云

首战告捷,生命之水送广济

绵竹市广济镇是重灾区,当抢修队从德阳火车站马不停蹄抵达广济镇后,灾区一幕幕缺水的情景让他们深深震撼:满目疮痍、一片废墟,每人每天只有两瓶矿泉水,嗷嗷待哺的婴儿因为缺水不断啼哭,年幼孩子追着妈妈要水喝,抢险官兵和志愿者需要水、野战医院抢救伤员需要水……抢修队员从未如此深刻地感受到水对生命的重要意义。大家不顾疲劳,连夜开工,连续作战,察水源、装水泵、铺管道、架水箱、设龙头、测水质,在邹琪伟队长的带领下,抢修一队终于在5月25日12时46分建成广济镇第一个集中生活供水点,结束当地居民"断水"13天的困境。"水来了,水来了",灾区群众奔走相告,喜形于色。此时,距离抢修队抵达灾区还不到35个小时。

与此同时,抢修二队在陶伟元队长的带领下,在崎岖不平的道路上颠簸了50多公里,于24日傍晚抵达什邡市的湔氐镇,没有片刻休息,队员们立即投入抢修供水设施工作。经过一昼夜的连续作战,在25日下午恢复了湔氐镇的供水。在解放军某救援部队营地的"炊事挂车"前,两个2立方米的软体贮水罐内一会儿就灌满了洁净的饮用水。部队首长紧紧握住上海供水抢修队总指挥、上海市水务局副局长沈依云的手连声感谢:"饮用水保证了,我们部队的救灾战斗力就更强了……"

为了灾区人民早日喝上水,抢修队员连续奋战48小时,没有擦过一把热水脸,没有睡过一个安稳觉,当听到群众欢呼"水来了"的时候,同志们连晚饭也顾不上吃,便在简易帐篷内的木板上倒头就睡,鼾声响成一片……

通宵达旦,野战医院建水源

按照水利部抗震救灾指挥部的部署,在完成广济、湔氐镇的供水恢复后,抢修队计划5月29日移师罗江县执行新的任务。而在此前的28日傍晚,广济镇领导急切地赶到驻地向抢修队提出了一个紧急"恳求":因伤员过多临时决定要在广济镇建一座野战医院,希望抢修队能够紧急帮助医院修建水源。

原定计划不能变,而保障医院生命救护更需要水,指挥部果断决定,利用28日晚间的休息时间,连夜施工,务必为野战医院完成供水。于是,劳累了一天的队员们顾不上吃饭,带着管材、设备和各类配件,开着多功能抢修车,急赶施工现场。两盏1000瓦的"小太阳"碘钨灯和两只"海洋王"探照灯将4000平方米左右的作业区域照得如同白昼,大功率的空气压缩风镐机伴随着震耳欲聋的"突突"声争分夺秒地开挖路沟,热熔机、等离子切割机轮番上阵,破路面,接管材、装水泵、铺管道……

经过一夜的鏖战,野战医院供水点的设施宣告建成,抢修队队员收工时,天边已是鱼肚白了。

挺进蓥华,肩挑手挖开水渠

蓥华镇是什邡市下辖的一个小镇,地处汶川地震带,在地震中遭受了惨重损失,99%的房屋被毁,100%的居民受灾,供水设施也被全部摧毁,灾民生活全靠送水车勉强维持。鉴于上海供水抢修队抵达灾区一线后连续作战、快速恢复广济、湔氐两镇镇区供水的出色表现,5月27日,抢修队接到抗震救灾指挥部的命令，要在蓥华镇建立灾后第一个大规模的供水示范点，为即将建设的大型灾民集中安置点提供必需的生活用水。

接到命令后，抢修队即启程冒着余震和大雨挺进蓥华。蓥华镇位于龙门山区，恢复供水需要从附近的山腰重新寻找水源，预计要铺设10公里左右的供水管道，并要克服穿越湍急河流、在有一百多米落差的山坡上排管等技术难题。当时，余震不断、滑坡不停、道路不通，环境非常恶劣。现场车辆无法通行，队员们就带着设备肩扛手提；大型机械无法运作，队员们就自己用铁锹挖路开槽。一连5个昼夜，困了，就小睡一会儿；饿了，喝着溪水啃一口干粮，队员们惜时如金、争分夺秒、连续奋战，一个接一个的临时供水点在突破艰难险阻后拔地而起。5月29日，水利部胡四一副部长一行顶着细雨来到蓥华镇、红白镇慰问上海水务抢修队，看了铺设的水管和供水点后，连声说："真没想到，上海队伍这么能战斗、这么能吃苦，工作效率高，施工质量好。"

2008年5月24日下午2时，上海水务赴川抗震救灾供水抢修队在四川德阳市水利局举行誓师动员大会

截至6月1日，抢修队全面完成了蓥华镇的供水设施抢修任务，共计恢复水源点7个，建成集中供水点21个，铺设供水管道10.8公里，服务人口达12000人，在废墟瓦砾上建成了灾区首个供水示范点，圆满完成水利部下达的任务。

跋山涉水，检漏抢修保供水

如果说上海水务和上海城投组建的"供水抢修队"是一支恢复供水的排头兵，那么由上海市供水行业协会组建的"供水驰援救灾志愿队"则是为供水管网检漏修复"会诊"的专家团。根据当地灾

2008 年 5 月 31 日下午，受灾群众在什邡市蓥华镇临时集中供水点取水

区水系统的情况，救灾志愿队分成四支小队，分别对绵阳、江油、安县、游仙、长虹基地等处进行突击检漏。

5 月 21 日，绵阳芙蓉溪大堤发现一处漏水，一旦漏水加剧将导致大堤崩溃，而当时大堤上安置了大量灾民，绵阳抗震救灾指挥部请上海志愿队协助查明芙蓉溪大堤供水管道的漏水点，消除隐患，防止大堤溃塌。接到任务后，志愿队抽调精干迅速组成突击小组赶到现场，在认真察看了解情况后，徐新旋等抢修队员采取了短时关闭漏点两边阀门观察的方法确认漏水管道，并切断堤内老管道，重排一段明管，最终排除了漏水隐患，确保了大堤上灾民安全。中国水协副会长兼秘书长邵益生同志亲自到实地进行了察看，高度评价了上海志愿队的过硬的技术和丰富的经验。

5 月 26 日，由于受唐家山堰塞湖溃堤威胁，指挥部要求志愿队紧急撤退，并明确了撤离路线，上海市政府驻成都办事处也多次电告，要求他们撤回上海。然而，当志愿队得知安昌、梓潼等地还有大量的检漏抢修任务时，为了灾区的群众，为了响应党中央、国务院的号召，为了为上海人民争光，志愿队坚持留了下来，又转赴安昌、梓潼等地，帮助检漏和抢修，共巡检了 20 公里管道，查出了 8 个漏点，及时进行了修复。

在抗震救灾前线检漏抢修的十天里，上海志愿队共出动 151 人次，帮助绵阳市区和郊区江油、安县、游仙、三台、梓潼等地巡检供水管道 168.1 公里，检出漏点 102 个，检漏准确率达 100%，22 名队员以丰富的经验、精湛的技能、高效的工作出色地完成了巡检查漏工作，为尽快恢复灾区供水赢得了宝贵的时间。

上海供水驰援救灾志愿队检漏队员在绵阳市道路边检测受损管道

火线入党，危难时刻见精神

在出征的火车上，抢修队成立了临时党委，下辖三个临时党支部，践行了中组部“哪里有抗震救灾任务，哪里就有党组织”的指示。在抗震救灾的第一线，临时党委书记杨申鲁多次组织召开会议，并在各支部和全体党员中开展了“在抗震救灾抢险战斗中为党旗争光、让共产党员称号闪光”的主题活动。抢修队的党员干部充分发挥了先锋模范作用，危险和困难时刻冲在前，指挥部领导沈依云、杨申鲁和阮仁良、刘广登、沈伟忠、王达峰、虞建波等冒着山体滑坡的巨大危险，几次进入受灾最严重的红白镇现场察看。

上水管线公司的副总工程师虞建国，是一名59岁的老党员，当通知他参加抢修队而且4个小时后飞机就要起飞时，他正在为儿子的婚宴支付账款，他没有一句推辞，只带了几件随身的衣服就出发了。上水管线公司的职工余伟明同志，在刚到达重灾区时就表示：“我是共产党员，这次能够前来一线参加抗震救灾是我的光荣，我不怕艰险、不怕苦累，有困难我自己克服，要为灾区人民多作贡献，不完成好救灾任务就不回去……”

在抗震救灾的日日夜夜，抢修队员们发挥不怕艰险、不怕困难、不怕疲劳的“三不怕”精神，发扬“一个党员一面旗”的先锋模范作用，顽强奋战，屡立战功。其中有3名表现突出的入党积极分子蔡台福、徐长明和缪亚军，在抗震救灾一线经受了考验，做出了贡献，被组织批准火线入党，并在灾区一线的营地举行了庄严的入党宣誓仪式。我们相信，这样的入党经历将使这 3 名新党员永生铭记。

2008 年 6 月 3 日，在指挥部营地，上海水务赴川抗震救灾供水抢修队临时党委为三名火线入党的队员举行入党宣誓仪式，党委书记杨申鲁主持

情系灾区，倾力援建都江堰

“拜水都江堰，问道青城山”，这是余秋雨先生赋予都江堰的心灵诠释。然而，就是这样一座世人瞩目的历史文化名城，在遭遇了“5・12”地震后满目疮痍，城市供排水设施更是遭到了前所未有的毁坏。

为帮助都江堰重建供排水设施，上海市排水管理处党委书记周宇受上海市水务局委派，参加了上海市对口支援都江堰市灾后重建指挥部。在都江堰的 800 多个日日夜夜里，他和战友们完成了都江堰西区水厂、青城山污水厂的建设，重排供水干管 52.096 公里，污水干管 26.5 公里，构建了都江堰市新的供排水格局，使都江堰市 80% 的人民喝上清洁、优质的饮用水，近 50% 的城市污水得到有效处理，有效地保障了都江堰市的水资源和水环境。其中，西区水厂项目和污水厂项目均荣获了四川省“天府杯”和上海市政金奖，西区水厂被推选申报国家市政金奖和金钥匙奖。

2010 年 4 月，建成后的上海对口援建水务项目—都江堰西区水厂内景，该项目总投资 3.5 亿，荣获国家市政金奖、金钥匙奖三等奖、四川省“天府杯”和上海市政金奖

在帮助都江堰市建设各类供排水设施的同时，上海水务系统还积极帮助当地主管部门开展供排水人员业务培训。黄民，都江堰市西区水厂副厂长，说起共建单位上海杨树浦水厂，他直竖大拇指：“‘百年老店’就是不一样。在那里，我熟悉了生产工艺流程和各项设备参数，尤其有一点很受启发，就是上海的生产安全应急预案，如加氯安全等，这对我们厂未来运行是一个很好的借鉴……” 援建期间，上海共组织水务项目运营管理人员到上海培训 116 人次，上海专家到都江堰指导设备安装、调试、运行 20 余人次，为项目顺利移交、可持续运营创造了良好的条件。

率先垂范，无私奉献暖人心

在抗震救灾前线的日日夜夜，一百多名上海水务救援队员顶着余震、滑坡、劳苦、高温、疫情等恶劣条件无私奉献，谱写了一篇上海水务人“爱如潮水”的抗震救灾之歌，涌现出了无数可歌可泣的动人事迹。

火车跑得快，要靠车头带。具有从军经历的沈依云时任上海市水务局副局长，并且是这次水务赴川抗震救灾供水抢修队的总指挥，他深知肩上责任重大。在到达第一个抢建供水点广济后，他立即站在坍塌的废墟上，以铿锵的军人气概和深厚的人民情怀，含泪深情地对队员们说：“同志们，灾区正饱受大劫之痛和缺水之苦，我们忍饥挨饿经过三天四夜长途跋涉2200多公里奔赴灾区，使命就是一个，早一天让灾区恢复供水，让灾民用上放心水，我们要与时间赛跑、为生命接力，打好首仗，打胜首仗！"他掷地有声的动员在这一刻凝聚了强大的力量，鼓舞了士气，振奋了人心。而接下来抢修队的每一次"冲锋"，他都是身先士卒，一马当先，充分地展示了党员领导干部的模范带头作用。

72岁的上海水协陈正兴会长，是上海赴绵阳供水驰援救灾志愿队中最年长的老领导。离沪前同志们考虑到陈会长的年龄和身体因素，劝他留在上海指挥没有为他订机票。但是陈正兴会长不顾劝阻，购买了同一航班的机票与大部队一同出发。在飞机上，陈会长语重心长地说："我对自来水行业比较熟悉，又在市政府担任过救灾工作的领导，参加抗震抢险是我的责任。"在灾区，由于健康原因，陈会长晚上睡觉需用呼吸机，但他每天依然工作18小时以上，经常到深夜2、3点才回到驻地。在平时，他总会抽出时间走进灾区安置点帐篷内，开导在地震中失去亲人以及从废墟中被救出的孩子们，鼓励他们克服困难，树立远大理想，温暖的话语，耐心的开导，抚慰着灾区群众和孩子们的心灵。

陈国光教授是国家级水质专家，当听到要组建队伍赴川救灾时，年近花甲的他连续三次书面请战赴川。在灾区一线，作为先遣队员的他，移动水质检测车成为他的家，始终勘察前行在抢修队之

2008年5月27日，上海水协会长陈正兴在灾区安置点帐篷内安慰在地震中失去亲人以及在废墟中被救出的孩子们

前。在蓥华镇他不顾当地群众劝阻，多次上山寻找水源，有一次突然间地动山摇、头晕目眩，汶川地震后的最大一次6.4级余震瞬间发生，震中青川离蓥华镇只有几十公里，而他丝毫不惧摇摇欲坠的断岩，多次在险壁滚落的飞石险境中，艰难攀登，真情动天、心诚则灵，水源终于被陈教授找到了……

作为现场指挥的市水务局阮仁良处长在抢修现场扭伤了脚，脚踝红肿严重，但他仍然坚持战斗。当大家让他休息时，他说："我是共产党员，我要带好头，轻伤不下火线。"像这样的感人事迹在抢修队每天都发生着。中国水利报记者赵建平到一线采访后不由得为之感动，用深情的笔尖为上海水务抢修队取了个响亮的名字："抢修铁军"。

驻川抗震救灾的日子里，上海水务系统共完成德阳市下属的绵竹市、什邡市和罗江县18个镇的供水设施抢修任务，铺设不同规格的供水管道35公里，配置各类水箱21个，建设集中生活供水点74个，安装水龙头278个，检测各类水样64个，计485项次，救灾覆盖范围995平方公里，解决了14.18万灾区人民的生活用水问题。

上海水务系统赴川抗震救灾的工作获得了各方好评。5月28日，水利部专门向上海水务局发来了感谢信，赞扬上海水务具有特别能吃苦、特别能战斗、特别能忍耐、特别能奉献的精神。沈依云、阮仁良等多人获得了水利部或上海市抗震救灾先进个人的荣誉称号；上海市供水行业协会和陈正兴、岑国相分别受到中国城镇供水排水协会表彰；上海市供水管理处、排水管理处、供水行业协会等水务系统多家单位被市委、市政府授予上海市对口支援都江堰灾后重建突出贡献集体；周宇、岑国相等多人获得了"上海市对口支援都江堰市灾后重建突出贡献个人"的荣誉称号；上海水务抗震救灾抢修队共收到锦旗36面、感谢信12封。当地群众拉出的横幅上写着"危难时刻伸援手，地震无情人有情，感谢上海水务对灾区人民的援助支持"，广济镇中学老校长充满感情地说，上海水务赴川抗震救灾抢修队送来的不仅仅是干净放心的生命之水，更是上海人民无私支援灾区的一腔热血和深情厚谊。

心系汶川　抗震救灾

——上海市救灾卫星通信突击队纪实

汶川大地震是我国建国以来强度最强，破坏性最大的一次地震，对汶川当地造成了巨大的经济财产损失，同时也对当地的通信设施造成了不同程度的破坏，地震中心地区也因此一度通信中断，给当地的救灾工作造成了严重的影响。

为了保障灾区的应急通信指挥工作，维赛特网络系统有限公司应上海市委、市政府要求，于短短4天内组建了一支上海市救灾卫星通信突击队。它将担负起保障国家民政部、上海市委市政府应急通信指挥的任务，并同时为上海媒体灾区前线报道组提供技术支援。

5月17日下午，突击队一行9人和2辆卫星通信车在队长王晋超、党小组长陈健的带领下奔赴一线，于5月19日凌晨抵达四川成都。没有进行休息，突击队就投入抗震救灾。

在这次抗震救灾的行动中，两辆救灾卫星通信指挥车可以在全国范围内应急组网提供视频、语音、数据通信支持服务，SVC的卫星应用也得到了充分的展现，给灾区群众带去了维赛特人的爱心关怀与坚忍精神，摄像机所记载的只是他们日常工作的一小部分。他们冲在困难的前面，将疲倦的面容藏在镜头的后面，用辛勤的工作实践着“情系天府、心念汶川”的爱的承诺。

临危受命　不辞辛劳

自四川汶川地区发生8.0级大地震以来，在上海市委、市政府的统一领导下，全市各界都在全力以赴支援四川抗震救灾工作，公共卫生救援队、地震灾害救援队、地震现场工作队等先后驰援四川。但是灾区的通信状况却困难重重，为了保障国家民政部、上海市委市政府的应急通信指挥任务，维赛特网络系统有限公司临危受命，立即组建了一支救灾卫星突击队。

2008年5月17日上午9点，位于浦东金桥的上海市维赛特网络系统有限公司报告厅内，上海市救灾应急通信突击队出发动员大会在这里召开。怀着对四川灾区人民的深切同情和热情参与抗震救灾工作的强烈使命感，来自公司不同部门的第一批九名队员即将踏上征途、奔赴灾区。

5月17日下午3点，上海市委副书记、市长韩正出席发车仪式，与公司技术人员一一握手，嘱咐他们全力做好技术保障，同时也要注意安全，保重身体。3:15，突击队一行9人随2辆通信车从上海出发，日夜征程，途经安徽、河南、陕西，总计行程2395公里，在行进的过程中，来自各方的援助之手让队员们真切感受到了大灾之前中华民族的团结和凝聚力：上海申美饮料食品有限公司赞助100瓶饮用水；沿途的高速收费口免收过路费；安徽省福彩中心及时提供车队的燃油保障；河南省洛阳应急办接上海应急办请求，由中国石油化工股份有限公司洛阳石油分公司提供车队免费燃油及大量饮用水；陕西省福彩中心提供大量免费物资补给。

车队带着后方支援的激励和战胜前方困难的信心继续前进。5 月 18 日 23 时 59 分，突击队到达陕西四川交界，做好入川准备。加油站的工作人员提醒前方可能会出现 7 级以上的余震，后方指挥部指示所有队员立即出发，快速穿过地震多发带。5 月 19 日 0 时 30 分，上海市救灾卫星通信突击队通过 108 国道入川，沿途路面上遍布着山体滑坡落下的大石，路况恶劣，车队不得不缓慢行驶。0 时 45 分，1 号车出现跳闸故障，进行短时检修。2 时 10 分，车队进入绵广高速，路况好转，2 时 40 分，1 号车故障维修完毕，车队加速，以每小时 60 码的速度行驶。3 时整，距离绵阳 124 公里，突击队全速行驶。5 时 20 分，车队进入成都，距城区 7 公里。5 时 50 分，上海市救灾卫星通信突击队在成都招待所进行短暂整休后，于 7 时整进入四川省民政厅，开始通信调试。上午 9 时，救灾卫星通信突击队成功连通了与上海主站的卫星信号。

视频会议

上海市民政局、上海市政府应急办、上海市驻川应急救灾指挥部、上海市救灾卫星通信突击队金桥指挥中心四方视频会议于 2008 年 5 月 20 日 10 时通过 VSAT 卫星系统成功举行。上海市应急办副主任张海涛就是在成都的上海市救灾卫星通信突击队 1 号车（卫星通信指挥车）内主持此次会议的。这是突击队到达四川后的第一次视频汇报会议。

此次会议，上海市救灾卫星通信突击队功不可没。他们连夜抢建可搬移式卫星站，经过紧急调试，不仅为会议的顺利召开提供了技术保障，也确保了上海市抗震救灾应急指挥部与赴川前线的第一次多方视频会议成功举行。视频会议后，上海市救灾卫星通信突击队还将继续在灾区搭建平台，为民政部在四川民政厅召开全国民政系统抗震救灾会议的现场转播继续做好通讯保障。

5 月 20 日晚，上海市救灾卫星通信突击队经过连夜奋战，于 5 月 21 日早晨 6 点半完成卫星调

2008 年 5 月 20 日上午，上海市副市长屠光绍、赵雯等市领导来到市民政局，通过卫星通信系统与四川前方实现视频通话

试，为全国民政系统抗震救灾视频会议的召开，做好了最后的准备。5 月 21 日下午 3 点，以成都会场、民政部机关会场为双主会场构架的全国民政系统支援汶川大地震灾区电视电话会议成功召开。全国共 31 个省、市、自治区民政厅局机关和已完成单向接收站的 852 个县，4 万多名民政干部参加了会议。此次会议是历史上灾害时期国内通过专网召开的最大规模的电视电话内部会议。会议通过 VSAT 民政卫星视频会议系统将双主会场关于抗震救灾的最新情况和民政部的最新指示及时传输至全国各地，也正是这套已在全国建立了 856 个卫星基站的民政视频会议系统为本次电视电话会议的召开提供了有力的技术支持，通过卫星接收本次视频会议，民政部李学举部长在四川灾区会场向大家发表讲话。分析了汶川大地震灾情，向全国民政系统发出了新的动员令，要求民政系统全体同志立即行动起来，全力以赴支援汶川大地震灾区，切实保障受灾群众的基本生活，妥善安排震灾地区的孤老孤儿孤残，广泛开展赈灾募集活动，立即着手灾区恢复重建的准备工作。李学举部长最后号召各级民政部门秉承民政为民的理念，团结一心、艰苦奋斗、全力以赴投入支援汶川大地震灾区的抗震救灾工作，不夺胜利，决不收兵。

现场直播

在漩口镇、水磨镇，这里有来自上海疾控中心的防疫工作组、医疗救护队，在都江堰的中德医院，这里还有来自上海华山医院和德国援助者共同建立的红十字野战医院。在灾后，在满目疮痍的土地上，在余震警报中，还有更多的来自全国各地的志愿者和源源不断的救灾物资运送车在赶来。“一方有难、八方支援”，在灾区，在艰苦的环境中，突击队员们一路跟踪拍摄，用镜头谱写了一幕幕中华民族团结一心战胜灾难的大爱赞歌。

在受此次地震严重破坏的都江堰地区，一个叫作“幸福家园”的灾民安置点，已经建成。可容纳 1500 名灾民的活动板房安置点内，公共设施齐全，受灾群众过上了比较方便、安稳的集体生活。在即将到来的“六一”儿童节，这里的孩子还将收到一份特殊的礼物。

6 月 1 日，国际儿童节，也是上海市救灾卫星通信突击队奔赴地震灾区展开应急通信保障任务的第 14 天。经过三天紧张的实地考察、节目策划以及缜密的流程安排，他们将连同教育电视台为灾区的孩子们送上一份特殊的礼物——“心手相连·情系汶川”川沪两地中小学生“六一”主题互动活动。四川都江堰与上海两地的中小学生将在卫星通信突击队的现场通信直播保障下，通过视频共同参与这一活动。

6 月 1 日上午，“心手相连·情系汶川”川沪两地中小学生“六一”主题活动暨赠书仪式，首先拉开了整个“互动六一”活动的序幕。赠书仪式由《新民晚报》发起并承办，中国移动通信集团上海有限公司、上海辞书出版社、惠而浦集团等单位共同协办，并得到了新民晚报车友会的大力支持。上海市 400 多名中小学生代表、从地震灾区来沪就读的学生代表以及都江堰“幸福小学”的学生代表们共同参加了这一活动。捧着上海小伙伴捐赠的书包、图书等“六一”礼物，四川孩子脸上露出了久违的笑容，朗诵着歌颂生命的诗歌，上海孩子为灾区同龄人的坚强和乐观所感动。

晚上 8 点半，川沪两地中小学生“互动六一”活动正式开始。在都江堰分会场，上海市救灾卫星通信突击队利用两台配备着先进设备的通讯车，保证了现场直播信号的稳定，还用手中的摄像机为我们捕捉到了珍贵的活动现场镜头。

这里有大学生志愿者为灾区孩子们带来的川剧变脸表演，这里有上海小朋友寄来的写满祝福的千纸鹤，这里有灾区小朋友意料之外的生日蛋糕，这里还有上海国际妈妈俱乐部不远千里为灾区孩子们送来的玩具。四川人的坚强，我们有目共睹，更因为有那么多爱的奉献，他们的未来必将充满希望。孩子，请将这个特殊的“六一”节珍藏。

远程医学

中德红十字移动野战医院——是中德红十字会合作搭建的一座“帐篷医院”。共有来自德国红十字会、上海华山医院和四川当地医院的医护人员近百人。医院拥有 120 张床位，门诊室、手术室、产房、药品储藏室等一应俱全。在灾后的都江堰市，这所及时建立的野战医院可面向 25 万人提供医疗服务，大大减轻了当地医院的接诊压力。

本次抗震救灾中，维赛特公司在都江堰的中德野战医院建设的 linkstar 双向卫星通信设备，以及 SVC 和上海华山医院的地面专线，在灾区的中德野战医院和上海华山医院之间建立起了一条通信链路，为中德野战医院在灾区开展医疗救援工作提供了有力的保障。

在 5 月 25 日随上海市人民政府副秘书长、救灾援助指挥小组组长沙海林到野战医院进行的实地考察中，突击队员们了解到这所野战医院的卫星通信保障工作仍存在一定问题。于是，突击队金桥指挥中心积极与华山医院总部洽商，主动请缨在该战地医院正式启用前，建立一套与上海华山医院总部的双向视频会议系统，不但可以相对长时间支持前方与后方的通信联络，同时，也可为远程会诊提供服务。26 日上午 9 时，上海市救灾卫星通信突击队的第二组人员从成都出发前往都江堰中德医院。在这里，队员们正为即将在这里设立的双向视频会议系统做最后的选址考察。

28 日，经过几天的紧张联系，救灾卫星通信突击队将在这里建立起一套视频会议系统，系统建成后不但可以相对长时间支持前方与后方的通信联络，还可为远程会诊提供服务。为了让系统尽快发挥作用，突击队员们克服种种困难，进行设备调试，雨水和着汗水谱写着让维赛特人骄傲的艰苦奋斗精神。

高清电影

颠簸陡峭的山路，滚落路边的山石，挡不住突击队员们为灾区人民送电影、做实事的热情。队员们的镜头为我们记录了这一天的艰辛，也记录了他们在这一天的收获。

5 月 24 日，在经过短暂的休整后，上海市救灾卫星突击队踏着颠簸陡峭的山路、冒着余震危险深入地震重灾区北川擂鼓镇开展工作。在当地的灾民安置点，他们架设卫星接收器，搭起高清电影屏幕,调试数码设备,完成了简易的“数字影酷”安装,为当地灾民安置点的数千名群众放映了灾后的第一场电影。28 日,在北川擂鼓镇的灾民安置点,上海市救灾卫星通信突击队建立了灾区第一个“坝坝”数码影院,晚上 8 点,“坝坝”影院的数码电影准时放映,赢得了灾区群众的一片叫好。作为上海维赛特网络系统有限公司旗下的新兴重点项目,这套数码电影设备也随着公司的救灾卫星通信突击队被第一时间送到了四川灾区前线。对于地震后,已经十几天没有接触到电视新闻讯息和任何影音娱乐的灾民来说,一段及时的新闻视频、一场精彩的电影都能够成为灾后心理辅导、调节灾民情绪的良药。

6 月 10 日,经过细心的考察测量选址,一套远程教育影视系统将被安装在“勤俭人家”灾民安置点的小食堂。不一会儿工夫,动作熟练的突击队员们就在当地志愿者的帮助下竖起了大屏幕,连上了投影仪。听说要放电影,好奇的群众越聚越多,短暂的设备调试之后,虽然,这样的场景突击队员们不是第一次看到了,擂鼓镇的“坝坝”影院,每次放映,都能吸引几千名群众前来观看。可是,在灾区,只要多一张看到电影的满意笑脸,快一刻建立需求单位的应急卫星通信,都是他们的满足和欣慰。在绵延百米的蓝顶帐篷下,疲惫的灾区兄弟姐妹们啊,如果我们从千里之外的上海送上的一场精彩电影能够让你们暂时忘记悲伤,让你们的嘴角轻轻泛起笑容,那么,这一路辛劳,都值得。

为"大灾之后无大疫"而战

——汶川特大地震上海市食品药品监督管理局救援实录

根据党中央、国务院关于地震灾区恢复重建对口支援的总体要求,在卫生部和上海市委、市政府的统一部署下,2008 年 6 月上海市食品药品监督管理局系统派出 46 名同志作为上海市医疗卫生系统援建队伍成员,赴四川省都江堰市开展食品安全监管援建工作。

前期摸清卫生状况

为及时摸清都江堰市灾后食品卫生状况,工作组队员先期抵达都江堰后,第一时间就向都江堰市卫生监督所,以及广西、山东、重庆、乐山的前期卫生监督外援队伍沟通了解情况,提出了各区县食品安全监管援建组开展交接工作的主要内容和要求。

制定卫生援建方案

6 月下旬,各区县队员们抵达都江堰。顾不上路途劳累,队员们搬运完沉重的装备和行李,随即向对口支援的当地卫生监督所了解有关情况和当前主要问题。通过摸底排查、制定工作方案、强化培训和监督指导等一系列援建工作有序部署,各援建工作组启动和开展了都江堰市食品卫生监督重建工作。

市食药监局食品卫生援建队整装待发(一)

市食药监局食品卫生援建队整装待发(二)

市食药监局食品卫生援建组的后方支援团

援建工作组与当地卫生行政和监管部门反复进行沟通，在详细分析地震给当地食品卫生监督体系造成的影响和面临主要问题的基础上，提出了援建工作的主要目标、内容、措施和各阶段工作任务，初步规划安排了对口支援当地食品卫生监督体系的各项具体工作，完成了《上海卫生监督对口支援都江堰市灾后援建方案》和《食品卫生监督对口支援方案》等援建工作规划方案，为后期三年的援建工作奠定了坚实的基础。

注重食品卫生制度援建

援建期间，上海市食品药品监督管理局在都江堰各乡镇形成了行之有效和各具特色的食品卫生监督工作。例如闵行区食品监督组在蒲阳镇开展基层卫生监督体制改革试点工作；青浦区食品监督组在青城山镇全力打造食品安全“示范区”；奉贤区食品监督组在柳街镇开展食品安全宣传“六进”活动；虹口区食品监督组协助建立农村群宴食品安全管理制度；嘉定区编写卫生监督工作手册，提高带教效果。

上海各区县对口支援都江堰市各乡镇的食品卫生监督组名单

序号	市食药监局援建食品卫生监督	对口支援乡镇
1	宝山区食品监督组	向峨乡
2	长宁区食品监督组	崇义镇
3	崇明区食品监督组	翠月湖镇
4	奉贤区食品监督组	柳街镇
5	虹口区食品监督组	虹口乡
6	黄浦区食品监督组	聚源镇
7	嘉定区食品监督组	中兴镇

续表

序号	市食药监局援建食品卫生监督	对口支援乡镇
8	金山区食品监督组	紫坪铺镇
9	静安区食品监督组	石羊镇
10	闵行区食品监督组	蒲阳镇
11	南汇区食品监督组	安龙镇
12	浦东新区食品监督组	幸福镇和经济开发区
13	普陀区食品监督组	玉堂镇
14	青浦区食品监督组	青城山镇
15	松江区食品监督组	龙池镇
16	卢湾区食品监督组	天马镇
17	徐汇区食品监督组	灌口镇
18	杨浦区食品监督组	胥加镇
19	闸北区食品监督组	大观镇

上海都江堰一家亲

为切实做好对口援建食品安全监管工作,各区县监督员主动加强与对口援建乡镇的沟通,融洽与灾区人民患难与共感情。岷江水、黄浦江水,同饮一江水;上海人、都江堰人,都是华夏人。虽然我们没有感受到“5·12”那灾难性的一刻,但灾区人民的感受,上海队员们感同身受。随处可见的断壁残垣,时刻提醒着队员们肩上的责任重大。面对灾区人民所受的灾难,各区县监督员将灾区当成故乡,把灾区人民当成亲人,用十二分的热情融入援建工作中,帮助灾区尽早恢复灾区卫生防病工作体系,帮助尽早恢复灾区卫生监管体系,帮助灾区尽早恢复到震前医疗卫生水平。

在都江堰,援建食品卫生监督组深入乡村开展食品和饮水安全监督工作,为灾区人民饮食、用水安全尽上海 FDA 的一份力。

7 月 22 日,是大乐卫生院院长选定的乔迁吉日,在危房和帐篷里的老卫生院将搬到成青社区活动板房临时安置点。南汇工作点的同志响应党支部的倡议,决定帮助卫生院“搬家”。援建队两辆车 18 次往返于新旧卫生院,共运送医疗物资及医院办公设施近 16.5 吨。一天下来,彭明毓、赵中宁等 11 位队员平均每人扛着 70 斤的物资走了近 1.5 公里,而这一切都是在烈日暴晒下进行的。

7 月 30 日,考虑到虹口乡道路难行、危险,食品从业人员下山体检非常不便,虹口区工作队队员特地与当地卫监部门、疾控部门联系,组织了第一批 10 名从业人员统一下山体检,由工作点派专车接送,同时考虑到往返时间较长,还特意为他们准备了点心、饮用水。这一举措既方便了从业人员体检，又提高了食品从业人员的持证上岗率，受到当地群众的极大欢迎。

在都江堰市青城山镇开展工作的青浦区工作小组，注意团结协作，尊重当地风俗，与当地工作人员配合默契，关系融洽，有效促进了工作的开展。7 月 5 日晚，当地卫生院举行自地震以来的第二次全院职工会餐，以感谢全体职工在工作中的辛勤付出。青浦区全体队员也受邀参加了此次会餐。来自青浦分局的吴富生亲自买菜、烹制了六道拿手菜，与四川同行分享上海菜的味道。

7 月 6 日晚 9:30，当卢湾区队员们结束了一天的工作，驱车赶到都江堰人民医院门口的时候。医院门口来了一名左手前臂外伤患者，由于伤口很深，血流不止，家属已打电话给 120，但救护车尚未到达。由于失血过多，患者出现了头晕、出冷汗的症状，家属焦急，现场出现混乱。卢湾区队员们立即投入紧急救护工作，用自己的车辆转运伤员。在大家的合力帮助下把伤员送到了中德野战医院。但中德野战医院没有外科手术室，队员们又随即将伤员转运至成都市人民医院。当伤员平安的送入成都市人民医院时已经是晚上 11:00。

在开展对口支援工作同时，市食药监局队员们对需要援助的灾区人民伸出了援助之手，通过各种形式奉献出一份份爱心。

向峨乡受灾学生李雪的家在地震中遭受重大损失，原来就贫寒的家更加雪上加霜。为了让李雪同学能顺利完成学业，局系统全体援建队员和市局慰问团共为她捐款 9400 元。地震给紫坪铺镇卫生院医护人员及其家人造成重大损失，1 名医生和 1 名护士因公遇难，1 名医生重伤，院长的母亲也在地震中遇难。金山区的援建队员们踊跃捐款，帮助受灾的卫生工作者及其家人。在虹口乡，一位村干部在抗震救灾中因劳累过度而旧病复发，但无钱医治，虹口区援建队队员得知后，不但集体捐款资助，还定期上门巡诊。为了随访震后返乡的学生，对口灌口镇的徐汇区队员几乎跑遍了整个都江堰市，为孩子们捐款，并联系都江堰市有线电视台进行报道。松江区援建队员沈波在了解到驻地附近有几名小学生缺乏学习用品、书籍，同时英语成绩不好，就自费购买了学习用品和书籍，送给他们，并利用工作之余辅导他们学习英语。援建期间，46 名食药监队员先后 26 次开展对当地贫困灾民捐款，金额达 28410 元。

带教当地卫生监督协管员

吹响文化援川的集结号

——中共上海市委宣传系统汶川特大地震紧急动员纪实

汶川地震，举国同悲，地震无情，人间大爱。地震，震垮的是房屋，震不垮的是人心，爱心在，什么都在；希望在，什么都在。对于那些遭受伤害的人们，尤其是那些天真无辜的孩子，艺术可以抚慰他们的心灵，真爱可以唤醒他们的希望。从5月12日到10月25日，从黄浦江畔到青城山下，来自上海文艺界的艺术家们行动起来，吹响文化援川的集结号：三天时间筹备一场抗震救灾晚会，筹款5.09亿元；24小时内组成上海文艺界赴川慰问团，并从上海飞赴到都江堰；历时一年，创作了多部反映抗震救灾的作品。他们用自己赤诚的心灵、精湛的艺术，给灾区的人们尤其是儿童送去精神的慰藉。这是爱的传递，这是精神的感染，这是生命的希望，他们共同谱写了一曲大难之前有大爱的艺术之歌。

不到24小时：慰问团从组建到出发

“一个爱字/让我们学会了什么是珍惜/一个爱字/让我们学会了支撑、感恩和记忆/听吧/启迪的鼓声即将响起/让我们大声喊出爱———/为四川的小朋友加油/给灾区的小朋友鼓励。”

——摘自诗朗诵《在这个特别的“六一”儿童节》

2008年6月1日，上海文艺界援川慰问团为上海水务工作者演出

上海文艺界援川慰问团部分演员与医务工作者合影留念

6 月 1 日，“5・12”汶川大地震后的第一个儿童节。在这之前，如何让悲伤中的孩子们和全国的青少年朋友一样过一个欢乐的儿童节，这是萦绕在中共上海市委宣传部副部长、上海文联党组书记陈东脑海里的一个问题。5 月 30 号中午，陈东接到上海市政府副秘书长、上海市救灾援助指挥协调工作小组组长沙海林打来的电话，“6 月 1 日是灾后第一个儿童节，这里的孩子很需要上海人民送去心理慰藉”。天灾已经给孩子的心灵造成了伤害，小孩如果有一个欢乐的六一节，心灵得到呵护，那该是多么美好的事情。接到电话后，上海文联党组立即召开紧急会议。会议现场，一支由上海木偶剧团、上海轻音乐团和中福会少年宫等 9 家单位的 15 人骨干力量组成的上海文艺界赴川慰问团马上组建起来。著名舞蹈家黄豆豆刚从美国表演完回到上海，得知组团的消息，立刻要求加入。上海戏剧学院的宋怀强教授主动请缨，要求担任临时艺术总监。要知道，从 30 日中午慰问计划确定，到慰问团全部人员和道具装备到成都双流机场完毕，仅仅用了 12 小时。团员们抓紧路途上、演出前的每一分秒编排节目，争取把最好的演出奉献给灾区人民。在浦东机场候机厅，黄豆豆和中福会少年宫的谢虹老师一见面，就商量起了节目脚本。在宾馆放下行李后，团员们马不停蹄地排练起来。

到了成都后，根据上海支援灾区前线指挥部的安排，上海文艺界赴川慰问团经过近 3 个小时的路途颠簸，下午一点抵达绵竹市广济镇，看望驻扎在此的解放军云南某部官兵和来自上海的医疗队和水务工作者。当时余震还没有结束，不时有石块从山上滚下来，但慰问团团员们对此早已有思想准备，余震并没有阻挡他们开往灾区的脚步。一路上，曾经的秀美青川不再，山河呜咽，满目疮痍，团员们不时看到房子倒塌的惨状以及当地灾民的积极自救，深深为灾区人们自强不息的精神所感动；另一方面，也深感到肩上的重担，与物质援助相比，灾区人们更需要心理慰藉。在绵竹市广济镇演出结束后，慰问团马不停蹄地来到了什邡安置点清平乡活动板房小学，按照指挥部的安排，他们要在这里与小朋友过一个欢乐的儿童节。

这是一场特殊的演出，没有舞台，救灾现场就是舞台，没有扩音设备，用自备的手提话筒表演；没有乐队，用手风琴伴奏。演出现场只能安排在一个空旷的水泥地，不少碎石铺撒在上面，舞蹈演员黄豆豆不顾小石砾可能带来的伤害，为小朋友表演了连环凌空翻等高难度动作。

小朋友们一下子被黄豆豆老师精湛的表演吸引了，情绪也高涨起来，暂时忘却了悲痛和烦恼。木偶剧团的演员们表演了幽默动人的木偶剧，孩子们被神奇的提线木偶深深吸引住了。木偶剧团为孩子们送上了几百只木偶，少年宫等单位精心准备的书包、文具书籍，连同在演出中伴奏用的手风琴等整整 7 大箱礼物很快就分发完了。孩子们纷纷主动要求参加互动演出，加入舞蹈合唱中，久违的

2008 年 6 月 1 日，上海文艺界援川慰问团演出结束后和清平乡活动板房小学生合影

2008 年 6 月 1 日，中共上海市委宣传部副部长陈东和 9 岁小姑娘瑶瑶亲切拥抱

笑靥重新浮现在一张张小脸上。

9 岁小姑娘瑶瑶小时候父母离异，她与妈妈一起生活，在这次地震中又失去了妈妈，现在与外婆相依为命。以前的每一个儿童节，小瑶瑶都能收到妈妈亲自准备的儿童节礼物，妈妈不在了，对于这个 9 岁的小女孩来说，她要承受多大的压力和痛苦。“六一”节这天，在帐篷里，从早上起来，她没有说过一句话，没有喝过一口水，只是一个人不停地拿着画笔在纸上涂写。上海的志愿者在抗震棚里做瑶瑶的心理梳理工作，但任凭志愿者苦口婆心，小姑娘始终不开口，早饭和中饭都没有进食，这可难坏了志愿者。陈东从工作人员口中得知了小瑶瑶的情况后，走过去，拉住小姑娘的手，问道：“小朋友，你在画什么画？可否让阿姨看看，阿姨带了一些小礼品，还有一些哥哥姐姐，在广场上看演出，我们一起看节目去”。小姑娘听说有演出，情绪稍微有些好转，跟着陈东出去了。

在广场上，看到很多小朋友聚精会神看来自上海的叔叔阿姨的表演，小姑娘似乎有了一些触动，这时候，少年宫的老师和她一起做游戏，木偶剧团的艺术家教她玩木偶。一下子小姑娘慢慢活络了，脸上也露出了久违的笑容。令艺术家们难忘的是，活动高潮，黄豆豆在前面跳着，后面几十个小朋友跟在后面，一路跳过去，谁也不愿意就此停下来。慰问结束后，小瑶瑶有些依依不舍，拉着少年宫韩国华老师的手说：“等我们建好新学校以后，希望你们再来看看”。

而此时此刻，远在千里之外的上海大舞台，同时举行一场“哈哈美丽心世界六一儿童慈善赈灾晚会”，晚会上，上海小朋友和来自四川灾区的小朋友走到了一起，两地儿童手牵手一同度过这个不同寻常的儿童节。

当天的晚会以“赈灾”为主题，用“爱”和“鼓励、支撑、感恩、分享、记忆、活力、勇敢和力量”贯穿始末。整场演出邀请到廖昌永、胡歌、赵志刚、高林生、张军等演艺界明星的加盟，上海文广新闻传媒集团(SMG)的众多主持人也为孩子们献上了自己的表演。同时，深受小朋友们喜爱的动物明星们也来到了现场，带来了猩猩斗牛舞、猴子爬杆等精彩节目。来自消防和特警系统200多个奔赴四川抗震救灾第一线的勇士的子女和6位来自四川亲历地震的孩子共同上台唱响歌曲《萤火虫》，两地儿童手牵手发誓要一起渡过这个难关。

上海文艺界援川慰问团木偶剧团的演员们在为学生们表演木偶剧

2000公里:超越时空的祝福

同饮一江春水,共存万里蓝天,情如手足病相怜,对口帮扶重建。

——摘自梁正达《西江月·颂申情》

匈牙利国家实验舞蹈团在"来自上海的问候"广场交响音乐会上表演《夜宴》

蜀山西南千万重,仙经最说青城峰。10月25日,青城山下,第十届中国上海国际艺术节四川成都分会场开幕式暨"来自上海的问候"大型交响音乐会在此举行,这也是艺术节自1999年创办以来首度在外省市设立分会场。

"5·12"汶川大地震牵动着全国人民的心,而文化援川的动议,赫然而醒目地出现在第十届中国上海国际艺术节的蓝图上。为了表达中国上海国际艺术节对四川震区的情谊,艺术节组委会确定,派优秀节目去都江堰,慰问当地民众,支援灾区重建家园。一个艺术节在四川设立分会场的建议很快得到上海市领导的首肯。临行前,上海的艺术家们暗下决心,一定要紧紧依靠当地宣传文化部门和上海对口支援办设在当地的指挥部,精心筹备组织好文化援川活动。

10月25日,都江堰市玉垒山广场外,上海爱乐乐团和四川爱乐乐团联手奉献的"来自上海的问候"广场交响音乐会,拉开了该艺术节成都分会场的序幕。这场形式简朴的广场音乐会云集了上海、四川的优秀音乐人才,上海爱乐乐团派出了团内水平最高的一批首席音乐家赴川,著名川籍歌唱家廖昌永也回到家乡献艺,《情深意长》《怀念战友》等一首首耳熟能详的歌曲博得现场观众阵阵掌声。来自都江堰市的抗震救灾英模代表、解放军战士、武警官兵和各界群众约1000人现场观看了音乐会,他们对于高雅艺术的喜爱和需要让艺术家们感到振奋。艺术节组委会还特别为四川分会场挑选了上海歌舞团·上海东方青春舞蹈团联合创排的原创红色经典舞蹈诗剧《天边的红云》和匈牙利国家实验舞蹈团表演了唯美浪漫的舞蹈《夜宴》等中外精彩节目。《天边的红云》以长征为大背景，采用诗化、浪漫的舞蹈表现手法，结合舞剧的叙事特性，力图站在现代审美高度，塑造血肉丰满的舞剧形象；体现人民军队光荣的革命传统，与抗震救灾主旋律相一致。为体现艺术节的国际性，组委会安排匈牙利国家实验舞蹈团表演《夜宴》，带给四川人民欢快愉悦的艺术享受。

整场晚会的高潮出现在著名歌唱家廖昌永登台之际。他带来了《斗牛士之歌》《我和我的祖国》两首满含激情和深情的歌曲，而25日恰是这位川籍艺术家的40岁生日。小时候生长在四川大山深处，长大后走出大山，走到国际舞台的廖昌永，是成千上万川娃梦中的偶像。他的到来在四川人民尤其是小朋友的心目中掀起了巨大的波澜，观众席上不停呼喊他的名字，演出最后，小朋友们团团将他围住，久久不愿离去。

8 部作品：上海作家，行动起来

岷江浦江，流水同源，千年万载，相承一脉。

——摘自赵丽宏《浦江祈愿》

汶川大地震后，儿童作家秦文君坐不住了，小说家陈丹燕也行动起来了，更年轻的作家杨秀丽、走走等也行动起来了。上海市作家协会组织策划相关文学创作，以小说、报告文学、长诗等多种形式全面深刻反映抗震救灾和灾后重建的感人事迹和精神面貌。上海作协专业作家秦文君、陈丹燕主动提出创作选题。秦文君根据都江堰灾区来沪治疗的一个伤员女孩子的真实故事，创作出长篇小说《云裳》，该作品由春风文艺出版社出版；陈丹燕把视角对准了中国第一代独生子女、中国第一代志愿者，描写了青年志愿者在巨大的灾难面前服务于社会，完成了世界观的转变，陈丹燕的报告文学《天良——我认识的汶川地震志愿者》由上海文艺出版社出版。两位女作家积极深入灾区，采集素材，潜心创作，在“5·12”地震一周年即将

章慧敏创作的长篇报告文学《情动天府》

来临之际，隆重推出她们的精品力作。

此外，在上海市委宣传部的直接关心下，为支持上海市对口支援城市——都江堰市的灾后重建，全面记录和反映上海各条战线的同志援建灾区的全过程，上海市作协两度组织作家创作采访团赴都江堰市深入采访。其中创作出版的《情系都江堰》丛书，全面记录和反映上海对口援建都江堰的过程。上海作协组织作家创作采访团，赴都江堰市进行为期十余天的深入生活采访和创作活动。报告文学作家章慧敏、高彦杰、青年诗人杨秀丽深入灾区，认真投入地进行采访，近距离地感受都江堰的一切，作家们为援建者全心全意奉献爱心的精神所深深打动。章慧敏的长篇报告文学《情动天府》、高彦杰的报告文学《千年不败》、杨秀丽的长诗《彩虹经天》都取得了不错的反响。《情动天府》和《千年不败》以上海援建人精神面貌的真实写照，真实地记录了上海援建人员在都江堰的工作和生活，反映了上海援建者们精神的光芒。《彩虹经天》全诗以“彩虹经天”为名，以色彩为主线，把在都江堰所见、所闻、所感化成彩虹的七种颜色：赤橙黄绿青蓝紫，并融合援建队伍中七条战线的感人事迹，全面反映和讴歌上海人民帮助都江堰市努力重建新家园的精神风貌。

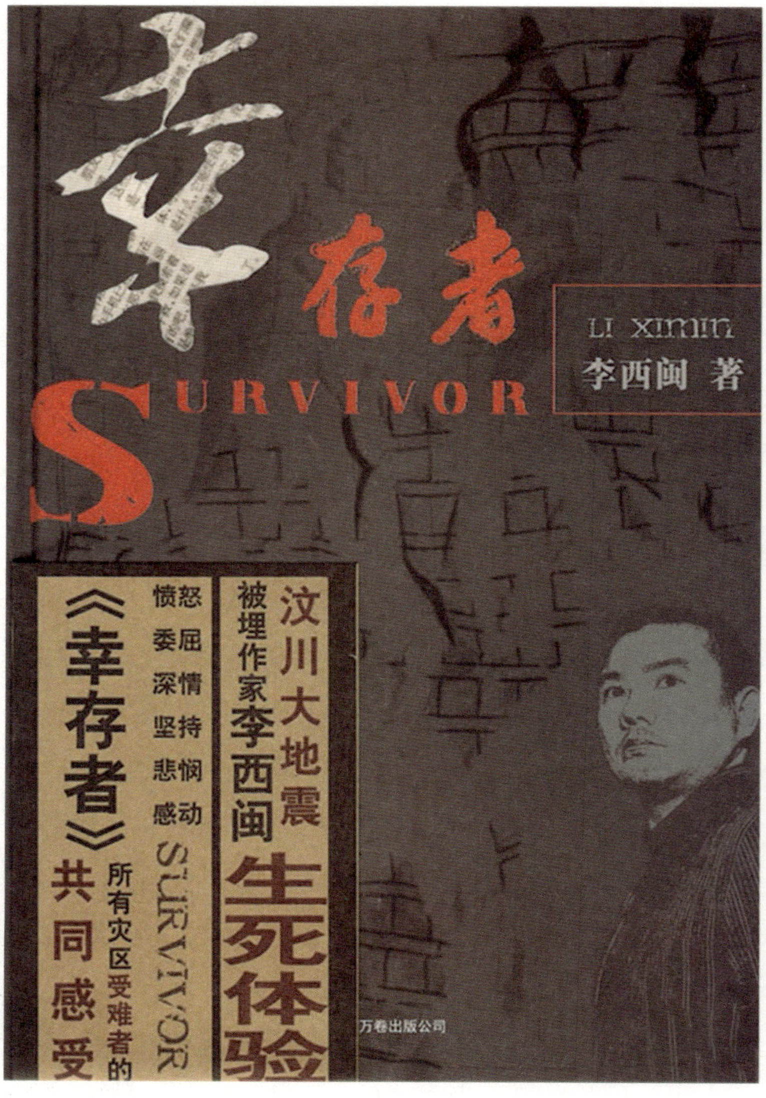

李西闵长篇纪实文学《幸存者》

地震发生后，有“中国文学的剪影”和中国当代文学小史的《收获》杂志社的全体编辑都满怀悲痛，杂志社与编辑都踊跃捐款，还专门派遣年轻编辑以最快速度赶到灾区，深入到都江堰、绵阳、绵竹等地走访，带回了大量受灾学生的诗和绘画，在纷繁的灾后心理重建热潮中，选择了香港著名心理分析师郑立峰先生的心理治疗现场进行实况采录。

《收获》杂志在认真斟酌挑选之后，在第四期的封二封三破例刊发了灾区孩子的画作，并刊发特别专题策划“我们在一起”，其中有汶川映秀镇重灾区漩口中学幸存学生的画和诗，折射出他们深层的心理状态；还有郑立峰先生的心理治疗实录：《没有比生命更重要的》，呈现了心理治疗的科学谨慎的精神和现场的细节，内容翔实。在对这场灾难的反映中，《收获》显示了一贯坚持的不浮于表面的观念和努力。这期刊物出版之后，在社会上产生了巨大的反响。而《收获》第五期，专稿刊发了作家李西闽的长篇纪实文学《幸存者》。这是作家在汶川大地震期间，被倒塌的宾馆房舍压在废墟底下七十六个小时的真实细腻、令人震惊的生存纪实。

3 天/5. 09 亿：一场大型赈灾晚会

5 月 17 日晚上，东方卫视演播厅内，东方卫视、新闻综合频道直播的“血脉相连众志成城——2008 年上海市社会各界赈灾文艺晚会”正在这里举办，为四川地震灾区募集善款。临近晚会结束，上海连日为四川灾区捐款 5. 09 亿元。而筹备这样一场大型晚会，只用了 3 天时间。以激昂、振奋、向上、感人为情感基调，分为“众志成城”“紧急启动”“爱心涌动”“钢铁长城”“真爱永存”“中国脊梁”六大板块。晚会在简洁、质朴的舞美衬托下，通过数百名社会各界和文体演艺明星的演唱、诗朗诵等艺术形式生动体现上海人民和全国人民一起，团结一心、血脉相连、众志成城的精神风貌和上海各方面全力支援、奉献爱心的情况。

灾难，牵动着上海国企人的心

——市国资委系统支援四川抗震救灾纪实

“5·12”四川汶川大地震，牵动着上海人民的心，也牵动着上海国资委系统百万职工的心。各单位党政组织响应党中央、国务院和市委、市政府的号召，紧急动员起来，带领广大党员干部和职工群众，全力以赴地投入到支援抗震救灾的斗争中。

爱心，在捐款热潮中涌流

地震发生后，市国资委系统各单位纷纷捐款捐物，支援抗震救灾，表达着上海国有企业对灾区人民的深切惦念之情。截至6月12日，市国资委系统企业捐款捐物总计数额24154.7314万元。其中，单位捐款12880.6445万元，个人捐款8205.7169万元，捐物3068.37万元。

百联、上汽、电气、医药、国际港务、锦江国际等6家集团捐款捐物均超过1000万元；申能、上实、建工、光明食品、仪电、广电、城建、华谊、纺织、东方国际、国盛等11家集团捐款捐物均超过500万元。

党员干部、职工群众、下岗工人、离休干部，无不情系灾区，踊跃捐款，向灾区人民献上一片爱心。建工集团离休干部蒋大超，70多年前从四川参加红军，现在已是近90岁的老人，听到地震的消息，毅然从自己不多的离休金中掏出一万元捐献给灾区人民。

5月13日，地震发生的第二天，刚一上班，电气集团汽轮机公司就涌动着一幕幕向灾区捐款的感人场面，很快，第一笔40多万元的捐款就送往市民政局。16日，正值集团召开大会表彰一批李斌式职工和集体，受到表彰的个人和单位当场把5000元奖金捐献给灾区。

水产集团正在中西太平洋作业的金汇6号轮船长、全国五一劳动奖章获得者金卫国，从船上的网络通信系统得知汶川地震的消息后，立即给集团发来传真，要求捐款500元。

东方国际丝绸集团新绢纺公司下岗党员殷翔华，爱人生病，孩子尚小，家庭生活很困难，得知企业正在组织抗震救灾募捐，他主动赶到企业要求捐款，令人感动。

市国资委机关干部职工在两次捐款活动中，226人共捐出27.78万元。

支援，在第一时间到达

在突如其来的灾难面前，市国资委系统各企业都在第一时间作出反应，争分夺秒，源源不断地将各种抗震救灾物资和救援人员、医疗队伍送往灾区。

13日下午1点15分，作为国家战略药品储备基地的上海医药集团接到国家发改委紧急指令，迅速向灾区提供药品。时间就是生命,集团迅速启动“药品应急供应绿色通道”,从仓库提货、打包、装机,在1小时内完成了平时起码需要半天才能完成的任务。下午3点整,“注射用青霉素钠”等第一批7个品种、65.12万元的急救药品被火速送上了飞往成都的上航班机。更为难能可贵的是,上药人在完成当前救灾任务的同时,根据以往抗灾经验,加班加点预生产了灾区可能急需的其他药品,确保对灾区的药品供给。

位于南京路上的百联集团所属10家商店16日决定:从当天起义卖3天,利润所得全部捐献灾区。19日,超商、百货等企业在短短5小时内组织了4000条夏凉被、1400条毛巾被等物资快速运往灾区。

华谊集团15日上午接到紧急通知后,所属白象天鹅电池有限公司不到半小时就将10万节“白象牌”“天鹅牌”大号电池全部装车完毕,及时送达浦东国际机场。上海制皂公司14日晚紧急调拨35吨上海药皂,送往浦东国际机场,因物资吨位太重又转送铁路杨浦车站。

光明食品集团紧急筹措灾区所需的压缩饼干、午餐肉罐头、八宝饭等各类食品。自13日以来,冠生园压缩饼干厂每天连续生产16个小时,处于超负荷生产状态。益民食品一厂从接到通知到第一批43吨、价值174万元的食品运往集中地,只用了5个半小时。细心的梅林食品公司干部员工获悉救灾物品将由空军救援队空投时,考虑到罐头落地后容易撞击受损,立即对罐头包装和开启方式作了技术改进。

上汽集团所属大众汽车、通用经销服务公司火速出动牵引车、检测车等车辆,全力以赴支援物资运送工作。南京依维柯公司在重灾区都江堰迅速成立特别车辆支援小组,为灾区依维柯救护车辆提供24小时的全天候保障服务。

电气集团输配电有限公司派员工参加四川电网抢修,向部队提供急需的设备,参战部队先后写来了两封表扬信。汽轮机公司得知兄弟单位——东方汽轮机厂受灾严重的消息后表示,只要需要,将随时派人前往支援,帮助抢修设备、恢复生产。

截至5月21日,承担上海向灾区运送物资任务的上海航空公司,共计组织和出动了111个航班、55个架次,紧急承运了350吨救灾物资到成都双流机场,有力地发挥了运输生命线的作用。

关键时刻,共产党员上

一方有难、八方支援,哪里有需要,哪里就有共产党员的身影。

为确保四川地震灾区通信畅通,13日,广电集团的应急救援卫星通信系统被紧急调往四川德阳地震救灾现场。共产党员周和生与入党积极分子陆爱兵,他们的孩子都只有半岁多,正是需要照顾的时候,听说要到灾区去,他俩二话不说就接受了任务,14日就深入到重灾区。在他们的努力下,连接四川阿坝州人民医院和上海华山、胸科等医院的“卫星通信医院咨询链路”开通,架起了一条空中生命救助通道。“远程会诊系统”开通当天,就诊断治疗了15例危重病人,上海的专家与阿坝州人民医院的医务人员连线，接收对方发来的病理资料，对重伤员进行救治，目前已完成了重灾区茂县大量远程手术指导。

百联集团在四川德阳的一家大卖场，尽管在地震中也遭受了损失，仍向当地政府捐款100万元。党员干部带领职工不顾余震危险，震后第三天就照常营业，起到了稳定人心、解决灾民生活问题的作用。德阳市长、市政协主席等当地领导十分感动，特地前往表示感谢。

良友集团乐惠食品公司组织职工24小时不间断生产，发送了20多万盒方便米饭紧急支援灾区。在公司出现劳动力短缺的情况下，集团党委紧急动员党员干部和共青团员组成抗震救灾生产突击队，加紧生产，2天内共生产4万多盒方便米饭，及时提供灾区。

20日，5辆由交运集团长途分公司支部书记兼工会主席徐立带队、2名党员和2名劳模组成的救灾物资运输小分队，满载着药品、衣物、罐头等救援物资，在历经两天半、几千里路程后抵达灾区。

川籍员工，牵动着大家的心

在市国资委系统各企业里，1万多名为上海建设作出贡献的在沪四川籍务工人员也深深牵动着上海国企人的心。

建工集团通过发放电话卡等方式，帮助四川籍员工与家人联系，稳定务工人员的情绪。一名四川籍员工的岳父和妻子都在地震中遇难了。公司得知他有返乡要求，立即帮他买好车票，备好手电、食品、药品等，送他上车，并和他一直保持电话联系。

城建集团向受灾四川籍员工发放补助和慰问金，热情关心慰问他们，做好安抚工作。对坚持回乡的有关人员，企业安排为他们结算工资、购买车票、准备行李，使他们深受感动。

电气集团临港重型机械装备公司的小漆，是2008年刚到公司工作的四川籍员工。地震发生后，她与家人始终联系不上，万分焦急。公司党委和工会获悉后，立即从思想上安抚她，想办法帮她联系上家人，使她稳定了情绪，继续坚持工作。当得知房子都被震塌、但家人平安的消息后，小漆既难过又庆幸。在公司举行的爱心活动中，她也捐了500元，大家都劝她“少捐点，把钱寄回家吧，你们家也受灾了啊！”她却说：“虽然我家也受灾了，但还有比我的家人更需要帮助的老乡啊，我要为家乡父老尽自己的一份爱心。”

灾后重建，吹响紧急集结号

与灾区人民同呼吸、共命运，这一刻，“中华一家亲”的精神鼓舞着上海国企人迸发出前所未有的力量。据了解，市国资委系统部分企业除了支援抗震救灾外，也着手投入到灾区的重建工作中。

建工集团、城建集团承担了6月25日前在绵阳地区搭建2.5万套过渡房的艰巨任务。与此同时，世博项目等重大工程也在按时间节点紧张施工。建工集团党委紧急动员，集结了800余名建设者，总经理徐征担任先遣队队长，奔赴四川灾区开展重建工作。

现代设计集团承担了过渡房的设计任务，迅速抽调一批由建筑、结构、设备等专业的优秀设计师组成项目组，确保 20 天内完成设计任务。此外，还组建了一支 20 余名专家和技术人员的救灾队伍待命。

申能集团燃气公司接到为灾区 8 万套过渡房提供燃气设施配套的任务，市政院、建科院、城投公司等单位，也派出了道路、桥梁、隧道、水务等方面的精兵强将奔赴灾区。

突如其来的四川汶川大地震，使我们的同胞饱受磨难。上海国资委系统国有企业干部职工的心，始终和灾区人民的心紧紧地连在一起。他们全力投入抗震救灾和灾后重建的各项工作，用自己的实际行动，在这场大规模的救援中忠实地履行着国有企业的经济责任、政治责任和社会责任。

附录：

灾区急需什么，我们马上送过去

——上海各界倾全力做好抗震救灾物资保障供应

震在汶川，痛在我心。

第一时间，牵挂着四川地震灾区同胞的上海人民，立即想到了收集、调配、运送物资，把灾区最需要、最急用、最缺少的，马上给他们送去。物资保障是抗震救灾的生命线，为了这条“生命线”的畅通，上海正倾全城之力，让各种救灾物资在第一时间送到灾区人民手里。

5 月 13 日，由本市筹措的总重 150 吨、价值 450 万元，共 5 批救灾物资紧急运往四川灾区；5 月 13 日至 15 日三天，上海累计向灾区发送各类应急救援物资总重量 278. 8 吨；5 月 16 日，上海协助卫生部筹措的 5000 条棉被，价值 440 万元的药品、医疗器械，以及由上海汇众公司提供的 3 吨医疗救护车零配件也已启运。

今天零时 3 分，北郊站，上海市救灾援助物资保障组的同志们正忙碌着。价值 300 万元的矿泉水、牛奶、速食食品、火腿肠和大量方便盒饭，正被源源不断地装运上 15 节货车车厢。傍晚 6 点，四川省人民政府办公厅向上海市政府办公厅提出要采购大量食品，上海方面决定无偿支援灾区，立即通知光明集团、良友集团和华元食品等连夜调运食品，由交运集团组织运输。接到求援的 6 个小时后，这批食品装上了发往灾区的车皮。

市救灾援助指挥协调工作小组物资保障组更像一个信息指挥部，一接到国家有关部门的通知和灾区的求助，马上行动起来———

灾区要什么，立刻准备什么；灾区缺什么，马上送去什么。

绞尽脑汁想，灾区最需什么

上海人的心思一向是缜密的。一得知灾情，马上动手支援。然而，正在抓紧分分秒秒救人的灾区，最需要哪些救灾物资呢？于是，绞尽脑汁，上海各大企业把救灾现场可能用得着的方方面面物资，盘点得仔仔细细。

失去家园的灾民住哪里？5 月 12 日地震发生，宝钢集团当晚决定，赶制一批灾区急需的简易钢板房，支援灾区安置灾民。15 日中午，当记者赶到宝钢金属公司宝产轻型房屋有限公司时，这里一片热火朝天：一个占地 260 平方米的卫生院初具雏形。公司总经理侯振清介绍，除了这个卫生院之外，公司还将在几天内赶制完成一个 177 平方米的抗震救灾指挥所，并根据实际情况继续为灾区赶制其他类型的简易钢板房。

上海最大的化工企业华谊集团，几乎把旗下企业的各类产品搜了个遍。当地电力供应可能中断,电池一定用得上,虽然白象牌、天鹅牌电池正值5月销售旺季,外销任务尤其繁忙,但他们即刻调回送货的10吨卡车,抽调人手集中装货,将10万节大号电池全部装车完毕;药皂对灾区最实用,华谊集团上海制皂公司5月14日停止了原配货计划,截留追回了部分发往全国各大经销商的货源,筹集了5000箱上海药皂发往灾区;上海回力鞋业公司得知灾区急需5000双雨靴,马上连夜加班赶制,又得知灾区急需1万双胶鞋,仅过了2个小时,所有货源全部调拨到位。

在沪的外企,也被上海急调物资驰援灾区的热潮所感染。灾后72小时是寻找、救援幸存者的黄金时间,为保证被救人员的生命安全,大型器械无法使用,全靠救援者徒手挖,很多战士手指甲都挖掉了,满手鲜血。这一信息引起了杜邦中国公司负责人的注意,他们当即决定捐赠采用杜邦Kevlar纤维制作的专业防切割手套。这种手套具有耐高温、防磨损切割、防护性强等特点,强度是同等重量钢的5倍,保证救援人员用起来得心应手。此外,杜邦还捐赠了3500件特种应急救援防护服。

抗震救灾,通信保障尤其是生命线中的重中之重。5月14日上午,正在四川地震灾区一线指挥救援工作的中国气象局有关领导致电上海:四川灾区气象部门,尤其是基层台站受灾严重,电力、通讯几近瘫痪。上海应急办立刻展开部署,不到半天就筹调到10台柴油发电机和2台卫星电话。截至目前,上海电信已为上海市政府抗灾专业搜救、医疗队伍提供了8台海事卫星电话;所属机动通信局2名员工已携带4台VSAT卫星地球站前往灾区,为救灾指挥部提供通信保障;而上海电信的12辆应急通信车辆,上海移动公司的15名通信技术人员,上海联通公司的2辆应急通信车也正在奔赴灾区的途中……

灾区急需药,要多少送多少

“只要灾区需要,只要能送去,有什么药送什么药,要多少送多少。”复星集团董事长郭广昌的一席话,表达出上海药企为灾区送救命药的共同心声。

地震发生后,复星集团火速与灾区有关部门联系,让对方开出“药单”,复星立即筹办。药单很快来了,抗生素、抗病毒药物、消毒的、止血的……密密麻麻列了一长串。不仅要备齐药品,还要解决运输问题。很快,复星集团联系上了均瑶集团,每天把4吨价值50万元左右的抗灾药品通过吉祥航空发往受灾地区。

作为上海市药品动员保障基地、军队战备药材代储企业的上药集团,反应神速,筑起了一条药品应急供应绿色通道。

5月13日清晨6点半,上药集团接到上海市救灾援助物资保障组的急救药品供应任务和目录清单,迅速将指令发给上医股份。救灾药品的紧急供应同时在医药分销、配置、物流三条线启动。医药分销做好与医院的沟通协调工作;配置总部做好药品品种的采购和市场调配工作;物流中心做好药品配送工作。

下午2点,第一批急救药品的7个品种,包括注射用青霉素钠、白蛋白、复方氨基比林、头孢六号胶囊、盐酸曲马多、氯化钠大输液、甘露醇输液，共计887件药品，分别装上两辆药品输送急救车，送往浦东国际机场。

当晚9点，上药集团又接到国家发改委指令，要求提供9个品种药品调配。公司药品应急系统马上又启动。深夜11点，员工们陆续从家中赶来，投入突击配送工作。上海医药物流中心的药品储备有限，他们连夜驱车赶到松江、闵行等生产厂家紧急提运。

一夜无眠。5月14日凌晨，所有药品终于配送完毕，分两批运往成都双流机场。

昨天，上海市食药监管局又联系20多家药品、医疗器械生产经营企业，统一通过上海市红十字会捐赠价值916万元的灾区紧缺药品和医疗器械，市红十字会会长谢丽娟亲自接收了捐赠产品。这批救灾药品大多为抗生素、抗感染药、急救包、无菌注射器、输液泵等药品、医疗器械等灾区所需产品。为确保质量，食药监管部门还要求企业在捐赠时必须向受赠人提供产品清单和检验报告。

罐头食品，要“一拉就开”那种

5月14日上午10时，上海市农委有关负责人主动拨通了四川省委农办主任张宁的电话，急切地问，上海人民可以为灾区提供什么帮助。张宁答：“其他就不说了，现在最缺食品！”

就这么简单一句话，马上在市农委各处室传开了，并迅速传到了全市各农业龙头企业。一定要让受灾的同胞吃饱吃好，农工商超市、梅林罐头、光明乳业、青西禽蛋等纷纷上报食品种类。市农委还向这些企业特别交代，罐头食品一定要“一拉就开”，而不必动用刀具去撬开。小小的一个细节，折射出上海人心系灾区人民的细致、周到。

驰援灾区的“上海速度”，也被发挥得淋漓尽致。只1个小时，2000公斤达能饼干、2000公斤火腿罐头、500公斤酱蛋、500公斤酱鸭等5吨食品就全部落实。如果不是飞机舱位有限，送往灾区的食品“名单”，可能还要排得更长。

14日下午2点半，飞机开始装货，但就是这些食品的体积，货舱也根本容不下了。想办法！航空公司马上与即将登机的200多位旅客协商：旅客行李可否由下一班飞机送达，腾出行李舱运送救灾物资！200多位旅客无一人提出异议，为给救灾食品“让路”，他们甘愿在到达目的地机场后，再等候3个小时以上。

当晚8点，这批食品到达成都双流机场，成为四川省委农办接到的首批来自全国农口系统的紧急援助食品，再被分成两路，分别发往受灾最严重的汶川县和北川县。

上海一些大企业、大集团在四川灾区的分公司、连锁门店，也以自己的实际行动为灾区人民着想，为上海人争光。上海光明乳业成都分公司老总刘宽，是公司里唯一的总部派出人员。在他的主持下，地震以后的3天，光明成都分公司每天生产出的奶制品全部捐赠给都江堰灾区，迄今已捐出100多万元的奶制品。

上海绿地集团成都房地产公司共有70多名员工，地震的第二天，他们就纷纷上街自费购买矿泉水、食品，并开着私家车一次次前往都江堰，把东西亲自送到灾民手里。

百联集团世纪联华德阳店由于临近震中区，属于受灾较为严重的门店。地震过后，为满足顾客的购买需求，销售人员马上清理卖场里的商品，为避免有余震再受损，在卖场外摆摊设点，成为德阳市震后第一个开店营业的大卖场。当地政府领导来视察时紧握德阳店店长陆勇的双手，感谢世纪联华为灾区正常供应、物价稳定所作的努力。

虽然大多数上海人不能奔赴前线参加灾区救援工作，但上海人民一定会想尽办法，做好抗震救灾大后方的物资保障供应工作，让灾区广大人民安心、放心！

（吴卫群、杨　群、黄勇娣）

原载《解放日报》2008 年 5 月 17 日

黄浦江飞来的“吉祥鹰”

——驻沪空军航空兵某师抗震救灾纪实

在四川、甘肃地震灾区，活跃着这样一支空军航空兵部队，他们驾驶飞机深入灾区一线，抢运受伤群众、紧急转送灾民、空投救灾物资……凡是最难、最险、最苦的事情，都有他们活动的身影，这就是驻沪空军航空兵某师搜救官兵。这个师连续出动两个团，在四川、甘肃等抗震救灾一线连续奋战了半个月，先后营救伤员和受困群众 343 名，其他各类救援人员 229 人，运送救灾物资 80 多吨，在灾区上空打通了一条条“生命通道”，被灾区人民亲切地赞为空中“吉祥鹰”。

8 小时连续飞行赶到灾区

5 月 12 日，四川汶川 8.0 级地震仅仅过去 8 个多小时，师指挥所突然接到上级命令：“马上做好直升机飞赴四川、甘肃等地抗震救灾的准备！要最好的机组，最好的飞行员！”

顷刻，一阵阵尖锐的警报声响彻营院上空。部队以最快的速度进入紧急战备状态，在一个半小时内做好了人员编组、飞机检修、物资器材装卸等出动准备。

13 日 17 时 05 分，他们准时到达成都某机场，也是第一个赶到该机场的外区直升机部队。

此次飞行，他们在空中连续航行 8 个多小时，途经江苏、安徽、湖北、重庆、成都等地，航程 1500 多公里。14 日上午，副师长于文带领某团领受到首次救灾任务，并成功在 5 米宽的土路上实施降落，顺利带回 10 多名伤员。

6 小时运出 39 名受伤群众

5 月 15 日，空军特级飞行员李钢刚刚从都江堰执行任务归来，又载着 4 名医疗人员、1.2 吨药品和食品飞赴彭州市隆丰镇。13 时 3 分，任务完成后，便开始返航。

不料5分钟后，机组人员突然接到抗震救灾指挥中心命令："彭州银厂沟有一批受伤群众急需转移到后方医院治疗"。

13时55分，直升机准时到达银厂沟。十几名官兵把4个躺着的伤员送上了飞机。"还可以再上几个！"机组看空间还有，又扶上3名受伤群众。"乡亲们再耐心等一等，我马上再回来。"6时30分，直升机又赶赴银厂沟，这一回，他们一次运出了14名受伤群众。18时28分，在机场把受伤群众交给"120"后，直升机再一次起飞，把银厂沟剩余的18名轻伤群众全部带上，安全返回。6小时，这个机组共运出39名受伤群众。

90分钟空中生命接力

17日下午5时50分，机场引导员的对讲机里传来急促的呼叫声："汶川县映秀镇发现一名被废墟掩埋5天的幸存者，××号飞机立即准备起飞，运回机场"。空军特级飞行员、机长李春辉摊开地图，机组人员迅速聚拢在他身边。前一天，他们载着一吨通信设备飞过一次映秀，对那里的复杂地形早已了然于胸。只是这种低云低能见度的恶劣气象条件，会不会给飞行带来危险？"救人重要，马上准备起飞。"李团长斩钉截铁地说。

映秀地处深山腹地，航线必经之处高山林立，是整个灾区最难到达的地点之一。云翻雾腾的狭窄山谷间，李春辉发挥专业搜救直升机的优势，通过气象雷达监控前方一两百公里外的气象情况，驾驶飞机沿着多普勒导航计算机提供的航线，在刀削斧凿般的峭壁间灵活穿行，距离机载GPS显示的降落点经纬度越来越近。18时40分，降落点出现在李春辉眼前，但着陆必须穿过两座间距仅有100多米的高山，同时越过架设在1300米山谷间的高压电线。飞高了，看不清降落点；飞低了，高压电线拦在前面；飞偏了，有撞山的危险。李春辉沉着冷静地驾驶直升机上升到1500米高度。越过高压电线后，控制好飞机的状态和速度，垂直盘旋下降，稳稳降落在一条河沟旁边的空地上。

旋翼巨大的轰鸣声中，一群医疗队员抬着一位20岁左右的青年向飞机直奔而来。他就是蒋雨航，在废墟中被困125小时，救援人员花了7个小时才把他救出来。19时30分，李春辉驾驶直升机顺利降落在成都某机场。早早等候在此的120救护车将蒋雨航转运到成都市医院接受治疗和检查。

一场惊险的空中生命接力圆满落下帷幕，现场的官兵、医疗人员和志愿者纷纷向走下驾驶舱的李春辉竖起大拇指。

（段飞翔　伍　轶　朱　斌）

原载《文汇报》2008年6月1日

上海一企业接紧急任务
千名工人加班加点35天赶制7万顶救灾帐篷

家园被毁，余震威胁，灾区人民急需大量能挡风遮雨的帐篷撑起临时的“家”。35天里，赶制7万顶救灾帐篷，沪上唯一一家专业生产帐篷的企业“临危受命”，接下了这平日里“不可能完成的任务”。

紧急采购材料

记者昨天下午来到位于浦江镇昌林路上的上海洋帆实业有限公司，一进门就看见一条醒目的横幅：“同心同德奋力拼搏，努力生产更多救灾帐篷，帮助灾区同胞坚定必胜信念！”偌大的厂区里静静的，走进厂房才能感受到“备战状态”。

在帐篷二分厂的缝纫区，工人们低头忙碌着，每个人身旁都是堆成小山似的面料，只听见300多台缝纫机齐声作响。二分厂厂长汪新贵告诉记者，接到民政部紧急任务时，公司手头还有600多万美元的出口订单，由于救灾帐篷有指定的规格、面料等要求，公司一方面紧急采购材料，一方面加紧完成手头任务，“只等这几天材料陆续备齐，25日左右我们就全力投入救灾帐篷的生产，最早一批将在30日起运。”

每天刷新纪录

时间紧、任务重、要求高，对这家曾经为抗洪救灾输送物资、多年为联合国组织生产救灾帐篷的企业也是头一次。“从最初的6000顶，到如今7万顶，我们接到救灾帐篷生产的任务每天都在刷新纪录”，公司办公室主任周女士说，7万顶是平时两个半月的产量，意味着22条流水线上的1000多名工人每天都要加班加点，每个人都要多做几道工序的活。“但工人们干劲很足，前天下午生产线上的工人全体默哀3分钟，很多人流泪了。”

记者采访时，周女士的手机不时响起，都是来要帐篷的。“5月13日凌晨，我们就在第一时间为灾区空运了1680顶急用帐篷，这几天赶赴灾区的志愿者、医疗队都急需帐篷，公司的存货基本上都运完了。”据她介绍，公司原本生产的主要是户外野营帐篷，一般外国用户只在夏季度假时使用一季，因此对材料的厚度、坚固程度要求并不是特别高，而救灾帐篷比较大，统一为蓝色，规格是3米×4米（12平方米）大小，必须用能防雨防风的涤纶、牛津面料，可耐用1—2年。

调整出口订单

一顶帐篷从裁剪、缝纫到组装、检验、包装，工序并不像看起来那么简单。面料大了、厚实了，光是一块块缝起来就很费劲，现场还需要不少辅助工把厚重的面料从一道工序搬运到另一道工序。来自四川泸州的流水线小组长张孝勇说，厂里还有50多位四川老乡，“有一个老家在绵阳的，家里房子倒了，急着回去，厂里帮他联系车票送他走了，其他人家里受灾都不严重”。27岁的小组长和他年轻的工友们面对记者的采访，大多时候都只是腼腆地笑笑，手里的活却一直没有停。

公司董事长刘锦荣在市领导询问面临的困难时，并不讳言延误出口订单可能造成损失，但归根结蒂一句话：“不管怎样，先保救灾！”

（鲁雁南）

原载《新民晚报》2008年5月21日

■ 医疗救援

16 万白衣天使救死扶伤谱写人间一曲曲生命赞歌

——上海市卫生系统援川地震灾区医疗救助纪实

2008 年 5 月 12 日 14 时 28 分，这是一个让 13 亿中国人刻骨铭心的时刻。

一场 8 级特大地震在没有丝毫征兆的情况下突然袭击，山美江秀的四川汶川及其周边地区立马遭受到毁灭性的灾难，强烈的地震波同时“震动”了大半个中国。

一、紧急出动

此次震灾所引发的罕见灾情，牵动了全国人民的心。尽快抢救伤员，保证灾区人民生命安全，上海卫生系统 16 万白衣战士在第一时间紧急、快速、高效地行动起来。

上海市政府分管副市长沈晓明在震灾发生后立即要求上海市卫生局：“上海有很好的传统，无论是 1970 年的云南大地震，还是 1976 年的唐山大地震，上海医疗救援队从来都是冲在最前面的。这次也一样，一定要提前准备，尽早落实，在灾区最需要我们的时候，发挥上海医务工作者的作用。”

“上海卫生系统义不容辞，坚决保证完成抗震救灾支援任务。我们要积极向卫生部请战，做好一切准备，以最快速度赶赴抗震救灾第一线。”迅速成立的上海市卫生系统抗震救灾领导小组组长、上海市卫生局党委书记、局长徐建光掷地有声地发出号召。

5 月 12 日夜，是一个不眠之夜。由市卫生局党委书记、局长徐建光挂帅，局领导韩慰军、黄红、夏毅、李卫平、李忠阳、王磐石任副组长，各处室主要负责人为成员的上海市卫生系统抗震救灾领导小组以及领导小组下设的综合协调、医疗救治、疫情防控、新闻宣传、物资保障、前方协调工作组在当夜就以最快的速度行动起来。

面对电视屏幕中滚动播出的灾区新闻，心情凝重的徐建光果断下达命令：“灾区的人民和伤员正等待着援救，时间紧迫，刻不容缓。我们要争分夺秒抢时间，马上组建援川医疗救援队！有什么问题和困难马上协调解决。”上海市卫生系统援川医疗救援的各项工作迅速启动。

夜深了，但上海市卫生局机关大楼仍然亮着灯光。所有的人都克服了一切意想不到的困难，放弃了其他一切事情，快速到岗，投入到 24 小时全天候忙碌的工作中，每个人都知道此刻所做工作的分量和意义。

作为上海市卫生系统抗震救灾工作的指挥中枢，此时此刻异常忙碌，此起彼伏的电话铃声和人们匆匆的步伐透露出一种明显的紧张气氛。所有的人都没有一点倦意，更没有丝毫懈怠，心里只有一个字，那就是——快！

所有工作组办公室的电话铃声不断，一道道指令随着电波下达到基层单位。所有人的工作节奏明显加快，工作强度明显加大。所有的人都有一个信念，抛弃家事、私事，一切以抗震救灾工作为先。通宵紧张的工作，许多人的双眼布满了血丝。

一场与时间赛跑、与死神抗争的生命大拯救行动展开了。

派最好的医生出征

5 月 12 日夜，在上海市卫生系统抗震救灾领导小组紧急命令下达不久，两支抗震救灾医疗队连夜成立了，只等一声令下，就可奔赴四川投入医疗救援。

“嘀嗒，嘀嗒”，时间在一分一秒地过去，救灾工作在一步一步地推进。上海市卫生系统抗震救灾领导小组密切关注着灾区的灾情，思考救援工作，进行全系统的协调。

不断传来的震灾灾情，让紧张和忙碌的领导小组每一位成员的心情异常沉重。会议室里的电视机不断传出最新的灾情报道，震灾所造成的死伤人数不断增加和总理温家宝紧急赶赴灾区的消息，更使领导小组感到救灾的紧迫性，他们以高度的专业敏感，意识到灾区目前急需数量庞大的医疗救援队伍。

“上海卫生系统要全行业动员，尽最大努力做好支援灾区工作，要派出最优秀的医务人员，提供最有力的物资保障，把抢救灾区受伤人员的生命和维护灾区的公共卫生安全作为当务之急，作为重中之重。快速抽调本市各大医院精兵强将，再组建多支医疗救援队待命，随时出发。”徐建光再次下达了命令。

在地震发生后的 24 小时内，由中山医院、儿科医院、仁济医院、新华医院、第九人民医院、市第一人民医院、市第六人民医院医护人员组成的首批 5 支紧急医疗救援队和中国红十字会华山医院紧急救援队全部组建完毕。每支医疗队 18 人，包括脑外科、胸外科、普外科、骨科、泌尿外科、ICU 医生 10 名，麻醉医生 2 名，手术护士 4 名，外科护士 2 名。医疗队队员都经过严格挑选，每位队员都具有丰富的临床救护经验。包括内外科常用药物、止血药物及麻醉药物等在内的地震灾害必需药品、手术器械和帐篷也同步配备齐全。

5 月 13 日深夜，卫生部抗震救灾指挥部向上海下达了紧急出发指令。

救死扶伤是医生的天职

每一位医疗队队员接到命令后就火速报到，他们没有豪言壮语，有的只是满腔深情和一片热血，他们为了一个共同的信念义无反顾奔向灾区。因为他们知道，地震灾区目前最需要的就是以救死扶伤为天职的“白衣天使”。

5 月 14 日早上，上海市首批六支赴川救援医疗队在虹桥机场汇集完毕，并举行了简单而隆重的出发仪式。上海市副市长沈晓明出征前进行动员并为医疗救援队授旗。

白底红字的医疗救援队队旗在微风中飘扬，气氛热烈而悲壮。所有救援队员都明白，灾区生存条件极差、余震不断，在缺水少食断电、与外界通信几乎隔绝的艰苦条件下，开展医疗救援极其危险。

上午 11 时 10 分，身着统一橘黄色队装的上海市首批六支赴四川抗震救灾医疗救援队共 109 名队员（含 6 名救灾防疫队员）在市卫生局副局长李卫平带领下登上专机，满载着上海 2000 万人民的深情厚谊，开赴四川抗震救灾第一线。

出发仪式上，医疗队员代表、上海市第一医院医疗队领队许迅副院长代表每一位队员向上海人民郑重许下的诺言和决心——“心系灾区、不辱使命，确保完成抗震救灾医疗任务”，在机场上空久久回响……

2 小时内调派 30 辆救护车

在首批医疗队出征之后，赴川救援行动的工作节奏不断加快，医疗救援队伍出征日益频繁。许多人甚至没有来得及和亲人道别就奔向四川灾区第一线。危难时刻，上海的医务工作者挺身而出，他们只有一个愿望：越快越好，越早越好，到灾区多救伤员，多挽回生命。

让我们永远记住这些细节，因为每一个细节都体现了上海白衣战士对生命的尊重。

——“喂，上海吗？我是卫生部抗震救灾指挥部，请你们火速组建 30 辆救护车队，赴四川震区参加抗震救灾工作。”5 月 14 日凌晨，一阵清脆的电话铃声，在上海市卫生系统抗震救灾工作领导小组办公室里响起。

接到命令后，上海市急救中心随即召开会议，紧急落实，在短短 2 小时内，成立了由市和郊区急救中心（站）60 名精兵强将组成的应急救援队伍。同时，30 辆救护车即刻调配完毕。30 辆车装备先进，全部配备了卫星导航设备和除颤机、心肺监护仪、心电图、常用急救药箱、血氧饱和仪等急救设置，其中 10 辆救护车还配备了呼吸机。

5 月 14 日中午，上海派遣的首批 30 辆救护车及 60 名急救人员紧急出发。中共中央政治局委员、市委书记俞正声，市委副书记、市长韩正，市委常委、市委秘书长丁薛祥，副市长沈晓明出席了发车仪式。俞正声动情地说：“希望上海赴灾区救援人员把灾区当家乡，把灾区人民当亲人，把上海人民的深情厚谊带给灾区人民，做好各项救援工作。”随后，浩浩荡荡的车队在领队顾阿荣的带领下，风尘仆仆、日夜兼程 2000 多公里赶赴灾区。

5 月 14 日下午 15 时 30 分，455 医院和 85 医院两支百余人的部队医疗救援队紧急集合，并于 18 时 30 分从上海军用机场出发奔赴四川平武县南坝镇；晚上 12 点，第二军医大学所属长海医院、长征医院和东方肝胆外科医院 4 支医疗队 220 余人并随队携带价值近百万元的救灾必备药品和物资，在第二军医大学校长张雁灵少将和副校长黄炜灿少将的亲自带领下，从上海军用机场奔赴四川绵阳安县、江油市和茂县受灾一线开展医疗救援。

中共中央政治局委员、上海市委书记俞正声等领导出席上海市赴四川省抗震救灾救护车队发车仪式

5月14日，曾参加过维和国际救援有着丰富救援经验和爱心的411医院由胸、脑外科、普外科、泌尿外科及骨科、麻醉医生和护士60人组成流动医疗队，携带包括2辆"野战医院"车在内的救灾必备药物及物资启程赴四川抗震救灾第一线。

5月14日，在接获卫生部要求派出首支省级援川卫生防疫救援队的命令后几小时内，上海市卫生局组织上海市疾病预防控制中心、上海市精神卫生中心、上海市健康教育所以及浦东、黄浦、卢湾、闸北、虹口、宝山等区疾病预防控制中心，迅即组建了一支由12名传染病防治、消毒、病媒生物防治、食品和饮水卫生、环境卫生、心理卫生和健康教育等专业人员组成的专业卫生防疫队伍。并于次日上午8时20分在上海市疾病预防控制中心副主任卢伟博士带领下，赴四川地震灾区开展卫生防疫工作。

5月15日下午，上海市广电通讯网络有限公司和上海市白玉兰远程医学管理中心派员携带一批远程移动通信设备赶赴四川成都，帮助四川省卫生厅设立远程医疗指挥中心，实现对灾区医疗救援工作的远程指挥，同时，对位于交通不便地区的重伤员，利用远程网络进行医疗会诊。

5月15日晚上，上海市第二批10支赴川抗震救灾医疗队已全部组建完毕，并将180名医疗队成员名单上报了卫生部。此次第二批医疗队由瑞金医院、华东医院、上海市第十人民医院、同济医院、儿童医院、胸科医院、第三人民医院、浦东新区社发局、长宁区卫生局、普陀区卫生局、闵行区卫生局、宝山区卫生局等15个单位组成。同样,医生全部具有主治医师及以上职称,护士全部具有护师及以上职称。

紧接着,在上海市卫生系统抗震救灾领导小组紧急部署下,第二、三批共16支援川医疗防疫救援队相继成立。在随后的每一天里,在灾区的每一位上海救援队员都奋力战斗,见证并创造着生命的奇迹。

上海市委和市政府领导对上海市卫生系统灾后救援的快速反应能力给予高度评价。

温总理亲切慰问上海医生

5月24日,温家宝总理到灾区视察,亲切慰问了上海抗震救灾医疗队队员:"你们辛苦了! 感谢上海!"

在每一支不辱使命的医疗队后面,凝聚着许多人的辛勤工作和无私奉献,尤其是每一支医疗队在组建过程中,发生了许许多多让人感动的故事……

5月13日,上海交通大学医学院代表12家附属医院向市卫生局发出到抗震救灾第一线的请战书。

作为中国红十字会直属医院,华山医院超快速成立了由丁强院长和冯晓源书记领衔的抗震救灾领导小组,即刻组建起一支由来自神经外科、骨科、普外科、麻醉科、ICU、呼吸科、护理部等9个科室的10名医护人员组成的紧急救援队,每位队员都按最高标准挑选,医生都具有主治医师以上职称,护士也都具有丰富的临床经验。曾参加过抗洪和非典的紧急救治、前不久刚参加世界红十字会紧急救援培训归来的骨科医生吕飞舟激动地要求道:"希望能把所学运用到第一线,挽救更多同胞的生命!"同时,总务、装备、药剂等部门迅速从各种途径调集救灾物资、药品和医疗队员装备到位。另外,有20多名医护人员作为后备部队随时待命。

5月14日上午8时,华山医院首批医疗救援队10名医护专家在医院医务处汪志明处长带领下举起右手,庄严而又神圣地宣誓:"继承和发扬红十字医院的优良传统和作风,大力弘扬人道、博爱、奉献的红十字精神,以保障灾区人民生命健康为己任,以饱满的工作热情、昂扬的斗志,投入到抗震救灾第一线,救死扶伤、履行天职,绝不辜负党和人民的期望与全体华山人的重托!"每个队员出自内心的誓言嘹亮雄壮,感动着现场的每一个人。

5月12日晚上10点多,新华医院接到组队的紧急通知后,11点召开了紧急会议,一线的医护人员们纷纷报名。很快,一支由神经外科、急救创伤中心、骨科、普外科、麻醉科等科室的专家和护士组成的医疗队成立了。"我们队中有一位1979年出生的骨科护士黄帅听到组队消息后,在丝毫没有准备的情况下当即报名参加,此情十分感人",新华九院医疗队领队、56岁的副院长全志伟教授动情地说。

5月13日一早，复旦大学附属中山医院和儿科医院在众多积极踊跃报名的医护人员中，根据专业需要挑选了18名骨科、普外科、脑外科、胸外科、泌尿外科、麻醉科、危重监护科、儿外科、儿骨科及手术室、骨科护理等科室的业务骨干组成了一支平均年龄不到35岁的赴川抗震救灾医疗队，由院党委牛伟新副书记担任队长。同时，医院医务处、护理部等处室加班加点连夜为医疗队准备了95件医疗物资，包括简易呼吸机、石膏绷带、胸腔引流系统及各种手术器械、药品等和生活必需用品。

在医疗队员中有不顾刚发出结婚喜帖即将举行婚礼的准新娘、麻醉科费敏医生；有刚从美国学习回国、尚未恢复时差再次告别妻儿的骨科医师陈增淦；也有抛下即将中考的儿子的儿科手术室周莉军护师……

刚刚参加国外学术研讨会回来的仁济医疗队队长王坚又拿起背包，义无反顾地奔赴四川抗灾第一线；该院神经外科护士王莹，因为丈夫参与防治手足口病在市公共卫生中心值班，夫妇俩已经一个多月没见面，但小王还是毅然放下才3岁的女儿，赶赴第一线救灾。她朴实而动情地说道："我也是一个孩子的母亲，看着电视上的画面，真的很心痛，我们夫妻俩都是医务人员，希望能救治更多的人"；急诊科徐新辉医师5年前曾积极报名参加医疗队待命，但最后没有开拔而留下遗憾，这次在全院第一位自愿报名参加医疗救护队。当同事问他，是否考虑过家里的妻子和9个月大的女儿时，他自豪地说："早在5年前，全家就已经准备好让我圆医务人员救死扶伤的梦了！那时，我们全家都很遗憾。今天能有这样的机会，他们一定会为我高兴的"；骨科王伟、冯宇更是毫不犹豫，尚未征求家人意见，坚决要求赶赴受灾第一线，支援灾区的医疗救护。

市卫生局机关干部也纷纷报名去四川参加前方协调小组，医政处处长颜世洁80多岁高龄的老母亲生命垂危，正在医院重症监护室抢救，但她义无反顾奔赴前线指导救治工作。疾妇处处长李善国夜以继日在前方协调工作，多次冒着头上落石、脚下陷坑的危险，深入震区第一线指导卫生防疫工作。

"我在华西医科大学学习过，对那里情况比较熟悉，还有许多熟识的同仁，作为一个外科医生到灾区一线去是第一选择"，瑞金医院副院长郑民华坚决要求到救灾一线去；来自四川的瑞金医院血液科游建华医生坚决要求参加救援医疗队，并表示医生、护士的工作都能胜任；检验科副主任董永勤医生强调自己曾经参加过唐山抗震救灾有经验，也要求到一线去。

"我们学校曾先后参加过1976年唐山抗震救灾、1998年长江抗洪抢险和2003年抗击非典等重大战役，具有丰富的抗灾救灾经验，同时，作为军事院校，学校具有执行应急保障任务的完备预案和保障力量，完全有能力胜任抗震救灾任务，学校各应急机动分队都已经做好了随时参加救援任务的各项准备，全校官兵急切要求到一线参加抗震救灾和伤员救治工作"，第二军医大学所属医院数千位医护人员在第一时间积极请战，要求到条件最艰苦的受灾地区去。

……

争先恐后请缨赴前线

救死扶伤,治病救人,义不容辞,上海16万医务工作者纷纷主动请缨。全市各医学院校、医疗卫生单位、区县卫生系统纷纷请命赴川救援,市卫生系统抗震救灾工作领导小组的电话不断,主动到市卫生系统抗震救灾工作领导小组递交请战书的单位更是不计其数。

"我是含着眼泪看地震灾情的电视报道,请尽快批准我去吧! 全家都支持我……"这是华山医院外科护士王兵发给他们的前任院长、市卫生局党委书记、局长徐建光的一份请战信,这也是全市医务人员愿为灾区奉献一切的生动写照。

"我院378位医护人员随时听从召唤,准备奔赴灾区第一线!"上海电力医院主动请战;"我们已经组建了18人敢死队,要求到灾区最危险的地方去,我们已做好一切准备,可随时奔赴第一线。"东方医院刘中民院长亲自率队请缨。

"灾区人民都是我们的同胞,从新闻里看到他们的苦难和不幸,我们心情沉重,作为中国红十字会医院的一员,有责任在第一时间为灾区人民提供援助。"这是华山医院许多报名请战者的心声。其中,有一位医生孩子才刚满1岁,仍积极报名要求参加入救援队,同事担心他的家庭困难,他却说:"困难人人都有,能够为国出力是我们的荣幸,我的家人都很支持我!"

"从电视等媒体上看到灾区的悲惨情景,心痛极了,恨不得马上奔赴第一线!"上海市第一人民医院胸外科医生印健也积极请战;护士长蒋萍患乳房癌手术还不到一年,尽管身体十分虚弱,治疗还需进行,但仍坚决要求上灾区。

"这场罕见的灾难是对中华民族的一次磨砺,艰难困苦、玉汝于成,在灾难面前让我们站直,让我们坚持,让我们众志成城。请求院领导给我一次机会,允许我参加医疗队,支援灾区同胞,献出自己的一份爱心。"普陀区人民医院心电图室医生章艳婧动情地说。

在曙光医院举行的医疗队出发动员会上,细心的护理部主任张雅丽发现已被批准参加第一批医疗救护队的16病区护士胡丽走路有些异常,拉开她裤脚一看,下肢严重红肿,原来胡丽一直患有"白塞氏症"病,一旦身体劳累就容易犯病,她隐瞒病情积极要求奔赴灾区的举动让全院感动。经劝退后仍不死心的胡丽回科室后大哭了一场,坚持说自己休息两天后可以恢复。

"快取消下周拍婚纱照的预定,推后原定6月份举办婚礼,就这么决定了",上海市第八人民医院周霞毅然做出决定,向男友发出了上述短信,并在第一时间报名参加了医疗救援队。儿子今年要参加高考的张黎医生也毅然对儿子说,"国家有难,匹夫有责,希望儿子理解支持。"懂事的儿子回答说:"全力支持爸爸,我一定自己照顾好自己,你放心吧。我决不辜负大人的希望,争取考出好成绩。"

"我在长征医院进修过急救知识,赶赴一线的任务当仁不让。"普陀区人民医院共青团员刘小青得知第一批救援人员名单内没有自己的名字时,立即找到了护理部主任,表述了自己的心愿。儿科医生李莉在外开会,特地打电话到医院说,"我来自四川,听得懂当地的方言,迫切希望能参加医疗救助队奔赴一线，请算我一个吧！我马上赶回上海"。

455 医院肝胆外科王坚主任妻子患子宫肌瘤开刀刚出院，母亲又因患心脏病正准备实施手术，他不顾家庭安危，积极请战参加抗震救灾救援；已定于 5 月 16 日结婚的心内科护士黄美华，知道四川省汶川县受灾后，马上推迟婚期，积极主动参加了医院抗震救灾医疗队。

杨浦区区中心医院血透室高年资主管护师陈海伟的爱人正在外地出差，得知灾区急需懂血液透析技术的护士后，二话没说将年幼的女儿托给公婆照看，积极向院方请战并连夜打点好行装；朱燕燕曾任血透室护理带教，她抛下尚在读小学的儿子，义无反顾请缨前往。

"让我去，我参加过唐山地震的医疗救援，有经验，对地震后那些场景有一定承受能力，而且我也学过心理学，是国家二级心理咨询师，不仅能医疗救护，还能为伤员作灾后心理辅导"，市东医院护理部主任、共产党员姜秀文毅然决然地加入了抗震救灾的队伍；"我们俩一个是骨科医生，一个是急诊科护士，这样的黄金组合正是目前四川灾区急需的，希望能派遣我们两人一同前往灾区救援，这是我们应该做的，也是我们共同的心愿"，曾多次参加各种医疗援助志愿者活动的市东医院骨科的姚毅勇医生和急诊科的共产党员张莉莉护士是一对夫妻，他俩在得知需要组建医疗队后，夫妻两人双双报名。

上海市疾病控制中心的朱江医生，姐姐刚过世一周，老母亲坚决支持儿子投入抗大灾防大疫的战斗中去。

……

如此感人的事例数不胜数，上海卫生系统 16 万医务工作者用自己最纯真的心灵、最实际的行动，关注着地震灾区，奉献着自己的爱心，充分展示了白衣天使救死扶伤、治病救人的崇高精神风貌。

勤奋工作　战绩辉煌

据不完全统计，除积极向卫生部请命赴灾区救援外，上海卫生系统在极短的时间内组织了 613 名医务人员、36 辆医疗急救车和 80 余吨医疗、防疫物资支援灾区。华山、中山、儿科、仁济、新华、九院、瑞金、第一、市六等 20 余家市级医疗机构和大部分区县中心医院，以及市、区两级疾控中心、医疗急救中心和卫生监督所等承担了救援任务。

医疗救援队伍赶赴灾区后，根据抗震救灾的实际需要，积极开展伤员救治、控制院内感染、巡回医疗等工作，目前已救治伤员 16822 人，开展手术 519 人次。岳阳医院在成都市中西医结合医院组建了有 30 张病床的应急抢救病房，已诊治伤员 254 人，为 57 名伤员进行了手术治疗。本市共派遣 36 辆救护车，深入重灾区一线，共转运伤员 764 人次，其中重伤 497 人。

同时，为确保大灾之后无大疫，上海救灾防疫队在灾区进行了现场消杀灭、环境整治等工作。据不完全统计，截至目前，已累计消杀面积 1572 万平方米，消杀帐篷 1365 顶，处理垃圾 815 堆，探查水源 217 个，投放灭蝇鼠蚊板等 54279 块，培训当地防疫队伍 3498 人。

另外，上海卫生防疫队员积极开展健康宣教和心理干预，随行携带了15万份“抗震救灾，防病防疫”宣传资料、10万份宣传折页和1万份宣传海报，在灾区发放。在地震灾区播放了紧急赶制的9个专题近100分钟的科普资料片。防疫队还与中国疾病预防控制中心及兄弟省市疾病预防控制中心同行合作编写了《灾后心理干预中期工作指南》，开展心理干预4063人。

二、空降汶川

我们来了，汶川映秀！

在军用机场，我们第一批8名队员挥泪别队友，义无反顾直奔汶川映秀而去；次日我们第二批10名队员，其中4名女队员为了能赶赴汶川映秀，急得痛哭，泪如雨下，拉着飞机门不肯松手，最后感动机组人员，才得以随队奔赴汶川映秀。

汶川映秀！为了您，我们愿意付出一切！为了您，我们必须毫无保留地付出！为了您，我们无所畏惧，团结一起，愿帮您渡过难关！

工作过程中，太多的事让我们流泪。看到遭受灾难而逝去的生命，想着那些还压在废墟下无法挖出的遗体，我们禁不住潸然泪下！看到从废墟中被抢救的生命，我们热泪盈眶！看到失去亲人、备受伤害的灾民，但她们没有从此消沉，她们从容不迫地开展自救和互救，我们被他们的精神所感动，眼泪禁不住夺眶而出。

——六院赴川医疗队日记

清晨在机场的“定格”

汶川在哪里？不知道。汶川怎么样？不知道。什么时候去汶川？不知道。怎么去汶川？不知道。现在该做什么？不知道。唯一知道的，就是听从指挥部的命令时刻准备着……

2008年5月15日凌晨1点多，上海市赴川抗震救灾上海市第六人民医院医疗队队员，刚经过长时间飞行和把所有同机托运的援灾医疗器械和药品运到住所休息。原以为可以睡到7点，安心地吃上早饭，大致9点左右接受任务去汶川抗震救灾。没想到，还不到两个小时，紧急命令下达：凌晨4点30分集合，5点出发，去到成都急救中心救灾物资军用机场——凤凰山军用机场，7点飞汶川。凌晨4点，住所总台统一叫醒所有队员，每人只往口袋里塞一瓶水和一些干点心，匆匆地出发了。

5点20分，向凤凰山军用机场行进途中的汽车中，不知是谁的一句话，惊醒了一宿没怎么合眼的迷迷糊糊的队友：“今天是董芳辉30岁生日。”车厢内的同事顿时异口同声地祝贺：“生日快乐！”有人从行李中拿出了一个小蛋糕，这是医疗队今天的早餐。很快，车内的每个人都把分给自己的蛋糕拿在了手中。没有礼物，没有鲜花，可是这个奔赴灾区路上的庆生会，让所有队员的心中格外激动。“小董，今晚我们给你补过生日。”领队范存义安慰道。立即有人嘀咕：“晚上有电么？到哪里去买吃的？”大家议论，用蜡烛和手电筒打光，“用汶川的泥土做一个土蛋糕”……

市六医院医疗队在映秀镇合影

6点多，穿过黎明前的黑暗，迎来清晨的第一缕阳光，专用应急车经过2个多小时的行驶，把医疗队员带到成都军用机场。机场有点冷清，5架直升机呈一字型在停机坪“待命”，上海市赴川抗震救灾上海市第六人民医院医疗队队员成为机场的第一批访客。6点半后，机场开始忙碌，大量的急用通信设备、救护人员、食物及医用物资陆续运载而来，机场开始嘈杂。7点已经过了，事情发生变化：军用物资优先运送，医疗队员“待命”。8点，随着首架直升机的盘旋升空，队员们的情绪开始焦急，大家催促队长和上级领导联系请命，要求尽快到最危险的地方——汶川，尽自己微薄之力。只是，飞行大队的领导告知，因天气原因，汶川停机出现困难，大家继续“待命”。人不能走，心却早已去了：受灾的同胞们，真心祝愿你们平安、健康……

第一批医疗队员随机出发

下午15:30，经过艰苦而又漫长的26小时待命，医疗队员终于被明确告知，可以进驻汶川县映秀镇了；但接下来却是大家都不愿意听到的事，只能有8人分两小组进驻。当时在机场的，共有上海市第六人民医院和新华医院、第九人民医院联合队两支医疗队，共36名医疗队员待命。经过磋商，决定先期队伍的8人,由上海市第六人民医院医疗队组成。具体到人,又该是谁呢？直升机马上就要起飞,飞行机组人员已经在旁边催促,队员的情绪高涨,每个人都跃跃欲试,恨不能一步就踏上映秀镇。根据对灾区情况的大致判断,需要人员重新组合,最后队长决定,由骨科副主任医师高洪副队长带队,率领普外科主治医师狄建忠、麻醉科主治医师严海、胸外科副主任医师赵永红、泌尿科主治医师陈嵘、脑外科副主任医师王敢、护士王琪(女)和李岚(女)组成8人小分队,率先进驻映秀镇。时间紧迫,被确定的8位医疗队员,急匆匆随手抓了个包就跟随机组人员直奔飞机而去。到了飞机上,大家静下心的时候,才发现带的几乎都是医疗物资,而自身所需的生活用品,却都被忘了。等到晚上下飞机清点物品时,大家才真正傻眼了。

5月15日18时,被批准的第一批8人医疗队员乘飞机飞赴映秀镇。从机上俯瞰,土地已从绿色变成了土黄色,山坡、楼房像用刀切过一样;修在半山腰的公路被泥石流、山体垮塌的巨石截成断断续续、互不相连的路段,有的地方路段彻底消失;建在半山腰的民房几乎都成了一片废墟,在翠绿的青山上格外刺眼,那景象如同一把大锤狠狠砸在所有人的心头。

2008年5月15日19时08分,一面写有“上海抗震救灾医疗救援队”的大旗,插上了这片土地——上海市第六人民医院赴地震灾区医疗救援队18名医护人员,第一批8人“空投”映秀,成为外省市援川医疗队中的先头部队。“我们来了,我们到了”,是每一个队员发自内心的呐喊。汶川映秀——我们来为您抚慰伤口,这是每一位来这里抗震救灾志愿者的心声。

眼前,映秀镇已没有一幢完好的房屋。矗立在眼前的漩口中学,部分直立的房屋,数一数只有4层,谁曾想到,那原来可都是6至7层的楼房,8.0级的特大地震致使1－3楼完全垮塌。这里是学校,14时28分正是学生端坐教室奋发学习的时候,多少花季少年就这样离开了这个世界。

医疗小分队抵达映秀镇后,建营地搭帐篷,千挑万选,最后选定的却是最不应搭建帐篷的地方,一处由干涸河塘形成的洼地,一下雨,铁定浸在泥水里。为啥选址选得那么“傻”？因为离停机坪近,方便病人转运。医疗队员们身处的境地比想象中还要恶劣。后勤保障,没有,组织联络,在“天上”;后续部队是否前来,何时前来,都是未知数。医疗队员真正成为一支深入前沿的“孤军”。大家开始清点食物和水,清点全部给养,作长期作战的准备。经统计,全部食物和水放开使用,也就是放开吃喝,只够8个人一天的消耗。于是规定,为尽可能地争取长期作战,严格定量供应水和食物。出外工作的同志一天2瓶水,留守帐篷的一天一瓶,饼干等干粮严格定量供应。如此艰巨的处境,完全超乎大家的想象;更何况还有可能要付出伤亡的代价。这种情形以前在电视、电影中见过,而昨天的旁观者,今天却成了主角。

洼地里一片沉默。共产党员站了出来:我们不远千里,踊跃报名,为了什么？不就是为了到达抗震救灾的第一线吗？现在我们就站在映秀——抗震救灾的第一线。我们来干什么？我们是来救助灾区群众的,还有那么多重要的事等着我们去做!

那一晚仅有的3至4个小时的睡眠，是他们5月12日以来最好的睡眠。

灾后四天的四项任务

8人小分队在映秀忙碌地搭建帐篷，留在成都的10人小组也一刻不停地忙碌着，他们急切想知道奔赴映秀队员的情况，明知通信已中断，但还是不停地用手机联系，“嘟，嘟，嘟……”电话里传来的始终是不变的忙音。有的队员在后来的日记中这样写道：自从15日下午六时坐上开往映秀的飞机，已经整整15个小时没有任何消息了，漫长的等待是一种焦灼，一直处于待命状态的我们更是寝食难安，可是一想到今天有可能见到失去联系的战友们，我的内心仍不免心生惊喜。

5月16日上午9时45分，映秀镇的8位同志传来了消息：他们现在还好，但是水和食物极度匮乏。听到消息，队长范存义再次联系上海市卫生局前方协调组和部队，强烈要求去映秀镇，和先遣部队会合，尽管那里是一个重灾区，条件十分艰苦，但是一想到那里有许许多多的灾区群众在等着救治，那里还有亲密无间的8位战友，更加坚定了医疗队前往的理由。坚定的决心等来的是“幸运”，有关方面最后终于同意将剩余的10个医疗队员派往映秀。

然而，时间却像凝固了似的，过得异常漫长，略带迷雾的天气影响了直升机的正常起降，医疗队一行10人只能无奈地坐在大巴里，看着凤凰机场外面到处忙碌穿梭着的工作人员。

下午1时45分，医疗队接到准备上机的命令，然而，“飞机只能上8个人，其余的人全部留下”。顿时，车厢内鸦雀无声。“如果需要留下，那么为了安全起见，请女同志们留下。”队长范存义无奈地做出了如此决定。这意外的消息无疑是对4名女队员的晴天霹雳。“我们也要一起去，我们四个姐妹不能再分开了。”护士长王音表达了女队员们的强烈要求。女队员谁也不愿意分开，更不愿意留在后方，只是默默地整理行李。大巴缓缓将医疗队带至停机坪，搬好行李后，队员们开始陆续上机。

“我们女孩子很轻的，就让我们去吧！”女队员董芳辉抑制不住情绪，双眼早已噙满了泪水，“我们可以把随身的生活用品少带一些，但我们希望和你们一起战斗。”她的眼泪不由自主地流下，“队长的命令我们一定服从，但是我们希望队长再考虑一下。”沈丽韫也哽咽着。队长范存义看着女队员，于是再次和机长协商，提出为减少重量，医疗队最大限度地减少随身携带的衣物，为的是可以让全体队员顺利登机。4名女队员拉着飞机门不肯松手，或许是女队员坚定的眼神感动了机长，或许是女队员的眼泪感动了机组人员，或许是一句一句“带我走，带我走”的呼喊声深深震动了空军战士的心。最后，他们心软了，队员们把装着换洗衣服的行李全都留在了机场，舍弃了部分水、食品和生活必需品，10名医疗队员挤进了直升机向映秀镇飞去！

5月16日下午2:30，两批队员历尽千辛万苦终于在汶川映秀汇合了。队员们眼睛湿润了，相互紧紧拥抱，互相鼓励，不到24小时的分别恍如隔世，相互诉说离别经过。短暂的相聚后尽快投入了战斗。队长范存义召开简短的工作会议，传达上级部门的建议：上海第六人民医疗队听从上海消防总队陈飞将军的领导，根据目前已是灾后第四天的情况，我们的工作重点分为以下四方面，一是积极配合上海消防总队营救幸存者;二是积极主动上门巡视,诊治灾区群众;三是保障消防官兵的健康;四是积极宣教灾区防疫知识。

"这才叫生命的希望"

5月17日下午2点,一位来自贵州凯里的母亲,听说地震的消息,从千里之外,乘飞机、汽车、摩的,又徒步翻越到处是泥石流造成滑坡的大山,翻越千山万水,来到映秀抗震救灾的现场,她要寻找她的儿子:蒋雨航,一位在高速公路收费处工作的收费员。医疗队员高洪为这位母亲做了检查,发现她已经脱水,马上给她进行防中暑治疗。

也许是母爱的力量,也许是冥冥之中母子心心相印,神奇的一幕出现了。救援人员正在挖掘抢救的受伤者,正是他的儿子——蒋雨航。泪水模糊了施救众人的双眼,真情感动着在场的每个人。仿佛有搬不完的瓦砾,凿不透的楼板,武警战士上了一批,又换下一批,镇上唯一没有被砸毁的起重机也开来了。抢救过程中的每一次余震,都引起一阵阵紧张。漫长的10个小时,20岁的蒋雨航被埋124小时获救创造了一个奇迹,创造奇迹的还有他的母亲!

蒋雨航被救出来之前,医疗救护分队研究了多个预案,并自制简易输液台、简易担架、蒙眼布;做好了严密的分工合作准备。蒋雨航被救出来之后,医疗队员立刻围拢上前,多次的演练变成了熟练的流程——蒙眼、体检、输液,抢救紧张但有条不紊。初步急救后,3名医生跟着担架,轮流为他高举输液瓶,走了十多公里山路,安全运回医疗点进行继续治疗。头发花白、满面泥泪交错的蒋雨航的母亲,激动地紧紧抓着医生的手,久久不放。

蒋雨航终于得救了!这一天每一位队员都兴奋异常,大家异口同声:"这才叫成就感!这才叫生命的希望!"

在救治蒋雨航的10个小时中,队员们一刻不闲,用自备的风油精涂抹太阳穴给当地灾区群众、参与抢救的消防官兵防暑,消除滴在口罩上的异味,用眼药水保护他们的眼睛,以致很多现场采访的记者也来寻求他们的帮助。看到临时的"小措施"就解决了这么多问题,队员们为自己的团队感到骄傲。

5月15日上午,群众送来一个才10个月大哭闹不停的男婴,医疗队员心内科博士张庆勇为孩子作全身检查,却发现没一点问题。张医生突然想到自己远在上海14个月大的女儿,"他一定是想妈妈了,我女儿在夜里哭醒就是找妈妈"。细细一问,男婴母亲已经遇难。"那一刻,所有人都心碎了。"

在映秀的日日夜夜,医疗队员在生命的消逝和挽回间拼搏,正是这一份心疼,这一份"治病救人"的崇高理想,支撑着医疗小分队不畏艰险,为群众送去急需的救治,与灾区群众、与救援官兵患难与共。

5月16日上午8时,山东公安消防总队在映电公司办公楼废墟里发现了生命迹象,立即展开搜救工作。电厂女职工虞锦华被埋在六层水泥板下，她的双下肢被压，里面乱石、水泥柱交错，实施搜救已经3天。医疗队赶到施救现场，一场生命争夺战就此展开：队员们将头孢拉丁胶囊里的药粉兑上水，用吸管让虞锦华吮吸，还把队员们早上出发时每人喝过一口仅剩半瓶的营养米线让虞锦华吮吸。在废墟中被埋150个小时的虞锦华，终于在被发现56个小时后成功救出。

同日下午两点，一位搜救战士突然发现在一幢楼的5至6层楼板中间有生命迹象。于是，60多名战士开始小心挖掘。20多名战士排成一列传递挖出的沙土，这样机械的传递持续了整整5个小时。救援人员发现，一个女孩的右腿压在水泥板中，背后是一块巨大的水泥板，支撑着上端的废墟，稍有不慎就有可能再次发生坍塌。晚上7点多救出这个被掩埋了100多个小时的10岁羌族女孩尚婷。当女孩被救出的一瞬间，她的母亲冲了上去，将孩子紧紧搂在怀里。医疗队队长骨科主任医师范存义闻讯立即赶往临时医疗中心救护点为女孩检查、会诊、抢救，女孩情况十分危急，初步诊治后立即转送成都。

先期进入的救援部队，长途跋涉外加不间断救援，部分官兵已经严重脱水、中暑、过敏，手脚都有不同程度外伤，尤其是脚，磨出水泡，破裂继发感染。没有清创室、没有正规的清创器械，队员们只能因地制宜，利用现有的手术刀片和少量的消毒液完成清创。上海消防局局长陈飞将军是汶川县映秀镇抗震救灾总指挥。他带领救援部队连续行军14个小时，马不停蹄赶到映秀镇。陈飞将军双足因皮疹严重影响行走，可是还在现场坚持指挥救援。医疗队队员、外科主治医师狄建忠和医疗队队员、骨科主治医师张涛到达后，“强行”将他留在简易帐篷里，为他清创，敷上药，使他又投入到搜救指挥工作中去。

也许当地人已经养成不看病、小伤小病自己熬的习惯，也许他们不想更多地麻烦医疗队，但是，医疗队员每天都要对山区灾区群众进行巡视医疗工作。走在崎岖的山路上，一路都有灾区群众搭建的临时帐篷，灾区群众说得最多的是：“谢谢你们啊，谢谢你们来到灾区帮助我们”。5月16日，外出巡诊的医疗队队员、神经外科副主任医师王敢在一处遮蔽物下，发现一位60多岁的老人躺在那里，奄奄一息。原来在地震中落下的水泥板砸伤了老人左腿膝关节，由于行动不便，整整4天得不到救治，受伤处已经红肿明显，经检查局部有波动感，预示其膝关节腔内有积脓。医疗队队长范存义和王敢一起为老人实施手术，切开排脓，清创包扎后联系直升机转送成都。

很快，医疗队带来的药不够了，感冒药、消炎药、皮炎药全用完了。看着缺少药物治疗的灾区群众和消防、武警、解放军官兵，看着他们中许多人因为污染的环境、蚊虫叮咬等原因造成严重的红斑皮疹，队员们心里真不是滋味。外用药物用完了，医疗队试着将出发时专门配给医疗队队员用的蛇药取出来替代，没想到蛇药用水化开后涂搽皮疹患处，效果还很好，深受病人的好评。抗过敏的口服药物用完了，就把用作抢救用的地塞米松针剂稀释后给患者注射，也取得很好的效果。

随着时间的消逝，加上白天烈日的曝晒，映秀镇空气中由于尸体腐烂形成的异味越来越重，更多的官兵来向医疗队要口罩。口罩发完后，医疗队护士就用纱布帮他们做。为了让口罩厚一点，队员们把带去的毛巾剪小，垫在纱布里给官兵。

五天睡不足10个小时

映秀镇生存之艰难，几乎超出了任何人的想象。没有水，没有电，不洗澡，不刷牙，与外界通讯几乎隔绝。帐篷前方的一个山坡就是一个埋葬遇难者的地方，每埋一个人，就会听到一挂鞭炮声，每天鞭炮声不绝于耳。到达映秀镇的第一晚半夜刚睡下，队员们就遇上余震，大地在颤抖，山间回响的“轰轰”声，宛如飞机起飞时巨大的轰鸣，躺着的人被惊得弹了起来。然而，没有一句怨言，没有一人后退。

5月16日，第二批10人医疗队队员到达后，战斗力增强了，可条件依旧艰苦。夜里常常下大雨，好几天醒来，睡袋都泡在了水里。手机永远处于“信号搜索”中，想给家人报个平安，只能采取派一人借救援队海事卫星电话打回上海医院，再由医院分别告知家属的接力方式。

一瓶水，一小包饼干，一根火腿肠，一张湿巾纸——这是队员每人一天的配给。由于后勤供应暂时无法跟上，我们随身携带的食物如果放开吃只能维持一天，所以必须集中保管、平均分配，控制饮水和食物。为了防止瓶装净水开封后变质，常常是先开一瓶水，大伙轮流抿一抿，润一润唇；女护士为了减少方便次数，喝得更少。在解救蒋雨航时，医疗队队员、骨科主治医师张涛还把当天2块饼干的口粮缩减到1块，节省下的留给了消防战士。

白天在帐篷里闷热不已，连一丝风也没有，晚上在帐篷里则冻得要命，全靠防寒服保暖。18位队员和一名随队记者，住在2个帐篷中，行李及医疗用品还必须占据一定空间，大家的睡袋挤在一起，后面一个人的膝盖可以顶着前面一个人的脑袋，谁也不敢翻身。余震不断，小的余震，人晃一下；大的余震，大地就会发出沉闷的吼声，身体如同躺在弹簧床上，帐篷外的山坡上“噼噼啪啪”地有山石滚下。

5月17日晚上，零点刚过，电闪雷鸣，一场瓢泼大雨降临映秀镇。医疗队员高洪和王敢刚要睡着，突然发现睡袋周围有水。原来帐篷进水了，于是赶紧将女队员转移至稍干的地方，男队员就冒雨到帐篷外挖水沟，防止水再漫进帐篷。住在另一个帐篷里的队员也过来帮忙。整整一个晚上，大家蹲在帐篷里，一夜无眠。

艰苦的生活环境，高强度的工作量，挑战着医疗队员的生理极限，几乎所有人都有脱水症状。5月17日，王敢副主任医师和护士李岚、王琪在抢救病人时先后发生昏厥。3名医疗队员连夜被送回成都华西医院，检查后发现：王医生因劳累过度昏厥，2名护士是因虚弱引起虚脱。连日抢救伤病员，5天里睡了不足10小时，大家都疲惫不堪。

常年生活在都市里的医护人员，面对严酷的灾情，迅速转变为“野战医疗队”，队员们肩负着党和人民的重任，肩负着两千多名六院人的嘱托，在受灾最严重的映秀镇上不分昼夜地忙碌着，不怕饥渴,不怕疲劳,不怕余震,不怕频繁滚落的山石,一心牵挂着受灾群众的伤痛,曾经拿惯听诊器、手术刀的专家,曾经奔走在病房送药打针的护士,以顽强的毅力,惊人的耐力,毫无畏惧的胆魄,在四川蒙受地震灾难最关键的时候和他们一起抗震救灾。

连续5天4夜的工作,共诊治病人602人次,包括较重病人15例,3名灾区伤员经过诊治后由直升机送往后方基地进一步治疗。

让灾难成为生命的洗礼

5月18日下午,接到上海消防总队陈飞将军的命令,上海市第六人民医院赴灾区医疗队随同上海消防总队250名队员换防到都江堰。队长范存义马上将这一情况向上海市卫生局汇报。映秀镇与外界的道路尚未完全修通,需要急行军到十公里外的阿坝镇才有车接。医疗队马上行动,打好行装,恋恋不舍地离开了战斗了五天的营地。

撤出映秀镇,原来的312国道已经全部被毁,队员们沿着靠近岷江的临时公路前进。这是一条几小时前刚刚由工程兵开辟出来的道路,泥泞不堪,山上不断有碎石滚下。山区公路崎岖,不时还遇到巨石拦在路中,极其艰险。许多道路都被滑坡所掩埋,路两侧都是遇难车辆的残骸。最惊险的是几座大桥,地震已使得桥面成为波浪状,而且两侧的桥栏都早已不知去向,甚至桥板都只剩一半了。危险之处,有解放军战士把守,指引人群分流。郭明高医生在扶助护士沈丽韫通过危险通道时,山上一块巨石突然翻滚而下,巨石几乎是紧贴两名队员的后脑勺砸下,大家惊出一身冷汗。经过两个小时的努力,终于到达阿坝,等待接应车队。晚上八点半,队员们才乘上大巴返回都江堰。

5月19日凌晨,上海市卫生局前方协调组派车把医疗队接回成都修整。医疗队集体再次向指挥部写了请战书,要求再次前往一线抗震救灾。最后领队范存义等6名骨科医护人员留守成都,在四川省人民医院开展工作。12名医疗队员奉命与部分赴川抗震救灾医疗队队员一起返回上海。

三、坚守青川"生命线"

从5月13日下午开始,上海市医疗急救中心的工作人员在中心领导的带领下,紧急筹措上海首批六支赴川医疗救援队所需的大量抗震救灾物资。任务重、时间紧、难度大,但是,灾情就是命令,时间就是生命。中心领导和职工分几路或采购或调拨,在最短时间内备齐了各类所需物资。已是夜深人静,中心大楼里仍然是灯火通明,所有工作人员忘记了饥饿,忘却了疲劳,将物资进行分组打包并贴好标签,忙碌中迎来第二天的曙光。

刚刚躺下,尚未熟睡,突然又接到上海市卫生局下达的紧急命令:立即组建一支急救车队伍奔赴灾区!

中心立即启动应急预案,一个个电话打往各分中心和区县急救中心(站)。一小时后,中心的急救骨干名单已经列好,各分中心主任再一个个电话把相关人员都通知到:"马上到最近的分站,开最好的救护车到总部集合,赴川救灾!”接到电话的同志在梦中一跃而起:有的跟家人打了声招呼就立即出门;正在上夜班的同志只跟家里发了个短信“赴川救灾”后就直奔总部;顾阿荣副主任和解炯副科长等忙得连家都没回过,随手拿了 2 件平时的工作服……大家连夜准备好车辆和药械以及帐篷、水和简单的生活物资。短短数小时,赴川抗震救灾的车辆、人员、装备与物资全部到位,在市医疗急救中心集中待命,随时准备出发。

5 月 14 日中午,随着中共中央政治局委员、上海市委书记俞正声一声令下,由市医疗急救中心和 10 个区县医疗急救中心(站)组成的 30 辆救护车、60 多名急救人员,承载着上海人民的希冀和托付,在中心顾阿荣副主任的带领下,疾驶上赴川的高速公路。

救护车队以时速 100 公里的速度向灾区挺进。历经江苏、安徽、河南、陕西, 2200 余公里的路程 60 名队员吃着自带的干粮与瓶装水,星夜兼程,每人不足 2 小时的睡眠,历时 33 小时,于 5 月 15 日晚 10 时 08 分赶到了四川广元市青川县。从准备到抵达,救护车队的领队、上海市医疗急救中心副主任顾阿荣和车队副领队、上海市医疗急救中心急救科副科长解炯,已经 60 个小时没合眼了。

救护车队驶进了四川省广元市区,沿路广元市民的热烈掌声和广元市领导的感谢言辞使队员们倍受鼓舞。顾副主任当即表示:我们一定把灾区人民当成自己的兄弟姐妹,我们一定竭尽全力支援广元的抗震斗争!在广元市民的自发帮助下,所有人员在马路边搭起了简易帐篷,一顶接一顶形成了一道独特的都市风景。睡在路边自己搭建的帐篷里,感受着阵阵余震,看着身边同在路边休息的广元市民,队员们都暗下决心:广元的父老乡亲们,我们一定会和你们同呼吸、共命运。

从艰险蜀道死里逃生

5 月 16 日早上 9 点,30 辆救护车迅速开赴青川县重灾区,第一时间与前来救援的部队会合。从广元到青川有一百二十多公里路,其中山路 76 公里。俗话说:蜀道难,难于上青天,遭遇地震后的蜀道更是难上加难,蜿蜒的山路,余震声声,飞沙走石,路边时有塌方和巨石,队员们没有一丝的怯意。他们看到的是山边房屋的倒塌,路边灾民的疾苦。到达青川县城后,顾阿荣副主任和解炯副科长马上与县指挥部取得了联系,立即按指令调派急救车载着各医疗队人员奔赴各个乡,进山搜救伤员。

木鱼、关庄……村寨里已积聚了许多伤员,而且 80% 都是骨折病人,还有许多伤员在山寨里边等待救援。领队顾阿荣大声喊道:伤员就是命令,多争取一分钟,就给生命多带来一份希望!我们现在就出发!坐在地上休息的队员,一个个从地上跳了起来。不顾崎岖的山路和不断的余震,急救队员们冒着危险,勇往直前。没有路可走了,队员便带上必备的急救用品,徒步爬山到达最近的村口。

没有电,借着月光,靠人背肩扛,一个个伤员从深山中转运出来。在紧张的抢救中,一些骨折病人来不及做简单固定就被搬运,救护队员们急了,解炯强烈要求:“重伤员让我们来处置。”。立刻,部分队员手拿担架,带上三角巾、夹板,在当地灾民的带领下,深一脚、浅一脚地来到重伤员身边,执意对伤员进行紧急处理带到现场后,再抬运至救护车上,有效地防止了伤员因搬运而造成的再损伤。

上海120救护车疾驰在青川至广元的生命运输线上

震后一幕幕惨烈的情景，进入救援人员的眼帘。“真是想哭！”“只恨没有飞毛腿，帮我们把每一个伤员尽快送到医院救治。”顾阿荣沙哑的声音，吐露出全体队员的心声。

“都说蜀道难，难于上青天，这次我们算是领教了。”胡熙春说这话，实在有太多的感触。从青川县将病人运送到广元市的各家医院，单程就是120多公里，崎岖的山路上，一边是不断震落的碎石从山上滚下，而另一边就是坍塌的悬崖，下边是百丈深渊。余震不断，有时还要开夜车，行车危险程度可想而知，一个来回将近10个小时。所有的急救人员只有一个心愿：再危险、再困难，我们也要争分夺秒将伤员安全送到医院。

任伟队员至今想起自己的经历，感觉还是后怕。那天执行任务，半途被警察拦下，说是就在10分钟前，前面的路又塌方了。不过大家没时间多想，一心只想着快点将伤员运出去。

宝山急救中心的李庆魁和姬成刚，回想起第一次到青川蒿溪乡执行任务，迄今仍忍不住泪流满面。原本美丽的山区风景，在地震过后变得满目疮痍，五六米宽的山路撕开深深的裂缝，随时有塌陷的危险，下面就是滚滚的江水。头顶上突出的巨石，也已经有了松动，行驶途中不断有哗啦哗啦小石块掉落在车顶上。两位驾驶员和医疗队一起为病人换药、伤口消毒、分发药品，队员们红着眼眶坚决完成了自己的任务。

嘉定救护站的王海燕和滕宏良在不计安危、誓死奉献的情感中爆发出一句铿锵有力的怒吼："到了青川，豁出去了。"松江救护站的曹峰和吴卫华这样说："只要有命令，我们随时都可以出发。再难，也要把病人及时送到广元。"

"真的哭过。"回想起16日晚的那一幕，解炯至今还忍不住眼圈发红。

5月16日18时45分，接指挥部命令，有五辆车到关庄接病人。关庄地势比较复杂，顾阿荣副主任决定亲自带队，随行的还有解炯、方国良、沈雪明、丁小文、黄术周、张国祥、杜东辉、邵宗连、曹一峰以及南汇救护站的龚华和毛剑雄，经过一路的艰难险阻，大家摸黑在深夜23时到达关庄，驱车穿过河床把病人接上救护车。临走时，顾阿荣决定留下3辆车应急。17日2时30分，当病人在顺利交接给广元中医院后，阿荣主任的手机突然响起，大家注意到他的脸色一下子变了，这是不祥之兆。他用急促的语气命令道："快！快打电话！你们动作快，同时打手机，命令另3辆车的人员立即撤出关庄！"未及细问，队员们立即纷纷动作，只是，"我的没信号！""我也是！""不行，快点啊！"顾主任嘶哑的嗓音在叫，所有人都震惊了。原来是市卫生局副局长李卫平和四川省卫生厅分别打来电话：关庄凌晨要泄洪，所有人员必须立即撤出！顾阿荣继续呼喊："所有人一起再打！"他急得直跺脚，眼泪都出来了。"实在打不通，我们就回去找他们，一起出来的，要死也要死在一起！"顾主任下死命令了。

万分紧急的时刻，对面开来了一辆部队通信车，救护队员紧急求援，使用部队的紧急通信设备，电话终于打通，人们立即大吼："立即撤离！立即撤离！"谁知前方的回话却是："不行，我们正忙着呢！"顾阿荣抢上话筒，使尽力气大吼："尽可能多带些伤员撤离，马上要泄洪了，快！快！"

4时51分，当安全撤离的救护人员再次相聚时，大家紧紧地拥抱在一起，控制不住的泪水再次从硬汉们的脸上滑落。

时刻遭遇生死考验

5月17日上午，十位重伤灾民由前进乡转送广元市，当途经青川县医院时，又有二名产妇需要一同护送，于是，五辆救护车载着十二个病人在广元市卫生局开道车的带领下，驶进了山区。一路上，车流滚滚，各种赈灾车辆来往穿梭，在地震中伤痕累累的国道显得更加狭窄。经不住一个多小时的山路颠簸，本来就已羊水破膜的产妇牛山山开始出现了宫缩，腹痛一阵接着一阵。

真是十万火急，此时此刻，驾驶员赵志良和侯彬当机立断，一边尽量将车开平稳，一边迅速用对讲机将孕妇的情况，通报给前面一辆车的急救医师钱振东做好接生准备。当车队开上绵广高速的时候，产妇的宫口开了，胎儿的头发都隐约可见了！钱振东立即将自己驾驶的救护车交给其他队员开，迅速跑到产妇所在的救护车上，各项接生工作迅速而有序地展开：钱振东医生为产妇开通了静脉通道，松江急救中心的曹峰、沈卫清在车上找来了产包，於晔敏和孙民找来跟车的2位安徽医疗队的麻醉师协助，一切既紧张而又井然有序地进行着……随着车队的加速前进，15 时 08 分，在行进中的汽车产房里，一声响亮的啼哭，一个漂亮的女婴出生了。当钱振东医师将脐带结扎完毕、胎盘完整娩出后把婴儿抱给产妇看时，母亲激动地连声感谢上海医生。二十分钟后，母女俩安全地被送到了广元市中心医院，车队每个人都击掌相庆，欣喜万分。因为婴儿是在救护车上接生的，这个小女孩子被起名为“冯路缘”。新的生命预示着生生不息，预示着灾区的明天充满希望。

5 月 17 日深夜，随着最后一辆执行任务的救护车回到青川县驻地，顾阿荣和解炯顿时松了一口气，一直绷着一根弦的他俩终于可以稍作休息了。没想到靠在椅子上才十几分钟，突然，随着一阵剧烈的晃动（事后证实是 6.1 级余震），在围墙边休息的其他医疗队人员起身奔跑。解炯被掀翻在地，顾阿荣更是被十几个接踵绊倒的人压倒在地。待到惊魂未定的人群散去，解炯被队员拉起来了，而阿荣主任却站不起来，卷起他的裤腿，满眼的青紫和擦伤，还有几处较大的伤口在流着血。队员们帮他简单的包扎后，扶进了帐篷，而他却笑着说没事，一个劲儿让大家抓紧休息！凌晨，准备出车的队员们发现顾主任还在强忍伤痛，瘸着腿帮大家检查车辆！原来他又是彻夜未眠……

彼此用生命相互支撑

救护队出发前按照 62 人的标准配备了一周的粮食、水和食物，由于当地物资短缺，医疗队尽量做到一切物资自给自足，绝不给当地政府和医院添麻烦，从上海一路走来，大家吃的基本都是饼干。5 月 18 日，随着水土不服的队员不断增多，50 多个队员的吃饭问题使得领队顾阿荣十分焦虑，然而震区断电，想用热水泡碗面都成了大家的奢望，更不指望能吃到热饭了。

茫然之际，黄术周、曹一峰、吴维林、杜东辉却在围墙边悄悄地用塌倒的砖块，垒起了土灶台，用碎木条、树枝生起了灶火，经过多次的努力，终于为大家烧开了第一壶开水。这下黄术周乐了，同时提议再在边上搭造一个，准备为大家煮一顿热饭。说干就干，灶台搭好了，很多队员帮着出主意，於晔敏、刘国华、曹一峰等有空就帮着劈柴，沈雪明四处找餐具……至此，每天清晨 4、5 点钟，就有早起的队员为大家烧热水、热粥。黄术周还被大家亲热的尊称为：炊事班班长！

沈雪明是市急救中心的总务科副科长，这次赴川抗震救灾，他二话没说就第一批上了前线。自然，车队的供给重任也就落在他的肩上。青川与广元市的道路运输几乎中断，当地的条件困乏难以想象，除了每天中午的一碗热粥，其他时候队员们只能靠干粮充饥。看着大家一边吃方便面，一边反胃的样子，沈雪明看在眼里，急在心里，暗暗地想：无论如何也要让队员们吃上一顿新鲜的饭菜。

20 日一早，终于有机会转送病人到广元市，沈雪明就和曾经当过西藏运输兵的安全员丁小文一起到广元购买工作与生活必需品，顺便采购一些新鲜食品。当他们在赶回青川的半路上，只听前方一声轰响，顿时灰天黑地。“塌方了！”沈雪明和丁小文同时喊道。待灰雾渐渐散去，只见本来临时的公路已经消失，代替的是满山满坡的碎石泥流，情景令人生畏，定睛再仔细一看，刚才还行驶在自己前面的第 5 辆车已经不见了踪影。

当晚，大家终于吃上了热气腾腾的腊肉炒蒜苗和大白菜。看着队员们狼吞虎咽后的惬意，沈雪明黑黑的脸上终于露出了欣慰的笑容。当听到队员们异口同声说道，“这顿饭是沈雪明和丁小文用生命换来”的时候，沈雪明只淡淡地说了句：“应该的”。

到达灾区后，在最困难、最艰苦、最危险的地方，时时都有共产党员的身影。沈雪明、张国权、邵宗连、刘国华、张磊、沈骏、宋栋等等个个冲锋在前，遇难而上，沈雪明到青川第一天就出现了腹泻，宋栋因连续几天的劳累，腹股沟淋巴结都肿了，但是他们仍然在自己的岗位上坚守着，以实际行动发挥了共产党员“讲党性、重品行、作表率”的作用。在身边党员们的带动下，队员们个个激情饱满，出色地完成了一次又一次的任务。

顾阿荣和解炯每天都要等车辆全部安全返回后才安心，深夜还在巡视着每一辆车。在青川抗震指挥部联络处，任伟、吴磊担任着车辆的调派工作，他们和当地指挥人员协同作战，共同配合，使救护车的调派井然有序。所有的队员在执行任务期间都坚持不用空调，冒着烈日和风沙，毫无怨言。夏业凯、姚雅兴、李伟、沈永根在往广元送病人途中，车轮被利石划破，排除万难，在陡峭的山路边换轮胎；顾荣华、赵友情、张国祥 3 位师傅充分利用执行完任务后的每一点空隙，用精湛的修车技术为车队保驾护航；王敬国、李高巍把自己的帐篷让给灾民休息，他们却连续 7 天在车上过夜，期间还配合医疗队在救护车上成功完成了一例妇科手术。王文毅、刘晓东连续 9 天在驻地木鱼镇待命，吃住都在车上；在青川食物短缺的几天里，钱虎好不容易买到几个咸鸭蛋，但却无私地和兄弟们共享。一包小小的榨菜，一听难得的午餐肉，一锅不算多的稀粥，队员们总是相互谦让着，哪怕是一根榨菜丝、一小块午餐肉、一小碗稀粥——这种同甘苦、共患难的团结友爱的集体主义，迸发出的是一种无穷的精神与力量，激励着每一个队员……

在青川县重灾区的日日夜夜，亲情、友情不断地在撞击着每个队员的心。顾阿荣副主任的爱人翻班工作，儿子正值高二冲刺阶段，他却无暇打一个电话回去；解炯连续忙碌了数日，终于在第四天半夜里打了个电话给爱人，祝她结婚纪念日快乐，而解夫人也哽咽地祝他结婚纪念日快乐；夏业凯的爱人终于在电话里听到丈夫的声音后失声痛哭；沈骏更是在电话里匆忙而满怀歉意地安慰着新婚妻子；杜东辉、章俊和钱振东的女儿都在电话里叮咛：“爸爸，多救点小朋友！”吴磊看着家人用手机发来的女儿的新照片，早已是泪流满面！

随着一批批后续队员的到来，第一批上青川的队员被换防。当将要与同志们挥手告别时，队员们再也控制不住，相互拥抱着。胡熙春哭了，吴维林哭了，大家都哭了！赵志良、任伟把身上所有的香烟留给了队友，陈卓华、李高巍更是把所有的食物、生活用品留给了队友们……一声声“安全”“保重”“坚持”的重托，随着返沪队员的远去，久久在急救队员的耳边回响！

5 月 23 日晚上，大多数的车都完成了当天的转运任务回到了广元市，顾阿荣和解炯精心准备了蛋糕，并主持了一顿简单的聚餐，同时给两位队员庆祝生日。当薛凯华看到这一切时，热泪盈眶地连声说“谢谢”，来自南汇救护站的龚华队员更是动情地表示：永远都会记住在青川一起每天同吃泡面、同喝一瓶矿泉水、同睡一个帐篷的兄弟们。“因为这是人间真情的真实写照”，在场的每个队友听到这里无不动容而泣。

心灵洗礼，大爱无疆

5 月 24 日下午，产妇牛山山的丈夫找到广元市卫生局上海市医疗急救中心的驻地，送来了一面锦旗。当顾阿荣副主任展开这面锦旗时，队员们看到四个大字：大爱无疆！在场的人全都非常激动。经过这次大地震，每个人的心灵都得到了一次洗礼。队员们说：这一刻，我们都是汶川人、广元人，都是四川人，因为我们都是中国人！目前，我们的救护行动还在继续，因为我们的爱，没有距离。

四、突击草坡

紧急援救，上海白衣战士从天而降成为汶川县草坡乡这座“孤岛”上第一支，也是唯一一支医疗救援队；争分夺秒，冒着塌方、余震的生命危险，翻山越岭，他们为伤员开辟了一条生命之路；全力以赴，挑战极限，他们创下了在恶劣条件下救治伤员零死亡率！“上海医疗救援队”的名字深深地留在草坡乡 4500 余灾民的心中！

“孤岛”救援

“紧急需要重症监护、肾内科和感染控制医务人员援助！”

5 月 19 日晚，当同济大学附属东方医院院长刘中民教授接到市卫生局和浦东新区社发局的电话后，主动请缨，亲自带队。第二天凌晨，他与来自本市 20 多家医院的 72 名医务人员一起赶赴灾区。其中由刘中民带领的 43 名医疗队员前往德阳的一个抗震救灾临时医院。

5 月 21 日深夜 11 点多，上海医疗救援队灾区现场指挥部发来指令：挑选 7 名医生和 3 名护士明天出发到凤凰山机场，搭乘军用直升机前往震中汶川县的乡村开展医疗救援！指挥部反复提醒：“多带些口罩、隔离衣、药品、水、食品。”“别忘了，带上卫星电话。”“要年轻的，身体好的。”

医疗队连夜召开临时党支部会议，5 个支部委员中，除陈尔真、陈晓农已有任务外，其余 3 人毫不客气地利用“职务之便”，成为小分队队员，其余 7 人的名单也很快确定了下来。走出帐篷，支部委员们才发现所有的医疗队员都站在外面，每个队员都认定自己是最佳人选。

名单一公布，立即炸开了锅。“不公平！应该我去！”“为什么我们医院的人一个也没有？”又有人当即提出，各个医院派代表抓阄……争吵声惊动了正在值班的临时医院彭院长。听说上海医疗队争“空投”名额时，彭院长动容地说：“其实这里同样也很需要人手。刚接到通知，明天将有第一批 40 多个伤员转运重庆等地。每个病人胸前都要有简要病史卡，以便搬运过程中的固定，任务也不轻松啊！”

队员们听到这话后才安静了下来。10 名小分队队员开始整理行装，其他队员则纷纷拿出自己随身携带的巧克力、牛奶、饼干、牛肉干等往小分队队员们的背包里塞。

“都回去睡吧!”队长刘中民说。可是,没有人离开。每个人都在强烈地克制着自己的情绪。

22 日凌晨 2:00 多,天下着大雨,接医疗队去成都凤凰山机场的车来。临别的那一刻,大家再也控制不住了,紧紧地拥抱在了一起,泪水与雨水交织在了一起……

4 个小时后,小分队到达了成都凤凰山机场。他们发现在此等候的还有许多来自各地的医疗队。根据现场命令,10 个队员分成两组,5 人一组,待命! 待命到 11:30 分左右,刘中民、彭文、齐华林、茆勇、朱国红与来自海南的防疫队一起,登上了当天的第一个航班飞往草坡乡。

除了队长刘中民外,其余 4 人坐直升机都是第一次。临战前的兴奋与好奇,让大家不停地向窗外张望。青山绿水已不复存在,江面上漂浮着各种垃圾和厚厚的一层油花,地震竟然让半座山体向着一个方向滑坡,山坡上不时地有浓浓的“烟雾”升起,飞行员说那是余震从山上滚下来的石头造成的灰尘,地面上看不到一间完整的房子。

半个多小时后,飞机降落在夹在两座大山之间的河滩上。

第一个重伤员是乡书记

诊治伤员从下飞机的那一刻就开始了。

第一个迎上来接医疗队的是草坡乡的党委书记李川。看着他一瘸一拐向大家走来的样子,职业敏感让刘中民立即意识到,他就是医疗队在草坡乡的第一个重病人。

“快把裤脚管拉上去让我看看。”刘中民几乎命令道。

眼前的一幕让所有的医疗队员们都惊呆了:右小腿红得发紫,大腿更是粗了两圈。凭经验,刘中民教授估计李川的腿里起码有 1000 毫升瘀血,就算躺着,恐怕也要花两个月才能完全吸收。

“你血肿那么大,怎么回事?”

“那天让石头砸了一下。”李川轻描淡写地说道。

在一旁知情者连忙告诉医生说,地震时 35 岁的他正在码头村召开干部会议。随着一阵地动山摇,李川马上意识到地震了,当即组织屋子里的人向外撤。

远近的山冒着烟,满山的石头向下翻滚。他沉着指挥干群撤退。当看到两个女同志在滚石中盲目奔跑时,他一手拉了一个向山下跑,正在这时,一块几百公斤重的大石头重重击中他的右腿,右腿马上失去知觉,膝关节变形。可李川硬是用手把膝关节扳正了,继续带着后面的群众逃往安全的地方。这时候,大量山体崩塌,道路被堵住了。

李川意识到,这时候最需要有组织地领导这些群众。他当即写了 8 封亲笔信传达乡党委的抗震救灾意见,派民兵火速送到各个自然村,此举及时稳定了群众的情绪,救助得以有组织的开展。为了不让别人知道,李川一直把腿包在长裤里,拖着这条腿走村串户,安抚群众,指挥救灾。

“说实话,那样下去,腿是要保不住的。必须马上转运出去接受手术治疗。”刘中民说。

可李川却没有理会，一边带着医疗队向乡政府帐篷走，一边向大家描述当时地震的情景："山与山拥抱跳舞，山与地密切接触，地与地断然分裂，人与地失去联系……"

刘中民接过话题说："只有一面党旗，还在飘扬。"第二天，医疗队紧急联系了转运直升机，强行将李川运出草坡，前往医院接受治疗。

进山搜救伤员

"现在情况如何？"医疗队一抵达，就向当地政府领导询问人员伤亡的情况。

"这里离震中仅 10 多公里。乡里 4500 余人中，死亡 300 余人，失踪 100 余人，伤员 200 余人。道路 100% 垮塌、房屋 100% 垮塌，所有的物资都只能靠直升机运输。最让人头疼的是，集中在 8 个自然村里的伤员无法转运出来，医疗力量和药品极其匮乏！"

"我们现在就去山村里！"

"不行！你们不能去！那里根本没有路可走，随时都有生命危险！"

"我们是来救人的！时间就是生命！快找人带路吧！"

看到医疗队员坚定的目光，当地政府领导终于答应了上海医疗队的请求。阿坝州李副秘书长拿出唯一的一顶钢盔，走到刘中民面前，执意给他戴上："我看得出，你是年龄最大的！你不带，我们不走！"

下午 3 点左右，医疗队开始赶往足湾村。一行 8 人，5 名医疗队员走中间，前面 2 个老乡开路，后面一个负责观察山体情况。

一边是陡峭而松软的山体，一边是湍急的峡谷，远处不时传来滚石的"隆隆"声，加上连续不断的余震相伴，进山搜救的艰难程度远远超出了队员的心理准备。

三公里的"路"，原先只需要 40 多分钟，可现在却用了两个半小时。医疗队员的到来，让困在山中的伤员看到了生的希望。

一看到医生，村民们立即带着队员分别去看望 5 名重伤员。由于缺乏医疗条件，所有伤员的伤口都出现了感染，其中有 5 人严重感染。队员们迅速取出清创包，为他们洗去留在伤口上的山泥，进行包扎，并对骨折部位进行固定，为下一步的转运创造条件。

夜色悄悄地降临。医疗队员取出手电筒，对伤员逐个进行会诊。大家一直认为，当地不具备手术条件，只能通过直升机转运伤员。

可是，村里没有现成的供直升机起降的空地。于是，医疗队员们与村民一起，在瓦砾中清整地面，终于整理出一片具备直升机起降条件的空地。刘中民通过随身携带的卫星电话与上海医疗队成都总指挥部取得联系，请求直升机增援尽快转运伤员。

披星戴月返回草坡乡时，已是深夜。到此时，大家已是连续两夜没合眼了！

就地取材自制草药汤

23 日，天还没有亮，又一次强烈的余震摇醒了队员，驻地周围的山坡再次发生山体滑坡，飞石滑落，尘土漫天飞扬。

这一天，5 人的医疗队决定再分为 2 组，一组随着当地乡卫生院的院长到草坡乡下属的各个村去巡回医疗，进一步了解地震所造成的伤情和疫情状况；另外一组则是留在乡政府所在地，为灾民看病。

短短的一个上午，就有几十位灾民来就诊，大部分是感冒、咳嗽，可医疗队随身携带的相关药物非常有限。于是，队员们决定就地取材，与灾民一起从山上采金银花、鱼腥草、黄芩、枇杷叶等，煮成草药汤给灾民喝，同时也可以给皮炎患者清洗患处。去各山村巡诊的医生又增加了采药的任务，他们将草药实物交给村卫生室的医生，让他们帮助一起采药，并自制感冒汤剂。

果不出所料，土法上马的感冒汤取得了较好的效果。感冒、腹泻的病人不但没有明显增加，而且还比头几天略少了些。

23 日下午，传来消息说，足湾村的 5 名重伤员乘直升机转运去了成都。

最想听的是飞机的轰鸣声

军用直升机成为草坡乡与外界联系的唯一渠道，而对于重伤员来说，这无疑就是空中的生命线。

东方医院、普陀区中心医院等医疗队员深入“孤岛”草坡乡

医疗队员们每天醒来的第一件事，就是看天，期盼着天天放晴，以便让伤员及早得到进一步的治疗。大伙开玩笑地说："以前买房子，就怕头顶上有航线，可眼下最想听的却是飞机的轰鸣声。"

可是，天不遂人愿。24、25日两天刮起了狂风，将滑坡的灰尘吹得漫山遍野，严重影响了直升机的起降，连续两天直升机都无法降落，按计划需转运的重伤员只能在临时帐篷里等待。

尤其让医疗队员们揪心的是一名预产期为6月14日的高危孕妇。12名战士用自制的担架将她抬出较为偏远的山村。山上几乎没有路，飞石冷不丁地会出现，战士们四人一组轮流看护她，医疗队员则一边安慰孕妇，解除她紧张、焦虑的情绪，一边密切观察，做好应急准备。

最后一个被转送的重伤员是一名外乡来的养蜂人，腰椎、双下肢等多处骨折，两河村由于滑坡严重，部队几次进山只能半路折返。而当地山民也只能在每天早晨6～9点才有可能逃出来。然而，面对这样一个外乡人，当地20多个村民没有放弃，硬是花了一个上午搬运下来。

26日起，直升机终于可以降落了。医疗队已成功搜救24个伤员，其中7人是重伤员，将31个伤员分6架次成功转运，并为600多名灾民进行了多种疾病的诊治。

一天吃两顿稀饭

每天都有感动的故事发生。

一天晚上，处置好病人后，医疗队的队员们和来自山西武警总队的指战员们聊天，得知部队因为缺粮，战士们在抢险的战斗中，每天只吃三餐稀粥，为了把更多粮食留给灾民，他们从不开口向乡政府借粮。而这些粮食是地震第二天他们从汶川冒着生命危险扛进来的。

当时，114个战士每人背了40公斤大米在余震中不顾泥石流和滑坡的危险，在飞石中脚蹬手爬，挖开一条血路挺进草坡乡。到达山顶已是半夜时分，此时大雨滂沱，为了躲避泥石流，战士们只能露宿山顶。为了不让大雨把大米淋湿，战士把雨衣盖在大米上，而自己倒头就睡在风雨中。可雨实在太大了，为了保护战士们，随队的干部想叫醒他们，转移到较高的位置，但战士们实在太累了，怎么也叫不醒……第二天早晨，战士们把这些用生命代价换来的大米送到灾区群众的手中……

如今，当乡党委听到军队缺粮，又马上发动大家把粮省出来给解放军。灾民们说："解放军是来救我们的，你们倒下了，谁来救我们？"失去了亲人的灾民们，把解放军视作自己的亲人。

每天在医疗队驻地周围都可以看到一群孩童，大的八九岁，小的只有五六岁，他们学校都塌了，没地方读书，但是他们却自觉地拿着扫帚不停地打扫周边的环境。

这里几个养鸡养鸭的村民分别饲养上万只鸡鸭，他们一直在计划着把这些鸡鸭捐给政府，乡里也考虑了这些人员今后的生存自救，一直没有同意。他们仍然不停提出捐赠的要求，最终乡政府同意把这些鸡鸭用于供应各村的灾民及慰劳解放军战士。

在医疗队的驻地旁边有一个大家庭，住着10个兄弟姐妹和他们的母亲和孩子，本来生活压力很大，仍然免费给队员们送热水，用自己的发电机给医疗队供电。

有一个老人家里种植100多棵樱桃树，本来这时应该是樱桃成熟上市的季节，看到医疗队员每天下村为灾民看病，一天只吃两顿稀饭，硬是送来一篮樱桃，说是要让大家改善生活。

而医疗队队员们在给养非常紧张的情况下，总是毫不犹豫把自己有限的干粮、饮水分送给伤员、病员、儿童和共同战斗的海南省防疫队员。当指挥部调来两架直升机为医疗队专门送来药品、给养时，他们只把救命治病的药品带回了驻地，所有的干粮、食品、瓶装水、帐篷全部留给了乡政府……

医疗队员们在草坡乡的治疗日子里，与当地的村民们建立了深厚的感情。

听说第一批医疗队员要换防，一位村干部冒着滑坡的危险，上山采来樱桃；一位老农煮了一篮子鸡蛋；一位教师送来了家里的腊肉……

队员们自然没办法带走这些特殊的礼物，队长刘中民代表队员向乡民们承诺：草坡乡重建时，一定会帮你们建起一座比原来更好的医院。“我们还会来做志愿者，为你们治疗！”

五、转战震区

中山儿科联合医疗队纪实

在四川地震重灾区，有这样一支上海医疗队。从成都市、邛崃县、德阳市、绵竹市、安县到汶川县震中的三江乡、耿达乡和草坡乡，队员们转战于各个重灾区，分分秒秒都经历着“生死时速”，直面灾难，直面苦痛，用自己的仁心精术抢救伤员。这就是复旦大学附属中山医院、儿科医院联合医疗队。5月14日起，他们的白衣和背影奔波在灾区的各个角落。

这支突击医疗队镶嵌着25个名字，每个名字背后都有一段段爱的故事。由上海医疗队“最牛”人的中山医院党委副书记、普外科教授牛伟新领衔。刚披上婚纱、筹措喜宴的中山麻醉科费敏医生乐观地说，经过抗震救灾的洗礼，我将成为最美丽的新娘。留美学成归国的骨科陈增淦医师，来不及送奶奶最后一程，连夜打点行囊，让个人的情感服膺于祖国的召唤。儿科护士周莉军把即将中考的儿子留在家中，毅然启程……他们给灾区人民送上25个人的守护，也带去全院以及上海医务工作者对灾区人民的深情厚谊。

5月14日，医疗队来到成都，马不停蹄地奔赴华西医院，开展救治工作。小学生李小兰被判了截肢“极刑”，小儿骨科马巍医生凭着多年临床经验，和队员一起清理创伤，打开女孩的右腿筋膜，释放更多腔隙内的压力，让女儿能继续用双腿亲近脚下的这片土地。

5月17日，他们满怀焦急之情，一路飞驰，赶到受灾严重的安县茶坪乡晓坝镇。山路被泥石流吞没，无从前进。从茶坪乡走出的灾民在这里聚集，成片的救灾帐篷随处可见，亟待救援的群众满目皆是，压抑的氛围让他们喘不过气来。

来不及安慰，来不及流泪，他们赶紧搭起帐篷，建起临时工作站。医疗队每天要诊治200多名伤患。尽管白天精力消耗殆尽，然而，夜晚只要有患者求医，他们就立刻钻出帐篷，依偎着手电筒的灯光，治疗患者。

只要有百分之一的希望，他们就会尽百分之百的努力。在晓坝镇，有一位在瓦砾中埋了五天五夜的女性伤者。依靠队中多科医师的优势，他们紧急处理了骨盆骨折及休克的症状，伤者平稳地度过了危险期。中山医院隗祎医师凭着职业敏感，发现一位七岁男孩身上皮肤布满了密集风团，是血清病性药疹。不及时诊断处理，甚至会发生过敏性休克等严重后果。

当医疗队从生还的灾民口中得知，还有四五十名受伤严重的患者在山中无法走出、急需救治时，领队牛伟新教授不顾随时会发生泥石流的危险，不惜自己五十岁的身躯，义无反顾地背起行囊，带领中山医院的范虹、徐志兵、钟鸣和儿科医院的刘江斌组成小分队向山中进发。山体滑坡，蜀道难行，队员们手脚并用，连爬带走，而牛伟新教授一直冲在队伍的最前面……行至山脚，路遇一位虚脱的老太太，牛伟新教授二话没说，背起老太太向山脚下的医疗救助站跑去。老人的生命在一条温暖的脊梁上得到延续。

中山儿科联合医疗队队长牛伟新背着虚脱的老太在山路上飞奔

5 月 21 日，上海医疗队接到紧急任务。中山医院、儿科医院联合医疗队立即向总指挥部请战，暂时分成三支医疗队，一支前往离震中最近的汶川草坡乡，一支前往汶川耿达乡，另一支到达汶川三江乡。5 月 14 日前，他们还仅仅是同事，而现在他们成了战友、成了没有血缘关系的亲人。他们一起面对生与死的考验，并肩战斗，同心向前。出发了！分别时，他们语重难言，彼此望一望熟悉的身影，给一个热烈的拥抱，轻轻道一声："珍重"。且行且珍惜，他们从未停止向前。

汶川三江乡，山路崎岖，余震不断，与外界联系非常困难。医疗小分队坚持每天翻山越岭、挨村挨户地巡医接诊。在草坪村巡诊时，队员发现79岁的村民郑绍云患有消化道溃疡出血伴穿孔，已经中度昏迷。医疗队与当地村民紧急扎了一个滑竿，抬着老人走了三个小时的山路，将老人送上了开往成都医院的救护车。而此时，医疗队队员们已经弹尽粮绝，谁也不知道，下一顿晚饭会在哪里。

汶川草坡乡是地震后名副其实的"孤岛"，中山医院医疗队队员朱国红"漂泊"于此。虽然是上海医疗小分队到达这里的唯一的女性，明知去各个村巡医就得翻山越岭，沿路还有不时从山间滚落的岩石和频发的余震，但她每天争着去巡医送药。每天吃两顿干粮，她依然斗志高昂。她说，"我在这很好，真的，比起这里受灾的同胞，我们吃的苦，根本不算什么。"

在汶川耿达乡，牛伟新队长每天带领大家徒步走十公里巡诊，谁也没说过半个"累"字。在队员们心里，最兴奋的事情就是牛队长又联系到一批药物。这样，他们就可以继续巡诊，把药品尽快送到灾民手中。

在汶川三江乡，队员们在巡诊时遇到一位卖鸡蛋的人。每天只吃两顿干粮的队员们异常兴奋。他们掏光口袋里所有的钱，买下一篮的鸡蛋，准备改善伙食。可是回到驻地看到周围孩子们渴望的眼神，他们把煮熟的鸡蛋一个个分发给大家，谁也没舍得吃一口。

每一次发现病情就是一次内心的呼唤、一次使命的催促。5月22日，牛伟新队长带领小分队空降至耿达乡后，闻得老鸦村急待救援。老鸦村山高路远，地震后交通完全中断，没有公路，就连山上的小路也被泥石流吞没。翻山越岭，开山辟路，队员们拄着竹竿，冒着随时都有摔下山的危险，向村庄挺进。

途中，遇见正在山脚下准备打通山路的解放军，得知他们要翻山进村，惊讶地说："这是没有人去过的山村，等我们打开一条路后，和我们一起去吧！"他们笑笑说："你们解放军每次都冲在最前面，这次该让我们冲在前了！"

说完又继续艰难地攀登了四个多小时，翻过两千多米的高山，来到了老鸦村，挨家挨户走访了几十户人家，上至90岁老人下至刚出生的婴儿，为几十名患者解除了病痛，村民们热泪盈眶。在耿达乡，队员们每天踩着颤抖的泥土，冒着头顶飞过的石块，巡医各个重灾村。在那里，连日暴雨，无法空降，断电，缺水，少粮，队员们每天以两顿干粮充饥，很多天，医院和家属都没有队员们的任何消息。原来他们把仅有的一部海事卫星手机用作救命手机，联系伤员救治时才用。

半个多月里，队员们围着汶川转战了大半圈，最后大多集中在汶川震中的三江乡、耿达乡和草坡乡，不离不弃，他们始终坚守着灾区的土地和人民，坚守着职业的准则和控制住个人的情感。即便危险迫近，队员们的心和灾区人民的心紧紧地连在一起。困难和险阻没有阻碍队员们行医的脚步。挑战始终存在，因为希望始终存在。

一朵自家种的栀子花送到了女队员张咏梅的手上。纯白的礼物传递着灾区同胞对医疗队员的感激与感动。馥郁芬芳、平淡坚强,一朵小花寄托着灾区人民对生活的热爱,对他人的关怀,灾难和疾病没有压垮灾区的人民,这种坚强也支撑着队员们继续向前。

5月19日,全国哀悼日,医疗队召开第一次临时党支部会议。此时,医疗队员再次共同许诺,救治更多的伤者,就是对患难同胞最好的告慰。白衣天使的神圣职责,写在医疗队的脚下,手中,心里。他们的名字,上海医疗队,在震区,在后方,在每个人心里,闪耀着职业的光辉,飞扬着情感的回响。

"巴山蜀水凄凉地,二十三年弃置身。"空前的灾难让物阜民丰的川中成了"凄凉地",但在今天的灾区,弃置的只有垮塌的断壁,飞扬的尘土。在这茫茫废墟之上,挺立起的,却是中华民族的脊梁。这道脊梁上有许多名字,其中的一个,会被灾区人民牢记,被上海人民牢记,被所有热爱生命的人牢记——上海医疗队。

新华九院联合医疗队纪实

5月12日晚11:45分,上海新华医院、九院分别接到市卫生局立即组建医疗队支援地震灾区的紧急命令。接到任务后,两个医院全面进入了抗震救灾的应急状态。两个院的领导同时想到医疗队员的标准是:年富力强、政治觉悟高、技术水平过硬。

午夜待命,十万火急。所有医疗队员马上投入紧张的准备工作中,他们都有这样的认识:救死扶伤是医务人员的神圣使命,是天职,危难时刻,我们更要挺身而出。

九院骨科副主任医师张峻的岳母身患胃癌、麻醉科主治医师林宇的父亲重病在床,然而他们义无反顾参加了医疗队,随时准备待命出发。俞红的儿子马上面临高考,但是面对灾区人民的需要,她二话不说,义无反顾打点行装,儿子也很懂事的表示一定会让妈妈放心,为妈妈能够参加地震灾区救援工作而自豪。祁亮是家中的独子,只有23岁,但他已是一名精通血透技术的男护士,他为能如愿以偿的参加汶川震区医疗救援工作而感到光荣。新华手术室的一位护士报名参加医疗队后,正好丈夫出差在外,她把孩子托给了年迈的老人;还有一位医疗队员平时一直和奶奶住一起,老人的生活起居全靠她这个孙女……使命是光荣的,离别是难舍的。

5月14日出发的上海市第一批六支医疗队中,其他4支医疗队一开始分别到达各大医院,新华九院联合医疗队由成都市卫生局抢险指挥部负责联系。14日晚上7点,这支医疗队就到达凤凰山机场,一直等到12点还没有得到起飞的命令,只好暂回驻地休整。队员们在军用机场从清晨等候到晚间,看着一架架飞机装载着物资、通信设备起飞,他们心里特别着急,不断打探着前方的消息,恨不能插上翅膀飞到救灾前线。

第二天,医疗队员4点半起床,5点再次前往凤凰山军用机场。尽管大家只睡了两三个小时,可大家仍旧保持高昂的斗志,急切地想赶往重灾区。但是由于当地复杂的天气和地形,一直等到七、八点也没能成行。与当地卫生局不断联系都毫无结果,医疗队员晚上八点第二次回到驻地,由于迫切地想尽快奔赴灾区一线,当时他们甚至准备自己驾车前往汶川,上级领导要求坚决服从当地安排。

这天是新华医院医疗队员、手术室护士黄萍的生日。医疗队员决定在奔赴前线之前，给黄萍举行一个生日聚会。在驻地附近的店里订了个生日蛋糕，因为第二天出发时间提前了，没有拿到蛋糕，大家只能用一个面包来代替蛋糕表达美好祝愿。而此时，远在后方的新华医院，手术室护士长已经为黄萍订好了生日蛋糕，下班后带着护士姐妹们到她的家里，为她举办一个特殊的生日聚会，护士长通过电话转达对黄萍的生日祝福。

5 月 16 日下午，医疗队在凤凰山军用机场成立了临时党支部，同时，新华医院有三名医护人员递交了入党申请书，他们在救灾的困难时刻，表明了和全国人民一道誓死打赢抗震救灾这场硬仗的决心。

5 月 17 日晚 5 点左右，这支医疗队终于到达安县晓坝镇医疗救助点，队员们顾不上休息，立即在余震中投入手术和伤员抢救。伤员主要是外伤、骨折方面的病人。急诊的病人每天有 180 人左右。由于供电还未恢复正常，有些抢救手术只能在微弱的手电光下进行。手术难度并不大，但是时间越往后移，感染就越厉害。

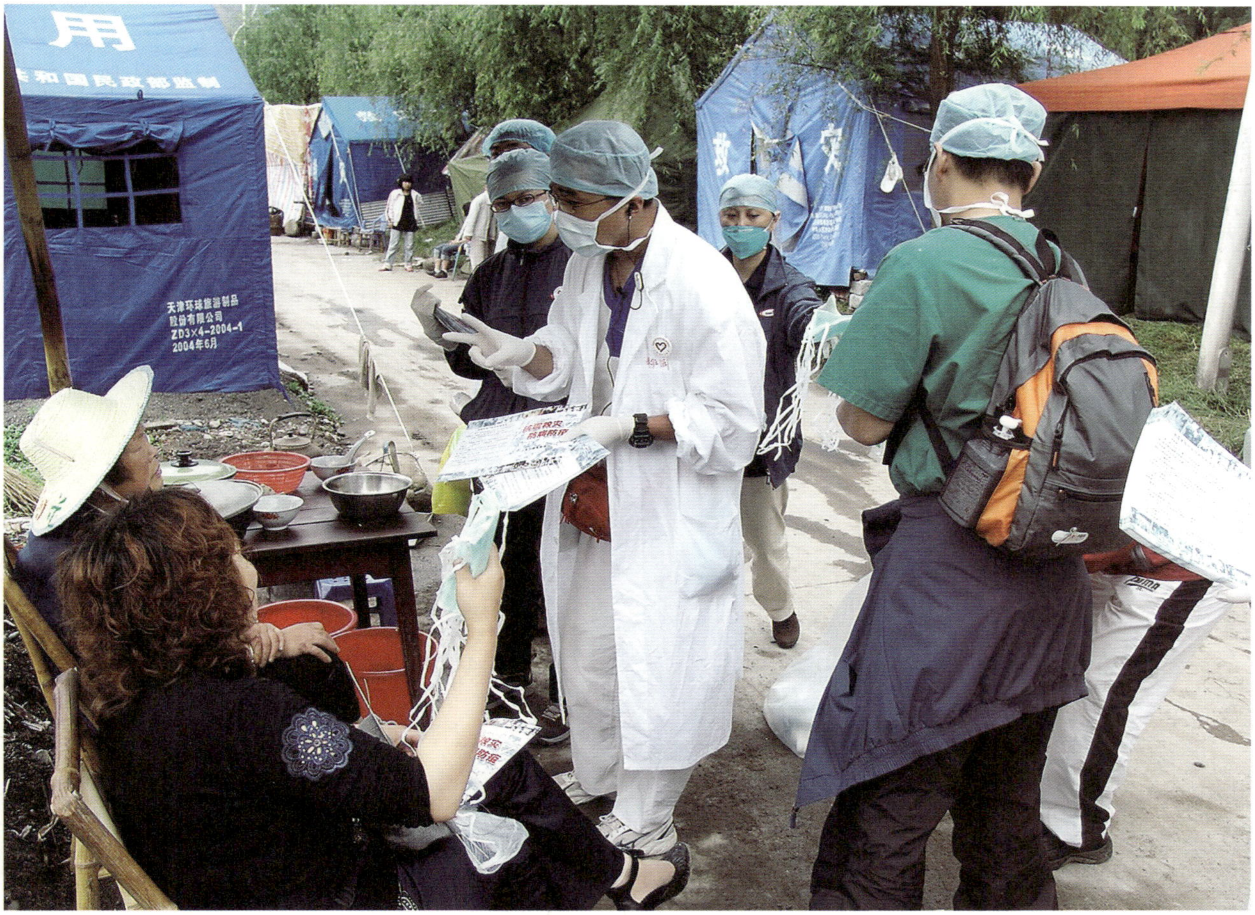

新华九院联合医疗队在安县晓坝镇巡诊

当晚22时左右，忙碌了一整天的普外科医生赵铭宁正坐在救援站旁的矿泉水纸箱上休息。忽然，一个晓坝镇志愿者急匆匆跑来："快，上面有人要急救！"医疗队员顾不上吃饭，纷纷报名，主动请战。那是一条刚刚打通的山路，山体随时可能再次滑坡，轻则堵塞了回程的路，重则遭遇滑坡长眠于山里，一番商量后决定派出新华医院外科医生赵铭宁、九院骨科医生张峻和护士朱勇敢组成急救小组开车前往。

车灯划破黑暗，车子在遍布碎石的路面上剧烈颠簸，还要随时绕开整块滚落的大石。十几分钟后，公路被土路替代，颠簸更厉害了。半个多小时后，他们找到了病人：一个老婆婆坐在一块石头上，头上缠着布条，鲜血不断涌出，双眼紧闭，神情委顿。她儿子焦急地说，老人81岁，刚沿山路从茶坪镇疏散出来，地震时就受了伤，现在快撑不住了。车子立即载着老婆婆往回开。借着手电光，急救小组在车厢里进行了紧急处置。

在急救小组出发的同时，医疗队员在九院医疗小分队队长郭智霖医生的带领下，紧急行动，没有医疗帐篷，他们就将住宿帐篷搬空；没电，只能向当地政府求助，商量是否能用临时发电机发电照明，就这样一间简陋但汇集了现场全部资源的"手术室"准备就绪。10点30分，术前准备就绪，11点，病人到达医疗点。

这时，非常闷热的晓坝镇忽然电闪雷鸣，大雨倾盆。狂风将路旁堆积的沙土吹得漫天飞舞，伤员所在的帐篷不停摇晃。帐外的人们有的抓住固定绳，有的紧紧撑住支架，有的飞奔到震塌的废墟上搬来水泥块压住帐篷的四边。没有人注意到，风已把他们的宿营帐篷掀起了一半，随身的背包、睡袋都湿透了。

帐内，虽然照明灯不停摇晃，但训练有素的医务人员全神贯注，清创、缝合，石膏固定，抗生素输液，所有动作都那样稳定、镇静而熟练。会诊结果很快出来，老人头部外伤，活动性出血，左臂桡骨骨折。

每一个医疗队员都有医院作强大的后盾，凡是灾区需要的，医院都会想尽办法提供。小儿外科医生潘伟华作为上海医疗卫生青年志愿者医疗队队员，5月17日在重灾区绵竹市迅速投入紧张的灾后救援工作，他在安置点看到很多灾民身上被虫咬，患上接触性皮炎，急需相关的药品，马上向院部告急，院领导马上通知药剂科负责人根据药单，从门急诊药房调集灾区所需药品，不够的部分，打开药库配给。特别是得知医院自配的小儿退烧、抗过敏药和治疗皮肤病的湿疹二号、五号，在灾区作用特别大，马上调集全部力量，在短短的三个小时里，总共18箱价值2万多元的药物调配到位，并送达浦东机场，当天晚上十点多钟，远在绵竹的潘伟华已经将药品发到了灾民的手中。

新华医院肾脏内科血液透析中心护士长、医疗队员吴谷奋，作为灾区急需的血液透析医务人员，在绵阳404医院工作。由于余震不断，血透室所在的13层高的医疗大楼，除一楼有部分急诊外，整幢大楼的医护人员和伤员全部撤离到广场上的帐篷里，因为血透对水、电、管道的特殊要求，透析机无法搬移到广场的帐篷内使用，由于地震，很多原来肾衰竭的维持性血透患者，已多日无法按时血透，再加上挤压伤造成的肾衰竭伤员，血透机十分紧张，吴谷奋和她的同伴们，在大的余震警报没有解除的情况下，不仅没有停止工作，还加大了工作量，一天做三批病人。

5 月 25 日下午，发生了 6.4 级的余震，与吴谷奋在电话连线时说，她仍在高楼里，她说："进行血液透析的设备需要净化水，病人不可能搬运！""病人不走，我们也坚决不走！"

绵阳市儿童福利院最近又收到一批各处转来的地震幸存儿童和婴儿，其中有多个是残疾和有病的，急需诊疗。得知这个消息，正在安县乡镇从事医疗救援的新华医院医疗队的 4 位专家，5 月 26 日下午来到绵阳市儿童福利院，为这些孩子诊断。

一看到胡一，大家的心都揪起来了。滚圆的小脸，乌黑的眼睛，嫩藕似的胳膊，出生才 20 多天的一个男婴，十分惹人喜爱。可解开包着他的毯子一看，两只小腿向内弯曲，脚背翻转，畸形的样子令人心疼。儿内科副主任朱晓东和成人骨科副主任医师崔一民作出判断："马蹄内翻足"。这种病如不及时治疗，将来只能用脚背走路。这时，护理员又抱来一个女婴胡霞，大约 2 个月，同样是小脚向内翻转，崔医生摸了一下，发现她的症状比胡一还要严重，右膝畸形，髋骨也可能有问题。

福利院工作人员介绍说，这两个婴儿是地震发生后，被人发现送到民政部门的，家庭情况一无所知。两人的名字也是工作人员起的。经过十来天的精心护理，两个宝宝脸色红润。几位医生判断，像胡一这样的马蹄内翻足，最新技术可以不开刀，采取专门的固定、纠正技术，再换支架矫正一年，就可康复。胡霞的情况更为复杂，要进一步检查才能决定治疗方案。经历了巨大灾难，父母也不知道在哪里，两个幼小的生命令人同情。医疗队当即决定，等全队回沪时，把两个宝宝一同带上，请专家医治。

5 月 22 日下午 4 时半，一个来自安县卫生局局长的求援电话，成了医疗队的又一个出发指令。大震后整整 10 天，安县雎水镇至今没有一支医疗队进入，当地有大批的伤病灾民急等救治。灾情就是命令，时间就是生命！医疗队队长吴皓紧急下令，所有队员在 5 分钟之内紧急集合，携带各种急救所需的药品和器械，立即驱车前往安县雎水镇卫生院。

雎水到处都是断壁残垣，破损房屋。经过一个小时艰难跋涉，医疗队员见到了前来迎接的当地卫生院杨昌敏院长，在吴皓队长的指挥下，分成两个急救小组，一组到三个灾民救助点排摸情况，另一组则留在镇卫生院的临时帐篷内对重症伤员给予救治。三个灾民救助点聚集着近 5000 名受灾群众，帐篷一个紧挨着一个，1000 多个人只有一个取水的龙头。现场到处弥漫着刺鼻的消毒药气味、垃圾的腐臭气味。但是医疗队没有一个退却。

灾情是严峻的：每天从大河的上游漂流下许多尸体，已有超过 100 具漂流下的尸体被发现，所有的灾民只能饮用政府提供的纯净水；除了当地灾民，雎水镇还集中了邻近两个乡的灾民。

在镇卫生院内聚集着大批尚未得到医疗救助的灾民，他们的眼神痛苦、迷茫、无助，破碎的衣服下面是已经化脓的、散发着阵阵恶臭的伤口。骨科的崔一民主任、欧敬民主任立即取出携带的各种消毒用品和器械，为伤员清洗创面、包扎伤口；来自外科和手麻科的黄帅、黄萍护士熟练地配合救治。

他们顾不上擦去脸上混杂着灰尘的汗水，此时此刻病人是第一位！来自其他各个临床科室的医生也都在为灾民们提供着各种医疗服务，帮助他们消除病痛，指导他们如何用药、如何防治传染病。

当地卫生院医疗用帐篷非常紧缺，病人和当地医护人员都在简易的自制帐篷下工作和休息，面对这样的情况，吴皓队长婉言谢绝了杨昌敏院长送来的为医疗队提供工作和休息的帐篷，主动提出在雎水镇卫生院设立医疗小分队，每天派医护人员前来提供医疗服务。

强度较大的余震预报不时传来，队员们根本找不到安全的地方，好不容易找到一个比较偏僻的角落，突然又天降大雨，人多车小，没有多余的地方休息。为了能继续工作，大家晚上就分批在车上和车下轮胎之间睡觉……

有一次，队长吴皓正带领着部分队员驱车前往金花村的山路上，突然间，地动山摇，山上的大石头不断滚落，路面变得更加高低不平，可大家却始终向前，一心只想着为大山里的金花村村民送医送药。赶到目的地后，他们没有丝毫的停顿，立即开展了医疗救治和防疫工作，为200多腹泻患者提供治疗，还传播防疫知识，将带来的药品分发给村民们。

5月23日，已进入震后第11天，安县晓坝仍聚集8000余名灾民。当地卫生院已倒塌，无法进行正常工作。上海医疗队担负起当地的医疗卫生工作。由于帐篷拥挤，伤员较多、环境较差，没有基本的卫生条件，严重地影响了救护的效果，也不利于医疗资源的整合。队长吴皓考察周围地形后，带领欧敬民、朱晓东和王雪峰等队员，勘察重建医院的位置，他们将这个想法与安县晓坝镇的邓书记进行了沟通。目前，重建医院的相关工作正在积极进行中……

这支上海医疗队自5月17日开始救治伤员以来，已经治疗伤病员千人，手术近百例人，其中重病人有51人。迄今，新华医院共组织了5批19名医疗队员，九院组织了3批10名医疗队员奔赴四川抗震救灾一线。

市一医院医疗队纪实

飞机着陆成都，目睹从全国各地赶来的救援队伍，齐聚巴蜀大地，从灾区抢运出来的伤员挤满了成都市的各大医院。由上海市第一人民医院组成的医疗队立即提出进入抗震第一线的请求，队长许迅向四川省中医药管理局汇报了医疗队的请战决心和信心。5月15日清早，医疗队奔赴绵阳市，支援绵阳市中医院的救灾工作。

地震令绵阳市中医院的病房大楼墙体出现了许多裂纹，楼外十几顶临时帐篷里住满了灾区伤员，急救车不断地送来新病人，当地医务人员已经坚守岗位30多个小时。

医疗队一下车，就把行李扔在地上，立即分成两组。一组由麻醉科医生和手术室护士组成，进入手术室参加手术。另一组由许迅队长带队进入病区，全面展开对伤员的诊治。当天下午，共完成大小7台手术，检查治疗50余名伤员。其中有两名骨室筋膜综合病的伤员，如不进行手术，就将面临截肢的危险，骨科医生陶杰和王建东当机立断决定手术，脑外科、胸外科和普外科医生齐齐上阵当助手。

医院当地医生得知有上海专家到来时，就送来一名受伤的十五岁男孩，请求帮助。这是一名初三的学生，在大地震中失去了父亲，母亲也受了伤。垮塌的砖墙压断了他的左腿，大量肌肉挫伤坏死，出现了挤压伤综合征、肝功能衰竭、肾功能衰竭，左腿肿得像腰那么粗，孩子正挣扎在生死边缘。他的母亲对我们说："救救我的娃娃，我们家什么都垮了，他爸爸也没了，你们上海的专家一定要救救我的娃娃，他才十五岁啊。"

在场的女队员们都跟着落下了眼泪，轻轻扶起了这位母亲，对她说："你放心，我们会尽全力，不惜一切代价救你的孩子，如果需要，我们还会从上海调集专家和药物，我们保证让你的孩子得到最好的治疗"。

让队员们感动的是，这位灾区的孩子格外坚强。在巨大的疼痛下，这个孩子从来没有叫过一声。有一次，他轻轻地问起："医生，我的腿是不是要锯掉啊？我不能没有腿啊，等我伤好了，我还要出去打工挣钱，帮妈妈盖房子呀"。望着孩子朴实坚强的脸，医生们紧紧地握着他的两只手，对他说："别怕，小伙子，你是好样的，我们不会让你没有腿的，我们保证你会像男子汉一样站起来的"。

震后，医院为病人只提供简单饭菜，可孩子需要补充优质蛋白，大家拿出带来的牛奶、省下的煮鸡蛋给孩子吃。陶杰医生还去电上海，呼吁捐助人体白蛋白给孩子治疗。十几天的努力奇迹出现了，孩子的肝功能和肾功能指标接近正常，左腿肿胀也消退了，伤口长出新鲜的肉芽，孩子脸上露出了久违的笑容。看到这个孩子抢救成功，大家十分高兴。"一定要为劫后余生的人保住腿，对他们而言，这是今后生活的一种希望，灾区重建和振兴的希望。"

凭着这样的信念，上海医疗救援队市一分队队员们在绵阳的 3 天工作中，没有实施一次截肢手术，为灾区伤员保住了 200 多条腿，300 多名患者得到了医治。

第二次请战是进驻灾民中心。当得知绵阳市九州体育馆设置了一个灾民中心，接收来自北川 3 万多名灾民，条件十分艰苦，需要医务人员进驻。许迅队长立即请求指挥部同意医疗队派驻部分队员进入体育馆，设置医疗点。当地医生说，那里卫生条件差，工作量很大，上海医生会不习惯。大家马上表示："灾区的需要就是对我们的命令。任何危险艰苦的地方，需要我们，就要上。怕死就不来救灾了，怕脏怕累就不做医生了。"

这个体育馆原本只能容纳几千人。地震后，馆内外打满地铺搭满帐篷，许多轻伤员被安置在这里。当医疗队树起队旗时，灾民们格外高兴。体育馆工作量是巨大的，白天工作十几个小时，每天至少治疗 400 多个病人。医生们不分专业、不分职称，从换药、测血压到打针发药，只要能做的，每个人都做。饿了就泡一包方便面充饥，累了就坐到帐篷角里喘口气。

在巡诊过程中，他们发现了两位百岁老人。两位寿星都是被家人和邻居从倒塌的房子里救出来的，受了点伤。当第一次看到她们时，那苍老的脸庞上满是哀伤的表情，目光显得那么无助。历经百年，本该颐享天年却遭此劫难。上海医生对她们格外重视。每天专门派人敷药、换伤口并叮嘱吃药。还特别关照一些志愿者照顾好老人的饮食。老人对他们只说过一句话，那就是：谢谢。

尽管地震灾难是那么惨烈，可是大部分人都非常坚强，看不到悲伤，更没有无助的感觉。灾民中心还有帐篷学校。开学那天，医疗队队员去看望他们，学校设施十分简陋，没有课桌，没有课本，也没有文具。老师说，孩子亲眼看见同学遇难过程，他们中绝大多数已成孤儿。他们获救后都沉默寡言，幼小的心灵遭受了巨大的创伤。第一节课上，老师教孩子唱两首歌，一首是《生死不离》，另一首是《爱的奉献》。站在教室边，看着这些天真而可怜的孩子，听着他们动情的歌声，"生死不离，生死不离……"歌声中饱含他们对亲人的思念。

目睹这一切，医疗队员们倡议捐款，为这些孩子添置一些文具和课本。在极短的时间内，大家筹集了5500元交给了学校老师。许多队员表示要保持联系，长期资助这些孩子的生活和学习。

第三次请战是到北川救灾。经过解放军战士的英勇努力，从绵阳市去北川县城的道路打通后，大量幸存者和伤员需要转运出来，绵阳中医院承担了艰巨的任务。由于当时余震不断，路上极其危险，医院领导不同意医疗队参加救护，还是那句话"怕死就不来救灾了"。

队员们一致表示：有危险，我们也不能退缩，坚决要求参加救护任务，经过争取指挥部同意了。这一路充满了危险和艰辛，打通的道路只能容纳一辆车通行。路的一边是碎裂的山体，不断有碎石滚落，敲打着车厢，另一边是很深的山沟，路上还不时有塌方下来的重达数吨的巨石挡道。而北川县城内破坏严重，遇难人员众多，加上天气炎热，空气里已经充满了浓重的尸臭味，虽然大家身着厚厚隔离服，戴上两层口罩，仍止不住打恶心。

看到县城里遍地的废墟和垮塌的楼房，队员们更坚定了坚持到底，与灾区人民同生死共命运的决心。

有一次，队员们送一个虚脱休克的病人，半路上病人出现了神志不清，躁狂不安症状。大家担心病人在摇晃颠簸的车上受伤，一面跪在担架边上固定住病人，一面紧急为病人打针输液。一百多公里的山路，队员们就这么一路跪到医院。病人安全抵达，他们却累得直不了身。

从成都到绵阳，从绵阳到北川，哪里需要，哪里就是市一医疗队工作的地方；哪里有需要救治的灾民，哪里就有他们的身影出现。

六、灾后防大疫

临危受命应急预案急启动

5月12日14:28，汶川8.0级地震！

下午，上海市疾病预防控制中心在接到灾情突发消息的第一时间，中心应急办迅即筹划防疫队的人员安排方案，同时决定由中心主任吴凡、中心党委书记傅申分别担任总指挥、副总指挥；立即启动公共卫生应急预案,筹备抗震救灾急需物资。

5 月 13 日 8:30,中心副主任袁政安召集各科室领导进行紧急动员。15:00,抗震救灾应急方案草拟完成,并完成中心救灾防病前线组第 1、2 梯队组建工作。

灾情就是命令,时间就是生命。与“死神”展开赛跑,上海市防疫系统,打响了一场惊心动魄的抗灾防疫指挥战。

14 日 8:30,接市卫生局紧急通知,在 1 小时内派出 6 名卫生防疫专业技术人员赶往虹桥机场,仅用 20 分钟时间,配置所有队员所需物资。9:40,6 名卫生防疫队员混编入 6 支上海市抗震救灾医疗卫生救援队飞赴四川,开展医疗卫生救援工作。

所有的救援准备工作都是以小时、乃至于分钟来计算的,每一个疾控人心里都清楚,我们在与死神和病魔展开着一场争分夺秒的战斗。抗灾防疫队伍早一分钟进入前线,就可能将疾病疫情的风险控制到最低。

14 日下午,中心继续对编入救灾卫生防疫救援队的人员进行强化业务培训。确定了接受卫生部委派的援川救灾防疫队队员,其中包括卢伟、朱仁义、朱江、肖文佳等公共卫生专业人员和技术骨干,其他人员分别是来自浦东新区、黄浦区、卢湾区、闸北区和宝山区疾控中心,这些队员分别从事流行病学、传染病防治、消毒、病媒生物防治、食品和饮水卫生、环境卫生等专业工作。多学科多专业的专家,为保障灾区防疫工作的顺利进行,奠定了坚实的基础。

下午 2 点 30 分,中心紧急召集队员召开动员会,同时,中心后勤、财务等部门向队员们发放了工作服、帐篷、食品、药品和饮用水等个人生活和防护物资,配齐了《援川抗震救灾卫生防疫现场工作手册》、饮水和环境消毒药械、除害药械等工作物资。

15 日凌晨 5 点,受卫生部委派,全国首家省级赴川救灾防疫队全体队员整装前往浦东国际机场,乘 8 点 25 分飞机飞赴成都。上海市疾控防系统的千里援川大行动,就此拉开了帷幕。

地震发生后,上海市疾控系统全体人员与时间赛跑,争分夺秒为保障生命安全提供良好的环境条件,为保护生命筑起坚强的保障。速度背后是精神。从快速反应成立应急指挥部,到迅速组织防疫队伍;从马不停蹄装运救灾物资,到日夜兼程奔赴救灾一线,在这令人惊叹的速度背后,是疾控系统工作人员急灾区人民之所急、帮灾区人民之所需、想灾区人民之所想的工作理念,是甘愿为灾区群众的生命安全贡献一切的责任心,是凝聚力量和鼓舞斗志的精神支柱,更是激励全体疾控人员奋发进取的强大精神力量!

当第一批 6 名抗震救灾防疫小分队赶赴灾区后,为了确保由卫生部委派的上海援川抗震救灾防疫队能够随时起程,当天,后勤科仅用四个小时就将防疫队必需的 4 吨物品准备齐全。

科长居建华、副科长殷泽敏都抱病工作,带领同志们加班加点,他们在第一线指挥,从物资的组织、包装、标识、装车、发放,每个环节都严格把关。在他们带领下,赵琴等同志克服孩子小、家务重的困难，每天工作到很晚。几天来，有些同志经常刚到家，又接到紧急电话，义无反顾地立即返回岗位继续投入工作，有的同志因过度劳累导致腰部扭伤。

技工班班长王可人，不久前刚做过心脏冠状动脉支架手术，但是，在救灾的当口，他深知时间就是生命，与大家一起搬运装车，直到腰伤复发。连日来，为了保证所有应急人员的加班吃饭，食堂在管理员金顺忠同志的带领下，每天与应急办保持热线联系，保证任何时间段能供应上热饭、热菜，常常工作到半夜。现在，疾控人只有一个心愿，那就是用自己的辛勤与汗水，换回灾区一方平安！

英雄艰难赴前线

“践行每一步，珍惜每一步”是临别前领导的要求，也是队员们的心愿。

15 日 11:20，第 1、2 分队一行 15 人顺利抵达成都双流机场。

此时距地震不足 72 小时，许多重灾区公路、水电、通讯一时难以修复，直升机机降是防疫队最佳选择，但由于大量的救援物资包括医护人员继续运往前方，救援队只得随时待命。心急如焚的卢伟领队一边安抚队员焦灼的情绪，一边与卫生部及四川省卫生厅救灾工作组联系沟通，积极请战。

在卢伟领队的有效协调下，防疫队最终得以从陆路绕行 900 公里直奔汶川。漆黑蜿蜒的盘山公路上，救援车载着队员艰难地行进着，狭窄的道路两旁危机四伏，不断有飞石擦车身呼啸而落，车子犹如在枪林弹雨中前行。沿途，队员们的心里默默地数着：一辆、两辆、三辆……已有 18 辆汽车被山上落下的巨石砸中，车中遇难者令人胆战心惊。当车辆行进在快抵达汶川的一段山路下，突然前方山石不断滚落。生命，此时显得既坚强又脆弱。冲过去，车身一旦被山石砸中，后果将不堪设想；原地等待，灾区救援工作时间就是生命，早一分钟就多一分希望。此时，队员们已将个人生死置之度外，在飞石渐弱的几分钟里，司机加大油门奋力冲了过去……冲过这道死亡之关后，车上瞬间爆发出热烈的掌声。

经过海拔四千多米的崎岖盘山公路，越过山顶积雪的山峰，突破余震不断、山体仍在滑坡、塌方的区域，经过两天一夜的昼夜兼程，上海市疾控防疫队成为第一支到达汶川县的防疫队伍，比同时开拔的所在队伍提前 4 小时之多。

救援队抵达汶川灾区后，大雨持续了两天，随着气温的升高，汶川、绵阳等重灾区的气温已达到 28℃左右。遭到严重破坏的城镇分布各处，防疫战线极长。在这种潮湿闷热的环境下尸体腐烂尤为迅速，产生各种多胺类化合物，空气中到处弥漫着呛人的臭味。此外，各地停电，大型冷冻库或被毁损，或停止工作，造成另一大部分物品腐烂。正在腐烂中的生活垃圾，数量也十分惊人。这一切，都在表明：防疫的工作量极大。防疫队伍抵达灾区后，立即对灾区的水质进行加密监测，发现重灾区的水源可能受到粪便、尸体等来自各个方面的污染，净化水源显得十分迫切。

中心副主任卢伟带领的队伍根据实际情况，分成五个小组（每组 3 人），分别在重灾区汶川的威州镇、七盘沟、棉虒、雁门乡、姜维城进行灾后救援防疫工作，雁门乡地处汶川县东北部，下有 9 个村，散布在方圆144平方公里，约7000人，全部受灾，死亡99人，失踪200人。平均海拔在1000多米的山区。大部分农村的自然组也很分散，有些甚至位于海拔2000千米的山区，并且通往大部分农村的道路都被滑坡、塌方阻断，前往这些农村必须在陡峭崎岖的山间小道至少徒步3到5小时以上，更为严峻的是余震不断，塌方随处都可能发生。

雁门乡月里村是羌族村寨，建在山上，当地震后条件恶劣，交通基本靠走，通信则基本靠吼，原本单程只需徒步1小时可进入月里村，现由于塌方需要爬山3个小时方可抵达。面对艰巨的任务，仅靠救援队15人的力量和器械装备对全乡进行全面的消杀工作和健康教育工作在短时间内根本不可能，并且无法进行长效管理。

怎么办？卢伟领队经过认真思索，一个新的工作思路清晰了：建立村级防疫队伍！建立最基层的防病队伍！尽快建立健全全乡的防疫工作网络，这样将有效地进行后期长效管理机制。此举得到了分管县长及雁门乡乡长的大力支持，防疫队立即在雁门乡建立起培训基地，要求村级医疗点，每个村的自然及灾民聚集点和基层单位都派出1~2名卫生人员参加防疫工作培训。重点培训内容包括饮水卫生、饮食卫生、环境卫生、传染病防治、消杀技能等。

卢伟反复强调，所有队员在工作当中都应贯彻以下这一培养基层卫生干部的思路：(1)发动当地群众，开展防病自救。(2)开展健康教育，提高防病意识。(3)培训乡村医师，提供技术支撑。(4)组建村级队伍，构建减灾系统。还要实施“一问二看三查四处理”的工作方法，提倡“关注重点、关注基层，广泛发动，增强自防”的工作思路。

一问：问吃什么、喝什么、住哪儿、拉什么等。

二看：看环境、看灾情、看厕所等。

三查：调查灾民腹泻（水样便、血便）、发热等。

四处理：消毒、杀虫、除害、管水、管粪、管垃圾等。

培训工作受到了当地政府及卫生工作人员的热烈欢迎，他们感激地说：上海防病队伍给他们带来了最迫切需要的东西。“星星之火，可以燎原”，雁门乡的防疫工作得以全面铺开！建立基层防疫队伍的工作方法在雁门乡最早提出，这一工作方法被大家称为“雁门模式”。

在威州镇地区，防疫人员对4个学校、2个临时医疗点和2个卫生指挥部的5000余名灾民和医务工作人员居住点进行环境消毒、传染病监测和垃圾处置工作。防疫队员突然发现威州中学的粪便目前直排岷江，存在公共卫生隐患，随即向当地政府反映了情况。

当地政府立即着手建立村级防病队伍，提倡震后减灾防病自救。防疫队员们吃苦耐劳的精神和丰富的专业知识得到了当地政府和驻地部队的好评。

一个防疫工作者的24小时

来自上海市闵行区疾控中心的吴敏医生是先期抵达灾区的144名卫生工作者中的普通一员。

他于5月14日8时40分接到紧急通知，要求他在9时30分务必赶到上海虹桥机场与医疗救援队会合。此时的吴敏并不知道，他已光荣地成为上海乃至全国第一批派往灾区第一线的防疫工作者。吴敏于5月14日中午随上海华山医院救援队赶赴成都，随后驻扎在绵阳市安县开展疾控防疫工作。下面记述的是这位防疫工作者在24小时中，琐碎而又不平凡的工作经历：

深夜，经过一天的车马劳顿，吴敏住进了安县中心小学操场上的避震帐篷。城里很静，没有灯光，也没有人声。风吹过断壁残垣间的孔洞，发出凄惨的呜呜声。这一夜，吴敏没有睡好。

早晨6时，吴敏从帐篷里醒来。他惊讶地发现，虽然雨已经停了，帐篷里却有许多积水，空气也显得混浊不堪。经过检查，吴敏发现小学里的38顶帐篷由于搭建仓促，普遍存在排水、通风不畅的问题。他立刻组织当地居民，给帐篷开气窗、挖排水沟。

11时，吴敏发现县城里仅有的几间临时厕所由于缺水，粪便淤积，甚至已经开始发酵，恶臭伴随着黑压压的蝇群，令人作呕。吴敏忍住不适，给厕所里里外外打上消毒药水，组织人手利用暂时不能饮用的井水，定期冲洗厕所。

中午，他感到有必要了解周边乡镇的防疫情况，他说："我不甘心被困在县城里，我一定要了解周边乡镇的情况。"路上，吴敏一行人巧遇北京军区某部的医疗防疫队，他们携带了快速水质检测装备。吴敏喜出望外，在他的带领下，医疗队对当地两口水井和一条主要河流进行了采样。如果能够确认水质安全，将缓解安县仅靠外界运输瓶装水维持饮水的现状。

5月15日18时，回到县卫生局的吴敏得到了一个好消息，40件消毒片剂（每件可净化一吨饮用水）与10吨消毒水已经到位，这大大缓解了安县消毒药品紧张的局面。吴敏估计，这批药品可以支持一周的全县消毒工作，于是，他计划抽调当地防疫力量108人，组成18个防疫小分队深入各乡镇。为了落实此事，吴敏与当地卫生局负责人一直商议到深夜。

次日凌晨1时，吴敏给一直在家中等待消息的爱人发了条短信报平安，便匆匆睡下了。

吴敏后来在回顾这段经历时说："看到这里的一切，我感到很痛苦。正因为如此，如果能为这里做出一点点贡献，我就会很开心。我的工作才刚刚开始，这里非常需要我，我也愿意留在这里。"

疾病预防重于手术刀

"地震之后的72小时内，外科手术救治是受灾民众最迫切的需求；但在72小时之后，疾病控制和预防则将成为灾区医疗工作的重中之重。"跟随防疫队入川的长宁区疾控中心蔡恩茂说，虽然相比拿手术刀的外科医生，疾病控制人员的"医生味"似乎淡了不少，但是他们的重要性一点不小，如果预防得当，不少疾病的扩散就可以防患于未然，从而起到手术刀和X光机无可替代的作用。

随着夏天的到来，四川各地的白天气温可能达30℃，如果没有得到及时处理，遇难者的遗体将开始逐渐腐烂，受伤者的伤口也会感染发炎，从而散发出浓烈的腐臭气味。时间一长，当地的地下水源也将会受污染。而一些灾民在简陋的生活条件下，生活方式往往也不够卫生。特别是饮水卫生更是难以控制卫生问题。蔡恩茂表示，在这种环境下，尸体消毒和环境消毒两大块工作必不可少。

5月21、22日上海市疾病预防控制中心袁政安副主任带领第三、四批共91人，连同18吨消杀药品及器械，从上海空降成都双流国际机场。队员们走出机舱踏上四川土地的那一刻，他们即感到责任的重大，第4分队队长冷培恩同志将随身携带的计步器清零，从零开始记录这神圣的抗震救灾防疫之路。

翌日，两个分队携带大量物资，同样赶到漩口镇会合，60人由袁政安副主任带领奔赴相邻的水磨镇安营。余震不断，山体滑坡，满目疮痍的道路触目惊心，但是却无法阻挡防疫人员执着的脚步。防疫队员在队长负责的的带领下，多路出击，吹响了防疫攻坚战的号角！

三上萝卜寨，艰难困苦在脚下

汶川县雁门乡萝卜寨是羌族的发源地，汶川大地震前是一个风景如画的旅游风景区，保留了最原始的羌族村寨，古朴的民风犹如一个世外桃源耸立在海拔1980米的高山上。

强烈的地震给萝卜寨带来了毁灭性的破坏，90%以上的房屋倒塌，古老的民族文化被付之一炬，特别是上山进村的唯一一条盘山路被巨大的山体塌方隔断多处。村寨里千余人的生活物资只能依靠人力背运长10公里、落差近700米的距离送上村寨。村民们的生活卫生环境、传染病发生情况更是处于无人监控的状况。虽然防疫队员大多来自城市，从来没有山区生活的经历，爬这么高山也是很少有经验，更何况是大地震之后的山路。但是自从防疫队接手整个雁门乡的震后防疫任务后，从卢伟领队、朱仁义队长一直到每一位队员，都一直把萝卜寨的防疫任务时刻放在心上，要绝对保证每个村都能处于有效的工作和监控范围内。

在跑完其他6个村寨后，三位体质好、有登山经验的队员担任首批突击队。他们冒着近三十度的高温和烈日暴晒，尤其是两处非常惊险的塌方路段，山石已经沾满了整条山路，只剩悬崖边被山民踩出仅容一人通过的狭窄小道。脚下一不留神就会掉入万丈深渊。历经3个多小时终于登上萝卜寨，对萝卜寨进行了首次流行病学调查摸底，掌握了村内主要的卫生问题。尤其是了解到震后房屋倒塌、蚊蝇孳生等非常严重，时刻威胁着亲村民的健康，急需大量杀虫药物。

经过队内会议一致讨论，决定由朱仁义队长率领大多数队员背药集体上山，为萝卜寨解决环境卫生问题。两天后，又是一个烈日当空的艳阳天，十二名队员每人除带上基本干粮和饮水外，又背负5公斤以上的防疫药物开始向萝卜寨挺进。十二名队员体力虽然各有差异，但是大家为了萝卜寨村民的生活健康，都咬紧牙关，努力攀登。爬了近5公里后大部队又来到了最危险的两处塌方路段。由于塌方的山石一旦遇到震动很可能再次倾泻下去。这时朱队长一声令下，所有队员毫不犹豫地向前走去。不能直立行走的，几乎用双手双脚同时扒住山石，半爬着通过。经过3个半小时的艰苦行程，全体队员一起成功登上萝卜寨，为村民送去了急需的杀虫药物。

当村民看到防疫队员冒着烈日送药上山，都非常感动，从内心说出了：“上海防疫队是真正为我们做实事的队伍”。

为了掌握防病工作的后续情况，2 天后卢领队和朱队长亲自带队第三次上萝卜寨。卢伟体力虽不及年轻的队员，但仍然依靠坚忍不拔的毅力爬上萝卜寨。除发放杀虫药物外，着重评估前段时间工作的成果，并找出薄弱环节，提出新的整改方案。当地村民对已取得的成绩非常满意，对上海防疫队员感激之情溢于言表。

水磨模式，三步治理保家园

水是生命的源泉，也是疾病滋生的重要媒介，无论是在漩口还是在水磨，都极其重视水源保护工作，比如漩口支队将水源保护升级到突发应急的工作范畴。山泉水是两镇的主要供水来源，由于地震的破坏，以往自净能力强的水源受到了污染，需要消毒维护，才能使用甚至安全食用。人人都需要用水，水源保护不好，不仅村民容易患病，连防疫队员的健康也会受到威胁。

每天天刚蒙蒙亮，总有当值的队员在多数人尚在梦乡之中未及用水之时，上山前往水源地投放用矿泉水瓶罐装的漂白粉，被笑称为“深水炸弹”，可以起到缓释消毒的功能。2 支队伍在各自驻扎的镇寻找水源、维护水源，并指导村民或抗震救灾队伍如何避免水源受粪便或垃圾污染，都是每天的必修课。由于水的重要性和必需性，还常有部队和村干部上门请教如何挖沟开渠布管，防疫队被亲切地称为“灾区水源保护神”。

派赴水磨镇的上海援川抗震救灾防疫队，在领队袁政安副主任带领下，既克服重重困难，跋山涉水开展防疫工作，又对汶川县水磨镇受灾情况、镇和乡村卫生机构现状以及地理特点进行详细调查和了解。通过现场防疫工作和调查，对如何在水磨镇全面落实灾后防疫措施，形成了比较清晰的工作方案。

袁政安副主任在水磨镇抗震救灾指挥部工作会议上，提出了当前灾后防疫的三阶段工作方案：第一阶段由上海援川抗震救灾防疫队负责开展卫生防疫和消毒除害工作，对灾区现场全面实施防疫管理，同时培训当地防疫人员、村民委员会干部和乡村医生；第二阶段帮助镇政府建立当地防疫队伍，指导当地防疫人员、乡村医生和志愿者参与到灾后防疫工作中，共同承担灾后防疫管理；第三阶段是初步建成当地的基层灾后防疫体系，以当地卫生人员为主承担防疫任务，援川抗震救灾防疫队以巡查方式开展技术指导和检查，同时承担部分防疫工作。最终目标是打造一支撤不走的基层防疫队伍，初步构建救灾防疫体系，落实灾后防疫长效管理，实现“大灾之后无大疫”。

这一工作方案得到镇抗震救灾指挥部的高度肯定，被当地政府称为灾后防疫工作一干、二带、三促的“水磨模式”。指挥长在会上当即将建立灾害防疫的“水磨模式”作为任务布置给乡镇卫生院和各村，要求各级领导落实工作责任制。

漩口经验，优化组织效率高

汶川县是阿坝州的南大门，而漩口镇则是汶川县的南大门，面积达 110 平方公里，共有 15 个村 1 个集镇，总人口 18000 余人，多山民，地震死亡近 400 人。迄今聚集各抗震救灾队伍近 3000 人，主要有铁军、武警、边防、军区医疗队及当地救援人员等。上海防疫队伍是目前唯一一支驻扎当地的防疫队伍,到达翌日即承担起漩口全镇2万余人疫情控制的责任。

漩口支队自22日正式开展工作的第一天就接到发现尸体的报告。尸体的处理需要政府、民政、公安和防疫队的共同参与才可以完成。防疫队主要承担消杀任务,需要穿着密不透气的防护服,身背60斤的含药大型喷雾器,往往要走上几公里山路才能到达现场,一干就是6~9个小时。因为现场经常是未见尸体而先闻尸臭和发生苍蝇的聚集,防疫人员必须半小时左右喷洒一次药剂。每次应急队员回驻地时,都是浑身湿透,衣服可以拧出水来,不仅来不及吃午饭,而且体力严重透支,几近虚脱状态。

通过二天的环境适应、摸底调查及工作开展,防疫队员发现漩口镇防疫形势面临着尸体处理事件多发、当地部门间协调机制缺乏、队伍后勤保障困难等问题。为此,漩口支队拟定了三队三组轮班制度和集中下乡抽调机制,积蓄力量保障队伍能够长期作战,并于5月28日完成了包村到户基本覆盖各组的目标。

三队三组轮班制度是在连续2天处理赵家坪采石场和漩口砖瓦厂各一具尸体,2支小分队体力明显透支,以及对于后勤保障难度估计不足,导致供给质量不高的情况下,经全体队员会议讨论拟定的方案。

该制度是从保存队员体力,提高驻地生活质量出发,打破谁擅长谁出动的习惯做法,发挥队员一专多能的潜力,做好持久作战的准备。首先将原有建制的第4~6分队,分别归入突发应急组、常规工作组和后勤保障组,并隔日轮换作业,于夜间交接班务。

突发应急组主要从事尸体现场处理、水源地保护和应急维护等突发事件;常规工作组主要从事全镇村组厂矿(除驻地外)消毒杀虫、健康教育和疫情监测工作;后勤保障组主要从事三餐准备、用水储备和驻地卫生工作;另外特别抽调1人专职负责物资发放管理、信息记录汇总和通讯工作。

三队三组轮班制度自5月24日正式开始实行,实施效果显著,继续完成各项工作的同时,保证了队员们的用餐用水,也提高了队员参与各项工作的积极性,增进了队员之间的熟悉和团结。这种因地制宜、优化组织的做法被大家称为“漩口经验”。

集中下乡抽调机制是为了扩大常规工作的覆盖面,争取早日完成包村到户的目标而采取的方法,将常规组和其他二组中各抽调2名队员组成的7对14人集中下乡,从而增加了工作人员的数量。这也是在后勤保障改进工作初见成效,可以稳定运作的前提下得以开展的。

艰难险阻压不倒

灾区的条件是艰苦的,不仅仅是工作上穿着防护服、身背沉重喷雾器的那种高强度重体力劳动,还有后勤工作中的劈柴担水,其难度和劳动强度亦是不小。土灶野炊烟灰呛人,常熏得当值后勤的队员眼泪直流。

当地的气候条件也难适应,中午和下午酷热难当,一到晚上寒气逼人。队员们休息睡觉的帐篷空间狭小，只有12平方米，却要挤进去4~5个人，还要安放大量行李和饮用水。许多帐篷搭在泥地上，没有床铺，只能用纸箱板来垫底，一下雨就返潮。到了晚上，基本是到僻静无人处露天洗澡。

最吓人的还是每天不断的余震，第二支队在漩口镇的第一夜就在睡梦中经历了2次余震，随后几天几乎天天有余震，大家也逐渐麻痹了，不多去关注。但仍有2次大型余震，队员们依然心有余悸。比如那次里氏6.4级的余震，只见帐篷突然剧烈抖动，队员们有的站立不稳，有的摇摇晃晃，外出的队员有的虽然正在赶山路没有感觉，但突然有碎石从山坡滑下，现在想来着实有些后怕。

由于当地许多路段塌方交通受阻，车辆无法保障，防疫队员们每天都要背着三十多公斤的消毒药械来回走十多个小时的山路。在深入萝卜寨村的途中，唯一一条道路已被滑落的巨石阻挡，所能通过的只有一条一脚宽的石崖，石崖下面就是万丈深渊。途经此处，队员们都会屏住呼吸，脸紧贴着石壁小心翼翼地挪过去。

最初到达的几天里，由于饮食和饮水供应有限，队员们饿了，只能啃一口自带的干粮，渴了，就喝一口矿泉水。每人每顿二两的粮食供应，对于平均年龄仅为35岁的年轻小伙子们明显捉襟见肘。晚上回到驻地，临时帐篷中仍断水断电，半夜里余震不断，经常听到驻地后面的山上有石块滚落。每当领队去指挥部开完会赶回来时，都已是夜里十点多，等到领队平安回来队员们的心才放下。就这样，一场场临时支部会议每天晚上在头顶悬挂着几个手电筒的帐篷里召开，大家都斗志高昂地等待着新任务的部署。由于救援物质紧张，开完会后，劳累了一天的防疫队员们只能6个人挤在一顶帐篷里睡。躺在漆黑的帐篷里，这才想起该给家人发个短信报平安了。

短信中，队员们没有一个敢告诉家人实情，都说"这里非常安全，条件也可以，放心吧！"

从15日上海派出第一支防疫队以来，以上海市、区县两级疾病预防控制中心为主的上海援川抗震救灾队伍一行109人在四川汶川区进行灾后防疫和心理援助工作。仅23日一天，在漩口镇的救灾防疫队就累计消杀12000平方米。大家在身心疲惫的同时，吃饭成了拖累队员精力最大的问题，专业技术人员在完成繁重的防病工作的同时还要为一日三餐着想。但由于防疫工作量大，队员们食量大增，带去的方便面虽说数量不少，但已不能保证足够的能量。

为此到达的第二天，市疾控中心的贾晓东、王文静两位博士在完成指导当地防疫工作的同时，还起早为60位队员烧了早餐，只见一个烧火，一个劈柴，很快一顿可口的早餐完成，大家吃着两位博士煮的早饭，笑称这是平生吃到规格最高的一餐。市疾控中心艾性科庄鸣华副主任说道："吃饭，在灾区是一件极其困难的事情，特别是为了68人的吃饭。清晨，租了老乡的车去采购，蔬菜基本保证，一头猪，几个单位几分钟就瓜分完毕。最后是洗菜做饭整整忙了四个小时，才最终搞定一顿饭，大家回来吃上我做的饭，都说可口呢！"

为了做好前方的后勤保障，同时也是做好驻守的长期打算，疾控中心领导决定增派一支后勤保障队伍参与防疫队工作。24日由市疾控中心两位驾驶员组成的一辆后勤保障车紧急开赴防疫队驻地，车上装载了队员急需的食品和工作服装。一支由三位厨师、一位采购人员组成的后勤队伍随即也启程赶赴灾区防疫队驻地，他们将与队员会合，为参加灾区抗震救灾的防疫队员送上可口饭菜。

自愿奔赴四川地震灾区的上海市防疫救援队中，彭鹏和龚杨明两位同志，亲身体会了许多共产党员吃苦在前、顽强作战的精神，深切体会到了党与人民的血脉相连之情，更加深刻地理解了中国共产党全心全意为人民服务的宗旨和信念，决心用自己的实际行动向党交一份合格的答卷。为此，他们郑重地向党组织递交了申请书。他们在申请书中写道："我们亲眼目睹了共产党员的模范带头作用，作为上海市防疫救援队成员，我们经过认真思考，郑重地向党提出申请，申请加入中国共产党，使我们成为这个伟大组织中的一员。我们决心为党的事业、为人民的事业贡献自己的全部力量，直至生命结束，请党组织在这次抗震救灾斗争中考验我们。"这支队伍中来自上海市健康教育所的刘启胜，在抗震一线面对党旗庄严宣誓，加入了中国共产党，光荣地成为一名中国共产党预备党员。仪式完毕，刘启胜和队员们立即投入灾后防疫工作。

艰难困苦，玉汝于成

由于道路不通，队员们全靠两条腿跑。一天要走几十公里赶赴各乡镇，了解各乡镇受灾情况。每到一处，队员们都要到帐篷内看望受灾群众，向他们了解受灾情况，同时发放灭蝇药、生活饮用水消毒药、漂白粉等，并手把手地教受灾群众怎样使用消毒药，告诫群众不能"渴不择饮"。一天下来，队员们声音早已沙哑，但仍坚持将每日检查情况汇总，提出工作建议，向当地卫生局和抗震救灾指挥部报告，为搞好下步救灾防疫工作决策提供科学依据。

然而，在余震频仍、次生灾害不断、气温节节攀升等不利条件下，灾区卫生防疫工作的任务难度也在加大。目前，在灾区陆续发现的痢疾、流感、肠炎等传染病例，已提醒我们：灾区卫生防疫不容有丝毫疏忽与懈怠。应尽快恢复和健全灾区原有的公共卫生防疫体系；要针对重点人群、重点地区和重点疾病进行重点处理，同时还要继续做好遇难者遗体和畜禽尸体消毒处理，加强病媒生物防制，严格控制传染源；要把卫生防疫工作与安排好受灾群众的衣食住行有效结合起来，要指导好受灾群众选择地势高、朝阳防潮、蚊虫少的地方扎设帐篷，并挖好防雨沟、防鼠沟等，特别是要做好粪便、厕所、垃圾场的管理，避免污染水源。同时，还要引导灾区群众，即便在当前艰难的生活环境中，也要尽可能地保持饭前便后洗手等良好生活习惯，不吃腐烂、过期、蚊蝇叮咬过的食物；最后，还要做好卫生防疫宣传。多编写、印发一些简便实用的卫生防疫知识读本、宣传单等，普及卫生防疫知识。

截至5月28日统计，上海市防疫队在灾区共消杀面积达到15.3平方公里，处理垃圾763堆，使用消杀物品2016公斤，处理尸体30具，卫生宣教32920人，发放资料3万份，疫情监测5781人。

前赴后继　共渡难关

中心前赴后继，陆续派出了多支队伍赶赴灾区第一线开展卫生防病工作。6月10日中心副主任郭常义带领一支90人的卫生防疫队伍抵达汶川县水磨镇和漩口镇，在前批队伍打下的坚实防病基础上继续做好消杀灭、饮食饮水卫生、传染病监测等工作。刚刚抵达水磨镇仅1天，各支分队在尽快安顿下来的同时，还马不停蹄地与当地方方面面接触交流，了解当地基本情况以及卫生防病工作的现状，很快就明确了防疫队伍的三阶段工作任务，即第一阶段：逐户排摸，全面覆盖，帮助灾民开展环境消杀和防疫工作；第二阶段：集中力量，普及知识，指导灾民开展防疫工作；第三阶段：加强沟通，重点突击，辅助灾民开展防疫工作。因此90人的队伍在抵达的第二天一早就各自进入了角色，很快在各自负责的片区开展工作，实现了“无缝式衔接”。

队员们在积极投入灾后防疫工作的同时，他们的心与当地灾民始终在一起，队员们深入到灾民家中了解灾民的实际困难，帮助他们共渡难关。

6月16日一大早由郭常义带领第十八分队步行一个半小时前往牛塘沟村向全体学生发放了“小手牵大手，共同保健康”的倡议书以及致全体学生家长的一封信等相关材料。同时为了支持牛塘沟村临时学校的发展，改善学生的学习环境，全体队员将共同募捐的2000元人民币交到村领导的手中，这样的义举得到了牛塘沟村党支部、村委会以及牛塘村全体村民的广泛赞誉。

徐仁权主任从老人村余书记那里得知村里有位贾学群老人，家庭条件非常困难。地震时老人的丈夫、女儿和儿子均被压在废墟下。老伴本来体弱多病，被人救出后长期卧床，目前双下肢肌肉出现萎缩，行走非常不便；儿子因地震被压伤腰部造成下肢瘫痪，目前正在成都接受治疗；女儿一只脚被砸伤，造成骨折，目前仍旧绑着石膏。老人自家的房屋完全被毁，家中的田被征用搭建临时帐篷，一家生活遇到巨大困难。悉闻这一消息后，同志们商量考虑资助这个受灾家庭。第十五分队徐仁权、李春林、郑毅鸣和何懿纷纷解囊相助。当1600元善款交至老人手中时，老人禁不住热泪盈眶。她告诉我们，第二天她就要上成都去看望儿子，我们的捐助无疑是雪中送炭。当得知老人村2组有2名特困家庭后，大家将上述2户特困户又作为帮困对象，献出各自的一份爱心。

地震中大岩洞村二组村民家庭普遍受灾较重，多户家庭房屋倒塌，特别是有一户李姓人员，房屋全部倒塌，家具全部受损，家中两位老人年近七十岁，也是家中主劳力，大儿子是智障，劳动能力几乎没有，小儿子也不怎么做事，收入全靠几亩山田。这次地震也使老母亲双眼发炎，视力模糊，急需治疗，看到这种情况，第十七分队队员们捐给李家200元钱，老母亲感动得连说共产党好、上海防疫队好。连山坡村三组村民刘志城因肺心病久病不愈时常发作、因病致贫，第十七分队队员们商量集体捐款1000元，并于6月15日鲁桂根副局长带着队员步行一个半小时将捐款送往刘志城家。刘家人对上海防疫队的热情和关心深表感谢，连声感谢政府的帮助、感谢共产党对灾区人民的关怀。

上海援川防疫队第二十分队在水磨镇黑土坡村开展防疫工作过程中，了解到该村村民王泽雨原系孤残家庭，一直重疾缠身，身边无人照料，加上地震灾害影响，更是雪上加霜，生活十分困难。在当天的工作例会上，成勇队长向大家传达了此消息，得知情况后，队员们纷纷慷慨解囊主动捐款，表示要向灾区困难家庭奉献自己的一份爱心。2008年6月23日在村主任和村支书的陪同下，第二十分队成勇队长带领队员来到孤残老人王泽雨的家，对他表示深切的关心和慰问，并亲手将队员们捐赠的 1 千元善款交到本人手中。临别时，老人紧紧握住成队长的手感动地流下了眼泪，哽咽着说：我万分感谢你们啊，是你们在灾区最困难的时候雪中送炭，给我们带来了希望！这正是天地无情，人间有情！

转战南北，为恢复生产保驾护航

6 月 19 日接到上海防疫队驻成都前线指挥部指令，由水磨镇防疫分队抽调一支突击队赶往雁门乡，替换雁门的前一支队伍。当天下午郭常义召开紧急会议，宣布了这个调防的指令。水磨镇防疫分队中市疾控和各区疾控中心的队员们都踊跃报名，出于工作连贯性和便于协调考虑，最终郭主任挑选了郑勇英、李崇山、陈炯、翟清和余江 5 名队员以及李家国、李季根和王建伟 3 名后勤人员赶往汶川县雁门乡。

“快，快，快！”命令如山，行动如风。紧急会议不到 20 分钟各位队员即整装完毕，冒着出镇道路再次塌方的危险，立刻上路。当晚 7 点半突击队由水磨经都江堰赶到成都，四川省卫生厅的两位领导热情接待了突击队员们，并告知将于第二天陪同突击队前往雁门乡，还要将前一批队员接出。由于直接北上到雁门乡的道路遭到地震的严重破坏，突击队员们必须绕道 800 多公里前往雁门乡。6 月 20 日突击队一早便出发，由成都上成雅高速至雅安，由雅安穿二郎山到泸定，下午赶往丹巴，夜宿丹巴。6 月 21 日队员们 6 点就起床开始赶路，出丹巴上金川抵阿坝州首府马尔康，经理县，终于在晚上 7 点半赶到汶川县雁门乡。

一路上道路颠簸，队员们不但要经受高海拔的考验，还时常遇到道路塌方堵车，同时要注意路旁飞滚下的山石。由于马不停蹄加上路面开裂高低不平，连中巴车的车轮都经受不住如此颠簸发生一次爆胎，幸好路边有一修车点才险渡难关。一路上余江由于晕车呕吐不止，翟清由于坐在车的后排，车辆颠簸剧烈时敲到了头。队员们虽经受着路途艰难的考验，但没有一个队员有任何抱怨，队员们表示：既然我们选择了这一行，就义无反顾，这是我们的责任，这是我们的使命，这是队员们的誓言！

雁门模式新发展，集中安置确保无疫

到达雁门乡第二天上午，郭常义便带领队员首先拜访了汶川县疾病预防控制中心，然后冒雨前往雁门乡紧急避险片区调查情况，安置点位于岷江畔，是开阔沙石地，整个集中安置点占地面积 9338 平方米，安置了 4 个行政村（白水、通山、索桥、月里）11 个村民小组 3000 多人，安置点分为 4 个片区，共 900 多个帐篷。回到营地，郭常义和大家开会，讨论了目前的情况，并为下一步工作制定了计划。根据雁门乡目前集中安置的情况，面积大，村民多，需要每日进行消杀灭工作，需要再组织村内防疫骨干进行培训。由于安置点居民原先过的都是山居生活，卫生习惯较差，要对村民进行宣教以进一步提高村民的健康意识和卫生习惯。

翌日一早郭常义和队员们带着喷药器具和消杀灭药品送往雁门乡紧急避险安置点，队员们一到紧急避险雁门安置区就受到了当地负责人的欢迎,并感谢上海疾控对他们的大力支持。郭常义与安置区负责人交接了喷药器具和消杀灭药品之后,由郑勇英和翟清带领各片区防疫骨干前往各片区厕所撒杀虫颗粒剂。由于安置点内安置了3500多名灾民,现每天由消防车送水2次的6个储水罐只能基本满足灾民的饮水需要,要满足灾民的生活用水仍然十分紧张,队员们见到如此情景,决定不能给安置点村民用水带来不便,就由余江、陈炯、李家国和王建伟回营地取配制消毒药品的用水,不到半个小时每人拎着20多公斤的水桶回到安置点。余江背上大型喷洒器将安置点内所有厕所和垃圾点进行了喷洒。加满杀虫药剂的喷洒器重达80多公斤,喷洒了半个多小时后,余江脱下穿着的防护服已经满身是汗,连衣服和裤子都湿透了。

6月24日一早,郭常义带领队员如约前往雁门乡紧急避险安置点,对于各片区防疫骨干进行培训,包括卫生建康知识,食品卫生知识:切菜道具生熟分开,饮用水烧开食用,垃圾定点倾倒,不能随地大小便等,同时讲述了厕所、垃圾点和环境消杀灭工作要点,对消杀灭药品的配制使用方法以及应用范围等进行了详尽地讲解。通过生动形象地解释和说明,防疫骨干很快掌握了相关知识,同时要求各村的防疫骨干再对本村村民传授相关卫生知识,培养村民的卫生习惯。这对进一步做好安置点内的消杀灭工作和保持环境卫生工作起到了良好的促进作用。

在连日奔波和疲劳地工作下郭常义和队员李崇山发起了高烧,体温高达39度,光靠吃药根本压不下去,在队员们再三的劝说下两人终于去医院挂了盐水。但是郭常义并没有休息一天,仍然带领大家奋战在工作的一线。从安置点调查到消杀灭工作;从防疫培训到分发消杀灭药品;从后勤保障到对外联络,郭常义无不亲力亲为,大家被郭常义对于工作的热情和敬业精神所感动,通过郭常义的指导提高了各位队员的防病水平和能力。确保了在防病队员人数虽比前组队员少的情况下,但是仍然能保证防疫质量。

为恢复生产保驾护航

随着当地政府提出的恢复生产自救要求不断展开,雁门乡紧急避险安置点的很多灾民都回到原来生活的村寨。为了确保村民饮食卫生健康安全,提高村中居民的卫生健康意识,健全村内防病体系,继续培训村内防疫骨干,补充村内消杀灭药物,防疫队决定将所有雁门乡村寨再跑一遍。每天安排查村串户,不顾余震多发,山石挡路、路基塌陷,飞石不断的危险,防疫队员们再次上山赶往可以到达的每一个点,做到不留死角。经过几天时间分别赶往青坡、麦地、芤山、索桥、月里等各村,每到一处察看水源、垃圾、厕所等环境情况,了解村民饮食、饮水、防病及村民发病情况,与村内防疫骨干沟通交流,教授消杀灭技巧,补充消杀药物,分发宣传资料,并了解儿童的计划免疫情况。做好山上村民防疫与紧急避险安置点的防疫督导工作点面兼顾,全面落实,防病工作不断巩固与加强。

月里村地处10公里外,上山道路是各村寨中最为险要的一个。由于道路刚刚抢通不久,路面非常狭窄,只能单车通行。有大石在路上挡道需要绕行,山上时有飞石滚落。到达山顶后又碰上了难题,我们发现车辆无法调头。在热心村民的指引下我们开始尝试高难度的调头方案,由于路旁就是山沟,任何一点闪失都将可能造成车毁人亡的危情。每个人都为此捏了一把汗,李家国在大家的协助下开始慢慢倒车调头,突然右前轮下冒出一阵烟雾,同时发出“嗤嗤”声,“不好轮胎打滑,快停!”郭主任立刻叫道。只见右前轮此时已经有半个悬空。“方向拉直倒车!”由于坡度太陡,大家赶紧跑到车后帮助推车,以免车辆溜坡。终于在大家的齐心协力下,车辆重新回到车道上。实施第二套方案,村民指引了另一个掉头点,这里仅比整个车身长 30 厘米,且两边都是石坡,大家在路旁垫了石块帮助车辆可以上坡,在经过 10 多分钟的努力后,车辆终于调转了。大家激动地为此鼓掌。这时村民们也围拢上来,队员们向村民们了解了生活健康卫生情况并察看了村内的两处水源,为村民们宣传了健康知识。我们在下山前,把饼干和糖果分发给村里的小朋友们,下山时得知有 3 位村民也要下山,便主动带上了他们。在各个村寨的防疫工作中有激动,有感动,有惊心动魄,有热泪盈眶,忘不了的是村民纯朴的眼神,孩子热切的期盼和工作中建立的深厚友谊。

由于汶川县内多处水源、水厂的水质仍不够理想,知道郭主任是此方面的专家,中疾控和汶川县疾控邀请郭主任帮忙察看。郭主任先后前往了 2 个水厂、1 个居民水源点,并对 2 个灾民集中安置点的生活垃圾和粪便处理情况进行了察看。察看了汶川县一、二分水厂后发现,是制水工艺存在缺陷,造成了出厂水水质不稳定的现象。察看了雁门乡紧急避险安置点内环境和供水点情况后发现安置点内所设置的厕所离开河岸太近,汛期将至考虑到安全问题以及粪便对于水体可能产生的污染,建议安置点在离开河岸较远的位置重新开挖新的厕所,以供安置点内灾民使用。很快村民们便根据交流确定的方案开始进行新厕所的开挖和铺板工作。之后又对垃圾堆放点和供水罐进行了察看。垃圾堆放点的要求符合规范且定期有人员进行焚烧;在五个储水罐中有一个缺少顶盖,且内部储水混浊,水面存在漂浮物,郭主任立即与安置点防疫人员和送水消防人员进行了沟通,建议村民此罐储水目前不能饮用,只可作为生活用水,在此罐用空之后由消防人员帮助清洗后才可作为饮用水储水罐,同时需要再配上顶盖。受中国疾控的邀请,郭主任为全军疾控、中疾控和汶川县疾控的相关人员进行专业培训。经过详细讲解环境防病知识和热烈的讨论,整个培训收到了良好效果。

七、伤员大转运

2008 年 5 月 26 日 12:24 分,上海第一个从四川地震灾区转运来的病人——32 岁的何静到达瑞金医院。

12:25,华东医院接收第一个病人。

12:30,长征医院开始对灾区伤员展开救助。

12:50,来自都江堰的陈兵被送入华山医院。

13:00,绵竹市齐天镇人张祖兵第一个进入第六人民医院 。

13:20,第十人民医院收到第一个病人。

13:33,14 岁男孩张俊骨盆骨折被第一个送到儿童医学中心。

……

5 月 28 日 22:30 分,最后一批伤员到达上海的各家医院。

到目前为止,四川地震灾区 307 名伤员分两天前后到达上海,分别由市一医院收治 18 人、中山医院收治 15 人、仁济医院收治 11 人、曙光医院收治 10 人、市三医院收治 16 人、儿科医院收治 7 人、儿童医院收治 8 人、华山医院收治 5 人、长征医院收治 34 人、长海医院收治 34 人,市九医院收治 13 人、瑞金医院收治 27 人,市六医院收治 30 人、市十医院收治 20 人、华东医院收治 21 人、儿童医学中心收治 6 人、同济医院收治 11 人、新华医院收治 11 人、龙华医院收治 10 人。

当病人陆续到达后,各个医院相关救治小组立即展开了确诊、会诊,第一时间开展救治,一场与生命赛跑的手术连夜进行。累计至今,各医疗机构已经开展手术 118 台,除 6 名伤员病危外,大部分伤员生命体征平稳,精神状态较好。医护人员用自己高超的技术和爱心告诉伤员和家属们:"到上海,就到家了! 我们会像亲人一样照看着你们!"

憋着一股劲,争着要为灾区出点力

地震哀悼日期间,上海卫生局医政处处长颜世洁、副处长晏波就从有关渠道听说,上海可能会接收一批来自灾区的伤员。上海的各家三级医院对这个消息格外关心,尤其是那些没能去成灾区一线的医生、护士们更是憋着一股劲,争着要为灾区出点力。

到了 5 月 21 日,哀悼日的最后一天,市卫生局突然收到来自上海交通大学医学院附属瑞金医院全体员工的一份"请战书",率先表达想成为救治地震灾区伤员后方医院的愿望。"请战书"上说:5 月 12 日,这是一个令所有中国人刻骨铭心的日子。我们希望能够在国家和人民最需要的时刻完成白衣战士责无旁贷的使命,希望能以救死扶伤的精神和满腔的关切之情给灾区人民以希望和未来。

尽管还没有确切的通知,但从电视新闻里看着灾区伤员一批批运往重庆、云南的时候,上海卫生系统的每一个人都跃跃欲试,希望能挑起这副担子。市卫生局先后收到 12 家医院递交的"请战书",更多的医院则悄悄地开始规划预留病区,安排足够多的医务人员和床位,精心做好伤员救治所需药品、器械和生活用品的准备,营造和谐温馨的就医环境。他们说:"要让伤员有回到家的感觉。"

第二天,市卫生局收到卫生部的正式通知,要求上海于 5 月 26—29 日期间预计接收 400 名左右灾区伤员。卫生部同时要求,必须由上海各三级综合医院和部分三级专科医院作为接收和救治单位。事不宜迟,市卫生局立即召开紧急会议,并向各区县卫生局、申康医院发展中心、各有关大学以及各有关医疗机构、血液管理机构和采供血机构下发通知,要求做好一切准备,特别要保证医疗质量和医疗安全,提高治愈率,降低致残率。

400 名地震伤员,这将是上海有史以来规模最大的伤员转运。颜世洁处长的神经高度紧张:"要又快,又好,一定不能有任何闪失。”同样的念头出现在上海18家三级综合和专科医院的院长头脑中。当天晚上,第十人民医院原定40天后启用的外科病房医技综合楼突然亮了起来,医务人员用病房的灯光打出了两颗心。他们以此告诉所有的人,这里已经准备好崭新的爱心病房,等候灾区伤员。这里不仅有最好的医疗,还有医务人员、上海人民对四川灾区人民最真挚的心意。

5月23日上午,所有接收伤员医院的院长们调用了医院各个部门的精锐人员,成立了医院内部的医疗救治领导小组、医疗救治办公室、医疗救治病区治疗组以及医疗救治专家组。

16点45分,市卫生局再次下发紧急通知,要求各个医院必须在5月24日17点之前完成所有准备工作。当晚,所有的医院相关人员通宵无眠,落实着相关工作细节。

24日一早,市卫生局、上海申康医院发展中心召开联合会议,各接收灾区病员医院的分管医疗副院长全体出席,汇报工作并接受进一步指令。

24日17点,市卫生局对每一家相关医院开展检查……

在这个过程中,令所有医务人员感动的是正在这些医院里养病的患者们。在市六医院骨科8楼病区内,70多岁的李老伯20日刚做完手术,切除了右腿上一个2公斤重的肿瘤,预期5月27日拆线出院。可当他听说整个8楼病区要成为收治四川地震伤员的爱心病房时,他二话不说就让家属办了出院手续。家在外地的他决定和家里人先住几天宾馆,27日那天再来复诊。他说:“能为灾区出点力,我感到十分荣幸。”

长海医院新大楼15楼的病区的50张床位也全部留给了地震伤者,除了外地病人、疑难杂症和肿瘤病人转其他病区外,其他择期手术患者均被延期手术或转院。60岁的腰椎患者王建华听说后,主动向院方提出转院,她说:“我非常愿意让出自己的床位,灾区伤员比我更需要更紧急!”

26日11点30分,首家承载着地震灾区伤员的飞机安全地降落在虹桥机场,上海历史上一场最大规模的伤员转运就这样拉开了序幕。飞机最终停放的位置从一贯的东西向改成了南北向,以方便80辆120救护车就近停靠。飞机一打开舱门,8名运送伤员的专业救护人员就分成两队,一队将伤员担架抬至升降机上,一队则在地面负责将他们抬上救护车。

在经过简短的核对、交接后,所有的伤员及其陪护人员由停机坪直接分乘救护车,前往上海包括瑞金医院、华山医院、长海医院、长征医院、华东医院、市六医院、市十医院、儿科医院和上海儿童医学中心在内的9家三级医院。12点05分,74岁的林亚贤被送上了第二辆救护车,一上车,救护人员就对她说:“好了,到上海就是到家了。”

上海市委、市政府主要领导对接纳、救治灾区伤员工作高度重视,专门委派沈晓明副市长代表市委、市政府到现场协调指挥伤员转运和救治工作,并要求全市各方面共同努力,把灾区伤员接纳、救治工作做细做好,充分体现上海人民与灾区人民心手相连、同呼吸、共患难的深情,充分体现上海人民为灾区人民、全国人民服务的决心,充分体现上海医疗的应急水平和救治水平。二军大副校长刘

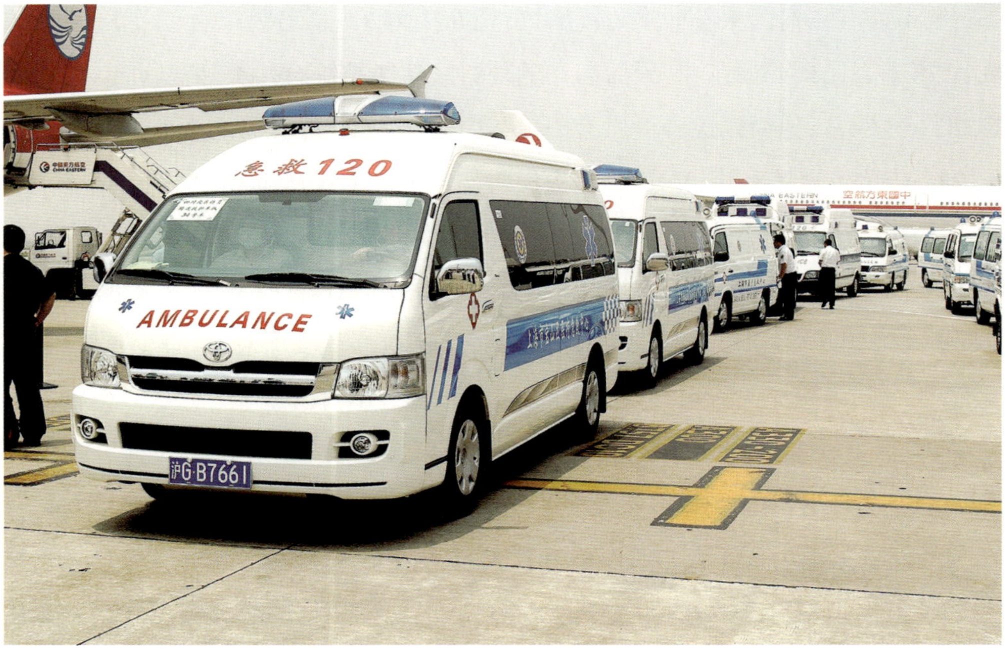

上海调集 80 辆救护车开展伤员大转运

振全少将也来到机场迎接伤员。

“上海将选派最好的医生，提供最好的医疗服务，确保患者安全。请家属放心！”面对伤员和家属，上海市卫生局党委书记、局长徐建光在机场时明确表态。

抓紧治疗的每一分钟

24 日中午 12:24 分，8 辆救护车依次进入瑞金医院急诊室门口，来自四川都江堰的何静被第一个送进医院。此时，瑞金医院的急诊大厅里站满了手臂上贴着爱心的医护人员，急诊科副主任童建菁、急诊 ICU 护士长景峰以及众多护理员立即将何静轻轻地从担架移到担架车上，一旁还不时有医生提醒：“注意有脑伤、颈椎拉伤的病人。”随后，伤员们被转至四楼抗震灾区爱心病房。几分钟后，何静被送入爱心一病区，并换上了红色条纹的病人服。

一进病房主治医生陈大夫立即为她进行了初步检查。何静脸色比较苍白，很安静地躺在病床上，不多说话。陪同何静一同前来上海的家属是何静的侄女王丹，地震发生时，她们在都江堰的不同地方打工。“地震发生后我们就一直没联系上，大姑身边一个亲人也没有，直到前天我才联系上她。大姑好像是被一个认识的人救出来的，然后就被送到了成都的省医院，我也是前天到省医院才和她重逢。”

王丹的眼眶有些湿润，她说：“大姑受伤后嘴唇有点歪，眼睛在睡觉时没有办法完全闭合，脾气也有点暴躁。她前几天还有些神志不清，不清楚自己在哪里。”何静的主治医生经初步诊断认为，何静身上有多处骨折，头颅有外伤，肘部也有些感染，但病情已经基本稳定，神智也已恢复清醒。

这一天，一共有 141 名灾区伤员分早晚两批进入各家医院的爱心病房。市六医院的病房里，医生们抢在第一时间逐个对伤员进行检查，以确定治疗方案。问诊时，医生们除了了解伤病情，还不断询问病人病床是否舒服、电扇开还是不开、午饭吃得好不好等。病人刚躺到病床上，立刻就有医生、护士来为他们服务，消毒、记录病人姓名，询问哪里受伤，请家属拿来病历卡、X 光片，然后吊针……以致一段时间内，病房里显得有些拥挤。

抓紧治疗的每一分钟。从伤员进医院的第一时刻起，瑞金医院院长李宏为教授就下达了禁食的命令，因为他希望能够在第一时间为具备手术指征的地震伤员安排手术。他说："他们受伤已经一周多了，错过了医学治疗中的很多个黄金时间，因此我们再也不能等了，要尽快安排他们接受治疗。"晚上 6 点，瑞金医院的手术室迎来了 3 名来自地震灾区的伤者。

骨科派出了最年富力强的 3 组手术医生。77 岁的李传福来自绵竹地区，他被垮塌的房屋压倒，以至于腰椎压缩性骨折，左腿、左脚多处骨折，病情比较危重，手术后将立即被送入重症监护室。35 岁的陆接清右前臂断裂，开放性骨折，尽管在当地已经接受了手术治疗，但昨天的 X 光显示，他断骨处的对位不好，必须重新再进行手术复位。70 岁的杨均华左锁骨骨折，昨天同时进行了手术。

接治地震伤员，各医院都派出了自己的精英。下午 1 点 52 分，86 岁的中国科学院院士吴孟超出现在长征医院的 18 楼病区，看望四川地震伤病员，参加专家会诊。与此同时，在众多医院的医疗专家组中，曾经在唐山大地震中参加医疗抢险的专家元老，甚至已经退休多年的老专家也纷纷请缨，重返抢救第一线。

瑞金医院的每个爱心病区配有 12 名护士，6 至 7 名专业医生，在瑞金医院救治灾区伤员的工作人员之中，70 多岁的骨伤科老前辈蔡体栋和瑞金医院终身教授杨庆铭特别显眼，他们都是参加过唐山大地震抢救任务的医疗人员。这次听说病人要到上海救治，他们主动请战。同样是参加过 32 年前唐山大地震救治的骨科护士长班秋云告诉记者："那时我只有 23 岁。"让她记忆犹新的是，32 年前，唐山大地震后，也有 30 名地震伤员来到瑞金医院，当时特设的灾区病房就在现在的外宾病房 3 楼，救治长达一年。班秋云说，除了进行生理护理外，护士们更需要做的是心理上的疏导工作，因为他们不仅受伤，有的亲人也不在了，心理是最脆弱的时候。

无独有偶，长海医院为了接收从四川运送过来的伤病员，召集了神经内科、骨科等专业的 16 名医生、31 名护士组成了治疗队伍，其中张少成教授参加过唐山大地震抢险工作，而 60 多岁的张春才教授刚从长海医院赴四川灾区医疗队返回上海，便投入到这次伤病员抢救行动中来。

今年只有 17 岁的白发川，是震后北川中学幸存的学生之一。5 月 28 日，他被紧急送入仁济医院西院。6 天前，因为感染，他被截去左下肢，失去左腿的那一刻，喜欢跑步的他对爸爸说，我太悲惨了。然而，因地震时受到挤压，他仍然没有摆脱死亡的威胁。仁济专家组称，这是地震灾区送来的首个严重肾功能衰竭的患者，目前生命垂危。仁济医院请出了肾脏科专家钱家麒教授，他在与胸心外科等医生会诊后，提出了治疗方案。当晚 6 点，白发川就被紧急送入血透室。

市六医院为家住四川大邑县的伤员严女士制定了最为先进的骨科治疗方案。市六医院、上海市创伤骨科临床医学中心主任曾炳芳教授说："我们将运用最为先进的影像辅助导航技术来为伤员进行手术。这不仅可以显著提高手术的准确率，而且因为是微创手术，可以大大减少术中及术后的风险。"5月30日上午，经过了18天痛苦煎熬的严女士终于被送上了手术台，六院骨科罗从风教授为她施行手术。由于运用了导航技术，手术不仅只用了2.5个小时，而且大大减少了出血量，严女士原本明显缩短的下肢也被恢复到了正常长度。今后，她将能正常行走，生活质量也得到了一定的保障。

辟出专门病区给来沪陪同家属住

为了让每个病人在医院中有家人的照顾，此次随行而来的每个病人都有一名家属陪同。对此，除了对病人进行照料以外，医院特别为病人家属进行了特别的安排，有的辟出专门病区给家属住，有的还给家属配备了生活用品。

瑞金医院急诊4楼的中间区域本来是办公室，现已被划分成为病人家属居住区，共有61个床位。家属房间里，放着双层铁床上已准备了蓝色崭新的被褥，脸盆、毛巾、空调等日常设施也一应俱全。

第六人民医院则把家属安排在了亲人病房的隔壁。"真的想得很周到，不知道说什么好。"绵竹市齐天镇的任晓玉感动地说。她陪同自己在地震中腿部受伤的丈夫来沪接受治疗。虽然刚刚来上海几个小时，但无论是在机场接待的人，还是医院的医生、护士，对她们都很热情。自己刚到医院安排的宿舍时，发现诸如洗漱用品、拖鞋等生活用品医院都已经买好，而且每人还有饼干等零食。

上海儿童医学中心副院长吴晔明考虑到四川来沪病人可能没有随身携带日常用品，而孩子一般又需要家长陪同，医院特别为每个家庭准备了2套牙刷、毛巾、水杯等生活用具，还专门为家属留出了陪客床。如果有小病人进入重症监护病房，家长无法陪同，医院也已经准备了6个床位的招待所房间。

到了完全陌生的环境，许多伤员都有些紧张。接运过程中，护士们、义工们都会向伤员鼓劲安慰。"我们这么多人帮你呢，不用怕的。"一名护士在50岁的伤员姜洪全身边不停地低声说。没有家属陪同的姜洪全顿时热泪盈眶。

此次来沪治疗的四川灾区伤员中有10多位没有家属陪同：在抵达长征医院的首批11名病人中，有2名病人没有陪护家属；在长海医院首批接收的10名病人中，有3名病人没有家属陪同；第六人民医院的爱心病房里有4位病人没有家属陪同而来；第十人民医院收治了20名四川伤员，其中3人没有家属陪伴。

这些没有家属陪同的病人原因各不相同，有的是因为太仓促，家属来不及跟过来，有的是因为家属忙于干农活而无法离家，有的是亲人伤重，有的则是已经失去了亲人。对于这些病人，各接收医院都做了细致的安排，让这些病人的身边都出现了"亲人"。

原来，这些"亲人"大多是各个医院的四川籍护工，喂饭、擦身、陪伴上厕所，他们还用四川乡音与伤员聊天。长海医院的护士们索性在24小时对他们进行病情监护的同时，还兼职做"家属"，照顾病人的所有日常起居。

在第十人民医院爱心病房里，77 岁高龄老人马兴林正和护工开心地聊天。由于老人不会说普通话，院方还专门为他指派了一个四川籍护工。有了这个临时的亲人，地震以后马兴林终于有了倾诉的对象。他说："一直记挂着家人，想早一点看到老伴和女儿。"马兴林常年住在山上，儿女又都在外地打工。地震发生时，她正在屋外洗衣服，因为站立不稳，顺着山坡滚到了半山腰的玉米地，造成了多处软组织挫伤。

马兴林说，老伴也受伤了，在她之前已经被送出四川到外省市治疗，而她至今也没有和女儿联系上。"这次到上海治疗没有家属陪同，原本很担心。但医院说，医院和护工就是我的家属。"

在第六人民医院，一位没有家属陪同的七旬老人手骨折没有办法吃饭，护士就成为老人的"女儿"，老人吃饭速度比较快，护士就尽量紧跟老人的吃饭速度，耐心地一口一口喂饭给老人吃。

四川话成了上海各大医院的流行语，川菜也成了各家医院食堂常常要做的菜肴。不少医院还在饮食上为四川病人们"开小灶"，长征医院特地聘请了四川籍厨师来料理病人及家属的饮食。

第六人民医院专门准备了三套餐饮方案，要求餐饮每天都变"花样"，确保两周内病人的饭菜不重样。已经住进爱心病房的伤员曾静只有 15 岁，还在上初三，刚开始看到这么多人围着她，还有些害怕，但在医生们为她细心检查了病情后，她渐渐放开胆子说话了。"我不吃酱油，脸上有伤，会留疤的"，曾静笑着对医院的配膳员说。

第十人民医院配膳员和医务人员几乎同步到位。病人到达后，他们已经为伤员和家属准备好了热腾腾的饭菜，另外还特意备置了几罐四川特产辣椒酱。顾院长向营养科反复强调，一定要问清楚伤员的口味偏好，是否喜欢吃川菜，是否喜欢吃辣，是否忌讳葱姜蒜等。

天下志愿者都是一家人

她来自北川中学，但目前在长海医院爱心病房里的身份，却不是一个伤员，而是一个帮助伤员的志愿者。颜丹，北川中学高一学生，10 天前经二军大医疗队转诊到长海医院接受治疗，身心迅速得到了康复。现在，只有左眼睑旁尚未完全愈合的伤痕，才能让人把这个姑娘与四川地震伤员联系在一起。

在爱心病房里，这个特殊的志愿者对伤员而言，有着格外的亲和力。他们有着一样的四川乡音，遭受过一样的苦难，有过一样的心情。这些天，颜丹一直在病房内不停忙碌，为伤员端水、喂饭。她说："地震让我一下子懂得了许多。我虽不能为灾区的伤员治病，但做点力所能及的事，可让老乡们能多一份回家的感觉。"

专业的心理志愿人员也正在帮助伤员们渡过心理难关。仁济医院的 20 名志愿者，大部分都拥有心理咨询师的证书，她们手臂上扎着橙色的丝带以示区别。18 岁的女孩刘虹利左腿截肢，她的父亲忧心忡忡地陪伴她来到上海。一到医院，志愿者陈宝娣就迎了上去，并随时向他转告或解释医院的诊疗计划。当虹利吃起苹果的时候，陈宝娣就告诉虹利爸爸："女儿在这里可以吃上想吃的东西。”当仁济医院肾脏科老专家钱家麒教授来会诊时，陈宝娣也对他说：“这是我们医院最好的教授之一。”听了这一些，虹利爸爸紧缩的眉头才渐渐散开了。

陈宝娣说：“志愿者除了要懂得倾听外，还要随时告诉伤员和家属们一些医疗信息，让他们看到实实在在的东西，从而对上海的医疗水平有充分的信心。”

转送进入上海儿童医学中心的6个孩子一开始都特别安静。没有悲伤、没有惶恐，脸上没有什么其他表情，只有平静。“我要看电视”，一进病房，7岁女孩陈萱怡对妈妈秦小华提出了要求，她的颈椎骨折，手脚可以乱动，不过脖子上套着个保护套，只能看天花板。她在绵竹汉旺小学读一年级，地震发生时刚逃到楼梯边，楼梯整个塌了，一两小时后才被老师、其他家长挖出来，送进德阳的医院。她的妈妈秦小华当时还在成都，找孩子找了10余个小时。“到了医院，我们根本没有认出孩子，孩子的脸完全肿了，鼻子和脸都快平了，还是孩子把我们给认出来了。”

9岁女孩梁瑞娟手里拽着医院送的绒毛玩具，她一只手骨折，拿不动太重的东西。她就读于红白镇中心小学三年级，地震发生时刚好在2楼上课。她说，“有个穿大红色衣服的孩子和她在一块”，梁瑞娟的妈妈记得，近6个小时后，孩子才从废墟中被人挖了出来。

14岁男孩张俊，地震发生时正在3楼阳台上。“摔到地上时，还有一个人压在我身上，他身上砸了不少石板。”张俊说这段经历时，就像说一个陌生人，思路非常清楚。他说，他一直很清醒，被救出后发现右手脱臼了，全身不能动。初步诊断发现，他的骨盆骨折，左下肢神经功能性障碍，第四、第五节脊椎有可疑问题。

孩子们平静的表情让家长们很害怕。他们始终没有哭过。梁瑞娟的妈妈很想让孩子大哭一场。

为了改变这些表面的“平静”状态，儿中心的病房内悬挂着许多千纸鹤，每张病床的床头都摆放了一个绒毛玩具、一本书。病人住院后，医院还会安排一名社工对一个家庭进行对口服务，为病人和家长提供包括生活咨询、心理疏导、医患沟通、病员陪伴等服务，使其更快更好地适应上海的生活。儿童医学中心医务社会工作部主任季庆英觉得，四川来沪小病人震后心灵受到极大创伤，因此，儿中心的病房内将尽量保持安静，病房将布置更多色彩，尽量营造出学校、幼儿园的环境。与此同时，还让这些孩子们画画，表达内心的情感。最初的几天，梁瑞娟画的都是倒塌的房屋，她告诉志愿者，插着国旗的五层房子代表学校，有屋顶的二楼房子代表家。可三天后，志愿者们高兴地发现，梁瑞娟画起了卡通猫和小熊，她的画笔也选择了多种色彩。

爱心病房，处处爱心，志愿者的队伍也正在扩大。曙光医院爱心病区旁住着一位来自台湾地区的王先生，听说灾区伤员来了，他就主动和医护人员一起折起了千纸鹤，他告诉身边的医护人员：“在台湾遇到地震灾难的时候，我们也折千纸鹤为同胞祈福，我们都是一家人，四川受难，我们也想尽一份力。”华东医院东11楼病区是全国青年文明号集体。他们都报名参加了该院“服务四川灾区伤员志愿者大队”，而且利用自己的业余时间一天内就为伤员们叠了千余颗幸运星，并一一送到了21名伤员的手中。

在上海市第十人民医院，还活跃着一支特殊的义工队。他们是十院外科医技综合大楼的建设者——通州建总集团的八名工人自发组成的义工队。“建筑工人不会打针喂药，可是大家有力气，推车、护送……”朴实的话语感动着每一个人的心。

长海医院有近400名志愿者随时做好照顾伤病员的起居以及配合治疗的准备。为了做好伤病员的灾后心理重建工作，长海医院对30名本科生、研究生进行了专业培训，帮助伤病员进行心理疏导治疗。与长海医院邻近的上海体育学院主动承担起了灾区伤员亲属的安置工作。他们加班加点，将刚建好尚未启用的康复病房紧急布置为灾区人民的家。

在十院，还有一位54岁的伤员是聋哑人。医院立即与同济大学、闸北区政府联系，招募一个会手语的志愿者。

来沪治疗伤者在上海开始新的梦想

邹高亮头部外伤，虽然是这次来上海病人中最小的，但是病情比较稳定。对于邹高亮一家来说，不仅希望儿子快些好起来，更希望他尽快走出地震的心理阴影。“晚上孩子会突然惊醒，大声叫‘地震了，地震了’”，“只要床一晃，就脸色煞白。”5岁半男孩邹高亮的父亲邹玉军说：“昨天，成都又发生了一次大的余震，床开始不停地晃，孩子嘴里直说‘垮了，房子垮了’。我赶忙冲过去，自己不停左右晃动，告诉他是爸爸在摇。”

地震发生时，邹高亮正在5楼家中睡觉，他的父亲邹玉军赶回家时，楼房已经全部塌了。“废墟里找了2个半小时，终于听到了清脆的敲击声。我喊了一声‘亮亮’，他回答的声音就像在自己身边一样。”邹玉军扒开废墟，发现孩子母亲将孩子死死护在怀里，已经失去了生命。

“我骗他说，妈妈还在住院。但是他心里知道，妈妈已经不在了。”邹玉军说，每次提到妈妈，孩子也不说话，就是点一下头。“有时候，他会摸摸我的脸，眼里含着泪。我拿纸巾凑在他眼角，纸巾马上湿润了。”

华东医院住着一个年纪最大的伤员——90岁高龄的李寿轩，为右股骨折。李寿轩是都江堰人。在这次地震时，他正好在家门口躺着，由于家具突然倒下，不幸砸中他的右股骨，造成骨折。早在上世纪50年代中期，都江堰也曾发生过一次地震，由于躲避不及，造成他膀胱受损，是解放军医生把他医治好的，重新给了他生活的勇气。这次地震，又造成他骨折，但政府并没有嫌弃他，在成都接受治疗后，又把他转送到上海医治。李寿轩说，他要坚强地活下去。

已怀孕4个月的李俊如女士也被送到了华东医院，地震造成她盆骨骨折，左大腿绑着厚厚的石膏。地震时，她正好与婆婆休息在家，由于房子倒塌，她与婆婆一起被埋在地下，没过多久她就被人救起，但婆婆却再也没有醒过来。送到成都检查后，医生告诉她，胎中的小孩没有受到伤害，这才让她稍微宽心一点。华东医院院长俞卓伟为她检查后告诉她，现在治疗方案有2个选择，如果手术治疗痛苦小一点，但孩子可能保不住，如果要保住孩子，只能保守治疗做牵引，但那是很痛苦的。这位瘦小的女子不假思索地回答，不管承受多大痛苦，也要把孩子生下来，因为婆婆生前很喜欢这个孩子，因为自己的日子还得过下去。

仁济医院伤员白发川的父亲白元武地震时正在上海工作，他是宝钢集团的一名焊工，他说："地震后，我回家了，第二天晚上看到北川中学塌了，又联系不上儿子，我以为儿子死了，当时的心都碎了。白发川的学习一直很优秀，平时最喜欢看书，700 名高一学生中，他的成绩始终排名前十位。他是我们全家的希望。"震后第三天，白元武就在回北川的路上接到了当地志愿者的电话，说白发川已被送到了绵阳。看到儿子的时候，儿子依然迷糊地睡着。白元武不停地喊着，告诉他爸爸来了，儿子才慢慢清醒过来，叫了一声爸爸。"后来，白元武才知道，儿子 70 个同班同学，只有 30 个幸存下来，地震时上课的老师也离去了。

5 月 23 日，当地医生决定为白发川截肢。虽然他默默地接受了，但出了手术室，白发川就不断哭着对爸爸说："我太悲惨了，我太惨了。"白发川喜欢体育，喜欢跑步，跑步成绩是班级第一名。然而，就在几天后，懂事的白发川开始规划未来的生活，他对爸爸说，"自己是残疾人了，今后不能考师范大学了，要找一份办公室的工作，不用腿的工作。"尽管如此，他还想装上假肢重新走路。在来上海的飞机上，白发川仍不停地说，"爸爸，到了上海给我装假肢。"白元武说，"现在这是他最大的梦想。"

在医护人员的照料下，在志愿者的照看下，在他们坚强内心的支撑下，307 名伤员在上海将开始新的梦想……

市卫生局和有关医院领导为首批回川伤员送行

铁血之师

——第二军医大学长海医院赴川医疗队救援纪实

每个人都是一面旗帜,每个人都是一位英雄。

这是一支难不倒、压不垮、拖不馁的铁血之师。他们或乘军用直升机空降重灾区,奔走于残房断壁之中;或背负大量急救药品,翻山越岭,徒步挺进震后“孤岛”;或舍生忘死,挺身而出,用自己的生命守护伤员和官兵的安危。无助的废墟里、晃动的帐篷内,星星点点的微光中,有他们永不停歇的脚步。汶川特大地震时,第二军医大学长海医院赴川医疗队百名医疗队员日夜奔走于灾区一线,全力抢救地震伤员和灾区群众。

那一夜无人入眠

5 月 12 日,长海医院李静院长、夏阳政委办公室的案头上各放了一封没有装订的信,信里这样写道:“四川汶川地震牵动着每一个中国的人,我是一名医学战线上的老兵,这个时候真想立即到地震一线去救治伤员,但是我年龄大了,力不从心,希望能把我的 5000 元医学奖金捐出,为灾区的百姓尽一点微薄之力。”这是著名消化内科专家许国铭教授、一位 69 岁老兵的默默心愿,这时候,离地震发生仅仅过了一个小时。

那个晚上,长海医院许多人都失眠了。所有人都思绪万千。

5 月 13 日清晨,医院会议室一片忙碌。院常委围坐在一起,大家眼睛红红的,全都一夜无眠。仅仅用了 10 分钟,抗震救灾领导小组便迅速成立,李静院长、夏阳政委任组长,全面落实前后方救灾事宜,孙颖浩副院长担任抗震救灾赴川医疗队队长,总负责、总协调医疗救治工作。一道选择题摆在了孙颖浩的面前,酝酿了两年多的第 26 届国际腔内泌尿外科学术大会将于 11 月首次在亚洲召开,作为这次大会的执行主席,他已经拿到了 5 月 14 日赶赴美国奥兰多的机票,向国际泌尿外科学术委员会汇报大会准备情况,这个会议的分量和影响对孙颖浩来说何其珍贵。

但是灾区的苦难印刻在他的眼中,灾情牵动着他的心,孙颖浩毅然退掉机票,承担起奔赴灾区、救治伤员的重任。他在给国际泌尿外科协会的回复中这样说道:“作为一名泌尿外科医生,这个大会将会使我的医学前途受益,但是作为一名军人,抗震救灾将会影响我的一生,我会像普希金所说的那样,把我最美好的激情献给祖国”。他的这一举动,非但没有受到同行的质疑,反而得到广泛支持和响应。

即将成立赴川抗震救灾医疗队的消息迅速在院内传开,全院即刻沸腾。院领导办公室的门开了又开,手机几乎没有停止过呼叫和振动。各种形式的请战书以如雪花般纷纷而来。

“5·12”地震后，三级教授、骨科著名专家、60 岁的张春才坐立不安。13 日上班后，他做的第一件事情，便是将一份申请书交到党总支办公室，然后不停地向院领导请战。第七次了，他拨通了第二军医大学曹国庆政委的电话：“我请求去地震灾区。”张春才讲了三点理由，让曹政委再也无法拒绝。“首先，我是一名老党员、一名老军医，受教育时间长；第二，我是骨科医生，灾区老百姓最需要；第三，1969 年我就是珍宝岛野战医疗队队员，有经验。”14 日，张春才和医疗队一起踏上赴灾区的征程，这是第二军医大学救灾医疗队中年龄最长的一位，也是医疗队唯一的一位将军教授。短短两个小时，像张教授一样“非去不可”的请战人员多达 2730 人，他们有的是年过花甲的著名专家，有的是豆蔻年华的医学新锐，有的质朴平凡的白衣天使；有的妻子即将临产，有的刚刚失去高堂，有的正在为出国深造做最后的冲刺，有的心里还握着判决命运的化验单。

在这一刻，没有什么比挽救灾区伤员的生命更重要，没有什么比抚慰那万千受伤心灵的孤单更珍贵。

13 日全天，医院大大小小组织召开 10 多次会议，院办会议室的人换了一拨又一拨。当天上午，由院务部、骨科、普通外科、妇产科、胸心外科、药材科等各专科负责人参加的会议最为重要，会上讨论了灾区可能出现的各种伤情和所需的药品和手术器材及急救药品。当晚，一个三支共 98 人组成

第二军医大学医疗队整装待发

的医疗队名单出炉。

院务部、药材科、消毒供应科、仪器科、麻醉科成了13日当晚最忙碌的地方，医疗队列出的物品器材清单足足有100多页。从清晨6点开始，这些科室的工作人员就像开足马力的F1赛车，迅速奔向市内各大医药器材销售点和大型超市。14日凌晨5点，200件药品物资整齐的摆放在了野战医疗所物品库房内。大家连续奋战23个小时，没有一丝倦意。

14日下午，承载着全院上下重托的大巴车渐渐远去，挥舞着手臂的人群，脸上满是泪水。李院长、夏政委把医疗队送上直达成都的军用专机，一直等到飞机消失在云层里，才扭过头。两人的眼睛湿润了，他们再也无法抑制内心的激动，唯一的念头："希望战友们一路平安"。

千里挺进紫坪埔

2000多公里的路程，整整飞了四个小时。机舱里异常拥挤，上面一层，两排简易而一通到底的座位挤满了医疗队员和沉重的行囊；下面一层，全是灾区急需的药品和开展手术的各种器材。震耳欲聋的轰鸣声也无法阻挡队员们的倦意，有趴着、有靠着，有互相依偎着，睡着了。之前，他们从手术台、从病房里、从亲人的告别中赶过来，集结号吹响，这支队伍没有拉下一个人。

晚上7点20分，飞机徐徐降落在成都黄田坝军用机场。早就等候多时的志愿者立刻围了过来。"早就盼你们来了，医疗队来了，大家就有底了"，志愿者用浓重的四川话欢迎医疗队的到来。借助手电筒的点点星光，在飞机尾部，由医疗队员和志愿者组成的队伍排起了长龙，大家互相交递着，把所有的物资器材一件一件传递到指定位置。军民鱼水的情义，凸现在灾难到来的艰巨瞬间。

晚上10点左右，医疗队按照指定的位置开始登上人货混装的卡车。卡车里异常拥挤狭小，一个挨着一个，勉强能坐下来，连个伸脚的空间都没有，每个人都蜷缩着。

"快看，快看，外面都是倒塌的房屋"，医疗一队队员侯明君用手电筒照亮了外面。离开了成都，卡车已经逐渐接近都江堰，灾区景象开始显现。大家纷纷拿起手电筒向车外照去，顿时没有人说话，眼前的一幕太惨烈了，一路上，几乎没有完整的房屋，到处是残墙乱瓦，各式各样的简易帐篷散落在路边。经过一座庙宇时，琉璃檐角已经不复存在，墙上只有依稀可见的佛家字眼，仍在记录着地震前的肃穆庄严。

卡车颠簸晃动着，外面的景象时有时无。大家关掉了手电，车内又陷入一片漆黑。谁也不想说话，连平时活跃的侯炯也无语，每个人心情都异常沉重和复杂，灾区真的比想象中要凄凉得多。凌晨1点左右，车队忽然停了下来，里面外面仍然一片漆黑，静得可怕，连呼吸声都清晰可见，很多人都意识到，快要接近目的地了。长海医疗队队长孙颖浩，副队长钟海忠、范群铭，支部书记王贵平、副书记朱建华，后勤组长吕山鹏、副组长张沂涛，护理组组长陆小英等骨干分别下车通知，今夜就在卡车里休息，等待命令。

医疗队马不停蹄，已经连夜挺进到重灾区汶川的最前沿紫坪埔。

夜深了，由于连续赶路，大家昏昏沉沉地睡去。温度越来越低，卡车四处漏风，队员们靠得越来越紧，被冻醒的人很多，有的开始大声地打着喷嚏，有的人在发抖，有的直接把康泰克吃到了肚子里。有人提议，“把雨衣拿出来，裹在身上”。同样睡在卡车里的第二军医大学张雁灵校长和黄炜灿副校长，打着手电筒，一个车一个车地走过来，关切地向队员们提示：“大家注意保暖，保重身体，别感冒了。”

15 日清晨，长长的卡车里，队员们收到了来自医院的问候短信，一股暖流驱散了之前的寒意。张校长召集各单位的队长开了一个短会，前往汶川的道路被滑坡的巨石挡住了去路，解决军和武警官兵正在日夜不停地进行疏通，被阻在紫坪埔的不仅有第二军医大学医疗队，还有解放军总医院等十多支医疗队，张校长命令各单位原地休整，继续待命。

焦急的等待中，张雁灵校长、黄炜灿副校长不停奔走于都江堰前线指挥部和紫坪埔之间，队员们求战欲望非常高涨，恨不能立即抢救伤员。下午 5 点，终于接到前线指挥部指令，决定从长海医疗队选派 18 人组成医疗突击队，轻装上阵，奔赴重灾区汶川，而大部队前往另一重灾区绵阳市安县驻扎，展开救治工作。

18 人的名单很快出炉，大部队随即离去，但是孙颖浩点名时才发现，18 人竟变成了 23 人。“院长，就让我们去吧，我们保证完成任务”，没有豪言壮语，平实的话语却显示出铮铮铁骨般的决心，5 个“加塞”的队员差点让孙颖浩落泪。

15 日夜晚，23 名勇士又一次在卡车里度过。

大本营灯火通明

安县，隶属于绵阳市，是此次地震的主要重灾区之一，第二军医大学七支医疗队全部驻扎在安县中学。连续在卡车上窝了近 30 个小时，队员们一到驻地，便立即开始忙碌起来。各队按照分工。整物资的整物资，搭帐篷的搭帐篷，16 日凌晨 2 点，一座规模较为完整的战地医院拔地而起。

“呜呜……呜呜……呜呜……”。一大早，数辆救护车便呼啸而来，惊醒了睡梦中的医疗队员。“同志们，立即集合，准备接收伤员”，副队长钟海忠、范群铭用手持扩音器下命令，王贵平、朱建华、陆小英在招呼着队员，张沂涛、梁昶紧急准备着物资，医护人员迅速到位，安县中学内，立即进入抢救伤员的紧张气氛中。

骨折、脑外伤、复合伤等各类伤员陆续送达，一场“生与死”的较量就此拉开，全体队员奋不顾身的冲上去，抬担架的，搀扶的，查看病情的，一时间，忙成一片。憋足了劲的医疗队员终于有了用武之地，纷纷施展自己的看家本领，抢救伤员。接诊、分检、清创、手术、留观、输液、后送……一大批伤员得到有效处理，现场忙而有序，忙而不乱。队员们连喘息时间的都没有，从早上到晚上，几乎没有人喝过水，中午饭也没吃，饥饿感随着忘我的投入被抛到九霄云外。一天下来，竟然接诊了 80 名重伤员，连续开展了 43 台大小手术，把手术室的队员累得直不起腰。

然而,忙碌才刚刚开始。

18 日,一名胸部肋骨多处骨折的伤员送到医疗队。伤员面色苍白,呼吸急促,痛得大喊大叫,张春才、徐卫东、季方、陆方林、王来兴、徐激斌、张冠鑫、唐昊、何斌闻声跑了过来,快速对伤员进行检查。凭经验,徐激斌觉得血气胸的可能性比较大,经手术探查,果然得到验证。伤员被地震后倒塌的房屋砸伤,埋在地下,子弟兵奋勇将他救出,但是由于失血过多,加上多日没有进食,出现休克,生命危在旦夕。经过讨论,队员们决定立即实施"胸腔闭式引流术",这一招非常有效,10 分钟后,随着大量气体、积血从胸腔引流管排出,伤者呼吸困难症状得到了明显改善,生命体征逐渐稳定。

当天,伤员万世泉辗转两个救护所被再次送到长海医疗队时,已奄奄一息,处于严重休克状态。毕建威、邓本强、李成忠、薛绪潮、李金宝、湛先保、吴建华等一干教授立即分工,问病史、测血压、触摸、叩诊……条件简陋,大家凭多年积累下来的经验和过硬技术。经过手术修补,万世泉转危为安。

小海欣注定带有传奇色彩。数天前,小家伙的父亲潘爱强想死的心都有,地震发生后,他与在安县待产的妻子刘春香失去了联系。4 天 4 夜,潘爱强骑着摩托车从上海出发,先后穿越江苏、安徽、湖北和重庆,换了 4 个轮胎,抽了 5 包香烟,吃了 3 块饼干,睡了 10 个小时,脸上、身上到处是擦伤的痕迹。但是奇迹出现了,车刚到安县桑枣镇,就看到路边坐着一位孕妇,竟是硬撑着的妻子刘春香!

这时,刘春香羊水已破 6 天,宝宝生命的气息减弱,情况危在旦夕,相逢的喜悦很快就冲淡了。18 日一大早,在志愿者的帮助下,夫妇俩在中午赶到设在安县中学内的第二军医大学长海医院医疗队。二队队长钟海忠、支部书记王贵平、副书记朱建华立即召集随队的妇产科、麻醉科、护理部专家会诊,共同的意见是必须马上剖腹产,但手术有极大风险,关键时刻是学校指挥部的总指挥、第二军医大学副校长黄炜灿少将拍板,立即进行手术,全力保证母婴平安。终于,一个 3.4 公斤的女婴呱呱坠地!起名"海欣",意味长海欣欣向荣。激动之余的潘爱强,牢牢记下了每个参与抢救的医生:主刀的是贺茜,上海人;负责麻醉的是李金宝、卞金俊,都是江苏人;助理医生陈于,浙江人;护士长刘安……"我会永远记住你们的名字"。潘爱强"千里寻妻"的执着不但感动了苍天,也感动了长海医疗队的每个人。

大本营婴儿的啼哭,"战地宝宝"海欣的出生成了队员们关注的焦点,一时间,病房里挤满了医疗队员和新闻媒体。

23 日晚,一名误食鼠药的 2 岁婴儿送来,李建萍、刘安、朱咏梅、阮晓如、吴弘、钱火红、韩文君、屠杰梅、陈于等十几名队员一下子扑上去,按腿的、抓手的、哄孩子的、拿针管的;利用娴熟的技术一针见血,建立了静脉通道,李建萍迅速地插入胃管,进行洗胃、导泻等治疗,半个小时后,孩子不再哭闹,性命保住了。

71 岁的吴德清,在九年前左侧嘴角长出一个小结节,结果越长越大,最后变成了巨大的肿瘤,严重影响生活起居。地震前,老吴也曾多次到周边医院求医,但都无功而返。老吴脸上的肿瘤由于长期摩擦,曾多次糜烂出血,随时面临恶变的可能。九年后,在大本营,医疗队员温武利用丰富经验,在条件极其简陋的野战条件下,一刀解除。

15 天时间里,医疗队先后收治伤员 1202 名,开展各类手术 223 台,留观 253 人次,巡诊 2290 人次。大本营每晚都灯火通明,这里成了安县人民群众最信赖的地方。

在茂县接受羌族最高礼仪

“解放军的医疗队来了,解放军的医疗队来了”,县城的人们像过节一样奔走相告。

16 日,成都凤凰山机场。孙颖浩副院长带领一支 13 人组成的突击队火速登上军用直升机,受命赶往重灾区“孤岛”茂县开展医疗救治工作。这是一支真正的“教授”突击队,个个医术精湛,素质过硬。临上飞机时,孙院长突然严肃告诉大家:“这次去茂县,不但有生命危险,而且少则两个月,多则半年一年,如果谁有个人困难,可以现在退出。”气氛顿时凝固,大家互相张望,骨科专家禹宝庆便带头请命:“院长请放心,只要能为灾区做贡献,就算待上三年五载,我也没问题。”“我没问题”、“我也没问题”,此时,每个人都把个人的一切置之度外。孙颖浩激动地说:“好样的,这才是咱们长海人的作风,谁也别想把这个集体分开。”

飞机班次和运载能力有限,团队被分成两组,张雁灵校长坐镇指挥塔,飞机勉强容纳第一组 6 个人和行李先期抵达,在凤凰山机场停机坪水泥地上生生睡了两天之后,第二组 5 名队员才到茂县,说好不分开的战斗集体胜利会师,成为全国第一支进驻茂县的医疗队。

一个小时后,第一组孙院长带领的 6 名队员随直升机降落在一片清空的果园内。“5·12”地震后,茂县房屋 100% 受损,县城房屋 80% 成为危房,农村 80% 房屋倒塌,全县交通、电力、通讯、供水全面瘫痪,大量伤员等待救治。刻不容缓,队员们立即来到灾民集中安置区县政府广场查看伤员情况。由于县人民医院在地震中严重受损,现在仅在广场上的简易帐篷内开设了急诊,手术室、病房一个都没有。200 多名伤员和灾民混住在简易帐篷内,很多人伤口感染化脓,这样下去伤情势必会进一步恶化。医疗队立即决定,先进行查房分类,确定转送人员名单,再想办法解决手术室的问题。

200 多名伤员,7 个医务人员,仅检查分流就是一件非常艰巨的任务,待确定下来 81 名转送重伤员名单,已是深夜。根本顾不上休息,队员们将带来的两顶帐篷拿出来,和县医院联合组建门诊和手术室,并将医疗队带来的急救药品、手术设备,以及县医院的存有的药品集中起来,统一管理。就这样,突击队在茂县建立了第一个野战手术室,就在这样简陋的环境里,教授医疗队先后完成各类手术 150 余台次,其中包括骨科清创术、阑尾切除术及剖腹产手术等。

县医院门诊尚未正常恢复,许多常见病、多发病和慢性病患者得不到及时的治疗,灾民怨声载道。孙颖浩看在眼里,他带领队员们开设了茂县第一个“战地门诊”。门诊非常简陋,就在已经拥挤不堪的帐篷里再分隔一小块地方,摆上一张小小的桌子便开张了。孙颖浩亲自上阵,这位国际知名的泌尿外科专家,做起了“赤脚医生”的活。

在孙颖浩的带领下，张卫、赵瑞、赵铁军、冯翔等几名队员顶着烈日，把门诊办得有声有色，几天下来，高原的紫外线让大家的脸和耳朵上都脱了皮，可是解决了灾民的大问题，小小的门诊成了城中最热闹的地方，老百姓拖儿带女，从四面八方赶来，1500多人次的门诊量把队员们忙得连上厕所的时间都没有。他们成了茂县最受欢迎的人。

“医生，我的腿太痛了，睡觉都睡不着”。22日中午，几位解放军战士抬着一名伤员冲进突击队帐篷，焦急地喊道：“快救救我们的战友。”受伤的战士叫孙华斌，19岁的小孙来自13军111团，地震后他们奉命奔赴汶川领受打通汶川至茂县塌方道路的艰巨任务，这支铁一般意志的部队在胜利完成任务后，随即进入茂县展开搜索挖掘伤员工作。两天前，小孙在帮助老乡抢救压在倒塌房屋下的大米时，被一块尖锐的石头刺破膝盖，鲜血立刻染红了迷彩服，痛得他几乎晕厥过去，但是为了不影响行军，简单包扎后，小孙又继续投入到救灾中，凭着惊人的毅力，小孙连续奋战48小时，营救出7名受伤灾民，并安全转移。

但是巨大的疼痛让小孙倒下了，战友们这才发现，每次冲锋在最前沿的他，脸色苍白得吓人，剪开他的迷彩裤，发现小孙的膝盖已经肿得像个萝卜，伤口严重溃烂，不断流出黄色液体。孙颖浩立即组织沈宏兴、禹宝庆两位骨科教授对小孙进行了会诊，发现他的伤口感染已经溃烂到关节腔，如果再得不到有效救治，小孙的左腿将会截肢。挽救战友的手术迅速展开，所有医疗队员全部上阵，侯炯为小孙实施了半身麻醉，沈洪兴用肥皂水为他清洗伤腿，蔡晓斌、赵瑞、张卫、张志峰、盛援、栗景峰、冯翔等各自分工，做好一切手术准备。

帐篷里温度高达40度，60厘米高的检查床成了临时手术床，这个高度，所有的队员只能跪着完成手术，沈宏兴毫不犹豫，第一个带头跪下，其他队员纷纷效仿。

“没想到烂得这么严重”，沈洪兴脸色严峻，自言自语。顺着他的目光，大家发现伤口和关节腔之间有一条很深的“隧道”，里面满是溃烂的分泌物，隔着口罩，也能闻到一股腥臭味。紧张的手术在简陋的帐篷内继续进行，在禹宝庆的配合下，沈洪兴将伤口切开，一点一点清除感染的坏死组织，持续进行抗生素溶液灌洗。长时间跪在不平整的地上，膝盖异常得痛。汗水已经湿透了迷彩和穿在外面的手术服，滴答在脸上、手上、地上，但是没人顾及，沈洪兴的腰痛已经麻木了，帐篷内凝固的瞬间足以让世人动容。

小孙得救，他的左腿保住了。大家没有欢呼和击掌，在孙颖浩的带领下，大家缓缓站起身来，向这位“铁血战士”深深地敬了一个军礼，这是对平凡英雄的无声致敬。后来，孙颖浩见到了这支部队的最高指挥官团长陈华，一个仍在战士堆里更像一名普通战士的人，他终于明白为什么会有小孙这样的不可思议的兵。

25日，茂县南新镇兴旺村有不少孩子患上水痘的消息传到了突击队。孙颖浩二话没说，带上张志峰、张卫、蔡晓斌、冯翔等几位队员随即出发。通过兴旺村的路异常难走，塌方的险段长达几公里，破壁上的乱石几乎没有停止过溅落。“放心吧，兄弟们，我是福将，跟我在一起，不会有问题”，一路上，孙颖浩用幽默的话鼓舞着队员，其实他的心里也是忐忑不安的。

没路了，可他们仍在前行，手脚都用上，几次差点滑落山涧。“小心，大家快躲起来”，孙颖浩冲着队员们大喊了一声，就在同时，张卫也发现了头顶上飞速而来的数片碎石，一个箭步冲向前方的大石头，用最快的速度猫下身子钻到背面。可惜还是慢了一点，张卫发出了一声惨叫，大家什么都不顾了，冲到张卫的面前，“怎么样，怎么样，快看看伤口”。张卫的脸色煞白，双手抱着头，慢慢地放开。还好还好，只是擦破了一点皮，“老天爷不会害我们这些人的”，不知道谁这么说了一句，大家都笑了。

医疗队员安全抵达，当地病员被隔离，人群得到有效疏散，突击队又一次成功“灭火”。

26日，孙颖浩和他的战友们已经10天没洗澡了，他戏称已经突破了自己“懒惰”的极限。事实是，茂县严重缺水，别说洗澡，连洗脸都成了最奢侈的事。脚臭味、汗臭味和被褥潮湿的馊味交织在一起，帐篷里的味道可以使人窒息。孙颖浩乐观地鼓励大家：“要把脚臭味当成法国香水来闻，要把我们的呼噜声听成是美妙的交响乐，这样我们的帐篷就是全茂县最豪华的帐篷了。”

27日，人群沸腾的茂县中心广场，县政府和自发前来的老百姓，用羌族的最高礼仪敬献红绸，来感谢这群为了拯救伤员生命而舍身忘我勇士们，就在这一天，孙颖浩度过了他一生中最难忘的生日。

三江上演“士兵突击”

15名医疗突击队队员，徒步10个多小时，翻过三座大山，两次和死神擦肩而过，深入灾区“孤岛”汶川县三江乡，成立临时野战医院，连续奋战，给16名重伤员送去了生的希望。整整五天五夜，每人每天一块压缩饼干，一个卤鸡蛋，两块巧克力，两根火腿肠……5名医疗突击队员从三江乡替换返回至今都不能忘记那刻骨铭心的五天五夜。

三江乡隶属汶川县，以风景秀丽和野生大熊猫著称。地震发生后，唯一进山道路被多处塌方巨石阻挡，通信设施遭到毁灭性破坏，三江成了与世隔绝的“孤岛”。5月16日凌晨4时，前指一道十万火急的命令下到第二军医大学抗震救灾指挥部，要求火速组织人员救援三江。“那里没人接待，没人联络，你们只能独立生存。”凌晨5时，第二军医大学校长张雁灵表情凝重地对抽调成立的医疗突击队10名队员反复交代。长海医院医疗队队长孙颖浩拉着突击队队长吕山鹏、副队长朱奎的手激动地说：“两位兄弟，把队伍带好，你们出来时一个都不能少。”

夜色中，队员们扔掉被褥，换上灾区急需的急救药品，从都江堰紫坪埔码头乘冲锋舟出发。阴冷的寒风中夹杂着污浊的水气，江面上满是残木和垃圾，大家手拉着手，紧紧靠在一起，互相鼓励着。穿越一个仅三十米左右宽的峡谷时，经纬喊了一声“怎么有人放鞭炮”，大家急忙向两边张望，发现轰隆声越来越响，原来是峡谷两边的山体滑坡，大面积碎石向江面滑落，激起的水花扑向冲锋舟。何天霖和陆清声冲着船夫喊：“快点冲过去！快！”危急中，冲锋舟加足马力，冲出峡谷，从一块暗礁上擦过，大家差点从冲锋舟上甩出去。江水将突击队员淋了个透心凉。大家长吁一口气，张秋林调侃道：

"老天爷放鞭炮给我们送行!"。经过两个小时的行驶,上午 8 点,冲锋舟抵达汶川县漩口临时码头,着陆那一刻,大家的手还紧紧拉在一起。

8:30 左右,突击队徒步行至水磨镇。从三江逃出的灾民口中了解到,三江灾情严重,一直没有部队和医疗队进入,很多伤员得不到救治。得知情况后,队员们纷纷要求不休整,立即急行军奔赴三江。听说突击队要到三江营救伤员,不少老百姓自告奋勇要求带路。老乡们说,到三江要翻过三座大山,而且山路非常崎岖,多是悬崖峭壁,别说是外乡人,就是山里人走上一趟也不容易,特别是这个季节毒蛇出没,你们一定要小心,天黑之前必须要到三江。没有人退缩,"立即出发!"吕山鹏队长坚定地下令。

说是山路,其实根本没路。带路的老乡用他的柴刀不时劈砍着茂密的树枝和灌木,为大家蹚出一条"路"。翻越山岭时刻,余震一直没有断过,多处出现山体滑坡,脚下都是大大小小的乱石,深一脚浅一脚,大家背着沉重的行囊,连大气都不敢喘一口。攀越一个陡峭的斜坡时,大家从坠石上爬过时,脚下不断有碎石坠入悬崖,情形十分危险,当刘毅最后一个爬上去后仅仅两分钟,就发生了一次较强余震,斜坡上的石头纷纷坠落,突击队逃过一劫。

路上不断遇到一些受伤的乡民,队员们根据病情及时给予了救治,尤其在翻越第二个山头的时候,一位老乡拦住队伍,说另一条路的山顶有一名被房屋倒塌砸伤的 83 岁老太太需要救命,突击队立刻组织杨立信和经纬同志前去救治。

前后经过 10 个小时左右的艰苦行进,突击队于下午 5:30 分顺利抵达三江乡,成为全国第一支抵达三江的医疗队,也是第一批进驻三江的部队,驻扎在三江乡中心小学。老百姓端着茶水夹道欢迎,拉着队员们的手流着热泪说:"盼的就是解放军,盼的就是医疗队。"

下午 5 时 30 分,经过了 10 个多小时艰难跋涉,医疗突击队抵达三江乡,成为全国第一支抵达三江的部队。老百姓端着山里的特有的红白茶,夹道欢迎,眼含泪水迎上来:"是我们盼的解放军,是我们盼的医疗队"。没有休息,全体队员立即来到灾民集中棚巡诊、救治。令人无法想象的一幕出现在队员们面前,十几名重伤员和灾民混住在一个简易帐篷内,很多人伤口严重感染,痛得大喊大叫。三江乡卫生院副院长罗章怀说,重伤员做过一些简单处理,但由于医疗力量薄弱,伤情仍然危险,乡卫生院药品短缺,远远不能满足救治的需求。

突击队立即决定,重新整合现有医疗资源,融合乡卫生院工作力量,在灾民棚内建立临时战地医院,对重伤员进行编号,落实具体人员 24 小时负责管理,制定分级查访制度,每天至少两次大查房,并对重伤员进行及时护理。同时建立药品发放站,将所有药品进行集中归类,统一保管发放。针对重伤员以全身多发伤、腰椎骨折、胸外伤和脑外伤为主的情况,突击队对重伤员患者及时进行夹板固定、清创、包扎和抗感染等对症支持补液治疗,维持生命体征平稳,等待转运。

得知医疗队来到三江,附近各村不断有伤员送来。队员们边抢救边分流,使众多伤员转危为安。五天来,突击队先后收治 16 名重伤员,160 余名轻伤员。所有重伤员得到了有效处理,没有一例死亡及病情加重。三江乡地处阿坝州，藏族群众居多，伤员中绝大多数是藏民，突击队全力以赴、争分夺秒挽救患者的生命，受到了藏族百姓的一致好评，一位藏族老妈妈拉着队员的手说："你们真是我们的大救星啊"。

灾区小孩众多，有的在地震中失去双亲。一个念头涌上突击队10名专家的心头：建一所临时幼儿园。老鹰捉小鸡、捉迷藏，新鲜驱走了恐惧，孩子们脸上露出了天真的笑容。早晨，战士们还在睡觉的时候，一只热乎乎的小手会贴到他们的脸上，在孩子们眼里，解放军就是亲人。

晚上，气温降到4摄氏度，由于没有被褥，队员们穿着雨衣睡到水泥地上。夜深了，每个队员都冻得瑟瑟发抖，挤得越来越紧，第二天全感冒了，而干粮也已快耗尽。19日，张校长又选派了5名第二批医疗突击队队员抵达三江，背来了10公斤大米和20个馒头，大家还是舍不得吃，送给了更需要吃饭的重伤员。听说要替换5名队员回去，谁也不愿意走，都说自己走不动，决定替换名单的那一刻，大家抱头痛哭，村民们不知所措，也跟着一起痛哭起来。

临走时，村民们不断重复那句话，"等我们的家园重建好了，你们一定要三江，到我们家坐一坐、尝尝我们的三江菜，看看我们三江的美丽风光。你们就是我们牵挂的亲人！"

永远不抛弃，不放弃

永不言弃：在安县，在茂县，在三江，长海医疗队的每一顶帐篷里，都贴着这样一句英文："Never Give Up"。队员们用这样无声的方式鼓舞着，激励着，无论遇到多大的危险和艰难，坚持！再坚持！

汶川三江，18日深夜。突降暴雨，每隔10多分钟就能感受到余震，三江乡中心小学背后葛坝山顶上的堰塞湖随时都有崩溃的危险，山体滑坡的轰隆声震耳欲聋。哭喊声，吵闹声，雨声，交织在一起，灾民棚内乱作一团。棚内已经四处漏水，重伤员和家属在绝望的大声哭泣，整个场景就像末日来临。突击队全体成员紧紧抱成一团，"就算牺牲了，也要把重伤员保护好"。

暴雨中，有人打伞，有人照明，有人抬床，突击队员一趟一趟把一个又一个重伤员送到校舍的走廊下。经过一个多小时的艰苦努力，重伤员全部安全转移，队员们又分工负责把守在伤员的身边，向卫士一样照顾着伤员的安危。家属纷纷抱住浑身湿透的突击队员，失声痛哭，"解放军是亲人啊，解放军是亲人啊"。

茂县，23日清晨。一名战士捂着红肿的耳朵来到突击队的帐篷。接诊的孙颖浩队长已经38个小时没有休息了，浑身上下灰头土脸。队员们太累了，还在沉沉酣睡，孙颖浩不忍心叫醒他们。自己给战士进行检查，结果吓了他一跳，战士的耳朵里竟然钻进了一条蜈蚣，更可怕的是，蜈蚣已经咬穿了他的耳膜，如果再有拖延，随时都会失去生命。处理真的太及时了，连孙颖浩都为自己的果断喝彩，阴险的蜈蚣被夹了出来，被狠狠地踩碎，耳道进行了细致的抗感染处理，战士的疼痛顿时减弱了。这名战士回忆当时的情景："在搬石头的时候，我不小心睡着了，没想到蜈蚣会爬进我的耳朵"，战士名叫汪文元，是77136部队的一名士兵。

“一定记得明天来换药，否则伤口感染，那就麻烦了”，小汪走的时候，孙颖浩不停地叮嘱。可是，一直到第二天下午，小汪还没有来，孙颖浩急了，“张卫、朱敏辉，跟我出去找”。小汪的名字知道，但是却不知道他的部队番号，孙颖浩顾不上这些了，三个人背上药品、干粮和少量水，就出发了。

茂县的驻军很多，而且广泛分布，别说光凭一双脚，就是有一辆豪华的越野车，在茫茫官兵中要找到小汪也绝非易事。时间一点点流逝，不知道翻了几座山，不知道问了多少顶部队帐篷，干粮所剩无几，水早就喝光了，孙颖浩的体力严重透支，脚抖得厉害，可三个人仍然顽强的向前，再向前。功夫不负有心人，下午三点多的时候，终于在一处灾民帐篷临时搭建点找到了小汪，小汪还在满头大汗地为老百姓搭建帐篷。

寻找小汪，他们足足用了32个小时，小汪得救了，三个人靠在一起美美地睡了5个钟头。

安县，24日下午。地面在晃动，附近的房屋相继倒塌，灾民在喊叫中奔跑，里氏6.4级的余震席卷而来。而仲明和他的战友们却毅力不动，执着地完成了绵阳地区首例高难度眼科肿瘤手术。家住在安县黄土镇何代群，一年前就患上了左眼内眦部基底细胞癌，只是一块小小的肿块没有引起她和家人的注意，地震发生后，何代群的面部被碎石击中，小包块立即变成了大伤口，痛得她彻夜未眠。医疗队来到安县的消息传到了黄土镇，何代群在家人的陪伴下，来到安县大本营驻地，医疗队员仲明教授立即对她进行检查和诊断，并作出手术的决定，仲明说，这种疾病的手术必须在精良的手术、麻醉环境下进行，只是野战条件有限。

救人是第一位的。无影灯不够亮，秦晶、张丽君用手电筒加强照明，仲教授先对患者的左眼内眦部肿瘤进行切除，随后进行局部皮瓣转移。就在手术进行到关键的时候，脚下的地面忽然晃动，随后又持续了几秒钟，外面一片嘈杂，有人在喊：“地震了”。仲教授显然意识到这次余震的力度，但是他丝毫没有被干扰，坚定的目光和手势感染了身边的几位队员。随后，仲教授为患者施行了眼睑再造术，经过2个小时左右的艰苦努力，手术取得圆满成功。

有趣的是，这是仲明在医疗队驻地开展的第二例眼科手术，之前，他参与过妇产科手术、骨科手术、普外科手术，“不务正业”的他可谓是“全能战士”。连日来，灾区大大小小发生余震近万次，每次余震时，长海医疗队任何一名队员都会舍生忘死，奋不顾身地用自己的身体，用坚定的目光，用钢铁般的意志，来护卫伤员脆弱的躯体和心灵。

随着抗震救灾阶段性转型，伤员逐步减少。医疗队不等不靠，主动背起药箱，深入部队，走村串寨，为灾区重建的基层官兵和人民群众送医送药，宣讲防疫防病知识，帮助百姓生产自救。他们还充分利用自身优势，在各个救治点建立临时课堂，分类别分批次对当地卫生医疗队伍进行业务培训，为灾区留下一支带不走的医疗队。

在灾区的人民群众心目中，医疗队就是他们生命的定海神针。

如今，他们仍在疾步前行。

新“长征”的诞生

——汶川特大地震第二军医大学长征医院赴川救援纪实

地震的魔爪，夺走了无数无辜的生命，而新的生命在地震的废墟中又翩然降临。

四个取名为“长征”的小生命在山崩地裂的呼啸中，呱呱坠地，酣然入睡，让所有听过哭声的人们热泪盈眶。当小“长征”们在医疗队员的手中相互传看时，婴儿的微笑像宁静的湖水顿时抚慰了所有人的疲惫面容。

灾情就是命令

5月14日晨，第二军医大学长征医院接到上级命令，全院由90人组成的三支抗震救灾医疗队迅速组建，在短短2小时内完成院内人员编队和医疗、用品物资准备。中午12:20时，各附属医院医疗队相继到达第二军医大学集结，在庄严神圣的出征仪式后，所有医疗队员在统一组织下，于下午2:20时到达大场军用机场。3:00时，张雁灵校长携长海医院、肝胆医院医疗队乘飞机迅速飞向远方。

5月15日凌晨，第二军医大学曹国庆政委和医院殷学平院长、张安祥政委及院常委以凝重的目光与全体救治队员握手告别。

队员们乘坐的军用飞机凌晨3:20时抵达四川绵阳机场，连夜出征。第一、第二医疗队到达安县，第三医疗队到达江油市，在一片废墟中搭起了野战救护所的帐篷。顾不上疲惫，医疗队成员迅速对患者进行分类救治。很快，他们几乎每3分钟收治一批由救护车送来的伤员。位于江油的医疗队，经历了数百次的余震，在几次6级余震的压力下，面对房屋倒塌的危险，依然坚守在自己的岗位上。短短几天，三支医疗队收治了1300余位伤员，并对300余位伤势较轻的伤员进行了处理，对伤势较重的306位伤员进行了手术治疗。

生命高于一切

让我们记下他们和他们的名字——救者和被救者。

杨静，女，31岁。她从北川被营救下来，她颈椎处于强直状态，四肢只能微微伸屈。骨科史建刚副教授诊断她为颈4椎体爆裂性骨折，脊髓严重受压伴不全瘫。症状逐步加重，情况十分危急，史建刚副教授从技术上请示了一直在关心灾区心系灾区的我国著名脊柱外科专家贾连顺教授和袁文主任。在住院条件下，颈4以上椎体骨折并脊髓损伤的患者死亡率都是非常高的，更何况在灾区。颈4椎体骨折患者搬动后风险相当大，脊髓水肿严重，轻微搬动都容易引起脊髓的继发性损伤而加重水肿，引发呼吸功能衰竭而死亡。

时间就是生命,手术得到批准后,史建刚副教授应用有限的医疗器械和在恶劣的环境中,开始了这一史无前例的严重颈椎外伤——颈椎前路手术。余震不断,术中突然停电了,在手电筒微弱的灯光下,手术进行了2个多小时。当患者麻醉醒来,四肢开始活动了时,紧张的手术室顿时活跃起来,欢呼声宣告着手术奇迹般成功,“四肢动起来了!”这个手术具有长征医院脊柱外科水平在野战条件下成功的创举意义。

这是一位来自北川的灾民。长征医院驻江油市人民医院医疗队接到位于地震重灾区北川边界的长钢三医院的求助电话,该院刚刚收治一例北川送来的灾民,四肢多处骨折及开放伤,病情重,急需医疗队提供技术与设备援助。伤意味着生命!骨科陈爱民教授、钱其荣副教授、泌尿外科任吉忠教授、手术室张莉护师迅速组成专家救治组携带设备赶赴长钢三院。陈爱民教授检查伤员后发现其失血较多,四肢六处骨折,两处脱位、五处撕裂伤,必须马上手术,从而减轻手术创伤和降低野战条件下感染发生率。治疗小组紧急会诊后决定立即上手术台,并采用当前国际上最新微创技术营救灾民生命。手术开始进行,术中余震不断,严重的有四次,手术台上器械自动滑动到地上,手术室也面临随时倒塌的危险,历时五个小时后手术进行得非常成功,这是本次赈灾中前线抢救创伤部位最多,最复杂的一例患者,体现了我军创伤救治水平达国际先进水平。

周维亚,是从重灾区北川县送出的重伤员。来时呈昏迷状态,经检查发现他肱骨、胫骨、腓骨和掌骨多处骨折,同时还伴有脑外伤,由于多处伤和多发骨折,患者出血多,手术难固定,易发生继发损伤,甚至危及生命。长征医院赴四川江油医疗队领导和专家果断决策,利用现有野战医疗条件,争分夺秒。在简陋的医疗帐篷里,骨科副教授张伟、胸心外科副教授赵学维、整形外科章建林博士等进行“连环”手术,仅用不到两小时就顺利完成手术。术后伤员情况稳定,为后送和继续治疗创造了有利条件。在野战条件下,一例患者同时成功完成四项手术,在灾区也是首例。

这是一位年仅五岁的小男孩。这位小男孩的手术在野战帐篷完成,这是留给所有来到灾区的队员们最为兴奋的事。小男孩是在地震当天从倒塌废墟中救出来的,因为交通不便,他一直未能获得有效救治。心急如焚的父亲抱着孩子走了10多个小时的山路,来到长征医院医疗队在江油的驻地。“救救我的孩子!”孩子的父亲激动地拉着医生的手一个劲地喊。医疗队员忘记了已经连续实施了10余台手术,更忘记了疲劳,立即对孩子进行了检查。腿部胫腓骨开放性骨折,此时此刻,全麻下为5岁幼儿进行手术风险极大,但如不及时进行手术,造成感染、骨髓炎等并发症,极有可能导致截肢,甚至生命危险。他们经过请示,当机立断:马上手术!在麻醉科王成才副教授的协助下,由骨科张伟副教授等仅用了不到半小时就成功完成了清创和外固定支架手术。术后小男孩生命体征稳定,正在康复中,是年龄最小的全麻手术病人。

钟静,女,20岁,安县安昌镇人。怀孕预产期超过两周她也不知道,当地震发生,她以百米赛跑的速度从山上跑下来,经检查需要剖腹产。她骨盆狭窄,预产期又超过两周,大胆心细的李文副教授和刘晓军医生认真请示了上级领导后，立刻投入迎接小生命的到来。配血型，做产前检查，麻醉医师此时格外冷静，李文副教授、刘晓军医生、徐丽萍副主任三名女将顺利接生出一个3000克重的健康男孩，大人孩子都平安。

“哇！哇！”新生命诞生的哭声是给所有手术者的最高奖状！

当刘晓军医生双手捧着婴儿，就像双手捧着一轮太阳那样激动。刘晓军眼里再一次涌出热泪，这是向死神的挑战！虚弱的母亲望着可爱的小生命，深情地说，孩子是在长征医院出生的，是长征医院的医生亲手迎接的，孩子的名字就叫“叶长征”吧。就在几天前，一个出生3天的孩子，来时脐带感染，头皮血肿，当刘小军、李文医生医治过孩子后，婴儿的哭声止住了，父亲姓李，他非要给孩子取名叫“李长征”。随后，“杜长征”和“廖长征”也相继哇哇问世。

这是一位94岁的老太太，姓金，家住重灾区安县晓坝乡。5月12日当天，家人都上山干活，她独自一人在家。地震后她在邻居帮助下，连续奔波10余小时，逃出了大山。她至今还没与亲人联系上。由于她年事已高，一路上没吃没喝，金老太身体越来越虚弱，并开始虚脱。他被送到医院医疗队后，呼吸科黄海医师及时进行了治疗。受过惊吓的老人看见很多人就害怕，她始终没有一种安全感，一会儿哭一会笑，哭的是还没有找到家人，笑的是见到了解放军，她死死抓住黄海医师的衣角不松手。黄海医师把老人当成自己的亲人，一次次安慰她。经过一夜的精心治疗，金老太终于转危为安。

这些战士是我们这个时代最可爱的人。前方救灾的战士个个像猛虎一样几乎匍匐在倒塌的废墟上，战士李某三天三夜没合眼，疲劳、饥渴、汗水、灰土将一个精干的小伙子变成了一个泥人。几天来他忍着身体的剧痛一次次冲在第一线，谁也不知道他带病工作了三天三夜，终于昏倒在废墟上。他被送往医疗站。医疗队陈学云、颜荣林副教授和江道振医生给战士诊断为急性嵌顿疝，再拖时间就有生命危险。5月19日，他们在简陋的条件下成功手术，让一个年轻的生命苏醒过来。部队领导紧紧握住陈学云、颜荣林副教授和江道振医生的手表示无限感谢，激动地说：你们白衣天使是我们的力量，是我们生命的脊梁，我们前方的战士有你们在，他们早已把命豁出去了。在这种人的生命力展现极限的时刻，鱼水情、官兵情发射出人性和友爱的光辉。

解放军会来救咱的

天地间，突然传来一声轰响！

30岁的何成贵只看见眼前的玻璃碎成雪花向自己头部飞来，他似乎来不及反应，左侧的门框断成两截，脸盆架倒了，床铺被倒塌的墙面砸成二段，地面上钻出一根发黑的东西，他下意识感到整个房屋在下沉，“地震了！”他像跳悬崖一样地“扑”过去，想保护自己的家人，但来不及了。家中所有人的反应跟他一样，地震了，仅在几秒之间。老母亲早已两眼昏花，他拽住老头子，还未站起身，老两口随着房屋的突然倾斜猛地被一声巨响甩出很远。

“呼哧！”他们的身体被一种无形的力量推到一个墙角，沉土重重地压在老人的身上，双眼啥也看不见。他们身子团在一起不能动弹，后背被一根硬木头顶着非常疼痛。时间一分一秒地过去，老人已经没有时间概念，只感到失去重心在时空中飘荡。眼前是黑的，有一种布满血丝状的沙雾弥漫在眼眶里，很疼！他们这才想起自己的儿子。“成贵，成贵啊！”没有人答应，老父亲加重了语气，“成贵你在哪里？听到我们声音吗？”周围没有声音，再叫喊，还是没有任何声响。老两口感到呼吸急促，彼此安慰着：“解放军会来的！”

一天过去了，二天过去了，三天过去了……年迈的父母把他从废墟中用双手刨了出来，一块砖一块瓦都从老人的手指尖经过，仿佛每一块砖头上都有儿子的味道。17 日中午，他们终于把儿子挖了出来，二老抬了 2 天 2 夜，走了 30 公里路，终于遇到了营救的军车。老人说：解放军来了啊，成贵，我们有救了。

168 小时在常人眼里让受难者仿佛度过了一个世纪。当军车疾驶到医生面前，何成贵生命垂危，他腹部高高隆起比篮球还大，口鼻血液不断往外涌，呼吸急促，神志模糊，已不省人事。长征医院急救科、普外科、胸心外科、口腔科的所有专家都涌向这个挑战了生命极限的顽强者。

“赶快救治，一定要救活他！”门外面有个哭声格外凄凉，这是何成贵母亲的哭声，她不停地央求：“救救我的儿子，我给你们跪下！”专家们在麻醉科的配合下手术进行了 45 分钟，手术顺利完成，何成贵得救了，他生命体征平稳，麻醉清醒后，他含着泪水，微笑着，竖起大拇指，很久很久……

一个掩埋 170 小时后的灾民获救了，这个消息震惊着灾区前线，也震撼着全国人民的心。

绵阳市安县睢水镇 37 岁的彭国华地震发生时，在当地一家石灰矿工作，地震导致塌方，将他埋在矿井中。矿井深 10 米，直径 70 厘米，当他感到一种山崩地裂的压力袭来，有经验的他好像只是知道矿井塌方了。几天几夜在地下深处，仿佛在地狱里，一种挣扎和求生的欲望支撑着他。“救命啊！”他已没有时间概念，没吃的，没喝的，身体对饮食的渴望比有生以来任何时候都强烈，那种饥饿的感觉挖心一样的难受；那种浑身无力的感觉是奇特的，每一个细胞都像在沙漠被干烤，围绕在心脏周围的血脉已经枯萎。他的父亲曾是军人，他想解放军一定会到来。

时间又过去很久，他感到自己奄奄一息，像死神降临在身边一样，没有反抗的气力。这时他也感到自己像溺水的人在河里挣扎。在生命濒临绝境之时，他想到了自己的尿水，他的下意识里出现一个信号：此时的尿水可比糖水、可口可乐都珍贵啊！还有身边一卷卫生纸。尿和卫生纸救了他的命，他有了生的希望。19 日 16:30 他被挖掘了出来。170 小时过去了啊，他还活着，他靠自己一种坚强的信念活了下来。是长征医院的专家给他做的手术，当他苏醒过来，说的第一句话就是：感谢营救我生命的军人们！

没有前方后方之分

救灾队员们去了灾区前方，家属们勉励亲人将灾区的人民看成是自己的亲人。留在后方做好本职工作就是支持前方。此时此刻全民抗灾，没有前方后方之分。

5 月 15 日，长征医院党委带领机关人员，分头到 70 多名在沪队员家中看望他们的家属，把医院党委的关怀和问候及时送到他们亲人手中，同时，机关立即与家在外地队员家属取得联系，及时将饱含党委关怀的慰问信寄到队员外地家中。

第二军医大学曹国庆政委每天与前方的张雁灵校长通话，了解前方灾情。

殷学平院长、张安祥政委及所有常委一家一家走访，军装被汗水一次次打湿，几天来，他们握过无数出征者的手，握过无数阶层人的手，当他们握住家属的手时，深感一种无形的力量在感染着彼此，他们说：你们辛苦了，你们的亲人在前方作贡献，你们是他们的坚强后盾，有你们的支持，他们会更加安心。

家属们说：非常感谢院领导的关心，我们不辛苦，家中有困难一定能克服，这点困难跟他们在前方的困难相比太微不足道。我们每天跟前方的人还能通上电话，也盼望能在电视屏幕前看到他们。他们去前方是我们全家的光荣，我们希望他们发挥出最高的医术水平，把危重灾民救治还生，我们等待他们凯旋。

当家属们收到医院的慰问信时，受到鼓舞和感动。有的家属收到慰问信，饱含深情地说：慰问信我们收下，慰问金我们捐给灾区，以表达我们的感谢之意，请领导放心！我们一定把后方安排好，让他们安心工作。

全院上下以赤诚的爱心履行着白衣天使救死扶伤的神圣职责，带去了长征人对灾区人民患难与共的同胞情谊。赤诚爱心汇成温情暖流，谱写着血浓于水的感人篇章。

骨科、呼吸科第一时间写请战书；眼科、心内科第一时间发动捐款；感染科派出医疗救护人员 4 名，原本不大的科室，医疗人手立刻紧张起来，科主任带领二个医生分管所有病房，他们很晚回家或干脆不回家，坚守在临床第一线。

转业干部詹郑莹面临转业安置的关键时期，对于一个转业干部，可以说是人生的转折阶段。当灾难来临，灾区群众生命财产受到危害时，她忘记自己是一个转业待安置人员，她以女性细腻的情感深深牵挂着灾区的孩童。她积极请战。当她得知手术室因抽调到灾区的护士较多，积极申请到手术室工作。

护士宫丽娟和未婚夫严挺松的婚礼迫在眉睫，只差一周时间。当她接到支援救灾的通知，没有皱一下眉头，依然决然地通知家人延迟了婚礼，还未发出的部分请柬只能锁在抽屉里，她的家人没有一句怨言。

5 月 19 日是超声科党支部书记章建全主任入党 23 周年纪念日，章主任特地上交了一次特殊的党费 2300 元，全部捐赠给灾区。这是患难与共、至高无上的人间真情，这是新时期手牵着手人间友爱的传递。

麻醉科老共产党员、护士长、主管护师张燕，因患“强直性脊柱炎”多次住院治疗，出院后已病休在家，她不顾自己仍然病痛的身体，主动请战回科室上班。

消化科党支部书记谢渭芬主任积极请战，他主动放弃了出国交流的机会，他的行为无声无息，让全科人十分感动，科里人都知道这是一次对学科发展十分有影响的机会，但他放弃了。

退休老干部李兰英和丈夫吴敬德写了请战书，他们说：虽说我们跟年轻人不能比，但我们浑身有力量，我们曾经参加过云南玉溪大地震的救灾，我们有经验。

身为上海市肾脏病学会主任委员的梅长林教授回国后即收到华西医科大学打来的求助电话，反映地震后出现大量挤压综合征、肾功能衰竭患者，而当地血透护士满负荷工作仍无法满足需要。陈静护士长为首的许多血透护士获悉后踊跃报名，奔赴四川成都，以解决血透专业人员不足的燃眉之急。

机关的同志们，几天几夜没合眼，有的眼熬红了，有的喉咙变哑了，有的脚磨出泡了，有的十几天来没有见过孩子一面……

上海张开双臂

5月26日，第一批灾区伤员乘专机抵达上海，部分伤员被运送到长征医院。

上午11:00时左右，迎接伤员的队伍早已守候在医院门口，一辆辆急救车鸣着长笛驰入院区，抢运人员、护理人员们忙碌在担架车的周围。

医院殷学平院长、张安祥政委、舒华中副政委、赵铮民副院长、白立新副院长、蔡剑飞主任、于捷主任、卢根娣主任及贾连顺教授等前来迎接。这个时刻，所有人的心里凝聚着盼望，把内心最真、最诚、最实的祝福送给那些九死一生的伤病员们。

殷学平院长、张安祥政委说：我们长征医院会以最高的医术，最舒适的环境，最优质的服务医治病人，让他们早日康复，尽快回到家乡，回到亲人身边。

病房布置得非常温馨，红十字印迹的白布单让伤员有一种远道而来的安全感，当他们躺在柔软的病床上，领导看望、医生查房、护士打针，望着眼前晃动的人们，几天来或十几天来的疲惫与恐慌仿佛还在昨天，他们好像从噩梦中醒来，不少病员眼角含着泪花。

陈昌荣，男性，43岁，四川省绵竹县拱星白溪村人，中等身材的他在家里是个当家人，一家五口人日子过得和和美美，每天看到花园里种的各种花卉，姹紫嫣红，感到花的绚烂和阳光的明媚。地震当天，他在地里割菜籽，吃午饭较晚，在田边，他突然觉得天色昏暗，灰土飞扬，周围树林被狂风刮得前倾后倒，他拔腿就往公路跑，以为是台风来临了。他挂念着家中82岁的父亲和76岁的母亲。当他跑在公路上，前方20多米的地方是自己非常熟悉的一条河，往常走到河旁要花几分钟时间，突然一股什么力量猛然推了他一下，自己的一条腿神话般地踏进前方的河里，他在河里挣扎，腿部被锐物严重击伤。他左膝内侧副韧带损伤；左股骨内髁内缘骨折；左胫骨平台髁间棘撕脱性骨折……

救治的过程是艰辛的。他从镇医院到都江堰县医院，从县医院到四川省人民医院，几经周折，第四站来到上海长征医院。在亲人解放军的怀抱里，他感到自己身边来了保护神，来了救星，有了一种安全感。

她叫覃明蓉，今年37岁，四川省宜宾市人，她有一个幸福的小家庭。一声雷鸣般的轰响，她只见房屋旋转式倒塌，造成她右尺骨上段粉碎性骨折；右桡骨远端骨折；左第7肋骨骨折；双耻骨支骨折；右肘部损伤；重度贫血。她多处受伤，多处流血，躺在担架上被营救人员抬着奔跑时，感到自己在空中飞旋。这些天来，在她的耳边一直鸣响着喊声："有人没得？还有人没啊"？几乎天天都在幻梦之中。

当她来到长征医院后，见到亲人解放军，虽然手臂骨折了，全身不能动，但她的大脑开始清晰了，双眼灵动了，一句句温暖的话语，在她看来，那真挚的友情比天高、比海深，她的心在翱翔，浑身充满了温馨。

五天战地短信飞"鸽"

五日战地短信是我们抗震救灾生活的真实记录——

5月某日

我们距震中20公里，在一所中学操场，目前没水没电，交通不通，有泥石流，伤员无法运送，也没有饭，中午可能有伤员到了，在准备中。无法洗漱，口香糖有用。没有时间发信息。

现在陆续有病人来了，说是不久就有大批伤员到了。这里的人们非常好，有不少人要求献血。目前还没有条件采血，也不需要。我们留下姓名和联系方法，作储备。从昨天到现在大家都没有休息过，没有吃早饭，有没有中饭还不知道。现在强制轮流休息，一次休息三分之一人员，只休息2小时。

水接上了，但要省着用，不知道能维持多少时间，但电还没有。我们就着饼干和榨菜，垫肚子。东西都是从上海带来的，不知能维持多久。

前去侦察的同行回报，前面有些村子已经没有了，多是山体滑坡、道路不通，无法前进和后送。如果没有电的话，手机也用不了多少时间了。目前多是轻伤员，重的没到。

这里的商店都关门了，后勤的同志买不到东西，很着急，计划去县政府借点大米，借口锅，中饭是烧不成了，看晚饭能否解决。就在刚才，当地老乡一家人送来一锅稀饭，可以喝一点了。饭还不是最重要的，大家缺睡眠是最痛苦的。

病人还在陆续地送来。一是医疗基地的建立，使得病人有地方送；二是交通在渐渐疏通，病人可送了。这里有不少志愿者，不少是高三的学生，也有低年级的学生，还有老百姓，当地还来了一些警官。成都军区汽车17团有6部汽车配合，现在已经离开，当地有个主任在协调一些事情，但也很忙，来了3次。

关于吃的：除了从上海准备的干粮可以充饥，中午当地居民送来一锅稀饭，不到10人吃了，还有一碗米饭，4个人吃了，大多数人没有吃上饭。刚才当地居民送来一茶桶稀饭，全队60多人1人可以吃2碗，当地的老师说，好多人家里都没有米了，晚上都睡在外面。还给我们送饭，令人感动……

5 月某日

刚刚接收一个从茶坪来的伤者，是广东救援队送来的，儿子用了 5 个小时把妈妈背出来，救护人员找到他们前后用了 20 多小时，这要经过磨难，又要经过多少双援手。广东的同行介绍完病情后就说："有没有吃的，很饿。"我们要做的除了处理伤者，马上要给伤者、家属和救护车的司机、工作人员送上水和食品，同时交换相互的情况。

今天我们 1:00 交班，一会如果不忙的话，可以睡一会儿了。

据当地电视台记者说，在北川有近 300 名灾民被救出，其中将有大量伤者。我们昨天接收的病人没有特别严重的外伤，但有严重的脱水及消耗，补充一些液体和食品就好了。据前方报告：安县有两个镇子基本没了。有的地方被埋了两天了，生还的不到 20%，还有更重的根本无法转运。现在已经有不少家属在我们这找到亲人了。又送来两碗稀饭，喝了两碗，舒服极了。据说今天有较大的余震，临时厕所已经建立了，姑娘们在地上挖一个坑，坑上面搭几块板子，周围拉一圈塑料布就能用了。

平素这些专家教授们，有时号都挂不上，排了几个小时的队，5 分钟看完了，在这里，骨科的、普外的、脑外的、泌外的、胸外的、急救的、心内的、呼吸的教授们，现在是随叫随到：某某，骨科的，某某某，胸外的，他们马上就会扑过来，帮助你，不管你是谁，他们就是你的亲人。

5 月某日

今天拂晓，成都军区某某 61 部队 1000 多人从云南奔袭 30 多小时，来到安县，他们就在我们营地门口坐着休息，非常年轻的小战士，我们力所能及地提供一些吃的，他们正在开火做饭，我们提供了大量水。军车像长龙一样看不到头，他们马上又要开进了。有两个中尉来要手套和口罩，我们尽量分出一些口罩给他们，手套就没有了。祝福他们好运，多救些伤者，并平安地活着。

有空投，但不对我们空投，主要是投到灾区。那里的灾民据说一天只有一二两的食品供应，无法出来，还在等待救助。防疫工作越来越重要了，地方的防疫人员每天都来喷药水。北京军区疾控中心也来人了。

5 月某日

刚才开会强调了许多规章制度、纪律，要有长期作战的打算。雨极大，稍晚一点回帐篷的，那就全身湿透了。黄伟灿副校长冲在一线连摔 2 跤，吕一刚副院长把他扶回帐篷，各位主管们找了雨衣去巡视了。

我们的帐篷已经开始漏雨了，希望雨早点停。我们还有个帐篷，那些灾民、那些战士，还有那大坝……我们心急如焚。昨夜江油六级余震，震感强烈，一夜惊魂。男女队员混居一间大帐篷，呼噜声此起彼伏不绝于耳。医疗队全体平安！

今天上午 8 点，我们医院派出由 9 位医疗专家组成的医疗救援队，配合地方医疗队去道路尚未开通的茶坪直接搜救伤者，他们带了医疗物资和 3 天的食品、6 瓶水出发。临行前我们全体人员为他们送行。吕院长动员说了许多,我记住了一条:安全至上,伤员的安全和你们的安全都是第一位的。吕院长请黄副校长讲话,黄副校长就两字“出发!”我们全体队员目送他们出发,默默地为他们祝福。

在挑选小分队去前方时,大家都坚决请战。在早点名时,吕一刚副院长没有解释,只是对没去的同志说“对不起”。有人眼里涌出了泪水。

今天到现在北川和茶坪方向都没有重伤者送来,第 6 天了,昨天下了一场大雨,又有一次较大的余震,转移伤者越来越困难,伤者生还的机会小了。昨天从茶坪送一个伤者要 10 – 20 个小时,要晚上才能到。

现在处理的患者主要是前期手术的伤者要换药、重新石膏固定等,还有感冒的、拉肚子的、过敏的内科患者越来越多。我们带来的普药越来越少了,发药的权限只统一到杨总护士长一人了。缺普药,缺石膏。当我们把药剪开,一颗一颗发给患者,我们感到很内疚,心里在流泪。没办法,没办法,只能这么做,还有更多的伤者。

缺水,现在生水是绝对不能喝了。前两天我们后勤保障的一天要买 40 箱水,每天要消耗 20 多箱。慰问的也有送水的,但不是常项。我们队员要喝水,伤病员要喝水,家属要喝水,志愿者要喝水,送伤员的救护队员和司机们来了,消完毒,我们一定要给他们送水。消耗越来越多,昨天我们营地有了规定,要拿空瓶子去换水,否则没水喝。

要开饭了,今天上午病人不多,队员干活不多,说:“不想吃了,吃了内疚。”吕院长过来,嗓门很大,他是从不跟别人红脸的人,他说:“都得吃,营地可能还要转移呢,必须吃!”自己拿着晚饭先去了,有人也拿着碗筷来吃了。还有人没吃饭,护士在挨着帐篷叫“还有没吃饭的吗?”一个脑外科大夫说“上午吃了 2 个馒头 1 碗稀饭,一上午没干活,没有消化,不吃了。”

5 月某日

今天重病人没有了,还有很多轻病人。没有时间发短信。派出去的小分队今天回,去茶坪县搜救灾民的小分队人都撤走了。余震还是不断,伤病员在分批撤离,今天已派出部分队员在巡诊。昨天李克强副总理去到医疗队探望,今天军委领导要来看望大家。

亲眼看见灾区人民遭受的深重灾难,备感心痛,然而看到全体医疗队员,部队官兵和灾区志愿人员的忘我奋战,又备感鼓舞与振奋。我在监护病房里,负责重伤员的术后监护救治,经过我们夜以继日的工作,使我们又一例大手术患者终于度过术后危险期,大家高兴极了,医生们欢呼在一起,姑娘们流眼泪了。

到今天余震已经数百次之多,6 级余震三次,我们在手术室里感到像在摇篮里晃,头晕目眩,我们已经见多不惊。当地官方传来一个消息,从卫星观察,说北川大坝有个裂缝,如果抗不住余震,大坝有可能决堤,后果不堪设想。如果出现大坝决堤,江油地区意味着所有人被洪水淹没,飘荡在水波巨浪中的人们不亚于电影里泰坦尼克号里的逃亡后果。重病人运走了,医疗队的人也打好行装了,有的静默地坐着,不多讲话,守着病人听通知,不管明天在哪里,今天决不离开帐篷。

勇当先锋

——解放军第411医院赴川医疗队救援纪实

使命召唤

5月14日4时，医院接到上级命令，抽组医疗队赴川执行抗震救灾任务，还在睡梦中的一户户家庭的电话响了。院长周春、政委袁兴金及院党委全体成员召集医院中层以上干部召开紧急会议，传达了上级关于411医院抽组2支医疗队，每队31人，前往四川灾区执行抗震救灾任务的命令，医院以原机动卫勤分队为基础，抽组了两支医疗队，分别由许恒副院长和胡佳乐副院长带领。医疗队主要由骨科、普外科、消化内科、麻醉科等科室组成，其中科室主任、副主任共11名，平均年龄32.3岁。骨科、泌尿外科、普外科、麻醉科几乎是倾巢出动，院长、政委征询大家意见时无一人提出有困难。会议结束后，各科主任立刻马不停蹄的通知本科医疗队员，紧张有序的布置出发前准备工作。在整个准备过程中，没有一名队员有怨言、讲条件、提困难，大家都是以饱满的工作热情、昂扬的精神状态投入到抗震救灾准备工作中。

12时30分，医疗队紧急集合，准备出发，许多同志来不及吃午饭就乘上了开往机场的巴士。医疗队最先来到海军大场机场待命，南京军区高副政委代表军区赵司令员、陈政委提出了三点要求：一是坚决贯彻执行党中央、国务院、中央军委和胡主席的命令，增强遂行保障任务责任感、紧迫感和使命感，全力以赴抗震救灾，发扬听党指挥、服务人民、英勇善战的优良传统，视灾区为战场，把灾民当亲人，以满腔热情投入到抗震救灾之中，为解放军、南京军区争光。二是要坚持高标准，充分发扬军区医疗队伍优势。这次医疗队都是精心挑选的，政治强、业务精、作风硬，希望把此行动当作政治任务，坚持科学筹划，突出医疗服务重点，保证急需，全力协调，顾全大局，为灾区人民服务，以优异成绩当好南京军区代表队，坚决完成党和人民赋予的任务，发扬不怕牺牲、不怕疲劳、连续作战的精神，夺取这场特大地震灾害的最终胜利。三是严格要求、严格管理，服从命令，听从指挥，严守纪律，执行上级命令指示和要求不打折扣，不讲价钱，不计得失，相信一定能不辜负党和人民重托和人民的期望，向党和人民交上满意的答卷。

紫坪铺遇阻

15日凌晨1时，医疗队到达都江堰紫坪铺水库大坝，前进受阻，原地待命。5月的四川如此的冷，车上能翻得出的东西大家都拿出来盖上了。

天刚亮，大家纷纷下车实地察看这一夜究竟是在什么地方露宿的。睁开眼后，只见运输车停靠的公路一面是陡峭的山崖，一面是水流湍急的岷江，路面到处是巨大的裂缝，路边的围栏已被山上的滚石砸得粉碎，满是大小不一的石头，不禁倒吸一口凉气，如果发生余震的话，山上滚下石头连躲避的地方都没有。

大坝上开始热闹起来，不时有一批批徒步行军年轻的战士，背着沉重而潮湿的背囊，肩扛铁镐，喊着口号、唱着军歌大步前进。一批批从汶川逃出的灾民路过我们的车队，只见他们衣衫褴褛、神情惊愕。大家迫不及待地询问有关里面的情况，劫后余生的灾民大多不作言语，只是凄凉地抽泣，此情此景，激起一股冲动，大家都急切地想进去救人。前进道路受阻，后面的车队越排越长，来自301医院、第二军医大学、海军总医院、空军总医院，北京军区、沈阳军区、广州军区总医院以及地方医疗机构多达40支医疗队、60多台运输车在大坝滞留，无法前行。南京军区联勤部姜副部长到国务院抗震救灾指挥部都江堰前指和四川都江堰抗震救灾指挥部向总参孙建国总长助理汇报紫坪铺大坝大量医疗队滞留的情况，强烈要求将进入汶川重灾区的任务交予我部。考虑到紫坪铺大坝医疗队数量众多，孙总长助理决定，由二医大张雁灵校长牵头，协调各单位抽组精干分队，轻装随救灾部队步行进入汶川。

10时20分，指挥部命令抽组40名精干人员准备徒步进入汶川。经向从灾区逃出的老百姓了解，离水库最近的水磨镇不携带任何装备，当地百姓也要走8个小时以上，许恒、胡佳乐队长经研究后决定抽组40人小分队，只带两名护士，每人只带一件大衣和雨衣，留出背囊携带食品和药品，其余人员携带装备物资留守。在路边召开医疗队动员大会，大家都踊跃报名，争着抢着要参加，护士们一个都不愿留下。医疗队根据个人身体情况，确定了小分队名单，等待命令，没安排参加小分队的几个护士留着泪，缠着两位队长要一起进去。

转战都江堰

15时30分，医疗队到达都江堰中学操场驻扎待命，医疗队很快将物资卸载，住在周围抗震棚里的居民也自发前来帮忙，大家顾不得途中劳累和饥肠辘辘迅即搭建起帐篷随时准备接诊伤员。

16日8时，严力生、曹玉书、章益峰、钱海平等率领四支医疗小分队对周边居民区进行巡诊，驻地开始接诊伤病员。余震不断、山体滑坡、危险四伏，进入汶川通道全部切断，都江堰抗震救灾联合指挥部和成都军区抗震救灾联合指挥部决定“暂停一切医疗队进入汶川，就地待命”。

16时，指挥部传来了挺进汶川的消息，消息传来，大家好像听到冲锋的号角，汶川，这个5月12日14时28分让全世界记住的名字，此刻是急需赤胆雄心的勇士前去冲锋陷阵的巨大战场，这是实现理想的圣地，同样是充满着惊险和未知。医疗队员们异常激动，姜总指挥召开紧急会议，下达命令，进行简短的思想发动，要求大家不辱使命，在最艰苦、最危险、最前沿的灾区做出最一流的成绩，同时要求大家要对新的环境有充足的思想准备，毕竟这是刚刚开通道路的险段。医疗队全体人员士气高昂，表示坚决完成任务，并迅速组织撤收。

挺进水磨

16 日 20 时 30 分，医疗队员分别乘坐成都军区提供的 2 辆大客车、5 辆厢式货车从都江堰市开赴汶川县水磨镇，沿路是临时打通的便道，路面非常狭窄、左面是高耸的断岩和悬挂的石块，右边是万丈深渊和湍急的江水，道路两旁到处是从山上冲下的巨石和被砸毁的车辆，到处是被地震撕裂的缝隙，路上落差最大地方将近 1 米。路途险情万分，滚石不断，危险重重，车轮轧着山路边缘缓缓前行，旁边不时传来石头掉落岷江的巨响。在生死考验面前，车上 60 多名队员没有一人畏惧或胆怯，大家心中只有一个念头：快点！再快点！早一分钟到达就能多救一条生命！本来只有 40 分钟的路程，经过 3 个多小时的艰难行进，终于安全到达水磨镇。

4 个多小时后，医疗队终于到达水磨镇。没来得及整理行囊，队员们就立即在菜市场开设野战医疗所，争分夺秒抢救受伤群众。就在这个菜市场里的案板上，他们先后 实施手术 160 余台，成功救治了 1200 多名伤员。派出的医疗小分队深入受灾严重的乡村进行医疗巡诊救治，两天内就跑遍了水磨镇 18 个行政村。硬是把一条条生命从鬼门关里夺了回来。该镇卫生院的领导感慨地说“只有你们的医疗队，才携带器材那么齐全，才能在这种条件下动这些高难度的手术。”

一张张水泥案板，不仅是救人的手术台，也是队员们的床。这些来自大都市的医护人员们，就在这样的床铺上和衣而睡了近 90 天。许多队员身上长了虱子，被咬满了疙瘩，但是为了灾区人民，他们无怨无悔。

5 月 17 日凌晨，该院医疗队在水磨镇积极开展抢救工作的同时，派出泌尿外科郎主任率领突击小分队前往映秀镇救援。小分队到达漩口镇后，前面没路了。从里面跑出来的群众说，只能沿着江边的老路进去，许多地方也没法通行，劝他们不要再往前走了。护士赵秀艳坚定地对他们说“就是爬，我们也要爬进去！”

道路崎岖泥泞，大部分地方被碎石掩埋，山上不时还有石头往下掉；下面是水流端急的岷江，稍有不慎就会随乱石一同滚落。许多时候队员们不得不把身上的药箱和背囊扔到前面，再手脚并用地爬过去。有的地方山高路陡，有的地方泥土松软；频繁的余震让大地不时地颤抖，顽强的意志让队员们坚定地前行。

爬进映秀

19 日 00 时 30 分，南京军区抗震救灾指挥部派尹处长星夜赶赴水磨传达开进银杏乡的命令，经医疗队研究决定，派医疗一队前往，医疗二队继续在水磨镇开展救治。

在沙副部长和尹处长的率领下，由医疗一队许恒队长、曹安定协理员带领 30 名队员，借助济南军区第 127 师的 3 辆军车，赶赴汶川县银杏乡重灾区，执行医疗救治任务。行进的路上时有余震，不断有石头滚落下来，随时有山体滑坡的危险，道路时通时断，过了漩口铝厂时，已经无法分辨道路，只见江边隐约有一条在滑坡泥石流上打通的只能单向行驶的算是道路的泥石道，这是经过铁军战士反复抢修才形成的，特别是有一段约百米的山体严重疏松，一边走滚石一边滑落，铁军战士不停抢修，最终耗时近1个小时才通过，行驶30余公里的路程用了近7个多小时，到达映秀镇已经是下午15:00时左右，因前往银杏乡80%的道路因山体塌方损毁掩埋，无法前行，沙副部长果断下令，立即在映秀镇驻扎设立救护点，迅速展开医疗救治及深入村组巡诊。

医疗队在开设野战医疗帐篷集中救治的同时，医疗队还每天派出小分队翻山越岭走村串户巡诊。路早就被泥石流掩埋了，他们只能从山坡上沿着一些深深浅浅的脚印小心地攀爬，沿途不时会遇到遇难人员的遗体。从里面逃出来的群众睁着惊恐的眼睛劝他们不要再往里面走了。但是，队员们决心已定：就算是鬼门关，也要把军区医疗队的旗帜扛上去！就算是地狱，也要为山里的人们带去希望和光明！

大山深处的黄家村，因为太偏远，一直没有医疗队进去救援。队员们跋山涉水前去诊治，还把带去的食品全部发给村民，自己只以水充饥。一位老大爷流着泪带领群众高呼："共产党万岁！解放军万岁！"

飞进银杏

25日21时20分，许恒副院长召集各组组长开会，传达映秀指挥部命令，派一支8—10人医疗组空降入银杏乡，换防42医院。组长会讨论了进入银杏后可能遇到的问题和困难，并提出了解决的方法，加强与驻扎在银杏乡铁军的联系，在生活上依托铁军，自身携带充足物资，在抽组人员时，尹处长、许恒队长、曹安定协理员争相带队，各组组长及队员争相报名，经研究综合考虑，最后决定：尹处长带队，陈森林任队长，队员为：罗旭耀、单培佳、唐可、陈红梅、胡兰兰，队员们都表示坚决完成任务，医疗队迅速筹集准备医疗物资和生活物资，整装待发。

山体崩塌，道路中断，房屋被毁，只有一条偶尔畅通的空中补给线。汶川县银杏乡成了一座名副其实的震中"孤岛"。这里气候白天热，晚间凉，天气变化很快，地震后断水、断电、断交通，成孤岛一座，活动空间只有狭长的500米，两头都被乱石封死，望不到尽头，短时间内根本不可能开通，运输只有靠直升机或徒步翻山越岭，道路扭曲成麻花状，随处可见被乱石砸烂、覆盖的车辆，临时搭建的厕所就在一片地震时碎石滚落的旁边，泥石流下来，提裤子都来不及。夜间岷江水惊涛拍岸声、不断滚落的噼里啪啦的石块撞击声此起彼伏，还有帐篷上的风雨声，使人无法入睡，也不敢入睡，不时闭着眼摸摸水流进来没有，大地也瞎掺和，余震就如筛糠一样地抖过不停，到银杏两天就被抖了几十次。

空降第二天一早，当得知东界脑村还是一个"无医区"时，小分队队长、普外科副主任陈森林立即率队员徒步前往。刚刚开出来的山路，泥土松软湿滑，蜿蜒陡峭，最大陡坡有70多度，山下泯江水涛声震天，山上不时有山体滑坡，泥土裹着飞石断树滚滚而下，响声不绝。队员们背着药箱，手脚并用，冒着生命危险艰难攀爬，成为灾后抵达东界脑村的第一个医疗队。看到"天降神兵"，村民们愣住了，激动地说："那么险的路，我们都不敢走，你们是咋进来的？太了不得了！"就是这段往返12公里、来回4个小时的"死亡之旅"，队员们几天里就走了4趟，直到把村民们全部转移出去。

6月1日2时，一阵阵脚步声由远到近，“军医，睡了没?”一个焦急的声音在我们帐篷外响起，当时队员刚被山体滑坡的声音吵醒，都还没有入睡，听到叫声，都立即起床。原来是一名铁军的战士，因为连里有个战士突然肚子痛，全身发热，躺在地上起不来了，他来借个体温表测一下体温。大家一听觉得事态严重，因为在银杏这个孤岛的卫生条件很差，吃的水是从山上的泉眼接下来的，只经过简单的处理就饮用了，所以这里的腹泻病人很多，特别是这些战士，能忍则忍，到发展成肠炎才来医疗点医治。当队员到达营地时，那名战士已经痛得缩成一团躺在地上，四周搭的简易帐篷还在漏雨，罗旭耀和单培佳立即把病人抬到担架上，盖上雨衣，测体温39度，腹痛剧烈，诊断为急性胃肠炎。给予解痉，抗炎对症输液治疗，在昏暗的灯光下，迅速的建立了有效的静脉通道。

经过三个小时的输液，这名战士体温退了，腹痛也好了很多。天蒙蒙亮，队员送他返回帐篷，不觉松了一口气，稍微休息，新的一天又要开始了。

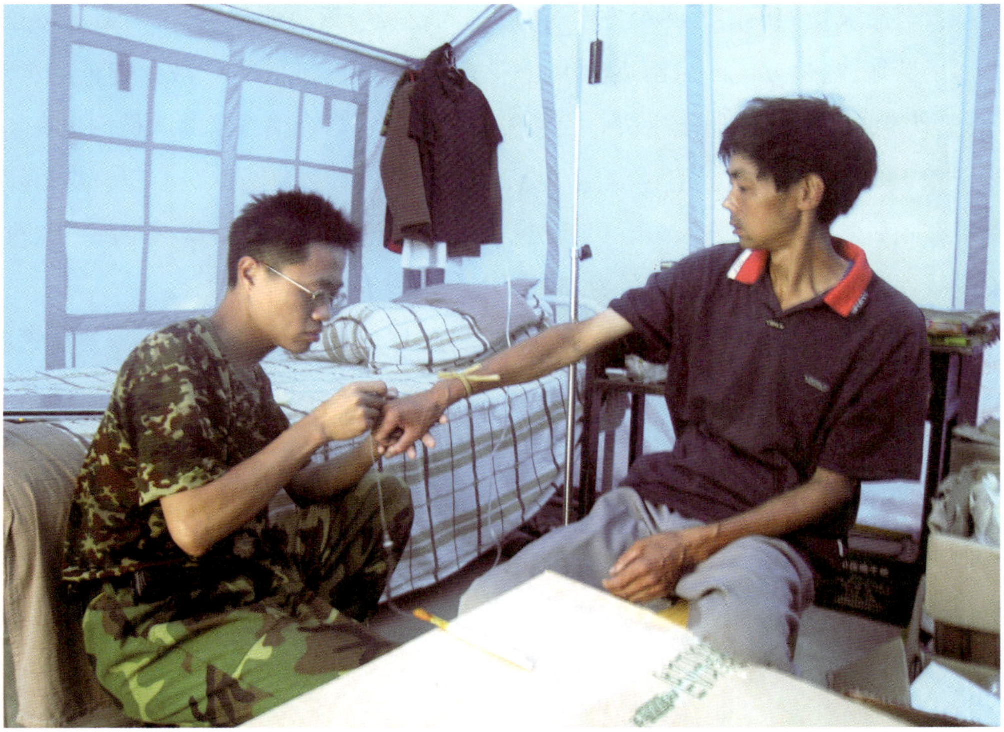

411医院医生在银杏乡救治伤员

在新文坪村巡诊中，队员发现一位面部及双下肢浮肿的86岁老太太，老太太气急不能平卧、不能活动，医疗队心内科唐可博士仔细地检查后诊断为慢性支气管炎合并心衰，老太太女儿一听急了，"咋办"、"咋办"？浓郁着急的四川口音随着急切的目光投向了唐医生，原来老太太地震前就有咳嗽、咳痰现象，由于老太太行动困难，无法登上直升机，病情逐日加重，“强心、利尿、抗感染”，护士长忙着按唐医生的医嘱配好药、输液治疗，每日往返4公里测血压、脉搏、记尿量，观察病人，在队员的悉心治疗下，一个星期后老太太病情明显稳定、逐日好转起来，能自己下地活动了，水肿也消退了，布满皱纹的脸上重新浮起了笑容。“有你们解放军我们就心定了、不怕了”老太太女儿感动的说道，是啊！大灾大难面前，解放军就是老百姓的擎天大柱。

进乡10多天，除得到过一次空中饮用水补给外，医疗队员们几乎完全与外界失去了联系，他们吃干粮充饥，靠两条腿巡诊，偶尔用没被污染的水擦把脸也成了一种奢侈。但就是在这样的艰苦环境中，队员们每天都冒着生命危险巡诊，不间断地进行着医疗救治工作，累计行程200多公里山路，巡诊1900多人次，收治305人次。

搜救遇险直升机

5月31日下午，有架执行任务的米—171直升机在返回成都的途中，由于气候突变在银杏至映秀之间突然失去联系，可能失事，医疗队马上派出队员到驻地附近参与搜救，疲劳一天的队员立即分成两组携带急救药品及担架沿南北两个方向行进、询问村民有没有听到爆炸声，毫无收获后拖着疲惫的身躯返回了营地，吃过方便面后雨逐渐大起来了，帐篷外响起“铁军”战士出征的脚步声，时间就是生命，心里默默地祈祷战士们能尽快寻找到失事的飞机。当晚映秀镇的队员们也在雷雨交加的夜里准备好干粮、水、急救药品、担架、挎着手电筒，随时准备出发接应，队员心里都做好了随时献出生命的准备。在随后的10天搜索失事飞机的过程中，队员轮流携带药品器材跟随“铁军”战士，翻山越岭靠前一线保障，队员们脚磨出泡了，小腿受伤了，但没有一位同志叫苦。

6月2日21时30分，医疗帐篷前传来急促的脚步声与几束手电筒光，骨科罗旭耀医生迎上去，红军师工兵团连长和几位战士扶着一名脸色苍白、手上鲜血直流的战士来就诊，战士名叫杨小程，19岁，云南人，入伍不到一年的新兵。上完简易止血带后，连长告诉我们，当天工兵团在寻找失事飞机任务后就露营野外，不小心被毒蛇咬伤，他当机立断拔出了随身携带的匕首一刀剁下了自己的手指。民间认为夜间活动的蛇往往是剧毒蛇，生长在云南的他意识到蛇毒要威胁自己的生命，情急之下只能先断指保命了，我不禁为他的果敢惊叹、佩服。随即开始清洗伤口，消毒麻醉、补液，给他服下抗蛇毒药片肌注破伤风抗毒素，断指断端指骨修平、止血、设计好皮辨将断端覆盖缝合。小杨战士始终一声不吭、目光坚毅。

由于山区多雨，雨天路滑，当晚12点前后共有三名战士滑倒受伤，其中一个颜面部青肿厉害，满脸血迹，鼻梁扭曲畸形，鼻梁骨骨折需复位，陈红梅护士长找来一根坚硬的筷子，筷子头上包卷好沙布自鼻腔左侧伸进至骨折处顶起，左手握着卷曲的沙布按住鼻梁接应，利用巧劲将其复位，我们一边安慰他，一边给他清洗伤口、消毒、上药。小战士问：医生我会不会破相了，到时可没法找对象了，我们坚定的回答道：不会的！看到我们肯定的表情，小战士凝云顿消，破涕为笑。

救治危重伤员

5月18日11时，陈森林和徐小龙对一名左侧乳房脓肿伴感染性休克、已怀孕8个多月的18岁彝族女孩英卓实施乳房脓肿切开引流术，引流量达500多毫升，并进行积极的抗休克、抗感染、支持治疗，检测了该孕妇的肝肾功能和电解质，用B超和心电监护仪对胎儿进行了胎心监护，确保母子平安。

5月30日12时30分，水磨镇老人村一名村民来医疗点，其家人生褥疮，无法过来，胡佳乐队长立刻派出4人医疗分队前往救治，到了现场，发现褥疮比想象中要严重，27岁的男孩，由于高位截瘫，几年卧床，腿部肌肉已经几乎完全萎缩，腰股部有两处褥疮，一处15*18cm，一处7*4cm，深及骨，表面已感染绿脓杆菌，边缘已经干性坏疽，有强烈异味，钱钢为病人进行约一小时消毒清创，去除坏死组织，抗生素纱布填塞、包扎创面，口服抗感染药物，嘱咐家人定时为病人翻身。胡佳乐队长指示要深入帮扶该患者，并送去牛奶、八宝粥等营养品，定时到患者家里换药。

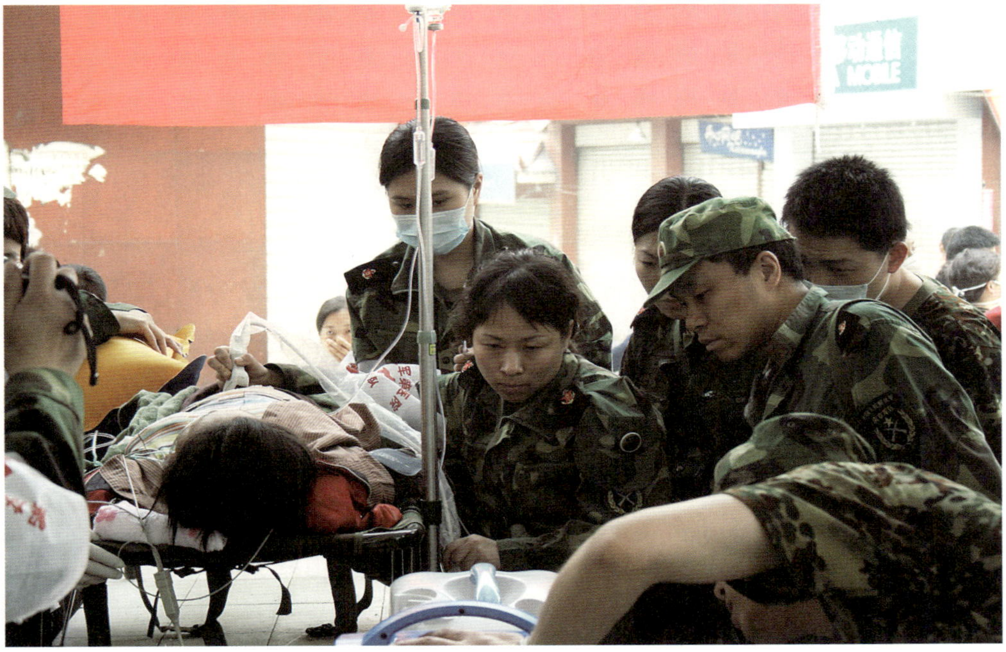

411医院医生紧急救治彝族休克孕妇

6月6日，水磨镇寨子坪村二组居民杨兴林，于6月5日上午8时左右无明显诱因突发心前区疼痛，伴颈部疼痛及头晕，持续约半小时后自行缓解，但患者未予重视，未就诊，5日白天及夜间类似疼痛共发作4次，程度逐渐加重，来水磨镇大市场内301医院医疗队就诊，但该队无输液、心电图检查等条件，转至411医院医疗二队，发现患者神志萎靡，立即给予心电图、测血压等检查，患者有严重低血压(80/60)，脉搏弱，45次/分，心电图示窦性心动过缓，急性前壁心梗，立即给予抗血小板、活血化淤等治疗，告知患者家属病情危重，积极组织后送，但治疗约10分钟后，患者突然双眼上翻、意识丧失、呼之不应，未触及颈动脉搏动，考虑心跳骤停，医疗队员立即进行大抢救，开通输液通道，予以胸外按压，球囊辅助呼吸等处理，约20－30秒后呼吸恢复，意识稍清楚，给予抗心动过缓治疗，约1分钟后患者再次出现四肢抽搐、意识丧失、呼之不应，考虑阿斯综合症，再次给予胸外按压，约1分钟后意识恢复,可触及大动脉搏动,继续给予抗心动过缓、升压等治疗,经全体队员积极、有效、及时抢救,患者病情稍稳定,心率增加至 70 - 80 次/分,血压 120/80,复查心电图示心梗面积继续扩大,组织车辆及人员转送至都江堰人民医院。

水磨镇茅坪子村二组居民王耀明,于 6 月 7 日夜间 21 点 45 分因头晕恶心 1 小时由家属急送至南京军区 411 医院驻水磨镇医疗队。患者既往无高血压、脑卒中等病史,于当晚 21 时左右工作时突然发病,出现剧烈头晕及视物旋转,伴恶心,询问病史,在发病前该患者曾出现腹泻、稀便 4 次,来我医疗队后立即给予心电图、测血压等检查,建立静脉通道,检查发现患者血压 130/80mmHg,心率缓慢,60 次/分,心电图示窦性心律。诊断眩晕症,椎 - 基底动脉供血不足,给予脱水、改善微循环、活血化淤等治疗,经治疗后,患者症状明显缓解,头晕、恶心症状消失,观察病情至次日凌晨 1 时,患者无不适,嘱回家后继续观察,并要求患者至上级医院行头颅 CT 检查。

6 月 9 日,水磨镇郭家坝村一组居民董冰霜,于 8 日夜间饮酒后(1 斤白酒)误服敌敌畏,出现昏迷,于 20 时 40 分送至我医疗队,送来后发现患者处于昏迷状态,呼之不应,血压 150/80mmHg,双侧瞳孔大小正常,直径约 4mm,对光反射灵敏,压眶反射存在,心率及呼吸尚平稳,心电图示窦性心动过速,心率 102 次/分,诊断有机磷中毒明确,立即给予留置胃管,但由于缺少洗胃机,给予人工洗胃,先后共用 5000ml 液体洗胃,同时给予解磷定、阿托品等特效药物解毒治疗,由于患者神志不清,为患者导尿,因流出尿液 300ml,并加强利尿促进毒素排泄,经上述及时有效的治疗后,患者意识稍恢复,但病情仍较重,需进一步观察及治疗,21 时 40 分,经过 1 个小时紧急抢救,我医疗队积极安排车辆将患者送往上级医疗单位。

6 月 18 日,四川电信 05 分公司职工刘学华在水磨镇变电站抢修电信线路时不慎触电后昏迷,从两米高处跌落,约 10 分钟左右于 14 点 05 分送至我医疗队就诊,经查体:意识丧失,左侧瞳孔散大到边,对光反射消失,右侧眼球凹陷,呼吸心跳停止,大动脉搏动消失,血压为零,全身紫绀。给予胸外心脏按压、气管插管、简易呼吸器人工呼吸、心电监护除颤仪除颤等抢救,经全队人员持续紧张有序的抢救,患者于紫绀消失,瞳孔缩小,自主呼吸恢复,恢复窦性心律,血压逐渐升至 90/60mmHg。

7 月 3 日,眉山市仁寿县观寺村村民曹光明,因搭建板房时右足背不慎被钢板严重割伤,导致右足背动脉完全断裂,喷射性出血,伤后约 5 分钟送至我医疗队,失血约 500ml,第四趾伸趾肌腱完全断裂,第二、三、五伸趾肌腱处有部分断裂,最长处伤口约 5cm。钮心钢、王毛毛、钱海平等队员立即行清创缝合、动脉结扎及肌腱吻合术,伤口共缝合 26 针,并以卷式夹板固定,术后予以静脉抗生素治疗,安排后送至都江堰医院行进一步治疗。在水磨镇只有我医疗队有技术条件开展此手术,该伤员若不经及时治疗,可能导致失血过多,右足可能落下残疾,病人及家属对医疗队及时医治和高超医术衷心感谢。

神圣的天职

——中国红十字会华山医院紧急救援队纪实

汶川大地震发生不到24小时，复旦大学附属华山医院就接受中国红十字会总会派遣，迅速成立了一支由各科室的业务骨干组成的21人的抗震救护队，由汪志明教授任领队。在这支21人的救护队员中，有近一半是中共党员。

5月14日上午11时10分，一架东方航空公司的客机满载着上海市委、市府和上海人民对四川地震灾区人民的一片深情，拔地而起，呼啸着直冲云霄，向巴山蜀水疾飞而去。同机而去的还有其他几个医院的上海首批医疗救援队。

此时此刻，座舱内，100余位上海白衣战士的心情如同这腾空而起的飞机，在他们的心中只有一个念头：快些，快些，再快些！早到一分钟就能早施救一个灾民……

尽快赶到最前线

救死扶伤，是白衣战士的天职。为了这一份神圣的天职，白衣战士们义无反顾，勇往直前，哪里有伤病员，哪怕天崩地裂，山呼海啸，就会出现白衣战士的身影。

大地震发生时，汪志明教授与骨科的吕飞舟副教授正在青岛参加奥运红十字救援演练。汪教授与吕飞舟一合计，他俩立即打电话给医院领导，主动请缨，要求奔赴抗震救灾第一线，获准后，他俩马上改签了机票，于当天返回了上海。

5月14日下午2:40，满载着上海人们重托的救援队专机紧急抵达成都双流机场。根据中国红十字总会和上海市卫生局的部署，中国红十字会华山医院紧急救援队必须于15日到达绵阳市安县参加救援工作。

时间十分紧迫，灾情要比预想的严重：救援队到达四川后所遇到的第一个难题是，买不到饮用水。副队长吕飞舟四处奔波，结果还是一无所获。正在此时，成都峨眉山宾馆的同志们四处“挖潜”，为救援队送来了240瓶矿泉水！

吕飞舟要付钱给前来送水的工作人员，他们怎么也不肯收一分钱，他们只有一个“要求”：和上海来的救援队员们合影留念。

救援队出发前，华山医院紧急筹备了随队携带的必备药品、急救物资及生活必需品和防护用品。但由于机场流量限制，载送救援物资的货机要比医疗队员晚6个多小时才能到达成都。在当地志愿者的帮助下，医疗队找了一辆大巴赶到机场等候救援物资，没想到却因故无法提货。汪志明队长焦急万分，四处找人想办法。几经周折，寻寻觅觅4个多小时，才终于找到自己的“货物”。队员们争先恐后地把20多箱医疗物资搬上大巴,此时,已是5月15日的凌晨2点了。

人货齐全,领队命令:立即出发!

屋漏偏遇连夜雨。没想到,大巴走了没多远就熄火了。经过一番忙碌的检查、修理,好不容易车发动起来了,但新的毛病又出现了:尾气口直冒火星。病车载重物,在平时,这样的车绝对不允许再行驶了。可医疗救援队为了抢时间,汪志明让队员们全都坐在靠近车门的位置,继续前进。

开往安县方向的成绵高速公路上,到处可见排成长龙的军车、自发赶往灾区救援的志愿者出租车。公路两旁一边是滑坡后的山坡,一边是临时搭建的简易帐篷,群众自发捐赠的物品堆积在各个捐赠点上,一派战时的情景。

进入绵阳段,到处是断墙残壁,满目疮痍。汪志明一路不断向沿途群众打听:"哪里灾情最严重?""哪里可以最快进入?"离灾区越近,道路损毁越严重,行使也越困难。大巴在满是乱石的公路上歪歪倒倒地行驶,活像一个"不倒翁",终于,在一座陡峭的山坡旁,大巴再也开不过去了。

弃车!队员们背上器材徒步前进!

背着几十公斤的器械在乱石堆里艰难地前行,这对长期工作在大城市的队员们来说,无疑是一个挑战。可大伙没有退却,有的摔倒了,爬起来再行;有的脚磨破了,咬咬牙,再行;大家相互搀扶着,你帮我,我帮你,此时此刻,在大家的心中只有一个心愿:前行!尽快地前行!早一点到达救援点!

课桌成了手术台

经过长途急行军,上午9点多,中国红十字会华山医院紧急救援队终于赶到茶坪境内,成为上海医疗队中第一支到达重灾区的医疗救援队。

山坡上,羊肠小道上,到处是灾民,到处是伤员,呈现出凄惨的景象。这些伤员很多是经过几天的爬行,从山里逃出来的。队员们立即开始临时救治,一边救治,一边向山民了解情况。灾民告诉队员:从茶坪至北川必须先到达千佛山五福村,大量伤员就是从那里运下山后再进行救治的。救援队当即兵分两路——

一路:冒着余震、滚石和泥石流的威胁,经山路到五福村勘察情况;

另一路:则到山下各处踩点,选择合适地方建立医疗站。

经过一天的信息汇总,副队长吕飞舟,是中国大陆接受世界红十字会ERU灾难紧急救援队项目培训的第一人,运用其在挪威学到的野外救援知识,果断决定救援队驻扎在距茶坪晓坝20公里的安昌镇西苑中学操场。

安昌镇西苑中学,在那里聚集着大量无家可归的灾民。这里不仅需要基本医疗救助和大量防病防疫知识的培训宣传,而且还是北川、高川、茶坪、秀水、晓坝等大量受灾伤员运送到达的第一站。医疗队在那里与几乎"瘫痪"的安县人民医院合作,接收了大量伤员,运用精湛的技术和基本医疗物资进行着最为及时的救治。

灾民不断带来新的伤情消息。在已经呈70~80度陡峭斜坡的山林间，灾民们冒着余震的危险，继续往外撤离，其中一位山民带出了救灾志愿者写的纸条："茶坪有近千名伤员无法转运出来，且已经发现一些尸体。"

新的灾情，就是无声的救援命令！

汪志明队长立即与红十字会和卫生部前方指挥部联系，希望他们派直升机前往茶坪镇援救。与此同时，队员们决定分成两组——

一组携带医疗用品，在当地志愿者的协助下，继续赶往茶坪镇。他们携器材、药品徒步3公里，到达山路塌方处，为沿路的伤员进行临时治疗；

另一组迅速赶到绵阳安县老城西苑中学，在操场上搭建临时医疗救助站。

他们用课桌椅拼成诊疗床、手术台，在余震不断的险境中，迅速开展救治。当天就做了9台手术，救治伤员22名。

和医疗救援队员一起工作的是安县人民医院的医务人员，他们的无私奉献精神也为上海救援队员树立了榜样。他们当中的有些人，房屋被震毁了，家没了；有的失去了亲人；还有的和亲人失去了联系，一直没有音讯，但他们无暇搜寻埋在废墟中的亲人，一直战斗在救灾第一线。

在以后10多天的时间里，中国红十字会华山医院紧急救援队与安县人民医院的医务人员默契配合，取得了不小的战果：十多天来，他们共抢救伤员384例，完成手术96台。

救治点，灾民的定心丸

救治点建立起来了！

印有中国红十字会和华山医院标识的队旗在安昌西苑中学高高地飘扬。

"红十字"旗，救援队队旗，是灾民们的希望；救治点，是灾民们的定心丸。

骨科医生忙碌着为伤员清洁创面、包扎固定；

神经外科医生忙碌着为伤员清除头颅皮下血肿、检查神经系统损伤程度；

外科医生忙于缝合伤口、留置导尿；

麻醉科医生随时待命，心肺复苏、不断地帮助开放静脉通路；

内科医生忙于老年伤员的心肺查体及药物供给；

男护士们不仅帮忙搬运伤员、同时还负责伤员信息登记、药物清点、补液更换等工作……

忙碌了一天的队员们，顾不上吃饭，利用短暂间隙吃些压缩饼干、速泡面充饥。医疗救治点聚集了大量灾民，他们失去了亲人，不仅精神上极度的痛苦，而且忍饥挨饿。救援队队员就主动把自己的物资送给灾民。他们说："和那些无家可归、家破人亡的灾民相比，我们这点苦算不了什么；我们只有尽快减轻他们的痛苦，内心才有点安慰。"

晚上，救援队在曾经堆放过遇难灾民尸体的空地上搭起了休息用的简易露天帐篷。队员们两人一组轮流值班，以保证伤员能得到及时的医治。

有一天深夜时分，救治点来了一位重危病人，患者心跳微弱，瞳孔散大、呈点头样呼吸，病情危急。麻醉科张军副教授当机立断，紧急插管，在金毅副教授、楼浩明医师的协助下，病患逐渐有了自主呼吸。等患者生命体征逐渐恢复后，他们马上把重危病人送到县医院进一步诊治，终于将这位重症病人从死神那里夺了回来。

随着搜救时间的推移，病情更加复杂和严重的伤员越来越多。医疗队逐渐觉得现有的基本医疗设备已经无法满足需要。所幸的是，这里陆续建立了许多军队医院救治点。于是，汪队长和队员们配合当地行政部门，与其他医疗救援队及志愿者保持密切联系，在必要时，协调进行转运伤员的工作，使得病情严重的伤员可以尽快送至条件更好的野战医院，获得进一步医治。

在安昌西苑中学所设立的救助点已成了当地灾民心中的“生命中转站”。但一场突如其来的狂风暴雨及余震，在一夜之间将这个“生命中转站”摧毁得惨不忍睹。

5 月 18 日之夜，救援点被摧毁了。是留守还是撤退？安县人民医院的护士长悄悄地告诉救援队：许多灾民已经把上海救援队设在这里的医疗救治点看作成了一种保障，一座象征希望的生命绿舟。她说：“只要救治点在，灾民们就放心了。”

一句朴素的话，让队员们再一次感受到了心灵的震撼。他们意识到，救治点，它的存在和坚持对于灾民和伤员心理慰藉的意义是无可替代的。它就像是那茫茫大海上的灯塔，给了黑暗中的人们以生的希望。

他们决定：原地重新搭建救助站！

每一种守望让人感动

中国红十字会华山医院紧急救援队以救治点为基地，不断向周边地区开拓，希望能让更多的灾民在第一时间得到医疗救治；另外，救援队还不时派出队员在当地志愿者的指引下经山路徒步进入茶坪，一步步接近救治伤员的最前线。

行路难。头上，是不断滚落的山石；脚下，是一次次的余震。救援队队员不顾危险，守候在通往重灾区茶坪乡的逶迤曲折的山路口。

解放军、消防、武警官兵深入山区寻找灾民，他们用简易的担架把受伤的灾民艰难地运出山外。救援队队员在第一时间为灾民进行消毒、救治。在这条生命线上，他们见证了太多的奇迹和感动——

一对 70 多岁老夫妻平日三代同堂，儿孙承欢膝下。惨绝人寰的地震发生后，从瓦砾中爬出来的老人一无所有，他们一路风餐露宿，互相搀扶着徒步走了 2 天 2 夜，好不容易才走下山。守望在山壁的路口的救援队员给他们检查身体，消毒，并把自己的食品让给他们。

一名百岁老人被解放军救出后，她的孙子背着老太太走了近 9 个小时，来到救治站，受到惊吓的老人神情呆滞。队员们一边小心翼翼地为老人清理、包扎伤口，一边不停地安慰老人。老人的情绪逐渐稳定，开口说话了。站在一旁束手无策的孙子终于松了一口气，高兴地说："今天是我奶奶104周岁的寿辰呢！"队员们纷纷上前向老人祝寿："您以后的日子一定会过得更好！"老人露出了笑容。

一位中年妇女爬了7个多小时的崎岖山路，好不容易下山来，经过简单的包扎后又要回去。第二天下午，西苑中学救治站收到救护车送来的一位老太太，经检查腰椎骨折。老人的家属正是那位中年妇女。这位妇女说，亲人受伤了，她只能下山求援，直到6位武警战士往返16个小时才将80高龄的老人抬下山。队员夸她是好女儿，她则告诉大家："老太太是我婆婆"。

5月16日，解放军在安县救出3名被压在废墟下90小时的北川曲山小学女学生，其中一位叫蒋瑀琪。她被送到华山医院医疗救治点时，腿部骨折、神经系统已经受损。小瑀琪断断续续告诉救援队员叔叔：地震时，全班同学被压在废墟下，老师当时就被塌下的水泥块砸死。她晕了过去，清醒后发现右腿被天花板牢牢地卡住，身旁躺着2名女同学。她们没有哭泣，而是在黑暗中不停说话，相互安慰：就这样，没吃没喝，硬是支撑了90个小时。小瑀琪顽强的意志和镇定的表现，深深地打动了每一位救援队员的心。救援队队员给小女孩做了清创、包扎、固定术，并立即安排将她送往后方部队医院接受更好的救治。与此同时，大家帮忙打听着小瑀琪父母的消息。这对父母在几近绝望的时候得知女儿的消息，喜出望外……

5月18日晚，华山医院救援队的队员驱车两个多小时前往后方部队医院，看望被救治的女孩蒋瑀琪。她的父母热泪盈眶，紧紧握着队员们的手不放。懂事的小瑀琪轻声告诉叔叔们：她长大后也要当一名白衣天使。地震使小瑀琪的家变得一无所有，汪志明教授提议，大家决定以"中国红十字会华山医院紧急救援队"的名义资助小瑀琪到大学毕业，帮助她实现"长大当白衣天使"的美好愿望。

5月24日，蒋瑀琪已住进设施完备的复旦大学附属华山医院病房，身体恢复良好，白衣天使在小女孩的心中张开了美好的翅膀！

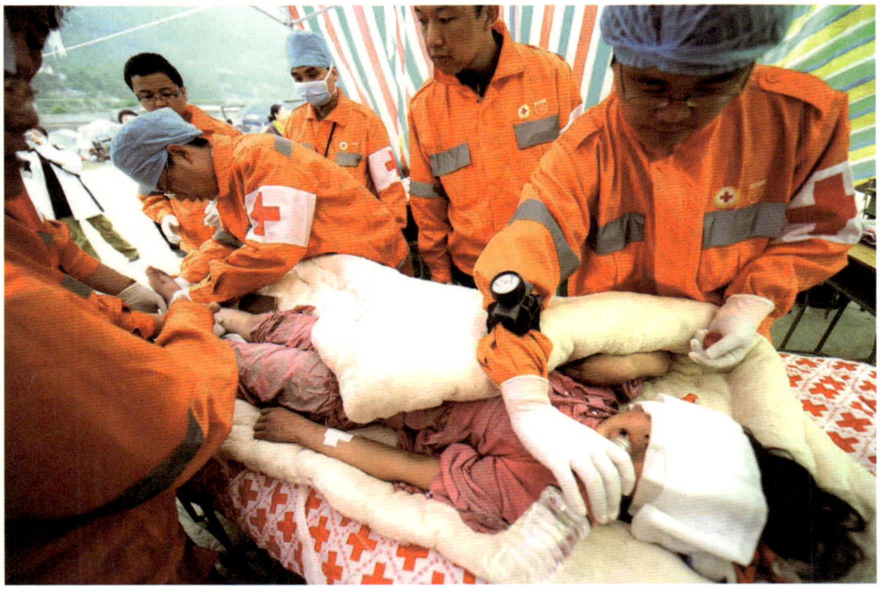

华山医院医疗队救治被困87小时的小学生蒋瑀琪

大家在为灾区守望相助的同时，也和家人相互守望。副队长吕飞舟的父亲吕震邦得知儿子奔赴抗震救灾第一线，立即写信鼓励："作为医生，救死扶伤是你的天职，现在正是你为国尽忠的时候……"吕飞舟也给父母回了一封简短的信："选择了医生这个职业,就是选择了一份无法推卸的责任……"

队员朱炎逢牵挂着已有6个月身孕的妻子。年龄最小的许耿好奇地问小朱:"给孩子取名了没有?"这个话题立刻引起了大家的兴趣,大家七嘴八舌,最后一致通过:如生男孩就叫"镇震";如生女孩则叫安琪,这有双重意思:一是纪念他们在安县抗震救灾,二是庆贺蒋瑀琪的新生……

在抗震救灾第一线,大家守望相助,每一种守望都让人感动!

处方笺上的入党申请书

共产党员的先锋模范作用一直体现在华山医院紧急救援队中。

在21名救援人员中,有近一半的中国共产党党员,队长汪志明就是其中的一名优秀代表。他身先士卒,4次冒着山石崩落,山体垮塌的险情,进入山区送医送药。他每天工作到最晚,和副队长吕飞舟一起研究灾情及下一步的工作。连日的辛劳使他出现了呼吸道感染,恶心呕吐,但他还是坚持不下火线。

在救援行动中,脏活、累活、危险性高的活,党员总是抢在最前面。一天,救护车送来一位老年男性病人,他除了手部有外伤,还长期患有尿失禁,加之在废墟下被埋两天,所有的排泄物都在身上,浑身散发着一股刺鼻的异味,4位党员不顾一切,抢着抬起担架把病人挪到简易病床上进行救治。一人迅速地帮病人留置好导尿管,一人负责处理包扎手部的伤口,还有一人则很耐心地给患者喂食喂水。看着他们忙碌的身影,队员小朱受到了深深的感染,他心灵深处浮现了一定要加入中国共产党的想法。他向队里提出了自己的要求,立刻得到汪志明支部书记的肯定。

和小朱一样被感动的还有张军。尽管他在高中期间曾参加过党章学习小组,但由于当时条件不够成熟而未入党。这次亲历抗震救灾,亲眼看见党员们的行动,心头一遍一遍地回放着难忘的一幕幕场景:

队长汪志明教授团结当地的医务人员和志愿者,为化解灾民的情绪谆谆引导;副队长吕飞舟副教授以身作则,积极救治各类伤员;黄钢勇除做好本职工作外,每天深夜值班时认真写队志;李骥一丝不苟地负责记录及通讯;夏敬文无论是医治病人,还是宣传防病防疫,都既细心又耐心。

他们是冲在第一线的医生,更是光荣的中共党员!是一群有情有爱,乐观向上的人。他也主动找领队汪志明谈自己的想法。汪志明听了非常高兴,连声鼓励,希望他以更高的标准要求自己,积极向党组织靠拢,并指导他写入党申请书。没有白纸,他们就向安县人们医院要了几张空白的处方笺,认真书写入党申请书。

5月22日——一个特殊的日子。

华山医院救援队前线临时党支部召开支部大会。得此消息,安县人民医院的颜护士,冒着生命危险从危楼中找出党旗,张军、小朱在鲜艳的党旗下满怀深情地宣读入党申请书。临时支部书记汪志明噙着泪水说:"让我们共同见证这庄严一刻!"五名党员神色庄严地站在党旗前,对两位年轻人提出了鼓励和希望。现场的气氛感染了每一个人,汪志明说:"这是我有生以来参加过的最有意义的一次组织生活”。

不是尾声

人道主义精神在继续。

天灾无情,人间有爱。有着百年的历史的华山医院全体医务工作者,时刻铭记“人道、奉献、博爱”的红十字会精神。救援队员在山崩地裂的前方浴血奋战,华山医院的同仁们在后方积极配合。每天编写《前线即时消息》,及时报道医疗救援队情况;院领导多次看望救援队员的家属。上海市红十字会会长谢丽娟等领导还兵分三路,走访并慰问正在前线抗震救灾的队员家属。

在第一批医务人员奔赴灾区参与前线救援的同时,由复旦大学附属华山医院为主,妇产科医院、儿科医院参与的第一家中外合作的中德红十字野战医院也在都江堰成立,在今后相当长一段时间内将为当地近25万社区人群提供医疗服务。与此同时,复旦大学附属华山医院运用远程会诊技术,开辟灾区外的救援“第二战场”。在远程会诊中心,专家与位于地震灾区的阿坝州人民医院的医务人员连线,接收对方发来的病人X光片等病理资料,通过网络视频向对方了解详细的病情,然后提供适当的治疗方案。因地震中伤员大都有多个部位的损伤需要进行综合治疗,其中脑外伤、脊柱损伤、四肢骨折等伤患较多。华山医院神经外科和骨科的专家教授们义不容辞地担当起“遥控”指导的工作,随时提供帮助。

院长丁强和院长助理邵建华、靳建平前往抗震救灾医疗救助前线慰问奋战10多天的第一批医疗队员。他紧紧握住汪志明的手,动情地说:“你们的医疗救援工作开展得很好,每次在后方看到关于你们的报道,都让我们十分感动,你们无愧于华山的光荣称号!”他嘱咐即将投入紧张奋战的第二支救援队员:一定要注意自身安全,充分发扬“人道、博爱、奉献”的红十字精神,及时为灾区民众提供医疗救助。

救援接力棒薪火相传。当队长汪志明将那面飘扬了十多天的队旗移交给第二批救援队时,这支赴川中国红十字会华山医院紧急救援队员的使命仍在灾区延续。华山人还在继续为爱出征……

汪志明在结束医疗救援工作后准备返沪时,却意外地在机场候机厅里遇到刚抵达绵阳,准备帮助灾区重建家园的亲哥哥汪志伟。两人隔着候机厅的玻璃相互挥手招呼,短短的一分钟,简单的一声问候却胜过千言万语。远在千里之外的上海,他们瘫痪在床的老母亲为有这样的好儿子而感到骄傲!

与四川同行一起奋斗

——上海交大医学院附属仁济医院抗震救灾医疗队纪实

出发，争分夺秒

灾情就是命令！5 月 14 日下午 2 点，四川成都双流机场，一支由 18 名医疗骨干组成的上海交通大学医学院附属仁济医院抗震救灾医疗队火速抵达。每位队员在衣领上都写下了包括姓名、血型在内的个人信息，并做好了一切危难的准备。虽然从上海到成都用去了几个小时时间，但用领队王坚的话说——“其实，我们全体队员的心两天前就已经飞了过来”。

没有一刻停歇。根据四川省卫生厅和上海市卫生局的指挥安排，仁济医疗队被编入四川省人民医院组成的抗灾医疗队，立即组织投入抢救伤员的工作。在医院前广场，这个本来当作停车场的地方早已成为救援专用通道。不停呼啸而过的只有 120 救护车，一个岗亭已经成为救援工作总指挥部。

四川省人民医院是四川省卫生厅直属医院，拥有 2000 张床位，是四川规模仅次于华西医院的三级甲等医院，院内设有四川省医疗急救中心。

“地震发生后 40 分钟我们就收治了第一名来自都江堰的地震伤员，在震后 24 小时内，我院已经抢救、治疗了来自都江堰、彭州、郫县、绵阳等地的伤员 500 余人次，我们的医护人员已经连着三天每天仅睡二三小时。”负责接待的该院领导面对这第一支抵达的整建制医疗队，言语中充满感激与期望。

两周后，王坚带着他的医疗队，带着灾区人民和省人民医院同行回赠的感激之情离开了四川。回首这十多天的光阴，他的内心久久不能平静。

总理让我们更坚强

5 月 24 日，对所有仁济医院赴川抗震救灾医疗队员来说是个值得铭记的日子，也是领队王坚永远不会忘记的日子。

这天恰逢王坚四十岁生日。本来这个在灾区的生日将变得平常无比，甚至因为工作的繁忙可以忽略。但是，温家宝总理在回良玉副总理、四川省省长刘奇葆、卫生部党组书记高强陪同下，来到了四川省人民医院慰问受伤群众和奋战在抗震救灾第一线的医务人员。闻讯而来的广大群众将医院广场围得水泄不通。总理饱含深情地向在场人员挥手致意，并和大家一一握手，顿时全场响起热烈的掌声。温总理在得知上海医疗队一直与当地医务人员共同奋战在救灾第一线时，握住医疗队队长王坚的手说道：“感谢你们，感谢上海！”

此时，队长王坚代表的不仅仅是仁济医疗队，更是 1900 万上海人民啊！温总理的话让大家变得更坚强。

在震中地区，队员们一直住在帐篷里。而为了防震，帐篷不得不支在远离危房的山坡上。帐篷底下都是高低不平的山石，队员们笑称睡在了按摩床上。灾区的蚊虫尤其厉害，即使躲在帐篷里也不能幸免，冯宇常常在早晨醒来时发现自己已经给叮得“遍体鳞伤”，边赶蚊虫边说：“我们是在与震斗、还要与蚊斗”。

仁济医院医疗队员在余震中露宿街头

由于帐篷不够，赵刚住在了用浴帘临时搭建的简易帐篷里，半夜的大雨浸湿了防潮垫和睡袋。第二天，红肿了双眼的他却笑着对大家说，体会到了“水淹七军”的感觉。其实，并不是队员们天生乐观，而是因为身边的灾情使每个队员都明白，相对于灾民们的处境来说，这点困难又算什么呢?!

苗青由于连日的繁忙工作，整夜在外露营，第二天上手术台时出现了剧烈呕吐，随即虚脱晕倒了。醒来后，她坚持不肯回驻地休息，坚决要求继续工作。同样，陈洁萍由于连日劳累出现了发热症状，得知生病的同志有可能要提前回上海，陈洁萍发短信给领队王坚，表示现在灾区是最需要医务人员的时候，自己所在的 ICU 又都是危重病人，一点病痛没有关系，坚持要继续留下来工作。

救灾的过程也是队员思想不断升华和成熟的过程。在身边党员的影响感召下，四位队员递交了入党申请书。苗青在病床上写就的入党申请书中写道：“平时安逸的生活中，很难想象在国家遇到危难时刻，我是否能站出来接受考验。现在，我能很肯定地告诉我自己，也很肯定地告诉党组织：我能！

苦和累怕什么，生和死也不能左右我坚定的意志”。就在医疗队返沪之际，两位入党积极分子冯宇和刘箐的入党意愿也水到渠成，医院党委在充分听取了前线党支部的意见后，肯定了两位同志的工作表现，批准他们火线加入中国共产党。

忘我工作，才能表达对灾区人民的一片情意

其实，从刚到达成都的那一刻就注定这次救援经历将会异常艰苦。一到四川省人民医院，队员们就得知已经有200多个骨科病人被送到这里，并且省人民医院的5支医疗队正在震中地区开展工作。5月15日，这家医院仅存的20名骨科医生至少还将接收200名骨科病人。于是，所有志愿的骨科医生都被集中起来，医院8个手术室同时开放，用连夜通宵手术来“消化”当天收治的所有病人。

与此同时，省人民医院组建了多个临时病房，由仁济医疗队和省人民医院各科医生组成的多科联合救援队还承担起了救治伤员的重任。刘沙负责应急1病区工作；张晓华、陈海戈负责应急2病区工作；领队王坚负责总协调指挥及与上级部门的联络，并参加赵刚、徐欣辉负责的应急3病区工作；潘耀华负责应急4病区工作；陈宗南、王莹、陈洁萍负责外科ICU工作；周仁龙、齐波参加麻醉科工作；刘箐、周穗、朱玲、苗青参加手术室的手术工作。

王伟和冯宇是此次仁济医疗队中的两名骨科医生，他们带着手术室护士苗青、朱玲经过简单的工作熟悉后，立即组建了骨科手术小组。从当天晚上10点到第二天上午8点，他们一刻不停地成功实施了4台手术，第一个48小时内他们共完成了12台复杂骨科手术，诊治病人70余例。

一位来自北川灾区的80多岁老人给冯宇留下极深印象。当时，他和王伟接到医院通知参加一台截肢手术。来到手术室，病人已经接受全身麻醉，等待她的将是一个救命但是略显残酷的手术。但是，在两位主刀医生眼中，老人的双下肢虽然严重受压后，有一定的组织损伤和血运障碍，但是经过仔细检查分析后，他们发现下肢的青紫还有可能是因为患者长期的慢支病史导致严重缺氧，而且在呼吸机辅助通气，缺氧改善后青紫已经有明显的好转。这两条腿能保住，老太太的晚年生活应该可以不在轮椅上度过——这个信念坚定地出现在两位骨科医生的脑海中。的确，经过几个小时的努力，他们成功了。

“我和王伟可是在科里经过激烈竞争后才入选医疗队的，一定要忘我工作，尽自己所能，这样才对得起那么多同事，才能表达对灾区人民的一片情意”，冯宇说。其实他避而未谈的还有他“狠心”地抛下了临行前因先天性心脏病复发晕倒的妻子和刚满两岁的儿子。由于两位骨科医生出色工作，他们很快得到了省人民医院同行的认可，并被正式编入骨科抗灾救治队，独立带组诊治病人。

次日，在都江堰中医院垮塌废墟中得以生还的两名护士被送到急诊科。一名护士因左上臂皮肤有水疱，伴有明显的肿胀，手臂有神经损伤和骨筋膜室综合征，当地的外科医生决定为她截肢。另一位护士双下肢受压，肿胀明显，当地医生倾向于做切开减压术。冯宇和王伟仔细检查了病人之后，认为病人年纪还轻，受伤肢体的血供也比较好，可以保守治疗，以保全肢体。以后，两位医生每天都去查房,关心这两位护士的病情。在他们看来,这两位护士的肢体得以保全,更大的意义在于将会有更多的病人在她们的精心护理下得到康复。

五把锁都锁不住的护士

5月13日,仁济医院血液净化中心副主任护师王咏梅接到这样一条短信:四川成都需要您的支持!

5月14日,她又一次收到这样一条短信:做好明天去成都的准备。

这样一个十万火急的求助短信最初来自四川省医学会肾脏病分会主任委员张莉。5月12日还在欧洲出差的她获悉四川发生大地震后,马上返回中国的同时,职业敏感性让她知道会有很多挤压综合征导致的急性肾衰病人需要血液透析治疗。于是她向包括王咏梅在内的血透专家发出了求助。

同一天,仁济医院接到四川省人民医院希望派遣血透专家赴川支援的紧急求助传真。

五年前曾经指导参与四川省人民医院血透室扩建的王咏梅二话没说地答应了下来。家里没有人打理,她只能打电话向以前的保姆寻求帮助。13岁的儿子听到妈妈要出差先是沉默,然后说要买五把锁将妈妈锁在家里。其实,对于这时的王咏梅,无论几把锁都难以阻止她奔赴灾区了。

由于第一批医疗队已经先期抵达,所以王咏梅是单独前往的。5月15日下午,刚刚来到省人民医院的王咏梅扔下行李直奔医院急诊室ICU。

然而,面对她的是来自全国捐赠的各种血透机和一位不停落泪的护士长。原来,该院并没有实施床边血透的经验,护士只能边学边做。而每天需要紧急血透的病人超过20个。每个病人每小时大概要4000毫升的液体,每个人需要20袋这样的液体。海量工作已经已经成了不可能完成的任务,每一个护理人员都已经濒临极限。

"不要着急,有我在,你不要担心,总会有办法的!"王咏梅的安慰来得那么及时。但说实话,她也没有遇见过需要这样进行配置血透置换液的经历。但凭借扎实的专业技术功底,她提出借用血透机的维修状态将生理盐水泵入机器,这样一来速度大大加快了,问题得到了迎刃而解。

同时,王咏梅发现在护理人员的安排上有值得改进的地方。到了第二天,她提出ICU的6个病人由她和另外一个护士负责就足够了。一下子解放了五位护士,让疲惫不堪的她们得以休息。

在此后的一周内,王咏梅分别辗转于华西医院、成都市第一、第二人民医院、中医大附属医院开展指导床边血透的工作,并且定时回访解答技术疑问。

张莉在接受媒体采访时多次讲到:"正是由于仁济医院血透室护士长的快速反应和过硬的专业技术,使得第一批病人得到了及时、科学的救治。"

科学管理　科学救治

5月15日晚饭过后,王坚正主持召开每天的队内会议。这位5月13日下午刚从国外出差回到上海的党委副书记,一接到带队赴川抗震的任务,连家也没回就赶到医院投入到紧张的协调筹备工作。由于事出紧急,也怕老人担心,他没有把赴川的事情告诉父母,一边倒时差一边来到了灾区,过度劳累让他的心脏早搏又多了起来。

王坚例行传达指挥部每日的灾情救治情况及第二天的工作布置。医疗队规定,每个队员工作结束后不能随意逛街,不能去成都市内集体聚餐等纪律,每个队员都严加遵守;队内还成立了党支部和党小组,定时开展工作,积极发展新党员。

和平时工作不同,这支医疗队更像是一支奔赴前线执行任务的部队,但队员间学历背景不同、性格迥异,最重要的是队员专业不同,互相间从未合作过,所要执行的任务艰巨而又存在着许多变数。因此,加强合作,互相弥补,发挥每一个人的特长与形成团队合力都极为重要。每个队员要将白天遇到的病例作一简单汇报,对有疑问的及时提出,开展队内会诊,力争将治疗做到最科学、最恰当。赵刚的父亲曾经参加过唐山大地震的救援工作,擅长写作的他负责了此次医疗队与医院后方的互动联络。

此外,他们始终注重加强与四川当地医护人员的合作交流,取长补短,做到充分融合。根据当地需求合理配置人力,和当地的医务人员充分磨合、精诚合作,形成了一个和谐的团体。赵刚所负责的病区大多是骨科手术后的病人,而省医院安排和他一起负责的医生却是从口腔科和中医科抽调出来的,于是他在完成每天临床工作的同时还担负起了这些医生的带教工作,帮助培训出更多的"全科医生",提高诊治效率和医疗质量。通过两周的工作,队员们和当地的医务人员结下了深厚的友谊,同时也得到了四川同行们的高度赞扬,他们在赠送的锦旗上这样写道:"肩并肩,心连心,众志成城让死神却步;心无界,爱无边,抗震救灾展医者风采"。

有一天晚上十点,医疗队接到紧急通知——次日空降茂县。队内气氛顷刻变得复杂起来。其中有兴奋,因为在多次要求赴震中地区未果后得到这样一个机会极其难得。但同时,这次空降本身又是危险重重。根据要求,每四人分为一组,每人只能带两天的生活补给,至于此后怎样谁都不知道。在兴奋与担忧交织中,队员连夜打包整理行装直至凌晨三点。凌晨五点到达凤凰山机场后,一等就是十二个小时。但令人遗憾的是,空投最终由于气候等原因被取消。遗憾之余,王坚和全体队员向上级部门表示,将把省人民医院当作战斗的最前线,尽自己的全力作好救援工作。

余震中的值班医生

从5月12日起,四川震区先后发生余震8000余次,医疗队员脚下那片土地几乎每天都会发生颤抖与波动,给救治工作带来一定的阻碍,尤其是平时身处上海的医护人员都极少有地震经历。

5月18日凌晨1点,在距成都仅一百多公里的江油地区发生6.1级强余震,成都有明显的震感。这时还在工作中的王坚立即反应过来,组织大家从18楼迅速撤离。尽管外面大风呼啸,暴雨滂沱,但已经有很多人聚集。

徐欣辉是省人民医院应急三病区当晚的值班医生。这位仁济医院急诊科医生来到四川后,与另一位普外科医生赵刚接下了三病区的工作。而徐欣辉负责的18个病人中主要是重症感染,需要进行床边血透、呼吸机辅助通气,其中16个病人接受了截肢手术。

应急三病区还有一个特别之处就是接收气性坏疽病人。这里曾经收治了灾区第一批坏疽病人，同时也是省人民医院所有气性坏疽病人的集中转诊病区，这个疾病本身的传染性决定了诊治这类病人具有相当的风险。

62岁的李显香是一个昏迷、左侧8根肋骨骨折、挤压综合征、急性肾功能衰竭、双下肢气性坏疽后截肢的多脏器功能衰竭病人。当天的大余震后许多可以活动的轻病人都已被医院顺利转移至户外，而李显香却因为需要进行床边血透、呼吸机辅助通气不能撤离。

“说不怕是不可能的，尤其是已经有那么多人遇难的情况下，”徐欣辉说，“但是，我今天值班，我就必须待在病人身边，这是一个医生的职责。”于是，他与病区的三位护士坚守岗位，彻夜未眠，尽管大楼时不时地晃动，但没有离开病区半步，直到早晨八点交班完毕。

在这次地震中遇难的人群中，孩子总是最让人揪心和扼腕的，包括那些伤员的经历都无数次湿润过医疗队员的眼眶。最让徐欣辉不放心的是今年刚满11岁的张春梅，这个映秀小学的学生，在被埋60多个小时后被上海消防队员救出，她们全班60多个孩子只有9个幸免。但是，小春梅的双下肢还是因为气性坏疽而高位截肢，术后的伤口还发生了严重的感染。虽然平时表现得很坚强，但每次徐欣辉给她伤口换药时，总是痛得她直掉眼泪。离开四川的时候，小春梅的伤口感染稍有好转，徐欣辉将剩下的几百元钱留给了她，尽管数目不多，但他知道等待小春梅的路将很长，甚至很崎岖。

“移动手术室”开辟第二战场

在四川省人民医院的救治工作有条不紊地进行着，医疗队也多次受到当地的肯定，但是全体队员依然期待着能够尽早开赴震中地区实施救援。

由于接连的余震，进入北川、绵阳和映秀的医疗队员随时都有被震落的山石压伤的可能，而随着时间的推移，地震伤员的生命之火也在逐渐黯淡。在决定派谁作为先遣队员进入绵阳开展救灾工作的会议上，所有队员都踊跃报名，大家都认为自己是最为合适的人选。队员齐波和周仁龙为争夺一个名额互不相让，最后不得不用猜拳的方式来决定。5月20日，在王坚的带领下，由部分队员组建的医疗分队毅然进驻绵阳520医院，开辟第二战场。

来到绵阳，此次仁济医疗队副队长陈宗南的心情应该是最激动的。51岁的他早早超过了卫生局规定的年龄标准。但是地震发生后，他第一个赶到上海市卫生局报名要求参加医疗救援队。在得知仁济医院组建医疗队时，他又报了名。

“我希望能被派到灾情最严重、最需要医疗救护设施的地方，在那里，我的高科技研发成果才能最大限度地发挥作用，第一时间救治更多的群众。”作为世博科技专项研究成果“突发性重大灾难现场应急救治系统”的主要研发设计人员之一，他一再坚持要开赴灾区最前沿。

为了使这套设备能运往灾区使用，整个医疗队想尽各种办法联系了四川省的各主管部门，以及部队，甚至于为了设备能上直升机，不增加额外的重量，大家宁愿少带自己的生存补给。最终，“帐篷手术室”和“饮用水净化系统”被运到重灾区绵阳。在520医院后的土坡空地上搭起了野外手术室的医用帐篷。

这间特殊的手术室可以彻底隔绝一切有毒有害气体和微生物。里面是设施齐全的标准手术室。灾难发生时，借助充气机的帮助，它能在几分钟内“成形”。与众不同的是，手术室内的空气全部由专业送风系统提供，手术室内还有应急安全隔离舱，对传染病人可以采取应急隔离和安全防护。手术室内屋顶上，数十盏LED软质小灯围成一圈，提供手术必需的光亮。在小发电机的协助下，室内的能源供应不成问题。为“移动手术室”配备的应急水源供应系统，能在灾难现场就地取水，迅速制成纯净水，为病人的伤口进行冲洗、消毒，或直接饮用。当天就有6台手术在这里成功实施。

此后的几天，在这个“移动手术室”里，出现过北川中学的三个女生。她们被埋三天两夜后得以逃生。其中一个左上肢截肢，身上多处压伤；另一个双下肢截肢。但是，她们在废墟下是不停地歌唱、不停地叫喊、互相鼓励着走了过来；同样迎接过一个因为过度劳累、心肌炎发作导致心脏骤停的38岁女志愿者，一个多小时的心肺复苏依然未能挽留她匆匆离去的脚步。

爱心接力

第一批医疗队工作的两周内，共诊治病人1800余人次，其中重病人500余人。完成40余台骨科手术，其他外科手术12台，麻醉30余台，手术护士参加手术60余台次。

除了整建制的医疗队，仁济医院还有更多的人员参与到了此次抗震救灾行动中。

5月16日，仁济医院团委书记龚兴荣作为团市委志愿者前往德阳绵竹支援。九龙镇灾情相对较轻，但是映入他眼帘的还是随处可见的残垣断壁，其中一个学校已经成为一片废墟，篮球架依然伫立在那里，只是没有了往日孩子们的笑声。

随着绵竹市人民医院的病人数骤然增加，他们医疗队随即编入此医院，并加入翻班中，能够正式投入工作，每一位队员都热情高涨。

一天，志愿者们从直升机上救下一个小女孩。她和所有的家人都失去了联系。女孩被送到救治中心后，护士问了她相关的情况。后来，大家惊喜地发现，原来就在这个病区里，还有来自小女孩同村的人！而更让大家惊喜的是，他们见面后才发现就是一家人！原来，小女孩的家人也以为小女孩已经死了，这是龚兴荣难得听到的好消息。

尽管第一批医疗队已于近日返沪，但是对于灾区的救助与支援远未结束。仅仅在地震发生后的一周内，医院党委办公室就收到来自个人和集体的请战书30余份。医院内部举行的两次大型募捐活动共收到善款90余万元，爱心接力棒还在不停地往下传递。

地震发生后，当时还在北京参加评审工作的著名颅脑创伤专家、仁济医院神经外科主任江基尧接到中国科协和中国医师协会的通知，要求他和其他与会专家在最短时间内编写完成颅脑外伤现场急救和早期诊治手册。在他们连夜奋战下，十多小时后，一本包括颅脑外伤的现场抢救、颅脑开放伤早期处理、脑出血的处理和颅骨骨折的处理原则四部分内容的手册就经专机运到了灾区。

5 月 18 日，仁济医院外科 ICU 的邓羽霄到达重灾区德阳后，被调配到由一废弃医院改建成的临时医院，主要开展骨科、外科病人的诊治以及抗感染工作。医院不断有病人转入，重病人达 100 多人。作为入党积极分子，他向临时党支部要求承担更多的医疗任务。每天他和医疗队成员要负责分诊病人，外出宣教，治疗很多观察的病人。期间，在一次普通的门诊中他发现了很多腹泻的病人，于是马上和其他队员展开一系列上报、查因、流调工作，并向卫生部报告了该处由于水源质量问题导致的腹泻情况。

在汶川映秀镇银杏村，由于交通瘫痪，许多基本的生活保障都没有。没有帐篷，天当被，地当床；每天只供应四小时的电；没有水，只能用浑浊的江水；唯一的食物是两顿稀饭和一些食盐。余震引起的滑坡随时可能发生掩埋事故。他在发给医院的短信中说："在前线每天都沉浸在感动中，这给了我很多动力。生活很艰苦，但这些都能克服，我要时刻体现仁济精神。"

5 月 19 日，因为灾区大量肾功能衰竭的病人需要进行紧急血透，为此，仁济医院肾脏科血液净化中心护士长蒋蓉参加了市卫生局组建的血透医疗队紧急赶赴灾区。到达绵阳后，因为余震不断，所有队员只能睡帐篷。由于大雨来袭，基本睡在水里的三名队员患上感冒，但是都坚持着。虽然吃住都很艰苦，但大家情绪高涨，积极展开治疗。在绵阳三院，每天由 20 余名患者接受血液透析。

近日，暴雨不断，唐家山堰塞湖水位不断上升，险情不断加重，随时面临溃堤，大批群众被迫紧急撤离。工作量的相应减少使得 5 名血透医疗队员先期返沪。而剩下的五名护士均为入党积极分子和共产党员。在最近一次与医院的通话中，蒋蓉表示："作为队长又是党员，我将带领剩下的同志继续积极开展工作，尽力救治伤员，坚守到最后一刻。"

5 月 27 日，由韦民带领的仁济医院第二批医疗队钟贵彬、臧危平、柴建秋、乔跃华、许贻共 6 名医护队员到达四川省人民医院，与王坚带领的第一批医疗队汇合。进行交接班工作后，加入省人民医院应急病区开展工作，填补了该病区无骨科医生的空白。目前该病区病人情况相对稳定，但仍不时有从外院转来的伤员。

就在 5 月 31 日晚上，一台九点开始的手术一直持续到次日凌晨五点。大批医生的注意力都集中在了一位从绵阳转诊过来的 19 岁男青年身上。他的四肢均严重受压，挤压综合征导致严重的肾功能衰竭，广泛的组织坏死促发弥漫性血管内凝血，血红蛋白每升只有 10 克，眼看孩子的四肢将全部难保，包括韦民在内的多科医生都全力抢救，至 5 月 31 日中午传来喜讯，孩子保肢希望大增，目前仍在密切观察中。

这个病区有 90 张床位，主要护理 14 个灾区来的小朋友，对他们进行心理护理和基础护理。在"六一"儿童节来临之际，她们把身边携带的食品送给了孩子们，算是这个不寻常儿童节的礼物。

总有一种力量，让我们泪流满面

——汶川特大地震上海中医药界援救纪实

国殇日，泪洒黄土欲断魂。

挺起时，情溢杏林浩气横。

在这悲恸的日子里，写下了这样的一个题记，为的是记住那数万条生灵，瞬间陨灭的午后；为的是，吹散那千万个母亲，嘶哑呼喊的夜晚；为的是，重新等待，被扼杀了的，即将到来的期盼……

在这段日子里，上海中医药界的白衣战士们，一个个故事，一段段细节，一句句真言，深深撞击着人们的心扉。

大医情动，大爱无垠

一阵清脆的电话铃声响起，电话那头，随着电波，传来了上海市卫生局中医药管理处季伟苹处长熟悉的宁波口音，有几分忧伤，却饱含凝重。

打电话的是95岁高龄的上海市第六、七届政协常委、上海中医药大学终身教授、全国名老中医裘沛然。裘老对季伟苹说：这场民族劫难，我们中医界要闻风而动。我倡议：上海市名中医们举行一场赈灾义诊，把义诊所得全部捐献给灾区人民……季伟苹提着话筒，沉思在激情之中……

他对裘老太熟悉了：全国中医界的翘楚，年至耄耋，他那耳聪目明，步履轻健的身影，浮现在季伟苹的脑海里。裘老从幼深受中华民族文化的熏陶与浸润，年轻时，就在深厚的中国文化土壤中，孕育着深沉真挚的爱国情怀，镌刻着中国文化阶层知识分子忧国忧民和普济天下的民族精神。对祖国，对亲人，对同胞那种感恩和依恋，丝丝缕缕、水乳交融。裘老所张扬的以人为本的人文精神，蕴涵出对人性的呼唤，以及在施仁行义的企盼上。

那些天，这位德高望重的大医天天关注着汶川的灾情，心系着这场民族的大劫，在与季伟苹通话以后，短短二天时间里，裘老亲自拨通了86次电话，那些中医界的名宿、名老中医，被裘老的真情深深感动，义不容辞的参加义诊。上海市卫生局中医药管理处的同志们，抓紧时间进行着义诊工作的运作：现场的布置、通知的发放，舆论的准备……短短的一周时间，由上海市政协、上海市卫生局、上海中医药大学共同主办，上海雷允上药业协办的“上海市名中医情系灾区，募捐赈灾义诊活动”于5月23日在上海市政协礼堂拉开了深情的帷幕。

义诊现场，热浪滚滚，颗颗爱心扑面而来。

名中医、中医界名宿颜德馨、沈自尹、施杞、奚九一、邵长荣、刘嘉湘、夏翔、王大增、张云鹏、朱南孙、蔡小苏、秦亮甫、陆德铭、石仰山、唐汉钧、李庚和、王灵台、林水森、马贵同、陈以平、张重华、吴银根、王庆其、何立人、徐敏华、谢建群、胡婉英、韩谋钜等，这些在病人心目中，象征着生的希望，掷地有声的名字；这些平均年龄在65岁以上的中医界精英，因其高含金量吸引着本市和外地乃至美国、法国等地前来参加诊治的病家。

上海市政协主席冯国勤、上海市副市长沈晓明亲临现场，并亲切看望参加赈灾义诊的著名老中医，感谢前来参加诊治的人们。

上海市政协主席冯国勤（右）与著名老中医裘沛然在义诊现场

义诊的当天，精神矍铄的裘老，认真接待着每一个就诊者，并把自己学习内经心得的手抄本，题诗一首，送给就诊病人，直至中午12点，超过了上午限定的就诊时间，才送走了最后的第18位病人。

一位美籍华人，被裘老的精神所感动，专程从美国飞来，凌晨五点一下飞机，风尘仆仆直奔义诊现场，在得到诊治以后毅然捐款12万元。

来自浙江的患有脑疾的六岁儿童，在其父母的陪同下，求裘老诊治，在裘老仔细认真的诊治后，其父母感谢不已。最使人动容的，那六岁的儿童，捧出带来的储蓄罐，踮起了双脚，把平时积聚的零用钱，全数投进了捐款箱里，深深地感动了在场的每一个人。

发乎心，激乎情，情溢杏林。

岐黄情切，又一次凝于在龙华医院的会议室。

上海市中医药学会会长、名中医、上海中医药大学终身教授施杞主持着上海市中医药界赈灾募捐活动，他祈愿着山清水秀的川蜀大地，还会山清水秀起来，他祈愿着饱受灾难的川蜀大地，照样苍翠致远。

颜老说：这一刻山崩地裂之时，我心中无限感伤，在劫难面前，从未如此深刻地意识到生命的宝贵与庄严，在全国哀悼日汽笛鸣响中，回荡在我们心中的除了对死难者的悼念哀思，更重要的是对每一个生命都应予以尊重，我是一个拯救生命的工作者，具有人性的清正、良善和光明，愿逝者安息，生者安泰。

电视画面上滚动播出的汶川地震画面，惨不忍睹，悲壮凄凉，深深触动了大医的心，一条条生命，就这样永远在这个光鲜美丽的世界消失，眼泪一次一次在这一刻流淌，然后总书记的身影频频出现在灾民之中，共和国总理的脚印，深深地嵌印在灾区最危险的地方，颜老感叹着，这可是历代历朝都从未出现过的情景啊！

颜老抹了抹略带润湿的双眼，深情地说道："大难兴邦啊！"

作为一个拯救生命的大医，颜老坐不住了，"我老了，不能到灾区去，不能为救治伤员走在第一线，无法出力，但我们可以出钱！"即刻，颜老积极与各相关单位联系，他找了市人大常委会主任刘云耕，找了卫生局中医处，找了上海中医药学会，找了……倡议得到了上海中医界的热烈响应。

颜老捐出自己的稿费 5 万元，上海颜德馨中医药基金会秘书长颜乾麟代表基金会捐款 10 万元，这次活动捐得善款近百万元。

心的牵挂，情的涌动

汶川大地震，空前的劫难，激发出人们内心深处的良善和热情，与受难同胞共呼吸、同感知，是上海中医界人们的渴求。

视点：岳阳医院

这一刻，上海岳阳医院白衣战士们，在战栗着、感动着、牵挂着，然后，他们行动着！

150 分钟，仅仅 150 分钟，中医大附属中西医结合岳阳院的抗震救灾医疗服务队出发了！

5 月 18 日，汶川震后不到一周，一个不平静的周日，岳阳医院院长接到来自国家中医药管理局的指令，要求岳阳医院立即组建一支抗震救灾医疗服务队，奔赴灾区第一线。

时间就是生命。

医院领导决定，能早一班航班，绝不拖延到下班，早一点到灾区就是多救助一些伤员，灾区人民需要我们，我们决不耽误一分钟。

朴实的语言，盈溢着人间真情。

最忆的是情，最忆的是爱。

院长房敏、党委书记金利国、副书记陆嘉惠从家里赶赴医院，为医疗队的出发，开展紧张的筹备工作。

房敏院长的第一反应,多带点医疗用品,尽量多带点,多带一支药就能多救治一名灾区的伤员,在医院药剂科、后勤保卫处的协调下,从仓库调拨了价值数万元的药品和医疗设备,随医疗队一起送到灾区。

“任务紧,家里有什么事情尽量交付我们吧”,金利国书记对着医疗队人员说,“我们会做你们坚强的后盾”。

浦东国际机场,满载着岳阳医院对灾区人民浓浓情意的飞机直刺蓝天,下午3:00飞机降落在成都机场,医疗队员带着对灾区人民的深深祝愿于当夜到达灾区。

心内科主治医师姚望经过选拔,入选上海市青年志愿者赴四川抗震救灾的第一批队员。姚望,岳阳医院一名普通的内科医生,在岗位11年,默默无闻,无私奉献。这次作为上海市第一批青年志愿者赴四川抗震救灾,从得到通知到出发,短短24个小时,他为出发做了充分的准备,从生活用品到食品、防护用品、药品,包括手机充值卡。临行前,党委书记金利国特地关照:“到了灾区,医疗任务肯定很重,自己的身体要保重。如果有条件,多和家人、医院联系。如果条件允许,尽可能每天来报个平安,哪怕只是简短的‘平安’两个字,对关心你的人也是一种安慰。”心内科全体医生,对他说:姚望,加油!

针灸科的李申医生,正在摩洛哥进行国际医疗援助,得知国内四川发生地震后,第一时间与医院取得联系,了解情况,并立即表示要让自己的爱人送款到医院,参加募捐活动,他说:“虽远在千里之外,但同样心系祖国”。

视点:普陀区中心医院

5月19日,下午2:30,接到前方总指挥调派命令,普陀区中心医院的医疗小分队,随上海抗震医疗队启程,赶赴重灾区德阳,于15:45到达德阳的抗震救灾临时医院,20日凌晨,正当疲惫不堪的队员们准备入睡的时候,突然有队员跑进房间大声地说:震区随时可能会发生6~7级的余震,当时连手机信号也不稳定,整个医院顿时弥漫着紧张的气氛。德阳当地卫生部门领导,非常重视上海专家的安全问题,第一时间要求上海专家转移到安全的地方。医疗队刘中民队长坚定地对德阳卫生部门领导说:“身为一名医务人员,哪里有病人,我们就在哪里。”但德阳当地领导仍反复劝说,而全体队员向他们表示,病人不走,我们坚决不走,并建议先把伤员转移到安全的地方。

凌晨1:00,转运行动开始,医疗小分队5名队员,立刻投入到紧张的战斗,在医疗队分队长彭文的带领下,迅速组织轻伤员走出病房,并把重伤员用担架抬到临时安置点,在担架不够用的情况下,队长彭文和施佳、王浩、付文成医生冒着危险,一次次冲入大楼把伤员背出。

以杯水之力,尽寸尺之能,为了生命。

凌晨4:30,当所有的伤员都被转移到了安全的临时安置点后,医疗小分队的队员,仍顾不上休息,又立即投入对伤员的医疗巡视和心理安抚工作,直到天明。

视点:曙光医院

在突如其来的地震灾害面前,曙光人再次展现出勇往直前、不怕困难、无私奉献的曙光精神。

地震发生后第二天,医院办公室电话铃声不断,全院各科室职工,纷纷报名参加救援队,随时听候组织派遣。

5 月 18 日,医院心血管科副主任医师郭蔚,血透室护士长、主管护师胡晓颖出现在灾区现场。白衣战士的楷模,白求恩的形象出现在他们脑海中,他们克服了医疗设施简陋、余震大雨不断、连续工作、休息不足等各种困难,以昂扬的斗志救治和转运伤员,得到当地群众的高度赞扬。

医院护理部向全院护士发出“请战书”,护士们争先恐后在请战书上签名。十六病区代护士长、护师胡丽,一直是医院的护理业务骨干,自愿报名参加医疗队后立即获得了批准,并上报卫生局已获同意。在医院举行的医疗队出发动员会上,细心的护理部主任张雅丽发现胡丽走路有些异常,拉开裤脚一看,她的下肢严重红肿,原来胡丽一直患有“白塞氏症”这种免疫缺陷疾病,一旦身体劳累就容易犯病,本想隐瞒病情赴灾区救灾的举动,被张主任拦了下来,并立即选派其他护理骨干人员顶上,不死心的胡丽强烈要求赴灾区参与救治,并说自己休息两天后可以恢复,遭到主任反对后,只能遗憾地大哭了一场。

震后的抢救,作为首批接纳灾区伤员的曙光人,投入了战斗的准备。5 月 23 日,周华副院长召集东院行政管理部、医务处、护理部、相关科主任及护士长等召开紧急会议,布置工作,拟定接收方案,决定在东院的 3A 病区中腾出 20 张床位作为接收灾区伤员的独立单元。与此同时,迅速组建了医疗救治工作组,由东部医务管理部部长胡宗德任组长,临床各科室专家为组员,确保伤员得到最佳诊治,并精心做好伤员救治所需药品、器械和生活用品的准备。24 日上午,东院各部门通力合作,在 9:00 前提前完成 3A 病区的部分病人转科工作,腾出了 24 张床位。为感谢积极配合转科的病人,党委书记朱惠蓉代表医院亲自为每一位病人赠送了温馨贺卡。为了给灾区伤员营造和谐温馨的就医环境,让伤员有回到家的感觉,3A 全体护士来院加班折叠千纸鹤,自购了绿丝带布置环境,希望来院的灾区同胞早日康复,病房的门上贴上爱心型贺卡,“血脉相连、心心相印,曙光就是你的家”等祈福的话语,回荡在病房中……

28 日下午 2 时 50 分,来自四川地震灾区 10 位伤员,进入曙光。

64 岁的女性伤员岑淑英来自成都崇州,股骨颈骨折,入院后,骨科主任匡勇对伤员进行了检查,当机立断,实施手术。

其他 9 位伤员,年龄最大的 89 岁,最小的 26 岁,有的腰椎骨折、有的小腿骨折、有的盆腔骨折、有的已经截肢,还有一位高危瘫痪的危重病人。

曙光医院组织专家,分骨伤、综合两组对伤员进行集体查房,针对性地拿出治疗方案。曙光医院沈远东院长、朱惠蓉书记、周华业务副院长等院领导全过程参加,并及时送上慰问品,沈远东院长非常详细向家属和病人询问情况，他希望全体医护人员要竭尽全力把这项工作做细、做实，同时在治疗过程中，充分发挥中医的特色优势，运用传统的中医理论与现代医疗技术手段相结合，为伤员康复提高伤员生命质量。

来自上海曙光医院的刘毅医生刚替一位逃难淋雨后发烧的病人处置好，对讲机中就呼叫“刘医生，你在哪里？22 区有位病人，请来看一下”。22 区一位右前臂骨折吊着绷带的病人疼痛发热，替她稍松解压桡骨头的夹板，并给她服用了消炎退热药后，一位母亲领着一个五六岁悬吊左臂的男孩站在我身后，男孩左臂骨折已打着钢钉内固定，缝合处皮肤有些感染，处理中男孩始终一声不吭，只用一种坚定的目光看着医生。是的，刀锋需自磨砺出，经过灾难磨炼的孩子，显得超乎年龄的成熟、勇敢、坚强。这些民族的未来凸显着坚韧不屈、百折不挠的精神力量！

巡视中发现一个小女孩趴在地上，专心致志地写作文“小松鼠的故事”，竟写得那么认真端正。另有一位幼儿在画画，用彩笔画了三只小蚂蚁顶着大树叶——蚂蚁搬家。想不到颠沛流离的艰难生活在孩子的眼里竟是那么充满童趣。但愿可爱的孩子们的世界永远是美丽的童话王国！

可是多少幼小的心灵目睹了这场人间悲剧，受到重创。他们从此默默不语，不与任何人说话；有的常常突然惊叫，一听声响就惊恐奔跑。为帮助他们抚平心灵创伤，重建精神家园。如果说肉体的痛苦尚能忍耐，精神痛苦的慢慢煎熬却可能摧垮一个硬汉。医疗队积极开展了心理抚慰的治疗。

队员们将身穿各色衣服的孩子聚集围坐在体育馆二层平台上，准备做游戏式的心理辅导，突然体育馆顶篷发出哗啦啦的巨响，好不容易聚来的孩子惊恐四散……“不要慌！”“不要乱跑！”队员们喊，大人们也喊叫着向馆外冲去。

刘医生在二楼平台上就觉得脚下大地一阵强劲痉挛抖晃，这才意识到我们真的遭遇了一次强烈的余震袭击！他抬手看了一下表：下午 4 点 24 分。十分钟后消息传来，青川又发生 6.4 级地震！

呼机又响了，刘医生赶到二楼大门边的地铺上，一户来自北川的家庭里，一位长着一双大眼睛的 15 岁女孩，双脸泛着有些异样的红晕，他头脑中闪出“二尖瓣面容”。果然，这女孩患有先天性心脏病，当地心超提示有房室间隔缺损，还有瓣膜病变。女孩的口唇和十指全呈青紫色。据以往所学，他知道这类先天性心脏病孩子，如不手术治疗，很可能夭折。刘医生向同行的一位媒体记者介绍了情况，希望能在上海媒体上帮助呼吁具备相应技术实力的大医院能伸出援手，尽可能拯救这位“曾为温家宝爷爷献红领巾的男孩”的姐姐。

视点：市中医医院

冲锋号在上海市中医医院响起，5 月 27 日晚 8 点，市中医院接到市卫生局电话，要求选派一名经验丰富的医生参加上海“第六批援川医疗队”且担任队长一职，将于第二日下午奔赴四川灾区。此次任务异常艰巨和紧急，具体的支援地点、支援时间的长短都不明确，需到当地后由卫生部门根据实际情况再作安排。

感染控制管理科副科长的虞建华副主任医生临危受命前往。

第二天,院领导了解到虞医生的父亲因为泌尿系统疾病刚动完手术,目前还在进一步治疗,即陪同虞医生在出征前探望了老人,老人十分支持儿子的工作,说能到灾区是件光荣的事,是组织对你的信任,叮嘱儿子不要担心他,要不辱使命,竭尽所能,为灾区的群众提供服务,圆满完成任务。

老人的心情:一股无穷的力量!

短短几小时内,日常必需用品、急救医疗器械、部分应急药品,准备就绪。就在虞医生忙碌打点行装的时候,几位素来与他要好的同事又道出了他家中更多不为人知的"难处":他的岳父在年初不幸遭受脑外伤,至今没有康复,需要家人陪护。而岳母在照料岳父的途中不慎滑倒骨折,目前还在恢复中。念小学的女儿,由于路途较远,需要每天接送。他的爱人在市口腔病防治医院工作,工作量大,每日早出晚归,患有高血脂等慢性病。然而,这些被他当作"小事"的情况,他平时很少和人们提起。接受援川医疗队任务后,他也没有向医院倾诉半点苦处……

爱并不远,有时就在口与心的距离。

视点:龙华医院

"四川大地震"牵动着全国人民的心,同样也牵动着龙华医院每一位职工的心,其中涌现了很多感人故事。

龙华医院有近200名医生和护士、药师向医务处和护理部报名,要求参加医疗队。上海市名老中医、龙华医院中医外科的唐汉钧教授今年70岁了,可他依然赶到医务处报名,他说:"我参加过38年前的云南大地震救援,而且身体很好,又有经验,一定能够胜任的。"在被劝说后,唐老积极向医务部门介绍了抗震救灾医疗工作的注意事项。

医院75岁高龄的离休干部高维汉在家得知四川汶川大地震的消息后,5月14日清晨从家赶到医院离退休管理科,立即取出2000元给党办,表示自己的一点心意。

有一位家境很困难、长期患病、家住郊区的退休职工,他叫钟善真,医院老职工都知道他的情况,5月15日退休职工活动时他也积极捐款,被退休支部书记发现劝阻,让他别捐了,但他坚持要捐,捐出了300元。

龙华医院奋战在四川灾区的青年志愿者张霆医生,他虽然身在一线,但他得知医院在缴纳特殊党费,他立即发信息给医院说要缴1000元特殊党费,先帮他垫上,等他回来再还上。

5月16日,龙华医院张霆作为上海市首支青年志愿者医疗队赴四川抗震救灾第一线的勇士抵达绵竹。5月17日凌晨1点左右,刚到绵竹的他马上在体育场搭建的临时医疗点投入了抢救。由于许多医疗设备缺乏,手术难以开展,他们充分运用了中医的优势,为伤员做了些简单的诊断、检查、清创处理和对骨折病人进行小夹板固定,及时减轻伤员的疼痛,并稳定病情。在没有医药的情况下,部分灾民就靠草药争取生存的机会,凸显了中医药省、快、简便的优势。

爱心在"余震"中回荡浦江

上海中药界的龙头企业，上海雷允上药业。作为上海市药品战略储备基地，在国家发生重大灾害之际，确保药品安全有效的随时调动，是他们的神圣的使命。

5 月 12 日，四川汶川遭受强烈地震。中药与天然药物事业部领导班子立即召开紧急会议，以医药企业救死扶伤、挽救百姓生命的特殊使命，全力响应政府抗震救灾的号召，克服一切困难，加班加点，全力以赴进行灾区所需药品的生产和组织工作。事业部迅速联系上海市红十字会等慈善机构。

捐赠治疗骨伤类、感冒类、心脑血管类药品治伤消淤丸、板蓝根颗粒、珍菊降压片等雷氏中药 280 件，合计 515072 元；

参加奉贤区政府组织的赈灾募捐活动，向灾区捐赠雷氏饮料 40000 件，合计 1325151 元；

参加国家科技部组织的赈灾募捐活动，捐赠雷氏药品 209 件，合计 505481 元；

参加上海中医药界赈灾募捐活动，现场捐款 50000 元。

上海和黄药业股份有限公司向上海市红十字会捐献了 100 万元的药品；

青岛国风药业有限公司捐献了 1522400 元的药品；

整个事业部已累计捐献钱款、捐献药品及实物近 500 万元。

四川是全国重点药材生产大省。"5·12"四川汶川 8 级大地震，牵动了雷允上领导和员工的心。他们关心四川主要药材供应商地震受灾和四川地产药材货源受损情况，及时进行慰问；另一方面为保证上海地区药厂及医疗卫生需求供应，根据公司商品库存情况，积极应急收购"川药"。经过多方联系落实，四川德阳一家药材供应商从地震倒塌的仓库地下抢挖出一批四川地产"大黄"药材支持上海，四川绵阳一家药材供应商克服了许多困难寻回失落的一批四川地产药材"麦冬"。

"三七伤药片"是救灾治疗伤员的必须药品，雷允上广大干部和员工，想抗震救灾所想，急抗震救灾所急，立即启动配送绿色通道，经营业务部门及时下达"三七伤药片"七只药材原料的销售供应计划，电算中心应急销售开单，储运部马上办理托运手续，七只药材原料储存于沪闵路仓库、关港仓库、天马仓库、沈庄仓库四个地方，天马仓库和沈庄仓库又地处市郊松江和南汇。仓库同志们不辞辛劳，下班后坚守岗位，积极认真出仓配送，质量检验人员负责复核，公司车队在完成当天运输任务后不下班，出动了六辆运输车突击抢运，又好又快地完成了配送任务，为生产救灾药品"三七伤药片"赢得了宝贵的时间。从下达计划、开单，到仓库出货、质量复核、配送和车队运输，只花了半天时间，创造了药业配送的新纪录，充分体现了干部、员工众志成城、抗震救灾以及高度自觉全力以赴，确保救灾药品配送生产的无私奉献精神。

5 月 16 日傍晚，仓储二科科长岳伟民正准备下班，突然接到事业部要求紧急运送二万件菊花露到四川地震灾区的指示，他立即组织力量，跳上铲车，进入仓库，把库存的菊花露，一车一车地拉到发货区，一个小时以后，二万件菊花露整齐地摆放在发货区。

第二天双休日，为了准时把二万件菊花露送到地震灾区，储运管理部经理乌新海带领党员杨卫国、罗勇兴，仓储一科洪正广、王宏伟等10名员工，放弃休息，一早赶到仓库，把二万件菊花露装上市外车队的八辆货运车，为了赶上下午发往四川地震灾区的火车，10名员工个个汗流浃背，连续奋战。而市外车队的八名驾驶员以最快的速度，每人跑两车，终于把寄托着上海雷允上全体员工对四川地震灾区人民的一片深情的二万件菊花露及时赶上开往地震灾区的列车。

5月19日下午四时三十分，储运管理部接到事业部要求，连夜把600件药品送到上海运往四川地震灾区药品集结点的指示。刚忙了一天的仓储一科立即组织员工以最快速度，把地震灾区急需的治伤消瘀丸、香桂活血膏、牛黄解毒片、板蓝根冲剂等药品从各个仓库拉出，装上等待着的市外车队二辆货运车上，仅仅用了半个小时，600件药品就装车完毕。在储运管理部经理乌新海带领下，胡照发、杨卫国二位员工驾车，直奔抗震救灾药品集结点。直到晚上九点钟返回仓库，才感到肚子饿了。他们感到只要地震灾区人民能及时拿到药品，肚子饿点，人累点根本算不了什么。

身患胃癌正在化疗的郊县业务员郭祥龙，心系灾区爱心捐赠500元，部门工会负责人跟他说你也很困难少捐一些，他说：在自己患病后，组织上和同志们及时关心，给予很大的帮助，这次四川汶川县强烈地震，作为曾经获得他人帮助的我来说，一定要献上自己的爱心去帮助他人。

雷允上中药饮片厂的一位聘用农民工，家在安徽，父母与四个孩子全靠他一人打工抚养。得知汶川发生地震后，主动找领导要捐50元。有人对他说，50元钱是你10天的伙食费，少捐点，别人也能理解的。他却神情庄重地说，我捐的是爱心钱，这一点真不好意思。

灾情发生后，一位家在四川绵阳的药品经营部聘用农民工心急如焚。药品经营部和公司工会领导立即上门慰问。得悉她家房屋受损，当即表示不会不管。第二天该员工下班途中发生车祸，造成脊椎骨裂，药品经营部员工自发地为她募捐。当领导把3600余元捐款送到她病床前时，刚刚手术后的她十分激动地表示，她也要向灾区捐款表心意。

奉浦生产基地制剂车间员工陆惠刚是中药与天然药物事业部工会重点结对帮困对象，其儿子患先天性脑瘫，无行为能力，妻子下岗多年，收入低，岳母高龄眼瞎并且身患大病需要照料，家庭的生活压力可想而知。当他得知捐款消息后，立刻打电话给工会，主动要求捐款。他说：组织上平时经常关心我，目前看到灾区人民正在受苦受难，我也要捐献爱心，表达对灾区人民的一点心意。回家后还要动员妻子到里弄居委会去捐款。

采购与制造中心职工陈福庆，爱女上个月因突发疾病刚去世，强忍悲痛的他，因料理后事正需要花钱，而听到向灾区募捐时，他踊跃捐献，职工说，你有特殊情况就不要捐了，他说灾区比我更困难，这份心我一定要尽。

汶川，地陷山崩，江河失措，让我们震惊。然而，人性的善良，感天动地。总有一种力量，让我们泪流满面。

志愿者的足迹

——上海首支青年医疗卫生志愿者抗震救灾服务队纪实

5月16日，汶川大地震发生72小时后，上海首支青年医疗卫生志愿者抗震救灾服务队出发前往灾区救援。20名青年志愿者，平均年龄31岁，是共青团上海市委响应共青团中央号召，通过快速动员机制迅速在本市招募的一批精兵强将。5月16日晚抵达成都，立刻赶往绵竹。17日凌晨2点在绵竹市落脚。4个半小时后就开始了第一天的工作，从这一天起，直到5月26日，这支由上海不同医院、社工组成的20人队伍在四川灾区前线进行了整整10天的救援工作。在绵竹的临时医院，在玉泉的临时机场，在九龙的山崖边，在"两市七乡"的路边、受灾群众的帐篷、抗震学校里，都印下了他们的足迹。用身为医生的仁心仁术，在那片多难的土地上撒播着"奉献、友爱、互助、进步"的志愿者精神。

融入当地巧治病

"或许我们不是干得最多的，但我们肯定是干得最全的。"对于志愿服务队初到灾区时的工作表现，龙华医院的张霆医生这样自我评价。同济医院汤敬东医生则这样说："莫以善小而不为。"

有限的条件、无法大展身手的现实并不能掩盖他们的仁心医术，起步快，组织有序，团队协作强，与当地工作融合度好，这是当地一致的评价。"没办法，可能是我们比较年轻吧，适应能力强。"汤医生笑着说。

迅速融入临时医院

5月17日，开展工作第一天。志愿者兵分三路找活干。一组分队来到了绵竹市人民医院的临时医院，院长看见从上海过来的医生，高兴坏了。原来刚搭建起的临时医院当天正好开始启动，"你们来得可太及时了。"领队李江英与大伙一商量，决定从当天下午开始就把志愿者队伍编入这所临时医院，同当地医护人员一起开展工作。

志愿服务队里包括了外科、骨科、内科、儿科、护理、疾病预防、心理等各方面的专业人员。下午二点左右，所有队员编进了临时医院的相关医疗组，徐斌和薛强二位青少年社工在病区做灾后心理危机的干预工作，大家各司其职，华山医院赖雁妮医生和新华医院潘伟华医生还主动要求参加了医院的值班任务。第一天，大家共为130人次的受灾群众提供了服务。

清创、抬担架、发口罩，这些以往都是实习生做的事，这群主治医师级别以上的医生们统统一手包揽。"当地医护都太辛苦了。"肿瘤医院护士管佳琴说。让志愿者们忘不了的是一个漂亮的护士，看到她时，她正一边哭一边吃泡面。这个20多岁的护士在地震中失去了家、失去了两个侄子，母亲精神失常，丈夫失踪，只剩下一岁的儿子。从12日地震开始到17日，她没有离开过岗位，一身护士服也没换过。

看着她，大家都只有一个念头："没什么好选择的，只要有需要，只要我们能做，都做。"

因地制宜灵活诊疗

绵竹临时医院有200个床位，很满。但医疗设备却极度缺乏。没有X光机，甚至没有手术床。张霆所做的第一个手术，是蹲在地上完成的，做好后腰都直不起来了，因为电不稳定，灯极暗，只能勉强看到伤口内情况，没有全身麻醉的设备，手术只能做局部麻醉。清创时消毒纱布、止血钳都没有，幸好队员们自己带了清创包，完成了手术。

这样艰苦的环境下，只能靠医生的临床经验。就是在这种情况下所做的诊疗，之后都被确认为是正确的。

肺科医院的周晓医生用自己携带来的胸腔引流管和闭式引流瓶为一气胸患者进行了胸腔引流，使处理前已逐步恶化的病人脱离了生命危险；张霆、儿科医院张网林及中山医院的李熙雷三位医生，用简易的手法为骨折的受灾群众作石膏固定；潘伟华凭着对病人外观及一般生命体征的检查，做出了正确的判断，阻止了转诊。不仅是医生，管家琴等几位上海的护士也将上海特有的心理护理理念带到了当地。

紧急救援8小时

5月18日，部队用直升机从绵竹的金花和清平两个乡镇运送出当地的群众，玉泉临时停机坪需要紧急医疗救援。第一天的工作让临时医院院长对上海青年医务人员大为信任，这次急救的任务就派给了这些上海志愿者们，紧急救护处理、了解伤员家庭状况、判断伤病程度，决定是否需要转运，都需要在二十分钟内完成。近8小时的救援中，上海志愿者连午饭都没有来得及吃，各批队伍连跑三次，为近80名受灾群众进行了医护处置。

"玉泉那边需要急救，湖北来的救护车没有配备救护人员，老潘，咱们快去！"5月18日早上7点半，刚完成查房诊治，仁济医院的龚兴荣医生冲了过来扯住潘伟华就往最前头的一辆救护车跑去。5辆救护车，每辆一位医生一位护士，飞快地驶向玉泉临时停机坪。"一听到是空运紧急救助，一时间，直觉得血脉贲张，浑身都是力气。"潘医生说。

到达玉泉临时停机坪，大家立刻投入到紧张的待命状态。伴随着巨大的轰鸣声，直升机舱门打开，一看到接应受伤群众的信号，守候在机场边上的志愿者们就像得到了冲锋号的指引，飞速的向舱门奔去，小心翼翼地将病人搬到急救车上。"当时心里只有一个念头，轻点、轻点、再轻点，快些、快些、再快些。"潘医生回忆道。为了让担架上的乡亲更加平稳，本来在两边看护的医生护士也同武警官兵一起抬起了担架。

临时医院前的分诊处，救护车排起了长队，医生们快速做着分诊，肋骨骨折、胫骨骨折、软组织挫伤……随着最后一名受伤的群众因为存在右侧胸壁皮下积气，被怀疑存在气胸而转往成都后，现场忙碌紧张的气氛才稍微缓和。

当天运送到的80名受灾群众，20名伤势严重的转送到了成都，60名伤病员进了绵竹的临时医院。“连轴转了一天，中间就吃了两罐八宝粥。”汤敬东乐呵呵地说。

“我的丈夫、婆婆都找不到了，也许都死了。”从直升机上被运到急救车上时，病人王喜兰一直哭个不停。前去救援她的肺科医院周晓医生和儿童医学中心周泓医生一面安慰她，一面轻轻地查看她的外伤。在周泓医生的轻轻安慰下，病人逐渐平静下来。

一进入绵竹市人民医院的临时医院，周医生就向值班护士反映了病人的情况。在病人的口袋里，找到了她丈夫的电话。周医生迅速打了电话。10分钟后，当丈夫出现时，王喜兰简直不敢相信她的眼睛！原来，他被救后，一直以为自己的妻子已经死掉了。“太谢谢医生了！没想到我们在医院又团聚了！”

紧急救援中，这些医生们不知道管了多少这样的闲事。“除了医生，我还是名志愿者，志愿者不是就该互帮互助吗？”说着这样的话，张霆和瑞金医院的陈敏护士来不及吃午饭，就亲自护送一位80岁的重病老人赶往了成都华西医院。

抢先防疫走在前

志愿服务队到四川灾区时，已经是地震发生后的第4天。救人仍在紧张进行中，似乎还没来得及顾及又一个新的危险正在悄然临近——传染病。系统的防疫工作尚未拉开序幕。这一切在志愿者服务队抵达后发生了改变，在绵竹开展工作的第一天，上海市疾控中心的沈春琳就想起了要造临时厕所。之后，防病防疫宣传工作，在受灾群众集聚区得到了广泛深入的开展，同时，为当地志愿者的车辆进行消毒等防疫工作成为志愿服务队的自觉行动。

志愿服务队驻扎的营地所在位置是绵竹市的一个大型受灾群众的安置救助点，约有7000名左右，同时，也是绵竹市临时医院和各医疗服务队的所在地。在志愿服务队来之前，所有人都是在一片麦田地的边上方便了事，那里已是一片狼藉，不当心就能踩到几块“黄金糕”。有人挖过一个坑，其实只是一条浅浅的沟，离标准厕所“至少60厘米以上深，定期洒石灰粉消毒”等要求差之甚远，更别提医患分开了。“这样很容易引发肠道传染病”，沈春琳立刻意识到。

5月17日上午8点30分，在灾区工作的第一天，志愿服务队参加了一个由山东、湖北、兰州、北京、西安、上海等地医疗急救队领队和疾控工作人员自发召集的救灾会议。“绵竹救灾工作已经进入到第二阶段，应以医疗急救和疾病预防并重”，专家们一致认为。

当天会议结束，沈春琳与济南疾控中心的朱教授，拉上几个武警官兵，一起琢磨起造厕所来。选择地址要远离水源、居住点的下风口、地势较低地。下午4:35分，用铁锹挖出来的临时厕所终于建好了。虽然只是挖了几道深沟、垫了砖板,用遮雨篷围了起来,但毕竟达到了基本标准,还分出了病患专用厕所,共有4个。

5月19日,志愿服务队转战德阳,经常主动下乡送医上门,每天的行程都由当地志愿者全程接送。由于车辆经常往返于灾区和城市,很容易传带病菌,存在卫生隐患。沈春琳又担当起了“消毒员”,每天给驻地所有接送车辆进行消毒,渐渐地竟然“做出了名气”,其他地方的一些志愿者车辆也络绎不绝地赶到上海青年志愿者营地,沈春琳总是不厌其烦地给每辆车做仔细消毒。一个人忙不过来,他就培训队里的同志,和他一起帮助消毒。“我们全体队员现在都成了防疫专家了”,张霆笑着说。

5月20日,下乡到九龙镇时,路边受灾群众搭起的帐篷上,密密麻麻爬满了苍蝇。沈春琳边给受灾群众的帐篷喷洒药水,边指挥其他志愿者发放粘蝇板和粘鼠板。“蚊子会带来疟疾,老鼠会传播鼠疫,所以小朋友看到了千万要躲开,知道吗?”张网林嘱咐受灾地区的小朋友。

“防疫工作就是要让人人都养成警觉性,养成好习惯。”沈春琳说。10天里,志愿者走进了帐篷、学校,宣传防疫知识,发放防疫药品。共开展防疫知识宣传6次,发放宣传单片5000份,发放一次性口罩4000余只,赠送药品及医疗器械140余箱共计40万元。“粘蝇板和粘鼠板,对防疫作用特别大,只有我们队想到并带上了”,汤敬东不无骄傲地说道。

在余震不断、恶劣的作业环境下,手术的机会实在太少。队员们没有因为没法做手术就闲置了自己,“我是志愿者”的观念让他们习惯了主动找活干。在领队李江英的妥善组织下,他们坚持走乡串镇,深入到一线的重灾区,不顾途中艰险,及时送医上门。10天里,他们自己联系车辆,背着沉重的物资,甚至徒步跋涉,跑遍了九龙、汉旺、遵道、玉泉、蓥华、洛水、湔氐7个乡镇,走进了700余个帐篷。

辗转重灾区搜寻病人

除了安置点,很多需要求医的病人还分散在乡村里,“那些留守的多数是老人、小孩、妇女,这些病人我们不能不管。”岳阳医院姚望医生说。

5月17日上午8:30分,8位志愿者赶赴九龙镇搜寻病人。快到山区时,车不能走了,大家背着背包徒步攀山,走了2公里路,排查了10户人家。

沿途所见,当地多数房屋已经倒塌,在房屋的附近,受灾群众搭起了帐篷。上午10:25分,汤医生遇到了一位40多岁的中年女子,由于胸部疼痛,她正满面愁容地坐在帐篷里。聆听了患者的描述后,汤医生初步判断她胸部肋骨骨折,然后给她说了注意事项,并给了她一些常用药。

而在另一处帐篷里,一名扭伤了左脚的小男孩引起了潘伟华的注意,因为小男孩的身上已经布满了红疙瘩。“这是因为天气太热,而你们睡的是麻袋,再加上现在蚊虫厉害,所以你长了丘疹。”在给小男孩涂了药以后,潘医生又与孩子聊了聊他们家的受灾状况。在与潘医生的聊天中,男孩原先脸上的痛苦表情逐渐舒展开来。

下午,在志愿者采集了村民们饮用的山泉水准备回去做检测后不久,刚撤下山一会儿,后面轰然一声,山体滑坡,刚经过的塔楼倒塌了。

下乡路上,巨石横路是常有的事,小石头不断从山上滚下来那更是司空见惯,贴着悬崖颤颤巍巍地过路,已经不再害怕。"尽量克服危险和艰苦,我们多到一个点,就能多帮助一些人,其中不仅仅是受灾群众,还有解放军战士、其他救灾人员等等。"张霆说。

20日,志愿者到什邡市蓥华镇去走访。一路颠簸,连续震了近一个小时,五脏六腑都翻了个遍,才来到目的地。志愿者发现,个别士兵开始出现腹泻的情况。龚兴荣和赖雁妮一问,竟有四五名士兵同时出现了腹泻症状。"你们都是喝哪里的水?"龚医生和赖医生在查看了水桶后告诉班长,"用水不卫生。一旦发现几名士兵同时腹泻,一定要注意,这很可能会引发传染病,要赶紧向上级部门报告。"在龚医生向驻灾区士兵宣传知识的时候,赖医生已经拿出药片给他们,并详细向他们介绍了药片的用法。

而在另一侧,同济医院的沈峰和祝晓忠医生在发放健康知识宣传手册时,发现一名士兵拿起一个苹果就往嘴里塞。"这苹果洗了吗?"沈医生问。"没有。"战士老实地回答。"现在是特殊时期,你们更要注意饮食卫生。你们旁边的战友已经出现拉肚子的迹象了,所以更不能大意。"祝医生向他们解释道,"苹果一定要洗干净再吃"。

联合作战显医术

5月24日上午12:38分,龙华医院骨外科医生张霆穿着湿漉漉的手术衣走出德阳市人民医院门诊手术室,脸上露出了欣慰的笑容。猛灌了两口队友递过来的纯净水,他告诉大家,"手术很成功。"这一天,由同济医院、中山医院、龙华医院、瑞金医院、儿科医院、新华医院、岳阳医院、胸科医院等多家医院的10余名青年医生志愿者联手参与的三台手术全部成功完成。

志愿服务队的队员们转战德阳市人民医院最初是为做手术而来的,但连绵不断的余震让手术根本无法开展,5月22日,在绵竹、德阳灾区已经工作6天的志愿者们终于从德阳市人民医院得到消息:可以做手术了。

近10位志愿者连夜召开了紧急会议,并前往医院,了解病人的最新病情。"因为大家都来自不同的医院,彼此没有合作过,所以必须分工明确,协同作战。"召集人汤敬东说。近十位医生仔细分析了病人的病情,并给出了手术方案。由于分别来自不同的医院和科室,他们又根据自己的特长,扬长避短重新分组,各组负责一位病人。

5月24日一早,第一位病人被推进手术室,在地震时被砸伤,导致右侧股骨粗隆间粉碎性骨折。在之前的查房中,赖雁妮医生还发现他患有糖尿病,所幸,赖医生已经通过药物稳定了病人的血糖。

9:05分,当瑞金医院的陈敏护士推着病人走进已经在地震中成为"危楼"的门诊手术室时,大家才发现手术室的条件有多么简陋。“没有手术牵引床”，同济医院的沈峰医生最先发现了问题。“那就人工牵引。”这台手术的主刀医生、同济医院的祝晓忠医生斩钉截铁地说。防护服也没有，这使得他们自身全部暴露在 X 光线下，作为医护人员，他们都知道这将对自身的健康造成一定损害。但是，为了病人，他们已经顾不上这些了。

复位、打入导钉、C 臂透视、安装钢板——整个手术过程有条不紊。45 分钟后，手术终于成功完成。

与此同时，另一组志愿者也在进行着一场手术。病人是一名从汉旺运来的 70 多岁的老人，地震时被砸伤，导致左侧锁骨骨折、右侧肱骨骨折、桡骨骨折。经过与当地医生的商议，医生们决定对老人的锁骨进行保守治疗，而对肱骨进行手术治疗。

“这名老人的老伴已经在地震中丧生了，子女都是医务人员，一直奋斗在抗灾第一线，没有时间照顾他。”在听完当地护士的介绍后，年轻的护士管佳琴低下了头，帮老人拉了拉衣角，亲切地说，“老人家，不用担心，我们都在。手术很容易，很快就能结束，不要怕。”看着护士年轻的笑脸，老人点了点头。9:30 分，老人被推进了手术室。儿童医学中心的周泓医师在为病人麻醉后，又知道，老人穿的是他仅剩的一件衣服。几名医生护士默默地把老人托起，将他的上衣脱掉，整齐地叠在了一边。

手术室的条件同样简陋。受地震影响，室内空调已经坏掉。室内温度高达 30 多度。随着时间的推移，手术的主刀张霆医生、儿科医院的张网林医生都已经大汗淋漓，汗水顺成一条线，从额头顺着鼻子流了下来。旁边的护士不停地替医生擦拭，但汗水还是很快浸透了医生们的衣服。

经过 3 个多小时汗流浃背的努力，手术终于在中午 12 点半成功完成。

志愿精神将延续

5 月 25 日 16:21 时，志愿服务队即将离开德阳，一次 6.4 级的余震再次突袭清川，德阳市有强烈震感。余震还未平复，就有不少德阳的老百姓自发前来为志愿者们送行。其中，既有手捧鲜花的七岁女孩，也有抱来一箱箱西瓜的一家三口。他们说，我们这里最美的颜色有三种，绿色，红色和白色，那代表着子弟兵、志愿者和白衣天使，最美的颜色，你们拥有两种。

坚强大后方

——紧急动员，全市卫生系统全力支持灾区人民抗震救灾

汶川大地震牵动着上海人民的心。

一方有难，八方支援！

在第一时间里，中共中央政治局委员、上海市委书记俞正声，市委副书记、市长韩正要求全市各级党政组织、全市人民，按照党中央、国务院要求，紧急动员，全力支持灾区人民抗震救灾。

紧接着，上海市卫生局成立了由局党委书记、局长徐建光任组长，其他局领导为副组长的上海市卫生系统抗震救灾工作领导小组，之后增补申康医院发展中心副主任高解春为副组长。

领导小组下设综合协调组、医疗救治组、疫情防控组、新闻宣传组、物资保障组、前方协调组，稍后又设立伤员收治组。

5 月 12 日晚，在上海市卫生局，是一个不眠之夜。局机关四楼的大小几个会议室里，灯火通明，高效运转。领导们在紧急磋商、迅速部署抗震救灾的各项工作……

一个彰显上海“坚强大后方”的序幕由此拉开。

各大医院纷纷请缨参加抗震救灾医疗队

8 级大地震，意味着有无数的伤员被埋在废墟中需要等待着急救。

灾情就是命令。上海各大医院都连夜组织了抗震救灾医疗队。5 月 14 日上午，上海市卫生局组织的首批 6 支医疗救援队（包括中国红十字总会派遣的华山医院医疗队）和第一批救灾防疫队，共 100 余人，由上海市卫生局李卫平副局长带队飞赴四川。同一天，上海的 30 辆救护车、60 名急救人员也紧急赶赴灾区。

在上海医务人员中出现了踊跃报名参加医疗队的热潮，场面空前，感人肺腑。

53 岁的上海新华医院急救中心肠道急诊护士长梁素英，在汶川大地震发生的第二天，一大早，她就坚决向科主任表达了她想再次参加抗震医疗队的想法，“首先，我参加过 1976 年唐山大地震的上海医疗队，我对灾后医疗救援是有经验的；第二、我是一名有着 30 多年党龄的老党员，现在也是检验党对我多年培养和教育成果的又一个时候了；第三、我家里人都非常支持我的想法，女儿已经长大，我参加医疗队没有后顾之忧；第四、我从事肠道等传染病防治工作那么多年，我的长期工作经验肯定对灾后的疾病防治工作有帮助；第五……”5 月 14 日，梁素英向部门的各位医生、护士传达了医院发起的向地震灾区捐款的倡议。她一边收集大家的热心捐款，一边打电话联系在家休息的其他医

护人员;5 月 15 日,她不声不响地清点完部门各医护人员的捐款后,又在这叠捐款上摞上了一叠。事后大家才知道梁素英捐出了她上个月所有的工资、奖金以及春节加班费等共 5200 元。

梁素英在家里与家人商量后,决定在各自的单位捐出自己一个月的全部收入。她深情地说:“我们现在生活好了,就尽自己能力多帮助人家一点。灾区同胞还要面对失去亲人的生活不便以及自己身体残疾等很多问题,我们个人能做的很有限,但大家力量的凝聚,这种能量就很可观了。”

如果说,梁素英是一家三级甲等大医院医护人员的形象体现;那么,有一家二级医院医护人员的群体形象也着实让人同样感动。

为了能争取到灾区直接参与抗震医疗工作,上海浦南医院广大党员、干部纷纷向院党委、和院长请缨,报名参加救灾医疗队。神经外科主治医师赵鸿放弃研究生英语考试,克服家中孩子幼小等困难,积极参加上海浦东新区组建的医疗队。药剂科主任、转业军人晏马成第一时间向院党委表示,坚决要求参加医疗队奔赴灾区参加抗震救灾。口腔科主任王一霖表示,自己是一名退役军人,又是颌面外科主任医师,曾到过老山前线,具有丰富的战地救护经验,是最合适的救护队员。医学博士、心内科主任杨光敏激动地说:“我虽然是位内科医生,但我有丰富的急救经验,请组织首先考虑我参加新区医疗队。”党员吴玉芬表示,非典时女儿患严重哮喘,我也报名进入了医院“非典”病房工作,现在女儿是在校大学生、成年人了,我没有困难,要求参加医疗队奔赴抗震救灾第一线……许多党员、干部、职工表示,只要组织上一声令下,立即奔赴抗震救灾第一线。截至 5 月 16 日,这家有着 1000 多人的上海浦南医院就有 595 名医护人员报名参加医疗队。

周雪莲是国际和平妇幼保健院放射科的一名党员医生,也是一名 10 岁女孩的母亲。四川地震灾情传来,全家人围在电视机旁被一幕幕图像震惊了!女儿对妈妈说:“妈妈,你去做志愿者吧!我自己可以照顾自己。”听到女儿稚嫩的声音里带着坚强,周医生再也按捺不住心中的激情,向党委办公室报了名。周雪莲说,自己是一名医务工作者,当看到那么多人的生命和健康受到威胁,理应战斗在最前线。唐山大地震的时候,国妇院曾经组织了医疗小分队参与了救灾活动。国妇院的优良传统在我们这一代人身上一定要传承下去!周医生说:“我也是一名母亲,看到别人家的孩子受苦,我心里同样难受。”周雪莲的爱人也非常支持她做志愿者,自己也积极报名为灾区人民献血。周医生的一家子,是上海许多医务工作者家庭的一个缩影!

在供应室工作的护士长齐英,在国际和平妇幼保健院还没有组织医疗救助队时,她就先报名去前线做一名志愿者。齐英说:“我们都想去前线!科室里没有一个人不为灾区人民正在遭受的苦难揪心的,没人坐得住了。”在她的心里,救死扶伤不需要理由,救助灾民也不需要理由。一切只为我们共同的院名——“国际”人!齐英护士长来自综合性医院,曾经是一名手术室护士。她知道灾区缺手术护士,一再向院领导请缨。像齐英这样主动请缨的医护人员,在国妇院真是比比皆是。

上海东方医院普外科主治医生、院团委副书记过欣来为了报名参加东方医院赴川抗震救灾医疗队，他顺延了在周末即将举行的婚礼。东方医院团委知道后，提前于 5 月 14 日晚，在医院会议室里为他举行了简朴而隆重的婚礼，为这对新人送上美好的祝福。

2008 年 5 月 14 日 19 时，在出征灾区前举行特殊婚礼的东方医院普外科医生过欣来与新娘吴凌得到全院医生、护士和患者的祝福

复旦大学附属中山医院连夜通知各临床科室，13 日上午一张初选救援名单就已经出炉：在第一时间里，浦东新区、普陀区、宝山区、嘉定区……许多区县的医疗救援队也都行动起来。不到 24 小时，由 109 名医务人员组成的 6 支医疗救援队队员穿上橙色“中国卫生应急”统一制服，肩背迷彩包，飞赴了四川地震灾区。

爱心捐款像春潮在各大医院里涌动

在申城各大医院，白衣天使们爱心捐款的场面像春潮涌动。

92 岁高龄的中国工程院院士、上海第九人民医院整形外科教授张涤生，5 月 13 日清晨打开电视，看到灾情如此严重，心急如焚。他说：“要是自己还年轻，就会像当年参加抗美援朝医疗队一样，奔赴抗震救灾第一线。但是，现在身体状况已不允许再站在灾区前线了。”为了表达支援灾区的心情，他拿着 5000 元钱，一早就来到医院交到了整形外科办公室，表示要为抗震救灾尽自己一份力。

中国工程院院士、中山医院汤钊猷教授在院外开会，听说医院有捐款点，马上电话委托工作人员捐出5000元。在上海市第六人民医院，糖尿病研究所一位90高龄的老专家，专程从敬老院赶来捐款1000元，临走时他留下10个字："杯水车薪献给灾区同胞"。

在上海市儿科医院，5月15日院党委收到退休支部书记专程送来的退休传染病学专家赵桂芳教授的1000元；今年已84岁并身患肿瘤躺在中山医院病床上的赵桂芳，在支援四川汶川的爱心款信中说："特大灾难造成四川人民的痛苦，我也非常难过，听说我院组织了医疗队前往灾区，愿他们工作顺利。衷心祝愿灾区兄弟早日解除失去亲人之痛，并能战胜一切困难重建家园"。赵教授虽然重病缠身，但当她得知抗震救灾的消息，在自己治疗最需要花钱的时刻，拿出积蓄支援灾区人民，这是一名老共产党员、老医务工作者的真情表达。

当四川汶川突发8级大地震的消息传到在万里之外的摩洛哥医疗队员中时，上海市儿科医院赴摩洛哥援外医疗队员骨科闵若良医生电告医院党委书记，一定要帮他献上他的一片爱心——捐款1000元。二年前，闵若良医生义无反顾的报名参加赴非洲援外医疗服务，两年来，他克服了母亲病危、病故的困难，丝毫没有影响他援外医疗服务的工作。在非洲摩洛哥医疗队服务，不仅得到当地病人的欢迎，也得到同行的认可。

在上海交通大学医学院仁济临床医学院，5月14日上午，同学们接到倡议，立即慷慨解囊，300多名学生募到了7000多元的善款，而数目还在不断攀升。最令人感动的是，有两位同学各捐出了1000元人民币，其中一名女同学还想捐些衣物、食品给灾区人民，她还想通过献血，更好地帮助当地的灾民。

5月15日下午，上海交大医学院一名2007级本科生在募捐箱内轻轻地放入了饱含爱心的1万元。他说这1万元都是他平常节约下来的压岁钱和零花钱，从新闻媒体上得知地震灾区人民生活非常困难，希望自己的一份爱心捐助，能够给他们送去一些温暖。临走时，他反复叮嘱："面对灾情这是我自己应该做的，希望医学院不要进行宣传。"

同样在捐款活动现场，18名四川籍学生特别引人注目，他们自发地站在募捐箱前，肩并着肩，手挽着手，向到场的师生一声声地说着感谢，一次次含着眼泪鞠躬，他们中有些人的家在地震中遭到了损毁。他们说，家乡遭遇的不幸，让他们悲痛不已，但是，有这么多人慷慨解囊，相信四川同胞一定能走出阴霾，重建家园，而他们这些远离家乡的学子也会更努力学习，回报社会。

在上海第十人民医院，5月15日下午全院上下争相捐款，有的由于夜班休息在家等原因无法亲自捐款，特地委托同事代为捐助，在短短几个小时之内，便筹集到30余万元。这笔捐款，带着十院广大干部职工的深情厚谊，正迅速送往灾区；听闻地震灾区血库告急，多个血型奇缺，全院350余人自发报名献血，体现全院医务工作者崇高的人道主义精神。

只要灾区需要，要什么药送什么药，要多少送多少

爱心也在制药人的心中涌动。复星集团董事长郭广昌的话表达了上海药企职工们的共同心声，

他说:“只要灾区需要,要什么药送什么药,要多少送多少。”

地震发生后,复星集团火速与灾区有关部门联系,让对方开出“药单”,“复星”则立即筹办。药单很快传来,抗生素、抗病毒药物、消毒的、止血的……密密麻麻列了一长串。不仅要备齐药品,还要解决运输问题。很快,复星集团联系上了均瑶集团,每天把4吨价值50万元左右的抗灾药品通过吉祥航空发往受灾地区。

作为上海市药品动员保障基地、军队战备药材代储企业的上药集团,反应神速,筑起了一条药品应急供应绿色通道。

5月13日清晨6点半,上药集团接到上海市救灾援助物资保障组的急救药品供应任务和目录清单,迅速将指令发给上医股份。救灾药品的紧急供应同时在医药分销、配置、物流三条线启动。医药分销做好与医院的沟通协调工作;配置总部做好药品品种的采购和市场调配工作;物流中心做好药品配送工作。下午2点,第一批急救药品的7个品种,包括注射用青霉素钠、白蛋白、复方氨基比林、头孢六号胶囊、盐酸曲马多、氯化钠大输液、甘露醇输液,共计887件药品,分别装上两辆药品输送急救车,送往浦东国际机场。

当晚9点,上药集团又接到国家发改委指令,要求提供9个品种药品调配。公司药品应急系统马上又启动。深夜11点,员工们陆续从家中赶来,投入突击配送工作。上海医药物流中心的药品储备有限,他们连夜驱车赶到松江、闵行等生产厂家紧急提运。

一夜无眠。5月14日凌晨,所有药品终于配送完毕,分两批运往成都双流机场。

面对突如其来的地震灾难,上海吴孟超医学科技基金会本着弘扬吴孟超院士高尚医德和推动中国医学科技事业不断进步、持续发展的宗旨,迅速做出决定:向地震灾区捐赠一种用于创伤抢救的新型代血浆:霍姆高渗氯化钠羟乙基淀粉40注射液。该药品是急救中抗休克和防止脏器衰竭的特效药物,共计捐赠数量16600瓶,价值500万元。

5月15日上午,吴孟超院士向上海市红十字会会长谢丽娟捐赠了535箱灾区急需的药品。他说:“这几天,我一直在关心着灾区情况,关注着抗震救灾进展。看到灾区那一片片房屋倒塌后的废墟和灾区人民那一张张失去亲人后悲伤的面容,我很心痛。我从医60余载,今天能取得这样的成就,离不开党、离不开人民。现在国家和人民遇到这么大的灾难,作为一名老党员,我更应该为他们多出一份力,多尽一片心。”吴老还说,30多年前的河北唐山、四川松潘大地震,至今我记忆犹新。但同样令人难忘的是,在这样严重的自然灾害面前,党和政府与灾区人民同呼吸、共命运的坚强决心,是社会主义国家强大的社会动员能力,是全国各族人民无私支援灾区的团结协作风尚,是灾区人民不屈不挠、奋起自救的自强不息精神。我想,有这样的精神状态,什么样的困难都吓不倒我们,什么样的难关我们都能挺过去。作为一名人民军医,我们时刻准备着,随时接受上级挑选,以昂扬的斗志奔赴救灾前线。我坚信,在党中央、国务院的正确领导和指挥下,在全国人民的共同努力下,我们众志成城，一定能战胜困难，打赢这场抗震救灾硬仗。535箱药品已于5月15日中午送达浦东国际机场，由上海市红十字会将派专人将它们运往此次地震的重灾区四川绵阳地区。

在中科院上海生命科学研究院营养科学研究所，当了解到灾区军民的饮食以方便食品为主，蔬菜水果严重匮乏，营养所建议尽快向灾区捐赠维生素补充剂，以保证灾区军民的营养平衡，为他们抗震救灾提供营养保障。这一建议很快得到了生科院和上级主管部门的支持，75箱生命维他片在帝斯曼公司的支持配合下很快到位（帝斯曼公司也提供了5箱无偿援助）。这样，价值11万元人民币的维生素救灾物资，承载着生科院和营养所师生员工对灾区军民的深情厚谊已紧急运往灾区。

各医疗单位纷纷要求接纳、救治灾区伤员

上海市卫生局向卫生部请缨，而上海市各大学医学院和各附属医院等医疗机构则纷纷向市卫生局请缨，愿意接纳、救治汶川大地震的灾区伤员。

上海交通大学医学院在5月21日就向上海市政府和上海市卫生局请战：愿意接受四川地震灾区的伤病员来沪治疗。

该医学院在《请战书》这样写道：

“四川汶川地区发生8.0级特大地震灾难后，我院积极请战要求组织医疗队前往灾区。各附属医院随即迅速组织医疗队，广大医务人员踊跃报名，显示出了白衣战士救死扶伤的决心和勇气，如今我院的各支医疗队都先后奔赴抗震救灾第一线。”

“现在我们得悉灾区将转送部分伤病员到各地医疗机构救治，我院再次请战，愿意在继续支持前方医疗救治的同时，组织各附属医院保证足够的床位和最好的医疗资源、医疗力量接受灾区的伤病员，确保灾区的伤病员在上海得到很好的救治，为抗震救灾贡献我们的力量。”

而具有100年历史的上海瑞金医院在向上海市卫生局递交了的《请战书》中说，希望瑞金医院能成为救治地震灾区伤员的后方医院。

《请战书》说：“救灾工作进行至今，对伤员的治疗已从紧急抢救渐渐进入长期治疗阶段，这对医疗工作者的业务水平和医疗条件及环境提出了更高的要求。在灾区临时搭建的救灾医院条件毕竟简陋，医护人员超负荷的工作量也不能完全满足伤情的需求。因此，瑞金医院在派出医护人员加入上海市医疗队赶赴灾区尽绵薄之力外，还积极准备了各方面应对措施，以随时迎接灾区伤员前来治疗。根据医院的实际情况，准备辟出急诊30张床位和急诊重症监护室（EICU）9张床位，另将会渐渐腾出位于新门诊大楼的外科七病区和骨科四病区共54张床位。”

在瑞金医院，许多病人在得知所住病房将被作为收治灾区伤员的病房后，纷纷表示理解，其中有15名外科重病人、3名骨科重病人已分别转到外科和骨科的其他病区继续接受治疗，有些病人家属甚至主动提出要作为志愿者来照顾灾区来的病人。

瑞金医院院长李宏为说：“四川重大地震发生后，我院连夜组成抗震救灾医疗队并在第一时间随上海市首批医疗队开赴四川重灾区参加抢救，而留在医院里的医护人员也都想为灾区伤员出点力。对于可能到来的大批病人，我们医院也从各方面完成了应急机制，包括伤病员的运送，与院前急救的衔接，现场秩序的维护，医疗设备的配备，从临床到后勤食宿的一条龙保障等。”

5月22日中午，同济大学附属上海市第十人民医院接到上海市府、市卫生局及申康医院发展中心的紧急通知，拟将该院新建“外科病房医技综合楼”辟为救治震区伤员专用病房。该院党委书记、院长顾小萍立即部署，要求在最短时间内做好收治灾区伤员的所有准备工作。

据介绍，该院在第一时间组织相关职能部门制定预案，动员全院干部、职工行动起来；召集总包、专业分包和监理单位，落实病房大楼使用启动的各项设施到位，并保证正常良好运行；要求限期完成大楼收尾及调试的相关工作；要求医院后勤保障部门确保五天内所有病房开办用品到位，相关设备、家具、备品全部进场。

为了迎接灾区的伤员，该院员工在夜晚通过大楼的灯光控制打出了“心”形灯光效果，以示全体员工的心在这一刻凝聚了起来，并以精湛的医术挽救无价的生命，以优质的服务温暖受伤的心灵，为四川灾区尽自己的绵薄之力。

由于各家医院做好了充分准备，5月26日从汶川大地震灾区转来的首批141名伤员和5月28日转来的第二批166名伤员已安然地住入了上海瑞金、长海、长征、市六、市十、华东、市一、中山、华山、仁济、新华、九院、同济、曙光、儿科、儿童、儿中心、东方肝胆医院等19家三级医院。

首批四川地震灾区伤员抵沪后，上海各接治医院对病情较重、急需手术治疗的伤员，连夜开展了“爱心手术”。

为了病人有“家”的感觉，5月27日瑞金医院院长李宏为在每日的伤情讨论会上强调，除了给予伤员们高超的医疗救治技术和优良的护理以外，还要关注他们的心理需求，照顾到地域差异给他们带来的不适应等。他号召医院内的四川籍医护人员积极投入到救治伤员当中。于是，从那一天起，四川话在瑞金医院此起彼伏。问伤情、寻病史、了解家庭情况，灾区伤员也因为在上海听到乡音而感到欣慰。

俗话说：“老乡见老乡，心儿滚滚烫”。各家医院为了更好地救治这批伤员，在抽调医护人员组建“爱心病房”时就特地招募四川籍志愿者，其中有医生、护士、工勤人员，甚至护工，目的就是为了与伤员们之间更好地沟通，用医护人员滚滚烫的心儿去温暖遭灾的伤员。

市领导看望转移来沪伤病员

5月28日下午，中共中央政治局委员、市委书记俞正声，市委副书记、市长韩正，市委副书记殷一璀分别带队前往上海部分医院，看望四川转移来沪伤病员。

俞正声说，一方有难，八方支援，这是中华民族的传统美德。上海发展有今天，离不开全国人民、四川人民的支持与帮助，医治、照顾好灾区伤员，帮助灾区人民重建家园、恢复生产，是上海义不容辞的责任和义务。

——在长海医院，俞正声和副市长沈骏等看望了灾区来沪伤员，慰问医护人员和志愿者。在病床前，俞正声俯身询问伤员家里的受灾情况，在上海生活习惯不习惯，叮嘱他们安心养伤，早日康复。俞正声说：“上海人民与四川人民心连心，你们的痛苦也是我们的痛苦，希望你们把上海当家乡，把上海人民当亲人。”

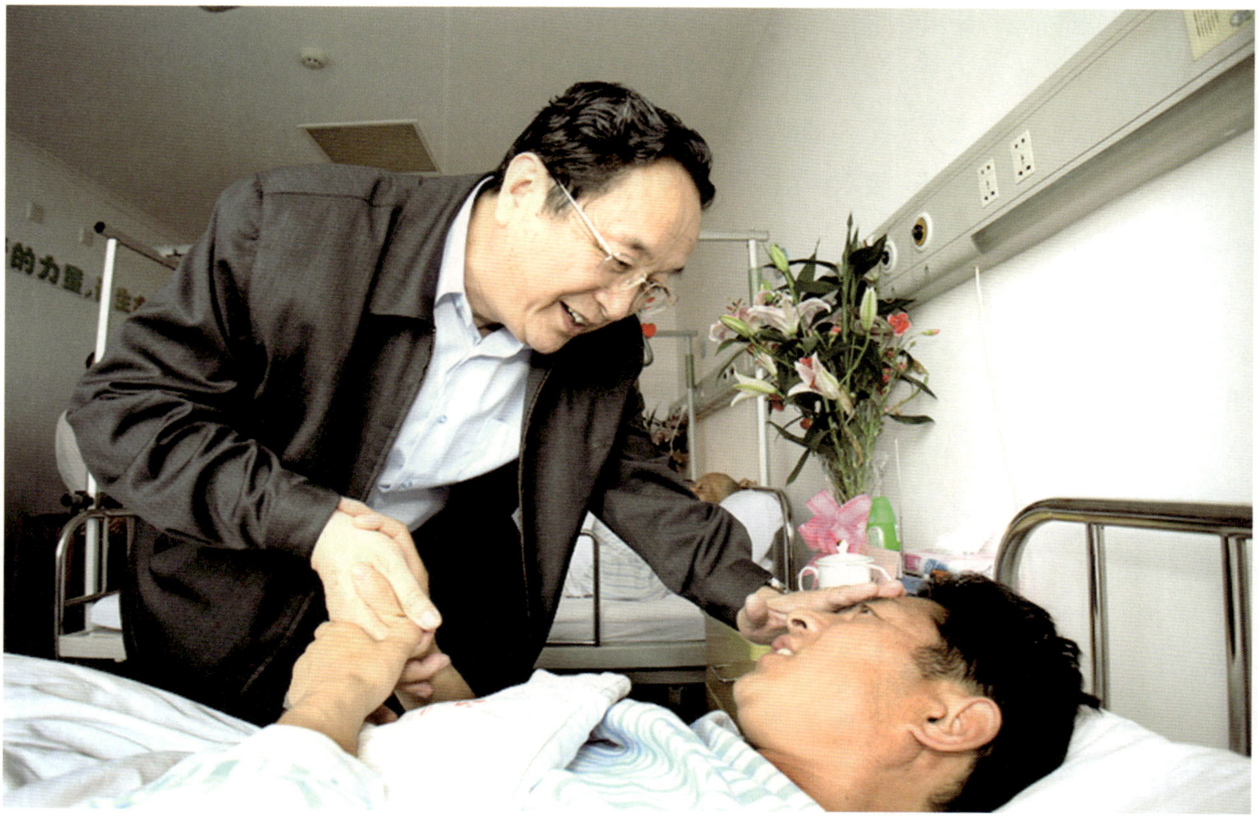

中共中央政治局委员、上海市委书记俞正声亲切慰问伤员

俞正声还与正在接受治疗、并主动当起志愿者的地震中被救的北川中学高一学生颜丹亲切交谈。俞正声说：“在中央统一部署下，全国人民、上海人民正在全力支援灾区重建家园，你的家乡会变得更加美丽，北川中学也一定会建设得更好。你信吗？”颜丹点头说：“我信。”俞正声高声说：“我也信！”

——在瑞金医院，俞正声等察看了该院特设的伤病员家属宿舍，对家属们说：“医院会安排最好的大夫医治你们的家人，请大家放心，医生护士就是你们的亲人”。在病房，俞正声与伤病员一一握手致意，叮嘱他们安心养伤。他说，上海会全力帮助灾区重建，并帮助对口县市恢复生产，增强“造血”功能，加快经济发展。

在医院察看时，俞正声等慰问了从灾区返回的部分医疗救援人员和其他医护人员，对大家的辛勤劳动表示感谢。他希望医护人员尽心尽力医治好来沪伤员的伤痛，照顾好他们的生活。

——在上海儿童医学中心，韩正和副市长沈晓明等看望正在治疗的灾区受伤孩子，并给他们捎去了儿童节礼物。来自绵竹金花镇的9岁女孩梁瑞娟在学校废墟中被埋6小时后获救，受了很大惊吓。韩正弯下腰轻轻拍着她说："我们不怕了，到家了，上海就是你的家。"看着亲切的市长伯伯，梁瑞娟笑了。她妈妈说，孩子已经很久没有这样笑过了。韩正还叮嘱医务人员，灾区的孩子也是上海的孩子，要想尽一切办法让孩子们早日康复，安抚他们受伤的心灵，同时一定要安排好孩子亲属的生活。

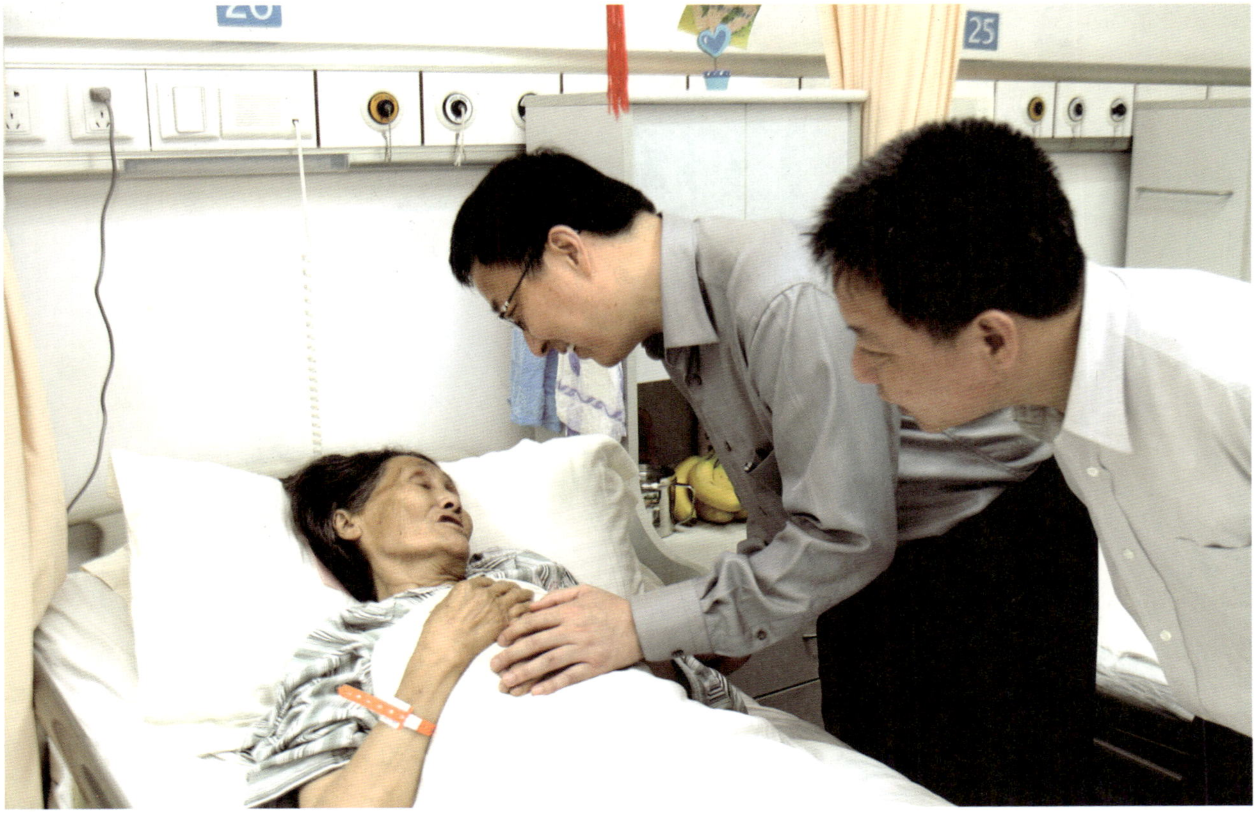

中共上海市委副书记、市长韩正，副市长沈晓明探望伤员

——在长征医院，来自卧龙自然保护区的38岁职工石林海在病床上拉着韩正的手，把慰问金原封不动交给市长，他说："请把它捐到卧龙，帮助那里的孩子。"韩正紧紧握住他的手说："我们一定帮你完成这个心愿。"

——在华东医院，韩正等来到爱心病房，看望了来自彭州、都江堰、汶川、绵竹等地的伤员和他们的家属。他对大家说："有什么要求一定告诉我们。大家放心，上海会尽全力治疗伤员，帮助大家早日重建家园。"

——殷一璀和副市长胡延照一行来到上海市第六人民医院。该院为让伤员们安心养病，专门辟出了专门的病区。在藏族姑娘卓玛的床前，殷一璀对她说："上海全市人民都很关心你们，到了上海就是回到了家。"

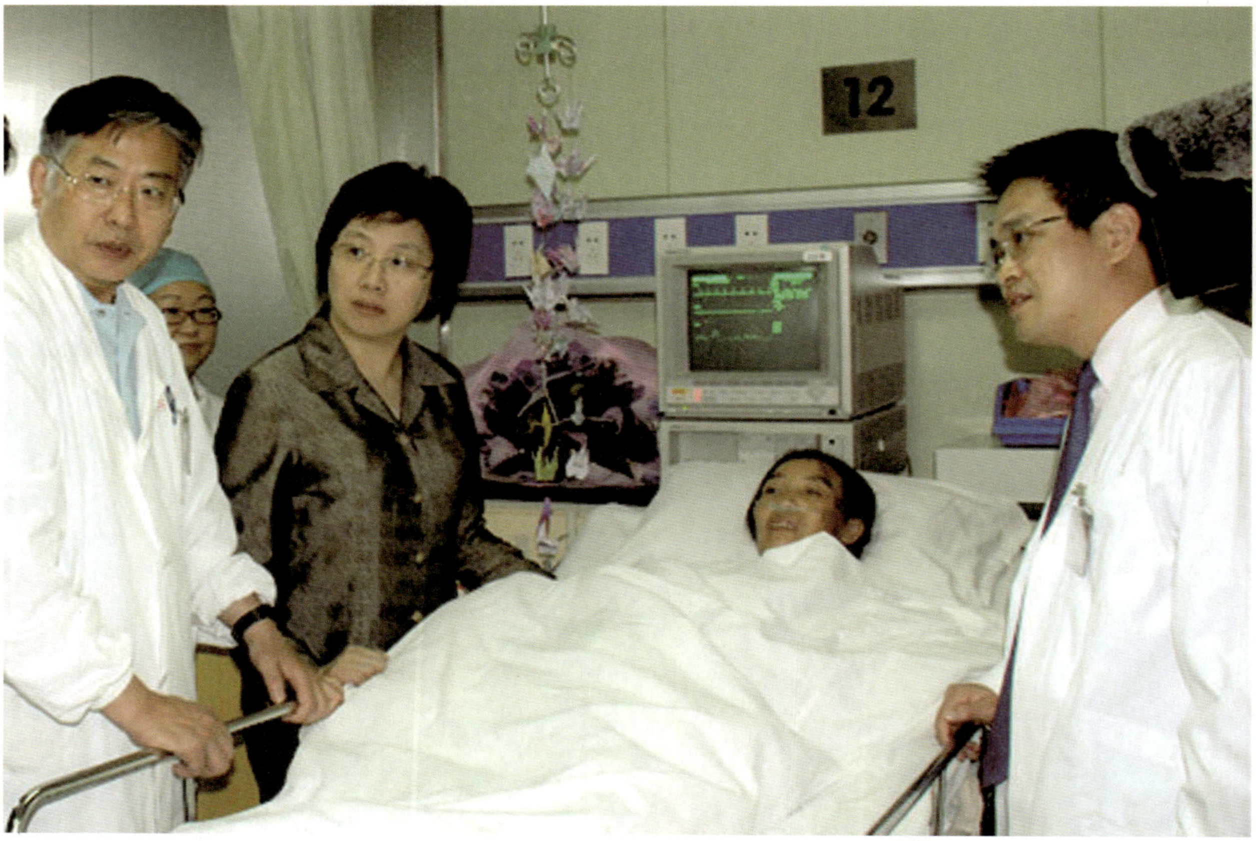

中共上海市委副书记殷一璀探望伤员

——在华山医院的重症监护室，殷一璀看望了卧龙一所中学的女老师，当得知这位老师在地震中坚持营救学生，全班学生无人死亡后，殷一璀表示："你对学生这么好，我们一定会尽力救治！"

——在第十人民医院，殷一璀看望了胸、腰部都有骨伤的16岁女孩张幸玲。张幸玲说，待她康复后，要看一看大上海的风景，并邀请大家今后到重建后的家乡去作客。殷一璀对她说："你很坚强、乐观，相信上海的叔叔阿姨，等你医治好了一定带你好好看看上海！"

5月30日上海市人大常委会主任刘云耕、市政协主席冯国勤等市领导分四路前往上海市部分医院，亲切慰问四川地震灾区转移来上海救治的伤病员。

——在曙光医院（东院），刘云耕和市人大常委会副主任胡炜等详细询问地震伤员的伤情和家里受灾情况，叮嘱他们安心养伤。

——在第九人民医院，刘云耕关切地问候在地震中与亲人失去联系的93岁蒋良芳老人，并嘱托院方要悉心照料，安排好饮食。

——在儿童医院，刘云耕等为孩子们送上儿童节礼物，鼓励他们积极配合治疗，争取早日康复。刘云耕等还亲切慰问了医护人员。

——在龙华医院，冯国勤和市政协副主席钱景林等对来沪救治的伤病员表示欢迎和慰问，并详细询问他们的治疗情况，鼓励他们要坚强乐观，争取早日康复。

——在儿科医院，冯国勤等亲切看望正在救治的小伤员，送上了儿童节的礼物，祝他们节日快乐。

——在中山医院，冯国勤等与爱心病房伤病员亲切交谈，表示上海要安排最好的医院，使用最好的医疗设备，调配最好的医生，为四川地震灾区来沪伤病员提供最好的医疗服务。他希望四川地震灾区的伤病员安心疗伤，争取早日痊愈，重返家乡。冯国勤还慰问了参与救治的医护人员，赞扬上海医护界在这次抗震救灾工作中的出色表现。

——在新华医院，上海市委常委、常务副市长杨雄和副市长赵雯等看望了在地震中失去了左腿的绵竹邓宇，当他微笑着把上海小朋友送给他的球星签名画像拿给市领导看时，杨雄鼓励他"要做一个阳光男孩！"

——在第三人民医院，杨雄和赵雯等在八旬老人李之明的床前表示，上海一定会按照中央要求，全力治疗来自四川灾区的伤员。

——在同济医院，杨雄和赵雯等看望来沪救治的伤病员。

——在第一人民医院松江分院，上海市委常委、副市长屠光绍和副市长唐登杰等，亲切看望绵竹、彭州、理县、映秀等地区转移来上海救治的伤病员，表示上海一定全力以赴，为灾区伤病员提供最好的医疗服务。

——在仁济医院，屠光绍、唐登杰等来到爱心病房，探望来自都江堰、青川、绵竹、安县、北川、南充等地区的伤病员，询问他们的病情，勉励他们树立信心、配合治疗、战胜伤病。

上海，是灾区人民的坚强后盾；救死扶伤，是上海16万医务工作者义不容辞的责任，上海的白衣战士永远和灾区人民心连心！

死亡线上的生命拔河

——记援川医疗队队员、急诊 ICU 陈尔真

“我可以认你当一下爸爸吗?”——少女段志秀语在川大华西医院 ICU 病房,当花季少女段志秀又一次甩掉死神的纠缠,慢慢舒开疲惫的眼睛,看见上海医生陈尔真慈父般的目光关切地注视着她,小志秀做了个手势,陈医生已熟悉了她的手语,马上递过纸和笔,她费力地握住笔,郑重地写下“陈叔叔,我可以认你当一下爸爸吗?”陈尔真,见过太多的死亡,但此刻,感动的泪水涌在笑容里,他如父亲般吻了吻小志秀的额。

小志秀和陈医生相处虽然只有短短十来天,但她已与年龄与其父亲相仿的陈叔叔产生了生死相依的亲情,她时常一觉醒来看不到陈医生,就会焦躁地在纸上写字“上海、医生、陈叔叔”,要护士快去找。有时,她不肯午睡,护士就叫来陈医生,小女孩却撒起娇来,写道:“我睡,我醒来第一眼,要看到陈叔叔”。陈医生面对这个比自己女儿小一岁的病人,就像哄自己女儿般地说:“那好,我陪着你!”小志秀这才安心睡觉。医生与少女,不是父女,胜似父女。

16 岁的段志秀就读于北川中学,大地震 10 余小时后才被救出来,她的左大腿被严重压伤,肌肉坏死,情况危急,保命唯有截肢。她在野外医院局部麻醉的状况下,左腿被截掉,手术过程中小志秀没掉一滴泪,令现场医护人员动容,没见过这样坚强的女孩。

5 月 20 日,段志秀病情恶化,从绵阳转到华西医院 ICU 病房。5 月 18 日,陈尔真医生随上海第二批救灾医疗队入川,22 日他才第一次见到段志秀,这位国内重症医学专家被委以担任她的主治大夫。当时的段志秀气管被切开,存在严重的呼吸衰竭、肾功能衰竭等症状。院方调动一切力量对症治疗,虽病情有所控制,但她因气管被切开不能说话。于是,陈医生白大褂兜内放着一叠纸,他和小志秀的交流就在一张张纸上。陈医生保留着二十几张小志秀写的字,它记录着 16 岁少女顽强战胜死神的心路历程。

“向前,向着未来,坚强地活下去。”——温家宝总理语

“5 月 24 日,我永远不会忘记这一天,温总理走进了小志秀的病房。”陈尔真医生激动介绍。

当天上午,陈医生一上班照例去看小志秀,还带去一个好消息:北川中学在异地复课了。她听了很高兴,一个劲地写:“我会好吗?”“我能上学吗?”陈医生安慰她说:“你现在就不错,你会上学的。”小志秀心头重新燃起上学的希望。

下午,陈尔真刚要出病房,迎面遇见温总理从病区走廊走来,温总理问他:“这里有伤员吗?”

陈尔真忙答："这里有一位北川中学的学生。"温总理随即走入病房，亲切慰问段志秀，总理伸出食指，那是一个全国人民熟悉的手势，一字一句地对段志秀说："孩子，我先后三次到过北川中学，今天我还去看望了复课的北川中学同学，你要坚强地活下去，国家会为你们造一所新的北川中学。"陈医生对小志秀说，你想对温爷爷说什么？段志秀在纸上写下了4个字："我想读书"。总理一看又动情地说："我也给你写一段话"，陈尔真递上自己的钢笔，总理说太细了，换上1号粗的水笔，就在一张普通的病历纸上写下："昂起倔强的头，挺起不屈的脊梁，向前，向着未来，坚强地活下去。温家宝"。

"她要喝鱼汤啦！"——一位护士语

5月26日上午，陈尔真医生担心的事情发生了：由于段志秀的机体免疫力紊乱，创伤出现感染，她的病情继续加重，发着高烧，心跳180次/分，血小板急剧下降，且伴以呼吸道大出血。陈医生很清楚，段志秀的脏器功能又开始滑坡，如不及时制止，病人就会衰竭而亡。寻找感染源，改变治疗策略，各科室通力协作，围绕着段志秀展开一场生死大营救。但，27日、28日、29日、30日，段志秀的病情没有好转，反而日趋恶化。陈医生日夜陪伴在小志秀身旁，看着昏厥的孩子，心里有说不出的痛，他多么希望她能动手写几个字，哪怕写"我疼"也行。但是，没有。5月31日，死神已经逼近段志秀，她全身六大系统功能出现严重衰竭，死亡率几乎逼近100%……但，陈医生没有放弃希望，他以积极地行动祈求奇迹的发生。

段志秀的生命牵动着卫生部，火速增援了10余名国内最权威的重症医学专家。5月31日下午，医院召开紧急会议，40余位专家学者为抢救段志秀进行大会诊，两个小时之后，一套重新调整的抢救方案及时实施。人工物理疗法、中西医疗法等"十八般武艺"全用上去，连日本援助的细菌毒素滤器也被派上"战场"。

"六一"这天，小志秀终于醒过来了，死神无法剥夺她过儿童节的权利。陈尔真医生和另两位援川的上海医生，共同去选购了个福娃，送到她的病床，祝她节日快乐！小志秀又能写字了，"我饿了，我要喝鱼汤，给我喂五勺鱼汤"。几位护士姐姐还为此相拥而泣。然而，陈尔真医生并没有半点松懈，因为他知道，对她的治疗如走钢丝绳，稍有不慎，还会出现险情。

"孩子没有完全稳定，我不可能离去！"——陈尔真医生语

"挽救段志秀生命的那5天5夜，你是怎么过的？"记者想了解，陈医生却扯开话题说，应该说是段志秀那顽强的求生愿望，感动了我们全体医生，她太坚强了！陈医生举了个例子。他为她创面换药，要去掉她坏死的表皮组织，整个过程鲜血淋淋，常人无法忍受，陈医生对她说，如果疼就上点麻醉剂，小志秀写下："给我一条毛巾"，她接过毛巾就往嘴里塞，硬是不吭声，又写："多用麻药，对康复不利"。

"这孩子长这么大，没出过北川县城，生活在山沟沟里的一个自然村落，按她父亲的说法，全村

27个人，三桌都坐不满。她上北川中学，一年只有寒暑假才回家，家里贫困，她舍不得花路费。”陈医生向记者介绍小志秀时，脸上露出父亲般的疼爱。

小志秀能吃东西了，陈医生问她想吃什么。她写：“没喝过酸奶、苹果汁……”陈医生又难过了，他想起自己的女儿，简直生活在天堂，他要照顾她比自己的女儿更好。几天前，她写：“我想要MP3”，陈医生乐得赶紧出去买来，后来此事被媒体曝光，一下子快递送来6个MP3，而且都不留名，连酸奶也有人整箱整箱的送。陈医生为此感慨地说：“比起许多好心人，其实，我只做了医生的本职工作”。

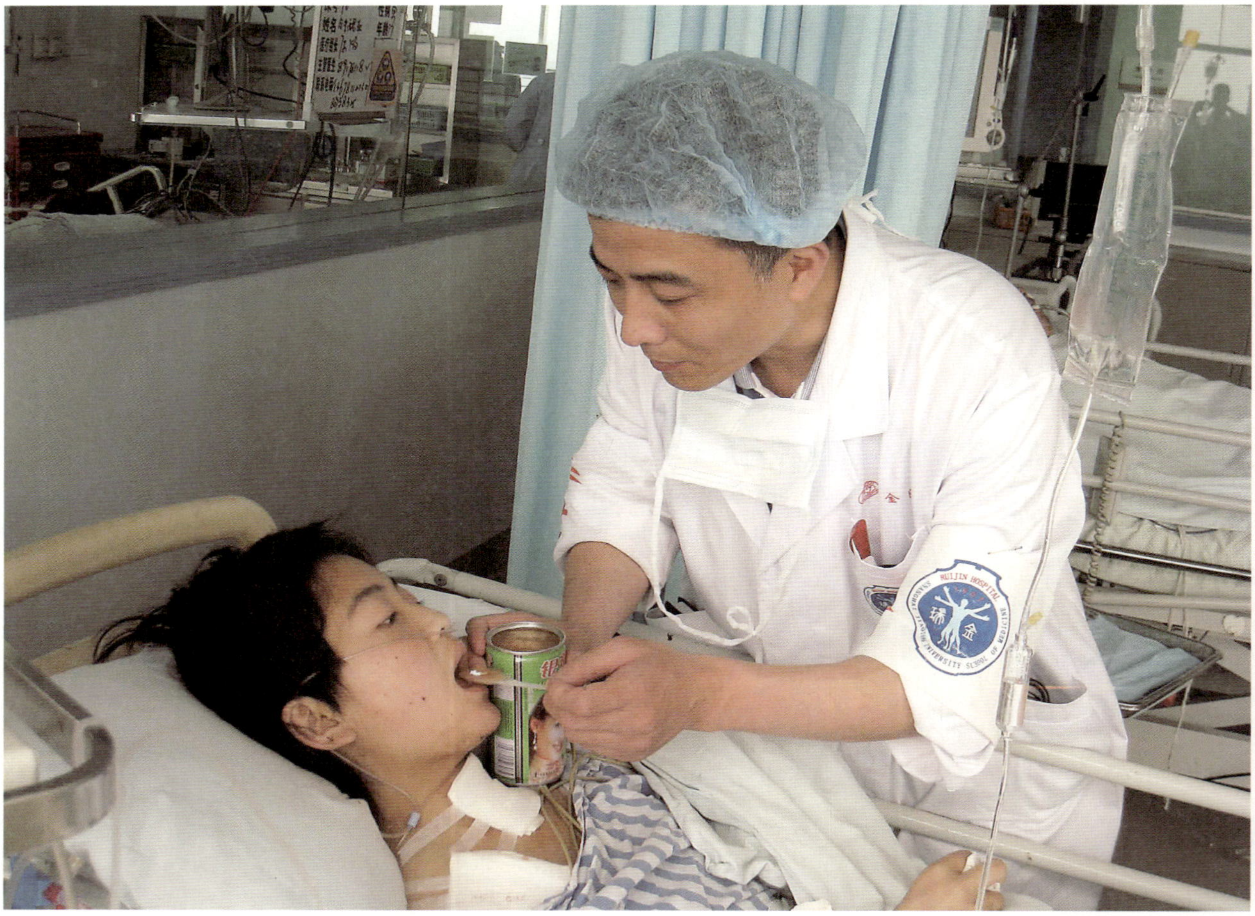

陈尔真喂段志秀吃罐头

■ 交通救援

血脉涌动　生死接力

——汶川特大地震上海市建设交通系统救灾援助实录

2008年5月12日14时27分59.5秒，四川省阿坝藏族羌族自治州汶川县发生里氏8.0级地震。这是一场灾难，一切都在瞬间发生。房屋倒塌，道路阻断，通讯隔绝，生命危急。

交通运输是国家经济社会的血脉。根据中央部署，在上海市委、市政府的领导下，中央在沪交通单位和本市交通单位协力同心，进行救灾援助的生死接力……

5月15日，市建设交通工作党委书记甘忠泽、市建设交通委主任黄融组织召开专题会议，决定成立由黄融主任为组长、孙建平副主任为副组长的应急协调小组，组织航空、铁路、公路等中央在沪及本市各家运输单位一起开展救援工作。

5月17日上午，根据市救灾援助指挥协调工作小组组长沙海林同志要求，孙建平副主任召集民航华东管理局、上海机场集团、东方航空公司等单位，协调上海市救援物资空运工作。5月17日，孙建平副主任又与上海铁路局、民航华东管理局等中央单位和本市相关单位，进一步深入研究落实交通行业抗震救灾工作，要求铁路、民航、邮政、公路运输各单位统筹运能，深入挖潜，确保及时向灾区

上航紧急部署救灾援助工作

运送各类应急救援物资和人员。

在市应急救援指挥部和市建设交通委应急协调小组强有力的指挥下，本市紧急救援物资运输更加有序高效。

一、这注定是一个不眠之夜。机场运行控制大厅灯火通明，铁路场站繁忙有序，公路运输应急预案启动，精兵强将整装待发。上海交通人枕戈待旦，如箭在弦，只听一声令下——

汶川地震发生后，中央在沪交通单位和本市交通部门迅即作出反应，进入临战状态。

5月12日15:00时，民航系统进入临战状态。华东民航管理局、东方航空、上海航空公司分别宣布启动应急程序，成立救灾应急工作领导小组，统一指挥应急状态下的航班运行和突发情况处置。东航专门调配1架A320（航班号为B6259）客机和1架A300（航班号为B2307或B2308）货机用于救灾应急人员和物资的运输准备，机组配备到位，A320机组为李琪、杜桂航、杨剑，A300机组为金彪、马继平、李祥茂、赵斌，随时待命。

15:00时，上海铁路局、上海铁路（分）局成立抗震救灾指挥部，党政主要领导任总指挥，对下属各单位下达通知，要求对铁路运输的抗震救援物资采取特事特办，确保火车安全准点。

18:59时，东航调配的一架B737专机从昆明起飞支援灾区。

21:00时，根据国务院抗震救灾总指挥部启动的应急预案，铁道部发布第一个救灾运输调度命令。上海铁路局开始与郑州、南宁铁路局向四川灾区抢运3万顶帐篷。

东方航空公司各单位依据应急程序，确保做好救援物资和人员的运输工作。根据帐篷等物资的

华东民航局紧张筹备救灾器材

东航机组人员协助地面装运救灾物资

运输要求，紧急调运货机种类和数量。通过上海人民广播电台、客服热线和其他公共媒体公布因地震影响航班的信息，做好社会稳定工作。通过运控中心了解滞留灾区的机组情况，送去安慰和力量。

上海航空公司把航班飞机的货舱位全部腾出来装运物资，原定将执行上海到香港航班的767飞机调整过来执行救灾任务，计划自15日开始将每天早晨上海到成都的航班飞机均由波音737改为波音767飞机。

华东民航管理局和虹桥、浦东机场迅速反应。两个机场实行24小时开放，始终保持适航状态。对抗震救灾航班实施预留停机位、优先安排停机位、优先装机策略，保证救灾急需物资和救灾人员第一时间送达“前线”。

上海铁路局、上海铁路(分)局各场站已是一派繁忙。局和分局的主要领导24小时值班，对铁路运输的抗震救援物资特事特办，从联系、装车、运行等各环节加强组织协调，所有货场无条件地保证救援物资装运，确保火车运输安全准点；指定业务熟练的专人负责物资运输联系安排，选择技术状态良好的货车，把救援物资装车质量纳入重点货物装车质量签认范围；装载要求比较高的物资装车时，局和分局主管人员或主管领导现场指导装车；全面检查管内线路、桥梁、涵渠和通信信号等设备以及生产、办公用房等，对特大桥梁、长大隧道和建筑物实行记名检查，确保行车设备良好；运输组织中对装运救援物资的列车重点掌握、重点组织、重点放行，切实加强车机联控，随时根据现场情况提出运行要求。

市交通局紧急启动抗震救灾预案，李文辉局长要求全市城市交通行业坚决贯彻中央要求，以高度的责任感和大局意识，加强应急值班，确保城市交通运营安全，迅速有效实施各项应急指令，全力做好支援四川抗震救灾工作。局根据紧急预案，连夜联系相关单位落实运输企业和车辆。市交运集团陈辰康董事长表示："必须充分发挥国有企业在抗震救灾中的作用，以最好的员工，最好的车辆，最快的速度抢运抗震救援物资。"集团 8 个直属运输物流企业迅速组成应急力量，24 小时值班，随时听从调遣。大众物流公司组建了一支由 50 人（车）组成的"抗震救灾突击队"，随时听候调派，负责向机场、铁路等站点运送上海各界捐助的抗灾物资。

二、5 月 13 日 14:45 时，上海援助灾区的第一批物资起运。同死神抗争、与生命接力。民航、铁路、车辆，装载的岂止是物资，更是上海人民对灾区的真情赤诚，如众志成城的臂膀、守望相助的双手——

战斗全面打响，民航首当其冲

5 月 13 日凌晨，东航运行控制大厅及应急指挥室灯火通明，公司领导及业务骨干齐聚，随时听候抗震救灾指令。7:33 时，1 架 A300 宽体客机从虹桥机场拔地而起，公司领导到场送行，凌晨被紧急抽调的机组和乘务组成员精神抖擞，踏上抢运救灾的征程。机组再次安全返航已是整整 22 个小时后。

5 月 13 日 14:45 时，上海市的第一批救灾应急物资，电筒、蜡烛等照明设备共 32 吨，由上海邮政

2008 年 5 月 20 日下午，中共上海市委副书记、市长韩正在虹桥机场指导救灾援助工作

局扬子江快运公司的邮政货运专机承运空运成都。16:30 时,第二批救灾应急物资,药品 884 件、运尸袋 16 件等医药急救物品,由上航 9543 航班浦东空运成都。18 时,第三批救灾应急物资,医疗器械 413 件、84 消毒液 200 件等医疗器械与药品,由扬子江快运货机 8Y5056 航班从浦东空运成都。

第一架满载救援物资的专机邮航 8Y9049 从浦东国际机场起飞

5 月 14 日 6 时,第四批救灾应急物资,防寒帐篷 1680 顶共 67 吨,由东航麦道 11 货机 CK901 航班从浦东空运成都。8:40 时,第五批救灾应急物资,庆大霉素输液、氯化钠大输液等共 19.1 吨防疫药品由东航 FM9541 航班空运成都。9:30 时,第六批救灾应急物资,青霉素大输液、氯化钠大输液、84 消毒液等 9.5 吨医疗药品由东航 MU5407 航班从浦东空运成都。12:10 时,第七批救灾应急物资,重 13 吨裹尸布由东航 MU7049 航班从浦东经虹桥飞往成都。

交运职工正在装运救灾援助物资

铁路运输发挥快装快运特点确保随到随发

5 月 13 日 12:30 时,上海铁路局接到通知,要求在最短时间内从上海发出 10 趟抗震救援物资专列。此次任务需要平板车 246 辆、客车 69 辆、棚车 5 辆。铁路部门紧急调用车辆,安排机车、人力,仅用 5 个多小时,就在无锡、艮山门等站进行装车作业。当晚 22 时许,91025 次救灾专列从无锡南门站驶向灾区。

上海东铁货代公司接到上海紧

急运输一批帐篷、被毯、活动房屋到灾区的指令，立即抽调人员组建了应急队伍，按照优先计划、优先承办、优先装车、优先挂运的“四个优先”原则，严肃调度纪律，加强与站段协调，全力配合做好运输组织工作。

上海铁路局在市内的闵行、北郊、桃浦、杨浦、南翔等5个站点实行全天候开放，1492名装卸工轮班装车，确保各类救灾应急物资能随到随发。分局调度所设立了抗震救灾调度台，实行四班工作制，制定了值班、联系、台账和命令发布等制度。局应急办公室及时掌握管内各省、市救援物资的运输需求，有效协调有关调度所、台，组织救援物资快装快运。5月14日上海铁路局全局紧急开行17趟救灾专列。截至5月16日6时，上海铁路（分）局装运上海发往灾区的救援物资305车，其中帐篷48车，药品10车，矿泉水170车，消毒品1车，棉被衣服5车，军列34车。

上海铁路局北郊站是各地抢险救援物资转运的重要节点，也是上海市捐赠物资运输的指定站点。自从5月15日接受抢运救援物资装卸任务以后，站里专门配备了10台铲车，每天保证60个人员在岗，最多一天装卸三十八个车。员工“像搬鸡蛋一样搬运救援物资”，经手共计数万件捐赠物品，没有出现一件破损。

“不这样干不行的。”装卸分公司副书记管小明说。救援物资里有很多易碎品，如药品、针剂、矿泉水、活动房等。活动房有大块的玻璃窗，稍不注意就弄碎，装卸的时候要特别小心。师傅们采取的方法是：把其他物品先放好，然后在两件物品中间把玻璃窗塞进去，这样就能保证玻璃不损坏。矿泉水包装很简单，不注意掉到地上就破了。一位师傅说，我们都像搬鸡蛋一样小心翼翼搬这些捐赠物品，万一弄坏了，既对不起献爱心的人，更对不起灾区人民。铲车司机黄建平每次把车开进列车门时，速度一定要慢下来，保证物品不损坏。月台和棚车车厢之间有个落差，虽然只有一点点，但如果不注意还是会发生碰撞。问黄师傅装卸物资的感受，他憨厚地说：“虽然工作强度比平时大多了，装卸难度也增加，但为了灾区辛苦点没什么的”。装卸现场，当铲车司机把几箱矿泉水铲起，平稳地开到贴有“上海人民捐赠”大红纸的棚车门口，开进车厢，缓缓降低铲子，几个师傅赶紧过来用手接住货物，小心地搬下来，轻轻堆放到车厢里……“抢运救援物资，装卸质量必须保证，决不能出现破损现象。”党支部书记朱妙龙说，“这些物品都是上海人民的一份份爱心，我们要精心装卸”。虽然天气不算热，但师傅们的脸上都挂着汗水，浅蓝色制服上有不少污渍。他们作业时，都让物品紧贴在身上以抱得更牢更紧，污渍就是这样造成的！

公路运输在救灾中“拉得出、打得响、运得快”

5月13日上午，市交运集团沪南运输公司2辆2.5吨货车装着20万支蜡烛送浦东机场；沪西运输公司2辆5吨货车装运1万只电筒、4.032万节电池，急送浦东机场。两辆车装载的物资及时搭上了上海援助灾区物资的第一个航班。

5月15日，市交通局进一步安排12家运输企业抽调200辆救援物资运送应急车辆。其中，北芳储运公司和公兴、大众等22家搬场企业发车405车次，行程达17000多公里，向灾区运送衣被、食品、帐篷、医疗及通信器材2000多吨。长途客运企业发往四川、重庆方向的班车，积极按照当地政府要求，配合做好抗震救灾工作。有2辆车在运送旅客到四川境内时，被当地政府征用，参与抗震救灾。5月15日晚，上海市紧急调集的5吨多罐头、饼干、真空熟食等救援食品送达指定地点，并发放到绵阳市北川县、阿坝州汶川县的灾民手中。这是最早由陆路送达北川、汶川两县的救援食品。

交运集团自5月12日午夜接到第一个抢运任务紧急电话起，截至6月10日，共出动各种车辆424车次，运送救援物资达13414.1吨，实现了在抗震救灾中“拉得出、打得响、运得快”。

应急协调小组指挥运输高效有序

5月17日，市建设交通委副主任孙建平与上海铁路局、民航华东管理局等中央单位和本市相关单位，进一步深入研究落实交通行业抗震救灾工作，要求铁路、民航、邮政、公路运输各单位统筹运能，深入挖潜，确保及时向灾区运送各类应急救援物资和队伍。根据市建设交通委应急协调小组的要求，民航重新梳理了本市救援物资航空运输调度程序，明确所有通过航空运输的救援物资，改由华东民航管理局统一接单，再由华东民航管理局调配有关航空公司承运物资。重点确保、优先承运国家和政府的一类救援物资应，根据运力调节运输社会捐助和企业参与救援物资，力争所有救援物资不在上海发生滞留。会后，各航空公司每天9时将已承运完成的救援物资情况（包括通过市应急办发往四川的物资总数和所有从上海始发运往四川的物资总数）汇总报告市应急办。

5月17日14:50时，经协调工作小组和上海援助四川抗震救灾工作接待服务站及时沟通，30吨给养物资空投到了地震重灾区的映秀镇，缓解了2万居民和救援人员的物资需求。为了使救灾捐赠物资的接受和向灾区发运工作快速、有序，有关部门按照“灾区急需、质量保证、相当批量”原则，对所有有物资捐赠意愿的单位先予登记，再将相关信息清单发往四川省指定的接收灾区确认，然后通知捐赠单位将捐赠物资送到指定的铁路杨浦、北郊两个火车站，由设在车站的捐赠物资接收小组负责清点接受，并协调交通运输单位发运灾区。物资调运中，物资保障、交通运输、灾区联络所涉及的单位与运输企业一棒一棒地“接力”，后方、前方工作组无缝连接。紧急调拨的照明、药品、医疗器械、帐篷、防寒防疫、食品、救援装备等物资，实现当天接到任务、当天组织调拨、当天发送灾区，平均10小时完成从存储地出库、装箱、送到机场或铁路、装机装车、发送全过程。截至5月27日17时，经市应急协调小组协调筹集并运往灾区的抗震救援物资累计1410.92吨，价值4875.74万元；上海市其他社会援（捐）助物资通过航空和铁路运往灾区累计共13.4868万吨。

三、抢72小时黄金期生死时速，上海空中通道成为一条重要生命线。抢险、医疗队伍源源进入灾区，危重伤员及时转运救治。前方致电感谢："上海救灾援助工作体现了上海对灾区人民的感情，也体现了一种政治责任感。"

2008年5月18日，上海卫生局救援医疗队奔赴灾区

在紧急抢运物资的同时，上海向灾区运送抢险、医疗队伍和转运危重伤员，与死神的争夺战也在激烈进行

5月14日2∶25时、4∶26时，9C8810、MU5012两架班机在虹桥机场安全着陆，470余名旅客平安抵沪，这是地震发生后首批返沪的旅客。

5月14日上午，沈晓明副市长来到虹桥机场专程为上海市首批赴四川省地震灾区的医疗救援队送行。救援队由来自上海医疗卫生系统的6支队伍共114人组成，同机运送5吨医疗器械。为切实保障救援队和救援医疗器械迅速运抵灾区，机场专门预留了由上海至成都的MU7001包机机位运送医疗救援队。各保障单位领导亲临现场，协调解决问题。安检部门特别在17号贵宾厅增加一条通道，抽调安检人员确保医疗救援队成员迅速通过。

5月14日凌晨，上海市公安局紧急抽调的600名公安特警和消防官兵携带应急抢险工具和破拆专用器材赶赴灾区。浦东机场运行指挥中心积极协调有关各方，开辟快速安检通道，并派专人进行现场指挥，使抗震救灾人员运输航班得以优先放行。此外，机场还积极保障东航前往洛阳、桂林等地接送救援部队到灾区抗灾的调机航班。

5 月 18 日 17:16 时，浦东机场运行指挥中心 AOC 值班室收到二军大附属长海医院要求协助运送一名震区重伤患者颜丹的申请。搭乘 MU5408 航班的颜丹是震区北川中学第一位被成功营救的学生，也是本市接受的第一位震区重伤患者。指挥员迅速同各部门协调，18:29 时，颜丹顺利地从客舱内搭乘担架专用升降车转移到救护车上。

5 月 20 日下午，韩正市长和沈骏副市长到虹桥机场了解抗震救援物资航班调度指挥情况，与正在紧张搬运救援物资的工人们亲切握手表示衷心感谢，登上东航的上海市抗震救援物资运输专机，慰问装运工人和机组人员。

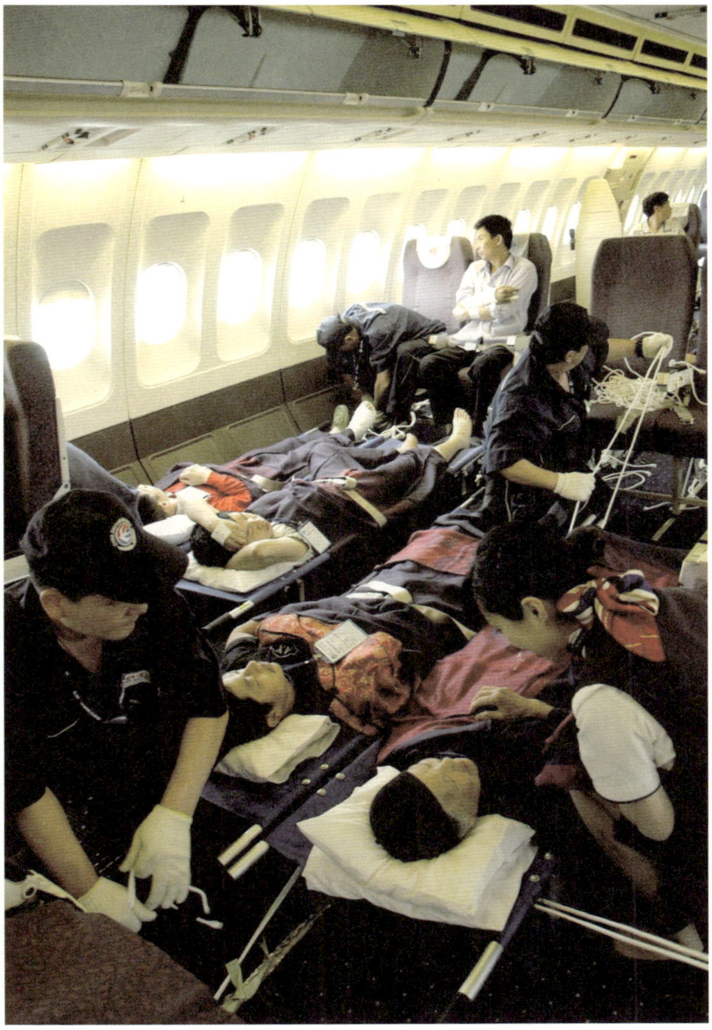

东航 A300－600 改装的空中医院一角，东航机务人员正在固定伤员担架

5 月 22 日零时，虹桥机场接到紧急通知，三架军用飞机将抵达机场，紧急向灾区调运 12000 顶帐篷。运行指挥中心在停机位已经接近饱和的情况下，协调相关航空公司腾出 5 个机位供紧急运输任务使用。2:00 时，指挥中心、东航应急办和帐篷生产厂家制定好物资运抵机场的时间和物资转运程序。6:55 时，军机相继落地，2 小时内完成物资装卸，及时飞往灾区。

5 月 26 日，民航开始转运灾区危重伤员来上海救治。当天凌晨 3:00 时，东航上海飞行部 3 名飞行机组人员、上海客舱部 11 名乘务员和工程技术公司 10 名机务人员登上经过改装的 A300—600 宽体“爱心号”客机，为首次飞行做准备。4:10 时，飞机从虹桥机场起飞前往成都。

为了执行运送灾区危重伤员到沪治疗的特殊任务，东航上海飞行部指派了精兵强将执行飞行任务，力争把飞行控制得平稳，减少颠簸，减轻伤员的痛苦。飞行机组包括 2 名机长和 1 名副驾驶，机长金彪是一位驾龄20余年的老机长,他带着伙伴张备文、王腾,接到任务后就研究航线和成都的天气情况,确保飞行万无一失。上海客舱部派出了以党员为主的11人乘务组执乘航班,乘务员提前学习了骨折、内伤等伤员护理知识,还为每位伤员准备了一枝红色康乃馨。四川籍乘务员刘宁说:"一枝小花,表达了上海人民对四川同胞的祝愿。我是四川人,被指派到医疗包机也是特别的安排,可以充当翻译,更好地为伤员服务。"

5月26日11:40时,首架承载53名危重伤员的MU9006航班降落虹桥机场。随后,先后共3架包机运载144名灾区伤员抵沪,沈晓明副市长到场慰问。虹桥机场紧急调配预留4个机位作为急救飞机的停机位,85辆救护车赶到指定位置,医疗救护人员争分夺秒护送伤员下机,伤员被迅速送上救护车并转运至各指定医院。虹桥机场和医疗卫生部门有效配合和衔接,为灾区伤员救治争取了宝贵时间。

5月26日至30日,灾区共有400多名伤员分批乘坐包机抵达上海定点医院接受治疗。在民航华东管理局协调下,虹桥机场、浦东机场积极组织制定转运伤员预案,组织精干人员执行保障任务,运行指挥中心的全体干部职工加班加点,为灾区航班保驾护航。截至5月29日8时,华东民航各单位共保障救灾航班867架次,运送人员19146人、物资4463.1吨。截至6月1日8时,上海民航各单位共保障运输救灾人员、物资375架次,运送救灾人员13619人次、物资2768.2吨。

"愿你们在灾区能救治更多的同胞。加油!"

从5月13日凌晨开始,东航以超常规的运输组织方式,确保以最快的速度把部队官兵、医疗人员以及所需物资装备运送到抗震救灾第一线。分秒必争,一架架救援专机上演生死时速。

"这是不同寻常的飞行,是与时间竞赛的攻坚战",紧急执行向地震灾区运兵任务的MU7046航班机长张兴贺说,"从接到运兵任务到制定飞行方案,研究确定机组人员和航线,一切准备工作迅即完成,飞机提前了近一个小时起飞。"灾情发生后,东航空勤人员全员备份,自觉取消休假,24小时待命。全体员工紧急行动,为救援人员开辟"专用通道",为救援物资设立"专用待装区",简化一切手续。5月14日,东航26架飞机参与抗震救灾,运力投入超过10%。5月17日,东航13架飞机执行救灾任务,其中7架客货机,6架直升机,是单日运输救援物资最多的一天。

5月18日9:35时,MU5407航班搭载上海市卫生局73人的医疗救助队,执行"浦东—成都"抗震救灾紧急运输任务。"加油,医疗队!"东航上海保障部人员为医疗队员们鼓劲,衷心希望他们给灾区人民带去上海的关切和力量。同时,尽最大力量为医疗队做好保障工作。他们在接到任务通知的第一时间即与医疗队取得了联络,在航班上预留了75个位置,开辟了专门柜台并提前打印登机牌。获知医护队有200余件共近7吨物资需要托运后,特意安排了6名装卸人员到值机柜台帮忙装运。浦东客运的业务骨干自告奋勇地为医疗队全程引导,确保"绿色通道"畅通,医疗队员被安排在离登机口最近的贵宾室休憩。很多医疗队员清晨赶出家门未来得及吃早饭,没想到工作人员为他们送上了热气腾腾的早餐。考虑到灾区物资匮乏，工作人员还特意将食物和饮料打包给医疗队带上。舱门关闭后，空乘人员利用头等舱空位为年龄大的医疗队员办理了升舱，让他们在旅途中能好好休息。当医疗队员表示感谢时，所有东航人的回答都一样："愿你们在灾区能救治更多的同胞。"

源源不断的解放军、特警官兵和医护人员，以及食品、被褥、药品，抢险物资、救灾设备送达，一个个危重伤员及时得到转运救治……时间换生命，上海的空中运输通道成为抗震救灾的一条重要生命线。

四、5 月 23 日，俞正声书记和韩正市长为上海援建队出征壮行。为支援灾后重建，司机们千里辗转、日夜兼程。短短两个多月，当救灾安置房和簇新的学校、医院矗立废墟，他们的汗水泪花中渗透着真挚的爱心

5 月 20 日，国家住房和城乡建设部印发《关于建设四川地震灾区受灾群众过渡安置房的通知》，明确上海援建四川、甘肃 8 万套安置房（此前下达的任务为 11 万套），其中四川绵阳 5 万套，甘肃陇

2008 年 5 月 23 日，中共中央政治局委员、上海市委书记俞正声亲切慰问市交运集团上海救援车队队员

2008 年 5 月 23 日，中共上海市委副书记、市长韩正向市交运集团上海救援车队授旗

南、天水 3 万套。第一期 2 万套要求 6 月 25 日前完成，第二期 2.5 万套要求 7 月 20 日前完成，第三期 3.5 万套要求 8 月 10 日完成。

为了确保过渡安置房建设的材料供应、生产制作和运输保障，市建设交通工作党委、市建设交通委领导当即研究决定，成立抗震救灾后方协调小组，市建设交通委副主任孙建平任组长。市建设交通委主任黄融、副主任孙建平迅速召开专题会议，研究决定由上海建工集团等 6 家施工企业以总承包方式承建过渡安置房，上海建工、上海城建、中建八局等 3 家建筑单位为骨干施工企业，建材运输由上海交运集团负责。

“一定要按期保质完成中央交给上海的任务”

为了落实安置房建造任务，市建设交通委抗震救灾应急协调小组在震后不久就对形势作出预判，与系统内外有关单位联络协调，组织赴灾区的建设队伍，落实建筑材料来源，确保相关物资的供应和运输。

5 月 23 日，首批 22 辆装载 34 套临时安置房的运输车辆随上海援建队紧急奔赴灾区，俞正声书记和韩正市长亲自到现场为援建队授旗、壮行。“要千方百计、全力以赴，把支援灾区恢复重建工作放在重要位置”，市领导的叮咛使协调小组每位同志倍感责任重大。

5 月 24 日上午，市建设交通委副主任孙建平召开协调小组会议协调过渡安置房原材料供应、生产及运输等问题，明确由上海宝钢集团保证 8 万套过渡安置房共 4 万吨彩钢板供应，5 月 29 日起，每天供应 900 吨，市交运集团负责全部运输任务。

5 月 27 日上午，协调小组召集 6 家施工单位商定每天钢材分配运输方案，成品运输自行解决车辆，尽量采用公路运输方式。孙建平要求各单位发挥主观能动性，组织一支强有力的队伍，发挥“两条腿走路”的功能，克服困难，完成任务。

5 月 29 日，协调小组根据活动房、彩钢板和膨胀聚苯乙烯板生产企业生产能力、库存量及过渡房内配置的家庭生活物品的市场情况，进一步调整完善运输方案。

5 月 30 日上午，鉴于铁路运输中绵阳火车站不能提供装卸条件、两地驳运损耗大、铁路运费优势不明显等客观情况，孙建平副主任开会确定：援建绵阳地区的过渡安置房以公路运输为主；建工集团等 6 家单位自行安排运力，不足部分由交运集团解决；由市交通局、市交通运输协会配合，必要时改装、征集一批符合运输要求的车辆。

5 月 31 日上午，市委书记俞正声、市委秘书长丁薛祥和副市长沈骏来到奉浦钢结构工程有限公

上海援建队等待出发

司，深入车间了解过渡安置房生产情况。俞正声书记说：上海要按照党中央、国务院的要求，把支援灾区恢复重建工作放在重要位置，千方百计、全力以赴生产灾区急需的各种救灾和恢复重建物资，一定要按期保质完成中央交给上海的任务，为支援灾区作出应有的贡献。

6月3日上午，孙建平副主任召开紧急会议专题协调彩钢板运输问题。鉴于建材加工企业中有21家集中在江苏吴江地区，运输途经4座无标签的桥梁，会议明确由市市政局立即对4座无标签的桥梁进行检测，对检测无法通行的必须采取加固措施；交运集团负责将宝钢生产的原材料运到各加工点，并组织一批小型车辆作为预案准备应急，保证运输各环节的畅通。

6月20日，孙建平副主任等一行历时7个小时，从兰州赶往陇南礼县，现场踏勘过渡安置房建设情况，希望现场指挥部和承建单位克服困难，将灾区学生的需求放在重要位置，确保高考学校用房保质保量按时完成。

市委、市政府把支援灾区重建物资运输任务交给我们，这是我们的光荣

接受任务的第一时间，市交通局抓紧组织协调并落实安置房建材运输方案。李文辉局长要求有关企业一定要挑选车辆性能完好，技术精湛的驾驶员担当重任；要完善救援物资运输应急预案，随时听从市委、市政府调遣，确保救援物资第一时间运往灾区；要主动做好家属慰问工作，帮助一线参战人员解除后顾之忧。

6月4日，市交通局通过上海陆上货运交易中心网络平台，公开招标采购运力。截至6月11日中午12时，全国各地70家企业1400辆适型车辆参加投标。

为确保运输途中过渡安置房板材榫口不受损坏和车辆运营安全，市交通局与70家投标运输企业注册所在地运管部门联系，逐一核实投标企业营业执照、公路运输许可证、车辆行驶证以及驾驶员身份证和车辆技术状况。根据市里每5天一次的任务平衡例会的部署，从投标企业中挑选资信好、车况佳，车长符合12.5米和13.6米的平板车和栏板车担当过渡安置房板材运输重任，全力以赴解决灾区过渡安置房建设企业的运力缺口。对前往灾区执行运输任务的企业开通“绿色通道”，提供一切便利条件，并开具赈灾物资运输特殊通行证明，可凭此证沿途免路桥费。

要在支援灾区中体现国有大企业的责任和精神

作为前期上海援建安置房建材运输的主力军，市交运集团全员动员，全力确保灾区重建。5月22日，集团接到组建“抗震救灾，重建家园”上海援建队，运送一批安置房赴四川绵阳任务，仅仅27个半小时准备工作就完成。化运、长途、沪北、集发、公兴、交运大件等单位抽调22辆货车和思想好、技术精的驾驶员与技术保障人员，还根据灾区特殊需要，连夜改装好10辆车辆，采购生活用品，不给灾区人民添麻烦。化运公司职工热情高涨，领导只好劝说年纪大的职工作为下一批预备人员。负责生产经营的蔡建荣副总经理的双胞胎儿子那些天正在全力迎考，但老蔡说：“抗震救灾是当前的大事，我们必须无条件服从需要”。全国劳模张刘宝接到要奔赴灾区的通知后二话没说，当天在浦东将

活动房装好车，凌晨3点回到家，一早就告别家人踏上抗震救灾行程。上海市劳模邵生力的爱人身体不好需要照顾，但老爱人支持他到灾区援助。老刘当晚精心保养车辆、装好运输物资，告别爱人赶到了出发点。一分公司的装卸工吴显余来自四川绵阳，地震时家中房屋屋顶倒塌了，这次他更是积极报名参加援建队，要为家乡抗震救灾作出贡献。26日车队进入四川境内，经过家乡，吴师傅顾不上回家看上一眼，坚守在工作岗位上。

5月23日，市交运集团所属6家企业22辆货车组成“上海救援队”奔赴绵阳灾区。此后，集团共组织4909辆汽车参与运输，每天180辆大型卡车通过公路发送1800套活动房到绵阳、都江堰、陇南，同时根据市协调小组的指令抢运其他救灾援助物资。5月26日起，集团沪北物流公司每天从上海宝钢运输900吨彩钢板到江苏吴江地区20多个过渡房制造厂。成百上千驾驶员和技术保障人员或千里驰骋，日夜兼程，冒着余震奔赴灾区前线；或克服困难，驾车奔走于本市和外地的生产厂家、加工点和铁路站场，在支援灾区中体现上海运输企业和职工的责任和精神。

集团沪西公司4名驾驶员接到运输任务，来不及安顿好家里的事就驾车上路，到达灾区后立即投入紧张的救援工作。驾驶员杨桂生妻子脑中风行动不便需要照顾，但她对丈夫说：“个人的事再大也是小事，支援灾区是上海人应尽的义务和责任。”大件运输公司承运一批施工机械到绵阳，师傅们日夜兼程，辗转重庆千里驰援。途中，他们还向关心抢运任务的企业领导和工友发来短信：“我们一定要发扬大件职工精神，树立大件企业形象，为灾区人民作出大件员工的贡献”。长途运输公司一分公司接到任务后，驾驶员纷纷请缨。全国劳模黄英赐、上海市劳模吴培均刚完成长途运输还未到家休息立即报了名。杨志军是市精神文明“十佳”好事获得者，受命负责运输任务后，立即与搭档方建中一起检测车况，做好例保，5月23日11:45分出发，马不停蹄驶向2500公里之外的灾区。他俩日夜兼程，饿了吃点干粮，渴了喝点矿泉水。途中，余震弹起的石块砸坏了车窗玻璃，他们毫不畏惧，稍作整修又继续前进。经过40多小时连续作战，25日9:30时把救援物资运到成都，提前3小时完成了任务。

集团各搬场公司2100名职工中四川籍工人约410多名，其中不少老家在灾情严重的绵阳、青川、理县地区，地震中有的父母双双罹难，有的亲人下落不明，有的家中房屋倒塌。单位和同事开展了救灾募捐，给受灾员工发放救助补贴，不仅帮助他们购买返乡车票，还发放通信补助让他们与家里保持联系，使他们深感人间有真情。川籍工人不但情绪稳定，而且安心工作，积极投身到应急救援物资抢运工作。

早一点让灾区群众有一个遮风避雨的家

安置房抢装抢运的另一个战场在上海铁路局北郊站。这里，不仅要接受上海市下达的指令，还有完成全国各地经上海转运活动板房和建材的任务。

由于安置活动房板材装卸不能使用机械设备，完全需要人工作业，从5月24日23:30时接到任务通知到5月27日15时，北郊站职工连续三天三夜24小时不间断装车，装运活动板房928套。部分受灾群众至今没有栖身之处，他们渴望焦灼的眼神揪紧了许多人的心。“要以最有力的组织、最有效的措施、最过硬的力量和最快捷的方式，全力做好救援物资运输工作。”上海铁路局党委书记刘涟清的要求简短有力。“快！快！尽最大的努力在最短时间内将活动用房送往灾区。”职工心底响起一个共同的声音。

站台上人来车往，一派繁忙的景象。80多名装运工人已经连续搬运三天了，他们脸色略显疲惫，手脚依旧麻利。库台上，一块块安置活动板房的材料叠放在了一起，很难卸车。装运工人先用锥子把它们撬开一条缝，然后几人合力移动，抬下，再搬上篷车。板房材料的四边都是铁皮，非常锋利，专用手套也很容易被划破。5、6个工人的手都被戳破了，鲜血直淌，粘一块创可贴继续干。装卸委外工负责人谈广宏说：“辛苦是辛苦，但想到灾区救灾的困难，我们这个又算什么呢！”装运工徐康友说：“我们10人一组装好一个车皮要3个多小时，而装一般货物5个人1个多小时就差不多了，工作量是平时的6倍。”运输建材车辆到达的时间不一样，分散性是安置活动板房装载运输的特点。装运工人主动放弃休息，随时待命准备投入抢运。只要装载活动板房的车辆运至库台，他们马上起身，二话不说便熟练地搬运起来，任汗水一遍遍浸湿衣服。他们的想法很简单：“尽快装完，尽快运至灾区，让灾区群众早一点有一个遮风避雨的家。”

这些天每天这么慢，每天又这么快。

在突如其来的灾难面前，上海建设交通系统呈现的是强大的凝聚力，映照的是上海精神的弘扬，社会主义核心价值观的升华。

这是实现中华民族伟大复兴的“中国梦”的强大精神动力。

从上海起飞的首班应急专机

——汶川特大地震东航救灾援助实录

5月12日下午，四川汶川发生8.0级浅源强震，灾情十分严重。为保证救灾人员和救援物资第一时间运抵灾区，中国东方航空集团公司决定立即抽调运力，全力保障救援运输任务，同时要求各分子公司的飞机随时根据国家救灾需要完成相关运输任务。5月13日早晨7:00时，东航首班汶川大地震救灾运输专机由上海虹桥机场起飞，分别从济南和郑州将救援人员和救灾物资迅速运往成都机场，以最快速度保证救灾工作顺利推进。

在最短的时间内完成最优质的航班准备。为保证首班救灾运输专机任务圆满完成，东航用一架A300-600型客机，同时抽调技术精湛的飞行人员和业务扎实的乘务人员承担此次重要的专机运输任务。这是一次临时的紧急飞行任务。凌晨4时，机组和乘务组在睡梦中接到派遣科电话，所有人都毫无怨言迅速赶到，在最短的时间内完成了最优质的各项航前准备工作。与此同时，运行控制、机务维修、载重平衡、专项装卸等工种的跟班飞行人员也准时到位，全程保障救灾运输专机任务完成。

8:10时左右，救灾运输专机飞抵济南机场，任务是运送济南军区3个野战医院的5个医疗救援队和19吨救援物资。不远处机坪上早已有六七辆满载帐篷、急救医疗用品、野战机械用品等救援装备的军用卡车等候在那里。摆在大家面前的最大难题就是如何迅速将救援物资装上飞机。东航山东分公司济南基地为此次运输任务专门成立了协调指挥、安全保障、现场操作、后勤、宣传5个工作小组，机关干部员工都纷纷参与到了救援物资的搬运工作中。大家和货运装卸人员紧密配合，环环紧扣，救援物资从卡车装上行李拖车，迅速拉向飞机货舱，救援物资在1个多小时后就将飞机货舱装满。但此时大家突然发现还有部分野战用品装备尚未装上飞机，机组当即决定打开后舱舱门，将救援物资装进客舱，半小时后物资装运工作顺利结束。紧接着，来自济南军区陆军总医院、四五六医院、疾病预防控制中心的5个医疗队的157名救援官兵排着整齐的队列迅速登上了飞机。

11:45时左右，飞机降落郑州机场，济南军区驻郑州2个集团军先遣指挥部的12名指挥员也同机前往成都。在郑州前往成都的2个多小时飞行航程中，机组和乘务组始终坚持为救援队官兵们提供最优质的空中服务。救援队官兵们都是凌晨2时起床准备救援行动的，到了灾区还要连夜行军赶赴汶川，很多官兵只能靠在飞行中补充睡眠。为了让官兵们休息好，机组凭借他们精湛娴熟的技术确保了飞行的平稳舒适。为了克服救援过程中食品短缺的困难，很多官兵随身带着方便面和火腿肠，乘务组尽最大努力让官兵们吃好吃饱。乘务组不停地在客舱中穿梭忙碌，一会儿送热正餐，一会儿送烤面包，一会儿加饮料，连部分机组餐也发了，最后只剩下极少量的干点。忙完已经是下午 1 点多了，让她们赶紧吃点东西，乘务员们微笑道：“早已饿过了时间，等会儿就用干点扛着了。”在航程即将结束时，坐在前舱的济南军区首长感慨地说：“这是我们军区派往汶川的第一批救援队，我们对东航的服务非常满意，我们希望救援任务顺利完成后还能继续乘坐东方航空的飞机。”

飞机临近成都时，机组得到信息，正有大量中国空军运输机和民航救援物资运输飞机要降落成都机场，因此，飞机只能在成都上空盘旋 40 分钟排队等待降落。15∶15 时左右，救灾运输专机终于平稳地降落在成都双流机场。成都阴沉沉的天空正飘着小雨，救援队官兵们有序离开飞机，以整齐的队列分成若干小组在飞机旁开始了救援物资搬运。雨势越来越大，为了加快救援物资搬运工作，机组和乘务组也一起投入了搬运。大家用餐食推车把客舱后舱里装的野战用品移到前舱，再往下搬运。经过救援官兵、装卸人员和机组人员的共同努力，救援物资于 17∶00 时左右全部顺利装上卡车，并铺上了挡雨的塑料布。机组和乘务组目送着运输车队离开。

在救灾运输专机准备返回上海虹桥机场时，机组又接到了一个艰巨的任务。由于此时的成都机场候机厅已经滞留了近万名旅客，为了使旅客尽早成行，救灾运输专机又承担了运送 2 个合并航班的共 240 余名旅客飞上海的航运任务。18∶00 时，第一批旅客登机……5 月 14 日 2∶15 时，飞机放行起飞……

“爱心号”架起空中生命通道

——汶川特大地震东航救灾援助实录

5月26日中午11∶36时，东航首架承载53名灾区伤员、42名伤员家属和15名医护人员的MU9006航班平稳抵达上海虹桥机场。这架经过改装的A300—600宽体客机被命名为“爱心号”，专门承担运载灾区伤员来沪治疗的航班飞行。

“爱心号”与另两架专机共运载灾区伤员144名，以老年伤员为主，大部分为骨折等外伤，一些伤员有复合伤或并发症。伤员中绝大多数都躺在担架床上。“爱心号”搭载的危重伤员中，最年长的是90岁的李寿轩，他来自都江堰，股骨骨折；最小的是14岁的什邡男孩张俊，骨盆骨折。他们被逐一抬出机舱，分别被送往上海的8家三级医院。

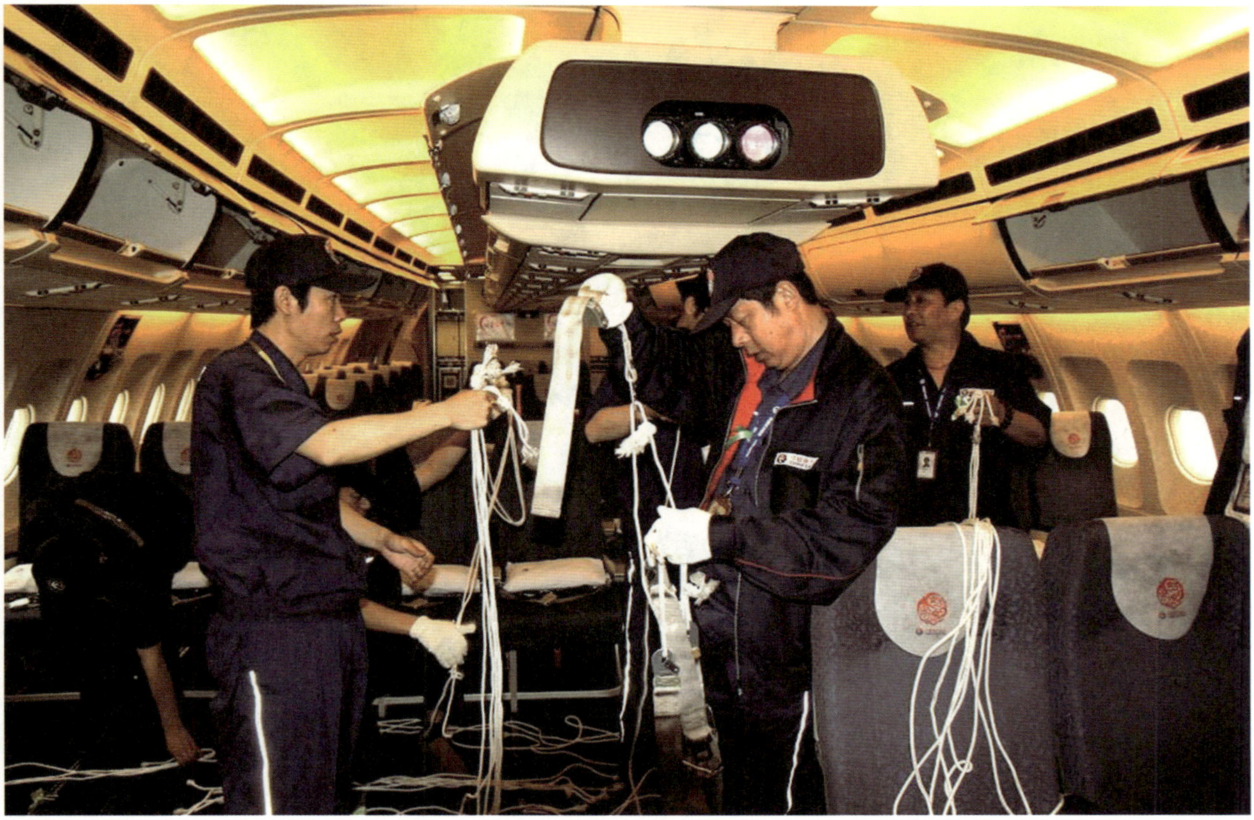

东航机务人员在飞机上安装担架

当天凌晨3:00时,上海飞行部3名飞行机组人员、上海客舱部11名乘务员和工程技术公司10名跟机机务人员登上了“爱心号”客机,为首次飞行做准备。凌晨4:10时,飞机从虹桥机场起飞前往成都。

为了执行运送地震重伤员到沪继续治疗的特殊任务,上海飞行部指派了精英强将执行飞行任务,力争把飞行控制得平稳,减少颠簸,减轻伤员的痛苦。3人组成的飞行机组包括2名机长和1名副驾驶,机长金彪是一位驾龄20余年的老机长,他带着伙伴张备文、王腾,接到任务后就研究航线和成都的天气情况,确保飞行万无一失。上海客舱部派出了以党员为主的11人乘务组执乘航班,并让乘务员提前学习了骨折、内伤等伤员的护理知识。乘务员为每位旅客送上一枝红色康乃馨,四川籍乘务员刘宁说:“一枝小花,表达了上海人民对四川同胞的祝愿。我是一名四川人,今天被指派到医疗包机,也是特别的安排,因为很多伤员只会听、说四川本地话,我可以充当翻译,使我们的乘务员更好地为他们服务”。所有机上服务均由上海客舱部乘务员承担。每个航班起飞前,乘务员都会精心

2008年5月31日,东航最后一班运输地震伤员的“爱心号”航班现场

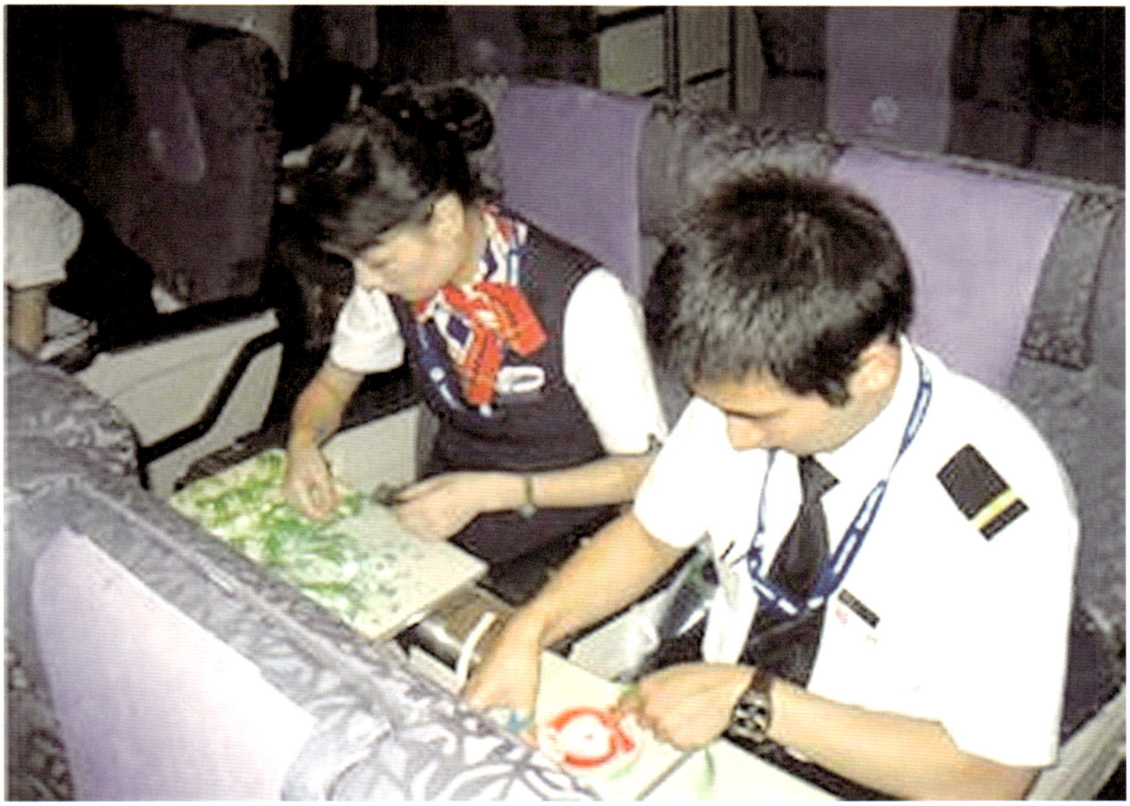

乘务员在精心准备礼物

准备礼物：彩色的纸鹤、祥和的绿丝带、写满祝福的心愿卡和康乃馨等，每一份礼物都饱含着乘务员的真诚祝福。

截至5月31日24:00时，东航累计执行10班转运地震灾区危重伤员的“爱心号”航班，转运伤员562名，其中到上海治疗的113名。

全力做好救援运输保障

——汶川特大地震上海机场集团救灾援助实录

“5·12”四川大地震发生后，上海机场怀着高度的政治责任感和爱国热忱，全力投入抗震救灾人员物资运输保障工作。集团公司在第一时间召开抗震救灾工作会议，成立了由副总裁汪光弟为组长的抗震救灾领导小组，全面组织和协调机场集团的抗震救灾工作。为了保证救灾物资和救援人员在机场的快速通行，按照“特事特办、简化程序、优先放行”的原则，在确保安全的前提下，浦东、虹桥两机场设置了救灾物资和救援人员专用绿色通道，优先办理相关手续，为其安全、迅速登机提供便利。期间，共保障抗震救灾包机和航班340架次、物资2636.7吨及大量救灾人员，为抗震救灾做出了贡献。

5月13日，虹桥机场实行24小时开放，始终保持适航状态。浦东机场：迅速反应，全力保障抗震救灾航班，保证救灾急需物资和救灾人员第一时间送达“前线”。对抗震救灾航班实施预留停机位、优先安排停机位、优先装机的策略，当日14:45时，第一架满载救援物资的救灾专机邮航8Y9049航班满载着棉衣、棉被、帐篷、手电等物资从浦东机场飞往成都双流机场，紧随其后起飞的是载着救援血浆、棉衣等物资的扬子江快运航空的Y85056航班。

5月13日22:50时，虹桥机场运行指挥中心分别接到春秋航空签派和东方航空运控中心的电话，称有两架从地震灾区绵阳机场和成都机场起飞的航班将于14日凌晨飞抵虹桥机场。接到电话以后，虹桥运行指挥中心人员迅速分工，立即行动。协调轨道交通地铁施工单位和空管，决定取消当晚所有的施工，24小时开放虹桥机场。同时协调客管处增派100多辆出租车，指令空港巴士派两辆大巴在机场到达处待命，确保灾区的旅(游)客平安顺利抵沪回家。

5月14日，2:25时，9C8810航班安全着陆。4:26时，MU5012航班也顺利飞抵虹桥机场。至此，两个航班共计470余名旅客平安抵沪，这是四川地震发生后首批返沪的旅客。上午，上海市副市长沈晓明一行来到虹桥机场，专程为上海首批赶赴四川省地震灾区的医疗救援队送行。此次上海市医疗救援队由来自上海医疗卫生系统的6支队伍共114人组成，并同机运送5吨医疗器械，分赴灾区开展医疗救护工作。为切实保障上海市医疗救援队和救援医疗器械能顺利、迅速运抵灾区，虹桥机场方面高度重视，为上海市医疗救援队提供最安全、最便捷的优质保障服务，虹桥机场专门预留了由上海至成都的MU7001包机机位运送医疗救援队；各保障单位领导亲临现场，协调解决问题；安检部门在确保安全的前提下，按照“特事特办、简化程序、优先放行”的原则，特别在17号贵宾厅增加一条安检通道，抽调部分安检人员确保医疗救援队成员迅速通过安检。

同日凌晨，市公安局紧急抽调600名公安特警和消防官兵携带应急抢险工具和破拆专用器材等赶赴灾区，浦东机场运行指挥中心积极协调有关各方，开辟快速安检通道，并派专人进行现场指挥，使运输抗震救灾人员的航班得以优先放行。此外，还积极保障东航前往洛阳、桂林等地接送救援部队到灾区抗灾的调机航班。至15日15:00时，已成功保障CK901、FM9543、CA4513等抗震救灾有关航班共计19架次。

5月18日17:16时，浦东机场运行指挥中心AOC值班室收到二军大附属长海医院的申请，协助其在本场接受一名搭乘MU5408航班的震区重伤患者颜丹，颜丹是震区北川县北川中学第一位被成功营救的学生，也是本市接受的第一位震区重伤患者。指挥员迅速同东航、安检、空管等部门进行协调。18:29时，在AOC现场工作人员的高效协调和各方的配合下，患者顺利地从客舱内搭乘担架专用升降车转移到救护车上。

5月19日，由来自上海市16家医院的120名护师组成的上海第三批奔赴抗震救灾第一线的医疗队从浦东机场出发。上海市副市长沈晓明到浦东机场相送，浦东机场全力保障，安检临时开通3条专用通道，保证医疗队员和他们随身携带的医疗器材优先通过安全检查。

5月20日下午，上海市委副书记、市长韩正和副市长沈骏一行来到虹桥机场，在空管局调度中心，韩正仔细了解抗震救灾物资航班调度指挥情况。机场货运区一片忙碌景象，灾区急需的各种医疗器械、药品、食品和饮用水正在源源不断地装上飞机。上海航空公司货运仓库专门辟出上海市抗震救灾物资运输专区，韩正与正在紧张搬运救灾物资的工人们亲切握手，对他们辛勤工作表示衷心的感谢。他还登上东方航空集团的上海市抗震救灾物资运输专机，慰问连日来辛苦工作的装运工人和机组人员。

5月22日零点，虹桥机场接到国家商务部、解放军总参谋部关于将有仓三架军用飞机抵达虹桥机场，并紧急向灾区调运12000顶帐篷的紧急通知后，运行指挥中心在本场停机位已经接近饱和的情况下，协调相关航空公司，腾出93#至97#共5个机位供紧急运输任务使用。2:00时，指挥中心同东航应急办和厂家制定好物资运抵机场的时间和物资转运的程序。6:55时，三架军用飞机相继落地，2小时内配合航空公司完成救灾物资的装卸工作，确保了救灾帐篷及时送往灾区。

5月26—30日，共有400多名灾区伤员分批乘坐包机抵达虹桥机场，赶赴上海定点医院接受治疗。集团公司副总裁汪光弟和虹桥公司领导高度重视此次任务，要求全力以赴做好保障工作。虹桥机场公司制定转运伤员方案，并预留机坪10号门外作为地面救护设备临时停放点，确保伤员能在最短时间内被运往指定医院进行救治。首批144名伤员于5月26日分别乘坐3架包机来沪，上海市副市长沈晓明亲临虹桥机场慰问伤员。虹桥机场公司紧急调配预留四个机位作为急救飞机的停机位，最大限度保障把伤员能顺利运送至定点医院。MU9006、3UO01于11:35时和

12:08时顺利抵沪，在虹桥机场严密组织协调下，上海医疗卫生部85辆救护车迅速赶到指定位置，医疗救护人员争分夺秒护送伤员下机，有条不紊地把伤员运离机场。20:30时，MU9008抵达虹桥机场，虹桥机场公司10余名志愿者积极配合上海市卫生局团委，顺利完成了转运伤员的任务。5月28日，来自成都的174名伤员分别乘坐CA071、MU9006、CA073、MU9008航班陆续抵达虹桥机场，在虹桥机场和上海市医疗卫生部门的紧密配合下，伤员被陆续送上救护车并转运至各指定医院进行救治。通过虹桥机场和上海市医疗卫生部门的有效配合和衔接，为灾区伤员救治争取了宝贵的时间。

按照上海市政府的要求，为切实保障上海市医疗救援队和救援医疗器械能在第一时间顺利运抵灾区，上海机场高度重视，为上海市医疗救援队提供最安全、最便捷的优质保障服务。在没有上海至绵阳航线的情况下，上海机场专门协调了虹桥机场至成都和绵阳的包机航线运送医疗救援队，使机场24小时不关闭并始终处于适航状态。在确保安全的前提下，按照“特事特办、简化程序、优先放行”的原则，抽调安检人员专门负责救援人员和救灾物资的安全检查。同时，还积极协调各大航空公司，做好抗震救灾航班预留和优先安排停机位、优先装机，并指派指挥员坚持现场指挥，确保抗震救灾航班在最短时间内放行。

自“5·12”四川大地震发生以来的一个月中，虹桥机场、浦东机场领导和各保障单位始终高

上海机场成为支援灾区、输送救灾人员和物资的重要枢纽。图为上海机场（集团）有限公司董事长吴念祖（右二）、虹桥机场公司总经理孙立（右一）商讨救援事宜

度重视，特别是二场运行指挥中心的全体干部职工大多放弃了休息时间，加班加点，始终奋战在为灾区航班保驾护航的第一线，兢兢业业，勤奋工作，发扬了不怕苦不怕累的大无畏精神，以自己的实际行动为支援灾区作出了表率。

上海机场集团精心组织、有序协调，在全体干部职工的共同努力下，圆满完成了虹桥机场、浦东机场抗震救灾物资、救援人员和救治伤员的运输保障任务，以实际行动为抗震救灾做出了积极的贡献，得到了上海市政府、全国民用航空局的充分肯定。为此，上海机场集团虹桥机场公司被授予"全国民航抗震救灾先进集体"、虹桥机场运行指挥中心被上海市总工会授予"五一劳动奖章"，同时与上海机场集团安全运行监控中心一起荣获市总工会授予的"抗震救灾重建家园工人先锋号"荣誉称号。

铁路向灾区奉献真情

——汶川特大地震上海铁路局救灾援助实录

5月19日14:28时，上海铁路局行驶在京沪、京九、沪昆线等万里铁道线上的1000多趟旅客列车、货物列车和调小机车同时鸣笛致哀3分钟。全局17万干部职工默哀3分钟，表达对四川汶川特大地震遇难同胞的深切哀悼。上海站，上万名旅客，在火车的哀鸣中，全部面向西南肃立默哀，已上火车的旅客也纷纷起立默哀，正在工作的铁路客运员、武警战士全部放下手中的工具，脱帽默哀3分钟。

悲痛化作救灾援助的强大力量。从5月12日21:00时执行交通部发布第一个救灾运输调度命令起，上海铁路局上下坚决响应党中央、国务院号召，发扬“一方有难，八方支援”的精神，迅速展开支援抗震救灾的各项工作。各级党委加强对救灾援助工作的领导，各级干部特别是领导干部切实增强责任感和使命感，统一指挥，统筹安排好各项工作。各级党组织充分发挥政治核心作用，团结带领广大党员和干部职工，为全国打赢抗震救灾这场硬仗贡献力量。广大基层党组织和共产党员在支援救灾、确保安全生产中充分发挥战斗堡垒和先锋模范作用，在各自岗位上体现和锤炼党的先进性。

为了紧急抢运救灾物资，上海铁路局加强运输指挥、协调和组织，采取超常规措施 。地震发生后，局立即成立抗震救灾运输指挥部，单独设立调度台，专门负责救灾物资运输的指挥、协调和组织。各运输单位紧急行动，机务、车辆、调度和车站密切配合，全力以赴组织开行“抢”字专列，5月18日一天内紧急开出专列15趟，确保了趟趟安全正点。徐州北、北郊、苏州西、南京南、芜湖东等重点车站和路局装卸系统成立抢运小组，腾出最好的库台，调集最好的机械，职工24小时作业紧急抢运物资，全局开行救灾专列138列，装运物资达2871车。各主要客运站与中铁快运密切配合，通过行李车和在成都方向客车上加挂行李车，对救灾物资随到随运，发往灾区物资19364批224.7万吨。

灾后地震灾区帐篷、活动房等物资十分紧缺。为确保生产厂家紧急生产出来的一批批帐篷、活动房等物资快速输送到灾区群众手中，铁道部决定采取超常规措施，紧急呼吁帐篷活动房等救灾物资迅速向铁路集结，在入川客车上加挂行李车抢运救灾物资。自5月24日起，全国各地进入四川的客车陆续加挂行李车抢运救灾物资，随到随装。按照铁道部的部署要求，上海铁路局紧急启动应急预案，组织各有关部门主动与管内沪、苏、浙、皖四省市民政部门、红十字会、应急办等取得联系，组织将近30万套活动房构件通过铁路陆续抢运到四川地震灾区。为确保活动房随到随装随运，5月27日，上海铁路局专门下发《关于做好救灾物资装卸组织工作的通知》，对救灾物资装卸劳力、救灾物资装车质量和作业安全以及加强信息畅通提出了具体要求。5 月 27 日，上海铁路局苏州装卸公司首批完成 700 辆货车活动房装卸任务，沪宁线上的无锡站也紧急抢运活动房 150 余车。

从 2008 年 5 月至 2009 年 4 月，上海铁路局累计运往四川省的各类物资 424. 8 万吨，其中用于灾区重建的钢材 58. 6 万吨、水泥 10. 7 万吨、化工品 19 万吨、化肥农药 4. 7 万吨、挖掘机发电机等工业机械 8. 6 万吨。其中与都江堰对口援建的上海市一年来通过铁路运往四川的各类救灾物资共 107. 3 万吨。与绵竹市对口援建的江苏省通过铁路运往四川的各类救灾物资共 182. 2 万吨。

5 月 25 日，上海铁路局接到地震伤员转运任务。领导立即对做好转运工作提出了明确要求，各有关客运段、车辆段、公安处和车站精心组织，积极抓好受灾伤员救助专列的运输服务，路局领导分赴南通、泰州、扬州、徐州、镇江、常州和杭州站，坐镇指挥，现场组织伤员转运，全局上下齐心协力，确保每一位伤员安全快速转运。路局调度所领导亲自盯台，加强与地方、车站、列车联系，保证伤员专列趟趟安全正点。客运部门派干部到专列到达的每一个车站协调指挥。机务部门在保证牵引伤员专列机车质量的同时，派出干部对每趟伤员专列添乘把关。车辆部门专门抽调 120 多人进行拆装车窗玻璃演练，保证 10 分钟内完成一趟伤员专列车窗玻璃的拆卸。至 5 月 30 日，1024 名地震伤员安全快速从局管内 7 个车站转移到当地医院。

上海铁路局广大职工积极投入“情系灾区献爱心”捐助活动，有 180431 名职工踊跃参与，捐助

铁路员工仔细清点救灾援助物资

总额达9503496.87元，有54591名党员自愿交纳“特殊党费”6604819.5元，有3519名团员还交纳了“特殊团费”119757元。在参与这次“特殊党费”缴纳中，有许多离退休干部、老劳模、老党员，还有一些家庭生活困难、生病住院的一线职工，一些休班人员放弃休假主动到单位捐款，一部分劳务人员也积极参与，自发为灾区贡献一份力量。

上海铁路党员干部职工在抗震救灾中的出色表现得到铁道部党组高度肯定和表彰。

2008年7月4日，路局党委副书记唐国柱主持装卸公司党委荣获全路抗震救灾先进基层党组织授牌仪式

爱心紧贴灾区人民

——汶川特大地震上海铁路局北郊站救灾援助实录

2008 年 5 月 20 日，中共上海市委副书记、市长韩正到北郊站慰问装运救灾物资的装卸工

“像搬鸡蛋一样搬运救灾物资”。这是上海铁路局北郊站在抢运救灾物资中的一段佳话。

5 月 28 日，北郊站二号仓库只见铲车司机把几箱矿泉水铲到铲车里，平稳地开到贴有“上海人民捐赠”的大红纸头的棚车门口，开到车厢，缓缓降低铲子，几个装卸工人赶紧过来用手接住货物，小心地搬下来，轻轻堆放到车厢里……“对救灾物资进行抢运，装卸质量必须保证，决不能出现破损现象。”北郊分公司党支部书记朱妙龙说，“这些物品都是上海市人民的一份份爱心，可是，许多物品包装很简单，这就需要我们精心装卸”。顺着他的手指望去，但见仓库里堆满了各式各样的救灾物资，矿泉水、医疗药品、帐篷等，快到六一儿童节了，救灾物资里又多了很多儿童用品。包装简单，每件货物上都贴了上海红十字会的标签，上面写道：人道救助，爱心关怀。几个穿着铁路制服的同志手拿着纸笔，在清点着物品；一群装卸工人在不停地忙着，虽然天气不算热，但他们的脸上依然挂着汗水，作业时，他们将物品紧贴在身上，抱得更牢更紧，浅蓝色制服上很快就污渍斑斑。

"不这样干不行"，北郊站装卸分公司副书记管小明说。救援物资里有很多易碎品，如药品、针剂、矿泉水和活动房。活动房有大块的玻璃窗，稍不注意就弄碎，装卸的时候要特别小心。他们采取的方法是：把其他物品先放好，然后在两件物品中间把玻璃窗塞进去，这样就能保证玻璃不损坏。矿泉水包装很简单，不注意掉到地上就破了。一位装卸工人说，我们都像搬鸡蛋一样小心翼翼搬这些物品，万一弄坏了，既对不起献爱心的人，更对不起灾区人民。负责开铲车的司机黄建平说："我们车子开进车门的时候速度一定要慢下来，轻拿轻放，这样才能保证物品不会被损坏。"月台和棚车车厢有个站台落差，虽然只有一点点，但如果不注意，还是会发生碰撞。黄师傅说："接到装卸灾区物资任务后，我们的工作强度比平时大多了，装卸难度也增加，为了灾区，我们辛苦点没什么。"自从5月15日接到抢运救灾物资装卸任务后，北郊站专门配备了10台铲车，每天保证60个人员在岗，最多的一天装卸三十七八个车，5月31日已装187个车，共计数万件物品，但没有出现一件物品破损现象。

为了支援灾后重建，自5月24日起，全国各地进入四川的客车陆续加挂行李车抢运救灾物资，随到随装。按照铁道部的部署要求，上海铁路局紧急组织将近30万套活动房构件抢运到四川地震灾区。为确保活动房随到随装随运，5月27日，上海铁路局专门下发《关于做好救灾物资装卸组织工作的通知》，对救灾物资装卸劳力、救灾物资装车质量和作业安全以及加强信息畅通作出具体部署，要求各装卸部门必须集中调集劳力，确保救灾物资快速装卸；装卸救灾物资必须严格按方案装车，坚决落实装载加固规定和各项安全措施，并做到不错装、不漏装、巧装满载，切实提高装卸质量。

截至5月27日下午3:00时，上海铁路局北郊站职工已经连续三天三夜24小时不间断装车，装运活动板房928套。

房子！家！家！房子！这是震后15天的汶川发出急迫的声音。"要以最有力的组织、最有效的措施、最过硬的力量，最快捷的方式，全力做好救灾物资运输工作。"上海铁路局党委书记刘涟清的要求简短有力。"快！快！尽最大的努力在最短时间内将活动用房送往灾区。"职工们心底响起一个共同的声音。

站台上人来车往，一派繁忙景象。从5月24日深夜11:30时起，80多名装运工人连续搬运三天，他们脸色略显疲惫，手脚依旧麻利。活动板房不能使用机械，完全要靠人工作业。库台上，一块块活动板房的材料叠放在一起，很难卸车，装运工人先用锥子把它们撬开一条缝，然后几人合力将之移动，抬下，搬上篷车。这些板的四边都是铁皮，非常锋利，专用手套很容易被划破，五六个工人的手都被戳到了，鲜血直淌，粘块创可贴继续干。装卸委外工负责人谈广宏由衷地说："辛苦是辛苦，但想到灾区救灾的困难,我们这个又算什么呢!”装运工徐康友说:“我们10人一组,装好一个车皮要三个多小时,而一般的货物5个人一个多小时就差不多了,工作量是平时的6倍 。”到达时间的分散性是救灾物资运输的特点之一,装运工人主动放弃休息,随时待命准备投入抢运战斗!只要看见载着活动板房的车辆运至库台,他们马上起身,二话不说便熟练地搬运起来,任汗水一遍遍浸湿衣服。他们的想法很简单:“尽快装完,尽快运至灾区,让灾区群众早一点有一个遮风避雨的家。”

上海铁路局北郊站员工紧急装运帐篷等应急物资

“拉得出、打得响、运得快”

——汶川特大地震上海交运集团救灾援助实录

汶川大地震发生后，上海交运集团党委书记、董事长陈辰康立即要求成立应急车队，并强调，必须充分发挥国有企业在抗震救灾中的作用，以最好的员工，最好的车辆，最快的速度抢运抗震救灾物资。集团8个直属运输物流企业迅速组成应急力量，24小时值班，随时听从调遣。

根据市有关部门要求，抢运救灾物资工作迅速展开。

5月13日上午，沪南运输公司2辆2.5吨货车到松江榭镇仓库装20万支蜡烛送至浦东机场；

5月13日上午，沪西运输公司2辆5吨货车装运1万只电筒、4.032万节电池，急送浦东机场；

5月17日，沪北运输公司大件服务公司1辆20吨平板车从上海龙华机场装运用于救灾的

2008年5月20日上午8点，市总工会在长途公司四分公司举行抗震救灾物资的发车仪式

参加运送援灾物资的车队

MD600N 型直升机一架，送往四川广汉民航学院机场；

5 月 20 日，根据上海市总工会要求，长途运输公司迅速安排 5 辆 10 吨货运车急送一批物资至四川绵阳灾区；

5 月 23 日下午，交运集团组织化运、长途、沪北、集发、公兴、交运大件等单位 22 辆货车，参加"抗震救灾，重建家园"上海援建队，运送一批安置房赴四川绵阳；

从 5 月 26 日起，沪北物流公司每天从宝钢运 900 吨彩钢板送到江苏吴江地区 20 个过渡房制造厂；

5 月 28 日中午，浦东运输公司迅速安排 10 名驾驶员，5 辆载重 15 吨海关监管车，从浦东机场将挪威红十字会捐赠给四川红十字会最紧缺的救灾帐篷运往成都；

……

截至 6 月 10 日，交运集团共出动各种车辆 424 车次，运送救灾物资总吨位达 13414.1 吨。

在这次抗震物资抢运中，交运集团运输部成为一支特别能战斗的团队。自 5 月 12 日午夜接到市经委第一个抢运任务的紧急电话起，吴仕民部长带领运输部全体同志不分昼夜、不分节假日，以高度的政治责任感认真做好物资抢运每项工作。每接到市里下达抢运任务，吴仕民部长都在第一时间紧急动员，精心落实运力，利用生产指挥的应急网络实施运行，并带领部门同志深入现场协调处理每一项有关运输、安全质量等工作，同时在每一批次的抢运任务中，认真做好信息跟踪和反馈工作。实现了交运集团在这次抗震救灾中“拉得出、打得响、运得快”。

大件公司连夜赴灾区驾驶人员作紧急动员

大件公司运输救灾设备的大型车辆正通过灾区高速公路路口

大件公司运送救灾挖掘设备的车辆在灾区遭遇前方道路遇阻，随车人员冒雨下车，焦急等待通行

大件公司运送大型救灾设备至灾区

化运公司接到交运集团公司下达的抽调 10 辆运输生产车，选派 20 名生产一线驾驶员及后勤保障人员，立即赶赴四川抗震救灾第一线的命令。对口生产经营的副总经理蔡建荣家有双胞胎儿子，那些天正在全力以赴复习迎考，但是他说："抗震救灾是当前的大事，我们必须无条件服从抗震救灾需要"；全国劳模张刘宝女儿也要参加高考，接到公司要组织援建队奔赴四川支援灾区通知后，他二话没说报名参加，当天夜晚在浦东将活动房装好车，回到家里已是凌晨 3 点，第二天一早告别爱人，踏上前往四川抗震救灾的行程；上海市劳模邵生力顾不上照顾身体不好的爱人，当晚将活动房装好车，

凌晨3点才到家中告别爱人；来自四川绵阳的一分公司装卸工吴显余，家中房屋在地震时屋顶倒塌了，这次更是积极参加援建队，要为家乡抗震救灾作贡献。26日车队进入四川境地，车队经过他的家乡，他顾不上回家，一直坚守在工作岗位上。这支抗震救灾援建团队带着全体交运职工的重托，从5月23日出发，翻山越岭、日夜兼程，顺利到达目的地四川绵阳。

根据上海市总工会要求，将运输一批救灾物资到四川绵阳。接此任务，上海市运输工会主席黄伟建迅速和运输部联系，并到长途运输公司一分公司进行具体落实。长途一分公司的驾驶员得知这一抢运任务后，纷纷请缨，全国物流行业劳模黄英赐、上海市劳模吴培均刚完成一项长途任务，还未回家休息，立即报名参加了这次抢运任务。市精神文明"十佳"好事获得者杨志军受命负责这项任务，他立即与搭档方建中一起，检测车况，做好例保，于中午11:45分从上海出发赶往泰州仓库装上50顶帐篷，马不停蹄，直接驶向2500公里之外的成都灾区。肚子饿了吃点干粮，口渴了喝点矿泉水，途中因余震将石块弹起，砸坏了车窗玻璃……一路上，他们毫不畏惧，日夜兼程，克服种种困难，一心想早点把帐篷送到灾区，尽力为灾民多做实事。经过40多小时的连续作战，于5月25日上午9:30时到达成都，提前3小时完成了任务。

交运物流接到了罗氏制药的求援电话，要求以最快的速度将其捐赠给四川灾区的紧缺药品——罗氏药粉送到位于曹重公路的市红十字会仓库。闻讯后，交运物流连夜调整车辆、清洁车厢、安排施工人员，并将此任务落到浦东营业部。党员、经理张永军领命后，立即与罗氏公司联系装货事宜，并按照期限分二车装运。5月15日，司机张季明装载189箱；5月19日，司机陈爱生装载56箱，装卸工王德松、孙继明同两位司机一起总共装运245箱罗氏药粉。克服天热、人累等种种困难，挥汗大干，并全免抢运二车赈灾物资的运费，他们以实际行动支援灾区人民，体现了上海交运人无私奉献的精神。

沪西公司4名驾驶员接到去四川茂县的通知后，来不及安排好家务事就匆匆奔赴灾区，投入紧张的救援工作。交运资产管理公司领导、沪西公司领导对4名职工家属进行慰问才了解到，驾驶员杨桂生的妻子曾得过脑中风，行动不便，需要丈夫的照顾，但他妻子说：个人的事再大也是小事，支援灾区是我们应尽的义务和责任。

交运大件5月23日晚，承运一批施工机械到四川绵阳，他们日夜兼程，辗转重庆，千里驰援，途中克服重重困难，做好运输工作，还向关心抢运任务的企业领导和全体职工发来短信，表示："我们一定要发扬大件职工精神，树立大件企业形象，为灾区人民作出大件员工的贡献"。

当好支援灾后重建的“绿叶”

市建设交通委抗震救灾协调小组及办公室，承担起了与系统内外各单位上传下达、协调联系的工作。派驻协调小组及办公室工作的都是由市建设交通委系统各单位选调的有经验的人员，其中负责协调运输保障的运输组3个成员，有的曾配合国家部委开展集装箱多式联运工试组织，有的长期从事交通战备工作。接受任务后，运输组首先确定运输路线。根据上海对口援建的三个地区研究三条救灾物资专用线。公路运输方面，经沿线协调，确保上海的持证车辆运输救灾物资顺利到达绵阳、都江堰、陇南。运输组向建工集团、城建集团、绿地集团、中建八局、中交三航局、中铁24局等六大集团公司发放4228张运送安置房通行证，向有关保障和新闻媒体单位发放92张非专业单位通行证。

上海承建的8万套安置房所需材料仅彩钢板就达4万吨，还有大量膨胀聚苯乙烯板等结构件。运输组广泛组织运力，确定了有大型运输车辆的大型企业。首批去绵阳的活动安置房及相关

市交通局领导慰问担负四川抗震救灾物资运送保障任务的干部职工

物资由上海交运集团负责运送,该集团共有4909辆汽车参与运送安置房。以后根据建设进度及客观情况,逐步调整为集团主要每天运送宝钢生产的彩钢板900吨到6大集团指定生产企业。6月12日,市交通局通过陆上货运交易中心紧急公开招标援建灾区过渡房板材运输车辆。70家运输企业1400余辆大型汽车,随时待命投入使用。

5月29日,四川绵阳火车站因客观条件限制不再装卸安置房后,应急协调小组副组长孙建平与市交通局、市道路运输协会等单位一起分析生产、运输形势,制定减少环节、提高效率、确定车型、指导运价、摸清运力、改装车辆、堆放场地等一系列完善的工作方案。

在市建设交通系统职工的共同努力下,上海援建灾区的安置房建造任务顺利完成。7月29日夜,援建绵阳的现场指挥部同志返沪,8月4日上午,甘肃省建设灾区过渡安置房指挥部对上海援建甘南四地的过渡安置房建设验收确认。此时,协调小组及办公室的同志们甘当“绿叶”的自豪感油然而生。

■ 安置房建设

心手相连　守望相助

——宝钢员工情系汶川灾区抗震救灾纪实

突如其来的汶川特大地震，牵动着宝钢干部员工的心。宝钢紧急启动了抗震救灾工作，干部员工快速行动，积极参与，为国家分忧、为灾区出力。短短半个多月时间，宝钢员工个人捐款3157.9万元、交纳特殊党费1273万元；宝钢集团有限公司(简称“宝钢集团”“宝钢”)捐资捐物6700万元，援建赈灾过渡安置房48357平方米，表现出了宝钢人与灾区人民心手相连、守望相助、同舟共济的深情厚谊。

爱心涌动　为灾区捐款捐物献血

我的心，装满了惦念的爱；我的血，汹涌着疼惜的情。

——摘自路勇《汶川，我为你哭泣》

灾情发生当晚，宝钢集团领导就通过上海宝钢国际经济贸易有限公司下属成都宝钢西部贸易有限公司(简称“宝钢西部公司”)和有关渠道，想方设法地了解灾情。宝钢集团董事长徐乐江，副董事长、党委书记刘国胜，总经理何文波等领导作出指示，要求有关部门以最快速度启动救灾工作，并特别指出，救灾工作要“尽快决策、尽快实施、急灾区之所急”。

5月13日一早，宝钢集团党委副书记欧阳英鹏主持召开紧急会议，部署相关救灾工作，对灾区的衣、食、饮、住及钱款捐助和帮助灾后重建等作出具体安排，并以宝钢集团党政名义联合发出《关于紧急行动起来做好抗震救灾工作的通知》，要求各级党政组织、各级领导人员、全体共产党员、共青团员和广大员工，以高度的政治责任感投入到抗震救灾工作中去。

上午，宝钢集团总部和宝钢股份机关分别举行援助灾区赈灾募捐活动，大家慷慨解囊、踊跃捐款，表达了对灾区人民的一份深情，共筹集赈灾款22万余元。当天，宝钢集团宣布为支持四川汶川地震灾区的救援和重建工作，向地震灾区捐款1000万元。

下午，首批200万元救灾物资发往汶川灾区。

当天，宝钢集团各分、子公司在第一时间排查出四川籍员工家中受灾情况，并给予慰问和帮扶。其中，宝钢发展有限公司四川籍岗位协力员工有1846人，来自受灾地区的有700余人，家中房屋倒塌的有近500人，与受灾家人失去联系的有20人，有4名职工家中有人受伤。公司党委立即组织了

宝钢集团总部机关员工为灾区捐款

慰问,向他们伸出了援助之手。

5 月 14 日,徐乐江、刘国胜、何文波联名向宝钢西部公司等身处抗震救灾第一线的宝钢分、子公司发出慰问信,对他们表示最亲切的慰问。同时,希望宝钢员工与当地政府和群众站在一起,积极投入到抗震救灾工作中去,宝钢将随时提供一切所需的帮助。

至 5 月 19 日,宝钢员工累计捐款 1339 万元;20 日,达到 1680 万元;21 日,达到 3125 万元。最终,宝钢员工个人捐款 3157.9 万元。这期间,涌现出了许多感人故事——

在家待产的宝钢集团人力资源部吴萍得知捐款的消息后,不顾行动不便赶到宝钢大厦,献上自己的一片爱心。

宝钢股份不锈钢分公司、宝钢集团上海第一钢铁有限公司患重病在家休养的特困职工黄德山长期靠公司补助生活,地震发生后,主动打电话到单位,要求拿出一部分补助款捐给灾区;长期卧病在床的戴长贵,在电话中,反复叮嘱工会主席,一定要帮他为灾区人民献上一份爱心;钱旭东岳父母家的房子因地震变成了危房,他不顾自家的困难,也向灾区捐出了 400 元;已经协解回家的陈永昌、朱震伟也在第一时间赶到公司参加捐款。

宝钢发展有限公司宝嘉混凝土公司一位退休职工身在美国,打电话让上海的女儿将捐款送到公司。

上海宝钢工程技术有限公司轧钢事业部朱晓钢一下子就捐出了自己一个月的工资 3000 元；常州宝菱重工机械有限公司 70 多岁退休干部顾振东，不顾身体虚弱，亲自赶到厂里向捐款箱投入了 1 万元。

刚做完手术在家休养的上海宝钢工业检测公司环境监测部职工汪慧萍得知捐款消息后，立即打电话给单位，要求从她当月工资中拿出 1000 元捐给灾区人民。

5 月 20 日，73 岁的退休老劳模、宝钢分公司炼钢厂原工会主席曹国相托人将 2 万元现金送到宝钢分公司工会，表达自己和家人对灾区人民的一片情意。

宝钢发展有限公司高级研修班 60 名学员从 5 月 13 日至 16 日连续四次捐款。5 月 13 日中午，他们在东北大学午餐时，看到食堂门口的捐款队伍，自发地加入进去，有一名学员在捐出自己身上的所有现金后，才发现午餐的钱都没有了。5 月 14 日上午 8 点 15 分，高级研修班学员在教室里展开了一场别开生面的募捐会，捐款额达到 21600 元。当天中午，学员们走了一里多路，排了半小时队，把捐款汇到了公司的捐款账户上。5 月 16 日，学员们第一阶段学习结束，从沈阳飞回上海。他们看到飞机上的募捐箱时，又忍不住纷纷捐款；当天下午回到自己所在的业务单元时，立即又加入到公司组织的募捐活动中。

四川东方汽轮机厂是宝钢股份特殊钢分公司的用户单位，在地震中厂房和职工子弟学校发生了

宝钢生产一线员工为灾区捐款

大面积垮塌，造成了100多名员工和400多名职工子弟及教师伤亡，直接经济损失70多亿元。获知灾情后，特殊钢分公司、宝钢集团上海五钢有限公司当即决定在C层级以上管理干部和首席师中发起专项募捐，其他干部员工也纷纷响应，当场募集善款15万元。

驻日本东京的宝钢海外公司——宝和通商株式会社，在地震发生后，每天都要通过卫星电视了解抗震救灾进展情况，并积极为灾区捐款。5月14日，首批善款通过宝钢集团转交灾区后，19日和20日又通过中国驻日使馆向地震灾区捐赠102万和300万日元。

大爱无疆，宝钢人的爱心善举深深感染了周边的人。

5月13日，正在为宝钢股份中厚板分公司提供技术支撑的奥钢联、西门子等公司外方专家，在得知汶川发生强烈地震后，主动参加了宝钢的赈灾募捐。宝钢与意大利马拉卡扎家族集团合资的宝意公司副董事长马蒂尔在地震发生第一时间就致电宝钢集团业务总监叶萌，请他转交1.5万欧元（约合人民币16.19万元）捐款。宝钢煤炭战略供应商新西兰固体能源公司首席执行官艾奥德5月20日率队到宝钢访问时，代表新西兰固体能源公司捐赠5万美元支持中国的抗震救灾，同时，又拿出一笔钱款，作为个人捐款放进了捐赠箱内。卡尔·努施米勒是奥地利安德里兹公司驻宝钢股份不锈钢分公司的项目总代表，地震消息传来后，他不仅以个人名义参加了中国红十字会的捐款，还在第一时间联络公司总部说明情况后，代表公司捐赠1万元。在宝钢电厂4号机组进行锅炉设备安装调试的日立欧洲电力有限公司的几位德国专家不仅自己参加了捐款，还代表公司捐助了2000欧元。由宝钢集团上海二钢有限公司和贝卡尔特集团合资组建的上海贝卡尔特—二钢有限公司，取消了原定于5月21日举行的10周年庆祝活动，并把计划用于庆祝活动的10万元捐赠给四川地震灾区。汶川地震发生后，在宝钢服务或与宝钢有合作关系的德国、日本、奥地利、意大利、法国等国家和地区的100多位专家慷慨解囊，捐出爱心款。

5月20日上午，宝钢集团党委专门发出《关于做好部分党员交纳"特殊党费"用于支援抗震救灾工作的通知》，接受党员以党费捐款，并作为"特殊党费"转送地震灾区。通知下发后，宝钢集团党委组织部的联系电话很快成了热线，一些离退休党员也纷纷打来电话咨询，表达了支援灾区的强烈愿望。

5月19日上午，在宝钢集团党委发出交纳"特殊党费"通知之前，75岁的宝钢离休干部黄俊就来到宝钢离退休党工委，把5000元钱和一封信郑重地交给党工委负责同志。信中说："我原想在明年参加革命60周年时再交纳一次四位数的感恩党费，看到汶川大地震的灾情，在全国哀悼之际，把它作为特殊的救灾党费，表示一名党员对灾区人民的一点心意。"5月23日，宝钢离休干部王金才怀揣7700元钱赶到宝钢老干部一处交纳"特殊党费"，加上先前捐的300元，他向灾区共捐了8000元。体弱多病、91岁高龄的原上海冶金局副局级干部朱瑞之交纳2000元。离休干部徐征身患重病，行动不便，经历过两次手术的他甚至舍不得打车，步履蹒跚地来到交费点，交上了1000元，眼前这番景象，令收款人员含着泪，久久说不出话来。82岁高龄的离休干部万琏毫不犹豫拿出4500元，为了节省汽油，倔强的他硬是不让宝钢老干部二处的同志开车送他回去。1936年入党的张美道是当时宝钢党龄最长的党员，心系灾区的他在华东医院向党组织递交了“特殊党费”。

宝钢与邯郸钢铁的合资公司邯宝公司副总经理何凡正好在上海，他特意到银行取了7000元，专程送到宝钢集团战略管理部。

宝钢研究院的党员、首席研究员、业务骨干等纷纷带头，全国人大代表、宝钢研究院自动化所所长杜斌，缴纳“特殊党费”1万元，希望能够用于灾区小学的重建。

短短几天，宝钢广大党员交纳的特殊党费就达到1273万元。加上员工个人借款和公司捐资捐物，宝钢在汶川抗震救灾中爱心捐助达到了1.17亿元。

血脉相连，守望相助。地震发生当夜，居住在灾区临时住地的十几位宝钢西部公司员工时刻关注着地震灾情，当得知成都市血液中心血库告急时，在总经理梅雪飙、党总支书记林国新带领下，冒雨步行数公里，赶到成都市血液中心临时设立的采血点，默默加入百米长的献血者队伍。近3个小时过去了，司海蓉、冯金涛、王美中、南凯、李彤等员工先后通过体检，走上了采血车。其中，冯金涛、南凯每人一次献血400毫升。

5月14日，上海宝钢钢材贸易有限公司沈海峰、上海宝钢商贸有限公司周磬，分别到虹口、宝山采血点参加义务献血。

宝钢股份中厚板分公司购销部新进厂的大学毕业生范海晶在参加募捐后，总觉得还应该为灾区人民做点什么。5月15日下午，他在党支部书记的办公桌上留下“为四川出力，本人自愿献血，想出点力”的字条后，就赶往友谊路的采血点献了400毫升血。

宝钢股份特殊钢分公司质保部员工汤俊在得知灾区当地医院库存血浆告急的消息后，一下班就赶赴就近的采血点献血，第二天仍照常上班。

宝山宾馆党委书记李凌涛下个月就满55岁，将超过献血的年龄，此次也参加了抗震救灾献血，说为灾区人民作点贡献是最有意义的生日纪念。

5月19日上午，宝钢团委响应团市委号召，在“宝钢青年论坛”上发布了《青年献血志愿者预备队紧急招募通知》，号召宝钢热血青年捋起衣袖，加入上海青年献血志愿者紧急预备队。倡议发出后，得到了广大团员青年的热烈响应。宝钢分公司325人，宝钢股份不锈钢分公司65人，宝钢股份中厚板分公司152人，宝钢股份特殊钢分公司131人，宝钢发展有限公司727人，上海宝信软件股份有限公司219人，上海宝钢国际经济贸易有限公司188人……截至5月22日下午5点，宝钢共有2363位团员青年报名加入上海青年献血志愿者紧急预备队。

5月23日，宝钢集团总经理何文波、工会主席汪金德赶赴地震重灾区，指导宝钢援建工程，并慰问了在当地参加彩板房制作的宝钢员工。5月24日上午，在四川省政府大楼举行的捐赠仪式上，何文波将全体宝钢人自发捐赠的2323万元爱心款交到四川省副省长黄小祥手中，黄小祥激动地说："感谢宝钢员工，我们一定把这笔钱用到最需要的地方，并会把宝钢员工的这份深情转达给灾区人民。"5月25日上午，何文波、汪金德专程来到位于四川省德阳市的中国第二重型机械集团公司，向这家在地震中受灾的战略合作伙伴表示深切慰问，并送上宝钢员工捐赠的200万元救助款。

开足马力　生产灾区急需产品

重建家园，重祈国泰民安。守望相助，共迎美好明天。

——摘自宝钢集团有限公司总经理何文波的《震后感言》

地震发生第二天，宝钢集团作出向灾区捐赠5000万元彩板房的决定。徐乐江要求：一切以灾区需要为先。

灾区满目疮痍，受灾群众最需要的就是安全稳固、简便实用的临时住所，而彩涂板就是加工建造彩板房的急需资源。

紧急生产，就意味着对原先生产组织的颠覆，给宝钢生产组织和物流运输带来了极大压力。根据宝钢集团要求，宝钢分公司销售中心开辟通道紧急增订合同，制造部立即调整生产组织计划，一切物流资源向彩涂板产线倾斜，所有产线开足马力，抓紧生产，全力支援灾区。

震后几天，宝钢分公司炼铁厂日均产量达4.35万吨，比平时高出了2000吨左右，铁水质量稳定；炼钢厂努力做好铁钢平衡，未出现一炉翻铁现象；热轧厂三条机组日均产量均超出计划值。在新投产项目中，电炉大方坯连铸产线实现了4炉连浇；5月18日，五冷轧碳钢工程酸轧机组顺利实现了班达产；硅钢新产线实现了高效、高牌号无取向硅钢稳定生产，取向硅钢机组的生产调试日趋稳定。

按照宝钢统一部署，宝钢股份黄石涂镀板有限公司及时调整五六月份的生产和销售合同，加紧赶制宝钢捐赠灾区彩涂板。

5月21日，宝钢分公司又接到抗震救灾用工程机械装备用钢的生产合同。经过紧急协调，这批合同迅速投入生产。

与此同时，针对四川灾区的地理环境和气候特点，宝钢从选料、确定冶炼及轧制工艺、确认涂料和镀层等各方面精心设计、严格把关，确保满足灾区需求。

此外，宝钢还接到了来自上海建工集团等单位用于灾区重建的5万吨建筑用彩涂板生产合同。负责彩涂产品的首席工程师任玉苓说，宝钢分公司三条彩涂产线的生产负荷已超出机组设计能力，五冷轧新开工的酸轧机组也已承担起彩涂板轧制任务。

5月24日下午，徐乐江、刘国胜、马国强等宝钢领导一参加完国务院国资委召开的抗震救灾和恢复重建工作视频会议，就立即赶到宝钢分公司冷轧厂彩板分厂，了解近日开足马力组织生产的情况，并强调目前多生产彩涂板就是对灾区最大的支援。

宝钢上下心系灾区，在加紧生产援助灾区价值5000万元彩板房所需彩涂板的同时，又承担了国家100万套轻型活动房项目的彩涂板供货任务，并与上海市、河南省、重庆市等项目承建单位签订了总量3.8万吨的供货合同及框架协议。其中，1万吨合同通过预合同方式提前下发。

在合同组织环节，宝钢成立了由销售中心牵头的抗震救灾工作组，彩涂板供料体系全部归入重大工程体系统一协调管理，加快流程；同时，停止六七月份彩涂板出口合同，国内销售合同将与用户充分沟通，暂缓到8月份供货；在原燃料价格大幅上涨的情况下，彩涂板维持现行价格不涨价；通过高价外购，解决彩涂板基板紧张的问题；增设从合同签订到交货全过程的供料代码，明确"抗震救灾合同"字样，便于快速有效管理和全程监控。

截至5月25日，宝钢分公司冷轧厂生产彩涂板1780吨，并陆续发货，比常规周期缩短10天。

5月28日下午，中共中央政治局委员、上海市委书记俞正声及上海市副市长沈骏，到宝钢分公司冷轧厂彩板分厂考察，实地了解制作安置地震灾区人民的轻型活动房所急需的彩涂板生产情况。俞正声指出，党中央、国务院非常重视抗震救灾和灾区恢复重建工作，非常关心受灾百姓的安置，彩涂板是制作安置用房的重要原料，宝钢加紧生产彩涂板，为抗震救灾工作作出了很大贡献。他希望宝钢能保质保量按时完成生产任务。宝钢集团副董事长、党委书记刘国胜代表宝钢向俞正声郑重承

中共中央政治局委员、上海市委书记俞正声（中）在现场实地了解彩涂板生产情况

诺:“将千方百计,开足马力,保质保量完成彩涂板的生产任务,为抗震救灾多作贡献。”截至 5 月 28 日,宝钢为灾区专门生产的彩涂板已超过 2000 吨。

竭尽全力　为灾区人民挡风遮雨

在断壁残垣上书写——永不垮塌的信念。

——摘自箫鸣《废墟上,不垮的信念》

5 月 13 日,宝钢下达支援地震灾区价值 5000 万元彩板房决定的当晚,宝钢金属有限公司下属宝钢轻型房屋公司就拿出设计方案;14 日开始投入紧张制作。一周时间里,员工们夜以继日,翻班作业,开足马力生产,一天的加工量相当于平时 10 天的量。

为了让灾区人民早日有个遮风挡雨的“家”,宝钢人用意志、毅力和众志成城的决心,不断创造出一个又一个奇迹。

往常,轻型房都是在厂里按图配料,到施工现场再组装,这次却不同。灾区物资紧缺,不具备组装条件。公司领导决定:将集装箱式移动房直接制成成品,电灯、电线等设施安装完备,用卡车火速运往灾区。

平时,宝钢轻型房屋公司职工 5 点下班,但突如其来的灾情牵动着大家的心。公司下达指令:所有人员不能随便离开岗位。

特殊的任务需要特殊安排,公司决定先把别的单子停下来,“我们已经跟用户解释,会尽快把生

宝钢轻型房屋公司在进行彩板压制生产

产进度抓回来，他们都非常体谅。"公司副总经理林锦鹤欣慰地说。

所有人员都顶上了岗位，并做好了一鼓作气干个通宵的准备，为确保生产安全，公司准备了两间会议室，嘱咐大家实在累了就去休息一会儿。近60位员工、连续40多个小时的奋力拼抢，换来的是11个集装箱式移动房、260平方米的彩板房，而这些产品如果按正常工期来生产，需要10倍的时间。

5月17日下午，这批房屋和25吨专门生产拱形材料的装备，在28位设计安装人员的"护驾"下启程。

经过52个小时的长途跋涉，5月19日晚上，来自宝钢的第一批"救灾房"抵达成都。"救灾房"搭建地址已经选定，他们不敢停歇，马上赶赴绵竹市汉旺镇的大山脚下。这是此次地震的重灾区之一，位于这里的四川东方汽轮机厂员工伤亡惨重，厂房严重垮塌，救灾工作只好在一间临时搭建的帐篷里紧急展开。地震后，这里的地势更加险象环生，再加上余震频发，救灾人员和东汽员工的人身安全无法保障。宝钢彩板房和集装箱式移动房将在这里派上用场。

接下来的场景令宝钢人深受感动，由于施工前需要清理地面，东方汽轮机厂员工、救灾志愿者和武警官兵从四面八方赶来了。他们用双手和肩膀，一块一块清理、搬运废墟上的钢筋、水泥和石块……此刻，大家只有一个共同的心愿，那就是尽快把房子建起来。

5月21日一早，伴随着隆隆的设备声，宝钢施工人员开始与时间赛跑。当晚，12间集装箱房、1

宝钢领导在现场研究如何加快彩板房制作进度

座260平方米卫生院，已经交付地震灾区使用。同时，在都江堰的拱形彩板建筑制作基地，已形成每天2000平方米的制作能力。

5月21日夜里10点30分，宝钢集团董事长徐乐江，副董事长、党委书记刘国胜，总经理何文波在忙完公务之后，驱车赶到位于罗泾的宝钢轻型房屋公司，了解支援地震灾区的彩板房制作情况，并指出：早一天把能遮风挡雨的彩板房送到灾区，当地的老百姓就能少吃一天苦。随后，领导们来到赴川运送彩板房物资的发车现场。徐乐江向车队发出出发令。

当晚发往地震灾区的物资车辆共12辆，装载彩板房制作设备和材料250吨。

正在宝钢彩涂板生产和安置房制作全力加速，资材、配件源源不断地运往灾区时，新的矛盾凸现了，现场安装的技术工人出现了缺口。先期赶赴灾区的宝钢抗震抢险现场总指挥、宝钢集团公共关系部部长傅新宇了解情况后，立即向宝钢总部发来求援信息。5月21日傍晚7时，宝钢股份总经理助理王建跃接到紧急指令后，立即找到上海宝钢设备检修有限公司总经理郝荣亮，要求立刻组织一支包括电工、焊工和起重工等技术工人的支援队伍，尽快赶往地震灾区。当夜8点，上海宝钢设备检修有限公司迅速行动，紧急部署，成立了由总经理助理周鹤亮为组长的抗震救灾工作领导小组。不到1个小时，32名来自机修厂、电仪厂、机械厂等的管理人员和技术工人迅速集结到位，并乘坐第二天一早的班机赶赴成都。5月22日，支援队抵达都江堰抗震救灾现场后，立即投入到紧张的施工作业中。

在不到30天的时间里，宝钢援建赈灾过渡安置房共48,357平方米，包括集箱房153套，计2855平方米；彩板房1689套，计33202平方米；拱形房15套，计12300平方米，并于6月20日前全部移交当地有关部门和单位，圆满完成援建任务。

宝钢员工在地震灾区进行彩板房拼装

宝钢援建的赈灾过渡安置房

5 月 24 日，宝钢集团总经理何文波在救灾一线指导宝钢抗震救灾工作时，要求宝钢发展有限公司做好灾区群众生活设施配套工作。宝钢发展有限公司当即对“都江堰宝钢责任区”活动房、卫生所、社区管委会的生活用品配备工作作出了明确要求：时间要快！质量要保证！数量要足够！

当天，由宝钢发展有限公司党委书记、副总经理姚殿国带队的工作小组紧急赶到成都，实地考察灾区群众生活状况，并与都江堰抗震救灾办公室商讨最急需采购的用品，最终确定了空调、电视机、桌椅等 20 余种物品及采购数量。随后，宝钢发展有限公司兵分两路，在上海和四川同时开展物资采购。不到三天，满载着宝钢人深情厚谊的 20 余种、价值近千万元的生活用品，由宝钢发展有限公司全部落实到位。5 月 26 日上午，第一批文化生活用品送达都江堰观凤小区。

与此同时，在后方的宝钢发展有限公司员工也积极行动。源康物业公司接到 3500 个床头柜、7000 个凳子、1500 张桌子的采购任务后，立即发动所有业务骨干奔赴上海各大家具城。因采购数量大、时间紧，没有一家家具店能马上备齐物品，采购人员又紧急赶赴外地家具生产厂。当晚，在江苏

宝钢捐赠的抗震救灾物资

昆山一家具厂，选定了适合灾区使用并方便运输的样品，并于第二天全部落实到位。劳防厂接到生产14000套印有“真情实意，宝钢关爱”标志的服装加工任务后，立即优化工序，所有员工全力投入，翻班赶制。

为安全快速将物资运抵灾区，宝钢发展有限公司还紧急召集各业务单元负责人和运送宝钢首批救灾物资的运输人员，详细研究和制订运输方案。姚殿国表示，宝钢发展有限公司将全力以赴，及时跟踪宝钢援建安置点的建设进展，做到竣工一个配送一个，尽全力为他们创造一个安居的环境。

6月29日，宝钢援助成都受灾群众居住村交接仪式暨宝钢承建都江堰市钢结构安置房签约仪式在都江堰举行。宝钢集团董事长徐乐江，成都市委副书记、市长葛红林出席仪式。在此仪式上，全国总工会和上海市总工会授予宝钢“抗震救灾重建家园工人先锋号”锦旗。

当看到灾区人民在这些彩板房、集箱房和拱形房中安静地工作学习，或看电视、聊家常以及下棋、打乒乓时，宝钢人露出了欣慰的笑容。大灾，彰显大爱。宝钢人用他们“情系灾区伸援手、奉献爱心齐赈灾”的精神和对灾区人民的一份责任和关爱，谱写了一曲生命之歌、大爱之歌……

宝钢援助成都受灾群众居住村交接仪式暨宝钢承建都江堰市钢结构安置房签字仪式

过渡安置房建设质量好、水平高、速度快

——上海市建设交通委汶川特大地震过渡安置房建设实录

5月12日下午14时28分，四川汶川县发生特大地震，举国同悲。

从黄浦江畔到青城山下，上海建设交通人，急灾区之所急、想灾区之所想，用赤诚的爱心和专业援建，为灾区人民传递家园的力量。市建设交通行业约有1万余名援建人员进川，为地震灾区建设5万多套过渡安置房，以及相关配套设施。在援建过程中，广大建设交通行业的援建队伍，勇挑重担、不讲条件，按时、保质、保量提前一个月完成了住房和城乡建设部下达的过渡安置房建设任务。

中共中央政治局委员、上海市委书记俞正声（左五）视察上海汶川地震灾区过渡安置房建设现场指挥部

中共上海市委副书记、市长韩正（左六）视察上海汶川地震灾区过渡安置房建设现场指挥部

一、灾情就是命令，紧急启动抗灾援助工作

5月15日，市建设交通委向四川省建设厅紧急发函，向灾区人民送去上海建设交通行业干部职工

的关心和问候,同胞受难,感同身受。满载上海建设交通人的祝福和问候的函件,把温暖带到了灾区人民的心中。

与此同时,市建设交通委紧急行动起来,对在灾区周围的上海建筑企业和人员进行排摸。通过紧张的沟通和联系,就在地震的第二天,5月13日,情况终于摸清楚了。上海有3家建筑企业,总人数约800人就在灾区周围!灾情就是命令,在市建设交通委的协调下,这些企业和人员力量第一时间开赴灾区现场,立即投入了当地抗震救灾工作。

前方人员紧急到达了,后方援建物资也在不断聚集。在灾区道路受阻的情况下,如何调配这些物资?又如何让援建物资第一时间到达现场?为了解决这些问题,市建设交通委随即成立了救灾援助工作小组,统筹救灾援助运输工作。工作小组牵头协调海陆空各交通运输单位,建立包括铁路、机场、交通和航空公司等单位在内的联络网,及时掌握运力、救灾物资等情况,确保救灾物资及时运送到灾区。

5月23日,10000顶安全帽、9台切割机、10辆扫路车、5辆洒水车,还有蜡烛、手电筒、衣被、食品、帐篷、医疗和通信器材等救灾物资,这些满载上海人民祝福的物资,正式从上海启程发往灾区。发车仪式上,俞正声书记、韩正市长为大家加油鼓劲,为大家壮行。

二、体现上海水平,过渡安置房建设又好又快

5月20日晚上8点,住房城乡建设部就灾区过渡安置房建设工作召开全国电视电话会议,明确工作目标和工作要求。5月29日,住房城乡建设部正式发文,明确上海第一批援建任务为8万套过渡安置房,其中四川绵阳地区5万套、甘肃陇南和天水地区3万套。6月25日前,在绵阳建成首期2万套;7月20日前,在绵阳和甘肃陇南、天水分别建成1.5万套和1万套;8月10日前,在绵阳和甘肃陇南、天水分别建成1.5万套和2万套。这是党中央、国务院交给上海建设交通行业的光荣使命!

接到建设任务后,在前期准备工作的基础上,市建设交通委迅速进行了部署落实。经市领导同意,成立由市建设交通委牵头、相关政府部门、骨干集团企业和科研单位组成的上海市灾区过渡安置住房援建工作领导小组,并明确各自任务职责。市建设交通两委机关还成立了以黄融主任为组长的援建工作指挥协调小组,建立每天例会和报告制度,及时了解援建进程。

5月21日18:55分,市建设交通委副巡视员许解良带领先遣工作组一行13人乘坐FM9463航班,飞赴绵阳。下了飞机再转车,到达灾区已经是夜里10点。顾不上吃饭和休息,许解良连夜召集上海建工集团、城建集团、中建八局等建筑骨干企业集团,听取情况汇报,了解援建情况,积极落实援建机械、设备与物资。在当地建设部门的配合下,会议认真研究了选址、平整场地等前期工作。

5月24日,市建设交通两委甘忠泽书记、高亢副书记、孙建平副主任、徐建群秘书长等一行抵达绵阳,听取现场指挥部关于援建工作情况汇报,研究解决面临的有关问题,慰问现场建设人员。

前方将士抓紧时间工作,后方也倾力相助。援建房怎么建设、如何体现上海特色这一课题,始终

上海市建设和交通委员会主任黄融(左三)赴上海汶川地震灾区过渡安置房建设指挥部指导工作

萦绕在市建设交通委的干部职工心头。5月23日，市建设交通委主任黄融带队到现代设计集团调研，围绕在灾区建设轻钢结构住宅的可行性问题，召集结构、材料、设计、施工以及地质、抗震减灾方面的专家，进行了初步论证。经过讨论，明确根据灾区的特点，建设轻钢结构住宅。会议从下午开到晚上，与会人员讨论热烈。开完会后，已是晚上9点，同志们抑制不住内心的激动，回到办公室，加班向俞正声同志写情况专报，提出援建房采用彩钢夹芯板房、轻钢结构用房的建议。第二天，就得到了俞正声同志的高度肯定，提出的建议也得到了采纳。

6月初，中共上海市建设和交通工作委员会、上海市建设和交通委员会联合发文，《关于成立上海市援建汶川地震灾区绵阳、陇南过渡安置房现场指挥部和临时党委的决定》，许解良任指挥、党委书记，潘延平、陈宁任副指挥、党委副书记。现场指挥部和临时党委按照市委、市政府，市建设交通两委的要求，提出了上海过渡安置房建设高质量、高标准、高速度的"三高"方针。

高标准，是上海建设者共同的目标。作为国内知名的特大型建筑设计企业上海现代建筑设计集团用最短时间聚集了由建筑、结构、设备专业专家组成的优秀团队。一大批博士、高级建筑师从上海重大工程、标志性工程中抽身而出，奔赴灾区。上海市政工程设计院派出了以副院长带队的精兵强将开展过渡安置房市政配套设计。设计师们夜以继日，加班加点，在较短的时间内拿出了高标准的过渡安置房总平面图及建筑、结构、设备、市政配套用图。并制定过渡安置房设计技术要求，不断深化、细化、优化过渡安置住房及市政配套设施设计文件，受到了绵阳市建设主管部门的一致好评。

过渡安置房虽是临时建筑，但一样要注重标准，用标准确保质量。上海援建过渡安置房现场指挥部从施工准备、施工材料、施工要点、施工安全、质量控制与验收、竣工交付等方面，对过渡安置房及配套生活设施工程施工提出了一系列总体要求。同时，考虑防火、防水、防电、防雷和公共卫生等要求，指挥部及时与当地有关部门沟通，了解需求，制定统一的、高标准的通用规则。

高质量，是上海建设者共同的追求。有上海建设铁军之称的上海建工集团、城建集团、中建八局、绿地集团、中交三航局、中铁二十四局等6家建筑施工大型骨干企业共同承担了绵阳市过渡安置房施工任务。他们派出了全国劳模、优秀项目经理等一大批业务骨干、能工巧匠战斗在板房建设工地。把最优质的安置房奉献给灾区人民，是施工人员共同的追求。严把原材料质量关，派专人到板房生产厂家蹲点，确保板房的质量。严格施工过程控制，时时处处严格要求，保证基础、板房搭设、水电安装等各道工序严格按技术要求施工。

现场指挥部会同上海建科监理公司加强现场管理，对所有开工地块进行工程质量、施工安全、施工进度等现场跟踪检查。建立每日报表和核查制度，及时、准确核查各项数据。发现质量问题，及时督促整改，实现了安置房搭设质量安全全过程控制。

上海各援建单位在注重工程质量的同时，从细节入手，周密考虑，确保灾区群众住得舒适、方便。他们专门设置了无障碍设施，厕所增设供老年人、残障人士使用的坐式卫生器具。安装闭路电视，让灾区群众在安置房中也能观看北京奥运会盛况。每间浴室配备衣帽钩，制作隔断和屏风，方便使用。厨房安装防火板，减少火灾隐患。设置室内公共给水点，方便雨雪天多人同时使用。此外，还设置了地块小区平面布置示意图和小区住房标志编号。这些人性化措施充分反映了上海建设者对灾区人民的深情厚谊。

高速度，是上海建设者共同的心愿。为了让灾区人民早日住进过渡安置房，上海上万名建设者加班加

上海市援建汶川地震灾区绵阳、陇南过渡安置房现场指挥部荣获中共中央、国务院、中央军委授予的“全国抗震救灾英雄集体”

点，日夜奋战在建设工地上。为抢时间，保进度，指挥部各成员全力以赴，充分发挥了特别能吃苦、特别能战斗的精神，以超常规的工作状态，紧张投入到工作中。近二个月的时间里，指挥部同志不仅一天没有休息，而且几乎天天忙到深夜，有时还要通宵达旦加班加点。设计人员白天跑工地，晚上加班调整方案，一些同志熬坏了身体。施工人员吃在工地，住在帐篷，饮食不习惯，很多人口舌上火、嘴上起泡、肠胃不适；因为高温，许多同志被烈日晒脱了一层皮，有的同志中暑晕倒在现场；但都一笑了之，决不轻言下火线。甚至在唐家山堰塞湖泄洪最危急的时候，施工仍在紧张有序进行，赢得了宝贵的工期。为提振前线精神，各援建施工单位开展了形式多样的立功竞赛活动，有单位与单位之间的，有地块与地块之间的，比速度、比质量、比服务。竞赛活动有效调动了建设者的工作积极性，保证了施工任务高速度完成。

上海分别于6月18日提前7天完成首批安置房建设，7月6日提前1个月完成住建部下达绵阳3.5万套过渡安置房建设任务。7月21日全面完成绵阳、都江堰5万套过渡安置房建设任务。

三、一切为了救灾前线，援建后方保障扎实有力

兵马未动粮草先行！这是打仗行军的基本规律，抗震救灾也一样！为了确保过渡安置房建设的材料供应、生产制作和运输保障，市建设交通两委领导当即研究决定，成立抗震救灾后方协调小组。

很快，根据救灾工作需要，从机关处室到委属事业单位抽调了部分精干力量组成协调小组，时任市建设交通委副主任孙建平任组长。5月15日，各处室、各部门抽调的人员悉数报到！5月16日，后方协调小组办公室正式运作！此时，距离地震发生不到80个小时！

根据中央的工作部署，安置房建设不仅要包生产、包运输、包安装，而且要保质量、保数量、保进度。为使援建工作有序推进，经协调组统筹安排，上海建工集团与宝钢集团第一时间签订了彩钢板统一供货合同。宝钢集团提供所有上海援建灾区过渡安置房彩钢板，板材全部采用达到国家标准厚度的优质材料，建工集团负责集中采购，交运集团负责板材运输。协调组和各企业分别派专人进驻宝钢公司现场协调相关工作，对彩钢板库存、生产能力等情况进行全面摸底，落实生产计划，确保每天900吨钢材原料分配到各承建单位加工点。然而，根据宝钢集团内部的生产流程从合同签订、原料采购、生产加工一直到完成供货，最快也要一个月的时间。如果按照这一进度供货，将远远不能满足前方灾区过渡安置房的需求。经过与宝钢集团及有关单位的紧急协商，宝钢集团同意将一批原准备用于汽车生产的钢板直接彩涂加工，于5月27日前先供应300吨彩钢板，5月29日起每天供应900吨，优先保证援建使用。

生产问题刚解决，运输环节又遇困难。由于交通管制致使大型货车白天无法进厂，只能利用晚上有限的时间运送一车，而且钢卷笨重装卸耗费时间，导致运能始终跟不上生产节奏。渐渐地，宝钢的几个成品仓库已慢慢堆满，如果再不运送出去的话，将会发生因涨库而导致的生产瘫痪。协调小组发现问题及时整改，经过与交警部门、交运集团及宝钢集团的协商，决定立即调整：一是发放特别

通行证，使货车白天也可进厂运货；二是增加车辆，确保当天生产当天清库；三是增派铲车，提高装卸效率。终于，将生产、运输环节理顺，一车车彩钢板材顺利运往加工点，协调小组成员焦灼的心逐渐平复下来。

一波未平一波又起。根据委抗震救灾协调小组的要求，5月29日起宝钢确保每天900吨的彩钢板供应量，由交运集团下属沪北物流负责运至各加工点。在28个加工点中有21个点集中在吴江震泽村地区，但是5月27日协调小组实地考察时，发现往该地区的运输途中有1座承重仅为2吨的小桥，且这是进村的唯一通道，当时就对该桥的承重能力表示担忧，除此之外另有几座小桥，跨度在3～6米之间，载重都在2～10吨之间。一车钢卷40多吨再加上车辆自重一般每车重量都在60吨左右，都远远超过桥面承载负荷。这几座桥都是通往吴江震泽村的必经之路，一旦其中的任何一座被压垮，彩钢板的运进以及活动房的运出都会被迫中断，势必对上海震灾安置房的供应造成严重影响。协调小组连夜派出专家组对这几座小桥进行检测，孙建平副主任当即指示市市政局组织有关力量进行临时加固，确保了赈灾安置房的有序生产。

为更好配合前方指挥部工作，协调小组实行了全天候24小时值班，取消节假日的休息，时时同步协调联系，每天晚上安排1名处级干部和2名协调小组成员轮流值班，确保前方的要求在第一时间得到协调落实。想到灾区那一双双期盼的眼睛，想到奋斗在前线指挥部的同志，大家都克服各自困难，动脑筋、想办法，献计献策，干劲实足，分头落实各项工作。一位组员的父亲重病住院，他只是请了半天假匆匆赶回家安顿好后，第二天又和大家一起落实过渡安置房的板材生产和供应工作。为及时了解生产加工情况，掌握工程进度，统筹协调产能，协调组要求各承建企业每天上报彩钢板供应、运输、加工等情况，经常连夜统计数据，给前指搭建安置房提供精确的依据。并严格按照建设部要求，设专人统计汇总安置房建设相关数据，每天填报《过渡安置房建设进度表》报送建设部。同时根据反馈情况每周召开各承建企业及相关单位协调会，了解企业在援建工作中的需求和困难，及时调整方案，解决出现的问题，为保障过渡安置房原材料供应开展了有效的协调工作。

在参与援建的各单位和企业的积极配合协作下，协调小组克服种种困难，化解若干突发情况，终于超常规地完成了中央和市委市政府下达的各项援建保障任务。从5月23日进驻宝钢集团现场督办到6月16日完成任务，在短短的24天内共调配、生产、运输彩钢板16132.89吨，保证了灾区过渡安置房的建设。

四、守望相助，慰问捐助受灾群众

很多家在四川的工作人员，内心牵挂着灾区，牵挂着亲人。针对这一情况，市建设交通委下发了《关于认真做好建设交通行业在沪四川籍农民工、学生安抚稳定工作的紧急通知》，要求各建筑企业、系统高校认真做好川籍农民工和学生的心理疏导。

5月13日上午，市建设交通工会以“进沪建筑施工企业工会工作促进会”的名义致电四川省驻沪办以及建筑施工企业，向他们了解进沪建筑施工企业四川职工的情况，了解川籍农民工家里的受灾情况，并嘱咐他们要随时关心受灾情况的变化，希望他们能够做好稳定职工的工作，对困难家庭及时给予帮助，需要我们提供服务的及时和我们联系。

5 月 16 日下午，委党政领导专程赴虹桥综合交通枢纽工地现场慰问四川籍农民工，送上电话卡，让他们保持与家里的联系，并要求全市 8000 在建项目工地管理人员在思想、生活等方面进一步加强对川籍农民工的关心。

四川汶川县发生强烈地震后，市建设交通机关党委立即与市级机关、市红十字会沟通联系，紧急动员，全面部署落实机关及各直属单位党支部为灾区人民捐款等事宜。

机关及退休党支部的干部群众纷纷来电询问捐款捐物事宜，表示要积极响应党中央、国务院的号召，为支援灾区抗震抢险工作尽一点绵薄之力。委办公室干部邹忠，老家在四川，其弟弟、妹妹在成都读书。重大地震灾害发生后，邹忠在做好日常工作的同时，非常牵挂身在灾区的弟弟、妹妹和广大灾区人民，通过各种渠道了解灾情信息，并给弟弟、妹妹鼓劲打气，鼓励他们在学校领导的带领下，积极参与抗灾救灾。委领导对邹忠的情况非常关心，代表组织送上了 2000 元慰问金，让他寄给震区中的家人。经和家人商量，邹忠将慰问金全部捐献给了中国红十字会，支援家乡灾区建设。

同一时间，上海建设交通系统各级工会也紧急动员，积极组织广大会员和职工开展“重建家园、再献爱心”的捐赠活动。据不完全统计，建设交通直属单位的广大职工 17200 余人（次），个人捐款 3035939 元，单位捐款 235 万元。

为了让灾区人民早日住进新房

——上海建工集团参与汶川抗震救灾实录

北京时间2008年5月12日14时28分，在四川汶川县（北纬31.0度，东经103.4度）发生8.0级地震。

灾情就是命令。按照上海市委、市政府的指示，集团迅速成立抗震救灾工作体系并集结援建队伍。

赶赴绵阳

集团首批赴四川绵阳的同志是随上海13人先遣队于5月21日离沪赴绵阳的。23日，20多辆运输车，挖土机、推土机，搭建过渡安置房所需的机具、发电机、电焊机等设备和200套彩钢过渡房以及生活保障用品等开始向灾区进发。5月23日晚10点半，第一批76名管理人员、技术、后勤保障人员赶到绵阳。

2008年5月21日，市建设交通委主任黄融为赴川先遣队作出发前的动员

集团赴绵阳参加援建任务的有一建、二建、四建、安装、材料等公司和华建厂、建工医院、总承包部、建工设计院及集团本部等10家单位，先后有350多名工程技术人员、管理人员和后勤保障人员，

带领6000多名建设者参加了过渡安置房的建设。与此同时，上海市政设计研究总院由20人组成的援建工作组赶赴绵阳，其中高级工程师8人（含教授级高级工程师1人），工程师5人；以后总院陆续派技术骨干到绵阳现场，更换援建同志，确保有20位同志常住现场。

建设大军抵绵阳

到绵阳首要的一战是要保证5月25日上海援建绵阳过渡房开工仪式的顺利举行，而此时还没有一块真正确定的地块。5月24日一天，从清晨一直到晚上，只要一得到建设用地的信息，集团现场指挥部的同志就马上组织各参建单位去实地察看。这一天下来，看了20多块地块。几经看中并敲定的地块，又被种种原因而推翻。一直到了晚上，才最后敲定了一块绵阳科创园区的7号地块并确定在此举行开工仪式。7号地块占地1000多亩地，有半个世纪公园大小，里面是一片片高低不平的待开发荒地。当时离举行开工仪式的时间只有26个小时。围绕如期举行开工仪式，成了一场集团援建队员与时间赛跑的特殊战斗。由于上海托运过来的机械设备还在途中，集团援建队员就在当地以最快的速度组织机械、原材料，平整场地。许多同志累了、困了只能打个盹，终于确保5月25日上午11时“上海市建设四川绵阳过渡安置房工程开工仪式”如期举行。

这次到四川参加安置房建设，集团援建队员遇到了许多过去从来没有遇到过的困难。从环境来讲，连续不断的余震、堰塞湖溃坝的险情、当地市民对地震的恐惧，给援建队员带来无比的心理压力。从条件来讲，绝大部分材料都是从上海运去的，安置房有建在农田上的，有分散在十几个点上的，更有建在山体滑坡不断的地震重灾区的。从时间上讲,既有指挥部下达的大节点,又有局部紧迫而明确的时间要求。面对这些困难,广大援建队员不论职位高低、不论年龄大小,都表现出不怕困难、不怕牺牲的精神状态。所有援建队员都急灾区人民之所急,没有条件创造条件上,有了条件不分日夜上。党员领导干部靠前指挥,广大援建队员连轴拼命干,一个个新纪录在他们手中创造了出来。一建在绵阳需建 8346 套安置房和公建配套,总建筑面积达 50 万平方米,在都江堰需建 3248 套安置房和公建配套,总建筑面积达 6 万平方米。针对绵阳的气候特点,援建队员天好抓紧浇地坪、多搭房,下雨做室内;道路泥泞,搅拌车开不进施工现场,就用泵车打,用铲车、挖机驳。广大援建队员以"小雨淋淋、大雨不停"的豪情奋战,施工一刻不停歇。在广大援建队员的奋力拼搏下,安置房搭建不断提速,从一天搭建 200 多套到 300、400 套,直至连续 4 天创出了日搭建过渡安置房超过 500 套,其中最快的一天搭建了 556 套。二建接到指挥部命令,要求 6 月 6 日进场,用 8 天时间在原是农田的土地上,建成一所 9 年制学校。这时基地上还有一幢民居没有拆迁。在与业主达成协议后,为加快施工进度,第二天一早援建队员们帮助这户农民搬迁,下午整幢房屋夷为平地。在这 8 天,援建队员冒着炎热,迎着风雨,指挥施工队平整土地,浇捣混凝土地坪,搭设 50 余间教室和教师办公室、附属用房以及 2000 平方米的塑胶操场。队员们累了就在椅子上闭眼休息,睁开眼睛又投入施工管理。终于仅用了 8 天完成了绵阳市申游爱心学校的建设任务。

转战都江堰

在加快绵阳灾区安置房建设的同时,上海建工的援建队伍还承担了两项特殊的任务。一项是为距离绵阳市 80 多公里的盐亭县抢建考试用房. 绵阳盐亭县因大地震,使一些考场成了危房。高考来临,学子缺乏考场,经过 5 天的奋战抢建 112 间考场,确保高考按时举行。另一项是为受灾非常严重的都江堰援建 234 套、5000 多平方米、分布在 9 个点上的公安局办公和警务用房,期限是 10 天。接到上海市政府下达任务的当天下午,上海建工作出的第一个部署是把即将到达绵阳的一批彩钢夹芯板紧急改运都江堰,集团领导第一时间奔赴都江堰,勘察 9 个施工点,组织设计人员绘制出施工平面布置图和节点图。6 月 16 日,一批彩钢板房已拔地而起。与此同时,其他 8 个点的施工也同步展开。结果,上海建工只用 6 天时间就完成了上海市领导交给的这一艰巨而光荣的任务。

在绵阳过渡安置房建设进入最后冲刺阶段时,市建交委又下达给集团承建都江堰 1 万套过渡安置房的新任务。由于都江堰过渡安置房任务点多面广,特别是位于龙池镇山区的 6 个安置点海拔最高达 1320 米,道路崎岖,运输困难,在施工过程中还发生多次下大雨引起山体滑坡,给施工造成很大的困难。面对艰难险阻,现场分指挥部提出"决战 20 天,全力以赴实现'7·22'全面完成 1 万套过渡安置房"的目标。围绕"7·22"节点目标,一建、四建等参建单位倒排计划,针对现场困难条件优化施工方案,为加快施工进度创造条件。7 月 11 日,集团在都江堰现场的建设者超过了 3000 人。12 日一天搭建 1072 套安置房,创出了都江堰日完成安置房的套数之最。对于海拔在 1200 米以上的龙池镇山区 6 个安置点，四建组织精兵强将，在解放军成都军区“叶挺师”官兵的支援下，硬是提前在山区搭建完成了 696 安置房，被称为都江堰海拔最高的安置房和离震中最近的安置房。

在“为了让灾区人民早日住进‘新房’”的共同目标指引下，全体援建队员团结在“上海建工”的旗帜下，心往一处想，力往一处使，把困难留给自己，把方便让给别人。兄弟单位之间，人员、设备、材料等方面相互支援补缺；前后道工序彼此照应，土建和安装各自为对方创造条件，只要前方有需要，只要一个电话，在上海的同志都会千方百计、想尽一切办法，在第一时间加以解决。安装公司基本做到了土建房子盖到哪里，安装工作同步配套到哪里，做到了施工速度同步，完成交接时间同步，实现了“零距离衔接”。材料公司在环境和条件都很困难的情况下，6 天建起一座搅拌台。可以说，集团的综合优势，各单位协同所形成整体合力，各个环节衔接的默契程度，在这次过渡安置房建设的过程中得到了充分的展示。在 60 天中，上海建工集团完成了绵阳和都江堰 23480 套过渡安置房的建设任务，占上海援建四川灾区过渡安置房总量的 46%。

都江堰山区板房建设全景

主力军风采

为了在援建工作中发挥党组织的战斗堡垒作用，集团党委在援建现场成立了联合党总支，下辖5个党支部。面对强烈余震、唐家山堰塞湖避险疏散、施工中存在的种种不利因素、生活条件艰苦等各种困难，各党支部发动全体党员，团结带领广大员工，克服困难，知难而进，做了大量的思想政治工作，稳定了队伍，稳定了情绪，逐步打开了工作的局面。在关心群众生活、切实做好防暑降温等群众切身利益方面，党组织提出"伙食标准不降低，每餐大肉不能少，饮食卫生不放松"的要求，特别强调必须保证大家每顿都可吃到一块2两左右的红烧大肉；组织医务人员到工地上去，到食堂里去，到居住点去，到茅坑边去，送医送药，喷消毒水，撒漂白粉，做好医疗工作，做好防疫工作，确保没有发生一起公共卫生事件，没有出现一例因为诊治不及时或偏差出现的医疗问题。

大肉暖心

与此同时，上海市政设计研究总院承担了绵阳、陇南地区过渡安置房工程建设的给排水、道路、电气等市政配套工程设计。他们面临着时间紧迫、地块分散、地形复杂、协调工作量大的困难。整个工程涉及大大小小几十个地块，分散在绵阳市区四周和三个县；有洼地、坡地、台阶地、水稻田、苗圃、近村、居家拆迁影响等各种情况，现场条件变数较大；参加援建的有来自上海的六大集团几十家施工单位，不同的企业有其独特的一套施工管理模式；市政设计还必须考虑给排水、电气、道路对外如何接口，需要与地方规划部门、电力部门、建设部门进行大量的磋商和协调。面对着前所未有的工程特点，市政总院坚持"有序组织、因地制宜、快速高效"的设计理念，根据"临时房、工期紧、地块散、总平图不稳定”的特点，制定了“深入现场、结合地块、确定方案、协调施工”的工作思路；坚持“设计质量按照《导则》，使用功能因地制宜”的设计原则；坚持设计与施工紧密结合，增加现场协调工作力度，暂时不能出图纸，设计人员就白天到现场对设计方案进行交底，然后连夜完成相应的图纸交给施工单位。了解场地实际地形和水、电、路周边配套条件，及时与规划、供电部门沟通。按照“技术交底为先，边施工边设计，或边设计边施工，有效图纸及时更新”的工作方法，实行“一地一图，一块一议”。在援建中，共设计图纸 337 张，涉及 24 个地块，约 132 万平方米，确保施工顺利开展，保证工程有序推进，满足各节点进度目标。

建设者在抢建安置房的同时，一次又一次为当地孤老孤儿和受灾学生开展募捐活动。当地灾民在工地边烧水送茶、送西瓜，表达灾区群众的一片心意。当完成援建任务离开时，他们自发地送来了一面又一面锦旗，在安置房边竖起“感恩石”，立起“感恩碑”，种上“感恩树”。撤离时，当地灾民拎着鸡蛋、水果，冒着高温自发在马路旁列队欢送，场面令人感动，就像老百姓欢送解放军一样，项目部管理人员见此情景不禁热泪盈眶。

感人肺腑的场景

8 月 5 日下午，集团在上海展览中心隆重举行“建工集团赴川抗震救灾总结表彰大会”。集团党政《关于给予集团赴川抗震救灾援建过渡安置房建设者嘉奖的决定》，总结提炼了“为党分忧、为民解难的社会责任感，招之即来、来之能战、战之必胜的主力军风采，攻坚克难、连续奋战的拼搏精神，抢挑重担、紧密协同的团队意识”的上海建工“抗震救灾精神”。集团还特意委托上海老凤祥银楼为每位有功之臣特制了一枚多边星状、材质为纯银镶嵌纯金、直径 4 0 毫米的“中国汶川大地震 · 参加抗震救灾纪念"奖章,并配有红、蓝、白三色带及精致的红丝绒盒,以及《抗震救灾荣誉证书》。在抗震救灾中,集团四川绵阳过渡安置房援建集体被全国总工会授予"全国五一劳动奖状"、全国住房建设系统抗震救灾先进集体;一批集体和个人被授予全国和上海"为抗震救灾重建家园工人先锋号"、全国和上海市抗震救灾先进集体和个人。

四川绵阳抗震救灾中上海建工集团承建过渡安置房一览表

地块名称	套数(套)	施工单位
绵阳 2 号地块	626	二建
绵阳 3 - 1 号地块	3422	一建、二建
绵阳 3 - 2 号地块	899	二建
绵阳 3 - 3 号地块(计生委)	3	二建
绵阳 7 号地块	4691	一建
绵阳 11 号地块	1424	一建
绵阳 12 号地块	1782	二建
绵阳 24 号地块(盐亭)	385(其中 112 套高考用房)	二建
绵阳安置房混凝土供应	47000 立方米	材料、华建厂
绵阳安置房水电安装	13232	安装公司
绵阳安置房小计	13232	
都江堰公安	239	一建、安装
都江堰幸福镇民主村地块	3017	一建
都江堰工业区华炜地块	669	四建
都江堰胥家镇桂花村地块	1766	四建
都江堰幸福镇永寿村地块	2161	四建
都江堰蒲阳镇铁桥地块	1702	四建
都江堰龙池镇山区基地	694	四建
都江堰安置房小计	10248	
合计	23480	

和你在一起

——上海城建集团抗震救灾纪实

5月12日，当地震余波穿越坚实的地壳在华夏大地上传递，上海离绵阳，直线距离1860公里，只用短短的几十秒，只用轻轻一晃，却从此刻起让13000名上海城建人的心和远在千里之外的绵阳人民连在一起。

紧急集结　13000名上海城建人的爱心涌动

从灾难发生的第一时间，上海城建人纷纷通过各种方式捐款，为灾区同胞献上爱心：从机关、基层单位到施工现场；从上海、外地项目部到香港、印度、安哥拉的公司和工地，从共产党员、普通职工到工地上的外来务工人员，上海城建人的爱心在四面八方涌动。

短短时间，集团及各子公司、职工、党员特殊党费捐款总额已逾800万元。

爱心涌动、紧急集结！5月21日集团接到上级下达的紧急任务：尽快开赴四川绵阳援建过渡安置房。

在接到援建任务的第一刻起，集团党政领导决定：尽最大能力投入人力、物力、财力，全力以赴，坚决完成援建任务。

5月21日，集团总承包部经理吴杰被任命为上海援建城建分指挥部总指挥随上海援建先遣队抵达绵阳。

同日，集团发起“援建志愿者”报名，1116名城建好儿女志愿参加援建任务。

紧急集结。一支又一支后援队伍、一批又一批设备和物资纷纷从上海启运，奔赴灾区：上海市劳动模范王何庆来了，69岁的工程师沈国辉离开了高龄老母亲和即将临产的女儿来了，蜜月中的吴军告别新婚妻子来了，于国伦还未安顿好有孕在身的爱人来了，党员突击队、青年突击队也来了；在后方，集团派出了11位同志，进驻3家彩钢板活动房厂和宝钢，24小时跟班，确保建材在第一时间运往公司援建灾区过渡安置房施工现场，全力保障前线生产施工。

第一时间：以第二市政为主力军的集团援建队伍，立即形成生产能力，投入24小时昼夜不断的战斗。集团运抵现场的建材共600多车次6346套，现场近2000名管理、施工人员，挖机、铲车、压路机、推土机、土方车等62台大型施工设备，争分夺秒，全力以赴施工。

就在前线：集团党委书记、董事长朱家祥宣布上海城建分指挥部临时党总支成立，三个支部三个坚强堡垒，21名党员用行动诠释使命。

2008 年 5 月 22 日，上海城建第二市政第一批援建人员出发

2008 年 5 月 23 日，上海城建第二市政第二批援建人员出发

2008 年 5 月 24 日，上海城建第二市政第三批援建人员出发

2008 年 5 月 25 日，上海城建第二市政第四批援建人员出发

抗震先锋　21 名党员用行动诠释使命

几乎每天都有余震发生，入夏的绵阳，骤雨也经常不期而至。1 号地块、8 号地块和上海城建临时分指挥部所在地上游就有 4 个堰塞湖，一旦堰体发生垮塌，几十米高的水头将挟带着泥石流以迅雷不及掩耳之势奔腾而下。

唐家山堰塞湖泄洪的消息不断，而这时正是 6 月 5 日完成第一批援建任务的重要节点。分指挥部的同志至今还保留着集团党委书记、董事长朱家祥在这关键时期给前线同志们发来的短信："请你们注意安全！同志们的使命是抢险救灾，而同志们生命的安全正是履行这一光荣使命的前提"。

用行动诠释使命：上海城建人在荒地和废墟上建设一个个奇迹——近 2000 名上海城建集团建设者经过 30 个昼夜的连续奋战，提前七天完成了第一批援建任务：5300 套安置房，15000 灾区人民新的家园。30 个日日夜夜，上海城建建设者用大爱之心、心手相连演绎了众志成城、抗震救灾的感人故事。

"我们早一天抢建完成安置房，灾民就能早一天开始重建家园。"5 月 21 日，分指挥部总指挥、临时党总支书记吴杰等抵达灾区后，顾不上吃饭、休息，立即奔赴绵阳游仙镇村镇勘察地形，彻夜研究，选址一号地块；选址甫定，吴杰与随后奔赴的第二市政援建队伍又立即筹备开工；在基础资料不具备的条件下，吴杰率领城建设计院 69 岁的沈国辉总工、技术负责人游江等人连续三个昼夜，几乎没有合眼，赶出施工图纸。

4 天完成选址、规划、设计，成为上海援建队伍中最早开工建设的安置房项目之一，6 天筹集 5000 套过渡安置房材料，10 天时间高质量地完成 259 套过渡安置房建设……这是一场特殊的战斗，这是一场遭遇战，也是发挥集团整体优势的大会战。上海城建在用"上海速度"与时间赛跑。

哪里任务最重，哪里危险最大，哪里就有党员的身影。在抗震救灾的特殊战场上，分指挥部临时党总支 21 名党员勇挑重担、迎难而上、冲锋在前，为群众作出榜样。

一号地块负责人——共产党员、上海市劳动模范王何庆，承担了集团第一批 259 套过渡安置房的建设任务。为了提前完成地块平整和混凝土施工任务，为搭建过渡房争得时间，他在接到任务的第二天就带着帐篷住到了工地上，直接在现场进行不间断的监督指导。由于日夜连续作战和四川高温湿热的气候，王何庆全身皮肤出现多处过敏症状，他简单涂抹了药水，就马上又赶回了工地。经过努力，一号地块 259 套安置房于 6 月 5 日率先具备交房使用条件。中共中央政治局委员、上海市委书记俞正声 6 月 8 日视察一号地块，对上海城建高质量、快速度率先完成一号地块给予高度评价。

由于援建工程进度刻不容缓，一般是边施工边设计，甚至很多地方是施工代替了设计，这对负责工程技术组的共产党员游江提出了很高的要求。"土地问题解决了，图纸设计却迟迟没有，我们边设计边施工，很多问题都是以前从来没有碰到过的。"游江认真梳理、统筹协调、合理安排，在设计与施工方之间积极沟通，为援建工程顺利开展搭建起桥梁和纽带。

上海城建第二市政劳模王和庆在 1 号地块

共产党员谭锦华是接到抗震救灾通知后第二市政报名来四川的第一人。到达四川之后，他第一时间组织起人员力量，协调好各方关系，为救灾援建工程的顺利开展打下坚实的基础。

分指挥部临时党总支委员、第二党支部书记张刘金在到达四川绵阳之后，把上海重大工程建设中党建联动的传统带到当地，得到了当地政府、党组织的积极支持。

住安公司在援建中承担大部分彩板房的水电安装和公建配套任务，点多面广、协调难度相当大，共产党员、项目负责人沈刚每天奔波几十乃至上百公里路程，他精心安排施工人员的食宿，自己却经常顾不上。

正是集团一大批党员干部想在前、做在前、冲在前，发挥着先锋模范作用，影响、凝聚着参加援建任务的一大批年轻人，14 名青年纷纷书写下了“请组织在抗震救灾一线考验我”这样铿锵、忠诚的志愿。临时党总支结合这些青年同志一贯的工作表现和在抗震救灾第一线的突出贡献，经过慎重、严肃的程序，吸收了隧道公司年轻的项目负责人李翌明、第二市政乐屹轩、吴尧等三位入党积极分子为中共预备党员。

勇于担当　党旗下凝聚青年的责任和奉献

当第一时间获悉集团承担援建绵阳安置房任务，各级团组织积极响应集团党政的号召，紧急动员，集团青年纷纷主动请战，一天时间就有 639 名青年志愿报名奔赴前线。

集团第一支以第二市政四分公司经理黄永春为队长的上海城建援建青年突击队精锐骨干迅速集结，连夜赶赴四川绵阳。从出发那一刻起，高昂的士气始终洋溢在队伍中间。

第二市政四分公司团支部书记乐屹轩，作为援建先遣队员在抵达四川绵阳后的第二天，便开始了紧张的前期筹划、测量工作。由于三块地块相隔几十公里，为了能尽快完成测量工作，为后续施工提供依据，他带领乔琦、高顺每天早晨5点半出发，带好干粮，到晚上太阳落山才收工回来。经过三天的奔波，他们出色地完成了三块地块测量放样工作。

紧接着，乐屹轩又被安排八号地块的施工。八号地块占地21万平方米，仅堆放建筑垃圾就超过6万平方米。为了尽快平整好土地，乐屹轩和突击队员们一面组织好施工队伍与时间赛跑，一面与当地环卫部门联系垃圾外运。目前，该地块已经搭好3800套安置房。

入党积极分子、负责技术质量管理的青年突击队员于国伦，妻子怀孕5个月，接到单位的派遣通知，他来不及回家，便收拾行装赶往机场。来到四川绵阳之后，大家得知此事。他却说："与灾区人民的困难比起来，个人这点事根本不算什么，我想圆满完成这次抗震援建任务，让灾区人民早日重建家园，也算是带给将要出生的小宝贝最好的祝福。"

为了及时向上海传递援建工程的信息，青年党员王君到达援建工地后，白天他背着照相机摄像机奔波集团各个援建工程地块，捕捉援建工程中的感人画面和信息。晚上他又及时向上海发送信息快报和图片。援建过程中，国内各新闻媒体第一时间报道了上海城建在绵阳援建工作的各种情况。

场道公司和第一市政项目组主要负责分散在十来个乡镇的18所中小学校援建任务，当看到12名学生挤在一个小小的帐篷里睡觉，无法遮风避雨；当看到火热的太阳下，帐篷学校里的那一张张求知若渴、稚嫩的小脸，场道公司和第一市政的很多同志眼眶湿润了。他们表示，"无论如何要尽最大努力，以最快速度，让这些学生住进崭新的宿舍，在明亮的教室里上课"。

短短半个月，202套教室和宿舍边施工边交付，在复课的彩板房里，《劳动报》记者记录下了一个名叫钢钢的小学生在重返课堂后的第一节美术课上，一笔一画地这样写着："今天，我们终于住进了活动板房。这要感谢上海城建集团，感谢他们为我们建设这活动板房。这活动板房里面是雪白的面壁。听杨老师说，这活动板房可以防三点：一防风，二防震，三抗灾。有了这些，我们就不怕地震了，可以专心学习了"。文字的最后，钢钢还认真地画上了他所在的活动板房教室。

钢钢的感谢信

在援建队伍中，青年

占到65%。站在抗震救灾的第一线，参与这样的援建项目，城建青年学会了思考，懂得了责任和奉献。灾区的情景触动了他们，太多的感人事迹感召着他们，艰苦的工作环境和艰难的生活条件磨炼了他们。上海城建青年突击队员们用行动无言地阐释了青年突击队旗帜飘扬的责任和奉献。

心手相连　为了3万名绵阳灾民的家园重建

上海城建13000名员工与绵阳人民心手相连，集团党政领导与2000名援建人员心手相连。上海城建建设者在绵阳的每一天，集团党政领导始终与援建人员在一起：集团党委书记、董事长朱家祥端午节前夕亲临援建现场，与1000多名城建援建人员一起共度了一个意义非凡的节日。

集团总裁朱人畏在援建一开始，工程进展最困难的时候来到了绵阳，慰问并勉励大家；集团副总裁吴根祥开工20天常驻绵阳，督导工程建设情况，堰塞湖溃坝时，他依然与全体援建人员坚守援建第一线；集团党委书记陆雅娟、工会主席汤文洲到现场慰问勉励援建人员。集团党政领导与职工心手相连，极大地鼓舞了援建人员的士气，从而创造了一个又一个第一。

6月5日，一号地块259套过渡安置房具备交房条件，是上海在绵阳最早完成的安置房地块，创造了从农田到安置点10天完成的纪录。

上海城建援建1号地块过渡安置房竣工

6月17日，忠兴镇中学已部分恢复上课，近300名学生已入住彩板房宿舍。街子乡卫生院也已进入彩板房临时医疗点，这也是上海援建中灾民最早入住的安置房。

6月18日，提前一周完成建设部、上海指挥部下达的第一阶段5000套的援建任务，成为最早完成第一节点施工任务的上海援建单位。

6月18日，1号地块一次性通过上海市建交委和绵阳市有关部门的竣工验收，成为上海最早通过验收的援建工程。

6月24日上海城建集团援建街子乡小学正式交付使用。集团在街子乡共援建学校、卫生院及安置房162套，其中街子乡小学有36间教室及52套配套设施，400余名小学生全部复课。

6月28日仅用9天的时间集团援建三台县的804套高考用房全部完工并顺利交付使用，确保了三台县近8000考生高考顺利进行，代表了上海建设的速度和水平。

7月7日上海城建集团建设绵阳游仙区1031套过渡安置房全部正式移交。

7月10日位于绵阳市农科区松垭镇的“城建中学”、“雄鹰小学”正式揭牌，标志着上海城建集团建设绵阳市8324套过渡安置房全部移交，上海城建集团提前1个月率先完成上海市委市政府援建任务，3万多灾区群众有了遮风避雨的新家园。

上海城建广大党员群众在尽心尽力为灾区人民做贡献的同时，也得到了灾区人民的尊敬和赞扬，在绵阳、在援建现场，“绵阳人民真情感谢”的场景随处可见。

情系灾区，风雨同舟，上海城建广大党员群众与灾区人民手拉手，心连心。“工程不完人不撤，房不建成家不回！”上海城建13000名员工与灾区人民在一起！

上海城建援建的板房学校用于学生高考

铁军旗帜在抗震前线高高飘扬

——中建八局代表上海赴川抢建板房纪实

2008年5月12日,历史将永远铭记这个日子:汶川地震,举国悲痛。至当年的6月初,中建八局先期接受来自上海及山东、天津下达的承建安置房任务共计4.3万余套,建筑面积超过86万平方米,成为全国施工企业承担任务最重的一家。八局为此派出了4000多人,组建了11支突击队,奔赴四川绵阳、都江堰、北川、大邑、德阳,甘肃甘南、康县等地,在陇川跨度300余公里的10余个施工现场展开了援建大会战。6月下旬,国务院对过渡安置房建设进行调整,八局最终确定的任务量为1.8万套,建筑面积36万平方米。至7月中旬,八局代表上海在绵阳共援建过渡安置房1.1万套,占上海市援建绵阳总量的三分之一;此外,还在都江堰搭建1450套安置房。

迅疾行动,不负重托

汶川"5·12"强震发生后,八局人爱心潮涌,在向灾区捐款422万元的同时,八局所属单位主动请缨、员工踊跃报名参加灾区援建。5月17日,上海市抗震救灾领导小组和市建设交通委组织的抗

2008年5月,中建八局进入四川,召开抗震救灾动员布署会

震救灾专题会议。18日，八局组织召开抗震救灾动员部署紧急会议，时任八局总经理黄克斯明确提出“举全局之力，打好抗震救灾这一仗”，会上成立了以局副总经理高波为组长的抗震救灾领导小组。22日，黄克斯总经理飞赴绵阳，部署援建工作，宣布成立八局抗震救灾指挥部，局副总经理高波临阵领命，担任指挥部总指挥；同日，八局所属天津、青岛、总承包等公司援建突击队到达绵阳，开始了援建项目开工前的各项准备工作。各单位突击队，基本是由公司一名副经理和一名副书记共同带队，一个抓现场一个抓后勤，各单位的主要领导也都在关键节点赶到现场协调指挥。

为确保援建工作顺利开展，时任八局董事长梁新向、总经理黄克斯亲自参与资源的组织协调，在第一时间将首批援建任务急需的近两亿元资金筹措到位。首期和第二期援建所需的彩钢夹心板订货加工计划，仅用三天时间就全部落实。

在5月25日上海市建设绵阳过渡安置房开工大会上，八局领得首期8000套过渡安置房援建任务，八局总经理黄克斯当场表示，八局及所属公司分布在全国多个省市，承担了来自上海市、山东省、天津市等较多的援建任务，这是政府对八局的高度信任，八局人一定会全力以赴，打赢这场重建家园的攻坚战。

5月26日，绵阳5号、6号地块确定施工地点、援建规划。八局总承包公司等4支突击队连夜组织力量进入现场，仅用了3天时间就使两个地块初步形成工作面。

5号地块地处山坡、落差高达7～8米，场地平整几乎就是开山辟地。援建突击队投入50多台机械昼夜作业，不但迅速完成了场平工作，还在半山腰开辟出了一条建设带，有效地解决了建设面积不足的问题。

6号地块水稻田占总面积70%，水有十几厘米高，仅所需清理的淤泥就达9万立方米。水田中还有7个水塘待填平，周围4个村落110户民房尚未拆迁。而施工开始后接二连三的强降雨，使原本泥泞的场地成为片片沼泽。突击队员克服严重缺电困扰，引水入渠，排水清淤，最终在5月底形成了场地平整、混凝土浇筑、板房搭建的流水作业线。

六号地块机械化施工

7月3日，八局援建的绵阳5号地块首批2800套过渡安置房顺利通过验收，并被验收组专家称赞：“是此次所有验收的活动板房中最好的,浓缩了所有活动板房建设的优点”。7 月 7 日,6 号地块 4646 套彩板房顺利通过竣工验收。绵阳市委副书记、代市长曾万明代表绵阳灾区人民感谢八局人的无私奉献。此后的 7 月 10 日和 15 日,18 号地块的 943 套、15 号地块 1514 套板房也圆满地通过了竣工验收。绵阳涪城区新皂镇党委委员顾勇代表镇党委在验收会上向八局赠送了锦旗,并发表热情讲话,他说,八局以令人难以置信的速度完成了新皂镇安置点的施工,他们是急灾区人民所急所想的典范。

初抵绵阳,地震刚刚过去十天左右,随时发生的余震、唐家山堰塞湖威胁,还有疫情、烈日、大雨等,都没能阻挡八局人援建的脚步,在积极做好各种防范措施和应急预案的同时,他们没有耽误一天施工,提前完成了上海市下达的援建任务。

八局抗震救灾工程总指挥高波指出,“纵观援建过程,我们实现了超越自我,这绝对离不开各级领导的高度重视、亲切关怀,特别是时任中共中央政治局委员、上海市委书记俞正声,上海市市长韩正,市建交委书记甘忠泽、主任黄融和中国建筑董事长孙文杰、党组书记郭涛、总经理易军等领导分别莅临八局援建项目现场,给援建将士以巨大的精神鼓舞,成为我们源源不断的行动力量。”

请看当时几则现场报道:

——6 月 8 日端午节,中央政治局委员、上海市委书记俞正声走进中建八局施工项目——上海市建设绵阳过渡安置房中建八局 6 号地块,他代表上海市委市政府向八局驰援灾区的将士送来香甜的粽子,表示了节日的问候。

上午 10 时许,俞正声一行来到由八局青岛、天津公司两支援建突击队施工 6 号地块安置房工程

中共中央政治局委员、上海市委书记俞正声握着张传忠的手说,又是一个当过兵的八局人

现场。俞正声与一字排开的八局30余名管理人员一一握手。他说，八局的小伙子们晒黑喽，大家辛苦了！

踏着雨后工地重新铺设成的石子路，俞正声察看了部分成形的安置房，他边走边听取了八局副总经理、抗震救灾工程总指挥高波有关施工情况的汇报，他对八局在大灾大难面前奋勇承担社会责任、为国分忧的行为深为赞赏。

——“八局是铁军，在这个特殊的战场上大家一定要善始善终、保质保量，让灾区人民记住我们，为中国建筑品牌增光添彩，对此，大家有没有信心？”中国建筑总经理易军站在绵阳郊外速生板房的大地上，向面前身着中建工装的中建八局项目管理团队发问。

“有！”同一个信念一触即发，回应之声响彻云霄。

易军强调，八局在中建集团中承担了最重、最难的救灾援建任务，一定要代表中国建筑干好这项具有特殊意义的政治工程，让中国建筑的大旗在灾后重建的大地高高飘扬。

——6月6日，绵阳上游的唐家山堰塞湖溃坝风险增加，中建八局董事长梁新向一天之内4次过问灾情，强调必须绝对保证每一名参建员工不受到任何伤害。八局党政领导还指令前线各级组织，必须把防洪保安全视为当前压倒一切的重中之重任务，所有预案、措施必须万无一失。

援建铁军，英才辈出

局抗震救灾一线突击队长率队攻坚

工地的条件是艰苦的。34摄氏度的正午，地面温度至少40摄氏度，烈日炙烤，汗流浃背。这些，建设者们不怕，怕就怕突如其来的暴雨。6号地块里的积水有十几厘米高，清淤难度相当大。就在大家把低洼地平整完毕的时候，5月28日晚，一场强降雨突如其来，两天多成果毁于一旦。“不能任由老天破坏！”6号地块两支突击队的队长李建伟、宋文华迅速召集突击队员，冲进雨中重新挖沟排水清淤……一位随队记者这样写道：“连续十多个昼夜的拼搏，曾是落差悬殊、土质坚硬的山坡被开辟成为三个平展的标高区；曾是沟渠纵横、土质松软的水稻田被排水清淤、翻土夯实。其后，簇新的过渡安置房如花绽放，成为震后灾区最为美丽的风景……”

说到八局在抗震救灾中所向披靡的动因,时任八局党委书记刘力群指出:长期的“军魂”文化培育和积淀,关键时刻高度自觉,拉得出、冲得上、打得赢。受铁军精神熏陶,八局员工队伍令行禁止,善打硬仗,党员干部冲锋在前,身先士卒。

担任此次抗震救灾工程总指挥的高波,是八局新任副总经理,他是5月17日离开济南,来上海总部履新的,结果在第二天的局抗震救灾紧急会议上就被任命为局抗震救灾领导小组组长。在灾区施工一线,他念念不忘临行前老母亲的叮咛:“你这是在做善事,而且是代表八局两万多员工做善事,善事一定要做好!”高波白天在地块间不停地奔波协调,回到局指挥部还要准备每晚九点的生产协调会。此外,他还要牵挂着八局远在德阳、北川、大邑等地的援建项目。

八局天津公司突击队队长宋文华对大地震的苦难感同身受。原来,他妻子是1976年唐山大地震中的幸存儿,那年才8岁,被解放军从废墟中成功解救出来,而她的亲弟弟却永远地离开了。有这样经历的妻子,宋文华得到的支持可想而知。在他心里,灾民群众就好像是亲人。在6号地块,无论是测量、放线还是开槽、施工,他像一台开足马力的机器,不停地在忙。累病了,谁也没有办法把他拉去输液。大家不约而同地称他为“铁人”。他狠抓质量,力推进度,所在的第6地块被上级确定为样板示范工程。

八局总指挥部施工管理组组长郭传贤是八局部队时期的老兵,他每天在5号、6号、15号、18号地块不停地奔波,协调物资、机械、劳务等工作,经常错过吃饭时间,有时甚至刚吃上一口泡面,手机响了,就扔下“饭碗”直奔另外一个地块。郭传贤说,“看到灾民挤在马路旁的帐篷里,天气越来越热,蚊子越来越多,就心急如焚,必须用最快的速度、最好的质量建好安置房,让灾民们尽快住进去。”

八局总承包公司党委书记朱庆涛在工地上有句名言:“抗震救灾是当前最大的政治,遇到难关,党员干部必须一马当先,冲得上去”。他从上海来到绵阳后,就立即盯上指挥部请求施工地块,而地块就是落实不下来,眼看着别的单位开工,而他的弟兄们只有摩拳擦掌而无用武之地,他着急上火。等到5月26日晚好不容易拿到地块,却是落差六七米的山坡,而当地搅拌站的商品混凝土又供不应求,对他们精心构建的流水施工形成威胁,急火攻心,朱庆涛嘴角拱起了燎泡多日不消,被誉为“上火书记”。与八局总承包公司同一地块的八局中南公司突击队队长叶家邦老将出马,老当益壮,日夜奋战在施工一线,也做出了突出贡献。

八局第6地块现场后勤总指挥张传忠,在工地上是大忙人。他深入现场,调配各种资源,协调内外关系;他坚持每天值夜班,为的是在第一时间掌握施工需求,第一时间做好后勤供应。5月26日那天,当大家用简朴的方式给他庆贺55岁生日时,他激动地说,“我作为一名老党员,值此国家有难,我能为四川灾区的人民做点事,此生无憾……”

八局中南公司突击队施工员董跃文乘坐的出租车发生车祸,他的脚踝擦伤严重,医生建议他卧床全休一周,他只在第二天上午躺了半天就回到工地上,肿胀的伤口穿不下雨靴,他就找了双拖鞋套在脚上，一瘸一拐地在工地跑。领导劝他回宿舍，他说，“工地忙得不可开交了，我是个党员，不在工地会憋出毛病的”。

多次亲临现场看望员工、指导援建的八局总经理黄克斯说，“高波、宋文华、朱庆涛、郭传贤、张传忠、叶家邦、董跃文似的援建人物只是我们八局近4000人的援建大军的代表。源于军转企业使命必达的铁军文化，基于为国分忧的大局观念，八局每一名援建队员都以近乎疯狂的工作态度，诠释着对灾区人民的爱，以接近极限的体能，坚持在战斗岗位上，眼睛熬红了，嗓子叫哑了，但没有一个人退缩。”

八局总经理黄克斯看望一线抗震救灾将士

援建队员一心为了灾区的义举深深感动了当地老百姓，不少受灾群众挑着新鲜蔬菜走进过渡安置点慰问八局援建突击队。“我们说什么都要给钱，他们就是不要”，受灾群众热泪盈眶地说：“这就是我们的新家，这可比住帐篷强多了，比我们原来的平房也强多了，谢谢这些上海好心人……”

凝聚精神，彰显品牌

2008年“5·12”特大地震发生后，八局上下急速行动，倾力抗震救灾。局属各参建单位相继召开誓师大会，号召党员干部冲锋在前，发挥模范带头作用。奔赴援建一线的八局突击队，临危不惧，经受住了生与死的严峻考验，在不分昼夜的拼搏中，为震区人民搭建起数以万计遮风挡雨的“家”，演绎出一曲铿锵有力、波澜壮阔的奉献之歌、责任之歌、爱心之歌，赢得了社会各界的热情赞誉。

多家媒体竞相跟踪报道八局援建事迹，中央电视台的直播车最早开进了八局援建现场进行直播，上海电视台、四川电视台、成都电视台、绵阳电视台等均对八局的援建工作进行了专题和跟踪报道，《人民日报》《工人日报》《解放日报》《中国建设报》《建筑时报》《大众日报》《中国建筑》等报刊均大篇幅、大版面多次报道八局援建事迹，人民网、新华网、搜狐网等多次刊载八局局报记者的专题报道。

当年6月27日《解放日报》二版头条刊发了题为《为了一个个遮风挡雨的家——记中建八局绵阳过渡安置房建设团队》的长篇通讯，以“第一时间集结、发挥野战能力、速度令人称奇”三部分内容，生动形象地展现了八局人积极投身抗震救灾的思想基础、拼搏精神和综合实力。该通讯的开头写道——

四川省绵阳市，上海援建的首批2万套过渡安置房提前一周交付。昼夜奋战的上海建设者队伍中，有这样一个团队，身着迷彩服，吃住在工地，神速搭板房。短短24天内，就在5个安置房基地中，搭建完成7337套过渡安置房。

他们，是前身为基建工程兵的中建八局建设者。

……

新华社记者在刊发于7月11日、题为《他们的名字叫“铁军”——记救灾援建中的中建八局》通讯中写道，“他们承担了上海、山东、天津在灾区建设安置房的分工，动员了4000余名建设者，在绵阳、北

刊登八局抗震救灾新闻稿件的部分媒体

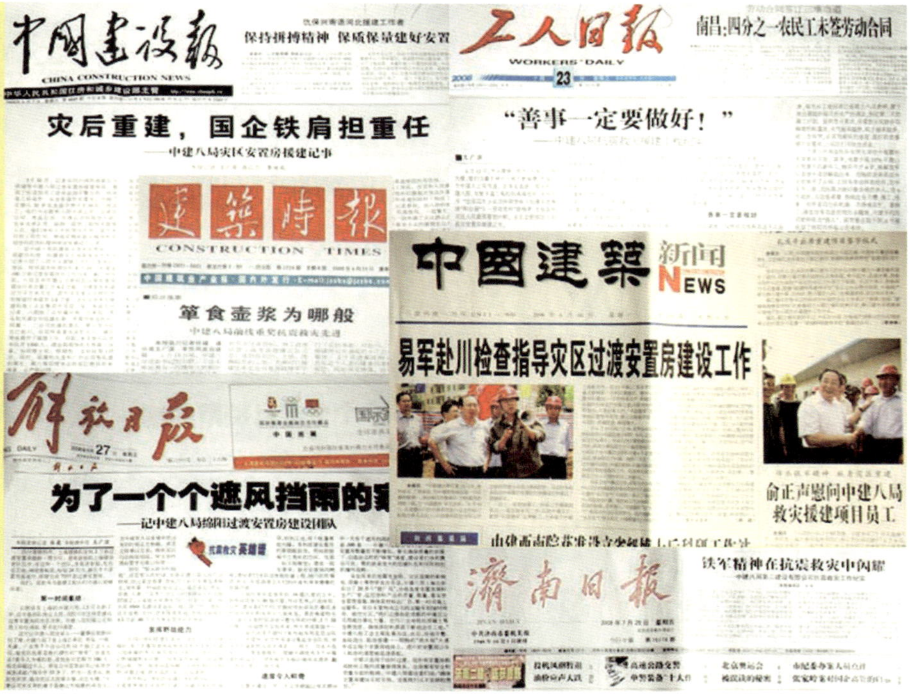

川、大邑、陇南等各灾区建设点完成了3.2万套、64万多平方米的建设任务，成为抗灾援建安置房战役中的‘中流砥柱’”。记者还写道：就是在常人难以想象的艰难困苦和极度危险中，八局建设“铁军”日夜奋战，他们却少吃少喝，睡眠不足，很多人累得血尿，很多人皮肤溃烂，很多人昏倒了打了点滴继续“上战场”……在这样的感动和奉献里，他们建起了擂鼓镇第一个灾民淋浴室、第一所灾民学校……

八局从总部到所属参建单位积极做好宣传报道工作，除八局局报《八局通讯》连续的专刊报道外，八局指挥部战地报道组还编辑了10期反映八局援建项目动态的《战地快报》，总结形成了八局抗震救灾精神——超越自我、使命必达的报国精神，临危不惧、百折不挠的拼搏精神，和衷共济、奋勇争先的团队精神。

中建八局被评为“上海市抗震救灾先进集体”，同时被住房和城乡建设部评为“全国住房城乡建设系统抗震救灾先进集体”，八局党委被国务院国资委党委授予“中央企业抗震救灾先进基层党组织”称号，八局抗震救灾指挥部临时党总支荣获“上海市建设交通系统抗震救灾先进基层党组织”称号，在八局参战的11支抗震救灾突击队中，有局总承包公司、青岛公司两支被授予“全国工人先锋号”，天津公司等9支被授予“上海市工人先锋号”；八局天津公司抗震救灾突击队长宋文华荣获“中央企业抗震救灾先进个人”称号，八局抗震救灾指挥部施工管理组组长郭传贤荣获“上海市建设交通系统抗震救灾优秀共产党员”称号。此外，还有36名突击队员火线宣誓光荣入党，局属参建单位还收到了当地老百姓自发赠送的锦旗50面，感谢信百余封。

接受锦旗

使命如山

——中交三航局赴川抗震救灾小分队援建过渡安置房纪实

2008年5月23日，中交三航局有限公司接到上海市建委下达的在绵阳援建5000套过渡安置房的任务后，立即在全公司上下做了全面动员和周密部署。公司本部立即为前方调集与采购必需的设备、常用工具、办公用品和食品、药品；二公司和洋山分公司连夜启动22个集装箱的改造工作；物资公司派出专人蹲点彩钢板生产厂家，落实与督促彩钢板采购计划；三公司立即派出先遣人员到重庆组织施工队伍和工程设备……

5月26日，公司副总经理顾巍率领一支精干的抗震救灾小分队，带着上海市建委的指令和公司党政领导班子的重托，从上海直奔“5·12”地震重灾区四川绵阳，拉开了援建过渡安置房的序幕。

副总经理、总指挥顾巍率小分队第一批队员飞赴绵阳

副总指挥尹海卿率小分队第二批队员飞赴绵阳

"为了让受灾群众早进新居"

此时的绵阳灾区正处在余震不断、唐家山堰塞湖随时可能溃堤和病疫流行等多重威胁之中,成千上万流离失所的灾民在热风冷雨中翘首以盼,期盼一顶遮风挡雨的帐篷,期盼一间安身立命的小屋……

副总指挥童小飞率第一批赴甘肃援建队员飞赴灾区前在机场合影

狂暴的地震撕裂了大地,摧毁了家园,也打乱了灾区政府原有的运行机制。过渡安置房计划指标的不断变更，建设用地的迟迟不能落实，中交三航抗震救灾指挥部的同志们个个心急如焚，如坐针毡。

6 月 1 日，他们接到新的指令，到甘肃建设过渡安置房。第二天一大早，顾巍和郭友兴副处长陪同上海市建委驻绵阳抗震救灾指挥部总指挥许解良，不顾个人安危，穿越川北重灾区，历时 12 小时，跋涉 500 余公里，到达了甘肃省的重灾区——陇南市，接受了在陇南市礼县援建 2000 套安置房的建造任务。公司立即指令所属兴安基公司组织了以党委副书记童小飞为项目经理的 33 名员工作为甘肃项目经理部的主体，在副总指挥王成的帮助下承担甘肃灾区安置房施工任务。

副总指挥王成在集装箱车队出发前作现场动员

6 月 3 日，在上海市建委驻绵阳抗震救灾指挥部的积极协调下，终于落实了在绵阳的施工用地——游仙区欧家坝 16#地块，计划建设 2000 余套安置房，其中包括一所学校。

16#地块是高差达 25 米的土坡，沟渠纵横，果树林立，建筑垃圾成堆，没有一块完整的平地，施工条件极差。连上海市建委驻绵阳指挥部领导也认为这是所有地块中施工条件最差的一块，来自上海的设计人员也劝中交三航抗震救灾指挥部放弃这个地块。但他们没有“等靠要”，而是依据地势，周密策划，主动与设计沟通，最终将 16#地块设计成 A、B、C、D 四组“梯田”状，设备、人员、物资随之迅速进场。为了让受尽磨难的灾区群众早一天住进新居，指挥部的 40 多位员工没有上下班连续工作，没有晴雨天，饿了，抽空回来填一下肚子；困了，就地找个地方闭一下眼睛。白天，似火的骄阳将他们的皮肤烤出了水泡；夜晚，蜂拥的蚊虫在他们身上叮出了成片的红斑，但他们全然不顾，每天至少工作 12 小时以上。在浇地坪混凝土时，更是 24 小时不间断作业。

甘肃项目部自 6 月 9 日进点后，在公司抗震救灾指挥部副总指挥王成和项目经理童小飞的率领下，克服了山大沟深，交通不便，点多面广，分布零散以及社会资源匮乏的困难，在确立了礼县一中、二中、四中、职业技术学校、农业中学、捷地小学等 6 个施工点后，采用“分兵作战，各管一点”的方案，经过短短 20 余天的日夜奋战，于 7 月 4 日便提前完成了礼县的援建任务，144 套高考用房的所有水电配套安装更是在 6 月 28 日全部完成，确保了灾区高考的顺利进行。随后项目部又马不停蹄地奔赴施工条件更为复杂的天水市麦积区，开始了 23 个点共计 1018 套过渡安置房的搭建工作，麦积区的过渡安置房搭建工作面临着点多面广，战线长、人手紧等特点，1018 套过渡安置房零星地分布在 23 个点上，其中最远的两个点相距 70 余公里，而且很多援建学校位于半山腰或是大山深处，交通不便，有 7 个点的过渡安置房搭建材料必须经过两次甚至三次驳运才能到达，这就给工程的进度带来了很大的困难。但项目部的全体员工在抗震救灾精神激励下，以百倍的努力投入到工作中去，不管晴雨，不分昼夜，坚守在施工一线，精神面貌和工作热情令人动容。在过渡安置房搭建期间，川甘两地通过开展立功竞赛、对协作单位采用“节奖超罚”等办法，有效确保了工期。

7 月 3 日、4 日，甘肃省因地震灾害影响而延期举行的高考在中交三航援建的礼县一中和四中的 144 套过渡房里正式举行。这 144 间临时教室就是礼县 4000 多名考生的诺亚方舟，学子们的梦想将

中交三航局向礼县教育局移交礼县一中钥匙

在这里起飞，看着同学们面带微笑怀着梦想走进为他们搭建的板房里考试，大家心里感到了无比的骄傲和自豪。

7 月 5 日，绵阳 16#地块上的学校顺利建成并通过了当地政府有关部门的验收；7 月 9 日上午，数百名中考考生在宽敞明亮的新校舍参加了地震后的第一场中考。中考那天，很多员工一大早就来到了学校，当他们看到家长们高高兴兴地把孩子送进了校门，看着孩子们安静地坐在新教室里聚精会神地答着试题，一张张黝黑的脸上绽开了灿烂的笑容。

绵阳市的中考在中交三航局援建的过渡安置房中举行

"想灾区人民所想，急灾区人民所急"

指挥部到达灾区后，就深切感受到地震的阴影依然笼罩着灾区，就想方设法地帮灾区人民多做实事、好事，让他们感受到三航人与他们心手相连，守望相助。指挥部积极同当地政府联系、沟通，主动为游仙区政府解决如办公场地问题等实际困难，政府也帮项目部解决了如卫生防疫、柴油供应、用电、用水等需要，为更好、更快地建设过渡安置房争得了主动，打好了基础。

在中交三航抗震救灾指挥部等待了一个星期，取得了第一块地，并花了两天时间将所有土地推平压实，具备了打地坪混凝土条件时，却被告知地块要作调整，他们给予当地政府以充分的理解和支持，这种顾全大局的做法，得到了上海建设绵阳过渡安置房现场指挥部的表扬。

绵阳市游仙经济试验区中学在地震后，教学楼和办公楼成了危房。学校在操场上安全的地方搭了两间临时教室，3 个班 100 多名学生就挤在这样一个用雨布、编织袋、木棍等支起的简陋教室里，做中考前的冲刺。指挥部得知这个情况后，当场送去 24 顶帐篷给学校，让孩子们有个更好的场所学习。校方几位领导对中交三航的援建行动也非常欢迎和感激，没提任何条件就把操场借给了指挥部安置临时帐篷。

抗震救灾指挥部驻地就在游仙区政府临时办公处门前的路边，由于他们布置得体、管理精细，清洁与消毒及时，不但没有影响社区环境，反而成了区政府门前一道亮丽的风景线。

干净整洁的小分队驻地成了绵阳市一道亮丽的风景线

当指挥部领导得知游仙区徐家镇敬老院每位老人一年只有120元生活补贴的信息后，顾巍总指挥亲自带队，给敬老院送去了面粉等价值约5000元左右的日常生活用品，陈广湖副指挥还通过三公司工会，从职工捐款中提取了5100元钱送到敬老院。

向绵阳市游仙区徐家镇敬老院捐款、捐物

在甘肃，灾区偏远山村的贫穷和落后以及教学条件的极度艰难使广大员工感到震撼，但灾区孩子们面对贫穷和灾难表现出来的坚强和乐观更让三航人感动。

为了帮助灾区的孩子改善学习环境，项目部的青年员工自发组织捐款，为本次援建的学校之一沽沱小学的孩子们购买了一批价值近3000元的学习用品，6月16日一早，他们把这批带着三航人心意的学习用品送到了学校；项目经理童小飞还个人给10位学习优秀但家境贫困的小学生捐助了2000元现金。看着孩子们领到东西高兴和兴奋的样子，三航人的心里感到无比温暖，沽沱小学董校长为了表达感激之情，赠送了“一方有难、八方支援”的锦旗，并感动地说：“你们的爱，让我们感到温暖。”

为了让受灾群众住得舒适、住得放心，在过渡安置房设计时留出了尽可能宽的出行通道；中交三航在房屋施工时主动承担了排水管道等市政设施项目，房屋建成后又专门请了20多位清洁工，将每间房都擦洗、打扫得干干净净，并在每户的门后都贴了一张《入住须知》……

投之以李，报之以桃。三航人对灾区人民的真诚相助，赢得了灾区人民的赞赏。援建期间，游仙区

绵阳群众向中交三航局援建指挥部送匾表真情

甘肃灾区群众向援建指挥部送锦旗

委区政府、游仙经济技术开发区、游仙中学、九龙宾馆等都分别送来了写满赞语的横匾、锦旗，表达了对三航人的感激之情。甘肃省委书记陆浩专程来到中交三航施工工地，亲自向三航人表示慰问，当地政府和学校更是送来了一面又一面锦旗、道出了一句又一句感谢。7 月 18 日上午，甘肃项目部应邀参加了天水市灾后过渡安置房工作经验交流推广会，在会上介绍了在天水市的工作情况和过渡安置房建设过程中的主要做法和经验。

“用抗灾精神打造三航品牌团队”

在抗震救灾指挥部进点后的第一次党员大会上，临时党总支书记顾巍就在会上强调：“抗震救灾，建设过渡安置房，不仅仅是个紧迫的施工任务，更是一项关乎党和国家及人民群众利益的政治任务。对参与其中的党员同志来说，无疑是一次严峻的考验。我们要借助这次抗震救灾的机会，用抗灾精神锤炼我们的党性，打造中交三航品牌团队，展示中交三航的实力与形象！”

临时党总支在四川、甘肃两地组织开展了“让党旗在抗震救灾一线高高飘扬”的主题活动，有效地激发了党员同志的使命感和责任感。近 10 位来自公司机关和各基层单位的处级领导干部，在顾巍副总经理的带领下，和员工一样住集装箱，吃大食堂，一样通宵达旦坚守现场，一样手抬肩扛搬运装卸。尹海卿，现场指挥部副总指挥兼总工程师，他不放过施工中的每个细节，半个月不到，他便在施工现场跑断了一双劳保皮鞋。老父病重住院，他仅仅回家一天看望了一下，便再次出现在抗震救灾一线；工程部部长张雪鑫，每天在吃过晚饭后都要去指挥部，及时汇报沟通生产情况，回来后主持召开专业会议，协调施工中存在的问题，安排好第二天的工作，这样一下来，每天都是在 12 点，甚至一二点钟之后才能上床休息；如果把此次抗震救灾工作比作一场战役的话，那么，负责甘肃施工的童小飞就是个指挥若定、横刀立马、不怕一切困难险阻的大将。礼县大大小小270多个受灾小学，他基本上跑了个遍。礼县教育局马局长在一连陪同走访勘察了几天后，由于工作强度实在太大，病倒了，然而童书记依然满腔热情地扑在工作上，有时为了解决某个难题甚至通宵达旦。

党员、领导干部的模范带头作用进一步激发了广大员工群众抗震救灾的积极性和进取精神。测量主管陈翠良来绵阳后患了严重的过敏症，睡不好、吃不香，但在拿到16#地块后，他忍住病痛的折磨，立即带领几个测量工仅用两天时间便拿出了第一手数据，为进点施工争得了主动；电工钱志军来自二公司船处，不管是施工现场还是生活办公设施，从操作到管理，只要是用电的事他都一人包揽，从早到晚，毫无怨言；施工员赵英勇坚守在礼县四中和天水条件最艰苦的元龙片，通宵达旦却毫无怨言；施工员小冉，甚至为了抗震救灾工作，推迟了早已安排好的婚期……入党积极分子高正平、杨斌、李金友、赵龙等用实际行动履践了自己的入党誓言，被所在党支部推荐“火线”入党；同时，又有李彬、葛剑、陈翠良、李大梁等4位同志在“火线”向党支部递交了入党申请书。

甘肃项目部获评“抗震救灾重建家园工人先锋号”，中交三航局董事长方彦授旗

四川项目部获“抗震救灾重建家园工人先锋号”称号

“环境越艰险，工作越艰苦，越要关心爱护职工”，这是顾巍对各位副总指挥和党员领导干部的再三要求。员工刚到工地，陈广湖副总指挥就把所有员工的生日摸得一清二楚。在50多天的援建期间，他们为3位员工过了生日。每一位新员工来后，党支部领导都要在

第一时间和他谈心。6月24日,韩正市长在现场视察时,高兴地对顾巍说:“你们用实际行动展示了上海企业的形象”。当韩市长准备离开现场时,看到员工们仍整齐地立在那儿挥手送别,又特地走到顾巍面前动情地说:“顾总,你让他们散了吧,他们都听你的……。”

6月中旬,中华全国总工会和上海市总工会、江苏省总工会分别向指挥部授予“工人先锋号”队旗;2008年7月18日,中交三航局抗震救灾指挥部和顾巍总指挥被国资委分别评为抗震救灾先进集体和先进个人,陈广湖副总指挥被南京市工委评为抗震救灾优秀共产党员;7月15日,在指挥部召开的总结表彰大会上,76位赴川、甘援建的员工被授予“抗震救灾优秀员工”称号。

从接受任务到顺利交付,短短的50多天时间,中交三航就在四川的绵阳、都江堰,甘肃的礼县、天水地区建成了4700余套过渡安置房,公司抗震救灾指挥部,科学组织,团结协作,不辱使命,出色地完成了过渡安置房搭建任务。他们在川甘灾区不仅留下了近4700套整洁、宽敞、明亮的彩钢板房,更留下了中交三航的精神、文化和形象,为企业进入震后重建市场奠定了思想文化基础。

援建有归期,精神永长存。当把这种精神放大、升华,有理由相信,中交三航能够承担更加艰巨的任务,正如上海建设绵阳过渡安置房现场指挥部副总指挥潘延平对中交三航评价的那样:经过抗震救灾工作洗礼的中交三航,还有什么困难能难倒你们呢?

在7月15日召开的现场总结表彰大会上,顾巍总指挥动情地说:“我们之所以不辱使命,是因为我们有上海市援建过渡安置房现场指挥部的有力领导,是因为我们身后有一个强大的三航局,有一个坚强有力的公司党政领导班子,有一群不畏艰险、勇挑重担的好职工!”

中交三航局抗震救灾总结大会

无疆大爱献赤诚

——中铁二十四局集团援建汶川地震灾区过渡安置房纪实

5月22日，中铁二十四局集团接到上海市援建地震灾区过渡安置房的紧急任务，集团公司董事长、党委书记王北京和总经理韩家英等在沪领导当天作出部署，成立了中铁二十四局集团抗震救灾援建指挥部，任命下属上海公司副总经理崔纯纯为前方指挥长；在资金十分紧张的情况下，贷款了9000万元，专门用于抗震救灾援建任务，以确保援建工作的顺利推进。

历经58天艰苦卓绝的顽强拼搏，中铁二十四局集团圆满地完成了两省三地地震灾区过渡安置房1661套的援建任务。其中，四川绵阳住宅房545套；甘肃文县住宅房632套、医院房118套、学校教室77间计231套；都江堰市住宅房135套。他们用赤诚大爱谱写了一曲气壮山河、荡气回肠的抗震救灾援建的壮歌，见证了一方有灾、八方支援的社会主义人间真情，彰显了中铁二十四局集团将士肝胆相照、矢志不渝的责任与担当。

2008年5月24日下午，中铁二十四局集团董事长、党委书记王北京为抗震救灾的壮士送行

热血沸腾战一线

灾情就是命令！时间就是生命！

5 月 24 日，中铁二十四局集团崔纯纯、王云恺、肖小彬等第一批援建人员乘飞机火速奔赴四川绵阳执行援建任务。

2008 年 5 月 24 日下午，中铁二十四局集团公司总经理韩家英为首批赴绵阳援建突击队授旗

此时的绵阳是一片废墟，余震不断，震后最大的危险源唐家山堰塞湖正处于随时会溃坝的高危状态中。

5 月 25 日，崔纯纯与王云恺不顾余震的危险，主动出击。他们兵分两路，一路是自己。与上海市绵阳援建指挥部指挥长许解良取得联系，他主动请缨，希望能早日拿到援建地块，尽快开工。

另一路是王云恺、肖小彬。到绵阳当地积极联系援建工程需要的施工机械设备和建筑材料，千方百计在当地组织招纳劳动力，租借当地民房，安排好生产和生活。

5 月 26 日下午 2 点 40 分，6.7 级的大余震袭来，正在联系业务的王云恺被一楼的店老板一掌猛推了出来，只见路旁的广告牌摇晃得厉害。在二楼的崔纯纯听见墙体开裂的“吱嘎”声，坐在凳子上的他差点被掀翻，当意识到地震时，他火速冲到了楼下空旷地。

5 月 29 日，他们拿到地块，当天就组织人员踏勘，第二天一大早就动工。此时工期异常紧迫。按照上海市援建指挥部的要求，6 月 28 日要交付使用，也就是说 30 天就要完成 545 套过渡安置房的搭建、道路硬化、周围场地绿化、污水处理等任务。

指挥部倒排工期，采用平行作业法，条块分割，9 个区块的安置房搭建同步进行；同时又实施交叉作业法，路面硬化、水电安装、场地的绿化等工序同步推进。

正当他们甩开膀子大干时，6 月 6 日，上海市援建指挥部给他们下了最后通令，要求他们立即撤退到地势高处，暂停几日，原因是 6 月 7 日唐家山堰塞湖泄流槽将过水，此时上下游水位差超过 60 米，他们犹如头顶悬河。

6 日晚上 10 时许，中铁二十四局集团指挥部党支部就是否撤退召开了紧急会议，党支部书记杨茂明，党员顾建庄、唐耀祥、肖小彬参加会议，非党员王云恺、管惠林、常青列席会议。他们可谓进退维谷，一方面，如果撤退几日，那么只有超期才能完成任务，百姓将多受几日煎熬，但工程人救灾援建哪有退却之理？另一方面，如果不撤退，100 多名参建人员的安全将受到极大威胁。最后大家表决的结果是留下来继续战斗，为了能让灾区人民早日住上安置房，他们拼了。

杨茂明一夜无眠。崔纯纯已接受新任务到甘肃文县抢建安置房，不撤退的决定虽取得崔纯纯的同意，但他仍感责任重大。

2008 年 6 月 24 日，中铁二十四局集团承建的四川绵阳活动板房初具规模

其实他们是有备而战的。指挥部租来了3辆大巴车停在工地现场，一旦听到防空警报，所有人员奔上大巴车，驶向地势较高的绵阳机场；所有的彩钢板全部装上货运大卡车，便于紧急情况时撤离。他们还进行了模拟演练。

6月10日，唐家山堰塞湖危险基本解除，悬在指挥部头顶的危险也就解除了。中铁二十四局集团迅速掀起了大干高潮，早上5点就起床干活，直到凌晨2点才肯停下休息。吃饭没有正常的点，午餐一般在下午3点，晚餐一般在晚上9点。幸好这段时间天公作美，没有下雨，他们顽强拼搏，施工进度节节攀升，一排排板房迅速矗立在废墟之上。

6月24日，上海市委副书记、市长韩正到此工地慰问建设者，与援建员工亲切握手，当看到一排排板房整齐排列、窗明几净时，他满意地笑了。

2008年6月24日，中铁二十四局集团总工程师韩文忠和上海分公司总经理陈克望陪同中共上海市委副书记、市长韩正检查绵阳援建工作

6月28日，中铁二十四局集团援建绵阳任务全部完成。由于工程干得出色，7月3日，上海市援建指挥部又把援建都江堰135套住宅房的任务交给中铁二十四局集团。有了绵阳的施工经验，顾建庄挑起了都江堰住宅房建设的重任。他们一鼓作气，乘胜出击，加班加点，工程于7月18日完工，打了一场漂亮的歼灭战。

艰难困苦踩脚下

如果说在四川绵阳、都江堰的援建是一场平原大兵团作战的话，那么在甘肃文县的援建就是一场山地游击战。

6月1日上午8点，中铁二十四局集团在绵阳的援建还在紧张进行之中，上海市援建指挥部又向他们下达了援建甘肃文县的任务。崔纯纯把绵阳工作快速安排好后，马上随上海市援建指挥部指挥长许解良一起乘车赶往甘肃陇南。从绵阳到陇南一路颠簸，险情不断，险象环生，整整走了12个小时，到达陇南已是晚上8点，他们没顾得上吃饭，就直接去参加国家建设部在陇南市召开的援建工作现场办公会。带着任务，他们第二天又一路颠簸赶赴援建地文县。

到了文县后，他们马不停蹄，崔纯纯带领敖志勇等援建队员，在当地租借了车辆展开全面的调查，研究板房的选址、布局，三天之内跑遍了分布在文县20个乡镇的150多个援建点，总行程超过3000公里，准确掌握了第一手资料。

6月7日，指挥部根据地理位置将文县20个乡镇划分为4个片区，每个片区由1个组管辖。6月5日开工的文县中医院是上海援建甘肃过渡安置房的第一个开工场地。

文县位于崇山峻岭之中的甘肃陇南地区，这里受地震破坏非常严重，到处是悬崖峭壁，处处可见塌方、泥石流、山体滑坡。中铁二十四局集团运输大队把彩钢板运进文县可谓是费了九牛二虎之力。

6月13日，从上海运送到文县的第二批板材进入陇南境内，由于108国道断道，他们只能走小道进入文县。然而，始料不及的事发生了，12时许，长17米的大卡车行驶到18弯的高楼山段时，由于地震造成路面仅能容一车通行，在90度的拐角时，汽车进退不得，卡在了半山腰上，进入文县的唯一通道也被堵死。

当大家无计可施之时，运输队长宋志坚急中生智，他打电话把此情况报了文县交警，交警大力援助。最笨却也是最好的办法是沿着蜿蜒的山路倒车原路返回，真可谓是“上山容易下山难”，往下倒车稍有不慎就有可能翻下几百米深的悬崖之下，大家都为几辆卡车司机暗暗捏了一把汗。

功夫不负有心人，经过几小时“蜗牛”般的倒行，临近天黑时，他们像发现新大陆般兴奋——找到了一个汽车调头点，当晚返回陇南。另租了6辆9米长的小型卡车，把彩钢板连夜换车，第二天安全通过18弯的高楼山段。

然而，进入文县后，很多的援建点汽车无路可走。大量的援建材料只能采用小型运输车辆多次驳运。有的援建点甚至连小型运输车也进不去，如文县教师进修学校的6套板房就在一小山坡上，只能通过人拉、驴驮。但就算困难再大，中铁二十四局集团援建者也会想方设法来解决，他们不上交矛盾，把一项项困难踩在脚下，直至完成任务。

“援建铁军不畏险阻，心系灾区情深义重”，这是6月27日上午，上海援建甘肃地震灾区的首个交付使用的项目，由中铁二十四局集团援建的文县中医院过渡安置房举行交付使用仪式时，文县抗震救灾指挥部赠给中铁二十四局集团一面锦旗上所书的一副对联。

文县常务副县长田朱仝和文县建设局局长李国文代表全县25万灾区人民向上海人民和援建单位表示最衷心的感谢，对在危难关头积极伸出无私援手的上海人民和不怕艰难，冒着余震、泥石流等生命危险奔赴文县的中铁二十四局集团全体援建人员给予了高度评价和由衷的敬意。

时任上海市建设交通党委副书记、纪委书记徐海峰在仪式上转达了上海人民对灾区人民的关心，并把象征打开文县中医院大门的“金钥匙”交到了中医院院长的手中。

此次交付使用的文县中医院过渡安置房有1140平方，共57套，这是中铁二十四局集团援建人员用22天时间赶建出来的，也是甘肃援建项目中最早完成竣工验收的项目。它的交付使用，对文县中医院恢复正常的医疗救护工作，更好地为灾区人民服务提供了良好的条件。

中铁二十四局集团在激励中奋进，在困难中前行，按照上海市援建指挥部的节点要求，圆满完成援建文县的过渡安置房任务。

2008年6月27日上午，中铁二十四局集团援建的上海在甘肃第一个项目文县中医院交付使用时，文县赠送锦旗

精心组织强后盾

前方将士在浴血奋战，上海的后勤保障工作也做得及时、有力。

5月22日，中铁二十四局集团领导和下属上海公司董事长、党委书记吴鹤敏，总经理陈克望等主要领导亲自挂帅，组织协调，由集团公司总工程师韩文忠担任常务副指挥长，负责前后方协调；后方组由上海公司党委副书记张正忠负责，千方百计克服困难，确保前方援建工作人员、材料、施工等的需要。他们及时挑选前方所需的技术人员、施工人员、熟练工人足量按时到达指定的一线所在地。

俗话说，兵马未动，粮草先行。刚开始，加工彩钢板的薄型钢板供应非常紧张，一时落实不了。中铁二十四局集团和下属上海公司主要领导亲自出面，多方联系，终于争取到了上海宝钢生产的优质薄型钢板。然后，又想尽办法联系落实了彩钢板生产厂家和运输车辆，并成立了运输大队，派出两人到宝钢组织高质量的彩钢板货源，在上海市援建指挥部领取了高速公路免费通行证，分别往绵阳、文县、都江堰运送援建的材料。5月28日，第一批运往绵阳的材料启程。

与此同时，他们加强与现代设计联系，架起前方板房搭建与后方设计的沟通桥梁，为又好又快建设打下良好的基础。

在援建的关键时刻，各级领导身先士卒，亲临前线指挥。集团公司及上海公司的领导，多次冒着余震不断的危险，到援建第一线现场指挥并慰问援建人员，积极与当地政府和上海援建指挥部领导研究援建工作，极大地鼓舞了前方援建人员的信心和干劲，保证了援建工作的顺利进行。

在整个援建过程中，他们还充分利用现代通信技术，定期或不定期召开前后方的援建工作视频协调会，不仅做到了加强指挥，保证了前后方的信息畅通，而且及时解决了援建过程中前后方出现的矛盾和问题。援建职工王云恺家中要买房，预付款需提取45万元现金，这可急坏了王云恺的夫人，因为每家银行取款限额在5万元以下，且要考虑巨额现金的安全性。后方组负责人张正忠得知这一情况后，立即派出一辆汽车亲自帮助王云恺家中办理购房的相关事宜，让王云恺在一线安心工作。

他们想家属所想，急家属所急。6月2日，后方组在上海公司七楼会议室召开家属座谈会，及时通报施工信息、余震后的状况，让家属们安心、放心；仔细核实家属们的家庭住址、联系方式。6月10日，他们又到每一个参战职工的家里去走访慰问，及时给家属们发出慰问信，详细介绍两省三地援建进度、职工安全和生活等情况。

一桩桩、一件件，让前方现场有了生产要素的保障，让前方职工少了份牵挂，让后方家属多了些安心，从而有力地推动了援建工作顺利进行。

矢志不渝写责任

援建汶川地震灾区过渡安置房既是对企业综合实力、责任担当的检验，也是对每一位参战职工责任心、使命感的考验。

在援建绵阳的初期，全体援建人员冒着余震不断和唐家山堰塞湖随时会溃坝的危险，在36摄氏度的高温下忘我紧张的工作，没有中断过一天。有的职工发高烧、拉肚子、流鼻血，仍然坚持工作；有的甚至说："我就是倒，也要倒在援建工地上！"

中铁二十四局集团援建指挥部文县党支部书记杨茂明，父母亲都已90岁高龄，母亲刚从医院出来，父亲还在住院，自己又患有肺气肿、腰椎炎等。他把个人困难放在一边，毅然报名参加灾区援建。尽管腰椎炎引起腿脚不便，他吃着止痛片，贴着膏药，每天第一个到工地，最后一个离开工地，给全体援建人员树立了榜样。

负责过渡安置房水电管道施工的劳模管惠林，接到任务时岳父已病危，但他还是尽量做好妻子的工作，赶赴绵阳参加援建。5月30日，是他到绵阳的第三天，晚上11点30分，获悉岳父去世的噩耗，领导给了一个星期的假期让他回去料理丧事，而他却陷入了深深的矛盾与纠结之中。一方面，岳父与自己情同亲生父子，如今岳父去世，岂能不去送一程？另一方面，绵阳灾区人民多人挤在一间潮湿的破房里，工地上整整一卡车的水电材料等待安装……他强把悲伤的泪水咽进肚里，把送走岳父的后事拜托给亲朋好友。

"老爸，对不起，我在抗震救灾第一线，不能回来送您，现在跟您打声招呼，一路走好……"6月1日下午3点，管惠林站在绵阳大地，饱含热泪向着上海方向双手作揖鞠了三个躬送走亲人。他化悲痛为力量，又毅然投入到紧张的施工中。

青年技术员张晨，到达甘肃文县的第三天，得知通过了上海市公安干警招聘考试的消息后，他却放弃了这次梦寐以求当一名人民警察面试的难得机会，而坚守援建工地。

青年技术员朱先庚与文县姓李的一位姑娘一见钟情，他们没有卿卿我我，而是化相思深情为搭建板房的豪情。

青年财务人员武三，毅然告别快要分娩的妻子参加援建，孩子出生时，他在工地，直到援建任务结束才回到老家。

汽车驾驶员张军，经常要连续奔跑多处援建点，过度的劳累和高原反应使他几次鼻子出血，但他还是坚持到援建任务全部完成。

绵阳分部施工负责人唐耀祥参加援建前一天，请来儿媳妇的母亲住在一起，照顾其夫人，防止她糖尿病复发晕倒引起休克，解除后顾之忧。

抗震救灾考验了人，锻炼了人，也培养了人。在抗震救灾援建中，中铁二十四局集团崔纯纯、张晨、张军、肖小彬、常青5人向党组织提出了入党申请，并经受了锻炼和考验，表现出色，被批准火线入党。涌现出了全国五一劳动奖章获得者王云恺，中央企业抗震救灾先进个人崔纯纯，上海市建设交通系统抗震救灾优秀共产党员杨茂明，上海市援建指挥部抗震救灾优秀共产党员唐耀祥、肖小彬，中国铁建抗震救灾优秀共产党员顾建庄等一批先进个人。

集团公司荣获了上海市援建地震灾区过渡安置房先进集体，指挥部分别荣获上海市立功竞赛优秀集体和中国铁建抗震救灾先进集体，绵阳分部和文县分部分别荣获上海市立功竞赛优秀集体等称号。

中铁二十四局集团在抗震救灾援建中的优异表现得到了各级领导的充分肯定，上海市又委以他们援建都江堰四所学校、一座医院、一座卫生监督所、一条蒲虹公路等灾后重建任务。

救灾援助中的三个“第一时间”

——绿地集团抗震救灾纪实

汶川特大地震后，绿地集团董事长、总裁张玉良立即拨通了下属绿地建设公司负责人谈德勤的电话发出指令：“我们要在第一时间帮助受灾群众”。随即，向上级请战：“为灾区群众援建遮风挡雨的场所是我们的责任和特长，请批准我们赶赴受灾最重的地区，援建急需的过渡安置房”。紧接着，绿地建设公司的援建队伍启程奔赴四川绵阳。

在绵阳、都江堰大规模援建过渡安置房进入紧锣密鼓之时，又传来甘肃甘南地区也需要援建过渡安置房的消息，张玉良当即表示：“哪怕甘肃山再高、路再险，困难再大、任务再艰巨，我们也要第一时间扛起这副担子”。

至抗震救灾结束，绿地集团累计向灾区捐赠现金、实物价值超过 1700 万元，并为四川、甘肃灾区援建过渡安置房和配套学校共计 11117 套，222340 平方米，成为上海市援建数量最多的单位之一。此外，绿地集团还出资 600 万元捐建了都江堰灾区第一所永久性学校“绿地土桥小学”，资助上海志愿者抗震救灾心理援助服务队等等。因此，绿地集团荣获我国慈善公益领域的最高政府奖项——“中华慈善奖”。

“我们要在第一时间帮助受灾群众”

在汶川特大地震后不到一分钟，谈德勤的手机响起，电话中传来了公司所属成都项目部负责人陈建龙急促的声音，“这里发生了大地震，晃得人都站不住，我们项目部边上有些民宅都倒了，请领导放心，我们会安排好工作，密切关注灾情”。在概要询问了地震灾情后，谈德勤马上向成都项目部和公司相关部门指示：我们要在第一时间帮助受灾群众，并发出了四道指令，第一，请成都项目部的同志尽最大努力帮助受灾群众；第二，请项目管理部门和技术部门做好抗震救灾的施工技术准备；第三，请项目管理部门联系公司在 2004 年建成的四川九寨天堂国际会议度假中心，了解是否遭受损失和需要什么帮助；第四，请各单位马上了解四川籍员工和务工人员家乡的受灾情况。

于是，成都项目部的同志辗转成都市的多个超市，购买了大量的食品、矿泉水等生活必需品，冒着余震的威胁驾车多次赶往灾情严重的都江堰市，为受灾群众缓解燃眉之急，被当地人民亲切地称为“及时雨”。

公司项目管理中心和技术中心召集公司设计院等单位的专家，仅用一天半时间制定了抗震救灾方面的施工技术准备方案，为之后的援建过渡安置房和灾后重建工作奠定了基础。

从九寨天堂国际会议度假中心管理部门传来回音，该中心除几块玻璃出现裂缝外，其余均安然无恙，对方领导在感谢之余，高度赞赏如此大跨度、大体量的建筑在特大地震的震中区域能够经受住考验，不愧是获得鲁班奖的精品力作。

公司内各单位非常关心四川籍员工和务工人员，除了在经济上予以帮助外，对需要回家料理事务的，马上安排他们尽快成行。

“请批准我们第一时间赶赴受灾最重的地区”

当绿地建设公司的员工从电视、广播中了解到灾难的惨烈情况后，再也坐不住了，他们纷纷询问公司领导，灾区倒了那么多房子，能不能让我们尽快去帮助他们一把。其实公司领导心中何尝不焦急，平时很少打扰上级领导的谈德勤或上门，或致电，反复向领导请战，“尽快为灾区群众援建遮风挡雨的场所是我们的责任和特长，请批准我们在第一时间赶赴受灾最重的地区，援建急需的过渡安置房”。他坚定地对领导和大家说：“首战用我，用我必胜，我们枕戈待旦”。

5 月 22 日下午，市政府有关部门召开会议，向绿地集团和我们下达了援建任务，参加会议的谈德勤在回公司路上通知办公室马上召开紧急会议。傍晚时分，他一回到公司就直奔会议室，组织和布置援建工作。

5 月 23 日上午，公司召开各单位党政负责人会议，部署援建任务，参加会议的同志群情振奋，有的同志当场递交请战书，强烈要求参加援建工作。会后，参加会议的同志和许多闻讯而来的员工纷纷在公司设立的抗震救灾签名板上签名，以表达坚决要参加抗震救灾的决心。

5 月 23 日下午，为确保援建人员的健康，公司医务室专门为他们接种疫苗，许多还未列入援建人员名单的同志也赶来伸出胳膊，要求医生“来一针”，他们真诚地表示：“我们是后备队员，随时准备上前线”。

5 月 24 日凌晨，公司抗震救灾队伍肩负着上海人民的重托，代表绿地集团奔赴四川绵阳，开始了举国关注、举世瞩目的抗震救灾活动。

一到绵阳，援建人员不顾余震不断、堰塞湖挡道等危险，立即投入了紧张的工作。援建初期由于灾区的特殊情况，建造过渡安置房和配套学校的地块一时难以落实，援建人员一方面向沪川两地主管部门积极争取，另一方面主动出击自己寻找地块向上级提供信息。尽管最终确定的援建地点相当分散，仅在绵阳地区就有 4 个大项目，其中含有 23 个工程，而且有的工程是在山丘地区或一片农田上从零起步，但援建人员二话不说，迅速根据公司援建指挥部的统一安排，夜以继日地投入紧张的战斗。

前方打胜仗，后方支前忙。在公司坚守岗位的员工除了担当好援建人员被抽调后留下的原有任务，还千方百计保障好援建物资的筹措和运输。当时夹芯板的生产最为吃紧，公司部分管理骨干就驻扎在生产夹芯板企业的现场，实地监控生产和质量情况。押运援建物资的员工乘卡车来回颠簸于沪川两地，没人叫一声苦和累。

在援建最为紧张时候，市委书记俞正声亲自到抗震救灾第一线召开座谈会，为包括该公司援建人员在内的全体参战者鼓劲打气。市长韩正亲临我公司的援建点——绵阳市 14 号地块，亲切慰问援建人员，并要求大家再接再厉，夺取抗震救灾的全面胜利。市人大常委会主任刘云耕、副市长胡延照出席了公司的援建四川灾区誓师大会暨援建物资发车仪式，在刘云耕同志宣布发车后，一辆辆满载绿地建设者爱心的大型货车直奔灾区。

2008 年 6 月 24 日，中共上海市委副书记、市长韩正在张玉良董事长的陪同下视察由绿地集团援建的绵阳市 14 号地块过渡安置房建设情况

2008 年 6 月 1 日，市人大常委会主任刘云耕在绿地集团举行的援建誓师大会暨救灾物资发车仪式上宣布发车

在为灾区援建过渡安置房的同时，绿地建设公司的员工还纷纷解囊，尽力帮助受灾群众，谈德勤同志在和大家一起捐款、交特殊党费的同时，还把自己刚刚获得全国五一劳动奖章的奖金全部捐出，再向灾区人民送上一份特殊的心意。之后，在公司的倡议下，通过公司出资、基层单位资助、员工捐款设立了绿地建设爱心基金，用于帮助灾区生活特别困难的学生。6 月 25 日上午，位于绵阳市梓潼县的梓潼第一中学内鼓乐齐鸣，绿地建设公司与梓潼县共同举行了上海绿地建设(集团)有限公司援建梓潼一中延期高考过渡教室交付暨捐赠学习用品仪式，谈德勤在向梓潼县领导交付教室钥匙的同时，还将用爱心基金购置的 1000 只书包、1000 套学习用品赠送给该校学生，受到当地群众的广泛赞誉。在绵阳市民族中学临时教室建造过程中，公司了解到校方因资金短缺而难以在教室内配置吊扇，马上就为学校捐赠并安装了一批吊扇，在交接仪式上，藏族学生以最高的礼仪向我们的援建人员敬献哈达，并齐声高唱感恩之歌，令在场的全体人员热泪盈眶。同时该项爱心基金又年复一年地持续用于帮助受灾特别严重的都江堰市向峨小学生活困难学生等，体现了绿地建设员工的大爱和社会责任。

2008 年 6 月 25 日，绿地建设公司董事长、总裁谈德勤在绵阳梓潼第一中学援建板房交接暨物资捐赠仪式上致辞

"甘肃山再高、路再险,也要第一时间扛起这副担子"

6月上旬,在四川绵阳、都江堰灾区大规模援建过渡安置房进入紧锣密鼓之时,又传来了甘肃甘南地区也需要援建过渡安置房的任务,面对各个援建单位已经忙得喘不过气来的状态,主管援建的政府部门也难以忍心再给大家加码。谈德勤获知这一消息后,立即向上级表示:"为了救灾,天大的困难我们也要去担当,哪怕甘肃山再高、路再险,困难再大、任务再艰巨,我们也要在第一时间扛起这副担子"。同时,公司对承担新的援建任务作出了周密的准备。

6月9日晚上,公司正式接到了上级下达的在甘肃甘南地区援建过渡安置房的新任务。6月10日早晨,由公司党委书记李广武率领的先遣队从绵阳灾区赶赴甘肃灾区,开展前期工作。

6月11日,又一批援建人员从上海出发,到达甘肃甘南与先遣队汇合后,展开了更为艰难的援建工作。

甘肃甘南的援建被当地建管部门称为有三最,即布点最广、地势最险峻、考验意志最强烈。的确,甘肃甘南的援建点分布在4个州市23个县的120多个乡镇中,施工点星罗棋布达280个,散布于半个甘肃省,最大的援建点也只有150套安置房,最小的仅1套,10套以下安置房的援建点占总数的30%以上。而连接这些援建点的山路相当险峻,再加上震后滚石、山洪暴发、泥石流等威胁,给人员往来特别是大宗材料运输带来了极大困难,援建人员把自己比喻为"探雷器",往往是跑在车辆前面先探路观察,确保无大碍后才指挥车辆通过。更让人难以忍受的是,高海拔地区的缺氧让人明显感到头晕胸闷,经常需要吸氧才能缓过气来,再加上吃着高原上半生不熟的米饭,更使人感到乏力。面对种种困难,我们的援建人员没有退缩,他们以一往无前的精神竭尽全力为灾区人民排忧解难,特别是在藏族等少数民族集聚地区工作时,援建人员模范执行党和政府的民族政策,自觉遵守当地的风俗习惯,从物资和精神两方面援助当地受灾群众,每当援建人员从少数民族集聚地区撤离时,当地群众总是依依不舍一再相送,体现了浓浓的民族情意。

至2008年6月底,公司完成了四川绵阳、都江堰的全部援建任务;再至2008年8月10日,公司完成了甘肃甘南地区的全部援建任务。共计为四川、甘肃灾区援建过渡安置房和配套学校共计11117套,222340平方米,其中四川绵阳市5080套,都江堰市560套,甘肃甘南地区5477套。为表彰我公司所作出的贡献,中华全国总工会和上海市总工会分别授予我们"抗震救灾重建家园工人先锋号"称号,上海市总工会授予我公司"抗震救灾重建家园上海市五一劳动奖状",公司的一大批集体和个人受到了住建部、上海市、四川省、甘肃省的表彰。

在援建工作中,公司形成了伟大的抗震救灾精神,这就是:不畏艰难、勇于担当,敢为人先、锐意进取,团结一心、奋力拼搏,决战决胜、为国奉献。这一伟大的抗震救灾精神激励着全体绿地建设者在之后的灾后重建等各项公益事业中勇往直前,在履行社会责任方面取得了一个又一个胜利,持续创造着辉煌的业绩。

精心管理出成效，无私奉献展风采

——上海市建筑科学研究院（集团）有限公司援建灾区过渡安置房实录

2008年5月12日，四川汶川发生八级大地震，举国沉痛，山河同悲。上海市建筑科学研究院（集团）有限公司（下称“建科院”）接到上海市建设和交通委员会的指示，参与过渡安置房建设任务后，立刻发动集团上下，成立了以院党委为领导、以各事业部、子公司为基础的抗震救灾技术服务队，先后派出50多人次，包括房屋检测、项目管理、工程监理等方面的技术人员队伍参与现场指挥部的工作，出色地完成了绵阳39786套、甘肃8500套、都江堰9737套过渡安置房建设的项目管理和监理任务。

2008年5月25日，建科院第一批援建团队整装待发

2008年5月26日，建科院第二批援建团队出发

临危受命，援建与时间赛跑

5月15日，地震后的第三天，建科院下属第四事业部朱春明总工程师带领几名结构工程师赶赴都江堰，不怕余震、不怕危险，在高达二十几层的楼房内开展房屋安全检测。面对危险且劳累的工作，他们只讲了一句朴实简单的话：“这是我们上海人应该做的”。

5月25日起，建科院下属建科咨询公司总经理何锡兴、副总经理郁勇、总工周红波带领庄国方、冯永强、胡军、董华山、侯宁、许民、洪广殿、赵昌新、郑建军、唐建华、邓绍伦、李志伟、黄斌、薛平等同志分三批奔赴四川绵阳灾区，与先期抵达的建科院副总经济师潘裕棣会合，成立了上海建科院援建灾区过渡安置房工程管理部，担起了安置房工程项目管理的重担。负责协调2家设计单位、6家施工单位之间的图纸及施工现场组织管理，协调绵阳当地一市六区三县的建设主管、教育、消防、民政等的数十个公建配套单位。绵阳的39786套彩板房，共组织进行了36次验收工作，平均每天1105套的验收工作量，单日最高验收量达到7502套，单日最多验收地达12个施工点，单日验收行程最长将近300公里。

2008年6月8日，建科院第三批援建团队出发

6月8日，恰逢端午节，上海市市委书记俞正声至上海建设绵阳过渡安置房工地视察，慰问了各参建单位。到达上海建设绵阳过渡安置房指挥部后，俞书记接见了参见单位的同志，当听到援建指挥部介绍建科院的同志时，俞书记握着绵阳过渡安置房工程管理部负责人何锡兴的手，第一句话就是："有建科院在这里，我们就放心了。"

6月10日，汶川地震造成的最大堰塞湖——唐家山堰塞湖拉响橙色警报，所有援建的工作人员随时等候上级命令进行撤退，而此时郁勇同志正带领庄国方、郑建军和赵昌新三位同事奔波在开往甘肃崎岖的山路上，冒着一路不断出现的滑坡和滚石威胁，经过长达12个小时的行程，抵达甘肃，参加陇南地区过渡安置房建设任务。陇南8500套过渡安置房，分布在7个大点、合计296个地块，工作重点在文县、礼县和武都区三地，各点较为分散，三个县路程相互之间距离将近5小时，且均为高山险地，交通状况极为恶劣。为掌握了第一手的现场资料，四位建科勇士冒着随时有可能遭遇泥石流的危险，多次深入藏区高原，冒着随时可能发生的生命危险，开展地块踏勘，为建设任务的推进提供了有力的依据。

6月29日，韩正市长专程赶到绵阳过渡安置板房建设一线检查并指导工作，慰问抗震救灾队员，并要求参加抗震救灾的单位移师到都江堰，参加上海市对口支援都江堰市灾后重建工作。建科院在都江堰负责10000套彩板房的建设管理任务，既承担代甲方的项目管理任务，又承担工程质量安全监理任务，同时，又作为指挥部成员，全面负责板房建设过程中的协调、沟通、组织管理工作，并于7月初筹建建科院都江堰重建指挥部，由孙丽亨副院长任总指挥，继续参加上海市对口支援都江堰市灾后重建工程建设。

7月16日，绵阳灾区39786套过渡安置板房全部完成验收，上海建设绵阳过渡安置房现场指挥部向四川省建设厅及绵阳建设局移交《上海建设绵阳过渡安置房验收统计表》。

7 月 22 日，都江堰 10000 套过渡安置板房全部完成验收，并向四川省建设厅及都江堰建设局移交《上海建设都江堰过渡安置房验收统计表》。

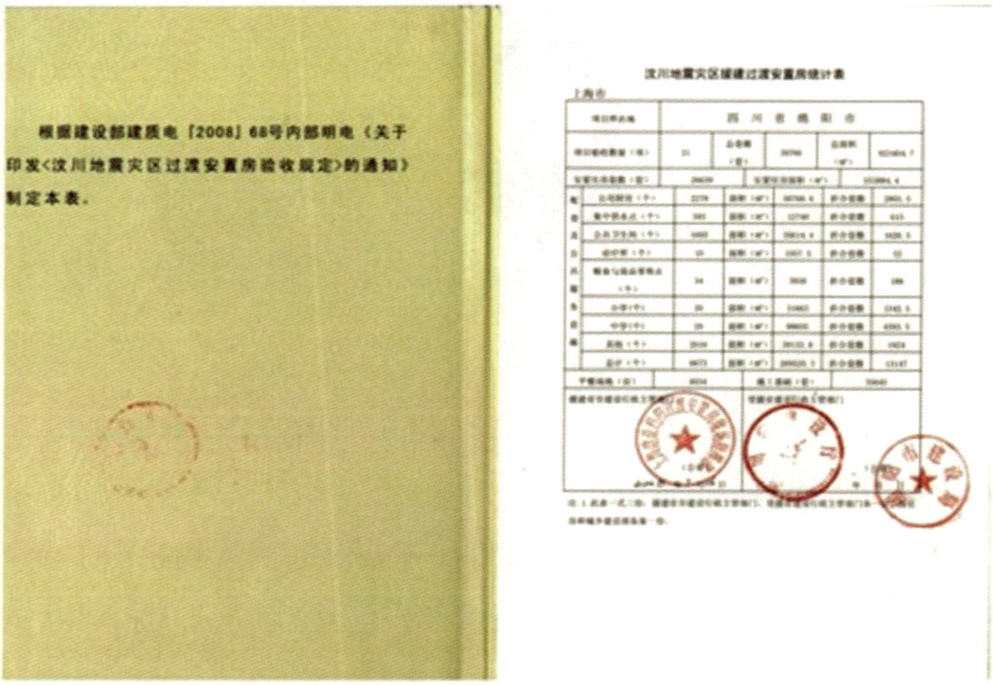
根据建设部建质电「2008」68号内部明电《关于印发<汶川地震灾区过渡安置房验收规定>的通知》制定本表。

汶川地震灾区援建过渡安置房统计表

上海市

四川省绵阳市

2008 年 7 月 16 日，移交《上海建设绵阳过渡安置房验收统计表》

创新思维，管理模式引方向

建科援建团队分布在绵阳、甘肃、都江堰三地开展项目管理工作。相对于设计、施工任务来说，过渡安置房的项目管理工作，属于超常规的范围，建设项目特殊：时间紧、地块散、面积广、人员多。

面对工作中的挑战，为做好指挥部的代甲方，协助好指挥部，协调各地、各家单位共同完成援建使命，建科院援建工程部充分利用原有的工作经验，因地制宜，突破常规，创新思维，明确方向与目标，使整体工作有序有效开展。

“一盘棋”管理：把规划选址、图纸设计、总体布局、场地平整、市政配套等工作，纳入到以援建指挥部为统一指挥，以建科院项目管理团队为统一组织、管理与协调的组织框架内，实现建设周期纵向一盘棋的管理思路。

超前管理：打破传统项目管理工作思路中的设计管理模式，超前管理、提前介入，在土地规划选址阶段就与设计、施工、当地政府共同开展地块评估工作。同时，全程参与建设平面布局的设计与地块内市政配套设计的跟进，与设计、施工并肩作战，对设计出图工作采用盯、等、催、议的方法，保证施工现场的图纸及时更新、结合实际，从而发挥效力。

2008 年 6 月 16 日，建科咨询公司总工程师周红波、上海建科院援建绵阳过渡安置房工程管理部的负责人邓绍伦在现场验收

样板管理：由于工期紧、任务重，施工与设计存在时间差等问题，难免会导致一些问题的产生，为确保工程质量与进度，建科院援建工程部针对每个建设单位的每一个新开地块，都提出了先建样板、再行拓展的管理思路，并随时组织设计、施工单位的现场技术交底、技术协调会议，全面保证设计施工的顺利开展。

对口管理：由于施工现场点多面广，而项目管理人员有限，为了更好地开展相关工作，自援建工程部成立后，建科院根据实际建立起完善的组织架构，实现分工明确、责任到位、职责到人，在工程现场管理组的直接负责下，针对每家施工单位进行对口管理，责任到人，确保过渡安置房的建设质量。

恪尽职守，不负期望与托付

在援建这个舞台上，没有先例，没有经验，每一位建科援建者只有用心、用情，不负使命和重托。为了灾区人民能够早日入住，学生能够早日复课，全体成员发扬不怕疲劳、连续作战的精神，满腔热忱投入到每一刻的援建工作之中。

建科咨询公司总经理何锡兴，身先士卒，带领公司第一批援建团队赶赴绵阳灾区，亲临施工现场鼓舞士气，向援建团队讲解余震、疫病等防范与避险方法。他对援建团队生命安全的重视程度，很大程度上稳定了军心，为顺利开展安置房援建技术服务工作奠定了基础。

郁勇，作为上海建科院甘肃援建团队的负责人，在工作中不仅充分体现了个人的能力和价值，更培养了一支能够克服各种困难、能打硬仗、能打胜仗的队伍。在板房建设任务步入验收阶段时，他又作为上海建科院的第一批代表，开赴都江堰市，承担起上海建科院在上海对口支援都江堰重建工程的项目管理和工程监理的重担。

周红波，建科咨询公司总工，亲赴绵阳一线，连续通宵开展工作，编制了《安置房工程项目质量验收管理办法》，明确了验收工作的依据，确定了验收条件、程序、标准及竣工料清单等，紧紧把好了板房建设的质量关。

邓绍伦，上海建科院援建绵阳过渡安置房工程管理部的负责人，在此次地震的第二天，就组织分公司开展抗震救灾献爱心捐款活动，并第一时间向上级党组织报名，参加院组织的抗震救灾技术专家队伍。自6月8日抵达绵阳后的一个多月间，体重减少了将近5公斤，他说，“来绵阳，不虚此行，既做贡献，又达到减肥目标。”

庄国方，作为援建绵阳项目建科院派驻的总监代表，在得知上海援建甘肃陇南的工作要即刻启动时，主动请缨要求奔赴甘肃陇南参加援建，虽然已从甘肃第一线传来的踏勘情况得知陇南的建设条件异常困难，但这丝毫没有影响他奔赴甘肃的决心。赴甘肃前夕，曾有建议他回家休整几天，但是他却说：“我多休息一天，灾民就要多在外面多受苦一天！”二话不说，简单打点行装，随同其他同志一起奔赴甘肃陇南地区开展工作。

冯永强，以丰富的工程管理经验，负责全部援建项目的质量和安全。为了需要，做好家属工作，推迟了生育大计，在完成抗震救灾工作后，又转战都江堰对口援建工作的战场，一待又是两年多。

上海建科院援建绵阳过渡安置房工程管理部合影

李志伟，担负上海建科援建绵阳工程部包括数据统计、信息采编、通讯宣传、组织联络、后勤保障等事务的重担。大地震后第一时间告别家人奔赴灾区时，他的女儿才刚出生2个月。白天忙于工作，晚上只能在手机里看女儿的照片，将对亲人的思念转化为抗震救灾的力量，在结束援建绵阳安置板房任务后，又积极投身对口支援都江堰市灾后重建工作，全程参与了为期两年半的抗震救灾和灾后重建工作。

董华山，绵阳工程部的项目管理员，负责6个大地块、40多个分散施工地点的管理任务，每天的行程要达到100公里。在堰塞湖面临溃坝的危险时，老董一面安慰大家说，“不就是一盆水嘛，泄了就没事了”。一面为大家准备好应急物资，乐观开朗的性格感染了整个援建工程部。

黄斌，建科院援建团队中的第一个新郎，本来计划在2008年年底结婚，为了灾区人民能早一天过上幸福生活，在得到爱人和家人的支持、理解后，推迟婚礼，毅然奔赴灾区，参与绵阳援建工作，并一直坚持担任后续的都江堰援建任务。

还有精神十足的洪广殿，幽默诙谐的唐建华，处事周全的赵昌新，自信开朗的胡军，敬业专注的黄斌，虚心好学的郑建军，积极追求进步的许民，任劳任怨的薛平、侯宁…… 建科院援建团队的每个人都在各自的岗位上和工作中充分展现着一名建科人无私奉献、勤奋耕耘、不畏艰难、恪尽职守、追求卓越的精神。

情系一线，爱心温情暖战场

奋战援建一线的建科人从不孤独：前后方合力推进，实现联动；援建人和灾区同胞携手并肩，共抗灾难。在倾力付出汗水、真情和智慧后，共同见证了一片废墟上的浴火重生。

自从开赴援建一线以来，远在千里之外大后方的上海，建科院所有同事时刻关心着前线战士的情况，6月23日，院党委书记陈炳良亲赴北川县擂鼓镇，查看灾后情况，并对在此次地震中没有受损的房屋进行了检查。在援建伊始，以张燕平院长为总负责人，由院咨询委员会、专家工作室抽调主要

2008年6月24日，建科院党委书记陈炳良参加申游板房学校开学仪式

2008 年 6 月 13 日，建科院院长张燕平带领技术服务团队进行现场验收

骨干组成建科院对口援建过渡安置房专家组，随时为现场提供技术咨询及管理服务。

在援建过程中，无法忘记的是灾区同胞在大灾难面前所表现出来的坚定和期盼。6 月 30 日，利用工作之余，建科院援建绵阳工程部全体人员在党支部的带领下，以“爱——生活、希望、未来、奇迹”为主题的党员爱心行动在永安灾民帐篷安置点进行。以“世界十大奇迹、世界著名建筑”为主题的爱心科普图片展，让永安帐篷学校里的学生们看得津津有味，提问热情十分高涨，停不下来的提问，让

2008 年 6 月 30 日，以“爱——生活、希望、未来、奇迹”为主题的党员爱心行动在永安灾民帐篷安置点进行

建科援建绵阳工程部经理杨长清与绵阳儿童奔跑在板房学校操场上

我们这些来自建筑科学领域的同志们招架不住了。在举行的“爱——生活、希望、未来、奇迹”主题涂鸦活动中，很多小朋友都以家为主题，画出了或高或低、或大或小的房子，并在房子周围种上了花和树木，写上“抗十级地震”“抗震学校”等字句。几个小朋友在最后写上了“我希望上海来的叔叔阿姨们能够帮助我们重建家园和学校。”“来自上海的叔叔阿姨能早日帮助我们建好教室，让我们能坐在明亮的教室里学习！谢谢您们！”等话语。这些孩子们的图画，是建科人最为宝贵的收获，激励援建者从未畏惧和退缩，勇往直前。

特殊使命，特殊战场，特别付出，特别成就。回顾援建岁月，任务艰巨印证了实力不凡，使命光荣彰显了精神伟大。我们因为援建历程而常常感慨万千，因为援建成就而更加激动奋发，这份援建精神将共同传承，永远珍藏！

使　　命

——上海现代建筑设计集团抗震救灾纪实

临危受命

2008年5月16日下午2点，根据市委、市政府通知，一个重大的决定在上海现代建筑设计集团党委紧急会议上拍板：集团董事长严鸿华亲自挂帅，集全集团力量，支援灾区，赶建8万套临时住宅。

不到一天，一个规模超出设计浦东机场二期阵容、由各方面专家组成的支援队在现代集团诞生。在报名的人群中，有孩子在襁褓中的母亲；有初为人父的爸爸；有新婚燕尔的新人；有亲人住院的儿子、女儿。他们本就需要将更多的时间留给自己的亲人，但他们义无反顾。

现代集团第一批赈灾支援团出征前

汶川大地震改变着中国的DNA。大地震后，在中国志愿者的第一次集体亮相中，这支建筑设计专家组成的轻骑兵，为灾区人民的新生活铺下了第一块基石。

现代集团第二批赈灾支援团出征前

那天，集团2319会议室通宵无眠，由华东院、上海院、都市院、环境院和集团经营管理部、技术发展部等单位优秀设计师组成的志愿团聚集在这里，争分夺秒，在点、线、面中连续奋战了48小时。终于，成功

现代集团第三批赈灾支援团出征前

绘制了绵阳过渡安置房的8套规划预案，2万套临时住宅设计，小到1亩的土地，大到200亩、800亩……

48小时，2万套，这简直是建筑设计的奇迹！然而，志愿者们根本没有时间理会这“奇迹”。因为受灾群众急等着房子住，他们要赶往现场，当场协商解决问题，边规划，边设计，边施工。

5月23日夜，一本1.5厘米厚的8开图册，涵盖了从住宅到小学、中学、商店、诊所、浴室、垃圾场等配套设施的单体设计图，随着龙革副总裁和支援团第一梯队的6名设计师直飞绵阳。

昔日繁华的绵阳城如今漆黑漆黑的，沿路是一个接一个灾民自己搭建的各色简易帐篷，有的甚至是用油纸粘起的，风一吹，油纸就掀了起来。志愿者的心一下子被揪了起来。

然而，当他们揣着沉重的心情踏进驻地时，被一个出乎预料的现实惊呆了：带来的8套规划预案落空了！因为震后的绵阳市，几乎没有即时可用的建筑平地搭建过渡安置房。它所能提供的地块都是不规则的，有的是丘陵，高低起伏；有的弯弯曲曲，犹如羊肠；有的种满果树，有的坐落着水塘，安置房基地只能见缝插针……

“马上重做！”他们完全忘记了自己刚刚奋战了两个通宵，立即投入了方案的修改和设计。

这是一个难忘又令人兴奋的不眠之夜。特别是四川小伙朱小平，前不久还觉得“好像自己也被压在了废墟下”，如今是摩拳擦掌，浑身有使不完的劲。他与徐洪岩、安仲宇，跟着总建筑师李军，顶着在上海出发前已连续高强度工作三四天的极度疲劳，精心地设计着、修改着。哪些区域需要土地平整？如何按照建筑规范避让滑坡区和燃气管道？怎样因地制宜设计安置房的组团形式？怎样尽可能地多安排一间房，多安置一户家庭？怎样让受灾群众的通风和活动空间更好一点……

经过反复地比选和修改，第二天早晨8点，6个地块共700亩土地的设计图初步方案告罄；下午2点不到，包括彩色效果图在内的全套完整方案如期完成。带着设计方案，建筑师们马不停蹄地参加由绵阳市规划局组织的方案评议会。

走出会议室时，他们已是脸色发青，眼圈发黑。但又一个连续作战的通宵还在等着他们：在绵阳市高新科技产业开发区的原市委党校地块上，在绵阳市地震重灾区“过渡安置住房及配套生活设施”建设中,要设计一个样板段工程,十万火急。

没有一个人提出要歇一会儿;更没有一个人抱怨这样的工作节奏太不近情理。发了疯似的,他们投入了又一轮设计,专注得如入无人之地。

2008 年 5 月 25 日,过渡安置房开工仪式

这可怎么得了!“5·12”汶川大地震之后的绵阳,余震不断,有的还是 5.4 级、5.7 级,甚至更厉害,唐家山堰塞湖还悬在绵阳的头上,要是……项目经理胡俊泽急得不知如何是好。无奈之下,他只得在床头放上一玻璃杯水,万一余震来了,把水打翻,他立马通知大家紧急疏散……

但设计师们实在太投入了。5 月 25 日 16 点 20 分,四川省青川县再次发生 6.4 级强烈余震,支援队驻地的门窗卡拉拉地响,房屋摇摇晃晃。朱小平、徐洪岩、安仲宇却仍然不肯放下手头的设计。

副总裁龙革不顾自身安危冲了进来,扯起嗓门大喊:“都停下工作!大地震来啦!”这时,大家才发现,自己的电脑已在桌上移动了十几厘米,宾馆的墙壁正晃动着,裂缝在无情地加剧……霎时,他们的脑子一片空白,戴上安全帽,拎着一瓶水摇摇晃晃地站到了墙脚……

震动逐渐减弱下来。当龙革带领大家有序地疏散到楼下时,楼下的空地和道路上早已站满了心有余悸的人们。

但设计师们怎能站得住呢?稍稍平静了一会,他们又上楼开始了紧张的设计……

“你们这群设计师,胆子还真不小!”四川老百姓见了,又是佩服又是担心。

前线通宵达旦

5月26日凌晨，“过渡安置住房及配套生活设施”的样板段工程第三套调整方案出炉。样板段对第一步图纸作了深化、细化和优化，大大提高了施工单位建造安置房的速度，降低了相应造价。当这个方案获得了绵阳市委、市政府、市规划局一致通过；当前来视察的住房和城乡建设部黄卫副部长对方案露出了赞许的目光；当现代设计集团成了灾区安置房规划和设计基本模式的制订者、设计标准的引领者；设计师们才突然觉得自己撑不住了，因为在绵阳的近72小时里，他们中的大部分不眠不休已近三个昼夜，一些建筑师甚至总共休息时间不足10小时！

在建设者们的日夜苦战中，绵阳灾区安置房建设进展神速。甚至仅仅7天，他们就在一片起伏不平的荒地上，用彩钢板搭建起了一座崭新的校舍。

“这块地与游仙区居民点E组团过渡安置房2号地块隔路相望。接到在这地块建设九年制学校的任务是6月5日晚上”，建筑师不无自豪地讲述着那个回合的奋战，“我们连夜熟悉现场情况，讨论学校的设计方案。”怎样充分利用原有绿化和道路条件？怎样满足教师休息室、盥洗室、操场跑道、门楼、旗杆等种种需求？立面造型怎样才能既简洁又美观大方？琢磨了又琢磨。凌晨四点，第一稿方案出炉；紧接着连续两次调整，至下午三点，第三稿的设计完成。此时，距接到设计任务才16个小时。

现在，这所学校已经竣工。敞亮的教室，崭新的桌椅，平整的操场上，漂亮的塑胶跑道……在“帐篷学校”上课的师生们，搬入新校舍指日可待。

正是为了这一所所学校，为了一个个灾民的家，现代设计集团的志愿者们在灾区大大小小、高高低低的山地上奔走着、丈量着、设计着，一个昼夜紧接着一个昼夜。有一天，副总裁龙革竟整整踏勘了20块土地，上山爬坡，从早上8点多一直跑到了晚上7点多钟……

6月12日，现代设计集团的建筑设计师又奔赴甘肃，协助抗震救灾指挥部，翻山越岭，指导安置房建设。

自5月23日至7月中旬，现代设计集团先后派出四批志愿者队伍共44人次赴地震灾区，他们与驻集团的志愿者一起，在四川共完成近5万套安置房，81所学校的总体方案设计。甘肃的安置房建设，也已交付3000余套。

5号地块

过渡安置房

虽然，他们无法替被掩埋者抬走一块瓦砾；虽然，他们未能帮号哭的母亲找回她失散的孩子；虽然，他们未能给惊恐未定的幸存者送上一句安慰，但现代设计集团的志愿者们昼夜兼程，在满目疮痍的废墟上，竖起了新生活的标杆！

时空博弈

中国志愿者的集体亮相是史无前例的；建筑设计业的航母——现代设计集团链接时空，千里搭平台，也是绝无仅有。前方7位志愿者的背后，站着30多位上海专家。他们协同设计，用最短促的语言、最精简的时间、最优化的设计方案，凝成了一个个大智慧，创下了建筑设计业界之“最”。灾区新生活的太阳，在智慧的云彩中喷薄而出。

2008年5月29日在工作现场

这是闪回在绵阳和上海之间的蒙太奇。

5月25日——绵阳告急

现场，建筑专业压力异常之大。原来选择的地块，经多方协调后取消了，如1、4、6、7号地块；设计成果与原各方设想不一，需要重新调整，如样板段；但地块还在不断增加；建筑师不堪重负……

原本计划让新到的两位建筑师能轮替先前来的三位的工作，结果，5位建筑师一起加班，直到凌晨5点；绵阳请求支援！

5月25日——上海增援

集团，现场总指挥杨联萍电告绵阳现场：集团的建筑师已在待命，两地同步开展设计……

下午1点，华东院郁林元、沈晓蓓、刘海洋、石翔紧急集结，对3#、6#、8#、10#四个地块进行规划设

后方支援不断

计，对个别地块进行修改，简易安置房设计用地78.45万平方米，建筑面积42.15万平方米，布置安置房14654套。

下午4点，绵阳现场代表李军总工程师从绵阳现场传来图纸，对两块基地的规划提出要求。

志愿者争分夺秒。凌晨4点半，完成的规划图纸发往前方。

5月26日——上海，再次增援

晚上8点，上海院的志愿者金峻、许晨思、魏晨郁、孙中雷、李扬团队接到任务，在占地222亩的12号地块，设计2000套临时住房，并配一所1800平方米的学校。晚上10时左右，绵阳前方又传来11#地块总图，也需建2000套临时住房，并配一所1800平方米的学校。设计团队密切协作，一鼓作气。27日凌晨2时，终于完成任务，规划图纸发往前方。

5月28日——绵阳吃紧

这时前方的设计团队已连续拼搏了5至10天，体力脑力已至极限。

5月28日晚，集团赴川抗震救灾支援团第二批成员一行7人抵达绵阳机场。

前去迎接的龙革已是胡子拉碴，不见了往日的儒雅。

“特殊时期嘛，条件艰苦点！”龙总说得轻松，但新到的志愿者一下子品出了前方压力之大，任务之艰巨。

会议室中，第一批10位成员早就等在那里，一个个“衣衫不整、胡子拉碴”。现场的工作时间是每天24小时，会议一结束，各专业人员立即投入了工作。此时已是凌晨3点35分。

晚上10点，房间里紧张得就像一个个前线指挥部。设计师面对着十几块地的设计任务，面对着六家集团级施工企业和18支施工队伍，一句话要讲上18遍，还得用18种方式回答。这边，结构专业的王平山和华东院的陈春晖正商量着施工单位提出的基础做法；那边，电气专业的孙刚和蒋彦在和市政院的同志拍总体；给排水专业的周雪松和吴振起正在向施工人员交底；第二批的两位年轻人冯斌、李斯特正紧张地画图，“这些图纸明天一早要交的”，他们头也没抬。半夜3点多，门铃再次响起，又一家施工单位来要图纸了！

上海院的徐洪岩实在扛不住，靠在椅子上睡着了。

“让他睡会儿吧，昨天又是一个通宵”，刚在指挥部开完协调会回来的龙革心疼地说。

6月3日——上海，开足马力

为了让身在绵阳的设计师能多睡一会儿觉，在上海集团本部的志愿者开足了马力。

晚上10点30分，王殊、余飞、方舟四人火速赶到集团，接受“前线”的紧急设计任务。当地情况怎样？急需解决哪些矛盾？电话铃声此起彼伏，一直持续到深夜两三点钟……

这个晚上，他们马不停蹄地完成了两项设计任务：一是梓潼县体育场北块要建造一所29个班1800人的高级中学，包括教室以及213间学生宿舍；二是在住宅安置区，为620户灾民建造住宅及生活必需的配套设施，包括集中厨房、卫生间、淋浴间、粮站、行政管理处、警务处等综合设施。

6月4日清晨6点15分，三套设计方案如期发往灾区。

“这个深夜，我们和灾区人民更近了！”志愿者疲惫中透露着兴奋。

四川长虹电子集团公司送来锦旗

就这样，远隔千山万水的现代集团的志愿者们心手相连，实践着一个伟大的心愿：让四川人民远离厄运，远离灾难！

6月4日，绵阳志愿者发来了一段滚烫的文字："我们很好，虽然累点，但我们觉得值！贝克莱说，"存在既是被感知"。我们也希望能通过我们的努力，让灾区人民感受到来自上海、来自现代设计集团的爱！大爱无边，我们在行动，而且还会继续！"

爱在继续，重建在继续，希望在继续。现代设计集团的设计师正用心、用智慧、用生命点亮着灾区明天的太阳！

专家无眠

他叫李军，40刚出头，建筑设计专家，现代都市院总建筑师。清瘦清瘦的他，睿智而谦和。他曾主持设计了几十项各类大中型项目，并荣获建设部、上海市等近二十项优秀设计奖以及多种个人荣誉称号。由他主持设计的上海市残疾人综合设施暨特奥竞赛训练基地项目被列为2006年上海市重大工程，上海万科朗润园住宅小区成为上海第一个创建生态型节能示范区，并获得了中国土木工程学会颁发的"2006年双节双优杯住宅方案竞赛特别奖"。

他是上海建交委赴绵阳灾区先遣队的首批专家之一。那天，他专程赶往北川。震后的北川中学满是断垣残壁。瓦砾堆上，一个个失去孩子的父亲母亲在苦苦寻觅着，寻觅着孩子的亡灵，寻觅着山摇地动的刹那间。这幢教学楼在惨烈地诉说。

李军直想哭。因为凭着建筑师的直觉，他一眼便看到了这瞬间发生的无言的故事。回到绵阳驻地，他拼命似地投入到了工作之中，为灾区过渡安置房精心地布点、选址、设计……

都市院的同事们心疼地绘制了一条李军的工作轨迹——

5月19日至21日，集团24楼的灯火昼夜不熄。李军与设计团队连续工作50个小时。下午4点，20000套安置房的建筑、结构、机电全部专业的设计图纸与文本呱呱坠地。李军摇摇晃晃地走出了设计室，双脚发僵，眼睛里布满了血丝。

但他片刻未停，晚上6点50分，就随上海援建四川灾区过渡安置房先遣队飞赴绵阳。一到住地，他就听取绵阳市建设厅介绍情况直至凌晨。

次日清晨，李军踏勘现场，天黑才回来。

以后的两天，他不断地与上海兄弟单位、绵阳市建设厅同仁研究方案，马不停蹄地考察一块又一块临时安置房建设用地；饿了，啃几块饼干；困了，就地打一个盹。晚上10点30分，集团第一批赴四川志愿者来到绵阳。李军不顾连日来的极度疲惫，详细地向他们介绍安置房建设情况。凌晨，他才稍稍地合了一下眼。

由于过渡安置房可供选址建设用地面积零散且小，地形各不相同，地下管网复杂，市政配套设施少，相关导则、规范、标准要么不统一，要么滞后，李军伤透了脑筋。每一个地块中，安置房的数量多少才合适？相应的供水点、公共卫生间、垃圾收集点和中小学、诊所、零售店如何配备才合理？他需一个一个度身设计；一个位于高新区石桥镇古泉居民点西侧的5号地块，前前后后竟调整了4轮方案，最后，他硬生生在这又是丘陵、又是管道的地面上，为灾民挤出了2876户敞亮的居所……

十天的连轴转，十天的通宵达旦；这样的工作日程实在令人难以置信。然而，李军以建筑师的爱心和责任，创造了生命运动的奇迹！

6月4日晚，李军第二次踏上了赴川之路。一张张凝结着对灾区群众深情厚谊的图纸，跟着他开始了又一次远征。

李军（中）与设计人员在新教室

她叫杨联萍，建筑结构专家，集团副总工程师，技术发展部主任。这次，她坐镇集团本部，在技术上协调这场千里大驰援。

她是用做大工程的认真劲儿投入这场特殊战斗的。

在时间紧、地形复杂、情况多变、缺少统一规范的情况下，她死守质量底线，严格按质量管理体系出图。

但杨联萍面临的情况也太特殊了。工地用的都是现成材料，很多根本不符合临时建筑要求。于是她一次又一次组织技术讨论，甚至还委托建交委，组织上海市专家进行论证。她说：虽然临时房建设与精品工程不可同日而语，但我们的流程控制点不能变，我们要为灾区人民负责！当夹心板钢板厚度小于规范值时，她要求设计师必须通过设计，对结构采取加固措施，并经科技委专家论证后，再正式出图。

由于任务急，变化多，为了保证质量，她几乎天天熬到下半夜。累了，就在边上的躺椅上眯一会儿。

5月23日深夜，集团2319会议室灯火通明，杨联萍正在焦急地等待着前来支援的华盖公司志愿者队伍。原来，集团刚接到上海市建委通知，拟为四川汶川等地震受灾严重地区的群众设计永久性安置经济适用房的方案，除满足住宅居住功能户型及经济美观等要求，还必须考虑轻型抗震结构，并且必须在第二天下午完成并交由市领导带往灾区。

杨联萍与设计人员加班加点

华盖公司的四位80后志愿者立即从市区各个方向赶到集团。杨联萍向志愿者解说着任务,并告诉他们:要在短时间里拿出较好的方案,分工合作和时间节点的把握是必需的。凌晨5点左右,全部的设计基础工作终于完成。而杨联萍又几乎熬了一个通宵。下午5点,当图文并茂的多种平面组合的两个建筑设计方案送达早已等候在那里的建委领导手中,杨联萍才轻轻地舒了一口气。

在支援团里,专家的故事还有很多很多。一个个博士正潜心研究着灾区的安置房建设;一个个技术精英为灾后的重建殚精竭虑;一个个百忙之中的设计师从重点工程、精品工程中抽身而出;一个个知名的建筑专家成了支援团的领头羊,为重建家园日夜奔波。6月12日,都市院的专家又奉命奔赴甘肃陇南,支援过渡安置房建设……

现代设计集团专家千里驰援,成了灾区一道壮美的风景。

"现代"放歌

现代设计集团以其独特的品牌文化,在城市建设中创造了盛世华章的磅礴;植根于强烈的历史责任之中,他们的爱心品牌也至善至美。

32年前,一场空前的地震把唐山市变成了一片废墟。时年37岁的邢同和等现代设计集团的设计师们,追随当时的建设部副部长、工程院院士戴念慈,奔赴唐山,为灾后重建进行规划设计。

2003年上半年,国内出现罕见的非典疫情。上海市政府确立市府重大项目一号工程——建立公共卫生中心。现代设计集团上海院的30多位建筑师在80000平方米的方案设计中昼夜思索、研究、奔走,仅仅24小时,就拿出了一套完整的原创规划设计方案,开创了国内甚至世界医疗建筑方案设计速度之最!

1998年抗洪救灾,2003年抗击"非典",现代设计集团捐款逾百万元;2008年初,南方发生冰冻灾害,现代设计集团又捐款60万元……

5月12日,汶川大地震的噩耗传来;现代设计集团的品牌文化再次喷涌而出——

员工们争先恐后地奉献爱心,短短几天,集团就募集善款250余万元,送往灾区。

"我要为灾区作贡献!"特殊党组织生活会上,集团800多名党员热血沸腾,喊出了集团3000余名员工的心声;33 万元特殊党费、团费汇成了爱的暖流。

地震发生三天,现代设计集团成都办事处首席代表刘文彬自发牵头,购买了两车食物和水共五吨左右物资,组成了两辆货车、两辆小车的小型车队,深入重灾区赈灾。

得知灾区急需手套和口罩,上海院三所党员潘利、海南分院张蔚春即刻购置了 1000 副劳动手套和 600 副医用口罩,以三所党支部的名义,打包快递送往四川灾区。

华东院部分党支部制定了灾后无偿规划建筑设计咨询计划、认养资助灾后孤儿计划。

上海院的部分单位承担了支援建设都江堰学校的任务。

环境院为抗震救灾大型公益行动——“凤凰工程”的活动设计了三套“凤凰乡村科教文化中心”的草图,以号召社会各界尤其是科技界以先进技术、最新材料为手段积极参与灾后重建。

现代都市院工会组织了“捐献一本绘本,点燃一份希望”的活动,为灾区的孩子送上生命教育的故事和关于生命、勇气、爱与希望的励志格言……

现代设计集团举行支援四川灾区捐款仪式

那一天,国家工程院院士、集团资深总工程师江欢成从灾区归来。他立即向集团领导和“集团赴川抗震救灾支援团”部分成员通报了都江堰、成都的情况。他无比沉痛地说:飓风、地震在没有发生时,其破坏性往往容易被忽略,尤其是地震,平时不发生好像不存在。但一旦发生,便会导致重大人民生命财产损失。从破坏现场来看,一般建筑物附属小塔楼最容易受到破坏。为此,他谆谆告诫:“对于层高较高的建筑,‘构造柱’的设计非常重要,它能起到很好的抗墙体变形、抗收缩、抗震的效果”。

集团资深总建筑师邢同和在深情捐助灾区人民币 13000 元的同时,更十分关注灾区重建。根据自己参加唐山地震灾后重建的经验,他语重心长地提醒建筑师:临时性建筑设施要考虑尽量标准化、模数化,有利于照明,保证抗震前提下的轻型结构;尽量自然、通风、朝光,以防疫保卫生;材料选择要轻,无污染、无害、环保,同时结合当地情况,就地取材。他还建议:在城市发展选址上要科学、适合城市发展，灾后不一定要在废墟上建，很多建筑垃圾不是短时能解决的，可以先在边上进行建设；要考虑城市使用功能、道路布局，把目前出现的这些安全隐患等考虑进去，把城镇的功能发挥好。

集团结构分析与设计研究学科中心的员工则马不停蹄地查找相关资料，从房屋结构形式、建筑材料、使用年限等各方面搜集信息，汇编成了《四川灾区重建工作相关资料汇编》，内容涵盖地震灾区过渡安置房建设技术导则、四川省“5・12”地震救灾临时安置规划导则、建筑地震破坏等级划分标准、震害分析、低层轻钢龙骨结构住宅体系、活动房技术资料、各国灾后重建经验等，并研究讨论了震害调查工作，力争使资料汇编更及时、更具有针对性和实用性，为前方提供切实有效的技术信息支持。

但设计师们感到这还远远不够。那天，华东院的一位结构工程师不顾余震危险，特地赶到了遍体鳞伤的都江堰市，考察一栋栋被地震撕裂的建筑。他被一幢才刚刚造好的六层楼混合结构的拆迁安置房惊呆了——只见一根底框柱的柱顶，在本应加密配置箍筋的地方，竟然没有一根箍筋。柱顶部分混凝土由于没有箍筋约束，在柱顶弯矩作用下完全崩塌！在都江堰那一幢又一幢坍塌的建筑前仔细考察，痛心地拍下了一个又一个镜头。他要带回去研究，他要记下一个个惨痛的、真实的故事……

“我永远也忘不了地震后的废墟”，一位建筑师低沉地说。这份沉重，在现代设计集团这个创造过无数精品和标志性建筑的团队中定格成了永远的警示和力量。

以自己的专业知识，为灾区人民作贡献的强大热情，在现代设计集团涌动、激荡、升华……

如果说，在城市的天际线，他们以智慧和不凡，演绎了海纳百川的恢宏；那么，在灾区的劫后余生中，他们则以建筑师的责任和爱心，与千千万万志愿者一起，托起了祖国的蓝天与不朽！

奉献我们的精湛和勇气

——上海市政工程设计研究总院援建绵阳过渡安置房现场设计组工作实录

汶川大地震后，根据市建交委的部署，按照上海市援建绵阳安置房指挥部的分工，上海市政工程设计研究总院承担过渡安置房建设的给排水、道路、电气等市政配套工程设计。市政总院领导立即动员部署，当总院接到援建绵阳过渡安置房设计任务后，全院设计人员踊跃请战，短短45分钟内就有超过170人报名要求赶赴绵阳现场设计，一些专业所更是集体报名。

当总院接到援建绵阳过渡安置房设计任务后，明确由总院副院长陆大忠负责，迅速组织起门类齐全的精干设计队伍，立即奔赴抗震救灾一线。自5月21日起，在总院副院长陆大忠带队下，先后派遣驻现场设计人员20人，其中高级工程师8人（含教授级高级工程师1人），工程师5人，累计完成设计图纸337张。

2008年6月1日新挂牌的工作间

掌握实情　因地制宜　精心设计

援建过渡安置房工程的特点是工期短、任务急、要求高。而市政总院承担的市政配套设计则面临着时间紧、地块散、地形杂、协调多等诸多困难。设计与施工同步进场、同时施工。而建筑平面的布置要等到后期才能够确定,留给市政配套设计的时间很紧张。工程涉及大小几十个地块,分散在绵阳三个区县,所有工地跑一遍就要几天时间,最远的地块车程要 2 小时多。而且洼地、坡地、台阶地、水稻田、苗圃、居家拆迁影响等各种情况,现场条件变数较大,这些地块大多同时开工,参加援建的有来自上海的六大集团几十家单位,不同的企业有自己的施工管理模式;市政设计必须考虑给排水、电气、道路对外如何接口,需要与地方规划、电力、建设部门磋商协调。面对从未遇到过的工程特点,市政院坚持"有序组织、因地制宜、快速高效"的设计理念,根据"临时房、工期紧、地块散、总平图不稳定"的特点,制定了"深入现场、结合地块、确定方案、协调施工"的工作思路;坚持"设计质量按照《导则》,使用功能因地制宜"的设计原则;坚持设计与施工紧密结合,增加现场协调工作力度,暂时不能出图纸,设计人员就白天到现场对设计方案进行交底,然后连夜完成相应的图纸交给施工单位。了解场地实际地形和水、电、路周边配套条件,及时与规划、供电部门沟通。按照"技术交底为先,边施工边设计,或边设计边施工,有效图纸及时更新"的工作方法,实行"一地一图,一块一议",确保施工顺利开展,保证工程有序推进,满足各节点进度目标。

心系灾区　知难而进　团结奉献

对市政总院来讲,完成图纸,只是完成了一半任务,另一半就是现场配合。在时间紧、任务重的过渡安置房建设中,现场服务的工作比图纸设计更重要。现场一个电话,相关设计人员就会在第一时间到达,查明情况,提出合理解决方案,保证施工顺利进行。现场情况的不可预见性,周边施工条件实际情况的变化,过渡安置房建设规模不断变化等,使工程一直处于调整中。为使灾区人民尽早住进新家、学校尽早复课,市政总院主动承担了供配电工程上下游单位的协调工作。既要满足先期进场施工单位工期要求,又要满足后续进场电力公司设备采购的准确要求,尽可能避免因接口矛盾而产生的施工材料浪费与时间损失,他们每天工作十五六个小时是常态。

设计人员对于解决现场的专业问题可以说是驾轻就熟,但对于蜀地的生活饮食却显得一筹莫展,没几天不少同志嘴巴、舌头就起了泡,水土不服引起拉肚子等情况,可设计人员谈起这些都一笑了之。现场的设计人员来自上海不同的部门,大家团结一致,跨越专业、跨越分工,只要自己能做的都抢着做,绝不留给别人来做。有的同志由于连续工作时间太长,累了病了,他们没有撤退,仍然坚持带病工作。有的同志深夜坚守办公室,便于随时解决通宵施工单位临时遇到的突发问题。面对苦和累,大家没有怨言,因为他们心里装着灾区人民,目标是早日建成安置房,让灾民尽快搬进去。

全院支援　全员一心　服务大局

大灾面前,前方顽强拼搏,后方全力支持。地震使当地物资极度紧缺。初到绵阳,现场设计组急需的硬件、软件都无法得到满足，还有余震的威胁和唐家山堰塞湖溃坝的危险。现场艰苦的条件牵动着总院领导的心，为保证设计人员的安全，从第一天进入绵阳灾区，总院领导密切关注着唐家山堰塞湖的动态，确保能在第一时间安全转移；为保证现场设计人员的生活，细心周到地准备了基本的药品、食品和防护用具；为了现场设计工作能顺利开展，总院领导通过多方渠道落实了援建指挥车，还亲自跑遍了大半个城区购置了打印设备；每一位设计人员奔赴现场时，总院领导都亲自送行，并对家属进行慰问。总院党委书记莫峻、总院院长汤伟更是分别带队深入绵阳现场设计组慰问设计人员，仔细询问现场设计人员的生活情况，鼓励大家发扬连续作战的精神，克服困难，协同配合，保质保量完成任务，展示市政院人的形象。

当绵阳的过渡安置房的建设已进入尾声，都江堰的重建工作已开始启动。市政总院急灾区之所急，以大局为重，主动请战，并由党委书记带队，深入现场实地察看，了解当地市政基础设施受损情况，积极搜集第一手资料，并主动到西南设计院，共商都江堰市政基础设施恢复重建的合作设计事宜。

■ 心理援助

一场看不见的重建

——汶川特大地震上海“心理救援医疗队”救援纪实

“5·12”汶川大地震，建国以来破坏性最强、波及范围最大的一次地震。上海的心理医生，从来走在全国前列，这一次，也没有例外！

5月12日大地震后，根据卫生部和市卫生局部署，上海市精神卫生中心党政领导迅速做出反应，在第一时间内组织了“心理救援医疗队”。医疗队成员为咨询部主任张海音，儿童心理专家程文红、范娟副主任医师，有丰富临床心理学经验的薛海波、蔡军、张冰、万行军。

5月13日，卫生部首批10名心理干预医疗队名单上，张海音和范娟两位医生赫然在列。

5月13日，上海市精神卫生中心党政工团向全院发出“向四川地震灾区进行医疗救援和捐款的倡议书”。截至19日中午12:00时，已有160名医生、护士报名。

5月15日8:00，第一支上海防疫救援队出发，还在等待卫生部出发命令的张海音医生被紧急调入这支医疗队任副队长，成为全国首批进入地震灾区一线的心理医生。

5月17日晚6:55，儿童青少年心理专家、儿少病房程文红副主任医师接到国家疾病预防控制中心(CDC)通知，乘飞机赶赴绵阳灾区。

5月18日9:00，上海精神卫生中心副院长宋立升主任、张毅副主任医师随上海市第三支援川卫生防疫救援队奔赴什邡，参加开展赈灾救援工作，宋立升主任任防疫队副队长。

5月22日下午2:00，儿童青少年心理专家范娟副主任医师受国务院妇女儿童工作委员会委派离沪赴成都市、绵阳市儿童福利院开展儿童心理干预工作。

心理救援是一场看不见的救灾，但与物质救灾一样，必须争分夺秒，立刻行动。

心理医生和其他医疗专家同时抵达灾难事故现场，为当事人实施心理救助，已成为国际惯例。我国近几年的一些灾难发生时，偶尔也有心理专家赶到现场，但一般时间较晚或人数较少。汶川大地震发生这一天，卫生部就计划在一周内抽调全国各省市资深心理医生组建百人灾后心理干预医疗队——史无前例！同时，全国还有一支7个人的一流专家支持组为医疗队提供后方支援，上海精神卫生中心院长肖泽萍正是其中之一。“身心兼治”的医疗救援计划充分体现了“以人为本”的理念，也从另一个侧面客观反映了我国医疗模式发生的根本转变。

能为受灾群众做点实事，踏实

5月18日9时，上海精神卫生中心副院长宋立升主任与张毅副主任医师离沪，随市卫生局紧急组建的第三批援川卫生防疫救援队进川，宋立升担任防疫队的副队长。下午，又从凤凰山军用机场起飞，准备空降茂县……是的，这里没有通信信号，药品、食物、饮用水紧缺！丧家、失亲、受伤造成严重的恐惧、焦虑、烦躁、失眠情绪正在蔓延！

马不停蹄。5 月 20 日早上，宋立升和张毅赶到什邡市师石镇——此次地震五个重灾区之一。医院倒塌，临时支起大棚医院，得知这是从上海来的心理医生，一下围上来 20 多名受灾群众，"泪飞顿作倾盆雨"。灾民们说："天灾不可避免，但损失太惨重了，我们怎么办?"因为交通等原因，物资一下子运不进来，受灾群众每天只有 1 瓶矿泉水，吃饭也成问题。自地震发生后他们就没洗过脸，更谈不上洗个澡，天气逐渐转热，这样下去怎么办？宋立升、张毅医生与灾民们谈了一个多小时后，灾民们的情绪趋于稳定。

宋医生说："灾民百姓真是太朴实了，此时能得到一瓶水，一支烟，他们就会露出感激的笑容。我觉得及时解决好这些灾民最基本的生活需求，就是对他们最大的安慰。"

当晚，宋医生的救灾日记里有这么一句话："因为在大棚里，天气又闷热，求医者又多，并没觉得怎样，能为灾民做点事，踏实。不图别的，我爱他们，实在。"

初到灾区，宋、张两位医生只有一顶小帐篷，两个人睡在里面连翻身都成问题，幽默的宋医生为其冠名"情侣小帐篷"。晚上 10 点下起了雨，睡到半夜，外面风雨大作，"情侣小帐篷"里下起了小雨，加上预报可能有大余震，他们只能弓身坐着盼天亮，夜雨令气温骤降，迅速赶往灾区的两位医生来不及带太多衣服，在雨中冻得瑟瑟发抖。可是，第二天一早，他们仍旧从驻地出发前往灾民安置点，继续开展心理干预工作，当天下午，还为受灾群众开设了灾后心理科普讲座。

25 日下午 4 点 20 分，发生了 6.4 级的余震。震中北川，距离宋、张两位医生所在地四十多公里。

虽然连日来余震不断，但因为震级不高大伙儿始终没当回事。可这次大余震让两位上海心理医生切身体验了一回受灾群众的应激反应。慈山社区点，11 名受灾群众正在向宋立升和张毅医生求助，天气忒闷热，棚子里像蒸桑拿，站着晒太阳也总不是那么回事。帐篷附近有一排没有倒塌的平房，宋医生走进去正抬头看天花板上的裂缝，只听得"哗!"的一声，连房带人带东西朝右移了十几厘米，惊得他浑身汗毛竖起，还没缓过神来，紧接着又同样地朝左猛地甩过去。地层的断裂产生的山崩地裂的巨大声，大地摇晃夹杂着飞沙走石声袭来，缓过神来，他转身窜了出去，头也不回直奔空地。看看周围，所有人都跑了出来，处于应激状态的灾民比医生们反应更快。有了地震恐惧感的亲身体验之后，两位医生对受灾群众的感受更加准确，他们急灾民所急，有针对性地为他们进行心理救援，效果自然也更加明显了。

宋医生笑着说："36 岁的小郑把费尽 10 年心血的私房钱都跟老婆交代了，要是回去，10 年心血就这 10 来天的工夫，刷的一下就被老婆没收了，亏大了。"医疗队员们在前往灾区之前早就把生死置之度外，但充满乐观精神的他们不放过开玩笑的机会。队长宣布，从第二天起，无论是下农村还是进社区，一律带上安全帽，以防万一，保证大家的生命安全是第一位的。小郑打趣地补充：“我建议，从今晚开始，每人睡觉时也带上安全帽。”

帮失去孩子的父母重拾希望

云溪小学、云溪示范中学、师古镇民主小学、前氐镇龙云中心小学……“5・12”大地震中学校受灾严重，每一个死亡的学生背后都有深爱他们的父母。地震过后，这些失去孩子的家长几近崩溃，一些母亲甚至出现自杀倾向。宋立升、张毅当机立断，专门针对这些丧子家长进行危机干预，陪伴他们度过人生中最痛苦的时刻。

几天来，宋立升医生和张毅医生每天从早上7:00工作到晚上7:00，对286位失去孩子的家长进行评估，对其中的16位进行跟踪3次以上的访谈疏导，在他们身边给予充满安全感的支持，成为其度过最艰难时刻的重要力量。

5月13日到20日，什邡市龙居镇龙居小学女生王玲的母亲连续7天7夜几乎不吃不睡，她没有哭，表情麻木，不对任何人说话，因为她唯一的女儿在地震中为了救同学被压在了教学楼下，永远也回不来了。当宋立升医生见到王玲的妈妈时，她已经生命垂危，接受了药物治疗后，才勉强有所缓解。

王玲是学校里非常优秀、懂事的女孩，也是老师的得力助手。以前，学校每个月都会组织火灾逃生演练，“5・12”地震时，坐在位于一楼靠近门口的王玲迅速跑出了教学楼，但还有很多2楼3楼的同学没来得及跑下来，王玲又和班主任袁老师一起回到教学楼疏散同学。地震过后半小时，在另一所学校当老师的王玲父母和其他许多家长一起急匆匆赶到学校寻找自己的孩子，大部分学生被他们的父母领回去了，可是王玲妈妈却在垮塌的教学楼废墟里找到了已经不能说话的女儿，她当场昏了过去。

身为语文老师的王玲爸爸表面上很坚强，但和心理医生聊了没几句，这个汉子就流泪了。宋医生说：“他能哭出来，我就放心一些了，因为痛苦悲伤的情绪得到一定的宣泄，这对他的恢复是好事。”可是他的妻子问题却比较严重，第一次心理医生和她沟通时，发现她好几次提到“活着没什么意思，女儿一个人会孤单”之类的话。

“你的感觉我不能完全体会，我也有孩子，可我无法想象如果我们那里发生地震，失去孩子我会变成什么样，但是如果你觉得非常悲伤，不妨哭出来，或者告诉我你有多痛苦。”宋医生启发王玲妈妈把压抑在心底绝望、悲痛的情绪发泄出来，这是医治她的第一步。后来有受灾的群众说，太神奇了，宋医生的眼睛里充满了力量，仿佛什么话都不用讲，他就理解他们所遭受的一切苦难，对这样一位神奇的上海医生吐露心声后，他们觉得轻松多了。

见缝插针，为救援人员进行心理干预

临危受命，救援人员无不为多救一个人而奋力拼搏。连日来，医疗队员争分夺秒地施救，消防官兵夜以继日地作战营救伤员。长期暴露于灾害环境,惨景记忆深刻,受到幸存者的悲伤情绪传染,不少救援人员出现程度不同的身心问题,忧愁、不安、恐惧,情绪低落、反应迟缓、自责内疚、情感麻木、悲观绝望等。这些情绪如果不能及时解决,可能逐渐显现为心理问题,导致一系列的身心障碍甚至精神崩溃,成为需要别人救助的"救援对象"。

灾区当地医院和部队得知上海精神卫生中心医生的到来,先后送来多位救援人员接受心理评估和心理疏导。

"他们救了伤员,但他们也需要好好照顾,我们需要教授他们如何照顾好自己的情绪。"宋立升、张海音医生如是说。

余震不断,连蹲三个小时疏导病人

"川之伤,国之殇"。在四川的16天灾后心理危机干预,与以往参加的任何一次灾后紧急行动都完全不同,数以万计的生命离去,引起的心理余震令幸存者、救援者、目击者心碎胆裂,泪流满面。心理救灾是一场争分夺秒的攻坚战,也是一场考验耐心的持久战。接下来很长的一段时间里,心理工作者的任务仍然艰巨啊!上海市精神卫生中心心理咨询部主任张海音刚接到近日内返回申城的命令后,心却还挂念着成都、绵阳、彭州的灾民和医护人员。

张海音医生是国内最有经验的危机干预心理医生之一,国内一些重大突发事故的救援现场常常会出现他的身影。5月15日上午接到即将出发的命令后,张海音马上到家拿了几件衣服,走前没有来得及和家人道别,妻子在外出差,孩子在学校读书,他匆忙地把孩子托给了老丈人。

乘专机抵达成都后,顾不上休息,连续两天,他和成都市精神卫生中心的三位同道一起,到设在成都体育场的灾民临时安置点调研评估。他知道,震后一周内的主要救援工作仍然是抢救生命,真正的心理危机将在震后一周到三个月逐渐显露,对受灾群众的情绪状况评估成了他到达灾区的首要任务。余震不断,大地仍在颤动,大多数灾民都有疲劳、淡漠、失眠、迟钝、易怒、焦虑、不安等情绪,这是灾后早期正常的心理应激反应。随着灾民逐步聚集,失去亲人的悲伤情绪相互感染,今后几天的任务将更加艰巨。和上百个灾民"聊天",为他们的情绪"搭脉",其中有亲人死亡的占一半,有截肢等重大伤残的占30%以上,张海音医生锁定了五六个"重点对象",每天都要对他们进行重点"查房"。

"我们这里骨科病房病人情绪异常,快抽空来看看!"接到紧急求援,张海音医生立马赶往靠近双流机场的成都市第三人民医院。汶川、绵阳、绵竹、德阳等重灾区的部分受伤灾民被送到这里进行急救,骨科病房伤员最多,小到11岁的孩子,大到70多岁的老人,挤满了病房,他们大部分已接受了手术。"手术都做了,生命体征也都正常。可是,病人情绪就是反复无常,整个病区的空气都特别压抑。"一踏进骨科病区,医护人员便向张海音介绍道。骨科医生们起初觉得奇怪,和许多在地震中失去生命的人相比,他们是幸运儿,为何老太仍然以泪洗面、母亲神色木然、小伙拒绝沟通、孩子莫名发怒?

根据医护人员提供的名单,张海音对8个病人逐一进行了重点访视,病人们因为身心受到严重打击,大多躺在床上,张海音立刻决定改变过去“坐对坐”的传统咨访方式,而是采用蹲在病人床头的谈话方式,为病人进行心理疏导。

“都是躺在床上的手术病人,让他们坐起来会很痛苦,还不如我蹲着,这样也能离他们近些。”张医生说。

每个病人半个小时的咨询,8个病人下来,接近4个小时,张医生就这样一个一个地蹲着为他们进行心理疏导。腿麻了,眼花了,头晕了,休息一下,喝口水,继续治疗。

老太拉着心理医生的手直说“莫走”

5月12日下午2点28分左右,70多岁的李老太正给7岁的孙子削苹果,住在花了一生积蓄建造好的新房里,她觉得很舒坦,但是地震夺走了这一切。那一刻,她抱着7岁的孙子往门外逃,可是没来得及冲出去就被落下来的房檐压倒,李老太把孙子护在身体下,被解救出来时,孙子安然无恙,她却昏迷不醒。

被送进成都第三人民医院后,李老太得到了良好的手术和护理,身体上的伤已无大碍,但她终日神情恍惚,对一切人、事物显得麻木,没有任何反应,偶尔的表情变化也是两行清泪。2天来,她不吃不喝,大部分时间就是躺在床上接受补液。护士也拿这位老人没办法,但大家很担心她,因为再这样下去会影响术后身体的康复。

张医生蹲在李老太的床头,轻轻地和她“聊天”:“以你的经济条件,能建起这样的房子不容易,房子倒了,你是不是感到很绝望?”听到这句话,李老太无神呆滞的眼神起了变化,她看了看这位从上海来的医生,不知道他治疗什么疾病,却觉得仿佛读懂自己心里的想法。

在张医生的引导下,2天来李老太第一次开了口,她边哭边说,自己心口堵得慌,她不知道孙子是否真的安然无恙,但又觉得如果自己提出要看一眼从小带大的孙子,是给医院添乱,矛盾的心理让她无比焦灼。更难以开口向别人倾诉的是:自己与聋哑老伴用一生积蓄刚盖的新房毁于一旦,不知今后日子怎么过。

“你的孙子现在很安全,如果你很想他,我帮你转达给你的家人,请他们尽快把孙子送到医院来和你见面。但是因为交通不便,可能需要几天时间,你可不可以先让自己振作起来,让孙子见到你的时候不要那么憔悴?”

“地震时,你尽力保护好孙子,把他压在身体下,这是非常伟大的,你尽到了照顾孩子的责任,所以你的儿子儿媳都非常感激你。”

“房子倒塌不是你一家的事,这次地震让很多人无家可归,整个社会都在想办法援助你们,帮助你们重建家园,这一点你应该不用太担心。”

第一次心理干预接近尾声，李老太的表情渐渐释然，眼神也开始活络起来。张医生要离开时，她紧紧拉着他的手说："莫走莫走。你还会再来吗？"张医生微笑着对他说："不仅我还会来，更多像我这样的心理医生正在赶来的路上，我们一起重建心灵家园。"

"结束了对病人的访视，已是夜深时分。在驻地的工作例会上，大家不约而同地提起被病人紧紧握住手的场面，都感到肩上的担子不轻。"张医生神色凝重地说。

火线培训300专业心理医生

虽然灾民伤员们出现了各种地震压力症候，但是张医生说："在和他们深入接触后，我也发现，其实每个人身上都蕴含着抗逆的能量，这是人的本能，也是潜在的力量，如果能够得到良好的引导，很多有灾后心理问题的人可以慢慢挥却灾难阴影，开始新的生活。"

一个人来不及给太多的灾民进行心理干预，张海音寻思着为灾区培训一批能够进行危机干预的专业心理医生，同时编写一份适合普通群众阅读、理解的心理援助手册，让普通受灾群众看了能够进行简单的自我调适。成都第四医院（精神病专科医院）得知张海音的到来，也提出请他为该院医生进行培训的想法。双方一拍即合！在到达成都的第二天，张海音就给成都第四医院的首批30多名心理医生进行危机干预专项培训，而在给成都第三人民医院的灾民进行心理咨询的空余时间，他对医院的护士们见缝插针地进行心理辅导培训。"护士们在打针、巡视的时候能够最早发现病人的不良情绪，如果她们懂得如何给病人适当的安慰和引导，将会对病人的恢复起到非常好的作用。"

在接下来的两周里，他陆续给当地300多名心理医生进行危机干预专项培训，并应卫生厅要求对各地到川的心理干预志愿者进行培训，对他们进行组织、管理和整合。抗震救灾医疗队指挥部对张海音等心理医生谨慎、有序、扎实的工作很满意，把200多个灾民点和所有医院向他们的心理救援队开放，并委托张医生撰写长期的、具体的工作步骤，他帮助成都四院起草了《地震灾后心理援助热线》的实施方案，后又受卫生部疾控局委托，完成《灾民安置点心理干预的工作组织和实施办法》，该办法被补充进卫生部标准培训教材。上海心理医生们的努力，为"心理救灾"架设规范的系统打下了扎实的专业基础。

张医生说："令人欣慰的是，灾后心理危机干预已经得到了社会的重视，连日来我收到不下两百条短信，都是上海和其他省市一些心理咨询师表示要来灾区为灾民们进行心理疏导的。在生命得到抢救之后，心灵家园的重建就是重要任务了。这两天我们在灾民安置点门口，遇到了许多希望给灾民提供心理援助的志愿者。其实，心理援助仅有爱心远远不够，它更需要强大的医疗承受力，有过硬的专业知识，这样才有可能帮助灾民驱散'心灵余震'。"

那里有很多小朋友需要妈妈的帮助

"我今天接到北京令，今明两天将离开上海，赴四川援助。我科范娟医生将于后天离沪赴四川，钱昀医生的丈夫灾后当天连家都没来得及回就随部队医院急调灾区，剩下钱昀医生一人在医院管病房、在家带孩子，刘漪医生急调入病房……这次灾区心理援助重点人群是儿童。国家有难，我们儿科病房的医生义不容辞，但是儿科病房医生人手不多，在我院工作受到影响可能是最大的了。我们可能要离开二周，在此拜托各位兼职医生大力相助，在门诊有力出力，增加出诊次数，同时希望能得到相关部门的支持；拜托病房护士努力地工作，你们的支持是对在灾区的我们最大的支持。"

这是程文红副主任医师5月15日写给儿童青少年病房工作人员及全院职工的一封信。作为儿少病房的负责人，在接到赶赴灾区命令的危难时刻，她首先想到的是工作、是病人、是同事，唯独没有想到自己的孩子和家庭。

5月13日上午9时许，儿少科杜亚松主任接获卫生部通知立即电告范娟医生是否能作为第一批赶往灾区的心理工作者随时待命，范医生欣然接受，并立即打电话通知家里为其准备行囊，同时告知家人她随时可能出发。紧接着，范娟医生在病房组织全体患儿以"地震知识以及防护培训"为主题的集体学习，在指导患儿在地震中如何冷静处理，正确逃生的同时，还让患儿也懂得去关心他人，关心灾区中的同龄人。

因为随时可能出发，范医生汇总了每个病人的情况，哪个病人药物需要调整，哪个病人需要做心理治疗，都一一做了周到详细的安排。晚上回家，女儿已经知道了这个消息，舍不得妈妈，范医生安慰女儿："那儿有更多像你这样的小朋友，她们需要妈妈的帮助。"

在"5·12"这场突如其来的地震灾害中，在危难关头，范娟同志体现了一个共产党员坚强的党性。

美丽阿姨用爱为灾区孩子的心疗伤

程文红5月17日晚赶赴绵阳灾区，冒着6级以上余震的危险迅速开始灾后危机干预系列工作。第二天就开始对当地工作人员展开培训；对灾民做问题筛查和摸底工作，完成了死亡惨重的北川中学等三处灾民营和福利院的调研；并与当地学校联系，制定了对学生进行心理干预的方案。

"孩子们需要倾听，需要支持，需要爱抚，是的，这里需要大量专业的心理医生。"5月21日，程文红医生在电话中焦急地说。

4天中，她已为近百个孩子进行心理评估，"几乎每个孩子都有恐惧或者无助的反应"，这些情况在大地震之后出现是正常的，但是有些孩子出现情感麻木、呆滞等一些表现，就要引起重视，因为这背后可能隐藏着更加严重的心理问题。

数十所学校倒塌，数千师生被压，这次受灾人员中，学生比例不小。卫生部组建心理干预医疗队时，特地安排了三分之一的儿童青少年心理医生。上海精神卫生中心范娟说："除了青少年受灾者的数量不少外，更重要的是，他们年龄小，面对灾难时无助感比成人更加强烈，而且，灾害在他们内心留下的创伤将比成人更加严重地影响他们将来的生活。"

地震发生时，北川中学高一男生吴伟正在三楼的教室里上课，突然地下一股巨大的力量涌动，三层教学楼坍塌成一楼的平房，吴伟被一块掉下来的混凝土砸到腰椎，躺在废墟里动弹不得，已经逃出教学楼的老师和同学们很快把他挖了出来，但是坐在他后面的好朋友郭凌却当场被压死。目睹了这一惨剧又受了重伤的吴伟在接下来了一周时间里，成了惊弓之鸟。躺在医院的病床上，护士碰了一下床沿，床轻轻动了一下，吴伟立刻惊恐地大叫“地震地震！救命啊！”拼命想爬到床边逃跑。不仅白天警觉性过高，到了晚上，吴伟天天都失眠，不到后半夜两三点钟是绝对睡不着的。可是就算入睡了，他还常常被地震的噩梦吓醒，而醒着的他眼前还经常不由自主地“看到”地震发生时的可怕场景，而且对好友的去世伤心又内疚。

程文红医生说：“像吴伟这样的孩子这里有不少，经历了这场浩劫，有的眼睁睁看着同伴悲惨地死去，有的自己逃出来却来不及挽救好友的生命，有的失去了父母成为孤儿，他们在这个特殊时刻出现巨大的悲痛、恐惧、无助等负面情绪是正常的。目前我们要对他们做的就是倾听、支持和关怀。”在孩子们眼中，这位身材娇小、容貌清秀的上海阿姨和以前见到的医生都不一样，她像姐姐一样陪他们坐着“聊天”，像妈妈一样给他们充满温暖的笑容，像老师一样为他们解释“余震为什么不可怕”。最近这一周，每天从早上9:00开始，为孩子们心理疏导到晚上7:30左右，程医生总是累到话也讲不动。

程文红医生在绵阳灾民聚集地看到，大部分成人和孩子因为房屋倒塌、身体受伤、地震受惊或失去亲人而产生的悲伤情绪，但是也有少数孩子和成人出现了冷漠、不会表达情感的麻木症状，其中一些还有思维混乱，说话跳跃式，不符合逻辑的情况出现。程医生表示，这样的症状比一般的恐惧表现更加严重，出现这种情况的人往往和他们看到特别惨的场景、最亲密的人死去有关，而心理承受能力相对较弱的儿童就更容易出现心灵“重伤”。

在绵阳的这些天，程文红深深地感受到，在孩子们平静的脸庞下有着多么可怕的地狱般的折磨。一个孩子从伙伴的呼救声中逃脱，当后来得知伙伴被截肢，无比愧疚；一个孩子的母亲被倒塌的房屋埋在下面，他自己就疯狂地做志愿者，因为他希望能救出他的妈妈……一个个让人心疼的孩子，一颗颗纯真幼小的心灵，在等待着救助！

地震灾难使得汶川、北川等重灾区几乎夷为平地，昔日的家园尽毁，受灾群众难免出现一些恐慌、心理失衡以及情感失控等心理问题，许多人无法摆脱地震造成的心理阴影。10年前台湾“9·21”地震因其惨烈导致大量百姓出现灾后应激障碍，政府和心理学界重视并设立专项工作对此进行长达5年的干预，此后，心理学被广泛地重视运用，1998年因此被称为台湾的心理学元年。也许，“5·12”大地震也将成为内地心理建设元年，在这场全国性的心理救援中，上海的心理医生充当了业务精准、行动火速的排头尖兵，他们有组织、有计划、有重点地在灾区开展心理危机等干预工作，对受灾者开展心理咨询和心理辅导，帮助他们走过了人生这一段特殊的时光，重新振奋精神，再沐阳光。

抚平创伤　抚慰心灵

——记武警上海市总队赴四川灾区心理援助服务队

尽快到灾区去，到受灾群众身边去，拥抱他们、抚慰他们、帮助他们！这是汶川特大地震发生后，武警上海总队247名心理咨询师的强烈愿望。

立即组队　火速驰援

根据团中央工作部署，5月20日，团市委委托上海市心理咨询行业协会紧急成立赴四川地震灾区心理援助专家组。总队从众多报名的心理咨询师中层层筛选，最后决定由武警上海总队医院孙策平副院长和武警华东精神卫生康复中心严昌安、肖丽等2名二级心理咨询师参加上海心理援助专家组，由孙策平担任团市委赴四川志愿服务团副团长兼上海心理援助服务队队长。经过为期4天的突击培训，服务队于5月25日启程，马不停蹄地奔赴四川省德阳市、绵竹市及罗江县开展抗震救灾心理援助工作。服务队向灾区人民传递了这样的心声：请你们相信，当你们的人生转弯时，我们会拉住你的手。

克服困难　紧张工作

早上7点开始工作，晚上10点才能回到简易帐篷，开会总结当日工作和研究安排次日工作……这是队员们每日生活的真实节奏。炎炎夏夜，在空旷的杂草地上，到处都是嗡嗡作响的蚊虫，余震的一次次侵袭，复杂多变的气候条件，给队员们带来难以想象的困难。由于每天的休息时间不到五个小时，很多队员都疲惫不堪，但为了使灾区群众尽快摆脱心灵伤痛，心理救援服务队的同志始终坚持在救援一线。在灾区的每一个日日夜夜，让大家最不习惯的是，没有喝过一口热水，每天只能靠喝有限的矿泉水，吃干方便面、火腿肠、八宝粥来解渴充饥。不过艰苦的条件并没有妨碍整个团队的工作热情，灾区人民在特大地震灾害中所表现出的勇敢和坚强始终鼓舞着每个队员。看到心灵遭重创带给他们悲痛、恐惧、担忧、焦虑，此时此刻，唯有进行及时的危机干预、心理疏导、心理关怀才能帮他们走出阴影。队员们的心同受灾的群众紧紧联系在一起，分担他们一连串让人感到不安的字眼，如易怒、自我责备、迷惑、焦虑、悲哀、恐惧、无助及攻击性行为的心理，用心理抚慰技巧去温暖他们受伤的心灵，使他们重拾生存的勇气，勇敢面对已经发生的灾难，帮助他们重树生活的信心，重建心灵家园。在德阳的几天里，大讨论时常会进行，在每天早晨去安置点的路上、在午休期间、在夜晚回驻地的路上……一个个最佳的心理咨询方案就在这样的过程中诞生并发出暖人心脾的光芒。

细心呵护　抚慰伤痛

5月30日，根据团里统一安排，由孙策平副团长带领9名队员来到受灾极其严重的绵竹市，路上行驶着众多运送救灾物资和志愿者的车辆，车子缓慢地行驶在赶往绵竹的路上，一片片废墟呈现眼前。山上时有石块滚落下来，余震也不时地侵袭着队员们，但大家都没有被吓倒，反而显得很镇静。看着一幕幕残状，队员们的眼眶湿润了，大家已经无暇顾及个人的安全，更加坚定为灾民们尽些力做点事的决心。到绵竹市清平受灾群众安置点，孙副团长与当地负责的青萍乡党委书记取得联系，这里安置近3000名受灾群众，其中有6名失去双亲9～13岁的孩子，有89户家庭失去13名亲人，他们的家园在地震中瞬间成为废墟，尤其是灾难带给他们难以磨灭的心理伤痛，导致思想悲观、情绪低落，对未来前景感到一片茫然。这一幕让人揪心的情景让孙副团长、严昌安、肖丽三人不禁落泪，心情十分沉重，也激起服务队的同志用真诚、共情和积极关注的心理咨询师品质去抚慰这里受灾群众的心灵创伤。在绵竹市清平乡盐井村有一名在地震中失去双亲的9岁女孩小秋向队员们倾诉了这样一段话："爸爸、妈妈你们在哪里，你们怎样了，我很想你们。听说你们离开了这个世界，自从听到你们已经走了，我非常难过，可是在这里有许多叔叔阿姨都非常关心、支持我，你们放心地走吧，我会照顾好我自己的。爸爸妈妈，以前你们一直对我很好，有时你们会教我做事，我做错事你们也不会打我，你们会好好地只用嘴对我说，我要什么你们会给我买"。这次地震，女孩失去了至爱的父母，尽管有外婆外公及亲戚的陪伴，但似乎怎么也打不开女孩的心。严昌安咨询师是第一个介入小秋心理创伤个案的人，整个心理干预过程达7小时，可怜的小秋时常哭泣，但一次比一次缓减。这次干预很艰苦，但结果比较成功。在绵竹市清平乡安置点，像小秋这般的情况比比皆是，尽管生活已有安置，但他们心灵的创伤还远远没有平复。对于众多失去双亲的儿童来说，即使有国家再多的政策呵护，也无法填补他们残缺不幸的情感世界。服务队在灾区实地看到：由于失去双亲，有95%的孤儿存在轻、中度心理问题，有拒绝说话的"小哑巴"，也有犹如脱缰的"小野马"，他们今后的生活令人担忧，他们内心的痛苦，引起了咨询师的共情。从众多失去双亲的孩子中，队员们对其中几名心灵遭受重创的

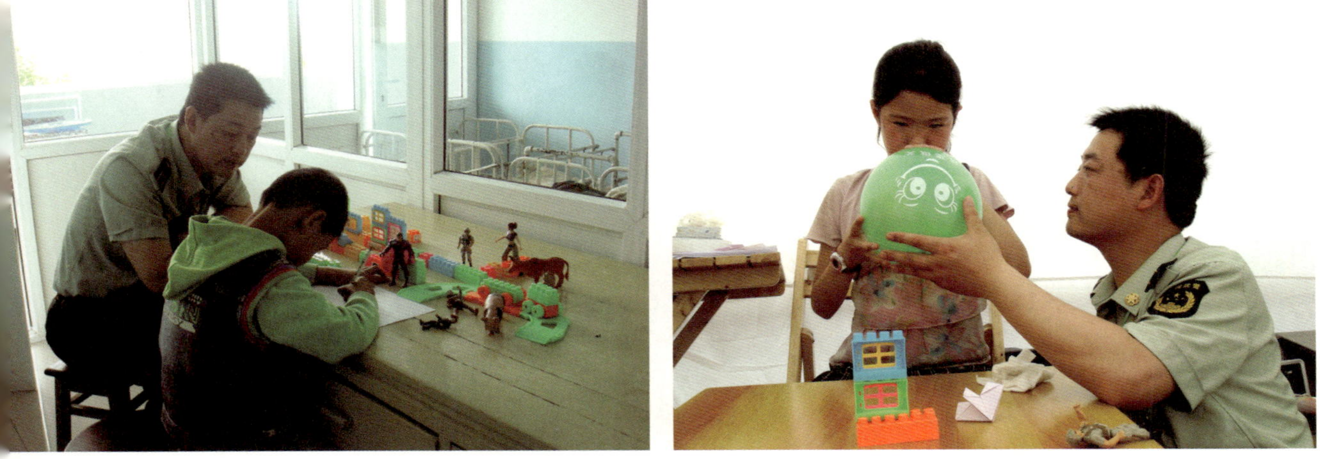

严昌安与灾区儿童游戏互动

孤儿，在积极给予心理抚慰的同时，为她们捐款、购物共计5000余元，尽了一些绵薄之力。

在短短的时间里，服务队为灾区提供心理救援服务7208人次；对64人进行面对面的个别心理辅导；心理健康问卷调查807份；为灾区的部分中学、医院和德阳市团委培训灾后心理援助队伍4支，共计48名心理工作者；开展团体咨询和团体训练9场；为医护人员进行音乐放松8场，共计94人；在灾区帮助组建临时团支部5个；在德阳市人民广播电台合作制作了6期心理咨询直播节目，回答询访问人数98人次，传播自我心理调适与心理健康教育知识11个课目，共计6小时，拍摄照片758张。在德阳团市委的支持下，志愿服务团经过多方筹措，为当地受灾学生和群众购置了1000个塑料小凳子、100个防潮垫、200余册课本和400条红领巾，受到了当地群众特别是广大青少年的欢迎。

心灵对心灵的援助

——上海志愿者抗震救灾心理援助服务队赴川工作实录

“5·12”汶川大地震使四川省部分地区遭受重创，特别是绵阳市的北川、平武、安县、江油等地遭受的损失十分惨烈。地震给绵阳市造成了巨大人员和财产损失。大批灾区群众在得到物质帮助的同时，急需得到精神援助和心理抚慰。地震发生后，上海市文明办和上海志愿者协会联合上海市科教系统文明委、上海市心理咨询行业协会，紧急启动，成立了一支上海志愿者抗震救灾心理援助服务队，20名心理援助志愿者于5月24日奔赴绵阳市灾民安置点九洲体育馆，开展了为期10天的心理援助志愿服务工作。

1300余名志愿者踊跃报名

地震发生之后，上海市文明办拟成立一支上海志愿者抗震救灾心理援助服务队支援震区的方案迅速得到了中央文明办、上海市文明委和上海市委宣传部的支持，经与四川省文明办联系，并经上海市应急办和四川省抗震救灾指挥部同意，最终确定入川赴绵阳开展心理援助服务。

5月16日，上海市文明办、上海市志愿者协会通过沪上媒体在全市组织招募震后心理咨询志愿者，全市共有1300余名志愿者和上海市心理咨询行业协会下属70多家团体单位踊跃报名。首批20名奔赴四川绵阳救灾的心理援助志愿者从中选出。

5月24日下午4时50分，上海志愿者抗震救灾心理援助服务队出征仪式在上海图书馆举行。上海市人大常委会主任刘云耕为志愿者服务队授旗并宣布志愿者服务队出征，中共上海市委常委、市委宣传部部长、市文明委副主任王仲伟出席出征仪式并讲话。出席出征仪式的还有上海市政府副秘书长翁铁慧，中共上海市委宣传部副部长、上海市文明办主任、上海市志愿者协会秘书长马春雷，上海市文明办副主任、市志愿者协会常务副秘书长陈振民，上海市科教党委副书记、市教委副主任莫负春等。

在仪式上，王仲伟指出，在这次举世震惊的地震面前，上海按照党中央、国务院的要求紧急行动，已经做了大量的工作，但面对灾区仍十分严峻的形势，应灾情需要适时组建了心理援助志愿者服务队，打好这场心理援助的爱心接力的持久战。通过心理援助，帮助受灾群众尽早走出灾难阴影，抚平心理创伤，重新建立生活的勇气和信心，任务艰巨责任重大。仪式上，赵红娣代表志愿者发了言。

作为此次项目支持单位，上海绿地集团为志愿者赴灾区提供了资金保障。上海航空公司为志愿者及携带物品提供了运输，并为志愿者在灾区提供生活保障，大众保险公司免费为志愿者提供了人身意外伤害保险。

20名心理援助志愿者奔赴绵阳

此次上海志愿者抗震救灾心理援助服务队由上海市文明办副主任、上海市志愿者协会副秘书长陈振民为领队,上海市心理咨询行业协会副秘书长赵红娣任队长,上海市文明办综合处干部王福美担任副队长兼临时党支部书记,中国移动上海分公司党群工作部的任金华任党支部副书记。

这20名心理援助志愿者是:海蓝,曾任美国田纳西州 Centerstone 心理健康中心移民部主任、参与过美国911心理救援,担任此次心理援助服务队总督导;赵红娣,来自上海华谊集团化工联社,上海市心理咨询行业协会副秘书长;王福美,来自上海市文明办;任金华,来自中国移动上海公司党群工作部;浦骏,来自卢湾区心理咨询师协会;叶百安,来自上海教育报刊总社;陈智远,来自卢湾区教育局;王正达,来自上海悟诚教育信息咨询有限公司;叶峰,来自上海自强社会服务总社;李伟,来自上海新航社区服务总社;陈林,来自上海中智德慧管理资源有限公司;陶焱,来自静安区儿童教育中心;苗蓬,来自徐汇教师进修学院;王晓霆,来自上海晓霆成长教育中心;刘永滔,来自上海城市管理职业技术学院;周云生,来自上海若轻健康咨询中心;王国强,来自艾迪悌科技(上海)有限公司;朱小平,来自普陀区城市管理监察大队;陈丽媛,来自上海知音心理咨询机构;顾刚,来自上海心潮心理咨询中心。此外,上海市文明办活动指导处副处长丁小硕,上海市文明办副调研员、上海市志愿者协会办公室主任杜国巍和闵行区疾病预防控制中心的王丰、上海市中医医院的刘毅和两名随队医生也参与了心理援助服务的全过程。

志愿者平均年龄38.5岁,均拥有国家二级心理咨询师资格证书,从事心理咨询工作时间最长的15年,最短的为3年,其中两人还是社会工作师。团队中有8人为中共党员,团队组建后成立了临时党支部。

5月24日深夜,上海志愿者抗震救灾心理援助服务队抵达绵阳市后,在绵阳市文明办的统筹安排下,援助队于5月25日在绵阳九洲体育馆这一大型震后灾民安置点立即开展心理援助服务工作。

点燃"爱·坚强·希望"

赴川前,上海市文明办、上海市志愿者协会、上海市科教系统文明委、上海市心理咨询行业协会事先组织了有关心理学专家学者编印了地震后心理自助手册2万份,卢湾区心理咨询师协会提供了2千本《心理科普100问》书籍。心理援助服务队来到九洲体育馆安置点后,通过发放这些心理科普资料,开展对灾后心理危机预防的宣讲,为安置点灾民进行心理自护提供知识供给。同时,志愿者们在总督导海蓝博士的总体安排之下,以团体心理辅导为抓手,在安置点现场开展普及性的心理自护知识普及工作。

与此同时,对安置点灾民进行心理危机评估,筛选重点心理危机对象并加强安抚治疗。在九洲体育馆安置点,志愿者通过走访、座谈、问卷等形式,对受灾群众开展心理调查,发放心理危机评估量

海蓝在上心理辅导课

表600份,为筛选重点心理危机对象提供了数据支撑。经调查分析发现,主要有以下四类人群需要重点心理危机干预,分别是:亲历地震的青少年儿童、伤残人员、失去亲人和家园的成年人、自己经历灾难或参与救援的人员。为此,服务队确定了以青少年儿童和失去亲人的妇女为主要援助对象,并兼顾其他重点人群。

在心理援助志愿者进行排查工作时,还发现了一名精神失常的70岁老人,他40年前患有精神分裂症后治愈,地震的发生对她产生了强大的刺激,5月23日晚9点左右开始产生幻觉和重复性动作,经心理援助志愿者对其表现出的症状初步判断为精神分裂症复发。为此,服务队及时将情况报告至绵阳市文明办,得到了妥善的处置。

除对需重点关注的青少年进行个案辅导外,在当地志愿者的协助下,上海心理援助工作者在九洲体育馆广场先后召集了百余名安置区青少年开展团体心理游戏,策划组织了一场以"爱·坚强·希望"为主题的迎"六一"青少年大型团体心理活动,取得良好效果。

服务队发现,亲历地震或经历救灾工作的人员也出现了一定程度的心理危机。尤其是,绵阳灾区九洲帐篷学校大部分都是北川重灾区来的学生。由于学生伤亡大,很多老师无法面对幸存孩子的眼睛,无法承受巨大的心理压力,一些老师出现辞职的念头,还有一些幸存的学生面对破损的家庭和学校,出现自闭倾向,为了能更好开导这些灾区师生,心理援助服务队与绵阳灾区九洲帐篷学校联系,对灾区学校教师进行了相关心理辅导。

上海心理援助志愿服务队驻扎在绵阳某空军基地里,在紧张疲惫的工作之余,利用晚上休息的时间,主动了解驻地官兵特别是家在地震灾区官兵的心理需求,对战士进行团体心理辅导和个体辅导,深受官兵们的欢迎。

十天援助1865人次

通过在四川绵阳九洲体育馆开展10天的心理援助,先后开展了1865人次的团体和个案心理干

迎六一活动中，志愿者带领孩子们游戏，释放心理压力

预，使有心理阴影或心理危机的灾民身心得到疏解，安置点灾民整体心理氛围发生了积极变化。

上海心理援助志愿者组织策划的庆“六一”青少年大型团体心理辅导活动，为安置点的孩子送去了节日祝福和礼物，团训、舞蹈、歌唱等节目形式，也达到了对灾区孩子进行心理治疗的良好效果，冲淡了九洲体育馆原本过于悲伤的气氛，并较好地改善了九洲体育馆安置区灾民的整体心理氛围。对此，中央电视台新闻频道“抗震救灾 众志成城”直播节目和东方卫视新闻节目对活动进行了报道。

短短十天，上海心理援助志愿者团队充分展示了上海志愿者的专业风采和精神面貌，并给当地灾民留下了良好的印象。志愿者任金华瞒着家人和单位前往灾区开展志愿者工作；志愿者王国强利用自己的全年公休假期来灾区开展志愿服务活动，同时还决定资助北川中学初三女生付丽读完高中；志愿者陈智远热情帮助灾区失学儿童联系上海学校就读。当面对生活困难的心理辅导对象时，全队每位志愿者几乎都慷慨解囊，提供帮助。队长赵红娣当得知有位就读于成都的大学生由于家里遭受灾害而缺乏生活费时，主动为这名大学生邮寄了生活费。志愿者陈林和苗蓬还捐出了单位给她们个人的慰问金给灾区的孩子。在向灾区人民提供上海心理援助志愿者专业的心理援助服务同时，这些爱心行动，使上海心理援助志愿者服务队成为在安置点最有影响和最受欢迎的心理救援队伍之一。当志愿者结束十天的工作离开安置地时，灾区的老百姓和孩子们纷纷拉着志愿者的手依依不舍。

志愿者结束 10 天紧张工作后返沪留念

地震灾后的心理援助工作对中国起步不久的心理咨询行业来说，是一次“大考”。通过此次磨炼，上海抗震救灾心理援助工作为今后重大突发事件后如何快速启动心理危机干预志愿者服务，探索出了一套行之有效的工作机制。而此次抗震救灾心理援助志愿者服务队，更成为上海市志愿者协会一支心理危机干预的专业储备队伍，2013 年雅安地震发生后，这一队伍中的骨干队员又一次踏上了奔赴震后灾区救灾的征程。

冒着余震赶赴灾区

——华东师范大学心理援助队赴川开展心理救助纪实

如何开展灾后的心理援助？成为上海高校师生牵挂的一件事。

震后第3天，华东师范大学组建了一支心理援助队整装待发。在经历严格的培训后，5月21日，心理援助队冒着余震前往灾区开展为期一周的心理援助活动。

心理援助队由12名具有丰富心理咨询与心理援助方面经验的师生组成。丁钢作为学校最大学院的院长，教学、科研和管理工作十分繁忙，而且他的孩子即将参加高考，但他毅然推掉所有安排，担任了领队。校团委黄瓒，妻子怀胎已7个月。席居哲老师和左志宏老师是一对夫妻，他们本来要去香港参加一个学术会议，地震发生后，他们立即退掉机票，双双上阵。

"四川有难，有一种责任召唤着我们前往抗震救灾、心理援助，那里需要我们，我们应该前去。"抚平孩子们的心理创伤，是心理援助队集体的心声。在12名队员中，有10名为中共党员，另外2名也是入党积极分子，心理援助队便成立了临时党支部。

5月22日一早，心理援助队赶到德阳五中，德阳市教育局把散布在全市各个灾民安置点，包括学校和医院的志愿者和社工60多人召集起来，由心理援助队对他们进行培训。心理援助队根据他们的特点，分成3组，进行经验分享和互动式的交流。

下午，心理援助队赶到德阳市体育中心灾民安置点。这里很多是来自绵竹东汽中学的学生。这所学校是地震中伤亡最惨重的学校之一，孩子们亲眼看见的巨大灾难给心灵带来了极大的创伤，在孩子情绪不稳定的时候，心理援助队主要是倾听，适当的安抚，让他们的悲痛得到一定宣泄。等到孩子心绪比较平静了，有了与人交谈的要求的迹象时，就开始心理咨询、治疗的过程。

心理援助队通过集体游戏的方式，试图让孩子们走出心灵阴影，暂时忘却灾难带来的恐惧。

接下来的几天里，心理援助队先后被安排到德阳市衡山路绵竹南轩中学、德阳市黄许中学、西南财经大学爱心学校等安置点开展心理疏导。在短短一周时间里，行程近千公里，为心理工作人员、志愿者和老师近500人次进行了心理干预知识的培训与交流；为近200名师生、银行职工及其家属进行了心理援助。

心理援助队在灾区一周，每天起早摸黑工作时间都在十七八个小时以上，尽管身心疲惫，但能为灾区人民尽上微薄之力，他们的内心都很充实。为了节省时间，多做工作，心理援助队的早饭和中饭基本上都在车上解决。为了不给灾区人民增添任何麻烦，从睡觉的帐篷到食品、药品甚至饮用水他们都随身携带。为了保证工作的效果，每天晚上心理援助队都召开队会，总结当天的工作，筹划第二天的行程和工作安排，每晚的队会都差不多要到深夜1点多才结束，可大家依旧情绪高昂。

从四川省委组织部的反馈得知，华东师大心理援助队是他们所接触到的心理援助工作最有成效的队伍之一，他们要求学校暑期安排对灾区师资的培训和师生的心理援助工作。6月中旬，德阳市教育局正式邀请华东师大给德阳全市的教师在复学前开展大规模的培训。

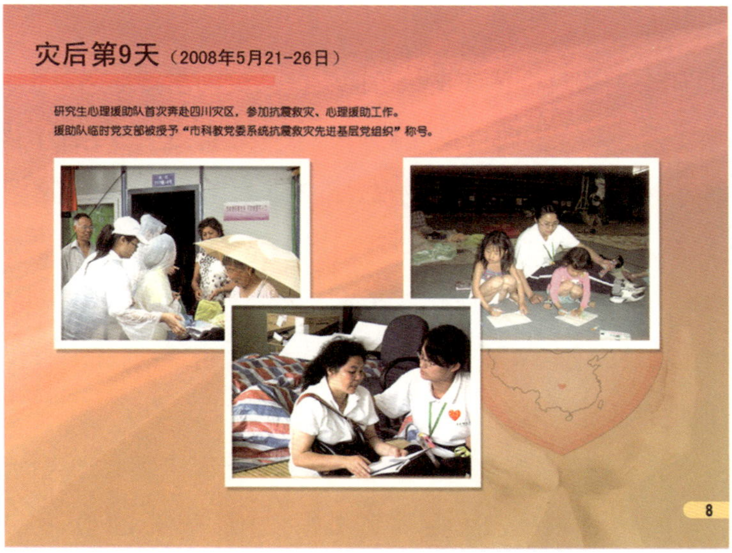

用行动书写人间大爱

——记上港集团轮驳分公司职工薛强

2008年5月12日14点28分，我国的四川汶川发生大地震，顷刻之间，山崩地裂，生命遭毁，举世震惊，举国同哀。

灾难面前，上港集团公司以及全体职工纷纷向灾区人民伸出援助之手捐款捐物：

5月15日上港集团爱心基金会向市民政局捐赠100万元；5月20日上港集团向市民政局捐出了向全港职工处募集的捐款517.19万元；5月23日上港集团向市民政局捐出了第三笔捐款500万元……截至6月04日，累计捐款达1.14亿元。

在捐款捐物的同时，上港集团的志愿者们更是深入灾区一线，用自己的专业特长为灾区人民服务，用行动书写人间大爱，轮驳分公司离岗党员薛强就是其中的一员。

思索，除了捐款捐物我还能做些什么

薛强，1977年生，现为上港集团轮驳分公司职工，具有国家二级心理咨询师证书，2000年7月加入中国共产党。"5·12"汶川大地震发生后，薛强震惊，悲伤，敬佩，感动……为那些地震中出生的生命；为那些废墟中坚持的等待；为奔赴千里的营救，忘却自身安危的救助。薛强思索着问自己：面对灾区受灾的同胞，除了捐款捐物，我还能做点什么？获悉团市委号召组建青年志愿者服务队奔赴灾区，直接为灾区伤病员和孤儿救护服务、心理治疗的信息，虽然妻子远在青岛工作，乖巧的女儿仅6岁，需要照顾，薛强瞒着亲人，毅然在网上报名。经层层筛选，拥有的心理咨询师资质及从事上海市阳光社区青少年事务中心的社工经历的他，从4606名报名者中脱颖而出，光荣地被选入上海第一支奔赴灾区的青年医疗卫生志愿者抗震救灾服务队，成为20位志愿者中的一员。

行动，带着关怀与希望飞赴灾区

薛强是一名颈椎严重骨折的患者，至今还靠植入颈部的钢板维持颈部正常活动。意外受伤后的他也曾一度消沉，是亲人、公司、同事和朋友的鼓励，使他挺了过来。身体刚有恢复，他就刻苦自学，07年取得了本科证书，同年自学考出了国家二级心理咨询师。

报名的时候瞒着母亲，但马上要出发奔赴汶川地震灾区了，他来到母亲面前告别："妈，我参加了青年志愿者服务队，要到灾区一线去！"薛强的父亲遇车祸过世不久，还没从痛失丈夫的悲痛中缓过神来的母亲，惊讶之中关切地说道："你身体不好，还要去！"薛强深沉地说："妈，我的命本是共产党给的，当年骨折后如没有组织的关心，不会有今天。我现在要为灾区人民做些事，你要支持我"。"儿行千里母担忧”,听着儿子发自肺腑的心声,作为母亲既为懂事的儿子高兴,又不免担心他的安全,噙着泪水深情嘱咐他:“妈不拦你,一定要注意安全,注意身体”。

16 日 14 时,薛强一行 20 人带着关怀,带着希望,带着热忱登上飞机从浦东国际机场起飞。16:50 分降落在成都双流机场后,他们马不停蹄直奔灾区第一线,17 日凌晨 2 点抵达四川省汶川地震的重灾区绵竹。顾不上休息,大家立即动手搭建帐篷营地,完工后个个大汗淋漓,当他们想去寻找水源洗一把脸时,发现这里的生活用水是那么的紧张,于是找出随身携带的湿纸巾擦了擦脸,开始了灾区的生命守护及心理治疗。

坚守,为了灾区人民,吃苦受累心也甘

灾区大小余震不断,17 日遇到了一次较大的余震,人在帐篷里明显感觉到地在颤动,刚才还摆放井然有序的物品,顿时被震得东倒西歪,大家的心一下提到了嗓子眼。危险过后,大家又投入紧张的救援工作。灾区救援工作随时都面临着危险,一次在前往九龙的崎岖山路上,由于道路阻堵,只能徒步前进,一路上随处可见道路开裂、滚石挡道。刚从九龙返回营地,就得到消息说,刚才他们回来走过的那条道路由于山体滑坡已被山上滚落的山石给堵住了,真悬,如果晚回来一刻,真不知会遇到什么危险。在连续啃了几天干粮后,薛强他们终于有机会在灾区吃上了第一顿热饭了。当解放军战士给他打上一小勺饭菜,问他够不够时,本能的生理需求告诉他,太少了。可一看到密密麻麻的受灾群众渴望吃上热饭热菜的眼神,薛强忍着越来越强烈的食欲点了点头,轻声说道:“够了,多留些给他们吧”。

薛强出发前没有同女儿告别,一个多星期的分离,心中不免时常牵挂。终于传来了远在千里之外女儿的声音:“爸爸,我在电视里看到你了,我很好,你真棒,爸爸你一定要多救几个受伤的小朋友。”女儿稚气的话让薛强眼眶湿润了,不由想到了灾区的儿童,面对着劫后余生,承受着失去父母、失去家园、失去同学的巨大悲痛,双眼充满无助、无奈、无望眼神孩子们,感到眼前的一切困难都算不了什么,为了孩子们,一定要坚守。

抚慰,建设心灵花园,托起明天的希望

10 天,薛强和搭档顾不得不断发生的余震,踏着遍地瓦砾,忍受着身心的疲劳和心灵的煎熬,一次次深入汉旺镇等重灾一线逐一进行心理疏导,帮助大家摆脱恐惧,树立重建家园的信心。

一天深夜,拖着疲惫身躯的志愿者们刚躺下打算休息,一副担架送来一个男孩,嘴上不停地喃喃自语:“这是做梦,不是真的,我见到了妈妈了,我见到了妈妈被压在楼板下。”男孩的父母、爷爷奶奶、外公外婆六位平日最疼爱他的亲人早已被强震埋入深深瓦砾中,离他而去。可男孩还以为这是梦境,不相信自己再也听不到妈妈的声音了。“小朋友,不要害怕.你现在很安全,不要害怕了,叔叔会保护你的”,薛强紧紧握着小朋友的手,亲切而轻声说着。薛强一面安抚他、一面用手轻轻拍着他的背。“我们一起做游戏好吗?想画画吗?叔叔同你一起玩好吗?”在薛强耐心的引导下,男孩的注意力转移了，情绪稍稍有些平静，眼神渐渐显得有了些亮色，话也多了，透露出他会绘画。薛强赶紧因势利导让他画一幅最喜欢的画，小男孩的画笔下迅速出现了背景为青山的妈妈、奶奶的身影。薛强被揪起的心，也稍许平静了些，知道小男孩已走出梦境接受了痛失亲人的事实。以后接连几天，薛强心中时时牵挂着小男孩，不管有多累，每天都要抽出时间同他交流，鼓励他坚强地活下去，在倾听哭诉中取得了他的信任，成为好朋友。

短短的 10 天里，薛强所在的青年志愿者服务队救治 400 余人，仅在绵竹共救治了 180 多个灾区群众，薛强和另一位心理咨询师开展灾后心理访谈 290 人次。

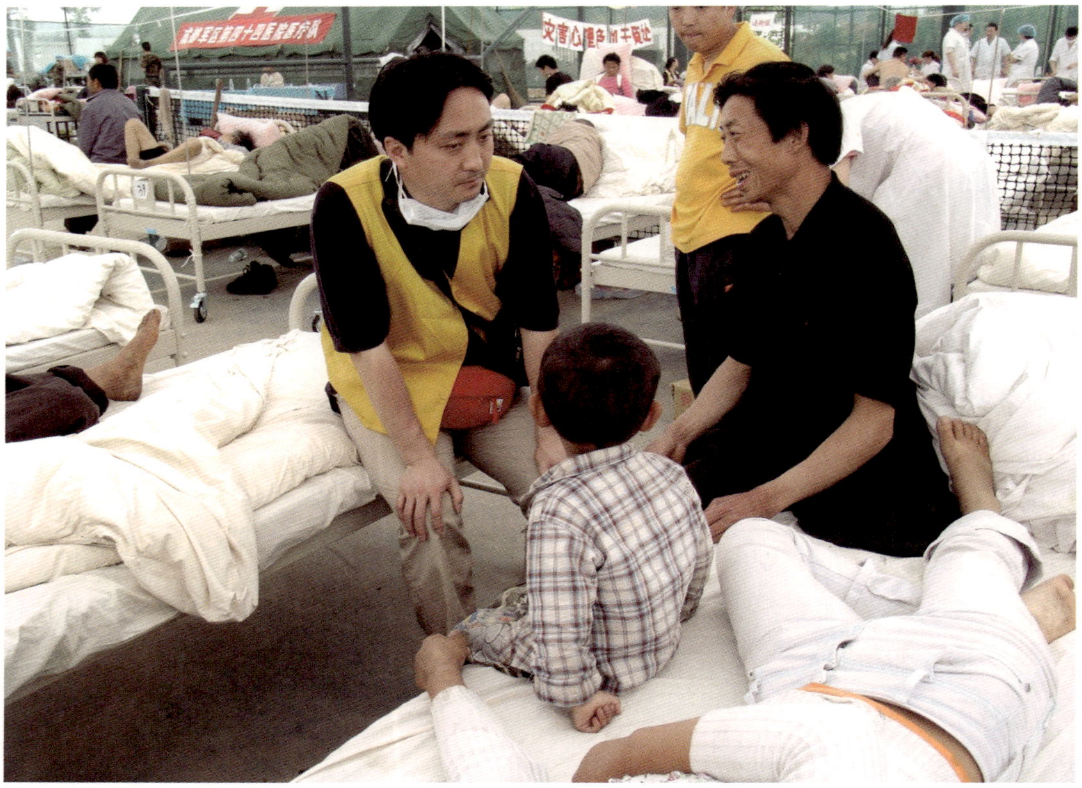

薛强为灾民进行心理咨询

升华，爱的延续播撒人间真情

志愿服务队要换防了，“我总觉得我们做得还远远不够，我们要让爱心像涓涓细流一样流淌下去”，一位志愿者提出，“让我们来认养这里的孤儿吧！帮灾区人民再尽一份力，孩子是灾区的未来，让我们一起托起灾区的未来吧”。这个提议得到薛强等志愿者赞同。“我认养一个！”“我也认养一个！”薛强不甘落后抢先表了态。“小薛，你的一份由我们来”，了解薛强家境的李队长关心地说道。

“不,还是我自己来认养,我虽家住农村,比较困难,生活上有许多不如意的地方,可看到那么多失去亲人的孩子们,看到他们茫然、无望的眼神,我心酸啊,让我尽一份心吧!”,“好,把薛强写上。”被感动了的队长同意了薛强的请求。其实薛强早就许下心愿,如果可能,他要认养那位在地震失去六位亲人、名叫钟安迪的小男孩。薛强明白小安迪心灵创伤的平复,将是一个长期过程,自己要付出更多的爱,帮助小男孩走出心理阴影,让他拥有亲人般的关怀,让他拥有和自己女儿同样拥有的一片晴朗的天空。薛强在心中呐喊着“小安迪,我会回来的”。

薛强(左)和他的搭档

■ 大爱赈灾

齐心协力　有条不紊　做好社会捐赠

——上海市民政系统汶川特大地震救灾捐赠实录

2008 年 5 月 12 日 14 时 28 分，我国四川汶川发生了 8.0 级大地震。瞬息之间，山崩地裂，房屋倒塌，同胞被埋，城市毁灭，通讯中断……特大的地震灾害给人民生命财产造成了巨大的损失。

在党中央、国务院和市委、市政府的领导下，在党和国家领导人的为民理念、爱民情怀、亲民作风的感召下，上海市民政局在接到灾情的第一时间，快速启动抗灾救灾应急预案，担负起全市抗震救灾捐赠管理部门的职责。

迅速编制工作方案，构建了健全高效的运作机制；开展宣传发动，动员全市人民积极投入抗震救灾捐赠；拟制规范文件，加强抗震救灾捐赠工作管理；协调各方关系，有序推进抗震救灾捐赠进程；联络灾区政府，及时转拨抗震救灾捐赠款物；加强监督管理，落实中央指定的救灾任务。在全市民政干部的共同努力和社会各界的支持下，较好地完成了抗震救灾捐赠工作的阶段性任务。

截至 10 月 31 日，本市共接受救灾捐款 25.25 亿元（其中：市慈善基金会接受捐款 4.6 亿元、市红十字会 11.66 亿元、民政部门 8.97 亿元）。全市累计接收救灾物资折价约 2.52 亿元（其中：市民政局累计接收物资折价约 7002 万元；市红十字会累计接收物资折价约 8830 万元；市慈善基金会累计接收物资折价约 8199 万元）。捐赠款物有力支援了灾区灾后恢复重建工作。

"三到位"、"四落实"，强化抗震救灾捐赠工作领导

"5・12"汶川特大地震发生后，为加强对支援抗震救灾工作的组织领导，市委、市政府决定成立市救灾援助指挥协调工作小组（以下简称"协调工作小组"）。市民政局是该协调工作小组成员之一，并在下设的 7 个专业工作组中牵头负责社会捐赠组，主要工作是统筹协调本市社会捐赠工作，负责动员社会力量，做好救灾援助工作。5 月 13 日市民政局即召开党委会议，学习中央政治局常委会议以及国家民政部、市委、市政府重要会议精神，以上为党和国家分忧、下为四川灾区人民解愁为出发点，面对危机，义不容辞承担应尽职责。局党政班子果断决策，全力以赴抓抗震救灾，把抗震救灾作为压倒一切的任务。根据本局职能，专题研究抗震救灾捐赠接受工作，立即启动应急预案，动员全体党员干部投身抗震救灾捐赠接受工作，在最短时间内实现了思想到位、领导到位、人员到位等"三到位"和场所、制度、工作、后勤保障等"四落实"。

市民政局迅速成立抗震救灾捐赠接受工作领导小组，由局长和分管局长分别担任领导小组的组

长和副组长。同时，从局相关部门抽调专门人员，组成捐赠接受、宣传信息、协调联络、后勤保障等工作小组，由各处室的领导担任组长，并且明确了各小组的工作职责。

各工作小组建立工作制度，认真履行职责。接受捐赠小组建立了24小时值班制度，立即开展捐赠款物的接受工作，并负责全市救灾捐赠接受款物的统计；宣传信息小组开通了面向社会的24小时热线电话，并和新闻媒体实行信息链接；协调联络小组迅速和民政部、受灾兄弟省（区、市）建立热线联系，并和机场、铁路、医疗卫生、食品药品监管等诸多相关部门协调救灾款物的监管、运输、转拨工作；后勤小组负责落实了办公场所、车辆、通信设施、值班加班人员食宿等保障，全局上下拧成了一股绳，劲往救灾捐赠工作一处使。形成了健全、高效的运作机制。

据接受捐赠小组成员沈志成回忆，5月13日当天下午开始，市民政局已摆摊设点，对救灾款物捐赠接受实行24小时值班，工作人员双休日无休，其他部门都服从大局、积极配合，抗震救灾捐赠接受成为全局最重要、最突出的工作。这项措施一直持续到6月底。

同时，按照市委、市政府的统一部署，本市19个区县全部成立了由区（县）委、政府主要领导为组长的抗震救灾捐赠工作领导小组，建立工作班子和工作制度，并且把工作延伸到街道、乡镇、居村委，抗震救灾捐赠工作形成了市、区县、街镇、居村四级网络的全覆盖。

“五规范”、“一监管”，健全抗震救灾捐赠工作管理制度

为贯彻落实国务院及国家有关部门关于加强抗震救灾捐赠款物接收、管理和使用的规定和要求，加强和规范本市抗震救灾捐赠款物的接收、管理和使用，切实保护捐赠人、受赠人和灾区受益人的合法权益，市民政局依据《中华人民共和国公益事业捐赠法》、民政部《救灾捐赠管理办法》和其他有关法律、法规，结合本市救灾捐赠工作的实际，特别针对工作中出现的问题，在5月25日一口气出台了《上海市民政局关于组织开展向5·12汶川地震灾区捐赠工作的通知》等七个规范性文件。对救灾捐赠接受主体、资金管理、物资管理、捐赠统计和救灾捐赠款物分配使用实行了“五规范”。

规范救灾捐赠接受主体。本市对抗震救灾捐赠款物接收主体作出规定：各级民政部门负责以政府名义接收捐赠款物；各有关部门可以接收本系统、本部门、本单位的捐赠款物；各级红十字会、慈善基金会等具有救灾宗旨的公募基金会可以以救灾名义开展社会募捐活动，接收救灾捐赠。

同时，实行救灾捐赠审批和备案制度，规范和完善救灾捐赠行为。具体作出了三个方面规定：一是对没有救灾宗旨的公募基金会以救灾名义开展社会募捐活动，作出办理审批手续的规定。二是对组织开展义演、义赛、义卖等救灾捐赠和募捐活动的，作出报相关业务主管部门审批和在募捐活动结束后30日内向民政部门备案的规定。三是各系统、各部门、各单位以及其他组织，在捐赠和募捐活动结束后30日内按照向民政部门备案的规定。

规范救灾捐赠资金管理。突出四个重点：一是完善接受捐款手续，把当面核对、逐笔开票、填妥票据作为基本要求；二是规范资金运作，实行专账管理、专人负责，定期汇交、定时核对，救灾捐款的

移交明确了部门和期限，确保资金安全；三是统一票据管理，启用、回收、登记、盖章等都十分明确；四是救灾捐赠款物实行收支两条线管理，做到账目清楚，账款相符。

据接受捐赠小组成员李根英回忆，当时捐赠人数非常多，每天都有大量的群众自发到市民政局捐款。接受捐赠小组 2 个人一班，一天 3 班倒，不停地给捐款的群众开具收据，用完了 200 多本收据单。

规范救灾捐赠物资管理。坚持“灾区急需、质量保证、相当批量”原则，保证救灾物资达到一定批量和质量要求，体现对灾区人民的关心和尊重。实行填报意向、通知送货、配置装载、统筹集运的操作方法，创新并实现了救灾物资无库存转拨的新形式，减少了物资仓储、运输的费用和损耗。

规范救灾捐赠统计。市民政部门、红十字会、慈善基金会接受的捐赠款物全部由市民政部门、社会团体管理部门分别做好备案统计汇总工作。确保统计数据不重复、不遗漏、无差错。

规范救灾捐赠款物的分配和使用。接收定向捐赠的救灾款物，做好相关记录，由市民政部门、红十字会、慈善基金会按照捐赠人意愿安排使用；改变定向捐赠款物使用方向必须征得捐赠人的书面同意。接受非定向捐赠救灾款物的，由市民政部门、市红十字会、市慈善基金会按照国务院和民政部的统一部署和对口支援地区的重建规划以及灾区救灾和重建工作的实际情况，根据轻重缓急制定分配方案，报市抗震救灾捐赠工作领导小组批准后，按计划转拨灾区并报民政部备案。

各级人民政府、各有关部门和单位，除自筹资金或物资向灾区友好城区等特定的地区或对象捐赠外，不得擅自使用社会捐赠（包括本单位员工捐赠）的救灾款物。救灾捐赠款物一律不得用于增加本部门、本组织的原始基金。在捐赠工作中的管理费用，一律不得在捐赠款中列支；相关费用由财政部门按照规定安排。

同时，对捐赠的救灾食品、药品、医疗器械等三类物资实行严格的监管。分别由食品、药品、质量技术监督和出入境检验检疫部门负责质量安全确认，提供相关证明才许可发往灾区。

全方位、多形式，加强抗震救灾捐赠工作宣传

抗震救灾捐赠工作中，市民政局重视舆论导向作用，把宣传工作摆上了重要位置。抓典型、分层次、全方位、多形式开展宣传，营造抗震救灾捐赠工作的良好氛围，有力推动了救灾捐赠。

抗震救灾捐赠宣传分成市、区“两个层次”和内外“两条通道”有侧重地进行。两个月中，市民政局编印了《汶川地震救灾捐赠简报》113 期，分别上报民政部和市委、市政府，让领导部门直接掌握上海市的救灾捐赠情况。19 个区县全部编印了救灾捐赠信息，每天电传市局和下发街道。据不完全统计，两个月来，市民政局在市新闻媒体的报道 140 篇，区县向市民政局报送信息稿 240 多篇。5 月 19 日上午 10 时，日本驻上海总领事馆代表日本政府通过市民政局，向灾区捐赠 50 台透析机及透析器、回路管和透析粉等配套设备，价值人民币 700 余万元。以及 6 月 6 日上午，联合国难民署地区高级全球采购专员高天瑞先生代表联合国难民署向甘肃地震灾区捐赠 4000 顶帐篷，都举行了专门的

捐赠仪式，并由宣传部门进行了报道。

本局各职能部门，针对社会各界和市民关心的问题，设立热线电话，宣传解释有关政策，及时化解捐赠过程中出现的新问题。社团局负责解答社团提出的捐赠工作的有关问题，婚姻管理处负责解答灾区孤儿收养、领养政策，外事处负责答复捐赠中的涉外问题，社工处负责答复社工招募问题，两个月中，接听的热线电话有登记的就有上万个。

协调各方，形成合力，有序推进救灾捐赠工作

市民政局对红十字会、慈善基金会、各区县、市级各部门的救灾捐赠接受实行了统一管理，并坚持了救灾捐赠情况的日报、统计制度。按照民政部规定，市民政部门、市红十字会、市慈善基金会以及其他组织接收的救灾捐赠款物由市民政部门每天进行汇总统计。救灾捐赠均按实统计，各系统、各部门、各单位以及其他组织，统计和上报救灾捐赠款物，均为捐赠款物实际到账数。无实际接收救灾捐赠款物行为的部门不作统计。避免了漏报、错报和条块之间、系统内外重复统计。

协调救灾捐赠物资运输。市民政局和铁路、航空、市交通运输管理部门建立热线，由专人负责联系，建立起救灾捐赠物资绿色运输通道。据协调联络组工作人员林超回忆，当时国内外社会捐赠热情高涨，每天都在市民政局、上海海关、两大机场、各火车站、市建交委交战处奔波，协调羽毛被毯、毛毯、大米、手机、文化用品等救灾物资运往灾区。因为各方捐赠物资太多，全部涌向四川灾区可能会造成混乱，所以市民政局采取措施，由局捐赠接受小组提前做好捐赠物资的意向登记，联系灾区及时了解急需，进行细致的装载配置测算，再通知有关单位送货到机场、车站。因为工作量特别大，市民政局从基层单位抽调人员，每天在各车站、机场都保证 2 个专人值班，及时接受物资、组织发运。

协调落实中央下达本市的救灾物资生产任务。中央要求上海支援四川灾区急需的帐篷 5 万顶。为确保任务如期完成，市民政局指派了专人进行现场督导，协调洋帆等 6 家生产企业，采购各项原材料，加紧生产。同时，从基层单位抽调人员，定点坚守在各生产企业，及时掌握生产情况。当生产过程遇到配件缺少的时候，立即调整进货渠道，确保了提前完成任务。据协调联络组工作人员林超回忆，时任上海市委书记的俞正声提出在为灾区生产 5 万顶帐篷的基础上，上海应发挥自身优势，挖掘潜力，再支援灾区 5 万顶帐篷。在此要求下，上海超额完成任务，又多生产了 6 万顶帐篷，其中支援四川 4 万顶，支援甘肃、陕西各 1 万顶。

另外，5 月 21 日市民政局收到国务院抗震救灾指挥部群众生活组《关于请有关省级民政部门向灾区紧急提供救灾物资的通知》，要求抓紧组织捐赠或通过紧急采购方式，帮助解决 10 万件衣物、10 万条被子（含毛毯、毛巾被等）。市民政局先后和四川省 5·12 抗震救灾指挥部物资工作组、国务院抗震救灾指挥部群众生活组联系后，将《通知》中帮助解决 10 万件衣物、10 万条被子（含毛毯、毛巾被等）调整为采购 10 万条毛巾被，5 万套内衣裤。经市民政局协调，第一批物资内衣裤 5 万套、毛巾被 32220 条（价值 345 万元）于 5 月 28 日分别发往铁路成都东站和都江堰站，第二批物资于 6 月上

旬准备好并发往成都和都江堰车站，圆满完成中央交办的任务。

协调做好灾区来沪人员安置帮困工作。根据灾区人员来沪投亲靠友的新情况，普陀、长宁等区及时向市民政局通报情况，采取了社区帮困安置的方法，把任务化解在基层。有关区县与街道沟通信息，制定灾区来沪投亲靠友人员接待工作预案，排摸川籍来沪务工人员家庭受灾情况。对接待有困难的家庭进行临时生活困难补助，对投亲靠友无着的人员由社会救助站安置，对家庭受灾的来沪务工人员开展慰问活动，让灾区人民感受到祖国处处有亲人。截至 7 月 15 日，全市接待来沪投亲靠友人员 2162 人，帮助 497 名中小学生联系临时借读。

协调内部各职能部门关系各尽其职。市民政局建立“走访小组”深入了解区县捐赠工作的需求和问题。

抓“四项举措”，强化监督，确保安全，取信于民

建立救灾捐赠公示制度，信息公开，透明操作

市民政局作为捐赠接受主体带头公布捐赠数据和捐赠者名单，公布捐款分配和使用情况，公布物资调拨情况。5 月 27 日，市民政局建立救灾捐赠公示制度，规定市红十字会、市慈善基金会以及经民政部门批准开展救灾募捐活动的其他公募基金会，也按照定向和非定向捐赠分类，通过政府网站和市级媒体，向社会公布接收和分配使用救灾捐赠款物的详细情况。各系统、各部门、各单位通过张榜公布等方式，向本系统、本部门、本单位公开救灾捐赠款物的接收、上缴情况。据协调联络组工作人员林超回忆，上海民政救灾捐赠公示制度的建立，比民政部提出的要求，提前了一个多月。

市民政局通过信息系统排摸了全市开展捐赠活动的组织，并先后通过登报和发函的形式，向有关组织和单位发出通知。从 6 月起，市和区县审计部门陆续对救灾捐赠开展审计，逐笔查验，逐项追踪，做到笔笔有交代，件件有落实。

政府各职能部门按照分工切实履行救灾捐赠工作中的职责。民政部门负责会同有关部门及时查处各类非法募捐活动。公安、司法部门坚决打击借救灾募捐名义从事诈骗活动等违法行为。交通建设部门负责救灾物资运输和进入灾区的车辆管理。卫生、食品药品监管部门负责救灾捐赠食品、药品、生化制品和医疗器械的安全监督。医疗部门负责来沪就医的受灾人员的医疗管理工作。审计、财政部门对救灾捐赠款物接收部门和单位相关工作进行跟踪检查，定期公布检查结果。监察部门对救灾捐赠款物的管理使用情况，以及有关部门履行监管职责的情况开展专项检查，对违纪、违法的单位和个人要迅速查办、从严处理。新闻部门发挥媒体的舆论监督作用，及时披露救灾捐赠活动中的违法、违规行为。文化、体育、经委等部门配合做好以救灾捐赠名义举办的义演、义赛、义卖等活动的管理工作。各部门加强协作，相互支持，形成合力，共同管理好救灾捐赠工作。

爱心延续,组织"送温暖、献爱心"社会捐赠活动

为落实温家宝总理关于全国要向汶川地震灾区捐赠御寒衣被的,切实帮助地震灾区困难群众安全过冬的重要指示,民政部、中宣部、铁道部、交通运输部、总政治部联合下发了《关于开展2008年全国"送温暖、献爱心"——向汶川地震灾区捐赠衣被活动的通知》,明确2008年10月份将在全国开展"送温暖、献爱心"社会捐赠活动,为汶川地震灾区困难群众捐赠过冬衣被,也可捐款。承担对口支援任务的省份募集新衣被(毛毯)不低于20万件(床),其中棉被不少于10万床。按照民政部的统一部署,在市委、市政府的领导下,2008年10月10日至10月31日,全市广泛动员社会各界、各级党、政、军机关、企事业单位和社会团体组织和广大人民群众,开展了以"捐赠衣被,温暖灾区"为主题,向灾区困难群众捐赠过冬衣被的集中捐赠活动。为确保捐款能及时定向购置棉衣被,市民政局和市经委协调,由市经委提供生产棉衣被的骨干企业,各区县与企业立即签订合同,使用定向捐款1813万元定制新棉衣被,保证20万件新棉衣被任务按时保质完成。

经上下齐心协力,上海市在这次捐赠活动中,共接收各类衣被718.01万件,是去年(2007年)的135.76%,为历年来单次捐赠活动捐赠数量之最;募集新品62.4万件,也是历年之最,为民政部下达任务的312%;募集棉衣被420.53万件,占全国对口支援棉衣被数1023万件的41.1%;装车总量达到352个车皮,比去年(2007年)增加191节车皮,是历年来最多的一次。全市共接受社会各界捐款5375.63万元,其中,2612万元定向用于购置棉衣被。全市参加这次活动总人数达到220万人。截至11月28日,全市共接受社会各界捐款5375.63万元,在"5·12"汶川地震捐款超25亿元后,连续第三年超过5000万元。

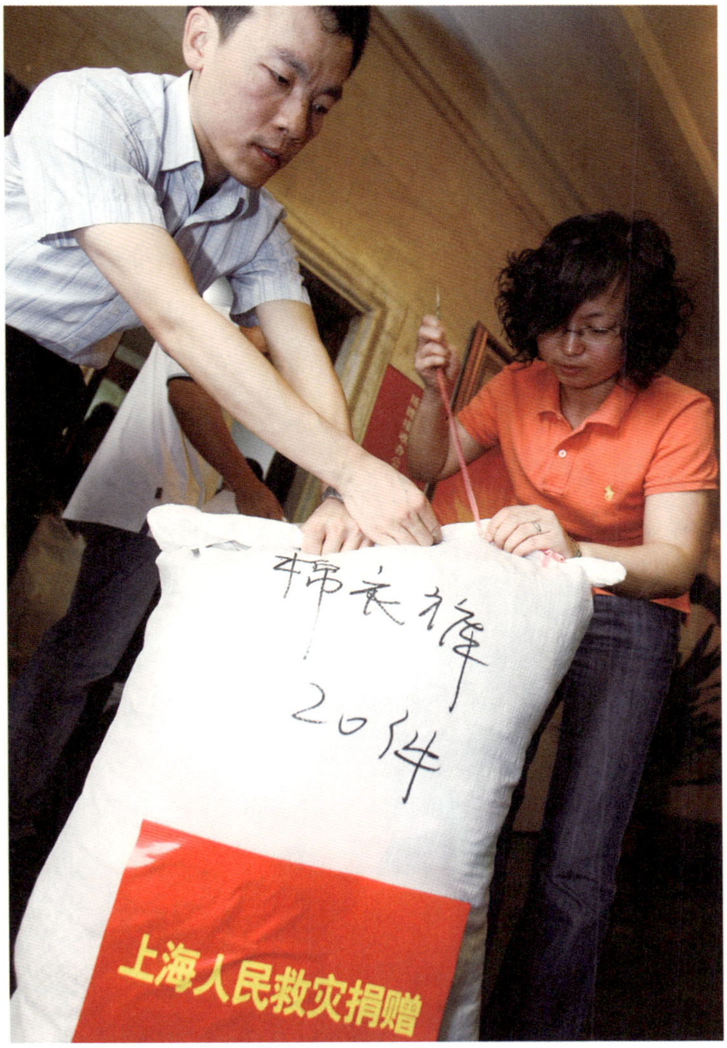

市民政局工作人员为捐赠的棉衣裤打包

行动起来，提供实实在在的支援

——上海统一战线汶川地震救灾实录

地震发生后，上海统一战线第一时间响应中共中央国务院、市委市政府号召，立刻行动起来。这支来自各民主党派、社会团体、新的社会阶层、少数民族、宗教团体、高校及科研院所，以及包括台湾同胞、港澳同胞和海外华侨华人在内的大联合队伍，立即进入全面、高速、有序、有效的行动状态。

统一战线机关行动起来了

5 月 14 日，时任上海市委常委、统战部部长杨晓渡主持会议，传达中共中央、国务院，上海市委、市政府关于全力做好抗震救灾工作的通报，号召统一战线紧急动员起来，投入支援抗震救灾的战斗。

会后，统战系统全体机关干部主动为灾区捐款捐物。当天，全系统 22 个机关、团体和事业单位的 1415 名同志参与捐款，总额为 23. 51 万元。市委统战部还积极组织统战系统党员干部交纳“特殊党费”，共有 681 位在职及退(离)休老同志缴纳“特殊党费”47. 46 万元。

各区县统战部立即召开专题会议部署赈灾募款工作。截至 5 月 17 日，宝山区收到统一战线各界人士捐款 600 万元；虹口区统战系统截至 6 月 2 日收到善款 1267. 9 万元；徐汇区各界人士通过各种渠道捐款 6731 万元，捐物价值 808 万元……此外，一些企业和个人也通过统战系统第一时间提供支援。宝钢集团为绵竹市汉旺镇东方汽轮机厂送去包括 8 个集装箱式移动彩板房和 260 平方米的彩板房安全构件；全国台商联合会副会长、上海台协会长、上海国福龙凤食品有限公司董事长叶慧德积极组织企业捐款，截至 5 月 17 日募捐 758 万元善款；嘉定区上海太太乐食品有限公司以企业名义捐款 200 万元后，总经理一家还以侨胞个人名义捐赠 2 万元……

各民主党派行动起来了

上海各民主党派市委分别发出通知，动员捐款支援灾区，各党派市委主委带头捐款，并发去慰问信。

地震发生时，民建上海市委主委周汉民正在广西参加会议。得知消息，他心急如焚，迅速联系民建市委机关，了解情况，提出要求。民建市委在第一时间发出通知，号召全体会员发扬民主党派和中国共产党风雨同舟、荣辱与共的优良传统，发挥联系经济界的优势，多种方式向灾区伸援手、献爱心、送温暖。许多企业家成员积极投入捐款大军，数十万元、上百万元，甚至有企业家捐出上千万元。

各民主党派一些普通成员也坐不住了。民革杨浦区委四平支部百岁老人王辛圭捐款 1000 元；九三学社成员、95 岁高龄的中国合唱指挥泰斗马革顺，在学生王海灵和歌唱家王坚的搀扶下前往捐款；九三学社成员李建的家庭条件比较困难，妻子长年卧病在床，但他第一时间捐款1000元，三天后再次捐款1000元；在英国求学的致公党嘉定区总支成员姚薇，委托家人捐出1万元……

与此同时，各民主党派组织和成员以各种方式参与抗震救灾工作。农工党成员吴敏作为卫生部组织的医疗队队员第一批奔赴地震前线；九三学社成员、小儿骨科医生马巍在奔赴灾区途中及时救治受灾学生李小兰，保住了本来被确定必须截肢的右腿；九三学社成员毛时安参与策划血脉相连众志成城——上海市社会各界赈灾文艺晚会；民进市委副主委、上海作家协会副主席赵丽宏为抗震救灾创作长诗《我们血脉相连》；四川籍九三学社成员廖昌永，先后参加上海市社会各界赈灾文艺晚会和2008宣传文化系统抗震救灾大型募捐活动，向四川家乡灾区捐款16万元；民盟市二中学支部主动慰问灾区的四川籍教师，四位盟员无偿献血；台盟许多盟员在与台湾岛内亲人通话中，讲述灾情，激发了两岸的亲情乡情。

民族宗教界行动起来了

5月22日，上海市少数民族联合会向全市少数民族同胞发出“手挽手、心连心”倡议书，号召少数民族同胞捐款捐物支援灾区，安定情绪，做好本职工作，履行公民职责，维护社会稳定，增进社会和谐。这份倡议书有力地维护了民族团结的大好局面。

5月13日下午，上海佛教、道教、伊斯兰教、天主教、基督教等五大宗教团体负责人齐齐赶到上海市红十字会办公地，亲手向会长谢丽娟送上首批赈灾捐款280万元。

5月16日晚，上海佛教界千余位法师云集玉佛寺，举行“佑我中华，护国息灾”千僧传灯祈福法会。市佛教协会会长、玉佛寺方丈觉醒法师点燃了代表爱心的荷花烛灯，并在传播点燃之后拼出一个动人心魄的心型，为祖国和灾区人民祈福。

龙华寺举行地震“头七”祈福法会。方丈照诚法师当场挥毫泼墨，书写“福”“缘”“慈”“爱”等字幅，号召信众和游客捐款。仅一天时间，龙华寺就募得善款120余万元。不久后，照诚法师亲自前往四川灾区，走访当地宗教界人士，慰问当地受灾群众。

5月13日，上海市道教协会以及各宫观就通过市红十字会向灾区捐款近40万元。上海城隍庙、钦赐仰殿道观、白云观及各区(县)道观也积极地募捐赈灾。5月15日，上海道教界在松江东岳庙还举行了“祈祷四川地震中罹难者超生、被困者平安获救”祈福超度法会。

5月16日(星期五)是伊斯兰教的“主麻”聚礼日，上海市伊斯兰教协会所属的七坊清真寺积极响应市伊协的号召，利用“主麻”聚礼的机会，阿訇带领穆斯林群众为四川地震灾区中逝去的生命做祈祷默哀，为受灾的人民祈祷，并尽自己所能为地震灾区奉献爱心，在第一时间向上海市红十字会捐款20.4万元。

灾后数周，天主教上海教区集中举行为灾区群众祈祷的弥撒，在金鲁贤主教的号召下，许多教友捐出服装、生活用品等参与义卖，徐汇大堂等上海教区各教堂也积极参与到为灾区人民捐款捐物的行列之中。此前,金鲁贤主教为灾区捐款100万元。

5月12日上海市基督教两会向各区(县)基督教两会发出为灾区的捐款函,全市100多所礼拜堂及聚会点在18日(主日)的礼拜活动中,共同为灾区祷告,设立捐款箱,各堂点牧师、长老及广大信徒为汶川灾区踊跃捐款捐物。

上海基督教青年会、上海基督教女青年会是基督教背景的社会服务团体,在大地震灾情面前,用行动传递爱心,用坚持彰显专业,灾后短短的两天时间里,就收到了3万余元的爱心捐款,此后又陆续收到赈灾物品1000余件。

新的社会阶层行动起来了

地震后,新的社会阶层人士踊跃捐款捐物,积极投入到救灾援助的行列中,为灾区人民伸援手、献爱心。

在市工商联的组织和号召下,作为嘉定区工商联会员企业、国家物资储备中心定点生产医用注射器、输液器的民营企业——上海康德莱集团有限公司,从5月12日开始加班加点赶制抗震救灾急需的医疗器械。根据国家物资储备中心的要求,第一时间组织生产、运送抗震救灾物资——注射器50万支、输液器22万支、输血器0.4万件发往四川灾区。

复星集团紧急启动"汇聚爱心向汶川公益募捐行动",在所属复星医药上海千家网点设立红十字会捐款箱,并按各自销售利润的不同比例向红十字会捐赠善款。均瑶集团下属吉祥航空接到向灾区运送救灾物资指令后,立即将原本已经装机的货物卸下,载着救灾物资直飞灾区,并保持着每天一个班次飞往灾区运送物资。

海内外华侨华人行动起来了

每逢国家紧急关头,海内外华侨华人总是义无反顾地挺身而出。

地震后,上海市侨商会荣誉长、中国侨商会常务副会长、金光集团主席黄志源捐赠2100万元,正大集团董事长谢毛捐款1000万元,世茂集团董事长许荣茂捐款1000万元,上好佳(中国)有限公司名誉董事长施恭旗捐款100万元,金光集团副总裁黄柏年捐款500万元。上海的侨资企业同样如此。在上海市侨联、市华侨基金会联合举行的捐赠仪式上,吴蓓琪、李飞康等11位侨资企业家慷慨解囊献爱心。

5月16日下午,在上海华文教育基地——东方曹杨外国语学院的"情系灾区"捐款仪式现场,出现52名来自菲律宾的华裔孩子。他们是"寻根中国、相约上海"菲律宾裔青少年夏令营的营员,他们把身边的零用钱都投入爱心捐款箱里。

上海台湾同胞投资企业协会一个星期内收到在沪台资企业捐款7400多万元,捐物价值1500多万元。上海克莉丝汀食品有限公司董事长罗田安捐款40万元和价值70万元的饼干、点心等食品;旺旺集团捐款1000万元和价值500万元的食品;百脑汇电子信息有限公司捐款2000万元。

智力救灾行动起来了

“我为灾区再做什么?”救灾的同时,统一战线的人们已经思考这个问题了。

5月19日14时28分,祖国大地响起了警报声、汽笛声,国旗半垂、举国同悲,中华人民共和国第一次为死难的普通人民群众举行全国哀悼。这个因汶川特大地震为设立“国家哀悼日”,最初的建议是民革会员、复旦大学葛剑雄教授提出的。

建言献策,在智力层面上为抗震救灾出力,这是统一战线人们给出的回答。台盟市委主委杨健在地震次日就提出借鉴台湾岛内抗震救灾的经验和台湾救援队的实践,在灾后重建、心理援助等方面给予关注的建议;九三学社市委副主委黄鸣建议,在大规模清理现场前,应组织专业队伍(如建筑工程技术、地震研究、环境、水利人员、灾害防控人士等)赴现场实地调研,按破坏类别、程度、距震中距离等对不同的建筑、构筑物现况进行分类统计,以利于灾后重建,并对今后相关工作提供有价值的研究依据。

5月22日,市委统战部举行了“我为灾区再做什么?”——上海统一战线情系灾区座谈会,会上各民主党派市委、统战系统各单位、市少数民族联合会、各宗教团体、市知联会等单位领导纷纷就下一步如何发挥各自特色、优势,为灾区重建建言献策。许多民主党派领导提出要建立专家组,做好重建规划,提高有效性、有序性;侨务系统的领导提出要加强国际交流,继续做好海外华侨华人工作;宗教界代表提出援建损坏的历史文物建筑;更多的与会者提出援建学校培养人才,从根本上解决灾区重建、发展问题。一条条建议,一项项实实在在的措施,无不饱含着统一战线人士的一片片赤诚之心。

杨晓渡认真听取大家的发言后动情地说:“在灾难面前,我们国家、民族、人民经受了考验,前所未有地凝聚起来,表现了惊天地、泣鬼神的崇高精神,灾难显示了最残酷的一面,也展现了最美好的一面,使国际社会对今天的中国有了新的认识和理解。我们要永远保持这种精神。”

汶川，我们与你共同渡过难关

——市工商联抗震救灾一月日记

这一刻的记忆始终难以忘却：2008年5月12日14时28分，北纬31度，东经103.4度，汶川8级地震撼动了中国，数万生命顷刻陨落。这一天，是民族之痛，国家之殇。

汶川地震后，上海市工商联在第一时间召开紧急会议，专门部署，号召全市各区县工商联、基层商会、行业商会和广大民营企业会员紧急行动起来，加入到抗震救灾行列之中。

5月12日

下午大地震发生时，正值市工商联和市委统战部举行非公有制经济代表人士学习培训班，时任统战部部长的杨晓渡向培训班学员提出，面对我国发生特大自然灾害，民营企业要勇于承担社会责任，量力而行、全力而为地支援四川抗震救灾工作。

第一时间谋划，第一时间行动。正在参加培训班的时任市工商联主席王新奎、党组书记、副主席季晓东等领导班子成员紧急商议，动员各级工商联和民营企业为抗震救灾作贡献。

5月13日

闵行区工商联率先行动，通过光彩事业促进会在区举行的首批社会各界援助四川地震灾区捐赠仪式上，向灾区人民捐助200万元。

5月14日

上海市工商联向各区县工商联、各行业商会、各会员企业发出通知，号召各级工商联、各行业商会的干部职工本着高度的政治责任感和对人民高度负责的精神，投身到抗震救灾的工作中去，同时引导民营企业家积极履行社会责任，在抗震救灾中奋发有为，做出贡献。闸北区工商联带头向灾区捐赠50万元，广大民营企业家积极响应，捐款捐物。

5月15日

市工商联会员企业上海宝旺实业有限公司员工李淇，得知地震消息后，向“宝旺”董事长万浩波提出请假一周到抗震救灾第一线作志愿者。他背着近30斤重的装有药品、食物的大包奔赴北川，当天晚上他就参与了抢救灾民的行动。

在北川的一处废墟里，他发现一位20多岁的幸存女护士，就和解放军官兵共同抢救。由于李淇个子精瘦，在机械施救不及的情况下，他主动钻进废墟进行挖掘。

面对灾难，上海市工商联民营企业会员在第一时间伸出援手。

上海远成集团总裁黄远成在国外出差，在得知地震的消息后，立即指示做好公司四川籍员工的抚慰关心工作，并将成都分公司80台车辆全部用到当地抗灾抢险中去。同时，在第一时间通过四川省工商联向地震灾区捐款20万元。

复地集团携母公司复星集团旗下的生物医药、钢铁制造、高科技等其他产业单位，联合向灾区捐款人民币1000万元，外加灾区急需的医药、救护等赈灾物资。

均瑶集团属下吉祥航空免费为救灾行动提供空中运输服务，每天一个班次，同时捐款200万元用于灾后8所希望小学的重建。

上海致达科技集团、上海华辰隆德丰企业集团和上海中锐实业投资有限公司等都及时捐款100万元。

到12时整，传来消息：静安区工商联会员企业在“向四川省汶川县地震灾区捐款仪式”上捐款115万元。杨浦区工商联组织会员企业捐赠数额达201.7万元。宝山区工商联会员企业及商会共捐款449万元。

5月16日

上海市“民营企业　情系灾区”座谈会在市委统战部召开。会上，上海致达科技集团股份有限公司董事长严健军宣读倡议书，号召本市民营企业家们行动起来，与灾区人民一起共渡难关。此时，上海非公有制经济人士通过市民政局、市红十字会和市光彩事业促进会等不同渠道，向四川地震灾区捐赠约7000万元和200万港元的财物。下午2时，长宁区工商联100多家会员企业捐款已超过1800万元。

2008年5月16日，民营企业代表在“民营企业情系灾区”座谈会上宣读倡议书

2008 年 5 月 17 日，上海市民营企业家合唱团在普陀区举行赈灾义演，义演现场，合唱团员们排队捐款

5 月 19 日

复星集团发起的“汇聚爱心向汶川公益募捐行动”正式启动，这项行动持续整整 31 天，至 6 月 19 日，在上千家网点设立红十字会捐款箱，在接受公众捐款的同时，复星所属各企业按各自销售利润的不同比例向红十字会捐赠一定数额的善款。

5 月 25 日

企业家的爱心还在继续。普陀区民营企业家们再一次走进了东方国拍举行的赈灾慈善义拍现场，20 多位民营企业家热情参与，拍走了大部分拍品，展示民营企业家“履行责任，情系灾区”的胸怀。

5 月 27 日

市工商联会员企业世茂集团董事局主席许荣茂及世茂房产捐建地震灾区百家爱心医院仪式在北京举行。许荣茂表示，他本人和世茂房产将继 5 月 13 日向地震灾区紧急捐助 1000 万元港币之后，再次出资 1 亿元人民币，向地震中受灾最为严重的乡镇捐建百家“世茂爱心医院”，为灾区群众提供安全、有效、方便、价廉的基本医疗卫生服务和基本医疗卫生保障。

5月28日

民营企业宏泉集团投资的宏泉丽笙酒店开业，集团董事会决定节省开业庆典费用，援建对口地区——四川都江堰市普陀宏泉光彩学校，承诺要建"震不垮的学校"。

6月3日

时任市委统战部副部长、市工商联党组书记季晓东走访考察位于宝山区罗宁路1390号宝山工业园区内的上海钢之杰钢建筑产品有限公司，听取该公司无偿援建四川灾区新型先进的抗震样板房，并提出主动承担社会责任是民营企业最好的品牌。

2008年6月3日，市委统战部副部长、市工商联党组书记季晓东（前左二）到上海钢之杰钢建筑产品有限公司调研

6月18日

市工商联负责人率团赴都江堰市工商联，商谈如何组织上海民营企业参与灾后重建相关事宜。这是在党中央、国务院明确对口支援省市之后，上海市第一个赴对口支援地区进行项目对接的单位。

一方有难、八方支援。上海工商联和民营企业家竭尽全力支援抗震救灾工作。

除了善款救灾以外，民营企业在支援抗震救灾中更突出了自身的特点和优势：一是科技救灾。发挥民营企业科技成果在细分行业的优势，在汶川地区特种通讯支援和民用通讯恢复，止血药品和血浆制品迅速提供等方面发挥作用；二是专项救灾。发挥民营企业行业领域宽、产品多样化明显的专业优

2008年6月18－19日，上海市工商联副主席金亮带领上海民营企业家代表团赴都江堰

势，在帐篷、睡袋、一次性医用器械大量生产，救灾物资紧急运输等方面挺身而出。三是一线救灾。发挥民营企业上海总部的辐射优势，动员驻川民营企业深入一线参加现场救援。有的民营企业家亲自前往灾区参加志愿者救援行动。至2008年6月30日，上海市工商联系统累计捐款捐物约6.59亿元、200万港元。

有一种凝聚叫力量，我们用力量传递力量，勇敢而坚强；有一种奉献叫大爱，我们用爱心传递爱心，温暖而久远。当我们再回首，那一段段往事，一天天记载，仍难以忘怀。汶川、灾区，上海市工商联与你共同度过。

2008年7月20日，上海市工商联主席王新奎（左四）、上海市光彩事业促进会名誉会长任文燕（右三）出席上海市工商联举办的“光彩活动日”

山摇地裂哀比国殇　抗震救灾多难兴邦

——上海民营企业心系汶川凝聚爱心奉献同胞

这是上海58.7万户私营企业和近3万家工商联会员朴实的声音。他们没有豪言壮语，没有华丽的辞藻，他们以普普通通，平常得不能再平常的行动，急灾区所急，凝聚爱心、支援灾区、奉献社会。这里读者可以看到民营企业在非常时期彰显的社会责任。

复星、均瑶联袂紧急送药

上海复星高科技（集团）有限公司是国内最大的综合类民营企业之一，主要拥有医药、房地产开发、钢铁、矿业、零售、服务业及战略投资等业务。均瑶集团是以实业投资为主的现代服务业民营企业。以航空运输、商业零售、文化传播和食品饮料为主，涉及教育、置业、投资等领域。这两家是上海具有代表性的民营企业。

"复星"董事长郭广昌，"均瑶"董事长王均金此刻都是上海市工商联副主席，中国光彩事业促进会理事。震后第一时间郭广昌当即宣布：复星集团将和关联企业向灾区联合捐赠不低于1000万元现金和药品；均瑶集团立即通过中国光彩事业促进会向灾区捐款200万元，定向用于四川绵阳灾区希望小学的援建。

从5月14日开始，复星集团旗下的复星医药每天把重达4吨、价值50万元的抗灾药品发往受灾地区。郭广昌表示：复星将连续一周不间断通过专机运送。这个专机运送就是通过均瑶集团的吉祥航空的专机。这两家企业如此大规模、持续性的联合行动尚属首次，在沪蜀两地传为佳话。

复星、均瑶还自建渠道保障急需药品高效、准确送达灾区，送达医疗队，为赴川官兵、医务人员急需之用。复星集团联手红十字会在受灾的9座城市同时举行捐款，设立千只复星爱心募捐箱，复星医药先行预捐善款50万元，开展"心系汶川"公益募捐行动。5月19日，复星集团实际捐赠钱物超过1400万元，其中员工个人捐款达210万元。

在整个赈灾中，复星集团捐赠援助总额达4526万元，其中捐款1576万元，捐物2950万元。

5月14日，均瑶集团在总部组织爱心募捐，员工捐款累计60余万元。集团所属的吉祥航空每天往返成都的航班不断为灾区义务运送物资，其中有千斤顶、药品、帐篷、食品等，这些是民航总局、复星医药集团、李连杰壹基金、中国企业社会责任同盟等企业和基金会为灾区筹集的物资。均瑶集团将救助行动成为"吉祥之翼"。在赈灾过程中，吉祥航空企业与员工捐款达533万元，累计向灾区运送物资60余吨。

日行千里驰援灾区　胜利攻克信息孤岛

汶川地震发生后，地区基础设施损毁严重，特别是各种通信设备大面积受损，信号中断。灾区人民无法及时得到党中央、国务院的指示和部署，无法及时得到外界的援助情况，无法及时得到抗震救灾情况，给救援工作带来极大困难。如何保证通信的通畅成了当时灾区的当务之急。

5 月 13 日，灾情发生后的第二天，作为“国家特种信息产品动员中心”的依托单位，民营科技企业、上海高智发展有限公司接到国家经济动员办公室的指令，立即启动应急预案。

“我们保证：要车有车，要人有人，要设备有设备”！灾区的需要就是命令，上海市工商联副主席、上海高智发展有限公司总经理刘幸偕立下军令状，没有更多的语言，公司本部的 100 余名员工兵分几路，立即制定一整套移动卫星通信指挥解决方案，紧急调配了自主研制的一辆全功能卫星特种通信指挥车、一辆技术保障车，并组建后方技术支持中心投入工作。5 位技术骨干和 3 名技术人员主动请缨，组成驰援灾区的第一梯队，参加上海警备区战时应急通信车开赴灾区。

应急通讯分队 5 月 15 日凌晨 6 时从上海出发，经过连续 45 小时的长途跋涉，行程 2300 公里，奉命

上海高智发展有限公司自主研制的全功能卫星特种通信指挥车在灾区援助

抵达四川省抗震救灾指挥部。甫一抵达，小分队就遵照指挥部的安排驶向重灾区平武县，一路上应急克服了余震危险、缺水少粮、条件艰苦等不利因素，5 月 17 日深夜到达平武县南坝镇。工程技术人员顾不上休息，连续奋战至凌晨 3 点，终于使特种卫星通信车投入使用，15 分钟内构建起一个卫星通讯网络，为平武当地参与抢险救灾的部队及抗震救灾指挥部开通了 30 路军用通信线路、10 路民用通信线路，同时以视频会议和互联网保障了抗震救灾的各种多媒体和数据通信需求，使灾区的现场画面及时传到了四川抗震救灾指挥部，保证了灾区与外界必要的通讯需求，攻克了这座信息“孤岛”。

在灾区，在最前线，12 个日日夜夜，高智工程应急通信分队圆满完成了灾区通讯保障任务，5 月 31 日中午安抵上海。

在悲哀中凝聚力量　洋帆公司赶制八万顶救灾帐篷

位于闵行区浦江镇的上海洋帆实业有限公司，是一家专门从事帐篷等户外用品生产的民营企业。

5 月 12 日晚 10 点多，公司接到上海市应急办公室电话，征询现有帐篷成品数量。此时，公司库存有限，成品中一部分海外订单，准备发往海外。但是灾情刻不容缓，洋帆公司毅然决然，组织员工打包、装运。13 日一早，将 1680 顶帐篷送至机场。这批帐篷成为上海市第一批运往灾区的物资。

第一批帐篷发出后，5 月 14—20 日，民政部救灾救济司连发了十几封传真，询问洋帆公司救灾帐

2008 年 5 月 31 日，中共中央政治局委员、上海市委书记俞正声慰问洋帆公司职工

篷的生产能力。民政部救灾帐篷的需求数量从最初的6000顶，一跃为5万顶，而且要求5月底开始交货。

5月21日，国家商务部要求洋帆公司立刻发运1.2万顶帐篷救急。5月27日，上海市经委向洋帆公司订购3万顶帐篷，6月底交货。此时，联合国难民署联系上海市政府，通知洋帆公司，将难民署原先订购的救灾帐篷直接运送灾区，作为联合国难民署的赈灾物资。

公司做了统计，各方面所需的救灾帐篷合计11万顶。其中需要生产的8万多顶，而这8万多顶的产量按照正常的生产能力来算，起码需要75天。

从接到任务那天起，公司领导和员工自觉放弃休假投入到紧张的工作当中。没有人嫌苦，没有人喊累。5月15日，公司组织募捐，不到一天，收到捐款5.7万元。在厂区的公告栏里贴满了员工对灾区人民关心的小纸条。更为感人的是，有80多名日夜加班的员工预约登记无偿献血。

5月20日下午，上海市副市长艾宝俊到公司看望员工，协调解决赶制帐篷过程中难题。5月31日上午，中共中央政治局委员、上海市委书记俞正声到生产第一线慰问员工。

员工们没有豪言壮语，没有埋怨抱怨，目标只有一个：尽早生产出更多的帐篷，让受灾群众得到临时安置。6月19日，民政局所需的5万顶帐篷顺利发运。6月30日，所有8万多顶救灾帐篷顺利发运。在悲哀中凝聚力量，洋帆公司仅用了45天胜利完成了各项任务。

2008年5月20日，上海市副市长艾宝俊(左)到洋帆公司协调解决赶制帐篷过程中的难题

传播人道　弘扬博爱　谱写奉献

——上海市红十字会系统汶川特大地震抗震救灾行动纪实

2008 年 5 月 12 日，汶川大地震震惊世界。

上海市各级红十字组织在中国红十字会总会、中共上海市委、市政府的部署和领导下，在社会各界、爱心人士大力支持和广大红十字会员、红十字志愿者的积极参与下，开展了一系列抗震救灾救援工作。

灾情就是命令，启动应急一级响应

反应敏捷，救灾工作迅速启动。5 月 12 日当晚，时任上海市红十字会会长谢丽娟要求市红会有关部门立即了解灾情，准备赈灾。13 日 8 时，她亲自主持召开紧急会议，启动《上海市红十字会自然灾害等突发公共事件应急预案》一级响应。会议当即决定向四川省红十字会捐赠首批救灾款物 201 万元，其中救灾款 100 万元，棉被、帐篷等救灾物资价值 101 万元。同时，市红会向各区县红十字会

上海市十字会捐款办公室排队捐款的市民

发出紧急赈灾通知，并通过20余家媒体向社会发出紧急募捐呼吁书，公布市、区（县）红会赈灾热线、捐款地址、邮编和账号。开通24小时赈灾热线，实行24小时接受捐款值班，并与上海铁路货运北郊站联系开设了捐赠物资快捷收运点。

爱心涌动，市民捐赠热情高涨。从5月13日清晨开始，社会各界爱心企业和爱心人士如潮般涌向全市各红十字募捐点。市红会的赈灾热线从1门扩容到6门还时时被打爆，门户网站点击率数10倍增长，银行、邮局汇款单据每日成捆、成批送来。市红会在现场增设了近十个捐款接待处还不能满足需要，又在紧邻的中国建设银行上海外滩支行支持下，在其营业大厅增设了3个捐款窗口，即便如此，在每日的捐赠高峰时段，捐款接待处仍被挤得水泄不通，捐款队伍在延安东路的人行道上蜿蜒，汽车停满周边车道。捐款者常常要排上半个小时，没有怨言，有的只是热泪和尽快帮助灾区的博爱情感。

小朋友为汶川地震捐款

期间，时任上海市副市长沈晓明、副秘书长翁铁慧及黄浦区委书记、区长王文涛等领导分别亲临现场慰问、关心、指导。

我们难以忘却：在第一时间的5月13日，清晨第一位为地震灾区捐款1000元后匆匆离去的中年妇女的背影；上海市佛教、道教、天主教、基督教、伊斯兰教负责人联合到市红会捐款280万元；上海交通大学及医学院捐款150万元；三得利（中国）投资有限公司捐赠67万余元；上海龙缘素斋食品有限公司捐赠 40 万元;上海出入境检验检疫服务中心捐赠 30 万元……。一天内市红会就收到了 266 笔单位和个人的 590 余万元的捐款。地震后的第三天更是达到了 2487 笔,1300 万元。5 月 13 日到 31 日的短短 19 天内,市红会就收到捐款 54888 笔,价值人民币 7.6 亿元。其中最高单日收到现金捐赠 2590 笔,1467 万元,工作人员和志愿者几乎连上厕所、吃饭的时间都没有,点钞机先后烧坏了三台。

我们难以忘却:那掏空钱包将所有钱投入募捐箱而不留姓名、不要证书匆匆离去的背影;那一双双把储蓄罐的钱全部倒入红十字募捐箱的幼嫩小手和捐出生日礼金的小朋友们;那双布满皱纹的手打开旧报纸包着历年省吃俭用节攥下来的数万元现金的 94 岁老爷爷;那金发碧眼、边看文稿边排队等候捐款的外国友人;还有那最令人印象深刻的是捐出全部礼金的新婚夫妇和有着 8 个半月身孕的准妈妈捐款后说的那句话:“培育爱心要从胎教开始”……

我们难以忘却:上海航空公司工会在捐款 10 万元后代表公司表示:运送救援人员和物资的飞机 24 小时待命;一位名叫袁玮的女士代表全家说,灾难中的人们是需要大家关心和帮助的,我们捐出已故妈妈留下的 7000 元;世博园区建设工地浦东 4 标项目部的一群外来务工人员说,我们中有几位是来自灾区的工友,家乡的房子已不同程度损毁,但得知要为地震灾区募捐时,我们掏出了身上仅有的钱;一位叫王歆芝的小朋友留言:为四川地震灾区的儿童们捐出我的压岁钱 2000 元,献出一份微薄之力;闸北区北站街道永乐老年合唱队全体队员在捐款时致信给灾区小朋友,“我们愿意放弃为儿孙们买节日礼物的钱捐款给你们,我们只想让同一蓝天下的孩子们都能过上同样的“六・一”儿童节。

外国友人在上海市红十字会等候为汶川地震捐款

我们难以忘却：一位名叫松浦信男的日本友人在捐款的信封上用中日英三国文字写下了“别输给地震！加油！”；上海市劳教所全体劳动教养人员在大墙内给灾区人民写道，“心要重生，梦也要重生。你们在震灾中表现出来的那种不言放弃、奋斗到底的精神让我们在钦佩的同时也感到汗颜。这正是我们自身所缺少的。我们决心，一定要用实际行动为抗震救灾尽自己微薄之力”；一位来自美国的华侨在捐上3000美元的同时附信说，“男子汉热泪不轻弹，但我那盈眶的热泪还是滴滴流入心头，我的心好痛、好痛啊！”

无私奉献，凸显红十字志愿服务特色。面对突如其来的灾难，上海社会各界及热心市民踊跃捐款，高峰时期，市红会日均接听咨询电话达千次以上，日均接受捐赠数千笔，捐赠票据紧急采购，证书全部用罄，紧急加印再加印。全体工作人员主动放弃双休日，一天工作14至16个小时，部门负责人、会领导靠前指挥直接组织参与。面对巨大的工作量，单靠红十字工作人员是远远不够的。这时，红十字志愿者成为一支生力军。在市红会的有效组织下，复旦、上外、上大、工商学院、上海行政管理学院、华政、上政、立信会计、中医药大学、上师大、上海医疗器械专科学校、建设银行、市统计局、上海海关、德勤华永会计事务所、英华达(上海)科技有限公司、上海经贸国际货运实行有限公司、上海五岸传播有限公司、浦东供排水建设工程有限公司等单位的爱心志愿者，不分昼夜，不计报酬，每天工作十几个小时。截至2008年7月14日，市红会组织的赈灾志愿服务参与人数达2374人次。志愿者们的无私付出，及时有效的弥补了市、区(县)红会人力的不足。更令人感动的是，志愿者们还把发给他们的交通费都悄悄地投入了募捐箱。红

志愿者们在上海市红十字会进行捐款公示前的录入和核对工作

因捐赠量大、场地有限，志愿者们在上海市红十字会会议室进行捐款票据开具工作

十字“人道、博爱、奉献”精神，在这些可爱的志愿者身上得以弘扬，同时也彰显了上海城市志愿服务风尚。

克服重重困难，完成巨量物资接受和发运

5 月 13 日上午，为了使救灾物资的快速接收、发运，上海市红十字备灾救灾中心在北郊站开设了捐赠物资临时收发点。及时向社会公示物资捐赠热线和物资接收地点、联系方式等；并立即组织两支队伍，一支由主要负责人带队、党员和骨干参加，进驻北郊站临时收发点；另一支留守备灾中心负责捐赠物资接收。两支队伍各分成三班全天候值班，并积极与交通运输部门沟通，将募集到的救灾物资以最快的速度运送到灾区。

5 月 20 日，时任上海市市长韩正到北郊站捐赠物资接收发运现场视察，要求各相关单位认真做好救灾物资发运工作。

通过近一个月的救灾物资募集、管理、发运，上海市各级红会接受社会捐赠物资超过 11 万件（箱），共计价值 8614 万元。分 11 批通过四川省红十字会将救灾物资全部发送到灾民手里。经中国红十字会总会及四川省红十字会统计反馈，上海市红十字会在汶川地震期间募集的救灾物资质量优、运抵灾区速度快、一线指挥协调人员工作效率高，真正发挥了救灾物资的作用，使捐献者的爱心得以实现。

据统计，全市各级红十字会共募集捐款 11.73 亿元，捐赠物资价值 8614 万元。其中单位单笔捐款最高的达到 1000 万元（宝钢集团有限公司、东方希望集团有限公司），个人单笔捐款超过 100 万元的有 7 人，最高的个人捐款达到 164 万元。5 月 18 日，时任中共上海市委副书记殷一璀在上海各界向四川地震灾区首批捐赠仪式上，代表市委、市政府和上海人民向四川省人民政府驻上海办事处主任李成平转交了上海社会各界的首批捐款 5.09 亿元，其中，含市红会接受的社会捐款 1.91 亿元。在此期间，上海各级红十字会严格执行捐赠款物统计、收缴规定，做好每笔捐款、捐物的登账、录入工作，并每天在红十字门户网站公布捐赠信息，接受社会监督和政府审计。

哲学家康德说：“人活着有意义是因为有爱。”这次地震，震现了全国各族人民空前团结，也震现了上海人民滚烫的心和炽热的情。

吹响集结号，第一时间投入紧急救援

灾区建起中德野战医院。5 月 14 日上午 8 时，中国红十字会华山医院紧急救援队根据总会指令，紧急赴四川灾区参加医疗救援，并在 5 月 15 日凌晨第一个抵达安县，建立了北川外的第一个医疗点。首支华山医院红十字紧急救援队，先后共有 21 名队员。

在半个多月的救援行动中，队员们不顾余震的威胁和暴雨的袭击，怀着救治伤员、实行人道主义的紧迫心情，“靠前，靠前，再靠前”。因为他们深知，离重灾区越近，伤员得到救治的机会就越多。

建立在安县的西苑中学医疗点，离重灾区最近，转运来的伤员也最多，被灾民和媒体形象地唤作“生命的中转站”。在这里，104 岁的高龄老人转危为安，气管插管病人起死回生，被埋近 90 小时的三位女孩重见曙光。当救死扶伤的接力棒传到了第二批救援队手中的时候，他们又将爱的种子撒向了更广阔的田野乡间。在晓坝、安县、睢水，送药、送书、随访，红十字救援队在灾后的土地上，洒下汗水，结下友情，播种希望，收获快乐。

在总会协调下，德国红十字会援助的野战医院设备落地都江堰。5 月 23 日中国红十字华山医院受命组队前往都江堰承担中德野战医院的设立及医疗任务。医疗队在抵达后不到 12 小时，就在都江堰市天府大道一块空旷的土地上完成了帐篷医院的搭建，创造了一个个奇迹：

——52 小时，一家拥有 120 张床位，外科、内科、儿科、妇产科、药房、手术室、产房、放射科、检验科等一应俱全，能为 25 万人提供医疗服务的野战医院拔地而起；

——5 月 28 日，手术室开展了第一例手术。

——5 月 29 日，成功实行了第一台开腹手术。

——5 月 31 日 10 时 37 分，迎来第一个婴儿的诞生，孩子的父母为他起名“方中德”……

野战医院的所有医疗队员对医院从无到有、从小到大而欣喜雀跃。队员们将之后轮转的医疗队昵称为“二野”“三野”“四野”“五野”。怀着与七月的烈日同样的热情，队员们在野战医院这片土地上细细经营：军事化的管理、JCI 标准的推行、规章制度的健全、医疗设施的改善……唱起了《华山之路》。

为支持红十字中德野战医院开展工作，市红会领导为第一批队员动员、壮行；赈济部门突破常规，几天内完成紧急购置两辆救护车的工作，5 月 24 日捐赠给华山医疗队，开抵四川灾区。救护车满

2008 年 5 月 24 日，上海市红十字会向华山医院捐赠两辆赈灾救护车用于中德野战医院

上海社会各界及热心市民踊跃捐款。高峰时期，市红十字会日均接听咨询电话达1千人次以上，日均接受捐赠6000余笔，最高一天达万笔。全体工作人员主动放弃双休日，一天工作14—16小时

载着上海市民对灾区同胞的援助与关心，也为中德野战医院及时抢救转运伤员、解决物资供应、人员交通保障等解决了运输上的燃眉之急。

6月3日，谢丽娟会长带队赴中国红十字会野战医院慰问医护人员时说："红十字无国界，爱心无国界，全世界都是一家人"。同时代表市红会向华山医院红十字救援队进行了慰问，捐赠了50万元支持医护人员救护灾区患者。

派员奔赴灾区，直接传递上海人民的爱。5月22日，根据中国红十字会总会通知，要求市红会选派一名工作人员赴四川参加总会灾区工作组。共产党员、转业军人、时任市备灾救灾中心办公室主任段卫东积极报名。经市红会批准，段卫东于5月23日上午飞四川成都，参加总会广元工作组，开展救援工作。到达灾区后第二天的5月25日16时21分，广元市青川县发生6.4级强烈余震，段卫东等工作组成员不顾个人安危，紧急转移疏散人员与救灾物资。在灾区18天的时间，他与工作组的同志们帮助当地红十字会接收、调配、分发数万箱救灾物资，协调接待三批国外救灾团队，及时收集灾情并完成12期灾区简报发往总会。他的出色的工作得到了总会现场指挥部领导的肯定，当年被

中国红十字会总会评为“抗震救灾先进个人”。

截止2008年5月29日，按抗震救灾总指挥部统一安排，上海接受汶川地震伤病员约300余人，分别在全市19家医院接受最良好的治疗，谢丽娟会长等率队，分组对伤病员进行了慰问。

全力以赴，开展灾后恢复重建

2008年6月初，市红会建立了灾后重建工作领导小组和灾后重建办公室。在本市对口支援都江堰市灾后重建工作领导小组和总会的统一领导下，扎实推进川、甘、陕三地的灾后恢复重建工作。

6月1日，总会拨付市红会2.5亿元，统筹用于上海援建的四川绵阳地区过渡安置房中的所有卫生医疗诊所和小学建设。市红会与市建交委密切合作，确保了救灾资金的及时到位和项目落实。

6月3日至6日，谢丽娟会长带队赴四川、熊仿杰常务副会长带队赴陕、甘灾区考察灾情，落实恢复重建项目。

6月25日至27日，谢丽娟再次带队赴四川省都江堰市考察，先后察看了青城山、玉堂、大观、中兴、蒲阳、向峨、龙池等重灾乡镇的21个基层医疗卫生院（站）、计生指导站和学校，走访灾情较重乡村卫生院帐篷病房、帐篷诊所。对都江堰19个行政社区、乡镇的医疗卫生院（站）房屋受灾情况有了

2008年11月3日，上海市红十字会与都江堰市红十字会、都江堰市政府签订了《5·12地震灾后重建项目协议书》

深切的了解。

在上海市政府驻都江堰“灾后重建指挥部”及总指挥沙海林的大力支持和统一协调下，市红会较早的确定了34个援建项目，包括都江堰市妇幼保健院、精神卫生中心、社区（镇）卫生服务中心等17个卫生项目、计划生育中心服务站等5个计生项目和翠月湖九年制学校等12个学校项目。11月3日，与都江堰市红十字会及都江堰市政府签订《5.12地震灾后重建项目协议书》，实现了捐赠者意愿与政府统一规划、灾区人民需求的紧密结合。

在总会的直接协调下，市红会还组团与陕、甘红十字会及政府相关部门多次磋商，先后与陕西省、甘肃省红十字会及当地政府签订了《5·12地震灾后重建项目协议书》。援助陕西省略阳市地震灾区1500万元，包括卫生项目10个，学校项目2个；援助甘肃省天水市地震灾区1630万元，包括卫生项目5个，学校项目1个。

2009年6月9日，市红会向都江堰市红十字会转赠一辆工作车，支持开展灾后重建工作。

市红会还分三批组织百余爱心企业和爱心人士赴都江堰市参与重建项目竣工验收考察。2009年8月31日，由时任市红会党组书记马强带队，10名区（县）红会代表、16名捐款单位代表、3名市民代表等30多人组成的考察团，赴都江堰参加由上海市政府与都江堰市政府组织学校援建项目钥

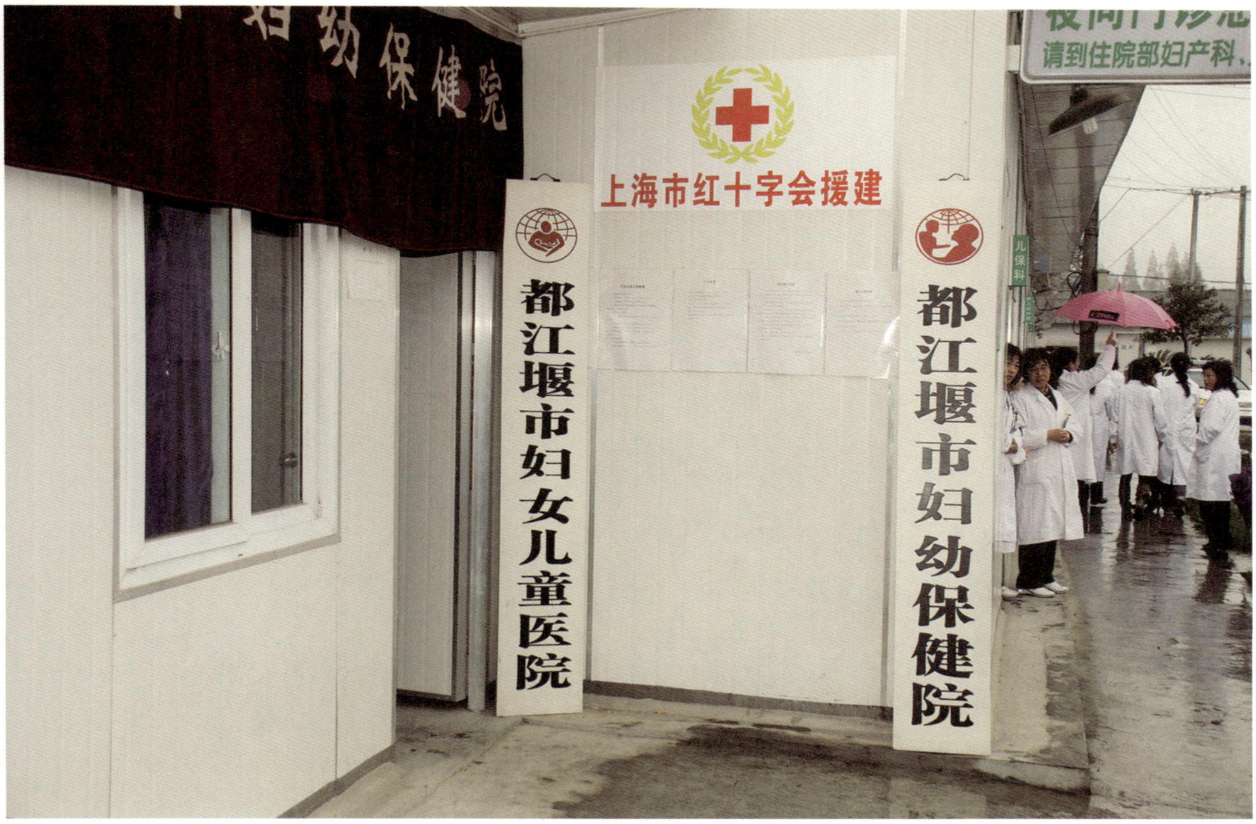

上海市红十字会援建临时板房项目：都江堰市妇幼保健院

2009 年 8 月 31 日，上海市红十字会组团参加都江堰市灾后重建中小学校竣工交接仪式

2009 年 12 月 26 日，上海市红十字会组团参加上海市援建都江堰市乡镇医疗机构竣工移交运行仪式

上海市红十字会援建都江堰市灾后重建项目碑记

匙交接仪式,并实地考察了金凤小学等 11 个援建学校项目。

2010 年 8 月 14 日,上海市对口支援都江堰市灾后重建项目全面竣工交付暨两地长效合作工作启动仪式在四川省都江堰市举行,市红会组织捐赠单位及个人、区县红会等 23 位爱心人士和企业代表赴都江堰市考察验收都江堰市妇幼保健院等 7 个计划生育相关援建项目。

经过多次组织援建项目考察活动,使爱心企业和爱心人士对所捐款项用于灾后重建的工程质量与进度有了直观了解,并纷纷对社会捐款援建项目落实情况表示满意,对市政府驻都江堰“灾后重建指挥部”的工作表示满意,对时任总指挥的薛潮及“灾后重建指挥部”的全体工作人员表示感谢。

见证大灾大爱　铭记感动感悟

——汶川特大地震上海市慈善基金会救灾援助实录

“5·12”，大灾突降，地陷山崩；当其时，大爱奔涌，众志成城。

——摘自上海市慈善基金会《汶川赈灾碑记》

2008年5月12日，汶川地震！山崩地裂的天灾在全中国人民心中留下了刻骨铭心的集体记忆。然而，在随后的日日夜夜里，出现在我们身边的潮起潮涌的爱心和众志成城的力量却在我们全民族自强奋斗的历史上写下了可歌可泣的重笔篇章。

上海市慈善基金会作为一个社会组织，第一时间就紧急动员，全力以赴，募集赈灾款物，落实救助措施，参与灾后重建。从5月12日到当年年底，基金会的运作机器开足马力，无论是理事会领导还是普通员工，大家倾情投入赈灾，超常地发挥了自身的工作能量。在整个赈灾行动中，共募集善款5.24亿元，募集物资折合人民币0.94亿元，实施了24个援建项目。

3万余笔捐赠——见证大悲大爱

5月12日下午，临近下班时，四川发生特大地震的消息传来，在确认和证实不祥预感的同时，大家强烈地意识到，我们应该启动紧急救援机制。于是决定全体员工延迟下班，各部门作好各项准备，各就各位行动起来，一方面尽快做好内部工作，为募捐善款准备好证书、收据，借来长桌和椅子，张贴好标语和标示牌，腾出会议室准备接待市民，一方面则立即致电上海各大新闻媒体，公布了上海市慈善基金会即日起接受社会各界爱心捐赠的信息及捐赠方式，公布了基金会及所属分支机构的热线电话、值班时间等。后来的事实证明，这样的快速反应和准备工作的提前到位使接下来上海市民“井喷式”的爱心热潮得到了畅通的表达。

在13日开始后的几个星期内，基金会的办公楼层便进入了一种非常的、空前的工作状态。从上午8点到晚上10点，办公楼的电梯不断地上上下下，所有的电话铃声此起彼伏，点钞机不停地沙沙作响；办公用品的消耗达到了惊人的程度，开收据的圆珠笔、水笔成捆领用，一年以上备量的收据和捐赠证书则几天用完，以至于几次告急。而我们的工作人员，则被汹涌而至的爱心大潮推动着，裹挟着，投入到纷繁的服务工作中，他们不停地接电话、开收据、写证书，核对捐赠账目和款项，联系前方和媒体，洽谈和组织各种活动。由于人手的一时紧张，不少同志连续几天加班顶岗。为了让在银行转账的捐款者及时拿到收据和证书，财务部的同志甚至通宵达旦核对账目、输入数据。在这几个日日夜夜里，大家埋头于手上的工作，脸上却掩不住操劳的疲态；微笑着接待市民，但声音已经显露出嘶哑。有的同志腿脚受伤骨裂，却瞒着大家坚守岗位还加班加点；有的同志大病刚愈，就急着上班还抢挑重担；有的同志家中老人病重住院，急需陪伴，却脱不了身还通宵工作。对于这一切，一位年岁稍长的同志道出了大家的心声，他说，灾区死了这么多的人，国家遭了这么大的难，我们不多做点什么，心里更觉得难受。

在这短短的几周内，基金会秘书处用掉了700余本约35000余张收据，填写发出了3万余张捐赠证书；举办了50余场包括义拍、义卖、义演等形式的募捐活动。这些数字可能很不起眼，不引人注目，但却从另一方面反映了基金会及其工作人员在大灾来临时的默默付出。虽然平凡，虽然琐碎，但却也使大家原本伤痛的心被源源不断的爱心浪潮所抚慰，由此而感受到一丝丝的欣慰和沉甸甸的责任。

大灾自天而降，大爱从人们心中涌出。面对灾区的惨状，面对同胞的苦难，人心在不断地汇成

上海市慈善基金会工作人员认真做好汶川赈灾捐款的接收工作，并对前来捐款的市民表示衷心感谢

爱的暖流，人心又不断形成相互间的感动。在基金会的捐赠现场，上门捐赠的人接踵而至，竟然排起了长队。他们中几乎包含了每一个阶层、每一样职业和每一种身份，他们的衣着打扮形形色色，他们的捐款数目大小不一，他们言谈举止也各不相同，但对救助灾区献出绵薄之力的急迫和真诚却是如此相同地写在他们的脸上。在这些人群中，有父母领着孩子的，有丈夫扶着怀孕妻子的，甚至还有100多岁高龄的老人坐轮椅、年逾九旬的高寿老夫妇相互搀扶着来到现场捐款的。有一对衣着朴素的中年夫妇缓缓走进基金会，静静地排在队伍后面。轮到他们时，夫妻俩坐到工作人员面前，那丈夫轻轻地说："我们捐1万元"，当工作人员把登记本递上时，那丈夫问："我可以写我儿子的名字吗，我想用他的名义捐款"，得到肯定的回答后，他反而迟疑很久，握着笔，没有动，一会儿，抬手抹了一下眼睛，大家才发现他已经泪流满面，而一旁的妻子已经是哭出了声音。原来，这位先生姓秦，他们的儿子小秦因患白血病，已于去年去世。儿子重病期间，曾得到过慈善基金会的资助。地震发生后，夫妻俩商量决定以儿子的名义捐款。老秦哽咽着说："那么多家庭都毁了，这么多孩子都没了，真希望能帮帮他们啊！"

从惊闻汶川特大地震灾情的那一刻起，自发前往上海市慈善基金会捐款的上海市民就络绎不绝，排队等候捐款献爱心

上海市民满怀对灾区人民的深厚感情前来上海市慈善基金会捐款

一名工作人员正在接待一对母女，突然她转过头去拿纸巾，擦拭眼中涌出的泪水。她面前坐着的那位姑娘原来是一个脑瘫患者，当那姑娘用颤颤巍巍的手递上的1000元现金，并断断续续地说这是自己2个月的生活费时，工作人员的眼泪夺眶而出。

还有，委托女儿来我们基金会捐出自己全部积蓄的老艺术家秦怡；那位把自己的整套房子捐出来的“爱心奶奶”沈翠英；那位反复动员老乡，连续5次来基金会捐款的民工兄弟，他们都一次次地感动着周围的人群，让大家的心灵在经受了大灾的撞击后，得到大爱的洗礼。

在短短的一个月里，基金会共举办义演、义拍、展览等各种形式的赈灾募捐活动共50余次。如“共饮一江水，同援一家亲——上海文化名人赈灾义演晚会”；“爱心点亮希望——上海越剧界联合赈灾义演”；“情系同胞情、爱心献灾区——抗震救灾书画义展”等。6月12日，汶川地震一月祭日，由本会与上海市拍卖行业协会联合主办的赈灾慈善义拍在上海大剧院举行，125件拍品共筹得赈灾善款626万元（“上海奶奶”沈翠英所捐房子在此次会上拍得450万元）。

2008年5月13日，上海市慈善基金会援助汶川地震灾区的第一批由企业捐助的价值70万元的食品从上海杨浦火车站发货运往灾区

从5月13日到6月12日，基金会接收了社会各界和广大市民捐赠的大量救灾物资，并积极联系迅速发运。短短一个月内，向地震灾区发运了救灾物资17批次，计集装箱121个、整车18节，统计折合金额达

2008 年 5 月 18 日下午 2 时 28 分，上海市慈善基金会工作人员和前来捐款的市民在捐款现场共同为汶川地震遇难同胞默哀

8428 万余元。

在接受捐赠最为紧张繁忙的日子里，有众多的志愿者在基金会及分支机构做义工，他们中有学生，有下岗工人、退休人员，有公务员，有包括多个国际知名大公司的企业职员，也有企业家、艺术家等等。

9 个县市的奔波——考察实地实情

2008 年 5 月 28 日，基金会及时将本市社会各界所捐的首批 1.22 亿元汇拨四川省慈善总会。6 月—19 日，副理事长陈正兴、郭开荣等五人前往四川绵阳市、江油市、北川、安县、三台等八个重灾地区考察受灾情况，与四川省慈善总会商谈援建工作，商讨我会首批拨付灾区的 1.22 亿元资金的分配使用初步方案。

2008 年 6 月，上海市慈善基金会副理事长陈正兴、郭开荣、周剑萍不顾余震不断，深入汶川地震灾区察看灾情，商谈援建事宜

此后所募资金共3.35亿元。在上海市对口援建都江堰市灾后重建指挥部的指导、协调下，全部用于都江堰的灾后重建，重点援助教育项目。

10月14～16日，我会陈铁迪理事长、副理事长袁采、郭开荣、崔善江等前往绵阳、都江堰灾区，部署、考察我会援建项目，出席江油市精神病医院奠基典礼，参加"资助都江堰市灾后重建捐赠仪式"。

2008年10月，上海市慈善基金会理事长陈铁迪（左三）与四川当地有关领导为江油市精神病院灾后重建奠基

在考察的过程中，陈铁迪等同志亲力亲为，在沙海林总指挥的陪同下，带领大家奔波在崎岖不平的路途上，冒着余震和山石滚落的危险，实地走访灾区的群众，了解他们的受灾损失、现实困难和迫切需求。副理事长郭开荣，作为基金会援建工作组组长，以饱满的热情和充沛的活力投入到援建工作中，先后9次深入灾区，了解受灾情况，选定建设项目，考察和督促工程进度和施工质量。这些年逾古稀的老领导的行动，感染了基金会的随行人员，也感动了当地的同志。

考察和监管过程中，基金会联手当地的慈善组织和各级政府，紧扣工作重点，在项目比选时抓针对性、适用性和经济性；在立项开工时抓合法化、规范化；在工程进展中抓质量和当地百姓的满意度。基金会领导深入现场，关注细节的踏实作风、对质量问题提出的严厉要求以及在方案审议时提出保护树木的建议等，都给当地的合作者留下了深刻印象和良好口碑。

左:2008 年 8 月,上海市慈善基金会副理事长姚宗强前往都江堰市与上海市援助都江堰市灾后重建指挥部确认援建项目

右:上海市慈善基金会有关领导多次前往绵阳市及江油市、三台县、北川县、大堰乡,检查援建项目施工进度和工程质量

24 个援建项目——铭记感动感悟

除了捐赠者定向明确意愿用途约 6600 万元(包括援助甘肃灾区款项)外,基金会整笔支援四川灾区资金共计 4.57 亿元。分为两大部分:

(一)援建都江堰市灾后重建。当上海市对口支援都江堰市灾后重建的决定明确后,即与上海市支援都江堰市灾后重建指挥部取得联系,将此后为"5・12"地震所募赈灾款全部交由指挥部统筹安排。

在指挥部的安排协调下,基金会共出资 3.35 亿元,在都江堰市建设了 8 所学校和 1 所幼儿园。经过一年多时间的紧张建设,所有项目已经全部竣工,并于 2009 年 9 月 1 日正式投入使用。

(二)援建绵阳地区重灾市、县。将首批拨给四川省慈善总会的 1.22 亿元捐款用于援助四川省地震特重灾区绵阳市及下辖的北川县、江油市、安县等地的灾后重建。

这笔捐款中,除有 800 万元系定向捐助、500 万元用于资助四川地震灾区 1250 名当年入学的贫困大学新生外,经与四川省慈善总会多次商量确定,其余捐款全都用于帮助绵阳市下属重灾区的 14 个援助项目,包括 5 个福利设施(绵阳市社会福利院、江油市精神病优抚医院、江油市武都中心敬老院、安县社会福利中心、平武县社会福利院)和 9 所学校(绵阳市游仙区刘家镇中学、安县界牌镇中学、江油市大堰乡小学、江油市重兴乡学校、江油市战旗学校、北川县永安小学、三台县金光小学、三台县塞江小学、三台县立新小学),总建筑面积 81100 平方米,可解决当地 1500 位"三孤""五保"老人入住和 7500 名学生就读。

2009 年 9 月，上海市政协主席、上海市慈善基金会理事长冯国勤前往都江堰市，参加受援助的团结小学灾后重建落成仪式并为援建纪念碑揭牌

2008 年 7 至 12 月，就上述 14 个援建项目，基金会与四川省慈善总会、受助地三方，都分别签订了援建合作协议，对援助项目的规模、援建内容、各方责任，都作了明确的规定。

从 2008 年 7 月开始，这些援建项目经过立项、审批、设计和施工招投标等规定程序后陆续开工。（绵阳市社会福利院、北川县永安小学因选址变更等原因，于 2010 年初动工。）

为了切实做好援建工作，用好上海人民的爱心捐款，保证援建工程质量，基金会领导带领工作人员先后 9 次前往实地，了解援建项目的建设进度，察看工程质量，检查资金使用和账目管理。发现问题即进行现场沟通、协调。同时，明确专人与灾区保持经常联系，每月了解、汇总施工进度和捐款拨付情况。基金会还专门委派了 3 名志愿者（同济大学建筑专业研究生）驻绵阳一个月，帮助和监督援建工程的启动实施。

截至 2013 年 6 月，基金会捐建绵阳地区的 14 个灾后重建项目全部完工。其中 9 个学校投入使用。

左:2009 年 9 月,上海市慈善基金会援助绵阳地区灾后重建的第一个项目大堰乡小学建成并举行开学典礼

右:由上海市慈善基金会援建的绵阳市中心社会福利院,成为地震灾后“三孤”(孤老、孤儿、孤残)人员的安居家园

为了铭记整个援建过程中可歌可泣的感动和感悟,在全部 24 个援建项目中,当地都设立了石碑和铜牌,镌刻了简短的碑记和项目主要捐赠单位和个人的名字。

上海市慈善基金会援助汶川地震灾区灾后重建纪念碑

大爱无疆

——汶川特大地震期间上海外事系统掠影

2008年5月12日，四川汶川特大地震举世震惊。突发灾难造成人员大量伤亡和财产巨大损失，消息传遍全球，国际社会立刻行动起来，以各种方式支持和帮助灾区人民抗震救灾、树立信心、重建家园。灾情也牵动着驻沪或与上海建立各种友好关系的国际机构、城市、友好人士的心，一些外国驻沪领事机构、友好城市和组织等纷纷通过各种渠道致函致电市政府、市政府外办、市对外友好协会等，转达慰问，并以各种方式捐款捐物支持灾区人民渡过难关，再建家园。

设立吊唁场所　接受驻沪领馆机构慰问

地震发生后，根据外交部指示精神，市外办专门设立吊唁场所，接待外国驻沪领事机构等吊唁慰问。法国驻沪总领事马捷利、意大利驻沪总领事罗西诺、荷兰驻沪总领事汪一力、奥地利驻沪总领事凯泰斯、保加利亚驻沪总领事迪米特罗夫伊万、葡萄牙驻沪总领事卡布拉尔、捷克驻沪总领事胡裴

俄罗斯总领事亚历山大·沙龙在市政府外办临时吊唁大厅吊唁时留言

采、新西兰驻沪总领事陈雯、乌克兰驻沪总领事卡尔玛多诺娃、乌兹别克斯坦驻沪总领事扎基洛夫、哈萨克斯坦驻沪总领事阿迪力、伊朗驻沪总领事那才礼、南非驻沪总领事库玛乐、土耳其驻沪总领事于乐克、巴西驻沪总领事帕伊瓦、智利驻沪总领事范瑞德、古巴驻沪总领事唐妮雅等60家领事机构的总领事或领馆代表专程到市外办参加了吊唁并在签名簿上留言，表达对灾区人民的同情和鼓励。

墨西哥驻沪总领馆通报墨西哥总统致电胡锦涛主席表达对我国的慰问，并表示墨驻沪总领馆愿以任何可能的方式向我国提供兄弟般、无条件的支持。斯里兰卡驻沪总领馆在致市政府外办的慰问电中表示，领馆全体员工及在沪斯里兰卡侨民都愿意为地震灾区募捐。阿根廷驻沪总领馆和驻沪总领事（时任外国驻沪领团团长）、日本和以色列驻沪总领事也分别以不同方式表达了对汶川遭受震灾的慰问。瑞典、芬兰和马来西亚等国的驻沪领事官员表示，将通过上海市外国机构服务处向地震灾区捐款。美国、英国、澳大利亚等国领事官员表示将直接向上海民政部门捐款。韩国驻沪总领馆官员朴商道说，中国政府总理亲临地震灾区指挥救灾的举动令人敬佩，体现了人民总理的形象，他为此深受感动，愿意参加捐赠活动。5月19日当天，新西兰驻沪总领馆根据中国国务院公告，组织全体领馆官员和中方员工为地震遇难者默哀。挪威驻沪总领馆副领事苏碧表示，地震后中国政府及时披露信息，有效调动各类资源，组织各方力量抗震救灾，行动如此迅速，体现了中国政府已具备很强的领导和协调能力，并表示愿意参加赈灾捐赠活动，表达对灾区人民的支持。

还有更多驻沪领馆致函市政府外办，表达对地震灾害给中国人民带来痛苦的同情，以及愿意捐款捐物帮助灾区重建。卢森堡驻沪总领事费瑞朋专门致函表示哀悼和慰问，总领事还向灾区捐款1.7万元人民币。正在上海参加上海世博会卢森堡馆设计项目的卢森堡公民赫尔曼、瓦伦蒂尼及其合作公司向灾区捐款8000元。加拿大、日本和匈牙利驻沪总领馆纷纷在领馆内部组织募捐活动，支持四川人民抗震救灾。14家领事机构外籍人员通过市政府外办捐款人民币58010元，美元690元，澳元2000元，部分领馆将捐款直接送到本市慈善机构和四川驻沪办事处。市政府外办还根据外交部要求协助加拿大、比利时、韩国等领馆从国内出发往灾区的救援物资和救援人员在沪转运、转机等事宜。

来人来函　国际友城表达“姐妹”之情

得知中国四川汶川大地震消息后，与上海结为友好城市和建立友好关系的这些城市市长纷纷来函表达慰问之心。瑞典哥德堡市市长约翰松次日就致函韩正市长，对四川遭受如此大的自然灾害表示极大的同情和慰问。5月19日，正在上海访问的约翰松市长在路过南京西路时恰遇全国哀悼活动，他要求行进车队停下，亲自率代表团全体成员到恒隆广场，与上海民众一起站在中国国旗下，为地震遇难者默哀。随后，约翰松市长还专程赴市政府外办临时吊唁大厅吊唁，向李铭俊主任表达对地震遇难者的哀悼，并在吊唁簿上留言。法国罗阿大区议会主席凯拉纳给韩正市长来信说，“得知残酷的地震灾害袭击中国，造成数以万计的孩子、妇女和男人死亡，我感到非常震惊。我代表罗阿大区议会全体议员和大区所有人民向您传达友好之意,并向您的同胞表示最深切的同情”。英国利物浦市政委员会主席沃沦．布莱德利也致信韩正市长,代表利物浦人民向众多死难者表达真诚的哀悼。他说,如此大规模的失去生命是一场可怕的灾难,灾难将中国和世界紧紧地团结起来,在这非常艰难的时刻,利物浦人民和中国人民在一起。荷兰鹿特丹市长奥普斯特坦还通过当地红十字会代表该市政府向四川灾区捐款 10 万欧元,以表达对灾区的慰问。以色列海法市,土耳其安卡拉市,爱尔兰科克市港口发展局,罗马尼亚康斯坦察县,韩国釜山市,印尼东爪哇省,日本大阪府、大阪市、福岛县、福岛上海事务所等致信致函市外办或我驻外使领馆表示慰问或表达捐款愿望。日本横滨市通过我驻日大使馆向灾区捐款 100 万日元。日本地方政府驻沪办事处向市红十字会捐赠日方个人捐款 18000 元人民币。澳大利亚昆士兰州政府和布里斯班市政府也向四川地震灾区分别捐款 50 万澳元和 10 万澳元,昆士兰州贸易投资上海代表处向国家金库四川省分库捐款人民币 11500 元。

积极行动　国际友好组织和国际友人热情赈灾

四川地震灾难牵动了本市国外民间友好组织和国际友人的心。欧美地区友好组织和友好人士也纷纷发来慰问信(电),表达对四川大地震遇难者的哀悼。主要有:荷兰大西洋—太平洋交流计划署主席、荷兰前副首相、美国各州国际发展组织副会长、罗马尼亚加勒斯特工商会主席、保加利亚工业协会国际关系部部长、挪中文化交流发展中心主任、德中友协汉堡分会主席、法国法中友协联合会秘书长、意中医学会秘书长、萨尔瓦多魁萨尔特佩克市市长、危地马拉华人工商会主席、阿根廷罗萨里奥中国友好协会主席、爱沙尼亚议会文化委员会主席、爱沙尼亚中国友好协会主席等。

令人感动的是,德中友协汉堡分会在汉堡卡特琳娜教堂举办了赈灾筹款义演,汉堡知名的蒙特威尔合唱团与中国艺术家同台演出,共筹得门票收入善款 18000 欧元。在四川省友协帮助下,市友协将德中友协汉堡分会赈灾义演收入和其他捐款共计 21750 欧元以及意中协会 5000 欧元捐款及时转至四川省广元市政府,帮助援建广元市剑阁县广坪小学。该协会还积极联手汉堡中德协会、德国华商联合总会,共同在汉堡向全社会发出了帮助中国四川灾区人民的捐款倡议。正在上海访问的大阪府日中友好协会副会长、上海人民的老朋友生岛政男先生,当即向上海市红十字会捐款 2 万元人民币。日本福利团体爱爱美术馆馆长粟田千惠子女士委托其在华访问的女儿转交捐款。日本某著名食品企业捐款 100 万日元及一批饮用水和食品。日本谷中吟诗团、东京六大学女子篮球联盟、福岛郡山商工会议以及名古屋俱利加罗不动寺方丈森下各捐款 10 万日元。市政府外办、市友协及时将捐款捐物送往灾区。经市友协协调,7 月 29 日,日本著名歌星川中美幸在上海艺海剧院举行“大阪之夜赈灾义演”,筹得善款 90600 元人民币。市红十字会会长谢丽娟和市政府外办、市民政局等有关领导分别接受了义演善款和大阪松下公司捐出的 1000 个应急强光手电筒。日本冈山市日中友协等友好组织还在日本国内发起和组织赈灾募捐活动,所捐钱款通过我有关部门转交了灾区。

出钱出力　外办系统多形式参与抗震救灾

5月12日四川汶川发生特大地震以来，外办系统干部群众通过广播、电视和网络，时刻关注着灾情和救灾工作的进展，对灾区人民生命财产遭受严重损失感到无比痛心。大家坚信，有党中央和国务院的正确领导和科学部署，有全国人民和海外华侨华人强有力的支持，万众一心、众志成城，中国人民一定能够夺取抗震救灾的最后胜利。灾难当前，外办系统干部群众的心始终同灾区人民在一起，大家纷纷伸出援助之手，积极投身抗震救灾。市政府外办机关党委发出倡议，号召外事系统干部职工为灾区捐款捐物，为灾区重建献爱心、做贡献。市政府外办党组书记、主任李铭俊要求外事干部把支援抗震救灾献爱心同“讲党性、重品行、作表率”党员主题教育活动紧密结合起来，以实际行动践行党员模范带头作用，发扬“一方有难、八方支援”的精神，积极投入为地震灾区捐款献爱心工作中。在市政府外办领导的带领下，市政府外办系统的党员干部和群众纷纷奉献爱心，踊跃捐款。一些离退休的老同志主动找到组织捐出善款，表示尽自己所能为灾区人民渡过难关出一份力。

上海国际问题研究院两次开展捐款活动，还号召院内教职工为灾区儿童重返课堂捐助书籍和文具等，外办系统干部群众以各种方式为灾区人民献爱心。地震发生一周内，外办系统干部群众所捐善款近26万元。5月20日，市政府外办系统下属国际贵都大饭店还向上海市红十字会捐款50万元，市红十字会会长谢丽娟出席捐款仪式。

上海市红十字会会长谢丽娟接受市政府外办系统干部职工捐款

8 月 22 日，为了及时了解灾区对口部门重建之需，李铭俊主任还率有关同志专程赴对口支援单位四川省都江堰市外办进行慰问，表示要通过外事人才培养支持灾后重建。此后，都江堰市外办根据对外工作需要，先后抽调管理和业务骨干赴沪培训。其中，2008 年有 2 名同志来市外办进行为期 1 个月进修，期间参与了国宾接待和英汉双向交替传译强化培训班；2009 年又邀请 2 名都江堰市外办干部接受双向交替传译强化培训；2009 和 2010 年还各安排 1 名同志参加了市政府外办赴爱尔兰英语进修项目的培训。

灾难无情人有情，市政府外办系统干部群众在开展抗震救灾任务中不仅凝聚了做好外事工作的力量，也坚定了实现民族发展国家富强的理想信念，书写了令人感动的特殊篇章。

市政府外办全体干部群众为四川大地震遇难同胞默哀

心向汶川

——上海青少年爱心救灾大行动纪实

2008 年 5 月 12 日，四川等地遭受特大地震灾害。共青团上海市委在团员青年中紧急动员，发起“上海青少年爱心救灾大行动”。

全市团员青年踊跃交纳特殊党费、团费，广大少年儿童纷纷捐出零花钱、压岁钱。一个月内，市青少年发展基金会已募集社会各界捐款 2500 万元，其他通过市青联、青企协渠道募集的款项、物资总价值达 1133 万元。在基层，各级团组织都开展了募捐活动，文广集团、文新集团、上航等 15 家单位团委联手募集了 1200 顶帐篷紧急运往灾区；东航公司团委在运送全市团组织救灾物资方面发挥了重要作用。

团市委先后招募、组织、派遣抗震救灾青年志愿者服务队两批共 40 人，赴灾区开展了为期 20 天的医疗卫生、心理援助、社会工作等方面的专业服务。市希望办组建小分队，赴都江堰援建上海首座抗震希望小学。先后举办 6 场上海青年志愿者抗震救灾先进事迹巡回报告会，开展上海青年志愿者亲情陪护行动，814 名青年志愿者为上海收治的 400 多名灾区伤员提供亲情陪护和心理援助志愿服务；组建上海青年抗震救灾献血志愿者预备队，招募献血志愿者 4000 多人；开展“心系家园”上海青年民间组织抗震救灾联合行动；各级少先队组织开展“手拉手、一封信、寄友情”活动，本市少年儿童共向灾区小伙伴邮寄出 24 万封真挚热情的慰问信。

面对巨大的困难和考验，上海青少年在团组织的引领号召下，不怕疲劳、不怕牺牲，冲锋在前、无私无畏，积极投身上海青年爱心救灾大行动，涌现出了许多感人的场面和动人的事例。

社工徐斌：别忘了来跟叔叔学游戏

社工是什么？在很多人还没有听说过这个专有名词的时候。第一支上海青年医疗志愿者赴四川抗震救灾服务队的社工徐斌就和另外 1 9 名志愿者一起走进了绵竹、德阳等地。他的足迹在那个曾经遭受过重创的土地上停留了 1 0 余天。徐斌说，那将会是一辈子的铭记。而灾区的孩子们也将永远记得，那个约好了一起去做游戏的上海叔叔。

5 月 17 日凌晨，徐斌及医疗队一行人抵达绵竹体育中心，凌晨 2 点多众人才就寝。徐斌和其他男士将仅有的 6 条被子让给了女士们，自己却把外衣当被子盖。凌晨 5 点多，他被冻醒了，没有洗漱，嚼嚼口香糖，第一天工作开始了。

赶到绵竹市人民医院的定点治疗点，扑鼻而来的是一股凝重的空气，周遭充斥着万分紧张的气氛,让他有些透不过气来。

徐斌原本想得好好的,他想要心理疏导的对象是灾区的孩子们。但是让他备感震惊的是,医院里一个孩子都没有,都是老人和青壮年。“前几日已经转走了一批重伤的孩子”,一旁的工作人员喃喃地道出了实情,“这里的孩子很多都死了”,一股心酸袭上徐斌的心头。

每天,他做的事就是走到病人旁,询问情况,安慰他们,拉着对方的手,摸摸他们的背,缓解他们的情绪。这是他唯一能做的,也是最简单有效的安抚的办法。这与他原来的设想完全不同,在上海他有一个像样的办公室,别人会主动过来倾诉,可是这里不要说没有固定的场所做个案,还需要主动寻找心理疏导的对象。刚开始他甚至连当地方言都听不懂。慢慢地,他学会了揣测他们的意思。

早在第一天晚上开会时,队长就提醒众队友说,接触病人,尽量要戴上口罩、手套,以防感染。可是徐斌想,如果真的带上了,就会有隔阂。他学当地的罗医生坚决不戴口罩,等回去之后再进行消毒。

有一回碰到一个年长的老婆婆,他就像看望外婆一样,摸了摸她的手,理了理她的头发,感觉好亲切。一听他介绍说是上海来的,老婆婆就格外兴奋,“你那么大老远从上海过来呀”。灾区群众的信任让他感觉自己被别人所需要。

结束了绵竹 3 天的工作,徐斌等人奔赴德阳市,并在那里待了 6 天半。在德阳市体育中心的临时安置点,那里安置了 200 多个受灾的群众,20 多名孩子,他们都是从废墟里逃出来的。

徐斌发现,体育中心有两台电视机,孩子们除了看电视,就是睡觉。他们的生活太单调了。他思索着给孩子做一些游戏,于是,他编了一个名叫《我们都是一家人》的手语小故事。目的是为了让孩子们树立自信心,担负起重建家园的责任。

徐斌十分感慨地说:“因为我们有一个共同的名字——中国人,黄皮肤黑眼睛是我们的骄傲,地震破坏了我们的家园,夺去了我们的亲人,但是也拉近了上海和四川人民的心,我们要有信心,好好学习,重新站立起来,去建设我们的家园,还世界一个更加美丽的天府之国。加油四川,加油中国。”

一开始是两三个孩子,后来有五六个,再后来有十几个,连很多家长和志愿者们也加入到他的游戏团队中来。为了拉近距离,他专门向当地一位 15 岁的小志愿者小李将手语故事翻成了四川话,并坚持用四川话教手语。由于夹杂了上海的口音,教学现场,一度爆发出阵阵笑声。“不要笑么,我教你们上海话,怎么样?”

最让徐斌感动的是,游戏进行到一半,一名七八岁的男孩子突然跳出来,振臂高呼:“加油绵竹,加油四川!”徐斌感动极了。“你们喜欢这个游戏吗?”“喜欢!”孩子们齐声说道。“那么就这样定了,每天下午 3 点,叔叔都会过来,教你们手语。”

可是第二天,因为要去蓥华送药、发消毒片,路上太堵,他 3 点半才赶到相约游戏的地方。一下车,他就冲到体育馆,却发现馆内只剩下一个小女孩在等她。她告诉徐斌,“那些姐姐哥哥都走掉了,

徐斌和德阳临时安置点灾区儿童一起游戏

她5点多也要和妈妈走了。”后来，徐斌从女孩的口中才了解到，原来德阳市的安置点和绵竹不同，这里因为灾情较轻，安置方式是“只出不进”。5月25日，他们离开德阳时，原本容纳200个灾区群众的安置点只剩下了80人，其他人都转移到了简易的帐篷里。

临走前，小女孩告诉徐斌，将来她长大了，“要读书，因为读好书可以去造房子”。她也想做医生，因为医生可以救人。分别前，徐斌抱起小女孩说，“以后好好读书，考到上海来呀”。

赴灾区的那几天，徐斌经常在帐篷里辗转反侧，心想，那么小的孩子，要承受那么大的压力，很无辜。他说，自己在绵竹和德阳都哭了，前者是一种很痛心的哭，后者是一种振奋的哭，因为他在孩子身上看到了未来的希望。

青年报记者：不在现场，就在去现场的路上

面对突如其来的灾情，青年报摄影记者施剑平、马骏主动向报社领导请缨，5月13日凌晨飞往成都，辗转进入灾区采访。另一位摄影记者杨磊则于14日晚抵达成都，参与灾区灾情进展的采访报道。在电视新闻中看到北川灾情严重，施剑平、马骏当即决定前往北川实地采访，成为平面媒体中第一批进入北川采访的记者。而杨磊则冲向了灾情也同样严重的映秀镇，孤身一人在断壁残垣的映秀镇整整采访了3天。5月18日，社会部记者彭晓玲随沪上第二批医疗队开赴地震灾区。在前方一周，她克服通信不畅、吃不好、睡不好、采访难度大等困难，平均每天发回3000多字的报道。

5月14日，在得知团市委正筹建青年志愿者服务队开赴灾区的消息后，青年报社首席记者、青年女党员朱文娟立刻报名自愿参加抗震救灾青年志愿者服务队，前往灾区进行救助服务等工作。5月16日，本市首支青年志愿者队伍——上海青年医疗卫生志愿者抗震救灾服务队正式出征，奔赴四川德阳、绵竹抗震救灾第一线。朱文娟被批准随队赴川。

在前方的日子里，朱文娟一直和上海青年志愿者一起，夜以继日地在地震废墟上采访。许多催人泪下的真实故事，许多可歌可泣的救援事迹，通过她的笔、镜头传递出来。灾区的生活条件非常艰苦：没有电。少数可用的水，被盛放在几个由雨篷临时围成的"水箱"里，由消防车每天从外处运来，10多个志愿者队共同使用。大家只能用一点水浸湿毛巾擦一擦脸，算做是洗漱。而由于之前信息不畅，以为当地夜晚冷，带去了羽绒服等物品。但到了绵竹才发现，夜晚其实湿热无比。即便配备了防潮垫，但躺在帐篷里仍然能感觉到背上湿漉漉的。她的MSN昵称一度为"想念床"。绵竹遵道镇这个灾情最为严重的地方，成了她的"根据地"。虽然工作环境非常艰苦，但朱文娟依然在尽最大努力完成自己的任务与使命，每天从前方发回上千字的生动报道。当第二支上海青年志愿者队伍——12355灾区青少年社会工作、心理康复援助专家志愿团上海分团前往四川，轮替第一批志愿者时，她又坚决要求留下来，继续随队进行采访。

"那里有太多感人的事迹，等着去报道，让更多人知道这场悲剧里面还有那么多温暖，是我们的责任"，朱文娟说。那些天，记者、志愿者、救援队员，每一个人都哭过，悲痛的泪，惋惜的泪，感动的泪。对每个人，这也是一场精神的地震，让我们再一次明白什么叫众志成城，什么叫民族精神。这场战斗，尽管辛苦，但必定会全力以赴。

青年民间组织：吹响"集结号"　5万条橙丝带申城飘扬

丝带，象征着思念和牵挂；丝带，还承载着祝愿和期盼。地震后，上海青年家园民间组织服务中心发起橙丝带行动，在车上系挂橙色丝带，借以表达哀思、祝福和鼓励。活动短短数日，就有5万条橙丝带飘扬在申城。

5月16日，车友"九月雪"参加所在的上海标志车友会发放橙丝带活动。和其他车友一起领取到丝带后，"九月雪"却并没有离开的意思，而是盯着活动组织者询问，有没有其他活她能够帮上忙的。"当时我们在全市设立了10个橙丝带领取点，供上海众多车友会车友就近领取丝带，正好需要人将橙丝带送至各个点。"发起活动的上海青年家园民间组织服务中心工作人员小陆说，"考虑到她也有车，于是就把任务交给了她"。

全市10个发放点，"九月雪"揽下其中7个点的配送任务。从浦西到浦东，从宝山到松江，当天一直忙到很晚才回家。一天时间，从"九月雪"手上送出的橙丝带共有1万多条。之后，得知宝山、虹口、闵行三个发放点橙丝带数量不够，"九月雪"又自告奋勇赶来上海青年家园民间组织服务中心，帮忙运送丝带。此外,“九月雪”还利用近水楼台的便利,申请了1000根橙丝带带回自己所在的小区,通过小区业主论坛发布消息后,“结果很快就没了,还不够”。

梁先生在长宁区威宁路经营着一家汽车装潢店,在分发橙丝带活动中,梁先生的店是全市10个分发点之一。5月16日上午,有30名车友一齐开着座驾来到交通比较便利而且备有橙丝带的梁先生店里。见到车多人多,为了车友们有专门场地表达哀思,梁先生在店门口挂出了暂停营业的牌子。装潢店营业这一停,就停了一个上午。

“军友”捐出军需藏品

5月24日下午,静安区南京西路街道活动中心,一批批年轻人从四面八方赶过来,带来的是大箱小箱的军需品,不少年轻人还是一身“戎装”——这是一次特殊的“军事行动”。“5·12”四川大地震后,上海地区的“军友”们紧急“武装”,响应“心系家园”上海青年民间组织抗震救灾联合行动,发起了这一“灾区十万急,军友千心系”捐助灾区活动。

“我们捐款比不上慈善基金会,捐物比不上红十字会,所以只能捐军需品了。”“军友”之一、一元一心公益网站创始人大兵开玩笑地说。他是这次“灾区十万急,军友千心系”行动的发起人。

地震发生后,他在QQ群里和热情澎湃的“军友”们聊天,大家都说我们也该干些什么,“要做就做点有特色的”。“在单位,在很多其他场合,我们很多人已经献过血,捐过款,现在既然是以‘军友’的身份,那就发挥我们的特色。”大家讨论之后,决定就以捐助军需品为主。“军需品牢固耐用,这些东西正好符合灾区人民的需要。”大兵说。

5月19日国哀日第一天,捐助号召在上海“军友”们常上的网站和上海青年家园“心系家园”专题网站上发出。

5月24日周六下午2点到4点,是这一行动的集中募捐日。当天,有从宝山、闵行等很远的地方打车运送一箱箱物品过来的,有的“军友”专门买了2箱新的毛巾,有捐30套衣服加3个登山背包的,有人连声说“捐助时间太紧了,不然还能多准备点东西”。很多以前只在网上交流的“军友”,这次都现了庐山真面目。

最后统计,五六十人共捐助了100多套军服、800条毛巾、500个口罩、200个军用手套以及军靴、雨衣、背包、应急灯等物资,最后打包成整整14箱。“足以武装一个村了”,大兵说。

“不要小看这些东西,价值可都不菲,一个军包就要五六百,一双军靴也要三四百。”很多“军友”们拿出的是自己心爱的收藏,大兵笑着说:“没事,再心爱的东西,能在抗震救灾中发挥作用,值了。”

物资捐助的地方选择了陕西宁强,“这也是重灾区,但关注度远不如四川高”。一位军友出钱包了一部面包车,6月7日,宁强余震过后,就把14箱捐助物资从上海运往陕西,3天后,抵达灾区。

青年车友:千里驰援灾区

他们,整整36个小时,用自己的车子开出一道通往灾区,通往生的希望的道路。满载着灾区急需的物资，赶往一个又一个偏远的小山村。饿了好几天的乡亲们看到他们，放下了悬着的心。而目睹着灾区的这一切，车友们哭着打电话给后方：快，再开车来，再送些东西来！

5 月 13 日至 6 月 3 日，车友会先后有三批志愿者出发，自费前往四川赈灾一线。一次次长途车行，一批批人员接力，他们，用方向盘和车轮书写上海人的大爱。

5 月 12 日下午，在得知汶川发生地震后，车友会队长“菜宝宝”第一时间就决定，组织上海青年车友志愿者去四川抗震救灾。他的想法得到了很多车友的呼应，车友们纷纷表示要一同前往。经再三考虑，决定由“菜宝宝”和车友老薛两人带队，连夜出发，日夜兼程赶去四川。

车友会的车友迅速放下手中工作，采购净水、食品，有些车友送来了工具、被子、毯子。晚上 7 点不到，大家的爱心礼物已装满了 4 0 多只大纸箱。

“等一等，我这还有两箱消毒药品”，正当车友们忙着装车时，马路对面一家杂货店的老板冲过来，送来两箱消毒药品。为了能多带东西，车子里只留了两个人的座位，所有的位子都拆掉，13 位志愿者宁可自己挤一点，也要将所有的物品全部装运上去。

13 日凌晨 3 点 30 分，带着大家的祝福，车友们出发了。

5 月 16 日，在发动机的怒吼中，车子在前往安县的马路上一路飞驰。两边逐渐显现出地震过后的景象：坍塌的屋顶，满地的碎瓦，倒塌的砖墙……越往里走，房屋越密集，严重损毁和倒塌的房屋也越多，不知不觉车友们已到了目的地——秀水镇。

到达秀水镇民兴中学，在学校开放式的食堂里，大量伤员正躺着等候治疗，满地都是铺盖，秀水卫生所的几名医生正在巡视伤员的病情，十分繁忙。学校的楼房都没倒塌，但底楼的墙壁上均呈现清晰的 X 形裂缝，显然经过剧烈地震，这里已成为危房，教室里一片狼藉，课本、练习簿到处都是。

秀水镇号称西南三省第一大镇。但现在，街道两边是林立的小商店，在强震后，大多残破不堪，内部楼板和屋顶绝大部分坍塌，只留下外立面。餐饮、皮鞋、服饰——各种各样的商店几乎都在一瞬间垮塌，一些村民还在自家商店捡拾尚未被压坏的商品。

一家没了屋顶和楼板的超市门口，少量商品堆放着，有居民询问价格，并当场购买。当有人要买大米时，主人望着一片狼藉的店堂叹了口气，冒着残余楼板再次垮塌的危险，将两袋大米抱出，“我们还是以原价出售，发生这么大的事情，不能因此涨价”。

车开出秀水镇后，车友们达成共识，对于部分类似秀水这样的小镇，可能死伤不算太多，在大灾中容易被忽视，但居民生活严重困难，需要各界尽力帮助。于是秀水就成了车友会赈灾物资发放的目标地之一。

5 月 19 日，在蔡队长的呼吁下，又一批灾区急需的抗生素运抵秀水镇医疗点。在上海二军大的长征、长海医疗救援队驻扎地安县中学，蔡队长讲述了自己在灾区亲历的景象，来自上海的军医们为之动容，纷纷请战，要组织医疗分队下救灾盲点巡诊。医疗队当即决定，长征、长海各组织一支医疗

2008 年 5 月 16 日，车友们在秀水镇民兴中学搬运救灾物资

小分队带齐药品，跟随车友志愿者下去巡诊。

5 月 23 日上午，车友会车队在完成向五福村赠送物资的任务后，向山下撤离。开在盘山路上，车友们再次驶过滚落的山石还没被完全清除的路面，穿越伸手不见五指的隧道。这时，电台传来前面车辆的呼叫：“有一位老太太手部骨折，需要送医院”，大家刚刚轻松一点的心情立刻紧张起来。

原来，是一位当地上了年纪的老太在地震中手部骨折，虽然进行了简单的包扎和固定，但由于先期进山救援的部队医疗设施有限，加之行动不便的老太太所住的村落离县城路途遥远，因此伤势没有得到完全治愈。车队要从一条不久前遭受泥石流侵袭的近 6 公里的羊肠小道进入村落，把老太太接出来。

这条小路的一边是山体，另外一边望下去落差几十米就是一条小溪。距离并不很长的这段路因为之前山体的滑坡，造成了路况艰难。刚刚驶上山路不久，迎面就看到一块之前从山上滚落的巨石依山“矗立”在路旁，占去了三分之一的路面。一路上，到处可见被泥石流压垮的植被和堆积在路旁的碎石。面对恶劣的路况，车友老牛不得不放慢车速，在极其颠簸和狭窄的路面上缓缓前行。

在老人女儿的指引下，车友们终于抵达了目的地。老太太一个劲儿地道谢，使大家感到有些不好意思。下山的这段路虽然依然难开，但是有了之前上山的经验，心里有底了，很快与山下等候的其他车辆会合，并将老太太成功送到了安县救治点。

附录:

真情向汶川奔涌

——上海全社会总动员支援抗震救灾

截至昨天———

救灾捐款1.3966亿元

发送应急物资278.8吨

510万元抗休克药抵川

30辆救护车抵蓉工作

灾情就是第一命令!

一场支援灾区的总动员正在申城迅捷又全面展开。

我们与时间赛跑。来自医疗、消防、公安多个领域的各支救灾队伍第一时间集结完毕,驰援灾区;一架架班机起落、一列列火车呼啸,把最急需的物资用最快速度送往灾区。

我们愿意为灾区尽力。一个个市民捧着爱心从城市各个角落涌来,拿出半生积蓄的老人,捐出医药费的困难家庭,还有最平凡的你我他,无论是一罐奶粉,还是一条棉被,都寄托人们共同的关爱。

截至昨天,本市累计向灾区发送各类应急救援物资278.8吨;累计接收救灾捐款1.3966亿元。派出的5支医疗救援队已在当地开展救护;30辆救护车组成的车队于昨晚抵达成都,投入工作;一批由社会捐赠的物资也于昨天抵川,其中包括总价值约510万元的抗休克药品……

数字仍在增加,爱心仍在汇聚;这一条通往灾区的支援线没有边界,因为真情没有边界;这一场全城投入的总动员只要有需要就没有结束,因为我们都是中国人!

灾区需要什么,我们就支援什么

排成长队的捐款献血队伍,此起彼伏的捐赠热线铃声,堆满物资的救助接收场地……上海市民用自己的真情举动,给予灾区最强有力的支援。

市慈善基金会的会议室,临时改成了捐赠点,为了不让前来捐款的人等待太长时间,四条长桌组成了募捐台,“每一个走进来的人,都让我感动!”工作人员励晨说,“眼睛一对视,就晓得为了什么而来,彼此没有陌生感。”在她接待的人群中,有生活困难的残疾人,右脚残疾的杨心红把自己第一个月的退休工资916.5元,全部捐了出来,她说:“这样做很有意义。”

在防震棚出生的快递员刘辉东,不仅自己在第一时间捐款,昨天又带来了3位客户的捐款,成为名副其实的“慈善快递”。

设立在全市各个区县的捐赠点将接收捐款的时间一再延长,依然无法满足市民的捐赠热情。来自重庆的第一批三峡移民、崇明三星镇的邱海平、邱小忠兄弟来到捐赠点,每人捐款1000元。他们说,如今在崇明生活得很好,家乡人民受到强震灾害,献出一份爱心略表心意。不少市民用手推车带着宝宝,献上了自己的心意。一位市民还拿来了两罐奶粉,留下一句话,“给灾区的孩子。”

灾区需要什么,我们就支援什么。四川血库告急,市民献血热情高涨,血液库每天能收到2000份爱心人士的血液,几乎是平时的3倍。人民广场上海城市规划馆旁,流动采血车前天天排起长队。队伍里男女老少皆有,有职员、游客、学生,还有身穿黄袈裟的和尚,互不相识的人们只为了一个共同心愿:支持灾区人民。松江区献血站,一天之内就有169名市民捋袖献血,来自台湾的陈胜义第五次献血,他说四川汶川的地震让他回想起了1999年台湾的“9·21”大地震。当时他身边很多人都被压埋在瓦砾堆下,亲历这种大灾难,深知灾区人民对外界帮助的强烈渴求,为了灾区人民,他义不容辞。

爱的暖流正在申城的每一处大街小巷流淌。昨天铁路上海站南广场大型募捐活动现场,这样一句话反复滚动:不论遭受什么困难,不能让任何一个受灾群众成为“孤岛”! 一位在募捐现场的四川籍来沪人员看到大家踊跃捐款的场面,情不自禁地走上舞台,向献出爱心的众多市民,深深鞠躬:感谢上海人民的深情厚谊!

第一时间,我们奔赴灾区

汶川,千里之外。但我们的心在一起。

7.8级大地震,灾区缺水少粮、缺医少药。第一时间,救灾物资火速启运;第一时间,医疗救援队奔赴灾区;第一时间,所有心怀悲悯之情的人士自告奋勇:“让我去抗灾第一线!”

不到12小时,价值20余万元的第一批救灾物资筹措完毕,1万支电筒、4万节电池、20万支蜡烛……这些原本微不足道的物资,此时对于灾区人民来说也许就意味着生的希望。紧随其后,一批又一批的救灾物资,棉衣、棉被、帐篷、药品和医疗设备器械等等,迅速筹集……一件件棉衣、一袋袋干粮、一包包药品,带着无数爱心与期盼,向着受伤的巴蜀大地奔涌而去。

不到24小时,由109名医务人员组成的6支医疗救援队组建完成。“让我去”、“让我去”,组建赴川医疗救援队的消息一经发布,全市各大医院的医务人员便纷纷请战。交大医学院附属新华医院脑外科医生仲骏,地震当晚11点多刚结束一台手术回到家,次日清晨又早早离家在院内待命。临行前,14岁的女儿红着眼睛,将一张父女合影塞进了爸爸包里,仲骏安慰女儿:“爸爸一定安全回来!”

这样的主动请战,何止仲骏一人。地震当天夜里,复旦大学附属中山医院连夜通知各临床科室,次日上午,一张初选救援名单已出炉;交大医学院附属第九人民医院接到赴川救援命令后,火速安排人员组队;复旦大学附属华山医院内,医务处处长汪志明、骨科医生吕飞舟12日还在青岛参加奥运赛事的急救演练,当晚接到通知便飞回上海,次日整理好行囊整装待发。第一时间里,浦东新区、普陀区、宝山区、嘉定区,许多区县的医疗救援队也行动起来……穿上橙色“中国卫生应急”统一制服,肩背一个迷彩包,向着流血的受灾群众奔驰而去。

也是不到24小时,400名消防官兵、200名特警队员集结完成,迅即启程。由于出发时十分匆忙,一些民警甚至来不及和睡梦中的亲人话别。闸北公安特警陈晓峰13日凌晨2时许接到集合指令,便匆匆赶到分局与12名同事汇合,直到次日上午抵达成都后才和新婚妻子通上电话。

这样的匆匆集结，又何止公安特警。刚刚交付东海分局、还来不及入列的中国海监 B－7115 直升机，也从上海起飞奔赴四川灾区。看着新闻报道中一个个失去亲人的孤儿，市阳光社区青少年事务中心社工徐斌、薛强按捺不住，要随上海青年医疗卫生志愿者抗震救灾队赴川，抚慰流泪的灾区人民……而更多的应急物资，还在筹集中；更多的救援人员，正在整装待发。“灾区需要我们，我们责无旁贷！”

立即行动，每个人都为灾区做点事

香花桥路一幢 6 层居民楼，顶楼不足 5 平方米的小阳台上，一台简易无线电设备向着天空 24 小时运转。看不见的电波那头，连着灾区的无线电协会。一条条四川籍来沪务工人员寻找家乡亲友的信息从这里发出，那头的志愿者接收后，将通过各种途径，为在地震中失散的人们寻亲。

这是上海 30 多家青年民间社团正在进行的“呼唤行动”。就在地震次日晚上，这些社团领袖们自发相约在一起，大家啃着面包当晚饭，商量为灾区人民做什么。“我们发现，在上海有很多来自灾区的务工者。灾难时刻，能得知亲人的下落是他们最大的愿望。”发起者闫加伟说，除了为灾区捐款献血之外，也想为身边这些同样需要帮助的群体“做一点事情”。

在上海，生活着数万名来自四川灾区及周边地区的工作者。汶川一震，千里之外的他们有的和亲人失去联系，有的家乡房屋被毁，有的亲朋好友不幸罹难。向这些不在灾区的来自四川的务工人员送上关怀，成为许多上海市民共同的行动。

复旦大学的光华楼前，学生们在草坪前点起白色蜡烛，为地震受难者守夜，也和来自灾区的同学一起为亲人祈祷。来自四川的小王在地震当晚拨了四五个小时电话，才同家人取得联系。虽然家人安好，但他的好友进入汶川写生，至今毫无音讯。其他几位学生也几乎同一时间得到了亲友罹难的信息。30 多位同学陪伴着他们，把白色蜡烛摆成心形，听他们倾诉家乡的情况。烛光映着泪水，大家相依而坐，一夜无眠。

血浓于水，守望相助，这一幕幕在工地、在园区、在企业不断上演着。青浦区练塘工业园区，上海耐达电器公司开关车间的员工王培秀在厕所里面壁而泣。46 岁的她家住四川省北川县，家里有正读书的儿女，还有两个哥哥。电话一直不通，她陷入深深的绝望。此时，车间里的工友们一起向她伸出手：坚强些，我们都在你身后。大家自动发起募捐，又辗转联系上四川省政府驻沪办等单位，帮助王培秀打听家乡情况。终于，王培秀听到了远方儿子的声音：妈，我和妹妹平安……

心手相连，这正是城市温馨的标记。一张关爱网将覆盖全市各建设工地，覆盖来自震灾地区的 2.43 万名务工者。浦东新区、长宁、闵行、宝山、虹口等工地上，一张张电话卡送到工人手中，方便他们联系家人。对于部分确需回家的农民工，许多建设单位积极给予帮助，提供路费车资。不少企业还为回乡建设者赠送食品、饮料和手电筒、雨衣，并设法购买火车票、送上慰问金。

从上海到四川，数千公里的爱心支援正在演绎。

（孟知行　谈燕　陆一波）

原载《解放日报》2008 年 5 月 16 日

见证一颗颗捧出的“红心”

——上海市社会各界赈灾文艺晚会侧记

都说，有三种颜色在汶川地震灾区最具有力量：绿色的是子弟兵，橙色的是消防人员，白色的是医务人员。事实上，还有一种颜色同样力量非凡，那就是全国人民众志成城汇聚在一起的红心闪闪。在昨晚的上海市社会各界赈灾文艺晚会上，我们再一次见证那一颗颗捧出的“红心”。

回来，诚献一份爱心

这一晚，我们责无旁贷。为了一起为地震灾区募捐，众多上海籍演艺界明星相聚在昨晚。

孔祥东回来了。这位著名的钢琴演奏家从北京赶回上海：“我更想和上海的‘家人’们一起为灾区同胞加油。”他同时表示，希望不久家里能增加一个真正的“家人”———领养一个灾区孤儿。

王汝刚回来了。他正在北京参加第五届曲艺类牡丹奖评选工作，接到晚会通知后就马上赶回来彩排。他说：“上海文艺界历来有这样的义演传统，反映大家对灾民的热切关注。让我们感动的是，剧团的友好合作单位、一家日本的株式会社，闻讯后也当即捐钱过来。”

黄奕回来了。地震发生后，黄奕去红十字会献了血，又把主演的一部新剧的全部片酬捐了出来。今天刚刚从北京飞回的黄奕告诉记者：“这场晚会一结束，明天在北京参加央视义演晚会，接下来要参加东方卫视义演晚会和四川一个基金会的活动。”和黄奕一样，另一名上海籍知名女演员韩雪，当天也从江苏的拍戏现场请假赶来参加晚会。

眼泪，祈祷生命奇迹

这一晚，我们眼含热泪。从 12 日地震发生至今，依然有许多被深埋的生命在坚强地与死神搏斗，这让晚会现场的许多人心情沉重又心怀希望。

晚会的主持人之一叶惠贤，在下午的彩排现场忍不住流泪了。走下舞台后，他告诉记者：“我担心直播的时候自己会控制不住，因为心里太难过了。走出家门时，我还在看电视新闻，有一个人已经被埋 100 多个小时了还在坚持，但是因为埋得太深还没有救出，我希望他能挺住，创造生命的奇迹。”

著名喜剧演员严顺开在接受采访时，说着说着就哽咽了，透过镜片，他的眼眶满含热泪。他说：“灾难突如其来。这次的地震对每个人来说，都很有教育意义。我感受到了天灾的无情，也真切感受到全中国人民的爱。”

坚定，不向困难低头

这一晚，我们衷心祈祷。祈祷，为了告别灾难，更是为了与灾难过后的美好明天相约。

曾经是中国女足的“铿锵玫瑰”孙雯，也来到晚会现场。“这几天，我一直在看新闻，我想去灾区当志愿者，可我一不懂医疗，二不懂消防，只会踢球实在太没用了。”但孙雯并没有为自己的“无能为力”而沮丧：“我们大部分人能做的，就是有钱出钱有力出力。奥林匹克精神是面对困难永不服输。否极泰来，我相信我们可以带着伤痛迎接北京奥运会的到来。”

著名京剧表演艺术家尚长荣也告诉记者：“灾难是无情的，但我们通过灾难也目睹了许多感人肺腑的事迹。我们的中华民族从来没有在任何灾难面前低过头，这一次，我们也一定能够战胜困难。”

握手，力量无穷无尽

这一晚，我们血脉相连，因为众志成城。晚会舞台上巍峨的长城背景和舞台下众人紧握的手，共同构成了一幅温暖的图卷。

在现场，当主持人告诉大家正在灾区工作的上海消防官兵下午又救出了4名群众时，人群沸腾了，掌声如雷鸣般响起。

在晚会组织的募捐活动中，来自上海市的各家企事业单位纷纷慷慨解囊，晚会特设的捐款热线也一刻不停地响起，不少热心观众在打进电话留下捐款的同时，还不忘对灾区人民送上一份祝福。设在东方明珠、广电大厦的分会场，也迎来了自发赶来的热心市民，他们中有来沪务工人员，有白发苍苍的老人，有背着书包的孩子，也有高校学生、企业白领。因为一个“爱”字，他们从四方汇集而来，只为了向灾区人民献上自己的一份心意。

短短一个多小时的赈灾义演中，主会场发起了四次捐款活动，而分会场、捐款热线电话更是连接着络绎不绝的爱心市民，截至晚会结束，市慈善基金会、市红十字会等团体共募集抗震救灾捐款5.09亿元，这个数字还在不断上升中。

（李君娜　沈佚伦）

原载《解放日报》2008年5月18日

■ 灾后重建

绘蓝图　抓协调　促重建

——上海市发展和改革委员会投入都江堰市应急救灾和灾后重建纪实

2008 年 5 月 12 日，四川省汶川特大地震后，上海市发展和改革委员会（以下简称市发展改革委）立即全力以赴投入应急救灾，紧急调运、筹措救灾援助物资，加强对救灾物资的价格监测和管理，全力支持灾区抗震救灾；同时，按照市委、市政府的部署和要求，深入灾区了解灾情和援建需求，按照援建项目"走着全国前列"和"百年大计"的要求，统筹安排上海对口援建都江堰灾后重建项目规划，积极加强对口援建协调服务，促进上海援建项目的提前高质量的完成。

应急通信车架起指挥部

地震次日，国家发展和改革委员会电告市发展改革委（上海市国民经济动员办公室，以下简称市经动办），灾区平武县原有通信设备因地震破坏而通讯中断，严重影响了抗震救灾工作的开展。请上海派遣应急通信车支援四川地震灾区。

上海市政府副秘书长、市发展改革委主任、市经动办主任周波即刻要求市经动办迅速落实。经与国家特种信息动员中心的有关单位协商，在上海警备区的支持下，特种应急通信车和工程抢险保障车日夜兼程，于 5 月 16 日凌晨到达四川省"5・12"抗震救灾指挥部。当天就为平武指挥所开设了 30 路军用电话和 10 路民用电话，并通过卫星开通了"平武县——省 5・12 指挥部"，恢复了省 57・12 指挥部与平武县指挥所的联系。

食品药品分 8 批调往灾区

从 5 月 13 日起，市发展改革委就同市经委一起，依托上海主要商品储备体系，紧急调用和筹措包括药品、食品、医疗设备、照明设备、生活用品等应急物资，分 8 批调往灾区，并协调落实解放军总后勤部华东军用物资采购局、中国电信上海公司、四川省人民医院等单位，向灾区运送急救药品、医疗器械、通信器材等物资，同时重点筹措灾区急需的帐篷、棉被、消毒用品、药品等防寒防疫物资。

第一批救灾援助物资运往灾区后，市发展改革委立即会同市经委，按照市级主要商品储备制度，对已调用的部分储备物资迅速进行补充，确保市级储备商品按规模要求及时到位。为保证救灾物资运输，市发展改革委收费管理处发出紧急通知，对运输帐篷、过渡安置房等救灾物资的车辆免收车辆通行费。

到 5 月 26 日 17 时，共发往灾区应急救援物资 4527.24 万元，总重量 1334.12 吨。同时，市发展改革委(市经动办)协调调用了军队委托上海代储的部分战备药品604件,计8.8吨;针对灾区骨伤病人多的情况,协调国家经动办依托华东理工大学建设的医用生物材料动员中心等单位捐赠了350盒、价值100万元的人工骨产品。

发布紧急通知维护市场价格稳定

在调送救灾物资的同时,市发展改革委(市物价局)在5月14日发出紧急通知,要求全市各级价格部门密切关注市场价格动态,加强价格监测和预警,加大市场价格监督力度,尤其对食品、药品、成品油等救灾物资生产企业加强价格监管,切实维护市场价格稳定,保证抗震救灾工作。

市发展改革委陆续发出《做好帐篷和过渡房的生产运输的价格管理》《加强灾区过渡安置房用彩钢板供应和价格监管》等通知,吴振国副主任6月17日还主持召开有市建设交通委、市经委和宝钢集团等单位参加的专题会议进行落实,并且深入宝钢、赛科等主要原材料生产企业进行协调、指导,确保救灾帐篷和过渡安置房的生产原料价格的稳定。

踏勘灾情了解援建需求

2008年6月,党中央、国务院确定上海市对口支援四川都江堰市灾后恢复重建。按照中共上海市委和市政府的决定,市发展改革委承担了编制全市对口援建都江堰市的灾后重建规划,统一筹措资金,安排重建项目的任务。

11日至13日,市发展改革委和市政府办公厅(市应急办公室)、市教委、市旅游委、市卫生局、市民政局、市合作交流办公室,现代建筑设计(集团)公司、同济大学城建规划学院等单位,随同沈晓明副市长奔赴都江堰市开展援建工作的前期调研。

期间,市发展改革委参与了市领导与成都市、都江堰市领导和有关部门负责同志的座谈,直接与都江堰市发展改革局等部门进行对接沟通,并实地踏勘灾情,深入了解都江堰市灾后恢复重建项目的总体情况和援建需求,为本市援建项目的安排创造打下了基础。

在调查研究的基础上,市发展改革委按照市委专题会议、市政府常务会议确定的上海援建工作要"走在全国前列"的目标,确定了上海对口援建项目的总体要求:一是在对口支援的内容和方式上,按照国家方案的要求,进行城乡统筹规划;二是切实把解决关系民生的紧迫问题放在首要位置,突出对城乡居民住房、学校、医院、社会福利、城乡基础设施等援建项目的同时,恢复重建都江堰—青城山景区;三是硬件和软件、援建和振兴相结合,在以建设项目为主的前提下,增加有关规划编制、社会服务、人才培训、市场推介等软件项目,以支持都江堰市加快恢复和提升自我发展能力;四是根据三年援建的总体资金安排,对属于援建考虑范围、符合规划要求、具备近期开工条件的项目,加快启动实施;五是统筹资金、项目和建设力量安排,分清轻重缓急,合理确定第一批启动援助项目。

按百年大计编制援建规划

根据市政府部署,市政府副秘书长、市发展改革委主任周波主持召开专题会议,要求全委本着

“援建项目百年大计”的要求，以最大的热情、最优的质量、最快的速度、最高的效率，打破工作常规，连续挑灯夜战，统筹安排上海对口支援都江堰灾后重建第一批项目规划。

按照国务院提出的援建资金“按照每年对口支援实物工作量按不低于本省市上年地方财政收入的1%”的要求，结合上海社会捐助资金（15亿元）投入与财政性资金（6亿元）投入的实际，市发展改革委在反复研究、综合平衡本市城建、卫生、旅游、民政等部门提出的各口援建项目，并经与都江堰市政府充分协商，以及上海市和四川省的有关专家对项目可行性研究报告进行评审的基础上，提出了首批援建项目规划。随即市发展改革委和市政府办公厅（市应急办）等单位，在市政府副秘书长沙海林带领下，于6月18日至19日专程赴都江堰市沟通落实规划启动的第一批援助项目。经与成都市副市长兼都江堰市灾后重建工作委员会主任王忠林和都江堰市委、市政府主要领导和有关部门负责同志座谈、沟通及实地调研，与都江堰市就拟启动的第一批备选援建项目基本达成一致意见。

6月21日，市发展改革委向市政府提出了上海市2008年对都江堰市对口援建规划。初步安排44个项目，总投资约32.3亿元，包括永久性求助安置房、学校建设、医院民政福利设施建设、农业恢复重建、城乡道路建设、供排水设施建设，教育、卫生、农业、民政、旅游对口建设以及城市建设技术援助等项目。其中，硬件类项目31个，包括幸福家园二期和惠民雅居安置房等永久性项目、建设和修复学校项目、医院项目、以及建设综合社会福利院项目、建设和修复城乡道路、供排水设施、农业基础设施等，总投资约31.7亿元；软件类项目13个，包括都江堰世界遗产抢修工程援建方案、提供恢复重建规划编制服务、选派师资和医务人员、人才培训、市场推介等，投资约0.60亿元。该规划获得上海市政府批准。

市发展改革委还报请市政府，建议将对口援建规划中的11个以民生为主，涉及学校、医院、福利院、安置房、城乡基础设施等项目列为上海市第一批援建项目，获得市领导同意。此后，市发展改革委立即请下属专门承担上海重大项目评估的上海投资咨询公司组织上海市、四川省有关专家对各项目可行性研究报告进行评审。经上海市对口支援领导小组办公室（上海市对口支援都江堰市灾后重建指挥部）与都江堰市灾后重建工作委员会协商同意，这11个项目正式作为上海市对口支援都江堰市灾后恢复重建的首批启动项目。

建立工作体系选派援建干部

6月21日下午，韩正市长在市对口支援都江堰市灾后重建工作领导小组第一次会议上提出，要统一规划、统一指挥，建立起高效精干的工作体系；要细化专业职责、建立协调机制、抽调精兵强将、充实完善专家小组，确保各项工作落到实处。

市发展改革委迅速落实会议精神。一是成立市发展改革委对口支援都江堰市灾后重建工作领导小组，负责对口支援都江堰灾后重建工作所涉及本单位职能的重大问题决策、协调和推进工作。由市政府副秘书长、市发展改革委主任周波任组长，王建平副主任为副组长，成员有与对口重建工作相关的固定资产投资处、城市发展处、社会发展处、产业发展处和委办公室，并建立了统一指挥、分工明确、协调推进的工作机制。领导小组下设办公室，由王建平副主任担任办公室主任，副总经济师兼就业分配保障处处长金国军、副总经济师兼固定资产投资处处长管小军任副主任，负责对口援建的日常工作。二是市发展改革委党组在第一时间召开选派对口援建干部的工作动员部署大会。全委干部积极响应号召、踊跃报名。经委党组综合分析、比较，最终决定推荐副总经济师兼社会保障处金国军处长为上海市对口支援都江堰市灾后重建现场总指挥部综合计划组组长人选。金国军赴都江堰市参加上海市对口重建指挥部后，积极开展灾后重建项目的综合计划工作，受到指挥部领导和都江堰方面的充分肯定。

加强对口援建协调服务

2008 年 7 月，根据市委、市政府有关由上海市对口支援都江堰市灾后重建指挥部负责统筹安排本市各类援建项目的指示，市发展改革委陆续将前期承担的上海援建都江堰市灾后重建工作移交给市对口重建指挥部。

援建规划工作移交后，市发展改革委在加强全市经济社会发展和重大改革统筹规划、协调的同时，仍然从全市对口援建都江堰的大局出发，积极做好两方面的协调服务工作：

一是配合对口重建指挥部做好援建项目的统筹工作。主要是做好后续批次援建项目的资金统筹、重建规划和项目实施的后续服务工作。如配合指挥部做好调整修改援建大纲，组织对后续批次援建项目的可行性评估，筹措落实后续援建资金，协调推进后续项目建设。

二是主动做好对口支援对接和服务协调工作。市发展改革委于 7 月 30 日和 8 月 22 日，配合市对口支援都江堰市灾后重建指挥部，先后提出《上海市对口支援都江堰市灾后经济恢复重建，促进两地经济合作的政策意见》、《上海市对口支援都江堰市灾后重建工作大纲》等政策意见；8 月 26 日，提出《上海市汶川地震抗震救灾社会捐赠资金管理办法（征求意见稿）》的修改意见；10 月 28 日，又协助都江堰市发展和改革局完成《都江堰市灾后重建 2008—2015 年经济社会发展战略研究框架》的论证和完善工作。通过上述后续服务，保证了上海对口援建都江堰灾后重建规划项目提前一年高质量的完成。

怀仁爱之心　倾全部之力

——中国福利会、上海宋庆龄基金会支援汶川都江堰灾后重建服务纪实

2008 年 5 月 12 日 14 时 28 分，四川汶川发生 8.0 级特大地震。顷刻之间，天崩地裂，山河哭泣，神州同悲。

震区在呼唤，多少惊恐无助的孩子在梦魇里哭醒；本该在呵护中成长的孩子，正面临灾难的摧残……

2008 年 7 月 14 日，中福会援建服务团授旗仪式

"怀仁爱之心，倾全部之力"，遵照胡锦涛总书记在写给中国福利会成立 70 周年贺信中做出的"积极投入到赈灾工作中去，尽全力给受灾妇女儿童提供物质支持和精神抚慰"的重要指示，6 月中旬，中福会副秘书长邹蔚即率领工作人员赴灾区，了解震后情况，为组建援建服务团作现场调研和安排。2008 年 7 月，以中国福利会副主席兼党组书记、上海宋庆龄基金会副主席洪纽一为团长的第一支中国福利会、上海宋庆龄基金会（以下简称"中福会""基金会"）支援都江堰灾后重建服务团迅速

赶赴灾区。

冒着余震，顶着烈日，迎着暴雨，他们行走于废墟之间，深入至板房学校，为惊魂未定的灾区儿童送去了第一次欢笑。

一年多来，中福会和基金会发动社会各界力量，捐资捐物，先后 9 次组团奔赴四川灾区，为灾区师生提供文化教育服务，帮助灾区儿童重建精神家园。

中福会老师和孩子们一起开展以美好家园为设计主题的建模制作活动

灾后孩子的第一次欢笑

2008 年 7 月 14 日，都江堰遭遇了震后最大的暴雨袭击。迎风冒雨，支援都江堰灾后重建服务团开始了为期 6 天的援建活动。

第一站：胥家镇学校。原本泥泞的校园，经一夜暴雨侵袭已变得坑坑洼洼。中福会流动少年宫的首场科技文化服务就在滂沱大雨中开课了。

满是积水的板房教室，1300 多名学生仰着期盼的眼神。“同学们，我们来搭一幢小小的新房子，建一座小小的美丽家园……”科技制作的课堂上，一堂以美好家园为主题设计的建模制作活动，正吸引着孩子们新奇专注的目光。“地震把我们的房子全都震垮了，我们要建造更新的房子”，“我们还要在家园种上好多好多的树”，教室里满是孩子们认真的神情，丰富的想象，美丽的憧憬。

美术创意活动教室的大黑板前，悬挂着一幅大大的笑脸画。那是全班 50 多个孩子以笑脸为主

中福会老师带领孩子们放飞自己制作的飞机模型

题的集体创作画。每一个孩子都画了一张自己印象深刻的笑脸。虽然,灾后的笑脸,有悲痛的泪痕,但希望的笑脸印在了同学们的心里。而在另一个教室,飞机模型指导老师正带领孩子们将完成的模型飞机放飞,大家朝着天空挥舞着双手,大声呼喊着:“飞起来啦!”“看!我的飞机飞得多高呀!”正在进行蝴蝶标本制作的教室却显得异常安静,同学们仔细地、轻轻地粘贴着蝴蝶身体的各个部位,连眼睛都不敢眨一下,生怕把蝴蝶翅膀折断,更担心破坏了那一份生命的美丽。

“请把我的歌带回你的家,请把你的微笑留下……”教室里,挥动着小手,扭着刚学会的舞姿,孩子们和上海的老师一起又唱又跳时,笑容若鲜花绽放。“已经很长时间没有看到孩子们这样开心欢笑了”,胥家镇中小学校校长杨群英说,“这些活动都非常生动有趣,孩子们在做一做,动一动中体验到了快乐”。周香伶老师说,孩子们非常喜欢流动少年宫的教学活动,它让孩子体验到了校外活动的精彩与快乐。”

下课了,放学了,孩子们簇拥着少年宫老师依依不舍,“老师,你明天还来吗?我们还想见到你”。被孩子们相拥着的合影不仅留在了服务团老师们相册里,更成为他们美好的回忆。

短短6天,流动少年宫分别到都江堰市的胥家镇中小学校、驾虹学校、玉堂中小学校、中兴学校以及翠月湖学校,开展以“生命之韵”“美好家园”“畅想未来”“祝福奥运”为主题的校外教育活动。

“5·12”地震发生后,中福会、基金会和《新民晚报》等单位在上海小伙伴中发起“捐一个爱心书包,交一个灾区朋友”的活动,1400多名上海小伙伴献出了自己的爱心。服务团也把这1400多颗爱心带到都江堰。在板房学校,中福会流动少年宫的老师把这批承载着上海小朋友深厚情谊的“爱心书包”带到现场,赠送给每个孩子。

首个“宋庆龄爱心书库”落成

7月15日,都江堰依然暴雨倾盆。一早,洪纽一带着团队驱车上路,目标虹口镇驾虹学校。服务

中福会少年宫、新民晚报“爱心书包”捐赠仪式

团在四川灾区捐赠的首个“宋庆龄爱心书库”将在这所学校落成。

就在昨天下午，所有的老师在胥家镇学校上完课，就马不停蹄地赶到驾虹学校，冒着大雨拉横幅，装书包，装书架，短短两个小时，82 箱爱心书包全部进入教室，1000 多册图书全部上架。万事俱备，只待落成仪式。“宋庆龄爱心书库”是中福会、基金会赠予贫困地区儿童的一份厚礼，遍及很多边远地区的学校，深受广大儿童的欢迎和好评。这次专门为四川地震灾区儿童设立的“宋庆龄爱心书库”，承载着新的历史使命，它将为灾区小朋友重建美好的精神家园送去关怀和力量。

此前，中福会通过前期深入调查，广泛了解了当地学校的需求，决定为都江堰市现有的板房学校分批配置“宋庆龄爱心书库”。一个半小时路程，格外令人揪心。一脸疲惫的洪纽一，全神贯注前方的路况。大雨倾盆，打在车窗上，驾驶员都无法清晰辨别路面，多半是靠着经验慢行。10 分钟后，便是此行最艰难的路段，山体滑坡，公路只能一半行驶，路面一个大坑接着一个大坑，车轮下去，大坑里的泥水可以将挡风玻璃满满得盖住，此时的公路上已经见不到别的车辆与行人。眼下的险情，洪纽一可是“有备而来”。就在昨晚，多路信息汇集，前往虹口镇的道路路况复杂，驾虹学校位置偏僻。上海市对口支援都江堰市灾后重建指挥部总指挥沙海林特意让副总指挥来电告知这一情况，并询问“你们明天是否一定要去驾虹学校？天气情况很不好，据当地反映很有可能再次发生山体滑坡，为了安全，能不能不去？”

去，还是不去？洪纽一陷入矛盾与纠结中。一方面1000多名孩子期盼着，这是一个偏远的地方，灾后的师生很需要关怀温暖和战胜灾难的力量，服务团哪有退却的理由？再说，书库的书也已经上架，孩子们正翘首期盼着呢！另一方面，去了，万一遇险，关乎十几个老师的生命，自己可是团长啊！

“去，我们一定要去，既然抢险的车能过去，我们也应该能过去。”洪纽一和大家商量，达成共识，并仔细研究一路可能出现的问题，最坏的预案是“实在不行就步行走进去”。这一夜，洪纽一未曾合眼，想象着这条路究竟会怎么样？

震后滑坡和塌方，加上一直在下雨，路面损坏得已是无人敢走。路旁全是倒塌的房子，眼前的路，是洪纽一昨晚无法想象的，也是他从未见到过的，好在每一个人都无所畏惧，严阵以待。

“走，我们下车”，关键时刻，少年宫老师姜宇峰和赵嵘挺身而出。足足20多分钟，他们在雨水和泥水中踩着泥泞的路，深一脚浅一脚地徒步走在汽车前面，一边探路，一边引导，把车辆引出险境。

到了，终于到了。服务团到达学校的那一刻，令所有人的眼睛湿润了，全校师生冒雨在门外

中福会援建服务团在“宋庆龄爱心书库”前合影留念

中国福利会党组书记洪纽一(中)在点验赠送物品

迎候。

“同学们,这些航模、美术、音乐、游戏、科技等方方面面的知识相信大家一定会喜欢……”中福会在四川灾区捐赠的首个“宋庆龄爱心书库”在都江堰市驾虹学校落成,1000多名学生有了1000多册课外读物,他们和优秀的儿童图书交上了朋友。洪纽一在书库落成仪式上亲切的讲话,赢得孩子们热烈的掌声。

驾虹学校九年级三班的教室里,整齐地放着一排书架,上面陈列着最新出版的各种儿童读物,其中有探索科技的奥秘,有传统优秀经典的儿童读本,有充满童趣的世界各地童话,还有《儿童时代》等脍炙人口的杂志。不少学生坐在书架边,津津有味地读着自己喜爱的图书。

中福会援建服务团工作汇报会

历练中书写人生精彩

在洪纽一 2008 年 7 月 15 日的工作日记里，有这样一段记载：

“下午 3:26，我在成都宾馆里刚通完电话，突然觉得身体在椅子上被摇动着，刹那间感觉一阵头晕，个把小时后才得以恢复。开始还以为椅子没有放平，但是看到周围其他的椅子也在动，顿时意识到余震来了，于是立即开门跑到走廊。这时，一些老师也已感觉到并跑了出来。

我们在 8 楼的安全出口处相聚，准备若再有情况，即刻下楼。我的手机和中央电视台新闻几乎同时收到四川绵竹地区发生余震 5.0 级的消息……那天晚餐时，由于地震影响，餐厅里的扩音器发出的声音也变得怪怪的，加剧了人们的地震恐惧心理。那一晚，大家都不敢入睡，因为没有人能说得清楚接下来还会发生什么。

每一次赴川援建，服务团都经受着余震的考验。青城山下的上海市对口支援都江堰市灾后重建指挥部内，排放着一排排倒置的空矿泉水瓶，拿它用来测地震的强度。服务团的老师在短时间内学习到不少防震的经验。2009 年 11 月 23 日下午，服务团正在汶川第一小学演出，突然遇到 4.8 级余震，大地和楼房顿时颤抖起来，操场上的高音音响也发出刺耳的怪声，而且震源就在他们的脚下，然而所有的老师都没有丝毫慌乱，各项服务活动正常进行。

每一次赴川，服务团都带着沉甸甸的物品和沉甸甸的爱。从出发的那一刻起，每一位成员随即都成了一名冲锋陷阵的战士。每天 24 小时，从早上 6 点起，整整 18 个小时都在争分夺秒地轮番做着两件事：走进学校上课；走出课堂打包。第一次赴川，13 人面对 27 个托运行李，650 多公斤教学材料，1000 多册图书，82 箱 1100 个爱心书包，所有一切都要通过他们的双手，一一送到每个学校、每个孩子的手里。不论是优雅文静的女生，还是舞文弄墨的男士，谁都未曾想到，短短的 6 天里，一个个竟然都练成了技术娴熟的打包工和力气硕大的搬运工。他们每到驻地，一定是顾不上旅途劳顿，马上打包装箱，把第二天要赠送给孩子们的科技体育活动包，以及教学材料整齐装箱。6 天 5 夜，服务团奔波 2000 公里，共拆包打箱 132 次，到 6 所学校，服务上万学生。为了不给灾区增加负担，服务团经常是面包矿泉水充饥，颠簸的汽车是开会和休息的场所。超负荷工作，却没有一个人叫苦。

赴川服务，不仅仅是付出，更是“一种学习、一种洗礼，一种震撼”，流动少年宫老师周建中先后四次参加服务团。第一次赴川，展现在他面前的是天崩地裂后的惨象。一年后，当他再次来到，曾经的板房已建设成崭新的校区，为了孩子们的梦想，周建中一次又一次地来到灾区，倾心服务。

“赴川服务的五夜六天，是我迄今为止人生阅历中最精彩的日子”，流动少年宫老师林放深有体会地说。在孩子们身上，她学到了坚强和勇敢。为了让孩子们通过歌唱和丰富的音乐活动，激发情感、体验快乐、愉悦身心，备课时，林放尽量选择短小、便于记忆的立志向上的歌曲。行前，当了解到由于当地受灾情况严重，学生们都在新搭建的板房里上课，教室里没有辅助教学的钢琴、录音机等必备的教具等情况时，林放做足准备，带去了口风琴，并购买了大量便于携带的打击乐器作为课堂教具。果然，身处板房教室，她的口风琴教学受到孩子们的欢迎。

重建家园我们携手相随

“不忘嘱托，牢记教诲，严守纪律，怀仁爱之心，倾全部之力，为宋庆龄事业添光辉”，2009 年 11 月 22 日，在浦东国际机场，洪纽一再任团长，率中福会和基金会援助四川少儿文化教育综合服务团一行 38 人，又一次宣誓出发。

又踏上了这片熟悉的土地，又见到了牵挂于心的孩子们。与一年前截然不同，眼前的废墟、板房，已变成美丽的新校园，阳光下，校园里，传来孩子们琅琅的读书声。

有了震不垮的新校园，孩子们还需要什么？让爱延续，让爱永远。作为上海教育援建灾区软件支持和内容支持的重要项目之一，服务团为汶川和都江堰共 8 所学校及幼儿园近万名学生送去了丰盛的教育和文化服务。

在汶川第一小学和都江堰北街小学，孩子们欣喜地观看了过去只有在电视上看的儿童剧演出。此次服务团带去的是中福会儿童艺术剧院新排大戏《少年与流浪狗》，演员与孩子们零距离热烈互动，欢声笑语伴随着歌声和舞步在操场上回响。

2009 年 11 月 22 日，中国福利会党组书记洪纽一（中）率中国福利会、上海宋庆龄基金会支援四川少儿文化教育综合服务团从浦东国际机场出发

“地震给孩子们的心灵带来创伤，一本好书往往可以使他们的心灵得到抚慰，而这样的安慰将是永远的。”这是中福会援建服务团老师们的共同体会。为了使宋庆龄爱心书库为孩子们的成长发挥更大作用，中福会出版社携儿童文学作家，为师生们进行阅读指导，与大家互动交流。少年宫的老师带去了红色经典导读、动植物标本制作、科技模型、儿童游戏、少先队活动指导、动漫制作、儿童舞蹈和合唱指导等10多个课程。

中福会、上海宋庆龄基金会支援四川少年儿童文化教育基地成立暨综合服务启动仪式

“兔子先生去散步”“快乐数学”……在汶川第一幼儿园，孩子们和幼教老师一起学习，中福会的幼教老师们开设了“早教讲座”，一堂堂生动的示范课，把中福会先进的幼儿教育成果带给了灾区老师。许多老师白天没有听够，希望晚上加场。

“我们的服务是长期的，是可持续发展的，为灾区人民服务，为妇女儿童服务是宋庆龄事业的宗旨”，中福会流动少年宫分别在汶川、都江堰建立了少年儿童教育基地。基地挂牌仪式上，洪纽一如是说。

中福会网络少年宫开通了。通过视频，中福会少年宫主任陈白桦为小朋友教起了欢乐的舞蹈。“敬个礼呀，握握手……”操场上，孩子们一招一式练起了集体舞。利用现代的网络技术，中福会的校外教育把对灾区的服务延伸到更广阔的空间。

中福会、上海宋庆龄基金会援建服务团凯旋

这样的文化教育服务，被当地教育工作者称为雪中送炭。汶川县教育局长兼党组书记胡正安说，“为汶川县送教，服务团带去的是先进的教育和教学理念”，“整个活动都非常成功”。

一年多来，中国福利会、上海宋庆龄基金会先后组团 9 次，以流动少年宫、宋庆龄爱心书库及阅读指导、幼教培训、沪川小伙伴夏令营等形式为都江堰师生提供文化教育服务，帮助灾区的孩子们重建精神家园。共捐款 1070 万元、捐赠课桌椅 7000 套，直接受惠学校 63 所，直接受惠教师 1200 人。

告别灾区，告别孩子们，服务团的老师们都留下了发自内心的感言：“一次特殊的使命，一次精神的洗礼，灾区孩子们的笑脸，永远留在我们脑海里”“希望宋庆龄爱心书库为灾区的孩子带去我们特殊的爱”“天灾虽震了家园，爱心却凝聚了力量，在重建家园的路上，我们携手相随”“灾区孩子的快乐，就是我们的快乐，愿我们一起永远快乐”。

为了让灾区孩子早日复学

——上海市教育技术装备部支援灾区学校重建纪实

2008 年 5 月 12 日，8.0 级大地震让四川灾区遭受重创，学校建筑设施满目疮痍。

为了能让灾区孩子早日回到学校上课，上海市教育技术装备部的一支教育技术装备队伍，奔赴在抗震救灾第一线，奔赴在灾后学校重建第一线。

绵阳过渡安置点建起配套学校

在上海市教委的组织领导下，6 月 7 日，市教育技术装备部灾区援助工作组出发了。当时灾区余震不断，飞石、滑坡和泥石流不断发生，工作组同志置自身安全于不顾奔赴绵阳游仙区。

58 岁的副主任姚毅健是装备部的老同志，精熟教学仪器装备配置领域。关键时刻，他主动请缨："我 1974 年就进入装备部工作，在这个领域爬摸滚打 30 多年了，请相信我！"

抵达四川后，老姚婉言谢绝了当地政府要他留在相对安全的都江堰地区工作的请求，置自身安全于不顾奔赴绵阳游仙区。崎岖的山路、瓢泼的大雨、随时滚落的山石阻止不了他已不再年轻的步伐，短短 5 天内，他与工作组的其他同志一起联系委托当地生产厂按上海的技术质量要求进行加工生产，为游仙区过渡安置房配套学校 34 个教室配备齐全价值 32 万余元的课桌椅、讲台、黑板和 5 间办公室的办公桌橱等教学设备，受到灾区学校和群众的一致赞誉。

2008 年 6 月 12 日，四川绵阳游仙区安置房配套学校 34 个教室配置项目完工

5 月 24 日，在已交付使用的绵阳游仙区居民安置点，上海援建的申游爱心学校开课，孩子们琅琅的读书声重新响起。时任上海市市长韩正和孩子们一起参加了学校的开学升国旗仪式。

8 天建成的申游爱心学校入学仪式

保障 2 万套课桌椅按时到位

都江堰市政府当时提出，中小学要在 6 月 23 日全面复课。

6 月 15 日，装备部接到上级指示，要求紧急采购 2 万套课桌椅运到都江堰，在 6 月 22 日全部到位，6 月 23 日保证都江堰全市中小学灾后复课使用。

“要把最好的给灾区孩子们！上海孩子们用什么样课桌椅，也给灾区孩子用什么样课桌椅。”市教委领导的指示铿锵有力。6 月 17 日，通过四川省教育厅技术物资装备处、都江堰教育局，经过公开比选，实地考察，落实四个工厂按上海装备技术要求进行生产。

装备部专业采购小组为全面复课所需的 2 万套课桌椅夜以继日工作在第一线。白天，按上海的技术质量要求逐一实地考察筛选定点四川省生产厂商、召开厂商会议、明确生产标准、组织评估、竞价谈判，部署落实生产任务，晚上，采购小组成员汇总各分块工作，分析研究解决所遇问题，拟订进一步工作方案，每天十七八小时的高强度工作让采购小组成员眼睛布满血丝。在装备部领导和技术人员高效组织下，四川省生产厂商尽全力生产的1万余套课桌椅到位了，上海调运的9400套到了，但其中有3900套课桌椅是半成品。

没有电、没有工具、没有厂方专业装配人员支援，3900套的课桌椅必须在数天后完完整整、干干净净地交付孩子们使用，怎么办？装备部同志默默挽起袖管，打开了半成品的包装……连续三四天通宵达旦，顾不得手上磨出了血泡、顾不得累得直不起腰，当地的驻军闻讯赶来支援了，当地的民众也赶来支援了。终于，在6月23日前2万套课桌椅分批送到都江堰地区23所学校，保证了都江堰中小学在板房教室全面复课的需要。

在复课的那一天，孩子们笑了！老师们笑了！家长们笑了！装备部的同志们也笑了！

一个月装备好一所都江堰中学

根据安排，灾区重建标志性项目——都江堰中学（四川省示范性高中）新校区要在9月1日全面启用。装备部再次出发。

7月，装备部抽调最具经验的包括弱电系统在内的九大子系统基教装备管理规划人才奔赴灾区，依据教育部、四川省教育厅有关学校装备标准科学规划，制订都江堰中学装备配置工作方案，夜

都江堰中学学生宿舍

以继日奋战在第一线。

都江堰中学领导感慨地说:“占地300亩的新校舍基础设施原本是一片空白,泥泞满地,要在短短一个多月内使其具备基本的教学、生活条件,说实话我们是非常忧虑的,担心完不成任务。现在上海教育装备部的同志来支援我们,同时还带来了许多先进的教育装备理念,你们设计的方案在适用性、人性化方面比我们想的还周到,真的非常感谢你们!”

炎热的七八月,装备部领导带领工作组数度冒着酷暑奔波在都江堰灾区,组织、协调、落实都江堰中学90个班规模的设备装备工作。白天在学校和装备制造单位间来回奔波,征询校方意见、确认样品质量;晚上挑灯夜战,进一步研讨设计装备方案,以确保设计最科学化、最切合实际需求;同时,还进一步研究商务谈判方案,以确保3200余万资金使用最优化。

最终,遵循实用、高效、特事特办、急事急办的原则,按照财政部应急采购的程序规范操作,逐一落实了生产单位,资金使用理想。短短月余,原本泥泞满地、空空落落的新校舍已焕然一新,开学必需的96间教室设备、660间学生宿舍设备、40间教师宿舍设备、能满足5000名师生分两批用餐的食堂设备、行政办公设备、公共广播设备等均已采购到位。其中每一间教室升降黑板、钢制讲台、学生课桌椅、书包柜、多媒体教学设备、节能教室灯、黑板灯一应俱全,其装备标准已远超上海地区平均水平。

都江堰中学领导激动地说:“非常感谢你们对都江堰中学的援助!今年是都江堰中学建校八十周年,我们坚信,都江堰中学将会以崭新的面貌为都江堰地区的教育振兴作出新的贡献!”

在上海市对口支援都江堰市之后,上海市教育技术装备部又一次接受了为都江堰市中小学重建中教学仪器设备装备配置的光荣任务,并被国家人力资源和社会保障部、国家发展和改革委员会、解放军总政治部授予“汶川地震灾后恢复重建先进集体”称号。

倾情倾力觅帐篷，紧急救援献爱心

——上海高校后勤服务股份有限公司援建灾区帐篷教室纪实

“5·12”汶川特大地震后，灾区的学校许多教室坍塌，学生复课面临上学场所的困难。

5月19日，四川省教育厅致函上海市教委，请求上海市教委支持和帮助解决汶川地震后学校恢复上课所用40平方米的帐篷。市教委领导情系灾区、全力以赴，当晚，在第一时间以最快的速度，就将紧急订购任务交给了上海高校后勤服务股份有限公司。

上海高后公司连夜排摸情况，找到配货管理中心副主任徐惠根。5月20日一上班，徐惠根就与总后军需系统地处南京的帐篷厂取得联系，该厂厂长说：“我已驻守在总后勤部，有关帐篷工作由总后勤部统一安排，现在工厂处于战时状态，员工24小时加班生产，江苏省、南京市等省市政府也曾要

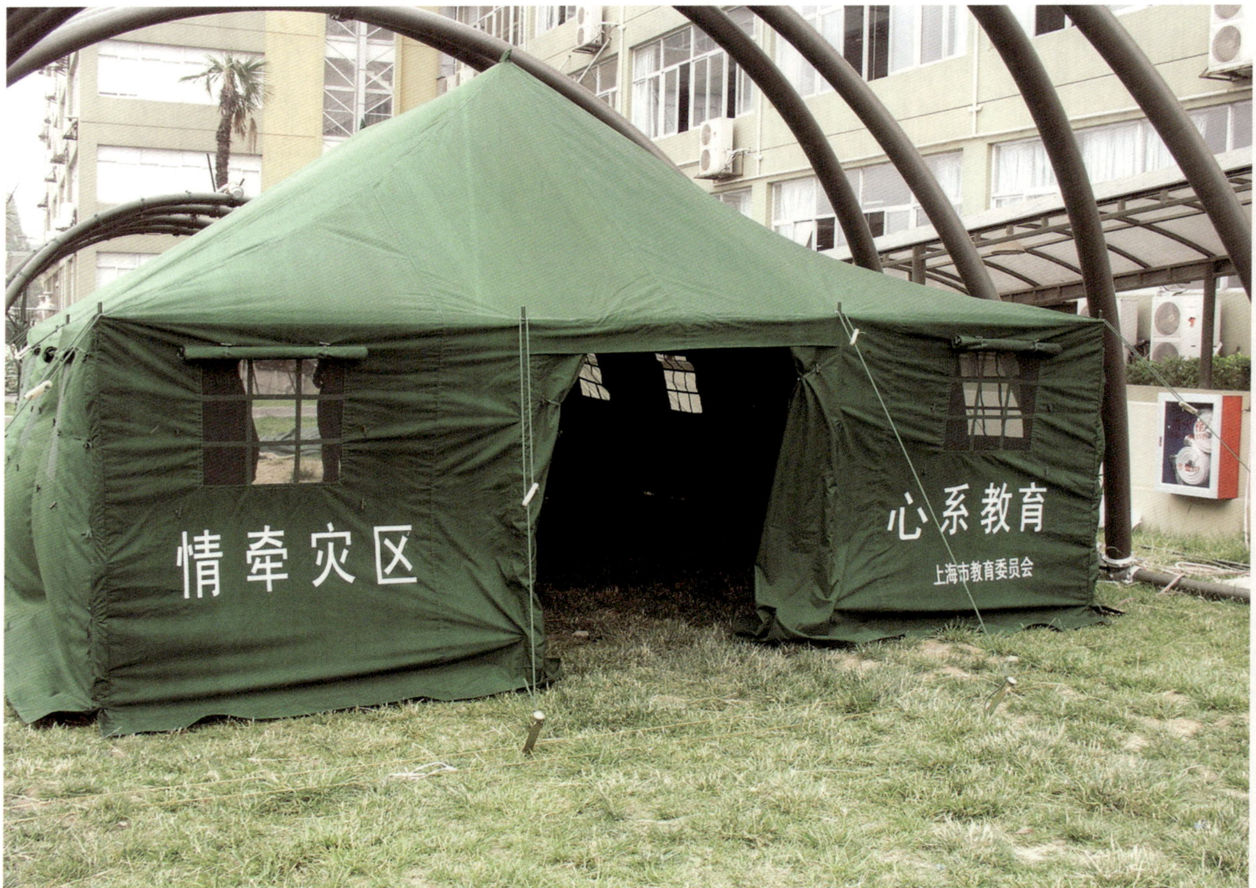

上海市教育委员会援助的帐篷

求解决帐篷问题，但因来不及生产无法满足。”经过再三请求，反复说明地震后孩子上学用帐篷的重要性，厂长被感动了，终于同意加班加点生产加工 100 顶帐篷。市教委得知这一消息后，立即指派市教委副秘书长杨奇伟和上海高后公司董事长林炳华当天就去南京商谈此事。

6 月 6 日，教育部召开支援灾区工作视频会议，会上提出教育系统抗震救灾要向全面安置、恢复重建转化，重点是落实学校安置用房，尽快恢复学校正常秩序。根据要求，市教委重点帮助都江堰教育局实现复课复学，相关处室要全力以赴帮助灾区学校灾后重建。当务之急，除了计划落实的课桌椅 1360 套，讲台和黑板要及时运过去外，高后公司捐赠的大型帐篷 6 月 10 日必须发车启运，确保安全运达。

经过多次协商，在帐篷厂的支持下，100 顶帐篷在 6 月 10 日准时装车运往都江堰灾区。6 月 13 日，帐篷抵达都江堰，首批 20 顶帐篷当天就在都江堰市中学搭起。

6 月 23 日，按照都江堰市政府要求，全市中小学全面复课。两天前，由上海市教委援助的 100 顶帐篷全部到位，并安装在 21 所中小学内，灾区的废墟上按时响起了琅琅读书声。

用我们的专业和爱心援助灾区

——上海社会工作者汶川特大地震开展社工服务实录

经市政府同意，按照民政部的要求，“上海社工灾区援助团”以绵阳市孤儿和青少年为主要工作对象，为全面安置和收养地震孤儿、青少年灾后恢复和发展，提供社会工作专业服务。

“上海社工灾区援助团”专家先遣队一行11人，5月20日飞抵绵阳，开展孤儿、青少年服务需求评估。这是上海市派出的继消防、医疗、防疫等之后的又一个专业团队，社工介入救灾工作在境内尚属首创。21日，先遣队赴绵阳市受灾较大的安县，在安县抗震救灾永安救助站（集中安置800余人的灾民安置点）、安县永安镇跃进村（受灾较大的乡镇）和绵阳市区最大的集中安置点——天河体育馆（安置1万人多人）等地进行实地慰问、调研和采访。22日上午，先遣队兵分两路赴绵阳市儿童福

2008年5月22日上午，先遣队兵分两路赴绵阳市儿童福利院和绵阳帐篷学校高新区实验中学教学点、绵阳市老年公寓，实地了解、慰问、看望，并赠送礼品和礼物

利院和绵阳帐篷学校高新区实验中学教学点、绵阳市老年公寓，实地了解、慰问、看望，并赠送礼品和礼物。专家们每看完一个点，就讨论可能开展服务的工作思路和介入视角，集中研究如何做好总体评估总结工作，争取以最快的时间提交评估报告。22 日晚，先遣队返回上海。

5 月 23 日上午，市民政局、市社会工作者协会在双拥大厦举行报告会。市民政局党委书记、局长马伊里同志主持报告会，“上海社工灾区援助团”专家先遣队成员介绍了绵阳赴灾区实地了解、调研、采访和开展评估工作的主要情况，提出了社工介入灾区援助的初步评估意见，拟从人际关系重建和社区重建等角度援助灾区尽快恢复生产、生活和社会秩序。上海市已经报名参加灾区援助工作的上海社工和区县民政局领导共计 400 多人参加了报告会。

2008 年 5 月 23 日上午，社工专家组举行报告会

5 月 27 日，市民政局局长马伊里召集首批专家团有关人员和相关方面讨论评估报告和下一步组队事宜。会议明确，尽快修改完善总体方案，重点解决上海社工开赴四川开展专业服务的建站、培训、组队、筹资等相关事宜，由华东理工大学先期组织首支社工服务队。5 月 29 日，市民政局副巡视员周静波召集有关方面讨论上海社工服务团总体方案。

6 月 9 日至 14 日，按照国务院对灾区援助的统一对口部署，市民政局和有关社工专家赴都江堰再次进行评估，确定以都江堰市“勤俭人家”安置点作为首批社工服务点。社工服务重点围绕恢复正常的社会秩序、恢复人的社会功能，重建人在家庭、社区和其他社会组织中的社会角色，使陌生社区逐步重整成为熟人社区。

6月19日，市民政局根据都江堰方面的实际需求，以安置社区建设为基本理念，从全市报名的一千多名志愿者中面试确定了三名志愿者，和华东理工大学七名具备社会工作背景的教师共同组成上海社工服务团华东理工大学队。6月25日，作为上海市对口支援都江堰市灾后重建首批项目之一，上海社工服务团华东理工大学队正式出发前往都江堰市，以都江堰市"勤俭人家"安置点受灾群众社会关系重构为重点，开展半年的专业化社工服务，力图形成安置社区受灾群众的互助体系，促进受灾群众的自我恢复过程和自我发展的能力，提升他们的生活信心和参与灾后重建的动力。6月26日，市民政局局长马伊里召集有关方面，就市民政系统援建都江堰有关项目的筹款事宜召开专门会议。会后，就社工服务团的下一步组队和建站事宜进行了讨论和部署，决定在华理队的基础上，再派遣浦东新区、复旦大学、上海师范大学(阳光青少年)三支专业社工队伍。

7月24日，"上海社工灾后重建服务团"复旦大学、阳光社区青少年服务中心·上海师范大学、浦东社工等三支服务队分别赴四川都江堰城北馨居祥园、幸福镇滨河小区、幸福镇幸福家园三个安置点开展专业服务。

2008年7月，上海市民政部门再次派出由浦东新区社工协会、复旦大学、上海师范大学三支队伍组成的第二批社工服务团，继续进行心理救助

8月4日，市民政局方国平副局长召开团部建设专题会议，进一步完善上海社工灾后重建服务团的组织制度建设，推动社工在都江堰开展的专业服务能高效、有序运作，提出服务团组织制度建设方案。

9月2日下午，温家宝总理专程来到都江堰“勤俭人家”安置点，在国务院秘书长马凯、教育部部长周济、四川省委书记刘奇葆等人陪同下，视察上海社工灾后重建服务团开展专业社会工作服务情况。上海社工得到了领导们的交口称赞。

9月26日上午，上海市政协主席冯国勤、副主席周太彤率领上海市政协慰问团，冒雨来到四川都江堰市勤俭人家安置点，慰问和视察在都江堰开展专业服务的上海社工灾后重建服务团。上海社工的专业服务受到了领导们的肯定和称赞。

10月16日，上海市民政局方国平副局长主持召开了赴川社工服务专题会议，对赴川社工服务队下一阶段的工作尤其是工作模式的转变方式和当地力量的培养等方面进行了研究。

10月20日，由四川省政府研究室牵头的“社会工作调研会”在城北馨居祥园召开，四川省政府副秘书长兼研究室主任万鹏龙、成都市政府研究室主任杨东升、都江堰市副市长王庆、都江堰市民政局局长赵登强等相关领导，以及上海社工灾后重建服务团四支社工服务队的队长参加了会议。

10月20—23日，上海社工灾后重建服务团团长何明宝、副团长朱希峰以及服务团团部成员薛海、刘晨旎一行四人前往都江堰市开展专题调研，就上海社工今后如何开展服务与培育当地社工力量，以及如何做好工作衔接的一些细节性问题进行了研究。

11月10日，上海市民政局方国平副局长主持召开上海社工灾后重建服务团工作专题会议，研究服务团下一步的工作模式和工作任务，保证社工服务的顺利转断和有效延续。

11月17日，“2008年都江堰市首期社会工作者专业知识培训班”，在都江堰市残疾人联合会大楼举行了开班动员会并正式开始培训。

11月25日，民政部正式向社会公示了2008年度“中华慈善奖”及全国优秀慈善工作者名单。上海社工灾后重建服务项目获2008年度“中华慈善奖”最具影响力慈善项目。

现代农业在都江堰连线成片

——汶川特大地震上海农业救灾援助实录

7吨优质方便食品、100万元农机设备、2吨消毒药水……"5·12"特大地震后，上海市农委第一时间送去灾区急需物资和机械。

6月19日中央决定上海对口支援都江堰市，建立了上海对口援建指挥部，上海市农委委派人员加入指挥部的经济发展组，全面开展农业援建项目和经济合作等方面的协调推进工作。

制订重建规划

6月23日，上海市农委主任孙雷随时任上海市市长韩正同志率领的代表团赴都江堰。针对地震造成都江堰市8个农业乡镇农机和水利设施严重被毁的实际需要，6月25日孙雷主任代表上海市农委紧急向都江堰市赠送了一批价值100余万元的农机具。

其间，上海市农委有关负责人冒着余震，深入田头，实地考察，了解当地农业发展状况和地震对农业产生的影响，完成了《关于都江堰市农业灾后恢复若干问题的报告》，上海援建指挥部以专报形式送时任上海市委书记俞正声、市长韩正等。时任对口援建指挥部总指挥的沙海林称，"农委组织的专家考察报告，这是所有条线中最早的、也是最全面的一份报告"。

搭建产销平台

为贯彻落实上海市委、市政府"坚持一手抓抗震救灾，一手抓经济发展"的重要举措，真心实意帮助灾区恢复重建创新载体，体现上海人民对都江堰人民的深情厚谊，探索建立沪川两地农业长效合作机制的有益尝试，发挥上海大市场、大平台优势，上海市农委帮助都江堰特色农产品进入上海市场开辟"绿色通道"，帮助灾区农业企业尽快恢复生产，解决农民卖难问题。

9月24至28日在上海农展馆举办了都江堰专场农展会，现场销售农产品103万元，上海企业与都江堰农业龙头企业签订总额2.48亿元农产品购销合同。

援助智力培训

在重点推进硬件项目的同时，上海市农委还积极开展软项目支持和援助。

在上海为都江堰举办了三次集中培训，其中36名农业中高级管理人员、27名乡镇长和80名专业农民等三批培训工作。上海市农委、上海市农广校、上海市农委团工委等单位向都江堰市农发局赠送3300多册农业技术书籍，援助培训设施资金10万元。

上海市农委还援建都江堰一套白玉兰农民远程教育系统，让都江堰的农民和农业技术人员在都江堰就能接受和上海一样的培训，开展专项培训6次，受训人员500多人次。

重建为农服务体系

根据都江堰实际，上海市农委率先提出帮助都江堰重建为农服务体系，援建一个7500平方米的市级为农综合服务中心和16个平均600平方米的乡镇为农服务站，总援建资金达7500万元。

服务中心内的所需设备，经上海捐建指挥部、都江堰市有关部门多次商讨，经上海市农委相关专业部门确认，通过都江堰市政府采购系统进行招标采购。经都江堰市农发局和上海市农委共同努力，都江堰市级为农服务中心2009年11月交付使用，16个乡镇为农服务站于2010年5月底完工并交付使用。

打造农业示范园区

都江堰市现代农业科技示范园由上海市农委委托上海孙桥现代农业联合发展有限公司设计。8月5日，孙桥公司制订了项目建设方案，9月30日工程开工。

都江堰农业园区开工典礼

上海市副市长胡延照调研十万亩农业集聚区

园区建在都江堰市崇义镇海云村，在原都江堰市粮综基地已流转的2075亩土地范围内设立500亩核心区，安排资金3100万元。建设内容包括：农技服务站、工厂化食用菌生产加工中心、现代化智能玻璃温室、苗木花卉示范展示销售基地、优质蔬菜种植示范销售基地、稻虾、稻鱼混养、农产品保鲜、物流、加工配送基地及农家乐项目等。

10万亩现代农业生态集聚区按照现代农业发展理念，应用上海成熟的技术和经验，结合都江堰农业产业发展特点，通过援建，把都江堰特色农业基地"穿珠成线、连线连片"，使都江堰十万亩现代农业集聚区成为"现代农业基地、对口合作基地、农民增收基地"。

我们在前线

——上海证大集团“5·12”抗震救灾纪实

与时间赛跑

2008年5月12日，获悉四川汶川等地区发生强地震后，证大商业经营管理公司的物业各管理处经理迅即提供长途电话，让川籍灾区员工及时联络，问询家人情况。5月13日，证大集团发出向灾区人民捐款的倡议。5月14日，集团董事会决定取消十五周年庆典之一的大拇指广场主题晚会活动，将预算50万元资金捐献给灾区。证大集团在大拇指广场组织开展捐款活动，募集资金23万多元。这天起，证大商业经营管理公司提供交通费，让受灾员工回家探望。

5月15日，募集的资金汇往阿坝州藏族羌族自治州慈善协会，同时向阿坝州藏族羌族自治州州委州政府发慰问函。在丽笙酒店前台设立捐款箱，截止到30日上午，捐款箱里的金额为人民币2273.9元以及少部分的外币。捐款由酒店用于资助在此次地震中受到影响的四川籍员工，帮他们重

上海证大集团在大拇指广场组织捐款活动

建家园。

5 月 16 日，集团将 50 万元通过上海红十字会捐给灾区，支援抗震救灾。同时，集团召开家乡受灾员工慰问座谈会，对困难员工进行帮助。

向遇难同胞默哀

5 月 21 日下午，戴志康董事长取消原定行程，率集团部分高管赴都江堰地震灾区。作为房地产建设者，戴志康首先查看了地震中倒塌的学校。在洛水中学，大半栋教学楼塌掉，死亡学生 82 名。另外一所小学也是大半教学楼倒塌，死亡 72 个孩子。“都是五层楼的教学楼，楼板基本上都是预制板，都是用水泥现浇出来的，水泥板也是砖墙砌起来，咬合程度很松。”戴志康发现，这次倒塌的学校都是四、五层的，很多四层、五层的楼非框架结构。学校应该只建一层到两层，在美国等发达国家，学校一般都是一层楼，尤其小学，肯定是一层楼 。他认为，从建筑结构来看，学校的大框架形体没有居民楼结实，因为居民楼的空间小，学校的建设和跨度都大，一个教室要容纳 50 多个孩子。

当场给什邡中学捐献 20 万

走在那些已成废墟的校园，戴志康就一直一言不发，后来他看到了一个课桌，从里面掏出来作业和课本，还从一堵墙下掏出了几件孩子的衣服。他把那些东西捡起来，准备带回家留下来，“我孩子也上高中了，这些压在地下的孩子也是这个如花的年龄”。

戴志康后来又走访了什邡中学，这个学校建筑没有出现大问题，看到那些幸存的孩子，他展开了许久不见的笑容，跟他们亲切攀谈。在了解到这个学校有 40 多个孩子家里受了灾，有的丧失了亲人，他当场给了这些孩子每人 1000 元的红包。并把带来的 20 万元捐给了学校，“我是带着现金来的，我想可能会用得着”。

24 小时签订援建学校备忘录

戴志康一行先后到四川的都江堰、什邡灾区，在这些地方，他们看到的最多的是在地震中倒塌的校舍，祖国的花朵在地震灾难中凋零，戴总的心情无比沉重，迸发了要建一所一流的、能够抵御地震灾害的慈善学校的愿望。“我们过来就是看我们能找什么活儿干，到了现场马上就感觉应该做点儿什么。”戴志康就在那片废墟里给上海复星集团、杉杉集团、上海文广集团、人民大学上海校友会的老总们打电话，说一起来建个学校吧，我们建一所能够抵御地震灾害的慈善学校。

5 月 22 日晚，就在什邡的一块废墟上，到灾区仅仅 24 小时的戴志康就跟有关部门签了一个《关于援建上海什邡慈善学校的备忘录》，投资建一个慈善学校。校址选在靠近成都南部位置，这里原本是政府规范要盖一个学校的。戴志康说，“估计投资要五六千万。从一年级到九年级，学校将交给什邡中学管理。到时会把洛水中学幸存的孩子也转到这里来”。

签署援建学校备忘录

5 月 23 日，证大集团在内部网站发布了抗震救灾志愿者招募书以及报名表格。

5 月 24 日，周六，戴志康参加在北京大学召开的“巨灾应对——NPO 在灾后重建中的角色”，呼吁有组织的社会力量迅速行动起来，灾后重建急需企业界和 NPO 进入现场。

戴志康组织集团高管开会，商讨方案

5 月 25 日，集团领导分别与上海杉杉投资集团总裁郑永刚和中国人民大学上海校友会负责人协商援建学校的有关问题。

5 月 26 日，戴志康召集集团各系统高层领导，要求尽快拿出援建方案，落实援建资金，力争 10 月份开工，2009 年 8 月项目竣工，9 月交付使用，正式开学。同时，集团向上海市委、市政府提交了《关于由上海证大投资集团发起多家财团援建四川上海什邡慈善学校的情况说明》。

5 月 27 日，集团组织购买帐篷、药品、学生复课所需的书包、学习用品等。次日，证大抗震救灾志愿团一行十一人从上海、北京两地分赴四川什邡。到达灾区后，志愿团首先将随身携带的部分物资送到什邡市赈灾物资捐赠中心，包括：帐篷 48 顶，防潮垫 80 张，消毒粉、消毒片各一箱。随后，志愿团在什邡郊区牧马岛安营扎寨，开展援助活动。

5 月 29 日，戴志康在证大艺术馆“耸然的记忆——吴高钟个展”“转向抽象——1976—1985 上海实验艺术回顾展”展览开幕式上发言，呼吁艺术家到灾区现场，以实际行动支援灾区，并从中获得艺术的新的创造力。

集团制作的“5·12”四川什邡地震现场暨证大赈灾行动图片展分别在集团办公区域、证大置业办公大厅和大拇指广场三处展出 200 多幅照片，展现了地震灾害现场惨烈、震撼、凝重的场景；展现了党和国家领导人亲临灾区指挥抗震救灾、人民子弟兵抢险救灾，灾区人民的生活和全国各族人民的无私奉献、关爱的情景。

6 月 5 日下午，时任上海市府副秘书长的沙海林代表市委、市府接见了戴志康一行，充分肯定了证大集团的救灾及灾后援建行动，并希望证大等在沪企业能根据党中央、国务院的统一部署，按照上海市委、市政府对口都江堰的援建规划，与四川省政府有关部门做好协调工作。会面结束后，根据党中央、国务院的统一部署和安排，按照上海市委、市政府对口都江堰的援建规划，集团在中国残疾人福利基金会和四川省政府有关部门协调下，调整了对四川灾区重建的援建计划。

6 月 11 日，证大集团委派董事长助理隋澎赶赴成都，先后与中国残疾人福利基金会理事长江上舟、四川省成都市委副书记、市长葛红林以及什邡市、都江堰市的党政领导等进行了周密细致的协商，并达成共识。由中国残疾人福利基金会组织上海证大投资集团等企业筹集资金，负责学校的硬件设施全方位无障碍的投入。

6 月 13 日，证大集团联合多家投资企业与中国残疾人福利基金会、都江堰市人民政府签订了《共建四川都江堰友爱学校（暂定名）意向协议书》。自愿捐赠 4000 万元，共建四川都江堰友爱学校。

建一所"都江堰友爱"学校

2009 年 8 月由中国残疾人福利基金会原理事长江上舟先生及上海证大投资集团等爱心企业牵

都江堰友爱学校捐赠仪式

头共同成立了“都江堰友爱教育基金会”(以下简称基金会),成立基金会旨在:以资助普通教育为主,重点帮助四川“5·12”汶川大地震因灾致残的残疾、贫困儿童,优先促进都江堰友爱学校的建设和发展。基金会为在友爱学校就读的残疾学生提供每人每年5000元的资助和全校每年10万元的奖学金、5万元的教师奖励、5万元的残疾学生医疗补助。以激励他们好好学习,将来成为国家有用的人才。

2009年9月1日,都江堰友爱正式投入使用,张海迪题写了校名。目前是全国唯一一所设施无障碍、践行全纳教育的九年一贯制学校。学校占地81.5亩,建筑面积20994.75平方米,教学区、运动区、功能区、生活区划分明确。运动区拥有一个室内体育馆、一个300米环形塑胶跑道、五个篮球场和三个排球场。学生公寓可容纳450人住宿需求。学校的建筑风格是以川西民居为特色的四合院套型,连廊相接四通八达,设专用残疾人通道,十二部电梯合理分布于全校,残疾孩子均能顺利安全到达学校任何一个地方。同时拥有残疾学生康复室、心理咨询室、艺术楼等特色区域。全校现有教职员工105人,教学班36个,学生1400余人,其中面向全省招收了地震伤残学生100余人随班就读。

2010年5月10日,上海世博会召开期间,为开拓学生视野,增长学生知识,恢复学生自信,让学生从中体会祖国的强大,进而激发学生学习的激情和爱国主义热情。都江堰友爱教育基金会出资举办了“都江堰友爱学校学生观世博系列活动”,经过活动孩子们对生活、对学习更加充满信心,更加坚强地面对生活、面对挑战。

戴志康看望友爱学校学生

■ 新闻报道

第一时间在第一现场

——《解放日报》精心组织抗震救灾报道综述

没有人是一座孤岛，没有人会是一座孤岛。因为，面对灾难，生命和生命相依互助，同舟共济，缔结成最坚固的命运共同体。

2008年5月12日下午2时28分，四川省汶川县发生了新中国成立以来破坏性最强、波及范围最广、救灾难度最大的一次地震。地震发生后，解放日报报业集团所属媒体选派了85位记者（其中，解放日报21位）先后有序地奔赴灾区第一线，深入北川、汶川、映秀、绵阳、都江堰、绵竹、安县等重灾区采访报道。在那里，他们目睹着揪心的目睹，感受着震撼的感受，也记录着动人的记录。

面对这场建国以来破坏性最强、波及范围最广的大地震，解放日报从自身定位和特色出发，推出了"封面化"和"专叠化"设置，加强抗震救灾报道。我们一方面及时报道上级精神，准确报道抗震救灾最新消息，另一方面，充分反映社会各界支援灾区的举动，以公信力和影响力赢得广泛好评。

从5月12日大地震发生，到2008年年底，《解放日报》共刊发抗震救灾相关报道1366篇，其中，新华社报道700余篇，本报记者原创报道600余篇；照片不计其数；版面配置也超乎寻常，最多的一天使用全部12个版面刊登抗震救灾相关报道。

派到前线的记者，对工作高度负责，为了掌握第一手资料，想方设法赶到现场，并努力做到"第一时间在第一现场"。有人形容"当警报拉响的时候，所有人都在往外跑，但有两种人往里走，一是军人，一是记者。"在往里走的记者中，有解放报业集团的记者。他们都有一个信念——到灾区一线去，到最艰苦最危险的地方去，离重灾区和受灾群众近些再近些。

前方记者在大局下行动，后方记者编辑也有强烈的大局意识：有的请求领导："派我去一线吧"；有的讲，"只要工作需要，我随时准备出发"；有的表示："我们每个人如同上足了弦的发条，就等一声令下"；即使夜班编辑也提出"为应对可能出现的临时变化，我们随时待命。"

2008年6月2日，解放日报报业集团文化讲坛推出"向生命致敬"特别专场。刚从四川抗震救灾一线采访归来的解放日报报业集团所属媒体的10位记者代表（其中，《解放日报》特派记者代表3位）走上讲坛，真切讲述自己的亲身经历和切身感悟。在他们的诉说中，既有生命的脆弱，也有生命的美好，既有对生命的叹息，更有对生命的尊崇和赞美，从而进一步激发出坚韧前行、建设美好未来的力量。

2008 年 5 月 17 日,《解放日报》摄影记者张海峰揣着镜头,步行进入映秀灾区

比如,《解放日报》国内部记者吴长亮采访了被掩埋整整 170 个小时的幸存者彭国华,长谈 3 个小时。彭国华告诉他,自己被埋 7 天 7 夜,最饿时五脏六腑都在咕咕叫,疼得不行时他就用弯曲的膝盖死死抵住胃部。15 日,他突然想到自己裤兜里面有一点手纸。“是卷筒纸,我把它分成 3 段,每次放一段到嘴里,稍微嚼一下,然后就着尿吞下去。”第 6 天,慌乱,恐惧,绝望从未如此迫近。一张张脸在彭国华眼前出现,60 多岁的老父亲、任劳任怨的妻子、15 岁的儿子、才上幼儿园的女儿……亲情和友情,坚强和乐观,终于让这位 37 岁的农民在苦难中创造了生命的奇迹。

《解放日报》科教部记者孙刚感慨,灾难面前,“没有人是一座孤岛”。他回忆道,“我从来没有在这么短的时间里看到过这么多各种类型的车子。”在大约 1 小时内,他看到 120 急救车、面包车、出租车、SUV、商务车、客货两用车、小货车,甚至上海几乎见不到的三轮机动车。这些车全都打着双跳灯,呼啸来去。无论是高级轿车还是普通车子,轮胎、挡泥板上全都是泥,车顶上灰尘厚厚一层,座椅上血迹斑斑。司机们眼神焦灼,行动迅速,去时带上水和食物,回来时就拉上伤病员。这些,都是成都市民自发组织的运送伤病员的车子。地震发生后,大家似乎听到了一个命令,不约而同地赶往灾区。

让他感动的还有这样一幕,当他随着上海医疗队抵达安县晓坝镇,医疗队正要卸下药品和器械时，突然冒出了几十个人来帮忙。他们全是受灾群众，非常年轻，大多数都是女孩子，但他们的细弱胳膊组成了一条坚实的输送带。

作为《解放日报》第一批进入灾区的特派记者之一，党政部简工博在都江堰采访上海市应急救援队时，遇到一位中年妇女。听救援队员们无意间说起“要是有新鲜蔬菜就好了，最好是小黄瓜”，这位妇女不声不响回到自家菜地里摘了两麻袋蔬菜，打听了两个多小时，送到了救援队的驻地。队员们要给她钱，她不肯收：“你们这些大城市来的孩子，跟我儿子差不多大，为我们累成这个样子，我们怎么好意思要你们的钱”。说完，哭了——她全家十几口人都在地震中遇难了，只剩下她一个人。一阵沉默。不知谁先喊了一声“妈妈”，立刻，200 多名救援人员围拢过来，一声声“妈妈”此起彼伏。

采访途中，让简工博感到最难忘的事情发生在 5 月 19 日。当时，他和另外两名特派记者丁波、张海峰一起步行进入震中映秀镇，路上遇到一名贵州来的妇女，要进灾区找儿子。她儿子被埋在废墟里，已经过了黄金援救期。记者徐蒙一路陪她走进灾区。她儿子被埋的地方是上海消防展开援救的地方，当时消防员虽然已经精疲力竭，但是经过探测发现废墟下面还有生命迹象，就一直没有放弃救援，最后居然把这个孩子给救出来了，而且几乎没有受伤。简工博目睹了整个援救过程。他清楚地记得，这个“生命奇迹”男孩名叫蒋雨航，后来参军到了上海消防特勤部队。2008 年 12 月 13 日，解放日报做了特别跟踪报道《“担起军人职责，回报上海人民！”——上海消防拯救的“生命奇迹”蒋雨航，昨踏入上海消防新兵连》。

2008 年 5 月 17 日，蒋雨航被上海消防特警救出生还

在灾后重建阶段,《解放日报》继续保持对灾区的关注。2008 年 11 月 13 日,《解放日报》头版刊发长篇通讯《纵使千辛万难,何以惧之》,报道都江堰市震后半年暨上海对口援助灾后重建的情况。在做好报道的同时,《解放日报》还援建了四川省内首歌启动创建的文明示范安置点——都江堰市民主家园南区文明示范安置点。《解放日报》新闻编辑部获得市总工会上海"抗震救灾重建家园工人先锋号"表彰,《解放日报》新闻编辑部获得"上海新闻界抗震救灾宣传报道工作先进集体"表彰,解放日报记者孙刚获得上海新闻界抗震救灾宣传报道工作优秀个人表彰。

(一)感悟篇

悲苦底色,愈显坚强光芒

《解放日报》国内部记者　吴长亮

在地震灾区,我经历了八天七夜。我要求自己,应该走出成都、绵阳这些条件相对较好的城市,更直接地走进灾区,走近受灾群众,尽可能成为一个目睹者、见证者、亲历者。背起行囊,我走进了安县,走进了北川,走进了江油。

这八天七夜,我所见过最惨烈的场景,是在一片即将涨水的河滩上,100 多具遇难者的遗体被掩埋处理的境况;

这八天七夜,我走过的最难走最漫长的一段路是从安县县城到茶坪镇,先坐 2 个多小时车,再徒步 8 个多小时。说是路,其实没有路。平均坡度超过 60 度,有些位置甚至接近 90 度,需要拉着绳子往上爬。一路上,塌方和滑坡随时随地发生,石头不断从头顶滚落……

众所周知,这次地震,成都的情况相对较好,绵阳次之,而以北川、青川为最惨。但是安县呢? 安县一点也不安!

我所到过的安县的一些乡镇,譬如茶坪,就有 80% 以上的房屋倒塌,近 9000 人口死去将近一半。

如果说,100 多具堆成小山一样的遗体,让我不断从噩梦中惊醒;如果说,8 个小时的徒步,让我在地震之前刚刚缝过 4 针的脚伤,至今不能痊愈;如果说,这整整八天七夜,让我的灵魂受到洗礼。那么今天,我更想为大家介绍 3 位活着的人,看看他们悲苦中的坚强。

照片上的这位中学生叫黄珊珊,16 岁,北川县擂鼓镇人。如果不是地震,她现在应该在安县,甚至是整个绵阳地区最好的高中之一——安县中学里面准备高考。12 日的地震中,她父亲被屋顶掉下来的横梁砸倒,腹部被石头划开一道很大的伤口,鲜血像喷泉,短短几分钟,就永远闭上了眼睛。

12 日,父亲遇难;13 日,黄珊珊就开始从事志愿者工作,抬担架,分发救灾物资,一直忙到现在。我认识这位中学生,是 18 日的凌晨,在我无法上网发稿的时候,伴着余震,冒着倾盆大雨,黄珊珊和她做志愿者的同学帮我联系车辆，陪我驱车30多公里寻找可以上网的地方，直到1时30分找到一家网吧成功传回图片，她才回去休息……

29日，黄珊珊给我打来电话，她告诉我，她所在的安县中学高三年级，已经找到一栋停产的厂房准备复课，课桌、书本都有了。现在就缺被子，吃的东西也没办法保证。老师、同学们都在拼命想办法。“你是上海来的记者，肯定有办法帮到我们的，不管什么样的被子，5床、10床都行……”晚上11点，我收到了她用同学手机发来的短消息，她说：“记者哥哥你好，今天请你帮的忙，如果实在不行就算了。天气热，我们睡地上也行的……”我告诉她，我已经联系了一些朋友，正在筹集东西，你和你的同学、老师不要太着急，肯定会有办法的。没想到，这个懂事的小孩子还反过来安慰我，说，谢谢你们，你也不要太着急啊。

刚刚失去父亲的黄珊珊，正在想办法回到课堂上；这次地震中，没有一间屋可住、没有一个家是完整的北川县，他们的县长经大忠，正在夜以继日地想办法安置他的乡亲们。

地震那天下午，北川县在县委大礼堂召开青年创业大会。500多位参会者，其中有200多名中小学生代表，来自各单位的青年代表，以及准备领奖的优秀创业青年。

会议于14时30分召开。经大忠和小学生们坐在最前面，经大忠说，地震刚发生时，大约10秒钟，是由弱到强的震动。他不敢大喊，如果是小震，就可能导致踩踏伤亡。如果是大震，县长惊慌失措，很可能导致更大的伤亡。他只做了一个动作，对着底下的工作人员，他一只手指指天花板，用另一只手往外面挥挥。然后他镇定地拿起话筒说：“学生先走，党员留下，不要慌乱。”

经大忠刚刚喊完，整个人就被震倒在地上，另外一位县领导被弹出地面好几米，摔了下来。但是整个会场的秩序井然，人们自觉让路，让孩子们先跑出去。

接下来，经大忠就在政府广场上召开紧急动员会，要求副科级以上干部全部不准撤离，先组织群众撤离。点名时很多干部没有应答，大家就知道已经被埋了，含着眼泪，马上让其他人顶上。

我去采访经大忠时，已经是22日。当时，这位40多岁、两鬓斑白的县长已经连续10天没怎么睡觉了。这10天，他对身边的工作人员有一条规定——“只要发现我睡着了，必须马上叫醒我！”

要知道，这次地震，经大忠失去了4位亲人，包括至亲的妹妹。昨天，记者拨通经大忠的手机，他仍然在抗灾一线，声音已经嘶哑。

这次去灾区，我还采访了一位被掩埋整整170个小时的幸存者——安县睢水镇道喜村村民彭国华。据我所知，他也是本次地震中，截至目前存活时间最长、恢复最好的人之一。21日，在野战医院里，精神尚佳的彭国华和我长聊了3个多小时，回忆那七天七夜的点点滴滴。

彭国华说，被埋的七天七夜中，14日、15日两天感觉最饿。胃疼，五脏六腑都在咕咕叫，疼得最厉害的时候，他就用弯曲的膝盖死死抵住胃部。15日，他突然想到自己裤兜里面有一点手纸。“是卷筒纸，我把它分成3段，每次放一段到嘴里，稍微嚼一下，然后就着尿吞下去。”

18 日，已经是第 6 天，慌乱、恐惧、绝望从未如此迫近。哲人说过，最难熬的时间，莫过于等待死亡来临。彭国华想到了 60 多岁的老父亲，想到了深爱自己、任劳任怨的妻子，想到了 15 岁的儿子，想到了才上幼儿园的女儿……亲情和友情，坚强和乐观，让这位 37 岁的农民在苦难中创造了生命的奇迹。

也是昨天，我拨通彭国华的手机，他说他已经没事了，看到倒塌的房屋，破碎的家园，他坐不住了，回家去了。

“坚强”这两个字，不过 19 笔笔画，我们在读小学的时候就会写了；在作文中，在日记里，我们曾经无数次写下过这两个字。但是否真正理解了它的含义？这次地震灾难中的三个人，让我对此明白得比以往任何时候都要透彻。

当苦难相伴，当悲伤相随，这种底色的坚强，是直达人心的力量！

没有人是一座孤岛

《解放日报》科教部记者　孙刚

此次随上海医疗队赴四川地震灾区采访，感受最深的是两个场景。

5 月 14 日傍晚 6 时，我抵达成都后，立即去华西医院采访。从狭窄的街道拐入医院候诊广场，所见顿时令我为之一震。身着白大褂的医务人员列队等候，大概有一百多位。他们神情肃穆，眼睛都焦急地望着广场入口。每隔两三分钟，就有一辆运送伤员的汽车到达，一个医疗小组便立即上前，检查、分诊、搬运、挂水，一切紧张而又有条不紊。

但真正让我惊讶的不是他们，而是那些运送伤员的车辆。我从来没有在这么短的时间里看到过这么多种类型的车子。在大约 1 个小时内，我看到了装备精良呼啸而来的 120 急救车，但更多的是各种民用车，有面包车、出租车、商务车、客货两用车、小货车，甚至还有在上海几乎见不到的三轮机动车。这些车都打着双跳灯，风尘仆仆赶来，为的是同一个目的——送伤员。这些车无论是高级的还是普通的，外表都差不多，轮胎、挡泥板上全是泥，车顶上的灰尘厚厚一层，真皮或布套座椅上血迹斑斑。那些司机也全都是头发散乱，眼神焦灼，往下抬病人时都不熄火，胡乱地接过旁边人递来的水喝几口，一等抬完了人就立即掉头，油门轰响而去。一位维持秩序的中年人自豪地说，这些都是成都市民自发组织起来运送伤病员的车子。地震发生后，大家似乎听到了一个命令，不约而同地赶往灾区，去的时候带上水和食品，回来的时候拉上伤病员……

另一个场景是在 3 天后，17 日傍晚 5 时左右，上海医疗队抵达安县晓坝镇。这是个路口，已经聚集了一千多人，主要是从茶坪撤下来的受灾群众。医疗队正要卸下药品、器械和补给，忽然冒出来几十个人来帮忙。刚才他们都在受灾群众队伍里，几乎看不出有什么区别，衣服都是脏兮兮的，鞋子上全是泥。现在可以发现，他们都非常年轻，有的还很瘦弱，至少有一半是女孩子。这些志愿者排成一列，从车门到医疗队的驻扎地，用手臂组成了一条输送带。当时天下着细雨，他们的衣服湿透了，脸上分不清是雨水还是汗水。有的箱子很重，女孩子就勉强撑着，还不忘记提醒旁边的人，“很重啊，当心”。

队伍中有一个高鼻子的老外很引人注目。旁边一位女士说，他是她丈夫，来自无锡一家民营医院，已经在晓坝镇待了3天。晚上和灾民一起挤帐篷，白天就在路边摆个摊，用带来的一些药品替灾民服务。和这对夫妻一样，志愿者们都是请事假来的，没有补贴，也没有路费。出于职业习惯，我问他们为什么来，他们都很诧异，看看我，回答“应该来的呀”。

海明威在《丧钟为谁而鸣》的扉页上引用过这样一首诗：没有人是一座孤岛，可以自全。每个人都是大陆的一片，整体的一部分。如果海水冲掉一块，欧洲就减小，如同一个海岬失掉一角，如同你的朋友或者你自己的领地失掉一块；任何人的死亡都是我的损失，因为我是人类的一员，因此不要问丧钟为谁而鸣，它就为你而鸣。

我注意到，很多媒体在报道这次抗震救灾时，都引用了这段诗。“没有人是一座孤岛”，也正是我在四川灾区的真实感受。

得知灾情后，上海医疗队立即组成，德高望重的老教授、年富力强的中年精英、温柔而坚韧的护士，都连夜报名请战。没有人担心危险，没有人考虑艰难，大家都只有一个愿望，那就是尽早赶到现场，用自己的技术和热情，拯救同胞的生命。

由于交通限制，有几家医院的医疗分队没有轮上第一时间进入重灾区。新华医院医疗队在成都凤凰山机场等了3天，每天从早上7点等到晚上11点，也没有等到前往北川、茂县的直升机起飞。在焦急的等待中，很多人哭了，医生说，“抢救时间是以秒计算的，再晚就来不及了。”

“没有人是一座孤岛”，这是自然而然的。这来自中华文化积淀的同情心，所谓“感同身受”、“四海之内皆兄弟”。这也来自人们在生命面前，或者说在生命的骤然消逝前，被唤醒的人性关怀。

人是互相支撑的结构，所有人都用自己的实际行动支援灾区，从而提升了精神境界。

有灯光，就有希望

《解放日报》党政部记者　简工博

我的家在四川成都，所以对于这次到地震灾区采访报道，一直有种特殊和复杂的感情。

5月16日晚上11点，我往重灾区之一的绵竹县赶，准备到当时还没有多少救援人员进入的遵道镇采访。过了德阳市区，就很难再看到光。我们乘坐的大巴车灯光照得到的地方，几乎都是碎裂的危房、房外搭起的临时帐篷，看不到人，还有浓雾在道路上蔓延。那时候，我心里有一种恐惧，不知道我曾经那么熟悉的地方会变成什么样子。

我想，人都有一种对于黑暗的恐惧，归根到底是一种对于未知世界的恐惧。但是在深入灾区采访的10天中，真实而鲜活的人性和生命一次次使我感动，而这些感动正是化解恐惧的最好良药。无论这些故事的背后是欢笑还是泪水，都让我看到了涅槃的希望。

采访的时候听到过这样一个故事：在马尔康县有一位52岁的医生，叫杨云芬，被埋在废墟下坚持了4天。营救过程非常艰难，但是救援人员一直没有放弃。第4天上午，杨云芬含泪对外面的人说："放弃我吧，你们去救别人！"因为她通过彻夜观察，发现救援人员站的地方上面有一块预制板，随时可能砸伤人。救援人员不肯离开，她就用玻璃划破双腕，吞下金戒指。救援人员含泪退出后，果然，那块预制板轰然坍塌。

我想，杨云芬放弃自己的生命并不是她不热爱生命，否则她不会在废墟下苦苦支撑4天。她决意放弃自己的生命，是为了保证救援人员的安全，也是为其他等待救援的人赢得时间。

我们也会面对选择，也要放弃一些东西，但我们大都是为了自己或自己的亲人、朋友。被埋在废墟下的杨云芬对自己生命的放弃，却是为了救助她所不认识的一群人。

灾难，让大家都成了亲人。

北川中学的生还者给我们讲了另一个故事：地震发生后，上千名学生被掩埋在废墟之中。短暂的叫喊、哭泣之后，废墟里传来一阵阵歌声。一些同学组织大家唱歌应对恐惧，等待救援。有些孩子甚至对想把他们从废墟中扒出来的同学说，这里很危险，你们先别过来。被救出来的孩子说，他们听到的最后一句歌词是"幸福和快乐是结局"。救援人员挖出这些孩子的时候，发现他们大多是手牵手或是拥抱在一起的。我相信这些孩子都变成了童话里我们爱的天使。

如果有一道选择题是关于生和死，我们怎么回答？我相信废墟之下的生命，无论选择坚持还是放弃，都值得尊敬。

在都江堰采访上海市应急救援队时，遇到一名中年妇女，她开了一辆小货车赶到救援队的驻地，车上麻袋里装的都是黄瓜和新鲜蔬菜。原来，救援队从汶川赶回都江堰的途中，缺少水和食物，几位救援队员就在路边画饼充饥，讨论说要是有新鲜蔬菜吃就好了，最好是小黄瓜，水分足味道好。当时这位妇女就在救援队员身边，听到队员们的话后，就去自家菜地里摘了两麻袋黄瓜、蔬菜，打听了两个多小时，终于找到了队员们的驻地。队员们要给她钱，被她拒绝了。她说："你们这些大城市来的孩子，跟我儿子差不多大，为我们累成这个样子，我们怎么好意思要你们的钱。"说完这些话，她哭了。原来她全家十几口人都在地震中遇难了，只剩下她一个人。短暂沉默之后，不知道谁先喊了一声"妈妈"，两百多位救援队员都围过来，喊起了"妈妈"……

还有一位68岁的老人，地震后家里人全都失散了，没能联系到。地震几天之后，他决定绕过绵阳回家里看看。当时我们和一些志愿者都劝他别回家，前面不断有山体滑坡、山石滚落。老人不肯，还是决定独自前行。临别时，他跟我们鞠躬，说，“对不起，让你们从各个地方赶来帮助我们，这次真的给你们添麻烦了”。山路之间，一个佝偻的背影慢慢前行，越来越小。想着他那一句“给你们添麻烦了”，我特别感动。

无论是在灾区采访，还是回到上海后采访灾区转移来的病人，听到最多的两个字就是“感谢”。其实我们能做的事情很少，但即使一个拥抱、几句安慰的话，都能收获他们真诚的感谢。去过灾区采访的记者，可能都享受过免费出租车、免费食品和饮用水。而提供这些东西的人很多都是受灾群众，他们自己的家坍塌了，亲人离去了，他们还是会说：感谢你们来帮助我们。

我在灾区采访的后期，正好是救援工作渐渐收尾，安置、重建工作正逐步展开之时。我记得在都江堰市向峨乡爱莲社区时，地震几乎毁坏了这里所有的房屋，居民们只能住在临时搭建的帐篷里。我在一个帐篷里的一张小桌子上，看到一个玻璃瓶子里插着一朵红色的花。主人说，住在帐篷里，也需要一点生机来鼓励自己。

地震之后的一周，绵竹县的受灾群众安置点逐渐成形，我看到有附近的居民跑回家从废墟中将沙发、床垫、毯子搬出来，分发给周围的居民，他们说即使在受灾群众安置点，也要过得舒适一点。阳光下，他们清洗过的衣服在晾晒，帐篷周围，志愿者带领孩子们把环境卫生打扫得干干净净。这样平和的生活忽然让我感动。这是一幅再寻常不过的生活场景了，但是放在地震这一巨大灾难的背景下，这寻常的生活状态就有一种令人动容的力量。

这些天，看到那些在灾难中紧锁眉头的人再次露出了笑颜。有人说，“顺境中，微笑是对成功的嘉奖；逆境中，微笑是对创伤的理疗”。而灾难中的微笑，更像冬日阳光，驱走寒冷，支持前行，带来新生的希望。我相信，只要对美好生活的向往和追求没有改变，重生的幸福就一定会到来。

国殇日那天，我和同事丁波、张海峰前往映秀镇采访。在那里，并没有看到太多的泪水。当地有一个手部骨折的人对我说，好好活下去，就是对逝者最大的安慰。

灾难让我们赤裸裸地贴近生命的本意。生命本身超越了一切附加值。珍惜生命、善待生命，是每一个人应有的态度。

善待生命和善待他人生命的意识，在这次地震之后体现得淋漓尽致。我在想，为什么地震中的无私互助让我如此感动？因为绝大多数人在用善待自己和他人生命的态度，采取各种方式改变灾难带来的后果。这是一种大爱，也是站在人文关怀的高度上，对生命所表达出的珍惜、尊重和敬畏。

前几天，第二批赴灾区采访的同事重走了我采访的那条路。她说，那里通电了，有灯光了。让我们感到恐惧的暗夜里，有灯光，就有希望。

抗震志愿者:必须的承担

《解放日报》机动部记者　尤莼洁

“面对地震,我们将要何为?”

5 月 14 日,汶川地震发生的第三天,我参加了一次集体讨论,与会者有公务员、国企白领、自由职业者,还有跨国集团的高管……但他们都有同样的身份:志愿者,来自不同的公益机构。

最终,会议达成了一个《上海民间公益界参与“5·12 地震”救灾联合行动声明》。深夜 12 点,我把四川省政府驻上海办事处传来的首批寻亲名单(见本报 5 月 15 日《你在哪里,你还好吗?——大地震后爱心寻亲》),发给会议上认识的一位在网站工作的志愿者,半小时后,这个网站开设了同名公益栏目。那一刻,我突然意识到,志愿者也许将在此次救灾行动中担任一个全新的角色。

不过,志愿者在此后的抗震救灾过程中体现的力量还是超出了想象。几天之后,上海的几家志愿者团体一起合作了“新驼峰行动”,把上海这边的 60 多吨物资运送到了灾区。在这个行动中,有人联系民航运力,有人组织募捐物资,有人负责接收和分发……一位志愿者感叹说:“在非常时期,人的胆子会变得很大”,确实,联系一架飞机运救灾物资,开始的时候听起来很像痴人说梦,但他们真的成功了。

在此后的数月里,见识了很多“神奇”的志愿者,带着 2 万片纸尿片奔赴绵阳的上海白领李浩,征集了 5 吨 PVC 布的汽修配件店小老板无情(网名),还有很多完全由地震催生的志愿者团体,“护婴团”“篱笆爱心妈妈团”“黑色石爱心小组”“饭团爱心组”“萤火虫之光——棉棉姐妹情活动”……他们都为自己的物资捐赠活动制订了计划、分工,调拨了人力和财力。在汶川地震发生的 7 个月后,上海仍有“多背一公斤”等公益组织,活跃在灾区重建的现场。

直到现在,我偶尔仍会翻翻一本由几位上海的年轻出版人编写的《预约心灵——万众义心公益手册》,这本提供了疾病防疫、心理自救等生活小常识的小册子,印了 1 万册,通过赴川的志愿者一本一本带到灾区。其中有段话,令人印象深刻:“如果你总觉得会有奇迹,那奇迹就会出现在你的生活里。”

2008 年,汶川地震的志愿者无疑就是创造奇迹的人之一。最新一期《亚洲周刊》,把 2008 风云人物的桂冠,赠送给了汶川地震的百万志愿者,认为他们“展示了世界史上最大规模、也最快速的一次民间动员”。参加了“新驼峰行动”的一位志愿者在博客上写道:所谓“公民”,是关心公共事务的人,或者属于公众的人和社会的人,是认同“这个社会每个人都和我有关系,任何一个人的痛就是我的痛,任何一个人的悲伤就是我的悲伤”的人……这位志愿者并不愿意把自己的行动,仅仅看成是一时被激发同情的“好人好事”，而是更长久地、现代性的公民责任与义务。“这不是我们主动的选择，而是必须的承担。”

这是我看到的对志愿者精神最好的诠释。

难忘七天七夜

《解放日报》科教部记者　孙刚

我是《解放日报》科教部记者孙刚，今天，向各位领导和同志们汇报我赴川采访抗震救灾的感悟。

首先，请允许我缅怀一个人，我曾经以为很普通的一个人。他，就是成都军区陆航某团的飞行大队长邱光华大校。我曾与他有过一面之缘。那是5月16日上午，成都凤凰山机场的停机坪上，按照计划，他将驾驶直升机送上海医疗队飞往北川，我作为随队记者，也在他的乘客之列。我们短短交谈了几句，他给我的印象，就像一个当地常见的农民，平易亲切，只是谈笑间不经意流露的镇静自若，才能看出是一个久经考验的优秀军人。

后来我得知，邱大队长牺牲了。我无法想象，我再也见不到他那憨厚的笑容；我只记得，他说他的家乡就在不远，等救灾结束就回去看看。但如今，他却再也回不了家，连飞过家乡上空时多看几眼也不可能了……

在这次抗震救灾中，正是无数像邱大队长一样的中国人，用爱心、汗水、奉献，撑起了灾区依然蔚蓝的天空，托起了废墟上浴血的太阳。

作为一名记者，我有幸奔赴灾区第一线，用笔和文字记录了这场感天动地的生命礼赞。

灾情就是命令

5月12日，汶川发生大地震。我立刻意识到，地震这样的重大事件，作为上海权威媒体，解放日报一定会聚焦众多读者的目光。次日一早打开电视，正好看到温家宝总理焦灼地说，四川的医疗救援力量不足，各地要增援。我心中顿时一动：上海肯定要派医疗救援队。身为卫生记者，我一定要抓住机会随队出发，去记录这一悲壮、伟大的历史时刻。

在裘新总编辑等领导大力支持下，我立即与市卫生局宣传处联系。对方说正在组织医疗队，但随行采访不行。我不甘心，就又找到市卫生局负责人，他被我的热情和诚心打动了，表示支持。我随便把几件衣服塞到包里，匆匆赶到报社，准备随时出发。那天下午，我不断打电话给卫生局询问确切消息，前后大概打了八九个电话，对方总是说还没定还没定，有时干脆不接我的电话。终于到了下午5点多，我得知已入选随行记者名单。

老实说，好不容易争取到这个机会，当天晚上我却因为担心睡不着了。各种危险和困难之外，更关键是我曾在夜班编辑部工作多年，调任记者才一年多，从来没有出过差。第一次在外地采访，就是这样一个艰巨任务，能够完成吗？但渐渐地，我下定了圆满完成任务的决心。当年，解放日报在上海创刊时，枪炮声还在街头回响；如今和平年代的我，难道就没有前辈们燃烧的激情？越是这样的关键时刻，就越要勇于承担责任，尽一切所能经受考验，光大解放日报的光荣传统，这才是一个真正的共产党员！

前方战斗已经打响。现在，我来了！

时时刻刻被感动着

5 月 14 日下午，我随上海医疗队抵达成都。此后七天，我跟着上海医疗队、二军大医疗队，先后到过都江堰、紫坪铺、安县晓坝、绵阳等地。可以说，我不但从来没有见过，更不曾想象过，这么多美好事物一下子被无情地毁灭。

但无论多么悲伤，我始终牢记此行目的。我是一个记者，更是一个救援者。我的“救援”，就是用文字真实地展示生命的坚强，记述党和政府有力有效的救助、各方救援的无私无畏。我要把一己感动，化成真切的新闻报道传到上海，尽可能地鼓舞信心和勇气，聚集起更多的人心和力量。

七天里，我报道了成都市民自发组织车辆运送伤病员，描写了都江堰人在抗震棚里坦然自若，叙述了晓坝镇青年志愿者的热情无私。

七天里，我更多地传回了上海医疗队怎样深夜向重灾区艰难挺进，急行山路救援老人，在手术台上经历余震岿然不动，以精湛技术保住花季少女的右腿等动人事例。

最让我感动的，是第六人民医院的 18 位队员，深入映秀镇 5 天 5 夜，主持了十几场重大的医疗急救，包括创造生命奇迹的蒋雨航和马元江，经他们手转诊的重伤员全部活了下来。而他们每天的配给就是一瓶水，一盒饼干，一个苹果，和一块湿纸巾。

正是这时时刻刻的感动，时时刻刻激励着我。过去在上海采访，出门就有出租车或地铁，而在四川，交通首先是个大难题。我既坐过医疗队的大客车，也搭过当地农民改装的三轮机动车，既曾在深夜的军车里十几个人挤在一起取暖，也曾在货车的车斗上暴晒 5 个多小时。在上海采访，网络传稿非常方便，但在灾区，连手机信号也时有时无。记得是 5 月 17 日，在安县晓坝镇，我一直走了十几里，才在一个高地上找到手机信号。当晚手机没电了，只好连夜赶到绵阳市。当地人没有一个在室内过夜，但我硬着头皮找到一家宾馆，在房间用电话发稿。等忙完，早已过了子夜。因为前一天几乎没睡觉，此刻我倒在床上就睡，也顾不上外面有人呼喊，当晚有强烈余震，大家都要撤离。

正是这七天七夜，让我得以淬炼、成长。我深深体会到，像我这样普通资质的人，其实也有很多潜能可以挖掘。我的新闻工作生涯，也在这个特殊的环境中实现了很多第一：第一次孤身入险地，在没有任何联系人的情况下组织采访；第一次在颠簸的急救车里，用电话发稿；第一次每天采写这么多稿件，同时尝试这么多种新闻体裁，不但有消息、特写，还有夹叙夹议的博客体；第一次，尝试拍了新闻照片发回。

最难忘的是5月19日哀悼日当天，下午14点28分，我在成都街头，看到所有人和车辆都停了下来，无论老人还是小孩等低下了头，和整座城市一起屏住呼吸，为大地震死难者深深默哀。第一次，我觉得通常的新闻体裁已经无法传达心中澎湃的强烈感受，就征得领导同意，以诗歌形式发回了特殊的报道：

14点28分，只有一个声音在鸣响
尖利的长笛深深切进记忆伤处
古老的民族又一次屏住呼吸
用静默悼念崭新的痛楚

14点28分，他们已经逝去
但历史不会在悲伤中过多停留
我们将重新昂起自信的头颅
挺直脊梁，踏上复兴之路

团队给我力量

在四川灾区的七天七夜，来自后方的力量和温暖，让我时刻知道，我绝不是一个人在战斗！

每天，报社分管副总编辑董强都会来电，嘘寒问暖，叮嘱安全，关怀鼓励之情溢于言表。更关键的是，他及时告知我抗震救灾全局的进展和最新的报道要求，给在前线视野有限的我指点迷津。

每天，科教部主任傅贤伟都会与我连线。除了反复叮咛注意安全，还特别帮助我整理思路，确定当天的报道选题。

每天，科教部的同事们也会打来电话。经常，我匆匆口述时间地点名字等信息，或者简单说下思路，而最后成型的稿件完全由他们完成。为此，他们往往熬到深夜，整理、修改、提炼、升华，最晚到子夜一点多钟才发到夜班，而稿子上署的只有我的名字。

我上小学两年级的女儿，有时候会打来电话，嗲声嗲气地问我，爸爸，你今天在哪里啊，饭有没有吃，有没有住的地方。我并没有告诉她我去了灾区，小姑娘是从学校阅报栏里看到了我的文章和头像。于是，她每天放学后，都要特意绕道去买一张《解放日报》。她还告诉我，这些天她在学校里特别有面子，大家都知道她的爸爸在抗震救灾的最前线。每次听到电话里女儿说为我骄傲的时候，我总有点鼻子酸酸的，心中默默地说，孩子，我不会让你和所有人失望！

此次抗震救灾报道，《解放日报》先后派出了21位记者，其中90%是中共党员，80%不足30岁。这支新闻野战军的每个成员都抱着一个信念：走进现场，离重灾区和受灾群众近些、再近些……党政部四川籍记者简工博，刚抵达成都机场就遇上了强烈余震，虽然机场离他老家只有20分钟的车程，但他只是匆匆一个电话，立即奔赴绵竹一线；国内部记者吴长亮徒步8小时前往重灾区，而地震之前因伤刚刚缝了4针的脚，至今还未痊愈……

但我们勇往直前！我们不用为发稿晚担心，不必为信息零碎而沮丧，因为我们知道，在后方有数百位记者和编辑正默默地、不计回报地付出心血和辛劳，明天将有声情并茂的报道刊出，向上海人民传达灾区群众和救援队伍共同谱写的生命凯歌的最新乐章……

如今，灾区救援仍在继续，重建也已经开始。我们祈祷，今后祖国能够少些灾难。但我们更坚定地相信，在伟大的中国共产党的领导下，因为这场灾难而凝聚的民心和斗志，将成为宝贵的精神财富，指引中华民族战胜一切艰难险阻。

而我，将永生难忘这七天七夜。毕竟，我迄今为止的人生，最精彩的就在这七天七夜。我将永远从因感动而提升的精神境界汲取营养，更好地履行党报新闻工作者的光荣使命，在今后也许平凡的工作中，永远不负党报记者之名！

（这是孙刚2008年7月1在上海市宣传系统抗震救灾表彰会上的发言，当年他被评为上海市宣传系统抗震救灾先进个人）

（二）公益篇

2008年抗震救灾期间，解放日报报业集团60个支部，1021名党员自愿交纳特殊党费31.4万元。

集团全体员工以“一日捐”的形式，在宣传系统组织的活动中捐献88万元。

集团全体员工自发捐款50多万元，送交上海红十字会。

以集团的名义，在中央电视台举办的募捐晚会上，捐款655万元。

集团不仅捐献了爱心款，而且发起了许多爱心活动。其中，集团团委和解放日报开展了“寻亲活动”，为灾区亲人牵线搭桥。

解放日报报业集团团委联合上汽、中国电信、公安局等“十五集团团委兄弟联”，发起了向灾区捐帐篷的活动，“15兄弟联”共捐赠1000顶帐篷，价值100多万元，在第一时间送到灾区，被团市委推广表彰。

团委、集团事业发展部和前线记者发起组织了“牵手·漂流信”活动，首批漂流信发放三千多封，在上海与都江堰架起一座爱心桥梁。

倡议书

汶川大地震发生后，我们奔赴灾区，目睹曾经美丽的家园，山崩地裂，城市毁灭，亲友忽丧，疮痍满目。一路上，我们不停地被各种各样的故事击中心灵，眼泪止不住地涌出，一次又一次地用颤抖的手写稿。

所有经历中，受灾孩子们那种特有的孤独、不安、焦虑的眼神，最让我们难以躲避，刻骨铭心。劫后余生的他们，有的失去了肢体，有的失去了亲人，有的已经成为孤儿，此时此刻，他们比任何人都需要物质上的帮助，需要心灵上的呵护。

因此，我们在这里发起倡议，请所有关心这些孩子的人们，提起你的笔，留下你的地址，写下你的话，让我们为他们发一封漂流信，为孩子们提供一点力所能及的帮助。让我们主动伸出手，给那一双双小手以温暖，以坚强。

让我们一起努力，陪伴那些孩子度过最艰难的时刻吧！

解放日报报业集团抗震救灾八十五名前线特派记者

2008 年 6 月 2 日

写下你的地址　留下你的爱心

《解放日报》2008 年 6 月 3 日

本报讯　在昨天下午举行的文化讲坛上，解放日报报业集团奔赴地震灾区的 85 名特派记者联合发起“牵手・漂流信”活动，为上海市民与灾区孩子们之间搭建互助的桥梁。

这 85 名记者分别来自《解放日报》《新闻晨报》《新闻晚报》《申江服务导报》。他们深入灾区，辗转多地，一次又一次被孩子们孤独又单纯的眼神深深打动。他们发现，这些孩子需要物质帮助，需要交流倾诉，需要心灵呵护。为此，记者们发起“牵手・漂流信”的活动，在读者中征集结对者，记者将把结对者的通讯地址和一个邮资已付的信封送到灾区，直接分发到孩子们的手里，孩子们将给结对者写信。

“漂流信”，意味着寄信人与收信人在互不认识的情况下，因为缘分而牵手。记者们希望这样的缘分，能让受了伤害而变得孤独的孩子们再次打开封闭的心灵。特派记者们在昨天的文化讲坛上号召说：“你不需要做太多，只需要留下你的通讯地址，以及一颗炽热的爱心。”

从今天开始，到 6 月 5 日为止，每天中午 12 点到晚上 7 点，该活动将在汉口路 300 号解放日报大厦招待所一楼（地铁二号线可到达）接受现场报名。

如果您前往灾区　请把这名单带上

《解放日报》2008 年 5 月 16 日

继昨本报与四川省政府驻沪办联合四川媒体共同推出“大地震后爱心寻亲”活动后，本报连夜赶印 1 万份“上海四川义助寻亲”爱心单，今将在沪上主要交通枢纽分发，请前往灾区及附近的旅客把首批 40 人的寻亲信息带到一切有可能起作用的地方去。

义助寻亲单昨飞赴灾区
一万米高空，特别播音

本报特派记者　丁波　徐蒙发自成都

“各位从上海飞往成都的乘客，我们将在本次航班上发放解放日报‘爱心寻亲名单’……若大家在四川能发现任何名单上姓名的相关线索，哪怕是一句话、一处地点、一个问候，请您通知他们在上海的亲人，您的一个电话，或许就能让离散的亲人早日团聚，让受伤的心平静下来。”

——昨天，在上海飞往成都的 FM9543 航班上，在一万米高空的飞行中，乘务员播发了这段特别的信息。航班上 100 多名乘客感到了默默温情，纷纷伸手索要这份爱心寻亲名单。在乘务长陈佳的热心帮助下，本报记者和乘务员一起发放了名单。

不仅这一个航班，昨天在大部分上海飞往成都、重庆、绵阳等地的航班上，解放日报连夜赶制的 1 万份“大地震后爱心寻亲名单”都第一时间送达，让每一位从上海前往四川的旅客，都能带上一份寻亲名单，尽己所能，留意身边的每一个线索。

亲情，其实早已成为上海与成都之间所有航班的主题词。在候机大厅，一看到“爱心寻亲名单”，一位 20 多岁的姑娘肖建春眼里涌出泪，语速激动起来，“姐姐在汶川县水磨镇，地震之后就再没有联系上。年过七旬的父母，14 日上午从都江堰步行进去找人，可如今与父母也失去了联系，手机没有信号，我只能马上回四川老家找人。真的，现在家人的一条信息比金子都要贵！”

飞抵后，本报特派记者肩负着“义助寻亲特派员”的特殊任务，他们将尽可能把带去的义助寻亲单直送震区前线，送到一切有可能起作用的地方去……

灾难当头，我们在震中

——2008 年“5·12 汶川大地震”中的《文汇报》记者

2008 年 5 月 12 日下午 2 点 30 分左右，突如其来的地震波让威海路上 46 层高的文新大厦（现为“上海报业大厦”）连连摇晃。当时，大家虽然感受到了震波，凭直觉认为这是一场有相当破坏力的大震，但一时尚无法判断震源在何处。很快，中央电视台播出了震情。当获悉四川发生特大地震的消息，《文汇报》编辑记者的心立刻被揪紧了。很快，报社领导的手机上灌满了记者请战的短信。他们当中，有 50 多岁的老党员，也有新进报社的年轻人；有部主任，也有女记者。尽管各人有各人的理由，但有一个心愿是共同的：国难当头，我们《文汇报》的记者必须在现场！在“5·12 汶川大地震”发生的最初的日子里，《文汇报》先后派出了郭一江、郑蔚、陆伟强、陈青、姜澎、张懿、王宝来、刘栋、韩宏、吴越、袁琪、张艳、金昊等十多名记者，赶赴灾区。

赶赴震中，见证坚强和使命

党员记者的率先请战，起到了榜样带头作用。天崩地裂的尘埃尚未散尽，巴蜀大地尚在余震中颤抖，文汇报记者就跟随上海医疗、上海消防救援队出发了。都江堰、映秀、汶川、北川、青川、绵阳、德阳、绵竹、江油、广元……郭一江、郑蔚、张懿、王宝来、韩宏、刘栋、姜澎、张艳等记者，深一脚、浅一脚地先后跟随抗震救灾的大军，走进了灾后的城市、瓦砾遍地的乡镇和山村，承担起报道抗震救灾实况的重任。

《文汇报》记者忘不了：大灾大难中的孩子们是这么的可爱，他们的坚韧和勇气是灾区的希望和骄傲。大地刚开始晃动的时候，北川中学还有学生以为是卡车开过引起的震动，开玩笑说：“地震了，威力好大哦”，引起了全班哄笑。天真的孩子没有想到，这阵晃动越摇越剧烈，45 秒钟的天崩地裂后，有 2900 多名师生的北川中学，幸存者不到 1600 人。可是巨大的创痛并没有夺走他们的理想和希望，记者刘栋在北川中学学生安置点采访时，看到一名幸存学生的衣服上写着：“幸运地活下来，就要珍惜，今后不管遇到什么都要坚强！相信自己是最棒的！”这些突然失去了父母、老师和同窗的孩子，在日记里坚定地说：“我要承载着你的能量，一个人要活出两个人的精彩”“努力认真地活出人生的光亮”。本报编辑部获悉这些情况后，立即通知前方的记者收集幸存的北川学生的日记，在纪念专版上，专门开辟了“北川幸存学生日记”栏目，传递孩子们的勇气和坚强。当可爱的“敬礼娃娃”郎铮被救出转运到西安唐都医院后，记者韩宏也追踪到孩子病床前。“敬礼娃娃”在电视上看到亲吻他的温总理，就问医护人员：“这个亲我的爷爷是谁啊？”这把医护人员都逗笑了。韩宏据此写了《"这个亲我的爷爷是谁"》，刊出后被新华网等多家网站转载。如果说，在这场灾难刚刚降临的时候，我们一直觉得我们是在努力帮助和鼓励灾区的孩子；而现在我们感悟到，是这些灾区的孩子，无论是遇难者，还是幸存者，是他们给我们以激励，给我们以希望，让我们变得更坚强。

《文汇报》记者忘不了：党中央一声令下，从全国各地汇聚到灾区的抗震救灾部队，他们对受灾群众深切的爱和忘我的英雄主义成了灾区人民的救星。"5·12汶川大地震"刚发生时，记者只知道震中是"汶川"，震中究竟是汶川的哪个乡镇并不清楚。当记者郑蔚从四川省抗震救灾指挥部获悉具体的震中是汶川映秀镇后，立即在部队的支持下，赶往映秀。一路上，目睹"山河破碎"的惨状，只见公路两侧的房屋尽毁，尚未修建完成的都汶公路岷江大桥坍塌、百花大桥破碎，通往映秀的道路被泥石流和不断滚落的山石阻断。沿线的救援部队在山体稍微稳定的时间段里，抢通道路，将山石推落悬崖，保持通往震中的唯一的"生命线"的畅通。一旦山体再次发生余震，护路部队赶紧疏散车辆，封锁危险区域。就这样，从都江堰到映秀几十公里的山路，走了整整半天。

我们是这样进震中映秀的

这块巨石，如今已经是震中映秀的标志石

抵达映秀后，郑蔚立即跟随救援的"铁军"高炮团官兵进入救援现场，目睹了铁军官兵在一片瓦砾的废墟上救援的场景。采访"铁军"官兵后得知，5月12日晚上，他们是冒着巨石崖体随时崩塌的危险，在山体上翻越了7个多小时，才抵达震中进行抢险的。5月13日，整个映秀镇只有一台铲车。他们没有工具,就用手从瓦砾下抢救伤员。在最初的三天里,1000 多名战士没有吃过一口热食,还把仅有的水和干粮分给灾民,情愿 8 个战士共喝一瓶水。晚上,师长和战士露天睡在同一块塑料布上,合盖着一条被子。第五天下午,他们从倒塌的粮库里挖出了五六吨大米,却粒米未留,全部送到了当地的抗震救灾指挥部!就是这支队伍,从废墟下救出了 200 多名被压埋的伤员,护送了 6000 多名灾民脱险。这样的人民子弟兵,无愧"铁军"的称号!

这才是震中救援

震中映秀,方见军人本色

闯进深山,记载奉献和责任

《文汇报》记者忘不了:接到驰援震区的命令,上海市医疗急救中心抗震救灾车队的 31 辆救护车,日夜兼程只花了 31 个小时就从上海赶到了震区,成为外省抵达震区的第一支救护车队。他们在灾民自发夹道欢迎的掌声中,开进了龙门山里的重灾区青川。

由于青川县城位于龙门山的深处,强震破坏了有线通信和无线通信的基站,救护车队进入青川县后,不仅救援的消息无法传递到位于成都的上海医疗救援指挥中心,就是救援队员自己也要"断粮"了。上海医疗救援指挥中心的同志找到郑蔚,和他商量能不能去一次青川县?原来,前几天,曾有媒体记者打算进入青川县,但车到龙门山口又折返了回来:因为山体仍在余震中不断塌方。但郑蔚接到这个任务后,毫不犹豫地从成都直奔龙门山,终于冲过了塌方区域,胜利抵达了青川县城。青川县人民医院的陈医生告诉他,5 月 12 日当晚,青川全城停电,大雨倾盆,交通断绝,电话和手机都打不通,宛若孤城。一个晚上余震 200 多次,所有的青川人彻夜无眠。第二天上午,雨停了,但整个县城陷于绝望之中。中午时分，青川人听到空中传来轰鸣声，渐行渐近，是一架空军的直升机。直升机在县城上空绕城三圈，虽然它没有降落，但所有的青川人都哭了，他们知道国家没有忘记大山深处的青川，孤城不孤，他们有指望！在青川的上海医疗急救中心的医生告诉他，强震把龙门山山体表层的岩层震松了，刚进山时上海救护车按声电喇叭也会把山石"震"下来。但他们硬是在龙门山上开通了震不断的救护"生命线"。全科医生钱振东还在山路上为产妇顺利接生，重3115克的女孩冯路缘成为重灾区里第一个诞生在救护车上的新生命，成了大震之后灾区人民生生不息的象征。

当时的青川县，就连公安局、法院、检察院等政府机关都成了危房，上海医疗救援队晚上只能在帐篷里和救护车上休息。郑蔚白天跟随医疗急救车队下乡采访，晚上就在帐篷里、救护车上写下采访来的真实故事。很快，长篇通讯《龙门山上架起"生命线"》和照片刊发在《文汇报》头版，给了参与救援的上海医护人员很大的鼓舞。

《文汇报》记者忘不了：在灾民被困孤立无援的关头，当地的基层党组织依然发挥着党的基层战斗堡垒作用，成为凝聚民心的主心骨。当绵竹龙宝坪村数十位村民被地震困在山上时，附近矿上一位受伤的党员副矿长韩兴明站了出来，带领3位党员村民成立了临时党小组，组织村民开展自救。党员们还从废墟中找来红布，用圆珠笔画出镰刀和斧头，做出了一面简陋而赤诚的党旗，插在山顶上。当赶来救援的直升机从空中俯瞰龙宝坪，那面党旗就像一座熊熊燃烧着火炬的灯塔……记者陆伟强据此动情地写下了通讯《引导生命航程的灯塔》。

《文汇报》记者忘不了：这场抗震救灾是一个国家的动员，充分体现了"以人为本"的执政理念，展示了国家对每一个生命的不离不弃。一位空降部队的大校为我们算了一笔账：一瓶价值一二元的矿泉水，从运输机上用降落伞空投下去，成本高达五六百元；一个零售价不过两三千元的帐篷空投下去后，实际成本高达五六万元，相当于当地的农民造一栋房。为了最大限度地拯救受灾群众，国家真正是在"不计成本"啊！因为在这个艰难时刻，一瓶水就是两个灾民一天的饮用水标准，一瓶水就可能是一条人命！

杜甫曾痛心地说："国破山河在，城春草木深"；而这次大地震我们感觉到的却是："国在山河破"。山河真的破碎了，受灾的人数多达4600万人，比两个澳大利亚的人口还多。要是没有我们的国家、没有改革开放30年取得的巨大成就，没有经济持续发展形成的强大国力，没有直升机和空降军的奋勇出动，没有从全国各地汇聚而来的医疗队，没有媒体人第一时间将灾情向世界做实时实况报道，没有海内外华人的万众一心，那么，大震造成的伤亡、失踪的人口何止是目前的数字！

深入灾区，感受大爱和坚韧

从"5·12汶川大地震"第一线回上海的记者，总说他们在汶川有太多的"忘不了"！一场前所未有的灾难，让文汇报记者编辑这些年轻的从未经历过苦难的生命知道了什么叫灾难和抗争，什么叫责任和使命，什么叫大爱和坚韧。

大灾和大爱净化了文汇报记者的心灵，也升华了我们“国难当头，必须不惧任何艰难险阻在现场”的职业精神。余震不断的灾区，有着种种意想不到的困难。记者张懿因为余震他好几个晚上不断被人从住处“赶”出来，有时只能冒雨露宿街头。有一天晚上他正在写稿，余震警报又来了，他只好抱着电脑跑到路灯下继续赶稿，突然发现电脑快没电了，他急中生智，将稿件传到手机上，再用手机发回报社，让后方的同志协助整理成文。

《文汇报》每一个在前方的记者，都非常珍惜“在现场”的机会，都知道这机会的来之不易。因此，一旦记者的身份受阻时，总是想方设法不惜以“红十字会”“救灾部队”“志愿者”等各种身份冲到救灾的最前沿，以把最真实的情况、最鲜活的故事告诉给我们的读者。党员记者郭一江和刘栋曾经多次冒着危险进入北川。5 月 21 日下午，报社接到市抗震救灾指挥部的紧急通知，北川下午 2 点前要封城，指挥部得到消息：本报有记者在北川采访，要求报社立刻联系到他俩紧急撤离。而他俩接到报社通知后，坚持做完了对防化部队官兵的采访才离开。下午 5 点，当他们走出北川时，整个北川已是一座空城，看着所有进入县城的人员都全副武装穿着防疫服，再看自己只戴了一个口罩，他们这才感到一丝后怕。

跟随复旦大学心理救援队赴川的党员记者姜澎，她的儿子还只有两岁。作为年轻的妈妈，她行前就担心灾区的婴儿没有奶吃，于是她和同事们买来的奶粉占据了她的大半个行囊。在德阳、绵阳的灾民安置点里，她带去的奶粉很快送完了。看着没奶吃的婴儿，姜澎的心很疼。她花了好大的工夫总算在灾区找到一家还在营业的世纪联华，除了给自己留下买机票的钱，她掏出剩下的一千多元钱都买了奶粉，送到灾民手中。为了有和灾民感同身受的体验，她还与灾民同住帐篷同吃赈灾饭，写出了《沙盘治疗让孩子寻找自我认同》等一篇篇优秀的报道，引起了广泛的情感共鸣。

在抗震救灾第一线，前方的记者时时刻刻感受到报社后方的巨大支持和支撑。集团、报社领导一次次通过电话、短信为前方记者传递信息，提醒注意安全；不少同事甘当志

在垮塌的教室里，竟然有这么一个完好的气球，它是为了告诉我们这里曾经的童年和欢乐吗？

愿者，为前方记者记录、整理稿件到深夜；要闻部的编辑们更是精心编辑每天版面，无论多晚，只要前方或者新华社有了更好的稿件和照片，他们都主动“翻版面”，常常是迎着朝阳回家。前方和后方，为了抗震救灾成凝聚成一个同心同德的整体，捧出了凝结心血的近百个“抗震救灾众志成城”专版。

就在回上海之前，记者忍不住又去了一趟都江堰。再次站在新建小学的废墟前，突然发现在已经倒塌的幼儿班的教室里，竟然还有一个沾满了泥土和灰尘的红气球，它历经大地震时的房倒屋塌而不破碎，依然是那么饱满，似乎见证着孩子们曾经有过的笑声和欢乐。它让我们相信生命的奇迹，相信生命在大自然巨大的灾难面前，它可以是那么的渺小和脆弱，又可以是如此的坚韧和强悍。

2008 年 6 月后，国家明确把对口帮助都江堰灾后恢复重建的任务交给了上海，市委领导要求全市人民全力做好灾后恢复重建对口支援工作。为此，《文汇报》又组织记者常驻都江堰，跟踪报道都江堰的灾后重建工作，在上海援建都江堰的三年里，吴越、郑蔚、袁琪等记者先后常住都江堰，报道上海援建队伍的工作，以及都江堰人民重建河山的勇气和壮举。灾后第一个新年前夕，郑蔚还特意赶到都江堰，采访报道都江堰人民是怎么过新年的，除夕之夜写出了“板房里的年夜饭”、都江堰“板房医院牛年生下第一个牛宝宝”。等他采访完了，才发现他住的宾馆餐厅和都江堰的大小饭店都关门过年了，连年夜饭也没有地方吃，最后总算找到一家北方人在都江堰开的饭馆，给他下了碗本来准备留给自己吃的饺子。

在“5·12 汶川大地震”发生的日子里，文汇报人心系都江堰、聚焦都江堰，把关注和报道都江堰的重建和重生，始终作为自身主流媒体人的责任和使命。这岁月，很难忘！

接生“牛宝宝”的上海医生和当地医生团队

用血与汗记录历史　用情与爱升华自己

——《新民晚报》汶川特大地震救灾援助报道纪实

2008 年 5 月 12 日 14 时 28 分，四川汶川发生 7.8 级地震！

随后半小时内，《新民晚报》迅速成立抗震救灾前方报道组，首批派出两名记者前往灾区采访。22 天内，《新民晚报》先后派出记者 14 名，其中党员 10 名，采写稿件 132 篇，照片 97 幅。特派记者足迹遍布汶川、北川、都江堰、绵阳、安县、德阳、什邡、广济、青川等重灾区，对灾后生命营救、医疗救援、受灾群众安置、志愿者行动等，第一时间向海内外读者呈献真实客观、感人肺腑、全方位的报道，让各界人士了解灾区实情，持续引发关注和援助。

前线记者们经历了生与死的考验，心灵受到了前所未有的震撼和洗礼。与此同时，《新民晚报》全体员工情牵灾区，踊跃捐款，四天内捐款近十二万元，捐款率几近 100%。一份份捐款，一颗颗爱心，一声声祈福，汇成新民报人至诚至真的心声：我们与灾区人民守望相助，共渡难关。

勇敢，顽强，智慧，机敏，敬业，团结，良善……新民晚报人以专业素养与职业精神，用汗水与血水，用真情与大爱，在抗灾救助过程中记录了历史，也升华了自己，镌刻了自己！

向前！向前！第一时间冲往抗震救援第一线

地震发生后，焦点新闻部主任王倜立刻向报社领导请示，15 时许回到办公室说："已经确定四川发生大地震，要派记者赴地震第一线采访。"当时，正埋头工作的吕剑波马上站起来请缨，要求赴灾区采访。王倜立即联系摄影部主任刘开明，定下派文字记者吕剑波和实习摄影记者孙中钦共同赴川采访。半小时后，吕剑波和孙中钦迅速订好上海飞赴成都的机票，行李也来不及拿，就马上赶往浦东国际机场。他们是最早赴灾区采访的记者之一。

由于成都双流机场关闭，吕剑波和孙中钦乘坐的飞机晚上 8 时才降落重庆江北备降机场。当时已没有前往成都的长途车辆，他们当机立断包了辆车赶往成都。子夜一点到达成都后，再赶往受灾较严重的都江堰，已是凌晨一点三十分。看到灾情，两人马上投入采访。这期间，王倜和刘开明两位主任一直和两名年轻记者保持密切联系，了解前方情况，反复提醒他们注意安全。一直等到他们安全抵达都江堰的消息。这时，时钟已指向 5 月 13 日凌晨 2 时。

5 月 13 日，焦点新闻部副主任钱俊毅 6 时就赶到报社，联系前方两名记者，了解最新情况。由于四川当地通信网络受损严重，传稿遇到困难，钱俊毅让两名记者放心，后方肯定会等他们，支持和鼓励他们。最后，吕剑波和孙中钦又赶回成都，才找到地方传回来自灾区一线的第一批稿件。

整个上午，新闻编辑部主任叶晶协调版面、焦点新闻部主任王倜、副主任钱俊毅和摄影部主任刘开明、副主任陈正宝忙着协调照片和前方记者发回的稿件，焦点新闻部编辑唐敏改稿、编辑版面，一直忙到下午1时才吃上午饭。焦点新闻部记者姜燕和王瑜明当天一早就赶到报社，协助部门领导整理稿件。在随后的二十多天里，晚报后方始终这样夜以继日地牵挂和忙碌着。

由于走得急，吕剑波和孙中钦几乎没有带行李，又遇上成都地区大雨滂沱。王倜和刘开明两位部主任在电话中不断叮嘱他们，注意安全，买好替换衣物，不要生病。由于天气恶劣，摄影记者孙中钦的照相机曾一度发生故障，还好他带了备用小相机。

5月14日上午，吕剑波和孙中钦在成都完成报道后，准备向受灾更严重的北川县城前进。当时，通往北川县的公路多处塌方，部分路段只能单线行驶，部分路段只供救援车辆通行，有一段路吕、孙两人不得不在山体滑坡，山石飞落，坑洼不平的山路上徒步前进十几里。他们只有一个信念：向前！向前！冲往地震抗灾第一线！

5月15日，连续采访又得不到很好休息的吕剑波发起高烧，但他对后方的领导称，自己只是感冒了。部主任要求他回上海，他表示还要去卧龙采访，他说，到目前为止，还没有卧龙灾区的详细报道。5月18日下午，吕剑波准备徒步前往卧龙，下午3时许，刚过漩口，就听到后面的人大叫："前面的人，快回来，泥石流来了。"吕剑波赶紧往回跑。后来他回忆说，一堆上百立方米像一间房那样大的土石从山上隆隆滚下，呼啸着经过自己当时站着的地方，并冲进了下面几十米处的岷江。如果不快点跑，他或者被埋，或者就被冲进岷江了。在奔跑过程中，吕剑波的脚扭伤了。王倜主任得知后，命令他立即返回上海。

5月14日，焦点新闻部记者曹刚随上海医疗救援队飞往成都。5月15日，焦点新闻部副主任钱俊毅和摄影部记者张龙飞赴灾区……

留守在家的记者们说："我们时刻准备着"！

临时党支部"火线"成立：协同作战，凝聚智慧

《新民晚报》在四川各地采访的记者最多时有9名，其中党员7名。这些党员记者都成长在和平年代，没有经历过战争和灾难。但是在这次特大地震灾难前，他们个个冲锋在前，以强烈的责任感在灾区各个角落采写新闻，显示了坚强的党性和新闻记者的职业精神。

在晚报党委的领导和支持下，5月25日下午，6.4级的余震刚过，新民晚报灾区特派记者临时党支部在成都成立，党员有邵宁、钱俊毅、张欣平、王蔚、姜燕、张龙、周馨，共7名，推选邵宁任支部书记。当晚，临时党支部召开了第一次支部扩大会议，除张欣平外，其他6名党员全部出席，雍和、张炯强两位非党员记者列席会议。钱俊毅说："临时党支部的成立，使得在四川采访的记者第一次聚集在一起，大家有一种找到组织、找到家的感觉。团结就是力量！"

临时党支部成立，加强了党的领导，变单兵作战为协同作战，汇集集体智慧，采写出更多有影响

力的报道。

钱俊毅、张龙：随时可能掉下悬崖

钱俊毅和张龙是灾后第4天到达灾区的。为了进入还没有记者进入的红白镇，他们俩跟随一支空降部队连续“急行军”，在山路上徒步行走，3小时里走了20公里，脚底板都起了泡。从漩口到映秀，沿路都是山路，路很窄，人随时可能掉下悬崖。途中他们好几次看到被飞石砸死的人。还有一次，他们步行10公里，进入重灾区映秀镇。在翻越陡峭山崖的时候，钱俊毅摔了好几跤，有一次仰面摔倒，后脑起个大包，手臂也受了伤。为了不让后方领导和同事担心，他不让张龙告诉报社。他们在灾区采访11天，每天夜以继日地工作，以最快的速度、最真实、感人的文字和图片，把灾区的严峻情况告诉海内外的读者。

2008年5月，焦点部副主任钱俊毅在灾区艰苦采访后，坐在废墟上向报社及时发稿

钱俊毅采写的《在废墟上传递勇气和信心》《“上海新村”将安置七八千人》《俯身贴近水面抱起遇难者遗体》等报道都引起很大反响。张龙也冒着生命危险，拍摄了大量灾区救援、抢险、灾民生活的感人画面。

姜燕、周馨：手脚并用爬上绝壁

姜燕和周馨是两名年轻女记者，但党龄都有10年以上。她们柔弱的身躯蕴藏着强大的力量。哪里有险情，哪里最艰苦，她们就奔向哪里。

平武县豆叩镇由于公路不通，伤员无法运出，物资只能靠人徒步送入。5月19日，姜燕和周馨跟随解放军徒步前往。走了没多久，道路被一段近百米长的巨石塌方阻断了，一面是塌方造成的绝壁，一面是几百米深的峡谷沟壑，没有时间多想，为了拍摄解放军的艰辛，她们必须抢在他们前面爬上绝壁。面对巨大锋利的石块和松散的碎泥，她们手脚并用，还要兼顾相机不能碰撞，不时听见脚下碎石滚落的声音，中途几次停下来回身拍摄的时候，身后的战士都喊着：太危险，不要停，赶紧走！她们返回时看了四周，发现险象横生，看着一旁的深谷，脚也仿佛挪不动步，好不容易才爬出危险区。

来自焦点新闻部的钱俊毅和姜燕经常要写整版的“焦点”稿件，晚上只能睡一两个小时，他们采写的报道扎实生动、感人至深。连日来，多位记者一个星期的工作量，超过了平时一个月的量。

邵宁：鞋底跑穿，驳斥美媒不实妄言

2008 年 5 月 27 日，政法部副主任邵宁在灾区采访

邵宁在灾区采访前后共 10 天，深入到绵阳、德阳和北川、安县等各乡镇的灾民安置点、帐篷小学、儿童福利院、医疗队采访。她和王蔚还在北川冒着直升机卷起的巨大气流和沙尘，现场采访俄罗斯直升机吊运大型机械，参与堰塞湖抢险。

邵宁每次采访都花上半天或一天，采写了多篇立意高、视角新、有分量的稿子。不到一个星期，邵宁的鞋底就跑穿了，一本新的采访本也记完了。她采写的《“帐篷社区”广播：党员请来登记》，展示了党组织在抗震救灾工作中发挥的重要作用；独家报道《高亢悲凉的羌笛绝不会被“震息”》，用第一手资料驳斥了美国媒体“羌族文化将因地震而灭绝”的“惊人之语”。这也是国内媒体首次对灾后羌族文化所作的报道。

作为临时党支部的书记，邵宁还利用采访、写稿间隙，与分散在各处的党员、记者联系，关心他们的工作、生活情况，鼓励他们坚持到底，完成任务。同时，她也及时向报社党委汇报一线的工作情况，把报社党委的关心转达给各位记者。

王蔚：儿子马上高考，
他奔赴灾区采访

王蔚的儿子当时还有不到一个月就要高考了，但他仍主动要求到灾区采访。仅 5 月 29 日一天就发回 4 篇质量都很高的稿件，例如今日论语《灾区儿童节活动方式需细细考量》见解独到，独家报道《大山掩埋 66 位羌寨诗人最后的悲歌》富有深度、十分感人。他还密切关注堰塞湖抢险和群众疏散的最新情况，5 月 27 日，他采写的《绵阳市准备转移 130 万群

2008 年 5 月 31 日，科教卫新闻部记者王蔚在帐篷中及时向报社发稿

众》，发在本报焦点版上。本报也成为本市媒体中最早、最全面报道堰塞湖抢险情况的媒体。5 月 30 日，堰塞湖情况越发危急，绵阳市 20 万群众已全部撤离，但王蔚仍没有离开绵阳。临时党支部和他联系后，让他注意安全，尽快离开。他说："这里地势比较高，暂时还不要紧。"《20 万群众已全部撤至安全地带》刊发在 31 日一版头条。

张欣平：忍着浑身痛痒，坐在地上写稿

张欣平同志在灾区采访共 13 天。他的工作、生活条件也最为艰苦。他随上海供水抢修队的 70 名同志，经过 90 小时的长途跋涉到达绵竹市广济镇后，就一直同吃同住同行，奋战在一起。由于所到之处都没有通水，饮食、卫生条件差，张欣平睡在帐篷里，基本上没有热的东西吃，一个多星期没有洗过澡，身上布满了红包，又痒又痛，还不敢挠，怕抓破了感染。等到抢修队员接通了自来水，他才能用冷水擦擦。党支部让他晚上回绵竹市区找个地方住宿，也好洗个澡，他表示，要跟抢修队员在一起。就在这种情况下，张欣平同志仍以顽强的毅力坚持采访、写稿，他每天只能坐在铺在地上的木板上，把笔记本电脑搁在腿上写稿。由于当地网络还未修复，无线网卡上网时断时续，有一天他写完稿，仅发稿就花了一个半小时。在难以想象的艰苦条件下，张欣平每天都有稿件见报。

孙中钦：实习记者经受人生洗礼

第一批赴灾区采访的孙中钦当时是晚报的实习记者，和晚报记者共同作战过程中，他经受住了严峻考验。5 月 12 日晚，孙中钦顶着余震威胁，通宵冒雨采访废墟中的都江堰，13 日凌晨，他在都江堰中医院内，拍摄救援人员在倒塌的住院部内寻找幸存者；经过彻夜的拍摄采访，清晨 6 时 15 分，孙中钦拍摄到救援人员在新建小学外拍摄到第一个被抢救出的重伤学生。5 月 13 日新民晚报 A8 目击版大篇幅刊登了他用镜头记录的灾区特写。

5 月 17 日，孙中钦与文字记者曹刚抵达北川县城，满目疮痍的残垣断壁映入眼帘。8 时 40 分，孙中钦跟随江苏消防救援队约 40 人赶到北川县财政局职工宿舍的废墟现场，增援 3 名发现幸存者的先遣队员。被困男子被深埋在 5 层楼下，余震不断，飞石随时可能袭来，救援人员一点点清障，靠近……14 时 48 分，当幸存者离开废墟时，在场所有人同时欢呼起来。6 个多小时，孙中钦始终守在那里，用镜头拍摄下用生命救援的宝贵过程。

灾区之行使孙中钦得到了重要的人生洗礼，从灾区回沪时他没有先回家休息，而是立即向社区党支部捐款 1000 元，作为一笔特殊的党费。《人民摄影》报对孙中钦第一时间赶赴灾区的采访过程作了报道，他被中国新闻摄影学会评为"抗震救灾优秀个人"。从此，孙中钦与都江堰结下了不解之缘，他先后 5 次前往都江堰采访，报道"上海奶奶"无私援建希望小学、都江堰灾后第一个春节、上海援建指挥部和建设者们奋勇投入重建工程、灾后儿童步入崭新的希望小学……每一次采访都江堰，看到灾区旧貌换新颜，感受灾区人民的不屈意志，使孙中钦深受教育，激励他不懈努力，力争成为合格的党员新闻工作者。他进步很快，被评为"新长征突出手"。

曹刚:扎根震中,不眠不休

5 月 16 日,《新民晚报》记者曹刚熬夜写稿后,车载步行从绵阳赶到北川采访

曹刚是焦点新闻部第二批前赴灾区采访的记者。他和实习记者孙中钦汇合后,本来准备搭乘医疗队的救援直升机进入映秀镇采访。没想到因为种种原因,飞机还是不能起飞。两人最后决定扎根震中。两人从绵阳出发租了辆出租车,经过安县,到达受灾最严重的北川县城 20 公里处,被警察拦下来,说不能进去,太危险。再折回绵阳已是凌晨 1 时多了,写完稿子,顾不上合眼,两人再次出发去北川,一直开到实在不能开的地方,他们开始步行,走了 40 分钟,终于到达北川。5 月 17 日,他们两人历尽千辛万苦抓到的营救被困者的报道《116 小时,埋在 5 楼底的他还活着》发在新民晚报头版。

临时党支部的党员都多次为灾区捐款,在赴灾区前分别在本部门和支部捐款,到了灾区,又通过临时党支部缴纳特殊党费 1100 元。支部书记邵宁还关心地震灾区的重病、残疾儿童,与上海医疗队联系后,使 2 名重病少年得到及时救治,2 名患有马蹄内翻足的婴儿被上海医疗队带回上海治疗。

非党员记者雍和、张炯强:像共产党员一样战斗

摄影部首席记者雍和与科教卫部记者张炯强是晚报前方报道组的两名非党员。他们看到在灾区有无数的共产党员发挥着先锋模范作用,在他们身边的晚报临时党支部内党员记者们更是冲锋在前。他们表示要像共产党员一样战斗。

《新民晚报》记者雍和在灾区连续多日艰苦采访,采访间隙在路边小憩

雍和与张炯强是报社第五批派往灾区采访的,当时抗震救灾的重点已从抢救被埋人员转向灾后科学重建,两人完全可以选择相对安全的选题采访。他们坚持跟随卫生防疫人

科教卫记者张炯强在灾区采访

员深入震中区汶川县映秀镇。在消毒药水和尸体高腐气味中和卫生防疫人员一起挖遗体，一起在脏睡袋里打地铺，在这样的条件下及时发回了一系列真实准确的报道。雍和跟随救援人员进入北川县城，留下了北川退出历史舞台之前最后的珍贵的影像资料。他常常端着相机，在灾区奔波一整天，直至深夜才回到城区。和他搭档的文字记者张炯强，在半夜12点才能接到他的“报平安”电话。

张炯强是最早提出赴灾区采访的记者之一。虽然前一年的体检报告显示他的健康状况不是最好，但是他坚决表示要前往第一线采访。抵达成都后，张炯强热心地当起了本报特派报道组的通联员。他不仅为比他晚半天到达的雍和订好了旅馆，还为陆续从绵阳、阿坝撤回成都的同事主动联络落脚点。张炯强在出发前，就估算到了灾区的网络信号会非常不畅，除了携带无线网卡，他还联系了两位志愿者大学生，拜托他们在无网络信号的时候帮忙听电话记录稿件。在川期间，他了解到跟随心理咨询协会在绵阳采访的同事王蔚，住在部队的营房里，无法收看电视，他就每天做义务信息监控，为王蔚提供采访线索。本报“战地党支部”决定召开特别的前线支部会议，不是党员的张炯强主动联络支部成员及时集合开会。党员们都对这个非党员的表现赞不绝口。

张炯强在灾区充分发挥了自己的思辨能力强、人际网络广的特长。他是第一个想到要从灾区救援前方统计和反映上海的救灾援助力度的记者，多次和驻守在成都的上海支援四川地震灾区协调小组联系，终于获得了独家采访的机会。他的执着还感动了时任市府副秘书长、上海市救灾援助指挥协调工作小组负责人沙海林，为他提供了大量未曾发布的数据和细节。刊登于本报5月25日的头版头条的消息《上海正经历历史上规模最大的一次物资调运——12天向灾区运送物资9万多吨》，令晚报在全市所有媒体中占得先机。

对所有记者而言，抗震救灾报道不仅仅是考察新闻业务能力的“竞赛”，也是考验人性和道德素养的“考试”。张炯强在采访中了解到19岁的医护女兵阎静文向往服装设计师的工作且又有报考东华大学的计划，（详见5月24日A4版《炊事员·医护女兵·村长——大地震中心漩口镇几个普通人的故事》）为她积极“穿针引线”。好消息很快传来，东华大学招办负责人读完报道后表示，欢迎阎静文服役期满后来东华大学学习。

按原定计划，张炯强于5月30日返沪。但是，考虑到当年的“六一”对灾区儿童和对海内外关心灾区的人们不同寻常的意义，他决定延后返程，做好灾后第一个儿童节的报道。他奔波于成都的教育局、学校、上海驻川办事处，了解灾区儿童的需要，及时反馈给上海，为两地的节日互动奠定了基础。节日当天，他赴收治多位受伤孩童的华西医院采访，本着对孩子们关爱，用溢满真情的笔墨写下了《坚强面对：灾区孩子最珍贵的回赠》的报道。

大灾之后，大爱传递

汶川地震，举国同悲，地震无情，人间大爱。为了让灾区人民尽早渡过难关，新民报人迅速行动，除了尽心尽职履行好新闻工作者的使命之外，大家纷纷伸出援助之手，为灾区人民献上爱心。在大地震发生后的24小时内报社同仁自发捐款达16000多元，之后又在集团工青妇组织倡议为灾区人民献爱心的活动中，积极响应，在5月15日上午9:45集团捐赠仪式前，捐款数额达103090.50元。此后，第六党支部（文化、体育部）党员再次捐款1200元，新民传媒捐款12650元，远在深圳记者站的于明山来电表示捐款500元，还有几位同志因采访不在报社，于第二天（16日）返回报社后也加入到献爱心的队列中。截至16日中午，本报共收到捐款119518.50元，捐款人数为474人，各部门（单位）捐款率几近100%。

在这次捐款中，《新民晚报》的共产党员自觉践行岗位承诺，带头捐款。第四党支部（政法、科教卫部）和第六党支部的全体党员在支部和部门中两次捐款，其中文化部主任张晓然在单位里两次捐款后，又向上海红十字会捐上了1000元。

一份份捐款，一颗颗爱心，一声声祈福，汇成新民报人至诚至真的心声：我们与灾区人民守望相助，共渡难关。

使命与责任　关键时刻挺身而出

——《劳动报》汶川地震宣传报道实录

“5·12”汶川大地震，震动了中国，震动了世界，更震动了上海的媒体。作为上海的主要媒体之一，作为上海800万产业工人的报纸，《劳动报》不仅在第一时间作出反应，而且在抗震救灾报道中，充分发扬吃苦耐劳连续作战的精神，抢时间重质量讲业务，更是政治讲大局，承担起媒体人应尽的责任和义务；同时，在十分艰苦的条件下，锻炼了采编队伍，培养了一批优秀年轻记者。

紧急动员，全力投入力量，调整版面，为救灾报道打好基础

地震消息传来，《劳动报》领导班子对即将面临的报道任务当即做出准确判断，第一，成立报道小组，立即派记者赴灾区采访；第二，在报社范围内紧急动员，要求各个环节都必须进入“战时”状态，让每位从业人员都明确自己的职责；第三，要求相关部门收集信息，为第一线的报道准备选题，策划阶段性的报道方案。报社班子的决策，为本报做好抗震救灾报道，打下了良好基础。

在近20天紧张的报道过程中，报社在市委宣传部和市总工会的指导下，对整个报道工作做了分阶段的全面部署，不仅安排了充足的采访力量投入到第一线，调整了大量版面，满足报道需要，而且在报道中还安排了一系列策划，力求做到报道内容丰富、信息全面、故事感人、鼓舞士气。

为及时获得抗震救灾第一线信息，向读者提供最有价值的新闻，报社于5月12日下午派出第一批共三名记者，他们是文字记者费凡平、李蓓，摄影记者杨辉。其中，费凡平、杨辉在余震不断、交通不畅的情况下，于13日傍晚艰难抵达都江堰，当晚就发回整版报道和大量现场图片。次日，他们又先后进入汶川、北川、青川、茂县等重灾区，是本市媒体中，最早进入灾区开展报道工作的记者之一。女记者李蓓跟随上海医疗队，在成都凤凰山机场等待两日，于15日空投进入地震中心汶川映秀镇，在经历三天极其艰难的采访后，于18日撤回成都。李蓓是本市媒体中最早进入地震中心采访报道的女记者。

5月15日本报再次派出第二批记者共二人，他们是正在西藏报道火炬传递的文字记者林科锋、摄影记者曹海根，于15日进入彭州，2天后，跟随日本救援队进入青川、北川。5月18日本报又派出第三批记者，即：文字记者徐巍、黄俊，摄影记者徐程。他们先后进入北川、青川、绵阳、江油等灾区。此外，报社还在5月18日左右，分别派出2名记者，跟随市总工会援助车队、上海航空公司接灾区伤员的专机等进入灾区。在整个报道过程中，本报共先后派出9名记者，他们都是经过挑选的骨干人员，其中不少人是进报社时间不多，但表现优异的年轻记者。派出如此众多的记者参加抗震报道，这在报社还是第一次。

5月12日当天，报社及时调整了版面安排；最初的一周里，劳动报基本每天确保8个版，并对版面分配做了精心安排。第一，根据本报的实际情况，将所有版面分为要闻、进展、动态、现场、故事、目击、援助、人物、瞬间等版口，基本形成全面报道抗震救灾的态势。第二，报社编辑人员对前方发回的稿件及从其他方面获得的信息进行科学分类、精心编排、认真制作标题，努力使版面的编辑意图得到完美体现。第三，根据事态的发展，突出阶段性的主题，最初2天强调灾情信息，之后是强调部队抢险，再后是强调对生命的尊重，最后是强调灾区重建；而横贯所有报道的最大主题，则是宣传抗震救灾中的解放军官兵无惧无畏的精神，突出"一方有难、八方支援"的崇高风尚。截至5月31日，劳动报发表的抗震救灾文章总计336篇，共21万字，刊发图片225张。其中，本报特派记者或记者连线发表的文章总计241篇，共15万字，本报特派记发表的图片113张。

面对汶川大地震这样的重大事件，如何才能做到报道工作有声有色和精心策划是第一位的。在整个报道过程中，报社先后策划了现场、关注、连线、抗震救灾英雄谱、全力为灾区、上海在行动等18个栏目，在读者中受到广泛好评。5月19日至5月21日全国哀悼日期间，报社根据市委宣传部的指示和本报的报道需要，特别设计了连续10个版面的黑白通版专题报道，反映举国哀悼的情况，这在劳动报历史上还是第一次尝试，这样的报道形式，无论在视觉上，还是情感上，都形成了强烈的冲击。5月28日，劳动报还推出了特别策划的特刊《不屈的脊梁》——"汶川大地震·不能忘却的记忆"特别报道，在读者中产生很大反响。截至6月2日，据不完全统计，劳动报编排的关于抗震救灾的专版已经超过了100个，分为"汶川大地震特别报道""举国动情默哀亡灵、万众泪流凝聚力量""众志成城、抗震救灾"三大类。

拉得出打得赢的特派记者队伍

特派记者在灾区采访中，体现了良好的职业精神，事迹感人至深。费凡平是报社派往灾区采访的第一批特派记者之一，也是派往灾区采访的记者中年龄最大的一个（生于1953年）。他接到报社指令后，瞒着身患癌症的妻子，悄悄写下遗书，与摄影记者杨辉一起，欣然赶赴灾区采访。由于后勤补给跟不上，他俩进入灾区后，很快就陷入困境，但他俩一直没有忘记自己的职责；5月13日，他俩站在依然颤抖着的都江堰大地上，发回首篇图文并茂的报道——《扒开废墟中的石头找寻幸存者》。5月14日，他俩徒步跋涉30公里，写出了《跟随"铁军"向震中汶川挺进》的通讯，把第一线的

《劳动报》特派记者费凡平深入灾区采访

感人镜头传递给读者。5 月 15 日，已经完全断粮一天的他俩，依然突进到重灾区北川，发回报道《废墟下的生命和时间赛跑》。5 月 17 日到达映秀镇，当晚淫雨不断，他俩点燃篝火在路旁熬过一夜。其实，那天他俩已经得到撤回的指令，完全可以回到成都。当报社采编人员在发回的照片上看到费凡平苍老憔悴的模样时，很多人都流泪了，大家没想到，他们每天编辑的精彩文章，竟然是费凡平在如此艰苦的条件下写成的。

杨辉是刚进报社不久的年轻记者，他虽然年轻，但并不健壮。在与费凡平一起进入灾区后，他便将“老大哥”费凡平的电脑背到了自己的肩上。他背着沉重的摄影器材和电脑，爬上陡峭的紫萍坝，要不是解放军战士中途将他架起，他几乎就倒在坝上了。在去汶川的路上，他背着沉重的器材，在满地乱石的江边“爬行”，鞋子中途失落了，幸亏一位解放军战士将自己的军鞋给了他（现在他将这双鞋子珍藏在家里）。5 月 17 日，特派记者李蓓在映秀镇与杨辉会师，李蓓回忆说：“我看见满脸灰色的杨辉出现在我的面前，他瘦弱的身上竟背着很重的摄影器材，他低声问我，你还有吃的吗？我看着他的模样，眼泪一下子就流了出来，我将自己仅有的两块饼干给了他……”尽管杨辉遇到了这样困难的情况，但他依然在随时可能坍塌的岷江大桥上捕捉镜头，依然在去北川的泥石流上跋涉，依然将紫萍坝上精彩的镜头带给读者。这次采访中，他与本报其他 2 位摄影记者一起，拍摄了上千幅作品，其中的 13 幅，入选上海记者赴汶川地震灾区摄影展览，其中的《千军万马过危桥》更是被制作成巨幅影展海报。

女记者李蓓于 5 月 15 日，跟随上海医疗队空投进入地震中心映秀镇，她是本市媒体中最早进入地震中心采访报道的女记者。在经历三天极其艰难的采访后，她最终陷入身心疲惫、弹尽粮绝的困境。在这个过程中，她承受了从未体验过的饥饿、雨夜的困顿、死亡的恐惧；作为一位女性，其中的任何一项困难，都可能将她击垮。但她在如此艰苦的条件下，仍然坚守记者的职责；她一方面承担了志愿者的工作，一方面努力完成每天的采访工作，并通过努力，获得利用海事卫星电话的机会，将报道发回报社。她的《本报记者篝火驱寒熬夜映秀镇》，体现了高度的敬业精神。她撰写的本报第一篇《抗震救灾英雄谱》，是沪上媒体中第一家采访上海市消防局长陈飞将军的报道。在历尽艰险走出映秀后，写下了《映秀三日：生命中最难忘的一页》，文字真挚感人，让不少读者潸然泪下。

摄影记者曹海根也是瞒着妻子进入灾区采访的，为了不让妻子担心，他只说自己在外地采访，直到妻子看到报纸上发表的他在灾区拍摄的图片新闻，他才将实情告之，妻子非常理解他，说：“这次采访机会非常珍贵，你要努力，不要让报社失望”。在这之前，曹海根与文字记者林科锋一起，先在北京采访，然后立刻赶到香港采访火炬传递，随后又马不停蹄地赴西藏报道火炬登珠峰活动，紧接着又赶到灾区采访报道，当他与林科锋抵达彭州时，他俩已经 20 天没有回家了。在他俩完成彭州报道任务之后，报社要求他俩返回上海，但他俩一商量，坚决表示，虽然条件相当恶劣，但他俩一定要继续留在灾区，第二天，他俩就随日本救援队赶赴青川。前方记者的事迹，感染了后方所有的采编人员，当报社组织第三批记者赴灾区时，几乎不用动员，很多年轻记者报名，甚至许多女记者也强烈要求去灾区。一些编辑即使去不了一线，但也愿意留下来加班，为抗震救灾专版编辑版面。

用情、用心、用力呈现汶川大地震

——《青年报》救灾援助报道纪实

“无论如何要去四川!”5月12日发生在四川汶川的特大地震,使数万同胞罹难,瞬间摧毁了他们的美丽家园。面对突如其来的灾情,青年报人坐卧不宁,他们交出了“请战书”,请命上一线。作为新闻人,青年报人时刻关注着事态的发展,立即投入抗震救灾的宣传报道中,每天有十几个版面向读者传递来自灾区的信息,用情、用心、用力呈现这场国难,报道大灾中折射出的深情守望的人性光辉。

5月12日:无论如何要去四川

5月12日,央视发出一条简讯,在四川汶川地区发生强烈地震。赶紧去灾区,这个念头迅速地在《青年报》的摄影记者施剑平和马骏的脑海中闪过。但是,当他们抓起电话打算订当天最快的航班飞往成都时却被告知,飞往成都的飞机全部停飞! 经过一夜的煎熬,施剑平和马骏决定无论如何13日一定要去四川,哪怕飞往最近的重庆再转车。13日中午时分,他们终于订到了14点的航班,匆匆赶往浦东机场后却又被告知航班取消。经过7个小时的等待,他们两人终于登上了当晚9点的上航班机飞往成都。

凌晨时分,飞机降落在成都双流机场,伴着绵绵细雨,施剑平和马骏转乘汽车前往绵阳。经过近3小时的车程,他们到达了绵阳。施剑平和马骏发现,偌大的绵阳居然没有一家宾馆开门营业,同时得到另外一条线索:在绵阳的九州体育馆安置了很多从北川撤出来的灾民。进入体育馆,放眼望去,他们看到,可以栖身的地方全部睡满了灾民,醒着的人也都是一张张疲惫的脸和一双双惊魂未定的眼睛,施剑平和马骏的心也随着揪了起来:这更坚定了他们要去北川的信念。

14日凌晨4点,施剑平和马骏离开体育馆,在街上找到一部出租车,在他俩的苦苦哀求下,出租车司机勉强答应带他们去北川前面的一个县城:安县。一个小时左右的路程,他们到达安县,开始步行前往。走出大约4公里左右,施剑平和马骏先后搭乘了一辆拖拉机和一辆摩托车,终于在凌晨5点来到北川县城任家坪收费站,并随解放军的先头部队进入县城,代表《青年报》成为沪上第一家进入北川县城的媒体。

翻过一道山坡,顺着河道行进大约五六百米之后,震后的北川出现在施剑平和马骏的视野里。震后的北川能看出轮廓的建筑物都是残垣断瓦,大部分建筑只能用废墟二字来形容。有些废墟下面,遇难者的手臂和身体其他部位随处可见,一只只紧握的拳头,一双双做出逃跑姿势的双脚……

来不及悲伤，施剑平和马骏就立即投入到工作当中，一次次按下快门，一张张灾区珍贵的照片存入相机，解放军战士用双手从废墟中抢救伤员的镜头，消防官兵冒死爬进摇摇欲坠的危楼确定生还者位置的镜头，武警官兵用自制的简陋担架肩扛手抬伤员的镜头，还有，一张张焦灼等待和痛不欲生的灾民的面孔，被一张张拍摄下来——施剑平和马骏深知，这些珍贵的第一手的图片，可以唤起更多国民的爱心，可以让更多的人投身到这场巨大的灾难的救援当中。

2008 年 5 月 17 日，绵竹灾民救灾中心内，《青年报》摄影记者施剑平在采访拍摄

当天下午，当施剑平和马骏将要离开北川县城时，突然传来山体大面积滑坡产生泥石流的消息，他们随救援人员快速后撤。半个小时后，他们俩狂奔了五六公里山路，搭上了一辆村民的摩托车，才终于安全撤离北川。此时，施剑平和马骏已经是 40 个小时滴水未进，也没有合眼休息。

2008 年 5 月 15 日，《青年报》摄影记者施剑平（左）和马骏（右）撤出北川县城，在擂鼓镇吃到了 40 多小时来第一顿饭

此后的五天，施剑平、马骏与后期抵达的摄影记者杨磊，又在四川重灾区绵阳、汉旺、绵竹、清平、都江堰、映秀等地进

行了摄影采访报道，为后方的专题编辑团队发回了大量新闻图片和采访稿件。

20 天：见证历史，记录坚强

经批准，5 月 16 日，《青年报》首席记者朱文娟随团中央首批青年医疗卫生志愿者服务队前往四川，先后与上海团市委派出的第一、二批志愿者队伍在当地进行了为期 20 天的采访。

到达四川已是当天午夜 12 点，服务队来到受灾最严重的绵竹，短短两小时时间，大家就在体育场外的一片空地上扎好了帐篷，安置好 100 多箱救灾物资。一切都很顺利，这利益于团市委在服务队出发前做了充足的准备，包括物资装备和技术培训。

尽管做了心理准备，灾难还是击碎了朱文娟的想象。到绵竹的第二个晚上，大雨倾盆，朱文娟发回了在灾区的第一条报道《上海医疗卫生青年志愿者抗震救灾服务队施救第一天 下乡去挨家挨户排摸病痛灾民》。帐篷打湿了，感觉就像在水里。凌晨时分，余震突然来袭。躺在帐篷，朱文娟明显感觉到了被颠来颠去的感觉。不知道该留在帐篷里还是该逃出去，那天晚上，朱文娟几乎彻夜未眠。

生活的确有很多不便。大家只能用消防车从外面运来的水擦擦脸，当然没有办法洗澡，所以开始几天他们只能穿沾满了泥土和汗液的衣服睡进帐篷里。前三天里基本上靠饼干和纯净水过日子，此后，尽管转移到德阳以后条件好了些，但是每天下乡八宝粥和矿泉水依然是唯一的主食。

而朱文娟所面对的这一切，也是志愿者所面对的。救援现场，一幕幕感人场景不时上演。志愿者周晓医生的母亲刚被确诊癌症，正在住院化疗，但是在一起相处的 10 天里，朱文娟和服务队的其他同仁从来没有听他提起过；志愿者潘伟华医生的儿子出生才 2 个月，但是，这个年轻的父亲却没能陪在妻子和儿子的旁边，而是把温暖的拥抱给了病房里刚受灾的孩子；志愿者茆玉书今年 60 岁，在通宵未睡值完夜班后，第二天依然毫不犹豫地去坚持工作，在遇到孤老后，他毫不犹豫地掏出几百块钱；志愿者潘燕英在家访时发现一名中年妇女因为太胖没有领到合适的衣服，回来就张罗着向服务队的同事募捐衣服，第二天就给她送了过去……志愿者每一个人所做的，已经远远超出了医生和心理医生的职责，朱文娟在他们身上找到了最好的新闻素材，也学到了很多宝贵的东西。

作为一个记者，朱文娟感觉到自己肩上的担子从未有过如此的沉重。脑子里想到灾情，想到报社的任务，就一刻也不愿意停下来，她每天晚上写稿子就像打仗一样。当时，朱文娟每天的睡眠只有 2—6 个小时，每天要发回后方的稿子最多时要 6000 字，少时 1500 字，平均每天两三千字，白天跟着志愿者们下到各乡镇采访，晚上回来写稿，困了就在下乡途中打个盹儿，体力精力日渐不支，而每天还要面对那些孩子的忧伤和绝望，朱文娟常常是一边擦着眼泪一边写稿，一度觉得快要撑不下来了。但是，朱文娟清楚，她没有退缩的理由。所以，在第一批志愿者离开的时候她又主动选择留下来。

在废墟中拍照，在余震中采访，在哭泣中写稿，在灾区的 20 天，朱文娟被灾区人民的英勇悲壮所感动，被志愿者的坚定顽强所鼓舞。

24 个版:悲哀中凝聚力量

突如其来的汶川特大地震不仅是中国历史进程中的一次巨大灾难,也是中国新闻发展进程中一次前所未有的大考验。这一切,是青年报这一个月新闻主题的来源,也是青年报人忘我工作的动力来源。

报道第一天,报社就成立了以值班老总和值班编委为核心的专题报道小组,决策果断,而且一以贯之。同时,报社利用综合新闻叠内部整合,打破要闻部、国内国际部、本地几个部门的界线,将每个部门、每个记者编辑的潜能发挥到了极值,无论是部主任还是编辑记者都积极投入到报道中来,群策群力,从统筹报道到通联稿件,从联系前方到指挥后方记者,分开明确,不仅确保了报道安全,更努力让报道出彩。

地震第一天编辑部的同人就凭着对突发事件的新闻敏感性组织了 11 个版面的报道,内容结合地震第一时间前方信息以及上海震感和应对。随着灾情的不断披露,报道开始进入有策划性的阶段,“汶川大抗震”的每天一个主题从第二天开始应运而生。特别是 5 月 20 日汶川大地震遇难同胞全国哀悼日,《青年报》以 24 个版面的篇幅表达“中国加油! 汶川加油!”的悲情和精神,版面充分反映中央与全国各地哀悼罹难同胞的悲壮情景,以震撼人心的编排和内容,全面报道北京和全国各地,特别是汶川灾区的哀悼活动和抗震救灾的最新消息,凸显“悲哀中凝聚力量,泪飞后是坚强”的昂奋主题。

随着前线记者的陆续到位,5 名文字、摄影记者先后从前线不同的地点、从不同的角度,发回了众多感人至深的报道和画面,切合了报道节奏,也极大地丰富了版面亮点。5 月 18 日,社会部记者彭晓玲随沪上第二批医疗队开赴赶地震灾区。得知有机会可以前往地震前线,彭晓玲表现出极大的热情和积极性,并表达了完成报道任务的决心。到了灾区之后,由于医疗队没有前往重灾区,彭晓玲多次请战,欲脱团自行前往重灾区进行采访,出于安全考虑后方没有同意她的请求。但即使这样,彭晓玲还是克服通讯不畅、吃不好、睡不好、采访难度大等种种困难,在前线的一周时间里,平均每天发回 3000 多字的报道。

与此同时,灾区伤员一部分也转入上海医院接受治疗,后方记者全面报道了伤员转运、接受治疗以及上海人民对其的关心和照顾。社会部记者范彦萍在自己负责的民政、慈善等条线领域内,采写了大量新闻,平均每天报题数量超过 5 条,最多时将近 10 条以上,特别是在星星港参与灾区孩子心理援助心理方面挖掘了不少新闻,这也让《青年报》在地震两三天内就提出了心理援助的问题,走在了其他媒体的前面;刘晶晶、顾金华、刘春霞等相关条线记者,也都利用自己的资源进行支援报道;无论是救灾支援还是哀悼,各个报道节奏中,社会部都力争走进社区,挖掘更鲜活的故事,其中,社区居民自设灵堂哀悼遇难同胞、上海接收首个灾区来沪就读学生的报道成为最大亮点;从地震第二天开始的系列评论,则以明确的节奏,以青年群体所接受的清新的文字、以充沛的情感,自成一体,成为《青年报》抗震救灾报道中一道独特的风景线。

“80 后”新闻人的心灵洗礼与成长

——《东方早报》汶川地震抗震救灾报道纪实

5 月 12 日汶川特大地震发生后，《东方早报》作为一支以“80 后”为主体的采编团队，坚决贯彻中央和市委的指示精神，快速反应、全力以赴。12 日下午，《东方早报》成立了抗震救灾报道组，分成前后方两个指挥部，前方采访组与后方协调编辑组，由报社时事新闻中心、财经中心、评论部等抽调 70 多人组成，绝大多数成员为“80 后”年轻采编人员，由社长和主编统一协调。报道组要求前方记者突出生命救援、尊重逝者、坚强生者，报道因为生死而升华的人性、报道生命奇迹、报道一方有难八方支援，传递党中央国务院提出的“以人为本”的理念。

2008 年 5 月，《东方早报》记者赵昀，王炬亮，鲁海涛（左起）在汶川地震采访现场

《东方早报》记者是首批到达灾区采访的上海记者之一，5 月 12 日傍晚飞往重庆，由重庆乘出租车前往都江堰，于 5 月 13 日凌晨到达都江堰聚源中学进行采访。此后《东方早报》先后派出 38 名记者前往灾区，刊发 390 多个版面、1300 多幅照片，并且制作了 30 多段由现场音频与图片组成的流媒

体记录在东方早报网和新浪网上播放,形成报网互动的宣传格局,其中新浪网上的点击率超过300万。2008年6月,中华全国总工会和上海市总工会分别授予《东方早报》抗震救灾报道组全国和上海"抗震救灾重建家园工人先锋号"的荣誉称号。《东方早报》是上海唯一获得此称号的新闻媒体。

大量使用前方记者的现场报道和新闻图片

地震发生后的第一个月每天以24版的大体量,报道本报前方记者发回的现场新闻。例如有关聚源中学倒塌的消息,在全国报纸中,《东方早报》是第一家到达现场进行采访,此后形成关注热点。5月15日,上海市委宣传部阅评组发来专题阅评表扬《东方早报抗震救灾"现场目击"真切感人》。从地震后第一天开始,《东方早报》头版就全国率先采用黑白设计,以示对死难者的悼念。

《东方早报》还是最早派记者随上海救援队入川的上海媒体。5月13日起,《东方早报》派出文字和摄影记者跟随上海消防、医疗等救援队飞往灾区。随后在头版头条显著的位置报道了上海消防应急救援队如何在震后100个小时,以至179小时后,发现并救出幸存者。此次,上海消防应急救援队8天共救出了23人,《东方早报》全程记录报道。

美国的《纽约时报》在关于中国抗震救灾的报道中,也刊发了《东方早报》在第一时间派出记者前往采访的故事。由于《东方早报》报道组救灾前方记者的突出表现,5月29日,《东方早报》抗震救灾报道组作为唯一媒体的代表,在上海市政协十一次主席会议(扩大)上,介绍了抗震救灾报道特点,以及前方记者得到的锻炼和感悟。

大灾考验让"80后"年轻的采编队伍得到了极好的锤炼

地震发生后,《东方早报》报道组在第一时间,兵分几路派出了十几位记者前往抗震救灾第一线,加上其后轮流前往灾区的记者,前后共有38位记者在重灾区采访。在川采访记者队伍庞大而分散,初期前后方通讯、联络不便,各种紧急突发情况和危险随时可能发生。面对复杂情况和纷繁信息,《东方早报》与前方记者约法三章,一是坚决不添乱,采访不能影响救援工作;二是保障自身安全,不能成为被救对象;三是保证自给自足,不占用灾区有限的资源。

早报抗震救灾报道组在报社和震区分别成立了前、后方抗震救灾报道指挥部。在前方,报社指定一名采访组长,专职负责所有前方记者的安全和后勤保障供给。为了保障记者的安全,要求文字记者和摄影记者一对一搭档出动采访,并安排了后方采编人员一对一联动,随时了解前方记者所在的位置和安全情况,并及时给予指导。前后方互动,一方面及时给予前方记者在宣传纪律、报道思路以及最新震情等方面的指导,另一方面,通过后方指挥部,能够严格监督、规范记者行为,及时发现问题,及时解决。这一前后方的配合,也能及时给前方记者送去急需的帐篷、食品、药品、消毒水等补给,并经常给每位在前方的记者发去如何防疫疾病的短信,以及相关的安全注意事项,保障他们的生活和采访能顺利进行,而不给灾区政府添乱。悲壮的救灾,让采编人员自觉认识用怎样的新闻价值观去报道灾难。《东方早报》是一个年轻的团队,抗震救灾中涌现出的诸多感人场面,让这些年轻的记者编辑们内心受到强烈震撼，在工作中，他们也得到了心灵的洗礼和净化。《东方早报》记者走遍了几乎所有的重灾区，目睹了巨石滚落压死眼前的救援人员、泥石流瞬间吞没了村庄，也经历了决堤之险的大撤退和一次又一次余震。在汶川还音讯全无时，他们即徒步 90 公里翻过 7 座山前往汶川映秀镇重灾区；有记者手臂被划出深深的伤口仍然不肯离开；有记者在灾区连续采访达一个月之久，中暑了，就给自己一天喝下 5 支“藿香正气水”。在后方，娱乐部的年轻记者编辑们奔赴献血办，集体献血。在前方记者回沪后的内部交流发言中，有记者这样说，“有人认为，‘80 后’是特立独行、缺乏爱心、追求享受的一代。而在汶川大地震的采访现场，《东方早报》‘80 后’的新闻人经受住了考验。亲历生死现场之后，我们可以自豪地说，‘80 后’的新闻人是有新闻理想的一代新闻人，是实践理想的一代新闻人，是可以传承前辈优良传统的一代新闻人。”

下　　卷

■区县篇

凝心聚力　抗震救灾

——汶川特大地震浦东新区救援实录

5月12日，四川汶川县发生8级强烈地震灾害后，浦东新区按照党中央、国务院总体部署和市委、市政府要求，有序、有力、有效抓好支援灾区的各项工作。

紧急部署　爱心捐赠

区委常委会两次听取救灾捐赠工作汇报，对新区做好支援灾区工作提出要求；区政府多次召开专题会议，专门研究部署抗震救灾各项工作。

新区建立了由分管区长具体负责、民政局牵头协调有关部门的落实推进机制。浦东新区区委、区政府成立了赈灾募捐领导小组（由区民政局、区红十字会、区慈善基金会组成），召开紧急会议进行部署。

5月14日上午，新区四套班子领导带领新区机关干部向地震灾区捐赠。全区广大共产党员、机关干部、企事业单位和社会各界积极响应慷慨解囊，全区范围掀起了献爱心、援灾区的热潮。

至7月14日，全区有5800多个单位、120多万人次参加了募捐活动（其中共产党员12万多人、党政机关干部9000人），共募集善款256873132.22元、物资价值147.27万元；其中：新区民政局103436397.18元；市老年基金会浦东分会10297708.30元；市慈善基金会浦东分会56084553.52元（振华港机通过浦东分会上交市基金会2000万元），物资价值147.27万元；新区红十字会87054473.22元。

各部门履职尽责，协同做好抗震救灾各项工作。新区民政局牵头、相关部门配合，成立向“5·12汶川地震”灾区捐赠工作领导小组。

区、街镇、居（村）委会等三个层面分别设立捐赠款物接收点，各大超市卖场设立募捐箱，方便市民就近捐赠。新区民政局开通了24小时捐赠热线，设立了捐赠点，安排专人24小时值班，接收市民和企事业单位的捐款捐物。在各街道、镇社会事务受理中心也设立了捐赠接受点，统一标识，并安排专人负责。策划组织一系列活动，如结合奥运火炬浦东传递活动开展赈灾募捐，共募得善款25727.93元。另外，在滨江公园举行火炬传递活动收火仪式中，募得善款81883元。

新区红十字会全体工作人员随即投入紧张的赈灾募捐工作中。陆家嘴街道红十字会在金茂大厦、世界广场、浦东第一八佰伴商厦举行了现场募捐活动，募捐到170多万元。金杨新村街道、东明路街道、塘桥街道等街道、镇红十字会募捐赈灾款均超过100万元。

上海张江高科技园区及张江集团举行“支援灾区、爱心传递”捐赠活动动员大会。张江集团和园区企业捐款1200多万元。新区卫生、教育系统数百个单位共捐款1240多万元。上海市第七人民医院、浦东新区人民医院、浦东新区公利医院等红十字会员单位赴川医疗队队员各将医院奖励的1000元悉数捐出。

从5月13日早上8点至7月3日下午5点,新区红十字人道救助基金募集四川地震赈灾捐款86952966.22元。

上海市慈善基金会浦东新区分会启动应急预案,每天14个小时接受社会各界捐赠。并制作抗震救灾专用募捐箱,在浦东新区的6家易初莲花大卖场及沃尔玛超市设立抗震救灾专项募捐。慈善基金会浦东分会选择了新区对口支援的幸福镇作为主要的援建地区。

捐赠资金方面:浦东分会所募集定向重建资金36084553.52元主要用于重建都江堰市滨河开发区塔子坝中学的建设,建成以后的各教学楼、实验室等均会以捐赠款项较大的单位命名。

物资捐赠方面:2008年5月18日,由慈善基金会浦东新区分会募集的第一批救灾物资发车运送往四川灾区。至2008年8月,慈善基金会浦东新区分会先后分十九批(次)通过航空、陆路发往四川、陕西等受灾严重地区。共计发送救灾物资61271件(箱),价值1323.4万元。其中共向幸福镇发送物资共3506件(箱),价值185万元。

2008年5月24日,慈善基金会浦东分会策划并组织“爱心集结——浦川鸿雁牵手行动”专项结对帮助四川受灾儿童。6月1日将浦川“鸿雁牵手行动”收集到的凝聚浦东市民爱心的148封信函送到都江堰教育局。9月通过该项目资助187名都江堰困难学生。

各街道、镇纷纷开通24小时热线,在社区事务受理服务中心内设立了专门的捐赠点,安排专人加班加点。严格接收款物的财务管理,每天理清账目,根据市民政局的要求按时解缴,做到账目准确无误。

紧急动员　驰援灾区

5月13日　社发局紧急动员,成立抗震救灾领导小组,领导和协调社发局救灾支援各项事宜;组织医疗救护专业队伍,以东方医院为主,组建包括脑外科、胸外科、普外科、骨科、ICU、泌尿外科、麻醉科等19名医护人员在内的救护队伍,并预备所需药品、器械设备及个人防护用品等,随时准备赴四川灾区开展医疗救护工作;继续做好宣传动员工作,发动区内其他医疗机构以及红十字会、爱卫办、疾控、急救中心等部门,随时准备组建第二支医疗或专业防疫队伍支援四川灾区。

新区红十字会发出“携手人道、抗震救灾”紧急呼吁,截至5月14日下午3点,共接受捐赠金额1365万元,美元5万。流动采血车、献血屋、血站共接待个人志愿献血190人,共计209袋血。5月15日,作为上海市第一批卫生防疫救援队成员,新区疾控中心的林涛赴川参加抗震救灾。

上海市安济医疗救助基金会和洋泾社区卫生中心外科专家和医生组成11人的医疗队，携带100余箱价值40万元的常用药品到达绵竹市汉旺镇，先后为近200名受伤群众实施手术，并对灾区群众进行医疗康复知识的指导。由东方医院、公利医院、新区人民医院、市七院以及疾控中心的8名专家组成的新区救援小组从浦东机场飞往成都，向灾区德阳一线开进……

5月14日凌晨1时，浦东消防支队接到通知，30名官兵迅速组成救援队伍赶赴四川参加抗震救灾。新区救援队的30名官兵兵分两路：一路在汶川县漩口镇灾区开展抢险救援；另一路则通过17小时的徒步、空降等途径，到达重灾区映秀镇参加抢险。5月17日早上8点，在映秀镇映电宾馆废墟上，包括30名浦东消防官兵在内的上海消防救援队继续搜寻幸存者，发现了已经被困整整123个小时的蒋雨航。经过近10小时的挖掘，蒋雨航终于从废墟中被成功救出。在短短72小时里，他们成功救出被埋101个小时的10岁羌族女孩尚婷、被埋106个小时的20岁女孩袁弈等37人。

由浦东新区社会工作者协会等5家社会公益组织发起的“新驼峰行动”空中航线。在浦东新区社会工作者协会、上海映绿公益事业发展中心、上海浦东非营利组织发展中心等的倡议下，民营企业春秋航空公司承诺，在每周开往绵阳的班机上搭载上海慈善基金会浦东分会的捐赠物资。第一批急需救灾物资头孢抗生素已经通过春秋航空送到了灾区。5月22日，204箱口罩（价值32.4万元），由春秋航空发往绵阳市抗震救灾指挥部。5月27日，516箱奶粉、婴儿尿片、手电筒、妇女用品（价值24.36万），由春秋航空发往绵阳市抗震救灾指挥部。

5月29日，一辆装载着16吨救灾物资的卡车从浦东急驰绵阳。

附录:

大地震突如其来　献爱心争分夺秒

浦东新区第一时间部署支援四川抗震救灾工作

截至5月15日晚上发稿,整整80小时。遭受强烈地震灾害的四川,救援行动争分夺秒;同一时间,远隔千里的浦东,一场争分夺秒的献爱心行动,迅速在浦东大地上掀起了热潮。

这是一场高效有序的爱心接力,甚至无须过多动员,人们自发地涌向民政局、红十字会、慈善基金会、街道、镇、居委,为灾区人民献上自己的一份爱心。据统计,截至昨天下午5时,新区已收到捐款5000多万元。

爱心,在第一时间汇集

灾情就是命令。5月12日、13日、14日,新区连续3次召开会议,研究部署支援四川抗震救灾工作。很快,区民政局成立了“5·12汶川地震救灾捐赠”领导小组办公室,开通了24小时捐赠热线,并在捐赠点内安排专人24小时值班。

机关干部行动起来了

5月14日,市委常委、新区区委书记徐麟,市政府副秘书长、新区区委副书记、区长李逸平,区人大常委会主任李梅,区政协主席林泉璋等新区领导出席区级机关向“5·12”汶川地震灾区捐赠活动,并带头捐款。而在此之前,新区机关干部职工募捐的第一批捐款21.55万元已经送到了上海市慈善基金会浦东分会。

企业行动起来了

5月14日,1000多根绿丝带在位于张江的GE中国研发中心轻轻飘扬——中心志愿者们在自己的胸卡、电话机和汽车上扎上绿丝带,为仍然受困的灾区群众祈福。中午时分,志愿者在餐厅门口设立捐款箱分发绿丝带,短短1小时,就有500多人捐款,募集善款6万余元。GE总公司宣布向灾区捐款1000万元,同时,对于员工的捐款,GE基金会将配比同等数目的捐款。

在地震发生的第二天,上海振华港机(集团)公司的办公楼就贴出了一份倡议书,“祖国汶川地震浩劫,振华儿女焉能坐视!”仅仅一天之后,5月15日,公司总裁管彤贤就将凝聚着员工爱心的2000万元,交给了上海慈善基金会。

5月14日,位于张江高科技园区内的许多企业汇聚一堂,争相为灾区捐款。盛大网络200万元、中芯国际100万元、大道置业100万元、张江集团100万元……最终,张江共募得1365万元人民币和5万美元爱心捐款。

在今年湖南雪灾中就与灾区人民站在一起的上海阿尔卡特也在第一时间站到了抗灾第一线，启动了用户通信网络安全支援专项应急预案，目前已有上百人的救援队伍投入到抗灾保畅中，首批救灾急需的基站、传输、路由器等设备本周内就将全部运抵灾区。此外，截至5月14日17时，该公司捐款已达500万元人民币，阿尔卡特朗讯在世界各地的员工也通过国际红十字会进行捐款。

宗教界人士行动起来了

克莲法师代表新区佛协，通过浦东慈善基金分会，向灾区捐款3万元；新区佛协会长大熙法师以个人名义捐款1万元。同时，佛教协会还动员各佛教场所向灾区捐款捐物。

新区各律师事务所党组织第一时间联合起来，号召广大党员律师伸出援手，累计募得约60万元；工商干部行动起来了，首笔善款达6万余元。学生行动起来了，上海电影艺术学院2500名学生捐出20万元，希望能捐给都江堰聚源中学的同学们。

5月13日，区经委获悉，新区有5家旅行社安排的288名游客正在四川，立即要求旅行社安排游客返沪。同时，要求旅行社立即停止所有计划安排前往四川的组团。

地震发生时，来自都江堰镇的62位学员正在新区党校参加培训，5月13日，党校即帮助学员分两批赶回了救灾第一线，同时，购买了帐篷、雨衣等物资，同步援助灾区。

2008年5月15日，建平中学西校全体师生开展募捐活动

感动,一次又一次

短短3天,新区红十字会、浦东慈善基金分会、新区血站的工作人员一次又一次被普通市民的爱心深深打动——

80多岁的退休老人插着导尿管,捐来了400元;

身患白血病的孩子委托奶奶,送来500元;

36名中铁二局城通公司四川籍员工顾不上吃午饭,自发赶到血站捋袖献血,为灾区人民担忧的泪水悄然洒下;

14日晚,大众出租车四分公司驾驶员张松春带着班组1500元捐款,准备下班后前往红十字会。在送最后一名乘客时,他无意中透露要去捐款,这名乘客当即拿出100元,"28元付车费,剩下的,帮我一起捐给灾民吧。"

军休干部孙英龙13日还在崇明,闻悉汶川受灾,老人次日就赶回浦东,向慈善基金会捐献了2万元,还抱来了新被褥、电磁炉、食用油和一箱衣物。"如果我年轻,还要报名去汶川搬石头救人。"老人急切的话语,让工作人员感动万分。

截至昨天下午5时,新区民政局收到善款7168081.75元,参与单位141个,捐赠人数达73479人;上海慈善基金会浦东分会募得捐款21452889元,参与单位43个,参与个人100人;浦东红十字会募得善款2200万元。

(洪浣宁　黄静　孙晓玲)

原载《浦东新区周刊》2008年5月16日第38期

660万“特殊党费”凝聚浦东党员爱心

汶川大地震发生后，在徐麟、李逸平、李梅、林泉璋等新区党员领导干部的带头下，新区广大党员积极通过自愿交纳“特殊党费”等方式支援抗震救灾工作。截至5月29日中午的不完全统计，广大党员自愿交纳“特殊党费”累计已超过660万元。

老党员临终捐献“特殊党费”

“特殊党费”中，有一笔格外令人感动

5月15日，家住东明社区三林城新月一居的老党员王在銮与世长辞。他是因患严重的气喘病住院治疗的，在病床上通过子女得知四川发生了特大地震的消息。临终，他给儿子留下遗言：“我走后，务必代我到居民区党支部向灾区捐献100元，并把党费交掉”。

19日，王在銮的儿子处理完父亲的后事后，第一时间赶到居委会，代父向居民区党支部捐献了100元和第二季度的党费，完成了父亲的遗愿。

干部带头，凝聚党的温暖

无数干部党员在灾情发布的那一刻就行动起来了

5月13日起，区委组织部就通过党群移动专网、“两新”组织互动服务平台等载体组织全区各基层党组织、广大党员和党务工作者为赈灾贡献力量。“浦东党建网”也在第一时间开辟“一方有难，八方支援”专栏，公布新区捐赠途径和方式，滚动发布抗震救灾工作情况，至29日12时，实时信息已发布了5个页面、近百条。

5月19日，区委组织部向全区各级党组织下发《关于抗震救灾工作中充分发挥基层党组织和广大党员干部作用的通知》后，浦东的各级党组织和广大党员积极响应，交纳“特殊党费”。

许多企业的党员也在第一时间上交“特殊党费”。上海德汇集团公司党总支书记、总经理薛加玉自愿一次多交纳党费10万元。上海市小耘律师事务所主任王小耘律师紧急决定以事务所党支部名义，向四川地震灾区捐款20万元，立即交上海市律师协会。上海洋帆实业公司是专业生产帐篷的企业，连日来公司19名党员和2500多名员工一起加班加点为灾区赶制帐篷，从5月15日接到民政部第一个紧急调运6000顶帐篷的通知开始，收到救灾帐篷的订单累计已达11万顶。

新区组织部工作人员表示，由于数字还在汇总、统计和不断增加中，660万元大约只占实际金额的三分之二。

目前，新区各级党组织正认真做好“特殊党费”的登记、代收、汇款和报告等有关工作，代收的“特殊党费”全部交到中组部，专款专用。

（洪浣宁）

原载《浦东新区周刊》2008年5月30日第42期

同饮一江水　沪川心相连

——浦东新区社区居民捐款赈灾实录

四川省汶川县大地震发生后，浦东各街、镇社区居民纷纷自发捐款、捐物，表达对灾区人民的慰问和支援。虽然上海与四川远隔几千里，但每一份爱心的汇聚让人们相信，同饮长江水，彼此心相连。

"三多居民区"　捧出感恩的心

5月12日下午三时多，四川特大地震的消息刚刚传出，浦电路谢家宅居委会就来了一位"不速之客"：抗美援朝老战士洪本荣不顾身有残疾，从居住地三林坐车赶来，掏出100元钱："我要捐款！"

洪本荣年过七旬，半年前搬离谢家宅，但户口还在当地。"老人因为当年参加战斗负伤、腿脚落下残疾，儿子又住在精神病院，一家主要靠低保生活。"居委干部告诉笔者，大家劝老人表表心意就好，可老人执意留下100元，就离开了。

此后，陆续有流着泪的居民走进居委会奉献爱心。独居残疾老人吴七巧捐了50元，一聊起四川灾情，她的泪就忍不住往下流："我妈妈、姐姐和爱人离开人世时，我都没有这么伤心。"吴七巧的身体蜷缩在椅子上告诉笔者：那晚从电视上看到温总理在一线拉着孩子的手说："马上就有饼干吃了"，那一刻，她决定马上捐款。现在，她家电视也坏了，只能整日通过广播了解灾情。"我也是弱势群体，有了社会的关爱才能过得这么安稳，我相信，我们一定能战胜灾难。"

谢家宅居民区党支部书记表示，这是个"三多居民区"：老人多，病人多，困难户多。截至5月15日，数十户居民主动到居委会捐款16435元，捐物已达300件左右。

九旬节俭老人　慷慨捐出一万元

8年没舍得进理发店，裤子摔破了都舍不得买，听说四川地震，却立刻捐出一万元。5月13日中午，塘桥的九旬老人陈焕灿的义举感动了每一个人。

老人家一夜没合眼："一夜都在看电视，看得眼泪直流。"老人说，"我一定要帮灾区做点事情。想来想去，只有捐钱能做到了"。好不容易熬到天亮，老人家就赶到居委会等人了——他的眼睛看不清楚，到银行取钱需要人帮助。

他所在的微山居民区支部书记王秀晏告诉记者，陈焕灿作为独居老人，是上海居家养老的受助对象。我们劝老人不要捐这么多，他连连摇头："我的钱用在灾区才算有用了"。仔细核对老人递过来的存折，王秀晏眼圈红了："还有3个月就到期，现在取出来利息要损失200多元啊。"老人的眼泪立刻掉了出来:“什么都别说了,你就帮我完成心愿吧!”

老人家在王书记的陪同下,到银行取钱,到塘桥街道送钱,连口水都不肯喝就回家了。据了解,老人每月只有1000多元退休金,生活非常节俭。

退休幼儿园园长为灾区孩子潸然泪下

汶川县发生的强烈地震同样也牵动着张江人民的心。

田园居民区87岁的顾跟云老太5月13日早上7时30分就等候在居委会门口,从口袋里拿出用塑料袋包着的800元,送到支部书记的手中。书记看到这位每月只有500元收入的独居老人捐款过意不去,老人却一字一句地说:“这次地震很厉害,那里房子都倒塌了,我有吃有穿,你们一定要收下啊!”

孙建路居委的潘建萍退休前是张江幼儿园的园长,和孩童们打了大半辈子交道的她目睹电视画面上孩子们的惨状潸然泪下,第二天一早就来到居委会捐献了1000元,她说,灾区的孩子有困难,我只能聊表心意。

古铜居委一位不愿透露姓名的居民向镇捐赠办捐献3000元后,晚上加急赶制了5条横幅,倡议居民“众志成城,伸出援手,抗击灾害”,还表示“有什么需要随时可找他”,在留下地址电话时,大家才知道他名叫许厚宝。

唐山地震亲历者相信灾区会好起来

灾情牵动全国人心,远在千里之外的东明社区,同样度过了一个不眠之夜。

5月14日凌晨5点不到,家住安居苑的孔宪华打开电视机,继续关注灾情的变化。8点半,她拨通了居委会的电话:“这里接受给四川地震的定向捐款吗?”在得到肯定答复后,孔宪华带着600元善款赶到了捐赠点。

“就好像唐山大地震一样,看着电视画面,我仿佛又经历了一次。”今年78岁的孔老太早年支内在河北唐山市,1976年的大地震中,亲手抢救了不少伤员,“现在的搜救增援比当年强多了,灾区一定会好起来的。”

几乎是同时,一封祝福信塞进三林苑居委的信箱内,街道的屠锦雯阿姨替儿子捐出了1200元。原来,屠阿姨的儿子名叫陈全,去年刚从北京大学毕业,目前获得ATK奖学金,在东京大学继续深造。“孩子出头了,要感谢这么些年关心资助我们家的好街道、好居委。”信中,陈全感谢街道和居委会,在他完成大学学业前,连续4年资助9000元,帮助他完成学业。他说,“如今,四川遇到了灾难,作为普通公民更应该献出自己一份情义”。

(符佳　张琪　吴秀平　蒋晓丽　吕晓红　潘韵雯)

原载《浦东新区周刊》2008年5月16日第38期

丹心系灾区　丹青寄孤老

——上海中国画院赈灾书画作品拍卖会 6 月 15 日在浦东举行

抗震救灾是当前最重要、最紧迫的任务，按照党中央关于特别要精心安置好灾区“孤儿、孤老、孤残”的指示精神，上海市老年基金会及时推出上海市“抗震救灾为老助老基金”，并会同上海中国画院等单位，于 6 月 15 日（国际父亲节）在浦东展览馆（浦东合欢路 201 号），举办“上海中国画院赈灾书画作品拍卖会”。

此次拍卖的 30 册“上海中国画院赈灾书画册页”由上海中国画院 57 位著名画师 300 余幅作品制作而成。其中，有德高望重的上海中国画院艺术顾问陈佩秋、方增先、周慧珺，刘旦宅等的作品，也有身在外地的兼职画师田黎明、卢禹舜等著名画家的作品。书画家们精心创作并捐献的作品，代表了上海中国书画的最高水平，具有很高的艺术价值和收藏价值。同时，拍品诞生在抗震救灾的特定历史时刻，记录了上海书画家们的炽热爱心，具有重要的历史价值。

画家们激情创作，充分表达了“情系灾区、关爱孤老”的热血情怀。拍卖的资金（含上海朵云轩拍卖有限公司、浦东展览馆等相关费用）将一并归入上海市老年基金会，并以上海市老年基金会名义捐赠四川省对口市，设想建立两所具有一定规模的养老院，以此构建长效帮困平台，用以探索建立上海市老年基金会延续帮助灾区孤老解困的工作新机制。

“上海中国画院赈灾书画作品拍卖会”经上报上海市民政局，由上海市老年基金会、上海中国画院、上海朵云轩拍卖有限公司、上海文广新闻传媒集团、新民晚报社主办；上海朵云轩拍卖有限公司承办；上海市老年基金会浦东新区分会协办，将由上海市浦东公证处现场公正，并运用上海市老年基金会标识、中国拍卖行业标识。

【捐画画师】（排名不分先后）

施大畏　韩　硕　张雷平　童衍方　车鹏飞　马小娟　陈　翔　何　曦　朱　敏　朱新昌
鲍　莺　张迪平　梁洪涛　赵　豫　吴玉梅　杨正新　唐逸览　周慧珺　张　森　钱茂生
韩天衡　陈佩秋　毛国伦　林曦明　方增先　刘旦宅　刘　天　萧海春　龚继先　胡振郎
陈家泠　张培础　张培成　徐昌酩　蔡天雄　吴明耀　卢辅圣　张桂铭　江　宏　程多多
王孟奇　蔡广斌　乐震文　季　平　张　淳　沈　虎　徐伟达　丁筱芳　姚鸣京　田黎明
李乃宙　卢禹舜　纪连彬　刘进安　李　洋　唐勇力　申少君

原载《浦东新区周刊》2008 年 6 月 10 日第 45 期

300余幅名家书画拍卖筹得善款1471万元 为都江堰孤老建爱心养老院

6月15日，随着朵云轩拍卖师一次次响亮地落锤，300余幅“丹心系灾区，丹青寄孤老”书画作品最终以1471万元成交，全部善款将用于为都江堰地震孤老建造养老院。

这300余幅书画作品来自上海中国画院的57名著名画师，包括陈佩秋、刘旦宅等书画名家。听闻汶川地震后，他们在短短10天内义务创作了300余幅作品，共装裱成为30本册页。之后，画家们又联合创作3幅巨幅画作。

当天，包括浦东10余家企业在内的众多企业家和社会爱心人士争相举牌，首册作品即以120万元的最终价成交。据悉，活动主办方之一的上海市老年基金会已与四川都江堰相关部门联系，用这笔善款为都江堰在地震中失去儿女的孤老建造具有一定规模的养老院。

（孙晓玲）

原载《浦东新区周刊》2008年6月17日第47期

15车浦东捐赠物资驰援四川

帐篷、发电机、消毒防疫用品……15辆大卡车里塞得满满的。5月18日中午，由浦东企业和市民捐赠的317万元抗震物资足足装满了15辆卡车。浦东新区副区长过剑飞一声令下，卡车驶向杨浦车站，在那里将物资装上火车，带着浦东人民的爱心驶往灾区。

2008年5月18日，由浦东企业和市民捐赠的15卡车317万元抗震物资运往灾区

延迟国外订单　先为灾区发货

看着95台发电机和5台水泵被装上了大卡车，眼中布满血丝的坤孚集团董事长石秉军终于松了一口气，他感慨道："600多名弟兄连续加班四五天，终于可以帮上灾区人民了"。

5月14日，石秉军从电视中得知，四川灾区缺水断电，急需发电机、水泵等设备。想起本公司正在生产一批印尼某公司的发电机订单，石秉军坐不住了，他提议："无论延迟交货是否要赔款，我们都要把这批货先发往灾区"。从当日开始，坤孚位于张江的发电机生产线24小时不停歇运转，600多名员工主动加班，直到发电机和水泵全部下线。

“今天来送货的工人们已两天没有好好睡觉了”，石秉军指着旁边10多名身穿公司制服的年轻人，他们的表情除了疲惫，更多的是兴奋。在临送货前，他们又将机器一一打开、运转了半小时。虽然发电机已经按出厂标准进行了严格检查，但大家都说：“再查一遍吧，这是给灾区人民救急用的，千万不能出故障”。此外，员工们还细心地在包装箱上留下了手机号码，写下了祝福，这样，一旦机器发生故障，四川人民能及时联系上维修人员。

爱心物品多多　灾区急缺奶粉

除了发电机和水泵，首批15辆大卡车里还装着上海洋帆实业有限公司送来的帐篷，上海庄臣捐赠的防蚊用品和防疫物资……上海慈善基金会浦东分会的杜瑾介绍，从地震次日开始，基金会就络绎不绝地接到要求捐赠物资的电话，大量涌来的爱心物品把“灾区捐赠物资接受点”塞得满满的，基金会只能要求捐赠企业，先打电话预约，再送物品过来。许多居民捐款的同时，还送来了灾区急需的棉衣被、矿泉水等物品。听说捐给灾区的物资急需包装箱，浦东的福利企业——民新包装材料厂将残疾员工们加急制作的500个纸板箱，送到了基金会。

杜瑾透露，目前灾区急需的物资包括帐篷、消毒用品、药品、奶粉等。就在昨日记者发稿前，新区慈善基金会又传来消息：市民田先生代表身在广东的朋友洪嘉华购买了10箱价值8000多元的奶粉，在第一时间捐赠灾区。记者了解到，捐赠者洪嘉华家境并不好，孩子只有1岁且身患疾病，家属中还有老人得了绝症，但听说灾区孩子急需奶粉，她连夜打电话到上海，一定要田先生替她了却心愿。

原载《浦东新区周刊》2008年5月20日第39期

汶川地震一月祭

——浦东“白衣战士”追忆和灾区人民在一起的日子

伤痛不哭　离别却泪流满面

当频繁的余震从睡梦中远去，当远方的病人一个个传来出院的消息……当长短针悄然指向“5·12”大地震发生后一个月的6月12日下午，浦东的医生们慢慢地回忆起在四川灾区度过的日日夜夜。

一起走过崎岖

最早抵达灾区的浦东卫生系统人员是两名急救中心的驾驶员王欢和胡飞华，长途跋涉到青川后，他们立即投入转送伤员的战斗。临时救护点里挤满了重伤员，最后一名骨折小女孩不得不躺在了担架和座椅之间的过道上。余震不断，满载11人的救护车行驶在千回百转的盘山道上，两名驾驶员心惊肉跳，到广元120公里的路走了近6小时。

接着，疾控人员进驻重灾区北川，消毒防疫步步紧跟。灾民陆续住进了帐篷，疾控人员挨个传授防疫知识，反复告诫群众不要喝生水、注意住处通风勤洗手、粪便处置要妥善。担心群众产生恐慌情绪，喷洒药水和巡视时，疾控人员尽量不穿防护服。

一起走出阴霾

55岁的感染控制科主任医师、浦东赴灾区的唯一一名女队员姜建新，5月18日抵达距成都40公里的邛崃市，四家中心医院已在那里成立了抗震救灾救护中心。由于32年前参加过唐山大地震的救援，姜建新很有经验，她立刻协助上海医疗队对救护中心的救护方案和整体管理进行了规划，第二天，医疗队接诊了从汶川、青川、安县等地转来的60多名伤员。“不能让任何一个从废墟下逃生的病人因伤口感染而失去生命”，在40多摄氏度高温的防震棚里，医生们忙着为大批开放性骨折、软组织挫伤和皮肤缺损的病人验伤、包扎。

在救护中心，一个外婆始终抱着外孙不肯入睡，她说一有余震就能抱着孩子冲出去。医生们劝她躺下，最后坚持帮她看孩子，她才勉强睡去。一个失去多位亲人的八旬老人，全身多处骨折，入院后一直不吃不喝，姜医生硬是和另一名来自中山医院的医生轮流劝慰，老人才恢复进食。一个星期后，老人下地活动了，说的第一句话是“回家”，他说不能再给国家添麻烦，要回去重建家园。

一起流泪，憧憬未来

而在德阳，医院肾内科主治医师熊重祥则目睹了孩子们的成熟。露天救灾医院缺少输液架，一群十几岁的中学生就手持吊瓶守护在病人左右。从白天到晚上，甚至下起了大雨，他们都不愿撤离。和其他肾内科医生一样觉得遗憾的是，由于缺少血液透析设备，熊重祥无法发挥专长，他们就果断“改行”，做起了查房、清创、打石膏和搬运伤员的工作。

当更多批次的救护队赶到灾区时，先行的队员迎来了告别的时刻。灾区人民为疾控队员献上了羌红（一种代表吉祥的红绸）与哈达，为防疫队员在拆下的门板上摆好了猪肉和辣椒菜肴，就连不会喝酒的人都端起各色各样的容器，大家齐唱《歌唱祖国》，一张张晒黑的面孔上热泪横流。

先去的医生也陆续回来，5 月 28 日，刘中民队长乘直升机离开草坡乡，他把重建的希望留在了那里；但让他唏嘘不已的是，带他离开那里的机长邱光华却在三天后陨落在映秀镇茫茫的原始森林中。

（许素菲）

原载《浦东新区周刊》2008 年 6 月 13 日第 46 期

首批奔赴灾区的30名浦东消防官兵

夜以继日奋战在抗灾的第一线:汶川、映秀
——废墟中,浦东子弟兵救出37人

与时间赛跑、和死神抗争,包括30名浦东消防官兵在内的上海救援队已从四川地震废墟中救出37条生命!这是昨天记者从四川抗灾前线得到最新消息,截至发稿时,浦东子弟兵依然在汶川、映秀等镇夜以继日地努力着。

5月17日早上8点,在映秀镇映电宾馆废墟上,上海消防救援队继续搜寻幸存者,忽然听到脚下有微弱的回应。队员随后用蛇眼生命探测仪探查,终于发现了已经被困整整123个小时的蒋雨航。

"好,拉,头当心点,把这块石头拉掉,应该能出来了。"

"一二三,一二三,一二三,多来两个人拉,用毛巾把他眼睛遮起来,慢一点,轻一点。"经过近10小时的挖掘,蒋雨航终于从废墟中被成功救出。幸运的他,成为上海消防救援队救出的第37名幸存者。

5月14日凌晨1时,浦东消防支队接到通知,迅速组成救援队伍赶赴四川参加抗震救灾,30名官兵把家庭、个人暂时放在了一边。保税区中队队长高顺才刚刚领了结婚证,知道要去灾区,他立即决定推迟婚期;庆宁中队消防班班长刘庆生长在单亲家庭,母亲身体不好,生活条件艰苦,但在得知孩子要奔赴四川灾区抢险救灾,母亲十分支持和理解,并关照中队转告刘庆:"家中一切都好,要放心……"

据救灾一线传来的信息,新区救援队的30名官兵兵分两路:一路在汶川县漩口镇灾区开展抢险救援;另一路则通过17小时的徒步、空降等途径,到达重灾区映秀镇参加抢险。在短短72小时里,他们成功救出被埋101个小时的10岁羌族女孩尚婷、被埋106个小时的20岁女孩袁弈等37人。

据了解,浦东消防支队的第三批赴四川地震灾害救援增援和调防方案也已确立,"参战"官兵时刻准备奔赴灾区抢险救人。

(黄静　陈刚)

原载《浦东新区周刊》2008年5月20日第39期

抗震救灾，众志成城

——汶川特大地震南汇区救援实录

南汇大地，大爱如潮。汶川大地震牵动着南汇人民的心。我们为废墟下的每一个生命祈求平安，我们更有行动：领导带头捐款捐物，民警医生赶赴灾区，普通市民慷慨解囊，就连一些困难家庭，也纷纷行动起来。从白发苍苍的老人到天真活泼的孩子，人们莫不尽己所能出一份力。

南汇区紧急召开支援抗震救灾工作会议，传达市委有关会议精神并作重要部署，要求全区上下要和中央、市委保持高度一致，按照“党委领导、政府主导、民政协调”的方针，密切关注灾区动态，随时听从召唤，以实际行动支援灾区抗灾重建工作。

区委、区政府领导亲自指挥，紧急启动南汇区红十字会灾害救援应急预案，第一时间向社会发出呼吁。南汇社会各界纷纷慷慨解囊，奉献爱心，四面八方的援助力量潮水般涌来，与灾区人民同舟共济。万众一心，众志成城，涌现了许许多多动人的故事。

15日，全区各机关工作人员、各企事业单位干部职工和广大人民群众纷纷伸出援助之手，通过各种方式为灾区人民捐钱捐物。区四套班子领导带头捐款，奉献爱心。广大普通市民也纷纷伸出援手，支援灾区。全区各高等院校、中小学校也纷纷掀起为灾区捐款高潮，尚德实验学校、托普学校、南汇中学、周浦高级中学、南汇二中、光明学校等师生也纷纷参与捐款活动，为灾区人民送上一份祈祷和祝福。低保户、高龄老人、病患者也捐出点滴心意，献上自己的一片爱心。各类台商、外商企业也情系灾区人民，纷纷捐款捐物，奉献爱心，一些民营企业家更是慷慨解囊。全区广大共产党员充分发挥党员的先锋模范作用，积极交纳“特殊党费”，用于支援抗震救灾工作。在捐款捐物的同时，一些企业加班加点，夜以继日，生产灾区急需的用品。汶川地区灾情严重，南汇处处爱心奔涌，捐款热潮一浪接一浪，至7月1日14:00，全区募集救灾款增至5302.07万元，其中民政系统共募集救灾款2743.46万余元，直接参与人数达29万余人。捐款单位和个人希望通过自己的点滴爱心，帮助灾区群众渡过难关、重建家园。

全区人民在深切哀悼遇难同胞的同时，化悲痛为力量，积极行动起来，采取各种紧急措施，支援灾区人民。南汇血站公布预约献血热线，市民献血热情高涨，南汇已有近250人参加无偿献血，个人及团体致电要求献血电话50余个，许多市民从乡村、街镇等地自发赶到血站，要求现场献血。上海市慈善基金会南汇分会、南汇区红十字会公开捐赠电话、捐赠地址、开户银行、账号，方便捐赠。

区妇联发挥自身优势，发出一封告全区姐妹书，发动一次妇联妈妈关爱受灾儿童活动，发动一次妇联系统献爱心行动，为抗震救灾工作贡献力量。区总工会全面排查受灾职工情况、统一对受灾职工实施帮困救助工作，做好受灾职工的情绪稳定和安抚工作等五项措施，切实关爱在沪受灾职工。

区教育局采取压缩精简各类会议等举措，厉行节俭以实际行动支援抗震救灾。

在全区组织捐款捐物的同时，"5·12"汶川大地震后第二天，15 名南汇特警临危受命，被编入上海特警先头部队，随队火速赶赴重灾区，先后在汶川水磨镇、都江堰、绵竹市拱星镇执行任务。在参加水磨镇和岷江硅业有限公司废墟被掩埋人员的救援时，特警们发扬我军敢打敢拼，不怕牺牲的精神，克服难以想象的困难，徒手搬运切割下来的钢筋、木材、水泥块，很多战友的手被磨得血肉模糊。到绵竹市拱星镇协助当地派出所开展治安防控工作。特警们分成两组，到村里后就开始进行治安巡逻，了解每家每户的情况，询问灾民的困难，以安定民心。在灾区，特警队员只有一个念头，尽一切可能减少群众损失。危房里的粮食、电视等都要拿出来，淤塞的灌溉渠道要疏通，生病的群众要照顾……哪里有需要，哪里就有特警队员的身影。在灾区度过的 14 天里，南汇特警用双脚丈量着进军汶川的险要山路，用双手在废墟瓦砾中搜索着生命的迹象，乡亲们亲切地称呼特警为最"歪"（四川话，意为最厉害）的警察。特警们都倾尽全力帮助受灾群众，带给灾区人民信心。这种众志成城的精神，定能战胜一切困难！

汶川地震发生后，造成巨大的人员伤亡，抢救受伤人员的生命刻不容缓，最为急迫。南汇区各医疗机构、直属单位纷纷请战。5 月 14 日凌晨 4 时，毛剑雄、龚华两位第一批 120 救护人员跋涉 2200 公里，历经 33 小时的日夜兼程，随队抵达四川广元市。在坚守抗灾一线的那些日子里，热血男儿忘我工作，每天只睡三四个小时，更是创下了"56 个小时只睡了 1 小时"的纪录，把所有的时间都留给了伤员。120 急救站金晓峰作为第二梯队人员赴汶川抗震救灾。6 月 24 日，又有三位年轻的护士奔赴灾区。6 月 29 日，一支由 11 人组成的南汇区医疗卫生救援队代表南汇奔赴都江堰，把爱心和关怀继续奉献给灾区人民！

为确保地震灾区"大灾之后无大疫"和重症伤员的救治工作，区疾控中心的陆湘华、胡青坡先后被派往重灾区汶川县漩口镇和茂县牛塘沟、黄家坪村开展灾后卫生防疫工作。区中心医院泌尿外科护士长瞿海红、九院周浦分院桂莉红被派往德阳市人民医院。他们都按上级规定和要求，刻苦忘我战斗在各自的岗位上。绵竹患者朱金蓉在感谢信中深情写道："人说天使很遥远，在生与死的时刻你们在我们身边，高尚的医德抚平我们身心的创伤，你们是天使在人间。"在白衣天使奔赴一线抗震救灾的同时，后方的同志们也尽己所能。在得知救治灾区伤员急需用血时，全区卫生系统 637 人报名预约献血，占区志愿报名献血总数的 49.7%。

天摇地动，摧不垮万众一心的钢铁意志；桥断路绝，斩不断心心相系的骨肉情深。南汇人民发扬"一方有难，八方支援"的中华民族的传统美德，紧急行动起来，积极参加捐款捐物；我们的公安特警，千里驰援，参加现场救灾；医疗卫生系统也派出精兵强将，参加防疫灭病、医疗救护工作，谱写了一曲"抗震救灾，众志成城"的胜利凯歌！

救助灾区,我们紧急行动

——南汇区抗震救灾捐款纪实

四川汶川县等地区发生8级特大地震。突如其来的灾难夺去了数万群众的亲人和家园,灾区人民的安危时刻牵动南汇社会各界的心。区委、区府领导亲自指挥,紧急启动南汇区红十字会灾害救援应急预案,第一时间内向社会发出呼吁。一时间,退休工人、学生、外来人员、残障人士、私营业主、外资企业、民营企业、机关单位、社会团体、学校等四面八方的援助力量潮水般涌来。万众一心,众志成城,涌现了许许多多动人的故事。

5月13日灾后第一天,四川汶川地震牵动着南汇区水务干部职工的心,水务系统干部职工踊跃向地震灾区捐款,捐助热潮一浪高过一浪。区水务系统有560多人立即行动,主动参加捐款,共募集资金10.62万元,表达南汇水务人对灾区人民的一片爱心。

全区各机关工作人员、各企事业单位干部职工和广大人民群众纷纷伸出援助之手,通过各种方式为灾区人民捐钱捐物。区四套班子领导带头捐款,奉献爱心。在当天,除机关工作人员参与捐款外,机关后勤服务人员也纷纷献出了一份爱心,捐款活动从早上8点半开始,至上午10点已有千余人参加,现场共募集赈灾款27.4万余元。

灾情发生后,南汇区广大普通市民也纷纷伸出援手,支援灾区。定居美国的南汇籍居民赵强,打来越洋电话,让父母帮忙捐款1000元;居民姜扣兰是低保户,虽身患慢性疾病需长期服药,但也来到惠南镇捐赠接收点,捐出了身上仅有的100元钱。周浦镇红桥村17组同为96岁的沈卯南、王引南夫妇俩把自己节省下来的1000元人民币捐出来。沈老说:“我们夫妇俩经常受到村里的照顾,生活有保障。现在灾区人民有困难,我们应该出手相助。”王老太两年前卧病在床,由沈老伯照顾,二位老人生活十分节俭。他们的事迹一传开,便在红桥村引发了捐款热潮。康桥镇和合居委会举行抗震救灾、奉献爱心捐款活动。该居委三组患有牙龈癌的九旬老人孟根良委托他的儿子来到现场,捐出50元钱,献上了自己的一片爱心。现场的许多退休工人与居民们也纷纷慷慨解囊,当场募捐了近4000元。南汇区不少瓜农也纷纷通过自己的行动,支持灾区人民。双休日,经南汇区青联委员汪敏组织,南汇的十几位瓜农在临港新城滴水湖码头设摊开展了一次义卖活动,整个义卖活动共筹得资金1112元,全部捐给区红十字会。

来自全区各镇的三峡移民和部分四川籍务工人员近400人,赶到新场镇坦东村,自发举办了一场捐款活动,向地震灾区的家乡同胞奉献爱心。尽管大家都已捐过钱,许多人的家庭也不富裕,但他

南汇区下沙敬老院 101 岁的陈志英老太向地震灾区献出 100 元。当天 150 位老人自发捐款共 1 万元,院长个人捐出 2 万元

们仍然表示,要再次捐款赈灾,有些当天上班的人还特地托乡亲到场捐款。他们希望能为家乡父老早日渡过难关、重建家园出一份力。此次活动共筹得善款 3.05 万元。

全区各高等院校、中小学校也纷纷掀起为灾区捐款高潮。海事大学的学子们在得知汶川灾情后,来到临港新城滴水湖码头,自发地开展募捐活动,几天内,海事大学的师生们已募捐资金 9 万余元。傅雷中学全体师生在学校操场上举行简短的"抗震救灾"爱心捐助仪式。在一曲《爱的奉献》歌曲中,师生们来到红色募捐箱前,为灾区人民踊跃捐款,全校师生捐款总计 5.44 万元。尚德实验学校、托普学校、南汇中学、周浦高级中学、南汇二中、光明学校等师生也纷纷参与捐款活动,为灾区人民祈祷和祝福。

汶川地震牵动着南汇区癌症康复协会 300 多名会员的心,大家纷纷主动捐款,支持抗震救灾。惠南镇全体康协会员在金秋苑举行南汇区癌症康复协会抗震救灾捐赠仪式,区康协会长李忠表率先带头捐款 300 元,各组会员随后纷纷捐款。会员郑忠惠因病不能前来,便委托妻子前来捐款。身患肝癌的胡新国会员慷慨解囊捐款 1000 元。南汇区康复协会共收到会员捐款 1.80 万多元,已分别送到南汇区红十字会和慈善基金会。

“汶川，我们与你同在！”南汇52生活网赈灾义卖在东方电影院广场举行。当天，义卖物品超过1万多件，所有物品全部来自网友捐赠。“正步走”自己编制了手链，“sally”送来了自己心爱的大衣……网友们纷纷拿出自己的宝贝，用义卖得来的善款支持地震灾区人民。据统计，当天募捐和义卖的总额超过4.5万元。

南汇地区的各类企业情系灾区人民，纷纷捐款捐物，奉献爱心。截至5月26日，台商、外商投资企累计已向灾区捐款捐物达2048万元。其中捐赠现金1428万元，捐助挖掘设备等实物折合人民币620万元。台湾正隆集团所属公司上海中隆纸业捐款500万元；昌硕科技捐款320万元；杰西博工程公司捐赠6台挖掘装载机，价值400万元。一些民营企业家更是慷慨解囊，其中上海中豪纸品加工有限公司捐款200万元；上海金丝猴集团捐款100万元；上海中汇投资发展总公司、刚泰集团等企业的捐款也超过了50万元。胜华电缆集团组织员工募集善款30余万元。

位于南汇的上海依福瑞公司和富澜宇公司捐赠的价值217.14万元的救灾物资由南汇红十字会组织运往地震灾区

芦潮港边防派出所开展“抗震救灾、奉献爱心”捐款活动。一时间，爱心洒满了整个警营。从领导干部到普通战士，官兵们纷纷走向捐款箱，将自己的爱心投向四川灾区的群众。短短的一个小时内，芦潮港边防派出所官兵共捐赠钱款1900元。活动中，官兵们纷纷表示，要在今后工作中坚守岗位、恪尽职守，以更高的标准、更严的要求，全力确保辖区的社会稳定，以实际行动支援地震灾区，以更出色的成绩让党放心、让灾区人民感受边防官兵的支持。

全区广大共产党员充分发挥党员的先锋模范作用，积极交纳“特殊党费”，用于支援抗震救灾工作。一笔笔“特殊党费”为抗震救灾再添一份力。各机关、企事业单位的党员纷纷行动起来，以实际行动支援灾区。截至5月26日下午4点，全区交纳“特殊党费”的党员有8336人，共收到“特殊党费”384.42万元。

在捐款捐物的同时，一些企业加班加点，夜以继日，生产灾区急需的用品。上海德新旅游用品有限公司接到国家民政部要求紧急生产用于抗震救灾的1万顶帐篷生产任务后，立即停止生产外贸产品，精心组织公司50多名员工赶制救灾专用帐篷。首批2000顶已于5月30日发往灾区。

设在全区的所有捐赠点门庭若市，大家纷纷捐款捐物，奉献爱心。截至5月19日下午5点，全区共收到社会捐款1292.7万元。据不完全统计，至5月26日下午2点，区民政、红十字会、慈善基金会和总工会系统共收到捐款已达3420万元。捐款单位和个人希望通过自己的点滴爱心，帮助灾区群众渡过难关、重建家园。统计数据显示，至6月19日下午1:30，区民政局、区红十字会、慈善基金会南汇分会、区总工会共收到捐款总额达5251万元。至7月1日14:00时，全区共募集救灾款增至5302.07万元，其中民政系统共募集救灾款2743.46万余元，直接参与人数达29万余人。

14 个抗震救灾的日日夜夜

——南汇赴川特警队员吴钧的战地日记

“5·12”汶川大地震后第二天,15 名南汇特警临危受命,紧急集合随队火速赶赴重灾区。在余震不断的 14 个日夜里,特警们辗转于各个灾区,参与一线抢险救灾,维护当地社会秩序,圆满完成了各项任务。期间,特警队员吴钧以日记的形式,记录下每天的所见、所闻、所思、所感。这里撷取其中的六篇日记,以展现 15 名南汇特警这段惊心动魄的经历。

5 月 13 日,深夜,雨

临危受命　深夜出动

23 时 41 分,睡梦中,我听到了熟悉的《人民警察之歌》,这是我的手机铃声。电话那头,是同事急促的声音:“快,马上到单位集合,带上几件换洗衣服”。我隐约感到,这与一天前的汶川地震有关,我们也许要临危受命了。

看着正在准备衣物的妻子,我心头生出了一些不舍。临别时,为了不让妻子担心,我告诉她:“可能是进行跨区域的紧急拉练,大概要两三天才能回来。你自己多保重,照顾好爸妈”。接着,我就驱车火速赶往单位。

不出所料,特警支队接到的任务是,紧急成立 15 人抗震抢险救援队,星夜赶赴四川。张立群支队长和黄顺龙副支队长做了简短的战前动员。同志们纷纷表示,坚决发扬“特别能吃苦,特别能战斗,特别守纪律,特别讲奉献”的特警作风,尽自己的最大努力抢救灾区人民的生命和财产!

凌晨 5 时,我们到达浦东国际机场,市委常委、政法委书记吴志明,市长助理、市公安局局长张学兵为大家壮行,全体队员都举起右拳庄严宣誓,决不辜负上海人民的重托,坚决完成抗震救灾任务。

【背景】“5·12”四川汶川大地震发生后,公安部给全国特警下达命令:不管用任何办法,必须在 14 日 12 点之前赶到四川。13 日深夜,上海特警紧急集结,包括 15 名南汇特警在内的 200 人的救援部队仅用两小时就集结完毕,随后乘专机于 14 日中午 11 点 30 分抵达四川成都双流国际机场。

5 月 15 日,晴

长途跋涉　挺进汶川

11 时 30 分,我们接到的任务是:不惜一切代价挺进汶川。

去汶川的路，一边是悬崖峭壁，一边是湍急的岷江。60 多公里的路程，已被地震完全破坏，有些路面开裂出 50 厘米的裂缝，一些地方堆满了滑坡的山石，有些竟整段都已掉入岷江，山上仍时有泥石流和巨石滚落。

队伍前进中，突然大地一阵晃动，我听见头顶上传来一阵奇怪的响声，一抬头，一块轿车般大小的石头正伴着碎石呼啸而下。此时，巨石距离我们仅 20 米。有人开始声嘶力竭地大喊："快躲开，有石头下来了。"听到叫喊，队员们马上前后躲避，滚落的巨石砸在队伍中间，将队伍一截为二，离最近的队员仅 1 米。看着路面上被砸出的深坑，所有队员都惊出了一身冷汗。这是我第一次真切地感受到，死亡原来离我们是如此之近。

之后，我们设了观察哨。我主动申请担当这个岗位，一旦有危险，我会立刻大声提醒队友们注意安全；如果有队友掉队，我会陪着他赶上大部队。我和黄副支队长说好了，只要你能看到我，我们这支队伍就是满员的。

没来灾区之前就知道，这一路上肯定缺吃少喝，为了减少辎重，我们每人只带了两瓶矿泉水，实在渴得不行了，就含一口在喉咙里。在这些最艰难的时候，带队领导与队员们同甘共苦，除了肩膀上的肩

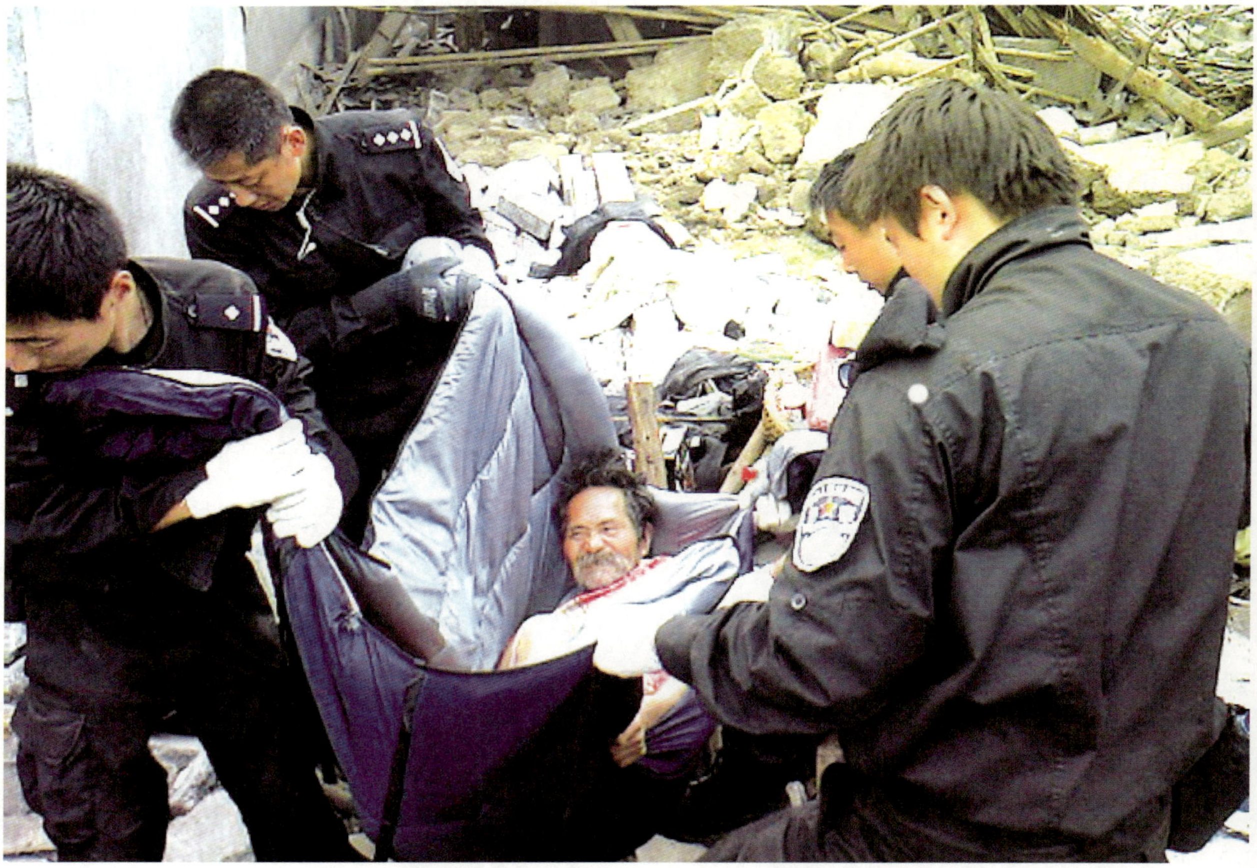

南汇特警队员争分夺秒抢救当地群众

章,没有任何区别。他们还常把自己的一部分水和干粮分给灾民们吃,自己却强忍饥渴继续赶路。

长时间的跋涉,使战友们的伤痛不断。许多战友的双脚都磨出了黄豆大小的血泡。队友张青膝关节老伤复发,痛得无法弯曲,但他拄着木棍,一声不哼。在翻越一处滑坡时,队友张立人不慎将脚踝扭伤,却没有告诉任何人,直到队伍到达水磨镇后,大家才发现他的脚踝已肿得很厉害了。队友龚林华由于过量吸入塌方中的粉尘,鼻子过敏血流不止。他拿纸巾塞住了鼻孔,继续负重前进。白色的纸巾被染成了红色,换了一次又一次。

【背景】汶川是地震的震中。几天内,外界没有汶川任何消息,也没有任何救援力量进得去。此时,公安部要求全国3516名特警徒步50公里前去救援。救援指挥部把上海200名队员分为两个部分,160人的先头部队通过急行军进入重灾区,40人背负给养殿后。

南汇15名队员被编入先头部队。队员们急行军60公里,于16日中午到达汶川县水磨镇。在水磨镇,他们参加了镇政府和岷江硅业有限公司废墟被掩埋人员的救援。随后,他们接到公安部前指的命令,赶赴都江堰执行新的救援任务。

5月17日,阴,夜里大雨

手机短信　互传牵挂

晚7时许,我们从汶川回到都江堰的幸福镇驻地。刚搭完晚上临时住的帐篷,黄副支队长安排我和其他3名队员去领饭。领饭！听到这样一个字眼,我兴奋了起来。到达灾区的三天里,我们吃的都是压缩饼干,还没吃过一口热饭。现在终于可以吃到米饭了！

饭菜领回来一看,每人一盒米饭,一盒辣菠菜,大家都吃得津津有味。后来,我们知道,这些饭菜是经过3个小时的车程,从成都运到都江堰的。

经过一整天的行军,大家都累了。晚饭后,大家都在帐篷里休息,帐篷里很安静。突然,不知道谁的手机"嘀"地响了一声,有人大叫,有信号了！大家都赶紧去翻手机。要知道,自我们赶赴灾区后,手机就一直"哑"着。

我连忙打开手机,短消息一条接一条地在手机屏幕上跳动！妻子发来的,父母发来的,留守队员发来的,支队领导发来的,还有很多朋友发来的……刹那间,整个帐篷都安静了,队员们默默地看着自己的手机,都不说话……我读完了所有的短信,想一条条回复,但手机快没电了。整个都江堰市现在还断水断电,手机无法充电。我赶快发了一条给妻子,让她转告大家,我一切都好。很快,妻子回复我:"一切都好我就放心了,家里都很好,你不要牵挂！专心在灾区工作!"看着手机屏幕渐渐暗下去,我心中有些说不出的牵挂。

此时,我注意到身边的队友张青,他看着手机,眼睛好像湿润了。我调侃说,老张你是不是想家了。老张说我妻子怀孕了,知道她身体好我就放心了。老张的妻子是个36岁的高龄产妇,怀孕已经

6个多月了,情况一直不稳定。赶赴灾区的那晚,他在队里值班,深夜打电话回家怕吵醒体弱的妻子,所以直到次日抵达成都后才给妻子挂了个电话。我心里莫名的感动。我的战友们,个个都是好样的。

【背景】回到都江堰后的几天里,南汇特警队员光荣地完成了党和国家领导人视察灾区的警卫任务,以及看守所、银行、证券等重点部位的安全保卫。在都江堰看守所,因震后停电,电控铁门一推就开,形同虚设,一些在押人员蠢蠢欲动,南汇特警紧急增援。他们全副武装,与看守民警一起给在押人员点名,并24小时轮班看守,起到了有效的震慑作用。

5月20日,晴

入川7天　首次洗澡

今天,是我们到达重灾区绵竹市的第一天。从绵竹一家工厂留守员工那里了解到,该厂有11名员工在地震当天遇难。举目望去,整个厂房内的建筑物大部分已倒塌,到处都是残垣断壁。我们的队伍就驻扎在厂区内的水泥路上。

在这家工厂的大澡堂里,我们洗上了到达灾区7天后的第一次澡。水是冷的,每人限定15分钟,没有拖鞋,地上都是泥浆,十几个人共用一条毛巾。最要命的是,洗好了依旧得穿上已经在雨里汗里浸泡了七八天的衣服。但对于我们来说,这已经是超级享受了。要知道,前几天我们连牙也没刷过,脸也没洗过。

【背景】5月20日起,上海部分特警队员开始在绵竹市拱星镇协助当地派出所开展治安防控工作。拱星镇在此次地震中90%以上的房屋倒塌。南汇特警队员的工作地红旗村和白溪河村,距离镇政府约有10公里,派出所给每人找了辆破自行车。特警们分成两组,到村里后就开始进行治安巡逻,了解每家每户的情况,询问灾民的困难,以安定民心。

5月21日,晴

特殊生日　刻骨铭心

今天的午饭是辣白菜和米饭。这是我们在灾区为数不多的几顿热饭之一。

晚上8时许,黄副支队长说等一会儿有个特殊活动,大家都穿好战斗服等待集合指令。然后,他走到我身边笑着说:“吴钧,祝你生日快乐!”我一听眼睛就湿润了,这几天满脑子都是抗震救灾,早就把自己生日的事忘记了,但领导却还帮我记着。

这个生日可真够特殊的。晚上8时30分,200名队员围坐在一起。每个人前面都摆放着一盒米饭和一盒辣白菜,旁边还有东方卫视的记者要现场采访。大家席地而坐,吃着饭菜,有说有笑,我却看着饭菜久久不能下咽。感动,幸福……我不知该如何形容当时的心情。此时,镜头对准了我,记者问我此时的感受,我回答:“现在,我只想许一个心愿,祝愿灾区人民早日恢复正常生活。”

【背景】在灾区,特警队员只有一个念头,尽一切可能减少群众损失。危房里的粮食、电视等都要拿出来,淤塞的灌溉渠要疏通,生病的群众要照顾……哪里有需要,哪里就有特警队员的身影。他们被当地群众亲切地称为最“歪”(四川话,意思是最厉害)的警察。

5月26日,晴

临别之际　默默祈福

今天,公安部前线指挥部命令我们返回上海休整。接到命令时,队员们心中充满了不舍。想着我们在灾区战斗了近半个月,看着依旧凌乱的废墟,我们真的还想继续留在这片土地上,为灾区人民尽自己的一份绵薄之力。

踏上登机梯的那一刻,我又一次默默地祝福四川人民,愿他们早日重建家园。如果还有机会,我一定还会向组织请缨,再一次来到这里。南汇特警的心永远与灾区人民在一起。

【背景】5月26日夜,特警队员返回上海,15个人都瘦了一大圈。队员们纷纷表示,一有机会,他们还将再上前线,参加灾区的重建工作。

原载《南汇报》2008年6月10日第47期第3版

“余震随时会发生”

——南汇区中心医院护士瞿海红的战地日记

6月4日

今天,我们来到了德阳人民医院分院。这是6月1日正式启用的一家医院,里面有80多名病人,多数是骨科病人。分院的医生、护士都是来自全国各地的救援队员。其中,尤其是军医大的医生,有着较为严谨的工作作风。我非常有幸被派到这儿工作。明天开始就要独立当班,是三班倒,具体时间是:早班:8:00~17:30;中班:17:00~2:00;夜班:2:00~8:00。为了方便我们倒班,领导们还要将我们的帐篷拉到医院旁边。

这儿的条件确实比较艰苦,但我相信:我一定能克服重重困难,精心护理好每一位受伤的同胞,出色完成党和人民交给的任务。

6月5日

今天是来四川后的第二天,这里的人们很纯朴,我们每做一件事,他们都会说谢谢,所以不管多忙,我们都心甘情愿。今天上午,13床的老太太拉床了,我们马上帮她更换被单及衣裤,只听她一个劲地嘟囔,后来听当地老师说,才知道她在反复地谢我们,老师们对我们也很好,她们都尽量用普通话跟我们交流。我们有一位老师她家也倒塌了,亲人都是解放军从废墟下挖出来的,她说她打心眼里感谢我们来支援。来自全国各地的支援者相互都非常关心团结。

啊,办公台上的热水瓶又在晃动,又是一次余震!

6月9日

来到德阳已第九天,我都快成德阳人了,虽然条件十分艰苦,但吃、住都已渐习惯。病房里有干不完的护理工作,更有听不完的动人故事,每个故事里都充满了“感动”“感恩”。

我们的老师也描述了初期的情景:如果没有志愿者前期工作,抢救根本无法进行,因为伤员之多、伤势之重,压得他们喘不过气来。看到第一支志愿队伍到来,就像看到了救星,第一感觉就想哭。

支援灾区不畏难,不负众望尽天职,这是我们所有救援队员的心声。尤其是今天泄洪的成功更让人们感到欢欣鼓舞。

6 月 16 日

今天又下大雨，阴沉的天，低矮的帐篷，还没有来电，所以四周黑漆漆的，让人感觉非常压抑。由于四川当地湿气重，总觉得浑身关节酸痛，许多医务人员都感冒了，我也不例外。但是为了灾区人民的健康，为了尽快重建家园，这点不适我们能坚持。我们这儿的病人现在情绪较以前稳定多了，正积极配合医护人员治疗康复，这是对我们工作的肯定。我们相信，在党中央的坚强领导下，我们一定会取得抗震救灾的胜利。

原载《南汇报》2008 年 6 月 20 日第 5 期第 3 版

千里援医，情系灾区百姓

——南汇区赴都江堰市安龙镇医疗卫生队援建工作日志摘录

“5·12”汶川地震发生后，都江堰的医疗卫生体系遭受极大破坏。传染病监测防治、消毒隔离、饮水安全、食品卫生等工作陷入停滞。6月29日，南汇区首批医疗卫生对口援建队的8名队员，踏上了前往都江堰安龙镇的征程。他们与先期抵川的另外3名队员在安龙镇组成了11人的医疗卫生援建队，展开为期3个月的援建工作，努力帮助安龙镇恢复正常医疗秩序，确保当地百姓的饮食、饮水等安全卫生。队员以日志形式，记录了全队援建工作的进展情况。

2008年6月29日，南汇首批医疗卫生对口援建队8名队员出征都江堰市安龙镇前在机场合影

党的生日　我们的誓言

7月1日

今天是党的生日，临时党支部书记高山组织大家召开了一次特别的生日会。党旗下，全体队员郑重宣誓："全力以赴帮助汶川灾区人民，不辱使命完成医疗卫生援建任务。"队员们分别写下了自己的援建工作宣言。

队长（高山）：不畏艰难险阻，哪里需要我们，我们就去哪里。

防疫队员（陈海星、胡青坡）：奋战90天，不辱使命。

卫生、食品监督员（王勇、彭明毓、赵中宁）：保灾区百姓健康，责无旁贷。

医疗队员（蔡振荣、姜威、丁丽花）：多看一个病人，多留一份爱。

急救司机（周国恩、李大洪）：时间就是生命，安全就是胜利。

写下"南汇"　记住"南汇"

7月2日

今天，是南汇医疗卫生援建队在都江堰安龙镇正式开展工作的第二天。从早上10点到下午5点30分，分别来自南汇区中心医院和光明中医院的蔡振荣和姜威医生一直被安龙镇的百姓紧紧包围着。对当地百姓来说，医疗卫生援建队的到来无疑是一颗定心丸，让他们不必再害怕疾病的传播，一切都会在医疗队的帮助下好转起来。许多当地的百姓要求医生把"南汇"两个字写下来。这是他们第一次听到"南汇"这个地方，但他们却要永远记住"南汇"这个地方。

当天，来自区疾控中心的胡青坡和陈海星同大乐卫生院的防保医生赶到了安龙镇大乐官田村一户手足口病患儿的家中。该患儿是安龙镇今年以来手足口病的首发案例。胡青坡和陈海星为该户居民现场配置了标准的含氯消毒剂，并向当地居民和医生详细讲解了如何进行流行病调查等卫生知识。

"谢谢上海医生"

7月10日

医疗队员在最近的工作中发现，安龙镇有不少上了年纪、行动不便的老年人住得离镇卫生院比较远，而当地医生很少进行随访。因此，老年人即使得病也无法及时就医。针对这种情况，医疗卫生援建队决定实行"送医下乡"计划。

一大早，队长高山带着3名医疗队员、1名防疫队员以及安龙镇卫生院的3名医生赶到大乐官田村，对村里的高血压老人进行了随访。蔡振荣医生很注意随访的技巧，用刚学会的四川话和村里的李大爷交流了起来："今年好岁？""来，让我扛一哈！"（意思是：您今年多大了？来，让我量一下血压。)蔡医生像模像样的四川话一下子缓解了病人的紧张情绪。

接着,蔡医生为李大爷量了血压,并详细询问了李大爷的病史和服药史。通过检查发现,尽管李大爷按时服药,但是收缩压仍达170mmHg,这说明目前的治疗方案不够规范。蔡医生根据李大爷的实际情况重新为他制定了一套不增加病人负担的治疗方案。护士丁丽花则对李大爷及其家属进行了健康教育,要求老人在饮食、运动、休息等方面多加注意。

临别时,李大爷全家和村里的百姓把医疗队员送到了村口,而“谢谢上海医生”的话语久久回荡在队员们的耳边,让大家更鼓足了干劲。

上海医生引得卫生院爆棚

7月12日

中医医生姜威的“粉丝”越来越多,一位邻镇的老大妈早上5点多就出门,赶到安龙卫生院时她才得知姜医生今天在大乐分院坐诊,老大妈又急忙赶到了大乐乡,候在了医院门口。姜医生准时出诊,老大妈得知自己是姜医生当天第一位病人,开心地笑了。

“上海医生就是好”的美誉越传越远,四方乡邻纷纷赶来看病。如何让医疗专家顺利地吃上午饭成了卫生院领导要考虑的“大事”。今天,院方使出了“撒手锏”——限号就诊,对蔡振荣和姜威两位医生每日上午限号20个病人。但是,院方低估了灾区老百姓对“上海好医生”的渴求和信任,更低估了医疗专家对乡亲们的情谊。上午没有拿到就诊号的病人一个也没有走,始终静候在医院门口。如此情景,又如何能让我们的医疗专家脱下工作服!这一天,姜威和蔡振荣医生诊治了90位病人,远远超过正常工作量。

他与死神擦肩而过

7月14日

“蔡医生,蔡医生,有病人不行了!”一阵急促的呼喊声让蔡振荣医生和所有医护人员顿时紧张起来。原来,一个农民被毒蜂蜇中了颈部,陷入昏迷状态。护士丁丽花立即对病人进行查体:血压零,脉搏未触及,瞳孔缩小,呼吸微弱。

9点15分,蔡医生将病人推入急救帐篷。“上氧气管,静脉推注10毫克地塞米松和1克肾上腺素……”蔡医生熟练地发出一系列急救指令,护士丁丽花以最快的速度执行医嘱。

9点25分,病人血压回升至65/50mmHg,开始有微弱知觉。看到亲人死里逃生,本以绝望的家属激动得热泪盈眶。蔡医生密切观察着病情发展,并再次下医嘱为病人静脉推注5毫克地塞米松。

9点40分,护士丁丽花再次为病人查体:血压90/50mmHg,脉搏可触及,意识逐步清醒,对医生的简单问话有反应。这时,病人突然出现剧烈呕吐,蔡医生立刻扶起病人,拍击其背部,防止他的呼吸道被堵塞。

简陋的医疗帐篷外，风雨交加，雨水渗进了帐篷，打湿了蔡医生的衣服，而他却浑然不觉……

9 点 55 分，病人血压恢复至 130/70mmHg，心率 66 次/分，各项指标基本正常。这时，病人突然开口说话了：“我裤子右边口袋里的钱没丢吧！”这让心情焦虑的病人家属终于破涕为笑，也让在场的所有医务人员长长地舒了一口气。

1 小时后，病人完全脱离生命危险。病人家属紧紧握住了蔡医生的手，哽咽得说不出话来。这种无法言语的感激之情打动了在场的每一位援建队员。队员们深深地感到能够帮助汶川灾区的同胞是一件多么幸福的事！

第二故乡过生日

7 月 15 日

“李师傅，生日快乐！”劳累了一天后，我们把正在擦车的李大洪师傅围了起来。李师傅一脸茫然地看着大家，好一会儿才明白过来，原来今天是自己的生日。

李大洪师傅是援建队里年纪最长的队员，也是工作最辛苦、最有责任心的队员之一。

7 月 3 日，当李大洪得知岳父中风连话也说不出时，队员们建议他回家看看，李师傅却斩钉截铁地说：“不，我老婆会照顾好岳父，南汇援建队从来没有逃兵！”淳朴的语言，坚定的决心，深深感染了援建队的每一位队员，临时党支部提出了“向模范司机李大洪学习”的号召。

傍晚，队员们来到村口的一家大排档，每人吃了一碗有安龙镇特色的“扁担面”。没有珍馐佳酿，但却暖意融融。我们在第二故乡安龙镇为李大洪师傅过了一个简朴的生日。

原载《南汇报》2008 年 7 月 25 日第 60 期第 6 版

把爱的力量凝聚起来

——汶川特大地震徐汇区救援实录

2008年5月12日,四川汶川发生特大地震。灾情传来,徐汇区各级纷纷行动了:区委、区政府第一时间召开紧急会议,成立区抗震救灾捐款领导小组,部署抗震救灾及组织捐款捐物工作;区民政局、慈善基金会徐汇分会、区红十字会迅速开展募捐活动,建立3个捐款接收点和13个代收点,24小时接受捐款捐物,并开通捐款热线,公布接受捐款的银行账号;区政府门户网站、徐汇有线台、徐汇报等滚动发布抗震救灾有关信息;区党政机关、企事业单位、社区居民踊跃捐款捐物。

爱心汇成流。据不完全统计,短短几天,全区党员自愿缴纳“特殊党费”964万元;团区委发起“交一次特殊的团费,献一份真挚的爱心”赈灾捐款活动,募集捐款384万元;区总工会募集捐款289万元;各界统战人士捐款2770万元,港币100万元,抗生素药品价值51万,食品、棉被、照明设施等571万元……截至2008年底,徐汇区累计募集资金1.2亿元,向友好城市绵阳灾区定向捐赠1330万元。

到抗震一线去,到救灾最需要的地方去。徐汇区公安消防、医疗卫生以及心理危机干预志愿者等纷纷赶赴灾区一线。5月14日,徐汇消防支队紧急组建一支由30人组成的抗震救援小组奔赴四川灾区。5月19日,市八医院血透室护士朱玥、于静前往灾区参加医疗救援。5月21日,区疾控中心防疫科蔡晓峰随市第一批医疗防疫救援队前往震中映秀镇执行灾后防疫任务。5月24日,区中心医院胸外科医生周云生随上海志愿者抗震救灾首批心理援助服务队前往灾区执行心理疏导任务。6月13日,区抗震救灾医疗救援队一行5人奔赴“孤岛”映秀镇银杏乡开展救护。

徐汇区所属各街道还参与对口支援都江堰灾后重建。6月30日,凌云路街道办事处副主任章红兵随上海34名干部一起赴都江堰协调开展灾后援建工作。在支援都江堰市灾后重建中,徐汇区投入各类资金6000余万元,援建灌口镇北区中学、北街小学等4个项目;先后派遣33名医疗队员组建医疗队伍,帮助灌口镇建立居民健康档案,组织医疗咨询,开展医务人员培训;选派8名优秀教师赴都江堰支教,接收120名都江堰学生到董恒甫职业学校和徐汇职业高级中学入学并免除全额学杂费用。同时,徐汇区积极支援灾区劳动力就业工作,鼓励企业赴都江堰招聘,发布就业岗位信息,向都江堰地区提供了10家单位、近300人的岗位。除此以外,区内中山医院、第六人民医院、儿科医院收治灾区伤病员140多名。将三批共计价值75万余元的医疗救灾物资及时运抵灾区。

钢铁战士,中国为你感动

——徐汇消防支队赴川抗震救灾纪实

灾区有难,我们支援。汶川地震发生后,徐汇消防支队立即根据部署新组建起由30人组成的抗震救援小组,5月14日凌晨与总队救援队伍一起直奔灾区,经历了五天五夜的艰苦战斗。

我是党员班长,理应先上

李红保是东安消防队一班班长,大家亲热地称之为“阿保”。当听得要组建救援队奔赴灾区,阿保抢先报了名。“我是党员、又是班长、危难时刻理应先上”,阿保如是说。

第一批名单下来,李红保榜上有名。在给妻子打电话时怕她担心,只说了:“我要上四川,支援抗震救灾,别牵挂。照顾好儿子,照顾好自己。不要把这事告诉父母亲,免得二老担心。”随即,毅然出发了。李红保的妻子因白天带孩子累,晚上从不看电视,可那些天里天天看电视到深夜。

5月14日,载着消防官兵的救援队飞机抵达双流机场。一落地,徐汇消防支队司令部副参谋长、救援队副总指挥居大弟就感到紧张而又忙碌的气氛扑面而来。没顾上歇口气,就积极请战并按指令出发了,途中细心的居大弟用电子地图测量几个重灾区之间的距离,以便心中有数,遇事能设法应对。在赶赴都江堰的路上,居大弟看到一个老乡见了他们,远远地、默默地跷起大拇指,这个动作却一直定格着,直到车子走远。居大弟从中看到了灾区群众的期待和信任,也正是看到了这一点,在之后五天五夜的艰苦救援中,一直激励着他们坚强、奋勇、忘我、拼搏,圆满完成救援任务。

心中只想着一个字“快”

抵达都江堰,根据任务安排,徐汇消防支队的救援队需赶往汶川映秀,可通那里的道路被破坏,车辆无法通行。“徒步强行突击前行,以最快的速度赶到映秀镇”,大家心中只有一个念头。从都江堰到映秀,原来的直线距离约40公里,因为地震塌方,在向导带领下,救援队绕道70公里,足足走了15个小时。身上背着70多斤的装备,穿着厚重的消防胶鞋,沿途又余震不断,泥石流和巨大的石块不时从两边山坡上跌落,坍塌的涵洞和桥梁常常阻断了前行的道路,救援队员只能边前进边辟路,脚底磨出了血泡,肩膀被沉重的装备勒出两条深深的血印,他们全然不顾。晚上,路上更是漆黑一片,可为了节省电池用于现场救援,大家舍不得用手电筒,只能借助微弱的月光。刚不顾一切地铆足了劲走出黑暗幽深的隧道,却有一块巨大山石挡住了去路。负重攀爬、接着俯身低头并半转着身子,从巨石与山坡的缝隙中穿过去。大家心里只想着:快,早一分钟到,就可能多救出一条生命。

抵达映秀镇,满目疮痍让救援队员大为震撼。为了抢得宝贵的时间,救援队员立即拿起生命探测仪、液压剪等奔赴漩口中学，实施搜救。此时，五层楼的教学楼整体倒塌，成一片瓦砾，到处是散落的书本，空气中弥漫着遇难者遗体腐烂的气味。居大弟带领的小组在教学楼后侧的楼梯口发现一具学生遗体，其上半身被倒塌的墙壁牢牢压在下面，上方还横着一块没有完全倒塌、已有多处裂缝的楼板，"快，把遗体挖出来。"大家没考虑那么多，就着手开展工作了。由一名队员做观察哨、及时通报余震险情，李红保与一名队员则上前实施挖取。遇难者的遗体已经腐烂，异味难闻，为了保证遗体的完整性，李红保与一名队员挨着尸体，小心翼翼地拆走压物。眼看快要清理完毕，只听负责观察的队员大叫"快撤"。原来强烈的余震又使建筑碎块砸落下来。就这样，三次余震袭来，队员们都没退缩，历经三个小时的奋战，孩子的遗体被挖掘出来，守候在废墟边的父母认出自己的孩子大哭起来，随后紧紧握住救援队员们的手，连声道谢。

徐汇消防队员在废墟中搜寻受难的人们

一切为了灾区人民的心愿

救援有序进行着。忽然，救援队员闻得"孩子，孩子……"的哭喊声，循声找去，只见一座倒塌的幼儿园旁，七八位神情焦灼痛苦的父母边在废墟里寻找，边一遍遍呼唤着自己孩子的名字。他们告诉救援队员，地震发生时，幼儿园里有 81 个宝宝正在睡午觉……灾情就是命令，徐汇消防支队副支队长、救援队总指挥陈红林立即带领人员实施搜救，他们发现只有打穿楼板才能进行搜救，便立刻行动，设法在楼板上打一个直径 50 厘米的洞。幼儿园的一侧是山坡，频繁的余震不断地把山石震落下来，加之楼板太厚，每次敲击反弹力巨大，震得队员手都麻了，可大家轮番上阵，没有停歇。经过 2 小时的奋战楼板终于打通。队员们又自告奋勇进入内部察看，经过半小时的搜索，没有发现幸存的孩子，只找到了两具孩子的遗体。当队员们抱着两个孩子的遗体爬出来时，双眼已经被泪水浸湿了。

那些日子里，徐汇消防支队的济源队员历尽道路垮塌、强烈余震、缺水少粮等种种艰难险阻，不少队员在救援过程中摔伤、压伤，但他们全然不顾，白天迎着各种困难，竭尽所能救助灾区群众；晚上，山区的气温只有零度，十分寒冷，队员们 4 个小时的露宿，没有被子御寒，就靠几个人蜷缩在一起取暖。凭着信念，凭着毅力，他们坚持奋战一线，搜索了包括漩口中学、电厂宿舍、交警五中队在内的五处建筑废墟。挖掘遇难者遗体 12 具。

5 月 20 日，当队员们走进成都双流机场候机厅时，候机的旅客纷纷报以经久不息的掌声，“钢铁战士，中国为您感动”的横幅高高悬挂。

2008 年 5 月 20 日，在成都双流机场候机厅合影

汶川，不能忘却的回忆

——徐汇疾控人支援服务汶川地震纪实

2008年5月12日14时28分，四川汶川发生特大地震。顷刻间，各种赈灾捐献、关爱送暖、出征救援、志愿相助等行动纷纷兴起。

大灾要防大疫，疾控人的职责和使命，呼唤着徐汇区疾控系统的干部职工奔赴灾区一线，开展抗病防疫。当出征灾区实施支援的消息传来，徐汇区疾控系统的干部职工纷纷报名，表示要投身这场没有硝烟战争，为抗震救灾多做贡献。

汤宇帆，共产党员、检验科员，这位家住四川的小伙子，得知四川地震当天深夜两点，他满怀激情通过E－mail给单位领导发去了请战书，以七条理由坚定地表明自己上前线的愿望。临行前还留下1100元“特殊党费”捐赠灾区，他说：“这些都是自己应该做的分内事”。华来庆，共产党员、防疫科

防疫队员们在运送从废墟中挖出的尸体

员，妻子在外地、家中孩子无人照顾，他置种种困难于不顾，书写请战辞表达决心。检验科员杨凯，在身边党员同志的影响下，报名后还特地写了请战书，坚决要求赴灾区、到一线。抗震救灾期间，徐汇疾控中心分别组建了 5 人和 14 人的上海市和徐汇区抗灾防疫后备队，积极开展工作。

随着上海援川抗灾防疫队集结号的吹响，徐汇疾控中心的蔡晓峰、汤宇帆和许东随队伍地震重灾区的汶川县水磨、漩口两地。

乘着救援车，行驶在夹金山 5000 多米蜿蜒狭窄的盘山公路上，山坡上滚落的飞石不时与车辆擦身而过，车内谁都没有作声，心中只有一个念头：早一刻到达灾区，早一刻开始工作，早一刻将疾病疫情风险的控制降到最低。

卫生防疫是场持久战，尸体消毒处理更是其中的重要环节。队员蔡晓峰和汤宇帆主要承担消杀任务。每天，大家都要穿着密不透气的防护服，身背 60 公斤的器械设备，夜以继日地开展工作。由于当地的公路被震坏，到工作现场，每天全要靠自己的双腿走上五六个小时的山路，一干就是清晨到晚上，中途没有休息。每天回到帐篷时，体力都已严重透支、几近虚脱。

许东对水源进行净化处理

队员许东承担着对灾区水质密切监测的重要工作。由于地震的摧毁，重灾区的水源受到来自粪便、尸体等各方面因素的污染，可供使用的净化水源十分紧缺迫切。而随着救灾工作的推进，救灾队伍的增多，各路人马的日常用水不能只靠原有那根旧管道所引下且时断时续的山泉。为了给灾区及时找到新的洁净水源，许东等人每天要到荒石乱草的山上爬行数小时去勘测可供使用的水源，艰辛程度可想而知，大家将此戏称为“减肥之旅”。

那些日子里，抗灾防疫队员每时每刻都在经受着磨炼。千里迢迢从上海赶到灾区驻地，面前是一片废墟和疮痍，为了不给灾区增添麻烦，队员们自已动手，扎帐篷、建营地，驻扎在乱草地上；食物匮乏，一日三餐基本用压缩饼干充饥；平时，有水喝就很满足，想洗澡那是奢望；余震不断，山体滑坡，乱石飞舞，居住、工作环境十分恶劣……然而，队员们已不把这些视为苦难，想到的更多是灾区人民需要安全卫生的生活环境，需要有健康的身体重建家园。于是，使命感更强，意志力更坚定，毅力和勇气更大。

救灾防疫面临人群多，工作量大、难度高等问题。救灾防疫队员针对当地实际，创造了“漩口经验”、“水磨特色”等工作方法，编制了一套“一问二看三查四处理”的震后防病模式，还有“雁门乡震后防病工作指南”等工作模式，都深受各级好评。此外，他们还积极为当地村干部和村医开展培训，以点带面，建立起一支原住地基层防疫队。

抗灾防疫亟须与各方联系，协同作战；出征队员也需要与单位、家庭沟通情况。但是，受地震影响，在灾区，联通信号一点没有，移动信号也是时断时续，好不容易通过海事卫星接上信号，队员们都是用最简单的语言进行交流。他们乐观地说：“这还提高了自己的语言表达水平。”

许东在水源勘察中崴伤了脚，可他不吭声，以致伤处肿胀发紫，队里要他回沪换防，他坚决不肯，最终只在驻地休息了两天，又奔走在一线。

汤宇帆利用自己是四川籍人，会一口四川方言，在忙完本职工作之余，主动当大家的地方语翻译。很快，他们小队与当地群众形成了很好的沟通，防疫工作开展得有声有色。

蔡晓峰不但精通防疫知识，而且英语水平高。由于灾区电力不足，队员不敢多用手机，蔡晓峰利用自己特长，利用闲暇时间将驻地旁一台搁置不用的进口发电机的说明书翻译出来，使之运转起来，从而方便大家给外界、给亲人打电话。

抗灾防疫工作是繁重而又艰辛的，但出征队员时刻抱着乐观主义精神。他们所写的《水磨防疫队战地无名诗》就是最好的写照：

心系重灾区　不怕路艰辛/大灾有大爱　防疫献真情
饼干是我餐　菜地扎我营/不怕蚊虫叮　不惧雨水淋
高温闷又热　余震常来侵/无水山中取　无电烛光明
消杀任务艰　日日把路清/走村又进校　宣传老百姓
团结共协力　抗震心连心

“友好医院”的兄弟情

——徐汇区中心医院抗灾救援行动纪实

徐汇区中心医院与四川省绵阳市中心医院是“友好医院”。就在当年5月12日,四川汶川发生特大地震,于是,一场与时间赛跑的生命保卫战在徐汇区中心医院打响,他们用真情在黄金72小时内千里紧急驰援,演绎了一曲“兄弟医院的兄弟情”。

闻得地震消息,徐汇区中心医院领导立即与绵阳市中心医院联系,可对方好像消失一般,电话打不进,手机接不通,电邮也没法发,一切联系方式都中断了。当地灾情如何?伤亡重不重?救治药品够不够用?需不需要医护人员增援?徐汇区中心医院领导极想有个明确的答案。

5月13日晚上七时,朱建民院长的手机铃声突然响起,是绵阳市中心医院王东院长打来的,紧急求援。王东院长在电话里说:北川重灾,绵阳中心医院在震后的一天一夜做了200多个手术。然而,由于停水停电,手术器械无法消毒,一次性手术包和其他一次性器械敷料、消毒用品已经消耗殆尽。不少伤者破伤风抗毒素过敏,虽然得到手术治疗,但难逃感染,生命危在旦夕,请求尽快增援。

灾情就是命令,时间就是生命。挂上电话,向上级部门汇报后,朱院长连夜召集医院党政班子和中层干部开会。那一夜,医院行政楼的灯整夜通亮,经过紧急商议,并取得徐汇区委、区政府、区协作办以及市应急办的支持,很快240个消毒手术包、135支丙种球蛋白以及其他一次性消毒用品等调拨、装箱完毕,第二天一早,医院党委书记陆忆敏、副院长顾水明不顾连夜疲惫、不顾当地余震重重,搭乘最早的一班飞机护送物资赴绵阳,此是上海市第一批运往灾区的救援物质。

5月15日,这批医疗物资送到目的地。当时在四川负责上海救灾援助工作的上海驻重庆办事处主任感慨:徐汇区中心医院援助的物资是上海第一批抵达四川的医疗物资,及时。在这黄金72小时里徐汇区中心医院的白衣战士积极投入抗震救援,书写出动人的故事。黄金72小时过去了,但对灾区的援助并没有停止:5月16日,全院职工募集109990元,医院工会通过区总工会向灾区职工捐赠帮困资金10000元;5月19日,医院募集“特殊党费”51620元,民主党派人士捐款4500元;5月24日,医院胸外科医生周云生加入市文明办组织的志愿者队伍,赴绵阳开展为期两周的心理援助;5月28日,医院为区内四川来沪投亲学生免费体检并赠送书包、为四川来沪伤员准备绿色通道及床位;6月13日,医院门诊党支部书记、皮肤科主任李大宁深入重灾区映秀镇开展救灾行动;6月29日,医院外科医生黄韬赴都江堰参与灾后医疗机构重建工作;8月6日,医院康复科医生范利赴德阳为灾后残疾伤员进行康复治疗;8月18日,医院为都江堰职工书屋捐书1500余册;10月28日,医院为灾区“送温暖、献爱心”募集衣被834件,捐款3720元……

2008 年 5 月 24 日，徐汇区中心医院医生周云生（左四）加入上海志愿者抗震救灾心理援助服务队，在出征仪式上与家人及院领导的合影

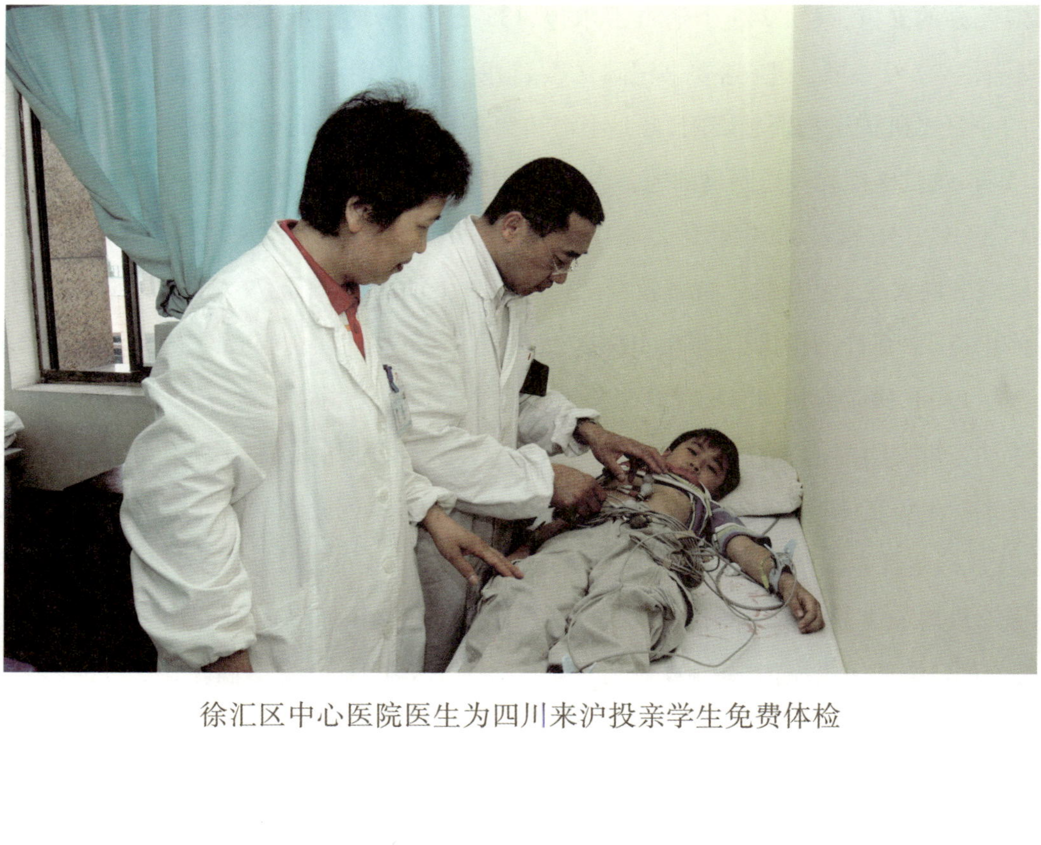

徐汇区中心医院医生为四川来沪投亲学生免费体检

难忘的12天

——徐汇区高智公司技术人员赴川抗震救灾纪实

2008年5月12日下午,一场特大地震让四川汶川成为全中国乃至全世界关注的中心。

灾情就是命令。瞬间,社会各界人士纷纷捐款捐物、捋袖献血、出征救援……打响抗震救灾的人民战争。

闻灾而起　紧急行动

震后的第二天下午,上海高智科技发展有限公司接到紧急通知,尽快派遣应急通信车赶赴四川,对灾区通信保障可行性,部署实施具体方案。

令至即行。高智公司立即与四川省经济动员办公室进行沟通,得知都江堰指挥部现场急需提供通信保障、特别是卫星通信的需求。经过与四川省经济动员办公室多次协商,最后决定请求上海警备区派遣卫星应急通信车支援灾区,并选择全功能卫星应急通信车和技术保障车作为通信支持。5月14日上午,这一方案获得国家有关部门批准,并在上海市警备区、上海市经济动员办公室的支持下,紧急启动实施。

得知自己被派往参加到上海警备区的应急通分队,承担技术保障工作,江勤勇、陈伟、王新福三人非常激动,他们暗下决心,决不辜负公司和同事们的信任和重托,协同解放军努力完成任务。

不畏艰辛　奋力拼搏

高智公司的应急通信分队,主要任务是驾驶卫星通信指挥车速往四川灾区,就地承担通讯保障。

5月15日凌晨6点,由上海警备区官兵及高智公司工程技术人员联合组成的通信保障分队出发了。由于任务急、时间紧,为了尽快抵达灾区,通信分队采用摩托化行军的方式,4位驾驶员轮换驾驶,昼夜不停向灾区挺进。行驶到湖北宜昌至恩施路段时,是一段盘山公路,由于当地修建高速公路的缘故,这段公路路面崎岖,车辆出现严重颠簸,面对严峻考验,抓紧时间尽快到达,队员们继续前进。5月17日凌晨,经过45个小时的连续颠簸,行程2300公里,通信分队按时到达成都。随即,队员们不顾疲劳,立即对卫星通信指挥车进行了调试,并在5·12抗震救灾指挥部搭建了视频终端。完成调试后,通信分队马不停蹄驶上通往绵阳市平武县南坝镇的公路。历经6个小时的艰难行驶,终于在当天中午11点钟左右到达目的地。此时的南坝镇,大部分房屋倒塌,镇区连接外部的桥梁毁坏,救援队只能靠河上一艘小船来回摆渡。由于车辆无法进入镇中,通信分队就在与镇隔河相望的山地上建立了营地,进行设备调试,并建立起卫星通信指挥车与上海警备区地面站的通信链路。

高智公司的通信车行进在灾区崎岖的路上

连续作战　志在必胜

由于地震的破坏，当地的固定电话和移动电话通信完全中断，镇指挥部只能靠一部卫星电话与外界联系。通信是抗震救灾的保障，通信小分队自告奋勇，立即为镇指挥部和各支救援部队分别开通通信线路，将卫星通信指挥车作为通信中枢，通过卫星建立与全国各地的联系。经过努力，到17日晚上6点，通信指挥车至镇指挥部，以及至各支救援部队的通信线路，架设完成，共开通了30路军用通信线路，10路民用通信线路，同时建起视频会议和互联网络，确保了各种多媒体的需求。

卫星通信指挥车的正常工作，需要车载发电机不间断提供电源，为了给指挥车提供充足的油料，队员们每天必须抬着50公升的油桶，步行10多公里的山路到山里的油库取油。由于当地没有干净的水源，为了节省用水，队员们放弃正常的洗漱，刷牙就用漱口代替，洗脸就改用纸巾蘸水擦拭。

5月19日下午，新的指令下达：赴广元市青川县执行通信保障任务。通讯分队接到任务立即整装，连夜向青川进发。到达青川县竹园镇后，马不停蹄为当地驻扎的济南军区某部提供了通信保障。5月21日下午，通信分队又来到德阳市绵竹市汉旺镇，为当地的空降兵某部和济南军区防化兵某部提供了通信保障。为确保部队的通信需要，指挥车每天工作 15 个小时，队员们轮流休息，时刻观察设备的运行情况。

夜以继日，连续作战。在抗震救灾第一线，高智公司出色地完成了任务，对此，江勤勇感慨："只有短短的 12 天，但是我一辈子忘不了的 12 天，是刻骨铭心最难忘的人生旅程，从中我深深感受到灾区人民英勇挺起、奋力抗灾的伟大精神"。

在共赴国难的日子里

——汶川特大地震长宁区救援实录

汶川大地震距今快7年了。长宁区人民与全国、全市人民一起，全力以赴支援抗震救灾那些激动人心的日日夜夜，至今令人记忆犹新。

灾难发生后，长宁区的广大党员、干部和人民群众，所有的机关、社区、企事业单位和社会团体，在中共长宁区委、区政府的领导下，全区上下、前方后方，迅速行动，积极踊跃支援四川抗震救灾。区属企业和市民群众募捐活动全面铺开，一支支救援队伍先后奔赴抗震救灾第一线，以关爱、奉献的实际行动，演绎了无数共赴国难的生动故事，留下了激励人们抓改革促发展，为实现中国梦而努力奋斗的感人佳话。

众志成城　长宁汶川血脉相连

5月13日，大地震发生的第二天，中共长宁区委、区政府及时召集有关部门，专题研究抗震救灾及赈灾捐款工作。5月14日上午，区委主要领导召集区委办、区府办、区委组织部、区委宣传部、区民政局、区卫生局、区机关党工委等部门和单位，明确工作重点和责任分工。当日下午，召开全区党政负责干部会议，及时传达中央、市委关于做好抗震救灾工作的最新精神和具体要求，就长宁支援抗震救灾进行动员部署，并要求各级领导干部和广大共产党员充分发挥先锋模范作用，急灾区人民所急，想灾区人民所想，解灾区人民之所难，把党和政府的关怀送到受灾群众中去。全区厉行节约，压缩年度公用经费，全力援助灾区。区四套班子领导、区处级部门党政负责干部在会上带头捐款。

会后，建立了由区委、区政府分管领导牵头，区民政局、区经委、区国资委、区卫生局、区社区办、区机关党委、区委宣传部、区委组织部等部门参与的长宁区支援灾区工作协调小组。落实爱心捐助、新闻宣传、关心慰问工作，确保全局稳定、社会稳定。

紧急动员，落实抗震救灾措施。区委组织部下发《关于发动长宁区共产党员为抗震救灾作贡献的紧急通知》。区民政局立即启动救灾应急预案，成立抗震救灾捐赠工作办公室，设立2个钱款捐赠接收点，协助相关单位共同做好地震灾区“三孤”（孤老、孤儿、孤残）人员、伤病员以及其他人员的接待、安置工作；区卫生局组织应急医疗队伍，配备医疗设备和药品奔赴灾区，在一个月内安排3批医疗队12名医护人员和3名防疫人员参加上海市赴川医疗队；公安长宁分局紧急选派10名特警和13名消防官兵奔赴救灾第一线；区市容局抽调国内最新型的重型高压清洗车、中型洗尘扫路车和2名技术骨干，随市容环卫系统志愿队赶赴灾区，参与当地卫生环境清扫和维护；区劳动局制定对来自灾区的来沪务工人员开展特殊帮助方案，3 天内走访全区 792 家单位，为 1173 名来沪务工人员发放 116.75 万元补助款；区建委对区域内在建的 69 个工地进行全面排查，对直属企业单位和在建工地的 360 多名川籍务工人员进行慰问；区旅游局启动突发事件应急预案，与区内旅行社联系落实应急工作，7 家旅行社组织的 14 个旅游团 283 名游客，在震后全部安全返沪，联合上航假期旅行社策划组织 2008 上海旅游节小主人爱心 3 +1——我携"川娃子"游上海活动；区教育局、区文化局、区妇联、团区委等各自结合部门特点，利用优势资源开展各类支援灾区活动。各街道（镇）在社区事务受理服务中心设立捐赠接收点 10 个，居（村）委会设立捐赠代收点 180 个，开通 24 小时捐赠电话热线；走访慰问社区与受灾、救灾有关的单位、家庭人员。

长宁社会各界和广大群众以各种方式支援灾区。截至 2008 年 11 月底，区民政局、区红十字会、慈善基金会长宁分会累计收到区内 10 个街道（镇）相关单位和个人捐赠人民币 8770 万元，港币 4.9 万元，美金 6415 元，其他币种 151.1 万元；捐赠棉被、毛毯、药品等救灾物资 4.59 万件，价值人民币 194.3 万元。

区属企业累计向灾区捐款捐物价值 1025 万元。其中，上海服装集团在第一时间打包 5000 件薄型羽绒服于灾后第二天启运，5 天内又加产 3000 件定型棉真空被送往灾区。携程旅行网成立阳光幼苗成长基金，资助灾区孤儿完成小学学业；上海长峰房地产公司出资帮助崇义镇建立清洁回收站；上海健治一号集团捐赠都江堰 7 万余件总价值 2000 万元的衣被；新加坡鳄鱼集团全资子公司上海东方鳄鱼服饰有限公司通过区红十字会向灾区捐赠价值 2000 万的货品；新加坡卡帝乐鳄鱼在中国的所有员工捐款 50 万元。

克艰履险　巴山蜀水转战救援

灾情就是命令。

肩负着救死扶伤的使命，承受着长宁人民的嘱托，从发生震灾的第二天起，一支支由长宁人和驻区部队组成、参与的抗震救援队，便从黄浦江畔出发，去与灾区人民共同担当，去与天灾争夺生命，去演绎共和国历史上最惨烈、最盛大的抢险救灾活剧。

2008 年 5 月 13 日夜，长宁消防中队的 13 名官兵，接到赴四川灾区参加抗震救援的命令。14 日凌晨，他们带着先进的救援设备，随总队救援队乘专机赶赴四川。灾区的灾情触目惊心，从成都到都江堰，再到汶川映秀镇，到处是废墟和撕心裂肺等待救援的灾民。面对无数充满期待的眼神，队员们无暇悲痛，不顾疲劳，争分夺秒，与时间赛跑，与死神搏杀。

5 月 15 日上午，长宁消防中队的官兵来到都江堰观凤小区救援时，一位青年女子一把拉住救援分队队长王玉柱的手，跪哭道："你们是上海来的专业救援队，请你们救救我的父亲，他还埋在下面，他还活着！"现场是一栋中间垮塌的居民楼，两侧严重倾斜，摇摇欲坠，很可能会再次塌陷。王玉柱命令："马上救援！"按照被困者家属指引的位置，队员们立即展开营救。被埋者的上方，一大块仅被一根钢筋连接着的水泥板悬挂在空中，时刻危及救援官兵的生命安全。王玉柱爬上危楼，用切割机艰难地将空中的钢筋切断。余震不断，官兵们冒着被埋压的危险，用工具挖，用双手刨，硬是将一块块楼板、一堆堆瓦砾清理出来。大家在极度疲惫中坚持到深夜，终于摸到了一只冰凉的手。大家没有放弃，强忍悲痛继续奋力挖掘，终于将这位中年男子的遗体抬出废墟。青年女子号啕大哭，现场的官兵也伤心落泪！

最难忘是 5 月 16 日，为了营救压在 6 层楼房废墟下的生命，消防官兵奋力挖掘，拼命清理，手磨破了继续挖，饥渴、危险、体力严重透支都全然不顾，从上午 10 点一直挖掘到第二天凌晨 1 点，先后将 5 名被埋群众一一找到。虽然奇迹没有出现，但大家的努力让生者得到了些许慰藉，让死者得以安息。

有坚持，就有可能出现奇迹。长宁消防中队的官兵，在映秀镇废墟中，最早救出了一位幸存者。截至 5 月 22 日 12 时，上海消防救援队在地震废墟中搜救被埋群众 358 人，其中 23 人幸存。上海消防官兵们用血肉之躯，托起了灾区人民生命的希望！

以泰山压顶不弯腰的顽强，舍生忘死勇敢与死神赛跑的还有驰援灾区的公安长宁分局特警突击队。抵达都江堰当晚，大家露宿马路边，第二天凌晨，接受了运送物资到汶川县水磨镇的任务。当时，这个重灾镇还没有得到任何救援物资，情况紧急，突击队除了要运送矿泉水、压缩饼干等灾民急需食品外，还带上了分局为灾民准备的药品、绷带、口罩、铁锹等物品，打点行装时，两个背包足足有

长宁消防官兵用搜索仪器进行搜救，希望出现奇迹

长宁特警突击队出发前合影

45 公斤重，连队伍里的大个子都有些力不从心，但谁也不愿减负。有的队员一入川就水土不服，晚上拉肚子七八次，面色苍白，几乎脱水，但没人退缩，咬紧牙关，毅然决然踏上救援征程。

蜀道难，难于上青天。而此时连蜀道都几乎看不见了，抬头可见巨石悬在山崖边，不时有碎石滚落。沿着 70 度的陡坡行进时，只能看见前面队友的脚后跟。每个队员只有一个念头：负重再累，也不能丢弃；行路再难，也要坚持！背包带断了，就用手拎，拎不动了，就捆在身上。脚上水泡破了，每走一步都钻心地疼痛，大家手脚并用，咬紧牙关，勇往直前！

通往九寨沟风景区的友谊隧道，地震后里面漆黑一片，望不到一公里外的出口。余震不断，大家紧了紧身上的背包，分为三批，冒险先后通过。

连续行进十几个小时后，长宁特警突击队第一个到达汶川，把救命物资送到灾民手中。在寿江大桥，时任总书记的胡锦涛同志亲切慰问了上海特警。随后，突击队圆满完成了保卫前来指挥抗震救灾、看望灾民的中央首长的任务。

换防后，长宁特警突击队在灾区物资发放点维持秩序，帮助灾民搭建帐篷，抢收麦子，把随身携带的食品、药品、饮用水和生活用品全部送给了灾民，还自发捐款援助老人，所做的点点滴滴，受到了当地政府和群众的褒奖和赞誉。

在抗震救灾第一线的无数支救援队伍中，有一支来自长宁的特别与众不同的队伍，闻名遐迩。他们，就是运用先进的宽带无线通信系统为灾区架设“信息桥梁”“生命网络”的中科院上海微系统所抗震救灾宽带无线应急通讯救援队。

这支救援队是汶川大地震发生后，由上海微系统所和上海瀚讯无线技术有限公司等单位的科研工作者们，向中科院和上海市政府主动请缨，经请示国务院抗震救灾总指挥部后组成，所携带设备是中科院上海微系统所、上海瀚讯公司、上海无线通讯研究中心等单位在上海市科委、长宁区政府等大力支持下，经6年磨砺形成的最新科研成果。

救援队一行15人于16日抵达绵阳，连夜赶赴北川灾区，在短短的几个小时里，成功架设无线通信网络，迅速组网成功，顺利实现各救援分队、救灾指挥点、新闻站之间的宽带连接，以及相互间的应急通信传输视频的建立，并将灾区的挖掘、救援、环境情况等多种音、视频等信息，通过肩背式移动终端回传到北川县救灾指挥部，从而实现了指挥部与观察点、救援点、新闻站之间的宽带连接和现场视频传输。北川初战告捷，使以高科技为支撑的MIWAVE无线宽带应急系统名声大振，需求量激增，短短数日内，系统由北川扩展至安县、平武、青川等地，到21日，救援队已经为多支军队、武警、特警、内卫、消防、公安、救援队、医院、国监、卫生防疫、检疫、媒体、地震局、志愿者、红十字会、地方政府与北川县救灾指挥部等方面搭建了宽带无线应急通信系统，为北川地区的抗震救灾工作提供了良好的通信保障。

上海微系统所架设无线通讯网络，震后从北川打出第一个移动视频电话

随后，应水利部和四川省政府、四川应急办等的请求，这支“科技救灾”队伍马不停蹄赶到唐家山，部署堰塞湖的远程视频监控系统，帮助水利部专家和中央领导实时了解唐家山堰塞湖水位增长情况，保障堰塞湖下游几十万人民的生命财产安全。救援队会同杭州华数、卫通等单位的技术人员，在堰塞湖坝体上下游的三个位置成功布设了监控点，并在中科院的引导下，联合成都军区及运营商，搭建了一条专网，将唐家山的水文监测情况传送到中南海、公安部、科技部、水利部和北京、上海的专家组，以确保用最科学、最合理的方式排除险情，并可在必要时及时疏散下游民众。而后，又在唐家山坝前坝后各增加了一个红外夜视监测点，使堰塞湖夜间的水流变化尽在掌控之中。到6月2日下午，救援队共在唐家山大坝及堰塞湖沿线布设了14个监测点。截止到6月10日上午，唐家山堰塞湖险情全部排除，宽带无线应急系统在克服了电力、天气、余震和山体滑坡等诸多不利因素的情况下，充分发挥技术优势，贯彻时任国务院总理温家宝提出的“安全、科学、及时”的要求，保证了现场画面的实时回传，确保了堰塞湖抢险工作的顺利开展，得到了党中央、国务院、水利部、四川省政府等一致肯定。

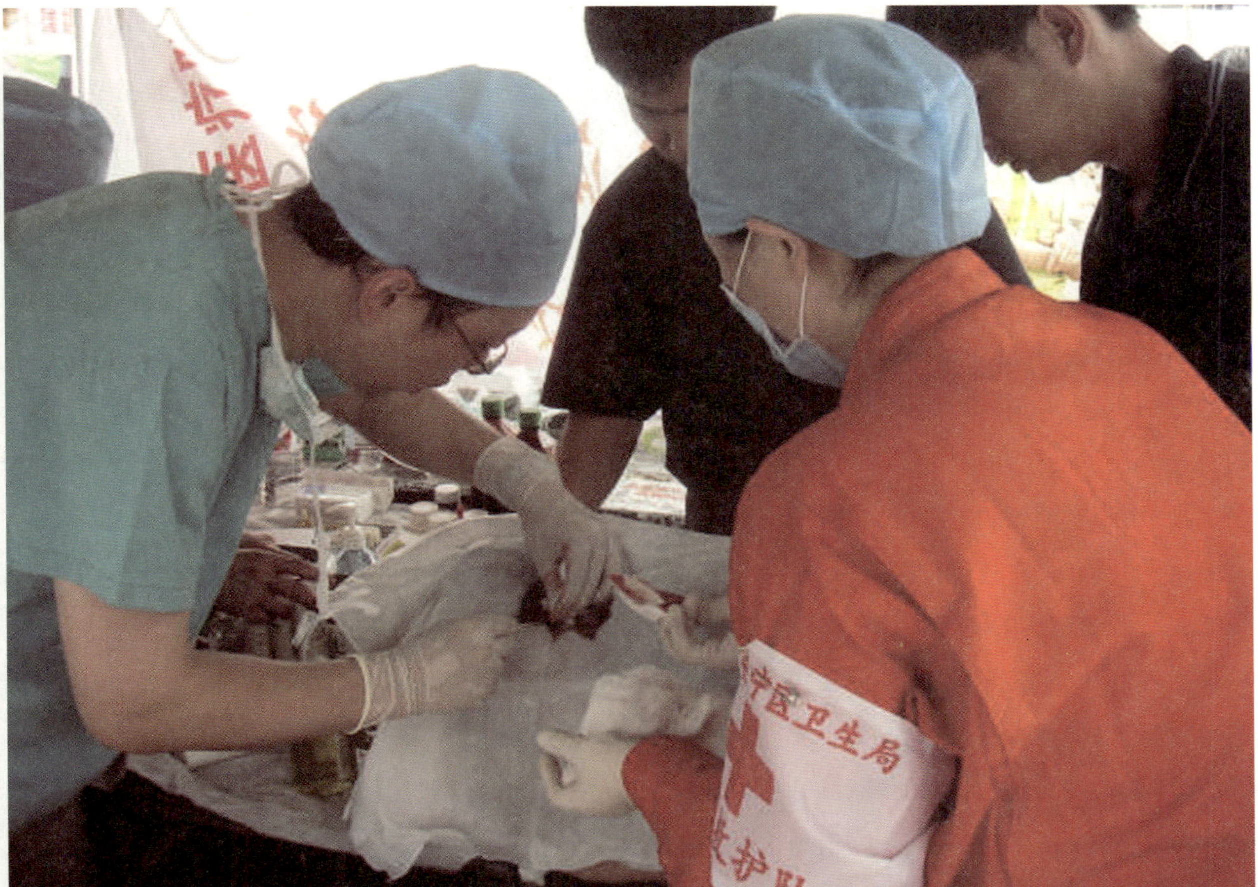

区中心医院抗震救灾队在四川阿坝州救治点为灾民进行治疗

6月3日上午8点45分，温家宝总理在中南海通过无线宽带专线观看了12路唐家山堰塞湖的视频监控画面，并在图像中找到了引导渠的位置所在，对视频监控图像的质量十分满意。6月6日，温家宝亲临唐家山大坝，亲切接见、慰问了宽带无线应急救援队的队员们，勉励大家排除万难去争取最后的胜利。在天灾面前，救援队员们用聪明智慧和英勇无畏的精神实现了一次完美的科技亮剑。

与死神争夺生命，白衣战士是一支不可或缺的重要力量。为了抢救被压、被埋导致生命垂危的伤者，长宁区卫生局系统在一个月里先后派出了3批医疗救援队，组织了长宁区疾病防控、病媒消毒方面的专家、能手，哪里需要就派往哪里，在灾后的卫生防疫工作中发挥了重要作用。同时，区域内的解放军八五医院、四五五医院抽调了64名医疗骨干奔赴救灾第一线。上海电力医院和上海辰新医院等，也迅速组建医疗力量奔赴灾区实施救援。

当灾区人民最需要的时候，巴山蜀水间活跃着来自长宁的身影。

忘我奉献　前方后方佳话频传

在抗震救援的第一线，长宁的勇士们发扬特别能吃苦、特别能战斗的精神，不仅作风顽强，而且在生死攸关的危险时刻，还凸显出舍生忘死、奋不顾身、争相履险的崇高品质。

5月15日，抵达灾区的第二天，公安长宁分局特警突击队在为汶川县水磨镇紧急运送物资途中，遇到一条近一公里长、险象环生的漆黑隧道，副支队长胡建中一把拦住大家，要求分三批分别通过，自己带领第一批先上，冲出隧道后，几个年轻的队员抱怨为什么不让他们在第一批探路，代理中队长陶艳这才神色凝重地说："弟兄们，我们刚才闯过的是一条生死线！你们知道胡队长这么安排的用意吗？他说，他的女儿已经大了，就算他有个万一也没什么，因此由他带上两个'光杆司令'打头阵。如果在电台里听不到他的声音，就由我领着几个大个子带上重装备闯过去。而最后一批，陈秦佳新婚燕尔，韩俊爱人身怀六甲，杨晓易家里还比较困难需要照顾。"大家一切都明白了，想起隧道里随处可见的汽车残骸、遇难者尸体、余震不断引发的声音和弥漫的绝望空气，一个个眼睛都潮湿了，队员们的目光聚在了一起，大家的手紧紧相握。别看胡支队长平时凶巴巴的，可是在关键时刻他心里想得多么细致啊，他把死的危险留给了自己，把生的机会让给了战友！

这样的感动，在赴川救援队里时常涌现。从5月31日起，为了让架设在唐家山上的水文监测设备能在恶劣的自然条件下持续工作，中科院上海微系统所宽带无线应急通信救援队的队员们，几乎每天坐着直升机在绵阳与唐家山大坝之间早出晚归。当时，那里管涌在扩大，武警水电部队人马也基本撤离，但在每次安排前往时，队员们人人想去，个个争先。有一天，接人的直升机飞临唐家山时天已经快黑了，留在大坝上的最后一批武警水电部队官兵执意让救援队队员们先走，队员们却非要让武警先走，双方相持不下，只好请地方同志"裁决"武警们先一批撤离。两支队伍分手时，每一个人都与对方的每个人紧紧握手，眼睛深情相望，一切尽在不言中！那个场面让人永远难忘。

同样，当救援队为了把被埋者抢挖出来，与死神较量、与时间赛跑的时候，在险境和余震中，常常也是置生命危险和极度劳累于不顾的。

在国难当头之际，前方的救援队员们勇担大义，敢于慷慨赴死，而在后方的长宁人，同样表现出了忘我无私的精神，争相为国分忧，向灾区人民奉献大爱。

从汶川大地震发生的第二天起，就有长宁市民或自发或有组织地向灾区人民捐款捐物，并很快形成捐赠热潮。

江苏路街道3位盲人代表满好保健有限公司23位员工送上对灾区人民的一份心意

5月13日一大早，82岁的离休干部李坚就在新泾镇淮阴居委会门前等候，要求向受灾地区捐款2000元。李老伯是一名参加过解放上海战斗的老革命、老军人，虽然平时生活很节俭，但多次参加支援灾区的捐款活动。居委会干部向他表示感谢时，李老伯说："人民给我的钱，我交给人民用于救灾，这没什么。"5月17日，灾后第一个双休日，到区民政局捐款的个人越来越多。香港同胞吕家英捐款20000元，市民胡哲冰、丁玉莲、葛竞辉各捐10000元，上海市盲童学校师生捐款25383.33元。名叫石卓明、蒋书馨的两位小朋友，砸碎了自己的储钱罐，把平时积攒的两大袋硬币捐给灾区。残疾军人江龙翔，捐出3个月的抚恤金3000元。最让人感动的是，一份捐款名单上写着"曹阿姨、调度小张、刘驾驶”等45个人名，捐款从10到50元不等。据送捐款的来沪务工人员介绍，这是一建筑工地上的捐款，工友们来自五湖四海，大多不知道全名，因为不知道何处捐款，他已经把名单和钱揣在怀里两天了。5月19日，长宁区社会福利院的32位住院老人，自发组织捐款，其中包括身患重病的陆三姐、仅靠微薄退休金生活的谈叔谋、孤老刘凤英，工作人员被老人们的爱心之举感动，部分党员、中层干部第二次进行捐款。锦江物业工程有限公司，发动捐款时考虑到下属保洁公司大多是来沪务工人员，拿的是低工资，生活很困难，就没有通知，但工人们知道后主动找到主管，坚决要求捐款，虽然数额不大，但也向灾区人民献上了一份滚烫的爱心。有位叫朱海珍的外来嫂，与开服装厂的亲戚商量，捐出了价值近40000元的800件羽绒背心，她对亲戚说“捐出衣服的钱，可以从自己的工资里逐月扣除。”

自汶川大地震发生的第二天起，长宁区就公布了13个捐款赠物接收点的地址、电话，明确各捐赠点办公时间从8:30至21:00，并保持24小时专人电话值班，区相关部门和各街道（镇）的接收工作人员和干部，始终保持旺盛的工作热情，主动加班加点，夜以继日坚守岗位，为持续的捐赠工作创造了良好条件。

天灾，给共和国造成的苦难和损失是空前的。然而，巨大的自然灾害更加激发了一个民族涅槃更生的伟力，更加激发了全国人民的凝聚力和战斗力，谱写了共和国大家庭成员相濡以沫、守望相助的动人篇章。

不平凡的日日夜夜

——汶川特大地震普陀区救援实录

“汶川发生特大地震”，消息传来，普陀区委、区政府第一时间进行动员，组织力量支援抗震救灾。

动员部署　奋起行动

5月13日，普陀区成立了由副区长符祖鸣为组长，区府办、民政局、红十字会、财政局、机关党工委等部门人员为成员的区“5·12”汶川地震救灾捐赠领导小组，负责全区抗震救灾募捐工作。同时，从各部门抽调人员组建接收现金捐赠、接收物资捐赠、宣传、统计、夜间值班、后勤保障6个工作小组，并设立接收捐赠工作站。当日就向社会公布接收捐赠工作站的地址、电话和账号，并安排人员24小时值班，接收社会捐赠款物。

普陀区委组织部及时下发《关于迅速动员组织各级基层党组织和广大党员干部支援抗震救灾工作的通知》，要求各级党组织和广大党员干部紧急行动起来，把支援抗震救灾作为当前的重要任务，要在医疗救助和各类志愿者服务工作中发挥先锋模范作用，关心身边与震区有关的党员和群众，积极参加捐款捐物活动，把普陀区各级党组织和党员干部的深厚情意送到灾区。区党员服务中心发出通知，要求各社区党员服务中心对流入本地区的四川籍流动党员进行联系走访慰问，及时了解党员及其亲友的受灾情况，关心好在普陀生活和工作的灾区流动党员，帮助他们解决困难，稳定情绪。区级机关党工委发出号召，要求机关广大党员、干部职工大力发扬“一方有难、八方支援”的精神，立即行动起来，投身抗灾救援战斗。区红十字会向全区人民发出倡议，呼吁大家与灾区人民同患难、共呼吸、心连心，积极捐款、奉献爱心，为灾区人民抚平伤痛，给予希望。

5月14日，区委办、区府办下发通知，要求各部门、单位按照党中央、国务院和上海市委、市政府的部署，以及普陀区委、区政府的要求，紧急行动，有序做好支援四川抗震救灾工作，帮助灾区人民把地震造成的损失降到最低程度。

5月15日，全区举行支援四川抗震救灾工作动员大会暨现场捐赠仪式。区委书记周国雄向即将赶赴四川灾区的普陀区抗震救灾医疗队授队旗，就支援四川抗震救灾工作提出明确要求，并作具体部署。

短时间内，缴纳特殊党费、募集款项物资、派遣救援小分队、组建志愿者队伍……全区上下奋起行动。据不完全统计，地震发生后，全区党员缴纳特殊党费880万余元，向社会募集救灾款物达1.44亿元，先后向灾区派遣11批医疗队、1支特警队伍、1支武警消防队以及数名专业志愿者。此外，向受灾的乐山市、甘南州2个友好地市各支援赈灾款100万元，对口援建1所希望学校、合作支援重建1所中学，压缩年度政府经常性预算开支5%计2400万元用于灾区重建，全面推进对口支援都江堰市玉堂镇灾后的重建工作。

火速赴川　生死救援

5月13日22时20分，一阵急促的电话铃声，惊动了公安普陀分局特警支队的值班人员。电话从市公安局特警总队打来，要求分局特警支队迅速调派15名队员赴川参加抢险救灾工作。接到指令，区分局领导和特警支队领导立即启动应急预案。

特警支队支队长王军听到消息，主动请缨："我是队长，也是党员，这种时候应该冲在最前线。"

青年特警湛利雯当天上午刚递交一张公休单，他计划5月16日与未婚妻去苏州拍摄婚纱照。听到赴川抢险救援的消息，他推迟公休，主动请战。在和未婚妻告别时，他深情地说："虽然要推迟拍婚纱照了，但请你相信，我一定会安全返回，让你成为我最美丽的新娘，等我们凯旋的消息吧！"

张祖林、魏巍、吴之君3名特警队员，都是双公安家庭，平日里夫妻双方工作较忙，很少有时间照顾家庭。这次，又要远赴四川灾区抗震救灾，但家里人没有丝毫怨言。吴之君母亲在发给儿子的短

特警队员携带救援包徒步跋涉赶赴灾区

信中写道:“国家有难,匹夫有责! 抗震救灾,这是人民警察的天职!”

5 月 14 日凌晨 1 时,15 名出征的特警队员全部到位。凌晨 2 时 20 分,他们会同市局特警总队和其它区县分局特警支队的战友,从浦东国际机场直飞四川。当天清晨,他们抵达成都双流机场。14 时 30 分许,赶赴都江堰市幸福镇。此时,队员们才领到了有限的配给。根据前方指挥部指令,他们将承担重灾区域生存物品的运输补给和抢险救灾等任务。

地震破坏了道路,交通处于瘫痪,车辆根本无法通过,唯有徒步前行。5 月 16 日清晨,背负着百余斤救援设备和生存物资,特警队员们一路跋涉,奋力翻过陡峭的山岭,穿越被崩塌石块阻隔的山路,历时 4 小时,到达受灾极为严重的目的地——漩口镇。面对满目疮痍,队员们顾不得休息,立刻投入救援,发放食品药品,为灾区群众搭建简易帐篷,配合营救被困群众,直至夜幕降临。

20 时许,完成了一天任务的队员们刚想躺下休息,又一指令传来,要求立即赶赴映秀镇百花村。没有二话,队员们再一次踏上征途,披星戴月勇往直前。天色黑暗,队员们体能也至极限,一次次余震又引发山石滚落,但面对这一切,队员们并没有退缩,而是想方设法突破前进。背着沉重的行囊在崎岖的山路上行走,肩膀被磨破皮,脚底也起了泡,但没有人叫苦,只想着快速到达指定地点。

前往灾区慰问的胡锦涛总书记此时恰巧途经寿江大桥,见到特警队员,总书记下车与全体队员一一握手,并致以亲切的问候。

5 月 18 日,根据现场指挥部调遣,支队队长王军带领 10 名队员,携带生命探测仪,赶赴汶川县向峨乡执行救援任务。上山的路途极其险峻,为了加快行进速度,队员们只携带了一天的口粮和必要的防护装备。其余 5 名特警队员则留守都江堰市,开展抢救伤员、治安巡逻、重点设施安保等工作。

5 月 19 日,13 名特警队员利用短暂的休息时间,就地庄严地写下《入党申请书》,用实际行动向党和人民证明,他们不愧为人民群众的忠诚卫士。

5 月 20 日 20 时,又一指令下达:到距都江堰市 100 多公里的绵竹市开展第二阶段救援工作。21 日 0 时 45 分,他们迅速到达目标位置。这里受灾更为严重,特警队员没顾上休息,就开展治安巡逻、维稳安保工作,同时向受灾群众分发随身携带的药品和罐头食品。在之后的几天里,15 名队员在富新镇执行治安巡逻任务,维持当地灾后秩序,特警临时团支部还与富新镇学校团支部签署了帮困结对协议,承诺资助在地震中失去双亲的学生,并定期与这些学生保持电话、书信联系。

大医精诚　忠于职守

舒明,区疾控中心的资深医生,汶川大地震发生后,积极报名要求去灾区参加救援,成为普陀区第一位赴川抗震救灾的医务人员。随后的 1 个月里,又有两批防疫队伍奔赴灾区。

5 月 14 日 9 时 30 分,舒明随队从虹桥机场出发,抵达成都,随即欲搭乘直升机空降震中——映秀镇。然而,由于种种原因,直升飞机不能起飞。无奈之下,舒明一行只得徒步前行。从驻地到目的地有两条路,一条路较近,但路况艰难;另一条路较远,却比较安全。舒明等人毅然选择了近路,因为他们知道灾区的人民在等待、在盼望，早到一分钟，就能给受灾群众带去多一份希望、多一份勇气。经过16个小时的艰难跋涉，他们到达了马尔康。作短暂休息后，又在危险中挺进理县。此时，理县农村的老房子已基本坍塌，山坡上还不时会滚落碎石。紧接着，舒明一行又直奔汶川威洲镇。从成都到汶川，他们整整绕了四川西部一圈。

根据安排，舒明负责汶川县雁门乡的防疫工作，距驻地20多公里的萝卜寨是此处防疫空白点。然而，进山寨的道路狭窄，沿途时遇塌方，车辆无法通行。但为了受灾群众的身心健康，舒明表示一定要去那儿开展防疫工作方能安心，遂决定徒步前往。进寨途中需经一段悬崖，最宽处只有20厘米，窄处更不足5厘米；同时，山路上有沙土，容易打滑。面对悬崖和羊肠小道，舒明凭着毅力抵达萝卜寨后，马不停蹄地开展防疫工作。当地村民都夸道："上海医生，好样的。"

阿坝师专是汶川防疫的重中之重，有6000余人安置于此。由于卫生措施不到位，卫生状况不容乐观。舒明与学校党委书记和校长紧急磋商，要求立即设立临时厕所，并详细讲解设计细节和施工要点。环境脏乱，蚊蝇滋生，容易引起病疫，舒明顾不得烈日炎炎，穿着密闭的防护服，背着40多公斤的机动喷雾器，在室外一丝不苟地进行消杀。一天下来，汗水湿透了衣服，肩膀也酸痛得没了知觉。晚上返回驻地，舒明没顾上休息，又抓紧时间撰写《汶川县威洲镇重点单位防疫工作问题及建议》，提出培训当地人员、组建防病力量，才是长久之计。

给经过道口的车辆消毒是一项重要防疫工作，由队员龚华和徐宏负责。刚开始，他们对这项任务还感到新奇，但随着时间的推移，他们感到身上的消毒器械越来越沉。面对长龙般的车队，防疫队员们想到新的方法：在道口地面铺设用消毒液淋浸泡过的毯子，并保证毯子的湿润。这样，只要车辆从毯子上驶过，就可以自动消毒。既节省了体力和人力，又加快了车辆通行速度，高效完成这一繁重的车辆消毒任务。

杨晓勇查看"水炸弹"内消毒药品遗留情况

水源的保护和消毒，是防疫工作的重心，而灾区的水源多是山泉水，当地居民会在山腰建设蓄水池，作临时储水之用，再用水管将水源引至生活场所。一开始，队员们需要背着沉重的消毒药品，爬到半山腰的蓄水池投放。但由于水量较大，流速较快，刚投下去的消毒药一会儿就全部稀释了，不能起到长久消毒的作用。为此，队员们只能多次往返，不停投放消毒药品。这样药品消耗巨大，队员们的体力也透支严重。为了使消毒药品缓慢释放、对水源持续消毒，队员们经过反复摸索和试验，发现只需把消毒药品放进矿泉水瓶，并在瓶壁钻 3 个孔洞，再投入蓄水池，就能达到消毒药品缓慢释放的效果。队员们形象地将这一创造称为“水炸弹”。

邓海巨（右三）带领防疫队员黄威（右一）等人在居民安置点开展防病调查

遗体处理是最脏、最累、最易感染疫病的高危险工作。湿热的天气加快了遇难者遗体的腐烂，很多遗体被发现时已高度腐败、异味扑鼻。然而，为了维护逝者最后的尊严，防疫队员克服了常人难以忍受的艰难，一丝不苟地进行消毒处理，并以最庄重的礼仪向逝者肃立致哀，让这些远去天堂的灵魂带着人间的大爱一路远行。6 月 23 日下午，邓海巨在一条阴暗的水渠内发现了一具遇难者遗体，立即组织队员前往处理。然而，遇难者家属情绪激动，要求辨认遗体并异地入殓。经过政府部门人员劝说，最终，家属同意就地掩埋遗体。邓海巨等队员头顶火辣辣的太阳，冒着高温，经过 4 个小时的艰苦奋战，终于完成遗体处理任务。家属怀着感激之情，跪在邓海巨面前，感谢上海普陀防疫队让她的亲人入土为安。6 月 27 日，邓海巨在准备与广州防疫队进行工作交接之际，接到通报：在寿江大桥下的岷江边发现一具遇难者遗体。邓海巨当即组织人员赶往现场，队员们用了 5 个多小时，认真完成消毒处置事宜，由此也得到指挥部的高度好评。

执行防疫任务期间，余震、道路塌方和山体滑坡时有发生，防疫队队员们每天翻山越岭进寨入户，多次与死神擦肩而过。由于缺乏新鲜蔬菜水果，不少队员因缺少必需的维生素而出现神经性皮炎。在高原强烈的紫外线照射下，裸露在外的皮肤表皮蜕了一层又一层，有的队员两只耳朵还起了硬包，火辣辣的痛。可他们凭着确保大灾之后无大疫的高度责任感和使命感，义无反顾地向灾区纵深挺进，认真排摸各乡村居民基本情况，宣传灾后防疫知识，监测水源质量，不间断地实施消毒防范措施，还为当地培训基层防疫人员、建立灾后防疫网络，这些措施为灾区群众健康和社会稳定起到了积极作用。

尽己所长　勇于奉献

地震造成灾难，援助全面展开。5 月 12 日下午，上海华山医院接到中国红十字会的紧急通知，要求其派 1 支医疗队，必须在 5 月 23 日中午之前抵达都江堰市，与德国专家合作筹备建立野战医院。

野战医院需配置 120 张病床、各类用于抢救治疗的成套医疗设备，以及发电机、供水等配套设备，还需要大量的医疗专业人员和设备管理人员。上海西部物业公司承担着为华山医院提供后勤服务保障的职责，当天，公司接到华山医院电话，希望派 1 名设备管理技术人员到野战医院工作。出征需遣精兵强将，公司领导想到了何龙章。

何龙章是西部物业公司的工程师和工程部经理，从事物业行业设施设备管理已有 9 个年头，实践经验丰富、技术水平出色。但他患有高血压、关节炎，腿上还带有骨刺伤痛。老何身体状况并不适合赴川工作，为此，公司领导犹豫不决。但老何却说："国家遇到如此大难，每一个有良知的中国人都应自觉担当。我有一技之长，小毛小病算不得什么，请相信我一定能胜任。"公司领导被老何的决心和态度所打动，让他代表西部物业公司参加援助工作。同时，老何也成为上海物业管理行业首位赴川的专业技术人员。

5 月 23 日 8 时 20 分，腿上还缠着绷带敷着膏药的老何，随同上海华山医院的医护人员赴都江堰救援。当天中午，飞机降落成都双流机场。老何和医疗队成员在机场唱起了《国际歌》，嘹亮的歌声和臂膀上显眼的中国红十字会袖标，吸引了许多志愿者，他们纷纷上前帮忙卸下随机携带的各种药品和器械。

当天傍晚，一抵达中德红十字会野战医院的驻地，老何一行就与德国专家商量，决定从次日起，用 2 天时间搭帐篷，争取尽快开诊，实施医疗抢救。然而，驻地一片狼藉、没水没电，余震袭来时，还会有碎砖瓦块掉落。负责医院水电设备和后勤保障工作的老何，跑了很多地方，终于在都江堰机械厂联系上了电源，保障了救护工作的开展。

要建野战医院的消息迅速在都江堰传开，不少受灾群众和来自各地的志愿者主动前来帮忙。西南交大的学生自愿当翻译。一位北京的板材企业老总，暂停了公司的运营，来到都江堰，从早到晚默默帮忙干活。一位年轻的小伙子，捐出了大部分的生意盈利，又亲自带了 10 万元现金到灾区，在卖力地给医疗队打下手的同时，不忘把钱分发给困难群众。还有在美国居住的四川籍女青年专程赶回来贡献自己的一份力，哪怕只是替大家拉绳子、拧螺丝、清理杂物垃圾。他们说："早点儿把医院建起来，就可以多救几个人。"

何龙章同德国专家一道搭建野战医院帐篷

老何在32℃高温下连续干了18个小时，只吃了1盒盒饭和1碗泡面，浑身是灰尘和汗水的他，却没办法去洗澡，因为老何总是发扬风格让别人先去洗，等医疗队的人排队洗好，已是半夜，热水也用光了。由于帐篷搭建的数量不多，他又把睡觉的地方让给了女护士，自己只能在马路边铺张席子将就。

5月26日清晨，经过2天紧张的筹备，40多顶帐篷搭建完毕，水电设施全部接通，野战医院正式开诊。德国专家感慨："这样的速度简直不可思议，在其他国家根本办不到。"野战医院24小时开放，医护人员轮流值班。第一天野战医院接收患者300多人，第二天增加到500多人。

55岁的老何是野战医院年龄最大的援助者，中外专家亲切地称呼他为何师傅。除了要保证水电系统正常以外，他还负责后勤杂务。在野战医院，老何是起得最早的人，细心的他会煎上一些荷包蛋或煮上一盆水煮蛋，让手术医生改善一下伙食。每当此时，外国专家总会翘起大拇指，拍拍他的肩膀表示谢意。为了完成忙碌的救援任务，老何每天只休息三四个小时，有时站着都能睡着。用他自己的话说，那不是在工作，简直就是在玩命。

5月30日，一个患了严重心脏病的小男孩，从重灾区的绵阳华山救助点转到野战医院。由于病情恶化，必须转至上海抢救。老何和野战医院的医护人员想也没想就把随身带的钱捐了出来，只留下些许,供必要开支。当救护车离开野战医院时,医院全体人员为小男孩祈祷,希望他能够早点恢复健康、重返校园。

救援过程艰险阻绝,它们蚕食着志愿者的精力,然而点滴温暖就能让大家重燃斗志,继续与严酷的现实抗争。5 月 31 日下午,一个小生命在野战医院诞生,年轻的父母给男婴起名“方中德”以感谢野战医院的专家。6 月 2 日,又有一个女婴呱呱坠地,“华堰”这个名字寄托了全体医护人员对新生命的美好祝福。每当此时,洋溢着幸福感的老何,就会不声不响地把水烧好,等着护士给婴儿洗澡。

6 月 4 日,是德国专家克劳斯 50 岁的生日。老何受野战医院中方医护人员的委托,托人从成都捎回一个大蛋糕。晚上,在都江堰一个药厂的小食堂,中方医护人员特别为克劳斯举办了简单而又隆重的生日会。烛光在断断续续的余震中摇曳,映红了克劳斯激动兴奋的脸庞。他用矿泉水代替美酒感谢大家:“我去过很多国家,参加过多次战地救护,只有中国给我留下了最最深刻的印象。中国的医疗水平完全是一流的,中国人的抗灾精神真是伟大,让我和我的同行无比敬佩,与你们的合作我感到非常愉快。”克劳斯还专门向老何敬“酒”,谢谢他细致的照顾和贴心的安排。

老何说,地震刚发生那会儿,他觉得物业管理行业离抗震救灾的现场和需求比较远,有劲使不上,非常佩服在灾区冒着生命危险出力出汗的志愿者,希望自己有朝一日也能像他们那样,亲临抗灾一线做点贡献,没想到,还真成为救援队的一员。虽然,都江堰余震不断,生活条件很差,半个月里基本没有像模像样的洗过一次澡,也没有实实在在吃过一顿饭。不过,劳累中有快乐,艰辛中也有自豪。这段难忘经历,将永远留在他的记忆中。

舍家为国　大爱无疆

“派一支食品药品监督队伍,支援灾区建设。”得知市食品药品监管系统的这一决定,普陀食品药品监督所职工纷纷报名,党员干部李刚更是主动请缨,要求加入上海市首批对口支援都江堰抗震救灾医疗队。“我是一名党员,也是一名转业军人,党和部队培养了我,现在是祖国和人民需要我的时候,我坚决要求到抗震救灾第一线去!”当时,他的妻子刚刚怀孕 2 个月,医生反复叮嘱早孕期间一定要细心呵护,因为就在 1 年多前,他的妻子曾在怀孕 2 个多月时不慎流产。由于夫妻双方家人都不在上海,此时的妻子更需要丈夫的关心和照顾。对于李刚的妻子来说,尽管不放心丈夫远赴地震灾区,尽管需要丈夫更多的陪伴和关怀,但还是表示理解和支持。于是,李刚将妻子送到了南京年迈的岳父母家。6 月 29 日,李刚、李绕明、张为民、王智俊 4 人踏上前往都江堰的飞机,远赴灾区第一线,成为首批援建都江堰医疗队的队员,开始了为期 3 个月的支援建设。

初到都江堰,条件异常艰苦。他们面临不少困难:需适应当地的卫生监督检查标准等法律法规;硬件亟需改造,如食品经营单位靠近污染源;当地卫生监督力量不足等。与此同时,普陀区对口支援都江堰市工作临时党支部成立,李刚作为临时党支部的一员,积极协助开展工作,让党旗时刻飘扬在抗震救灾医疗卫生战线的第一线。

为了解决卫生监督力量的不足，他们增加巡回监督检查频次，没有休息日，朝八晚五，枕戈待旦，始终绷紧神经。休息的时候想着工作、吃饭的时候想着工作、甚至在睡觉的时候还是想着工作，“接下来一步该怎么走”“怎样才能事半功倍”“如何拓展思路，寻求更好的监管模式和方法”。

在灾区，李刚主要协助开展食品安全监管工作，并帮助都江堰卫生部门重建监管网络。7月初，都江堰玉堂镇的食品安全还处于“无监管状态”，许多餐饮、副食店都是受灾群众灾后自救所开，持证率极低。正值盛夏，气温升高，天气闷热，食品安全问题迫在眉睫。李刚等人主动出击，制定食品安全监管计划，挨家挨户进行宣传检查和指导，走过泥泞的乡间小道，翻过悬崖陡壁的赵公山，穿梭于人头攒动的集贸市场，深入到人迹罕至的山脉丛林。有些经营单位分布在山里，车子开不进去，他们就走山路，没有遗漏任何一家食品经营户。他们还有针对性地开展食品安全专项整治行动，创新性地提出建立群宴档案，指导食堂、餐饮单位从业人员，集中培训群宴流动厨师，增强其食品安全和责任意识。同时，通过张贴宣传画、散发宣传材料、集市现场咨询等方式，对广大居民进行广泛宣传，提高群众食品安全意识。

李刚牢记监督员使命与支援职责——帮助灾区重建食品安全监管体系，因此，培训带教成为他们另一个主要任务。为了让灾后新到位的食品卫生监督协管员尽快熟悉业务、进入角色，李刚和同事们根据实际情况，自编教材，对玉堂镇卫生院2名卫生监督协管员进行了多次培训，毫无保留地传、帮、带，帮助他们通过资格考试，成为合格的食品卫生监督员，在基层食品卫生监管网络中发挥作用。

他们除了完成日常的工作任务外，还要应对各种突发情况。有一次在去卫生院的途中，遇到一位因癫痫发作而头部摔伤引发昏迷的患者，李刚立即与队员一起对患者进行紧急处理，并将患者安全送到中德红十字会野战医院救治。待救治结束后，他又与队友一起将患者送回家中。

那段日子，面对着频繁的余震、惊天动地的雷暴雨、崎岖不平的山路、驱之不去的蚊虫，以及监督过程中的重重困难，李刚等人没有退缩、没有回避，而是积极面对、勇敢向前。工作上、生活中的困难尚能克服，但对怀孕妻子的担心、对家人的思念令他煎熬，浓浓的思念只能通过电话传达。尽管如此，援建的90多天他始终以高昂的斗志，全身心地投入一线工作。

那段日子，是四川一年中最热的时期，李刚与同事们并肩作战，确保对口支援的玉堂镇灾后无疫情和食品中毒事件发生，保障了当地2万余名居民的生命健康。此外，辖区内经营者及从业人员食品安全意识明显加强，食品操作环节逐步细化、规范化，卫生许可证、健康证持证率呈上升趋势，这些都凝聚着他们的智慧和心血。

9月底，李刚圆满完成援建任务，回到上海，和日夜思念的妻子团聚。“天下兴亡，匹夫有责”，李刚用自己的实际行动诠释了舍小家顾大家的高尚情怀，展现出新时期共产党员无私奉献的优秀本色，展现出食药监人的光辉形象。

心手相连　守望相助

汶川发生地震，社会各界纷纷伸出援手。有道是“大爱无疆”，那些日子里，普陀人民用一颗颗爱心填平灾区千疮百孔的沟壑，用一份份真情筑起一道坚实而温暖的长城，帮助灾区同胞共渡难关。仅仅半个多月，普陀区民政局就募集捐款2929.21万元，上海市慈善基金会普陀区分会募集捐款456.35万元。截至7月17日，普陀区各级红十字会接收社会各界赈灾捐赠款物逾3953万元，其中捐款2916万余元、救灾物资价值约1037万元。

一方有难，八方支援。捐献救助成为普陀人民的共同行动，以关怀传递力量，以感动支撑希望，普陀区人民用真挚的爱心，不断把温暖传递给灾区同胞。地震发生后第一天，一位90岁高龄的老人在家属的搀扶下，来到区红十字会，捐款5000元，说：“家里再困难，总能吃饱，电视里看着灾区的情况，我心疼！”老人颤抖的声音感动了在场的每一个人。

5月14日上午，普陀区抗震救灾捐助接收点收到了一份特别的捐款——上海悦苗残疾人寄养园的爱心捐款2236.5元。全园老师和孩子希望通过区民政局，将捐款转交给地震灾区的人民。没有激昂的话语，只有真挚的情感，吴园长说：“悦苗寄养园平时得到了社会各界的关心和帮助，智障孩子们正是有了社会这个大家庭的关爱才能健康快乐地成长，当我们得知四川人民遭受了这么大的灾难，老师和孩子们就开始踊跃捐款，向灾区人民献上我们的爱心。”

同一天，一位年轻的妈妈，怀抱着刚刚出生100天的婴儿，来到了区红十字会，这位妈妈说：“今天是孩子百天纪念日，我代表他捐款100元，希望他长大后成为一名有爱心、对社会有用的人。”虽然孩子现在还不知道发生了什么，但待他长大，一定能理解母亲的用心，也会感受到爱的力量，成为一个有爱心的人。

普陀区中心医院护士戴金娣的丈夫丁克富在市消防局工作，这次奉命带队赶赴灾区实施救援。戴金娣为全力支持丈夫，一边照顾患病的老母亲，一边照料即将参加高考的儿子，并带动医院护工、配膳员、厨工、保安、研究生、离休干部、团干部等300余人捐款近1.1万元。来自上海水务建设工程公司的一线救援人员的家属，也将单位发放的1000元职工慰问金捐献给了灾区同胞。

5月20日，长风街道师大一村离休老干部张波、王连生夫妇，向汶川地震灾区捐款20万元。夫妇是91岁和80岁的高龄老人，平时生活简朴，虽身患多种疾病，但也舍不得请保姆。夫妇俩说：“当年参加革命就是为了国家，为了人民，现在国家有困难，人民在受灾，我们年纪大了，不能到前方去，就在后方尽点微薄之力。”

王文清是江宁学校八年级二班的一名学生，在学校组织募捐时，捐了50元零花钱。但看到同学有的捐300元、有的捐500元，甚至还有人捐了1000元、2000元。王文清感到疑惑：“同学们哪儿来这么多钱？”同学们异口同声地告诉他：“这是我们的压岁钱。”5月21日，全国哀悼日的第三天，也是王文清14岁的生日。但他内心很不平静，又和妈妈谈起了学校捐款的事情，感到自己应该多捐一些。妈妈问他是否可以将积攒了10多年的压岁钱捐给灾区，王文清一口答应，因为这也是他的心意。第二天，他和妈妈一起从银行里取出5万元压岁钱，直接送到区红十字会。当王文清拿到区红十字会颁发的大红捐款证书时，心里感到很踏实、很开心。他对妈妈说："希望这5万元能帮助灾区的儿童重返校园、重建家园。"在他的感染下，5月16日刚过70岁大寿的外公也将3000元祝寿金捐了出来。

六名来自曹杨回收站二分站的工人深夜来到区红十字会，从袋子里掏出一堆零零碎碎的纸币、硬币放在桌子上，略显惊奇的工作人员们缓过神来，一起围拢细数钱币，共有2100元！顷刻间，一阵暖流涌上工作人员的心头。大家都清楚这一分一厘得来的是多么不容易，可以说，每一分钱都印刻着他们的艰辛，他们奉献的是金子般的爱心，他们捐出的钱都如金币一样耀眼。

有位在捐赠点附近打扫的环卫工人，默默地走到募捐箱前，怯怯地说："我捐的钱很少，只有30块。"工作人员忙起身致谢："爱心不管钱多少。"第二天他又是这样默默地走来，再次往捐款箱里投入了30元。这60元所承载的情意远远超过金钱本身的价值。

一位残疾人，拄着拐杖，来到区红十字会。虽然他家里发生了火灾，生活拮据。但得知地震灾情时，他毅然把积攒下来的1000元捐了出来。

一对86岁的老夫妇，由于疾病缠身，行动不便，所以专程打电话让工作人员上门接收他俩一个月的退休工资2000元。

一个刚满3周岁的小男孩，将原本5月15日生日宴要花的2000元省了下来，说想把这笔钱送给灾区小朋友买面包吃、买水喝。

在大渡河路上的临时捐助点，不时有路人前来捐款。他们不留姓名，将200、300元钱塞进了募捐箱。

一位双眼失明的高血压、糖尿病患者，委托邻居用助动车带他来捐款300元，当工作人员让他留下姓名时，他却婉言谢绝了。

数位不愿透露姓名的工人、一位没有留下名字的三轮车车夫，在收入有限的情况下，慷慨解囊。

一位女士，骑着自行车携带装满钱的塑料袋，来到了捐助点，当工作人员让她留下姓名时，她却说："献爱心还需要留名吗?"随即转身离开，工作人员起身想要挽留，她却早已消失在茫茫人海中。经过清点，沉甸甸的塑料袋中共装有2.1万元。在场的人情不自禁地发出赞叹："好人啊!"

得知灾区急需血浆，一名公司职员就利用午休时间来到流动献血车，献血400ml。

得知灾区幼童急需奶粉，一位署名"年轻的母亲"的好心人用快递寄来了许多奶粉。

无数普通市民以自己的方式表达哀思，传递爱心，其中也包含来沪务工群体。不是亲人胜似亲人，一句句简单的话语，一个个普通的身影，一颗颗炙热的心灵……留给我们的不仅是感动，更是敬意、是希冀。

一位来沪务工的女同志一下班就赶到区红十字会，从工作服里掏出了500元捐给灾区，她没有华丽的外表，却有一颗善良的心。

一位铜川路水产市场的民工兄弟，向灾区捐出近一个月的工资。

一位30岁左右的年轻人，穿着朴素，手里拎着破旧的包，匆匆忙忙跑到捐赠点，毫不犹豫地从口袋里掏出280元给我们，当工作人员开收据的时候，他突然很不好意思地说："可以给我留5元午饭钱吗？"原来他把口袋里所有的钱都捐了出来。他是半年前来上海打工的保险推销员。保险销售工作辛苦，收入不高，但他没有忘记受灾的同胞。

5月22日，区红十字会收到一封特殊的来信。写信人是一名来沪打工的共产党员。她在信里写道："6年前，我做生意被骗走了100万，那可是我20多年的心血啊！当时我完全崩溃了，好像天塌下来一样，房子没了、家没了……后来儿子对我说，只要人在什么事都不怕！为了生存，为了孩子，现在我们一家人在沪打工，全家每月收入只有2000元，还要支付儿子的学费。今天，我捐了300元，我很内疚，我是一位不称职的共产党员。对不起，我捐的太少了……"信中的语言朴实无华，内容却深刻动人，字里行间无不流露出对灾区同胞的爱。

这些来沪务工的兄弟姐妹们的故事，也许很普通、很平凡，但对并不富裕的他们而言，表达的是一份份对灾区同胞发自内心的真情！

普陀区举办支援四川抗震救灾慈善义拍活动

除区红十字会、民政局、慈善基金会分会外，区妇联也在灾后第一时间号召全区的广大妇女同胞向灾区人民捐款捐物，发扬守望相助的精神。一幅幅抗震救灾、帮助四川人民重建家园的感人画面不断涌现。

区妇联参与“上海母亲关爱震区孤儿”的爱心活动，向震区孤儿捐款33.66万余元。与区红十字会、工商联、团区委联合举办“守望相助，众志成城”——支援四川抗震救灾工作慈善义拍活动，筹集善款96万元，其中女企业家直接捐款近6000元，义拍款项达16万元，捐物价值近26万元。巾帼文明岗负责人自发为灾区捐款2200余元。与此同时，区妇联还到同济医院走访慰问了灾区来沪治疗的11名伤员及其家属，并组织社区家庭与伤员家庭结对，通过家庭互助模式为灾区人民提供生活上的帮助。

长寿敬老院护理组是区巾帼文明岗，汶川特大地震发生后，巾帼文明岗护理组的全体成员积极行动，在敬老院开展了“情系四川灾区，奉献长寿爱心”活动。住在这里的82岁孤老张新保向四川灾区一次性捐款10万元，这10万元是他家老宅的动迁款。他说：“我年事已高，这些钱应该用在更需要它们的地方。”长寿敬老院的其他老人深受触动，纷纷慷慨解囊，共同为灾区人民祈福。护理员的收入虽然不高，但她们也主动捐出善款。

汶川地震发生后，位于普陀区桃浦镇红棉路355号的上海日洋制衣有限公司开展“一方有难，

82岁孤老张新保向四川灾区一次性捐出老宅动迁所得的10万元

八方支援”的捐款活动。全公司的妇女姐妹们一边积极筹集捐款，一边赶制服装；一线女工们一边开足马力加紧生产，淌着汗水飞针走线进行缝制，一边埋头苦干打包装箱，备齐所有救援衣物。库房里还有许多抢险物资，姐妹们不辞辛苦、奋力搬运。就这样，一支清一色由女性组成的抢险物资后勤保障队，以最快的速度，把800余套运动服打包后运往了抗震救灾一线战场。

5月20日，正值“慧嫂参与迎世博，巧手编织新生活”普陀区外来媳迎世博就业助推实事项目培训开班第一天。曹杨街道的外来媳们听到市、区妇联正在开展“上海母亲关爱震区孤儿行动”的消息，纷纷行动起来，积极投入到抗震救灾捐款活动当中。尽管她们中有很多人生活并不富裕，不少人在此之前已经参与了社区的募捐活动，但仍积极投入本次活动。开班动员前，外来媳们首先向灾区遇难同胞默哀一分钟，随后在烛光下走向募捐箱，短短几分钟，外来媳你10元、我20元、她50元，有的拿出了100元，再一次向灾区孤儿表达了母爱之心。

星云经济区的全体女职工也积极开展为灾区同胞捐款的活动。大家你献一份情，我出一份力，纷纷主动捐款，表达园区妇女对灾区同胞的关爱与牵挂。同时，星云妇女联合会也对外发起了爱心捐款活动。灾情发生后，前来星云妇联办公室捐款的人络绎不绝。同时，在市、区妇联提出“关爱震区孤儿行动”的倡议下，三天内，星云经济区募集到捐款6982.5元，全部捐给市儿童基金会。

地震发生后，温情没有因为时间干涸，在普陀，捐款捐物和各种支援源源不断，普陀人民以实际行动为灾区同胞们献出了份份爱心，使灾区人民获得了来自远方的援助，感受到人间的温情，看到了重建家园的希望。

同舟共济　肝胆相照

“灾区人民有难，我们应当相帮”，听到汶川大地震消息后，普陀区委统战部召开紧急会议，当即发出《关于全力做好汶川大地震抗震救灾工作的紧急通知》，号召全区各界人士发挥优势，积极参与抗震救灾工作。

关爱灾民，慈善义举不断。

民建会员周宗佑闻得灾情，立即向有关部门捐款5000元，成为向上海慈善基金会普陀分会汶川赈灾捐款第一人。更有民主党派成员以一份份“特殊党费”“特殊盟费”“特殊会费”，将自己的爱心送往灾区，支持抗震救灾。据不完全统计，赈灾期间，7个民主党派2000余名成员个人捐款、缴纳“特殊党费”“特殊盟费”“特殊会费”共计200万余元，人均捐款过千元。

民革党员梁振民所在的沙田房产公司向汶川地震捐赠31万元后，当时身处澳洲的他仍情系灾区，特别委托公司副总把5万元作为自己的特殊党费送到民革区委办公室。

民进会员、上海沙驰服饰有限公司总经理王康云以公司名义定向捐给都江堰市价值1000万元的救灾衣物后，个人又以“特殊会费”的形式捐款7万元。

5月18日，民盟盟员、区中心医院主治医师王红婷奔赴灾区第一线，成为普陀区首批赴川医疗队队员。任务完成返沪后，被问及灾区之行的感受时，王红婷用16个字做了概括：生命之旅、危险之旅、艰苦之旅、感动之旅。在王红婷救治的伤员中有一对姐弟，初见他们时，脸上只有与年龄不符的忧郁。身为人母的王红婷明白，尽管姐弟俩的伤势不重，但心灵的创伤则难以愈合。于是，王红婷稍有闲暇就陪他们聊天、讲笑话、猜谜语，还和队友把带去的零食送给他们。渐渐地，姐弟俩的脸上有了笑容。那位女孩出院后还给王红婷发来感谢短信，并深情地叫她干妈。

民建会员吕慈是一位“失独”母亲，在捐款后，她觉得自己还应该为灾区做点什么。于是，当星星港关爱服务中心（一家为丧子家庭或个人提供精神援助和心理危机干预的公益组织）发出组建精神救援队赴灾区救援的通知后，吕慈第一时间报了名。因他们知道：失去孩子的父母会很绝望、孤独，需要有人扶他们一把。5月29日—6月5日，他们毅然来到灾区。整整8天，他们用亲身经历和感受，去安慰和鼓励那些在地震中失去孩子的父母们，点燃他们勇敢活下去的信心。吕慈深情地说：“慈善不仅仅是物质上的帮助，捧出我的心，抚慰你的痛，人人献出一份爱，才是慈善力量的源泉。”

作为一个以医药卫生界高中级知识分子为主的民主党派，农工党普陀区委在抗震救灾中，先后有奉典旭、刘宗军、巢贤俊、夏斯伟4位党员奔赴救灾第一线。5月27日—6月25日，在四川绵阳一线抗震救灾的农工党党员、普陀区中心医院普外科副主任的奉典旭还清晰地记得，在烈日的曝晒下，救援的帐篷像蒸笼一样。尽管工作环境和生活条件较为艰苦，但来自区中心医院的9位医疗队员克服了各种困难，在1个月的时间里，共诊治伤病员3000余人次，巡诊5000余人次，成功抢救了许多重危病人。

普陀区侨界人士、美国洛杉矶加州大学终身教授、上海炎黄画院院长徐纯中，在电视上得知汶川大地震的消息后，推迟回美国的日程，于5月16—22日，在上海家中创作完成了一组六幅中国画《众志成城 抗震救灾》，并号召身边的华人华侨踊跃捐款。在参加义拍时，徐纯中如是说：“汶川地震以来，我几乎每天都是含着眼泪看电视新闻报道。英雄人民震撼人心的故事，深深打动了我。强烈鼓舞我把这一幕幕都画出来……在这7天中，我满怀激情日夜创作，画出了6幅300多人、40多个场景的作品，只想奉献我真实的情感，履行艺术家的社会责任！”

普陀区民营企业在震后第一时间参与救援，谱写光彩事业、传承光彩精神。

5月13日，远成集团立即部署西南各分公司紧急调拨80台车辆、组织骨干员工65人赶赴灾区。至5月底，远成集团支援抗震救灾的车辆已有91台，共出动车辆165台次、人员269人次，抢运物质6380吨，运输救灾人员近千人。91名司机中，孙燕龙、米兴彬等36名司机来自重灾区，有亲人受伤的，也有房屋开裂倒塌的，但他们来不及回去照顾家小，主动请战到最危险的几个镇去，最重要的理由是——我是当地人！我最熟悉地形和路况。他们的精神和行动感动了灾区人民。

5月15日，复星集团在全国工商联捐赠仪式上向全国民营企业家提出《切实履行社会责任，为抗震救灾奉献力量》的倡议。宏泉集团倡导民营企业家中的共产党员，发挥先锋模范和带头表率作用，坚决听从党的召唤，支援四川灾区。致达集团、奥盛集团分别在市、区民营企业支援四川抗震救灾捐赠仪式上号召广大非公有制经济人士积极行动，投入抗震救灾和灾后重建中，全面履行民营企业的社会责任。在普陀区民营企业支援四川抗震救灾慈善义拍活动上，到场的30多位民营企业家纷纷慷慨解囊，募集善款达96.8万元。

5月16日，在迅即组织起的捐赠活动中，致达集团领导带头捐款，全体党员和员工排队为灾区人民踊跃捐款、奉献爱心。室装集团76岁高龄的退休员工丁荣庆专程到公司送来800元捐款，家具研究所身患癌症病休在家的特困员工朱建文，主动捐出100元，她说："我没多少钱，但不论多少，那都是我的心意。"在这次捐款活动中，员工捐款97万余元，通过当地红十字会、民政部门转交灾区。

5月17日，普陀区光彩事业促进会主办、普陀区工商联承办"众志成城，抗震救灾"——普陀区支援四川抗震救灾捐赠仪式，区委书记周国雄、区委副书记顾顺祥亲临现场，区工商联主席、光彩事业促进会副会长、奥盛集团总裁汤亮向全区民营企业家发出了支援四川抗震救灾的捐款倡议，希望各位民营企业家，伸出援手，履行一份责任，奉献一片爱心，与灾区人民同舟共济，战胜灾害。

5月25日，区慈善基金分会、红十字会、侨联、工商联、上海炎黄画院及上海东方国际商品拍

58家爱心企业现场捐赠425万元交普陀区红十字会

卖有限公司联合举办“赈灾慈善拍卖会”。民营企业家们再一次走进义拍现场,20 多位民营企业家拍走了大部分拍品,主办方将当天拍卖所得 40 万元分别捐赠给区红十字会和慈善基金分会。

危难之时显真情。据不完全统计,普陀区民主党派成员、少数民族人士、宗教界、非公经济人士、港澳台侨界等各界统战人士精心组织了一系列活动,累计捐款捐物价值逾 8000 万元。普陀区民营企业家通过不同渠道和方式向灾区人民捐赠 5900 万余元,以及价值 1200 万元的救灾物资。

教育援川　守护希望

“让灾区的孩子同样受到好的教育。”在援助地震灾区的日子里,普陀教育系统的领导和教师用实际行动写出感人的篇章。

地震发生后,区教育局召开紧急会议,专题研究“普陀教育如何支援四川抗震救灾”“应该为四川灾区做些什么”“怎样有序有效开展赈灾工作”等问题,部署普陀教育援川工作。

捐款大幕随即拉开,仅仅几天,普陀区师生捐款达 524 万余元,教育系统 3000 多名党员教师累计缴纳特殊党费 148 万余元。此外,还对在普陀区工作与学习的四川籍教师和学生开展安抚工作。5 月 20 日,区教育党工委书记王珏、教育局局长李学红陪同副区长景莹慰问 1 名四川籍教师和 32 名四川籍学生,对他们进行细心安抚。随后,曹杨小学、曹杨职校、陆家宅小学等学校分别对受灾家庭学生进行全面家访、给予每人 1000 元补助。

普陀区教育局与都江堰市教育局对口合作交流已近 10 年。5 月 20 日上午,“心手相连,共建家园”普陀师生为四川都江堰灾区捐款仪式在金洲小学举行。会上,区教育局、红十字会向四川都江堰市教育局捐款 60 万元,用于建造希望小学。此次地震给都江堰市各中小学校造成巨大破坏,给师生身心带来沉重创伤。为更好地援助都江堰市教育事业灾后重建,区教育局投入 100 万元设立“普陀都江堰教育援助基金”,同时,实施 3 项教育援助计划:学校发展援助计划、师资队伍建设援助计划和学生学习援助计划。

6 月 23 日,都江堰市各中小学全面复课,大众集团和区教育系统 10 万师生特意送上复课礼物。大众集团赠送 1200 只书包和笔袋(价值 13 万元),区教育局赠送 600 套课桌椅(价值 15 万元)。为尽快落实援建 2 所学校的计划,6 月 24 日,区委宣传部副部长吴凌昱、区教育局局长李学红,上海大众集团董事长杨国平、大众交通集团党委书记袁丽敏一行飞赴四川都江堰,与都江堰市人民政府签订共同援建都江堰中小学校的协议。都江堰市市长许兴国、教育局局长张庆等参加签约仪式。此次赴川,上海大众集团捐款 500 万元援建的是都江堰市塔子坝中学,区教育局捐款 60 万元援建的是都江堰市柳街小学(后更名为玉堂中学和玉堂小学)。援建学校协议的签订,拉开了教育援助的序幕。根据新建校舍基本情况和需求,在区委、区政府支持下,按照上海学校标准,还为两校各配置固定多媒体教学系统 2 套、移动式多媒体教学系统 1 套、笔记本电脑 4 台,价值约 20 万元。

此后，区教育党工委书记王珏率部分中小学校党政干部一行10余人赶赴都江堰玉堂镇，进一步开展与玉堂镇的教育合作交流，帮助受灾地区尽快恢复教育秩序，提升教育水平。紧接着，区教育局启动了志愿者支教活动，选派曹杨二中沈德明（中学数学一级教师）和平利路第一小学王立新（小学语文高级教师）2名骨干奔赴塔子坝中学、柳街小学开展为期一年的支教工作。根据都江堰市教育局的需求，区教育局还承诺每年选派部分骨干教师赴受灾地区进行支教。

随着人力支教活动的实施，区教育局又积极开展智力支教活动。区教育局确定同济大学附属第二中学、武宁路小学分别与塔子坝中学、柳街小学结成姊妹学校，开展结对帮扶，曹杨二中附属学校、平利路第一小学也分别与塔子坝中学、柳街小学结对，就此形成了沪川两地六校合作交流模式。

区教育局还从对口学校、学生需求出发，开展形式多样的教育援助活动，包括安排灾区校长来沪挂职锻炼及都江堰教师到区跟岗培训，对受地震灾害影响的部分学生实施助学援助，接收灾区部分符合入学条件的学生进入区各职校就读等。

“抗震救灾”是对学生开展生命教育、弘扬民族精神的最好课堂。5月20日，全国哀悼日的第二天，区学校美育研究会、普陀教育报会同10个协办单位联合组织“抗震救灾·生命礼赞”征文

普陀区副区长景莹向借读在沪的灾区小朋友赠送六一节礼物

活动。征文通知一发出，立即得到全区 45 所学校 3.6 万名中学生的积极响应。学生们用真诚的思想感情、感人肺腑的语言，表达“生命的尊严”“生命的力量”“生命的瑰丽”“生命的感悟”“生命的旗帜”和“生命的愿景”。区学校美育研究会在学生征文书稿中遴选出 66 篇优秀作品，编辑出版了《美育》“抗震救灾 · 生命礼赞”特辑，分发给全区学校，在学生中传诵“天行健，君子以自强不息”的中华美德和民族精神。

六一儿童节是全区少年儿童在抗震救灾行动中迎来的第一个节日，区教育局以此为契机，对学生开展赈灾教育。当天，全区 300 多名红领巾代表在桃浦中心小学隆重举行“普陀四川儿童牵手庆六一”大型主题活动。活动分为 3 个篇章，凸显“传我爱心，祈福灾区四川”“心怀感恩，坚定必胜信念”“携手共建，展望美好家园” 3 个主题。整个活动表达了全区少先队员心系灾区儿童，播撒爱心共建家园的心愿。现场还向来沪借读的地震灾区儿童赠送了学习用品和节日礼物，并勉励全区少年儿童在抗震救灾行动中学会坚强、学会拼搏，茁壮成长。

通过书信、网络等渠道，沪川两地学生进行了学习和思想交流。长征中心小学是全区最早向都江堰市柳街小学寄去学生书信和慰问卡片的学校，沪川两地学生虽未谋面，心却连在了一起。

我们众志成城

——汶川特大地震闸北区救援实录

2008 年 5 月 12 日 14 时 28 分，以四川省汶川县为中心发生里氏 8.0 级特大地震，顷刻之间，天崩地裂。地震无情，人间有爱，在区委、区政府的领导下，闸北各行各业、全区人民紧急行动、众志成城，迅速投入抗震救灾的援助行动。

各行各业、社区居民纷纷捐款捐物

5 月 13 日下午 5 时 45 分，闸北区委召开紧急会议，传达、贯彻和落实市委、市政府有关精神，紧急发动，明确把支援汶川抗震救灾工作作为当前全区的头等大事。会后区委、区政府办公室联合下发《闸北区关于全力做好支援汶川抗震救灾工作的紧急通知》，成立区 5 · 12 汶川灾区捐赠接收办公室。各大口、街道(镇)迅速传达区紧急会议精神，区民政部门、区慈善机构以及各街道(镇)分别对口接收社会捐赠。

闸北区各行各业纷纷向灾区捐款

截至6月底，全区共收到捐款4656万元，民营企业还以捐物和献血等方式支援灾区，区公安分局选派6名消防官兵和13名特警队员奔赴重灾区抢险救灾，区卫生局先后四次共抽调13名医务人员前赴后继奔赴抗震救灾第一线。此外，区教育局共安排37名从汶川地震灾区来沪投亲就读的学生。区劳动和社会保障局组织区域各长途汽车运输公司、区市容管理局、新六联物流公司等单位，赴都江堰市开展灾区异地就业援助活动，向灾区提供45个工作岗位，招聘当地驾驶员来沪工作，发放《岗位就业承诺书》。该局还认真做好对符合条件的地震灾区农民工实施一次性特殊帮困救助工作，共向1516人发放救助金83.32万元。区食监所分4批共派出6名监督人员前往四川都江堰大观镇开展援建工作，每批志愿者援建时间为3个月。

5月13日上午，区慈善分会、红十字会启动救灾捐款工作，通过平台短信和网络传媒向全区党政机关和各级领导干部发出抗震救灾捐款倡议，公布捐款热线和接收部门地点、接收时间。各部门、各单位和街镇层层动员、广泛发动。区机关党工委行动迅速，5月14日中午即组织全体机关党员干部捐款近40万元。社区老党员、老劳模、离休干部、军烈属、海外人士、高龄老人、无业人员、低保家庭、接受政府帮助的各类困难人员、外来务工人员都纷纷加入了献爱心的队伍。大宁路街道广延小区一位90岁的退休工人，双目基本失明，收入低，媳妇又患绝症，家中生活拮据，每逢捐款都积极投入，这次又捐了500元。延峰小区黄昕云同学身患白血病，还在化疗之中，母亲为照顾他还辞去了工作。他却拿出压岁钱1000元，请他妈妈代捐。离休干部王秉文尽管刚动完白内障手术，还是为灾区捐款1000元，表达一位老共产党员的心意。

汶川地区发生强烈大地震消息传出后，牵动着区域民营企业和民营企业家的心。各民营企业在为灾区捐款献爱心的同时，还以捐物、献血等方式支援灾区。

上海纪明环保设备科技有限公司全体员工得知灾情后，加班加点生产灾区急需的卫生设备。5月21日，该公司向灾区捐赠4座节能型移动厕所，价值21.6万元，为缓解灾区群众的生活困难贡献一份力量。上海瀚纳森制衣有限公司向灾区赠送价值19万元的抗菌口罩和12000件价值400万元的服装。在全国哀悼日当天，该公司在上海港汇、新世界、永安百货等“添香”防辐射服装上海销售网点及全国近5000家销售网点开展爱心义卖，将一天的销售额91万元捐给灾区。上海和平集团员工在密切关注灾情与求援行动的同时，还自发报名参加义务献血，在报名的40余名员工中有5名员工光荣鲜血，向灾区群众奉献自己的爱心和支持。

区民营企业还主动关心企业内的四川籍员工，对员工家乡受灾情况进行排摸，并通过上门慰问等形式为他们排忧解难。中建五局装饰有限公司一名四川籍员工家中房屋在地震中倒塌，母亲也不幸遇难，该公司当即为他送上1万元慰问金，其他员工也主动关心他的生活，与他共渡难关。此外，不少民营企业还为四川籍员工买了返乡的车票，让他们尽快回到亲人的身边。

消防官兵、公安特警临危受命

抗震救灾的进军号在5月14日凌晨吹响！根据市局统一部署，分局连从闸北消防支队闸北中队夜调集黄文斌、陈峰、徐翔、刘军、石良税、蔡庆等6名消防官兵，从特警支队调集袁尉斌、骆俊、顾励、徐玉麟、刘传记、刘海森、蒋华翔、陈晓峰、倪骁、王有为、林志君、水泉、张俊明等13名特警队员，组成闸北公安分局赴川救援队，奔赴四川抗震救灾第一线。临行前的铮铮宣誓队员们尤在耳畔：时刻牢记人民利益高于一切，决不辜负区委区府、分局领导和全区人民的重托，全力以赴做好抗震救灾工作！黑夜中，队员们的脸上透着坚毅。他们有的抛下了新婚不久的妻子，有的顾不上正在装修的婚房和筹备中的婚礼，还有的把年幼的孩子托付给了父母照顾，义无反顾地踏上了支援灾区的征程。

5月14日，闸北公安分局赴川救援队刚下飞机，就接到前往汶川水磨镇救援的命令。每个救援队员背着三四十公斤的救援器材和给养，徒步翻山越岭。50多公里的山路，队员们一走就是8个小时。肩膀磨出了血印，脚上走出了血泡，腿像灌了铅一样沉重，但没有一个人停下脚步。出发不到一小时，一块巨石从山上飞滚而下，幸亏队员们反应敏捷、躲避迅速才与危险擦肩而过。

出征的日子，队员们常常露宿在野外。有时是坎坷不平的山脚下，有时在水流湍急的河附近，因为余震不断，往往一晚上得挪三五次窝。5月16日晚，救援队员们在寿江大桥旁边入宿。当时断裂的大桥正在修复，尘土飞扬。伴着轰隆隆的马达声，特警们戴着口罩，五分钟不到，鼾声四起！

5月16日中午，分局消防官兵组成的救援队接到了前往都江堰太平街观磨小区（音）参加搜救任务的命令。就在前几分钟，队员们刚从一片废墟里找到6名遇难者的遗体，还来不及喘上一口气，又再次投入到搜救工作中。

看到有救援队来了，一位老人赶紧上前拉住队员的手说："快救救我的亲人吧，上午他还在废墟里呼救呢……"这是一个救援难度极大的现场，6层的楼房已塌陷成了5层，中间塌陷两边倾斜，而且还被厚厚的预制板和横梁压着，每一个队员都是冒着极大的生命危险在工作着。午夜12时左右，在克服种种常人难以想象的困难后，深埋在废墟里的群众终于被抬出来了。经过抢救，虽然并没有发生延续生命的奇迹，但队员们不抛弃、不放弃的精神，赢得了当地群众的尊敬和赞扬。

第二天上午，队员们收到了这位老人发来的一条短信：谢谢你们，是你们让四川人民看到了上海救援队的英勇无畏和高尚品德，祝你们在今后救援工作中一路平安。

水磨镇广灵村（音）是这次受灾较为严重的地区，据当地村支书介绍，村里80%的房屋塌陷，大部分的生活用品都被埋在了废墟里，生活非常困难。由于余震不断，房子随时都有进一步倒塌的危险，村民们不敢回到房子搜寻被埋的生活用品。分局特警救援队听说一位老人家由于生活用品被埋，已经缺水断粮好几天了，队员二话没说就钻进危房开始搜寻生活必需品。几分钟后，突然听到老大爷在外面喊：余震来了，孩子快走！这时房子里的碎砖瓦已经开始纷纷往下坠落，队员们拽着刚找到的米袋和泡菜坛子就往外跑。再回头时，一面墙轰然倒了下来！

5月16日，到达灾区的第二天，由于给养和物资还没有跟上，没有帐篷、没有睡袋和被子，救援队员们露宿在都江堰的街头。由于当地温差大，中午30摄氏度左右的气温，到了晚上就降到了零摄氏度。午夜时分，被冻醒的队员摸着湿漉漉的衣服，突然看到每个队员的身边都有一袋热乎乎的馒头。一股暖流涌上心头，多么朴实的老乡啊，他们趁队员们睡觉的时候，把馒头轻轻地放在了大家身边。

5月20日早晨，赴川特警救援队的带队领导袁尉斌通过手机短信读到了父亲从上海给他发来的短信，激动得久久不能平静。

“儿子，你在四川我和你妈妈都很想念你，每天我们都看电视想要看到你，你妈妈天天催我打电话给你，但一直打不通。也怕影响你的工作，你一定要牢记人民警察的忠诚本色，尽心尽职救援受难群众，为家里争光，自己保重身体。我和你妈盼着你早日凯旋。”

袁尉斌的父亲是一名老公安战士，父亲的影响使他踏上了从警的道路。在灾区救援的日子里，他和参战的党员民警成立了战地临时党支部，在最危险的时刻是党员战斗在最前线。

在灾区、在战地，特警队员秉烛夜书，郑重写下了入党申请书。

白衣天使赶赴灾区救治伤员

汶川地震牵动着区卫生系统广大干部和医务人员的心，按照市卫生局的统一安排，区卫生局先后四次共抽调13名医务人员前赴后继奔赴抗震救灾第一线。

5月13日上午，接上海市疾控中心关于全市紧急抽调公共卫生人员组建支援救灾防疫队伍的通知后，区卫生局决定抽调区疾病预防控制中心潘晓春参加市疾控中心支援救灾防疫队。5月14日，他到上海市疾控中心参加灾后防疫紧急培训。次日凌晨，他随上海援川救灾防疫队，奔赴汶川地震灾区。到达成都后，由于余震不断，运输不畅，无法保证防疫物资能随队到达灾区。为了保证人到药到，确保防疫工作及时开展。他大胆向领队提议，将原本集中运输的消毒杀虫药品化整为零，分散装入原本队员装有食物、洗漱用品、衣服等个人物品的背包中，领队及时采纳了他的建议。为了能尽量多带工作物资，队员们把自己带去的个人物品全部留在了成都，全队只能带少量饮用水和干粮。震后的汶川，几乎没有完整的道路，大多是震后抢修的便道，很多路段只有脚掌宽，土质疏松，脚下就是深不见底的悬崖或裂缝，还不时遇上山体滑坡，巨大的土坯、石块轰然滚落。他和队员们只能紧贴石壁，缓缓移动，小心通过。他和队员们要负责汶川县威州镇9个村灾后防疫工作，村与村之间相隔十几里山路，每天要背30公斤消毒杀虫药品，往返二十余公里，常常还要翻越海拔4400多米的山峰。遇到有危险的路段，他总是不动声色地走在第一个，为后面队员探路。

5月18日晚，区卫生局接到上海市卫生局通知，市抗震救灾医疗队血液透析应急队需要2名血透护士。区卫生局决定从区中心医院和市北医院抽调两名护士参加上海市抗震救灾医疗队。当天晚上两家医院进行了动员，区中心医院血透护士耿艳不顾家中还有一名3岁女儿，毅然报名参加上海市抗震救灾医疗队。5月19日下午，市北医院血透室护士长陈弘和区中心医院血透护士耿艳，随

潘晓春(中)在汶川向灾民宣传防病知识

上海医疗卫生队奔赴四川德阳参加抗震救灾,救治伤员。5 月 20 日下午 6 时,上海市疾控中心紧急部署,需要区疾控中心抽调 5 名业务骨干,参加全市 95 人援川救灾防疫队伍。经区疾控中心领导研究,选派党员李朋、周洲、杨其帆和团员单宁、丁军参加市救灾防疫队。6 月 10 日上午,接上海市卫生局通知,要求区卫生局立即组建一支 5 人医疗救援队,赴汶川耿达乡,主要承担外伤处理、皮肤病等常规多发病诊治。区卫生局经与区中心医院研究决定,由区中心医院传染科副主任医师支和平、内科副主任医师王志华、骨科主治医师张咏、急诊科护师孙怡华,市北医院感染科主任医师刘炳祥等 5 人组成医疗救援队,带去备用药品、医用材料、生活用品共计 2 万余元。

6 月 13 日 14 点,闸北区医疗救援队到达成都双流机场,14 点 33 分到达成都天使宾馆,16 点市卫生局前方协调组负责人晏波处长召集各队队长开会,会议明确工作目的、面临的困难,布置了任务。……由于成都连日大雨大雾,能见度极差的天气原因,成都至汶川的直升机无法起飞,医疗队在"天使宾馆"待命,每日早 6:30 分起床,打好行李等待。6 月 23 日,接抗震救灾指挥部通知,由于天气原因,近日不能飞抵耿达乡,区医疗救援队先到绵阳参加医疗救治,那里灾民多病人多,一旦天气

闸北区医疗救援队一行5人即将乘直升机飞赴耿达乡灾区

好转就飞往耿达乡，随时做好出发的准备。

6月24日中午12点，经过近一个小时的飞行，闸北区医疗救援队到达耿达乡。该地区海拔1600多米，仍与外界隔绝。耿达乡55%是藏族人，一部分汉族和羌族。由于地震原因，当地灾民发生很多皮肤病、关节病、胃病。当日下午，医疗队队员不顾疲劳，开展诊疗工作，看病40多人次。晚饭后，医疗队员在没有任何辅诊设备的情况下又到附近村庄巡诊，为两位70多岁的老人诊断出心绞痛、尿毒症，并为稳定病患制定控制病情治疗方案，及时与前方指挥部联络，将病人转送。

6月26日下午，支和平、刘炳祥医师步行14公里到龙潭、泽号村巡诊内科疾病和皮肤病。当在一家被毁的农户家中巡诊时，队员们询问家中孩子需要什么？她含泪地说："我要上学。"队员们心情非常沉重，当即解囊相助，每人捐款400元，共计2000元给那孩子，希望她能重返课堂。

闸北区医疗救援队队员为耿达乡灾民看病

7月2日中午，乡卫生院来了一位腹痛难忍的中年妇女，刚巧遇上了区医疗救援队主任医师刘炳祥，经他初步诊断为“胆囊炎、胆绞痛”，及时给予抗感染、解痉止痛治疗，决定将病人当晚留宿卫生院帐篷。患者丈夫因地震时受重伤，仍在广州治疗，家里别无亲人，刘炳祥医师放心不下，当晚四次起来到卫生院查看病人。由于病情严重，医疗队在没有治疗条件的情况下，次日凌晨5时将病人转到100公里外小金县医院治疗。

9月30日，上海市卫生局、上海市卫生系统精神文明建设委员会授予区市北医院护士长陈弘、区中心医院传染科副主任医师支和平、区疾病预防控制中心医生潘晓春“上海市卫生系统抗震救灾先进个人”荣誉称号。

截至2009年底，闸北区完成援建大观镇幼儿园、捐赠大观镇卫生医疗设施设备，设立“汶川地震灾区迅达助学基金”等援助项目，合计资金628余元。

大灾面前彰显大爱

——汶川特大地震虹口区救援实录

2008年5月12日下午,汶川发生特大地震,损毁巨大,破坏严重。消息传来,虹口区委在第一时间召开常委(扩大)会议,研究部署抗震救灾工作,启动救援预案。区委、区政府向受地震影响的友好城区德阳市发去慰问电,拨给救灾款100万元。全区社会各界广泛开展捐款捐物活动,公安消防、医疗卫生等系统迅速组建起抢险救援队和医疗救援队,奔赴灾区。

短短几天里,虹口区就募集社会捐款4300.46万元,组建起各种救援队伍和志愿者队伍数十支,还接收一批灾区来沪医疗的伤病员,到区内有关医院治疗。奉献、关爱、相助、送暖……虹口区广大干部群众用实际行动谱写出无数可歌可泣的感人事迹。

热血铸就特警魂

5月14日凌晨,由15名虹口公安特警组成的抢险救灾队集结完毕,随即直奔灾区投入抗震救灾。

5月16日上午,救援队接到前线指挥部命令,当天必须徒步进入汶川地区的水磨镇实施救援。中午11时30分,正是温度最高、太阳最毒的时候,队员们从都江堰大坝开始了跋山涉水的艰苦历程,15名队员除了要参加救援的任务外,还要额外背负大部队200人两天的食物和饮用水,重达80多斤。没走几步,黄豆般大的汗珠就不停地从头上、身上冒出来,跌落在汶川的土地上。在过山坡时,很多队员是手脚并用爬行而上,有一些陡坡必须由队员先空身攀登,然后放下绳子再把下面的人拽上去。就这样走了两个多小时后,每个队员的双肩都被磨出了数道血印,体能降到了极限。此时,恰好有一辆土方车经过身边,驾驶员主动停车询问情况,当了解到队员们要步行到水磨镇后,就问:"你们怕不怕死?"回答:"怕死就不会到汶川来了!""那好!"驾驶员果断地说,"我送你们一程"。但接下来他却提了一个奇怪的要求:"我知道你们队伍中有领导,但是从现在起你们必须听我的,能做到吗?""能做到,这有什么难的! 在这种特殊的情况下,你比支队长大!"队员们一边笑着回答一边迅速把行李扔上了车,正要登车时,支队长拦住了大家,严肃地对队员们说:根据驾驶员的说法,前方的道路充满了危险,甚至有可能威胁到生命,你们有什么想法? 几乎就在支队长话音刚落的同时,队员们异口同声地说:"我们到汶川就是去救人的,如果能早一点到达,哪怕早到一分钟,对幸存者来说就多了一分钟的生存机会,为了这再大的险我们也愿意冒"。"上!"支队长大声地命令。15条矫健的身影"蹭蹭蹭"地翻上了车,车辆朝着前方出发了。十多分钟后传来了驾驶员的第一道指令:"全体向左压车!”队员们急忙把行李搬到车厢的左侧,紧紧抱在一起压向左侧的挡板。原来前方是一段泥石流地区,巨大的滚石将路面占据了三分之二,司机将左侧的车轮紧紧贴住石块,右侧的车轮几乎有一半是悬在悬崖边上通过的,倘若悬崖边上有任何一块泥土松动,车辆必将翻下山崖,这美丽的岷江也许会成为队员们最后的栖息地。队员们个个屏住气息,不敢咳嗽,更不敢打喷嚏,生怕一个细小的动作就会让车辆滚落悬崖。车厢里一片寂静,只有发动机吃力的吼叫声不时在耳边回荡,感觉像过了一个世纪那样长。直到驾驶员解除警报的信号传来,大家才长长地舒了一口气。然而还未等大家调整一下姿势,驾驶员急切地又传来第二道指令:“快蹲下,快蹲下!”说时迟,那时快,就见一条黑影贴着我们的头皮“嗖”的一下过去了,这是一段被扯断的高压线,打落在后方的路面上,犹如一条被人卡住七寸的蟒蛇,奋力地扭转着、翻腾着,猛然向前一窜,狠狠地打在铁架上,溅起了一人多高的电火花。正在大家暗自庆幸的时候,驾驶员的指令却一声比一声急:“都趴下,抱头趴下!”山崖左侧的大小滚石在余震的鼓点声中如同千军万马扑了过来,有几颗滚石打中了车辆的挡板,传来一片“咚咚”声……就这样,历经2个多小时的生死行程,下午4时30分终于安全抵达了水磨镇。临行前特警队员一一同驾驶员拥抱告别,衷心祝他平安,因为返回途中还将经历更多的生死考验。

每一个生命都是值得被尊重的,奔赴灾区后,队员们最想做的一件事就是救人。5月18日中午,刚执行完警卫工作就接到指令:赴都江堰市的向峨乡参加搜救任务。下午2时,在当地一名村民的指引下,队员们迅速找到了向峨乡那座已经轰然倒塌的小学教学楼,远远望去,根本无法分辨这座教学楼与居民楼的区别,只有一块孤零零的黑板上写着的“向峨学校学生课程表”,“这里曾经有过欢笑和童趣……”队员们的心骤然一紧,顾不得尸体腐烂发出的恶臭味,立即四下散开投入搜索工作。生命探测仪从打开的缺口慢慢深入到废墟中,通过监视器看到了许多孩子。有一只小手半是握拳半是松开地指向了天空,仿佛是在呼叫着什么,又仿佛是在指责上天的不公;另一个小女孩,把书包紧紧地搂在身前,右脸轻轻地贴在地上,仿佛沉睡了一般。然而生命探测仪始终没有探测到任何生命的迹象。好几次队员们都怀疑探测仪是不是坏了,是不是没电了,然而当把它对准自己时,那盏可恶的红灯却闪闪发亮。清理了三个多小时后,大家终于明白,这堆废墟下已经没有任何生命迹象了。但大家实在不甘心就此放弃,“这里被埋的可都是我们的孩子啊!哪怕救出一个,也是对我们、对所有父母的安慰!”

晚上六时,队员们心情沮丧地从瓦砾上撤了下来,谁都不想多说什么,这15条铁骨铮铮的特警硬汉,默默地伫立在废墟旁,心里暗暗地祈祷:孩子们,一路走好!

在灾区,恶劣的环境考验着队员们的意志力和身体的抵抗力。支队长深感责任重如泰山,不仅要面对各种不可预测的艰难险情、应对各种无法预知的突发事件,同时还必须把这些满是激情却稚嫩年轻的队员们平安带回上海,交还给他们的亲人。队员们,虽然号称“特警”,但同时也是一个个平凡的人,他们有自己的父母,有自己的恋人,有自己的家庭。

虹口特警在汶川抗震救灾第一线

为了让队员们迅速适应灾区的艰苦环境，确保队伍的战斗力，实现既能完成上级布置的任务又能平安回家的目标，支队长狠了狠心先后下达了四道命令。第一道命令：控制饮水和进食。从繁华的大都市到残垣断壁的重灾区用时仅仅三个小时，不少队员一下子无法适应，而且还没做好应对今后困难的思想准备，要求队员必须学会每天尽可能地少喝水，尽可能地少吃东西，以锻炼自己在极端艰苦环境下的生存能力。第二道命令：睡泥地。记得到达都江堰市的第一个晚上，有 7 名队员是裹着毯子睡在泥地里的，凌晨 2 点一阵剧烈的晃动将支队长从睡梦中惊醒，"发生余震了！"赶紧打开手电筒一一查看，由于太过劳累，大家睡得十分香甜，看着队员们蜷缩的身子，知道他们很冷，却不能叫醒他们，因为这是他们今后要面对无数困难中的第一关。第三道命令：吃大蒜。连日没有热水热菜，没有荤食，体能下降十分厉害，如果因此得病，就会拖累其他队员，甚至将整支队伍迅速拖垮。为了大家的健康，为了完成艰苦的任务，大家必须吃大蒜。第四道命令：吃辣。在企盼了整整五天后，大家终于吃到了第一顿热菜热饭，但是打开饭盒一看，不少队员都傻了眼，全是红色，那一根根鲜红的辣椒让不吃辣的队员根本无法下咽，许多队员悄悄用午餐肉拌饭吃。连日的奔波和工作让体能透支达到了极限，这个时候如果不把饭菜全部吃下去，体力肯定跟不上任务的需要。吃，只有一个字，必须把它吃下去。

风雨过后，必见彩虹。经历了13天的洗礼，队员们有了太多的人生第一次：第一次参加这样大型的救援任务，第一次在废墟中挖掘新的生命；第一次背负重囊跋山涉水，第一次面临生与死的考验，第一次在路边睡觉过夜，第一次看到人生的悲欢离合……经历了这么多的第一次，队伍得到了磨砺。

废墟中出现生命奇迹

5月16日下午2点多，正在映秀镇重灾区搜索生还者的虹口消防救援队发现：在一幢倒塌大楼的5至6层的楼板间有生命迹象！正在周边进行搜救的其他各支队伍立刻迅速集合实施营救。20多名官兵在现场小心翼翼地挖掘堆积的瓦砾，30多名官兵则排成一列，一捧捧传递着从废墟里挖出的沙石。十分钟、二十分钟，一个小时、两个小时……终于，被深深埋压在废墟里的10岁羌族小女孩尚婷终于露出了身躯。看着小尚婷微微颤动的手臂，“活着，她还活着！”救援战士激动地不禁欢呼。

可此时救援却遇到了一个大难题：小女孩的上方有一块巨大的水泥板，而且支撑着大量的废墟，稍有不慎极易引发二次坍塌。而且女孩的右腿被压在了水泥板下，每取出一块石块都会让女孩发出

虹口区领导为汤显送行

痛苦的呻吟。救援队只得调整解救方案，由消防战士在仅能容纳大半个身子的狭小空间一点一点匍匐深入，探出一条生命之路。此时，当地白天天气闷热，在狭小空间里作战的消防官兵体力消耗巨大，而且废墟里的遇难者遗体开始腐烂，尸臭扑面而来。消防战士们冒着危险，经过上百人次的不断轮换，19 时 30 分，被深度掩埋达 101 个小时的女孩尚婷终于被抱了出来，守候在周围的村民不禁爆发出阵阵欢呼。孩子的母亲满含热泪，将孩子紧紧地搂在怀里，再也不肯松开。

在汶川抗震救灾的日日夜夜里，26 名虹口公安干警以及消防官兵始终牢记党组织的嘱托和虹口人民的重托，以实际行动践行着党的宗旨，诠释着人民警察的敬业精神。

“白衣天使”尽心架起生命线

汶川地震发生后，根据市、区政府的要求，虹口区医疗卫生系统迅速启动应急预案，组织优秀技术骨干力量，随时准备赶赴灾区开展医疗救治、疾控防疫工作：5 月 14 日，选派区疾病预防控制中心专家汤显参加上海市首批赴四川抗震救灾卫生防疫队赶赴灾区；5 月 18 日区卫监所张磊随市援川救灾防病队赴四川什邡市；5 月 19 日，区疾控中心凌利民、宋长飞、温学新，区爱卫会陆金龙、刘云鹤等

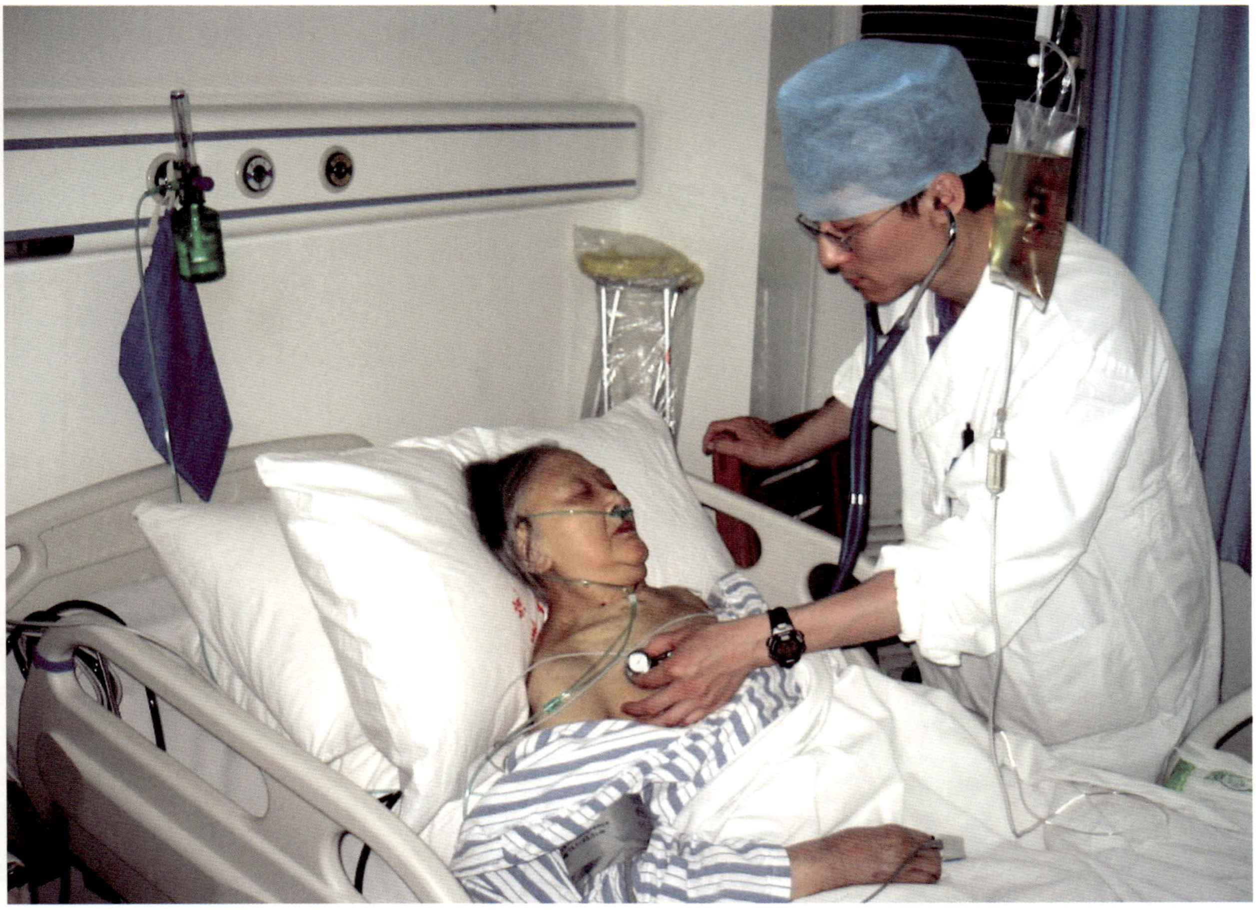

市一医院分院医师白刚在四川省人民医院救治地震伤员

随市卫生局组织的第二批援川救灾防疫队，奔赴汶川县水磨镇灾区；5月27日，上海市第一人民医院分院接到支援命令后，连夜组织医护骨干力量组建抗震救灾医疗队赶赴灾区，进驻四川省人民医院外科监护室开展地震伤员的急救工作；6月6日，区卫生局组建了第一支整建制队伍奔赴汶川县水磨镇开展灾后防疫工作；6月24日，根据市卫生局统一部署，虹口区卫生系统对口支援都江堰市中兴镇，首支12人的对口援建医疗卫生队伍和一台援川车辆于29日前抵达灾区。

在灾区，虹口区选派的各批次医疗救援队坚持务实的工作作风，最大限度地挽救了受灾群众生命，最大限度地减低了灾害造成的损失。医护人员结合伤员的实际情况，争分夺秒，科学救治，将每一个患者的医护管理落实到位。防疫队员们则采用科学防疫的态度，应急管理和常态管理相结合，通过逐级培训、指导，建立村级防疫队伍，深化了大灾过后无大疫的基础防控。5月15日前往灾区执行防疫任务的汤显后来回忆说，他们在灾区的20个日日夜夜，每天都是超负荷地工作，刚去的第一周天天都吃方便面，直到第9天才第一次洗上澡。在灾区道路、通信、水电不通，又余震不断的情况下，去山村开展防疫工作往往要徒步五六个小时……

摘录几位奔赴抗震救灾第一线的医疗队员们陆续发回的“震中日记”，以还原他们灾区工作生活的足迹——

2008年5月20日　汤显

今天，我所在防疫小组到燕门乡过街楼村对所有灾区群众居住的帐篷进行了消毒、流调，并对蚊蝇孳生地进行了处理。该村90%的房屋倒塌，防病工作量非常大。昨天晚上半夜2点还有余震。即便如此，所有人都毫无怨言，圆满完成了控制当地传染病流行的任务。

2008年5月25日　温学新

我们几个同志和部队医疗队爬山来到一个二十多年从没有医疗队进去过的山村，来回走的是当地老乡采药走的路，很危险，我下山时差点翻下去。这些事别告诉我爱人，以免她担心。

2008年5月25日　宋长飞

去救助的村子都在深山里，现在这里不时还有余震，到处都是塌方和泥石流。可当走进村子，看到废墟上飘扬着的五星红旗，我的眼泪夺眶而出。愿天佑中华！

2008年5月26日　张磊

今天我们走了好几个灾民安置点。下午工作时发生了6.4级余震，现在这里停电了。这几天我们都没有车辆，全靠步行。中午只吃了些饼干和八宝粥又继续战斗了……

2008年5月27日　汤显

中午，又和另外两个队员前往青坡村调查31户灾民，了解防病现状后进行指导。中饭仅吃了几块饼干，下午3点返回途中又遇塌方堵车，回营地后总算洗了个冷水澡，这是我到达汶川9天后第一次洗澡。

为了拯救生命，蜀道再难也要上

听闻灾讯，虹口辖区内的解放军第四一一医院便立刻组织一支60人的医疗队赶往汶川进行紧急救援。

震后第三天，医疗队便艰难行走在从映秀镇到汶川县的公路上。"解放军，是解放军！"5月18日9点30分，当医疗小分队刚走进汶川县水磨镇的一个小村寨，一位站在村口的老人哭喊着扑了上来。老人一把抓住医疗队员的手，双膝跪在落砖残瓦堆积的地面上："快救救我的儿媳吧！"原来老人的儿媳卓英已经怀孕8个月了，近来一直感到乳房疼痛，本就想去医院看病，不料地震突如其来，老人和儿媳被困在了山寨。此时，躺在病床上的卓英已经鼻孔流血，奄奄一息。"赶快将病人运到山下的野战医院！"小分队的四名年轻队员将卓英轻轻抱上担架，向山下冲去。在野战医院里，医疗队专家立即对昏迷的卓英进行会诊后认为，如果不马上动手术，病人将会多脏器出血而死，腹中的胎儿也将一同死去。于是手术立即紧张有序地进行。终于，两个小时后，卓英的生命保住了，腹中胎儿也保住了。再过两个月，这个新生命将用他嘹亮的啼哭划破山间废墟上凝聚的死寂，为他的家庭带来新的希望。

母亲的"心愿"

希望他在那里一切平安，原本希望他能亲自接我出院的……

钱钢，解放军第四一一医院普外科主治医生，这次去四川救灾，他最放心不下的是家中患重病的母亲。原来，一个月前，老人被查出患有癌症，在儿子出发前刚动好手术。在汶川县水磨镇救援期间，医疗队辗转获得了一部海事卫星电话。由于灾区海事卫星电话通话频繁，不是很容易接通。因此，医疗队员们你推我让，最终把这宝贵的通话机会让给了钱钢。5月22日上午，电话在连番拨打六次后，终于挂通了——"妈妈，您现在身体好吗?""身体好多了，在一点一点地恢复中。""我出来七天了，一直没有办法联系你，我心里很着急……"电话那头，钱钢欲言又止。"好好工作，别牵挂家里……"通话时，老人的表情是如此镇定，而挂断电话后，老人的眼眶却湿润了。她悄悄背过头去，许久才挤出一句话："希望他在那里一切平安。原本希望他能亲自接我出院的……现在，我会好好照顾自己，让儿子放心"。

"四川娃"的上海生活

这几天，"四川娃"樊璟在曲阳社区过起了新生活，不仅能上幼儿园，而且小区里的居民还请他们吃饭，欢迎他们一家的到来。

樊璟家住在四川省都江堰市灌口镇。地震发生后，她家房屋成了危房。爸爸留在当地做志愿者，而妈妈王女士则带着樊璟来到上海姨妈家借住。为了解决孩子的读书问题，家人向暂住地所在居委会进行反映。居委会得知这一情况后，立刻上报曲阳路街道，街道很快将樊璟安排进入运光第一幼儿园。几天下来，樊璟在幼儿园认识了不少新朋友。而小区里，热心的楼组长陆宝妹还常带她到小区各家串门。那些原本不相识的爷爷奶奶、叔叔阿姨们都很宠爱她，总会悄悄塞给她糖果吃。看着孩子脸上重新绽放的笑容，王女士感到宽慰不少："原来那种不安惶恐的心情已经渐渐平复了"。她说，她希望在灾区情况稳定后带樊璟早日回到家乡，"那里还要灾后重建呢"。

虹口人民的大爱篇章

一方有难、八方支援。震区的灾情，深深牵动着虹口区人民的心，个个伸出援助之手，人人献出一份爱心。踊跃捐款，排队献血，誓与灾区人民同呼吸、共命运、心连心。广大市民和单位慷慨解囊，踊跃捐款，与灾区人民守望相助，为抗震救灾工作奉献爱心……

地震发生后，前往区红十字会捐款的市民和单位络绎不绝，高峰时段红会门口还排起了长队，大家说，上海的发展离不开全国人民的大力支持，虽然我们现在不能都去灾区，但也应该以实际行动为灾区做点贡献。区红十字会发挥做好政府救助工作的助手作用和弘扬人道博爱奉献的红十字精神，全员上阵，及时设立捐助热线电话、公布开户银行账号，认真做好市民和单位前来捐款接待登记工作。截至6月30日，区红十字会共收到单位和个人捐款合计人民币11707024.57元，全部上交市红十字会统一发往四川地震灾区。区工商联会员通过各种渠道，向灾区捐款捐物，累计捐款780余万元。区教育系统开展"心系灾区，让爱心装满书包"救灾捐赠活动，共收到各类文教学习用品44083套。

面对灾情，社区居民在行动。欧阳路街道欧四居委一位七旬老人，无工作无劳保，平时靠摆修鞋摊为生。为了表达对灾区人民的爱，他捐出了100元，钱虽不多，但需要靠多修几双鞋才能积攒起来的呀！29岁的林凌患腰椎骨坏死，全身瘫痪，大小便失禁，每月要支付高额的医药费。得知汶川大地震后，立即要母亲将她一个月的生活费374元全部捐给灾区。她说，希望所有幸存的灾区同胞都能跟我一样学会坚强，日子会好起来的。

面对灾情，机关干部在行动。区纪委工作人员张宁是位唐山地震孤儿，当时正外借到市纪委一个工作组开展工作。汶川大地震发生后，她立即报名要参加援助汶川灾区。她说，我是地震孤儿，对地震有着极其深刻的印象和体会，深知灾区人民的期盼和疾苦。我愿以我的经历鼓励当地群众要相信党和政府，勇敢面对暂时的困难，共同战胜困难。在机关党工委组织全体党员开展交一次特殊党费的活动中，她马上赶回机关捐了2000元特殊党费，同时还参加了机关组织的其他募捐活动。区纪委青年干部小李老家在四川，家中房屋也因地震受到了损坏。机关领导和同志们纷纷对他表示慰问，并为他募捐。在为汶川地震灾区募捐活动中，全区机关干部共捐款51.84万元。

面对灾情,团员青年在行动。截至6月10日,共收到企业、各街道、各大口局等单位和团员青年的捐款497000余元。团区委、区青联、区青企协经与德阳市协调,拟定向地震灾区援建3所“红军希望小学”。同时根据区委援助德阳市区“十百千工程”,由团区委牵头制定1000名灾区困难中小学生的助学计划,支援灾区学生早日返校,开始新生活。区青年企业家协会会长、上海海泰房地产(集团)有限公司董事长丁劲松通过相关途径向上海市青少年发展基金会捐款100万元,援助灾区。

面对灾情,志愿者在行动。区青少年事务社工侯海蓉作为“阳光社工灾后心理危机干预志愿者服务队”的一员,受命赴川开展为期一个多月的援助工作。在都江堰,侯海蓉克服了生活、饮食习惯不同等不便,全情投入到对地震灾区安置点青少年的帮助服务之中。开展了“奥运乐一下”“幸福小当家”青少年安全知识竞赛等青少年喜闻乐见的活动,受到了当地群众和青少年的欢迎和好评。

视灾情为命令　将救援为己任

——汶川特大地震杨浦区救援实录

2008年5月12日14时28分，一次毁灭性的灾难震碎了午后的平静，四川省汶川县发生里氏8.0级特大地震。顷刻间，山川夷成平地，高楼化为废墟，山河同怆，神州共悲，千里开外的黄浦江边，上海人民感同身受，心向汶川。

杨浦区委、区政府视灾情为命令、将救援为己任，第一时间推出举措，成立区"5·12汶川地震"救灾捐赠领导小组和捐赠款物接受工作站，并发出紧急动员，号召社会各界迅速行动起来，竭尽全力支援灾区。5月14日，区委召开常委扩大会，专题讨论研究支援四川抗震救灾工作，拟定了《全力做好支援四川抗震救灾工作的实施意见》及《关于本区做好"5·12汶川地震"捐赠款物接收工作的方案》，迅速部署落实全区支援四川抗震救灾工作。随即，全区各级纷纷开展募捐奉献、交纳特殊党费、向四川籍来沪人员送关爱以及志愿者行动等，并挑选精兵强将，组织支援灾区的抢险救援队和医疗救援队奔赴灾区，与当地人们以及救援大军一起抗震救灾，重建家园。

消防救援篇——

"为了每一个生命的尊严"

灾难来，迎头上。5月13日23时许，杨浦区消防支队内江中队院内，30名消防官兵紧急集结，整装待发。5月14日早上7点钟左右，30名官兵在支队政委李惠章带领下，与市消防总队的370多名同仁登上飞往成都双流机场。抵达成都，救援队员迅速装备好切割机、生命探测仪等救援用品以及食物、衣物后，马不停蹄地赶往震区映秀。此时，通信全部中断，谁也不知道前方将有哪些危险。当车辆到达都江堰紫坪坝时，前方路段已塌方中断，车子无法前行，队员们不得不徒步前行。

本就曲曲折折的道路被撕裂出数条裂缝，一侧是悬崖峭壁和摇摇欲坠的巨石，一侧是水流湍急的岷江，路上危险重重，甚至有地方完全没路。每个人都清楚，这是一次生命的炼狱之旅。但是，在奔赴灾区的路上，没有人瞬间犹疑。消防官兵们从山上跌落的石头上爬过去，用双脚走出一条路，最艰难的5公里，足足走了四个小时。越往里走，眼前的情景越是触目惊心，民房几乎全部倒塌，大部分桥梁震垮，仅存的是摇摇欲坠的危桥。残垣断壁，满目苍凉。路上相遇也告知，越往里走越凶险，稍不小心就会跌入岷江。

哪怕沿途再艰险、所负器材再沉重，也不能迟缓半分钟，他们只有一个念头：快！早到一分钟，给生命多一分希望。为了尽快进入灾区，他们不惜扔掉食物和衣服，来减轻负担。经过 20 个小时艰难跋涉，救援队终于在 15 日下午到达映秀。随即，他们深入漩口中学，顾不上跋涉的疲惫和满脚的血泡，立即投入救援，主要任务是挖掘被深层掩埋的伤员。

由于被埋人员埋压过深，加之余震不断，给救援带来极大困难。但是为了每一个生命的尊严，救援队坚持能救的拼尽全力一定要救出来，已经遇难的也要把遗体挖出来。当时，救出的幸存者只有十几人，其中一名叫蒋雨航的小伙子，在被掩埋了 125 个小时之后成功获救。而最后一位被发现有生命体征的幸存者，是被掩埋时间长达 179 小时、滴水未进的伤员马元江。由于余震不断，改变了掩埋房屋的格局，对他的救援非常不利。但郭思说："为了每一个生命的尊严，我们要与生命赛跑，用不抛弃、不放弃的毅力，甘冒巨大的危险救人。"队员们从废墟上方精确测算并用冲击钻打孔，最后成功将马元江救出，创造了一个救援奇迹。然而，尽管百般努力，漩口中学的一名女学生、一名教师以及其他数十位伤员却没能幸免于难，这让队员们十分遗憾甚至自责。

在救援过程中英勇负伤的杨浦消防应急救援队队员杨琨

有时救援器械用不上，救援队只得手刨救人，手套磨破了赤手挖，手被扎破了就用毛巾包扎一下继续挖……来自杨浦区的消防战士杨琨在救援过程中受伤，流血不断，映秀当地的医疗队员帮他紧急缝了 3 针，指挥员要求他暂时先撤回去疗伤，但他坚持要和大部队一起坚守在第一线。

救援过程困难重重，救援队员风餐露宿，即使半夜的气温接近 0 度，也只能睡在马路上，甚至还要遭遇大雨的侵袭。开始的前三天，因为道路中断，补给无法输送到救援区域，队员们只能靠当地老百姓提供的白粥就着辣椒吃，饥饿中还要坚持救援工作，直到四川省消防官兵打通便道，将食物运送进去。虽然身处余震不断、气候恶劣的困境，但他们都发扬着不怕牺牲的革命英雄主义精神，进行着连续的奋战。

5 月 20 日，30 名消防队员凯旋。

医疗救援篇——

“看着受伤的孩子，我们心在痛，泪在流”

地震，造成大批伤亡；救治，成为抗震要务。

5 月 18 日晚上，杨浦区中心医院总值班室的电话突然响起，这是区卫生局打来的，要求选派人员参加全血液透析技术医疗队，奔赴灾区进行支援。

消息传开，医院血透室八名护士争相报名。资质较高的主管护师陈海伟坚定地向院方提出请求，她丈夫出差在外，她将年幼的女儿托给公婆照顾，便着手打点行李，准备随时出发。血透室带教老师朱燕燕得知支援消息，第一想法就是：“灾区需要血透护士，我就是做这个的，我必须去！”。正在读小学四年级的儿子懂事地对她说：“妈妈，你去吧，这是去救人，很光荣，你放心去，我会照顾好自己。”

血透医疗队辗转到达重灾区绵阳，已是深夜，由于余震不断，旅途辛劳的队员们不能待在室内，只得露宿广场，在凛凛寒风中度过抗震救灾的第一个不眠之夜。20 日一早陈海伟与朱燕燕到达工作岗位——绵阳第三人民医院。医院大楼可以清晰地看到地震留下的痕迹，加上频繁的余震，大多数病人都被转移到广场上的帐篷里，剩下四楼的血透室仍在救治因挤压综合征而导致肾功能衰竭的病人。医院先前并没有开展 CRRT（连续肾脏替代疗法）业务，于是两位血透护师担负起了治疗和指导带教工作。救助的伤员中大多是北川中学的受伤学生，看着这些正值花季的孩子们被突如其来的灾难夺去完整的身躯时，两位医生心情难以平复，脑海里只剩一个信念，一定要竭尽全力救助他们！

在对伤员身体救治之时，医护人员们不忘与他们交流沟通，努力抚平他们心灵难以抹去的创伤。有一次，一位男生处理伤口时突然号啕大哭，陈护师以为是自己用力不当造成他的疼痛，没想到那男生抽泣着说：“我是想起一位好伙伴，他没能被救出来，永远地被埋在废墟下了……”护师们的心颤动了，眼泪也随之流下来。有一位学生右手被挤压后失血严重不得不截肢，但他坚定地对护师们：“姐姐，我还有左手，一样能够学习、工作和生活，我还要考你们上海的大学！”听到这里，陈海伟和朱燕燕哽咽了，并想起他们对生命的渴望，两位护师深感责任重大。

13 天的抗震救灾中，环境的恶劣与工作的超负荷、高强度使得医疗队成员们身心疲惫。但他们没有抱怨、没有逃避，哪怕6.4级余震中大楼开始摇晃，也紧紧握住病人的手没有离开，哪怕下着暴雨的夜晚在积水的帐篷中醒来……两位医生说道："看着受伤的孩子，我们心在痛，泪在流，只有尽全力去救助他们，再苦再累都值得！想到灾区人民看到我们如同看到希望，而我们能做的就是争分夺秒多抢救一个生命，多减少些并发症，这就是我们对灾区人民最切实的贡献了。"

6月1日，两位护师离开绵阳返回上海，又回到了平凡的工作岗位上，但这惊心动魄的13天永远地震撼着她们的心灵，无法忘记灾区人民充满求生渴望的双眼，无法忘记那些历经苦痛却依旧坚强的孩子。而她们，选择继续用责任和道义践行白衣天使的使命。

因抗震救灾中的突出贡献，陈海伟医生被授予"上海市卫生系统抗震救灾先进个人"荣誉称号。

"离开时，村民们流泪送行"

为了实现大灾之后无大疫的目标，上海市卫生系统派遣出抗震救灾防疫队支援灾区。杨浦区疾病控制中心的赵靖毅、李志义两位医生于5月21、22日分赴四川。

这项工作，就是在灾情一线和各种污染源，甚至死尸打交道。

到达成都后，防疫队本来被安排到茂县工作，怎料频繁的余震造成了山体滑坡，进入茂县的道路已中断，指挥部临时决定让队伍前往地震重灾区——汶川县映秀镇。哪知途经的道路本就曲曲折折，加之上地震带来山体滑坡和地面裂缝，根本无法前行，赵医生与李医生所在的队伍突破重重危险，最终分别在漩口镇和水磨镇驻扎。

灾区生活条件很差，防疫队驻扎的地方甚至难以找到一块平地。队员们只好从废墟中拣出床垫拼在一起，五六个人挤在一个帐篷之中，和衣睡在大通铺上，忍受着蚊虫叮咬，就这样熬过温差极大的二十个日日夜夜。那里没有电没有水，只得日出而作，日落而息，自己搭起灶台烧火做饭，到3里之外的地方排队取水。然而20天无法洗澡的事实并没有让爱干净的上海人有过一丝的抱怨，灾难让大家忘掉个体得失，牢牢地凝聚在一起。

防疫队在灾区的工作主要是灾后的卫生防疫消毒，寻找干净水源并进行消毒，为居民帐篷喷洒消毒、灭害药物，为镇内垃圾点、厕所消毒，并随时待命为新发现的遇难者同胞遗体进行卫生消毒。

水源对于灾区来讲至关重要，赵靖毅医生回忆到当时当地唯一的水源可能会受到粪便、尸体和泥沙的污染，净水工作也显得迫在眉睫。他们在部队的帮助下建立了蓄水池，对水源进行消毒监测，维修输水管。由于水流经常受外界影响而中断，水质难以保证，队员们每天要上山维护2公里的简易输水管道，确保驻地有水用，做水源的守护神。

漩口镇和水磨镇在地震中受灾均很严重，房屋大部分垮塌。因为地处山区，居民房屋较为分散，最远的民居距离防疫队驻扎地有十几公里，大部分居民们因为世居在山上，不愿搬到山下的帐篷和简易房，防疫队员只好上山给他们做相关宣传，发应急药物。五月的四川已是烈日高照，密不透风的防护服让队员们的工作异常辛苦，但还是得每天背着30多公斤的消毒器械跋山涉水、走街串户，行

赵靖毅所在团队合影

走七八个小时挨家挨户去消毒。

余震的不断出现也时刻威胁着居民与队员们的生命安全。李志义医生说到某次余震发生时，山下的他们看着每天上山消毒的道路上碎石飞滚，山间尘土飞扬，心里不禁为自己和居民捏了一把汗。但余震过去后，依旧重新背起消毒器械继续工作。

尸体的消毒处理也是防疫队的工作重点。当时废墟里还有很多遇难者遗体被掩埋，必须等待大型挖掘机到位才能处理，队员们随时待命，准备做消毒工作。5 月 28 日下午，赵医生处理了为了保护他人而牺牲的映秀镇派出所所长的遗体，亲人们痛彻心扉的哭声，追悼会上 12 响对死者充满敬意的庄严肃穆的枪声，都让赵医生难以忘怀。在漩口镇的 20 天，赵医生的队伍一共处理了 14 具遗体，得到当地指挥部和群众的高度赞扬。

“经历过非典、禽流感，我们对于卫生防疫和消毒工作有非常丰富的经验，这也是我们工作的本职，所以地震发生后，看着解放军救援的壮举，看着新闻里一幕幕痛失亲人的景象，我们深深被触动，都是主动请缨，时刻做好上前线的准备！二十天的朝夕相处，村民们从开始时的不理解，认为我们给他们带来了麻烦，占用了仅有的生活资源，到后来慢慢接受并体会到我们工作的重要性，离开时自发送我们，甚至因不舍而痛哭，我们看到了自己的一切艰辛和付出都是值得的！”

“灾难，让我更有使命感”

随着震情的稳定，越来越多医术精湛的“及时雨”纷纷赶来。

市东医院重症医学科主任方旭晨和外科ICU主治医生沈励于6月6日踏上了灾后的四川大地。作为上海市抗震救灾医疗队危重病医疗小组的成员，带着市、区政府、卫生局及医院领导的重托与信任，两位医术高超，经验丰富的医生此行前往四川省人民医院，补充当地的医疗力量，诊治地震伤员。

一路舟车劳顿，医疗队到达成都之后，没顾得上吃顿午饭，就马上在当地的抗震救灾指挥部和四川省人民医院领导的统一部署下分配工作。方医生与沈医生都被分配在外科ICU病房，接下来的工作繁忙而紧凑，虽说不是在救灾一线抢救伤员，但工作量仍旧巨大，责任仍旧艰巨。医院主要接诊的是前期因地震而使手术延期的病人，以及在地震中受伤后仍需治疗的危重病例。

其中有两位伤情严重的病人，一位是余震中被砸成重度脑损伤而深度昏迷的65岁男性患者，一

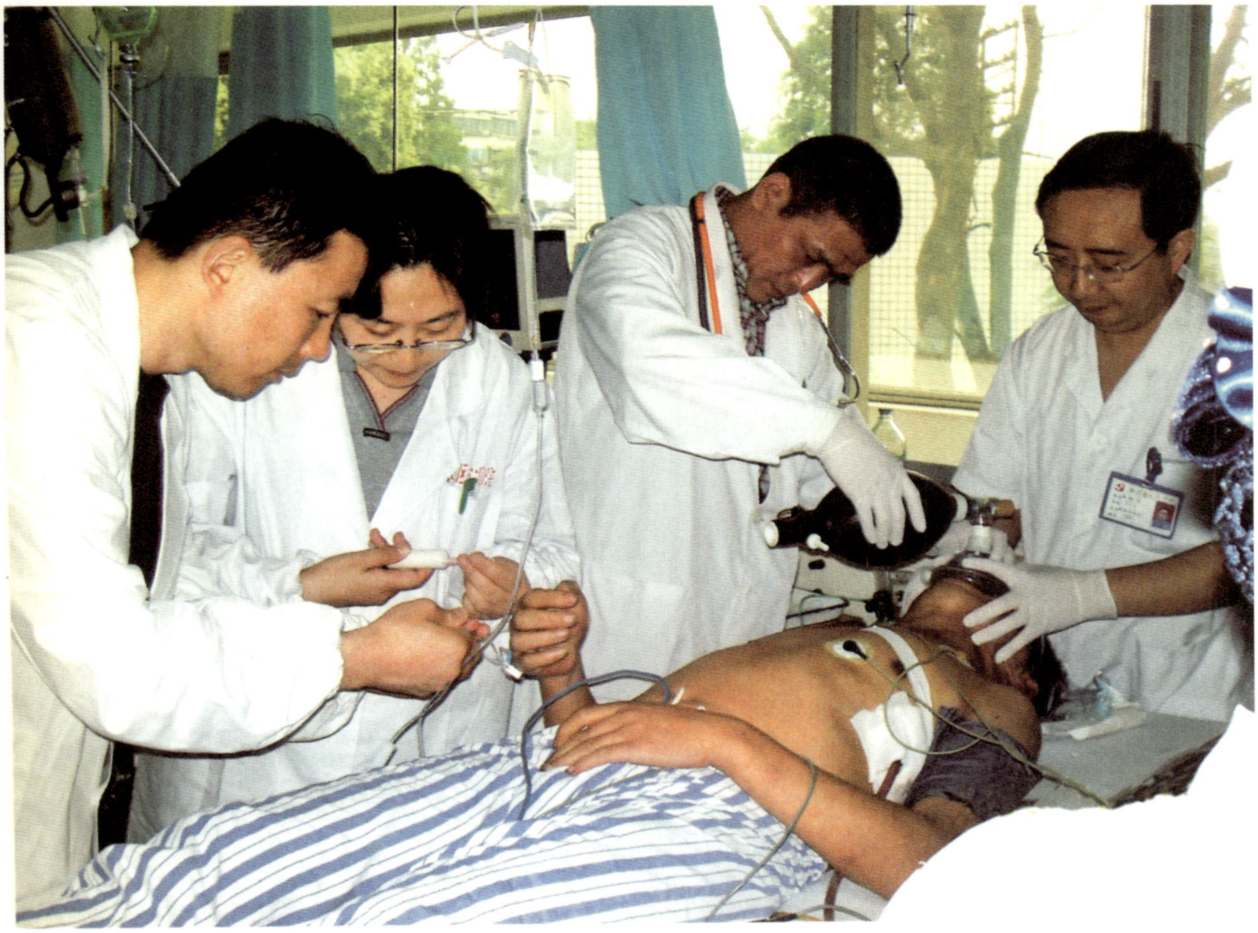

市东医院方旭晨、沈励在四川省人民医院工作

个是地震中勇救30名同学而不幸受伤的都江堰聚源中学初三学生周仁贵。他在救出同学后自己却被倒塌的横梁压住双腿，九小时后才被救援人员救出，遗憾的是省人民医院和支援专家全力救助也没能为他挽回双腿，不得不分期做了左右下肢的截肢手术。在治疗和照料过程中，方医生深受感动，感叹大灾面前四川人民表现出来的乐观与坚强，这让医护工作者愈发迫切地渴望帮助受伤的灾民恢复健康。一个月的时间里，医疗队的医生们同当地医生探讨治疗方案、下医嘱、接收急诊外伤病人、做术后复苏治疗、重症监护……他们尽快适应了陌生的工作环境，甚至还常常经历余震，不辞辛劳，克服困难，只是为了给患者的治疗争取时间，给他们提供更好的医疗服务。

"医生的工作是奉献，是爱。到了灾区，深深地感受到一种来自不同地区、不同行业的血浓于水的凝聚力，而我们医生只是在做分内的事，能到灾区去为大家做些事情让我更深地体会到一种职业使命感，如果再有大灾难发生，我仍然会义无反顾去救援，到前线去！"方旭晨医生如是说。这位2003年抗击非典青年突击队队员，在2008年地震灾难降临时又主动请缨出征救援，用行动完成了一名医生的神圣使命。"上海市卫生系统抗震救灾先进个人"的光荣称号对他而言是荣誉，更是责任。然而任何荣誉对于方旭晨、沈励两位医生而言，都比不上灾区人民的生命、健康、信任与感激，这是践行医生"救死扶伤"天职的无上荣光！

社会捐助篇——

"平行时空里我们守望相助"

地陷天不塌，大灾有大爱。四川同胞身处灾难之中，百万杨浦人民在一千多公里外揪心的地关注着救援情况，为有人获救喜极而泣，为有人遇难黯然神伤。灾难带来空前的凝聚力，仿佛击中人心底最博爱和善良的部分。

灾情发生后，在区四套班子领导带头捐款献爱心后，全区人民捐赠救灾的劲头十足。区民政部门启动了接收善款应急值班措施接受社会捐助，区红十字会一早就开通了捐款热线电话，并向全区广大市民发出了紧急呼吁，希望广大市民和社会各界踊跃捐款，仅5月13日一天，就收到市民善款386983元。

杨浦人民众志成城、守望相助的传统，从抗洪救灾、抗击非典、抵御雪灾到现在抗震救灾，都体现得淋漓尽致。从机关事业单位到商场企业，从大学校园、科技园区到公共社区，人们不分年龄、不分岗位，奉献自己的一份爱心。普通的老百姓不能作为专业救援力量奔赴前线，心却一直牵挂着，仿佛那是自己心手相连的亲人。

许多捐款现场都令人动容落泪。各个社区、街道的捐款站排起了长队，定海路街道无业老人王早发，将装了两万元的沉甸甸的信封递给工作人员，讲到自己从小就是孤儿，看到灾区人民失去亲人，让他感同身受；五角场街道的离休老干部陆世静1人就捐出了1万元；江浦街道无业人员郝才喜曾患肺癌，自己也是居委会帮困对象，但这次硬是拿出1000元捐给灾区人民；还有一位不愿透露姓名的居民悄悄送来3000元，他连连说："这是我应该做的"。更有来自震区汶川的外来媳妇，带着亲人遇难的悲伤，化悲痛为力量，捐出200元；90岁高龄的老人沈莹因行动不便，请求工作人员上门接受捐款；5岁的小朋友在爷爷奶奶的陪同下来到捐赠款物接收工作站，将储蓄罐里的300个1元硬币和多年积攒的零用钱全数捐给了灾区人民；一位协保人员捐出了1600元，相当于他两个月的生活费；一位"准妈妈"捐出500元，她说她不是以个人名义捐款，而是代表肚子里的孩子；更有孤老自己省吃俭用，从退休金里拿出500元用于赈灾救灾……这一幕幕让在场的工作人员眼睛湿润了。

企业、高校、社会组织也纷纷慷慨解囊，区教育部门也积极接收灾区学生来沪念书，帮助他们走出伤痛和阴影，走向新生活。

至5月15日，杨浦区四套班子和区机关干部职工共捐款逾128万元；6月20日，杨浦区红十字会工收到来自681家单位及858位市民捐款共计11496024.41元；上海市慈善基金会杨浦分会收到捐款624万元。

2008年5月19日14:28，五角场万达商业广场前，杨浦群众为四川汶川大地震遇难者默哀

这是杨浦人民大爱无疆的胸怀,血浓于水的情怀。用一位捐助者的话说:“遥望着汶川,平行时空里我们虽不能亲力亲为,但仍愿意守望相助。”

在灾区人们常说:“地震时最希望看到两种人,一种穿绿的,让我们看到生的希望;一种穿白的,让我们看到活的希望。”杨浦区在灾难发生后第一时间派出了消防官兵与卫生队伍支援灾区救援,带去了杨浦人民殷切的希望;带去了杨浦“敢于负责、敢于碰硬、敢破难题、敢担风险”的四敢精神!在区委区政府的领导下,前方的官兵与卫生队伍在日夜奋战,后方的人民大力支持、捐款捐物,与灾区人民肝胆相照,患难与共,翘首期盼他们走出灾难,共建新的家园!

黄浦江畔爱的暖流

——汶川特大地震黄浦区救援实录

2008年5月12日14时28分,四川汶川发生特大地震。突如其来的灾难,震惊世界,震惊全国,也牵动了黄浦区68万人民的心。瞬间,全区上下、各条战线、各行各业迅速行动起来,募捐筹资、捋袖献血,集结队伍、奔赴前线。

那些日子里,黄浦江畔,每天都汇聚着援助的力量,涌动着爱的暖流;千里之外的震后废墟上,出征的抢险救灾人员夜以继日,顽强奋战,救出一个个宝贵的生命。

爱的信念　爱的奉献

——黄浦区社会各界支援抗震救灾纪实

汶川发生特大地震的消息传来,黄浦区各界迅速行动,积极发扬"一方有难、八方支援、团结抗灾、众志成城"的精神,慷慨解囊捐款捐物,纷纷报名征援,奔赴抗震救灾第一线,人们用自己的实际行动,献出一份爱,传递一份情。

爱潮涌动

"灾区人民是我们的亲人,他们遭灾受难,我们理应相帮。"听得汶川地震消息,黄浦区各界人士纷纷慷慨捐款。各级机关的党员干部带头开展"一日捐",捐钱款、捐衣被。与此同时,全区30224名党员还交纳特殊党费1054.6万元。

各街道、社区居委也以多种形式支援灾区,分别设立了捐赠款物站和捐赠款物箱,接受居民的捐款捐物。同时,由街道、居委负责人带队,上门慰问灾区的四川籍务工人员、灾区来沪救治伤员的家属。区内百家文明单位还特向全区精神文明创建单位发出倡议,行动起来,心系灾区,以实际行动支援抗震救灾。

区内的各民主党派组织交纳特殊党费、特殊盟费、特殊社费,开展专项捐款等活动,支援灾区。截至5月19日,区内各民主党派的捐款人数达到1344人。民建会员中20位企业家通过各种渠道,捐款450万元。区工商联举办"爱的奉献"赈灾募捐专场活动,100多位民营企业家现场捐款81.6万元。区工商联动员民营企业参加市工商联发起的灾后重建助学活动,人民企业集团、仟宸置业有限公司等9家企业助学64名初高中学生三年,金额30多万元。闻泰集团领导得知灾区只有小灵通可

黄浦区机关干部为灾区捐款

以正常使用,在第一时间向灾区捐赠5000台小灵通(价值100万元)。区黄埔同学会28位成员,平均年龄75岁以上,他们不顾自身生活的困难,为灾区捐款3260元。据不完全统计,区工商联会员企业和个人捐款捐物的总额达2300多万元。

在黄浦区有众多四川籍来沪务工人员,区总工会发出通知,要求各级工会摸清企业中四川籍务工人员的情况,做好帮困送温暖工作,短短几天内,全区职工捐款168万元。各级工会还以各种形式募集200多万元,走访慰问四川籍职工。团区委、青联、红领巾理事会向青少年倡议,以青春之心守望相助,以青春之力众志成城。全区少先队员捐出零用钱和压岁钱,募集捐款83万余元。青联委员以个人或单位名义捐款951万元。公安黄浦分局、区教育局、第一铅笔、豫园商城等10家单位的团组织通过交纳特殊团费的形式支援抗震救灾。区教育系统开展爱心捐助和主题教育活动,通过红十字会和团区委少工部向四川地震灾区捐款273万元,其中学生捐款161万元。区妇联举行"黄浦母亲关爱震区孤儿捐赠仪式",区妇联干部、部分女企业家、社区(街道)妇联干部和各居委妇代主任等近150位母亲捐款15.7万元,款项交市儿童基金会,用于灾区儿童心理疏导、医疗救助和儿童教育。

区内企业倾力相助。南京路步行街企业联合会发起"一家人——爱心传递"慈善募捐,南京路步行街的30余家商业企业汇集新世界城,募捐财物800多万元。区域内东方证券公司、美森轮船公司、新世界集团、杏花楼集团、华盛集团、黄浦烟草集团、豫园商城等企业纷纷伸出援手，积极组织捐赠活动。新世界集团全体员工，捐款达到557万元，全体党员自愿缴纳特殊党费51.2万元。新世界股份公司组织员工和厂商捐款捐物支援灾区，捐赠金额230万元。得强实业有限公司下属同缘商贸公司23名员工在九寨沟旅游遭遇大地震，在困境中受到茂县九顶山大酒店员工的热情帮助，回沪后公司向灾区酒店捐款12万元。茂县九顶山国际大酒店寄回一面锦旗："地震无情人有情，同缘九顶心连心"。杏花楼集团通过市慈善基金会捐款100万元。在南新雅大酒店开业10周年庆典上，南新雅大酒店、在场嘉宾及员工募集善款20万元。上海美特斯邦威服饰股份有限公司在第一时间向灾区人民捐赠总价值600万元的财物，捐款10万元。黄浦置地集团捐款50万元，其中职工捐款4万元。三联书店开展图书义卖，义卖4000余册善款捐送灾区，为灾区援建1所图书馆。

区域内市属单位纷纷慷慨解囊。上海博物馆全体员工两次为灾区捐款35.8万元，全体党员交纳特殊党费60570元。仁济职工捐款90万元。上海市第九人民医院职工捐款62万元，党员缴纳特殊党费23万元，在其主办的第二届上海国际骨科学术会议上再次募集捐款10万元。长征医院职工捐款116.8万元，其中，在汶川前线捐款7万元。解放日报报业集团员工自发捐款50万元，1021名党员交纳特殊党费31.4万元，为灾区"一日捐"88万。集团团委联合兄弟单位发起捐助帐篷支援灾区。新闻晨报开展"老丁慈善"活动和"读者日活动"，募款支援灾区。新闻晚报策划"爱心口罩"活动，成为上海第一家向灾区送口罩的新闻单位。《申江服务导报》举办"申爱·童年"义演义卖义捐，举办《申江服务导报》记者前线摄影作品展及现场义拍，画册销售收入和募捐款全部送市红十字会。沪剧院开展赈灾义演，发起"月月捐"活动。曾诞生在黄浦区的上海申花足球队在新赛季出征前夕，特意赶回"娘家"，向在四川汶川地区遭受特大地震灾害中失去亲人的孩子们捐赠100箱奶粉。区内各宗教团体、场所积极响应号召，在灾情发生后几天内即捐赠30余万元支援灾区。

血脉相连的同胞情谊，让黄浦江畔的人们纷纷伸出手为灾区人民撑起一片蓝天、带去一份温暖、送上一股力量。

特殊党费

汶川地震震撼了黄浦区广大党员的心，他们纷纷通过交"特殊党费"，向灾区群众献上一份真情，倾注自己的爱心与关怀。那些日子里，爱的暖流处处流淌，感人的故事时时涌现。

5月22日清晨，上海同盛天地营销策划有限公司总经理俞冠军早早来到银行，提取5万元现金，随即还没来得及拆封，就将这笔钱作为自己"特殊党费"，送到辖区内的外滩社区（街道）组织部门。此前，这位民营企业家已在慈善捐款中捐了2万元善款。

区教育局党委离休一支部的老党员潘隐石在交纳6000元"特殊党费"同时，还满含深情地写下这样一句话："今年是我参加中国共产党整60年，作为一名共产党员，在国家遭遇危难的时刻应该挺身而出"。

在“特殊党费”中,有一笔500元的款项,格外沉甸甸。它的主人是一位正身患重病的公安老兵,名叫杨伟民。此前,为了治病,他已花去了近10万元医药费,并需长期住院治疗。这天,他刚接受完化疗,就马上打电话给组织,表达自己交“特殊党费”的心愿,并交上了500元。

组织部机关支部青年党员王韧春交纳了1221元“特殊党费”,她说:“12月21日是我入党的日子,我愿以交纳‘特殊党费’的方式作纪念。”敬业中学一位老党员,平日生活朴素,可他却一下子交纳了5000元“特殊党费”。疾控中心的周敬信是第一批参加市救援医疗队的成员,他身在灾区,特意委托母亲交纳3000元“特殊党费”。大同中学高三年级的金驰君和杨晓莹同学,5月21日光荣加入中国共产党,就主动要求参加学校当天的党员教师“特殊党费”捐赠活动。

上海蝴蝶绘图文具有限公司的董事长兼总经理刘建芬,是一名老党员,平时一直关心社区建设,乐于贡献。在获知交纳“特殊党费”的消息后,第一时间与支部委员商议召开一次专题组织生活会。会上,刘建芬带头交纳5000元“特殊党费”,并表示作为一名组织培养多年的党员,在国家有困难、灾区人民需要帮助的时候,应义不容辞地担当义务和责任。在她的带领下,公司党支部10名党员交纳“特殊党费”1.8万元。

豫园集团老党员陈永声参加革命达64年,平时生活节俭,从来不乱花一分钱,连老伴生病在家也是亲自服侍照顾。一听说交纳“特殊党费”,他二话没说,一次交纳5000元。他深情地说:“‘一方有难,八方支援’是我们中华民族的优良传统,作为一名普通党员,以‘特殊党费’的形式向灾区人民捐款,表达自己对灾区人民的情意,很有意义。”

区建委离休老干部陈林荣平日生活十分简朴,舍不得花钱,就是这么一位“吝啬”的老同志,这回交纳的特殊党费是建委党员中最多的。在听到以交纳“特殊党费”形式支援灾区的消息后,他表示要参与,并坚定地表示,“我这一生都是党给的。现在党要我们党员出力,我不能落后!”5月28日中午,老陈亲自来到建委机关,向党组织庄严地递交了6000元的“特殊党费”。

全区63个离退休干部党支部762位老同志也都缴纳了“特殊党费”,共计72.6万元。区机关离休干部第一党支部,在地震发生后的第二天就召开组织生活会,23位原区四套班子的老领导每人向市红十字会捐款300元,支持灾区援救和重建工作,并倡议全区离退休干部都积极行动起来,通过各种形式和渠道,为灾区群众献爱心。

滴水深情

天灾无情人有情。灾情传来,黄浦区干部群众纷纷用自己的实际行动向灾区传递一份真情:“汶川挺住,四川加油!”纷纷送关爱、作奉献。据不完全统计,短短几天里,全区干部群众通过区民政局、区慈善基金会和区红十字会进行捐赠的,累计款额达到6950余万元。

抗震救灾期间,适逢黄浦区卫护敬老院开院庆典,这家由社会力量开办的养老机构将庆典的5000元钱省下来,全部捐给灾区,这是全区收到的第一笔捐款。明日星城幼儿园的老师带着十几个小朋友来到区红十字会，献上了小朋友的一片爱心。他们2万多元捐款大多是零钱，是孩子们从自己的储蓄罐里取出来的。孩童们说："四川小朋友有困难，我们好想帮帮他们。"话语稚嫩，情意真切。

一对老年夫妇怀揣着1万元积蓄来到小东门街道的募捐点，说要将这些钱捐到最需要的地方，并表示："我们在电视里看到灾区的画面，心痛啊，这些钱是我们力所能及的事"。工作人员要他们留名，他们说啥也不愿留下姓名。

4月份刚被批准享受重残无业待遇的居民俞冠乾，每月补助金为500元，当看到地震灾情后，他决定将当月的500元全部捐给灾区人民，献上自己一份爱。

从广东来沪打工的民工朱锦雄、郑子波、许德波特意来到半淞园街道办事处，送上3500元捐款，并急切地表示把这笔钱尽快送到灾区，帮助受灾民众。

5月15日，是家住多稼路的王维蒙夫妇的结婚周年纪念日，他们把原本准备庆祝纪念日的1000元省了下来，专程送到街道的募捐点。"以这样的形式来度过我们的结婚纪念日，很有意义"，王维蒙牵着妻子的手，表达了夫妇俩共同的心声。

外滩街道残疾人康复站里的残疾人士慷慨解囊，他们自己动手，制作了简易募捐箱。中山居委

小朋友也要献出一份爱

残疾人士也来捐款

的重残无业人士吴昊这次毫不犹豫地捐出100元钱。可谁知道，这100元对他家来说是一个星期的生活开支。他说："这个时候更需要每个人尽义务为国分忧"。家住厦门路230弄的退休老人洪巧娣，特地从银行取出整个月的养老金1242元，全部捐给灾区。居于宁波路的金德成，是位80高龄的孤老，身患多种慢性疾病，退休金的基本用于看病治疗。老人通过省吃俭用，积攒了5万元，由居委会代为保管，备以急用。这次他毅然捐出其中一万元。一位不愿透露姓名的中学生家里生活困难，刚获得数百元奖学金，他让父母凑满一千元，捐给灾区。胡鼎同学是慈善基金会的助学对象，不久前收到复旦大学预录取通知书，将面临更大的上学压力。可他毫不犹豫地将助学金及奖学金共500元，捐给灾区。考虑到他家庭生活困难，慈善基金会工作人员一再劝说后，只肯收下200元。

许多市民还纷纷捋袖献血，支援灾区的医疗救治工作。据统计，5月13日至18日，区血管办在南京路步行街、人民广场、成都北路三处采血点共采集血液1841人份。

诗篇在抗灾最前沿谱就

——黄浦区出征突击队员奋战抗震救灾第一线纪实

灾情就是命令。汶川发生特大地震消息传来，黄浦区公安消防和医疗卫生系统的一批精兵强将随即被调派到赴川抢险救灾突击队，他们迅速集结起来，直奔抗震救灾的最前沿，用艰辛和付出，创造了一个个奇迹，谱写出一篇篇华章。

哪里需要就奔向哪里

5月13日，黄浦区疾控中心响起一阵急骤的电话铃声。听说要选派一名防病专业人员赶赴灾区。顿时，“让我去!”“让我去!”“让我去!”争相报名声不断。周敬信“抢”到了这光荣的任务，他是区疾控中心综防办副主任，曾先后参加过抗击“非典”、阻击“禽流感”等战役，有着丰富的实际工作经验。15日上午8时20分，周敬信放下了家中年事已高的双亲，告别了妻子和未满16个月的女儿，随本市首支防病救援工作队，启程赶往四川灾区。踏上抗震救灾第一线。区中心医院的护师吴秀琴、市二医院的刘萍5月18日晚接到指令，第二天下午出发赴川救援。临别时，正在读小学三年级的刘萍的女儿抱着妈妈说：“妈妈，你放心地去吧！我会照顾好自己的。”

在黄浦区卫生系统，像周敬信、吴秀琴、刘萍这样的医务工作者还有许多，“哪里需要，我们就奔向哪里”金慧敏、陈丽雯、徐洁、蒋金全、徐晓晰、王嵘，一批又一批援川医疗队带着上海人民的深情厚谊，向着灾区进发，他们是父亲、母亲，是儿子、女儿，是丈夫、妻子，但他们更是党员、是救死扶伤的白衣天使！

5月19日下午，黄浦区城管一分队接到通知：区里将组建一支赴灾区环境防疫突击队。通知就是命令，区城管大队立刻集合全体男队员进行报名动员。很快，在青浦看望原体院老师的沈周杰赶来了，在嘉定家里轮休的何国权赶来了，在世纪公园和未婚妻一起踏看婚纱照选点的周晓文赶来了，赵海林、王化科、项立武、王荣、尤懿都赶来了……

一个小时后，队员们全部到齐，都纷纷在请战书上签名，表达自己的意愿和抗震救灾贡献力量的决心。分队长李志刚直接打电话给区市政委领导，积极请战，表示决心。队员王化科的妻子还有两个月就到预产期，为此队里将他作为预备名单，他不肯，强烈要求列入第一批名单。不到15分钟，报名参加突击队就达33人。与此同时，城管三分队也有11位年轻骨干报名参加突击队。城管五分队的赵均、樊建阳听到消息后也立刻报名，表示“支援灾区刻不容缓，有困难自己克服。”

当晚，一支由市政委副主任、爱卫办主任徐文虎担任领队的“赴灾区环境防疫突击队”，在黄浦

城管队员请缨加入环境防疫突击队

区市政委组建，初步选定了14名区城管队员和6名区爱卫办工作人员为突击队成员。

5月21日上午9点30分，第一批上海市爱卫系统参加赴灾区救援除害消杀人员踏上征程，飞赴汶川县漩口镇。黄浦区城管分队副队长徐成和外滩街道除害服务站除害员褚佳俊为其中的成员。徐成的孩子出生才6个月，他老父亲深情地对其说："党相信你，四川人民需要你，家里人支持你！"褚佳俊的妻子在商务印刷所工作，几乎每天晚上都在加班印刷奥运会门票，他们就读小学三年级的孩子就由老人照料。防疫队的任务是承担灾区消毒、灭害、杀虫的职责，用消除剂和喷雾剂对灾区的饮用水和现场环境进行消毒等。

6月10日，黄浦区组建的首支援川救灾防疫队出发赶赴四川地震灾区。这支卫生防疫队中有瞒着年过九旬老母的54岁超龄老同志，有新婚不到一个月的27岁小伙子，有凭着具备1998年抗洪救灾丰富经验多次主动请战的老科长，也有刚踏上工作岗位的大学生，在大灾面前，他们舍小家顾大家，体现的是白衣战士优秀的职业素养和无私的奉献精神。

抗灾战斗持续展开，救援队伍接连上阵。6月25日上午，在一线奋战了29个昼夜的黄浦区卫生系统第四批、第五批救灾队员圆满完成任务后载誉归来。下午，新组建的一支救灾突击队又启程出发，直奔都江堰。由区卫生局派遣的第一支综合性的医疗卫生队伍，11名队员分别来自黄中心、市

周敬信在灾区进行疾病防控工作

二医院、区中西医结合医院、精卫中心、区疾控中心、区卫监所、区食药监所及外滩社区卫生服务中心，他们对口都江堰市的乡镇医疗卫生机构，协助当地尽快恢复医疗、防疫工作，建立医疗服务体系，开展基本医疗服务。对口支援工作十分艰巨，但每一队员都感到非常光荣、神圣，都表示一定以大局为重，尽心、尽力、尽职完成支援任务，为黄浦争光，再立新功。

有一丝希望就永不放弃

黄浦区公安消防官兵主要负责营救被埋人员，17 日 17 时 12 分，他们经过近 10 小时艰苦奋战，终于解救出在 6 层水泥板下坚持 124 小时的蒋雨航。

地震发生后，消防黄浦支队先后派出 2 批共 31 名官兵赶赴灾区抢险救援。第一批官兵经过 16 个小时、70 公里的艰难跋涉，经历泥石流、余震、桥梁和洞坍塌等危险，最终以最快的速度赶到受灾最严重的汶川县映秀镇。

5 月 17 日清晨 6 时，出征的消防支队官兵在映秀镇用生命探测仪，搜寻到发电厂废墟里有生命体征。“可能有两个幸存者！”消防队员立即实施救援。由于幸存者被埋得很深，且废墟构件大。为避免碎石砸落，消防战士先用起重机移开大块残垣，再用手动冲击钻、榔头等工具一小块一小块剥开混凝土，有的地方干脆直接用手刨。手指磨破了、指甲蹭掉了，他们全然不顾。终于幸存者渐渐露出身体……17 时 12 分，经过近 10 小时艰苦救援，成功解救出在 6 层水泥板下坚持了 124 小时的贵州青年蒋雨航。

营救马元江的过程也十分艰难，马元江被埋在 10 米深的废墟中，由于楼房立柱、楼板厚重坚固，使救援工作相当艰难。为了保证马元江的安全，不因救援造成二次伤害，消防黄浦支队救援小组利用风镐、液压钳等先进救援设备，冒着恶臭和余震的危险，一点一点深入，一厘米一厘米的推进。当地白天气温闷热，消防官兵在仅能容纳大半个身子的狭小空间内坚持作战，体力消耗十分大。经过上百人次的交替作业、步步推进，终于打穿十余块混凝土，凿开近 10 米的水泥钢筋通道，终于成功救出了压在 7 层楼下长达 178 个小时的马元江。

截至 5 月 22 日 12 时，消防支队累计从地震废墟中搜救被埋群众 12 人，其中抢救出幸存者 5 名，遇难者 7 名，医疗救治伤病员 27 人，清理处置遗体 59 具，搬运转移伤病员近百名。

确保大灾之后无大疫

5 月 22 日上午，黄浦区疾控中心的杜向阳、曹晖乘飞机赶到救灾一线，开展疾病预防控制。强烈震区，一片狼藉，“大灾之后无大疫”，出征的防疫队员响亮提出口号。山路塌方不通车，悬崖常有山石落，徐成和队员们全然不顾，每天背着 20 多公斤药水药粉和喷雾器械，徒步行走几十公里山路，冒着余震直奔前方。脚底磨出水泡，他们全然不顾；高度腐烂的尸体发出阵阵恶臭，没有一人退缩。队员们坚持连续作战，对镇的每一角落全面实施水源、垃圾、湿地、厕所消毒，以及处理尸体、灭鼠灭蚊。那里的工作环境和生活条件十分艰苦，队员们一直住在拥挤、闷热、潮湿的帐篷中，一星期不能洗澡，每天晚上只能用湿巾简单擦洗维持清洁。每天的饮用水和口粮都有一定限制。同时，道路、供电、通信还没有全部恢复，对外联系沟通只能靠手机，而为了节约手机电池用量，他们都以短信报平安。“余震不断，这里到处是病人。有病人，我们就要坚守”“你们放心，我很好、“宝宝好吗？特想你们！”寥寥片语，记载着工作生活的艰难，显示出黄浦儿女的意志。

前线日记

这是黄浦区救援医疗队队员赴川最初几天的日记：

5 月 19 日

我们和仁济医院、新华医院、市九医院的队员分在一组，黄浦区的都在一起。上面说，等到了绵阳可能还会具体安排的。听那里的医生说，阿莫仙对早期感染比较有效，希望能够治好很多人。还听说当地条件会比较差，可能没有洗澡，蚊虫也很多，用水比较困难。我能想到这些困难，已经做好准备了，希望我们都可以顺利地克服这些困难。

5 月 20 日

突击队员在汶川地震灾区消毒

我和市九医院的一名男护士被分配到绵阳医院进行救治工作。今天共对19名患者进行了治疗，其中5人来自北川县，伤势都是很重的，有3人行CRRT，其他人都做了HD治疗。其中有位绿脓杆菌感染的孕妇很可怜的，她13日被救出废墟，当时怀孕8个月了，可惜胎死腹中，马上行剖宫产术。由于受刺激较大，合并双下肢严重挤压伤伴感染，目前情况危重，真的希望她可以恢复健康。

5月22日

刚刚吃好饭。来了几天，菜都是老三样，黄瓜，刀豆，卷心菜。今天下午16点25分，我们都在医院安排的休息室里，余震又来了，而且是连续多次，明显感到了震动，感觉是迄今为止最强烈的一次。我们一队人赶紧往楼下跑，安全楼道上应急灯忽明忽暗。我们跟着清洁阿姨跑到楼下，才发现随身物品都没拿，有人鞋都没来得及穿，赤脚就跑了下来。虽然我带上了手机，不过完全没有信号。还好大家都没事。

5月23日

今天很兴奋！温家宝总理刚刚来这里慰问大家，我和总理近在咫尺，差点就能和总理握手了，实在挤不上去。大家都很激动，我也很激动。总理这么关心受灾群众，关心我们，这几天的辛苦都烟消云散了。我想好了，一定不辜负总理的嘱托，为受灾群众尽自己最大的努力。

5 月 24 日

这几天，我们除了做些常规的透析治疗和救治危重病人，就是对病人及家属进行饮食和自我护理方面的宣教，因为他们太缺乏这方面的常识了，我们觉得有必要开展普及教育。昨天还在抱怨这里的菜都是老三样，今天早上看到医院门口围着一大群医生和护士，我们以为是重病人来了需要抢救，走上前去才知道，原来他们在打饭，就一个大饭桶，每人一碗饭，一点咸菜，一碗和白开水没啥两样的汤。这就是他们的伙食啊。和他们比起来，我们的老三样真是美味可口了，我们太幸福了，再不应该觉得辛苦了。现在，我们队里有这样一句挂在嘴边的口号：让优秀成为一种习惯。

5 月 25 日

今天下班较平时早，但也已经月黑风高了。今晚要给我们其中的一位队员过生日，这真是个特殊的生日，相信他，还有我们，都会好好记住这个不寻常的生日的。

5 月 26 日

今天我们共进行常规透析 19 例，抢救了一名绿脓杆菌患者，情况很危重。有很多医院都看不到，有 3 例 CRPT 的，有一例行 DAT 的，要学习的还很多。

5 月 28 日

金慧敏、徐洁、陈丽雯三位急诊科和 ICU 的护士又光荣地接到了参加救灾医疗队的任务，赶赴四川省人民医院，她们肩负着救死扶伤的神圣使命，收藏起对家人的不舍和牵挂，义无反顾，奔赴抗震救灾第一线。

心系汶川　爱洒大地

——汶川特大地震卢湾区救援实录

机关干部来了，公安干警来了，医务人员来了，社区居民来了，企事业单位员工来了……2008年5月12日下午，当闻得汶川发生特大地震，卢湾区各界人士迅速行动，第一时间作出反应，涌向捐赠点、赶往献血站、冲至征援救灾一线的报名窗口，“抗震救灾，我们有责”“卢湾区是党的诞生之地，卢湾人更应走在抢险救灾最前沿”，全区广大干部群众用铿锵有力的话语道出自己的心声，同时他们也用忘我扎实的行动，谱写出一曲新时期爱的赞歌。

人人都献出一点爱

——卢湾区各界人士抗震救灾纪实

“只要人人都献出一点爱，世界将变得更加美好。”30多万卢湾人民懂得：抗震救灾需要人人献出爱，这样灾区就更加坚强，抗震就更易取胜。瑞金二路街道的周建文在笔记中这样写道：“震情就是号角！我们的热血已经沸腾，我们时刻等着祖国的召唤，我们做好了全力以赴的准备。”

地震消息传出后，未经动员，未经引导，卢湾区的各界人士都纷纷迅速行动起来。

大幕迅速拉开

汶川发生特大地震后，卢湾区委、区政府第一时间作出部署，第一时间展开行动，成立区“5·12汶川地震”救灾捐赠接收工作办公室，区红十字会、区慈善基金会成立了相应工作机构，同时设立了9个捐赠接收点，各居委会分别设置捐赠箱。此外，区市民求助中心和街道实行捐助24小时值班制，开通24小时热线电话；卢湾区政府门户网站、政务网、有线台等在第一时间滚动发布捐赠网点的联系电话、地址和捐赠接收账号。

5月14日，区委、区政府召开党政负责干部会议，进一步部署支援四川抗震救灾相关工作。下发了《关于全力做好支持四川抗震救灾工作的通知》，动员全区人民积极参与募捐，进一步做好川籍在沪人员的工作。5月15日，全区开展了一日捐活动，设立1个中心捐赠点和5个分捐点，当天募集捐款598万元。5月16日，区委常委会作出决定，向灾区捐款300万元，帮助抗震救灾、重建家园。5月26日，区政府第56次常务会议听取并原则通过“卢湾区关于压缩公用经费预算支出、支持抗震救灾工作”的情况汇报，通过压缩经常性经费预算开支的5%，核算约1300万元全部用于抗震救灾工作。同一天，区纪委、区监察局、区审计局联合建立“卢湾区抗震救灾募捐监督工作领导小组”，发出通知要求全区捐助的款物必须详细造册备案，透明公示，接受监督，并必须“足额、及时”上缴。与此同时，对来自地震灾区的在沪务工人员实施一次性特殊补助，至6月30日先后向来自地震灾区的1098名在沪务工人员发放特殊救济金111.6万元。

区总工会也及时对灾区来沪务工人员进行慰问，并迅速启动短信互动平台，通报有关灾情，动员募捐。区经委等部门向区商业、旅游和创意产业等500多家企业发出倡议，鼓励奉献爱心。区红十字会、工商联、卫生局血液管理办公室共同主办“血融于情、责重于山”抗震救灾献血活动，支援抗震救灾。

2008年5月15日，卢湾区举行四川抗震救灾一日捐活动

行动全面展开

那些日子里，各捐赠点成为人流涌向最集中的地方。5月14日，麦太保电动工具（中国）有限公司的德国籍总经理匆匆赶到区红十字会，送上价值30余万元的应急灯、角磨机、电钻等救援器材。

并表示，看到灾区房屋倒塌、人员被埋，很痛心、很着急，希望这些救灾急需物资马上送到一线，派上用场。当天，上海浩曜国际贸易有限公司也送来100只手摇直接充电应急手电筒，第二天又派员送来100只手摇直接充电应急手电筒，并再三要求尽快送往灾区。

5月19日，上海申银瑞豪控股有限公司、永三商贸（上海）有限公司和上海市锦江航运有限公司等企业的代表一早来到区市民救助中心受捐点，各捐款50万元。企业代表都说："一方有难，八方支援，此行旨在让灾区早日得以恢复。"连日来，区内各企业争先恐后涌向捐赠点。麦凯尼德（上海）服饰贸易有限公司捐赠羽绒服2000件，价值246.9万元；美国唯美有限公司上海代表处捐赠32箱童装，价值8万元；区工商联组织捐赠棉被100条、手电筒6500只，价值人民币10万元；上海凯普狄诺服饰有限公司捐赠学生衬衫222箱，共6669件，价值65.4万元；上海纳生贸易有限公司捐赠410套灾区手术病人急需的纸尿裤，价值3.8万元；上海济尔化工设备有限公司捐赠1250公斤稳定性二氧化氯消毒剂，价值2.5万元；上海街盟体育用品有限公司捐赠棉衣53件，价值人民币1.54万元；迪生实业发展有限公司捐赠价值50万元学生服装，这批学生服装是公司领导带领全体员工加班加点生产出来的；上海男篮主教练李秋平以李秋平俱乐部的名义捐赠价值3万元的物资，包括被子1000条、矿泉水1000箱、军用压缩饼干38箱及全新的衣服。司舵实业有限公司捐赠沙滩巾500条；上海浦研工艺美术品有限公司、IMG康体发展（上海）有限公司、杰克威尔国际时装公司、上海天印服饰有限公司以及许多好心市民提供的衣裤近200箱。

上海社科院举行了"真情连灾区，爱心暖人间"捐款活动，院领导、离休干部和职工们纷纷慷慨解囊，先后募集了17.7亿元。5月23日，奥运圣火上海传递的第二站设在卢湾，支持北京奥运、支援四川灾区成了火炬传递活动的双重主题。市民精心制作"心系灾区、情牵奥运"宣传牌子在传递沿线醒目高挂，统一着装的志愿者和自发前来的市民挥舞着手中的五星红旗和印有北京奥运会会徽图案的旗子，烘托传递现场浓重的主题气氛。4名卢湾区红十字会的工作人员手捧募捐箱，在人群夹道中穿行，同样成为关注的焦点，短短15分钟时间里，小小的捐款箱已经盛满了人们的祝福和爱意，募集到善款28780元。5月24日，得知灾区急需大量防虫、抗暑、止泻、抗生素等药物的情况，淮海中路街道团工委和上海交通大学医学院学生会一起走进社区，开展接受居民赠药活动。很快，这批经严格挑选合格的药品随交大医学院的医疗志愿队被送到了灾区，以解灾区燃眉之急。

90岁高龄的老干部王洁民一大早就从浦东赶过来，捐款5000元；老红军苏力因病卧床不起，特地打电话到老干部局，要求捐款2000元。有位革命烈士后代、区优抚对象卧病在床，特打电话给区民政局提出捐款1万元。社区老人谭继平，患有恶性淋巴癌和膀胱癌且为晚期，毅然拿出1万元。并表示如果不是因为身患重病，还会多捐一点钱。百岁侨界老人汤理胜老先生，96岁的周静钧老人，都在委托亲属代为捐款，表达心意。汤理胜老人捐了5500元说："我老了，为灾区做不来什么，但钱我能省下来支援灾区。"敬老院的老人们拿出自己微薄的养老金。工作人员在清点时发现，有些老人捐出的竟是20多年前发行的钱币，这是他们省吃俭用积蓄下来的。

有对年轻夫妻，5月20日是他们俩的结婚纪念日，本打算这天去影楼拍照留念，听得地震消息，他们作出决定，捐出用于拍摄婚纱照的全部2000元，以卢湾区红十字会接受社会捐赠点为背景，自己拍照留影。他们说："这是最难忘、最有意义的结婚周年纪念。"血友病患儿沈浩祺，爸爸下岗、妈妈是外来媳妇，家庭经济条件非常拮据，自家本身属于最低生活保障家庭。但他还是坚持在家长的陪同下来到区红十字会捐款300元。

震后第一个双休日，一批动迁居民相约从闵行西渡和浦东周浦、航头等地赶到动迁前的所在居委会。他们是10多年动迁搬走的，这次听得地震消息，就相约回到他们内心的归属地，进行捐款，一时间居委会门前排起了长队。社区阳光之家的学员也从自己的补助金中拿出一部分，自发捐给四川灾区的受难者。他们说：这是向灾区人民传递着这样一个信念：特奥会告诉他们"你行，我也行"，四川的同胞们，你们也一定能行。

卢湾区海联会名誉会长罗康瑞先生通过市委统战部捐款1000万元，在他的带动下，瑞安集团的中层干部和员工纷纷捐款。区侨联常委、上海雪豹集团上海分公司人事经理袁英琴的儿子李明泽在美国读书，特意打来越洋电话，希望他母亲为灾区学生捐款，袁英琴女士依照儿子的心愿捐款20万

情牵汶川，卢湾在行动——卢湾区抗震救灾义演募捐活动

元。袁英琴丈夫、上海宏年投资有限公司董事长李飞康先生通过市海联会向灾区捐款 20 万元。有位家住卢湾区的台商，在自己公司捐助后，特意赶到新天地再次捐助了 5 万元，并在大型宣传背景前深情地说：“只要我们中国人团结起来，就一定能战胜任何灾难！”

据不完全统计，截至 6 月 10 日，卢湾区累计接收捐款人民币 5031.9 万元，累计接收捐赠物资价值 701.1 万元。这些捐款、捐物源源不断送往灾区，如同一股股爱的暖流涌向汶川。

支援形式多样

5 月 23 日，一场“情牵汶川，卢湾在行动——卢湾区抗震救灾义演募捐活动”在淮海中路无限度广场中庭举行，沪上众多演员纷纷请缨参加。著名女歌手纪晓兰演唱了《大地的证明》，这是专门为抗震救灾创作的歌曲。歌曲的词作者名叫张铁成，当他获悉义演消息，连夜赶写出歌词，著名作曲家屠巴海谱了曲，这首歌还在当天晚上东方艺术中心四大公益演出之一的“经典夜上海 · 周末爵士沙龙”演出。著名演员许承先、李宗华老师朗诵了以卢湾在抗震救灾中涌现的感人事迹为题材创作的叙事长诗，长诗是由卢湾区文化馆创作组连夜编创的。

听说义演募捐的消息，卢湾区机关干部、区属企业集团以及众多外资企业、侨资企业、民营企业

爱心义卖活动气氛热烈

纷纷来到现场捐款。刚刚参加完奥运火炬传递活动的普华永道会计师事务所代表也赶到现场，之前该事务所已捐出100万元，这次当场又追加捐款150万元。企业家李飞康、袁英琴夫妇长期以来热心公益事业，乐善好施，这次专程来现场追加捐赠50万元，用于灾区援建希望小学。来自加拿大的华侨徐鹿、朱碧纯夫妇将他们来沪展览的各国旅游纪念品进行义卖，所得款项全部捐给灾区。一小时的义演活动，募集捐款1050万元。此外，卢湾海联会理事、上海市城市舞蹈有限公司副总经理朱寅也将在东方艺术中心演出的“比利时皇家交响乐团演奏会”和3场“瑞典皇家芭蕾舞团”演出收入计200余万元，全部捐给四川地震灾区。

6月6日上午，淮海中路街道团工委在社区文化活动中心举行“爱心义卖活动”，现场义卖盆景花篮、沐浴用品、衣物挂件与各式环保袋等800余件居民生活必需品。这些义卖物品都是由区政府办公室的机关干部、区绿化局机关干部和下属单位工作人员捐献的。义卖的物品采用不找零的购买形式，许多居民的出价往往都高于标价。当天义卖募集善款9000余元，义卖款项全部送到区红十字会。

打浦桥街道也在丽园公园举行“心系灾区、支援灾区”赈灾爱心义卖活动，辖区内众多企事业单位捐献物品3000余件，共募得善款42761元。在五里桥街道，数百位社区老年协会的老人走上街头，为四川灾区人民举行赈灾义卖活动。老人们自发带来的各种生活用具和手工艺品，进行义卖。社区剪纸艺术家李华拿出自己多年来的剪纸艺术品。临溪诗画社的会员把平日里珍爱的作品和藏品，送到现场进行义卖，两个小时，活动共募集善款8300元。区妇联、8号桥联合党支部、8号桥俪人俱乐部也联手举办“爱心之桥”义拍义卖活动，吸引8号桥驻地单位、女企业家联谊会、女律师联谊会等近百位人士参加，现场竞拍义卖踊跃，募得捐款16017元。

把抢险救援作为最大的担当

——卢湾区出征突击队员奋战抢险救灾一线纪实

告别温馨的家庭、告别繁华的上海，汶川特大地震发生后，卢湾区公安消防、医疗卫生等系统精兵强将奉命应征，义无反顾奔赴灾区，投身抢险救灾。

出发，分秒必争

接到指令，卢湾公安消防支队没有停顿片刻，第一时间就挑选了6名骨干加入应急救援队，交通大学医学院各附属医院也在4小时内完成了首批赴四川抗震救灾医疗队的组建工作。

区公安消防支队6名出征队员从接到指令、集结出发、到达灾区，仅仅用了10多个小时。5月14日上午10时32分，他们抵达成都双流机场，立即向前线指挥部报到，随即投入抢险救援工作。区

卢湾公安消防应急救援小分队成员合影

医疗卫生系统先后派出135人次分赴成都、绵阳、映秀、绵竹、双流、德阳、什邡等地，参加抗震救灾。其中，瑞金医院先后派出2批11人次奔赴都江堰市，协助都江堰市人民医院恢复工作。区疾病预防控制中心先后派出3名医务人员奔赴灾区，开展救灾防病工作。此外，区疾控中心和3家社区卫生服务中心10位医务人员加入市防疫专业队，奔赴抗震防病第一线。6月底后，区医疗卫生系统又先后组织2批，各11名人员开展对口支援，每一批为期三个月。卢湾区心理咨询师协会秘书长浦峻和卢湾区教育局校产管理站工作人员陈智远作为“上海抗震救灾心理援助志愿队”的成员，赶赴四川绵阳，开展为期两周的心理援助工作。

奋战，勇往直前

卢湾区公安消防支队6名出征队员抵达成都双流机场，向前线指挥部报到后，立即根据指令，日夜兼程，冒雨徒步，夜宿山路，奔赴一线投入抢险救灾。每一场营救，都是那么艰难，拼命与时间赛跑。在中科院四川华西植物园，他们连续奋战8个多小时，挖出了第一个遇难者。在都江堰太平街防火门厂家属院，他们冒着无数次余震，从废墟里艰难抬出遇难者的遗体。八天八夜，艰辛困苦难以想象，队员们都没有吭一声。截至5月22日12时，卢湾公安消防支队应急救援小分队共挖出遇难人员7人。

区疾控预防控制中心出征的13名成员分别汶川地区威州、雁门和水磨三个羌族乡镇的卫生防疫。期间，工作条件的艰苦程度可从他们的日记中得以看到：

6月10日

李晓波：9:35从上海出发，12:45抵达成都，随即跟大部队前往援助点水磨镇。到达营地已是晚上，气候潮湿，没法洗澡，只简单洗漱后便用晚餐。手机信号很差，一条消息最快6～7分钟收到，慢的6～7小时才能收到。

6月11日

蔡慧勇：昨天晚上没有信号了，到了营地作了简单的打扫，便倒下睡着了，五人一个帐篷，睡在睡袋里。好在晚饭是热的。简易厕所的脏物都快满了，让人没法用，看来要重新挖一个了。

李晓波：5:00发生了一次余震，没有经历过地震的我们都被摇醒了。我们这个组的任务是消毒和宣传，由于今天天气不太好，没有进山消毒，留在了营地。

6月12日

蔡慧勇：今天轮到我留守营地，负责整理内务和帮厨。刚才去山泉边洗了十多公斤猪耳菜。遇到一个八个月的宝宝和她母亲，说地震后孩子没有打过预防针，不知道什么时候才能恢复。那孩子尚未出牙，长得很可爱，我给予一点喂养方面的指导，嘱多晒太阳。挥手再见时心里有点不是滋味，觉得自己能为他们做得太少了。真心祝福灾区的宝宝们都能健康、快乐、茁壮地成长。

李晓波：今天我们一行八人早上八点出发，经过15公里的山路，来到大槽头村的三组和四组，对当地的饮水、饮食、厕所的卫生防疫情况进行了解。目前，当地村民的生活相当艰苦，我们每人自带二瓶矿泉水和饼干当作午饭，坚决不喝村民一口水，不吃一口饭。

下午，我们走了15公里山路回到营地。

6月15日

蔡慧勇：前天夜里和昨天下了一天一夜的雨，淅淅沥沥不停。昨天没办法上山，就在营地里挖排水沟。在帐篷里，大家说趣事、唱歌，也不知不觉说到了家人朋友，帐篷外淅淅沥沥的雨声，使之帐篷里弥漫起隐约的离愁。男人们不愿意承认，但从谈话间尴尬的沉默、点燃的一支支香烟，或多或少流露出思乡的情绪。但大家都明白，救灾防疫比自己的家事更为重要，一定要尽己所能做好，确保大灾之后无大疫。

李晓波：昨天下了一天的雨，今天仍下着雨。待雨势小了，准备上山为村民发放消毒药品和厕所消毒。然后，到雨停时，再到大漕头村，把一组的45户村民的防疫全覆盖了，不仅发放消毒药品，还要他们在打来的饮用水里放上消毒药片，同时对村里卫生员进行了指导培训。通过巡视，村里的厕所情况还不理想，两位村民出现了腹泻，已给了他们一些简单的药品，叫他们及时到卫生站治疗。

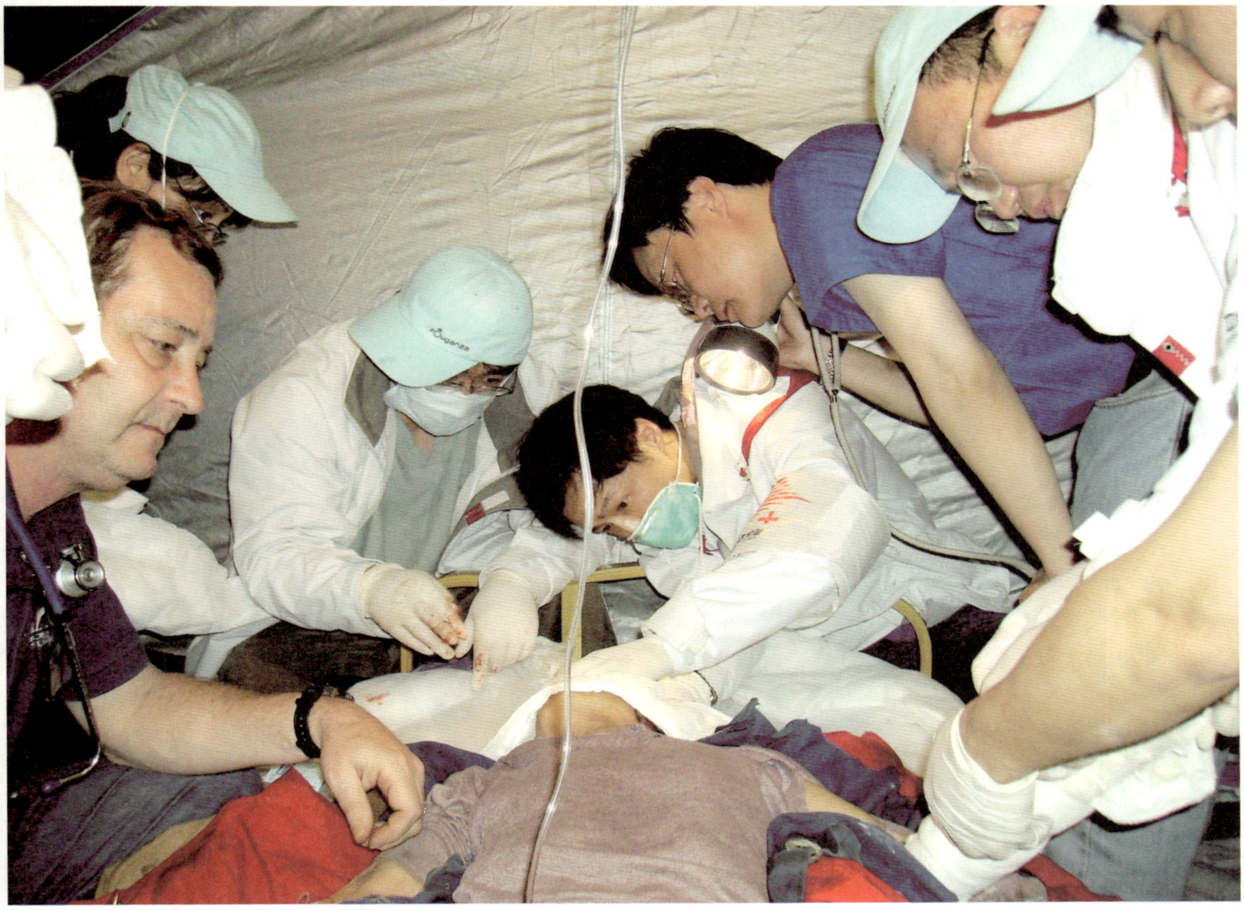

医疗队在抗震救灾现场

在灾区20多天里,队员们走村入寨,累计消杀面积57350平方米,健康宣教4811人次,查灭厕所、垃圾病媒孳生地2254人,处理水源卫生105次,所负责的三个乡镇没有发生疫情,所创造的"雁门防疫模式"在汶川全县推广。虽然强烈的紫外线灼伤了大伙的手臂和脸部,脏臭的粪便让人恶心呕吐不已,高强度的劳作更使大伙体力透支,高温和密不透风的防护服使浑身长满疹子……但大家都默默承受,没有怨言。唐毅说得好:"和灾区人民遭受的苦难相比,我们所遇到的算的得了什么。"

瑞金医院卢湾分院派出的5名医务人员,组成医疗队奔赴汶川县银杏乡,担任医疗救护任务。6月1日晚上,四周一片漆黑,此时一位中年农民焦急地赶来,说他母亲肚子痛,想弄点药吃。但他描述的情况引起队员担心,因为老人的症状不是简单的肚子痛,必须直接查诊确定。二话没说,三位医师背起药箱就跟那农民出发了。夜里的山路伸手不见五指,凭手电的探照跌跌匆匆沿着山路走,到达后立即给那位86岁的老太太进行临床检查。初步诊断,老太太系心衰发作,并伴有肺部感染,于是马上对症治疗,午夜过后,老人情况有所好转。以后几天,医护人员坚持每天早晚去查看,进行持续治疗。三天以后,老太太心衰和感染症状完全好转。

6月3日半夜,一个武警战士在搜救失事直升机时左手小指尖被毒蛇咬伤,情急之下,小战士用身边的砍刀把小指一节半给砍了。他被战友们护送着来到医疗队,此时血还没有完全止住,而因毒液影响和失血原因,小战士开始出现休克症状。医疗队马上投入抢救,补液扩容、用蛇药、清创止血……一直忙到天亮。之后传来消息,那受伤的战士恢复得很好。

在实施医疗救护期间,瑞金医院卢湾分院共诊治伤员患者402例,其中重症5例,401例痊愈,1例转至后方医院。

震区有难　静安送暖

——汶川特大地震静安区捐赠救助纪实

2008 年 5 月 12 日下午，坐落静安区的宏安瑞士大酒店三楼会议厅里，全区党政负责干部济济一堂，参加“迎奥运、迎世博、迎接全国文明城区检查”的精神文明动员大会。忽然间，悬在会议厅顶上的几盏水晶大吊灯“哐当，哐当”晃动起来，人们甚是惊讶——这是怎么回事？

几分钟后，大家的手机上都跳出一条短信——四川发生 7.8 级地震，震中位于汶川。

“抗震救灾，将是当前的首要任务”，区委书记龚德庆和区长张仁良等领导当即决定，改变下一个会议的议程，立即部署全区支援灾区、抗震救灾工作，第一时间发出抗震救灾动员令。

令出即行。区民政局启动了救灾应急预案，一个捐赠接收的工作网络迅速成立。同时，静安区“5·12 汶川地震”救灾捐赠接收工作办公室随即成立，负责组织协调全区的救灾捐赠接收工作。该办公室下设三个工作站，分别在区民政局、上海市红十字会静安分会、上海市慈善基金会静安分会，实行 24 小时值班，区民政局领导轮流带班值守。与此同时，五个社区街道也分别设立了社区捐赠款物接收工作站点，各居委会则分别设置了捐赠箱。为方便市民捐赠，区门户网站、政务网、有线台等媒体在第一时间里滚动发布捐赠网点的联系电话和地址。

爱心相聚汇成流

大灾当前，爱心涌动。捐赠点刚设置，电话铃声就此起彼伏，广大居民和企事业单位纷纷来电表示捐款，有的更是急匆匆直接赶来。

江宁社区居民、台属丁香凝女士迈着烫伤的脚，一瘸一拐来到街道捐赠点，拿出 1 万元的积蓄，并真情地说：“汶川发生大地震，损失巨大，叫人难过。我和丈夫商量决定拿出积蓄，支援灾区，贡献力量”。

江宁街道天香公寓的周春圣小朋友第二天一早直奔捐赠点，捐上几年积攒的 10902.7 元压岁钱。他说：“想想灾区的小朋友们，我的玩具可以推迟买，让灾区小朋友尽快得到救助，这是我和爸爸妈妈、爷爷奶奶最大的心愿。”常德书法幼儿园的魏嘉航小朋友捐款时说：“从电视里看到那里的房子倒了，吃的东西给埋了，我把钱捐出来，给那里的小朋友买东西吃，再给他们造一幢震不倒的房子”。稚嫩的话语一片真情，蕴涵了全民族的祈盼。

捐赠的人流不断。机关干部来了，楼宇白领来了，企事业单位员工来了；三口之家一起来了，情侣双双牵着手来了，离退休老干部拄着拐杖来了；新上海人相约赶来了，外籍人士打的赶来了，还有

群众踊跃献爱心

曾在四川插队落户的知青也赶来了……涌向各捐赠点的人流与日增多,有些地方还排起了长队。

5 月 14 日上午,区政府召开会议,部署支援四川抗震救灾的工作。区长张仁良强调,坚决贯彻党中央、国务院和上海市委、市政府的要求,发扬“一方有难、八方支援”的精神,众志成城,团结抗灾,全力做好支援抗震救灾的工作。当天中午 11 时,区机关党工委和区红十字会联合举办“静安区机关支援四川灾区捐赠仪式”,全区机关 47 家党组织 2500 多人次参加,募集捐款 411,795 元。

5 月 15 日下午,民政局捐款接收站来了一位老人,他手里拿着一个小纸包。静静地排了长队,当挤到捐赠台前,他打开纸包,里面是一万元现金。老人真情地说:“我和爱人都是退休教师,收入不高,只能尽一点微博之力吧。”前来慰问民政干部的区委书记龚德庆看到这一情景,深为感动亲自给这位退休教师颁发捐赠证书,并与他合影留念,对他的善举表示真挚的感谢。

在曹家渡社区捐款点,一对年轻的夫妻抱着刚满月的婴儿,以孩子的名义捐出了准备办满月酒的 10 万元钱。上海最高寿的人瑞、111 岁的曾乐君老人,也在家人的陪同下来到捐赠点,捐款送上了自己的情意……

捐款的人流中，还有平时收入较低的清洁工、快递员，还有拿最低生活保障金的困难居民、重回社会的“两劳”人员。他们的每一元钱，都表示出他们的爱心，也显得更加珍贵。

在律德大厦捐款箱设立的第一天，一位瘦小黝黑的女性快速投钱后，便匆匆离开，工作人员见状，上前拦住请求她在统计册上留下姓名，她连连摇头，再三说服下，她才答应。此时工作人员发现，她的双手只剩下三个手指。

在南京西路街道社区卫生服务中心的病房里，患脑血管梗塞的六旬孤老顾益新坐着轮椅来到护士长面前，用手比画着表示要求捐款，一旁的护士和病人无不动容。

南京西路街道延中居委84岁的烈属顾凤英，两年前因中风卧病在床，每月退休金只有1000多元，但她从未向组织提过要求。区民政局优抚科得知后，为她申请了一笔1000元的补助金。拿到补助，老人激动万分。今年5月11日，自知不久于人世的顾凤英把儿子媳妇叫到跟前，嘱咐道：“这么多年，我一直受政府的照顾，现在我快不行了，你们把我最后一个月的退休金和这笔补助凑成2000元，替我交给政府，去帮助比我更需要帮助的人。”次日凌晨，老人去世了。汶川大地震发生后，顾凤英的儿子媳妇把这2000元交到居委会，要求捐给灾区，以了却母亲的心愿。

北京居委有位80多岁的老党员，连续两天拄着拐杖到居委会捐钱，第一次500元，第二次1500元。居委干部为她担心，捐这么多会不会影响生活质量，她说：“宁可自己节俭些，也要全力帮助灾区人民”。家住景华小区的老党员蔡晬盎正住院治病，得知地震的消息，立刻拿出5000元，让保姆送到居委会。

军休干部顾恒老人，身患多种慢性病，5月13日一早拄着拐杖来到静安区军队离退休干部休养所捐上2000元，他说：“这样，我感到心安”。一等伤残军人、离休干部何道宏每年都把伤残金捐给希望工程，两次被评为区优秀党员，听到地震灾情后，又积极解囊捐款。年事已高的于福亭、身体瘦弱的王安文、因白血病刚做过化疗的张永明，听得地震消息，不顾家住闵行、浦东，远路赶到干休所积极捐款。詹皎、崔长来、武力驰、刘清臣、刘玉华、张邦桢、杨伯宁，都是年逾八旬、身患重病、行动不便的离退休军队干部，他们委托子女把捐款送到干休所。年逾古稀、身上装有支架的神经科专家张光霁不仅多次捐款，还应救灾部队的邀请，亲自奔赴前线指导抢救伤员……他们的拳拳爱国之心，感染了身边的每一个人。

静安区委、区人大、区政府、区政协的领导率先参加集体募捐，带头交纳特殊党费，还悄悄地以个人身份参加所在社区的捐赠。曾经分管民政工作的原副区长杨培源捐了5000元。区委书记龚德庆以“一个共产党员”的名义捐了一万元，这已经是他第三次捐款。

区宗教界、各民主党派、民营企业家以及侨、台、宗教、少数民族等社会各界人士纷纷行动起来，慷慨解囊捐款捐物。区内数千家外资、中外合资企业以各种方式参加募捐。上海商城丽嘉酒店亚太区美国籍总裁狄高志专程飞赴上海捐款，贵都大酒店董事长张保华和英国籍总经理何威廉携手到捐款点捐款。上海福佩德商务公司澳大利亚籍总经理福达伟会同妻儿、同事来到静安公园募捐。

真情涌动逐浪高

5月15日下午，静安区民政局、社团局、社会组织联合会联合组织“社会组织回报社会——静安区社会组织向四川灾区献爱心”活动。现场情景十分感人，全区318家社会组织的代表纷纷赶来奉献爱心；区癌症俱乐部成员争先恐后解囊捐款；久安慈善救助服务社6位聘用人员的月薪略高于最低工资标准，但也踊跃捐款献爱，他们的善举感动了服务社主任程嗣成，刚刚捐过1000元特殊党费的他，又一次捐献善款。

当天，区青联向全体青联委员发出倡议，号召青联委员进一步行动起来，整合资源，征集项目，全力以赴投身各项救灾后援工作。徐鲸委员慷慨募捐，向灾区赠送价值3万余元的食品和棉被等物资。

5月16日下午，静安寺街道团工委在静安公园推出“‘汶川’我们的心和你在一起——静安寺地区楼宇青年支援灾区公益拍卖系列活动”。当天，近百位白领青年通过义卖，捐出了各式各样的物品。其中，安吉·捷飞洛汽车服务有限公司捐出多项车辆保养的服务义拍，上海网元计算机系统有限公司为活动提供全程技术支持。近三个小时，活动就筹得善款近20万元。

5月18日下午，上海市侨办、静安区委宣传部、区文明办、区民政局、区文化局、区绿化局、上海市慈善基金会静安分会等部门组织“静安儿女真情奉献”大型赈灾义演活动，南洋模范中学学生乐团、上海SMG传媒集团合唱团等团体参加演出。著名指挥家、82岁的曹鹏先生亲临现场指挥，并带头捐款。华侨姚致平先生闻讯后匆匆赶来，捐献1万美金。现场人流中，有几位人员与众不同，“5·12”大地震夺去了他们亲人的生命，这里他们耳闻艺术家们的奏曲，目睹静安人民的相助，深深感受到了祖国大家庭的温暖。

在艺海剧院广场，静安区残联举办的“心系汶川回报社会”活动，感人的场面连连出现。残障人士或驾坐轮椅，或拄着拐杖，或相互搀扶，前来捐款，款额不多，但都是他们从生活费中省下来的，现场的领导和群众无不为之感动。

献爱心、送真情的活动一个接一个。5月21日，区妇女儿童工作委员会、静安区妇联和上海市儿童基金会联合在久光百货广场举办抗震救灾“上海母亲关爱震区孤儿行动”募捐活动。5月24日，静安区卫生团工委在同乐坊推出以“情系灾民，爱心无价”为主题的赈灾义卖活动。5月30日至31日，团区委在静安寺广场开展“心有所‘蜀’，关爱祈福”大型爱心现场活动。6月1日至2日，“心手相连，让爱传递”的爱心总动员在江宁路社区同乐坊举行，怀抱婴儿的妈妈、年纪幼小的孩童、耄耋之年的老人纷纷赶来，你一百、我两百，慷慨解囊。该街道的少数民族联络组当场捐献他们获得的区民族联先进集体的奖金；北京居委12位丝袜班成员连夜赶制50多朵丝袜花，通过义卖获得400多元，全部募捐；不少企业主动赶来，捐献物品进行义卖；区科委、团区委、卫生系统团工委等也纷纷赶来参

静安区妇联组织“上海母亲关爱震区孤儿行动”

与，奉献爱心。人们说：只要是为灾区作贡献，不分大小多少。

慷慨捐款日刷新

一笔笔捐款、一份份爱心涌向捐赠点，截至2008年5月14日16时，区民政、慈善、红十字会共收到捐款288805元。其中，民政捐赠点接收捐款123935元，慈善捐赠点接收捐款7000元，红十字会捐赠点接收捐款157870元。

截至2008年5月15日18时，静安区民政、慈善、红十字会捐赠点共收到捐款4058223元。

截至2008年5月16日18时，静安区民政、慈善、红十字会捐赠点共收到捐款10234221.01元。

截至2008年5月17日下午15时，静安区民政、慈善、红十字会捐赠点共收到捐款14286321.20元（以入账为统计口径）。

截至2008年5月18日15时，静安区民政、慈善、红十字会捐赠点共收到捐款14712608.50元（以入账为统计口径）。

截至2008年5月19日14时，静安区民政、慈善、红十字会捐赠点共收到捐款16927742.53元。

困难党员捐款

另据区外经委统计，注册在静安的外资企业捐资总额为 6707.276 万元，其中，通过静安捐赠点捐款金额为 11.756 万元。

截至 2008 年 5 月 20 日 14 时，静安区民政、慈善、红十字会捐赠点共收到捐款 26206715.06 元。另据区外经委统计，注册在静安的外资企业捐资总额为 6707.276 万元，其中通过静安捐赠点捐出的金额为 11.756 万元。

截至 2008 年 5 月 21 日 14 时，静安区民政、慈善、红十字会捐赠点共收到捐款 29893643.13 元。

截至 2008 年 5 月 22 日 14 时，静安区民政、慈善、红十字会捐赠点共收到捐款 33974998.60 元。

截至 2008 年 5 月 23 日 14 时，静安区民政、慈善、红十字会捐赠点共收到捐款 35829249.90 元。

截至 2008 年 5 月 26 日 14 时，静安区民政、慈善、红十字会捐赠点共收到捐款 42451425.19 元。

截至 2008 年 5 月 27 日 14 时，静安区民政、慈善、红十字会捐赠点共收到捐款 45105578 元。

截至 2008 年 5 月 28 日 14 时，静安区民政、慈善、红十字会捐赠点共收到捐款 46902965 元。

截至 5 月 29 日下午 14 时，静安区“5·12 汶川地震”救灾捐赠接收工作站、静安区红十字会、上海市慈善基金会静安分会共收到捐款 4794.23 万元，全区党员缴纳特殊党费 306.11 万元，此外，区各界通过其他途径直接向灾区捐款约 1.04 亿元。据不完全统计，静安社会各界捐款总计约 1.56 亿元(不包括各界捐助的物资)。

截至5月30日下午14时,静安区"5·12汶川地震"救灾捐赠接收工作站、静安区红十字会、上海市慈善基金会静安分会共收到捐款4853.66万元,全区党员缴纳特殊党费324.10万元,此外,区各界通过其他途径直接向灾区捐款约1.13亿元。据不完全统计,静安社会各界捐款总计约1.64亿元(不包括各界捐助的物资)。

截至6月2日下午14时,静安区"5·12汶川地震"救灾捐赠接收工作站、静安区红十字会、上海市慈善基金会静安分会共收到捐款5069.29万元,全区党员缴纳特殊党费324.11万元,此外,区各界通过其他途径直接向灾区捐款约1.13亿元。据不完全统计,静安社会各界捐款总计约1.67亿元(不包括各界捐助的物资)。

截至6月3日下午14时,静安区"5·12汶川地震"救灾捐赠接收工作站、静安区红十字会、上海市慈善基金会静安分会共收到捐款5226.15万元,全区党员缴纳特殊党费324.11万元,此外,区各界通过其他途径直接向灾区捐款约1.13亿元。据不完全统计,静安社会各界捐款总计约1.68亿元(不包括各界捐助的物资)。

截至6月4日下午14时,静安区"5·12汶川地震"救灾捐赠接收工作站、静安区红十字会、上海市慈善基金会静安分会共收到捐款5330.05万元。其中,"5·12汶川地震"救灾捐赠接收工作站接收捐款2397.19万元、静安区红十字会接收捐款2296.74万元、上海市慈善基金会静安分会接收捐款636.12万元,全区党员缴纳特殊党费324.11万元。此外,区各界通过其他途径直接向灾区捐款约1.13亿元。据不完全统计,静安区社会各界捐款总计约1.69亿元(不包括各界捐助的物资)。

截至6月5日下午14时,静安区"5·12汶川地震"救灾捐赠接收工作站、静安区红十字会、上海市慈善基金会静安分会共收到捐款5426.62万元。其中,"5·12汶川地震"救灾捐赠接收工作站接收捐款2448.6万元、静安区红十字会接收捐款2329.95万元、上海市慈善基金会静安分会接收捐款648.07万元,全区党员缴纳特殊党费379.06万元。此外,区各界通过其他途径直接向灾区捐款约1.13亿元。据不完全统计,静安区社会各界捐款总计约1.71亿元(不包括各界捐助的物资)。

截至6月6日下午14时,静安区"5·12汶川地震"救灾捐赠接收工作站、静安区红十字会、上海市慈善基金会静安分会共收到捐款5447.18万元。其中,"5·12汶川地震"救灾捐赠接收工作站接收捐款2452.64万元、静安区红十字会接收捐款2343.89万元、上海市慈善基金会静安分会接收捐款650.65万元,全区党员缴纳特殊党费379.06万元。此外,区各界通过其他途径直接向灾区捐款约1.13亿元。据不完全统计,静安区社会各界捐款总计约1.71亿元(不包括各界捐助的物资)。

截至6月10日下午4时,静安区"5·12汶川地震"救灾捐赠接收工作站、静安区红十字会、上海市慈善基金会静安分会共收到捐款5597.14万元。其中,"5·12汶川地震"救灾捐赠接收工作站接收捐款2472.95万元、静安区红十字会接收捐款2406.14万元、上海市慈善基金会静安分会接收捐款718.05万元，全区党员缴纳特殊党费379.06万元。此外，区各界通过其他途径直接向灾区捐款约1.13亿元。据不完全统计，静安区社会各界捐款总计约1.72亿元（不包括各界捐助的物资）。

截至6月16日下午4时，静安区“5·12汶川地震”救灾捐赠接收工作站、静安区红十字会、上海市慈善基金会静安分会共收到捐款5653.21万元。其中，“5·12汶川地震”救灾捐赠接收工作站接收捐款2484.32万元、静安区红十字会接收捐款2446.58万元、上海市慈善基金会静安分会接收捐款722.31万元，全区党员缴纳特殊党费416.18万元。此外，区各界通过其他途径直接向灾区捐款约1.13亿元。据不完全统计，静安区社会各界捐款总计约1.73亿元（不包括各界捐助的物资）。

截至7月3日下午4时，静安区“5·12汶川地震”救灾捐赠接收工作站、静安区红十字会、上海市慈善基金会静安分会共收到捐款5742.96万元。其中，“5·12汶川地震”救灾捐赠接收工作站接收捐款2507.86万元、静安区红十字会接收捐款2499.79万元、上海市慈善基金会静安分会接收捐款735.31万元，全区党员缴纳特殊党费416.18万元。此外，区各界通过其他途径直接向灾区捐款约1.13亿元。据不完全统计，静安区社会各界捐款总计约1.74亿元（不包括各界捐助的物资）。

捐赠点工作人员紧张工作

截至7月8日下午4时，静安区“5·12汶川地震”救灾捐赠接收工作站、静安区红十字会、上海市慈善基金会静安分会共收到捐款5766.55万元。其中，“5·12汶川地震”救灾捐赠接收工作站接收捐款2521.03万元、静安区红十字会接收捐款2510.21万元、上海市慈善基金会静安分会接收捐款735.31万元，全区党员缴纳特殊党费416.18万元。此外，区各界通过其他途径直接向灾区捐款约1.13亿元。据不完全统计，静安区社会各界捐款总计约1.75亿元（不包括各界捐助的物资）。

热忱相待似亲人

“要把来自灾区的务工人员和驻区的部队战士视为亲人，多给一些家庭般的温暖。”那些日子里，静安区的干部群众都发出这样的心声。

5月16日下午，烈日当空，区长张仁良、副区长杜慧芳率区政府办公室、区建交委、区劳动保障局等部门负责人来到南京西路会德丰建筑工地，把平安电话卡送到四川籍农民工手中，方便他们与家乡联系。一位姓朱的务工人员拨通电话得知家中房屋尚好、财产损失不大，紧锁的眉头舒展了，握着区领导的手连声说感谢。那天，全区1800余名四川籍务工人员都收到一张面值百元的电话卡，这是静安区委、区政府对灾区人民的深情厚谊。

也是这一天，在静安公园爱心捐赠现场，5名上海警备区通信站和机关车队的四川籍士兵感受到了第二故乡的温暖。他们的家乡位于地震的重灾区，有的家中房屋倒塌，有的家中人员伤亡。当他们接过副区长徐孙庆、民政党工委书记朱伟明和静安寺街道领导代表静安人民送上的慰问金，都感动得热泪盈眶，也更坚定了他们安心服役。

5月19日上午，区委召开了书记专题会议，会上对进一步加大支援灾区抗震救灾的力度作了部署，并明确了五个具体事项：(1)做好对赴川抗震救灾的驻区部队的慰问工作；(2)着手设立专项基金；(3)筹划好对口支援灾区工作；(4)做好灾区人员、赴灾区救援人员及其家属的慰问工作；(5)深入发动进一步开展捐赠献爱心活动。会议还明确，这项工作由分管区长具体负责，民政局抓好落实。

那些天，静安区先后有6位消防官兵、18位特警、22位医务人员、3位心理救援人员奔赴抗震救灾第一线。

5月21日，区委书记龚德庆、区长张仁良、区人武部部长洛克江、副区长徐孙庆等领导来到上海消防总队机关，慰问从四川汶川映秀镇抗震救灾第一线返沪休整的消防官兵，送上区政府划拨的500万元慰问金。静安区委、区政府还分别为上海警备区和上海武警全体官兵送上100万元慰问金。

那些天，静安区政府分别向对口支援的友好城区、地震受灾的四川乐山和甘肃武威送上500万元和100万元的援助款，这些饱含静安人民深厚情谊的援助，都由区政府专门划拨，没有动用老百姓的一分钱捐款。

当抗震救灾进入第二个阶段，一批批灾区伤员、失学儿童来到上海。根据上海市委、市政府的统一安排，华山医院、华东医院和上海市儿童医院等医院陆续收治地震灾区的伤员，至28日中午12时

30 分，三家医院共接收伤员 35 人，其中病重伤员 13 名、未确诊伤员 8 名，还接待随行家属 30 人。三家医院接收的伤员中，年龄最大的 90 岁，最小的年仅 4 岁，主要来自于都江堰、绵竹、什邡等地区，伤员多为挤压造成的骨折、挫伤等外伤和脑部神经性损伤，集中收治在外科、骨科和神经外科等科室。5 月 27 日，区民政局了解到，35 名伤员的 30 个随行家属的住宿难以有效保障，便立即与几家医院所在的静安寺街道和江宁街道进行联系，发挥地区优势，提供热情服务。静安寺街道专门派人到医院慰问伤员，为随行的家属送上必需的日用品，安排住宿，解除他们后顾之忧。江宁路街道领导到儿童医院对来自灾区的儿童伤员进行慰问、送上礼物，了解他们的病情，倾听他们的需求，并积极落实好伤员家属的接待备用点。小伤员们抱着上海的伯伯送给他们的福娃，个个爱不释手，脸上绽开了久违的笑颜。

区民政局认真了解全区范围内投亲靠友的灾区学龄儿童的情况，及时与区教育局协调，使 13 名来自灾区的中小学生分别进入五四中学、培明中学和万航渡路小学、静安小学就读，重回课堂。

六一前夕，团区委邀请行动方便的儿童伤员出席区少代会，与上海少先队员共度儿童节，并选择区内一所学校与儿童伤员结成“手拉手小伙伴”，把学习送到受伤儿童的床头。此外，区妇儿委推出“关爱震区孤儿行动”，组织民营企业家为灾区孩子重建希望小学。法律援助机构开设绿色通道，为来自灾区务工人员提供法律援助。“两新”组织纷纷伸出援手，给川籍员工送上关爱和帮助。许多市民主动来到捐赠点，要求给来沪的伤员和学童捐赠物资，不少人还排队献血、排队要求领养灾区孤儿、排队报名参加志愿者预备队。他们说：“灾区人民和我们是一家人，他们有难，我们应该送上爱。”

构筑心理温暖

——静安区教育系统救助四川地震灾区实录

解囊捐款，送上爱心。当汶川地震的消息一经传来，静安区教育系统的师生们就迅速自觉行动，捐款捐物，第一时间里募集了314万余元爱心款项。

南阳学校的61岁退休教师沈翠英，是上海捐房赈灾的第一人，她所捐的房产位于徐汇区南丹东路300弄2号1001室，最终以450万元的价格被上海国拍公司拍得，款项用于在四川安县造"季扉"学校。

余姚路幼儿园向全园师生、幼儿家长发出《抗震救灾爱心募捐倡议书》，一名法籍华裔孩子的父亲说："不管身在何方，我们都是炎黄子孙，在上海的法国华裔都自发地组织起来了，要为这次抗震救灾出一份心力"。

余姚路第二幼儿园的退休教师徐玲华是名癌症患者，由于癌细胞的多处转移正在医院接受化疗。听得地震消息，她第一时间打电话给学校表达捐款意向说："我生病期间，得到大家太多的关心和帮助，虽然我能力有限，但我也要捐点钱，现在是我回报的时候了，我捐一百元，钱已经从邮局汇出，请一定要帮我完成这个心愿"。

一师附小的孩子们将六一儿童节收到的学校、父母亲人的礼物，全部拿出来，捐献给灾区的小伙伴。

市西中学05届张琦同学高三时患脑瘤过世了，他母亲特地来到学校，替儿子献上一份爱心，并表达对四川灾难中失去生命孩子的悲痛心情。

区教育局机关党员干部积极作出表率，都主动为灾区抗震救灾、重建美好家园交上一份特殊的党费，共计73万元。

华东模范中学退休教师高真，年近九旬，退休后一直久居澳大利亚，远在他乡的他听到地震消息，通过在沪的亲戚向组织捐助人民币5000元，以慰问灾区。

与此同时，各学校对四川籍学生及其家属的情况进行排摸，第一时间组织各班主任按学生生源地统计学生家庭受灾情况，并对受灾地区学生进行慰问和心理开导，对受到地震影响的学生及亲属，想方设法给予关心和帮助，还启动了帮困基金，给灾区同学家庭送上帮助。

一批在读的四川籍学生失去了家园和亲人，也失去了学习的良好环境。其中，有部分学生来沪投靠亲戚，希望在上海能够继续求学。静安教育系统得知此情况后，立即统筹安排，破例在学期中段接受了18位借读学生，帮助他们恢复学业，在思想和心理上予以安抚，帮助他们树立战胜灾难、重建家园的信心。

市西中学纪琴、民立中学姚瑛、教院附校陶焱等三位教师参加了上海市援助地震灾区心理咨询志愿者服务队。市西中学生物老师纪琴，作为上海市援助地震灾区心理咨询志愿者服务队中的一员，于5月23日下午赶赴灾区，开展为期10天的心理咨询服务，以己之长抚慰灾民受伤的心。

担任高三毕业班生物教学的纪琴老师，具有国家二级心理咨询师资格。地震发生后，纪琴和爱人对灾区的消息十分关注。纪琴在爱人的鼓励支持下，报名参加了心理咨询服务队。市西中学也全力支持纪琴担当志愿者，当即对课程作了认真安排。纪老师抵达灾区后，立即赶赴江油市开展心理疏导工作。每天工作10多个小时，常常早上7点出发，开始工作，晚上进行交流总结、制定计划，一直要忙到凌晨2点多钟才能休息。每天有很多受灾人员前来咨询，再累再忙也必须注意方式方法，不能触痛他们的心灵创伤。因此，心理疏导往往在野外进行，而四川天气炎热，太阳直射，十分艰苦，连续接待咨询，纪老师的喉咙也沙哑了，但她一直坚持着连续作战。另外，由于灾区情况经常变化，他们制定的心理疏导计划也常常更改，有时一个通知下来，2小时内必须立刻出发，纪老师等说干就干，毫不迟缓。

民立中学的姚瑛老师是名“区优秀志愿者”，她坚持多年参与心理志愿者服务和临终关怀服务，业余时间基本都用在增长相关心理专业知识和为别人服务之中。5月24日，她踏上前往四川灾区的旅程，投身为灾区的百姓进行心理疏导和干预的志愿者服务。事实上，听得汶川大地震消息后，她专门收集整理了震后心理服务和干预的专业资料，她说：“即便自己不能上‘战场’，也可以帮助其他的志愿者获得更多的信息”。得知市教委招募赴灾区的心理援助志愿者时，她立即与学校沟通，表达要为灾区提供心理援助服务的想法，学校也给予极大的支持，实现了她的愿望。

静教院附校陶炎老师是团市委命名的10位青少年心理咨询专家之一。5月24日，陶焱老师作为市文明办、市志愿者协会招募的首批心理专家，参加了上海市抗震救灾心理援助志愿者赴灾区开展心理援助。陶老师表示：“作为一名学校心理咨询老师，我有责任支援灾区；作为国家二级心理咨询师的考官，我有专业能力支援灾区；作为团市委命名的10位青少年心理咨询专家之一，我有义务为灾区青少年进行危机干预服务。”在四川绵阳，不少青少年的亲属在地震中遇难，这些青少年心情都很压抑。陶炎老师先是耐心地倾听，让他们将郁积的伤感宣泄出来，然后进行和风细雨的交谈，使他们渐渐地开朗起来。不少青少年都表示：“我们对生活还充满理想，我们还要好好学习、好好工作，还要好好照顾父母亲友。地震只能震倒房屋，震不倒北川人的心！”来自绵阳水利电力学校的学生干海龙，接受了陶老师做的团体心理辅导后，悄悄地告诉陶老师，感谢上海的叔叔阿姨，让我们变得坚强起来！

抗震救灾心理援助志愿者分为两个小组开展工作，陶炎老师是第二小组督导。5月29日，陶老师与志愿者一起专门策划“六一”儿童节活动。陶老师说，她联系了一个帐篷，让小朋友们在那里集中过节，她担心孩子们的笑声会让那些失去子女的家长触景伤心，所以想办法将小朋友集中在一个帐篷内，既让小朋友过上节日，又不伤感他人。5月31日，救助点里的小朋友们度过了一个视频互动的“六一”儿童节，并意外地收到了陶老师带来的静教附校捐赠的爱心卡和小礼物，小伙伴们一扫心中的阴霾，露出久违的笑脸。

为了灾区人民　我们责无旁贷

——静安特警赴川抗震救灾纪实

汶川特大地震发生后，“迅速抽调 18 名特警参与抗震救灾队伍，赶赴四川支援抗灾”的通知随之而来。接到通知，公安静安分局立即行动，迅速在特警支队选拔 18 名人员。

整装待发之时，局长薛小明明确提出要求：发扬不辱使命、顽强拼搏的精神，积极投入抗震救灾，打出一个漂亮仗。队员们也纷纷表示：一定完成赋予的使命，交出最佳的答卷。

“家里的事再大也赶不上救援的事大。”

5 月 13 日子夜时分，来不及收拾行装，来不及与家人告别，18 名特警队员火速赶到单位，整队集结。

他们中有的正在筹备婚事，有的妻子怀孕待产，有的孩子刚刚出生，有的父母患病需人照料。但灾情就是命令，在考验面前，没有一个人退缩，大家都将灾区人民的安危放在了首位，毅然奋战在抗震救灾的第一线。

出发当夜，还在单位值班的王卫群接到赶赴灾区的指令，没来得及回家打声招呼，也没来得及休整，只是给家里打了个电话匆匆出发了。妻子在电话中再三叮嘱：当心血压高，一定要带上药。

出发前，鲁峥嵘匆匆赶到岳父母家，为的是看一眼自己只有 4 个月大的孩子。望着沉沉睡着的孩子，鲁峥嵘轻轻吻了孩子的脸颊，睡梦中的孩子仿佛有了感应，小手竟然抓住了他的手，久久没有松开……妻子看见了他轻轻抽动的背影，目送着他悄然离开。

特警支队中队长沈璐旻还没陪怀孕十六周的妻子小李做过一次产检。但妻子说：如果不是因为自己怀了宝宝，她也恨不得与丈夫一起赶赴四川帮助那些受灾的人们。她安慰丈夫：会照顾好自己和宝宝的，不用牵挂。

顾伟民的父亲刚去世一个月，家中还有许多事需要办理。接到通知，他毅然出征，而他爱人是东方医院的一名护士，也即将赶赴四川灾区的第一线。为此，顾伟民将只有 6 个月大的孩子托付给亲戚照顾。出发前，望着妈妈满脸的疲惫，顾伟民深感内疚，可妈妈说：“家里的事再大也赶不上救援的事大。”

出征队伍中的齐恺，最不放心年迈有病的爷爷，可母亲告诉他，会常陪着爷爷守在电话机旁、收看电视，搜索着每一条前方抗震救灾的消息。临行前，面对儿子，母亲宽慰道：“恺儿，放心去吧，妈妈也一定能照顾好家里，等你平安健康地回来。”

高梠的母亲身患重症，父亲也刚做了心脏手术。听到儿子能上灾区抗震救灾，他们全力支持。还笑着对高梠说："我们天天守在电视机旁，说不准哪天在电视上看见你呢。"

韩欣的外婆93岁了，第二天早晨起床后听说外孙已赴四川抗震救灾，老人没有责怪外孙不告而别，说得最多的是"光荣"两个字。

"危难之际，我们上！"

18名队员，18位尖兵，个个都是精兵强将，支队长陈伟亲自带队，连夜出征！临行前，局领导再次询问出征队员"有没有困难，家里还有什么需要托付的？"众口一词的回答是："危难有我，用我必胜！"

凌晨两点，公安静安分局党委书记、局长薛小明，分局党委委员、副局长王家骏为出征队员作战前动员，并预祝他们出师顺利，胜利归来。带着分局党委的嘱托，带着分局1500名民警的寄托，出征队员登上飞机，直奔灾区。

在四川灾区，18名特警队员先后辗转都江堰、汶川、德阳等地，夜以继日地奋战在抗震救灾最前

静安特警在实施搜救

沿。每到一地，他们争分夺秒、千方百计营救遇险群众，想方设法、竭尽全力保障灾区社会治安秩序，为维护灾区社会稳定、保护灾区人民生命财产安全作出应有的贡献。

那些日子里，18 名特警队员日夜奔波在抗震救灾第一线，冒着强烈余震、山体滑坡、泥石横飞、路面塌陷等危险，奋力战斗。多少次，他们要在地势险、落差大、坡度 40 度以上的山间跋涉；多少次，他们要在随时倒塌的危楼里开展营救；多少次，他们要在飞石纷落身边的环境下救死扶伤。危险，时刻都在伴随；生命，随时可能付出。面对生死抉择，18 名特警队员将个人安危置之度外，勇敢顽强、无私无畏，视灾情为命令、视时间如生命，灾情指向哪里，他们就在第一时间奔向哪里。

由于交通阻断，特警队员们经常需要背着 80 余斤的装备徒步进入各地区。在支援抗震救灾的 12 天里，他们转战了数十个城镇，最长的一次，连续行走了 20 多个小时。有时由于物资匮乏，饿了，有限的饼干、冷馒头和泡不开的方便面，便是他们充饥的干粮；渴了，1 瓶矿泉水便是他们一天的饮量；困了，只能以天为被、以地为铺，轮流打个盹。在恶劣的条件和巨大的困难面前，18 名同志没有一人叫苦叫累，毫无怨言地奋战在抗震救灾的第一线。

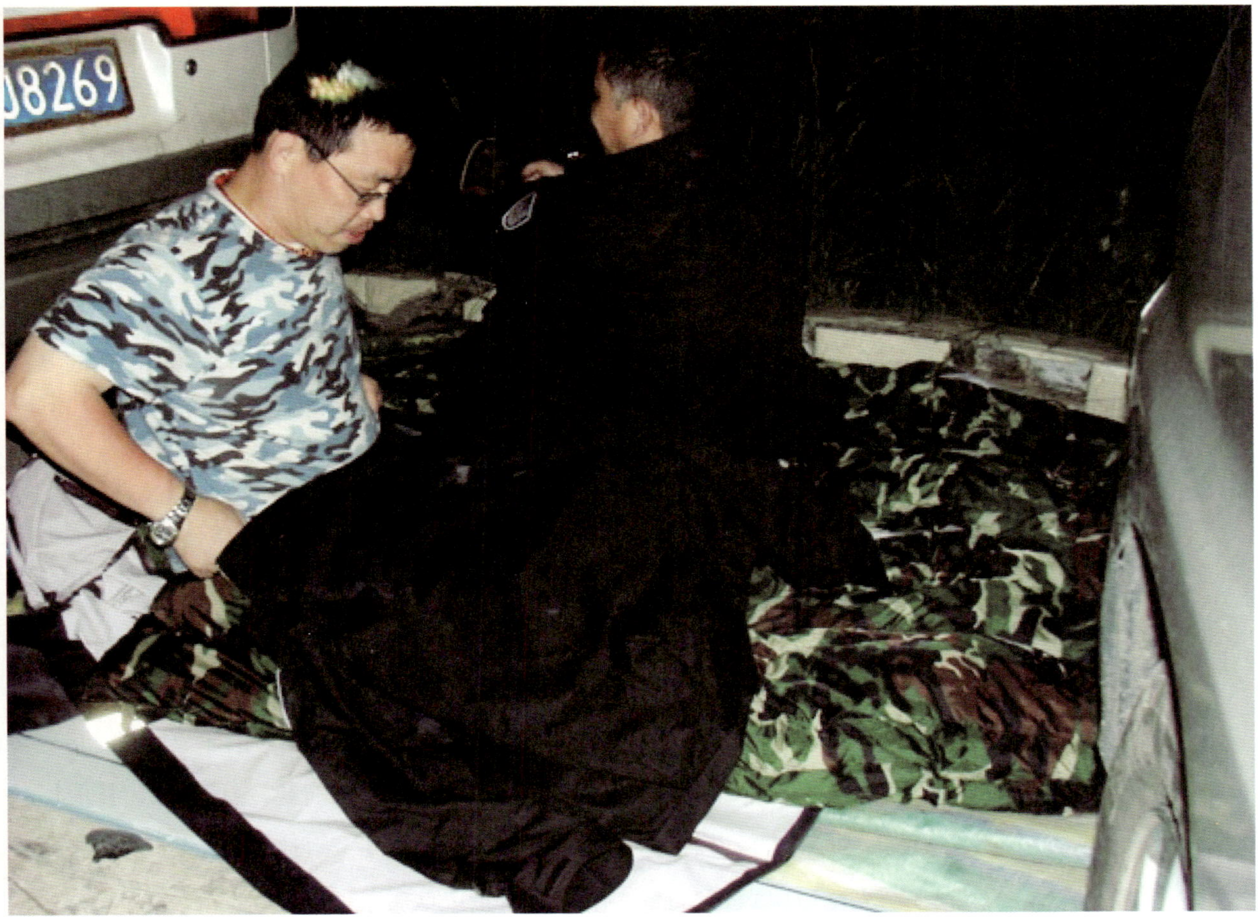

静安特警在灾区风餐露宿

“为受灾群众争取多一分生机”

从上海出发，坐飞机、乘汽车，一路颠簸，马不停蹄，14 日下午 14 时 30 分，18 位特警队员抵达都江堰市幸福镇联盟村，随即便展开抢险救援战斗。当晚，队员们露宿在幸福镇的道路旁。

15 日 11 时，根据临时指挥部要求，18 位特警队员又从都江堰出发，向四川阿坝自治州漩口镇开拔。每人配发一瓶饮用水和三个馒头作为一天的口粮。根据要求，为减少负重，救援人员每人只携带三天的干粮。一路上，有几位队员因不适应当地环境出现腹泻，但大伙斗志高昂，一心想着抗震救援战斗。

漩口镇是受灾最严重的地区之一，地处龙门山脉，为地震多发地带。那里，山势坡度 40°以上，地势险、落差大，当时该区域内有 6 万人生死不明，但要进去非常困难，因为那里不时发生四至五级余震，泥石流频发，水、电、交通全部中断，道路损坏，桥梁倒塌，车辆无法通行。这，没有阻挡 18 名队员的脚步，他们冒雨疾奔在崎岖山路上，向着灾区的核心地带挺进。从时断时续的手机连线中，传来了队员们的声音：“每一个数字背后都是一个鲜活的生命，伤亡还在增加，我们早一分赶到，就能为灾民争取多一分生机……”

“给灾区人民送上希望、勇气和温暖”

无论在哪里、在何时，18 名特警队员都是一支坚不可摧的团队。在奔袭的途中、辗转的山间，他们互相鼓劲，携手前进；在营救的时刻、援助的过程，他们齐心协力，并肩作战；在余震的环境里、泥石流的威胁前，他们守望相助，轮流值勤。由于连续超负荷的工作，他们的肩膀、双手和脚上都磨出了血泡，不少人还出现不同程度的发热、腹泻等症状，但他们相互搀扶、相互帮助，没有让一名队员掉队。

此时此刻，每一位出征的特警队员都一心想着灾区人民。他们翻山越岭、跋山涉水，想到的是第一时间赶到受灾群众的身边，送上帮助和温暖。哪怕只有一线希望，路再难行，山再难越，他们从不言弃；营救时，有时设备用不上，队员们就用双手搬掉一块块水泥、钢板，全力搜寻生还者。遇到受困群众，他们总是尽力拿出食物和水真情送上，还把安全扎营的地方让给受灾群众，而自己或睡在危楼旁或睡在废墟边。他们说：“我们来灾区，就是为了那里的人民群众，要给他们送上战胜灾难的希望、勇气与温暖。”

“只要受灾群众满意，再苦再累也值”

那些日子里，18 名出征特警队员几乎天天遇到强烈余震、山体滑坡、路面塌陷，但他们没有畏惧，没有后退，全身心地投入抢险救灾中。许多地方，他们都是靠双脚徒步前往。让我们看看他们的行进路线：5 月 15 日，徒步行走 20 多小时，到达重灾区汶川漩口镇；5 月 16 日凌晨 5 点，徒步赶往汶川县受灾严重的水磨镇；5 月 16 日晚，与 20 名消防官兵组成先遣队连夜赶赴 10 公里外的重灾点白花地区。

白天，他们全速行进、全力搜救；夜晚，他们以天作被、以地为席，露宿在半山腰的公路上。睡袋不够用，大家就轮着睡，剩下的人则背靠着背休息。伴随着不断的余震，随时可能发生的山体滑坡和泥石流，所有的人边睡觉边保持高度的警惕。短短四五个小时的休息时间中，支队长陈伟还总要起身好几次一遍遍地查看队员们的情况。

垮塌的建筑随处可见，受灾的群众露宿街头，空气中弥漫着让人窒息的尘土与异味……5 月 16 日上午，当队员们感到水磨镇，眼前是这样一幅景象。从当地居民的眼中，队员们读出了惶恐不安的情绪。当得知附近垮塌的居民楼中还有被困者时，队员们立即行动，想尽方法搜寻、营救生还者。当得知商店因害怕食品、日用品等被哄抢而不敢营业时，队员们主动展开治安巡逻，维持社会秩序。

救援的行动，百姓历历在目，当出征特警队员在搜救、巡逻时，常有群众递上毛巾，擦拭汗水。有些受灾群众还把自己的方便面和鸡蛋塞到队员们的手中，可队员们离开时，又悄悄地把这些东西还回到百姓们的帐篷里，同时放上自己带来的馒头、饼干。难怪临别时，水磨镇的群众拉着队员们的手久久不愿松开，“上海的警察兄弟就是我们的亲人啊。”

5 月 17 日晚上，在完成了漩口、水磨、白花地区的救灾任务后，18 名出征特警队员终于吃到了入川后的第一顿米饭。饭菜很简单，就是在上海最简单不过的盒饭。吃完饭，躺在漏雨的简棚里休息时才发现，每人从肩膀到双脚都磨出了一个个大血泡。5 月 18 日下午，队员们再次出发，赶赴都江堰的 13 个乡镇展开救援工作。5 月 26 日，18 名出征特警队员圆满完成各项任务，载誉返回上海。

救死扶伤是我们的天职

——静安区卫生系统赴川抗震救灾纪实

5月12日下午，汶川特大地震的消息一传出，支援救助行动即刻在静安区卫生系统展开。区卫生局领导在第一时间作出反应，连续召开党政干部会议，制定预案、落实措施，动员全系统干部职工随时投入救援之中。

在静安区中心医院，一名年轻护士给医院的党委副书记、护理部主任李天雅发了一条手机短信："如果医院派医疗队去灾区，我想参加，因为，我一直想做一件有意义的事"。李天雅回复："好样的！一旦组队，我会和你一起并肩战斗，我们一起去做一件让我们一辈子引以为豪的事，为别人。"5月13日，静安区中心医院党委、静安老年医院党总支向全系统医务人员发出倡议：人人行动起来，通过区红十字会积极捐款捐物，随时准备捋袖献血，组织医疗救援队伍奔赴抗震救灾第一线，以我们的实际行动向灾区人民传递心的力量、爱的温暖！全系统医务人员积极响应，一份份响应书如雪片般飞来。当天，一支350人的青年志愿者后备队伍组织起来了。

14日，区卫生局党政领导带头捐款，各基层单位积极响应，没有动员，没有豪言壮语。特别令人感动的是：江宁社区卫生服务中心的李医生不久前家中遭遇不幸，正读大四的24岁独生子半夜突发脑血管疾病，还在华山医院重症监护室昏迷不醒，李医生主动给院领导打来电话，要求为她捐上一份。当天，卫生局机关和全体医务人员共捐款23.75万元。

区疾病预防控制中心青年党员林延军、王辉报名并入选了市卫生局医疗救援队，分别被编入第二、第三批名单。区静安老年医院院长朱宝康曾参加过1976年唐山大地震救援队，在生死边缘抢救了无数伤员，他带领老年医院的年轻同志再一次向局党委交上了请战书。

15日，区卫生局代表全体医务人员向市卫生局请战：请求由我区派出医疗卫生队伍赶赴灾区，开展医疗救治和卫生防疫等救援工作！考虑到灾区医疗救援和公共卫生防疫的实际需求，经过局党工委研究，15日下午首先在区中心医院、老年医院、疾控中心三个单位发起动员。党员干部、团员青年积极发挥先锋模范和表率带头作用，踊跃报名，争相要求参加医疗队奔赴救灾前线。很多医护人员报名以后，还不断通过电话、短信向党组织表示决心。短短的12小时内，经过区中心医院、区老年医院、区疾控中心三家单位党组织的严格审核，第一批医疗救援队预备名单上报到了区卫生局。

15日半夜12点，区卫生局接到市局紧急通知，灾区急需药品、纱布和绑带，首批医疗物资包括纱布绷带7000卷，医用橡皮胶1950卷，医用敷料14300片，盐酸小檗碱片800盒，诺氟沙星胶囊480

盒。许舜根副局长连夜调度指挥，区中心医院在6个小时内备齐了全部物品，打包、装车，16日一早八点，满载着静安人民深情厚意的救治用品随上海市救护大队直驱灾区……

16日下午四点，区卫生局党政领导再次召开紧急会议，研究部署医疗救援队的具体筹建方案。傍晚六点，静安区卫生系统抗震救灾第一批医疗救援队正式宣告成立。经区卫生党工委批准，区中心医院18名、区老年医院6名医护人员和区疾控中心4名公共卫生人员，以及局机关5名、区卫监所1名卫生行政管理人员，共34名医务人员组成区卫生系统第一批医疗救援队，整装待命，随时准备出发奔赴救灾第一线。在这支医疗救援队中，配备了普外、神经外科、泌尿外科、骨科、麻醉、手术室、内科、ICU、公共卫生等各方面医护力量的精兵强将，他们中年龄最大的55岁，年龄最小的26岁。

区红十字会的工作人员24小时连续加班工作，接受各方如雪片般飞来的捐款捐物，记录、回答各方咨询，直至嗓音嘶哑，截至18日，共收到各界捐款728万元。

区献血办的同志们被民众的献血热情深深打动，流动车前、献血屋内，处处可见人们自发地排队等待献血，仅5月14日一天就接待了100余人，献血量近150袋。

5月18日晚9:20分，区卫生局接到市卫生局紧急通知，要求抽调2名血透室护士赴四川第一线进行救援工作。区卫生局接到通知后，与区中心医院党政领导紧急协商，院领导在接到命令后第一时间部署，护理部紧急调配血透室护士长葛文颖、主管护师孙爱军两位高年资血透护士奔赴抗震救灾第一线，参加由上海市卫生局组建的20人血透医疗队。

当晚10:30分，当急促的电话铃声响起，

接到支援命令的两位护士立即接受了这项光荣的使命。由于时间急促，她们匆匆安排了家中的事情，葛文颖的丈夫是一位公安干警，由于奥运火炬接力等工作十分繁忙，经常不在家。平时家中都是葛文颖一人照料，女儿只有五岁，正需要妈妈的照顾和关爱。但在接到命令后，葛文颖毅然将年幼的女儿托付给了父母。5月24日是孙爱军的生日，其丈夫特地从日本回国，为其庆祝生日。当孙爱军把参加抗灾的事告诉丈夫时，丈夫给了她极大的支持。短短数小时，她们就整装待发，做好了奔赴救灾第一线的准备。下午3:20分，救援队搭乘的专机飞赴受灾最重的四川省汶川县。晚7:30分抵达汶川机场后，她们顾不上休息立即驱车3个多小时赶赴绵阳野战医院待命。由于汶川余震不断，当晚还发生了5级以上余震，为了保证安全，夜间她们只能露宿街头。医疗队被分成两组，葛文颖、孙爱军被安排到绵阳404医院和绵阳市第三人民医院。在到达医院的第一天，两人就向中心医院党委递交了火线入党申请。由于受到唐家山堰塞湖的威胁，两家医院仅保留了血透室和重症监护室。葛文颖、孙爱军不顾灾情的危险和生活上的艰苦，以最大的爱心和卓越的专业技能，辗转于两家医院之间，积极投入到紧张的救治伤员工作中。她们连续奋战15天，每天连续工作15小时，先后为282病人进行了血液透析治疗，得到了病人、家属及当地医务人员的好评。随着唐家山堰塞湖险情不断升级，根据上级指示，两家医院的病人和医务人员分批撤离。在决定去留的关键时刻，葛文颖、孙爱军主动要求留下来。

静安区卫生局和中心医院领导为两位护士送行

坚守绵阳

葛文颖、孙爱军被派到绵阳市中心医院。因为余震不断,很多医疗工作都在广场上的帐篷里进行,药品和器械短缺,白天温度高,晚上没有电,除了每天一个鸡蛋,几乎没有荤菜,条件非常艰苦。医院的外墙和地面都震裂了,除了血透室机器不便搬动,其余病室都被撤空转移到帐篷里。这里血透室的护士从地震开始连续工作没有休息,葛文颖、孙爱军的到来无疑缓解了她们的压力。

虽然有心理准备,但第一天踏进血透室,她们还是被眼前的景象震慑住了:生命竟是如此脆弱,是多大的灾难把这些鲜活的生命变成了这样?这是一位来自北川中学年仅16岁的伤员。由于长时间被埋,两条大腿和右胳膊受到严重挤压,截肢后创口处溃烂,刚换上去的纱布不到几分钟就被渗血渗液浸湿了。由于大量失血、失液,病人脸色苍白,血压下降,少尿浮肿,生命随时可能消失。她们强忍着泪水,熟练地操作血透机,经过3天3夜的连续奋战,终于把他从死神手中抢回。

"姐姐,我渴、我难受。""姐姐,伤口疼,帮我挪一下脚。"每天,这些充满渴求的虚弱的声音在血透室交替响起,触动着葛文颖、孙爱军的心。她们尽可能与病人交谈,找出一些话来宽慰他们,还把鸡蛋省下送给病人。

25日下午4点21分,援救队员正在九楼的ICU病房为病人做血透,突然感到房间一阵强烈的摇晃，手边的治疗车跑到了几米外，大余震来了！队员们急忙跑到病人床旁，扶着晃动的机器，安抚惊魂未定的病人。29 日下午，绵阳电视台记者来到 404 医院采访正在为病人做血透的医护人员。有记者问上海市第二人民医院的刘萍：好多医疗队都撤离了，你们为什么还留着？刘萍的回答朴实无华，却道出了大家的心声：留在这里，是因为病人需要我们。

从 5 月 20 日开始，唐家山堰塞湖的“悬湖”危机让每个人揪心。6 月 1 日，溃坝风险极高。很多平常靠血透维持的病人都集中赶来做血透。那一晚，队员们 24 小时轮转，没有停机。晚上，5 个人各自准备一些简单的衣服，打了个小包做好溃坝疏散应急准备，一旦警报响起，随时可以护送伤员上山。

6 月 3 日，队员们顺利完成了抗震医疗救灾任务离开绵阳返沪。

不辱使命

5 月 21 日上午 6 时 30 分，区疾病预防控制中心青年党员林延军随上海市援川救灾防疫队从浦东国际机场出发，奔赴抗震救灾第一线。区疾控中心党支部连夜为他准备了随行的背包和用具，领导和同志们还特别嘱咐了工作中可能发生的意外情况和应对措施。林延军表示：“我很自豪我能够亲临灾区，为抗震救灾出一份力。请组织和同志们放心，我一定不辱使命，确保完成抗震救灾防疫任务。”

下午一时许，飞机抵达成都双流机场，随后携带大量的药品和消杀器械，林延军随队马不停蹄奔赴汶川漩口镇。晚上 8:20 分，队伍绕过复杂的山路终于抵达漩口。

连日大雨加上不断升高的气温，汶川、绵阳等重灾区尸体腐烂迅速，疫情产生的可能性大大增加。天微亮，白衣战士的“防疫战”就已打响。了解“战场”地况、调查灾民健康状况、检测灾民饮用水、分装药品、调试消杀器材以及整理帐篷、搭锅建灶、生火烧水，所有的工作几乎在同一时间展开，因为他们的口号是“高质量完成救灾任务，不给灾区居民增加任何负担”。

得知防疫队伍到来漩口，镇上的灾民们带着各种问题汇集到队员们的营地。尸体消毒处理是防疫工作中的重要环节，也是防疫队主要承担的消杀任务。在接到某矿场存在尸体的报告后，3 名队员徒步奔赴矿场。穿着密不透气的防护服，身背 60 公斤的器械设备长途跋涉，几分钟后，每个人都是大汗淋漓，衣襟湿透。没有休息，没有食物，靠一箱矿泉水、一瓶风油精，从早到晚连续挖掘。最难的是，队员们深深体谅死者亲人的悲痛心情，小心翼翼地用手挖掘，尽可能保持尸体完整。最后，小分队在部队战士的帮助下，终于成功挖掘出一具已经腐烂的尸体，及时消毒处理，经家属辨认后落土下葬。那生死离别的场景让队员们泪流满面。完成任务后回驻地，队员们都已是体力严重透支，几近虚脱状态。

接二连三的余震和降雨，也给防疫队的工作带来了更大的不便。本来不宽的山路，靠近悬崖的防护栏已随泥石流滑下几十米深的山沟，而另一侧则是摇摇欲坠的大石块，队员们都是背着药品和器材跑步越过这些山路的，危险面前，大家脑海里都会浮现出队长的一番话：大家不要忘了，在道路的另一头，是急需救助的灾民们，是无数双期待的眼睛，而伴随你一起越过险路的有队友的支持、家人的鼓励,有全国13亿同胞的祝福和祈祷,你不会有事的,继续前进,因为这是我们的工作职责,因为我们是白衣战士。

进入6月,汶川的气温飙升,队员们又面临新的挑战。室外,太阳火辣,温度上升为30多度,帐篷内更是高达40多度。通信信号时断时续,每晚,队员们只能通过手机短信与外界联系,大家短信的称呼各有不同,但内容却惊人相似:"这里非常安全,条件不错,放心吧!"与出发前相比,大家黝黑的脸上更多了一份成熟和坚定,那是游历于生死线后的成熟,是灵魂经受洗礼后的从容淡定,是相信灾区一定能够重建的不屈信心。

截至6月4日统计,战地防疫队在灾区共消杀面积达到15.3平方公里,处理垃圾763堆、使用消杀物品2016公斤、处理尸体30具、卫生宣教32920人、发放资料3万份,疫情监测5781人,发现病人199人。

当好主心骨

区卫生局丁晓沧副局长是此次出征队伍的领队兼临时党支部书记,尽管已经年过半百,且有腰椎痛和痔疮等不适,他还是多次主动请求去灾区一线,用他丰富的卫生防疫工作经验为灾区人民服务。22个日日夜夜,队长和临时党支部书记丁晓沧成为大家的主心骨。当获报有尸体要处理时,他总是坚持到现场,靠前指挥,即使遭遇强烈的余震也镇定自若。

27日早晨七点多钟,丁晓沧带领6名队员奔赴水田坪村岷江边新发现的尸体现场,冒着5级左右余震的危险,对一具人尸和一具猪尸进行处理。在他的影响下,队员们个个生龙活虎。年轻的80后队员还是第一次接触这种高度腐烂的尸体,虽然也有恐惧、也有心理障碍,但还是不顾尸味和蛆虫,在近38度的高温下,穿上密不透风的防护服,认真进行终末消毒和杀虫。

为了扩大卫生宣教效果,根据村民作息时间特点和村干部的建议,丁晓沧带领队员晚上6点冒雨前往村寨,在村民大会上传授卫生防疫常识。队员们还与攀枝花市卫生监督局防疫队的队员一起翻山越岭,探查、消毒镇区大型安置点集中供水的水源,确保饮用水安全。在党员突击队活动中,共产党员带头整理帐篷、扫垃圾、冲厕所、挖水管坑。滕志翔、张泓、张顺等5名队员乐于为铁军和武警部队进行消毒杀虫、卫生培训及悬绳灭蝇,王辉等为铁军开办的帐篷学校学生讲卫生课。当得知镇医院用受捐的水质分析仪检测水样,却不知如何进行卫生学评价时,熊维维等立即与后援团联系,为医院查找到适用的国家标准,为当地政府的决策提供了参考指标。安昌龙煞费苦心,为镇政府和镇医院的电脑清除电脑病毒。当听说村组防疫员缺乏口罩而库存有限时,何永频和颜士勇把自己携带的防护口罩相送。

丁晓沧还组织队员们分头收集震灾后卫生防疫方面的政策、知识和信息,储存到便携电脑或手机中,供随时查阅;并在3天内编印出30本、每本43页的《地震安置点卫生防病常识》,用作对灾区有关人员进行培训的教材,受到普遍欢迎。

爱的集结号

——汶川特大地震宝山区救援实录

2008年5月12日14点28分,四川省汶川地区突发8.0级特大地震。地震强大的破坏力震惊了世人,远在长江之滨的宝山也迅速行动起来,持续有序地展开了一系列抗灾援助活动,为灾区人民和灾区重建做出了应有的贡献。

区委区政府发出紧急令

灾难无情,人有情!5月14日上午,区委A501会议室气氛凝重,五届区委常委会第52次会议正在这里召开。这是一次非同寻常的专题会议,它集中传达了党中央、国务院和市委、市政府有关抗震救灾的指示,研究部署了宝山区支援地震灾区的工作。

"灾情就是命令,时间就是生命!"区委主要领导言语铿锵地说,"全区各级党政组织和党员干部,要坚决贯彻落实中央、国务院批示精神和市委、市政府工作要求,大力发扬'一方有难、八方支援'的精神,万众一心,支援灾区,共同夺取抗震救灾斗争的胜利!"

《宝山区关于全力做好支援四川抗震救灾工作的紧急通知》被迅疾下发到全区各部门各单位,一场自上而下、全面铺开的救援、救助行动迅速在宝山大地展开——

区经委、区卫生局等部门按照市统一部署,全力做好食品、药品、医疗器械等救灾物资的筹集储备工作,确保应急供应。

区卫生局迅速组建地震灾害紧急救援队伍,随时准备奔赴灾区。

区民政局、慈善基金会宝山分会、区红十字会组织开展了各个层面的慈善募捐活动,广大市民纷纷加入到捐款行列。

区合作交流办等相关部门主动询问四川、重庆等省市对口友好地区的受灾情况,尽最大努力予以支援,关心慰问在宝山的川籍企业、人员生产生活,确保这些企业、有关人员情绪平稳。

宝山新闻媒体以极大的关注力聚焦抗灾,连续刊登、发布相关消息……

一时间,宝山大地上,抗震救灾形成一个强有力的主旋律!

爱心捐款演绎人间真爱

5月13日,上海慈善基金会宝山分会率先开通抗震捐赠接收渠道。5月14日,根据市政府统一安排,宝山区成立"5·12汶川地震"社会捐助工作领导小组办公室,向社会公布捐赠电话与银行账号,各街镇均设立了捐赠点,接受社会各界捐赠。

14 日当天中午，区委区政府举行机关干部"情系灾区"捐款仪式。区四套班子领导与数百名机关干部和工作人员一起，在设在区政府大楼内的募捐箱前排起长队，半小时内就募集善款 10.5 万元。次日上午，在区文化馆广场举办的"宝山区人民与灾区人民心连心"赈灾捐款仪式上，区领导再次带头捐款，全区各单位、企业代表、市民代表等踊跃参加，现场募得社会各界爱心赈灾款 497 万余元。

宝山区主要领导参加"宝山区人民与灾区人民心连心赈灾捐款仪式"

在宝山各个街镇、社区捐赠点，一幕又一幕的捐款活动同时举行，市民踊跃参与。

家住宝山九村的退休工人任师傅，爱人患有癌症，家境并不富裕。但得知四川遭遇特大地震灾害后，他毫不犹豫地捐款 2 万元；川籍来沪人员陈凤鸣女士一次性捐款 10 万元。她说："能为家乡人民做点贡献是应该做的。我还想领养一名受灾孤儿，用实际行动回报家乡的养育之恩。"一位途经捐赠点的外来务工者，从身边仅有的 1000 元中捐献出 900 元。他说，自己原本打算买台英语学习机给儿子当作"六一"节礼物，现在就用剩下的 100 元为儿子买本英语字典："我相信，我儿子一定支持我的这个决定！"

杨行镇西街村的苏潘虹是名 2007 年刚入伍的女兵，她在参加部队举行的捐款活动同时，不忘打电话给母亲，嘱咐她将自己存在家里的一万元全部捐给灾区人民。杨行镇社区卫生服务中心职工左敏的爱人在宝山区疾病预防控制中心工作，6 月 10 日她爱人赴灾区执行抗震救灾防病任务，她将区卫生局慰问家属的 3000 多元慰问金全部捐献出来。

杨行镇杨东学校的学生大多来自外来务工人员家庭，孩子们你五角、他一元，纷纷拿出节省下来的零用钱，两天内募集到19358.80元捐款。

地震也牵动着宝钢干部员工的心。宝钢发展有限公司高级研修班60名学员从5月13日至16日连续四次捐款，有一名学员在捐出自己身上的所有现金后，才发现午餐的钱都没有了。73岁的退休老劳模、宝钢分公司炼钢厂原工会主席曹国相托人将2万元现金送到宝钢分公司工会。

大爱无疆，宝钢人的爱心善举感染了不少国际友人。汶川地震发生后，被派往宝钢工作或与宝钢有合作关系的德国、日本、奥地利、意大利、法国等国家和地区的100多位专家也慷慨解囊，捐出爱心款。宝钢与意大利马拉卡扎家族集团合资的宝意公司副董事长马蒂尔，在地震发生第一时间就致电宝钢集团业务总监叶萌，请他转交1.5万欧元捐款。宝钢集团上海二钢有限公司和贝卡尔特集团合资组建的上海贝卡尔特二钢有限公司，取消了原定的10周年庆祝活动，把省下的10万元捐赠给四川地震灾区。

截至2008年9月1日，宝山区民政局、红十字会、慈善基金会等部门共收到捐款8603.37万元。

在突如其来的巨大灾难面前，生活和工作在宝山这块热土上的人们，用捐款这样一种最质朴的行动，搭建起一艘艘温暖的方舟，满载爱心，驶向灾区。

宝山民众自发悼念“5·12”四川汶川大地震中的遇难者

志愿服务化作阳光情

爱心的奉献，自然不止捐款。在巨大的灾难面前，宝山人民还用各种方式，去抚慰每一颗受伤的心灵。

朝气勃发的宝山青年走在了前列。宝山区阳光青少年事务社工王鼎，有幸入选首批“12355灾区青少年社会工作及心理康复援助专家志愿团上海分团”。5月25日，他随团奔赴四川省德阳市，参加了为期10天的志愿者服务工作。

在到达德阳的第二天，王鼎遇到了一个瘦弱的小学生。这个小男孩的母亲在地震中不幸去世，从此心中留下难以抹去的阴影。王鼎把他留在身边，一次次地和他谈心，为他讲述有志少年自强不息的故事。王鼎对小男孩说：“你虽然失去了妈妈，但还有爸爸陪伴着你。你妈妈一定希望你们父子俩好好生活下去，这也是你报答母爱的最好表现啊！”在王鼎的抚慰和鼓动下，这个小男孩慢慢摆脱了恐惧，渐渐安下心来读书学习，老师和同学们都为之感到欣慰。

王鼎与孩子们做游戏依依不舍

汶川地震发生后，有16名伤员被送到宝山区有关医院接受治疗。团区委立即发布了《招募灾区伤员陪护青年志愿者通知书》。通知书发布后的短短2个小时内，近百名团干部和团员青年热情报名。经过挑选，团区委以“一名伤员配备三名志愿者”的搭配比例，组成了由48名青年志愿者参与的

16个青年志愿者小组。很快,志愿者们投入到服务工作中,他们根据不同的对象,给予相应的心理抚慰;与护工沟通,尽可能满足伤员生活上的需求;关心伤员家属,稳定他们的情绪……青年志愿者的服务工作,宛如阳光清风撒播在每个伤员和家属的心房,让他们倍感温暖、滋润。

爱的传递还在继续。2009年8月27日,作为第二批上海市对口支援都江堰市的60名支教教师中的一员,宝山区培智学校张洁华校长启程了。这位荣获全国优秀教师称号的特教专家此行不同寻常,除了个人日常生活用品外,她最主要的"行李配件",就是那沉甸甸的移动硬盘——硬盘里,汇聚了她20余载特教生涯的全部经验。

张洁华很快深入灾区教学第一线。她抓住每一件小事,启发和培养灾区教师,加强他们对特教规范化的认识。通过不断的实践,第二学期,她运用"ISO 9001国际标准管理文本"理论,结合都江堰特殊教育学校的实践,形成了《都江堰特殊教育学校质量手册》《都江堰特殊教育学校质量管理程序文件和各岗位操作文件》等4册500多页的文本,促使都江堰特殊教育学校走上现代科学管理学校的前沿。

由于过度劳累,张洁华病倒了,在寒假回上海时,又因免疫力降低患上严重的风疹。但是,当寒假一结束,她顾不上病情,就毫不犹疑地配好药物,飞往她心中的"第二故乡"都江堰。幸运的是,到了都江堰,她的风疹"不再捣乱",随行的老师笑着对她说:"看来,你还真是服了都江堰的水土,成了一个都江堰人啦!"

在这次支教活动中,其他的宝山教师同样做出不少贡献。作为上海市"明星社团"指导教师,科技教师邹斌培养了4位当地教师;行知中学刘熔钧老师在支教过程中,积极联系并参与起草了一些协议和文件,促成了岷江学校与行知中学签订了为期三年的帮扶协议;电脑老师袁庆为都江堰特殊教育学校、向峨小学安装、调试200台电脑,为这两所学校和岷江学校建立了学校网站,搭建校园FTP文件服务器,促进了学校信息化管理工作。

许多学校的老师和学生说,宝山的老师不仅教育水平高,而且特别的热情,平易近人。

援建项目延续更多爱意

汶川地震发生后,红十字会成为赈灾援助中的一支重要的生力军。宝山区红十字会也不例外,发动组织全区各级红十字会组织,用实际行动弘扬"人道、博爱、奉献"的红十字精神。

根据对口支援工作要求,宝山区红十字会主动联络上海中冶职工医院(金惠康复医院),由区红十字会出资10万元购置康复器材,中冶医院抽调医疗骨干力量,组建"宝山区红十字会中冶医院康复医疗小分队"。9月4日,这支小分队前往都江堰市向峨乡,为灾后接受手术的伤员进行了为期三周的康复治疗服务。小分队克服种种困难,先后为灾区100多名伤员提供治疗,许多患者经治疗后症状有明显好转。小分队的医生还结合当地情况,编印了4套康复治疗培训教材,结合教材,对当地医务人员进行了专业技能培训。

宝山民营企业也加入到爱心援助队伍中来。广大企业家表示,“尽管上海距离四川遥远,但我们的心是紧靠着的。作为民营企业,我们也有责任帮助灾区人民抗震救灾、重建家园,让他们受灾不受冷,受灾不受饿,受灾不受苦。”

在他们支持下,宝山迅速开通了“民营企业赈灾热线”,这个热线开通后,铃声响个不停,成为民营企业参与抗震救灾的“信息源”、“路线图”和“指示牌”——

钢结构商会主动与区合作交流办联系,商会多家会员企业在区对口援建办的协调下,为都江堰市向峨乡农贸市场、幼儿园进行项目援建。

上海联达运输有限公司无偿承担为灾区运送40吨宝钢彩钢板的重任。

上海望源企业发展有限公司,上海科明传输技术有限公司向灾区派出心理援助师,为灾民进行心理疏导,向震区兄弟单位发出慰问信,承诺对灾区的兄弟院所无偿提供通信光缆等器材。

汶川大地震发生后,向峨乡发出帮助建农贸市场的请求。区合作交流办接到请求后,马上与向峨乡政府协商,签订了援建协议,并派出一支对口支援小组赴向峨乡实施援建项目。双方很快达成共识:农贸市场要建在乡政府旁边,这样乡亲们可以做到赶集、办事两不误;农贸市场适宜分期建造,先造一部分,预留场地,等集市成气候时再造一部分,这样更加合理。为确保建筑质量,区合作交流办决定采用宝山优势产品“钢结构”。钢结构建筑轻型、安全、稳固,建造工时短,而最主要的是,在这次抗震中,宝山钢结构企业自发组织起来,主动到灾区搭建板房,已在灾区百姓中留下良好的口碑。

对于这个方案,宝山区政府常务会议给予充分肯定,同意区财政列支290万元,用于向峨乡农贸市场重建项目。为体现“上海水平”“宝山特色”,该项目施工材料、施工人员全部由宝山提供,项目监理也由宝山委派。钢之杰公司用义工形式零利润承揽该工程。

经过众将士日夜奋战,2010年2月底,向峨乡农贸市场整体工程竣工落成。3月17日,农贸市场里里外外张灯结彩、锣鼓喧天,向峨乡的父老乡亲们结伴赶集,宛如过节。

向峨农贸市场的建成,为灾后重建和恢复灾区生产生活创造了又一个有利条件。它同时象征着,宝山的对口支援正在有序推进,还在继续……

冲向灾区

——记宝山公安分局赴川救援的特警队员

5 月 14 日凌晨 4 时许，宝山特警和宝山消防两批人员分别启程，集结待命，时任中共宝山区委常委、公安宝山分局党委书记、局长姚志荣亲自为队员们送行。随即，他们加入到上海公安应急救援队从虹桥机场出发，时任上海市委常委、市政法委书记、市公安局党委书记吴志明，市长助理、市公安局局长张学兵等领导到机场送行。

宝山特警队员背负救援物资在山路上徒步跋涉向灾区挺进

这次出征去执行救灾的是宝山公安 13 名特警。猛烈地震造成交通、通讯中断，震中汶川此时已成了孤岛，一抵达都江堰，队员们顾不上休整，就按照前线指挥部的指令，随即徒步向汶川挺进。

特警队员们身背近 50 公斤的救灾器材和物资，需行走 50 公里的山路。按照特警队员平时的训练强度，这并不算什么。然而，眼下走的是“难于上青天”的“蜀道”，加之一路险象环生，余震、泥石流不断向队伍袭来，狭路处无法避让，队员们只能手拉手互相扶持。他们或下蹲护头，或双脚紧抓。平常很“轻便”的背包，此时变得十分沉重，为了安全，队员们用两只拇指紧紧顶住背带，掌握好重心，艰难地在大地的颤动中前行。50 多公里的路程，经过 20 多小时的艰苦跋涉，终于穿越。此时，有的队员脚底磨出了血泡，有的队员两条大腿间磨破了皮，有的队员因风沙入眼红肿起来，有的队员因疲劳过度出现高烧，但大家没有畏怯，一抵达集结地就投入救援战斗。

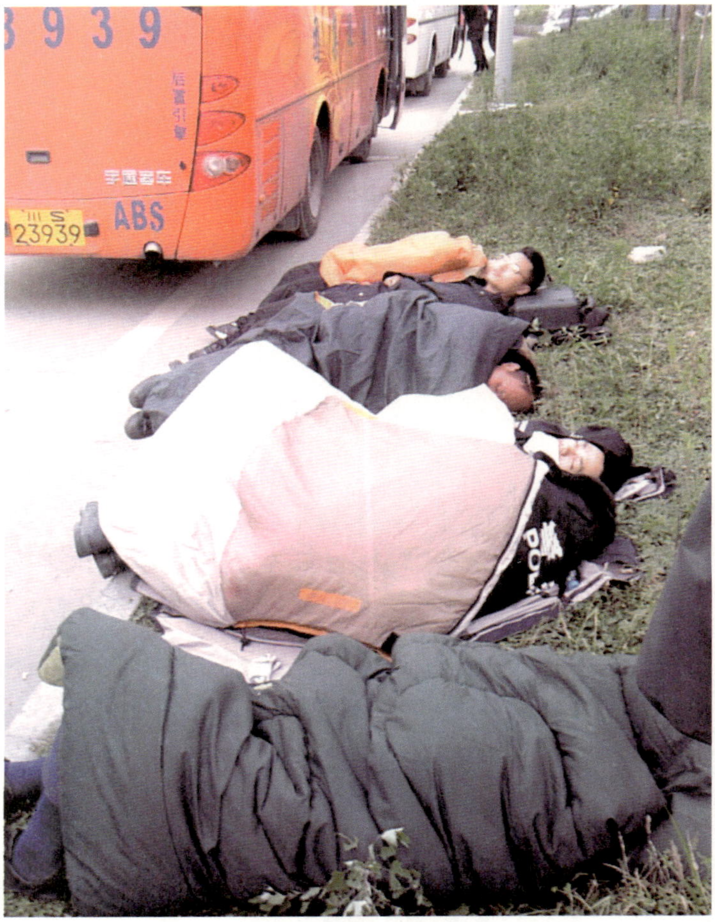

余震不断，宝山特警队员在行军救援途中的山路边露宿

我，是警察

“我是警察”，香港影片里常被引用的经典台词。在 13 名出征特警队员心里，这台词是种骄傲，激励着他们奋不顾身为灾区多尽一份力，多救一个人。

5 月 15 日晚，救援队抵达地震中心的汶川漩口镇，看到受灾群众无处栖身、饥渴交迫，特警队员立即把仅有的干粮分发给他们，自己则风餐露宿。此时，余震不断，一些被震斜的房屋随时会倒塌。忽然间，一名队员看到一个老乡身处摇摇欲坠的房屋里，“危险，快出来！”他一边大声叫喊，一边迅速冲上前，将那位老乡从危房拉出来。霎时，只听得“哗”的一声，房屋倒塌，两人被气浪推倒在地上。劫后余生的老乡说：“见天冷，我想进屋拿条棉被”。听了此话，特警队员没有埋怨，而是拿出自己的衣物送上，并以此提醒当地群众，注意安全，不要冒险进危房寻找财物。

危情紧急，赶往匆匆，队员们没来得及配备专业的挖掘设备和器材，他们就用撬棒撬、双手挖，一些队员的脚踝都被裸露的钢筋、水泥、砖块戳破了，伤口裸露又受炙热的阳光曝晒，疼痛难熬，但没有一个人顾得上包扎。受灾群众看到十分心疼，一位老大妈拿来一瓶白酒，让特警队员涂在身上，以杀菌消毒，防止感染。此时，一个消息传来：白花乡可能有活着的被埋者。生命就是命令！队员们迅速出发直奔而去，20 多公里山路，队员们在塌方的“枪林弹雨”中攀爬前行。

5月17日下午，救援队在返回都江堰待命途中，发现一辆摩托车在山路弯道上失事，连人带车倒在一边的斜坡上。事发山路较窄，而且一边是山体一边是斜坡，摩托车倒挂在斜坡顶端，骑车人被压在摩托车下，而且有随时掉下去的可能。在这危急时刻，队员们立即展开营救，最终在队员们协同下，摩托车被拉开，骑车人得营救。

5月17日，前来指导抗震救灾的中共中央总书记、国家主席、中央军委主席胡锦涛亲切接见了出征的特警队员。

人人是英雄

谁能想到，奔赴救援一线的13名特警队员都是舍下家事、抛去私事，义无反顾奔向抗震救灾的最前沿。他们中，有的正在筹备婚礼，有的妻子怀孕不久，有的孩子还较幼小，有的父母体弱多病，但他们想到更多的是灾区群众，毫不犹豫地把支援抗震救灾放在首要位置。

5月15日，市公安局团委向全局青年民警发出倡议，提出组建抗震救灾青年志愿者预备队。当天，公安宝山区分局团委就接到了421人的报名。这其中，既有入警不久的年轻人，又有年约半百的老同志，既有率先垂范的领导干部，又有爽爽英姿的年轻女警。大家都有一个愿望：为灾区、为受灾群众贡献力量。之后，公安宝山分局根据报名情况，建立了由20人组成的第一梯队，50人组成的第二梯队、60人组成的第三梯队。这其中，上海公安民警心理健康服务中心成员的特警支队范伟斌，在参加了上海公安民警心理健康服务志愿队的强化培训后，和来自市局各单位的22名同志一起，赶赴灾区为受灾群众和抢险人员提供心理疏导服务。

5月19日，分局刑侦支队刑科所沈刚、黄欣接市公安局命令：迅速赶赴灾区，开展遇难者遗体鉴定留样工作。尽管困难重重，沈刚、黄欣接到命令后，迅速做好各项准备工作，只身前往，并在工作中留下很好的业绩。

重建家园

进入灾区第五天后，特警队员的任务逐渐从搜救转为帮助重建家园。5月20日，天降暴雨，当出征的特警队员带着满身的疲惫回到临时营地时，一位当地村民风急火燎地跑来求援。原来，经历大地震后，村民们的存粮大部分被废墟掩埋，上级指挥部紧急调拨的2万公斤救济大米则堆放在露天，需要紧急转移。

大灾之下，粮食就是生命，特警队员二话没说，立即组织小分队帮助灾区人民抢运粮食。大雨倾盆，余震仍在继续，13名特警队员背着背篓，承载着全村群众的希望，向屯粮点急速奔去。越过壕沟，踏过碎石，队员们以最快的速度将粮食和物资装进背篓，每人负重上百斤，快速向转移点奔跑。夜晚的山林寒风习习，被暴雨浇淋的山路崎岖难行，陡峭的山壁上用钩网暂时挡住的巨石随时都有砸落的危险，满地的碎石如刀刃般锋利，豌豆大的雨珠砸在队员的面额上，特警队员们不惧身处险境，相互搀扶着、鼓励着，冒着倾盆大雨抢运粮食。经过4个多小时的奋力抢运，足足4万多斤灾区人民的救命粮终于运到了安全地带。看到粮食得到转移，受灾村民拉着特警队员的手，连声道：“你们是咱的恩人呢！真不知如何感谢！”

连续而又紧张的救援战斗，特警队员们所穿的军靴都粘上厚厚的泥巴，已辨识不出原来的模样；脚底起泡又磨破了，再起泡再又磨破了，形成带血的老茧……每天是那么的忙碌，没能好好休息、没能洗澡泡脚，裤子、衣服甚至连袜子都没有时间换洗，出征的特警队员脑中只有一个念头：争分夺秒多救人、多援助。

宝山特警队员在板桥镇帮助群众清理震后废墟

特警队员的奉献也被真实地记录下来:13天里,他们先后参加了重灾区汶川县漩口镇、水磨镇、都江堰市、绵竹县等地的救援工作,胡锦涛总书记、李克强副总理赴灾区视察的警卫工作,当地银行恢复运行的秩序维护工作,绵竹市看守所的监管工作,后期还参与了治安巡逻、抢运灾民财物、公路的交通管制等工作。此外,在板桥镇他们还帮助抢收麦子1万余公斤,为灾区捐款和交纳特殊党费共计3100元。

谈起赴灾区的救援经历,13名特警队员都感叹:无论在什么时候、什么地方,那段经历都是刻骨铭心的,是自己人生最有意义的荣耀。

父子两地书

13名特警队员中,有一位刚刚参加工作不久的朱一梦。在他奔赴灾区的那一夜,他的父亲、同样身为宝山交警的朱伟飞给儿子写了一封信。随后,朱一梦用手机短信给父亲回了信。

父子两地书如下:

亲爱的儿子:

作为你的父亲,这应该是我第一次给你写信。一直以来,我都不知道自己在你眼中是个怎样的父亲,也不敢问你。因为有太多的时候我都在忙着工作,很少与你交谈,了解你成长的心情。作为一名父亲,我想我是不称职的。儿子,你是否会因此埋怨我呢?我记得那一天,当你挥舞着警校录取通知书,对我说:"爸爸,将来我会像你一样!"的时候,你不知道那对于我的震撼有多么的巨大。你为自己的人生选择了一份神圣而又充满责任感的职业。

当了一辈子的警察,我清楚自己承担了多么重大的责任。这么多年来,不管多忙多累,我都始终坚持着当初选择这份职业时的执着与热情。如今你也选择了它,虽然我嘴上没说,但我的心里感到十分欣慰,我很期待你的表现。从这一刻起,我将把你当作一个真正的男子汉来看待了。

5月12日,这个让全中国人民为之揪心的日子。天灾吞噬了万人的生命,摧毁了数万个家庭。看着电视上那些曾经美好的家园被夷为平地,看着那些从险境中被救出的孩子,我们每个人都忧心忡忡,迫不及待地想尽一点自己的绵薄之力。今天,你突然跟我说你要去四川汶川参加救援工作。我看你的眼神是如此的凝重坚定,我猛然间意识到你的决心。儿子,在需要你承担责任的时候你就应该勇敢地向前走,真正考验你、体现你价值的时候到了。我也像你的母亲一样担心你的安危,可我不会阻拦你。没有什么比看到自己的孩子做如此有意义的事更让人欣喜的了。我知道你不会让我失望,像那些明知艰难却仍只身挺进的战士,像所有那些面临死神威胁却义无反顾投入抗灾的人们一样,你们有全中国人民的支持,你们一定不会让我们失望!

今夜,我知道自己将彻夜难眠,那是一个父亲为儿子的成长感到骄傲和自豪。想起32年前的情景,和今天是何其相似。1976年7月28日,当还是人民子弟兵的我从地动山摇中清醒过来后,我也和你一样地义无反顾地踏上了去唐山的征程——那座已经被地震摧毁、成为一片废墟的城市。那一次，爸爸用行动实现了自己的诺言。今天，我相信你也一定会实现当初举起右手许下的庄严承诺。

勇敢地去吧，孩子！到灾区最需要你们的地方去！爸爸会一直支持你，也会默默地祈祷，期盼着你能够完成使命，平安归来。

你的父亲

亲爱的爸爸：

您好吗？

现在已经是20日凌晨了，我和战友们刚刚经历了一次余震。我从手机报上得知您通过《新民晚报》给我写了一封信，这是我长这么大以来你给我写的唯一的信。爸爸，读完后，眼泪模糊了我的双眼，作为您的儿子，我感到无比的骄傲和自豪！

爸爸，进川以来，我们每天背着40公斤的装备和食物，行军20多公里，穿梭在地震中心。路途上还不时遇到落石、余震。但是，爸爸，我从未退缩，正如您所说的，这对我是一次难得的磨炼。在这七天的抗震救灾的过程中，每当我看到灾区一幕幕的惨况时，我更加坚定了全力以赴抗震救灾的信念。

请您放心，在总队、前线指挥部的指挥下，在分局各级领导的关心下，我们一定会成功地完成此次抗震救灾任务，绝不辜负分局党委的希望，为宝山特警争光！

由于手机短信篇幅有限，我不能向您详细地诉说了，一切等我回家再细细向您汇报！离开家已经整整7天了，很想念你们，代我向妈妈问好，让她多保重身体。请你们放心，儿子不会让你们失望，我会勇敢、努力地去战斗！因为我是您的儿子，一名光荣的特警队员！

您的儿子　朱一梦

2008年5月20日凌晨发于都江堰

灾情就是命令，时间就是生命

——宝山卫生系统在第一时间吹响了冲锋“集结号”

2008年5月12日14时28分，四川省汶川县发生里氏8.0级强烈地震。

灾情就是命令，时间就是生命。紧急关头，千里之外的宝山区卫生系统，在第一时间吹响了冲锋“集结号”，随后派出11批32名医务人员和1辆医疗急救车，与上海交大医学院附属第三人民医院派出的3批15名医疗队员一起，奋战在抗震救灾第一线。他们冒着持续不断的余震和泥石流，夜以继日，争分夺秒，累计转运、护送伤员59人次，参与救治伤员1680人次，消毒防疫面积达1.2万平方公里，以实际行动履行了“救死扶伤”的神圣职责。

用车轮丈量“生命的厚度”

“120”从来就是一个承载“紧急驰救”重任的标志和载体，在这场抗震救灾中尤其如此。

5月14日午后，宝山急救中心姬成刚和同事李庆魁2人，作为上海市医疗救援车队首批成员，从上海出发，于5月14日中午赶赴地震重灾区广元市青川县。他们的任务是，接受震区临时指挥中心的统一调度，将全县各处的伤病员转运、护送至青川县城或是广元市进行救治。

风萧萧，路迢迢。到达广元卫生局抗震救灾指挥部，再赶至青川县城，2200公里的路程，姬成刚他们只用了31个小时30分钟，一路上共加油四次，吃饭两次，其余时间，均在路途中，而当到达青川县的第一时刻起，姬成刚他们便不分昼夜，连续工作整整10天。

这10天，让他们刻骨铭心。

姬成刚是军人出身，曾经开过野战车，经受过军队严格训练。但是，灾区的气候条件、路况条件之恶劣，还是远远超出了他的预想。由于地震造成的路基塌陷、山体滑坡、泥石流间发等险象，姬成刚他们驾驶的救护车盘旋在山路上时，常常是一个轮子紧贴山壁，一个轮子半悬在空中，头顶上还不断有石块滚落！许多时候，救护车上午经过的山路，下午回来时便没了踪影，只能冒险另找归途。有一天，救护车在经过一条山路时，一块大约200多吨的巨石突然跌落，蓦然挡在车辆前方不到10米处。姬成刚猛地刹住车，惊出一身冷汗，等到镇静下来，又为眼前的困境焦虑——因为这块石头堵住了去路，必须等到部队官兵赶来，把它炸开才能恢复通行。“而每条道路都是灾区人民的生命线呀！”那一刻，姬成刚所有的感觉都被一种意识所取代：“快一点，快一点，让我们的车轮快一点转动！”

在这10天中，姬成刚他们随时处于待命状态，随时处于危险的路途中。急切冲淡了疲劳，着急赶走了瞌睡，他们唯一在乎的，是怎样完成自己给自己下达的任务。青川县下辖的几十个乡分布在各个山头，每座山的高度都在1400米以上，姬成刚他们常常陷于半途，面临通信中断的境地，连当地的向导也说不清路况，但是，姬成刚他们始终相互提醒，保持清醒的头脑，确保驾车安全，10天总行程，仅姬成刚个人驾车就达到1980公里。

"多救一个是一个！"这是姬成刚他们脑海中唯一的念头。是他们，在灾区，用车轮丈量着生命的厚度。

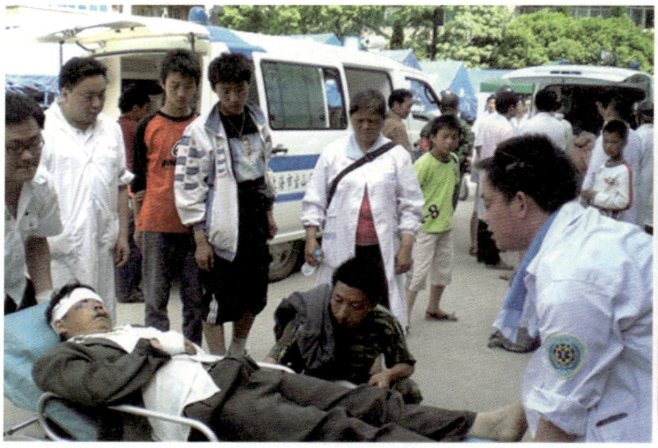

姬成刚（右一）在设于青川县武装部的临时医院内救治伤员

李庆魁（右一）在骑马乡紧急转运伤员

防疫卫士创出"雁门模式"

大灾之后现大疫，避免地震之后发生疫情，是抗震救灾工作中的又一个极其重要的任务。"5·12"地震发生后，宝山区疾病预防控制中心卫生防疫员刘效峰、郭剑锋当即报名参加援川防疫救援队。"我们是防疫卫士，我们渴望冲在抗灾第一线。"刘效峰他俩对医院领导这样说。

15日抵达成都，历经艰险，18日傍晚，刘效峰他们终于到达汶川县城，成为第一支到达的防疫救援队，随即被派往大山深处的雁门乡，以及威州镇12家重点单位执行应急防疫任务。

雁门乡有九个村寨，其中萝卜寨村最为山高路险。经过临时党支部讨论决定，刘效峰和其他两名队员组成突击队，前往萝卜寨执行任务。

抱着"不达目的地绝不罢休"的决心，刘效峰、郭剑锋和另一名队员老林背上塞满了消杀药品、干粮和水的背包，肩上搭着登山绳索出发。地势，越走越高；山路，越走越险，汗水慢慢顺着裤脚，灌满了一双双厚实的登山鞋。突然，一处巨大的滑坡阻断了他们的去路。刘效峰他们收住脚步，只见山头乌云缭绕，脚边百米悬崖，岷江汹涌。然而，想到萝卜寨的千名群众正翘首盼望着救援人员，刘效峰三人还是果断决定，"我们继续往前走！"

于是，三人沿着陡峭的滑坡试探着一步步向前。忽然又一阵风起，山顶的碎石顺着滑坡滚落下来，老林一脚踩到落石，身体猛地一斜。危险！刘效峰和郭剑锋马上伸手拉住老林，只见悬崖如刃，碎石如刀，老林虽然未坠落山崖，双臂已是鲜血淋漓。

经过大半天的长途跋涉，刘效峰他们终于赶到萝卜寨村。当他们把一面鲜艳的党旗插在村口时，村民们纷纷聚拢过来，个个脸上露出惊喜。一位羌族大娘拉着刘效峰的手，一边流泪一边说："见到你们，我们什么都不怕了！"

那一刻，刘效峰他们觉得，所有的历险都是值得的。他们随即投入到各个临时安置点、医疗点的消毒、杀虫和流行病学调查等各项工作中，掌握了大量基础数据。为完成全乡消杀和健康教育任务，刘效峰他们在当地政府协调下，重新组建社会组织体系，落实防病工作责任制；新建村级基层防疫队伍，完善灾后乡村二级防疫网络；编写《雁门乡震后防病工作指南》，培训大批基层卫生骨干，使得雁门乡的防疫工作迅速铺开。

这个震后特定环境下创造的"雁门防疫模式"，得到当地政府高度赞赏，迅即在阿坝州各县、各救援防疫队伍中推广开来。

宝山区医疗卫生救援队队员在灾区开展卫生防疫工作

战地临时搭起"帐篷医院"

地震伤员中有许多因挤压伤病人，急需大量专科医生。宝山中心医院医生陆文深知这一点，她和市一宝山分院肾内科主任医师舒方、张必椴医生，以及华山宝山分院肖萍医生，加入上海市第二批抗震救灾医疗队，在5月19日随队抵达重灾区德阳，在一所临时医院里开始了他们的救护工作。

不料，当天临近半夜，地区电视台发布消息称，是夜可能发生8级余震！此时天气异常闷热，天空发出诡异的红色，陆文发现临时医院的病房顶部出现明显开裂。"我们不能把上百名病人留在危楼里！"陆文与队员们立即进行分工，一边联系当地领导，一边加强对伤员的观察看护。很快，一批志愿者赶到临时医院，陆文和大家一起把80名伤员搬离到大楼外临时搭建的帐篷里，夜色里传来他们发出的阵阵催促声："快，快！"

没料想，刚把病人安置到帐篷，天又下起了大雨。陆文他们顾不上喘口气，马上又去检查帐篷有无漏雨，床铺有无潮湿。等一切安置妥当，回到医疗队员居住的帐篷时，陆文才感到右手臂隐隐作痛，一看，不知什么时候被划破了一道很大的口子，渗出的血液已经凝固。

好在那一夜，余震并未发生，第二天，陆文和医疗队员们又回到"帐篷医院"开展诊疗服务。偌大的帐篷内，病人大多睡在担架和简易床铺上，医生自然只能跪着为病人作检查，蹲着倾听病人的叙说。陆文医生说："那一刻，我们忘记了膝盖磕碰引起的疼痛，忘记了双腿屈跪而出现的麻木，更忘记了蚊虫的肆虐；那一刻，我们深感病人就是我们的亲人，我们所有的付出都是应该的！"

在这样一种精神的鼓舞下，又一个夜晚降临了，指挥部传来命令：需要抽调7名队员"空降"北川支援救护工作。空降，意味着地面交通已被阻断，其背后，是北川的余震，泥石流，还有，堰塞湖……这些都隐藏着危险。可是，再危难艰险的地方总要有人去。舒方和张必椴对视一下，发出会心的一笑。舒方力量倍增，毅然向队长提出："我和张必椴请求一起去北川，我俩在一个医院一个科室工作，搭配习惯了！"话音刚落，陆文和肖萍医生也挺身而出："我们都是从宝山来的，我们四个人一起去！"四位宝山医生的请战，激起了其他医疗队员的热情，大家争先恐后要求参加"空降队"。事后，当地媒体播报了此事，中央电视台和其他媒体也纷纷转载报道。

后来，舒方和肖萍医生还参与了伤员的跨省大转移。他俩与医疗队中来自湖南的医生一起，将一批伤员运送到湖南去。德阳至长沙，一路上，窗外风景如画；可是，火车的摇晃，进出隧道光线的变化，使车厢内的伤员不由自主地联想到地震，产生莫名的恐惧和焦躁，医护人员全力给予疏导、安慰，他们顾不上休息片刻，只是希望伤员们能舒缓紧张的情绪，闭眼小睡一会。

乡村小学里的"医生之家"

大场医院许海民医生是宝山区赴川抗震救灾医疗队临时党支部书记兼队长。这支医疗队里还有四名队员——

张蓓琳，市一宝山分院消化内科医生，民进党党员。她临时受命，直接从病房奔赴灾区，甚至没来得及跟年迈的父母告别。她的老父亲因为思念最疼爱的小女儿，整整一个星期没有开口说话。而在前方，张蓓琳拖着柔弱的身躯走遍了村村寨寨，她的坚韧不拔也深深感动了全体队员；

谢雄彬，宝山中心医院的外科护士长，中共党员。一个不让须眉的巾帼，跋山涉水，脚趾甲掉了，不皱一下眉头，不愿休息一分钟；

杨文林，市一宝山分院急诊科医生，农工民主党党员。在巡山路上，当大家累得透不过气来时，他总喜欢冷不丁地讲个笑话唱支山歌。在那样的情况下，这额外的付出是多么的不容易，又是多么的可贵；

韩连园，罗店医院皮肤科医生，中共党员。他是这支医疗队的"老大哥"，他超越了体力透支的极限，坚持走完所有的路程，最后一天巡诊结束，他虚脱地瘫在山路上，回到营地整整躺了三天起不了床。

许海民一行到达的地方，是汶川县三江乡。30 个昼夜的轮换中，他们徒步走遍 480 平方公里的三江全境 9 个村 32 个村民小组，累计出诊和救治灾民 1500 余人，发放 40 余种 3200 余盒药品。

“巡诊”路上的艰巨总是相似。每天，天刚蒙蒙亮，许海民和队员们就背起超过 75 公斤的药品，带上干粮和水出发，沿着震后险象环生的山路，每天至少要走上 8 个小时。6 月 1 日，他们翻越当地最高的海拔 2200 多米一座山去邓家村，谁知返程途中，耳边忽然一声巨响，半座山垮了下来！好像过了几万年，尘埃落定，许海民他们才从惊悚中回过神来。

然而，所有的艰辛，包括生活的窘迫程度，许海民他们早有思想准备。他们的“家”，是搭在乡小学空地上的几个帐篷；床，是从学校搬来的几张课桌。住宿不行，吃饭更简单。早晨，喝几口粥就出发了，每天每人背上两瓶水和干粮，午饭常常就坐在路边打发了，有时累得一口干粮也吃不下。晚饭几乎没菜，就吃白饭。

最难的是洗澡、上厕所。震后的三江不通电、不通水、没有通讯。一天的山路下来，衣服是可以拧出水来的。回到营地，男医生就拉块塑料布，拎桶山泉水擦下身。女医生们思来想去，干脆放弃，整整 25 天没有洗澡！厕所是露天的，在山脚下，几块石头，一块纸板，上面写了“男”或“女”，那就是厕所了。

但就是在这样艰苦的条件下，医疗队员们依然坚持学习，每天召开队务会。没有电，大家就用玻璃瓶和蜡烛做了一盏简易的灯。一天晚上，卫生部领导到许海民他们居住的帐篷看望大家，见到这盏灯，由衷地说，“这是三江最牛的灯啊，你们宝山医疗队真是好样的！”

许海民觉得，这是对他们最大的褒奖。

守望相助，奉献无限深情

上海交大医学院附属第三人民医院因为就在宝山区域内，所以，在许多宝山市民的眼里，这所医院也是宝山的医院。

这次援川抗灾中，医院的感染科许洁医师、普外科杨广林医师、心内科周军医师、皮肤科主任马勇和主管护师徐晓燕组成的五人医疗队，参加上海市卫生系统第三批医疗队，赴灾区开展医疗服务。

与其他几支医疗队不同的是，许洁一行五人，是乘坐由英雄的邱光华机组驾驶的直升机飞赴卧龙自然保护区耿达乡的。

但是，与所有医疗队一样的，他们走遍耿达乡所有的村寨，开展了诊疗、防疫消毒、水源监测、培训当地医护防疫人员等工作；也像许多医疗队一样，经历了严峻的生活考验，给予当地人民许多其他的关爱和温暖。

曾记得，许海民带领的医疗队员，为三江孩子们送上“儿童节的礼物”。他们提前两天就托老乡翻山越岭到都江堰购买了 50 只书包，配上文具，送给附近学校的孩子们；而许洁医生他们也在“六一”儿童节那天，为来看病的小朋友备上糖果，为驻地和山村里的小朋友送上各色礼物。

曾记得，姬成刚驾着救护车来到山区小村，看到几个老乡又饿又冷的样子，马上从车上拿出自备

市三医院医疗队员乘坐直升机到达耿达乡

的干粮和衣物送到他们手上；而许洁他们更以缴纳“特殊党费”的形式，为耿达乡灾区百姓捐款，为104岁的老人送去奶粉等物品，给一名孤儿送去的是400元爱心款。

很巧合的是，由于气候原因，许洁一行五人最后还是由一架直升机将他们接回大本营的。只是这一回，当飞机再次腾空，许洁他们通过舷窗，望着在满天风沙中向他们挥手告别的人们时，不禁流泪满脸。

汶川的天空没有留下痕迹，而许洁他们已经飞过。他们的深情，被融化在那片震区充满希望的土地里。

爱的力量

——汶川特大地震闵行区救援实录

2008年5月12日，四川汶川发生特大地震，灾情牵动全国人民的心，相隔千里的闵行人民也心系灾区。时间就是生命！当天闵行区委、区政府立刻作出部署，要求各级全力以赴做好支援四川抗震救灾工作。区民政局、区红十字会、区总工会纷纷行动，组织起声势浩大的支援灾区的捐助活动。区公安特警、消防以及医护防疫人员紧急奔赴灾区一线，抢险救援。区内各工业园区夜以继日赶制灾区急需物品。

驰援！全力以赴救灾

地震发生后，闵行区以争分夺秒的速度，迅速派遣医疗、公安、消防等部门98名专业人员赶赴都江堰市，开展抢险救灾和灾后重建战斗，先后救治伤病员5434人。

5月13日，闵行区卫生局先后从上海市第五人民医院、闵行区中心医院、闵行区疾病预防和控制中心、闵行区卫生局卫生监督所、闵行区医疗急救站抽调25名精兵强将，组建5批抗震救灾医疗队，赶赴四川灾区。

当天下午，闵行区医疗急救站第一批赈灾工作人员陈金宝、卫国荣一到四川，没来得及喘口气，就立即向重灾区青川县出发。经历长途跋涉，终于抵达目的地。在赶赴的路上，为了确保一到灾区就可战斗，陈金宝与卫国荣采取“一个驾车、一个休息”轮流作业的方法，以保持精力。从上海到青川的32小时里，他们平均“睡眠”不足两小时。抵达青川，他们又马不停蹄地穿越75公里的山路、100多处地震造成的塌陷，迅速赶到救援地实施抢救，当天就成功转诊2例外伤重症病人。

5月16日、17日，转送伤员任务集中而又繁忙，陈金宝每天都要驾车三四百公里。由于大路坍塌被堵，车辆只能走崎岖的山路，车速提不上去，这让陈金宝焦急不已，他知道这是在和死神赛跑，早到就能给受灾群众多一些希望，必须快些，再快些。救援工作十分艰苦，每天队员们只能靠干粮和水充饥，晚上就睡在车上。然而，救援任务又相当繁重，他们不停地往返于青川县和关村之间，来回运送医疗队和伤员，当时青川县余震不断，道路塌陷，但他们全然不顾，把救人作为首要任务，放在第一位。截至5月19日8点，陈金宝、卫国荣所在的上海救护车队共出车135次，转运伤病员120人。

5月18日，由4名肾脏内科医生组成的医疗小分队从闵行启程赶赴汶川地震灾区，这是由闵行区组织的首批支援灾区的医务人员，5月19日，他们已汇入服务灾区抗震救灾的志愿大军中，并不顾余震的危险、雨天的泥泞，一到驻地就开展救灾活动。

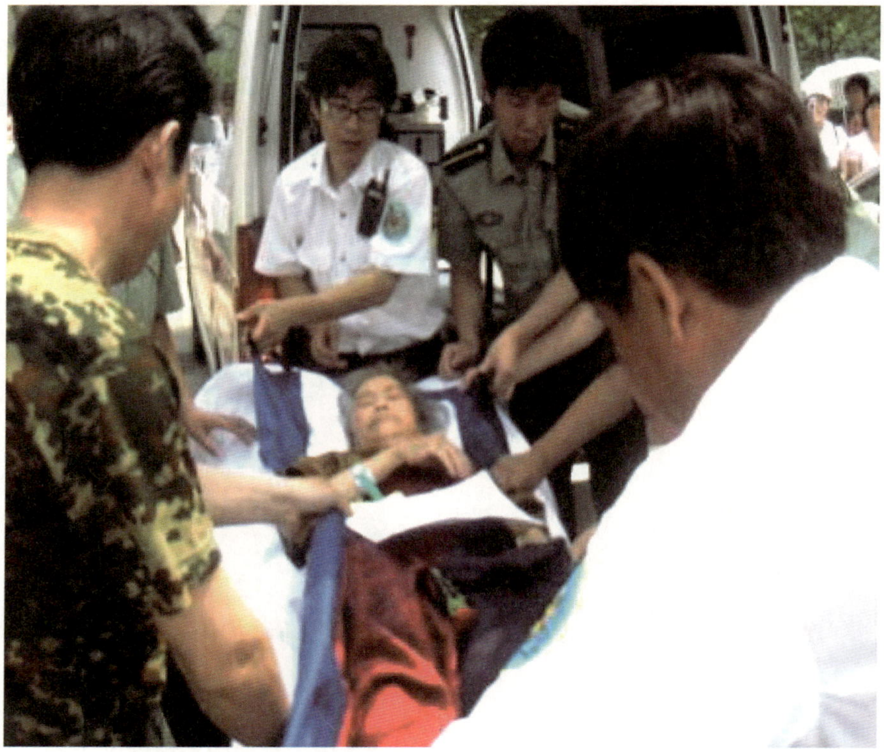

闵行区急救站队员参与汶川地震伤员大转移任务

闵行区疾病预防控制中心(CDC)防疫科副主任吴敏医生是最早到灾区的上海医护人员之一。5月14日,当他赶到灾区救援地安县中学时,操场上已有40多个帐篷,四五百名群众等待救治,面对此情,吴敏顾不上喘口气,马上投入救援。安县地处山区,中午的气温很高,又停水停电多时。凭着专业知识,吴敏意识到这儿的防疫工作首先要解决的是厕所问题。几百人共用厕所,又没冲洗的水,容易流行肠道传染病。吴敏马上和当地的疾控部门联系,找来井水,投入随身携带的消毒剂。然后,他和志愿者们一起用这简易的消毒水冲刷了便池,为居民提供了干净的洗手水,并在帐篷外挖出排水沟。5月16日,听说茶坪乡受灾更重,虽然前往的路没通,但医疗队决定徒步前往。途中,艰苦程度难以言喻,到了在离茶坪乡还有几十公里的地方,路被彻底堵死了,并又传来下午要下大雨的消息。此时,吴敏想到安县中学的帐篷是直接铺在地上的,淌进来的雨水极易传播疾病,于是与同伴作了分工,急匆匆地往回赶。一到安县,吴敏就与志愿者一起,奋战三个多小时在帐篷外挖了几百米的排水沟。

5月17日,来安县的受灾群众越来越多,防疫就成了头等大事。当天早上,吴敏在安县疾控会议上建议,全县100多名疾控工作者分成18组,深入到20个乡开展防疫工作。会议一结束,他就跟一组防疫队直奔周边的灾区,下午赶到小坝时,那儿有5000多受灾群众。吴敏看到临时搭出的帐篷密度太高,就告诉防疫人员,帐篷一定要有间隔,建议他们迁移一些帐篷,以保证空气流通。并再三关照严格做好两件事:(1)管好水源,不能饮用河水;(2)要挖出统一的公厕,定时消毒。

市五医院和闵行区中心医院组建的肾内科医疗队在德阳市救治患者时收到当地人民给予的感谢信

只要有一丝希望，绝不放弃

“抽调30名队员加入市抢险突击队。”指令达，行动快，闵行区消防支队30名出征队员以最快速度赶到受灾最严重的汶川县映秀镇。由于时间紧迫，离开上海时队员们只带了压缩饼干和矿泉水，到达目的地已基本吃完。但看到当地的食物资源比较紧缺，队员们都先让给受灾群众。30名官兵带了4套救援设备，每个队员身上负重25公斤。为了在第一时间抢救灾民，大家连续徒步20小时，走了近70公里，一直到15日下午5点钟左右才抵达映秀镇。随即，就马不停蹄地开始搜救工作。抢救紧张而又繁重，队员们干累了，就地躺一会儿；醒了，马上投入战斗。因运输困难，资源紧缺，30个人每天只能吃半脸盆的稀饭，大家毫无怨言，仍干劲十足。当地温差极大，白天30度，晚上却降到零度。消防官兵没带被子，就相互挤在一起取暖。17日晚上下大雨，简易帐篷不防水，衣服和装备都淋湿了，他们就坐着休息了一晚。

为了及时救出被困废墟的人员，队员们积极发挥先进抢险器材——生命探测仪等设备的作用，成效很大，其中救出了被困废墟123小时的孩子。几天的连续作战，队员们的体力严重透支，但每个人都告诉自己：一定要坚持，一定要尽最大努力救人，哪怕只有一丝希望，也决不放弃。

尽心尽职，确保生命之源

水，生命之源，也是抗震救灾最重要的资源。上水闵行公司第二水厂的净水专家朱斌作为上海水务赴川抗震救灾抢修队的一员，5 月 19 日奔赴四川德阳市，实施临时供水系统建设。18 天里，他和队员们一起奋战，帮助当地 18 个镇恢复临时供水系统。

19 日晚上 22 点，朱斌等人一抵达成都，就乘车赶往德阳。在路上，他们得知灾区大部分用的是深井水，由于地震毁坏了水管，加上没有电，受灾群众用水紧缺。农村地区基本上靠救灾送来的矿泉水支撑，镇上的居民就靠着唯一尚好的一口井。作为净水专家，朱斌负责前期踏勘、评估和制定临时供水方案。时不我待，朱斌用最短时间制定了方案，并交给抢修队。在高山峡谷中铺设管道、架起水箱、安装龙头以及进行水质处理和检验，十分艰难，80 多名队员日夜奋战，在 5 月 25 日中午建立广济镇区第一个集中生活供水点。之后，抢修队员又连续作战，先后完成了 18 个镇 74 个集中生活供水点的抢险任务。那些日子里，朱斌和抢险队员基本上都是工作 14 个小时以上，为了抢时间，有些活在晚上干，终于提前 6 天完成既定供水工作。

积极赶制，让救灾物资源源不断

闵行区各工业园区的企业也自觉参与，把支援抗震救灾作为头等大事。5 月 16 日，坐落闵行区的 28 家三资企业争先恐后赶到区政府会议中心的捐赠现场，纷纷递上一张张捐款支票，短短 20 分钟，就捐赠 2773 万爱心善款。可口可乐（中国）有限公司已经为救灾提供了 500 万元资助，但其员工的捐款行动一浪高过一浪，公司当即表示再拿出与员工捐款等值的资金，支援灾区重建。弗曼科斯（上海）电子有限公司总经理瑞卡多先生和亚什兰管理（上海）有限公司财务总监吉士・萨鲁斯先生都表示，自己虽然是外籍人士，但与灾区人民都是生活在一个地球里，一定要尽自己的义务，捐赠支援灾区，并祝愿受灾人民早日恢复正常生活。当天，这 28 家三资企业以实物、现金等方式捐赠了 4000 多万元。

帐篷是抗震救灾最需要的物资，闵行区肩负着 10 余万顶救灾帐篷的生产任务。洋帆公司是上海唯一专业生产帐篷的企业，临危受命，要在 35 天里赶制出 7 万顶救灾帐篷，这在平日里是“不可能完成的”，而且此时公司还有 600 多万美元的出口订单。公司董事长刘锦荣接到任务，面对市领导问有什么困难时，他只说一句：“不管怎样，先保救灾！”没有讨价还价，没有困难诉苦，只有默默工作、加紧赶制，大家心愿只有一个：为了抢险救灾，多赶制一些急需物资。公司办公室主任周女士告知，7 万顶帐篷，在平时起码要生产 75 天时间，这次为了如期完成，22 条流水线、1000 多名工人每天都加班加点，而且每个人都多做几道工序的活，终于按时按质按量完成任务。

地震发生后，小灵通成了四川地区最有保障且最急需的对外通讯联络设备。得知这一消息后，位于浦江镇的英华达公司立即在第一时间捐出了 1500 部 OKWAP 小灵通。这批小灵通于 5 月 16 日送达四川地震灾区。为帮助做好灾后重建工作，英华达公司还通过红十字会向灾区捐款 200 万元；企业员工也开展了募捐活动，先后募集善款数十万元。

5月19日上午，上海德迈装潢有限公司两位负责人来到区民政局表示，希望捐赠其公司所生产的总价值为36万元的高档门垫1200张。区民政局决定，把门垫分派到区内各慈善超市义卖，将义卖所得全部捐献给灾区。劳斯伯格篷房制造上海有限公司专门派出员工赶赴绵阳，向那里送去三卡车的铝合金篷房材料，用于为灾区搭建临时教室、医院和指挥中心，这些材料能搭建3000多平方米的临时篷房，而所有的篷房材料都具有隔热功能。公司负责人说，我们要尽自己的所能，向灾区献出一份爱心。

争相献血，让爱流淌不息

5月17日，震后的第一个双休日，七宝献血屋人流不断，虽然从15日中午起，由于血库存血量饱和，献血屋已经停止采血，但是依然有众多市民赶来预约献血。截至5月20日晚9点，全区已有7514位个人、50多家单位做了献血预约登记。

许多在闵行工作的四川籍人士也赶来献血，用自己的实际行动帮助家乡受难的乡亲。献血屋附近一家名为“Q蛋仔”的奶茶店刚开业没多久，看到大家都来献血，就接连两天为献血者送上免费珍珠奶茶，还把开张首日的3000多元营业收入捐到了红十字会。周末期间，雀巢公司还特地送来了饮料，免费送给前来预约献血的居民，场景感人。

对口支援，派遣精兵强将

闵行区对口支援都江堰市蒲阳镇，接到任务后，区合作交流办与对口支援工作领导小组立即召集38家成员单位就对口支援工作召开专题会议，明确四项工作任务：(1)建立对口支援都江堰市灾后重建工作统计报告制度，各单位于每月20日之前，将对口支援都江堰市或蒲阳镇的有关情况及时上报到领导小组办公室，及时汇总和上报市有关部门；(2)按照援建项目要求，认真做好项目申报工作，申报的援建项目不包括基本建设项目，申报之前各单位与对口受援单位做好协调与沟通，然后按要求申报，并抄送送领导小组办公室；(3)各单位在对接工作中遇到紧急情况与上海市对口支援都江堰市灾后重建指挥部社会工作组联系，特事特办；(4)建立信息互通渠道，加强上下沟通，加强与蒲阳镇的联系，确保信息畅通。

各成员单位根据要求，结合自身特点，积极投身对口支援。区劳动保障局与都江堰市劳动保障局联系，根据都江堰蒲阳镇人员状况以及当地人员的就业要求，与当地劳动保障部门共同制定招聘计划，按照区内有一定知名度、影响力的规模效益、诚信度俱佳的标准遴选10家以上用工单位，宣传好“三免政策”(即全额免录用人员综保费、培训费、交通费)，确保用工单位“三承诺”(即月薪不低于1500元，提供住宿、提供工作餐)，先后安置当地人员66名到闵行区各企业工作。区教育局组织蒲阳镇中小学校长及骨干教师来闵行学习考察，落实支教工作和来沪求学学生工作，安排学生到沪学习311人。区卫生局按时派出三批医疗队员深入蒲阳镇灾区，开展卫生防疫、救治病人和医疗培训工作。区合作交流办组织相关企业到蒲阳镇工业园区考察，闵行区的台资企业鼎新国际集团在都江堰援建一所九年制学校。区财政追加500万元专项资金用于支援蒲阳镇灾后重建。

捐助　我们心连心

——闵行区各界踊跃捐款支援灾区纪实

“汶川发生特大地震”，消息传来，闵行区社会各界纷纷自发行动，踊跃捐款捐物，全区迅速形成送关爱、讲捐献的热潮。短短几天里，区民政局、区红十字会、区慈善基金分会共收到捐赠14194.075万元。

献爱心，暖流涌动

还未动员，还未组织，当地震消息一传出，闵行区各界群众就自发涌向社区、民政、红十字会、慈善基金等部门积极捐款。

华漕镇一名退休伤残军人在第一时间捐款10万元，老人平时生活十分朴素，捐款中有6万元存款要6月到期，老人坚持提前取出来，捐给灾区。区癌症康复俱乐部的300多位会员捐出1.5万元，其中大部分钱是他们从自己的医药费中省下来的。七宝明强小学一位一年级同学捐出10200元，工作人员问他姓名，他不说；试图与孩子的家长联系，也谢绝了，坚持要求不透露姓名。梅陇镇五一村村委设立的捐款箱前，一位送水工人掏出20元钱悄悄塞了进去，说了句：“我是四川人”，就匆匆走开，并没留下名字。全区共产党员更是带头捐款，并交纳特别党费1029.98万元。那几天里，区内的各捐赠点，每天要接待成千上万的人员。

5月27日，区政府召开常务会议，通过了《关于节减行政经费支援地震灾区重建的意见》，提出：(1)大力节减行政经费支出，2008年区级机关行政经费预算节减5%以上，节约资金用于支援地震灾区重建；(2)尽快落实闵行所承担的3100万元救灾安置房建设资金；(3)区财政向汶川地震灾区孤儿助养助学基金捐赠200万元；(4)办理对企业、个人捐赠地震灾区资金退还企业所得税、个人所得税工作。在实施对口支援都江堰市及蒲阳镇的任务中，闵行区更是积极加大力度，除上海市统筹资金外，区和镇(街道)两级财政共投入3993.05万元，其中用于安置房建设3100万元，购买捐赠环卫车、医疗设备、图书、办公设备等844.05万元，另外，为蒲阳镇落实42.075万元春节慰问物资和20万元办公设备款，购买“聚爱产品”49万元。截至2008年底，闵行区支援四川抗震救灾的资金，财政投入和社会捐赠合计18187.125万元。

乐捐赠，增添温暖

“是闵行区慈善基金分会吗？我要捐款……”那些日子里，闵行区慈善基金分会的工作人员不断接到这样的电话，从早到晚，接待一批又一批，他们的嗓子说哑了，开发票开得手指僵硬了，但人流还是不断涌来。

汶川地震发生后，区慈善基金分会6名员工便开始轮流加班加点，接受热心市民上门捐款。他

2008 年 5 月 26 日，上海市红十字会会长谢丽娟一行一清早看望和慰问区红十字会全体机关工作人员

们两人一组，坚守在自己的岗位上，以自己的实际行动支援汶川。每天早上从 8 点开始，就有来电询问的，上门捐款捐物的……忙的时候，工作人员一刻都不停歇，一直要坚持到晚上 9 点多。

从早上 7 时到晚上 7 时，12 个小时区红十字会的电话从没停歇，前来捐款的人也络绎不绝。区红十字会工作人员感慨：他们每天要数一百多万的现金，点钱、开票、核对，一天里不知道要重复多少遍。“您好，这里是闵行区红十字会……”“是的，感谢您对灾区人们的援助……”声音虽已疲倦，感谢却不停歇。汶川地震发生后，闵行区红十字会一直处于“应急”状态，忙碌募捐工作，工作人员每天都要工作十四五个小时。秘书长沈秋平连晚上睡觉都在单位，两个沙发一拼就当作床，“24 小时都要有人值班！”他感叹道。截至 5 月 17 日晚上 7 时，短短五天里区红十字会已接受近 1500 万元的捐款。工作人员张玲云的丈夫生病发高烧，小腿肿得不能走路，但他没告诉妻子，自己悄悄打的去医院诊疗，张玲云知道后埋怨他，他说：“你工作重要，我就是不想影响你”。

捐款的市民络绎不绝，看到区红十字分会、慈善基金分会的工作人员忙个不停，亲友们都主动前来帮忙。没几天,50 多本慈善专用发票用完了。工作人员便再到市慈善基金会去领。第一天领了10 多本,很快用完;第二天又领了 20 本,也很快用完。不久前,工作人员发现领回的一批慈善专用发票,与之前的版本不一样,原来由于到慈善基金会捐款的人太多了,新版的慈善专用发票已经全部用完,只能暂时启用老版发票。

送真情,热心相助

5 月 14 日一早,莘庄镇党委、政府就在机关内发起向灾区人民捐款活动,机关的党员干部、工作人员 200 多人争相捐款。与此同时,莘庄镇政府还向镇慈善工作站捐赠 100 万元,委托工作站转交灾区,用于抗震救灾。

当天下午,龙柏街道开展"团结一致、守望相助、心手相连、奉献爱心"募捐活动,党员干部、机关职工以及居委干部等纷纷捐款,当天下午就募得善款 20 多万元。同时,街道还在机关内部、社区重要路口、各居民区等地设置募捐点,并向各企事业单位和社区居民发出倡议书,希望大家热情援手,帮助灾区人民渡过难关。

5 月 13 日一早,居住在虹莘小区的李朝秀老妈妈迎来了前来看望的居委干部。原来,李妈妈是四川苍溪县人,离震中心不远,地震发生时也有强烈的震感,而当时李妈妈的老伴和孩子正在老家探亲,这让李妈妈心急如焚,担心亲人的安危。当看到居委干部主动上门来问候安慰,她心定了,说:"看到政府这么关心、细心,我放心了"。

讲奉献,真心实意

6 月 1 日,闵行区近万名孩童集聚区体育公园,开展"爱心满园文明行"活动,数十名川籍孩童也专程赶来。赠书包、送书本、写祝福、捐钱款……整个公园里处洋溢着爱心,温暖着大地。

现场处,4 个流动捐款箱和 3 个固定捐款箱前人头攒动,不时有人前去献上爱心。负责照看流动捐款箱的金添祺小朋友说,半个小时不到,就募集捐款 1000 多元。就不完全,短短两个小时里就收到爱心善款 21678. 46 元。

活动现场,两面巨大的"爱心墙"上,密密麻麻地留有孩子们用稚嫩笔迹写下的爱心祝福语,一些年幼的孩子还不会写字,就让妈妈抱着在墙上画了一颗心。在游艺区,孩子们也没忘记用小手寄托对灾区孩子的一片爱心,折叠爱心千纸鹤接力的摊位前一直人流不断。华星民办子弟学校的 40 多位川籍孩子,是这次"六一"活动的特殊嘉宾。于茂佳同学在这次地震中不幸痛失爷爷,接过区领导送上的粉色书包,小姑娘泣不成声,"不要伤心,我们跟你们一起建设你们的家园好不好?"听到区领导们亲切的安慰,小姑娘流着眼泪坚强地点了点头。在青年义工与川籍民工子女结对的项目中,三年级的侯娉婷同学收到了颛桥镇团委送给她的几本书。小娉婷说她一定会珍惜上海这么好的学习条件,她表示:"将来还要考清华大学,多学本领,报效祖国"。

活动还引来上海作家协会等社团组织的前来参与。而"义工平台"自今年 3 月份开通后,网民为华星学校特困生筹集伙食费两万多元。“六一”当日,他们又送来500套图书,为华星学校援建“手拉手红领巾书屋”。在这些青年义工的带领下,40多名川籍民工孩子快乐地游园。看着这些川籍孩子露出的笑容,组织这次活动的区文明办、区团委、区妇联等单位的工作人员深感宽慰。

5月20日,“闵行母亲关爱震区孤儿行动”在全区展开,各街镇、工业园区分别在村、居委、社区设立捐赠点,无数母亲甚至还有父亲带着孩子一起为灾区捐献爱心。截至5月23日上午,共募集善款181.014万元。

心相映,两岸情深

地震灾情也牵动了台湾同胞的心,居住闵行的台胞纷纷慷慨解囊,身在台湾的同胞从海峡对岸打来电话,拜托闵行的亲友代为送上捐款。家住虹桥镇锦绣江南小区的台湾同胞,接连几个晚上聚集一起,开展捐款活动,不少台湾籍的孩子抱着自己的储蓄罐,向“爱心捐款箱”里投入自己的爱心。5月13日,家住世纪苑小区的居民胡兰玉接到居住台北的叔叔胡伟先生打来的电话:“我要给灾民捐10000元,请先代我垫上”。胡伟先生今年已86岁高龄,在当地也一直热心公益事业,看到地震灾情的新闻,他赶紧联系在大陆的侄女。家住虹山半岛小区的台胞林世英先生捐了一万元,他说:“同胞受灾有难,我很心痛,很难过。我要尽自己的心意,给受灾的人们一点帮助”。

张释儒是在闵行工作的台湾同胞,他的妻子刘雪梅是四川成都人。5月17日一早,他带着一家五口来到区红十字会,捐了5000元。对于故乡,刘雪梅有很深的感情。5月12日,正在上班的刘雪梅得知家乡遭遇灾难,心急如焚,幸运的是她当天就联系上了在成都的外婆还有小姨。从那天起,刘雪梅一家人密切关注着新闻。刘雪梅的母亲魏阿姨以前是成都市的一名教师,退休后跟女儿来到上海。说起地震灾害,魏阿姨的眼睛是红肿着的,没几句就掉了眼泪,“那么多的孩子,地震给他们多少痛苦,大家能帮就帮吧!”张释儒告诉记者,这几天他的手机成了热线电话,“台湾那边的亲友非常关心四川的灾情,几乎每一电话都是急切地问候‘没事吧?家人还好吗?’”,他说:“台湾也在24小时播报灾情和救援情况,很多人都守在电视机前关注救灾最新的进展。”

附:捐赠案例辑录

【捐赠事例1】 5月14日下午5时许,区民政局“5·12”汶川地震赈灾捐赠办公室接到章剑魁老人的电话,老人说:“我看到了灾区的状况,想要为灾区捐款,但我身患重病,行动不便,我希望你们能上门来接收捐款”。赈灾捐赠办公室的同志闻讯后立即安排人员驱车前往,上门接收捐款。章剑魁老人将2000元的捐款交给工作人员时,情绪十分激动,连声感谢工作人员帮助夫妇二人达成心愿。

【捐赠事例2】 5月19日上午,上海德迈装潢有限公司两位负责人来到区民政局,表示希望捐赠其公司生产的高档门垫1200张(专供出口,国内市场价300元/块)。经协商,由区民政局负责将门垫分派到区内各慈善超市义卖,义卖所得全部捐献给灾区。

【捐赠事例 3】 华漕镇一名退休伤残军人在第一时间为灾区捐款 10 万元。老人平时的生活十分朴素,他的捐款中,有 6 万元存款要到 6 月份到期,老人却坚持要提前取出来。

【捐赠事例 4】 5 月 16 日上午 10 点多,区红十字会来了一位白血病患者,他说:“我真想多捐点钱,可我没有收入。今年春节,红十字会救济我 400 元钱,我舍不得用,现在捐出 200 元”。他在捐助登记本上写的是“马桥镇徐金根”。

【捐赠事例 5】 区福利院不少老人节俭了一辈子,但在募捐箱前,他们毫不犹豫。邱潞老人听到地震消息,带头捐了 200 元。第二天,他又捐了 200 元钱。福利院老人中,此次捐款最多的是卢永祥老人,他捐出 5000 元。截至发稿时,老人们共捐款近 3.3 万元。

【捐赠事例 6】 七宝明强小学一位一年级同学拿来了 10200 元捐款。孩子说,得知要募捐,她立即动员了全家人捐款,也拿出了自己所有的压岁钱和零花钱。当工作人员试图与孩子及家长联系时,他们谢绝了,坚持要求不透露姓名。

闵行区七宝镇明强小学在学校操场举行为汶川地震捐款仪式

【捐赠事例7】 5月16日晚上,家住罗阳二村的管月梅老人拨通了区慈善基金分会的电话:“我的腿脚不方便……你们能不能上门来收一下?”工作人员一口答应。第二天傍晚,工作人员来到老人家中。这才知道,老人生活很拮据,每个月的医疗费都是大问题。但她还是坚持捐出一个月的养老金。

【捐赠事例8】 5月20日一早,莘庄镇扁鼓队的96名队员捐出的6220元,被送到了区慈善基金分会。队长庄建华已是第四次捐款了。她说,等领到这个月的工资后,她还要再来捐。

【捐赠事例9】 5月12日,沈伟夫妇俩的宝宝出生了。他们为孩子起名沈宥希,意思是“只要坚持,就会有希望,就会有奇迹出现”。四天后,他们抱着孩子赶往慈善基金分会,以孩子的名义捐款1万元。

【捐赠事例10】 一位送水工人,在梅陇镇五一村村委设立的捐款箱前停车,他掏出20元钱塞了进去,说了句:“我是四川人”,就匆匆走了。上海磁强磁性工具有限公司的广元籍员工张学清,家里房子全倒了,但他还捐出了200元。一位女士说:“我是四川宜宾人,我要谢谢你们上海人为我们做了那么多事。”她留下了300元钱,却没留下名字。

闵行区教育局机关向地震灾区捐款

我们都是一家人

——闵行区各界关心四川籍来沪人员纪实

“灾区与我们同饮长江水，是一家人。现在他们遇到灾难，我们要给予支援；对他们在沪的亲人，更要关心。”在抗震救灾的日子里，闵行区各级干部群众都是以这一观念指导自己的行动，显现出人间的真情。

多给一点温暖

闵行区有9万多名四川籍来沪人员，地震发生后，区内各级主动、积极给这些人员送上关爱。震后没几天，浦江镇人力资源中介园区就向入驻的职介机构发出倡议，提出凡是四川籍求职者，一律免除其求职登记费、职业介绍中介费，并尽力帮其成功就业。入驻的26家职业中介公司踊跃响应。众大人力资源管理有限公司与上海英华达科技有限公司沟通协商，优先录取四川籍求职者，并对录用的23名四川籍工人不仅免去每人320元的求职登记费和职业中介费，还给予每人20元的通讯补贴。各中介机构的负责人纷纷表示，虽然无法身临灾区抗震救灾，但是在后方，也可以用实际行动为灾区人民作贡献。

5月20日上午9:30，梅陇镇劳动保障事务所接待一位来自重庆市地震灾区的在沪务工人员熊国美。由于其家中受到地震破坏，急需回去。可她离职时，老板却拒绝结清全部工资。接待人员获悉情况后，立即向所领导报告，所领导迅速指派孙洪强、顾毅两位调解员与当事人联系。之后，又马不停蹄地来到用工单位开展调解，向店老板耐心宣传劳动法规，并教育店方：“现在举国上下都在抗震救灾，在灾区群众最需要帮助的时候，应伸出手来帮助，更何况这是职工应得的劳动报酬！”在调解员苦口婆心的调解下，店老板终于同意当场结清全部工资。当事人小熊接过800元工资时，眼含泪水，激动不已，一遍又一遍地说“谢谢！谢谢！”

5月29日下午，闵行区中心医院专家门诊室外的大厅里，等候席上坐着一群特殊的病人，他们都是来进行劳动能力鉴定的川籍务工人员，区劳动能力鉴定中心和区中心医院立即联手开出“绿色通道”，致使原来至少要60天才能做完的工伤劳动能力鉴定，很快在10天左右就完成了。一对来自四川省通江县的夫妻告诉记者，妻子原来是在中春路上的一家快餐店做盒饭，因为工伤导致盆骨等多处骨折。虽然工伤认定书早早拿到了，但拿不到劳动能力鉴定书，就无法领到外来人口综合保险等赔偿金。按照以往的做法，劳动能力鉴定需排期等候，为了让灾区群众能早日返乡处理个人事宜，对那些已申请鉴定、等待排期的灾区员工，区劳动能力鉴定中心和区中心医院开设专场，为他们进行集中鉴定。中心医院骨科、眼科和外科等科室的医务人员，组成了联合鉴定小组，帮助务工人员及早完成鉴定、拿到补助金。

多送一片真情

汶川地震，绵竹遭难，绵竹中学的教学楼严重开裂，无法开展教学。该中学的高一学生李欢被上海的亲属接到闵行。七宝中学破例接收了李欢。当李欢一踏进学校，同学们就热情地给予欢迎，带她办好了饭卡，帮她整理寝室。李欢说："心里觉得很温暖，七宝中学的同学跟老家的好朋友一样，都对自己特别好。"学校还决定：减免李欢的学费、书本费和住宿费，让李欢能安心读书。李欢原本的梦想是报考上海的复旦大学，可经历了这场地震之后，现在的她有了别的想法："原本我就想考一所名牌大学，可经过这次地震，看到这么多的同胞遇难了，我心里很难过，我想学跟地震有关的专业，以后再发生地震，能让受伤害的人少一些"。

多辟一条"绿色"通道

5 月 20 日，家住纪翟路的彭鹏被批准成为赴四川抗震救灾的预备队员，可他身份证不慎遗失，区公安局户政科得知后，迅速开辟"绿色通道"，并派员帮助彭鹏办理临时身份证。原来，制证一般需要 4 个工作日，这次当天就制作完成，保证彭鹏一旦受命即能迅速赶赴灾区。家住浦江镇汇西村三组的顾丽慧是市残疾人职业协会工作人员，5 月 21 日接市有关方面紧急通知，要她次日上午 8 时在浦东机场登机，赴四川灾区开展心理疏导工作，但其身份证不慎遗失，急需办理临时身份证，区公安局户政科得知后，特意为其开辟"绿色"通道。

尽力为抗震救灾多辟"绿色通道"，闵行区各级都是这么做的。浦江镇永新村的唐瑞好是武警某部的干部，汶川地震时，他正在家休假，照顾因手术住院的妻子。5 月 15 日，接到部队紧急命令需立即赶往灾区抢险救援，唐瑞好告别了妻子，赶到都江堰。可他的孩子只有 1 岁多，妻子因病没有工作，岳父又不幸去世，岳母从事河道保洁工作。浦江镇领导闻讯后，当即前往唐瑞好家中探望，送上 5000 元慰问金，并开辟"绿色通道"，让镇有关部门与村委、劳务所联手，想方设法为唐瑞好妻子找合适工作。镇有关部门还与唐瑞好岳母的工作单位联系，帮她请了半个月的假，以照顾正在康复阶段的女儿。

献绵薄之力，传万里真情

——汶川特大地震嘉定区救援实录

“5·12”汶川地震发生后，嘉定区各级党委、政府、企事业单位和广大市民紧急响应党中央、国务院关于抗震救灾的号召，满怀一腔同胞情谊，以实际行动弘扬“一方有难、八方支援”的传统美德，展示了“众志成城、抗震救灾”的必胜信念。自5月13日至6月30日11时，全区捐款总额达12795.03万元，这是嘉定有史以来筹集善款额最高、参与面最广、参与人数最多的一次募捐。其中，民政部门募集人民币8002.39万元、2.9万美元，红十字会3544.94万元，慈善基金会1227.4万元。此外，还有区总工会、区妇联、团区委等人民团体组织的募捐活动。

严重的灾情深深牵动着嘉定人民的心，灾害虽无情，但人间有真爱，嘉定干部、群众纷纷加入到救助行动中，涌现出许多可歌可泣的感人故事。

政府牵头　紧急动员

5月13日，“嘉定区5·12汶川地震救灾捐赠领导小组”组建成立，于当晚拟定全区性的工作方案，统一协调全区募捐工作的顺利开展。5月14日上午8点15分，中共嘉定区委常委会召开会议，传达贯彻中央和市委、市政府关于全力做好支援四川抗震救灾工作通知的精神。会议要求全区各地区、各单位积极响应中央和市委、市政府号召，紧急行动起来，积极组织捐助活动；各街镇要关心受灾地区在嘉定的游客、大学生、外来务工者群体；宣传部门要加强正确舆论引导，广泛宣传；要加强应急值班工作，确保抗震救灾信息和措施得到及时传递、落实。同日上午，区委召开全区党政负责干部会议，传达中央和市委、市政府关于全力做好支援四川抗震救灾工作的紧急通知，要求组织动员全区人民发扬“一方有难，八方支援”的精神，全力做好支援四川抗震救灾工作。5月16日下午，区政府召开专题会议，再次动员全区各单位、各部门积极响应党中央、国务院和市委、市政府关于抗震救灾的号召，广泛开展抗震救灾捐赠活动。5月15日至16日，区级机关党工委组织抗震救灾募捐活动，区四套班子领导带头捐款，区级机关干部紧急行动，2476名机关干部共捐款193万余元。

区委、区府会议后，各街镇相应建立临时工作组，全面落实抗震救灾募捐的各项工作。马陆镇于5月16日在区政府专题会议后马上召开紧急会议，进行宣传发动。黄渡镇在17日组织镇“阳光之家”助残员在镇内主要路段进行劝募，同时对全镇企业发放抗震救灾捐款倡议书。外冈镇着力做好辖区内企事业单位的募捐工作。菊园新区在18日上午举行赈灾慈善演出，企事业单位纷纷进行现场捐赠。真新街道增加24小时受理捐赠值班人员。安亭镇根据大众经济城企业分布情况，开辟募捐绿色通道，在经济城以及位于徐汇区的办事处分别设立现场捐助受理点，派遣工作人员在受理点现场接收捐款。

区民政局充分发挥嘉定区社会救助“一口上下”运作机制作用，按照民政牵头的工作原则，对全区各街镇、单位的捐赠活动开展指导，发动辖区内各单位及市民踊跃捐款，每天上报相关信息。区民政局同时建立“5·12汶川地震社会捐赠接收工作站”，成立收款组、数据组和信息组。收款组实行24小时收款值班制度；数据组每天11点、15点两次将有关情况和数据及时进行“一口式”汇总、上报并录入系统，一个月内输入近8000条信息、数据；信息组聚焦募捐活动中的典型和感人事迹，及时通过各类媒体进行宣传报道。全体工作人员在5月12日后的连续3个双休日放弃休息，接收捐款，做好登记造册、清点钱款、数据汇总等工作，通过区政务网、“上海嘉定”门户网站将每日捐款明细进行公示。

区慈善基金会、区红十字会也在灾后第一时间开展募捐工作，工作人员连续加班加点，日夜接待市民捐款。地震发生后的一周时间内，区红十字会接到300多个咨询电话，接待150余人次捐款，清

嘉定区民政局捐赠接收站工作人员仔细清点募捐款

点和存储100多万元现金和支票。

5月13日、14日，团区委、区总工会分别召开紧急会议并发出赈灾倡议和通知，得到企业干部职工和团员青年的积极响应。截至16日下午5时，企业干部职工捐款236万余元，团员青年捐款27万元。5月21日，区妇联举办"姐妹携手，共献爱心"——嘉定母亲关爱震区孤儿活动，通过默哀、宣读倡议书、现场访谈、诗歌朗诵等形式，表达对地震灾区人民的牵挂之情和对遇难者的深切哀悼。200余名妇女干部进行现场义卖和募捐，筹得善款54.1万元。至5月23日，工青妇系统干部职工累计捐款800余万元。嘉定区工商联和区光彩事业促进会充分发挥自身优势，在第一时间募集120万元基础上，又组织专题募捐活动，将募集到的300万元上缴区民政局募捐专户。

5月30日，中共嘉定区委召开常委扩大会，要求全区各部门压缩行政开支，削减办公经费，年内区级机关经常性预算压缩5%，将节约下来的每一分钱用于支援地震灾区。

嘉定宣传文化系统员工也行动起来。嘉定电视台等媒体及时向社会公布捐款地址和热线电话。区信息委在"上海嘉定"门户网站公布相关信息，还通过信息平台以发送短信的方式宣传募捐。区文联组织作家、画家以手中的笔宣传赈灾，并捐出义卖的全部稿酬。嘉定的电视、广播、报社、网站全体记者、编辑深入基层采访宣传救灾善举和感人事迹。至5月25日，电视共播发有关赈灾稿件近百条，广播播放200余条，《嘉定报》综合报道赈灾相关文字达2万余字，门户网站采编发布新闻150余条，主网站浏览量近200万。

时刻待命　千里驰援

地震发生后，嘉定卫生、消防、公安等部门的同志和志愿者纷纷请缨，要求奔赴一线。前往灾区的队员，冒着生命危险谱写了救灾的壮歌；留守同志也枕戈待旦，随时响应召唤，驰援灾区。

5月14日，上海应急消防队从都江堰出发，徒步前往映秀镇。奔赴前线的嘉定消防战士倪浩说，战士们走的是山体滑坡后碎石堆积出的小路，右手靠山，左边临江，最窄处仅容一人通过，每个战士背上还有三十多公斤的救援器械和给养，登山途中不能大声讲话，山石随时可能崩塌下来。在映秀镇，嘉定小分队的主要任务是收集被埋人员的信息，用仪器定位。

5月15日，作为嘉定首批援助地震灾区的救护队员，王海燕、滕宏良赶到灾区广元市。累了，就在车上休息待命，随时赶往救助现场，每天睡眠时间不足两小时，他们说："不要奢想有热饭，即使能啃饼干、吃干的方便面，就觉得很不错了，每天只是想着早日把伤员转移到安全地点"。5月16日，陈永明作为第二批救护队员赶往灾区。他驾驶着救护车在碎石时有滚落的山路上崎岖前行，不时有余震发生。"有时感觉是挺危险的，以前也没有经历过这种情况，不过看着那么多获得重生的灾民，就什么也顾不上了"，陈永明欣慰地说，"这些天我运送了上百个被救出的灾民，能帮到他们就算没白来"。杨浩作为第三批队员，承担灾区防疫工作，穿着全套防护服，背着重达四十公斤的电动喷雾消毒机非常吃力，机器启动更觉沉重，为了做好消毒工作，他坚持着和其他队员在废墟中艰难前行。

战斗在抗震第一线的嘉定消防战士

5月21日，嘉定第四批医疗救援人员奔赴灾区。至此，按照市卫生部门的统一部署，嘉定已有8名医护人员战斗在抗震救灾第一线。与此同时，全区共有1750余名医护人员、30余名卫生防疫人员积极报名，要求到第一线抗震救灾，区卫生部门从其中挑选了110名精兵强将，日夜待命。区疾控中心团员青年成立了爱心小队，只要血液中心一声召唤，随时捋袖献血。

“不把我放在第一梯队，我要写血书请战，我跟你急！”“我报名参加救灾预备队，我会讲四川话，我去比较合适！”……自公安嘉定分局招募“青年抗震救灾志愿预备队”的通知发出后，负责接受报名同志的手机被打爆了，300余名民警积极要求前往灾区。

市民志愿者也热情高涨。5月13日一大早，汇龙潭社区党员、72岁的许秀辉就来到居委会，要求报名到四川地震灾区救治伤员。许大妈退休前是区中心医院护士长，她说：“我是一名党培养多年的护士长，看到灾区的惨烈现场，我真恨不得马上赶到一线去抢救伤员”。5月29日，9名嘉定社工参加了赴灾区志愿服务的第二次培训，他们纷纷表示，“我们随时准备奔赴救灾第一线”。

2008 年 5 月 24 日，嘉定防疫人员在灾民临时安置点进行消毒灭虫工作

捐赠站点　暖流涌动

“您好，捐款热线。是的，我们接受捐款”

“您好，我们一定将您的爱心送到灾区”……

5 月 13 日开始，位于嘉定镇塔城路 560 号区民政局内捐赠工作站的捐款热线电话就响个不停，每天都在 100 个以上。正在排队等待募捐登记的一位捐献者说：“热线老占线，我是打了 114，自己找过来的。”虽然开设了 2 条电话热线，仍然无法满足市民捐款的热情。连日来，热线咨询电话的比平时猛增 10 倍之多，灾情牵动着每一个嘉定人的心。

面对比平时多出十来倍的工作量，尽管工作人员忙得连水都来不及喝，仍然以饱满的热情投入工作。

每天，捐赠工作站的工作人员都要接收捐款，一丝不苟地清点钱款、开具收据、登记在册。中午时分，当别人小憩时，工作人员依然坚守岗位，吃饭也是轮流进行。工作人员中有对年轻夫妇，喜得麟儿，孩子刚满三个月，初为父母的他们，也想多陪陪孩子，可是在他们的心里，同样装着灾区群众，装着那些被埋在学校废墟中的孩子们。

在捐赠站，每天都发生着感人的故事。

5 月 15 日一早，一位年逾七旬的老人来到区民政局募捐办公室，为地震灾区捐款 2500 元。这位老人是嘉定区大众律师事务所律师、2004 年被评为上海市首届“慈善之星”的徐宏祥老人，十年来，老人陆续向慈善基金会捐款 10 余万元。

5 月 15 日下午，区红十字会地震捐款办公室来了一批特殊的老人。她们从怀中拿出一个用报纸包得严严实实的包裹。小心翼翼地打开，里面是一堆整理的整整齐齐的钱，有一百、伍拾……一元、一角。她们是葛隆慈州养老院的老人，这些钱都是老人们从平时的养老金、生活费中省吃俭用省下来的。老人们说最近几天从电视上看到四川地震的新闻，心情很激动，不能去灾区出力，就凑点钱给灾区人民买些急需的物品吧，于是在养老院里自发开展募捐，并赶了很远的路，送来满怀深情的 58119.54 元钱，希望灾区的人民，特别是孩子们能够早日摆脱困境。

当日下午，荣获“上海市好军嫂”称号的韩云拿着她获得的 2000 元奖金，来到区民政局，向地震灾区捐款。

“喂，捐赠站吗？你们接收汶川地震捐款吗？我现在可以来捐款吗？”5 月 15 日晚 10 点，当工作

“上海市好军嫂”韩云在嘉定区民政局捐出所获 2000 元奖金

人员还在整理当天捐款明细时，捐款热线又响了起来。10 分钟后，一个行色匆匆的中年人骑着电瓶车赶到捐赠站，从口袋里拿出已被压皱的 500 元钱，他就是刚才打电话咨询的市民。这是一位下岗工人，平时靠打零工维持家庭基本生活。汶川地震发生后，一直想为灾区人民献上自己的心意，当得知区民政局建立了 24 小时值班制度后，就迫不及待地将钱送来。

5 月 19 日是全国哀悼日。这一天，区民政局、区红十字会捐款办公室从早上开始，前来捐款的人就络绎不绝。当天下午，两个身着工作服的女孩在民警陪伴下走进设在区民政局捐赠工作站。她俩是马陆亚尔光源公司的职工，其中一个女孩杨金霞来自四川南充。公司为表达对她家乡受灾的慰问，当天特地给了她 1000 元慰问金。小杨拿到慰问金后第一时间想到的是将这笔慰问金捐出，特意请假来捐款。由于两人对嘉定路况不熟悉，就在执勤民警帮助下来到区民政局。1000 元对打工的小杨来说不是小数目，但她还是毅然将这笔钱捐给灾区。小杨说："很幸运，我家受灾情况不太严重，但有那么多老乡受灾，他们比我更急需这笔钱。"

同日，有一个特殊的群体前来捐款，他们是嘉定区癌症康复协会的会员代表。得知四川地震的消息后，协会的 433 名会员陆续到协会捐款，有的是从医院请假来的，有的是在化疗拔了针头赶来的，有的自己走不动请家人送来……他们表示虽然他们也是弱者，也许捐款额有限，但它凝聚着癌症

小女孩左悠由爸爸抱着到嘉定区民政局捐款

病人的一片深情。下午三点多，一张50万元的支票交到了区红十字会工作人员手中，这是嘉定区房产经营(集团)有限公司为四川地震灾区第二次伸出援手。另外他们还带来了公司61名员工再次为灾区捐出的56576元，以及下属的三家企业捐出的3.6万元。当天，一名不满三岁的小女孩，由爸爸抱着来到了捐款工作站，稚嫩的小手捧着一只信封。在让爸爸往信封里装满1000元钱后，小女孩特意用红蜡笔画了一颗心，还写上了自己的名字：左悠。

……

在捐赠工作站，感人的故事无时无刻不在发生。年近八旬的老人来了，牙牙学语的孩子来了，过着清贫日子的下岗工人来了，行动不便的残疾人来了……

社区农村　爱心汇聚

地震发生后，无论是嘉定大街小巷还是村落田间，处处都有为灾区奉献爱心的倡议和宣传标语。无论是老人还是孩童，无论是本地人还是新嘉定人，爱的暖流洋溢在每个人的心田。

在上海市慈善基金会嘉定区分会，5月13日一大早，一位衣着朴素的中年人前来为灾区捐出500元，此时距汶川地震发生不足18个小时，这笔捐款也是汶川地震后嘉定区第一笔市民个人捐款。捐款者名叫王孝良，家住南翔，原是工厂职工，下岗后一度生活陷于困境，在当地政府及国家有关政策扶持下，王先生开了一家木材店，生活状况逐步好转。在网上得知震区受灾严重，心情沉痛，清晨特地从南翔赶到嘉定镇捐款，他表示虽然自己能力有限，也希望能为灾区人民出一点力。

在安亭镇，机关单位、学校、医院和市民纷纷慷慨解囊，截至16日上午，共收到个人捐款122万元。5月18日，安亭Virginia面包店老板高小江组织爱心义卖，将当天营业款2000余元全部捐献。

在马陆镇，5月14日，新翔村村民金惠娟和王振华在农田里听说四川发生地震，立即扔下手中农活，赶到村委分别捐献了500元和300元，并希望村委会尽快将捐款寄往灾区。家住马陆新村的居民吴佳学5月15日一早就赶到镇民政部门，将2000元捐给灾区。他说，四川大地震，作为市民，尽己所能，帮助灾区义不容辞。

在南翔镇，家住新丰村的朱梅根老人捐出南翔镇的第一笔捐款2000元。他是一名镇办企业的退休工人，当工作人员了解到他的生活并不宽裕，劝他少捐些时，朱老表示他退休后享受政府退休金，现在灾区百姓有难，他觉得理应回报政府和社会。德华社区的沈老太年届80，独居的她平时生活节俭，得知地震发生后，毫不犹豫地把自己辛苦积攒的600元钱捐献到社区临时接收捐赠点。南华社区一位96岁高龄的老太，从电视中得知汶川灾情后，难过得饭都吃不下，早上7点就让媳妇推着轮椅赶到社区临时接收捐赠点，捐上100元爱心款。云翔社区的卢陆康是癌症病人，生活困难，长期受政府帮助，这次他正住院治疗，却执意让家人代为捐款。身患白血病的王华平，患间质性肺炎的顾明成，都是低保人员，长期的治疗使他们生活困难，为了回报政府和社会，都慷慨解囊捐出100元。

在江桥镇，除了在各村、社区设立专门捐款点外，还设立两个经常性物资捐助点，截至16日上午,共收到个人捐款150万余元。5月14日,高潮村70岁的村民姚忠兴来到村委会,捐出了一个月的退休金1000元和3186.2元的公积金存款。封浜小学的朱雨同学老家在四川,家里的房屋在这次地震中倒塌了,但她毫不犹豫地捐出100元。居民顾根福夫妻二人都是残疾人,老顾长期瘫痪在床,家中条件极其艰难,还是让妻子送来200元捐给灾区。刘婉华老人是一位80多岁的无保障老人,为了灾区人民,她不顾自身生活困难,坚持拿出100元捐给灾区。

在黄渡镇,居民、村民、职工、学生以及敬老院老人纷纷献上爱心。家住联星村的残疾人李永明,在灾情公布后开着残疾车第一个来到黄渡镇民政部门,送上100元捐款和10件衣衫。低保户许兰英来了,尽管家里还有智障的儿子需要抚养,她仍然从拮据的生活费中拿出200元,“我们一直享受政府的照顾,灾区人民现在更困难,我应该尽绵薄之力”。黄渡中学陈旎敏同学看到学校的倡议,拿出所有的200元零用钱,她在市区工作的哥哥得知消息,也拿出1000元和她一起献爱心,全班30名同学在她的感召下,共募捐2010元。黄渡敬老院29位老人,一共捐出1280元。

在徐行镇,徐行村退休老干部高田人,已经91岁高龄,捐款1000元,他朴实地说:“作为公民,我只是表达心意,那些在抗灾第一线的人,才是我们的榜样啊!”在某企业打工的安徽籍打工妹宋五园虽然收入并不丰厚,但还是毅然拿出500元汇给中华慈善总会,留言上只有一句话:“早日恢复家园。”至5月19日下午,全镇募款160多万元。

在外冈镇,地震次日,吴兴禅寺为地震灾区举行了消灾祈福法会,寺内所有法师、职工和部分居士慷慨解囊,当日筹得善款5413元。

在华亭镇,毛桥村古稀之年的残疾老人陈守忠靠低保维持生计,平时省吃俭用,得知灾情后也送来100元捐款。

在新成路街道,嘉源小区党员吕春勤,得知震情后,第二天早上社区居委会还未上班,她就跑到居委会,等到八点钟,将100元捐款交给了居委会主任。家住新成路街道的沈警长,到塔城东路482号的社会捐助接收工作点,要向地震灾区捐款,工作人员告知暂不受理地震灾区的捐款,于是沈警长又向区民政局询问,被告知捐款可交到居住所在街道,他就把2000元捐款送到街道社会救助事务管理所,只拿收据,未留下自己的姓名。85岁的老归侨江福源老人捐出2000元,他说,电视上看到严重灾情他总是忍不住流下泪来。

在真新街道,5月14日上午,一位居民来到居委会捐出1000元,不愿留名,居委干部反复追问,他只简单留下一句话:“我是一个中国人!”年届八旬的卞根娣老妈妈也来了,腿脚不便的她捐出200元退休金,说起地震,老妈妈泣不成声:“不要再遇到余震就好了,一家有事百家忧,我心里真难过”。90高龄老人肖长华,长年卧床,得知灾情后,让儿子打电话至居委会要求捐款,居委干部立即上门,满足老人心愿,在旁服侍的保姆,见此感人情景,连忙从口袋里掏出60元,献上一份力。一位居民来到募捐点,代正在读书的女儿向灾区捐献500元。丰二社区一位不愿透露姓名的75岁老太捐款一万元。

在嘉定工业区,132 名智障人士尽己所能,为灾区捐款 1810 元。5 月 20 日,南苑菜场门口人头攒动,一场自发为灾区人民献爱心义卖募捐活动正在这里进行。丁友仁、丁传梅兄妹是这次义卖活动的发起人之一,两人从安徽到嘉定做熟食生意已经有 15 年,当得知汶川大地震后,兄妹俩一合计,决定拿出 28 只鸡、18 只鸭子和 60 包小包装食品进行义卖,在他们的带动下,大米铺、水果铺、小杂货店的经营者纷纷搬来自家货品参与义卖,附近居民闻讯也纷纷参与,在募捐箱前,更是挤满捐款的人,做活鸡生意的李炳泉当即掏出 2200 元投入募捐箱。卖蔬菜的李玉妹 5 月 14 日已捐出一天营业款 1500 元,这次她又将一个上午的营业款 861.5 元投入募捐箱,她满含泪水地说:“每一个中国人都会这么做”。在胜利村,外来务工人员许明龙一下子捐出自己半年的收入 1 万元。

在菊园新区,家住棋盘路的小朋友李世家和高家毅,只有 2 岁,在爸爸妈妈的陪同下,向捐款箱中投进了自己的压岁钱。同样家住棋盘路的伤残人士张峰拄着拐杖来到居委会,在捐款箱中投入 50 元。平时省吃俭用的 92 岁高龄的老人江淑贞也为灾区捐献 100 元。菊园新区举办赈灾晚会,10 多名文艺志愿者参与演出,还捐上 5 万元爱心款。

嘉定的网友也积极行动,通过网络呼吁市民向灾区捐款捐物。5 月 14 日 11 点 08 分,嘉定都市网站贴出主题为“众志成城,抗震救灾,以实际行动救助灾区同胞”的倡议书。短短几个小时里,访问量就超过了 1700 余人次。17 名网友自发筹集了 2264.4 元,不少网民也纷纷跟帖表示支持。

……

感人的捐助故事发生疁城的每一个角落,数不胜数,嘉定人的心此刻和灾区人民一起跳动。

特殊党费 感人至深

5 月 18 日,中组部发出关于做好部分党员交纳“特殊党费”用于支援抗震救灾工作的通知,这一号召得到嘉定区广大共产党员的积极拥护,100 元、500 元、1000 元,乃至上万元……每一笔“特殊党费”的背后,都有一个感人的故事。

5 月 20 日上午,原上海毛巾十五厂副厂长邵全忠,一大早叫女儿陪同他到银行里取出 5 万元现金,来到老干部局交纳一份“特殊党费”。这是一位曾参加过抗日战争的老战士、老党员,他时刻牵挂着灾情和救援进度,之前已到居委会捐了自己的第一笔 500 元捐款,在《解放日报》看到可以为灾区人民交纳“特殊党费”后,第一时间来交纳这份沉甸甸的爱心,老人的女儿再三希望不要宣传和报道,不要打扰老人平静的生活。

5 月 21 日早晨,家住丽晶公寓的退休老党员韩锡华、张惠兰夫妇来到社区党总支,交纳了 2000 元的特殊党费。夫妻俩身患多种慢性病,每年自付的医药费不少,平时生活简朴。地震发生后,他们十分关注灾情,先前已为灾区捐款 500 元。韩锡华动情地说:“每月有政府给的养老金,生活稳定又有保障,现在我们同胞受灾了,作为共产党员尽点责任是应该的。”

马陆镇机关党总支第二支部的退休党员杜孝懿今年已 78 岁,灾情同样牵动着她的心,她先后在所属居委、镇机关捐出数百元。这次当她从电视上了解到要募集“特殊党费”时,又第一时间拿出1000元交给党组织。老人表示,汶川灾情十分严峻,灾后重建需要大量资金,作为一名老共产党员,更是要积极带头,尽自己所能支援灾区。

徐行镇伏虎村四组70多岁的老党员卢冠春生活并不富裕,老伴长期瘫痪在床,仍然缴纳了500元特殊党费。邮政局老党员刘月英在医院的病床上决定,将看眼病的2000元作为特殊党费交给党组织。南翔镇“两新组织”申鲁石油的一名普通党员,将一个月工资全部作为特殊党费上交。区人大80多岁的离休干部王明耿捐款1万元。

……

截至6月6日中午11时,全区共有24565名党员缴纳特殊党费793.76万元。

工商企业　吹响爱心集结号

嘉定是工业大区,在获知灾情的第一时间,区内很多企业就已经开始自发捐款捐物,同时,区国资委、区经委、区光彩事业促进会等单位也以最快速度在企业中发起抗震救灾倡议,吹响爱心集结号。

5月15日,嘉定区国资系统组织了首次捐款,随着救灾工作的开展,国资系统广大员工积极要求再次为灾区人民捐款。在有1500多名职工的嘉宝集团,参加捐款的人多达1600多人,原来很多退休员工、临时工也积极捐款,嘉宝集团先后两次捐款120余万元。5月21日,嘉定区国资系统组织第二次捐款,各个企业纷纷慷慨解囊。

许多在嘉定的外资企业、私营企业也纷纷献爱心。5月14日早晨,大陆泰密克汽车系统(上海)有限公司的德国总经理马丁先生将自己和公司的5万元捐款送到区民政局,这是嘉定区首笔外国友人捐款。马丁说:“我们公司的产品并不是灾区人民所急需的,我们也无法前往灾区实施救援,只能用捐款来表达自己的一片心意,希望能帮助受灾的人们早日重建家园……”

5月12日晚,位于江桥的东锦国际有限公司做出援助灾区部署:“首先把库存全部投入援助,再加紧生产,要在24个小时内集结价值100万元的‘日加满’饮料,紧急无偿调运灾区”,24小时后,价值100万元的30万瓶饮料集结完毕,全部送往上海市慈善基金会。5月13日起,康德莱集团1000名员工自发提前一个半小时上班,产量比平时增加15%,至5月20日已向灾区直接输送了300万套一次性医疗注射器具。上海信谊嘉华药业有限公司干部职工看到灾区紧缺药品的新闻后,非常着急,正好公司库存有一批订单生产的抗菌素药品,在与全体职工沟通并和订货单位协商后,临时抽调价值3万多元的诺氟沙星、阿奇霉素等药品送往灾区,同时广大职工加班加点生产填补订单供货量。5月15日,雷诺尔电气公司向四川灾区捐款21万元,全体员工个人捐款40156元。5月16日,新蛋信息技术(上海)有限公司向灾区捐款50万元,公司董事长个人捐款10万美元。

5月18日,在嘉定经商办企业的百余位福建籍商人会聚榕港酒店,募捐20万元。同日,新迎园集团下属迎园饭店、嘉定宾馆、早餐公司举行义卖活动,将当天的所有营业额和员工捐款总计21.3

新蛋信息技术(上海)有限公司董事长张法俊个人捐赠10万美元

万元捐给灾区。5月22日,嘉定89位民营企业家汇聚一堂,踊跃为灾区捐款406万元。

灾情发生后,上海鑫苑休闲用品有限公司加班加点赶制2.5万顶帐篷陆续送往灾区。上海榕东活动房有限公司的干部职工连续加班加点,为灾区赶制3000套活动房。在美国考察的小绵羊卧室制品有限公司董事长听到汶川地震的消息后,多次致电公司要求加班加点赶制棉被,并向灾区捐赠价值45万元的御寒棉被1500条和10万元现金。上海灿坤实业有限公司董事长吴灿坤看到地震消息后,吩咐工作人员特地从厦门飞到黄渡,捐款100万元,又连夜飞回厦门。上海凯泉泵业有限公司工会向全集团员工发出倡议,号召每人捐出一日工资。上海宇琛扑克有限公司工会组织全厂近千名员工捐款近10万元。上海华宝纤维制品有限公司为方便员工捐款,工作人员端着流动捐款箱走上生产线。上海烨诚金属材料有限公司员工把原本准备外出旅游的5万元捐给灾区。上海麦格特电机有限公司的全体员工自发开展赈灾募捐活动,在短短数十分钟内,共募得善款3.5万元。落户黄渡镇星塔工业园区的上海瀚艺冷冻机械有限公司原计划6月10日举行成立10周年庆典,听到地震消息以后,董事会决定将10周年庆典的全部费用25万元捐助灾区援建一所希望学校,公司员工也纷纷奉献爱心，共捐款 11595 元。

……

截至 5 月 22 日，区内民营企业家通过各种途径向灾区捐款总额超过 1000 万元。

莘莘学子　奉献爱心

汶川地震后，嘉定各学校的广大师生纷纷捐款捐物，向灾区奉献爱心。至 5 月 28 日，累计捐款额达 153 万余元。

同济大学嘉定校区师生积极向灾区捐款

5 月 14 日，同济大学嘉定校区开展抗震救灾捐款劝募活动。活动前夜，发起者软件学院、机械工程学院和电子与信息工程学院通过校园 BBS、手机短信、QQ 群、宿舍张贴栏等形式，向全校区师生发起募捐倡议。中午，募捐箱刚设置好，就不断有师生慷慨解囊。一名四川籍同学捐款后，又加入到分发传单的行列中，他激动地说："谢谢，我代表我的家人和乡亲们感谢大家。虽然现在家里的通信中断了，但我相信，在大家的帮助下，我们一定能够闯过难关！"同学们纷纷在横幅上签名，为灾区人民带去安慰和祝福。截至 5 月 14 日下午 1 点，共募得捐款 35133 元。

5 月 19 至 22 日，志愿者在上海科学技术职业学院的校园里搭起摊位，开展义卖活动。学生们手绑黄丝带，遥寄哀思，为灾区群众祈福。这是一次特殊的义卖，因为无法分清义卖者和义买者：一只

25 元的玩具熊一天内就被售出了不下 3 次，往往是义买者买来再将它拿出来义卖，而在留言本上留下的都是“无名”。义卖活动发起人之一的杨斌耀说：“我们希望通过这种形式，将个人的绵薄之力凝聚起来，为灾区出一份力。”活动当日共筹集善款 6380 元。

上海工艺美术职业学院有 27 名来自北川、绵阳等灾区的学生，学校启动心理干预预案，为来自灾区的同学提供心理援助。5 月 15 日，学校心理咨询中心制作了一期震后心理辅导宣传资料，通过校园广播台，以“震后我们能做什么”为主题，开设系列震后相关心理知识的宣传与辅导，将“微笑传递，心灵守望——给震灾地区学生的一封信”送到 27 名受灾学生手中。四川籍学生任刚，尽管与家人联系未果，仍然主动将校方资助的生活补贴捐给灾区同胞，他来到流动采血点，献出 400CC 热血。他真诚地说：“我是学生没有太多钱，但是我有滚烫的鲜血。”

5 月 27 日，在“阳光学子，情牵四川”——嘉定学子心系地震灾区同胞主题活动上，来自上海工艺美术学院、嘉一联中等 6 所学校的 200 多名老师踊跃捐款 4000 多元和学习用品 2000 多件，并挥笔作画 150 余幅，于“六一”送抵灾区小朋友手中。

地震发生后，南翔小学发出“情系灾区小伙伴，拳拳爱心送真情”倡议书。同学们纷纷把自己平时积攒的零用钱拿出来捐给灾区的小伙伴，还有学生为灾区小伙伴写了慰问信。仅一天时间，学生们的捐款就达到 1.1 万多元。怀少学校的不少学生把自己装得满满的储蓄罐带到募捐现场，有的甚至有上千元，悉数捐给灾区同胞。

灾情也牵动了广大来沪务工子女的心，来沪务工子女学校彬静小学的学生们行动起来，拿出了自己的零花钱，许多学生家庭条件并不好，但还是尽其所能，你五块、我十块，怀着一份虔诚把爱心投进募捐箱。嘉定区最大的农民工子弟学校——“真新行知学校”也展开了声势浩大的抗震救灾募捐行动。短短 1 小时的募捐活动，就筹集了善款 3 万余元。老家在绵阳的五年级学生唐金刚难掩心中悲痛：“我家里房子倒了，外公腿受伤了。今天，我参加募捐为了帮助当地小朋友重建家园。”

志愿献血　血浓情更浓

汶川地震发生后，嘉定市民献血热情持续高涨，献血量比平日陡增 6 倍。5 月 13 日至 15 日，嘉定区共有 19 个单位 900 余人和 230 名市民预约登记献血，嘉定流动采血总量为 2.98 万毫升。至 5 月 28 日，全区已有 30 多个单位计 3000 多人报名登记为灾区献血。

14 日下午 1 点，在博乐广场的流动献血车前，献血志愿者排起了长队，其中有路过的市民，有特意赶来的学生，有建筑工地上的工人……虽素不相识，却都心系灾区。采血车上，一名皮肤黝黑的男子正闭着眼等待护士下针取血，这名来自湖北的务工者名叫付学军，特地从几十公里外江桥镇工地上赶来献血。12 日下午，当得知四川发生大地震后，付学军便和工友商量着要为灾区出点力。13 日一早，他便与工友请了假来献血。外表文静的张立，说起献血一脸的激动，“我是来还血的”，原来张立的父亲一个月前刚出了车祸，是陌生人的血液救了父亲的生命，听说四川灾区伤亡严重，小张也毫不犹豫地前来献血。

市民的热情很快就让嘉定血站的库存趋于饱和，即便血站发出暂缓献血的提示，市民仍纷至沓来。15 日中午，通用电气照明有限公司的杨勇利用午休时间来到博乐广场采血点，慷慨捐献了 400 毫升的血。来之前，同事一再告诉他血库已经满了，过段时间再说，杨勇却再三坚持："不怕一万，只怕万一，血库是满了，等过几天路打通了，血就可以源源不断地运进去，那时候血不够了怎么办？"原来，杨勇老家崇州市也遭遇震灾，他一心想为家乡做点贡献。

5 月 14 日上午 10 点，上海科学技术职业学院学生张盛利同学来到区血站参与无偿献血，他是嘉定第一个为灾区献血的大学生。和他一样，上海大学、同济大学的数百名学子纷纷捋袖献血，为灾区人民送上自己的真情厚意。

5 月 15 日上午，嘉定佛教界人士在云翔寺前的广场上排起长队，一边捐钱，一边捋袖献血。云翔寺护法功德委员会将自 5 月 12 日地震发生以来所有的功德款悉数捐给灾区，当天还募得善款 4 万元。

嘉定佛教界人士在流动献血车参加献血，支援四川地震灾区

金山，与汶川同在

——汶川特大地震金山区救援实录

2008 年 5 月 12 日，四川省阿坝藏族羌族自治州汶川县发生里氏 8.0 级地震。消息传来，金山人民迅速行动了起来。

他们在第一时间启动救灾应急预案；第一时间向全区各界群众发出紧急募捐呼吁；第一时间选派特警、医务人员奔赴灾区，为受灾群众送去急需的物资……

"灾情就是命令！"

地震发生后的第二天上午，中共上海市金山区委便召开书记碰头会，传达中共中央办公厅、国务院办公厅《关于四川省汶川县发生强烈地震情况和全力做好抗震救灾工作的通报》精神，以及市委办公厅、市政府办公厅《关于全力做好支援四川抗震救灾工作的紧急通知》精神。

金山区委书记吴尧鑫在会上说："灾情就是命令。全区各级党政组织要把全力做好支援四川抗震救灾工作作为当前的一项重要政治任务，紧急行动起来，帮助灾区人民克服困难、战胜灾难！"

会后，由区委副书记、区长赵福禧任组长的金山区支援四川抗震救灾募捐工作领导小组迅即成立。

全区各镇、街道、工业区和各委办局纷纷行动起来，抗震救灾突击队、医疗队伍、志愿者、援建队伍……第一时间奔赴灾区，抗震救灾。在金山，捐款捐物的热心人民纷纷从四面八方汇聚，奉献爱心。爱心如潮水般，纷纷从金山向四川灾区奔涌。

"尽我一份力"，金山人民踊跃捐款捐物

5 月 13 日一早，金山区红十字会的工作人员刚刚上班，就收到了第一笔捐款 1000 元。表达爱心的是在金山区工作的胡文刚先生。

胡先生是一家房产公司的销售人员，2006 来到金山工作。12 日下午三点左右，他正在单位上网查看资料，突然发现网络媒体铺天盖地地发布了汶川地震的消息，这一情况立即引起胡先生的极大关注。

"当时我觉得蛮惨的，我就想能做什么？其他的我也想不出什么，都是同胞。该捐的就捐，尽自己的一份力！"胡文刚说道。

于是，胡先生在上班前，特意先赶到金山区红十字会，完成自己的一桩心愿。

在胡文刚之后，来自金山各街镇、各行业的人民群众，纷纷尽己所能，捐出一笔笔善款，献出一份份爱心——

5 月 14 日下午四点三十分，金山区区级机关干部支援四川抗震救灾捐赠仪式在区政府大厦举行。

区委书记吴尧鑫、区人大常委会主任王富茂、区政协主席沈文弟、区委副书记朱达等区领导率先捐款。随后，区级机关干部群众依次捐款，他们的神情凝重而肃穆，捐款无声人有情，一份份爱心传递到千里之外的汶川灾区。

区委书记吴尧鑫说："一方有难，八方支援，也是我们中华民族好的传统，这次区委区政府要求全区广大人民要尽一份努力，为抗震救灾作贡献。"

一位区级机关党员说："从社会主义大家庭来说，需要我们伸出援助之手，为灾区尽快恢复生产，重建家园，尽我们微薄之力，作为一名机关干部应该做好表率。"

据统计，区级机关共有 48 家单位的 2000 多人参与到捐款行动中，共捐款 110 余万元。

在金企业也纷纷捐款捐物，支援灾区。5 月 15 日上午，石化社区举行了"尽我一份力——金山区为抗灾作贡献"的募捐活动。在数百名爱心人士中，企业代表不占少数。企业代表季芳的话代表了大多数人的心声："看到四川遭受这么大的损失，大家非常着急，我们职工、企业都想奉献一点微薄之力。"

浙东建材有限公司有员工 1300 多人，其中 20% 是残疾人。捐赠仪式上，全体员工慷慨解囊、踊跃捐款，除了企业捐献 10 万元外，员工总共捐款 6 万余元。

浙东建材公司一位残疾员工说："我们残疾人本来就是国家照顾我们的，现在一方有难，我们八方来支援，献出我们一点微薄的力量。"

一些身在异国他乡的金山人也行动了起来。

廊下万春村栾阿姨是一户普通农户，女儿金兰正在德国留学。得知四川汶川大地震消息，金兰立刻让妈妈代捐了 500 元钱给震区的灾民。其实，金兰的家境并不宽裕，在国外还需要勤工俭学。

家住廊下镇区的李靓璐虽然留学日本，也让妈妈代她捐上 500 元钱。一位年轻的父亲以她一岁半女儿的名义捐款 2500 元；金盟小学二年级的杨以豪小朋友，捐赠了 1000 元压岁钱；7 岁的江浩铭捧着自己心爱的小猪储蓄罐为灾区的小朋友献爱心；上海中体爱立特体育发展有限公司、上海东亚足球俱乐部和安徽九方足球俱乐部通过区红十字会向灾区人民捐款；石化热电总厂青年学习会的十名热血男儿，不仅送来了捐款，还带了一封特殊的信，上面印着他们十人的指印，信中表达了他们拳拳的赤子之心。

……

在那热血沸腾、心系灾区的日子里，金山区各界群众与灾区人民同呼吸、共命运，踊跃捐款捐物，尽微薄之力，献拳拳之心，展示出人间大爱。

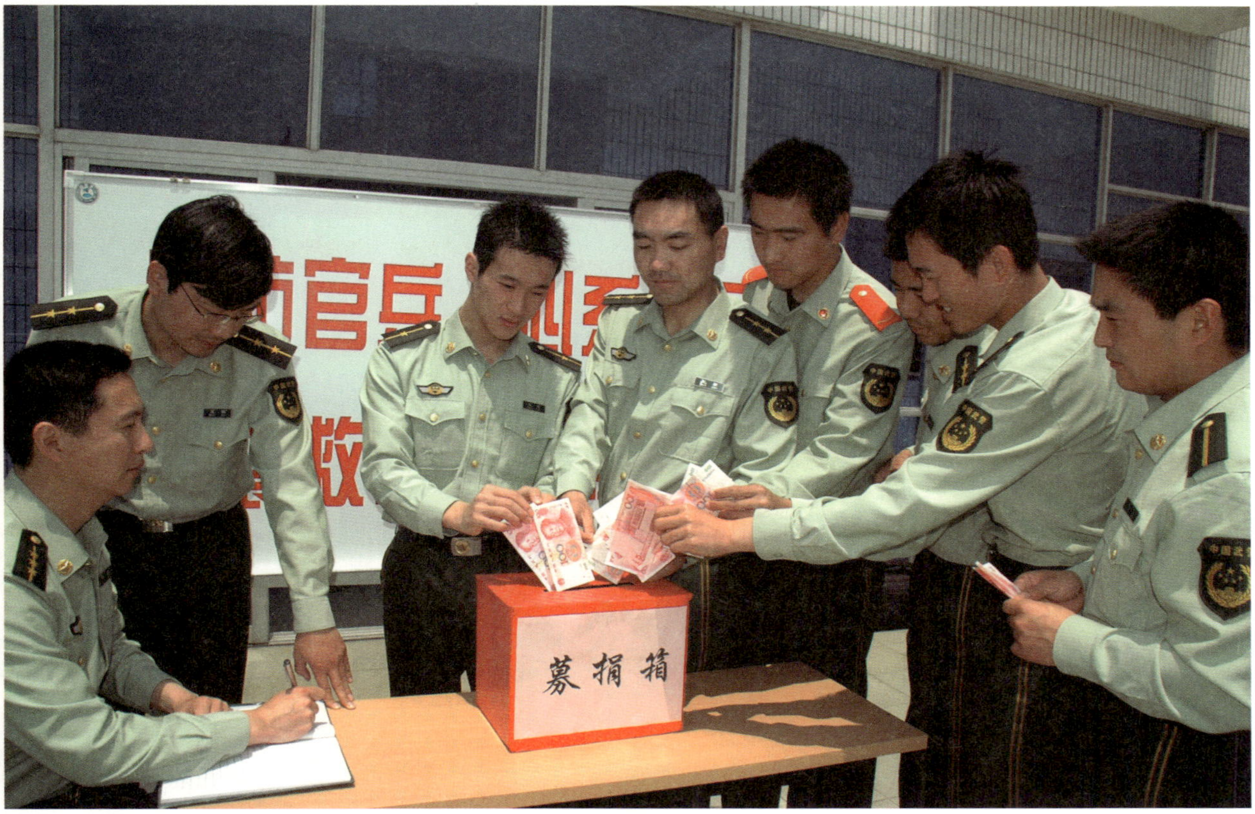

武警金山边防派出所官兵为灾区捐款

投身抗震救灾的金山志愿者

在金山人民众志成城、救灾援助的日子里，在赈灾活动场所，在石化城区街头，身穿红马夹、头戴红帽子、佩戴工作证的忙碌身影不时闪现。他们就是区红十字志愿者宣传服务队的志愿者，在为四川汶川奔走和呼吁。

用志愿者张欣秋的话来说，就是“既然我们无法到灾区最前沿去，那就让我们做他们最坚强的后盾”。

15日清晨，当不少人还在睡梦中时，金山区5个固定爱心捐赠点和2个流动捐赠点上，志愿者们已经手捧“为灾区人民献爱心”的募捐箱走向人群，接受爱心市民的捐赠。中午烈日当头，他们不吭一声；口干舌燥也不歇一会，许多人顾不上吃饭……当有人来捐款时，他们的一声“谢谢”，换来的是募捐者的感动和赞誉。

在区红十字会接待大厅里，担当市民捐赠接待员、统计员、点钞员的有不少是志愿者。20条新棉被需要打包，志愿者们立刻动手，卷被的卷被，捆绳的捆绳，一会儿工夫，棉被就整包待发了。

没有人统计过他们到底捐了多少钱，但志愿者是服务者，也是奉献爱心的捐献者，当他们手捧募捐箱时，他们口袋里所有的钱早已投入到箱子里去了。有一位网名“幸福大炮”的志愿者，工作收入不是很高,父母年纪也大了,却毅然在单位里捐了 1 万元。面对人们的议论,他说:“一元钱不少,一万元不多,支援灾区献爱心就好”。他从志愿服务活动一开始就积极投入,而且重活累活抢着干,一直坚持到结束。

志愿者的活动激发了更多人的爱心。杨世新说:“最近几天,要加入志愿者队伍的人很多。”在 5 月 12 日前,区红十字会志愿者宣传服务队有 500 余人,几天之内迅速增长到 740 人。

志愿者不仅在金山为抗震救灾贡献力量,在地震第一线,也有来自金山的志愿者——

5 月 27 日,作为金山首批进入四川抗震救灾的志愿者,薛琦回到金山。

薛琦是《新闻晚报》车友会的负责人之一,12 日下午汶川发生大地震后,13 日凌晨他就和车友会的另一名成员,满载着食品、药品等近 2 吨的物资从金山向四川出发了,并于 14 号凌晨到达成都,成为首批进入震区的上海志愿者。

抵达四川,薛琦不停奔走,哪里有需要他就去哪里。都江堰的三江镇,还有江油、茶坪、秀水等很多地方,他都深入其中,历经艰险。其中最危险的就是突击进入三江镇。出发之前薛琦在自己的博客中写下了这样一句话:“明天可能组织突击队强行徒步进入,我已报名。如碰到意外,也许这是我最后一篇博文了!”是决绝,是坚定,更是一颗为灾区甘愿奉献的心。

期间,薛琦背了二十多公斤的药品,山很难登,他爬了六个多小时,来回 40 多公里的路。从 14 日进入震区,到 27 日撤离,薛琦配合上海第二军医大学长海医院的医疗救助人员,从未懈怠,医疗救治,紧急救援,筹备救灾物资,工作紧张而忙碌,艰苦而充实。

薛琦说,虽然每一个人不一定能作出轰轰烈烈的大事,但一定要对社会尽心尽责,做点力所能及的有意义的事情。

千里驰援,金山区 18 名金山特警在汶川

5 月 13 日 23 时 30 分,金山分局特警支队根据市局特警总队和分局杨杰局长指令,迅速调集 18 名队员,参加市第一批抗震抢险突击队,赶赴四川灾区抗震救灾。

听说是去灾区参加赈灾工作,特警队员们纷纷主动请缨,但是由于是深夜紧急集合,很多特警都还来不及给家里人打个招呼,有的队员甚至连换洗的衣服都没有来得及带上。

18 名成员中,副支队长盛永红的儿子正值高考,见习副支队长白炜明的妻子已身怀六甲,队员苏浩明的祖母刚刚过世,他们在家人最需要他们的时候,义无反顾地加入抗震救灾的队伍。

5 月 15 日,支队民警接到命令,立即赶赴地震中心汶川县。

交通瘫痪,进山公路中断,他们带着两天干粮、40 公斤装备向险情不断的大山挺进。由于地震的破坏加上四川地区连续下雨,道路设施损坏严重,尤其是汶川县内,经常有滚石发生,行军过程中要不断抬头观察上方山体情况,避免被滚石砸到,有的石头滚落下来时离开他们的脚只有几厘米,一不小心就会被石头压住。“特别是我们刚进去的时候,那时候到汶川的路还没通,山体还在滑坡,应

该说是相当危险的，也是相当艰难的，但我们还是走到了那个地方。”金山公安分局特警支队长阮永贵说，在行进途中，若遇到灾区群众，特警队总是会将干粮留给他们，而队员们却时常食不果腹。此后特警队员辗转水磨镇和漩口镇组织救援了三天三夜，每个晚上都是睡在马路上。

到了白天，困难依旧。队员张斌被火热的太阳灼伤皮肤，两个手臂起满了水泡，不断渗着黄水；队员黄浩被虫子咬出一身红斑；队员夏益军发起了低烧，但他们吃了几片药，咬紧牙关，没有落下一次任务。

在后几天出任务时，每队必须留两名看守营地，在安排的时候阮永贵却为难了，所有队员都冲到他的跟前——

“支队长，我身体好，我去！”

“我能行，让我去”。

队员们争先恐后的眼神里所传达出的焦灼等待，让他很难对任何一名队员说不。

17 日中午，特警队在完成了一项救援任务后在漩口镇寿江大桥救灾现场集结，正准备重新奔赴另外一个救灾地。而此时胡锦涛总书记刚刚从水磨镇出来，路过寿江大桥。见到特警队，胡锦涛总书记的车子停了下来。他走下车慰问了特警队员，并与队员们一一握手。阮永贵和其他 4 位金山特警站在第一排，他们在和总书记握手时，清楚地听到了总书记亲切的慰问：你们辛苦了。阮永贵说，这将是他终生难忘的时刻，尽管救灾很辛苦，但他和特警队员们却全身充满了力量。

当天晚上，队员们在水磨镇接到返回都江堰市的命令，连夜坐车赶回都江堰市幸福镇。二进都江堰，队员们领到了帐篷，但还是停电停水，只能用运来的水简单洗刷。四天没有换洗，一套战斗服从出发穿到现在，沾满了汗渍泥浆，就像抹了浆的油布服。“但和灾区人民受的苦比，我们这短暂的艰苦又算啥”，一位队员说道。

金山特警队员进行救灾事迹报告

抗震救灾，这些来自金山的最可爱的人们没有一丝一毫的懈怠。18 日、19 日、20 日，队员们在都江堰市工作了三天。他们的主要任务有三个：继续抢险救灾、守卫银行等重点目标和参与机动巡逻工作。期间，他们两次前往向峨乡参加抢险救人，会同其他分局特警帮助 3000 多名高考学生安全转移，协助看守所安全守卫、守护救灾物资、疏散交通、维护社会秩序。而伴随他们的是余震不断，断壁残垣和随时会滚落的碎石。

21 日凌晨 3 时，队员们接到指令，赶赴德阳任务区，协助当地受灾严重的 14 个农村派出所维护社会秩序。他们看守区内重点目标，守卫救灾物资中转站；他们步行巡逻，提高群众见警率、安全感，维护社会秩序；他们接处 110 警情，处置突发事件……三天时间，队员们以自身高素质的表现与当地派出所民警结下了深厚感情，当地受灾群众不时竖起大拇指夸赞他们。

此次任务中，金山特警支队直接抢救转移灾民财物价值 100 余万元，拆除危房 28 户，运送救灾物资 80 余吨，搭建帐篷 76 顶，走访察看 783 家受灾户，并为三户失去亲人受灾特困户捐赠慰问金。

救死扶伤的金山白衣天使

地震发生后，金山区卫生系统立即成立援川抗震救灾工作领导小组，及时组织救援队伍，在抗震救灾期间共派出 9 批 30 人次赴灾区参加医疗救援和灾后防病工作——

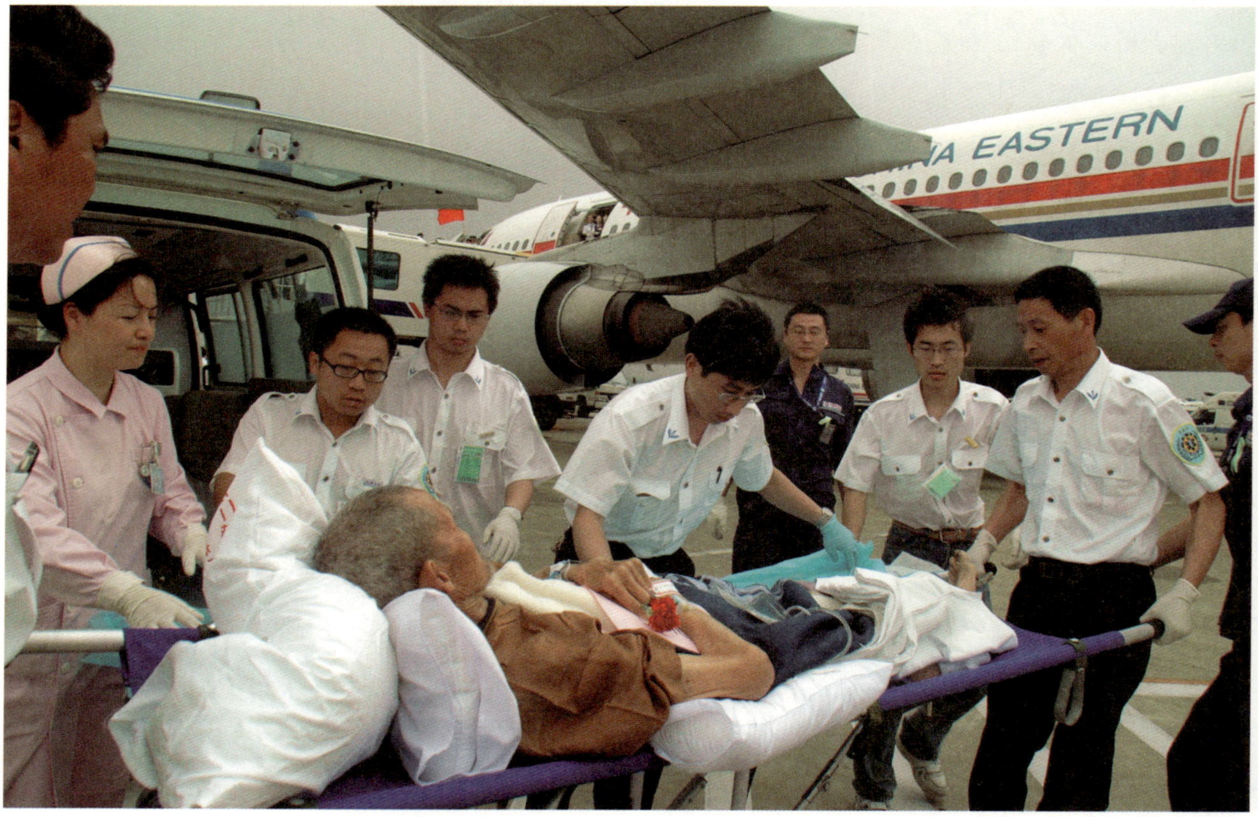

2008 年 5 月 28 日，金山区救护站员工在虹桥机场接运灾区来的伤员

5月14日，金山区医疗救护站刘其贵、吴静雄驾驶一辆救护车赶赴四川广元市青川县地震灾区开展医疗救护工作。

5月18日至6月1日，金山医院内科主任鲍晓荣参加上海市卫生局医疗队赶赴四川省德阳市开展医疗救援工作。

5月21日，金山区疾控中心李澜参加国家卫生部第三批赴川抗震救援防疫队，赶赴地震重灾区汶川县漩口镇开展灾后防疫工作……在四川德阳旌阳区，鲍晓荣在一个临时医院里面紧张忙碌着。

临时医院里收治了66个病人，他们都是一些地震以后受伤的，或者被抢救挖出来的，或是有地震时候受伤的病人。对鲍晓荣来说，不仅治疗的任务很重，更危险的是不断有余震发生。“有余震发生就要把病人抢运出来，5月20日凌晨12点半左右开始，我们将66个病人从病房里边抢运到医院门口空旷的地方；接着我们一起把从指挥部送过来的帐篷搭建起来，然后再把病人抢运到帐篷里边去……大概就睡了2个多小时。”鲍晓荣说：“我觉得我能够代表金山区，我真的感到非常的荣幸！很多的职工纷纷地报名请战，结果是我来了，我就要为灾区人民多做一些事情，尽一些抗震救灾的绵薄之力。”

对口援建　重建灾区新家园

6月23日，金山区组织了一支由医生、护士、疾病控制、卫生监督、驾驶员和车辆等组成的对口支援都江堰的卫生队伍。卫生队共由11名队员组成，其中领队1名，内科医生1名，中医医生1名，护师1名，疾病控制人员2名，卫生监督人员3名，驾驶员2名。这次对口支援的一切后勤保障由金山区独立运作，自行解决，包括队员的吃饭、出行、车辆的费用等。

6月25日下午，金山区首批对口支援都江堰医疗卫生队领队蔡纪平同志先期奔赴四川省都江堰市了解情况和接受工作任务。

6月26日上午，对口支援医疗队的两名驾驶员和一辆面包车赴四川省都江堰市，27日晚抵达目的地，与前期支援灾区的一辆救护车（继续留用）会合。

6月29日早上八点，金山区首批对口支援都江堰医疗卫生队飞赴四川。下午两点，8名队员到达都江堰市，与前期到达的队员会合后，开展了为期三个月的首轮对口援建工作。

当年7月底前，这支来自金山的对口援建队伍在都江堰市、乡镇和灾民安置点普遍建立医疗服务体系，开展基本医疗服务；9月底，全面完成市、乡临时医疗机构建设，基本恢复正常医疗服务秩序，全面完成市、乡临时公共卫生机构建设，基本恢复正常公共卫生服务秩序；当年底，都江堰市医疗服务体系全面恢复，临时业务用房、基本设备和技术人员配备齐全，市公共卫生服务体系全面恢复。

从2008年6月至2010年4月，金山区卫生局共派出8批次、33人参与对四川省都江堰市紫坪铺镇卫生院的对口援建工作。

不仅是卫生系统，金山区教育系统也派出了支教老师。2008年的8月27日下午，来自朱泾中学的沈军和蒙山中学的吴日晖，与前来送行的妻儿依依惜别，承载着我区教育系统近7000位教师的重托，登上由上海飞往四川的飞机，踏上了为期一年的都江堰支教之旅。

顶岗上课是沈军和吴日晖本次支教的主要任务，他们同时还承担了师资培训工作。半年来，除正常的课堂教学外，他们随堂听了近100节课，开设5次教学辅导讲座，上了5节优质示范课。每一个讲座，每一节课，均在当地引起极大的反响，受到当地教育局领导和教师的好评。翠月湖学校在感谢信中写道：两位教师先进的教学理念，新颖的教学方法以及身上所体现出来的奉献精神、务实作风、专业素养和拼搏精神在日常的工作、生活中潜移默化地感染着每一位师生，为学校注入了一股新风，鼓舞了师生们的信心。

金山企业向灾区运送救援物资

汶川有难　我们支援

——汶川特大地震松江区救援实录

2008 年 5 月 12 日，汶川地震消息一传出，区委、区政府领导立刻作出反应，专题研究并召开紧急会议，部署全区抗震救灾各项工作。会后，松江成立“5 · 12 汶川地震”救灾捐赠领导小组。制定《松江区“5 · 12 汶川地震”救灾捐赠管理办法》。全区各部门、各单位，各镇、街道、园区也紧急行动起来，成立领导小组、落实工作人员、明确工作要求和工作职责，切实做好本单位、本区域抗震救灾接收捐赠工作的宣传发动和组织实施。

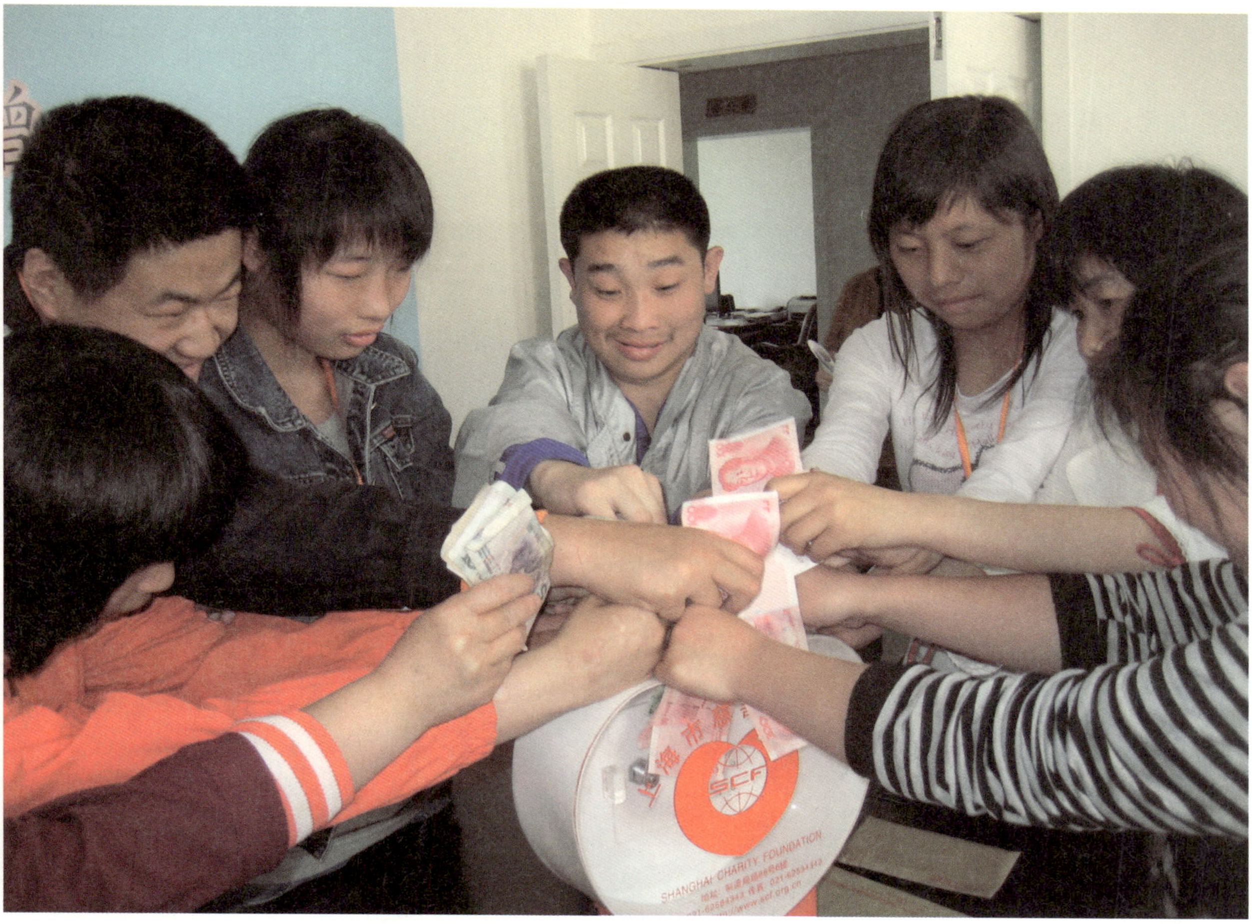

松江区岳阳街道阳光之家的智障孩子为灾区捐款

13 日，区民政局、区红十字会、区慈善基金分会发出捐款呼吁，公开捐赠途经，开通咨询热线，接受市民咨询。14 日起，松江邮政在全区所有邮政网点开辟“绿色通道”，对通过邮政汇往中国红十字总会、中华慈善会、民政部及其下属机构,以及各类公益性基金会的捐款免收汇费。在松江区举行“5·12 四川地震”灾区捐赠大会上,共筹集捐款 1680 余万元。

灾情发生后,松江紧急组织救灾队伍,奔赴灾区一线开展紧急救援。5 月 14 日,松江消防支队组成应急救援小组,赶赴震区一线参与抗震救援活动;区 120 急救中心派出 2 名工作人员和 1 辆 120 急救车赶赴救灾前线。16 日,心理咨询师薛强作为上海第一批青年医疗卫生志愿者,奔赴汶川震区一线,为震区灾民提供心理疏导和心理干预。21 日,松江区疾病预防控制中心医生蒋元强、费胜军随上海市卫生防疫队前往汶川茂县开展卫生防病工作。除奔赴灾区开展紧急救援和医疗服务外,上海市第一人民医院(南部)开辟“抗震爱心病房”,接收治疗来自地震灾区的伤病员。

截至 6 月 30 日,全区累计接收各类抗震救灾捐赠款物 1. 3102 亿元,其中捐赠资金 1. 1959 亿元,其中区民政局 5517 万元(占 46. 1%)、上海市慈善基金会松江区分会 2184 万元(占 18. 3%)、区红十字会 3130 万元(占 26. 2%)、区委组织部、区妇联、区总工会等部门募集的直接上交上级有关部门的资金达 1128 万元(占 9. 4%);接受各类救灾物资,如帐篷、食品、饮用水、口罩等 1143 万元;5540 人次参加无偿献血,献血量达到 6366 人份;申请收养地震孤儿的市民达 233 人;市一医院松江分院共计接收治疗灾区伤病员 18 名。灾区来松人员 32 人。

驻松武警 5 支队官兵搬运救灾物资

紧急救援

5月12日，四川省汶川县特大地震灾害发生后，松江消防支队全体官兵积极响应党中央、国务院和公安部的号召，立即投入战备状态，随时准备奔赴一线抗震救灾。5月14日凌晨1点25分，市消防总队下达了救灾出动指令，松江支队立即抽调精干力量，组成十人救援小组，其中年龄最小的还未满20周岁；2点，接到命令的消防官兵在单位集中，紧急装备救援器材；3点30分，10名挑选出来的精兵强将带着救援装备紧急出征。没有掌声，甚至没来得及向家人道别，他们就义无反顾地踏上了抗震救灾的征程。徒步，负重，急行军，再急行军，在救援现场，他们披荆斩棘、赴汤蹈火，爬山路，走隧道，过危桥，他们在震中地区勇敢地来回穿梭……

徒步百余公里　星夜疾驰一线

由于受灾严重，进入救灾现场的各主要道路全部受阻。为按时到达制定集结地点，尽快投入抗震救灾工作，救灾小组每人背负着近50公斤的抢险救灾器材，徒步150公里，星夜兼程奔赴灾区第一线。沿途的残垣断壁，横亘道路中的巨石，每隔十数分钟一次的余震，官兵们仿佛看到了灾区人民痛苦表情，听到了声声战鼓，他们咬着牙，疾驰在坎坷和碎石间。血泡在脚底已成了“鞋垫”，而当救援小组组长询问是否需要休息时，却总没人作答。这一刻，在每个人心中，只有一句话：“快点、快点、再快点，早一分钟到达，就多一名群众获救！”经过近24小时的长途奔袭，救援小组提前到达制定集结地，并随即投入抢险工作。他们的出现，替换下了日夜在废墟边手扒的群众。生命探测仪、组合式救援工具、手动液压剪、无齿锯等先进救援器材尤其是子弟兵的到来，让当地群众看到了生的希望。在遍地的哭号声中，第一次，受灾同胞发出了兴奋的呼叫：“解放军来了！……”

灾情刻不容缓　生命更胜泰山

初到灾区，身经百战的消防官兵们还是被眼前的景象惊呆了。受灾面积之大，受困群众之多，让这些七尺男儿们揪心地痛。“容不得任何思考，容不得片刻休整，到了就干！”支队参谋长、救援小组组长刘丽平说。

在汶川县水磨镇一幢坍塌的民房前，消防官兵们探测到了生命迹象。目睹了太多的生死离别，此刻生的迹象让所有人惊喜而兴奋。但是，一侧倒塌的天花板、另一侧摇摇欲坠随时可能中心塌陷的现场情况，使得救援工作难上加难。一分钟、五分钟、一小时过去了，战士们始终小心翼翼地清理着废墟。经过近十个小时的挖掘，深埋在五层楼下的三个居民被成功救出。尽管其中一人已经血肉模糊得难以分辨，官兵们还是执着地将其抬出了废墟……

七天七夜，战士们转战重灾区漩口、水磨和阿坝等地，全力实施搜救工作，利用随身携带的救援器材，成功救出9名被压群众。

跋山涉险救灾　战士英勇无畏

在救灾过程中，战士们无时无刻不面临着余震的危险和防疫的威胁。面对如此险峻的局面，救

松江消防官兵在漩口镇阿坝铝厂废墟上

援小组采取有效措施，尽量保证自身安全。行进途中，派人侦察探路，后续队伍保持 15 米安全距离，遇有危险路段全部跑步通过，缩短在危险区域的时间。处置现场，外围设立观察哨，随时观察未倒塌建筑的情况，一旦有变，迅速发出警示撤离。现场防疫（埋压时间较长，加之震后大雨，遇难者遗体发黑恶臭，高度腐败，大量的细菌滋长），要求所有人员处置时必须戴口罩、手套，现场消毒不间断，处置中不得喝水、饮食，处置完毕后全身消毒。休息住宿，选址远离建筑物，不选悬崖、山体边缘。

生存环境的恶劣一点不逊于救灾现场的险恶。无水、无电、无通讯，晚上周围一片漆黑，空气充满异味，在这样的环境下人是显得那么的渺小。给养供给不上，能喝的、能吃的越来越少，最后一段时间饼干、饮水只能定量定时。夜不安寝，七天时间基本都是风餐露宿，特别是在漩口镇的那个晚上，找块地方睡觉都很难，10 个人挤在三四平方米的地方戴着口罩睡，上风 10 米处镇卫生院还在焚烧遇难者的衣物。恶劣的环境时刻煎熬着每个人员的心灵。危难方显英雄本色，直面死亡无所畏惧，凭着对党和人民的无比忠诚，对遇难同胞的深厚感情，参战官兵一往无前，与时间赛跑，与死神抗争，拯救了一个又一个鲜活的生命，诠释了消防官兵的英雄无畏。

难得的小憩

患难更见真情　军民鱼水难分

在抗震救灾最前线，全体参战官兵始终战斗在最危险的地方，出现在最紧要关头，不怕疲劳，英勇顽强，舍生忘死，充分发挥了主力军和突击队作用，努力克服了各种难以想象的困难，出色完成了各项艰难险重任务，为抢救人民生命财产做出了重要贡献。在最苦、最累、最危险的地方，总有战士们坚定的话语："让我们来！""我们消防官兵理应承担更多的责任！"

争分夺秒，以身涉险，夜以继日，忠诚为民，战士们抗震救灾的行为当地群众看在眼里，感动在心里。当战士们将一碗水递给一位受灾群众："大爷，您喝口水吧！""不，把水留给战士们！"；当一名战士因连续工作几近虚脱晕倒时，一名群众赶紧叫起了熟睡的孩子："孩子，起来，让解放军叔叔在帐篷休息一下……"

事实一次又一次的明证，每当灾难来临，只有发自内心深处的真情才能够跨越时空的界限，为受灾同胞送去安慰和希望；每当面对苦难，只有实际行动才能够真正履行坚定为民的神圣天职。十个人，七天七夜，这仅仅是数十万抗震救灾大军中的一个缩影，但是，却为我们重重地写下了八个大字：天灾无情，人定胜天！

医疗救护

汶川地震发生后的一个月内，松江先后派出急救人员、卫生防疫人员、卫生监督人员以及心理医生 9 批 12 人。6 月 29 日，又派出 12 名医疗救护人员赶赴龙池参与对口支援工作。他们在余震频频、险象环生的病房里，在大雨滂沱、残垣断壁边，在星夜兼程、跋山涉水的山间小路上，将自己的生死置之度外，不畏艰险，不顾疲劳，争分夺秒抢救生命。救援队员的抗震记忆，真实地记录了这一非常时期的非常救援。

沈卫涛：青川抗震八日

作为一名职业急救人员，又是一名入党积极分子，我每天都关注灾情发展，心系灾区，期待着组织和人民的召唤，到灾区最需要的地方去，尽我所能去救助受灾的人们。

集结号终于响起。5 月 14 日 5 时 30 分左右，接到区急救中心王主任电话，通知我参加四川地震灾区救援工作。

市委、市政府为我们全市一行 30 辆急救车，62 位急救人员举行了简短而隆重的发车仪式。发车现场，市委书记俞正声同志发表简要讲话，勉励我们努力工作，为上海人民争光。随后我们便载着市委、市政府的殷切希望和全市人民沉甸甸的爱心，驱车奔赴四川地震灾区。一路上，我们马不停蹄，一刻不敢耽搁，人员轮流休息，但是车辆不休，始终向着灾区飞奔前行。5 月 15 日 19 时 30 分，经过 31 个小时的长途跋涉，我们按照指令到达四川省广元市灾区。进入市区以后，我们上海急救车队受到了当地人民的热烈欢迎，他们有的热烈鼓掌，有的向我们车队竖起了大拇指。见到此情此景，我在心中感到自豪和骄傲的同时，也倍感身上肩负的责任之重，从而更加坚定了我努力完成好此次急救救援任务的信心和决心。

5 月 16 日清晨，我们接到指令，赶往位于四川盆地北部边缘的青川县参加急救。该县距此次大地震震中汶川直线距离 140 公里，全县 95% 的乡镇处于高山深谷，大地震造成好几个村整村被山体滑坡所掩埋，绝大部分群众已无生还可能，县城和全县 36 个乡镇都损失惨重。

这一路路况复杂，危险重重。路上不时能看到地震当天被山上落石击中的车辆残骸，多处地基下沉，很多处路面塌陷，有的路面甚至出现近 10 厘米的断裂，山上还有受地震影响的石头松动。同时，一路上尘土飞扬，能见度较低，这样的路况对于我们这些习惯在平坦宽敞马路上驾驶的司机来说，是一个严峻的考验。但是，当我们看到路边到处都是被毁坏的房屋，到处都是受灾群众的惨状时，我心里只感到焦急。因为我知道时间就是生命，恨不得自己有一双翅膀飞到受灾的地方，尽早地、更多地救助那些受伤的地震幸存者。

5 月 16 日下午，由一名解放军同志带路，送我们两批医疗队到青川县前进乡。经过一路艰险、颠簸到达目的地时，我们才惊讶地发现，那位解放军同志的脚已经骨折了！我们不由热泪盈眶，深深地被这位最可爱的人所感动。大家不敢过多的停顿和犹豫，抹干眼泪，迅速投入到救援工作中：5 月 17 日深夜，接青川县指挥部医疗中心指令，我们连夜将两位重病人转送往广元市人民医院；5 月 19 日上午，将两名成都军区的病人送至青川县中心医院，下午，前往路况极差的前进乡康坝村接两位重病人到青川县中心医院……

生活上，没有热水，我们用几块砖头支起支架，用铁桶烧热水煮面。余震袭来，刚架好的支架随之倒地，望着散落一地半生的方便面，我们有的只是无奈。由于险情不断，在青川的八天八夜里，我们时刻都没离开过战斗岗位，时刻在救护车上，时刻处于待命状态，时刻准备赶往需要救援的现场，时刻不敢也不愿有丝毫懈怠，因为我们知道对于灾区来说，时间就是生命。

经过八天八夜的连续作战，饮食不良、疲劳、灾害现场的心理重压，使我们的体力一点点接近极限。但是，共产党员“关键时刻站得出，危难时刻豁得出”的要求，时刻激励着作为一名入党积极分子的我，我告诉自己要做的就是和同志们、战友们一起努力、努力再努力。我们深知肩上的重任，我们多坚持一秒一分，也许就能多挽救一名伤者的生命，也许就能多挽救一个家庭的幸福。为此，我们只有坚持，坚守我们的岗位，我们没有丝毫可以放弃的理由，也没有丝毫可以松懈的借口。

第八天，组织上安排进行调休，虽然我本人很不愿意回来，但是对组织安排也只有服从。在启程返回的那一刻，我心中就已经决定了，回来后一定抓紧时间休整，快速调整好自己，时刻准备着组织的再次召唤，再次前往大地震灾区参加现场救援工作！从那一刻起，我的心始终牵挂着灾区的灾情、灾区的灾民、灾区的病人们……

在这样的大灾大难面前，正是由于受难者自己的坚持、救援人员的坚持、全国人民的坚持、国家的坚持，才有灾区无数生命的延续和存在。正如胡锦涛总书记代表全体中国人民表达的坚强意志：“任何困难都难不倒英雄的中国人民！”我也坚信，只要我们众志成城，坚持到底，就一定能取得抗震救灾的最后胜利！

（作者系松江区医疗急救中心总务科长，2008 年 5 月 14 日至 22 日援川）

俞根火：亲历抗震第一线

2008 年 5 月 24 日，我作为上海市医疗救护车队第四批赴四川抗震救灾人员之一，火速赶往四川接受抗震救灾任务。在震区的一个多月是我人生中最难忘的一次历练。

5 月 28 日，接到任务跟随瑞士医疗队第一次进入青川，于是开了半小时左右的“高速”公路。说是“高速”，其实转弯多，坡多，隧道多，救灾车辆多，车队行进一点都不高速。行驶到金子山出口，接下去是直往青川的山路，路标提示 76 公里。我心想 76 公里不算远，然而却并不是想象的那么简单。

这区区的 76 公里一路盘山，坡多，弯急，一边是悬崖峭壁，一边又是泥石流不断滑落的山体，路面到处是开裂塌陷，整个道路坑坑洼洼。本想着以这种慢速，估计 1 个多小时也能到青川县城重灾区，可当车行驶到三分之一路程的时候，前方道路再次出现了塌方，救灾车辆排成了一列长长的队伍。虽经修路抢险人员努力 10 分钟后道路迅速被疏通，但也只不过是一条窄窄的通道。急救车继续往前行驶，可前方的路更难走了，道路狭窄崎岖，坡度陡峭，经过 20 分钟爬坡，又经过半小时海拔较高的盘山公路，终于到了青川县急救指挥部。从广元到青川 130 公里路，整整开了 2 小时 40 分钟，虽然我有二十多年驾龄，也早知山路的危险,但这种考验却也远在我的预料之外,真所谓"蜀道难,难于上青天"。

6月14日,在青川待命时接到指挥部通知,青川孔溪乡堆坪村有位外伤致昏迷病人需救治。我和吴卫华两人异口同声要求前往。

从青川到孔溪再到堆坪村只有短短30公里路程,但乡村小路只允许一辆车前行,不能交会,道路泥泞,容易打滑,相当惊险。经过1个多小时的行驶,我们终于到了堆坪村。到达时,几十个灾民背着竹筐在领取救灾物资,每个灾民才分发到2包方便面和2瓶矿泉水。我和吴卫华看到此情此景顿时眼睛湿润了,立刻决定把我们车辆上的八宝粥、方便面、矿泉水、饼干等全部送给灾民。但由于病人病情严重,时间不允许我们一个一个发下去,我当时就把村长喊了过来,把车上吃的全部给了他,并叮嘱他要保证每个人都发到,而且要老人优先。随即我们把病人转送到青川县153部队医院,再回到青川指挥部,已经是12点多了。

在灾区的一个多月里,睡的要么是帐篷,要么是车厢,每逢下雨时,滴滴答答的声音和狭小的空间总让人无法入眠。白天闷热,昼夜温差有20度,晚上蚊虫又多,没有洗澡的地方。条件艰苦、身体劳累,虽然我们来之前对这些都已做好了充分的准备,但心灵上的折磨却是此前难以想象的:每天要面对多次余震,要面对山体滑坡、巨石滚落,精神上时刻处在高度紧张状态。但我们队员识大体,顾大局,以坚强的意志,不怕苦累,不畏艰险,不怕牺牲,团结互助,都表现出了强烈的工作决心和态度。频密的余震使山体不断滑坡,而突然来袭的暴雨更使泥石流不断、塌方不断、险情不断。车开在前往青川以及乡镇的道路上,有时可听见地震以及山体滑坡时发出的震耳欲聋的轰鸣声,伴随着山石不停滚落。同一条路,有时返回时已完全变了模样。每次回到青川指挥部后,平静下来想想,都有些后怕。地震让这条行程仅76公路的山路变成了一条"生死线",我们这批队员在这条生死线上不知跑了多少个来回,但从来没有畏惧,而是义无反顾地完成了一次次伤员转送任务。

6月1日,自5月12日汶川大地震已过去20天。我们接受任务到青川木鱼镇待命。一路上许多灾民都在忙碌地收割庄稼,有的肩背沉甸甸的麦穗从山上往下艰难行走,有的满头大汗正在打谷,有的则肩背蔬菜赶往镇上,他们要靠自己的双手来创造美好的明天。

一到木鱼镇,一群可爱的孩子们正在唱歌,因为今天是儿童节,驻扎在木鱼镇的医疗队、部队的叔叔阿姨们正在为他们庆祝这个不寻常的节日。会心的笑容,优美的歌声,回荡在这片宁静的山谷之中,我似乎看到孩子们正在渐渐告别地震带来的伤痛。对,孩子们要自强自立、坚韧不屈,因为今天是你们崭新的开始,你们是四川的希望、是中国的希望。重建家园,你们是最强、最用之不尽的力量;重建家园,全国人民会伸出援助之手,鼎力支援;重建家园,更需要四川人民自强不息,灾区民众的自强自立。多难可以兴邦,让我们走出悲痛,自信自强,不屈服于灾难,顽强奋起,用我们勤劳的双手建起我们更加美好的新家园。

(作者系松江区医疗急救中心分站副站长,2008年5月24日至7月1日援川)

难以忘却的回忆

——松江区疾控中心入川队员在地震灾区

“作为一名四川人，家乡人民培养了我22年；作为一名卫生防疫工作者，我已经有6年的工作经验，从事过微生物检验、理化检验、卫生监测等各种防病工作，经历过‘非典’疫情防治，多次参加职业卫生突发事件处理……在家乡人民受灾受难的时候，在家乡人民需要我的时候，作为一名共产党员，我将义无反顾地奔赴抗震救灾前线，从事抗震救灾的防病工作和党和组织布置的其他工作……”

——摘自蒋元强5月20日上午8点30分写的入川请战书

5月19日，接到上级部门征调入川队员的紧急通知后，区疾控中心一下子就沸腾了起来。第二天一早，40多名符合条件的一线工作人员纷纷请战，要求到地震灾区开展防疫工作。最终，蒋元强、费胜军、顾承杰、陈斌等4人如愿以偿，于5月22日空降到了地震灾区第一线。

用手传递15吨物资

5月23日上午10点左右，蒋元强和他的队友找到了安置地。就在他们刚把行李拿下车后，带队的袁政安主任立即组织队员把两卡车12吨的物资卸下货车。人多力量大，很快，队员们分成两批4队把两车的货物卸了下来。

货物卸下来后，队员各自休整，吃些随身携带的干粮，部分队员跟随指挥部的车去拉帐篷。30分钟后，帐篷拉了回来，队员们马上把帐篷从车上卸了下来，分成6队开始搭帐篷。

当天下午5点，15个帐篷终于全部搭建完成，并挖好了排水沟。这时，袁主任又吩咐队员把货物搬进两个帐篷，于是60名队员马上有组织地排成了长龙，开始进行接力传递。半天内，他们60人每人经手传递了15吨的物资。

晚上冻醒了就跑步

山区早晚温差大。据顾承杰回忆：“白天帐篷里的温度起码有40多度，根本没办法在里面待着。等天黑后，里面又冷得要死。尽管我们都是穿着衣服钻进睡袋里，可还是非常冷。后来，有些队员实在受不了了，就在帐篷外面不停地绕圈跑步。有时候夜里还会忽然下起大雨，风也特别大，帐篷里更是一点热气都没有了。”

对于援川的队员们来说，除了晚上睡觉冷是个大问题外，在灾区洗澡也是个棘手事。白天在外面做防疫工作，没时间去洗澡。天黑回来后，只能到山上找个有泉水的地方去洗。但夜里的泉水实在太凉了，队员们只能拿着毛巾在里面蘸一下后，随便地在身上擦几下，就算应付过去了。

早些让死者入土为安

提起在灾区做的最有意义的一件事，顾承杰说是和其他队员一起认真处理了一具高度腐烂的尸体。那是映秀镇当地派出所副所长的尸体，由于死亡时间过长，等他们发现时，尸体已经腐烂不堪。在忍受住刺鼻的恶臭味后，顾承杰等人开始对尸体进行防疫处理。到当天下午5时许，一切均已处置妥当，剩下的就是尽快埋葬死者了。由于天色已晚，天空还不合时宜地还下起了大雨，当地派出所民警建议他们第二天再过来处理。但考虑到要早些让死者入土为安，顾承杰等人还是选择留了下来。就这样，在起初没有裹尸袋的情况下，他们将死者抬到了600米以外的山上埋了起来。而在回来的路上，由于山路湿滑，杨浦区爱卫办的徐成还险些从山上摔下来。

松江区疾控人员在对震区废墟进行消毒处理

村民的饮用水变清了

有一次费胜军在一个山村里开展防疫工作时，当地村民反映从山上引流下来的泉水总是浑浊不清，他们的日常饮水遇到了很大问题，希望能帮忙找出解决的办法。

看着村民渴望和信任的眼神，费胜军没有丝毫犹豫地答应了。根据数年的工作经验，他判断出现浑水是因为地震使得土层松动的缘故。当务之急，是要把现有的浑水清理干净，尽快把蓄水池里的水抽干，然后再把里面的淤泥清理干净。如此一来，就可以重新发挥蓄水池的沉淀作用了。

在费胜军一桶一桶地将池里的淤泥拎上来后，他便让村民们重新把水放进池中，经过一段时间的沉淀，池里的水的确比从前清了很多。事毕，不少村民都对他竖起了大拇指，赞道："上海过来的专家的脑子就是好使！"

松江区疾控中心队员进行抗震救灾卫生宣教

心相印　行相随　大爱无疆

——汶川特大地震青浦区救援实录

地震无情人有情。为了汶川抗震救灾，上海行动了！青浦行动了！

5月13日晚，中共青浦区委召开紧急会议，传达了中共中央、国务院关于汶川地震的情况通报和上海市委、市政府的紧急动员，决定成立由区委副书记、区长挂帅的青浦区支援四川抗震救灾工作协调小组，具体协调支援四川抗震救灾的工作。同时要求，全区各级党政组织、党员干部群众以高度责任感和大局意识，发扬"一方有难、八方支援"的精神，迅速行动起来支援四川抗震救灾。

5月14日，青浦区召开支援四川抗震救灾工作动员大会，号召全区开展赈灾捐赠活动，并向社会公布抗震救灾捐赠联系方式；要求相关单位主动关心灾区在青浦人员的工作与生活；区内的医务、消防救援人员向市里集中开始赴川参与抗震救灾。区内支援四川抗震救灾的各项工作全面启动。

临危受命　奋战一线

中共青浦区委、区政府及时与友好县——四川省双流县取得联系，了解灾情，发出慰问电和20万元救灾款；与此同时，指示各相关单位，特别是卫生、公安等系统根据预案，做好人员出动、救灾设备准备等工作。

5月14日凌晨1点30分，公安青浦分局接到要组建应急救援分队到市里集结的通知。命令十万火急，队员招之即来。区公安消防支队城北中队的11名官兵临危受命，下午3点，应急救援分队的官兵已奔赴震中汶川，到达公安部都江堰前线指挥部，开始了7天与死神赛跑的生死救援行动。

5月15日，战士们奉命向汶川县漩口镇进发。每个战士平均负重40公斤，为了尽可能多携带无齿锯、液压剪等救援急需的装备，战士们只为自己准备了2天的干粮和几瓶矿泉水。在去漩口镇的途中，不时遇到逃难的灾民对战士们说，前面很危险，千万不要过去。但战士们心中只有上级的命令和汶川人民的安危，面对一边是湍急的岷江，一边是随处可见的山体滑坡和塌方，他们只有一个目标，就是以最快的速度到达指定地点，抢救还在废墟中的同胞。在后来的几天里，救援队表现出来的"特别能战斗、特别能吃苦"的精神，始终鼓舞着灾区的每一个人。

在漩口镇阿坝铝厂，一位遇险者的妻子和她姐姐站在一栋6层的大楼旁，眼泪汪汪看着救援队的到达。这幢大楼一半已经坍塌，另一半摇摇欲坠。战士们调来吊车和挖土机，结合无齿锯、液压剪等破拆工具，不能使用工具的，就用手挖、刨，10个小时的连续作战，终于找到了遇难者的遗体。刚刚做过腰椎间盘手术的消防战士马荣，默默承受着腰伤的折磨，与其他战士一样，凡事都冲在前面。

有一天，战士们行进到一处厂房时，突然遇到剧烈的余震，而厂房里住着300余名避难的灾民，战士们立即帮助灾民迅速疏散……又有一天，救援队要开赴水磨镇。尽管一路上余震不断、滚石常常擦肩而过，但战士们没有丝毫的犹豫。在水磨镇老街一处摇摇欲坠的两层建筑下面，救援队发现了1名被埋压的群众，官兵们面临建筑物随时倒塌的危险，有的警戒、有的用手挖，有的用无齿锯、液压剪等进行切割，不到一个小时，终于把人救了出来。在水磨镇电化厂职工宿舍，一幢三层楼的建筑垮塌了三分之一，浓烈的尸臭味，一公里外都能闻到。但战士们什么也不顾，连续不停地在废墟上挖掘，一干就是七八个小时，直到把最后3名遇难者的遗体挖掘出来，这时大家才发现，战士曹伟平的手指已经血肉模糊。在场的群众对上海消防战士的专业能力和敬业精神投来了赞许的目光。

在汶川抗震救灾的第一线，消防战士们天当被、地当床，每天面对生与死的考验，毫不动摇，竭尽全力抢救废墟中的同胞。而被称为“白衣天使”的医护人员在抗震救灾第一线的所作所为同样让人肃然起敬。

5月14日凌晨3:30分，青浦区医疗救护站接到紧急通知，要求派遣人员参加上海市支援四川抗震救灾医疗队。区卫生局当即安排医疗救护站的周国明、薛建谊2名急救员兼驾驶员驾驶1辆救护车入川救灾。接到任务，周国明、薛建谊的家人，虽然为他们在灾区的安全担忧，但还是赶紧起床为他们准备行装。早晨7:30分，周国明、薛建谊已经完成了车况检查和医疗器械、设备、药品及有关生活必需品的准备，整装待发。他们将随同上海市第一批急救队（60余人，30辆急救车），紧急开赴四川。临行前他们表示：感谢组织和同志们的信任，坚决完成好这次任务，为抗震救灾作贡献。

车队经过30多小时的日夜兼程，经江苏、安徽、河南、陕西，15日晚8时抵达重灾区四川广元市。大家还没有来得及喘口气，就接到当地分配给他们的第一个任务——让车队沿市区主要路段绕行一圈，以告慰广元的老百姓：地震无情人有情，全国人民是一家。大家放心，兄弟省市的救援力量来了！

16日清早，救护车队接到命令前往青川抢救伤病员。青川是广元地区受灾最严重的县。通往该县的道路是15日深夜才打通的。上了路，驾驶员们才真正体会到形势的严峻：路上到处是砸落的巨石，车只能在岩石夹缝中穿行。路边随处可见被落石压扁的汽车。由于路面凹凸落差很大，车辆经过时，底盘不时与地面发生碰擦。虽然险情无处不在！但灾情就是命令！碰到道路堵塞，车辆无法通行时，救护队人员便带上急救用品，深一脚、浅一脚地徒步爬山进入村寨，对伤员进行简单处理后，再用担架抬到救护车上转运出去，最远的1次，抬着伤员翻了一座2000多米高的山。

当晚，救护车队夜宿凉水镇关庄。5辆车刚到不久，同行的安徽医疗队突然接到通知，称次日凌晨此处上游的堰塞湖要泄洪，要他们紧急撤离。于是安徽医疗队撤离了，并叫上海医疗队也赶紧走。但当时上海医疗队的5辆车谁都没有接到指挥部的命令，大家谁都不肯撤！说来也巧，就在大家疑惑不解的时候，恰好有一辆部队的通讯车路过，他们与指挥部的电话接通了，收到了要他们撤离的紧急命令。车队立即带着伤员迅速撤离凉水镇，刚回到大本营，上游堰塞湖的洪水已经一泻而下。事后才知道，当时离泄洪只有2个小时的时间，指挥部一直在拼命与他们联系，要他们及时撤离，只因手机信号太差，没有联系到。看到奔腾而过的江水，想到自己刚才曾命悬一线，在场所有的队员都激动得热泪盈眶，紧紧地拥抱在一起……

凉水镇地处青川县与北川县交界处，是一个极其偏僻的小山村，距广元市135公里，来回车程9~10小时，如遇余震、泥石流、山体滑坡等危险时，甚至要12小时。在凉水镇那几天，由于后勤供应暂时无法跟上，没有水，没有电，大家就不刷牙、不洗澡；一瓶水，一小包饼干，一张湿纸巾，就是每人一天的配给。在烈日暴晒下，他俩配合消防官兵、医生、护士进行现场急救；在绵延、崎岖的道路上，他俩日夜奔波及时转送伤病员。周国明和薛建谊就凭借这份勇气和精湛的驾车技术，克服重重困难，完成一个又一个救灾任务。

“5月17日，为了向广元市转送2位骨折和1位脑外伤病人，我们翻越了一座连绵起伏的三连山。山路崎岖而狭窄，五六米宽，有的地方出现了很深的裂缝，随时有塌陷的危险；路的一边经常会闪过突出、松动的巨石；另一边，是坍塌的悬崖，崖下是滚滚的江水。途中，余震不断，车子晃动得很厉害，耳边不时传来碎石击打在车顶上发出的‘嘭嘭’声。但为了争时间，抢速度，我们俩轮换开车，稳步向前。有几次是刚刚翻过整座山，身后就传来一声巨响，山体滑坡了……”事后，周国明在讲述这段救灾经历时，仍然神情凝重，仿佛浴火重生。

5月21日，周国明和薛建谊的救护车突然被一个50多岁的老人拦住，大呼救命。救护人员紧跟着老人上了山，在一个油布棚里，只见一位产妇痛得几乎晕厥。正巧，车上有一个同行干过产科，看到婴儿头部已隐约可见，便指挥大家一起帮忙，好一阵才顺利接下一个男婴，且母子均告平安。正当大家松一口气时，老人老泪纵横，“啪”地跪倒在地，朝着救护人员磕头致谢：“你们就是娃娃的亲爹……”从老乡口里，大家才知道，老人的老伴和儿子已经在地震中遇难，现在儿媳妇产下了这个孩子，使他看到了今后生活的希望，所以才这样激动不已。

在广元的日子里，周国明和薛建谊每天驾车带医疗队跑一个乡镇，对轻伤员实行就地医治，重伤员则集中运送到设在青川县城与梁水中间的成都军区104野战医院。垂危的重伤员，由青川县指挥部统一安排救护车，转送到医疗条件相对更好的广元市医院。在抗震救灾前线奋战的10多天里，他们随医疗队先后到过凉水镇、康坝乡、网坝乡、嵩溪乡、黄坪乡、木鱼镇，总共运送过近50名伤员。虽然自己身体消瘦了，嗓子嘶哑了，但看到有些危重伤员，由于及时转运挽回了生命就不由自主地为自己的付出感到自豪。

大灾之后有大疫。为了有效预防和控制疫情的发生，青浦区在轮流派出医疗救护人员参与紧急抢险救护之后，工作重点逐步转入伤员治疗和灾区防疫。5月22日到达灾区的青浦区疾控中心的田建国、赵锦江，与各地援助人员及灾区人民一起开展防疫工作。记得有一次，在漩口镇白花水泥厂废墟上处理遇难者遗体，还在远远的几百米外，就闻到一股浓烈的腐臭味。现场有一位女性遇难者的遗体，脸部已经变形，整个下半身被一块楼板压着。当大家用切割机把楼板切掉，才发觉死难者的下半身已经粉碎。在遇难者家属的注视下，工作人员不顾恶臭，小心翼翼地把碎落的遗体归拢到一起，然后撒上高浓度的消毒液和漂白粉，使死难者家属非常感动。

灾区到处是残垣断壁，垃圾遍地，防疫形势极为严峻，工作也非常艰苦，几乎每次工作，都要爬六七个小时的山路，有些地方甚至是部队都没有到过，那里村民的帐篷和生活用品都是防疫人员背上去的，但大家凭着“防疫工作不能留下一处死角”的高度责任心，每天上上下下，走遍山村的各个角落，为那里的村民带去消毒器械和药品，帮助指导他们开展防疫工作。有些队员出现身体不适，但没有一人要求休息。

这是赵锦江医生的一段回忆：5 月 24 日，我和队长一组去牛塘沟村。没有想到，单程就要走 10 里山路，沿途到处是泥石流过后的痕迹，很多地方十分危险，走了一半，由于路被完全阻断，我们就开始爬山。半路上，我们遇到了牛塘沟的村党支部书记莫尚勇，他的一句话令我永不忘记。他说：“别看房子塌了，可是村支部还在，党旗还在，国旗还在！”到达村里后，我果然发现废墟中国旗屹立不倒，

青浦区疾控中心医生赵锦江（前排左一）与队员们在灾区防疫第一线

党旗分外鲜艳。牛塘沟村一共100多户人家,地震后,村里的房子基本垮了,由于生存条件恶劣,有的小孩身上长满了湿疹……

6月8日是我们最后一个工作日,我们做了最后一次环境消毒、药品发放和卫生宣教……回来的路上,照例是老乡们热切的问候:"医生,你们辛苦了"。艰苦的工作,换来了村民们对我们的信任和肯定,6月9日在我们临走的前夕,牛塘沟的村民给我们队送来了一面锦旗。

灾后重建工作摆上了工作日程后,一批又一批医护人员、公安民警、支教老师赶赴灾区,与灾区人民一起,投入建设新汶川的征程。至6月25日,青浦区已经分4批派出8名医护人员赴汶川参与紧急救援;另外,从这一天起又连续派出3个月一期的3批共28人到达汶川,对口支援都江堰青城山镇全面恢复医疗服务和公共卫生体系。7月19日,青浦区12名民警随上海市公安援川队伍到都江堰市重灾区之一的蒲阳路派出所工作3个月。8月27日,青浦区首批派出中、小学教师各1名,赴四川都江堰青城山学校,开展为期1年的支教工作。

2008年5月13日起,青浦区内20多个捐赠点全天候接受市民捐赠

守望相助　踊跃捐献

面对灾难,一句俗话说得好:“有钱出钱,有力出力”。在千里之外的青浦人民以这种朴素的方式向汶川的亲人表达同胞之情。

5 月 13 日晚,中共青浦区委紧急会议之后,区内各单位部门迅速反应,落实救灾援助措施,区民政局、上海市慈善基金会青浦分会、区红十字会率先行动,连夜开通 24 小时捐助热线电话,并通过媒体公布了全区各镇、街道红十字会和居委会设立的 20 多个全天候捐赠点的地址和联系电话。此后,又对捐赠资金大于 1000 元的单位和个人,及时在《青浦报》上予以公示,引导推动市民积极为汶川灾区捐款捐物。

在 5 月 14 日召开的青浦区支援四川抗震救灾工作动员大会后,5 月 15 日上午,全区集中举行“支援四川抗震救灾捐款活动”。主会场设在区直机关大楼的大厅里,各镇、街道以及大口委办局也同时分别设立分会场。区四套班子和各镇、街道以及大口委办局领导带头参加捐款活动。截至当天上午 9 时,区直机关党员干部共募集爱心捐款 54. 36 万元。

5 月 19 日,中共青浦区委组织部发出《关于共产党员缴纳“特殊党费”支援抗震救灾的紧急通知》,要求在全区共产党员中开展缴纳“特殊党费”用于支援四川抗震救灾的活动。通知一发出就得到全区各级党组织和全体共产党员的积极响应。93 岁高龄的离休老党员陆文杰在妻子陪同下,到机关党工委交纳了“特殊党费”2 万元。离休老党员张耀也在第一时间打来电话,交纳“特殊党费”1 万元。全区 3. 52 万名中共党员共交纳“特殊党费”789. 56 万元。这笔“特殊党费”凝聚的是青浦广大共产党员对灾区同胞的一片爱心、一份深情。

灾难发生后,青浦人民每天都为电视中不断传来的汶川严重的灾情揪心不已。在各级党组织和共产党员模范带头作用引领下,青浦人民爱心涌动,为了帮助灾区人民渡过难关,“灾区需要什么,我们就贡献什么”成了青浦全区人民共同的心声。区民政局、市慈善基金会青浦分会、区红十字会的捐助点上电话铃声不绝于耳,工作人员几乎每分钟都会收到要求向灾区捐款的信息。参与捐款捐物的有机关、企事业单位和干部职工,社区居民、离退休人员、来青的港澳台同胞、敬老院入住老人、中小幼学生、阳光之家的学员、来沪打工人员、驻军部队战士等。这次活动中,捐款人员年龄跨度之大、捐款阶层覆盖面之广、捐款数额之多、持续时间之长、动人事例之多前所未有。

5 月 14 日,一位年近六旬的市民贾秋生手拿 1 万元的现金存单,一大早便赶到区红十字会来捐款,他说:“看到灾区人民遭受那么大的灾难,我心里很难过,自己又不能到灾区去帮助他们,就送上自己一点小小的心意,希望他们能早日渡过难关!”贾先生家住香花桥街道金星村,是一名普通的打工者,每个月收入微薄,这 1 万元的捐款几乎相当于他一年的收入。

离休老干部邢连珠人在山东老家探亲,闻讯四川发生特大地震后,连夜打电话到青浦,委托子女向灾区捐款 1 万元。一位不愿意透露姓名的女士携带着刚从银行取出的 5 万元现金赶到红十字会,没有半句寒暄，放下捐款就匆匆离开，工作人员甚至没来得及记下她的个人信息。夏阳街道新青浦社区和共建单位区信息委在社区广场共同举办了募捐活动，一位中年妇女放下一万元就离开，说什么也不肯留下姓名。一对残疾人夫妻互相搀扶着送来了200元善款。家住城北新村的85岁的袁丹秋老人在得知地震消息后，托她的孙女到市慈善基金会青浦区分会向灾区人民捐款1万元。家住徐泾翠景苑的承仲槐老先生已经80岁高龄，由于腿脚不便，只能靠轮椅活动，5月15日联系卫家角社区，把自己省吃俭用省下的5000元捐了出来……

5月15日，几位四川青年匆匆赶来捐款。在得知他们的老家就在灾区后，工作人员非常惊讶："你们自己家也受了灾，这些钱还是寄给家人吧！"他们连连摇头："家里人都没事，让我们不用挂念。厂里还给我们发了一份补贴。现在我们不能回家，就给家乡的父老乡亲捐点钱，做点贡献。"在开具收据时，他们一致要求把名字写成"四川广安来青者"和"四川乐山来青者"，并解释道："这个名字表明我们不忘家乡！"

区工商联在区委5月13日晚紧急会议后，立即会同区红十字会，向全区非公企业发出了《携手

达芙妮公司向灾区捐赠总计2000万元人民币的钱款和物资

人道抗震救灾——关于开展为四川地震救灾募捐的倡议书》，呼吁全区非公有制经济代表人士积极行动起来，发扬中华民族“一方有难，八方支援”的传统美德，积极捐款捐物，救助灾区群众。5月15日下午，落户于青浦区香花桥街道的台商企业达芙妮公司召开新闻发布会，宣布向上海慈善基金会捐赠总计2000万元人民币的钱款和物资，支持汶川抗震救灾。位于徐泾镇的上好佳食品有限公司向上海市侨联捐款1100万元。上海晨兴电子有限公司捐款1030万元。上海新朋实业股份有限公司、上海泾港置业有限公司、上海古北赵巷置业有限公司、景港控股有限公司分别捐款100万元。上海圆通物流有限公司、上海德力西集团有限公司、安信伟光（上海）木材有限公司分别捐款50万元。据不完全统计，青浦区非公经济组织和人员为汶川抗震救灾捐款捐物合计人民币2526.81万元，其中青浦区工商联会员企业捐款捐物人民币2047.66万元。

5月16日上午，青浦区白鹤镇红十字会收到了一笔600元的捐款。捐款人递给工作人员一张纸，上面写着：“老干部、老党员、老退伍军人李逢春捐赠300元；老共青团员徐善珍捐赠200元；孙女李佳倩捐赠100元”。纸上还说：“在我们一家最困难的时候，是党和政府帮助了我们。今天四川的老百姓遇到了困难，我们也要尽自己的力量帮助他们，回报党和政府。”虽然这笔捐款数额不大，但当在场的工作人员了解到李逢春老人的儿子几年前已病故，老伴徐善珍也在2005年患了癌症，家庭经济状况并不宽裕，现在他们从微薄的收入中取出一部分钱捐给灾区人民，并不是一件容易的事，在场的人都为老人一家对灾区人民的一片深情所感动。

5月18日下午，徐泾镇光联村党支部、村委会在社区活动中心举办了“众志成城、抗震救灾、重建家园”为主题的慈善募捐活动。许多村民和来沪务工人员闻讯后纷纷赶来，有抱着孩子的父母，有拄着拐杖的老人，有专门请假前来的企业员工……几百元、几十元，涓涓细流汇成了对灾区人民的关爱。落户光联村的上海沙迪克公司也表示了爱心，捐款13万元。活动暂告段落后，还有许多得知消息的村民、村农贸市场的摊主和来沪务工人员一批批地赶往村办公室捐款。有一位阿婆手里拿了1张50元和1张20元面值的钱币，告诉工作人员，50元是自己捐的，20元是住在她家的来沪人员让代捐的。当天，光联村筹集募捐款突破47万元。

地震灾情同样牵动着全区少先队员和儿童团员的心。为了帮助灾区小伙伴渡过难关，重返校园，让他们深刻感受到少先队组织的温暖和“手拉手”小伙伴的关爱，红领巾理事会号召全区少先队员、儿童团员“以我所能，帮助灾区小伙伴重建家园”为灾区捐款。全区少先队员、儿童团员接到号召，立刻行动起来，纷纷捐出零用钱，短短几天就募捐到款项12万余元，送往市希望工程办公室，用来帮助灾区小伙伴解决学习和生活上面临的实际困难。5月19日，徐泾镇上的上好佳食品有限公司加班赶制近3000箱价值20万元的食品送往灾区；第二天公司的员工们又加班赶制了13000箱，价值80.5万元的食品，捐赠给四川灾区。上海大华服饰有限公司捐出2000多件衣裤，价值15万元。上海娇梦床上用品有限公司的总经理、支部书记潘秀镑在出差途中收到盈浦社区（街道）综合党委发出的抗震救灾捐助号召的手机短信后，立即赶回公司组织员工加班，连夜赶制了价值6万元的300条棉被捐助给灾区。

5月29日晚上，区红十字会的工作人员正在加班清点捐款，一对台湾夫妇提着一个沉甸甸的手提包走了进来，打开包，里面整整齐齐码着十万元人民币。原来，他们刚刚来到青浦，还顾不上休息就直接赶来捐款了。妻子丛殿英着急地说："四川汶川大地震这么严重，我们痛心流泪，都是中国人啊，理应为他们做点事情。"

6月12日上午，在上海沪工电焊机制造有限公司厂区，三辆满载电焊设备的货车，在近千名员工关切的目光中缓缓驶出公司大门，发往四川灾区。据该公司相关负责人介绍，沪工焊机公司在前期已经捐款10余万元，这次再向灾区捐赠18台价值7万元的电焊机，可用于房屋、桥梁建设中的钢结构焊接。

地震发生后，妇女卫生用品一时成为灾区的紧缺物资，落户青浦工业园区的康那香(上海)有限公司得知消息后，紧急调用一批卫生用品作为赈灾备用物资。当时企业订单饱和、生产流水线任务排满，为了将卫生用品尽快运往灾区，公司通知全厂员工加班突击，3天后，2096箱价值20多万元的卫生用品终于发往灾区。6月13日，康那香(上海)有限公司又捐赠1000箱价值近17万元的湿纸巾。与此同时，区民政局还收到棉被、毛毯等各类新衣物1.49万件，计1168大包；旧衣物9.85万件，计3600大包，按市局要求通过松江火车站发往灾区。慈善基金会青浦分会收到各企业单位捐来毛毯、棉被、衣物、食品、矿泉水、学习用品等累计金额426.41万元，打包后分别送往杨浦火车站、市红十字会仓库，由市红十字会分配发往灾区。区总工会组织全区职工为灾区儿童捐款捐物，向灾区儿童捐赠图书3.20万册，书包1.01万只，儿童服装1000件，文具5大箱，共计价值150万元。

在捐助活动中，全区共收到捐款6215.56万元。其中，区民政局收到2238.99万元，慈善基金会青浦分会收到1299.20万元，区红十字会收到2677.37万元。

一笔笔捐款、一箱箱货物，寄托着青浦人民情系灾区、守望相助的深情，汇成的是一曲地震无情人有情，众志成城定胜天的赞歌。

人文关怀　体贴入微

汶川强烈地震发生后，灾区的亲人经历了一次血与火、生与死的严峻考验。他们不仅需要医务人员的救治，需要钱和物资的支援，还需要心灵的沟通、精神的慰藉，以抚慰心中的伤痛，唤起重建家园、走向新生活的希望。

5月13日，中共青浦区委在部署全力以赴支援四川抗震救灾工作时，也要求全区各级党政组织、广大党员干部群众迅速行动起来，对在青浦工作和生活的四川籍人员，要主动上门关心慰问，积极帮助解决实际困难。于是，"灾区人民需要什么，我们就做什么"的人文关怀成为第二波抗震救灾工作在青浦大地展开。

政府部门对来自四川地震灾区的务工者开展慰问、疏导工作，实施特殊援助：直系亲属遇难的，给予一次性2500元救助金；因家庭成员受伤、财产受损等原因导致生活困难的，根据困难程度给予一次性1000元救助金。全区累计为3189位灾区来沪务工者发放一次性帮困救助金320.25万元。

中山医院青浦分院在6月2日派出张丽凤、王菊莉2位医护人员，6月25日又派出金福妹、石建国、曹海滨3位医护人员赴汶川参与对伤病员的救治和心理疏导。当血库告急的消息传来时，青浦人民纷纷主动到义务献血点献爱心。5月13日、14日，青浦区大盈幼儿园、朵朵幼儿园的25名教师在园长带领下，来到青浦献血点，献出真情一片。地震灾情同样牵动着全区少先队员和儿童团员的心。区红领巾理事会向全区少先队员、儿童团员提出倡议，要通过“手拉手”的方式，关心身边来自灾区的小伙伴，为他们送温暖，送关爱；还要拿起手中的笔，给灾区的小伙伴们写一封情感真挚的慰问信，鼓励灾区小伙伴树立战胜困难的坚强信心，让灾区小伙伴们感受人间真情的温暖……

汶川地震，山崩地裂，亲人失去了，教室倒塌了，今后怎么办？5月26日，青浦区科技创业中心接到一个灾区学龄儿童失学求助的电话后，他们义不容辞，快速行动，为她们寻找学校，落实插班就读

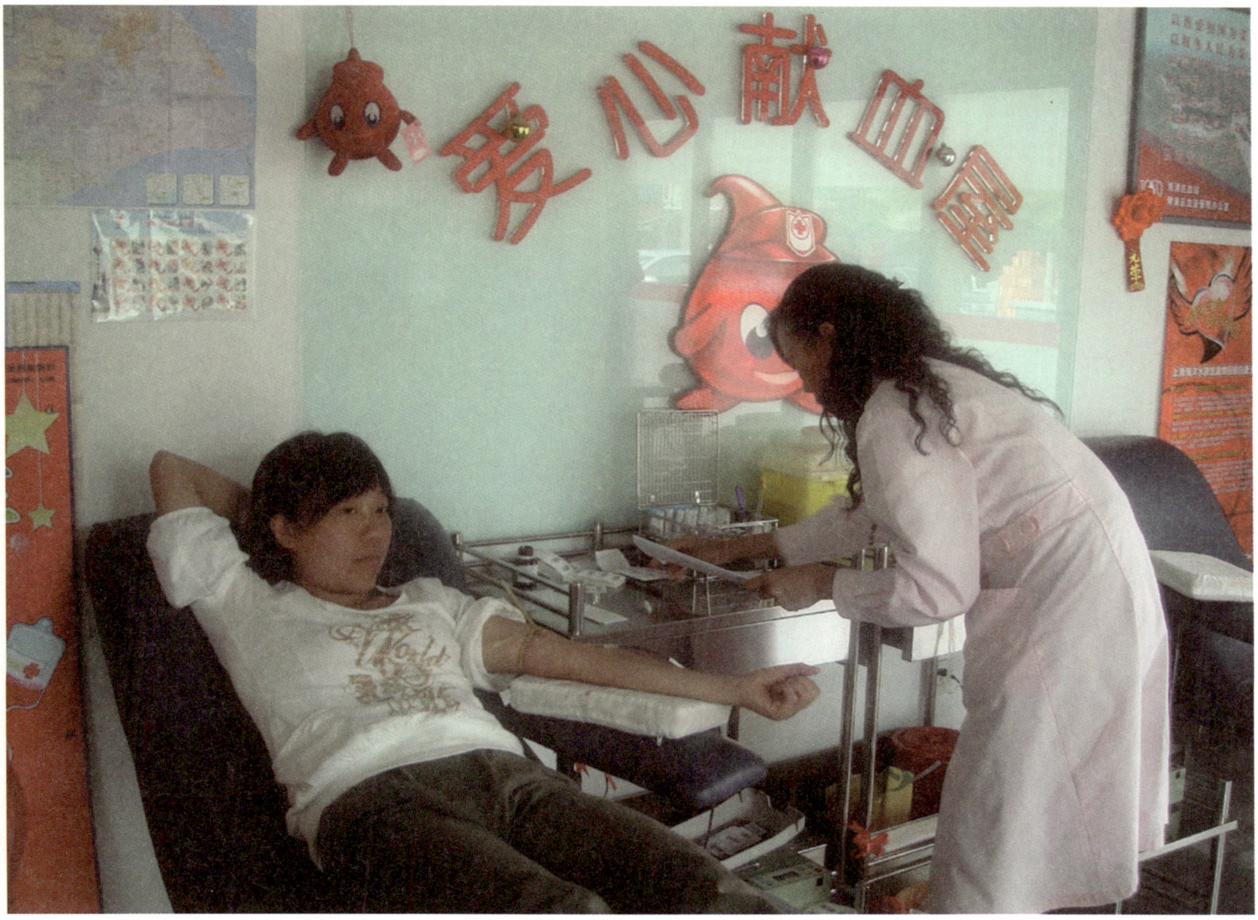

青浦区幼儿园教师志愿献血

两位来自灾区的学生在青浦区崧泽学校安心学习

的事情，然后将四川省大邑县的张涵瑞和赵千煜2位同学安置到条件一流的赵巷镇崧泽学校。该校不仅免收了所有费用，还要求老师和同学们在各方面给予他们更多的关心和帮助。5月28日，区科技创业中心领导到学校看望这2名学生时，恳切地对他们说："青浦就是你们的第二故乡，我们都是你们的亲人，希望你们在这里安心学习"。至5月30日，崧泽学校已接收了8位来自灾区的孩子就读，使他们重新享受到了安心学习的快乐。崧泽学校的老师每当接收灾区来的孩子时，第一句话就是："孩子，来吧，这里就是你们的家，我们就是你们的亲人"。接收的班级还要组织"热烈欢迎新同学到来"的活动，同学们纷纷准备了礼物送给他们，使他们很快融入学校这个大家庭。

与此同时，对在青浦的汶川地震涉及地区的务工人员的心灵疏导和困难帮助工作也在各乡镇、企业单位展开。落户于青浦工业园区的高田汽车配件制造公司共有四川籍员工606人，位于震中100公里以内的员工有100多人，这些员工在听到家乡遭受强烈地震后，情绪很不稳定，日夜惦记着家乡亲人的安危。为安抚好这些员工，工会组织与公司方面想方设法，多管齐下，开展与来自灾区员工的谈心，并专门安排时间让员工与家乡联系，让他们及时了解灾情和老家的受灾情况。夏阳街道上海青峰企业发展有限公司党支部得知灾情后，主动向四川籍职工提供办公室电话，让20多名四川籍员工及时与家里联系，帮助他们及时安定情绪。盈浦街道康姆尼电子（上海）有限公司党支部及时慰问30多名四川籍职工，还对家里遭受灾难的职工送上每人2000元慰问金。同样感人的一幕也发生在上海永洪印务有限公司。公司电脑部的开发人员小贺，家住重灾区北川县，地震发生后，他母亲受了重伤，父亲下落不明，公司老总得知后，当场捐出5000元，并连夜安排小贺乘飞机赶回家乡。一位公司员工激动地说："地震虽然离我们很远，但是心灵的距离却很近。"上海汇益控制系统股份有限公司得知汶川发生地震的消息后，在第一时间内做好了四川籍员工及家属受灾情况的统计和调查工作。一名四川籍员工在地震发生后始终无法联系到家人，焦急万分，公司得知后，立刻为该员工发放了10000元慰问金，让他马上回家探亲。该员工回家后，发现家中已是一片瓦砾，有的亲属也在地震中遇难，公司又及时寄来了慰问信表达了关爱之情。各乡镇、企业单位深入细致的思想工作和体贴入微的关爱行动，使在青浦的四川籍来沪人员情绪稳定，工作生活基本没有受到影响。在徐泾镇举办的赈灾文艺晚会上，来自重灾区北川县陈家坝村的吴吉祥声泪惧下地说："此时此刻，我只想说，感谢当地政府，感谢所有的好心人"。还有一位来自四川成都的妇女流着眼泪哽咽着说："有大家的支持和关爱，相信我们四川人一定能站起来！"

携手相随　重建家园

天灾可以震毁家园，让人痛心，但是爱心却能凝聚力量，让人振奋。随着地震初期以生死救援和防止次生灾害发生的抗震救灾工作的推进，重建家园逐步成为灾区的中心任务。在这过程中，中共青浦区委、区政府及时号召全区人民牢固树立"全国一盘棋"思想，急灾区所急，想灾区所想，解灾区所难；青浦人民一如既往，与灾区人民携手相随，以实际行动支援四川抗震救灾。

2008年，青浦区按照国务院"关于各级地方政府压缩公用经费5%用于抗震救灾"的要求和市下达青浦区的指标，落实抗震救灾应急援助专项资金2100万元，主要用于过渡安置房建设、救灾物资采购和运输等。2009年，按不低于全区上年度地方财政收入1%的比例，足额安排灾区援建资金4404万元；另外区财政每年自筹300万元用于援建符合当地整体规划的软件项目、小型项目。

2008年10月，上海市明确青浦区结对支援都江堰青城山镇后，青浦区委副书记、区长高亢，副区长陈勇章即率团赴青城山镇开展对接考察，慰问青浦区赴青城山镇医疗队及支教老师。11月，青浦区成立了由区长高亢任组长的"青浦区对口支援青城山镇恢复重建工作小组"，并制定《青浦区对口支援青城山镇灾后恢复重建工作意见》。

2008年7月，全区258名青年民警积极响应"一方有难，八方支援"的倡议，报名参加上海公安青年抗震救灾志愿者预备队。7月19日，公安青浦分局的12名青年民警到达都江堰市公安局蒲阳路派出所，开展为期3个月的对口支援工作。青浦警队支援的蒲阳路派出所辖区是当地受灾最严重的地区之一，人员伤亡惨重，遇难家属情绪波动大，日常工作重点是维稳。为防止辖区内空置房屋无人照看，拾荒者破门而入，洗劫衣物、家具、电器、门窗等物品，青浦支援警队自费购置了自行车，组成自行车治安巡逻队，提高了处警机动性。对处置危房内的盗窃案件，巡逻民警还总结出"二听、二看、一控制"的工作法：听敲打声、听群众反映，看楼下是否停有可疑车辆、看房屋结构受损情况决定抓捕方案，控制不法分子的交通工具，有效打击和震慑了各类违法犯罪行为。青浦支援警队还与辖区内的皖川中心学校领导取得联系，有针对性地制定了护校工作方案。安排民警在学校大门口指挥车辆通行，辟出停车区域，确保学生上学、放学期间秩序井然和学生安全，得到了校方和学生家长的赞誉。

3个月的工作，青浦支援警队共协助接处警281起，出动警力参加各类安保工作114人次，协助参加维稳工作111人次，处置突发事件9起，各类治安消防检查28家，盘查可疑人员397人，检查机

2008 年 10 月 23 日，青浦区区长高亢率队到青城山镇考察救灾工作并慰问支医人员

动车 218 辆，抓获违法犯罪嫌疑人 36 人，收缴手枪 1 把、子弹 15 发、毒品 9.9 克、管制刀具 1 把。

在对口支援青城山镇重建工作中，青浦区共派出医护人员 5 批 37 人。6 月 25 日，青浦区第一批 12 名队员前往都江堰，帮助青城山镇恢复医疗服务和公共卫生体系。为保证大灾之后无大疫，青浦区医疗卫生队提出了一个早处置、争主动的科学应急处置建议，得到了当地政府和前方工作组的赞同；及时召开医疗卫生防疫联席会议，定期向当地领导总结汇报工作情况，为领导决策打下基础。在领队俞秋峰的带领下，青浦区医疗卫生队员始终忙碌在卫生防疫现场，没有一个队员倒下，没有一个队员撤退，圆满完成了支援任务。队员谢永刚，在汶川 3 个月中，不管刮风下雨，他每天都要对青城山镇学校、安置点等集中供水单位进行全面监测，并普遍开展饮用水卫生安全巡查指导。通过努力，青城山镇两家供水单位的设施和管理以及全镇生活饮用水的卫生状况都有了明显改善。他还凭借丰富的专业知识和职业敏感，曾避免过一次可能引发的学校饮水污染群体事件，得到了校方和当地供水单位的好评。

除了组织医疗队支援青城山镇工作外，中山医院青浦分院（青浦区红十字医院）为提高当地医务人员的业务能力，还接受都江堰市红十字医院的张志国、邹建设2名医生到院进修半年。半年中，医务科、内科和骨科的主任专门为他们制订了详细的进修计划；带教老师悉心指导，毫无保留地将先进的诊疗技术、学术理念传授给2名学员；逢节假日，科室领导、带教教师总要嘘寒问暖，给2名医生送上慰问品，或者邀请他们到家中聚餐，感受到家一般的温暖。2009年1月，2名医生结束进修，临行前将感谢信送到区红十字会，信上说："我们一定要把在上海学到的知识完全用到灾后重建的医疗工作中，更要把青浦人民的深情厚谊带回到家乡"。

灾后重建工作开展后，区教育局根据都江堰长远建设的需要，决定安排原来都江堰市职业中学的18名学生到上海工商信息学校就读。8月31日，青浦区教育局、上海工商信息学校相关领导到上海火车站迎接18名学生，随后分别落实在学校的四个专业就读，其中数控班5名、导游班5名、旅外班6名、会展班2名。校领导们特别关心都江堰学生在新环境中的生活和学习。开学不到半个月，中秋佳节来临，为了让这批学生能摆脱地震的阴影和思乡的痛苦，工商信息学校专门组织这些同学游览朱家角古镇和青浦曲水园，让他们了解青浦、走进青浦；又让他们一个个拨通电话，向家人倾诉衷肠；还鼓励他们做一个努力学习、奋发向上的好学生，以优异的成绩回报社会。一天夜晚，数控7班的都江堰学生刘浩突感腹痛。学校周副校长当即开车把刘浩送往中山医院青浦分院，班主任韩老

青浦民警慰问受灾群众并开展社区警务工作

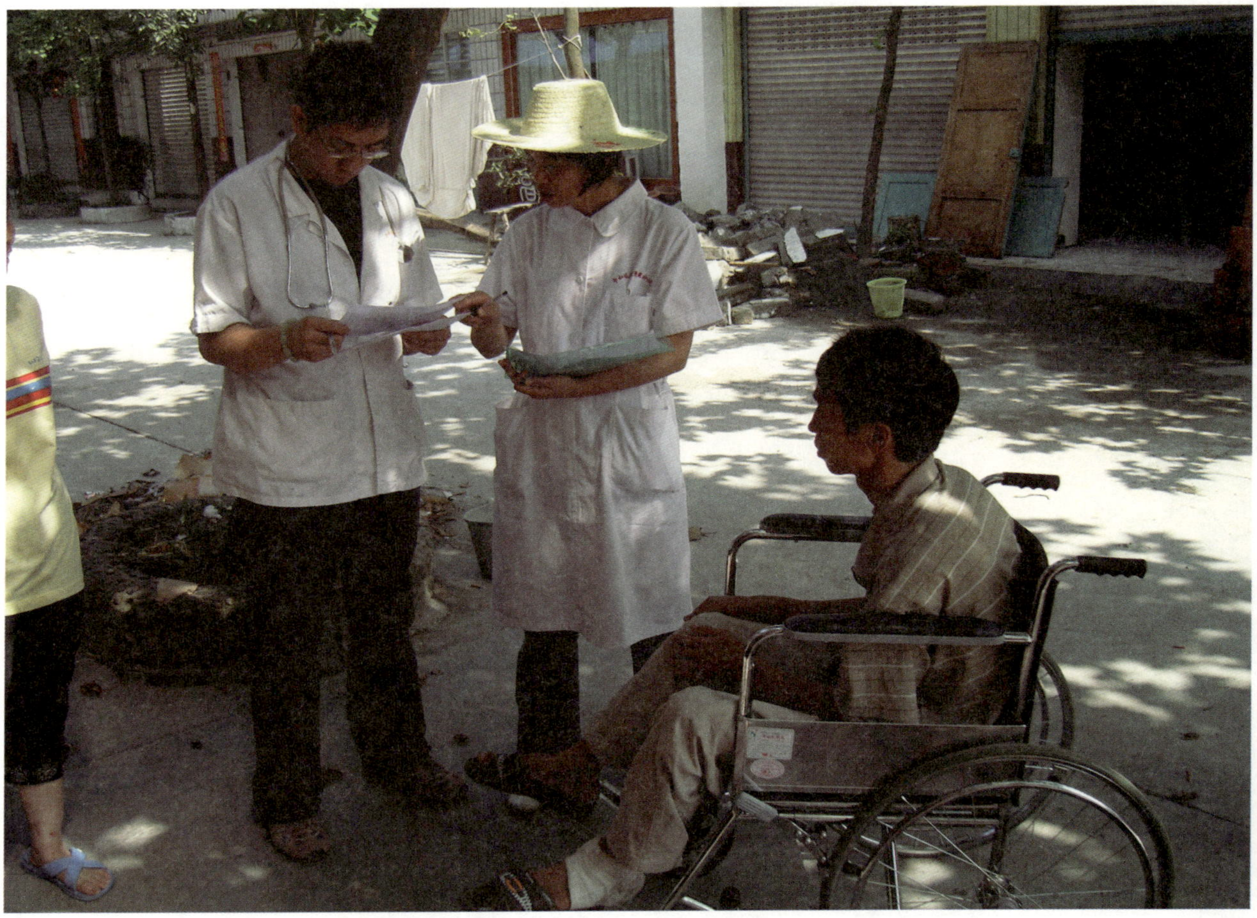

青浦区卫生医疗队队员下乡巡诊

师也从家里匆匆赶到，经医生确诊为急性阑尾炎，随即进行手术。周副校长还及时与远在四川的刘浩父母联系，告知了孩子的病情，并安慰家长不用担心。手术进行到子夜一点，老师和同学一直守候在手术室外。当夜，周副校长一直守护着输液的刘浩，直到早晨班主任来接替。第二天，学校又安排了医务室的医生、专业部的教师轮流到医院陪护。

为了落实汶川灾后重建的部署，尽快恢复正常教学秩序，青浦区教育系统响应上海市政府的号召，向都江堰派出了第二批为期3年的支教老师，薛留根老师在支教期间担任了都江堰教师进修学校和青城山学校两所学校的挂职副校长。在都江堰，薛老师推行以“二维分析”为抓手，明确教学内容、把握教学目标的做法，帮助当地教师提高教学能力。他还组织、带领支教老师为都江堰各学校、教师开设教育教学讲座150多场，其中全市性讲座20余场，信息技术专题讲座80多场，在都江堰地区取得良好反响。薛老师充分发挥信息技术的特长，他所领衔指导的《利用信息互动反馈技术提高课堂教学有效性研究》课题，作为都江堰教育灾后重建的第一个国家级课题，并形成阶段性成果，得到中央电教馆的结题评审，为都江堰教育“十二五”教育信息技术的发展奠定了良好的基础。上海支教团队和都江堰教师进修学校共同合编的《互动让课堂更精彩反馈使教学倍有效》研究成果一书，也深得都江堰教师的喜爱。为此，薛留根老师在支教期间被授予成都市灾后重建先进个人和先进党务工作者称号。

为缓解地震灾区的就业压力，青浦区积极开展向灾区提供岗位信息、帮助灾区劳动者异地转移就业以及帮助灾区劳动者就地就近转移就业 3 项援助工作。2008 年 7 月、9 月、11 月，青浦区人力资源和社会保障局下属的就业促进中心携青浦区多家知名企业代表在都江堰开展就业援助专场招聘会活动，为当地求职者提供就业岗位。职业指导师们带去上海的就业政策和职业指导理念，为当地求职者进行职业指导，还认真参与了上海对口都江堰就业援助工作组为都江堰 20 多名乡镇劳动保障所所长举办的职业指导讲座，参加大中专毕业生就业服务月活动，积极为都江堰市民进行政策讲解、职业指导和职业介绍，并对一些心理脆弱的咨询者进行简单地以心交心、换位思考等心理辅导，让灾区人民克服障碍，重拾信心，走出家门，为重建家园而努力。这一年，青浦区共为都江堰地区落实对口就业援助 47 人。

青浦区人社局在都江堰市开展就业援助工作

守望相助一家亲

——汶川特大地震奉贤区救援实录

“5·12”汶川大地震让全国人民为之伤恸，也撼动了远在千里之外的奉贤人民的心。时间就是生命，抗灾就是使命！地震发生后，奉贤区委、区政府立刻作出部署，连续召开三次常委会、三次区政府党组会议暨区政府常务会议，研究讨论抗震救灾相关事宜，要求全力以赴做好支援四川抗震救灾工作。区红十字会紧急呼吁，区民政局立即启动“自然灾害救助应急预案”，13名奉贤特警赴川一线抢险，6支卫生专业队伍整装待发……一场声势浩大的支援地震灾区的救援活动迅速展开。

从那一刻起，无论是奔赴抗震救灾第一线的奉贤公安干警、医疗卫生人员、自来水抢险队员，还是奉贤各界群众自发踊跃捐款捐物支援灾区的感人事迹，抑或是奉贤民营企业团队，加班加点生产援建灾区安置房，自觉承担社会责任的动人故事等等，无不体现出奉贤——这座因相传孔子弟子言偃来境讲学，后人为敬奉贤人而得名的滨海新城，正用源源不断的爱心行动诠释着“敬奉贤人、见贤思齐”“守望相助　共克时艰”的大爱情怀与奉献精神。

青春热血铸警魂

5月13日深夜11时30分，13名奉贤特警队员连夜准备了必要的通信、搜救器材，破拆、照明等抢险救灾工具和个人防护、宿营装备以及医药用品等，于14日凌晨与上海驰援汶川的消防官兵和200名特警队员一道，奔赴灾区参加救援。队伍到达都江堰后，接受的第一项任务就是：以最快的速度赶赴地震中心地带汶川漩口镇解救受灾群众。从都江堰到漩口镇，道路已经无迹可寻。从紫坪蒲大坝开始每位队员要身背30多公斤的装备，队员们沿着山间的一条小路，徒步跋涉20多公里。尽管有好几次与死神擦肩而过，但队员们丝毫没有放慢前进的脚步，想到一些生命正在消失，他们正焦急地等待救援，队员们顾不得一切，前进，前进，再前进！一路艰难地行进，到了友谊隧道，这是通往水磨镇的唯一通道，洞内许多地方塌方，在余震中随时可能整体垮塌。当地的百姓见他们要进去，都连忙劝阻：警察同志，里面太危险了，你们进去可能就出不来了。但一想到废墟下等待救援的群众，队员们什么都顾不上了，他们在王国兴支队长的率领下，一头冲进了黑黝黝的隧道，历经半个多小时，终于完成了一次“生死穿越”。

在先后转战漩口镇、水磨镇、三江镇等地震重灾区后，面对无处栖身、饥渴难耐的受灾群众，队员们顾不及休息便迅速开展救援行动。他们在断垣残壁中不断挖掘，拼命地呼唤着生的希望；他们帮助灾民抢救粮食和财产，尽量减少他们的损失；他们帮助志愿者搬运救灾物资，确保了救灾物品及时发放到灾民手里。灾后老百姓需要帮助的地方太多了。危房里的粮食、电视、冰箱、被子、衣服要拿出来,生病的群众需要药,化脓的伤口需要清理,救出的孩子需要转移……遇到这些事,队员们总是冲在前面,当完成任务后,总是再问一句,我们还能帮上什么忙,总觉得自己做得还不够。

一个中午烈日当空,一集卡的面粉停靠在路边,几个志愿者扛着整整一袋近百斤的面粉往返奔波。四川的夜间露气重,面粉易受潮,必须在夜晚之前将面粉卸下车搬进帐篷中。正在休整的中队长潘冬青和另外四名队员发现了这一情况,立即上前和志愿者们一起在集卡上卸面粉。由于晚上睡觉时着了凉,很多队员的关节和腰都落了毛病,小腿肚也由于长途行军发肿酸胀。可没有一个队员叫苦叫累。就这样从中午12时到晚上10时许,整整9个小时,队员们不停地负重百余斤,来回往返于集卡和帐篷间,一刻也不停歇,终于将20吨的面粉全部搬进了帐篷,确保了救灾物资的安全。

遭到大难后的灾区,一切陷入瘫痪状态,灾民的情绪很不稳定,灾区的治安形势也变得错综复杂,为了保障救灾工作的顺利开展,保证灾民的人身和财产安全,公安特警的工作中心也逐渐转向维护社会稳定之中。同志们承担起了维护金融、电信、看守所等重点部位安全的任务。

在此期间,队员们在灾区巡逻,维持救济物品发放点秩序,护送灾区1500名中小学生转移,以及到都江堰看守所协助看守关押对象,还先后三次圆满完成了党和国家领导人视察灾区的警卫任务。

2008年5月15日,奉贤特警队员奔赴抗震救灾前线

区领导会见赴川奉贤特警队员并合影留念

他们雷厉风行、踏踏实实的工作作风，得到灾区人民的高度赞扬。5 月 17 日中午，奉贤特警队员们受到在灾区指导抗震救灾的胡锦涛总书记的亲切慰问。

白衣战士的神圣使命

灾情发生后，奉贤区卫生系统快速反应，紧急动员，医务人员积极请缨，迅速组建医疗队、救护队、防疫队、卫生监督队、除害消毒队、精神卫生队，整装待发。在灾难面前，奉贤的白衣战士以无私奉献的大无畏精神，义无反顾地奔赴抗震救灾的第一线，不畏艰险、尽职尽责，以实际行动践行着救死扶伤的庄严誓言。

5 月 14 日凌晨，首批出征的区医疗救护站黄引昌、邵勇师徒俩在第一时间驾驶着救护车踏上了奔赴灾区的征程。2000 多公里的行程，33 个小时的连续行驶，5 月 15 日晚上 10 点半，黄师傅他们终于抵达四川广元市。两人在马路上搭个帐篷将就着入睡，天刚蒙蒙亮，便接到任务匆匆赶往重灾区青川。青川境内，山体滑坡公路损毁，临时抢修通的道路沿途尽是悬崖峭壁，泥石流一阵接一阵从车旁滚落，稍有不慎，就可能车毁人亡。11 个日日夜夜，险情、疲劳、艰苦他们丝毫不顾，心里只挂念着将更多困在青川的伤员尽早转运出去。

医疗队每天要走几十里山路，走村串乡巡回医疗，为群众送药

漩口镇集中村地处山区，最高海拔近2000米，离营地约5公里的路程。地震后，水源部分断流，群众生活及饮水受到污染，蚊蝇滋生，有暴发传染病和突发公共卫生事件的隐患，工作任务十分艰巨。为确保大灾之后无大疫，区疾病预防控制中心首批选派的吴武鑫和队友坚持每天背负30多公斤的消毒喷雾器，冒着酷热和山体滑坡的危险，艰难跋涉三个多小时的陡峭山路，到山上各个灾民安置点消毒。消毒液是稀释后的敌敌畏农药，因爬坡上坎不断颠簸，溢出的药水每天都将队员们的衣服湿透。但他们无暇顾及个人安危，马不停蹄奔走在每一个角落，挨家挨户开展防疫工作，全面实施水源消毒、灭鼠灭蚊和遇难者尸体的处理，绝不留下一个卫生死角。为纠正村民不良卫生习惯，他们不厌其烦地宣传，并把当地的娃娃作为工作的突破口，开展"小手牵大手"活动，让孩

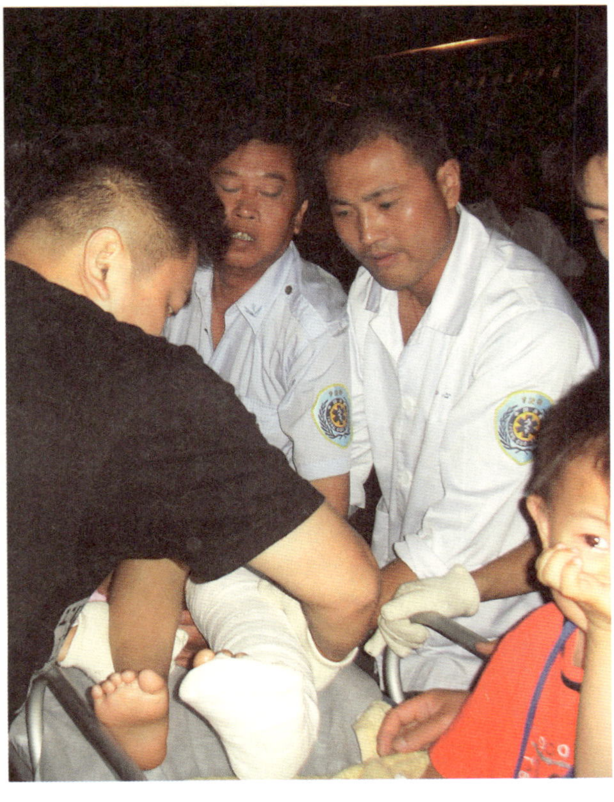

奉贤区医疗救护队队员在灾区搬运伤员

子去带动家里的人共同养成良好的卫生习惯。

遭受劫难的灾区特别紧缺专业护师，6 月 3 日，奉贤中心医院的重症监护主管护师蔡向红、血透主管护士蒋菊仙受命开拔赴川。在四川德阳市人民医院，15000 名病人大都是地震中受伤的骨伤、脑外伤、胸外伤等病人，蔡向红被任命为外科护理组组长，她带领全组人员，像亲人般护理着饱受创伤的病人。在血透室里，许多获救的伤员出现了急性肾功能衰竭，蒋菊仙以自己熟练的血液净化技术，夜以继日地守候在病人身旁。在一次次余震时，为了减缓病人恐惧心理，蔡向红不顾自己的安危，逐个病房巡视，仔细观察伤员的反应，与病人亲切交流。在蔡向红和蒋菊仙的心里，她们和伤病员之间，不再是简单的医患关系，而是地地道道的同胞情、骨肉心！

至 2008 年 6 月 30 日，奉贤区医疗卫生系统共出动医疗卫生人员 43 人次，急救药品、器械 20 余万元，救护、运输车辆 2 辆，投入抗震救灾一线。在这场历史上最大规模医疗救援行动中，奉贤区医护人员共救治伤员 2300 多名，开展手术 63 例，转运伤员 70 多人次，消杀面积 126 万平方米，处理垃圾 266 堆，开展卫生宣教 3. 6 万多人，培训当地防疫队伍 820 多人。他们用高超精湛的医术、舍生忘死的精神和无私奉献的爱心，诠释着“白衣天使”的神圣使命。

上水奉贤公司赴四川灾区抗震救灾供水检漏小分队成立仪式

为了让灾区群众喝上洁净的水

5月19日上午10时，上海市自来水奉贤有限公司赴四川抗震抢险供水检漏小分队正式成立。在完成队员报名与挑选的短短4小时内，公司各个岗位上的员工纷纷报名要求参加，更有南桥供水管理所等基层单位送上请战书，希望奔赴一线为灾区人民做点什么，哪怕是搬一块石头，送一瓶水。

5月20日下午2:50分，上海北郊火车站上，上海水务赴川抢修队68名队员整装待发，经过4天4夜的颠簸，5月24日凌晨4时，抵达四川德阳火车站。队员们在听取先遣队的评估报告后立即前往绵竹市广济镇和什邡市湔氐镇设立营地，帮助灾民建立临时供水点，尽快恢复当地的临时供水设施。

为赶时间，一进灾区，一部分抢修队员就直接赶赴广济镇被损毁的自来水厂展开抢修和引水工作，其他队员在引水点铺管道，架水箱、设龙头，进行水质处理和检验。由于没有起重设备，不锈钢水箱只能用人力升至2米多高的水箱架上。他们七八个人就用手抬、用肩扛、用绳拉，硬是把三四百斤重的不锈钢水箱稳稳地在架在水箱架上。5月25日中午12时46分，经过上海供水抢修队20多名队员十几个小时的努力，广济镇第一个临时供水点——广济镇镇区供水点的6组水龙头经严格化验消毒，洁净的自来水"哗哗哗"地往外涌出。震后断水13天的广济镇，终于正式通水了！

上水奉贤赴川供水检漏小分队凯旋

面对余震,抢修工作充满着艰辛。25日下午4点21分,陆锦明和邹晓、屠东平3人正集中精力开挖一条水泥路时,险情发生了。“快跑! 快跑!”突然,有人朝他们喊道,随着地面的颤动,人竟是摇摇晃晃地站不稳,6.4级余震发生了。而此时,离救援工作现场边1米处,就是一幢随时可能倒塌的4层楼高的危房,大块的窗户玻璃不时地在余震中掉下。余震过后,队员们却只是紧了紧安全帽,继续在危楼边施工。

在连续数日的施工过程中,像这样的余震几乎每天都会发生。蓥华镇山区的道路上,山坡石块不时滚落,就在这样的环境下,抢修队的队员们每天都要扛着发电机、抢修工具、配件等爬山施工,一天要上下好几回。常常是余震后泥石流刚刚滑过的地方,队员们就要爬下去接管线。竹溪村河上的桥早已被地震震断,队员们背着机器、拿着钢丝把管线从河的这边引到河的那边。从6月1日到3日,队员何斌在八角镇、蓥华镇,每天都要背着沉重的工具走20公里山路,把脚都磨破了,晚上简单消毒包扎后,第二天又继续投入工作……

“我们再难,也没有灾区群众难。我们再累,也要让灾区群众喝上洁净的水。”抱着这样的信念,经过队员们持续5天的艰苦努力,抢修队在蓥华镇铺设1000米管道,在震后的废墟和瓦砾间,铺出了一条向灾区群众输送洁净水源的通渠。

从5月25日广济镇第一个供水点通水,到6月5日全部完成集中生活供水设施的抢修任务启程返沪,上水奉贤抢修人员跟随上海水务抢修队转战受灾最严重的绵竹市、什邡市和罗江县的18个镇,建立集中生活供水点74个,铺设管道35公里,惠及人口14万人。

我还要再捐一些

汶川发生大灾,奉贤汇集大爱。双休日,人们毫无休闲的心情,人人盯着电视机,焦急地收看实况转播;不少网民日夜焦急地搜寻救灾最新消息。多少失去双亲的儿女,多少失去儿女的双亲,他们的困苦境遇,紧紧牵动着每一个奉贤人的心。捐款、捐款、再捐款,奉贤人民纷纷捐出个人的积蓄,捐出自己的工资。天气炎热,区委史志办原主任周正仁仍穿着厚厚的衣服赶来捐3500元,区劳动和社会保障局原调研员丁延林悄悄地捐1万元……尽管他们都已退休,尽管他们都不宽裕,但是,他们说,灾区人民比我更困难。美丽园饭庄的个体老板叶丽云带着员工的心意,捐赠价值500元的新被套和1000元现金。一对衣着朴素的安徽民工夫妇来到区民政局,掏出3000元放进捐款箱扭头就走,工作人员再三希望他们留下姓名,他俩却挥挥手只留下一句嘱托:“灾区人民太苦了,我们只有这点钱,拜托你们为灾区买点东西吧”。

区童心艺术团的老年人为表达对抗震救灾的关切,几十位老人你100元、我50元当场捐款3000余元。四川石油公司退休后来奉定居的张秀珍老妈妈,哽咽着说:“我是四川人,四川是我的娘家,奉贤是我的婆家。我的四川亲戚正在遭受地震灾害,上海人民真好,奉贤人民真善良,你们在关键的时候捐款帮助灾区人民,我代表四川的亲人谢谢你们”。

奉贤区社会各界踊跃捐款奉献爱心支援灾区

5 月 14 日下午，奉贤区红领巾理事会通过短信平台、网络公告向全区少先队组织发出为四川地震灾区捐款的倡议后，仅短短一天，全区近 4.5 万名少先队员和儿童团员踊跃捐款 624190.65 元。15 日，奉贤区团委开展以“青春之心守望相助，青春之力众志成城”为主题的大型救灾义演募捐活动，短短 3 小时，募集善款 371624.1 元。23 日，举行“爱在天地间”奉贤区宣传文化系统抗震救灾义演，共筹得爱心款 117 万余元……

一笔笔捐款，凝聚着奉贤人民对灾区群众的爱心。在 5 月 14 日至 5 月 21 日期间，区赈灾捐助接收站每天接收到的捐款都在 500 万元以上。来参与热心捐赠的群众络绎不绝，电话铃声此起彼伏。接收站人手不够，团员青年志愿者来帮忙；地方不够，就将其他办公室腾出来；时间不够，就夜里加班，取消双休日……就是这样一个个普普通通的人，用他们的爱心点亮了通往未来的希望之路。

大灾面前，党员是光辉的旗帜。没有太多的动员，也没有反复的号召，尽管许多党员都已经多次捐款，但当得知“特殊党费”的事情后还是毫不犹豫，纷纷解囊……他们之中有白发苍苍的农村退休党员，冒雨来到区委组织部专程送上 2008 元“特殊党费”；有双腿残疾的公安战线离休干部，从市区乘车几个小时来到奉贤公安分局缴纳“特殊党费”；有刚成为预备党员的年轻同志，积极响应组织号召缴纳“特殊党费”；有身患重病即将手术的党员，在住院前一天来到支部缴纳“特殊党费”……庄行镇庄北村退休农民党员王炎忠将自己2个月的退休金缴了“特殊党费”，还附上一封感人的信，信中说：“国家有难，匹夫有责，2个月的退休金虽然不多，请转交给灾区人民，也算一个老党员献一片爱心吧。”至6月16日，全区31640名党员缴纳了抗震救灾“特殊党费”724.18万元。

至7月2日，全区共收到抗震救灾社会捐款累计5638.01万元，其中区民政局3691.73元、区慈善分会1033.87万元、区红十字会912.41万元；各类救灾物资累计价值464.61万元。

企业的社会价值更重要

实现利润最大化，这是所有企业追求的最终的目标。可是，在灾难来临的那一刻，奉贤的民营企业却主动承载一份社会责任，他们很清楚自己的发展壮大，离不开祖国这片肥沃的土壤。他们懂得回报，把“回馈社会，追求企业社会价值最大化”作为发展的最终目标。

捐物、捐物、再捐物。上海水星家用纺织品有限公司在捐款50万元之后，又捐出御寒的被单、羊毛被、蚊帐等850件，价值44万余元。应四川民政厅的要求，又直接捐赠被子3000条。5月16日，上海雷允上药业公司的近200吨雷氏饮料和中药等救灾物品，也被送往灾区。5月17日，上海吉安达保健品有限公司将满满一车500条空调被送到了奉城镇抗震救灾捐赠点。上海锐孜动力机器有限公司捐赠20台小型汽油发电机组。同样，上海良慧饮用水有限公司1500箱饮用水，上海晨鑫服

上海三贡钢结构有限公司援建中的安置过渡房

饰有限公司的5040件女装……一批批救灾物资在最短的时间内被送往灾区,送到受灾群众的手中。上海斯尔丽服饰有限公司捐赠220万元,其中包括价值175万元的衣物;上海柘中集团捐款100万元;上海华昌集团公司捐款80万元……截至5月18日,全区广大企业以各种形式向灾区捐款捐物总价值达1516.15万余元。

5月23日下午5时,一架直升机,成功地降落在地震灾区甘肃文县李子坝村,这个因道路塌方、桥梁损毁,救援队伍一直无法进入而整整被困10天的寂静"孤岛",终于看到了生的希望。而这架直升机,正是来自注册奉贤金汇镇的正阳金汇通航有限公司。他们此举,也成了甘肃省外第一支到达文县的救援队伍,也是国内第一家参与执行救援飞行任务的民营通用航空企业。这次金汇通航派出的直升机价值2000多万元,平时商业飞行报价为每小时3万元,但是国难当头,为了救灾,他们已顾不得这些。此时,生命是最无价的。

地震发生后,灾区数十万人无家可归,灾后重建刻不容缓。全区有8家企业承担了援建生产任务。落户青村镇的上海三贡钢结构有限公司接到了4100套安置过渡房的生产安装任务。为了与时间赛跑,早一天把房子交给余震不断、雨水不断的灾民,企业上上下下加紧生产,把正在加工的生产线全部撤下,把所有设备、人员让位于救灾物资的生产。从5月28日接到任务,到第一批产品发货,仅用了三天时间。6月4日,公司第一批89名安装人员赴川争分夺秒加紧安装。三贡钢结构的神速,得到了灾区现场总指挥的称赞。6月11日,三贡钢结构公司在灾区现场临时接到新的任务,为绵阳一中和实验中学建造7月3日高考恢复所用教舍,共计321间、6420平方米。三贡公司立即着手,从图纸到产品制作、工艺研究,到正式投产,仅用短短一天,第一批货就整装待发。在援建点现场,工人们的工作条件非常艰苦和恶劣,雨天满身泥浆,晴时闷热难熬,晚上还要对付蚊叮虫咬,可工人们的话朴实而感人:"我们吃点苦,真得算不了什么。看见附近灾区的老百姓,挤在帐篷里,还有不少是在用彩条布搭起简易棚里,低矮不透风,只要不下雨,灾民们就待在外面透气,心里真的很难受,他们太苦了。我们要快点、再快点,把过渡房建起来,让他们早一天搬进通风透气又隔热的新房里"。

情系灾区，温暖在传递

——汶川特大地震崇明县救援实录

2008年5月12日，四川省阿坝藏族羌族自治州汶川县等地发生8.0级大地震，顷刻间，残垣断壁，生死离别，惨不忍睹。党中央号召全国人民万众一心，众志成城，抗震救灾。瀛洲古地，崇明儿女积极响应，抗震救灾行动在路上。

第一时间紧急部署

灾情就是命令，时间就是生命。

汶川地震发生后，崇明县委、县政府高度重视，迅速动员发动，各部门组织有力，社会各界广泛参与，以各种方式积极支援抗震救灾。5月14日，县委、县政府立即召开募捐工作会议，号召全县上下伸出援助之手，为灾区人民奉献爱心。全县各部门积极行动，有力有序有效地组织开展各项赈灾活动。

5月21日，县委、县政府召开了常委会和常务会议，专题听取抗震救灾工作情况汇报。“抓紧细化工作措施，大力弘扬一方有难、八方支援的精神”，县委书记彭沉雷要求抗争救灾工作全力以赴、全民参与。巴山蜀水的灾情撼动了整个崇明，风雨同舟，心系汶川，守望相助。

自中组部5月18日发出有关通知后，县委组织部根据有关要求，迅速传达文件精神，号召全县各级党组织及广大党员积极参与“特殊党费”交纳活动，以特殊形式表达对灾区人民的关切。县委宣传部及时召集有关单位，切实部署我县抗震救

崇明县民政局在街头设立的捐款流动接收点

灾宣传报道工作，全县新闻宣传战线全力以赴，传递灾情、凝聚人心、鼓舞士气。

人大、政协、统战部、卫生食药监系统、教育局、团县委、总工会等机关、团体第一时间行动起来，多方位、多渠道广泛动员，倡议呼吁，筹措救灾物资和援助资金。县教育根据市教委“关于认真做好来沪投亲靠友的地震灾区适龄儿童少年接受义务教育的紧急电话通知”精神，切实安排相关学生就近入学，插班就读。县总工会、县人口办发出通知，要求外地农民工相对集中的工业园区、长兴乡等单位对来自地震灾区的农民工情况进行调查，并切实做好安抚工作。

“紧急呼吁书、捐款热线电话、流动捐赠点、捐赠账号、捐赠数据统计……”从捐赠方案制定到便民捐赠点设立，从牵头保障到物资统筹，民政局和红十字会肩负重任，及时、高效、有序的部署推进捐款活动，营造了“涓涓细流汇聚江河、浓浓爱心共筑家园”的良好社会氛围。

跨越2200公里的温暖传递

“灾区需要什么，上海全力支援”，上海市长韩正同志对上海紧急支援四川抗震救灾进行全市动员和部署时强调。灾害面前，我们能做些什么？

这是一张来自宝岛崇明的“援助清单”，这是一次跨越2200公里的温暖传递，这是一场爱与生命的接力。

——灾后第一时间，县卫生系统派出一辆救护车，2名工作人员跟随上海市首支救援队，星夜兼程奔赴灾区一线开展救援，43个小时，2200公里的路途不再遥远。

——来自三星镇的3位三峡移民每人捐了1000元，他们说看家乡人民受苦，内心煎熬着，汶川加油、汶川挺住。

——5月16日，上海华润大东船务公司以单位名义捐款100万元，职工个人捐款567892.5元，仅仅数日，44个两新组织自发组织募捐，在崇企业捐款数额高达500多万元。

——短短一个星期，一次“特殊团费”交纳，团县委发动捐款累计193168.36元。一次崇明母亲为震区孤儿奉献爱心行动，全县各级妇女组织共募集资金30.5163万元。

——全县有33613名党员交纳了“特殊党费”，累计交纳“特殊党费”共计4459517.54元。

——“1元、2元……100元、200元……一共809.1元。”一位在崇明收废品的安徽籍人张振友，端着一箱子攒下来的硬币来到捐赠点，生活拮据的他只是想为灾区人民做点好事。

收垃圾的老奶奶、开着助推车的残障人士、生活拮据的低保户、离退休老干部、各界宗教人士、个体工商户等等不愿留下姓名的好心人纷纷慷慨解囊，捐赠数字不断上升，爱心永无止境。截至7月2日下午5时，据有关部门统计，崇明县已累计捐款44648371.51元，其中崇明县民政局累计接收捐款15776118.43元，上海市慈善基金会崇明分会累计接收捐款1132129.5元，崇明县红十字会累计接收捐款7053723.58元，崇明县总工会累计接收捐款525000元，其他社会各界直接捐到市里20161400元。

灾后的汶川，山体滑坡、房屋倒塌，交通阻塞、信息隔绝。巴蜀国殇，我们眼中噙满悲痛的泪水，但“一方有难、八方支援”的民族精神，拉近了东西两个地域的距离，慰藉了远去消逝的生命，唤醒了血浓于水的同胞情、骨肉情。

援助路上见证“大爱精神”

一场突如其来的灾害，把崇明人民的心和灾区人民的心紧紧地联系在了一起。崇明三岛，爱如潮涌；瀛洲儿女，真情四溢！

崇明县新河镇民政干部沈志浩，在为灾区捐款2000元后，第二天又赶到县血站为灾区人民捋袖义务献血，“我们都是一家人，在别人需要的时候，捐一点钱，献一点血又算什么。应该的！”

敬老院的老人们也行动起来了。5月20日上午，上海东平养老院的负责人到县民政局送来了2918元爱心捐款。他说，这是全院十多名老人和正在该院从事装修工作的十几名来沪民工的爱心汇聚。

在八一路、人民路捐赠接收点，一幕幕感人的画面让人无数次哽咽。一位头发花白的老太太，骑着收垃圾的三轮车过来，从口袋里掏出几个一元、五角的硬币，“我没钱，这是一份心意”。一位卖早饭的云南阿姨早上收完摊就赶来捐款，这些挤下来的钱用来维持生计、支付医药费用已经捉襟见肘了，她没有留下名字，却留下了一片爱心。

地震发生后，危难当头，困境绝地，首批7名崇明籍士兵奉命火速入川救灾。崇明县殡仪馆5名工作人员自愿加入志愿者队伍，随时准备赴灾区支援抗震救灾工作。县卫生局选派了6名公共卫生医务人员和10名爱卫工作人员随时准备赴灾区前线支援救灾工作。县公安局紧急调动20名特警，随时待命准备赶赴灾区。

在抢险救援的危急关头，在灾后援助的关键时刻，我们与灾区人民同呼吸、共命运、心连心。震后的灾区，依旧雨幕笼罩，满目疮痍，但灾后援助，崇明已出发，让我们在路上见证“大爱精神”。

震间 白衣翩跹

——崇明县抗震救灾医疗救助实录

大灾大难时方显真情真爱。灾情发生后，上海市委市政府紧急动员，迅速投入抢险救灾工作，13日便成立了救灾援助指挥部协调工作小组，崇明在接收到救灾命令后，紧急部署，先后派遣多支医疗队伍前往援助。

5月13日，县医疗急救中心吴平、陆游两位同志随上海市抗震救灾医疗救援队在第一时间连夜赶赴灾区青川县开展救援。5月24日，急救中心第二梯队救援人员黄轶、沈鑫两位同志飞往青川开展医疗救援工作。5月21日，县疾控中心派出姚健、詹隆文两位同志紧急赶赴汶川灾区参与防病救灾工作。2008年6月至2009年12月间，食品药品监督管理局崇明分局先后派出了四批共6名监督员徐成伟、李开良、黄京俊、施俊、朱红健、黄利荣等人赴都江堰市开展食品监管对口支援工作。

紧急集结

值此国殇，举国同悲。上海市委市政府紧急动员，迅速投入抢险救灾工作。5月14日凌晨3时15分，崇明县医疗急救中心接市紧急通知，迅速抽调1辆装备精良的救护车，同市急救中心20辆救护车组成紧急抗震救灾医疗队奔赴四川灾区。

按照市医疗急救中心的要求，抽调了一辆车况最好的救护车，同时兵分两路连夜配置车载设备和设施，紧急抽调了两名业务骨干车管科科长吴平和值班长陆游参加四川抗震救灾一线救援工作。接到通知时，吴平还在上海开会，与陆游取得联系后商定，由吴平负责就地采购救援灾区的物资，陆游负责收拾俩人行装。挂上电话，陆游赶紧前往吴平家中简单地收拾了行装随车一起坐头班船赶往市急救中心汇合。临行前，他们表示，不管有多艰辛、多危险，一定会出色完成任务。

5月14日下午13时，吴平、陆游随上海市抗震救灾医疗救援队连夜赶赴四川。33个小时，行程2200多公里，当车队终于抵达成都境内，满目疮痍，房子是歪的，原来的道路已被碎石掩埋，路面上的裂缝都能侧着塞进一个人，昔日的天府之国已成废墟。15日夜，车队终于赶到广元市抗震救灾指挥中心，吴平、陆游已经极其疲惫，但来不及半点休息，立即开始了救援行动。

生死一线间

5月16日中午，救援队伍抵达地震重灾区四川青川，按照前线抗震救灾指挥部的部署，三十辆救护车同时开赴青川县重灾区，青川县距离广元市约150公里，原本崎岖的山路遭遇地震后更是飞沙走石，路上时有塌方和山坡滚石，由于路面坍塌、路陡、弯急，随时有翻车危险，必须时刻保持警惕，精神高度集中。

下午13时刚到灾区，看到整个村庄形同一座死城，缺水，断电，没有食物，没有住处，厕所是人畜共用的，手机信号又不好，余震不断。接到指挥部命令后车不熄火人不息，吴平、陆游载着医疗队奔赴青川受灾严重的红光乡，下乡的路更难走。经过8个多小时的行驶，在距离红光乡约5公里处的山下停了下来，由于通往红光乡的道路在地震时被两座大山挤压，全部损坏，村庄和道路全被掩埋，红光乡指挥部让他们在山下执行任务。在山下他们给受伤的群众清创、包扎伤口、分发药品，一直忙到凌晨1时。

凌晨2时30分，他们接到指挥部紧急通知，由于信号极差，通知内容不清，必须随着绕城信号车经过时努力联系，直到早上5时才断断续续听清通知，由于水库大坝渗水、山体滑坡等原因，将要出现大面积洪水、泥石流，让他们紧急撤离……所有救援人员都感到极其失望和无奈，久久不愿离开。直至指挥部再次来电催促，两位同志为保证车上人员安全，决定立即撤退。

我们无法不动容

5月17日晨，吴平和陆游接到任务，消防队员在青川县政府发现两名群众被埋在废墟中，正在努

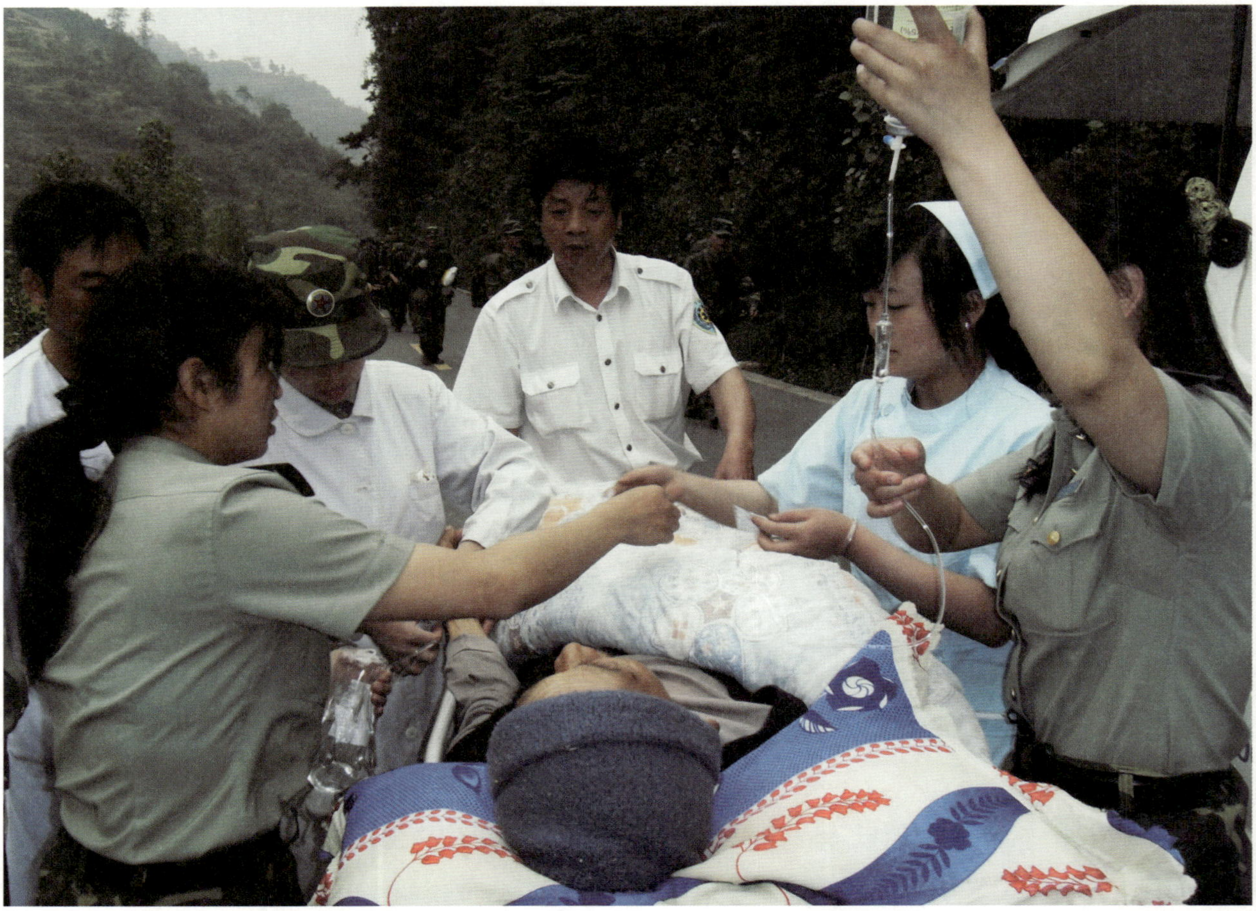

崇明救援队队员在安乐寺乡参与急救

力挖掘。于是，他们以最快速度赶到，作好了营救的充分准备，焦急地守侯在旁，默默地为他们加油，等待着灾区的亲人能有生命奇迹。然而经过了5个小时的挖掘搜救，从废墟中挖出的只是两具冰冷的尸体，他俩默默无语、眼里噙着泪，记不清也不知是多少次了，这守望奇迹的希望又破灭了，剩下的不光是失望，还有更多的是无奈……

5月18日，吴平和陆游接到紧急通知，安乐寺乡发现了3名受伤群众。陆游和吴平即刻前往，经过3个小时的急速行驶，到达现场。三名伤员已经被解放军官兵从废墟中救了出来。由于受困时间较长，其中一名大腿严重骨折变形、一名手腕骨折、另一名挤压伤。陆游赶忙用夹板为两名骨折伤员进行固定，吴平急忙给另一个伤员清创、止血、包扎，随车的医护人员马上给伤员进行输液。上车以后，陆游在后车厢里照顾伤员，并拿了一些自己车上备用的矿泉水和饼干分给伤员，让他们解解渴充充饥，但意外的是他们都坚决不要。那个受伤最严重的伤员用微弱的声音激动地哭着说："你们……冒着生命危险，这么远……从上海过来救我们，我们已经感动无比，应该好好招待你们，现在（物资）那么紧张，我们不能吃你们的东西，你们吃饱了，救更多的人……"顿时，陆游无法不动容，哽咽着对他们说："吃吧，没事，你们现在急需补充水分……"

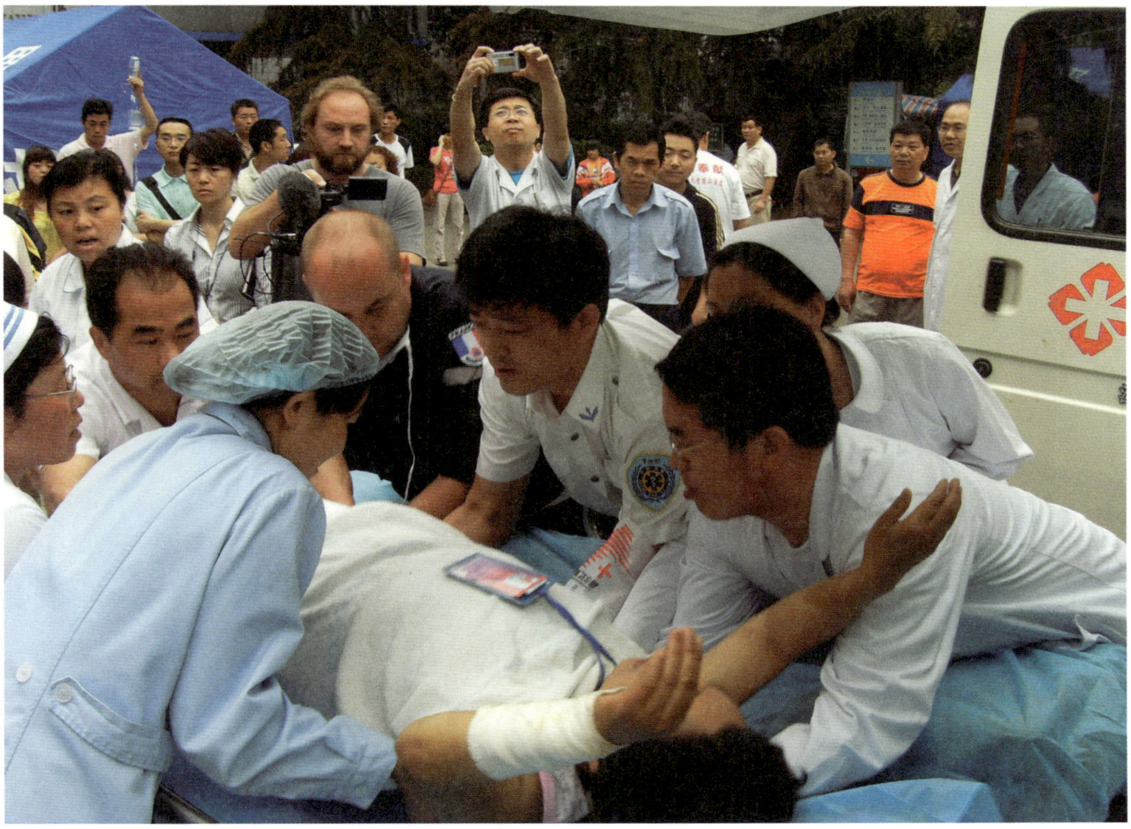

崇明救援队队员与法国医疗队一起搬运病人

未进党的门，先做党的人

在灾区的日子里，每天余震和山体滑坡不断，道路反复发生塌方，经常断电、断水，生活必需品供应很困难，在青川主要以方便面和干粮为“主食”，有时想吃一点米饭必须垒砖搭灶，拣些干柴生火自炊，但由于灾区很多时候都会刮风下雨根本无法生灶，吃顿米饭就成了一件奢侈的事情，短短几天，队员们都瘦了，有的“肉”都掉了5公斤，非常辛苦。但当大家围着沈鑫动手做的“野炊”捧着一碗米饭享受“一菜一汤”的时候，仍然感觉特别可口，非常开心！

黄轶和沈鑫在灾区住的是十几人在一起席地而睡的帐篷，那里早晚温差大，晚上尚可窝在睡袋中，白天根本无法忍耐帐篷内40度的高温和蚊虫叮咬。沈鑫是过敏性皮肤，家里带来的10多支药膏都用完了，气温高尤其是正中午汗流浃背、消耗量大，自己都觉得难闻、难受，在灾区由于供水紧张洗澡也成了一种奢侈，当时他们所在的青川灾区，只有一辆部队的军用淋浴车，都开出来了给灾民使用，那队伍排得乌黑一片，让女士优先，他们便躲去角落，两块残垣遮蔽，用点山涧水勉强擦擦。

灾区的生活艰苦并快乐着，当时还有不远万里来援助的法国志愿者，黄轶和沈鑫也被他们的精神感动，在相处的日子里，虽然语言不通，但一切为伤员着想的精神是相同的，法国医疗队竖起大拇指佩服中国共产党和政府，同时通过翻译问沈鑫是不是共产党员，沈鑫笑着认真回答他：“未进党组织门，先做党组织人”，法国友人连声说：OK，OK！

让旗帜高高飘扬

姚健、詹隆文是县医疗疾控中心第一批到达灾区汶川映秀的志愿者，也是崇明县派出的第二批医疗救助队伍。5月23日一大早，他们接到命令立刻赶往水磨镇，一路上依然是惨不忍睹的景象，大石横道，开裂的路面，前一天经过的道路，又增加了许多被毁的车辆，抢险人员不停地在打通道路，心中不免有些不安，但他们坚信再大的困难都能挺过去。

司机小心翼翼地驾驶着车辆，提醒他们不要往悬崖下看，时间就像停滞一样，每一秒都走得那么缓慢，经过数小时的艰辛终于到达了目的地。映入眼帘的依然是一间间危房、一片片废墟，没有水、没有电、没有一块宽敞的平地，村民排队在一个浅水潭中洗衣服，他们都受到了不小的震撼，同时也预感到了之后工作、生活条件的严苛。

当地政府想尽办法为他们找到一块刚收割过的油菜地兴建营地，大家顶着烈日，拔出菜根，稍作平整，在上面搭起了帐篷，还有12吨救灾物资需马上搬入帐篷，防止日晒雨淋而失效，汗水浸湿了队员们的衣衫，手套磨破了，双手出血了，就是没有一个人叫苦，没有一个人退缩。傍晚，上海防疫救援队的大旗终于飘扬在水磨镇的上空，在水磨镇的每一个角落，都将出现上海防疫救援队队员的身影。此时，分布在各个灾区的救援队伍依然还在不停忙碌，巴蜀大地上，旗帜飘扬。

当人民最需要的时候

——崇明公安民警抗震救灾纪实

举国之殇,全民同咽。汶川特大地震的消息传到上海,传到海岛,崇明县公安局近千名公安民警迅速以捐款、组织青年志愿队等方式,表达海岛卫士与灾区人民心连心、手牵手、众志成城、共同战胜地震灾害的决心与意志。

地震发生的当天下午,县局全体民警、文职人员都慷慨解囊捐款。县局团委捐献5000元团费、县局工会捐献5000元、党员纷纷上缴了特殊党费,在外培训同志打来电话给要求单位代为捐献。县局特警大队黄伟军大队长不仅作为上海特警第二梯队队员前往灾区参加抢险救援,而且带领全体队员踊跃捐款,一人单独捐献了5000元……第一阶段,全局累计捐款160000余元。

5月15日,市公安局发出了组建上海公安青年抗震救灾志愿者预备队的通知,要求组建20人的崇明公安青年抗震救灾志愿者预备队作为第一梯队前往抗震救灾第一线,崇明县公安局全体干警积极响应,青年民警踊跃报名。一天内就有123名青年民警要求参加志愿队。县局上下包括民警、文职、社保、职工,踊跃投入抗震救灾。他们中有的还未来得及与家人商量就积极报名;有的正在筹备婚事;有的孩子刚刚出生。而一些超龄的中年民警和女民警也都纷纷表示要参加第一批志愿者预备队。"让我去!""快给我报上名!""多一个人,就能多一份力量"……在祖国和人民最需要的时候,人民警察义无反顾,挺身而出。

特警大队的带头人,黄伟军一边电话里向妻子告别:"抗震救灾是大事,我和第一梯队的同志一起去,家里的事只有辛苦你了"。一边电话放下一刻不停地和副教导员鲍宏达挨家挨户地走访队员家庭。特警大队团支部书记施杰,虽然妻子生病但他心怀大爱,主动要求参加救援队,他说:"我是一名团支部书记,应该为全体团员做出榜样,应该到最危险、最需要的地方去,家中的困难,家里人能够克服"。本来准备结婚的警长姚恩说服未婚妻推迟婚期。老队员徐育在前不久的训练中不慎受伤,造成腰椎间盘突出,一直在医院治疗,但当他获悉大队正在组织赴川抗震救灾队伍时,毅然拔掉针头回队参加值班备勤,并要求参加抗震救灾志愿队。正在总队参加培训的新队员倪军军,第一时间向领导报名要求参战,后又多次在电话中表达主动请战的决心。

■民主党派篇

怀揣博爱之心　播撒博爱之光

——民革上海市委支援汶川灾后重建纪实

博爱，是人类升华了的情感，是对处于危难和困境中的同类的同情关怀，博爱精神不仅可以给社会带来物质成果，更有利于增进社会的凝聚力和价值认同。讲到博爱，人们首先想到的是孙中山先生，其毕生推崇“天下为公”，倡导“博爱”精神，而民革源流，恰恰与中山精神一脉相承。长久以来，上海民革会员秉承孙中山先生遗教，戴圆履方之间努力承担社会责任，博爱思想早已时时、处处，融入每个人的血脉之中。

第一时间向灾区伸出援手

2008 年 5 月 12 日，四川汶川发生 8.0 级特大地震，当喧嚣的城市、热闹的乡村一片寂静，当一座座房舍成为废墟，当死难者的数字节节攀升，博爱的热力开始从四面八方向灾区汇集。

灾难发生后，民革上海市委会在次日上午，就及时向民革四川省委会、民革重庆市委会发出慰问电和慰问信，送去了上海民革 4000 多名会员的诚挚慰问。当日下午，市委向上海民革各级组织和广大会员发出了迅速投入抗震救灾工作、积极捐款捐物的通知，要求各级组织积极部署相关工作，广大会员切实投入抗震救灾，戮力与灾区人民同呼吸、共命运。

5 月 19 日，民革上海市委又向会员发出了“我为灾区作什么”网上献一计的通知，并及时召集民革各方面专家研讨，充分发挥民革人才荟萃的智力优势，为抗震救灾、恢复生产、重建家园献计献策。上海民革各级组织和会员除了汇总到市委捐款，还分别通过市、区民政部门、红十字会、慈善基金会等多种渠道捐款捐物，更有同志响应组织安排或自发奔赴抗震抢险第一线。

据不完全统计，上海民革各级组织和党员通过各种渠道，共向社会捐款 305 万元。不少老会员尽管身患重病、自身经济困难，但得知灾情后依然从微薄的退休金或为数不多的积蓄中拿出钱款，没有一丝犹豫；民革的企业家们也不甘人后，纷纷以企业或个人名义进行捐赠；民革市委的两个“窗口”，逸仙敬老院和香山画院也都全面投入抗震救灾工作，逸仙敬老院上至工作人员、下至入院老人纷纷自发捐款，香山画院组织部分书画家作画义卖，并将所得悉数通过上海市红十字会捐给灾区。民革上海市委还通过电话、电子邮件等方式向四川籍民革党员、党员家属、境外朋友表示慰问，向身在海外的民革会员告知国内情况。

在上海民革会员心目中，抗震救灾不单是对灾区的单纯帮助，其实质也是一次爱国主义的集中教育活动，是博爱精神在灾难面前的集中体现，大家决心一定要尽力帮助灾区共渡难关、重建家园，让灾区群众感到全国的支持与温暖，重拾美好生活的信心。于是在整个抗震救灾过程中，民革各级组织和基层会员表现出了“反应迅速、行动积极、热情高涨、捐款踊跃、事迹动人、精神可嘉”的特点，2008年11月，民革交大支部、党员蔡黎和陈伟志被民革中央授予抗震救灾先进称号。

我们为灾区人民做什么

汶川地震以后，民革上海市委发挥联系广泛的优势，紧密围绕抗震救灾，积极建言献策。这些社情民意围绕伤员救治、灾区防疫、捐赠款物管理、灾后重建、公共安全问题应对、防灾应急机制完善等方面提出很好的意见和建议，得到了有关部门的好评。据统计，民革市委先后向中共市委报送有关赈灾重建的社情民意30份，被采用15份，民革中央采用2份，其中“关于汶川堰塞湖水力威胁的解决建议”得到了媒体的广泛关注。

闻悉汶川发生大地震，正在国外考察的民革市委主委高小玫就立即向民革市委电话部署支援灾区的有关工作。当她回到上海后，就及时汇总“我为灾区作什么”网上献一计的成果，于5月28日召集上海民革部分市委委员和专家，围绕“为灾区人民做什么”深入展开讨论。6月6日，民革市委经济咨询中心召开主任工作会议，成员们继续就“我为四川做什么”展开了热烈的讨论。

2008年5月28日，民革市委主委高小玫召集党员座谈研究灾后重建

大家认为，中国是一个人口集中、地形地貌复杂、自然灾害多发的国家，因此加强灾难和危机方面的预防和应对至关重要。众人的意见建议可归纳为五个方面：(1)建立健全长效机制，包括监督机制，要从救灾机制的专业性、救灾及重建的运行机制及内外监督方面予以关注、提出建议。(2)当前救助中的问题，涉及规划、心理干预、城市建设、捐款使用监督、行政支出是否有潜力可挖等。(3)政府、学校公共建设是否达标问题，校舍标准设定是否与其他建筑标准一样，还有专业救援队伍问题、非政府组织的发展壮大问题。(4)可资汲取的教训，对防范体系、民防体系等可作为一个专门课题加以推进。(5)对市委会的建议，如建议在广元设立教育基地、开展受灾青少年夏令营活动、帮助解决其心理问题、要发挥专委会等各方面作用。对于震后重建工作，大家商定的意见是：先定原则，仔细斟酌操作方案，聚焦一个点，把上海民革会员的力量集聚起来，在力所能及的范围内，与全国的民革会员形成合力，为灾区重建工作再添一把力。

作为民革会员，除了捐款捐物还能为灾区做些什么？当灾区孩子纯净的眼神在大家脑海中不断浮现，需要聚焦的这个点便渐渐地明晰起来，那就是主要把目光投注在灾区的孩子身上，帮助那里的孩子早日复学，安抚他们幼小的心灵。目标确定，于是有了市委与民革交通大学支部、交大昂立少儿教育中心、成都市教育局共同举办了“2008(上海—都江堰)手拉手夏令营”；有了市委妇委会与“卡内基”机构联手，组织民革会员子女和都江堰灾区孩子开展的“手拉手信连信”活动；有了民革会员程英帮助灾区孩子进行驾驶技能培训的义举；有了新纪元教育集团陈伟志临危受命的无私奉献。

呼吁设立国家哀悼日

民革会员、著名学者葛剑雄教授在汶川大地震发生不久，就上书全国人大建议设立全国哀悼日。建议书中建议以5月19日为全国哀悼日，以表达全国人民对汶川地震灾害中的罹难者、在救灾中的牺牲者的哀思，并向全世界昭示中国政府和中国人民对生命的关爱以及亿众一心救灾重建的决心。

汶川地震后呼吁设立哀悼日与降旗的声音此起彼伏，葛剑雄是较早在媒体撰文并上书全国人大建议设立国家哀悼日的知名学者。5月16日，葛剑雄在《南方都市报》发表建议设立“国家哀悼日”的文章，其内容包含大地震为死难者降半旗、鸣笛，全国停止一切娱乐活动等，并在文中请求国家有关机构发布公告予以宣布。

对于为何提出这个建议，葛教授表示，“我认为‘人同此心’，并不是我的建议，我只是把大家的想法说出来”。他表示，“我们的宪法和国旗法都有在特殊时候全国哀悼和降半旗的规定，这次的灾害初步估计造成五万人死亡，如此大的伤亡在近代史上也是少有的”。葛剑雄坦言，也许政府早就有这样的打算，如果自己不提，政府也会考虑作出相应的决定，因而“是谁提出没有多大意义，主要是政府已经做了这样一个正确决定”。而之所以在建议里把时间放在19日，葛剑雄的考量是：一方面是出于抢救遇险生命工作取得阶段性成果；另一方面中华民族各地都有“头七”的说法，“这也照顾了历史传统”。

葛剑雄还在报刊发表了题为《不要忘记历史》的文章，他在文中强调，中国是一个多地震灾害的国

2008 年 5 月 19 日下午“国家哀悼日”，民革市委领导率全体机关工作人员在民主党派大厦前默哀

家，如果多记住一些历史的教训，很多事情是可以避免的。他说：“我们要吸取历史的教训，包括这一次要尽可能保留一些相关的资料、有关信息，让我们子孙后代都警醒，避免一些自然灾害造成损失。”

重伤小男孩幸遇上海大专家

5 月 17 日下午，上海市儿童医学中心经过近 3 小时的抢救，成功救助了首个来自四川地震灾区的重伤孩子——绵竹县汉旺镇的 10 岁男孩许军涛。为许军涛主刀的是上海民革会员、著名儿童骨科专家陈博昌。

由于灾区伤员多、伤情重，最初许军涛只被进行了简单的肢体固定。心急如焚的父亲后来带着孩子乘飞机赶往上海，并选择了上海儿童医学中心接受进一步治疗。当得知他们来自四川灾区，医院立即开启了绿色通道，在一系列准备过后，19 时 30 分，陈博昌开始为小军涛进行手术。半个小时后，右腿股骨稳定手术开始，如同制作一件工艺品，要将完全断开的股骨接回原来的位置，需要可靠的技术和很好的耐心。三个小时后，陈博昌主任宣布手术成功，孩子的右腿粉碎性骨折，位置十分接近膝盖，并且在搬运中有过移动，当时已用石膏加以固定，在沪的手术进行得十分顺利，断开的股骨已经接回。

当时，上海儿童医学中心已经组织了一批预备队，只待命令随时奔向灾区，而陈博昌就在名单之中。陈博昌说，无论是坚守上海还是冲上前线，作为医护人员，我时刻准备着为灾区人民提供最好的医疗服务，使幸免于难的孩子能健康成长。而作为上海交大医学院支部的主委，陈博昌带领支部在地震发生后的第三天，就通过医院党委统战部向灾区同胞发出了真诚的问候并捐赠钱款，同时他号召党员在抗灾救险的关键时刻，要时刻做好准备，随时奔赴抗震救灾的第一线。

震不息的琅琅读书声

汶川地震之时，距离高考已经没有多少天了。虽然强震给学校的一些硬件设施造成了不可逆的破坏，使学校损失近百万元，但作为广元市少数几个因校舍质量较好而没有发生校舍倒塌和人员伤亡事件的学校，新纪元教育集团下属的广元外国语学校，还是主动请缨，承担了青川836名高三年级异地复课的这一艰巨而光荣的任务。

民革上海市委民办教育咨询中心副主任、新纪元教育集团董事长陈伟志当时说，“在这样关键的时刻，我们作为一个办教育的企业、作为中国社会的一分子，有责任、有义务对这些受困的莘莘学子伸出援助的手……”

学校的留校师生、教职工冒着随时可能发生的余震，不怕危险、昼夜奋战，短短几天就快速安装了84顶住宿帐篷、24间帐篷教室，准备了900套床上用品、840套课桌椅，铺设了200米专用水管，并安装了生活所需的水龙头、洗脸池等。尽管学校复课、校舍修缮的工作和持续管理的压力十分大，他们还是怀着不让任何一个青川中学高三学生掉队的朴素情感，尽职尽责地完成了工程量巨大的工作。

高考学生们焦躁的心情随着5月27日的重新复课，明显缓解了不少，他们的注意力开始从地震转移到高考冲刺中。直至6月高考，新纪元学校及时和温暖的服务工作赢得了青川中学836名学生和近百名教师的赞誉，他们认定如果没有新纪元学校的快速安置和细致关怀，自己又怎么可能在震后毫无后顾之忧地全力冲刺、积极备考？

除了主动承担青川学生的复课任务外，陈伟志还在地震后的第一时间带头捐款并迅速发动集团分布在各地的四所学校的师生员工踊跃为灾区捐款，共计110多万元，并向灾区儿童捐赠价值20万元的图书，集团还拿出近200万元为广元市20名地震孤儿提供十二年一贯制的免费学习食宿的无偿援助，直至他们高中毕业。

用真情呼唤真情，用爱心传递爱心，2008年8月，国家教育部授予新纪元集团“抗震救灾先进集体”称号。10月，陈伟志获得民革上海市委第一届“社会服务十佳明星”称号。11月，民革全国抗震救灾先进名单上，又赫然写着陈伟志的名字。

来到川蜀第一线

地震过后，都江堰市到处都能看到来自五湖四海的援建者，他们任劳任怨、亲切温暖，他们带来了健康和幸福，更送来了希望，其中，就有我们上海民革的会员、上海疾病预防控制中心寄生虫防治科主任蔡黎。在四川汶川发生大地震后，蔡黎主动报名，第一时间奔赴地震重灾区四川省水磨镇，用专业知识和技能服务于灾区群众。尽管条件异常艰苦，也时有余震发生，但蔡黎顾全大局、不畏艰险，和同事们克服了重重困难，住帐篷，睡地铺，每天行走在泥泞山路上的时间超过10个小时。为了探寻一个水源的受污染情况，面对墨汁般黑的河流，他也义无反顾卷起裤腿渡河。

蔡黎到达受灾地区的另一大任务就是杀灭蚊蝇。虽然身为卫生部的专家，但是蔡黎每天与其他同志一样背着10～15公斤的喷雾器上坡下坎、走街串户，钻厕所、访猪棚喷洒杀虫剂，冒着刺鼻的浓烟和恶臭及时焚烧垃圾，还手提沉重的宣传海报四处张贴。

为了联合多方的力量统一指挥，有效地开展医疗、防疫和监督工作，在蔡黎的倡议下，成立了水磨镇医疗防疫联络处，每天定时定点召开会议，及时全面了解和分析疫情，协调解决工作中的困难，并及时向镇政府提出防病工作建议，有效防止了环境的污染和爆炸事故的发生。

一年后的春天，跟随上海第四批疾病预防控制组，蔡黎又来到了都江堰，此时上海疾控组接到了一项都江堰市卫生局布置的新任务：制作一本符合当地实际情况的、实用的工地防病小册子。蔡黎作为领队立即召开紧急会议，分配任务。他根据简明扼要、通俗易懂的原则，建议小册子以问答形式出现，并连夜对初稿进行了审阅，还将小册子按内容繁简做成了三个版本，以适应不同的情况。当这份凝集着全队辛勤汗水的小册子，终于按时交到都江堰市卫生局领导手中时，得到了一致好评。

援建是辛苦的，也是令人欣慰的，那欣慰来自当地人民的感激，来自民革组织的认同，2008年11月，蔡黎被民革中央授予全国抗震救灾先进称号。

心相连，无难路

“我希望家乡不要再有地震，希望所有人都不会再为灾难而痛苦、伤心、流泪！”“我希望在美丽的校园里读书！”“我希望以后多来上海，长大后有机会到上海发展！”来自都江堰灾区的30名小学生争先恐后地在心愿墙上写下了心中话，小朋友们一个个眼睛清澈、兴奋难掩，道出了他们的祈盼。他们中最小的只有九岁，最大的也才十三岁，这些孩子都经历了震灾的不幸，有些孩子的父母还在地震中遇难。

这是民革市委主办，昂立少儿教育中心承办、都江堰市教育局协办的2008上海—都江堰“心相连，无难路”夏令营活动中感人的一幕。上海的40名营员也纷纷在墙上表达了他们由衷的祝福：“我希望你们能忘记痛苦，和我们一起快乐学习！”“我希望四川小朋友忘记地震灾痛，与我们共同迎接美好的未来！”。

从7月28日到8月3日，短短七天里，夏令营活动组集合社会各界爱心人士力量，邀请在赈灾中失去家园和校园的都江堰学生来沪，参加丰富多彩的文体活动，在上海度过一个快乐而有意义的暑假。活动组特意贴心地安排40名同龄的上海孩子入营，与都江堰学生一起学习，一起游戏，另有爱心志愿家庭参与其中，在生活上对孩子们进行悉心照顾。

在营地公寓里，孩子们首次跟着外教学习原汁原味的英语，大家也是第一次在游戏中边玩边学，都感到十分新鲜有趣，笑声一直回荡在教室里。之后，又接受了专业老师亲切耐心的心理重建辅导，希望他们能够以乐观饱满的精神状态迎接新学期和新生活的到来。在课余时间里，他们与40名上海孩子一起参观游玩了东方明珠、金茂大厦、磁悬浮、上海动物园等景点，孩子们第一次来到上海处处都觉得兴奋新奇，不停在东张西望，好不开心。一日三餐还有专门的营养食谱，防止孩子们水土不服，可谓照顾得无微不至。

离别的时刻总要到来，经过七天的相处，活动结束时，都江堰和上海两地的小学生都结成了很好的朋友，彼此留下了联系方式，依依不舍地告别了。

上海市政协副主席、民革市委主委高小玫在闭营仪式上，对孩子们深切表达了关爱之情和期许之意，她说，未来是属于孩子们的，希望灾区的小朋友能树立远大的理想、塑造坚强的意志，自尊、自信、自立、自强；努力学习，强壮体魄，将来为建设好自己的家园作出应有贡献！

心连心、信连信、共读一本书

汶川地震过去了三个月，但是大家对于地震灾区儿童付出的关怀却从未减少。7 月 20 日，民革市委妇委会与卡内基训练上海分公司联合举办“上海——都江堰青少年心连心、信连信、共读一本书”活动启动仪式。

卡内基资深讲师首先对参加活动的青少年作了集中培训，教授他们沟通交流的技巧和方法，他们都听得聚精会神，也想通过自己的力量给灾区学生带去正能量，帮助抚慰四川受灾地区青少年的心灵，让他们以积极快乐的心态和饱满的热情，投入到灾后的学习生活中去。

经过培训后的青少年在会上写出了第一封寄往都江堰的慰问信。虽然他们的笔迹还很稚嫩，但

2008 年 7 月 28 日—8 月 3 日，来沪参加“心相连，无难路”夏令营的都江堰的孩子们，脸上终于绽开了久违的笑容

是却十分真挚动人。在此次活动中,一共有29位党员子女给灾区学子们写了信。

两个月之后,为了将大家捐赠的物品和信件送到灾区孩子手中,送去民革上海市委会的问候,9月17至19日,民革上海市委妇委会代表与卡内基讲师一行4人飞赴都江堰光亚学校。

9月18日下午,光亚学校举行校庆典礼暨接受捐赠仪式。当民革上海市委妇委会主任杨逢珉、法国驻成都总领事杜满溪、北京法国国际学校校长杜波、民革成都市委副秘书长李凤云出现在孩子们面前时,孩子们抑制不住内心的激动,发出了阵阵欢呼。会上杨逢珉代表民革上海市委妇委会向师生们表达了深切的问候,她激励孩子们克服困难,努力学习,用实际行动告慰这次地震灾难中丧失生命的灾区同龄人,向孩子们送上了妇委会委员们捐助的书籍、书包、学习用品、乒乓球桌。应学校邀请,随行的卡内基训练机构的讲师为初中学生代表和高中全体同学分别作了两场主题为"情商为我加分"的演讲,小小的教室里挤满了学生。讲座旨在帮助学生们树立更完善的价值观和人生观,获得孩子们的热烈反响,他们都说这对今后的实际生活和工作有很大的指引和启发,个人的小世界从此打开了一扇新窗户,眼前呈现出一副全新的、更开阔的景象。

授之以鱼不如授之以渔

2008年7月21日,上海民革会员、上海申浦汽车服务公司总经理程英荣膺"中华慈善突出贡献人物"奖。程英从事慈善事业已有15载,汶川地震后,他主动为30位遭受地震灾害的四川都江堰青

2008年7月20日,"上海——都江堰青少年心连心、信连信、共读一本书"活动在民主党派大厦多功能厅启动

年提供了培训驾驶和汽车维修技能的全部资金。

次年的 7 月 16 日，民革上海市委和上海中医药大学联合举办了第 12 期台湾学生“中华文化寻根夏令营”，赴四川进行为期 5 天的考察参观。17 日，民革市委王卓贤副主委带着台湾学生一行赶赴都江堰市大观镇，代表程英向灾区捐赠人民币 10 万元，帮助遭受地震灾害影响的灾区困难家庭孩子进行驾驶技能培训。王卓贤说：“岷江黄浦江水水相连，上海都江堰心心相印，这次捐赠是上海民革企业家回报社会的善举，是民革员社会责任感、使命感的体现，也是民革组织开展政治交接教育活动的成果展示。”

在历经两天的参观考察后，台湾学生对四川灾后重建工作留下了深刻的印象，在程英“授之以鱼不如授之以渔”事迹的感召下，在参观都江堰中医医院途中听取院领导关于医院受损情况及灾后重建情况的介绍后，他们感动不已，自发向医院捐款共计 4000 元。

民革向来有天下为公、博爱的传统，中山先生的教诲始终鞭策着民革同志前行。抗震救灾使得上海民革广大党员一种前所未有的动力得以喷涌，激发出内心更崇高的责任感和使命感，大家在参与中收获感动，在奉献中得到升华。博爱，对民革会员来说，是一种精神传承，更是一份沉甸甸的责任，大家的这些努力，不仅帮助了汶川地震的受灾群众，同时也树立了上海民革良好的社会形象。

2009 年 7 月 17 日，民革市委王卓贤副主委代表程英向灾区捐赠人民币 10 万元，帮助遭受地震灾害影响的灾区困难家庭孩子进行驾驶技能培训

凝心聚力，再现蜀地好风光

——民盟上海市委汶川地震抗震救灾及灾后重建工作纪实

2008年5月12日，四川汶川特大地震，造成大量人员伤亡和财产损失。

面对这场突如其来的灾害，上海1.3万余名盟员，情系同胞，守望相助，积极投身于抗震救灾之中。

积极请战　参与救灾

地震后次日，民盟上海市委机关迅速反应，召开紧急动员会部署工作，并民盟四川省委和震区盟组织发去问候。

民盟上海市委号召广大盟员发扬民盟精神，立足本职，做好工作，以多种方式向灾区伸出援助之手，提供一切可能的支持。民盟上海市委全体机关干部积极捐献，奉献爱心，两次捐款2万多元。各基层组织广大盟员除参加本单位或社区捐助活动外，积极参与盟组织捐款。据不完全统计，盟员个人捐款400余万元，盟员发起所在企业捐款达2800万元。民盟上海市委还发起捐助“特殊盟费”支援灾区教育事业的倡议。不到一周，各区县和部分直属基层组织以特别盟费的方式再次捐款125万余元用于援建灾区教育事业。

上海民盟书画院联手侨界共同发起“抗震救灾重建家园———名家书画义拍”活动，25位书画名家慷慨捐赠书画，共募得善款143万余元，用于灾区重建校园。上海越剧界、评弹团、沪剧界盟员也纷纷参加义演活动，为灾区募集善款。

20多名医务界盟员主动请战，奔赴灾区一线投入救治和防疫工作。上海市第六人民医院神经外科医生、盟员王敢，作为赴地震灾区医疗救援队队员之一，灾后首批“空降”映秀，成为外省市援川医疗队中的先头部队。争分夺秒抢救病人，夜以继日的工作，他多次累倒虚脱仍不肯休息，继续请战要求留在一线，被埋124小时的蒋雨航和被埋150个小时的虞锦华都在他和队友的帮助下顺利生还。

同为上海赴川医疗队员的盟员朱开元医生，在接到赴川命令后迅速行动，开往德阳。在当地，他积极要求到最艰苦最危险的一线去抢救伤员。

华山医院盟员王思群副教授在中德红十字会野战医院的帐篷里以专业精神和精湛技术为群众诊疗。10岁小男孩潘成鑫在地震时背部刺入了异物，但由于当地的医疗条件有限一直都没有进行处理，情况日渐严重。王思群成功地为男孩切除了肿块。德国专家格德曼先生称赞：“上海医生的水平，是我所到过的地方中看到最好的。我们要做的只是提供一流的设备，他们就能提供一流的

2008 年 5 月 21 日，民盟市委主委郑惠强等领导前往上海第六人民医院看望慰问赴川抗震救灾的王敢医生家属

服务。”

民盟上海市委始终与这些盟员保持联系，传递关爱，随时提供帮助。民盟上海市委领导上门看望部分盟员家属，消除他们的后顾之忧。6 月 5 日民盟市委举行报告会，王敢、朱开元、同济大学建筑系主任常青教授 3 位从四川地震灾区抗震救灾一线归来的盟员分别做主题报告，讲述在四川参与救死扶伤以及建筑规划的亲身经历，激励更多盟员参与救灾。

发挥优势　智力支援

作为民主党派，民盟上海市委注重在参与抗震救灾工作中凝聚起广大盟员的智慧和力量，发挥智力优势和专业特长，提出更多有价值的意见建议。

——地震灾害发生后不久，民盟市委组织盟内专家研讨座谈“我为灾区再做什么”，为灾后重建出谋划策。会上，近 30 位盟员积极建言，提出对于重大灾害要有事前控制和事后评估；增加国家应急物资储备并加强民间的日常防灾演练；为灾区重建发行特别债券并尽快完善募捐方面的立法；加强对志愿者和战士们的心理干预；成立监督善款使用的民间组织；为未来几年与灾区的教育资源共享建立长效机制等意见建议。

2008 年 6 月 5 日，民盟市委在民主党派大厦六楼举行赴川抗震救灾盟员报告会

——民盟上海市委及时组建了城乡规划、心理干预、卫生防疫、生态重建、教育援助五个专家组，储备力量，随时请战，出谋划策，发挥作用。专家组组长皆为盟内著名专家学者，有的还由领导班子成员亲自领衔，37 位专家名单被列入本市对口支援都江堰指挥部的专家库。民盟市委多次召开专家组会议，研讨计划，安排重点，拟定专题，开展研究，争取早出成果，为灾区恢复重建提供智力援助。为更好地了解灾区需求，民盟上海市委领导带领专家组两次赴四川灾区，通过与成都、都江堰的相关部门座谈交流、实地考察等形式，有针对性的提供帮助，也初步商谈了今后长期援助方案。

——为更有效地支援灾区重建家园，民盟上海市委“灾后重建专家组”八人，赴对口支援城市四川都江堰进行了为期两天的考察调研。专家组和都江堰市重建指挥部领导见面交流，并与都江堰市对口部门联系，了解当地需求。复旦大学复旦学院院长熊思东，同济大学建筑专家顾祥林、沈清基、卢永毅，徐汇区精神卫生中心单怀海，东华大学环境科学与工程学院院长沈恒根，闸北区教育学院副院长王钢等分别从卫生防疫、城乡规划、心理干预、生态重建、教育援助等角度就灾区重建建言献策。

在调研、座谈、商讨的基础上，本着尽力而为、量力而行、智力为主的原则，民盟上海市委就都

2008 年 7 月 22 ~ 24 日，民盟市委灾后重建专家组赴四川都江堰考察调研，民盟市委专职副主委沈志刚带队，副主委熊思东等 8 位专家参加

江堰重建与当地达成意向，从项目对接、智力支持、人员培训和政策建议等四个方面开展工作，包括参与编制当地灾后恢复重建规划、房屋建设风貌控制规划、开展心理门诊和健康教育、对当地卫生医疗事业和教育事业提供物质援助和人员培训等。后一阶段，将着力于组织协调，确保在参与援助重建工作中更好体现党派特色、集中发挥民盟优势、完善健全援助机制。

民盟市委积极响应民盟中央号召，除参加民盟中央召开的抗震救灾工作会议应邀交流发言外，还把 100 余万元援建资金汇总到民盟中央，为灾区建设民盟烛光学校。之后，民盟市委将着重在师资培训、专业设置、课程建设等方面对灾区学校予以长期援助。

心手相连　守望相助

——上海民建各级组织和会员积极参加汶川抗震救灾实录

5月12日14时28分，一场8.0级的强烈地震突然袭击四川，刹那间山崩地裂，数万人殒命。顽强的中华民族面对灾难，万众一心，昂然奋起。民建上海市委各级组织和9500多名上海民建会员，同样向灾区伸出援助之手。

13日一早，地震发生不到24小时，正在广西参加会议全国政协常委、民建中央副主席、上海市政协副主席、民建上海市委主委周汉民打来电话，指示民建上海市委发动各级组织和广大会员积极参加抗震救灾工作，要求全市民建会员紧急行动起来，发扬民主党派与中国共产党风雨同舟、荣辱与共的优良传统，以各种方式向灾区人民献爱心、送温暖，为国出力。

上午，民建上海市委组织全体机关干部向灾区捐款，并第一时间将《关于积极参加抗震救灾工作的通知》下发到各级基层组织，号召全体上海民建会员紧急动员起来，以自己的实际行动投身于抗震救灾工作中。

同时，民建上海市委向民建四川省委发去慰问信说："让我们的问候和爱心跨过高山峻岭，传送给灾区人民"。

捐款捐物　爱心涌动

14日，民建上海市委网站在醒目位置开设滚动的"捐赠榜"，每日更新民建上海市委各级组织以及会员的捐款信息。

广大会员响应号召，积极行动，以各种形式支援灾区。上海宏安建设工程有限公司总经理侯义宏会员、东方财富信息股份有限公司董事长兼总经理率先来到市委机关，各向灾区捐款10万元。

上海西本钢铁贸易发展有限公司总经理虞钢会员捐款205万元；上海殷行建筑有限公司董事长徐国强会员捐款100万元；上海龙建实业发展总公司董事长管宝龙会员捐款231万元；华丽家族股份有限公司董事长王伟林会员捐款100万元；上海中通置业（集团）有限公司董事长孙贴成会员捐款60万元，新发展集团有限公司董事长丁福如会员捐款50万元，安信地板有限公司董事长卢伟光会员捐款50万元，上海月月潮工贸有限公司总经理殷建飞会员50万元，上海森银发展公司总经理林勇会员50万元，上海龙宇投资有限公司董事长刘振光会员捐款50万元……

众多会员捐款不止一次。周汉民先后捐款四次；有的会员捐出100条被子、300件厚衣服；有的尽管家庭条件困难，或身患疾病，也尽其所能奉献爱心；有的老会员，年事已高行动不便，却坚持要在家人的搀扶下来到民建组织捐款；有位九十多岁的老会员，拿到工资后马上也捐了出来；有的会员身在国外，特意打回电话要求捐款或火速回沪捐款……

民建奉贤区委副主委叶黎明，地震发生时正在日本考察。作为考察团团长的他第一时间号召大家捐款，并为四川地震遇难同胞默哀。在回上海的机场上，代表团为一位汶川籍的在日读研究生的女孩捐款，并安全地把她送至杭州同学家。

蒋文英老会员组织家人捐出了3件藏品进行赈灾义拍，其中包括在日本发行的“中国景德镇瓷品”邮折、中国工艺美术大师刘远长亲笔题词的“鸟巢誉满天下”磁盘以及陈荣明大师创作的瓷雕《鸟巢》。义拍所得都捐给了灾区。

顾宝兴会员将画作义卖所得32000元通过市慈善基金会全部捐往地震灾区。同时，他在网上进行个人专辑《顾宝兴画册》义买活动继续募集善款，所得善款全部用于资助四川茂县受灾学生。

周鸣秋会员捐款后又参加上海市慈善基金会名家字画赈灾义拍，所得款项全部用作赈灾。

上海千仞电脑有限公司董事长兼总经理周舒豪会员，在得知本公司职工亲属在地震中遇难时，立即给该职工补助4000元，安排他回家处理后事，并表示会尽最大努力帮助他渡过难关。民建大铭敬老院院长何晓俭明确表示可以增添收养灾区5位孤老并长期赡养，如果灾区需要再扩大收养人数。

上海博星法医物证司法鉴定所裘敏燕会员积极申请，希望能够赶赴灾区，提供遇难者身份识别技术，为抗震救灾出力。

地震发生后，各级组织积极发动会员，很多组织都在原定的活动过程中，增加了为灾区捐款的内容。

15日，民建青浦区委举办支援四川抗震救灾活动募捐活动。17日，民建长宁区委举行募捐活动，现场排起了长队；21日，民建静安区委将募集到的善款39.055万元，交予民建上海市委启动“灾区重建专项发展基金”；22日，民建松江区委举行“秉烛基金”暨抗震救灾募捐大会；30日，民建卢湾区委举办“握住你的手”——卢湾民建会员心系汶川灾区诗歌朗诵会；31日，民建徐汇区委直属总支部自发策划并开展了一场“赈灾区、献爱心”义捐义拍活动……

据不完全统计，民建市委直接收到捐款233.0445万元，转交上海市慈善基金会捐往灾区；上海民建各级组织、会员及会员企业累计通过有关部门向灾区捐款捐物，金额近4000万元。

奔赴灾区　投身救援

除了捐款捐物以外，一批优秀的上海民建会员义无反顾地投身到抗震救灾的最前线和灾后重建的最前沿，发挥专长，为灾区行医施救、搭棚建房、募款捐物、建言献策，体现出高度的社会责任感和高尚的爱国主义情怀。

全国政协委员、民建中央委员、民建上海市委社会服务委员会主任、上海湘江实业公司董事长马国湘第一时间以民建的名义向地震灾区捐赠十二车急需物资，送到遭受重灾的都江堰市都江堰管理局。他自己也即刻投入到了抗震救灾的行列，在工地上奋战了五天五夜，帮助帐篷学校盖住宿板房。

同时再资助7000多平方米活动板房，重建灾区安县四所学校。

瑞金医院检验科主任倪语星会员，不惜推掉出国访问的机会，主动请缨，奔赴前线。他耐心细致地挽救了不少漏诊、误诊病人，成功排除了2例气性坏疽的病例，使2个病人免遭截肢之痛。同时他还帮助当地医院制定急需的工作指南，并对当地医护人员进行了针对性的感染控制培训。

上海仁济医院神经外科医生张晓华，5月14日就作为仁济医院医疗队中唯一一名民主党派成员来到四川。他曾经试图空降茂县，挺进北川参与防疫，在成都遇到余震……用勇往直前、毫不畏惧的实际行动诠释了医务工作者的责任，谱写了一曲救死扶伤的生命赞歌。

华山医院脑外科医生孙安等其他民建医卫界会员也先后随医疗队入川，全身心地投入到救治伤员的工作中。

《劳动报》记者徐巍会员、《上海商报》记者周健会员前往多个受灾重镇，深入一线采访，让更多的人了解灾区情况。

上海心潮心理咨询中心主任顾刚会员，连日驻扎在重灾区九洲体育馆，与受灾群众谈心，倾听他们的想法，尽可能帮助他们抚平情绪，教他们如何正确释放情绪，鼓励他们重新寻找到生活的重心；上海市地震预测分析中心马钦忠研究员赴四川省地震局，参与四川汶川地震趋势会商分析预报工作；上海特种供水公司副总经理秦君堂会员参加上海市赴四川绵阳抢险大队，帮助灾区恢复供排水系统工程，为多观察工程系统的运转状况，还主动推迟了返沪时间。

7月底，民建中央表彰了全国698位民建全国抗震救灾优秀会员，上海39位民建会员荣获此项光荣称号。

上海民建39名会员荣获“民建全国抗震救灾优秀会员”称号

建言献策　感同身受

四川地震在经过抢救生命后，还有伤病人员救治、破碎家庭安置、重建家园和恢复生产等一系列工作要做。作为和党同心同德、荣辱与共的民主党派组织，民建上海市委发动广大会员，为灾区重建积极建言献策和社会服务工作，竭尽所能提供支持和帮助。

民建上海市委向广大会员征集灾区重建“金点子”，提出了灾区重建、发展经济和保障民生方面的意见建议。5月20日，民建上海市委发起“为灾后重建献计献策”活动后，地震发生后的一周之内，市委就收到了来自各个组织的会员来稿70余篇。其中，设立汶川地震救助专项基金、成立“汶川大地震抗震救灾”纪念馆等建议被民建中央采纳；加快移民、减免灾民被毁房屋的房贷和利息，强化政府部门在防灾减害中的责任，从汶川地震谈教师应急能力培训，下半旗－为汶川地震遇难者致哀，汶川救灾也应人性化等建议被市政协采纳。

之后，在中共上海市委统战部和市民政局的支持帮助下，民建上海市委实现“民建互帮基金”的规范化、程序化，下设“灾区重建专项发展基金”，重点用于帮助灾区发展企业、发展经济的项目。

“民建上海市委网站”也相继开出了《抗震救灾，众志成城》专栏，“爱心涌动、情系灾区”图片新闻栏目，“灾后重建建言献策”栏目，发挥联系经济界的自身优势，及时了解情况，反映社情民意，为灾区的重建工作积极出谋划策。

灾后慰问　温暖心灵

7月16日，时任上海世博局副局长周汉民利用赴川签署上海世博会《参展协议》之机，专程前往上海市对口援建的都江堰灾区，拜访都江堰市人民政府和走访民建都江堰支部，了解抗震救灾情况。

周汉民说，汶川大地震中所体现出的中华民族的伟大精神，可以作为特别的元素在上海世博会四川省展区乃至中国国家馆中进行展示。他还前往上海援建灾区指挥部慰问，与指挥

2008年7月16日，民建上海市委主委周汉民前往上海援建灾区指挥部慰问，与指挥部总指挥、上海市人民政府副秘书长沙海林同志亲切交谈

部总指挥、时任上海市人民政府副秘书长沙海林了解灾区援建工作的最新进展,以及指挥部人员的日常工作和生活情况。

11月12日至13日,民建上海市委副主委兼秘书长徐钧健,民建上海市委副主委、上海光明食品集团副总裁葛俊杰率领上海民建会员企业家十余人专程赴四川省都江堰市进行实地考察,就积极参与上海对口支援都江堰市的灾后恢复重建工作、促进两地交流和加强企业合作进行具体商讨。

越是危难时刻越显中华民族本色。灾难面前,全国人民守望相助,共同面对。民建会里涌动着浓浓的真情,民建会员在抗震救灾中临危不惧、无私奉献、团结互助、百折不挠,突显出他们高尚的职业道德和敬业精神,他们以实际行动表明了民建会员在危难时刻的坚定信念和顽强毅力。

2008年11月12日,民建成都市委向民建上海市委副主委徐钧健(左一)送上“兄弟心连心、患难显真情”的锦旗

2008年7月25日上午,民建上海市委举行上海民建会员抗震救灾事迹报告会,向抗震救灾、灾后重建过程中奔赴前线参与工作的7位代表献花

附录:

马国湘:永远放不下那一片土地

2008年,最震动国人心灵的莫过于四川汶川特大地震。而这突如其来的灾难,也紧紧牵动着政协委员的心。

这其中,有一位委员,曾先后七次亲赴灾区,并相继提交六份提案,为灾区的抗震救灾工作建言献策。他就是全国政协委员、民建中央委员、民建上海市委社会服务委员会主任马国湘。

"民建给您安个家"

"5·12"地震发生时,马国湘正在外地出差。"作为一个退伍军人,当听到党中央吹响向地震灾区进发的集结号,我虽然无法在第一时间赶赴地震灾区,但我的心已飞向那里。"

在了解到地震灾区的情况后,马国湘立即以民建中央的名义向地震灾区捐赠十二车急需物资。这批东西办妥后,马上被送到遭受重灾的都江堰市都江堰管理局。而马国湘自己也从此刻起投入到了抗震救灾的行列,履行一个"老兵"应尽的职责。

初到都江堰的情景,马国湘在"地震札记"中是这样描述的:"在这次抗震救灾中,有许多人虽然不是奋战在救灾第一线,但就是这些散布在社会各个层面的平凡的人们,在关键时刻站了出来,做他们应该做的事,做他们力所能及的事,默默地奉献着他们的爱心。地震发生后,在第一时间里,成都的许多出租车司机自发地赶到都江堰市抢运伤员,很多人开着私家车给灾区送去急需的物资并参与到救援行动中。每个人都在关注,每个人都在行动,全体国民只有一个心愿,就是把埋在废墟中受难的同胞救出来,只有一个信念就是我们能够战胜灾难。此时此刻,所有的人都心息相通,所有的人都血肉相连。从这些点点滴滴中,我们能够解读出中国人心灵中的深情,能够辨识出中国人精神上的勇毅。大爱无言,却弥漫天地之间"。

5月24日,马国湘从上海飞抵成都,同成都的朋友汇合后,就马上赶往绵阳,经过一番紧张的奔波,终于到达目的地——解放军总装备部绵阳基地八一帐篷小学的施工现场。这所学校是部队专为北川灾后余生的学生办的,能够容纳一千多名学生的帐篷已经搭建完毕。

根据以往经验,马国湘判断灾难刚刚发生时,帐篷可以为灾民遮风挡雨,但是,一旦气温迅速升高,普通帐篷内就会闷热难耐,孩子们极易发生中暑。因此,在抵达绵阳前,他就从江苏预定了5000平方米的彩钢板活动房,期待孩子们能够无忧无虑地住进冬暖夏凉的活动房。

不出所料,之后连续两天的高温,帐篷学校内有30多名学生出现中暑症状,愁煞了部队的官兵们。"为了孩子们,我们要尽快搭建起活动板房,尽早让孩子们搬出帐篷",马国湘一次次告诉自己。

绵阳八一帐篷学校是由总装备部首长亲笔题字开办的帐篷学校，不出十天就要拆掉全部帐篷，重建活动板房，能否成为现实？但令马国湘意想不到的是，总装备部首长居然下令及时拆掉所有帐篷。“一切为了孩子，正确，了不起！”马国湘竖起了大拇指。

5月27日，第一批活动板房途经种种艰辛，终于到达总装备部绵阳八一帐篷学校的施工现场。部队战友和工人辛勤努力，经过近三个小时的连夜奋战，五间板式房基本成形，速度之快，让人交口称赞。第二天，当一排崭新的写着“民建给您安个家”的板式房矗立在帐篷学校的校园内时，吸引了众多的目光。

在灾区建最好的学校

虽然活动板房造好了，但灾区孩子的心灵创伤还一时难以抚平。“我看到一个五年级的小女孩宁愿住在帐篷里，也不愿意再见到房子倒塌，被压在里面。我告诉她这些房子隔热保温、抗风抗震，住上二十年都没问题。可小姑娘还是摇摇头不肯相信我。这更加激励着我为灾区的孩子们付出更多，我一定要代表民建中央给灾区的孩子们安更多的家，建最好的学校。”

5月29日，天公不作美，下起了大雨，没法继续工作，马国湘祈祷着大雨能早日停下来，因为他要赶到灾区雨季来临之前，盖完帐篷学校所有的住宿板房，同时再资助7000多平方米活动板房，重建灾区安县四所学校。在之后的几天里，马国湘在工地上奋战了五天五夜，每天都是夜里12点以后才回到帐篷中。

绵阳的问题暂时解决了，可其他地区的受灾群众是否也都能尽快住进活动板房呢？深夜，部队的军营里静悄悄，帐篷内的马国湘却彻夜难眠，想到这个问题，他便连夜赶写了《在地震灾区急需多建彩钢板活动房的提案》，希望能呼吁更多援建单位为灾区群众提供舒适的生活环境。

5月26日，马国湘到达了都江堰市。在地震中最让人揪心的兴建小学的废墟上，祭奠亡灵的花圈和香烛的余烬仍在，人们都在为幼小稚弱生命的夭折惋惜。马国湘在兴建小学废墟现场重点察看了房屋毁损的具体情况，结果发现在房屋的建造中，无论是材料的使用，还是建筑物的结构上，均存在不少的问题。一些水泥梁里的钢筋竟然可以不连接，部分水泥梁甚至没有钢筋。建筑商为了减少水泥用量，将废木头浇在梁内……

看到这种情况，马国湘很是痛心，于是，他又抓紧时间写下了《关于开展学校建筑质量全面检查》和《关于制定实施突发情况下学校紧急疏散的预案》两个提案。

5月27日，马国湘在《关于“建议在全国开展学校建筑质量全面检查”的提案》提出如下建议：(1)在全国范围内开展学校建筑质量全面检查。(2)在检查过程中一旦发现危房，立即修复加固。没有条件修复加固的，推倒重建。(3)在地震多发地区的教学建筑，建议采用抗震性能更好的结构，以便有效地防御地震灾害。(4)学校建筑物的修建，应加强设计、施工、监理、验收等环节的管理。

在《关于“制定实施突发情况下学校紧急疏散预案”的提案》中，马国湘又写道：“四川的汶川、北川地区处于地震带，是地震的多发地区。近年来，这些地区常有轻微的地震出现。这两个地区学校的师生每次都有感应，但次数多了，就容易麻痹大意。汶川强烈地震发生时，正在上课的学生向老师反映地震来临，不少上课的老师以为又是一次无关紧要的轻微地震，不允许学生离开教室，结果造成相当一部分学生伤亡。在四川安县桑枣中学，由于重视突发情况来临时的紧急疏散，常抓不懈，坚持演习，从教师到学生都具备了丰富的疏散意识和经验。当汶川强烈地震来临时，该校2200多名学生、上百名老师按照早已熟悉的路线、方式和步骤，从不同的教学楼和不同的教室冲出，无一伤亡。桑枣中学的成功经验证明，在确保学校建筑质量的前提下，很有必要制订、实施突发情况下学校师生紧急疏散的预案。有些伤亡惨重的学校并非没有类似的预案，却往往流于形式，纸上谈兵。为此，我建议在全国范围内，要求所有学校和幼儿园制定实施突发情况下师生紧急疏散的预案。”

这两个提案完成后，马国湘立刻在第一时间将提案通过网站发给了全国政协提案委员会。

多次重返灾区

6月以后，马国湘放心不下四川的受灾群众，又多次重返灾区。在经过认真细致的走访后，他在四川绵阳又向全国政协提案委紧急递交了《关于“落实指导性文件，改善地震灾区环境卫生现状”的提案》《关于“全国范围内选拔、保障灾区支教教师”的提案》《关于“灾区过渡安置房的使用、选址急需长远规划”的提案》。

马国湘发现，在进行过渡安置房的规划选址时，灾区一些地方的决策者缺乏较长远的眼光，所选择的建造地有的占用了复耕在即的农田，有的占用了即将重建家园或已经开始重建住宅的地块，还有的选择在极易污染环境的地方。

按照住房和城乡建设部要求，一套25平方米、符合相关标准的活动板房，其生产、运输和安装的费用总计约需15000元。马国湘写道：“如果为了盲目赶进度而匆忙选址，草率安装，就是无谓地浪费人力、物力、财力，也是对捐赠方的不尊重。另一方面，拆下来的材料又将占用场地，污染环境。灾区活动板房每天的安装量还会有大幅度上升，如果活动板房的选址不够慎重，将会造成更多的损失。”

除此之外，马国湘还了解到，实际上，符合相关标准的活动板房不仅具备隔热、抗震、防火等优良性能，还适宜较长时间地居住和使用，有的甚至可以使用一二十年。所以，他认为不应该简单地把活动板房看作临时性的过渡性用房。活动板房的选址除了要符合安全、防火、防震、防雷击、防泥石流、防洪涝等验收标准，还应考虑让它得到较长时间的使用，以便最大限度地用好有限的人力、物力、财力，节省资源，减少污染。救灾款物的使用，仅仅做到不贪污、不挪用是不够的，还应该充分尊重捐赠人，珍惜来之不易的捐赠款物，真正做到善款善用。为此，他建议把活动板房作为正式的、较长时间的用房，应妥善地、谨慎地进行活动板房的选址。

马国湘在走访灾区时还发现，部分安置点规模庞大，人口密集，在环境卫生方面缺乏慎重的规划和有效的管理。部分安置点生活垃圾露天堆积，未能及时清运或处理；公共厕所十分简陋，污水横流，粪坑无任何遮盖，粪便和生活污水或露天暴晒，或直接排入河道，导致大量蚊蝇滋生。

“环境卫生是防疫的根本，只有抓住这个根本，灾后无大疫才有切实的保证。”马国湘为此建议尽快落实有关部门的相关指导性文件，改善地震灾区环境卫生现状，采取有效措施，做到安置点生活垃圾和生活污水的无害化处理。

永远放不下那一片土地

这几个提案提出后，都受到了有关部门的高度重视。四川省委、省政府经过努力，在8月中旬前让灾民都住进了过渡安置房。教育部、住房和城乡建设部6月9日下发通知，要求做好学校校舍抗震安全排查工作。住房和城乡建设部在答复马国湘的全国政协4699号提案时，对把活动板房作为正式用房认真作了汇报，马国湘比较满意。在其颁布的《地震灾区过渡安置房建设技术导则（试行）》中，明确要求过渡安置房建设应从实际情况出发，因地制宜，以安全为前提，尽量节约土地和资源，节省成本，除了符合相关安全要求，也必须坚持可持续发展的原则。

在2009年全国政协会上，马国湘关于地震灾区的这一系列提案得到媒体和舆论的高度评价，被认为是十一届政协开局之年的“亮点”之一。“这些问题发现和提出都比较早，对相关部门的决策起到了一定的作用，在灾后恢复重建工作中也发挥了作用”，马国湘说。但他认为自己做得还很不够，今后他还要密切关注灾区情况，发现问题后再及时提出提案。

马国湘的“地震札记”，写了快一年了。其中的一段话，道出了他的心声，的确，在继续帮助幸存者重建美好家园的事业中，不应该有旁观者——

“地震已过去十个月了，这是一段特殊的经历。三百个日日夜夜给我们提供了一个不断地看透自己、拷问自己灵魂的机会。我们重新审视生命，寻找并赋予其全新的意义。我相信在这次抗震救灾活动中，我们的所见、所闻、所思、所经历的一切，无论是那些惊天地泣鬼神的感人大事，还是点点滴滴平凡而真实的细微小事，都将珍藏在我们的记忆中。在今后的岁月中积淀，成为取之不竭用之不尽的财富，融入我们的生活中受用终身。这场灾难中断了我们的正常生活，以强力激活了生命的潜能。它把所有的人都推到前台，每个人都可以尽展所能倾情演出，既可以粉墨登场炫技显能，又可以原汁原味本色十足地演绎人性最本真的内涵和最基本层面。在这出旷古绝今的大戏里，每个有良知的中国人都自创自导自演好自己的角色，没有一个人是旁观者。”

凝聚爱心　共助汶川

——民进上海市委汶川特大地震灾后援建服务纪实

四川汶川地震发生后，上海民进各级组织组织、动员和鼓励上海民进各级组织和会员积极参与救援捐助活动；紧急启动了社情民意信息工作及时，积极为赈灾工作献计献策。

上海民进8000多位会员继承和发扬民进优良传统，通过各种方式和途径，戮力同心，慷慨解囊争相捐款，尽己所能奉献，全力支持灾区的救援和重建工作。截至2008年6月1日，民进上海市委向民进中央、市政协和市委统战部报送抗震救灾信息36条。上海民进会员向地震灾区捐款340万余元，上海民进企业家联谊会成员及其经营企业向地震灾区捐款635万元，捐物价值1000余万元；多名民进会员参加赴川医疗队，奋斗在救援的第一线；有部分组织和个人参与灾后重建和灾民接收安置工作。

上海民进各级组织和广大会员在抗震救灾中坚定信念，群策群力，为了一个共同的目标，做出大量卓有成效的工作。充分表现出立会为公、同舟共济、无私奉献的精神；充分显示出与灾区人民守望相助，共渡时艰，与祖国人民同命运的强烈责任感和使命感。

教育界会员用爱心点亮灾区孩子的笑容

在民进上海市委的号召下，工作在教育战线上的民进会员第一时间行动起来，发挥教育界别的优势，为灾区孩子的灾后就学问题排忧解难。

民进卢湾区委委员、卢湾区区第二中心小学校长陈瑾安排灾区学生到其领导的卢湾第二中心小学就学。她得知学校上届四川籍毕业生刘锡聪的老家家宅、校舍不同程度受损，当地学校停课，家中幼弟杨承运休学在家，打算来沪投亲的情况后，第一时间联系了小承运的家长，表示了接纳其至二中心小学免费就读的意向，征得同意后迅速为小承运安排了班级、复印了教材、准备了必需的学习用品，并于2008年5月20日为到校的小承运举行了一个简短而隆重的欢迎仪式。

仪式上，陈瑾校长亲自将小承运领进学校五(4)班教室介绍给同学们。灾后第八天，当小承运再次步入课堂，接过上海伙伴们热情相赠的礼物后，不由得热泪盈眶……此情此景，感染着在场的每一位师生，面对上海媒体的镜头，小承运向目前仍在四川家乡的亲人们表示："我在上海很好，请不要为我担心，你们多出一些力，希望大家都挺过去!"

陈瑾校长另于2008年6月15日组织学校举行了"爱心在传递"大型募捐仪式，全校师生以实际行动向受灾群众献上了自己的一份心意。

民进会员、上海博爱教育集团董事长徐莉芳安排灾区孩子在其领导的上海博爱满庭芳幼儿园入园学习。2008年5月21日上午，上海博爱满庭芳幼儿园内充满着爱意。在一个临时举办的入园仪式上，一位来自四川青川县的小朋友——何佳欣被正式接纳到该园小班学习。

2008年5月23日，民进会员陈瑾代表卢湾第二中心小学接纳灾区学童来沪就读

小佳欣当年四岁半，在四川发生的灾难中，其家中房屋损毁，爷爷奶奶重伤，小佳欣的头部也不幸被碎石砸到，至今仍缠着纱布。当时小佳欣的外婆下落不明，父亲正在当地参与紧张的救灾工作，无法照顾小佳欣。因此，佳欣在上海打工的母亲特意赶到成都，将女儿接到了上海。之后，佳欣妈妈找到了上海博爱满庭芳幼儿园，希望园里能接纳自己的女儿。

2008年5月21日民进会员徐莉芳所办的上海博爱满庭芳幼儿园接收了来自四川地震灾区的小朋友入园学习

徐莉芳得知后，立即亲自接待了佳欣母亲，同意接纳小佳欣入园，并表示小佳欣将与园里孩子一样，受到完全同等的教育，博爱会一直帮助她，直到她大班毕业。幼儿园还对小佳欣进行了一段时间的心理疏导，逐渐引领其融入正常的幼教课程中去。

文化界会员赈灾义卖

民进上海市委原副主委、上海市作家协会副主席赵丽宏在2008年5月12日地震发生后当日为抗震救灾作诗《我们血脉相连》，并在上海市社会各级赈灾文艺晚会上朗诵。由他主编的《我们血脉相连》抗震救灾诗选已经出版，表达了上海人民"天灾无情人有情"的信念，号召大家关注灾区并尽己所能向灾区人民伸出援助之手。

2008年6月，民进会员、上海轻音乐团一级演员孙青在地震发生后，冒着激烈的余震走进重灾区绵竹,向当地受灾群众捐赠物品并进行慰问。同时还随上海文艺界慰问团进行了3天的慰问演出。

民进会员、著名画家詹仁左与弟子于2008年5月19日在上海交通大学闵行校区达通画廊联袂举办主题为"爱满交大 情系汶川"的赈灾义卖展。本次义卖展共展出了詹仁左教授及其弟子的书画作品20余幅,现场爱心人士纷纷慷慨解囊,踊跃认购。义卖所得书画款及近15万元,全部由上海交大红十字会捐赠给四川汶川地震灾区。

民进会员龚继先等14位书画家分别举办或者参加书画作品义卖活动;民进会员吴兴强、汪家芳、陆权、李国安、周华金、王家骅等书画家无偿捐赠出书画作品6副,参与由民进中央组织的六一抗震救灾书画义卖会,义卖所得善款全部捐赠给四川汶川地震灾区。

医卫界会员发扬人道主义精神

汶川地震发生后,上海民进医卫界会员充分发挥自己职业和专业优势,纷纷为灾区赈灾工作分忧。民进会员、上海华山医院副院长汪志明、长宁区中心医院肾脏内科副主任医师陈惠萍、华山医院皮肤科副主任医师杜荣昌、普陀区中心医院主任医师丁浩、宝山区中心医院肾内科主治医师陆文、上海市第一人民医院宝山分院消化内科副主任医师张蓓琳、同济大学附属同济医院普外科主任医师涂之远、同济大学附属同济医院医师童天朗、华山医院泌尿外科副主任医师孙剑良等等多位医卫界会员踊跃参加抗震救灾医疗队,在汶川地震灾区第一线冒着生命危险,默默无闻、争分夺秒挽救生命,为灾民减轻病痛。

2008年5月14日,民进会员、上海华山医院副院长汪志明主动请缨报名参加中国红十字会华山医院紧急救援队,并作为领队带领华山医院神经外科、骨科、普外科、麻醉科、ICU、呼吸科、护理部等9个科室的31位医护人员,随队携带必备药品、急救物资以及一些生活必需品和防护品,火速奔赴救灾现场。当山体坍塌仍然阻断着开往北川和汶川的路,作为队长的汪志明果断作出前往安县重灾区的决定。一路上汽车加步行,在他的带领下,医疗队每人身背几十公斤的药物器械,沿着乱世丛生的损毁山路,徒步3公里,赶至重灾区茶坪境内。在灾区的25个日夜,汪志明与医疗队白衣战士分秒必争,与恐惧斗争、与死亡作战、与时间赛跑,救治伤病员万余人,用血汗、青春和生命在大地裂痕上写下动人篇章。

2008年5月17日,民进会员、长宁区中心医院肾脏内科副主任医师陈惠萍,作为肾脏疾病诊疗方面的专家被医院选拔为赴地震灾区医疗队队员,5月18日奔赴成都以北的德阳市一所临时医院。作为医生,陈惠萍不分科别和专业,承担了医生、护士甚至工人的工作。5月23日,陈惠萍与其他11名医护人员一同护送20名伤病患者到长沙治疗。期间多次余震发生,陈惠萍不顾个人安危,迅速转移伤病患者到安全地带。最后由于水土不服,陈惠萍还患上了严重皮炎,药物治疗均没有效果。尽管如此,她仍坚守岗位,还报名去受灾最严重的汶川,替换前期医疗队队员。

民进会员、华山医院皮肤科副主任医师杜荣昌于5月14日赴四川绵阳灾区,民进会员、上海市宝山区中心医院肾内科主治医师陆文于5月18日赴四川德阳灾区，民进会员、上海市第一人民医院宝山分院消化内科副主任医师张蓓琳于5月27日赴四川省汶川三江灾区，为灾区赈灾救助工作无私奉献。

企业界会员捐款捐物

上海民进企业家联谊会于震后第一时间响应民进市委号召，会内每位成员都发扬“一方有难，八方支援”的精神，积极捐款捐物，以实际行动支持灾区人民抗震救灾。

联谊会成员所办企业通过各种途径为救灾工作贡献力量。其中，联谊会原副会长虞锋任董事局联席主席的分众传媒（中国）控股有限公司，于2008年5月13日向中国红十字总会送去先期捐款100万元，并将紧急调用数以千万计的旗下媒体资源用于赈灾宣传，通过分众覆盖全国的媒体终端，向超过2亿的公众特别是都市中高消费群体发出呼吁，动员更多力量关注地震灾情，向灾民伸出援助之手。

2008年5月12日汶川地震发生后，民进会员、上海康耐实业发展有限公司董事长、沙驰服饰有限公司董事王康云向灾区捐赠价值1000万元衣物

联谊会副会长、上海康耐实业发展有限公司董事长、沙驰服饰有限公司董事王康云在汶川地震发生当天，就赶到民进上海市委，委托民进市委向灾区捐款 1 万元。后通过媒体报道，得知此次地震范围之广、受灾人数之众可能远超预期，百年罕见后，当即决定将其经营的沙驰服饰有限公司在全国百联集团上百家专柜一周内销售额的 2% 捐赠给灾区人民，并个人向市青联、红十字会、政协、工商联等多渠道捐款累计 15.7 万元。地震发生后整整 2 周内，走进沙驰服饰的车间，就能看到的员工们夜以继日、加班加点、齐心协力、挥汗如雨把衣服装箱的场景，一件件衣服通过员工们的双手被装进箱子，一滴滴汗珠诉说着大家对灾区人民的深情。2008 年 5 月 29 日，沙驰服饰有限公司正式与上海市普陀区红十字会签署捐赠协议，向灾区捐赠衣物价值 1000 万元。这满载沙驰服饰全体员工拳拳心意的箱箱衣物，当夜就被送上了开往四川的火车，不日分发到了都江堰教育系统。

2008 年 5 月 14 日，企业家会员俞立峰作为志愿者冒着生命危险到四川雅安地震灾区驾车运送 20 多位受伤群众和 30 多吨抗震救灾物资。

地震发生后，上海民进企业家联谊会原会长邓莹任副董事长兼副总裁的上海上信企业集团有限公司捐款 237 万元，其中含其个人捐款 1 万元，副会长丁建勇任董事长的上海东昌企业（集团）有限公司捐款 120 万元用于灾区救灾；副会长陈世春出资 100 万在灾区捐建希望小学；据不完全统计，上海民进企业家联谊会庄丽等 52 位会员带领其领导的企业或者个人已通过各种社会途径，向四川当地捐款达 635 万元。上海民进企业家联谊会部分成员还捐资近 20 万元，用于民进中央六一抗震救灾书画义卖会和“为了灾区的孩子们——捐款献爱心活动”。

在进行捐助的同时，上海民进企业家联谊会也在思考，如何为大家这一股股汇聚爱心的善款通过一个妥善的规划，长期、有效地运用到需要帮助的群体上去。2008 年 7 月 5 日，上海民进企业家联谊会连同上海市作家协会、上海民办中小学协会共同筹资 200 万元，联合成立了“人文关怀阳光基金”，隶属于上海市慈善基金会，作为教育扶贫、文化帮困的专项基金。基金协助相关部门“5 · 12”地震灾区的重建工作、灾后基础教育的恢复和发展工作，提高对贫困地区儿童的帮困与助学人文关怀扶助力度，进一步落实进城务工人员子女的教育权利，促进其在城市化进程中的文化适应和身心健康发展，发展上海慈善公益事业。

情系巴蜀灾区　勇担救灾重任

——农工党上海市委积极参与汶川地震抗震救灾及灾后重建工作

2008年5月12日，四川汶川发生里氏8.0级地震，造成了大量的人员伤亡和财产损失。地震发生后，本市全体农工党员团结一致，情系灾民；捐款捐物，奉献爱心；建言献策，抗震救灾。

农工党上海市委第一时间认真学习贯彻胡锦涛总书记重要讲话精神，把做好抗震救灾工作作为一项紧迫而重要任务，及时部署工作，召开相关会议，下发紧急通知，动员布置做好抗震救灾的有关工作，要求各级组织发挥自身优势，主动开展多种形式的抗震救灾、支援灾区的活动，以实际行动为受灾群众解困、为国家分忧。市委会第一时间向农工党四川省委发出慰问电，向奋战在抗震救灾第一线的我党党员致以崇高的敬意和亲切的慰问；市委会领导上门慰问赴灾区参加各级救灾医疗队的我党医学专家家属，关心他们的生活；组织我党多位专家学者就支援抗震救灾提出意见和建议。

2008年7月9日，农工党市委向红十字会捐画

500 套不锈钢餐具第一时间送广元

农工党上海市委及各级组织通过各种形式和渠道，表达了对灾区人民的慰问，为灾区捐款捐物。农工党上海市委机关干部于灾后第二天就在市委主委蔡威的带领下自发为四川汶川地震的灾民进行募捐，筹得捐款 1.11 万元整。我党各级组织和广大农工党员也纷纷捐款表达心意。据统计，农工党市委共收到各类捐款、特殊党费 74.5 万元；另据不完全统计，我党党员和各级组织通过各种渠道共缴纳“特殊党费”和捐款捐物达 650 万元，其中陈伟峰、常兆华、沃伟东等三位党员捐款捐物每人 100 万元以上，捐款万元以上的党员也有数十位；我党文艺界、书画界众多党员纷纷参加赈灾义演、义拍义卖活动；书画支部全体党员向上海市红十字会捐赠 50 幅字画作品，以支援四川地震灾区的恢复重建。

作为参政党，建言献策是党派成员的主要职责之一。汶川地震发生之后，我党党员纷纷建言献策，其中“不要向灾区赠送不易保存的食品”、“心理干预、地震带周边地区多学科专家评估”“相对集中建村等五点关于灾区重建的建议”“灾区公共卫生体系重建方面的建议”等建议被有关部门采纳。

地震发生后，市委会主动加强与农工党四川省委的联系，关注震区的日常生活秩序，当了解到广元市急需洁净的餐具后，即以最快的速度将易于清洗利于防疫的 500 套不锈钢餐具托运至广元市，为灾区群众的饮食卫生安全提供帮助。

灾后重建　援助标准化乡村卫生站

根据中共中央的决策部署，上海承担对口支援都江堰市的灾后恢复重建任务，农工党上海市委和上海人民一起，心系都江堰，聚焦都江堰，把都江堰的繁荣、昌盛、重建，作为全体农工党员义不容辞的责任，积极提供人力、物力、财力、智力等支持，为恢复重建提供强大的支撑力。农工党上海市委及时召开参与地震灾后重建工作会议，制定参与灾后重建工作实施办法，按照量力而行的原则，积极筹备援建标准化乡村卫生站（所）、抚慰和助养灾区孤儿、开展救治和康复工作，全力做好灾后恢复重建对口支援工作。蔡威主委在此期间带队赴都江堰考察慰问。市委会协助安排了部分都江堰医务人员来沪进修学习。

公共卫生专家灾区建言被采纳

在抗震救灾过程中，农工党市委进一步加强社会宣传，弘扬一方有难、八方支援的民族精神。发挥农工党市委网站、《农工沪讯》和《每日信息通报》等平台的宣传作用，及时快速的增设版面或内容，推出《农工沪讯》抗震救灾专报和专版，全力报道抗震救灾工作；各级组织通过编发抗震救灾信息、组织文艺演出、图片展示等活动，宣传报道我党的抗震救灾工作。

作为一个以医药卫生为主要界别的党派，众多医卫界农工党员在地震发生后积极报名参加各级救灾医疗队，几十名党员先后奔赴灾区现场开展救灾工作。这些战斗在抗震救灾第一线的农工党员，不畏艰险，日夜奋战，为取得抗震救灾的胜利作出了重大贡献，涌现出了许多可歌可泣的英雄事迹。

其中，市政协委员、农工党上海市卫生局委员会主委、上海市疾控中心病媒生物防治科主任冷培恩，作为本市第一批奔赴灾区的公共卫生专家，不仅认真负责地完成了灾区救援防疫任务，还以一个农工党员特有的政治责任感，为整个面上的抗震救灾建言献策。

冷培恩有着丰富的救灾防疫工作经验，当时45岁的年龄，在援川抗震救灾防疫队伍中已算"高龄"。在待命准备阶段，他既是预备队成员，也是主要的筹备负责人和培训专家。他根据亲身实践将重要的病媒生物传染病防治知识通过书面教材和课堂讲解等形式教授给队员们，还演示多种消杀灭药品配制和器械的使用方法，指导队员们正确规范操作。从5月21日到6月12日援川的23天里，冷培恩同志随身携带的计步器已记数27.2万步，而他走的路程还远远不止这些。他亲力亲为爬山涉水寻找蚊蝇孳生地并采取措施及时消除隐患；他往往能够在不起眼的角落最早发现隐匿的积水；一旦发现废弃的蓄水设施，他常常不顾危险、不假思索地一跃跳入，俯下身去勘查黑暗的池底是否仍有积水……其眼力之灵敏，身手之矫健，是长期职业习惯的养成、是勤奋实践的结果，常令与之一起

冷培恩（左）向上海市政府副秘书长沙海林（右）汇报工作

下乡巡山的年轻人自叹不如。

他与领队一起出谋划策，共同组织首日防疫工作的开展；当工作需要担任漩口防疫支队的代理领队时，他克服了生活工作条件差、尸体处理任务多、水源保障难度大、当地政府重视不够等重重困境，其他 2 位分队队长商讨对策，多方努力，创造性地制定实施了三队三组轮班制度，完成了这一特点时期的卫生防疫工作，完成了确保当地大灾之后防大疫的光荣使命。

领队工作千头万绪，在漩口工作期间，冷培恩同志除了要负责全队的组织领导和对外联系工作，还要时时关注后勤保障和队员们的思想动态，他还像普通队员一样承担起对口瓦窑岗村的现场勘查治理、防疫工作包村到户、落实到组的指导工作。除了解决工作中的实际问题，冷培恩同志还注重理论上的归纳与总结。由他组织、王文静博士执笔的《汶川县漩口镇防疫工作方案》得以顺利开展实施，“不要向灾区赠送不易保存的食品”的信息得到重视和采纳，这些都是他完成本职工作之外的文字积累。

端午节前一天，汶川县漩口镇向灾民发放需零下 18℃保存的冷冻速食食品脆皮肉肠；灾区尚未恢复供电，灾民没有储存这些食品的条件；白天灾区的气温较高，帐篷内可超过 40℃；冷冻食品在常温下极易腐败变质，灾民食用后极易造成集体性食物中毒。看到这一情况，冷培恩立即向漩口镇政府发出食品卫生安全警示，漩口镇政府紧急公告，要求村民不再食用这些食品，并予以收集和销毁。但是，富有责任感的冷培恩同志从一个漩口镇想到了更广大的灾区。为了避免类似事件的再次发生，冷培恩立即打电话向农工党上海市委请示，类似的情况是不是该编发一个社情民意信息向党中央国务院传递？农工党上海市委立即将该情况反映给农工党中央后并及时得到认可。冷培恩同志在灾区一线连夜赶写的建言——“不要向灾区赠送不易保存的食品”，通过农工党中央和全国政协及时传递到了国务院，并且立即得到了国家抗震救灾指挥部的重视和采纳。全国范围内立即下令停止向灾区运送火腿肠之类不易保存或容易变质的食品。这一信息的有效传递避免了灾后大范围的食物中毒事件发生。事后，全国政协信息局对该信息给予了充分肯定，作为典型案例印发，并多次在全国信息工作会议上举例说明。

农工党专家加盟卫生部救灾三人组

侨界知名学者、中国农工民主党党员、中国工程院院士、上海交通大学医学院附属第九人民医院、著名骨科专家戴尅戎教授作为卫生部抗震救灾三人专家组成员（另两人为北京肾内科专家王海燕教授和协和医院重症医学专家刘大为教授）自 5 月 26 日起赴四川灾区，9 天来冒着余震不断的危险，辗转成都、绵竹、广元等 6 个地区 16 家医院，逐个看望、检查危重病人，对灾区重症病员的医疗救治情况进行了评估，提出了重症伤员的救治和转送意见，基本实现了卫生部陈竺部长提出的“集中病人、集中救治、集中专家、集中支撑条件”的要求，在成都建立了两个危重伤员救治中心和一个后备中心，完成了危重病人的集中与救治组织工作。戴尅戎教授还直接参加了重危病人的抢救，为一名四肢严重加压致使肌肉广泛坏死，并发呼吸与肾衰竭、严重休克濒临死亡的中学生，通宵手术6个小时，保全了原本需截肢的四个肢体，目前该病人全身情况渐趋稳定。

蔡威、姚俭建迎接戴尅戎院士

戴尅戎教授所在的专家组就下一步危重病人的救治提出了6点建议：1、提高危重病人的抢救成功率重点要做好多器官衰竭和感染的控制。2、主要抢救医疗单位中均应建立感染防治专家组。3、按需要不断调整各地赴川的医疗队员组成，如当前除需要重症监护医师外，急需有专长的透析治疗护士4、按一定标准向各地转送伤员，使四川主要是成都的医疗力量能致力于伤员生命抢救和兼顾非灾民的医疗工作。5、要关心第一线医院的经费和后勤支持。6、从中、长期医疗人物看，除继续做好防疫工作外，应尽快建立康复中心，包括心理康复。

74岁高龄的戴尅戎院士9天来奋战在救灾前线，亲眼目睹了灾区一次次高效率、有效果的医疗救治行动，专家们的意见引导着整个救治方向，而年轻的医护人员也非常尽职，这充分证明中国医护人员是一支特别能战斗的队伍。

2008年7月1日，戴尅戎登上东方讲坛，以《众志成城，守望相助》为题，将他在灾区的所见所感呈现给更多的人。戴尅戎院士认为，发展我国"灾害医学"已迫在眉睫，灾害医学作为一门研究灾害对人类生存影响及灾后医疗救护的新兴学科，包括应急医学救援的组织协调，防、诊、早期抢救治疗措施以及分类后送的程序，物资药品供应准备等等，应将灾害医学作为医学院的一门重要课程，纳入全科医学教育体系，而对医护人员的灾害医学教育也成为一件不可忽视的事情。

专家组的各项工作分别向卫生部陈竺部长、四川省卫生厅厅长及中国工程院刘德培副院长汇报并得到认可，迅速得到了实施。

抗震救灾上海农工党员群英谱

类似于冷培恩这样奋战在抗震救灾第一线的农工党员还有很多，为灾后救援作出了巨大的贡献。首先驰援灾区的吴敏、张必椴、丁诚、陈弘（女）、冷培恩、李臻（女）、周峰、许东、杨文林、奉典旭、仇伟、戴尅戎等13位党员获得农工党中央第一批抗震救灾优秀党员荣誉称号。全国人大常委会副委员长、农工党中央主席桑国卫专程到农工党上海市委，亲切慰问了第一批抗震救灾优秀党员。

晏波、刘宗军、夏斯伟、章学林、巢贤俊、杨敏、程佳、吴健、江宁东、陈晓勤（女）、寿子琪、许慧慧、徐伟人、张喆人、田永波、耿文秀（女）、李国瑞、徐光兴、高鸿云（女）、罗文杰、高伟、朱建民、陈伟峰、常兆华、沃伟东、张小巧（女）、杨祉雷、陆豪、颜德馨、叶惠贤、白渠、季萍萍（女）、李九松、施有毅、潘跃进、倪建春、黄曦、彭天明、梁东、胡畏生、吴乾龙、严建华、黄郑明、陶世圣、胡伟康、吴桂明、贺金明、胡平、张仲超、郁建强、杨金龙、韩敏、蔡根妹（女）、王维玲（女）、盛向红（女）、邵霞（女）、崔秋屏（女）、顾国柱、徐黎黎（女）、陈明（女）、庄祥弟、杨清汉等62人获农工党中央第二批抗震救灾优秀党员荣誉称号。

农工党上海市委还有农工党上海市普陀区委员会、农工党上海市徐汇区委员会、农工党上海市长宁区委员会、农工党上海市卫生局委员会、农工党上海市书画支部委员会、农工党上海市科技支部委员会、农工党上海市第一人民医院宝山分院支部委员会、农工党上海市第一人民医院支部委员会、农工党上海市胸科医院支部委员会、农工党上海市卢湾区综合支部委员会、农工党上海市嘉定区总支部委员会、农工党上海市委会机关第一支部委员会等12个组织获得了农工党中央颁发的抗震救灾工作先进集体荣誉称号。

在灾难面前，我党各级组织和全体党员本着一方有难、八方支援，团结友爱、互助奉献，以社会责任为己任的精神，充分发挥参政党的职能，为夺取抗震救灾胜利献出了自己的一份力量。

伸出双手　筑起温暖的天与地

——致公党上海市委员会汶川地震抗震救灾纪实

过了这一刻，

孩子不要哭，我们都是你的亲人

妈妈不要哭，我们就是您的孩子

中国不哭，我们都是一家人

……

2008 年 5 月 12 日，一场突袭巴蜀的 8 级大地震，撼动了大半个中国，牵动了整个神州。那些天，致公党上海市委的全体党员每时每刻都在关注地震灾区的灾情，心痛欲裂，泪水满眶。

然而，灾难和悲痛无法打倒英雄的中华儿女。抗震救灾、重建家园，是每一个中国人自觉挑起的重担。致公党上海市委紧急行动起来，向灾区人民伸出自己的双手，献出最大的力量。

致公党闸北区委向区红十字会捐赠党员救灾款

饱含深情厚谊的 262 万元捐款

5 月 13 日，市委向致公党四川省委发出慰问信，并号召全市各级组织和党员立即行动起来，捐款捐物，支援灾区抗震救灾工作，帮助灾区人民重建家园。当日，市委机关同志捐款 2750 元支援灾区。

“灾害无情人有情，一方有难八方支援”，致公党杨浦区委在灾难发生后的第一时间，发起了“伸出援手、奉献爱心，向灾区人民捐助”活动。活动一经提出，就马上得到了全体党员的积极响应，两天内，69 名党员向杨浦区委捐款 12500 元。大部分的党员同志都通过单位、街道或直接向红十字会汇款等多种方式开展捐助。据不完全统计，有限的几天里，杨浦区党员通过各种渠道累计捐款已达 35 万余元。

汶川地震发生以后，灾区令人揪心的场面时刻牵动着闸北区致公党员的心。14 日晚上，致公党闸北区委四个支部的主委用电话、短信等各种方式联络上了所有能够联系上的党员，党员们约定，在 15 日下班后，到民主党派机关送上作为致公党员的一份捐款。短短 24 小时，12260 元救灾捐款放在了致公党闸北区委的办公室里。5 月 16 日一早，时任副主委顾宏伟带着闸北区致公党员的这 12260 元捐款来到区红十字会，这笔捐款是闸北区民主党派区委送来的第一笔捐款。

天人同悲！18 日的上海大雨滂沱，这天正是复旦大学委员会抗震救灾捐款的日子。下午，党员们冒着大雨来到校民主党派办公室，时任主委龚新高被震撼了，复旦大学几乎所有的党员都赶来了！

致公党徐汇区委党员向灾区人民捐款

这其中，史美芬、章开和两位老教师由于种种原因长期不参加组织生活，而那天，他们来了；身患肺癌的毛雪英教授强忍病痛，她来了；杨木全教授，爱人身患老年痴呆症，时刻需要他的照顾，他找人陪伴爱人，捧着1000元来了；因消化道大出血住院的许胜文教授，在病床上一边输血，还一边牵挂灾情，在电话里嘱咐华山医院的张继明教授代他捐款，他的心来了；黎勉勤教授已85岁，李子华教授也年逾80，他们也来了……许多退休教师收入并不高，但他们毫不犹豫地一次就拿出上千元捐献灾区，电子工程系的高工陈训亮就是这样的一位，他在活动中捐款3000元……

最令我们感动的，是许多白发苍苍的老党员。获悉地震发生后，党员陆续赶到各区委捐款，时年81岁高龄的刘新垣院士在通过研究所捐款1万元、通过红十字会捐款2万元后，再次通过市委捐款1万元。我国著名微生物专家90高龄的焦瑞身先生打电话给市委有关同志，为灾区捐献2000元。许多老党员不顾年迈，亲自到捐款点献上自己的退休金，90多岁的党员费鹤年亲自将捐款送到长宁区委办公室；89岁高龄的党员刘文璧19日一早就赶到静安区委献上一份爱心。在黄浦区委，第一个致电要求捐款的是83岁的日本归侨杨鹏年老先生；85岁的马来西亚归侨王宝禾让照顾她的阿姨专程送来了200元捐款；85岁的俄罗斯归侨孙亚珍在接到市委的倡议书后，从浦东乘着出租车来到区委办公室，捐款200元。许多老党员身体状况和经济条件并不很好，但他们在灾难面前首先想到的是灾区群众，徐汇区退休教师刘瑜珊身患癌症，身体虚弱，急需营养，但她向居委、红十字会、基督教爱国会等三处累计捐款2000元；退休教师黄玉明送来了闸北区委的第一笔捐款，这已是震后黄老师的第三次捐款了，这位胸部动了大手术的老党员说，他要尽一份致公党员的责任，为减轻灾区同胞的痛苦贡献自己的力量。

致公党的青年党员在行动！人在外地的致公党市委常委段祺华通过秘书向市委捐出赈灾款1万元。市委委员陈有良向红十字会捐款15万元，经济委员会副主任耿健捐款2万美元和5万元人民币，查尔斯集团杨晨捐款10万元。郑英姿在自己主持和负责的公司组织职工捐款5万元。社科院的夏金华去红十字会捐款之后，意犹未尽再次赶到市委向灾区捐出第二笔款……党员罗希贤在市侨联拍卖了自己创作的一幅画作，拍得的币20000元，全部通过市侨联华侨事业基金会捐赠给了四川灾区。同济大学仇雁翎教授在海外进行学术交流期间，特地打来电话要求为灾区捐款……黄浦区第一个发来捐款短信的是青年党员张巍，她在短信中写道："区委捐款的话，记得通知我，虽然单位会捐，但组织捐款我也要表表心意"，15日上午，她在单位捐款2200元后，又给区委送来500元……

据不完全统计，截至5月23日14时，致公党上海市委党员共向各类慈善机构捐款、捐物已累计超过262万元，其中市委收到捐款323465元。

英勇奋战在抗震救灾前线

灾情就是命令！灾害发生后，致公党市委有近十名党员亲赴灾区英勇救助受灾群众。

华东医院于志臻医生跟随由十名从事医院感染管理专家参加的抗震救灾医疗队5月17日赶赴

四川灾区,10 名同志两人一组当天即被派往 5 个区(双流、金牛、青白、龙泉、邛崃),所到的工作地方均是大批灾民伤员需要转运和收治的医院或灾民安置站。于志臻被安排在龙泉驿区工作时,对区第一人民医院突如其来的 4 名“手足口病”患儿,第一时间内电话指导隔离现场,当即驱车赶赴现场查看患儿,明确诊断后,进行妥善的转院救治和安置,保护了帐篷内其他病人的安全,同时开展心理疏导稳定了伤员情绪,另外对相关诊疗地点、周围环境进行终末消毒的现场指导,及时有效地防止传染病的扩散。于志臻说,“我们各组同志抱着‘决不让被救出来的伤病员因发生医院感染而失去生命’的信念和决心,在近 18 天的忘我工作中,为灾区人民筑起一道预防感染的防护墙”。

静安区中心医院医生唐韵、张萍,复旦大学附属金山医院医生钟志越,随本市抗震救灾第二批医疗队赴四川绵阳进行医疗救治,致公党员唐韵还是该队队长,张萍当时是致公党入党积极分子。他们 5 月 27 日晚接到命令即刻奔赴四川。5 月 28 日,他们 7 人被分在省人民医院急救科 3 楼工作。5 月 29 日上午 8 点,就陆续来了 9 名地震重伤病人,由于从绵阳到成都的一路颠簸,使这些原本急重的病人更加雪上加霜。唐韵说,“我们立即分头实施抢救,战斗在有条不紊地进行中,时间在一分一秒地流逝,9 个重病人渐渐呼吸平稳了,面色红润了,大家这才松了口气。此时墙上的时钟已指向晚上 8 点。我们已整整干了 12 小时。回到宿舍发现淋浴的龙头掉落在地,一打听才知道当天下午 4 点左右发生过 5 级余震。我们当时全神贯注忙着抢救病人,难怪一点也没感觉到大地在摇晃。”在灾区所做的每一台手术,他们都尽所能配备最好的医生,有时为做好一个手术他们要在手术台边站上整整一个晚上,但只要能挽救一个生命,再多的辛苦也值得。6 月 3 日,张萍在救灾一线正式成为一名中国致公党员。钟志越医生当时还没有加入致公党组织,但他却看到,“在我们队的 7 位医生中有两位女同胞,特别是唐医生,她虽然长得小巧,但事事都争着抢着干,不知疲倦。我当时说这是共产党员的先进性在危难关头表现的特别突出!唐医生却告诉我她是致公党员,致公党的宗旨就是‘致力为公’”。钟志越说,“致公党的魅力折服了我。当时我就向唐医生表达了要加入致公党的意愿和决心。很快,我就知道我的愿望被致公党上海市委特批实现了”。

嘉定区党员、留学归国人员杨迪刚曾在日本学习抗震建筑,8 级的地震意味着什么他很清楚,首先映入他脑海的就是受灾群众无定居之所,而他的公司正在研究和推广的日本抗震建筑新技术可以帮助灾民。他对同事说,立即筹备资料,安排公司的人到灾区去了解情况,两天后,副总就直飞四川。因为当时公司实力有限,只能拿出 50 万元左右为灾区捐建学校。这所学校的建筑材料全部是从日本进口的,学校的蓝图也是按照日本的要求和标准设计的,抗震 8.5 级,但造价非常昂贵,预算 220 万左右。公司几经努力最后与新加坡的一家银行合作,终于使资金到位,并专门派往灾区 18 名员工负责这项工作。

儿童节之际,嘉定区致公党员李洋参加由上海慈善基金会、《解放日报》《新闻晚报》等单位组织的车友会赴都江堰等地,满载着赈灾物资,满载着上海人民的深情厚谊奔赴灾区,向灾区儿童慰问捐

致公党嘉定区总支部党员李洋作为民间志愿者赴灾区救助

赠。车队一行穿过长长的志愿者队伍来到都江堰幸福小学，惊恐与悲伤残留在这些孩子的脸上，当车队到达时孩子们从帐篷教室中走出来围拢过来。看到他们期盼的眼光，车队人员无声地卸下车上的赈灾物资分发给他们，看着孩子们手捧着节日礼物，他们觉得自己能做的太有限，还应竭尽所能为灾区人民做更多贡献……

很多致公党员也结合自己专长，为灾区做力所能及的事情和贡献。桑兰康复器材公司的陆新亮同志受普陀区民政局委托，为灾区准备1万辆轮椅、2万副拐杖发往灾区。曾任美国Intel公司中国安保与危机管理经理多年的白涛，也参与了汶川地震的救助，并将国际先进的危机管理模式引入到抗震救灾中。卢湾区委副主委张贵和9月作为上海市首批支教的六十名教师之一，奔赴四川省都江堰市天马镇天马中学开展为期一年的教学及校务管理工作，用爱心抚慰、用知识浇灌灾区儿童的心灵……这些英勇奋战在抗震救灾前线的致公党员们将永远是我们的骄傲！

“血浓于水”的海外赤子情

致公党是侨党，“侨”“海”关系是致公党的特色，在抗震救灾中，更流露了“血浓于水”的海外赤子情。

地震发生不久正在上海访问的美洲各地中华会馆中华公所总会联合会代表团全体成员在晚宴上当场捐款，通过致公党市委向地震灾区同胞表达了深深情谊。很多致公党员在海外的子女和亲朋好友都在所在国包括印尼、马来西亚、美国、澳大利亚、日本等参加当地华人组织的捐款。华东理工大学支部党员陆善祥特地到市委，代表远在加拿大的儿子全家向灾区捐赠 1 万元，表达海外华人的拳拳之心。纺织支部党员洪浚明在澳大利亚的二女儿、在日本的小女儿打电话说，她们在时刻关注四川灾区灾情，想为灾区同胞做些事情，她们委托父亲通过市委分别向灾区捐献 1000 澳元和 50000 日元。上海大学退休教师季振东、康美君在自己捐款以后，接到远在德国的女儿的电话，身在国外的女儿非常关心灾情，牵挂受灾同胞的安危，女儿委托父母向地震灾区捐款 2000 元，说，“虽然我远在海外，但我的心时刻是和祖国连在一起的，中华儿女血脉相连，我要为祖国、同胞出一份力”。嘉定区总支党员姚薇虽远在英国求学，但还是委托家人捐出 1 万元给总支……

伸出手，献出爱，上海的致公党员们始终与灾区人民心连心，共同筑起温暖的天与地，也谱写了一首令人难忘的人间大爱之歌。

美洲各地中华会馆中华公所华侨总会联合会代表团成员通过致公党市委向灾区捐款

灾难面前，我们和灾区人民共进退

——九三学社上海市委抗震救灾工作纪实

2008年5月12日，汶川发生大地震。

九三学社上海市委紧急联系对口帮扶的广元市剑阁县，询问受灾情况和受助学生生活情况，并号召各基层组织和广大社员向受灾地区伸援手、献爱心、送温暖，积极踊跃捐款捐物。

5月22日，九三学社上海市委响应九三学社中央“为灾区重建做一件实事”活动号召，定向支援受灾严重的绵阳市和广元市农村，为灾民建造轻钢龙骨住宅。九三学社市委与市政府侨务办公室共同协助企业捐助价值约1400万元的救灾物资。据不完全统计，汶川地震发生后，社员通过各种渠道向灾区捐款共计344万余元，募集价值近40万元的医疗物资和急救用品送至灾区。

上海九三学社社员踊跃报名参加抗震救灾医疗队，先后有21名社员奔赴抗震救灾第一线，开展医疗救治工作。

2008年6月27日，九三学社市委举办“心手相连守望相助——抗震救灾”报告会。副市长、九三学社市委主委赵雯（左三）参加报告会

救人助人，是无上光荣的

九三学社社员、复旦大学附属儿科医院骨科主任助理马巍是第一批上海医疗救援队成员。

5月15日，马巍来到成都市华西医院，对30多个从映秀由直升机送来的孩子进行医治。孩子们伤势严重，没有父母陪伴，但是非常安静。他逐一检查孩子们的伤势，细心挑开留有泥沙的伤口，他发现每个孩子都很配合，无论是十几岁的还是五六岁的都没有哭，最多说一句："叔叔，我有点疼，你轻一点"。这让马巍感到十分揪心，做过10年成人骨科医生的他知道，这些伤放在成人身上都会发出撕心裂肺的喊叫声，但是孩子们却这样静静的，那么懂事，那么坚强。孩子们的行动震撼了他，也激励着他不放弃每一个孩子。

5月20日，马巍和队友们经历了另一件让他们难忘的事。一天的医疗工作即将结束时，从山上急匆匆地走下来五个村民，其中包括一名受伤的妇女。他们神色匆忙，看到医疗点的帐篷时，急忙冲过来，卸下简易的自制担架。"快救救我老婆"，一个瘦小的中年男子焦急地说。马巍和医疗队成员赶快解开绑得很紧的绳索，对受伤妇女进行检查，在此过程中马巍才知道，这名妇女被废墟掩埋了整整五天，丈夫见她伤势严重，做出了一个惊人的决定：要背着她走出大山。

听到这里，马巍心中有种说不出的感觉，在他看来，这简直就是奇迹。马巍知道，这个中年男人和其他村民所走的根本不是"路"。他和队员们曾经试图向茶坪乡进发，但是根本没法前进，那里不断有飞石砸下来，随时会发生余震和山体滑坡。为了救这名妇女，这些村民简直是在用生命做赌注。想到他们轮换背着伤者走了两天两夜，连续翻过了三座大山走到这里，马巍被这种"大勇无惧，大爱无言"的行动深深地打动了，心中默默许愿，一定要把这名妇女治好！转身他就投入到紧张的抢救工作中。

至6月1日，马巍先后转战成都、安县晓坝镇、汶川耿达乡开展医疗救助，在这半个多月的时间里，通过一台接一台的手术，马巍救助了无数灾区伤者，他听到最多的是"感谢"两个字，而这些受灾的群众又常常让他的心中充满了感动，马巍深刻地感受到："救死扶伤是医生的天职，救人助人是我无上的光荣"。

回到儿科医院后，医院接收了来自灾区的七个重症小伤员，马巍作为医疗救治团队的主要成员之一，负责七个孩子的治疗工作。在这些孩子们的心目中，马医生不但缓解了他们身体上的病痛，更给他们带来了精神上的抚慰。2009年，最后一批小伤员回川，马巍还一直与保住了右腿的李小兰小朋友保持联络。

灾区疾苦，让人痛心疾首

九三学社社员、浦东慈善医院院长、安济医疗救助基金会常务理事长朱小波在得知灾情后，第一时间召集人员，募集药品。

5月16日，朱小波率领由10位医学专家组成的救援小组，驾驶4辆汽车，装载着价值近40万元的药品，长途跋涉2300公里赶往灾区。十几个小时不间断的车程使队员的脚都浮肿起来，暴雨、余震和随时会发生的山体滑坡没有阻断救援队前进的步伐，当时朱小波心里只有一个念头：赶到灾区，做些实事。

5月18日，医疗救援队到达了绵竹市汉旺镇，正如朱小波之前判断的，常用药品是这里最稀缺的，汉旺镇抗震救灾指挥中心迅速将药品转交给当地唯一的卫生院。看到及时送来的这些药品，卫生院的负责人激动得要跪下来，朱小波含泪扶住他，“这一切都是我们该做的，我们只是尽力，你们才是英雄”。

分发药品后，身为外科专家的朱小波立刻与其他医学专家一起对受伤的灾民进行会诊并发放慰问金，还对他们进行了心理疏导。在灾区的两天里，朱小波和他的队员心中除了灾民还是灾民，当听到受伤的老人说：“能再给我一些水吗？”他们义无反顾地将自己所有的自备水分发给了灾民。朱小波含泪说：“我们就渴两天，他们还要这样过很久呢。”

5月21日，朱小波回到上海，但是他的心里还是放不下灾区的人民，当接到安县人民医院打来的

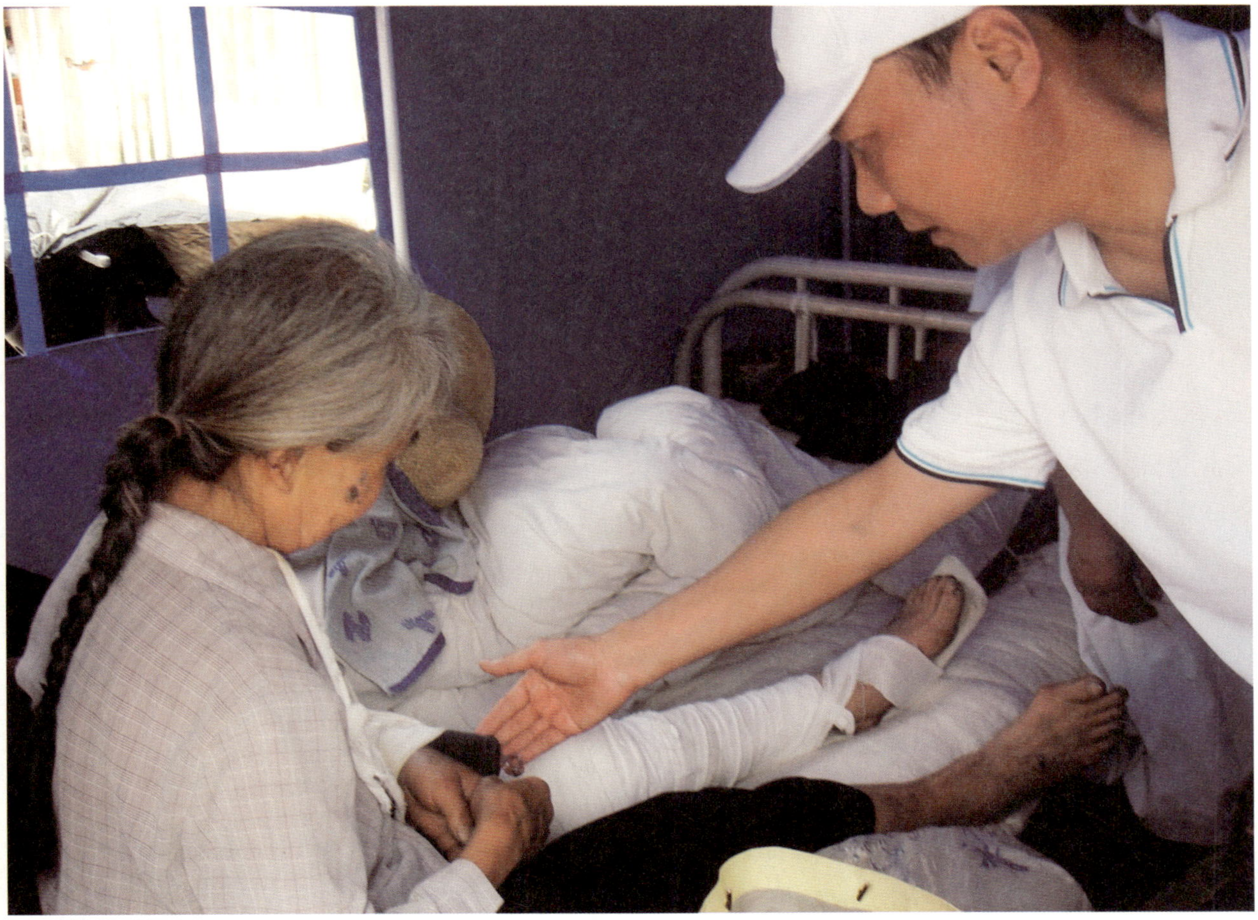

九三学社社员、浦东慈善医院院长、安济医疗救助基金会常务理事长朱小波为灾民诊断伤情

紧急电话，得知那里急需一批特殊的医疗设备时，他就又开始忙碌起来。地震发生一年之后，朱小波再次组织医疗志愿者服务队车行千里，来到绵竹市汉旺镇，在当地板房区建立起“安济母婴健康活动室”，并向灾民们捐赠常用药品及提供现金帮助。

无论何时，不能丢下病人

九三学社社员、复旦大学附属金山医院内科主任、肾内科主任鲍晓荣医生是上海市第二批抗震救灾医疗队成员，他在灾区度过了难忘的18个昼夜。

5月19日，鲍晓荣随医疗队到达德阳市，立即赶到当地新辟建的临时医院开展救治工作，他所属的医疗小组负责医治10余位伤病员，清创、缝合、换药、调整抗生素……十分忙碌。

当晚，临时医院仅有的一台黑白电视机开始反复播放将有6级以上余震的消息。领导打来电话要求上海医疗队撤离病房大楼。跟随着人流，鲍晓荣拎着行李走到了暂住的三楼楼梯口，他突然想到，住在二楼的70余位伤病员尚未撤离，步子再也挪不动了。

“我们不能这样撤了！如果我们和病人一起震死了，那是英雄；如果病人震死了而我们却活着，那我们是狗熊！将终生愧对那些劫后余生的病人，更无颜回上海面对我们的领导、同事和亲人！”鲍晓荣大声说出了心中的想法。场面安静了，队员们纷纷响应，撤离工作戛然而止。

随后，大家立即投入到抢运病人的紧张战斗中。鲍晓荣和队员们冒着余震的危险一次又一次往返于病房大楼和安全空地之间，靠肩扛、身背和担架抬，终于将所有伤病员转运至安全地带。此时已是凌晨4点了，但是大家依旧没有休息。为了防止搬动可能导致的病情变化，鲍晓荣不敢懈怠，拖了一把凳子守候在病人的帐篷边。虽然一夜未眠，但他心中却升腾起一种久违了的自豪感，“无论何时医生都不能丢下病人，我们践行了自己的诺言”。

随后，鲍晓荣被派往灾情更为严重的银杏乡进行医疗救治，该乡距离映秀镇20多公里，房屋坍塌，瓦砾遍地，余震不断，更令人担心的是地震和暴雨导致的泥石流、山体滑坡和堰塞湖一触即发。为此，赶来救援的部队官兵不得不彻夜守卫，应付可能发生的次生灾害。在那里，鲍晓荣和其他医生负责700多名灾民和官兵的医疗工作，除最大的安置点外，还有一些散居在周围村寨的灾民要巡诊。灾后的山区道路崎岖，险象环生。到银杏的第三天，鲍晓荣便经历了有生以来最艰险的一次出诊，目的地是4公里外的银杏乡一碗水村。

带上各类药品，鲍晓荣随同执行救援任务的特种部队官兵出发了。连接村寨的老国道震后或垮塌，或因泥石流和山体塌方而被淹没。老国道的一边是深达6到7米的湍急岷江，另一边是刀削斧劈般的高山。人要在这些高高低低的石头路上行走，不得不像猴子一样不停地上下跳跃。抵达最危险的500米乱石坡路段时，随行的特种兵在“拉开距离，快速通过”的命令下飞快穿越，异常紧张的气氛使鲍晓荣感到一丝寒意。虽有战士在身边，但鲍晓荣还是一个趔趄跌了下去。石块如匕首般锋利，手掌顿时血流如注。没有时间停留，没有时间清理伤口，只有继续快速前进！就这样，鞋子裂开了“嘴”，裤子被划开了口子，皮肤多处擦伤，鲍晓荣咬牙坚持着到了目的地，争分夺秒地诊治起伤者和灾民。“后来才知道，那次去一碗水村的路上，我们遭遇了6.4级的余震，现在想来，还真有些后怕啊。”鲍晓荣回忆道。返程的路上，凭借着顽强的毅力，疲惫的鲍晓荣又徒步走回了驻地。

6月1日，鲍晓荣离开灾区回到上海，想到还有那么多需要帮助的灾民，他感到心里有些失落，“但是，转念一想，回到上海我一样可以继续为灾区做事。我要把抗震救灾期间的所见所闻所思写下来，通过建言献策，把灾区的真实需要，把对重建的思考，传递出去”。回到上海之后，鲍晓荣依然心念灾区，经常与当时一起奋斗过的当地医生保持联系，了解灾情和病人救治情况，跟曾经一起度过危险的战士们也结下了深深的友谊。

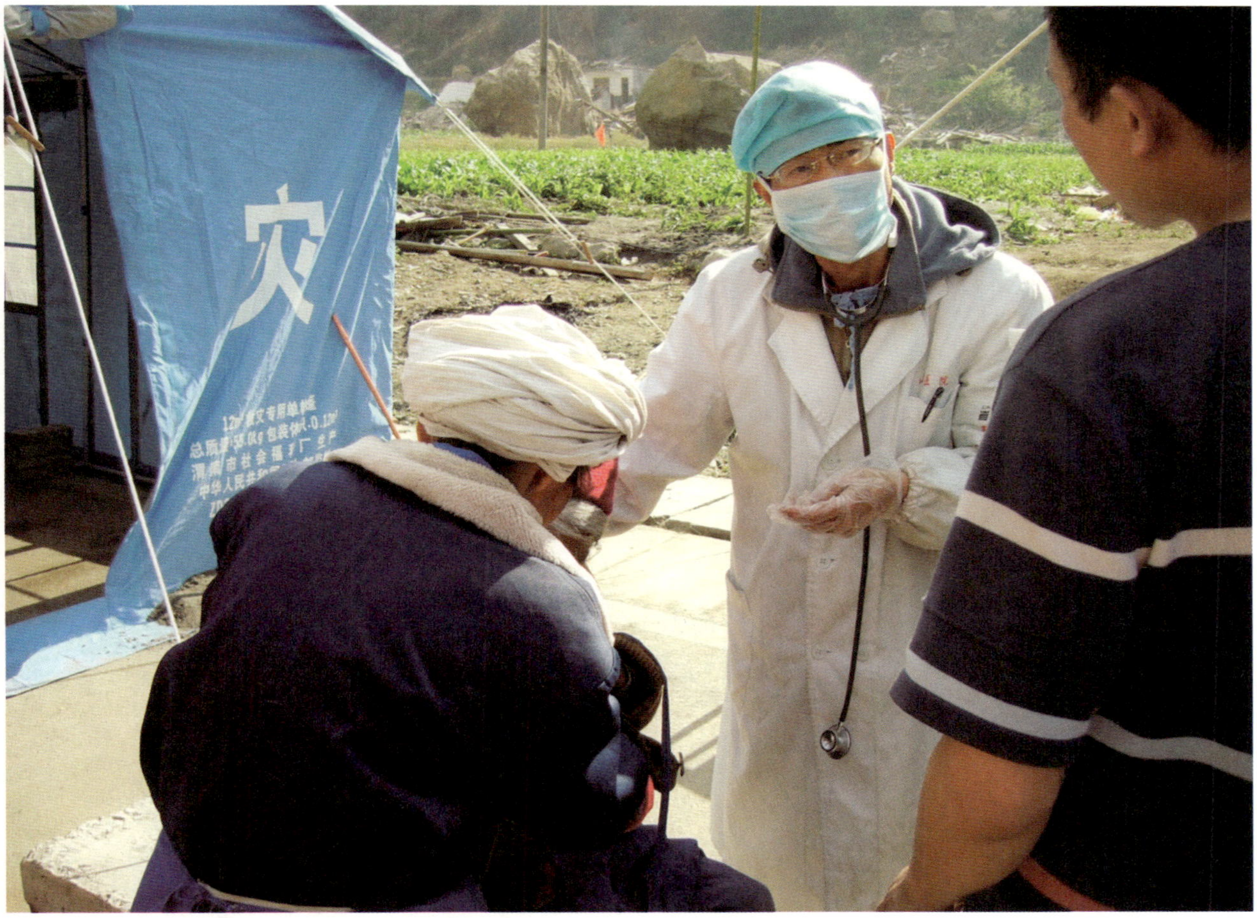

九三学社社员、复旦大学附属金山医院内科主任、肾内科主任鲍晓荣正在为灾民诊断病情

万众一心　众志成城

——台盟上海市委情系四川地震灾区侧记

汶川强震，华夏同心。

突发的汶川灾难，牵动着所有人的心。台盟上海市委和所有盟员在第一时间做出反应，通过各种渠道了解灾情，得知灾情后主委杨健立即与台盟成都支部、台盟重庆市委电话联系，及时了解灾情，传达关爱，表达台盟上海市委和全体盟员与汶川同胞心连心，共相守的心愿。当得知都江堰有两名盟员未联系上，上海台盟市委一直牵挂着，始终保持与成都支部的联系，直至确认两位盟员安全才放心。体现出大家与汶川同胞心连心，共相守，用无私和奉献书写着大爱和真诚。

与此同时，台盟市委机关党小组积极行动起来，全体党员自发开展捐款赈灾活动。在党员们的带领下，机关全体工作人员，包括临时保洁员也加入了这一行动，共捐助 3300 元赈灾款。基层的广大盟员们也行动起来，打电话到台盟市委机关，要捐款捐物，还积极建言献策，提出借鉴日本、台湾岛内抗震救灾的经验和台湾救援队的实践，在灾后重建、心理援助等方面给予关注。

随着灾区救助行动的进展，台盟市委向各基层组织发出关于支援四川灾区的紧急通知，要求广大盟员积极响应中共中央号召，在做好本职工作的同时竭尽所能为灾区抢险及灾后重建贡献力量。各基层组织立即行动起来，逐个打电话，写倡议书，部署盟员积极投入抗震救灾，参加台盟及所在单位和社区的捐款活动。

接到中共市委统战部杨晓渡部长“有关学习贯彻胡锦涛在四川关于抗震救灾讲话精神”的批示，台盟在第一时间用短信的方式把要求转发给市委领导班子的成员和各区级组织、直属支部的主委。班子成员和基层组织负责人自学讲话精神，并将学习体会、对于今后在抗震救灾方面的建议和各基层组织的做法及时反馈。

台盟上海市委向上海市红十字会捐款

各民主党派和社会团体都有为灾区捐款的意愿。作为各民主党派机关学习联席会轮值召集方，台盟市委机关积极筹备各民主党派和团体联合捐款活动，联络通知各参与单位，协商安排仪式进程，布置仪式举办场地，大家相互配合，以确保捐赠活动圆满完成。

5月19日，市民主党派大厦下半旗，沉痛哀悼在四川汶川特大地震中的遇难者。下午2点28分，在台盟市委专职副主委高美琴的主持下，台盟市委机关全体成员与其他党派、人民团体的机关干部职工有序的进入活动场地，为遇难同胞肃立默哀三分钟，表达对四川受灾群众的哀悼。随即全体参与人员有序捐款，以实际行动来慰问灾区人民，支持灾区重建。

在中共市委统战部召开“我为灾区再做什么”——上海统一战线情系灾区座谈会上，市委常委、统战部部长杨晓渡出席会议并讲话。杨健主委代表台盟市委发言，汇报了台盟前一阶段所做的工作，谈了下一阶段的打算。通过联系四川的台盟组织，对当地受灾的盟员、台胞进行“点对点”的资助；继承和发扬台盟的好传统，通过当地台盟提供的信息，积极参与捐助建设希望小学，并尽自己所能援助受灾的困难儿童和老人；待条件成熟，发挥台盟在沪台农业合作方面的优势，在台商和灾区农业部门之间牵线搭桥，为灾区吸引台商投资或者引进台湾农业技术，为当地恢复生产出力。

当汶川灾情传来后，市委机关的同志们做出表率，而基层的各位盟员们也是积极表现。盟员黄国辉第一个打电话到台盟徐汇区委办公室，询问灾情并表示马上到区委捐款；林蔚菁盟员在电视上看到四川的地震新闻后也即刻主动打电话到区委来表示她和她女儿都要来捐款赈灾；王鹤珠盟员，不仅在所属的街道捐了款，得知道盟区委也可受理捐款时，二话没说赶到区委办公室来又捐了第二笔款。盟员许静之，因工作业务关系经常往来于国内外之间，有时连家也顾不上，但听说盟区委在接受捐款时，热心地用手机回应捐款。孙顺华老师在家听说捐款的消息后，赶着黄昏跑到盟区委办公室来捐款，说赶时间救人要紧，赶时间捐款也要紧。台盟徐汇区委的分属支部干部们用第一时间通知各支部所属的其他干部，谋划赈灾救济的具体计划。

张林等盟员得知台盟组织八个民主党派和社会团体一起举行抗震救灾捐款仪式，台盟市委全体机关工作人员参加，向灾区奉献爱心，就自发来到盟市委机关捐款。

李韶东、邱正义等老前辈也不顾87岁的高龄，顶着炙热的太阳风尘仆仆赶来捐款。其实，李、邱二位老伯在所在居委已经捐了款，这已是他们第二次义捐了。王庚雄老盟员，听到四川的灾情，大家捐款的消息后，心里放不下千里之外同胞的安危，俨然忘掉了自己的病情，步履维艰来到盟区委捐款。后来，王老又拖着病体，从医院出来跑到上海市台联再次捐款。

台盟的老主委郑励志，在华东医院体检就医，做眼科手术，但他听说台盟区委也有捐款点时，特别关照他的老爱人赶到台盟区委办公室来，捐了2000元。老主委石四箴向红十字会捐助了2000元。在台盟徐汇区委主委廖志豪及全体区委委员和支部干部的带动下，台盟徐汇区委呈现了空前的凝聚力，这股力量是亿万双关爱的双手中的一双，伸向了遥远的川西同胞。

在台盟浦东区委,"5·12"大地震牵动了浦东台盟盟员的心。5月13日台盟浦东区委就紧急动员起来,向台盟成员发出电话捐款通知。台盟成员在捐款活动中充分体现了一份拳拳爱心,有的盟员刚接电话,就表示了捐款的意愿;有的虽然单位、社区都已经捐过了,但还表示要尽自己最大的能力,向灾区献出一份爱心。新区盟员们在抗震救灾中除踊跃捐款外,还密切关注电视和网络等关于灾情的报道,为每个幸存者获救欢呼,为罹难的受灾群众动容,也将为灾区今后的重建家园工作中再做贡献。

退休盟员郭绥芳同志不仅自己向盟内、里委捐款,还用短信形式为灾区人民献爱心,并再三叮嘱自己的三个女儿和外孙女要回报社会为灾区多作募捐。原台盟浦东区委主委石学耕,在得知四川大地震后,马上向红十字会捐了1000元。当盟员们接到市台联于25日举办爱心募捐后,很多盟员打电话托专职干部代为交款。盟员洪筱蓉因事不能前来,第二天专门打电话,请专职干部代为交款。他们说得最多的一句话就是:尽一份小小爱心,为灾民,愿死去的人安息,活着的人坚强。

在台盟杨浦区委,盟员人数不多,但赈灾的热情高涨,奉献爱心支援灾区。台盟区委召开区委扩大会议,研究决定:1、通过区民政局向四川地震灾区捐款2000元;2、在历年盟员上缴的盟费中拿出1500元,作为盟员个人捐款送交台盟市委转向四川地震灾区,3、专职干部给每位盟员打一个电话,把盟市委和盟区委的精神传达到每个盟员,动员广大盟员在做好本职工作的同时竭尽所能为灾区抢险及灾后重建贡献力量。区委副主委庄峻斐被借调在区奥运火炬接力跑筹备办公室工作,繁忙的工作中她仍然牵挂灾区人民,在原单位、区青联、区妇联及社区捐款共计800元;盟员林瑞惠专程前往台盟市委捐款100元;盟员王亮在单位捐款300元,又委托他人向台盟市委捐款300元,并且报名参加义务献血,支援灾区。

在台盟黄浦支部,灾情牵动了支部全体盟员的心。支部主委姚小远根据盟市委倡议,第一时间发起捐款动员,并当即表示支部拿出500元活动经费支援灾区,引发盟员积极行动。高美琴自发捐出500元,并同时参加市政协捐款500元;王铿华刚在本单位捐出1000元后又拿出200元,杜倩文同时参加三处捐款共捐出800元,谢晓峰、谢雪涛、谢显滨都从很远地方及时赶到黄浦区,家住闵行的张志文和工作在洋山的王圣分别赶来捐款,陈炫兆带病前来捐款,支部盟员除了行动不便和出差在外的情况之外,盟员都尽力及时赶来捐款,整个捐款在一天内完成。

在得知汶川地震、接到台盟市委关于支援四川灾区的紧急通知后,直属一支部和二支部的领导班子立即行动,以电话联系方式研究商量,达成共识,发动所属支部所有盟员,一是坚守岗位做好本职工作,以实际行动表达对抗震救灾的支持;二是各尽所能,积极参加所在单位、社区、街道、居委的抗震救灾活动,奉献爱心;三是参与台盟的捐款活动,表达盟员的一份爱心。两个支部的专职干部邓国兴和谢黎明更是付诸行动。一支部向每一位盟员发了倡议书,希望各位盟员在奉献爱心的同时,积极发挥参政党成员的作用,为此次抗震救灾行动出点子,使灾情损失降到最低。二支部则给每位盟员打电话，传达支部精神，动员广大盟员积极行动。

尽管台盟的盟员中没有亲自上第一线的，但是每一位盟员都表了态，愿意服从组织安排、上第一线帮助灾区人民恢复生理、心理健康；同时一些台盟盟员报名参加义务献血。

285位盟员，285颗爱心。台盟每一位盟员心系灾区，关注灾区，以各种形式表达对灾区人民的关爱，默默地捐出爱心款，默默地祈求灾区平安。

在台盟市委的倡议下，台盟每一位盟员都参加了捐助活动。据不完全统计，台盟285位盟员共捐款286322元。其中直接交到台盟市委30710元，台盟市委已转交上海市红十字会；参加上海市台联发起的“5.12四川地震在沪台胞爱心募捐总动员”活动，捐款45162元；参加社区、单位等捐款数210450元。

台盟还十分注重发挥自身的优势，不仅关注灾区的实时状况，还充分发动盟员们与台湾亲人们沟通联络。四川地震灾情引起了岛内台胞的关注，许多岛内亲人打电话给台盟盟员询问灾区状况，表示关切和慰问。盟员们在与岛内亲人的通话中，实事求是地报告了灾情，讲述了党中央国务院对灾情的重视，也表达了对岛内派出援助队支援四川灾区救援的感激之情，充分体现了两岸的亲情乡情。

面对众多台湾同胞捐款，派遣救援队救援，派飞机运送物质等，借鉴台湾“9·21”地震的经验，建议发挥民间非政府组织和宗教界对受灾地区人员的心灵安抚，特别是受灾害打击的孩子们的心理疏导方面的作用等有助于抗震救灾的讯息，台盟汇集起来，及时用建言献策向相关部门及时送达。

抗震救灾进入重建阶段后，为贯彻贾庆林主席在四川省成都市召开的各民主党派负责人座谈会上提出的要求和台盟中央参政议政会议精神，台盟市委将灾后重建作为今年和今后一段时期参政议政的重要内容。针对市政协常委会《关于上海应对各类突发公共事件的若干建议》的建议案，台盟市委召开相关座谈会，提出相关建设意见：重视加强全民灾害教育，建议把5月12日设立为全国“防灾日”并在以后每年的这一天进行大范围的防灾演练，形成制度；建议在灾区修建地震纪念馆；建立抗震救灾基金，加强灾款资金管理、监督和审计，合理、科学地使用捐助灾款，专款专用，并且定期公布钱款使用的情况等。发挥参政党智力优势，在灾后重建、水污染等方面加以关注，建言献策，被得到认可，列为常委会发言。

在支持都江堰市的对口重建上，台盟中央副主席、台盟市委主委杨健提出要发挥参政党参政议政和民主监督，特别是在民主监督方面的作用，一定要让支援的资金、财物等充分发挥效用。并建议除了必要的了解情况的调研以外，少一些官僚主义的形式，诸如以考察对口单位的名义来来往往等，尽量把资金和资源用在最需要的地方。

台盟在都江堰没有组织，但台盟市委加强与成都台盟组织联系，做好对口联系工作，支持都江堰的对口重建工作，更多地给予智力支持。贯彻中央和市委的有关精神，计划对当地受灾的盟员、台胞进行“点对点”的资助。同时通过当地台盟提供的信息，积极参与台盟中央的支援扶贫工作，积极参与上海八个民主党派联合援助工作，关注和积极参与援助受灾困难儿童和老人的活动。

台盟还注意到此次受灾地区大多数以农业经济为主，出产的萝卜、马铃薯等不少农产品都是名优产品，具有一定的市场竞争力。台盟市委为更多地帮助灾区人民提高“自我造血”能力，将发挥一直致力于沪台农业交流的优势，利用目前掌握的资源为灾区农业重建贡献力量。待条件成熟后设法在台商和灾区农业部门之间牵线搭桥，为灾区吸引台商投资或者引进台湾农业技术，为当地恢复生产出力。

灾害无情人有情。在此次捐款赈灾中，台盟市委体现了强烈的社会责任感，台盟盟员表现出浓浓的同胞之情。就如台盟盟员所言，汶川“5·12”汶川大地震对中华民族是一个灾难，但同时更是一次洗礼。面对灾难我们震撼，而全民一心克服灾难又令人感动！这一切都将是最生动、最现实的爱国主义教育题材。我们相信，只要不放弃、不抛弃，万众一心，众志成城，迎难而上，百折不挠，我们就一定能取得抗震救灾的最后胜利。

2008 年 5 月 19 日下午 2:18，台盟市委机关全体成员与其他党派人民团体的机关干部为遇难同胞肃立默哀

■民族宗教篇

大地震，牵动着上海各族人民的心

——上海市少数民族参与汶川地震赈灾工作纪实

“5·12”后，上海市少数民族为汶川遭受特大地震，悲情如楸。他们从四面八方紧急行动起来，为受灾人民伸出成千上万双兄弟姐妹的援手。

上海市少数民族联合会立即召开会长办公会议专题研究“我们为救灾做些什么?”大家说，汶川灾区是羌、藏、回、汉各族人民聚居地区，特别是北川羌族自治县，少数民族人口占全县总人口60.63%；阿坝藏族羌族自治州是四川第二大藏区，是我国羌族主要聚居区。上海的少数民族应为灾区人民多出一份力。

市民族联立即向受灾少数民族地区发出慰问信。同时，向全市各级民族联组织和少数民族同胞发出了“让我们伸出援助之手，向灾区献上一份爱心”的倡议书，要求广大民族联干部配合政府做好党的民族工作，全面贯彻落实党的民族政策，做好本职工作，维护民族团结和社会稳定。

市民族联会长火恩杰多次深入社区（单位）宣讲地震的防震抗灾知识，使广大群众了解地震、认识灾情，并澄清有关地震的各种传闻，树立科学观。使少数民族群众认识到我们对于地震预报既不能过于悲观，也不能过于乐观，需要一代又一代科学家在艰难的科学探索中去观测、去发现，当科学的知识积累到相当程度时，该难题就会迎刃而解。

各级民族联、少数民族联络员和大专院校、科教系统、局、集团（公司）广大少数民族除了在单位、社区捐款。众多少数民族群众纷纷在单位、居委，或通过其他渠道向灾区人民捐款。“老买热线”的承办人、街道联络组副组长王荣东，平时省吃俭用，这次拿出1000元，捐到了居委会。彭浦清真店的十几位职工，尽管收入不多，但都主动向灾区人民献了爱心。回族群众王海云自发组织金山区72家清真拉面馆的业主们为灾区人民募捐献爱心，筹集5190多元。据不完全统计，市民族联51个团体会员单位的少数民族同胞向灾区捐款共计达699678.50元。

与此同时，一所民族希望小学的援建计划也正式出台。市民族联为此募集资金50万元，并制定三年规划，通过“阳光助教”“阳光育人”等帮困助学平台为灾区无偿提供师资培训、建立阳光图书馆等，努力培养优秀少数民族人才。

市民族联还积极做好在校四川籍少数民族大学生和少数民族农民工的安抚工作，使他们安心学习和工作，并帮助他们解决生活实际困难。上海第二工业大学羌族学生刘涛，来自北川县，地震中家人受伤，房屋倒塌；上海音乐学院声乐系藏族学生德吉卓玛，来自阿坝州，家中亦不同程度受灾，他们都得到了市民族联的资助。上海交通大学、上海外国语大学、上海财经大学、华东理工大学、上海音乐学院等高等院校西藏班、新疆班的同学在收到助学款后，纷纷捐款救助灾区人民。他们说，在我们最困难时得到市民族联的帮助，现在灾区同学比我们更困难，让我们通过民族联向他们表达一点爱心。

共扬慈悲精神　同献救灾爱心

——上海佛教界为汶川大地震系列赈灾活动纪实

2008 年 5 月 12 日 14 时 28 分，四川汶川县发生 8 级地震，地动山摇，波及多个省区，数万生命瞬间埋灭，百万民众顿失家园。

上海佛教界迅速行动起来。5 月 13 日，中国佛教协会副会长、上海市佛教协会会长、玉佛寺方丈觉醒法师即代表上海市佛教协会，向汶川灾区捐赠了 100 万人民币的赈灾款；5 月 14 日上午，上海佛教界十多家寺院当家法师和市佛教协会办公室居士、职工聚集玉佛寺大雄宝殿，通过上海市慈善基金会向四川省汶川县地震灾区捐款 180 万元。在此同时，上海市佛教协会副会长、上海佛学院院长、静安寺方丈慧明法师代表静安寺一次捐款 100 万元；上海市佛教协会副会长兼秘书长、龙华寺方丈照诚法师代表龙华寺捐款 40 万元。

2008 年 5 月 13 日，玉佛寺方丈觉醒法师（前排中）代表上海市佛教协会向汶川灾区捐款 100 万元

上海各寺院、区（县）佛教协会在各所在区（县），通过区（县）有关部门向地震灾区的同胞们捐款，支持赈灾。其中，寺院捐款10万元以上的就有圆明讲堂、宝华寺、下海庙、法善庵等。捐款总额在10万元以上的佛教协会，有奉贤区佛协、青浦区佛协、宝山区佛协、浦东新区佛协、嘉定区佛协等。

截至5月20日，上海佛教界共向地震灾区的民众捐赠赈灾款共计750.5万余元，创造了上海佛教赈灾捐赠历史上时间最短、参与面最广、募集资金速度最快的纪录。

97岁高龄的沉香阁住持观性老法师，不顾老迈年高，亲自前往上海市红十字会，将自己积攒下来的6万元钱款如数捐出；年过90的玉佛寺妙宽老法师也亲自向上海市红十字会捐款1万元。

在为赈灾捐款的同时，上海佛教界注重发挥佛教在给人以精神慰藉方面的特殊作用。由觉醒法师倡议，并由市佛教协会组织，上海佛教界僧尼大众于5月16日在玉佛寺隆重举行为期三天的"佑我中华，护国息灾——上海佛教界为四川地震灾区千僧祈福法会"，为灾区民众祈福祷告。

在一段时期内，上海各寺院继续发扬"一方有难，八方支援"的精神，有计划按步骤地开展各项赈灾活动。觉醒法师亲赴四川，参加中国佛教协会组织的全国佛教界祈祷法会暨支援灾区重建的捐赠仪式，代表上海市佛教界，向灾区人民再次捐赠赈灾款80万元；照诚法师，带着赈灾款物，专程赴灾区四川什邡，实地慰问灾民，帮助赈灾；5月31日，上海市佛教协会召集全市各区（县）佛教协会，

2008年9月，静安寺佛教福慧基金向四川汶川地震灾区捐赠棉被一万条运抵灾区

相关寺院,在玉佛寺内隆重举行“为了明天更美好”专项帮助汶川灾区儿童重返校园的赈灾义演活动,募集资金达530多万元。

截至2008年6月10日,上海市佛教协会及全市佛教界共向四川地震灾区送去赈灾款达1680余万元。

上海佛教界还积极参与灾后重建工作。

——在都江堰市,由上海市佛教协会集资建设若干座希望学校,帮助都江堰市恢复良好的教育秩序和设施。

——动员上海有条件的居士家庭,适当地收养灾区失去父母的孤儿,以培养、抚育好那些受灾而失去双亲的孩子。

——各寺院将组织部分教职人员,对灾区的在读贫困学生,以“结对”的形式,进行帮困,以保证这些困难的学生能完成学业,健康成长。

——在适当的时候,向灾区定向捐赠重建资金,以保证灾区农村基层卫生医疗组织机构的恢复和正常运转。

——在对都江堰市的佛教寺院受损情况作了解后,与当地宗教事务部门和佛教协会取得联系,投入资金,帮助当地佛教寺院恢复重建和正常佛教活动的开展。

大爱在行动

——汶川大地震龙华寺赈灾活动纪实

“5·12”地震之后，上海市佛教协会副会长兼秘书长、龙华寺方丈照诚法师即从外地法会结束后迅速赶回上海，马上组织寺内僧职人员举行祈福献爱心法会，带头捐款，在第一时间向灾区送上共计42万元。法师们举行了各种形式的祈福法会，为汶川地震中受难者、失踪者、受伤者祈祷。

5月19日清早，照诚法师率两序大众与信众为灾民超度祈祷法会后，来到大雄宝殿前的广场，书写大字为信众游客服务，用以赈灾捐款。大义、大爱面前，人们慷慨解囊，一千、二千、五千、一万……爱心涌动。

当得悉重灾区之一的什邡罗汉寺主持在震灾当晚解救灾情，将寺院避为难民营，免费供应数千民救援人员和灾民吃饭，急需大米、棉被等物品，僧人们让出僧房，打着伞在雨中蹲夜的消息，照诚法

方丈照诚法师（中）身体力行，与龙华寺僧人、职工一起搬运向灾区捐赠的大米等救灾物资

师召开紧急寺务会议确定龙华寺具体救灾方案。5 月 21 日下午，寺院紧急购买了大米 30 吨，面粉 20 吨，精制油 5 吨，以及大量消炎药品、暖瓶、肥皂、餐具、被子、毯子、床垫等，龙华素食品公司拿出了所有素食品，首批 80 余吨的救灾物资于下午 5 点在龙华寺山门广场准备就绪。寺院的护法居士敖勇军为此次运送提供了上海中晴物流的四辆大吨位物流货车。当天傍晚，全寺僧众在照诚法师带领下，背米装车。当晚出发，日夜兼程，24 日下午安抵四川省什邡市。

龙华寺法师们奋力将救灾物资装上卡车

赴川途中，龙华寺的四川籍法师丛林、觉林等轮换开车护送。方丈照诚法师放下所有要务，亲赴灾区，了解灾情和灾民急需要物资，同时还送上 30 万元现金让他们安置灾民，重建寺院。

在罗汉寺，照诚法师一行还专程慰问了救灾一线的武警官兵们。为激励大家共同赈灾，表达与官兵和民众同呼吸，共命运的心愿，照诚法师当即赋诗《为生命加油》：

“伸出我的手，拽紧你的手，忘记昨日苦痛与忧愁。

伸出我的手，拽紧你的手，伤心泪不要再流。

伸出我的手，拽紧你的手，因为我们是一家人，因为我们是朋友。

伸出我的手，拽紧你的手，我们为生命喝彩，为生命加油！”

不久，一份爱心计划方案在此迅速形成。经什邡罗汉寺住持素全法师与照诚法师及佛教界法门道友们一起深入重灾区、考察周边多处受灾的村子，共同选址，达成共识——尽快建立起一处受灾民众定居点。从起初的帐篷到简易房，到最后重建住房、筹建小学，大家竭尽全力来一步步完善灾后重建工程，让灾区民众重新开始新的生活。

2008 年 5 月 24 日，龙华寺捐赠的救灾物资安全运抵重灾区四川什邡市

5 月 23 日下午选址，决定将古刹龙居寺所在的龙居村建设首个安居村。6 月 23 日上午，什邡市首批受灾群众乔迁新居——“灵山新村”开村入住仪式在龙居村举行，由上海龙华寺、什邡罗汉寺、江苏无锡灵山慈善纪念会、成都石经寺共同出资援建的首期 52 套具备完善配套设施的安置房正式交付使用，安置对象为遇难学生家长及老弱病残的受灾群众。四川省政协、省委统战部、省宗教事务局和中共什邡市委等领导出席入住仪式。龙华寺当家平熙法师代表龙华寺出席了仪式并将钥匙交付给该村主任。

照诚法师从灾区回来，上海市政协和上海市民族和宗教事务委员会领导专程赶到龙华寺，送上鲜花慰问，赞扬照诚法师在这次抗震救灾中的积极表现。此后，上海龙华寺又发出了第二批赈灾物资，于 6 月 15 日深夜抵达罗汉寺。此次赈灾物资总重 120 吨。

大爱传真情

——上海道教界支援汶川灾区抗震救灾纪实

2008 年 5 月 12 日 2 点 28 分，一场突如其来的巨大灾难降临四川。

巨大的灾情同样牵动着作为中华儿女一份子的道教界人士的心，上海道教界迅速行动起来，积极支援抗震救灾。

5 月 13 日，上海市道教协会及各宫观就通过市红十字会向灾区捐款近 40 万元；上海城隍庙捐款 20 万元，城隍庙住持陈莲笙道长捐款 10 万元。随后，钦赐仰殿道观、白云观、东岳庙等也纷纷捐款。

一方有难，八方支援。浦东新区、青浦、松江、奉贤、闵行、南汇、金山等道教组织积极募捐赈灾。

2008 年 5 月 15 日，上海道教界在松江东岳庙举行祈福消灾道场

上海道教学院的师生们同样踊跃捐助。张仲沛同学从小父母双亡,杨晓进同学的父亲不久前刚去世,但他们均各自捐出100元。

5月31日,上海市道教协会会长史孝进,副会长丁常云、刘巧林亲赴四川灾区,参加由中国道教协会在四川鹤鸣山举办的“中国道教界为汶川地震灾区祈福·追荐·赈灾大法会”,并向灾区人民再次捐款100万元。

在积极捐款捐物的同时,上海道教界还以道教特有的方式——道教法会表达对灾区人民的支持。5月15日,上海道教界在松江东岳庙举行“祈祷四川地震中罹难者超生、被困者平安获救”祈福超度法会。

地震灾难发生不久,上海城隍庙、钦赐仰殿道观分别举行“祈祷法会”,表达了与灾区人民共渡难关的守望之情。5月31日,刘巧林道长、丁常云道长一道亲赴四川灾区,参加在四川鹤鸣山举办的“中国道教界为汶川地震灾区祈福·追荐·赈灾大法会”,并再次分别向灾区人民捐款50万元和20万元。面对灾区重建的需要,上海城隍庙表示将不遗余力,为灾区重建和家园恢复作出进一步的贡献。

灾难无情,人间有爱。上海道教界以不同的形式、不同的方式,积极参与抗震救灾,积极支援灾区人民。各道观不仅积极捐款捐物,发动广大信徒参与赈灾活动,而且还利用宗教特有的方式为在地震中遇难的同胞举行超度法会。也有道长通过短信向灾区民众表示慰问,增强他们战胜困难的勇气和信心。上海道教界心系灾民、情系灾区,时刻关注着灾区人民。上海道教界将秉承道教“济世利人”的优良传统,发挥自身服务社会的作用,为灾区重建继续贡献自身的微薄之力。

众志成城救灾　爱心播撒希望

——上海伊斯兰教界支援汶川大地震抗震救灾纪实

五月的川西，地震伴随阴雨降临，大地布满伤痕，6 万多人因此罹难，数十万人流离失所。国难当头，上海伊斯兰教界责无旁贷。

2008 年 5 月 16 日是伊斯兰教的"主麻"聚礼日。上海市伊斯兰教协会所属的七坊清真寺积极响应市伊协号召，利用"主麻"聚礼的机会，各坊清真寺阿訇带领穆斯林群众为四川地震灾区中逝去的生命做祈祷默哀，为受灾的人民祈祷，希望他们能够尽快从灾难中恢复过来。

阿訇们结合《古兰经》和圣训向广大穆斯林群众发出募捐倡议，希望穆斯林群众发扬伊斯兰教扶危济困，珍爱生命的精神，尽自己所能为地震灾区奉献爱心。上海市伊斯兰教协会及七坊清真寺

2008 年 5 月 19 日下午，穆斯林在小桃园清真寺为地震中遇难同胞默哀

第一时间捐款 20.4 万元。看到灾区的学校在地震中毁坏、倒塌，学生在地震中受伤、逝去，上海伊斯兰教协会再次发出倡议，希望能够捐建一所民族希望小学。

清真女寺寺管会主任马淑贞听说要建希望小学，眼含泪花发动家里的孩子多捐款。女寺的穆斯林群众大多年老体弱，退休工资也不高，但这并不影响她们对灾区献爱心。梅树林阿姨抱病来到清真寺先后捐款 700 元；马秀英阿姨没有退休工资，从平时儿女给的生活费中拿出 300 元……

松江清真寺的老阿訇王振海哈吉结合伊斯兰教经典号召大家踊跃捐款，以体现伊斯兰教扶危济困的精神，并带头捐款；聋哑穆斯林余福华数次捐款，他用手语表达着自己对灾区的那份爱心；穆斯林妇女张文英在得知灾区有很多孤儿，她找到松江区民政局希望能够领养一个灾区孤儿。

沪西清真寺的卢少明、马庆民老人都已 70 多岁，在星期五“主麻”募捐时，他们站在太阳下，手捧募捐箱呼吁大家伸出援助之手，“谢谢”“塞瓦卜”不知说了多少遍，募捐结束时，他们的声音都已沙哑。小桃园清真寺、福佑路清真寺、浦东清真寺、景星路清真寺无不排起了捐赠的队伍。

与上海市伊斯兰教协会有业务联系的单位也慷慨解囊。他们中有租赁市伊协房产的商户，有清真监制单位，也有穆斯林企业。租赁市伊协天钥桥路房产的品勋管理公司董事长王振国，得知要在灾区建民族希望小学，当即送来善款 3 万元。

截至 2008 年 6 月 16 日，上海市伊斯兰教协会共为地震灾区募捐资金 85.427 万元，其中捐建民族希望小学的专项资金为 65.027 万元。

夫爱之诚　唯在实行

——上海天主教界参与赈济汶川地震灾区活动纪实

2008 年 5 月 12 日 14 时 28 分，四川省汶川县发生特大地震。霎时山崩地裂、天昏地暗、道路损坏、通信中断，倒塌的楼房像倾泻的洪水瞬间吞噬了数以万计的鲜活生命。

地震当日，中国天主教爱国会、中国天主教主教团就发出“对口帮扶，救援灾区”的号召，各地神长教友纷纷响应，全国各教区广大神长教友本着“天主爱乐捐的人”的圣训，陆续为灾区堂区踊跃奉献，并为灾区教友祈祷。

93 岁高龄的天主教上海教区主教金鲁贤得知消息后，当即决定捐赠 100 万元支援灾区。金鲁贤说：“得知许多同胞被埋在废墟下，我这几天寝食难安，我们的心都牵挂在那里，这是很沉痛的打击，我呼吁广大神长教友发扬爱德精神，呼吁上海所有兄弟姐妹共同献出爱心，伸出援手，支援灾区，帮助受灾群众重建家园，特别是要援建希望小学，为灾区同胞奉献爱心。”他引用圣经的话说：“我们爱，不可只用言语，也不可只用口舌，而要用行动和事实。”

在金鲁贤主教号召下，上海市天主教爱国会、上海市天主教教务委员会、天主教上海教区、上海市天主教知识分子联谊会四个团体广大神长教友、修士、修女、职工，积极投入救援工作，从物质和精神上支援灾区。

5 月 18 日，上海教区各教堂特为灾区、灾民奉献弥撒求主；凡有神父常驻的堂口，当日明供圣体，为灾区、灾民祈福；虹口圣心堂、杨浦和平堂、浦东金家巷堂、张家楼堂、川沙耶稣圣心堂等堂区，纷纷举行烛火祈祷等追思活动。当日弥撒结束后，各堂口教友募集的奉献金 100 多万元。上海市天主教爱国会、上海市天主教知识分子联谊会动员教友捐款捐物，送往灾区；天主教佘山修院举行烛光晚祈、并与修女院举行 9 日敬礼，表达上海教区对灾区灾民的休戚相关的骨肉之情；为配合全国哀悼日，天主教上海教区全部教堂于 5 月 19 日、20 日、21 日举行追思弥撒，哀悼地震中逝去的生命。

与此同时，天主教上海教区所属光启社会服务中心派员驰骋千里奔赴汶川灾区，向受灾地区的教会、为修复被毁的教堂及受灾群众送上救援款项，同时积极投入到抗震救灾中。他们到达灾区后，即刻投入医疗救护、灾民安抚、消毒防疫、免疫宣传、分发救灾帐篷等工作。其中有一位是天主教修女，虽然她身体瘦弱单薄，但坚持每天穿梭在摇摇欲坠的残垣断壁间，不畏艰难险阻，尽心尽力地为灾区同胞服务。其间，天主教上海光启社会服务中心再次资助 100 万用于当地教堂（特别是教会自养项目)的灾后重建。至此,天主教上海教区已为汶川地震捐款300多万元。

不仅如此,上海市天主教爱国会、上海市天主教教务委员会还与成都教区的西屏天主堂、什邡圣修堂,天主教上海教区与四川宜宾教区的双河镇天主堂、贡井区天主堂、荣县天主堂、纳溪区天主堂结成对子,支援灾区被毁的教堂重建。

上海天主教会在积极投入抗震救灾工作的同时,还热心协助灾区进行灾后心理辅导、心理重建的工作。灾区需要长期服务的志愿者,各地教会应该合作赈灾,有组织、有计划、有步骤地为灾区重建提供长期服务。

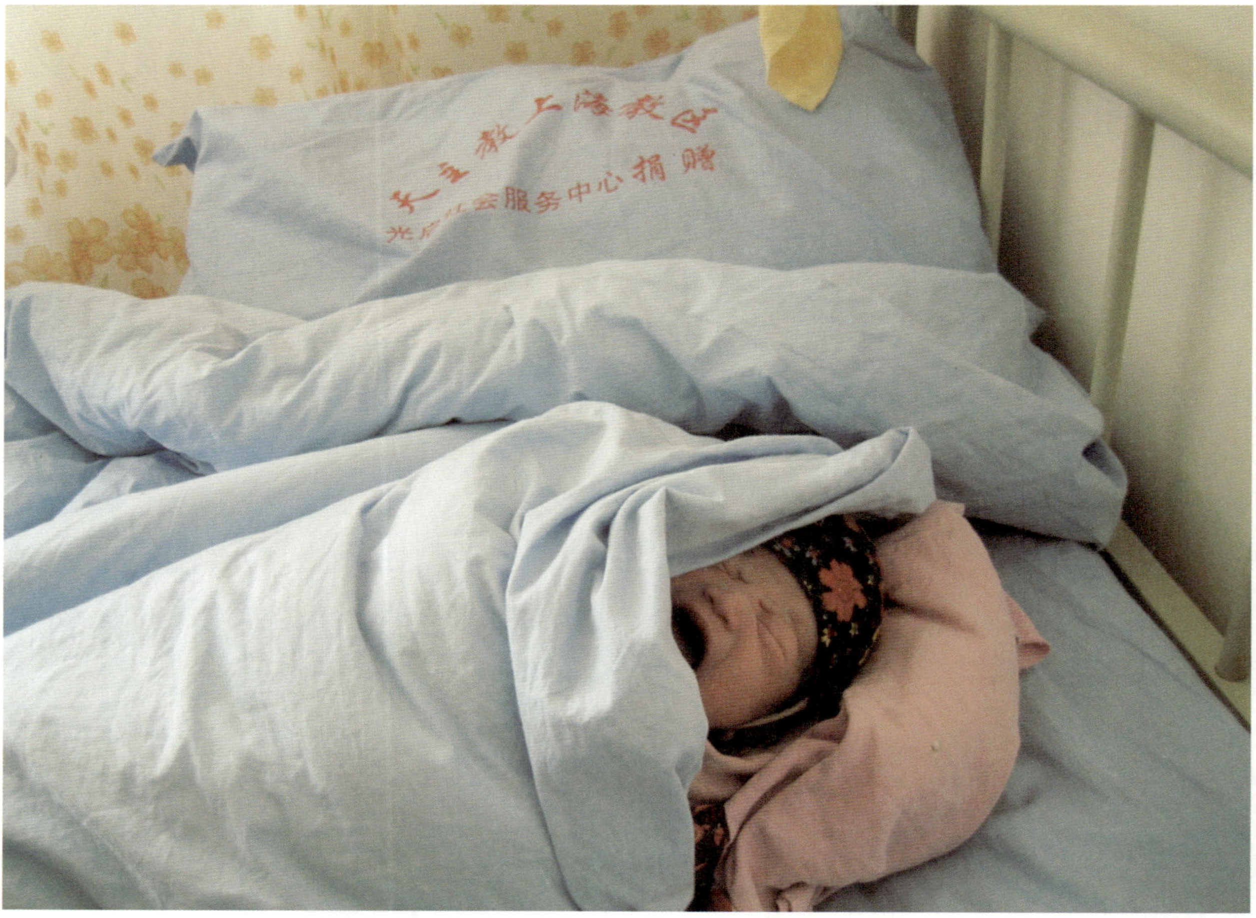

天主教上海教区光启社会服务中心在四川省北川羌族自治县第二人民医院的爱心捐助项目

我们在一起

——上海市基督教界参与赈济汶川地震灾区活动纪实

2008 年 5 月 12 日 14 时 28 分，传书大地顷刻间家园不再，亲人不在！满目疮痍的汶川让广大炎黄子孙心痛不已。

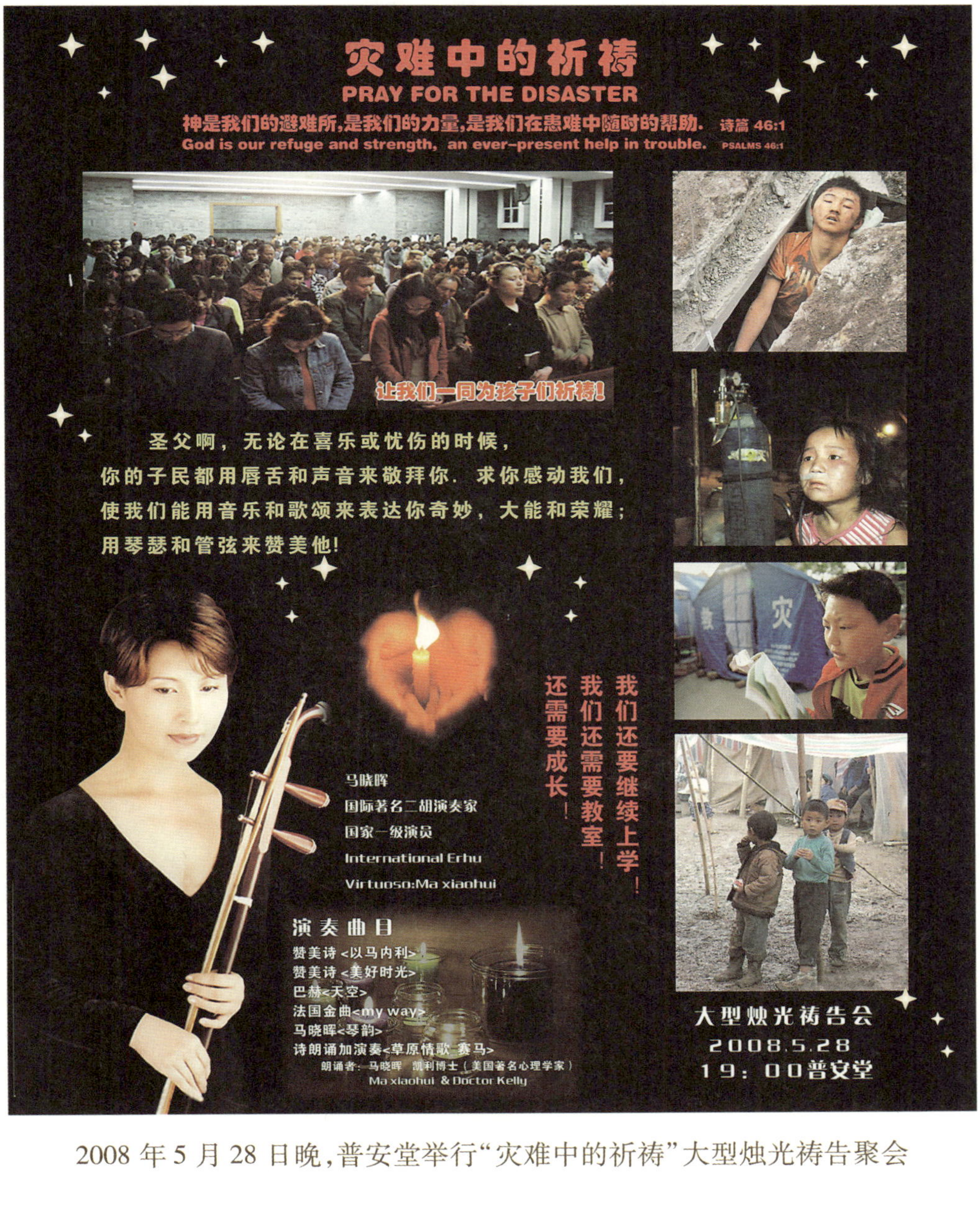

2008 年 5 月 28 日晚，普安堂举行“灾难中的祈祷”大型烛光祷告聚会

上海市基督教三自爱国运动委员会、上海市基督教教务委员会在第一时间行动起来，当日就与佛教、道教、伊斯兰教、天主教四大宗教团体的负责人一同赶到上海市红十字会捐出60万元。

上海市基督教两会向全市各区（县）基督教两会发出为灾区捐款函。全市各区（县）100多所礼拜堂，在18日（主日）的礼拜活动中，共同为灾区祷告，组织捐款。各区（县）两会、教堂及聚会点的牧师、长老、同工、信徒纷纷以实际行动多渠道、多方面地帮助灾区的同胞渡过难关、重建家园。

虹口区基督教妇女事工组特别发起“让主爱洒满人间”赈灾义卖募捐活动，参与义卖的物品都是来自信徒的奉献。在教会的赈灾捐款，感人事迹不胜枚举：有一位20岁左右的年轻信徒拿着1万元现金对牧师说：“我花了一个多小时乘车来教堂，请教会转给灾区。”一位年轻的女信徒给教堂打电话说：“请把教堂的账号告诉我，我要捐6万元，请教会转给灾区，不要问我的名字。”参加星期日教会主日学学习的几个小朋友，稚嫩的小手拿着50元、100元，踮起小脚尖把自己的临用钱投进了捐款箱。一对中年基督徒夫妇告诉牧师：“他们已经多次打电话联系，准备领养灾区的孤儿。”据不完全统计，上海市基督教界为抗震救灾爱心捐款达466万余元。

上海市基督教三自爱国运动委员会主席沈学彬牧师还亲赴陕西南部洋县固城、汉中等县市，实地察看因地震遭到破坏的教堂与圣经学校，回沪后经上海市基督教两会办公会议通过，捐出30万元帮助受灾地区教堂重建。教会的牧师、长老关注到在上海工作的四川的基督徒，亲自前去探访并慰问，切实了解他们的困难，给予帮扶，稳定他们的情绪。

诗人艾青写过这样一句话：“为什么我的眼里常含泪水，因为我对这片土地爱得深沉。”那一刻，上海基督教界所有人都不自觉地惦念着那片土地，以及那片土地上的每一个人、每一件事。

用行动传递爱心　用坚持彰显专业

——上海基督教青年会、上海基督教女青年会汶川地震援建服务纪实

上海基督教青年会、上海基督教女青年会是基督教背景的社会服务团体，在2008年四川汶川大地震灾情面前，用行动传递爱心，用坚持彰显专业，不仅把“爱是永不止息”进行了实践和见证，更是使“服务社会，造福人群”的团体宗旨在大灾面前增加了新的内涵，表现出以满足社会需要为追求的公益慈善的价值取向，诠释了在“爱心传递、传递爱心”中专业化社会服务团体的特质。谱写了大爱无疆的新的篇章。

捐款捐物，主动担当

北京时间5月12日14时28分，四川省阿坝藏族羌族自治州汶川县发生了里氏8.0级强震，灾情震惊了世界、牵动了每一位华夏儿女的心。上海基督教青年会、女青年会在第一时间主动联系了成都相关机构，了解灾情的第一手资讯，决策我们的回应。

在灾情面前，上海基督教青年会、女青年会迅速反应，首先发布了倡议书，倡议全体同工、会员、志愿者以责任与爱心伸出援助之手，用实际行动传递关爱之心、慰问之情，帮助灾区群众度过难关、重建家园。爱心倡议得到了全体同工、会员、志愿者的热烈响应。一时间，电话、短信、网络上都传递着爱心捐赠的声音，捐款的数额虽然各不相同，但对灾区人民的爱感动着每一个人，牵动了每个人的心。

在捐款活动过程中，从白发苍苍的老会员，到跟随父母参加志愿服务的儿童，都纷纷献上了自己的一份爱心。尤其让我们感动的是两位旅华的澳大利亚友人，在听说上海基督教青年会、女青年会举行爱心捐赠的消息之后，当场把身上全部的澳币都投进了募捐箱，并表达要继续关注灾区、灾情，这些都是对灾区人民最真切地关爱，感动着你、我、他。

爱心倡议得到了全体同工、会员、志愿者的热烈响应，短短的两天时间里，就收到了3万余元的爱心捐款，此后又陆续收到赈灾物品1000余件。

服务行动，传递爱心

上海基督教青年会、女青年会是广大会员和志愿者参与社会、服务社会的一个平台，为了让更多的会员和志愿者参与到赈灾当中，经过前期的动员和准备，自2009年1月份以来，上海基督教青年会、女青年会先后共有5支志愿者团队赴都江堰开展服务，共97名志愿者参与其中，2000余人次得到了服务。特别是灾后第一个春节来临之际，我们的志愿者组建慰问服务团，到都江堰灾区，用自己

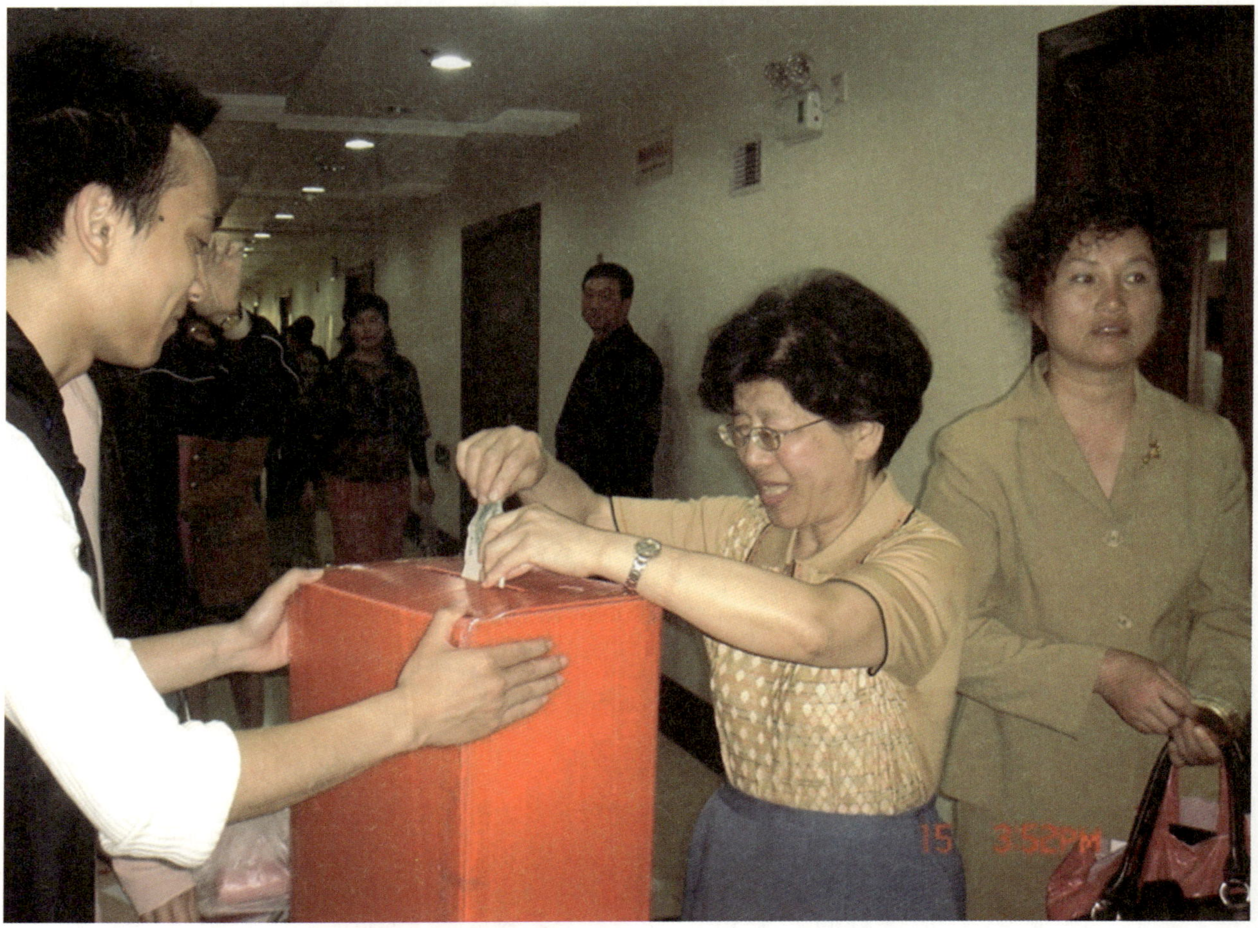

上海基督教青年会、女青年会工作人员踊跃参加爱心捐款

的一颗颗爱心，通过儿童服务、老年服务、游园会、亲子游戏、课业辅导等服务项目，安抚灾区市民，把爱传递给灾区人民，帮助他们早日走出灾后的影响。

筹建服务中心，将爱进行到底

随着志愿服务的不断推进，上海基督教青年会、女青年会对都江堰地区的服务需求也有了更加清晰的把握，为了持续性的开展服务，我们主动发挥国际性团体的特点，整合国际资源，在新加坡红十字会和新加坡基督教青年会的帮助下，筹得近500万人民币，在都江堰本会建立了都江堰服务中心。该中心主要针对青少年、老年人、家庭、社区等不同层面的人群和范围，用爱心创造新的生活，开展灾后社区“社区家园、心灵家园”重建行动。主要目标是帮助青少年建立积极人生观，培育爱心；帮助小学生课业辅导和学习服务他人的技能；发现生活重建中的问题，搭建志愿者队伍，构建新的社区社群关系，动员社会资源支持社区发展。通过都江堰服务中心的运作，达到志愿服务的可持续性的长效发展的目标。

持续的爱，造就新天地

2011 年后，灾区很多社会问题逐步显露，特别是心理问题的辅导和帮助、人际关系的建立，都是摆在社会面前的大问题。上海基督教青年会、女青年会通过服务实体的建立，开展了系列的志愿服务活动，让志愿者可以走近地震灾区，感受并温暖他们的心，同时也净化着自己的心灵。让志愿者对付出与回报，对快乐，对爱，对生命的真谛有了更深刻的体会，从而在当地培育和造就了一支华爱都江堰服务中心志愿者队伍，同时推动 YMCA（“基督教青年会”的英文简称，下同）运动的发展，这也正是 YMCA 支持都江堰灾后重建的目标所在。在灾后五周年之际，上海基督教青年会、女青年会邀请了灾后重建中支持开展活动的都江堰志愿者到上海，让更多的人了解灾后重建的果实，使爱不断得到延续。

近几年来，先后有新加坡 YMCA、香港基督教服务处、日本横滨 YMCA、韩国光州 YMCA、澳大利亚青年人都参与到都江堰灾后重建项目，并积极为此项目筹款。都江堰青少年中心建成后，向青少年和老年人提供服务，每年服务人群已达 10 万人次左右，此外，还接待上海以及海外志愿者 1 万人次左右，基本上打造成了一个融服务、住宿于一体的综合性的都江堰青少年服务中心。

■附　录

大　事　记

5 月 12 日 14 时 28 分 04 秒　四川省汶川县(北纬 31.0 度,东经 103.4 度)发生里氏 8.0 级特大地震(最初报 7.8 级,5 月 18 日修订为 8.0 级),这是新中国成立后破坏性最强、波及范围最广、救灾难度最大的地震,最大烈度达 11 度,余震 7 万余次,涉及四川、甘肃、陕西等 10 个省区市 417 个县(市、区)。(《汶川特大地震上海市对口支援都江堰市灾后重建志》)

5 月 12 日 14 时 46 分　东方网记者刘华宾报道:下午 2 时 46 分,上海徐汇区、静安区多幢大楼突然摇晃,原因不明。2 时 46 分,威海路某大楼工作人员突然惊呼,感觉脚下地面突然摇晃,站立的人员感觉头脑眩晕;明显的摇晃感持续长达 5 分钟。徐汇区等多个网友报料,所在大楼均有摇晃感。(东方网 http://sh.eastday.com/qtmt/20080512/u1a428894.html)

5 月 12 日 14 时 50 分　中央电视台新闻频道播发发生地震滚动字幕消息。15 时,新闻频道、中文国际频道等在《整点新闻》头条播报了第一条地震信息。15 时 20 分,新闻频道打开直播窗口,推出《关注汶川地震》和《抗震救灾众志成城》直播报道和特别节目,以滚动字幕、电话连线、背景短片、演播室访谈等方式,全程关注抗震救灾的进展,成为国内外媒体获取震区新闻的主要信息源。(《汶川特大地震上海市对口支援都江堰市灾后重建志》)

5 月 12 日 15 时　国家发改委经济运行局进入应急工作状态。根据运行局的部署,上海医药股份有限公司等国家医药储备单位全面进入应急状态,实行 24 小时值班制度,上报库存情况,随时做好灾区群众外伤抢救、消炎、输液等相关药品调运准备。《汶川特大地震上海市对口支援都江堰市灾后重建志》

5 月 12 日 15 时　东方航空公司召开救灾应急工作会议,成立由集团公司总裁李丰华、党组书记李军任组长,股份公司总经理曹建雄任常务副组长的救灾应急工作领导小组,立即启动应急程序,向公司下属各单位发出紧急通知,保证做好救灾物资和人员的运输工作。(上海市救灾援助指挥协调工作小组编:《上海市救灾援助情况专报(3)》,2008 年 5 月 16 日)

5 月 12 日 15 时　上海航空公司迅速成立由董事长周赤任组长的抗震救灾领导小组;成立由副总经理丁兴国任组长的抗震救灾工作小组。(上海市救灾援助指挥协调工作小组编:《上海市救灾援助情况专报(3)》,2008 年 5 月 16 日)

5 月 12 日 15 时　上海铁路局迅速成立抗震救灾指挥部,由党政主要领导任总指挥,分管局领导任副总指挥,各业务处室、公安局、宣传部等负责人参加,分管局领导兼任办公室主任。加强值班制度,主要领导24小时值班。对铁路运输的抗震救灾物资特事特办,确保火车运输安全准点。(上海市救灾援助指挥协调工作小组编:《上海市救灾援助情况专报(3)》,2008年5月16日)

5月12日16时40分 地震刚刚发生2个多小时,中共中央、国务院紧急部署,全国各地迅速调集医疗人员赶赴灾区,展开医疗救治,为灾区群众生命救援赢得宝贵时机。国务院总理温家宝16时40分即乘专机赶赴四川重灾区现场坐镇指挥抗震救灾。(《汶川特大地震上海市对口支援都江堰市灾后重建志》)

5月12日18时 地震发生4小时后,上海新闻晚报车友会就开始准备灾区需要的饮用水、食品、药品,当夜启程,36个小时后抵达灾区,分发物资、立即参加救援。(《汶川特大地震上海市对口支援都江堰市灾后重建志》)

5月12日21时 根据国务院抗震救灾总指挥部15时启动的应急预案,铁道部发布第一个救灾运输调度命令,要求上海、郑州、南宁铁路局向四川灾区抢运3万顶帐篷。

5月12日晚 中共中央总书记胡锦涛主持召开中共中央政治局常务委员会会议,全面部署汶川特大地震抗震救工作。会议同意由国务院成立抗震救灾总指挥部,由国务院总理温家宝任总指挥,国务院副总理李克强、回良玉任副总指挥。会议要求全国各地区各部门一定要大力发扬"一方有难,八方支援"的精神,万众一心、众志成城,迎难而上、百折不挠,共同夺取抗震救灾斗争的胜利。(《汶川特大地震上海市对口支援都江堰市灾后重建志》)

5月12日晚 中共上海市委、市政府立即召开紧急会议研究部署动员,中共中央政治局委员、市委书记俞正声,市长韩正指示成立上海市救灾援助协调工作小组,负责统筹、协调支援灾区的有关工作。(上海市救灾援助指挥协调工作小组:《本市开展救灾援助工作有关情况汇报(2008年5月26日市政府常务会议通报)》;上海市人民政府:《关于本市开展救灾援助的工作情况汇报(2008年5月28日市人大常委会通报稿)》)

5月12日晚 接松江区委通知,上海荣辉蜡艺公司紧急召回下班回家休息的员工,奋战9小时,突击生产,把160箱共20万支蜡烛装箱运往灾区。(松江区2009年9月向上海市民政局提供《松江捐赠活动》)

5月12日夜 上海市卫生局在第一时间成立上海市卫生系统抗震救灾工作领导小组,下设综合协调、医疗救治、疫情防控、新闻宣传、物资保障、前方协调工作组。当夜,根据卫生部的要求,上海市卫生局紧急动员,连夜组织抗震救灾医疗队。(上海市卫生局《上海卫生系统抗震救灾工作情况》)

5月12日晚和13日晨 中共上海市委、市政府分别致电四川、陕西、甘肃省委、省政府,代表上海人民对地震灾区人民表示深切慰问,向四川灾区捐赠1200万元,向陕西、甘肃省各捐赠200万元。(上海市民政局报《汶川特大地震抗震救灾志·社会赈灾志(上海部分)》概述)

5 月 13 日　中共中央政治局委员、市委书记俞正声在上海市双拥表彰会上指出：上海是全国人民的上海，上海有今天的发展，得益于全国人民的支持，灾区有难，上海应尽最大力量，全力以赴支援灾区人民。（《汶川特大地震上海市对口支援都江堰市灾后重建志》）

5 月 13 日　中共上海市委、市政府决定成立上海市救灾援助指挥协调工作小组（以下简称“协调工作小组”），由市政府应急办、市政府合作交流办、市经委、市民政局、市卫生局、市建设交通委等 21 个部门和单位组成，协调工作小组办公室设在市政府应急办。市政府副秘书长沙海林任组长。协调工作小组下设物资统筹、交通运输、宣传报道、社会捐赠、救助协调、综合联络组、简报编写 7 个小组。同日，上海市 19 个区县成立由区（县）委、区（县）政府主要领导为组长的抗震救灾捐赠工作领导小组。各级捐赠领导小组层层设点布网，逐一落实专人坚持 24 小时值班制度，形成市、区（县）、街镇、居村四级网络覆盖。（上海市应急管理委员会办公室 2009 年 9 月 4 日关于报送《汶川特大地震抗震救灾志·社会赈灾志（上海部分）》有关资料的函；上海市民政局 5 月 13 日《关于做好向“5·12 汶川地震”的四川灾区开展救灾捐赠的工作方案》）

5 月 13 日　中共上海市委办公厅、市政府办公厅发出《关于全力做好支援四川抗震救灾工作的紧急通知》。通知要求，全市各有关方面坚决贯彻中央要求，以高度的责任感和大局意识，发扬“一方有难，八方支援”的精神，积极主动、全力以赴做好支援四川抗震救灾工作。（《汶川特大地震上海市对口支援都江堰市灾后重建志》）

5 月 13 日上午　市政府秘书长姜平、副秘书长范希平召开市政府抗震救灾紧急会议，市政府应急办、经委、卫生局、民政局、财政局、政府新闻办、上海航空公司、东方航空公司、上海铁路局派人出席。会议传达贯彻中共中央政治局委员、市委书记俞正声和市长韩正“尽快组织采购物资发运”，“抓紧筹运，尽快发出，药品物资按灾区需要和中央的要求，尽一切可能帮灾区”的批示。各有关部门紧急行动。（上海市救灾援助指挥协调工作小组编：《上海市救灾援助情况快报（1）》，2008 年 5 月 15 日）

5 月 13 日上午　上海市红十字会会长谢丽娟紧急召开会议，成立应急工作小组，并向四川省红十字会首批捐款 100 万元，捐赠棉被、帐篷等救灾物资价值约 101 万元，第一时间表达了上海人民的关爱之情。（上海市救灾援助指挥协调工作小组编：《上海市救灾援助情况专报（16）》，2008 年 5 月 24 日）

5 月 13 日上午　上海市慈善基金会启动紧急救援预案，首批向四川省地震灾区援助 100 万元救灾款，即刻发往灾区。并决定自 13 日起接受社会各界捐款捐物，在市区开放 23 个捐赠点，设有捐赠热线电话，专门接受并保证以最快速度捐赠款物送往灾区，支援灾区人民重建家园。（《上海支援抗震救灾实录·大事记》）

5 月 13 日　上海市经委召开抗震救灾物资生产保障工作会议，19 个区县经委和光明、纺织控股、上海药业、华谊等4个集团及30多家相关生产企业参加，重点部署药品、食品、防寒防疫三大类物资的生产调度。建立由市经委、区县经委、大集团和生产企业组成的三级协调网络。会后迅速建立工作推进小组，监控药品和医疗器械、日用品、食品等3大类126家企业的生产调度情况，掌握库存及生产能力。（上海市救灾援助指挥协调工作小组编：《上海市救灾援助情况专报（1）》，2008年5月15日）

5月13日　冠生园（集团）有限公司按照准备150吨压缩饼干的指令，每天12个小时满负荷生产。（上海市地方志办公室编：《上海支援抗震救灾实录》，上海：上海世纪出版股份有限公司上海教育出版社，2008年12月第1版，第562页）

5月13日　上海市政府合作交流办公室建立上海援助四川抗震救灾工作接待服务站（5月17日起改称上海援助四川抗震救灾成都工作站），为上海各类救灾队伍提供应急保障和人员协调接待服务工作。（上海市人民政府合作交流办公室供稿）

5月13日　上海市成立市、区"5·12"汶川地震社会捐助工作领导小组办公室，接受社会各界捐赠。各公募机构开始积极组织对灾区的捐赠活动。（《上海支援抗震救灾实录·大事记》），（《汶川特大地震上海市对口支援都江堰市灾后重建志》）

5月13日起　上海宣传媒体紧密配合。上海电台、上海电视台每天安排抗震救灾宣传专栏，及时报道抗震救灾的时事新闻。前方感人的事迹激发了上海人民心系灾区，抗震救灾捐款捐物的热情。（中共上海市委宣传部2009年9月18日向市民政局提供《宣传系统社会赈灾志文稿资料》）

5月13日　上海9000余辆张贴着"赈灾义运"标志的大众出租车奔驰在上海街头，每辆车当天捐出100元营业款支援灾区。（《汶川特大地震上海市对口支援都江堰市灾后重建志》）

5月13日　上海振华港口机械集团股份有限公司通过上海市慈善基金会捐款2000万元。（上海市救灾援助指挥协调工作小组编：《上海市救灾援助情况快报（7）》，2008年5月15日；上海市慈善基金会：《上海市慈善基金会捐赠公示名单》，2008年6月）

5月13日　上海市佛教、道教、伊斯兰教、天主教、基督教五大宗教团体负责人到市红十字会首批捐款280万元。（上海市民族和宗教事务委员会2009年8月向市民政局提供《汶川大地震——上海民族宗教系统赈灾记事》）

5月13日　著名上海籍NBA篮球运动员姚明通过国内经纪团队向中国红十字会捐款50万元，同时在美国向中国红十字会捐赠21.4万美元，前后捐款达200万元，并发起和参与国内体育界的联合倡议，号召大家奉献爱心支援灾区。（上海市体育局2009年8月24日向市民政局提供《市体育局系统向四川地震灾区捐助物资情况》）

5月13日　全国政协委员、上海海外联谊会常务理事、香港世茂集团董事局主席许荣茂及世茂房产向四川灾区紧急捐助1000万港元，27日又出资1亿元，向受灾严重的灾区乡镇捐建百家"世茂

爱心医院"。(中共上海市委统战部2009年8月向市民政局提供《港澳台海外同胞抗震救灾典型人物》)

5月13日 全国政协委员、上海海外联谊会名誉顾问、香港瑞安集团董事长罗康瑞向四川地震灾区捐款1000万元。(上海市海外联谊会2009年8月向市民政局提供《上海市海外联谊会抗震救灾大事记》)

5月13日13时 上海市卫生局在地震发生后24小时内,组建由上海市中山医院、儿科医院、仁济医院、新华医院、第九人民医院、第一人民医院、第六人民医院医护人员组成的首批6支紧急医疗救援队。同日,上海市医疗急救中心和10个区、县急救中心抽调30辆装备精良的救护车,组成紧急抗震救灾车队奔赴灾区。(上海市卫生局《上海卫生系统抗震救灾工作情况》)

5月13日14时 根据公安部消防局要求,上海市公安局消防总队救援医疗队20人赶赴四川绵竹,展开救援行动。(上海市救灾援助指挥协调工作小组:《上海市救灾援助工作大事记》)**5月13日14时45分** 抗震救灾工作展开后第一天,根据四川省有关部门的要求和抗震救灾一线情况,在上海市应急办协调下,由市经委、市发改委等单位筹措的、从上海虹桥、浦东两机场空运到成都机场共7批救灾物资,主要是救灾一线急需的照明设备、药品、帐篷等物品,市应急办还专门在机场集团等单位帮助下成立了协调小组。其中,上海市应急办、市经委与市发改委筹措的第一批救灾应急物资为照明设备(电筒、蜡烛等32吨)空运成都,由上海邮政局扬子快运公司的邮政货运专机启运;当日共启运5批。16时30分,第二批救灾应急物资为医药急救物品(药品884件、运尸袋16件)由上航9543航班浦东空运成都;18时,第三批救灾应急物资为医疗器械与药品(医疗器械413件、84消毒液200件),由扬子江快运货机8Y5056航班18:00浦东空运成都;次日6时,第四批救灾应急物资为防寒帐篷(帐篷1680顶、67吨),由东航麦道11货机CK901浦东空运成都。8时40分,第五批救灾应急物资为防疫药品(青霉素大输液、氯化钠大输液等、19.1吨)由东航FM9541航班空运成都;9时30分,第六批救灾应急物资为医疗药品(青霉素大输液、氯化钠大输液、84消毒液等,9.5吨),由东航MU5407航班浦东空运成都。12时10分,第七批救灾应急物资为运尸布,重13吨,由东航MU7049航班从浦东经虹桥飞往成都。8时25分,9时30分,15时55分,19时40分,国家发改委紧急调运的消毒用品、药品、通讯设备、食品等物资空运成都。[按:时任上海市政府应急办副主任张海涛,通过短信发送7批救援物资航班信息给四川省应急办副主任卢兰和上海市政府驻重庆(川渝)办事处主任姚新。卢兰负责机场接收](上海市救灾援助指挥协调工作小组编:《上海市救灾援助情况快报(12)》,2008年5月16日;张海涛提供短信资料)

5月13日 截至17时,上海市共有1700余人踊跃献血。仅闵行区两个献血屋就有89人献出全血117人份(人份200毫升)。松江区有5540人次无偿献血,献血6366人份。(《申城各献血点涌动爱的暖流 1700多人自发献血》2008年5月14日东方网劳动报,http://sh.sina.com.cn/news/20080514/095591144.shtml)

5月14日 中央电视台在13日的各档直播节目中播出地震灾区画面，为观众呈现了第一位获救者被救援人员从废墟下救出的画面。14日播出地震灾区航拍画面，让观众详细了解震灾严重程度。（《汶川特大地震上海市对口支援都江堰市灾后重建志》）

5月14日 中共中央总书记胡锦涛主持召开中央政治局常委会议，研究部署抗震救灾工作。要求务必把抗震救灾工作作为当前最重要最紧迫的任务，全力以赴。（《人民日报》2008年5月15日第01版）

5月14日 国务院总理温家宝冒着余震不断的危险，驱车到绵阳境内的北川县察看灾情。国务院副总理、抗震救灾总指挥部副总指挥李克强在北京主持召开有43个部门负责人参加的抗震救灾工作会议，要求各有关部门立即启动地震灾害应急预案。（《汶川特大地震上海市对口支援都江堰市灾后重建志》）

5月14日 外伤止血、菌消炎，镇静麻醉、防疫消毒等百余种急需药品和医疗器材，由上海等8省（市）紧急空运灾区。（《汶川特大地震上海市对口支援都江堰市灾后重建志》）

5月14日 新华社发表评论员文章——《众志成城抗震救灾》，号召社会各界都应以抗震救灾为己任，尽最大努力支援灾区。同日，胡锦涛、吴邦国、温家宝、贾庆林、李长春、习近平、李克强、贺国强等党和国家领导人身体力行、率先垂范，向灾区捐款捐物。（http://news.sina.com.cn/c/2008－05－14/000315532145.shtml）

5月14日 按照党中央、国务院要求和市委、市政府部署，上海市广大干部群众积极行动，为四川地震灾区捐款捐物。早晨开始，市委、市人大、市政府、市政协等市级机关分别举行为四川灾区捐款活动，俞正声、韩正、刘云耕、冯国勤、殷一璀等参加捐赠。市纪委、市委组织部、市委宣传部、市委统战部、市委政法委和上海警备区都分别组织了捐赠活动。上午，武警上海总队也举行了向地震灾区捐款活动，总队长刘洪凯少将、政委卢津平少将和广大官兵参加捐款，募集捐款80余万元。（2008年5月14日《东方早报》记者李萌、李祎）

5月14日 上午，市委副书记、市长韩正主持召开市政府专题会议，宣布成立上海市救灾援助指挥协调工作小组。上海市政府办公厅发出《关于成立上海市救灾援助指挥协调工作小组的通知》，协调工作小组办公室设在市应急办。晚上8时，沙海林主持召开协调工作小组第一次全体会议。明确协调工作小组运转机制和各成员单位的分工职责，并对物资调运、队伍组建、信息联络、舆论宣传、社会安抚等工作作出具体协调部署。（沪府办发【2008】21号，《上海市人民政府办公厅关于成立上海市救灾援助指挥协调工作小组的通知》，2008年5月14日。市救灾援助指挥协调工作小组编：《上海市救灾援助情况专报(1)》，2008年5月15日）

5月14日 根据公安部统一部署，上海市公安局迅速派出200名特警、407名消防队员组成的应急救援队赶赴灾区，投入救援工作。下午6时，消防应急救援队特勤支队20人先遣队，乘3架军用直升机成功到达重灾区汶川县映秀镇，并迅速在当地一所小学实施救灾。（上海市救灾援助指挥协调工作小组：《上海市救灾援助工作大事记》）

5月14日 截至14日，上海市经委、发改委、财政局等部门已建立例会制度，现场解决物资调运、资金支付等问题，保障企业生产供应能力。市经委已启动重点物资应急储备调运工作预案，保障应急物资的采购与调运，会同10个区县和光明、良友、纺控、上药等4个集团及30多家相关生产企业建立应急生产联络制度，同时着手研究赴川救援人员的物资保障供应工作。机场集团紧急开辟快速安检通道，为人员和物资调运优先办理相关手续；市应急办、市建设交通委已协调东方航空、上海航空、邮政货运航空公司等单位，安排专用货机，保障物资运输。（上海市救灾援助指挥协调工作小组编：《上海市救灾援助情况专报(1)》，2008年5月15日）

5月14日 上海市质量技术监督局开辟抗震救灾应急食品市场准入绿色通道，批准上海冠生园益民食品有限公司的申请，准许生产军工干粮（压缩饼干）和民用压缩饼干等抗震救灾应急食品。（《汶川特大地震上海市对口支援都江堰市灾后重建志》）

5月14日 上海罗氏制药有限公司职工放弃休息时间，完成500万元的高效抗生素药物的生产及检验，药品紧急运往灾区。市经委组织上海洋帆实业有限公司等4家帐篷生产企业，紧急生产帐篷，6月10日前先期提供1万顶帐篷支援灾区。（上海市地方志办公室编：《上海支援抗震救灾实录》，上海：上海世纪出版股份有限公司上海教育出版社，2008年12月第1版，第562页）

5月14日 上海航空公司13日为抢运市政府交付的17.1吨救灾物资，把航班飞机的货舱位全部腾出来装运物资。14日，由于原定航班的波音737飞机无法一次性抢运市政府交付的19吨医药物资，上海航空公司将原定执行上海到香港航班的767飞机调整过来执行上海到成都的航班任务。自15日开始，上海航空公司将每天早晨上海到成都的航班飞机均由波音737改为波音767飞机，确保救灾物资供应。（上海市救灾援助指挥协调工作小组编：《上海市救灾援助情况专报(3)》，2008年5月16日）

5月14日 由国家发展改革委、上海市农委、上海气象局、中国移动四川公司组织的药品、食品、通讯设备等35.9吨物资，分3批空运到四川灾区。（上海市救灾援助指挥协调工作小组编：《上海市救灾援助情况专报(1)》，2008年5月15日）

5月14日 上海市卫生局接到卫生部选派援川卫生防疫救援队的命令，立即组建了一支由12名专业人员组成的专业卫生防疫队伍。在上海市疾病预防控制中心副主任卢伟博士带领下，于15日上午8时20分，飞赴四川地震灾区开展卫生防疫工作。（《汶川特大地震上海市对口支援都江堰市

灾后重建志》)

5月14日 上午,由上海市市级医疗机构组成的6支医疗队共109名医疗队员赶赴灾区,随队携带了救灾必备的药物、手术器械、帐篷等,进驻当地医疗单位开展救治重症病人工作。副市长沈晓明送行。(上海市救灾援助指挥协调工作小组编:《上海市救灾援助情况专报(1)》,2008年5月15日;《上海市救灾援助工作大事记》)

5月14日 上午接到组建赴四川灾区救护车队的命令后,上海市医疗急救中心在短短2小时内调配30辆救护车,成立由市和郊区急救中心(站)60名精干人员组成的应急救援队伍。30辆救护车全部配备卫星导航设备和除颤机、心肺监护仪、心电图、常用急救药箱、血氧饱和仪等急救设备,其中10辆救护车还配备了呼吸机。中午救护车队待命出发,中共中央政治局委员、市委书记俞正声,市委副书记、市长韩正等出席发车仪式。车队在领队顾阿荣的带领下,日夜兼程赶赴四川灾区。(《汶川特大地震上海市对口支援都江堰市灾后重建志》)

5月14日 截至14日,上海市卫生局紧急动员市级医疗机构准备抗震救灾物资,已筹集各类医疗物资约16吨,并利用远程医疗网络,为四川省阿坝州15名病人进行远程会诊。(上海市救灾援助指挥协调工作小组编:《上海市救灾援助情况专报(1)》,2008年5月15日)

5月14日 上海电力医院派出一辆发电车和一辆指挥车,携急需药品赶赴四川灾区。15日5时50分,由上海电力医院内科、外科、骨科、烧伤科、急诊科、护理部科室的骨干医师、护士组成的国家电网上海救灾医疗队乘坐飞机赶赴四川地震灾区。(《汶川特大地震上海市对口支援都江堰市灾后重建志》;http://www. shanghai. gov. cn/shanghai/node2314/node20071/node20073/userobject21ai278539. html)

5月14日 截至14日,上海市国资委系统各企业积极组织捐赠献爱心活动,其中上汽集团向四川受灾地区捐资1000万元。(上海市救灾援助指挥协调工作小组编:《上海市救灾援助情况专报(1)》,2008年5月15日)

5月14日 上海市总工会十一届十五次全委会决定再次向灾区四川捐赠230万元,向陕西、甘肃各捐赠10万元。13日,市总工会已向灾区捐助30万元善款。(上海市总工会办公室2009年8月24日向市民政局提供《上海市总工会全力以赴支援四川汶川地区抗震救灾》)

5月14日 上海市教育发展基金会、上海市侨商会、上海市装饰装修行业协会等12家社会组织集中捐款253万元。(上海市社团管理局2009年9月向市民政局提供《汶川特大地震抗震救灾志·社会赈灾志》上海社会组织部分资料)

5月14日 上海佛教界十多家寺院通过上海市慈善基金会捐款180万元,其中玉佛寺100万元,真如寺50万元。(上海市民族和宗教事务委员会2009年8月向市民政局提供《汶川大地震——上海民族宗教系统赈灾记事》)

5 月 14 日 宝钢集团公司向市红十字会捐款 1000 万元及 5000 万元的彩板房安置灾民。东方希望集团有限公司向市红十字会捐款 1000 万元。上海烟草集团公司捐款 1000 万元。盛大网络向浦东新区红十字会捐款 100 万元。(宝钢 2009 年 7 月 7 日向市民政局提供《宝钢支援汶川地震灾区资料》)

5 月 14 日 据不完全统计,截至 14 日,上海市外资企业协会会员企业已捐助近 1 亿元。在沪台资企业已捐款约合 1 亿多元,捐物约 1860 万元。(上海市救灾援助指挥协调工作小组编:《上海市救灾援助情况快报(7)》,2008 年 5 月 15 日;《上海市救灾援助情况快报(9)》,2008 年 5 月 15 日)

5 月 14 日下午 上海市妇联系统"支援四川省地震灾区爱心捐款行动",在市妇联机关广场举行,共募捐 610775 元。(上海市妇女联合会 2009 年 8 月向市民政局提供《汶川特大地震抗震救灾志·社会赈灾志》资料)

5 月 14 日 108 岁的王云妹老奶奶在人搀扶下到捐款点捐款 500 元,这是上海市慈善基金会成立以来年龄最大的捐赠者。(《上海人民与灾区人民同在》5 月 16 日,《文汇报》,第 3 版)

5 月 14 日 上海市血液办发出紧急通知,该中心及街头采血车从下午起暂时停止发放无偿献血登记表,采取预约献血的方式。建议献血人留下姓名和电话,一旦需要,会在第一时间通知市民献血。这两天上海血库每天能收到 2000 份爱心人士的血液,几乎是平时的 3 倍。(《上海支援抗震救灾实录·大事记》)

5 月 14 日 上海市民政局成立地震救灾捐赠工作领导小组,并对全市捐赠接收工作作出部署,19 个区县均已落实接收社会捐赠的场所、电话、人员,随时接收市民和社会组织捐赠。截至 14 日 16 时,全市共接收捐款 1276.6 万元。其中,市、区(县)民政部门共计接收 1101.4 万元;市红十字会接收救灾捐款共计 143 万元;市慈善基金会接收捐款共计 32.2 万元。(《上海支援抗震救灾实录·大事记》;市救灾援助指挥协调工作小组编:《上海市救灾援助情况专报(1)》,2008 年 5 月 15 日)

5 月 14 日 截至 16 时 30 分,上海铁路局全局已紧急开行 17 趟救灾专列。(《上海支援抗震救灾实录·大事记》)

5 月 14 日晚 根据中国地震局指挥部安排,上海市地震局地震科学考察队一行 7 人到绵阳开展工作。15 日 14 时 15 分到达映秀镇与突击队会合。(上海市救灾援助指挥协调工作小组编:《上海市救灾援助情况快报(3)》,2008 年 5 月 15 日)

5 月 14 日晚 四川省委、省政府来电,代表灾区人民和四川全省各族人民对上海市在四川地震灾害发生后,第一时间发去慰问电并捐助现金 1200 万元和大量救灾物资表示感谢。此前,四川省财政厅致函上海市财政局,通报上海市捐赠的救灾款项已到账。(上海市救灾援助指挥协调工作小组编:《上海市救灾援助情况快报(21)》,2008 年 5 月 16 日)

5 月 14 日晚 上海时空之旅文化发展有限公司在上海马戏城举行上海市首家赈灾义演,门票收入10万元现场捐给灾区。市信息化行业协会工作党委联合巾帼园和上海炎黄文化研究会朗诵艺术委员会举办赈灾义演，现场募捐119.8万元。（闸北区民政局2009年8月31日向市民政局提供《上海市闸北区捐赠活动志稿资料》）

5月15日8时20分 由上海紧急组建的援川卫生防疫队从浦东机场起飞，奔赴抗震救灾第一线，开展传染病防治、环境消毒、食品饮水卫生、健康教育、心理危机干预等卫生防病工作，全力以赴确保地震灾区大灾之后无大疫。这是首支派往灾区的省级援川卫生防疫救援队。（《上海支援抗震救灾实录·大事记》）

5月15日 上午，上海市气象局将四川气象部门急需的10台柴油发电机和2台卫星电话空运到成都，交付四川省气象局。（上海市救灾援助指挥协调工作小组编：《上海市救灾援助情况快报(2)》，2008年5月15日）

5月15日 上海市建设交通委紧急制定完成上海市建设行业支援灾区震抢险救灾应急预案，组建300人的专家、设计、施工等3支队伍，配备落实了吊车等专业设备，随时准备赶赴灾区救灾。（上海市救灾援助指挥协调工作小组：《上海市救灾援助工作大事记》）

5月15日 作为国家地震局紧急组织的"应急灾评组"成员，同济大学土木工程防灾国家重点实验室和土木工程学院建工系3位老师，飞赴都江堰、绵阳等地震灾害现场开展抽样调查工作，划分地震烈度，进行地震灾害分布分析。（上海市救灾援助指挥协调工作小组编：《上海市救灾援助情况快报(59)》，2008年5月22日）

5月15日 上海12家货运企业落实180辆各类运输车辆，随时确保抗震救灾物资运往灾区。（《汶川特大地震上海市对口支援都江堰市灾后重建志》）

5月15日 截至15日，东航从上海、洛阳、昆明等12个城市调配共计40架飞机投入飞行，运输救灾人员4998名和200多吨救灾物资。此前，已于5月13日下午16时20分，市政府要求有1680顶帐篷运往灾区，东方航空公司即把原定第二天凌晨3点飞旧金山的货机紧急调运浦东机场，装运物资飞赴成都。14日11时，又调派一架空客A320运送上海支援灾区的120名医疗人员。（上海市救灾援助指挥协调工作小组编：《上海市救灾援助情况专报(3)》，2008年5月16日）

5月15日 上海吴孟超医学科技基金会捐赠价值510万元的抗休克、血容量扩充的急救药品。上海东方爱心基金会捐款100万元。上海唐俊远教育基金会捐款100万元。上海市工商界爱国建设特种基金会捐款100万元。（上海市社团管理局2009年9月向市民政局提供《汶川特大地震抗震救灾志·社会赈灾志》上海社会组织部分资料）

5月15日 施氏家族慈善基金会向上海市慈善基金会捐款20万美元。上海市台协会长李茂盛个人捐款150万元，并将20万副医用手套通过上海红十字会捐赠灾区。市台协荣誉会长叶惠德个人捐款100万元。（上海市慈善基金会《5月16日上海市慈善基金会赈灾捐赠爱心花絮》）

5月15日　台资永恩投资(集团)有限公司达芙妮中国总部向上海市慈善基金会捐赠价值1500万元的运动鞋和500万元善款。顶新集团捐款300万元及价值700万元的食品。英达科技有限公司捐款400万元,员工捐款100万元。上海达丰电脑公司捐款500万元。台湾正隆集团上海市中隆纸业控股有限公司捐款200万元。(上海市慈善基金会《5月16日上海市慈善基金会赈灾捐赠爱心花絮》)

5月15日　上海20世纪50年代的全国劳动模范、87岁高龄的张金妹在孙子的搀扶下到街道捐出2个月4000元的退休工资。(闸北区民政局2009年8月31日向市民政局提供《上海市闸北区捐赠活动志稿资料》)

5月15日　截至15日,上海市希望工程办公室共接受各类捐款767.85万元;第一批捐款126万元已于5月13日发往四川省青少年发展基金会。(上海市救灾援助指挥协调工作小组编:《上海市救灾援助情况快报(27)》,2008年5月17日)

5月15日　截至15日下午,上海证监局组织辖区机构开展募捐活动,募集捐款3000多万元。(上海市救灾援助指挥协调工作小组编:《上海市救灾援助情况快报(27)》,2008年5月17日)

5月15日　上海市学联按照团市委统一部署,向全市青年学生发出倡议,做献血志愿者。上海电影艺术学院2000多名师生有447名自愿献血。(上海市地方志办公室编:《上海支援抗震救灾实录》,上海:上海世纪出版股份有限公司上海教育出版社,2008年12月第1版,第557页)

5月15日　截至15日,市经委通过紧急调用市级储备物资和紧急采购,共组织10批抗震救灾支援物资191吨,价值1288万元,其中市经委、市发改委调用5批,150吨,价值450万元,协助调运5批,41吨,价值838万元。有照明物资7.6吨,18万元;防寒防疫物资121吨,316万元;食品5吨,151万元;医疗器械与药品52吨,422万元;通信设备5吨,516万元。(上海市救灾援助指挥协调工作小组编:《上海市救灾援助情况快报(12)》,2008年5月16日;张海涛提供短信资料)

5月15日　《解放日报》与四川省政府驻沪办联合四川媒体共同推出"大地震后爱心寻亲"活动,在60万川籍在沪经商务工人员中引起强烈反响。已有数百人通过《解放日报》、四川省政府驻沪办、《成都商报》、四川在线公布的爱心寻亲热线和网站,或咨询四川地震灾情,或倾诉对受灾亲人的思念,或急切寻求打听受灾亲人信息的帮助。(《上海支援抗震救灾实录·大事记》)

5月15日下午　上海市公安局在毕节市黔西县抓获胡志勇、吴中星等8名犯罪嫌疑人,当场缴获手机60余部、手机卡100余张、银行卡20余张、电脑主机2台、显示器1台以及部分开户用身份证等作案工具。13日,上海市公安局"110"报警台连续接到群众举报,称收到以四川"5·12"地震为名要求汇款赈灾的诈骗短信息。市公安局组成专案组赴贵州开展侦查和抓捕工作,同时对发送短信的手机开展甄别、停机工作。(上海市救灾援助指挥协调工作小组编:《上海市救灾援助情况快报(8、22)》,2008年5月15、16日)

5月15日下午 市政府副秘书长、协调工作小组组长沙海林主持召开协调工作小组例会,强调要充分发挥协调工作小组的综合协调作用。会议明确了协调工作小组日常工作机制。一要建立集中办公机制。二要建立全市统筹制度。三要建立信息报送、发布制度。同时,沙海林还与四川省政府秘书长于伟通电话,通报上海市委、市政府主要领导极为关切灾区的情况,已建立协调工作小组负责统一协调指挥上海方面的救灾援助工作,并重点对上海救灾物资进灾区等需四川方面协助的情况沟通交流。(上海市救灾援助指挥协调工作小组编:《上海市救灾援助情况快报(1)、(2)》,2008年5月15日)

5月15日下午 上海市卫生系统赴灾区医疗队伍已按卫生部统一部署开展工作,中山医院医疗队在四川大学华西医院开展工作,仁济医院医疗队在四川省人民医院开展工作,由第一人民医院组建的医疗队抵达绵阳市灾区第一线开展工作,由新华医院和第六、第九人民医院组建的三支医疗队伍在凤凰山机场正待命赴汶川开展医疗工作,上海市支援抗震救灾救护车队30辆车60名医护人员中午已到达西安,市卫生局支援灾区的第一支公共卫生防疫队中午已抵达绵阳开展工作,另外4支公共卫生防疫救援队已组建完毕随时待命。(上海市救灾援助指挥协调工作小组编:《上海市救灾援助情况快报(2)》,2008年5月15日)

5月15日下午 上海市建设交通委成立了由主任黄融为组长、副主任孙建平为副组长的应急协调小组,与航空、铁路、公路等各类运输单位开展了工作。市经委建立了市经委、13个区县经委、4个集团公司以及30多家企业参与的三级物资保障系统,根据商务部和四川省、成都市有关部门的物资需求动态,每天下午五点半召开物资调度会统筹协调。(上海市救灾援助指挥协调工作小组编:《上海市救灾援助情况快报(2)》,2008年5月15日)

5月15日下午 根据民政部要求,确定上海市民政部门接收的社会捐赠物资主要对口支援绵阳市区。经与绵阳市民政部门联系,已确定当地灾区急需且上海市有关单位已明确捐赠的物资10多项,总价值近1000万元,其中吴孟超院士科技基金会捐赠的抗休克药品13800瓶(价值约510万元)15日已运到绵阳。市民政局对捐赠物资采取预约登记办法,根据灾区需求再请捐赠人实施捐赠。(上海市救灾援助指挥协调工作小组编:《上海市救灾援助情况快报(2)》,2008年5月15日)

5月15日下午 上海市合作交流办副主任、协调工作小组副组长周贤行拜见四川省政府副省长黄小祥,通报上海市援助四川地震灾区抗震救灾工作情况。黄小祥表示将把上海人民的大力支持转化为抗震救灾的巨大动力,提出根据受灾地区各县市汇总上报的救灾紧缺物资情况,同时考虑到20多天后即将到来的中考、高考,受灾地区急需大量的帐篷和棉被,恳请上海采取空运等方式,尽快提供最急需的帐篷1万~2万顶,棉被3万~4万条。(上海市救灾援助指挥协调工作小组编:《上海市救灾援助情况快报(4)》,2008年5月15日)

5月15日下午 上海市青少年发展基金会、市希望工程办公室和文汇报社联合发起设立“上海汶川震灾区孤儿助养助学基金”,首日收到175万元捐款。(上海市救灾援助指挥协调工作小组编:《上海市救灾援助情况快报(27)》,2008年5月17日)

5月15日下午 上海市广电通讯网络有限公司和上海市白玉兰远程医学管理中心派员携带一批远程移动通讯设备赶赴四川成都,帮助四川省卫生厅设立远程医疗指挥中心,实现对灾区医疗救援工作的远程指挥,并对位于交通不便地区的重伤员,利用远程网络进行医疗会诊。(《汶川特大地震上海市对口支援都江堰市灾后重建志》)

5月15日 截至16时,在协调工作小组统筹指挥下,全市支援灾区工作开展有序有力。派出10支共计725人的应急队伍,其中,6支医疗救援队109人,1支公安消防、特警救援队607人,2支地震检测评估队9人,1架救助直升机5人。共调运应急物资13批,约278.8吨。其中空运12批,铁路1批,涉及照明设备、医疗设备、衣物帐篷、急救药品、食品等。共接受社会捐助资金9944万元,其中民政部门接收3533万元,市红十字会接收2851万元,慈善基金会接收3560万元。(上海市救灾援助指挥协调工作小组编:《上海市救灾援助情况快报(2)》,2008年5月15日)

5月15日17时30分 截至17时30分,上海市公安局共向四川地震灾区捐款720余万元,已将2批给养物资发往都江堰上海特警驻地。市公安局后保部已落实专人在都江堰负责给养物资交接工作。同时,全局各单位组织了55支抗震救灾预备队,2423名青年民警报名。(上海市救灾援助指挥协调工作小组编:《上海市救灾援助情况快报(6)》,2008年5月15日)

5月15日晚 上海市政府办公厅、市政府应急办向国务院抗震救灾指挥部报告,并致函四川省政府办公厅,通报根据市委、市政府的要求,市有关部门组建完成了25支抗震救灾专业救援队伍,可根据需要随时投入抗震救灾战斗,并主动请战,表示上海市各专业救援队伍可随时听从调遣。截至本日晚,上海市已派出200名公安特警、407名公安消防队员和109名医疗救护人员奔赴四川灾区参加抗震救灾工作。(上海市救灾援助指挥协调工作小组编:《上海市救灾援助情况快报(14)》,2008年5月16日)

5月15日 全市各献血点5月13至15日3天,共有近万名市民无偿献血,采血量220万毫升,日均3000余份。(《申城各献血点涌动爱的暖流1700多人自发献血》2008年5月14日东方网劳动报,http://sh.sina.com.cn/news/20080514/095591144.shtml)

5月15日晚 在上海市应急办、市经委、上海航空公司的大力协助下,上海市农委紧急调集5吨多罐头、饼干、真空熟食等救灾食品,5月14日晚8:00运至成都,光明乳业成都分公司生产的2吨优质奶制品也于当晚送达指定地点。15日晚,发放到绵阳市北川县、阿坝州汶川县的灾民手中。这是最早陆路送达北川、汶川两县的救灾食品。(上海市救灾援助指挥协调工作小组编:《情况专报(2008—7)》,2008年5月16日)

5月15日晚至16日凌晨 国务院总理温家宝在列车上召开国务院抗震救灾总指挥部会议,要求做好善后工作，解决好灾民生活安置问题。善后工作包括对遇难者遗体的处理、防止疫病出现等。会议决定总指挥部在原有8个工作组的基础上增设水利组，负责水库及河道内因灾害变形可能引起的安全问题，同时解决饮水问题，保证饮水供应。(《汶川特大地震上海市对口支援都江堰市灾后重建志》)

5月16日 截至6时，上海铁路局共装运上海发往灾区的救灾物资305车，其中帐篷48车，药品10车，矿泉水170车，消毒品1车，棉被衣服5车，军列34车，其他37车。(上海市救灾援助指挥协调工作小组编:《上海市救灾援助情况专报(3)》,2008年5月16日)

5月16日 截至8时，上海航空公司共承运救灾物资16个架次，其中2架次为全货物专机，共运送107.1吨、6710件物资，承运人员28名。(上海市救灾援助指挥协调工作小组编:《上海市救灾援助情况专报(3)》,2008年5月16日)

5月16日10时30分 中共中央总书记、国家主席、中央军委主席胡锦涛从北京飞抵绵阳市南郊机场，随即在机场主持召开会议，同先期抵达灾区的国务院总理温家宝共同研究部署抗震救灾工作，胡锦涛作出重要指示。会议强调，抗震救灾工作要坚持以人为本，把抢救人民群众生命作为重中之重。要继续尽最大可能救人，只要有一线希望，就要作出百倍努力。国务院副总理回良玉、中央政策研究室主任王沪宁、国务委员兼国务院秘书长马凯、国务委员孟建柱等参加会议。(《汶川特大地震上海市对口支援都江堰市灾后重建志》)

5月16日凌晨 四川省政府办公厅向上海市政府办公厅发出由副省长黄小祥亲笔签署的求援信，请求上海代为采购价值500万元的牛奶、矿泉水、食品等物品。协调工作小组物资统筹组立即建议启动上海市的重大物资筹措机制，由市经委市场处具体落实，并改为无偿援助，由铁路紧急发往四川地震灾区。(市政府办公厅副巡视员张海涛口述，李洪珍记录)

5月16日 民政部下发《关于请有关省级民政部门向灾区紧急提供救灾物资的通知》，组织各地开展对口支援捐赠活动。同日，中国社工协会向各城区、街道、乡镇、村(居)民委员会，各城乡社区工作者和社区志愿者发出赈灾倡议。(《汶川特大地震上海市对口支援都江堰市灾后重建志》)

5月16日 中共上海市委召开常委会，听取并审议市政府党组关于上海市开展援助灾区抗震救灾及保障上海市社会稳定有关工作的汇报。下午，根据市委常委会有关要求，市政府秘书长姜平、市政府副秘书长兼协调工作小组组长沙海林立即召开协调小组工作会议，要求认真贯彻市委常委会精神，立即开展对各赴灾区救援队伍家属的慰问活动。(上海市救灾援助指挥协调工作小组编:《上海市救灾援助情况快报(29)》,2008年5月17日;《上海市救灾援助工作大事记》)

5月16日 截至16日，根据中共上海市委、市政府统一安排，市经委成立以副主任张新生为组长，经委秘书长周敏浩为副组长，市场流通处处长为联络员，各相关职能处室处长为成员的市经委抗震救灾应急物资保障组，建立了由市经委、区县经委、大集团和生产企业组成的三级物资协调网络，并在浦东机场和铁路北郊站专门设置了物资配调小组。(上海市救灾援助指挥协调工作小组编:《上海市救灾援助情况快报(12)》,2008 年 5 月 16 日)

5 月 16 日 截至 16 日,上海市建设交通委成立以副主任孙建平为组长,相关职能处室负责人参加的市建交委抗震救灾援助工作小组,统筹全市建设交通系统的救灾援助的各项工作。市建交委从下属各专业单位抽调了道路桥梁房屋建设、施工、修复等方面的专家和技术人才,组建了三支 300 人的抢险队伍,并配备落实了吊车、切割、检测等专业抗震抢险救灾设备,随时待命赶赴灾区抢险救灾。据了解,四川籍在沪的建筑农民工 58952 人,其中家在震区的农民工约 24500 人。市建交委已紧急通知要求各企业、工地做好思想稳定工作,组建 7 个组赴 18 个工地慰问川籍农民工。另外,市建交委还根据住房和城乡建设部来电要求,落实了 9 台手持式切割机运往四川。(上海市救灾援助指挥协调工作小组编:《上海市救灾援助情况快报(15)》,2008 年 5 月 16 日)

5 月 16 日 截至 16 日,上海市食品药品监管局紧急成立抗震救灾工作小组,加紧落实市委市政府和国家食品药品监管局紧急通知精神,积极做好救灾期间食品、药品、医疗器械监管工作。同时,紧急呼吁上海市药品、医疗器械生产、经营企业向灾区捐赠救灾药品、医疗器械,上药集团、麒麟鲲鹏生物药企、上海输血技术有限公司等 20 多家药品、医疗器械企业,捐赠了价值近 916 万元的灾区紧缺药品、医疗器械。(上海市救灾援助指挥协调工作小组编:《上海市救灾援助情况快报(16)》,2008 年 5 月 16 日)

5 月 16 日 截至 16 日,上海市决定抽调专业社工组建“上海社工灾区援助团”,分期、分批赴灾区进行精神援助工作。市民政局与四川绵阳地区民政部门取得联系,在绵阳地区开展以孤儿和青少年为主要对象的社工服务。此外,上海市慈善基金会和“上海市星星港关爱服务中心”紧急招募“精神救援队”,重点对在地震中失去子女的父母进行精神援助。(上海市救灾援助指挥协调工作小组编:《上海市救灾援助情况快报(17)》,2008 年 5 月 16 日)

5 月 16 日 截至 16 日,上海市各区县救灾援助工作从四方面全面、深入、有效展开:(1)开展各种形式的赈灾捐款活动。截至 16 日中午 12 时,区县层面统计的企业及社会各界捐款总额达 1.97 亿元。(2)根据市统一部署,落实队伍和物资赴灾区救灾援助。(3)排摸汶川等受灾地区来沪务工、求学、旅游人员情况,并开展慰问工作。(4)加强正面舆论引导,营造“一方有难、八方支援”的浓郁氛围。此外,加强当前社会稳定工作,确保社会大局稳定。(上海市救灾援助指挥协调工作小组编:《上海市救灾援助情况专报(4)》,2008 年 5 月 16 日)

5 月 16 日 协调工作小组协调运力,把企业捐赠的 3000 顶帐篷、2400 个睡袋空运至成都,3000 顶帐篷空运至绵阳。商务部副部长姜增伟电话感谢,认为“上海救灾援助工作体现了上海对灾区人民的感情,也体现了一种政治责任感”。(上海市救灾援助指挥协调工作小组编:《上海市救灾援助情况快报(5)》,2008 年 5 月 15 日)

5 月 16 日 上海市文明办、市志愿者协会、市科教系统文明委、市心理咨询行业协会在全市组织招募灾后心理咨询志愿者，采用轮换制，每 10 天派遣一批志愿者赴灾区进行心理援助服务。（上海市精神文明建设委员会办公室、上海市志愿者协会：《首批赴川上海志愿者抗震救灾心理援助服务队工作情况报告》2008 年 6 月 4 日）

5 月 16 日 市慈善基金会联合《解放日报》共同设立抗震救灾慈善助学基金，专项用于地震灾区中小学的重建和修复，添置教学仪器设备，补充图书资料，为灾区中小学提供助学金、奖学金。（《上海支援抗震救灾实录 · 大事记》）

5 月 16 日 上海体彩中心发动职工向地震灾区捐款达 30 余万元。此外，上海体彩中心在 5 月 16 日至 31 日期间组织奥运主题即开型体育彩票“顶呱刮”义卖活动，将“顶呱刮”销售额的 2% 捐给灾区。（《上海支援抗震救灾实录 · 大事记》）

5 月 16 日 上海市宗教界为四川地震灾区捐款 838.6 万元。市委统战部召开宗教界心系灾区座谈会，市委常委、统战部部长杨晓渡，副市长唐登杰出席并讲话。（《上海支援抗震救灾实录 · 大事记》）

5 月 16 日 市政协委员、香港环球国际集团董事总经理叶温金燕夫妇捐款 100 万港元；市政协委员、香港力康生物医疗科技控股有限公司董事长沈钦华捐赠价值 17 万元的 100 台医疗器械；市政协委员、香港维多利亚学校总校长孔美琪捐款 50 万元；市政协委员、香港乐天陶社社长郑祎，澳门彩虹集团总裁萧婉仪各捐款 10 万元。90 岁高龄的中科院院士、工程院院士，六、七届市政协副主席严东生委托工作人员转交捐款 2 万元；93 岁高龄的五届市政协副秘书长李云委托子女捐出 1 万元。（《上海支援抗震救灾实录 · 大事记》）

5 月 16 日 83 岁的普陀区人民医院退休孤老张新保将房屋动迁补偿费 10 万元捐到区民政局。92 岁的退休工人庄树甫，祖孙三代挤在 24.6 平方米的老公房里，每月退休工资只有 1500 元，但他捐出 1 万元。（栾吟之：《八旬老人捐出 10 万元动迁款》，《解放日报》2008 年 5 月 16 日第2 版）

5 月 16 日 同济大学成立抗震救灾专业技术志愿服务队，有 30 多位专家教授和数百名研究生报名，学科涵盖土木防灾减灾、结构、道路、桥梁等 12 个专业。（上海市救灾援助指挥协调工作小组编：《上海市救灾援助情况快报(59)》，2008 年 5 月 22 日）

5 月 16 日中午 团市委组织的上海青年医疗卫生志愿者抗震救灾服务队 20 人，从浦东机场出发，17 时抵达成都双流机场，与四川省团省委取得联系后，直接奔赴德阳、绵竹参加救灾行动。这是我国首批社会工作者奔赴灾区，直接参与抗震救灾行动。（上海市救灾援助指挥协调工作小组编：《上海市救灾援助情况快报(18)》，2008 年 5 月 16 日）

5 月 16 日 为保障灾区人民的信息畅通，中国电信启动应急保障预案，将四川省五个地区的 114 查号话务量割接至上海。截至 16 日下午，已有近 3 万来自四川灾区的电话打进来，查询关于天

气、道路、医疗等方面的情况。(《上海支援抗震救灾实录·大事记》)

5月16日 截至中午,仁济、中山和儿科医院医疗队分别进驻四川省人民医院、华西医院,共救治伤员240多人,手术10多台。市一医院医疗队一组在四川中医院附属医院救治伤员,另一组15日下午到达绵阳中医医院参与救治。上海援川救灾防疫队15日上午8时出发,顺利抵达四川成都。根据统一安排,全部人员下机后立即赶赴都江堰与卫生部、中国疾控中心的相关人员会合。14日上午随医疗队前往的6名疾控防疫人员中,有4人随队赴吕安、汶川、绵阳救灾现场。上海市广电通讯网络有限公司和上海市白玉兰远程医学管理中心派员于15日下午,携带一批远程移动通讯设备赴四川成都,帮助省卫生厅设立远程医疗指挥中心。本日,已开展了6例远程医疗会诊。上海红十字华山医疗队12人,已到绵阳安县灾区一线。市六、新华、市九医疗队因运力和气候原因,在凤凰机场待命赶赴汶川重灾区,其中8名医生已先期被统一安排空运到灾区一线,剩余39名医疗队员本日上午9时登机后因天气原因再度折返。从上海出发的"120"救护车队60人30辆车,经过30多小时不间断轮岗长途跋涉,于15日晚6点抵达四川广元。为保证能随时出发,队员们全部寄宿车上,本日上午9:00出发赶往青川灾区。(上海市救灾援助指挥协调工作小组编:《上海市救灾援助情况快报(11)》,2008年5月16日)

5月16日 截至14时,华山医院医疗队14人在绵阳安县搭建7个简易医疗救治点,已救治百余人,并派2人前往茶坪开展医疗救治工作。市六医院医疗队18名队员已空运至汶川县映秀镇开展医疗营救。市一医院医疗队13人在绵阳中医医院参与伤员救治,其余医疗队员和防疫救援队伍已全部集结到凤凰机场,待命开赴重灾区。另外,第一批赴灾区的30辆急救车中,有28辆前往广元市的重灾区青川县,2辆前往竹园地区布点救治。(上海市救灾援助指挥协调工作小组编:《上海市救灾援助情况快报(18)》,2008年5月16日)

5月16日 截至16时,上海市民政局、市红十字会、市慈善基金会累计收到社会捐款2.35亿元,本日接收1.36亿元。其中,市、区县民政部门累计接收9074万元,当日接收5541万元;市红十字会累计接收9055万元,当日接收6204万元;市慈善基金会累计接收5365万元,当日接收1805万元。据初步折算,全市累计接收各类物资价值约6256万元,其中市民政局接收物资约2500万元,已向灾区发送约价值1227万元。据不完全统计,社会各界累计捐款已达约4亿元。(上海市救灾援助指挥协调工作小组编:《上海市救灾援助情况快报(19)》,2008年5月16日)

5月16日16时30分 经过14小时急行军,上海消防医疗救援大部队15日14时30分安全抵达映秀镇。上海市公安消防总队队长陈飞担任映秀镇现场救援总指挥,组织上海、山东、安徽、海南等地民警、解放军、武警1500余人开展抢险救援工作。至19时,共营救出15名生还群众。至16日16时30分,全队共救出36人,其中上海队救出21人。至此,有320名上海队员在映秀参加救援,有80名在都江堰进行救援。(上海市救灾援助指挥协调工作小组编:《上海市救灾援助情况快报(6、

25)》,2008 年 5 月 15、17 日)

5 月 16 日 截至 18 时,上海有 108 万职工通过单位向灾区捐助 7708.5 万元。(《劳动报》2008 年 5 月 17 日第 6 版)

5 月 16 日午夜 根据国家工业与信息化部的要求,上海市经委紧急落实为总参和四川省调运的 284 台发电机、200 台切割机,空运至灾区。(上海市救灾援助指挥协调工作小组编:《上海市救灾援助情况快报(31)》,2008 年 5 月 17 日)

5 月 17 日凌晨 4 点 上海援川卫生防疫队伍一行 15 人赶赴重灾区汶川开展卫生防疫工作。(上海市救灾援助指挥协调工作小组编:《上海市救灾援助情况快报(30)》,2008 年 5 月 17 日)

5 月 17 日 7 时 上海特警 140 人、消防官兵 50 人 5 月 15 日 12 时从都江堰市出发,19 时到达汶川县漩口镇;60 名留守力量作为第二梯队,于 16 日上午出发赴漩口镇。各地增援的特警编为三个大队,上海、杭州、武汉、宁波四个城市的警力编入三大队,上海市特警总队总队长马淮海任大队长。16 日上午 6 时,接公安部命令,马淮海率上海公安应急救援队(消防、特警混编)190 人前往水磨镇,下午 1 时徒步到达后,随即开展营救,至 17 日成功营救 5 名幸存者;16 日上午 10 时,第二批队员 60 人前往水磨镇增援。17 日 7 时,由 59 人组成的运送小组徒步向特警大队运送 3 天的给养物资,运抵特警救援队(含 1 部海事电话)。(上海市救灾援助指挥协调工作小组编:《上海市救灾援助情况快报(6、25)》,2008 年 5 月 15、17 日)

5 月 17 日 上午,中共中央总书记、国家主席、中央军委主席胡锦涛至汶川县漩口镇察看灾情,慰问上海特警救援队员。晚上 8 时,胡锦涛在成都连夜召开会议,听取抗震救灾工作汇报,研究部署下一步抗震救灾工作。在汇报过程中,胡锦涛详细询问了灾区粮食供应、伤员救治、水库安全等方面的问题,强调抗震救灾工作必须坚持以人为本,抢救人民群众生命是首要任务,必须继续作为当前抗震救灾工作的重中之重。(《胡锦涛在四川召开的抗震救灾工作会议上的讲话》2008 年 5 月 18 日 3:58:40 新华社;《汶川特大地震上海市对口支援都江堰市灾后重建志》;市救灾援助指挥协调工作小组编:《上海市救灾援助情况快报(33)》,2008 年 5 月 17 日)

5 月 17 日 国务院跨省转运灾区伤员工作启动。铁道部成立铁路转运伤员指挥部,集结百列客运列车于四川待命。(《汶川特大地震上海市对口支援都江堰市灾后重建志》)

5 月 17 日 国务院决定,在 3 个月内向灾区困难群众每人每天发放 0.5 公斤口粮和 10 元补助金,并要求民政部和财政部立即制订具体规定。此外,对因灾死亡人员的家庭按照每位遇难者 5000 元的标准发放抚慰金。(赵承、张晓松、吴晶,《一切为了人民——中央出台各项政策措施保障抗震救灾顺利进行纪实》,新华社北京 2008 年 6 月 13 日电,载《上海支援抗震救灾实录·希望》)

5 月 17 日上午 根据市政府副秘书长、协调工作小组组长沙海林要求,市建设交通委副主任、协调工作小组副组长孙建平召集民航华东管理局、上海机场集团、东方航空公司、上海航空公司等,协调市空运救灾物资有关工作。会议重新梳理了市救灾物资航空运输调度程序，明确所有通过航空运输的救灾物资，改由华东民航管理局统一接单，再由华东民航管理局调配有关航空公司承运物资。会议要求各航空公司每天9点将已承运完成的救灾物资情况（包括通过市应急办发往四川的物资总数和所有从上海始发运往四川的物资总数）汇总报至市应急办。（上海市救灾援助指挥协调工作小组编：《上海市救灾援助情况快报(26)》,2008年5月17日）

5月17日上午 上海市建交委召集上海铁路局、民航华东管理局、市邮政局、建工集团、城建集团、中建八局、中铁二十四局、现代设计集团市政设计研究总院、建科院、房科院、三航局、救助局、打捞局、航道局、上海航空公司、东方航空公司等部门和单位，进一步部署落实建设交通系统和行业抗震救灾工作。（上海市救灾援助指挥协调工作小组编：《上海市救灾援助情况快报(26)》,2008年5月17日）

5月17日 截至17日，经协调工作小组协调，建设部要求紧急向四川省建设厅提供的150箱共计3000顶安全帽，已经东方航空公司运往四川。（上海市救灾援助指挥协调工作小组编：《上海市救灾援助情况快报(28)》,2008年5月17日）

5月17日 截至17日，上海市公安局组织民警深入社区、单位，及时收集、掌握、报送因地震灾害可能引发的各种不稳定因素，积极配合基层党政组织和有关部门全力做好群众情绪疏导和舆论引导工作。上海市双拥办对参加抗震救灾的部队官兵情况进行了详细排摸，安排专人负责关心官兵在沪家属的工作和生活，积极采取各种措施帮助他们解决实际困难，并要求协助驻军做好来自灾区的官兵思想稳定工作。（上海市救灾援助指挥协调工作小组编：《上海市救灾援助情况快报(23)》,2008年5月17日）

5月17日 截至17日，上海市交通局已启动紧急预案，落实了12家运输企业200辆车负责应急物资运输，并要求相关企业一定要安排性能良好的车辆和技术精湛的驾驶员，确保抗震救灾物资以最快的速度安全运往灾区。（上海市救灾援助指挥协调工作小组编：《上海市救灾援助情况快报(23)》,2008年5月17日）

5月17日 截至17日，针对仍有不少上海市民滞留四川的情况，上海移动公司通过网络排摸，将5月12日前后网上电话记录进行梳理，将相关信息提供给有关部门，为在灾区的搜救提供帮助。同时，确保多项救援计划和四川方向的通信畅通。（上海市救灾援助指挥协调工作小组编：《上海市救灾援助情况快报(23)》,2008年5月17日）

5月17日 市佛教协会、市道教协会、市伊斯兰教协会、天主教上海教区、市基督教两会以“上海市五大宗教团体联席会”名义，向灾区捐赠善款280万元。市佛教协会向全市各寺庙下发通知，要求为地震灾区捐款捐物。（上海市救灾援助指挥协调工作小组编：《上海市救灾援助情况快报(23)》,2008年5月17日）

5 月 17 日 截至 17 日，上海市各有关方面累计收到捐款 4.55 亿元，其中：各级民政部门收到 1.69 亿元，市红十字会收到 1.79 亿元，市慈善基金会收到 1.07 亿元。（上海市救灾援助指挥协调工作小组编：《上海市救灾援助情况专报(7)》，2008 年 5 月 17 日）

5 月 17 日 截至 17 日，上海市各有关方面派出救援和志愿者队伍合计 15 支(829 人)，已奔赴各重灾区。其中：特警救援队分布在漩口镇，水磨镇、三江乡；消防救援队在映秀镇；地震监测评估队在北川县；医疗救护队分布在成都市、绵阳市、映秀镇；救护车队在青川县；公共卫生防疫队在汶川县；团市委组织的志愿者队在绵竹市。其中：卫生系统 8 支，公安系统 2 支，市地震局 2 支，市民政局、东海救助局、团市委各 1 支。此外，市卫生局、市地震局、市环保局、市民防办、市建交委、安畅牵引公司有 28 支队伍待命(约 1500 人)。（上海市救灾援助指挥协调工作小组编：《上海市救灾援助情况专报(7)》，2008 年 5 月 17 日）

5 月 17 日 截至本日，据上海援助四川抗震救灾工作接待服务站统计，上海在川部分企业在此次地震中受到一定影响，但未有人员伤亡报告。地震灾害发生后，一是沉着应对坚持生产自救。二是积极捐款捐物奉献爱心。截至 5 月 16 日下午，上海在川、在渝企业通过不同途径，共捐款 400 余万元，捐赠物资折合人民币约 250 万元。三是志愿参与援助救灾服务接待工作。上航、东航(成都营业部)积极配合参与上海抗震救灾物资转运、接收和移交工作，并为滞留在川的上海人员及时顺利返沪提供便利服务。（上海市救灾援助指挥协调工作小组编：《上海市救灾援助情况专报(6)》，2008 年 5 月 17 日）

5 月 17 日下午 为加强上海市与派往灾区应急救援队伍的指挥通信联络，协调工作小组调用市民政局的 VSAT 应急指挥车和应急卫星通信车，组成上海市赴灾区通信保障组，赶赴灾区执行通信保障任务。市委副书记、市长韩正，市政府秘书长姜平，市政府副秘书长、协调工作小组组长沙海林出席发车仪式，为队伍壮行。（上海市救灾援助指挥协调工作小组编：《上海市救灾援助情况快报(28)》，2008 年 5 月 17 日）

5 月 17 日下午 上海市援助四川灾区的两批物资及《新闻晚报》捐赠的 25 万副医用口罩，运抵成都双流机场，并移交四川省抗震救灾捐赠物资接受组。（上海市救灾援助指挥协调工作小组编：《上海市救灾援助情况快报(35)》，2008 年 5 月 18 日）

5 月 17 日下午 2007—2008 学年上海市中等学校三好学生、先进班级集体，向全市青少年发出了赈灾倡议。（上海市救灾援助指挥协调工作小组编：《上海市救灾援助情况快报(38)》，2008 年 5 月 18 日）

5 月 17 日下午 国务院总理温家宝在北京主持召开国务院抗震救灾总指挥部会议，要求切实做好伤员救治和卫生防疫工作，做好妥善处理遇难者遗体等善后工作，安排好受灾群众的生活，严密防范余震破坏和次生灾害，维护社会正常秩序。（《汶川特大地震上海市对口支援都江堰市灾后重建

志》)

5月17日14时50分 经协调工作小组和上海援助四川抗震救灾工作接待服务站及时与四川省有关方面沟通,30吨给养物资空投到映秀镇,暂时缓解了2万居民和救援人员的物资需求。(上海市救灾援助指挥协调工作小组编:《上海市救灾援助情况快报(32)》,2008年5月17日)

5月17日 截至16时,上海市200余名卫生救援人员分别在汶川、安县、绵阳、青川、广元、成都等地开展医疗救援工作,共救治伤病员300余人。(上海市救灾援助指挥协调工作小组编:《上海市救灾援助情况快报(30)》,2008年5月17日)

5月17日 截至17时,协调工作小组根据国家有关方面和四川省的要求,通过紧急调用市级储备物资和采购等方式,共组织并运出20批抗震救灾物资875.1吨,价值2577.88万元。其中,医疗器械与药品占45%,抢险救灾物资占23.5%,食品占12.2%,其余为防寒、防疫物资和照明工具等。东航、上航、中国邮政航空、扬子江快运共安排了30个航班,运送636.9吨物资;铁路部门累计安排489个车皮。至此,上海共有15支队伍829人奋战在四川灾区一线,有28支队伍约1500人在沪待命,随时开赴抗灾一线。(《上海支援抗震救灾实录·大事记》),(上海市救灾援助指挥协调工作小组编:《上海市救灾援助情况快报(31)》,2008年5月17日;《上海市救灾援助情况专报(7)》,2008年5月17日)

5月17日18时15分 上海市公安消防总队应急救援队成功解救1名被埋在废墟下近124小时的20岁映秀镇公路收费站职工蒋雨航。(上海市救灾援助指挥协调工作小组编:《上海市救灾援助情况快报(35)》,2008年5月18日)

5月17日 截至20时,国家地震救援队和省级救援队累计救出251名幸存者,其中上海队救出11人。(上海市救灾援助指挥协调工作小组编:《上海市救灾援助情况快报(40)》,2008年5月18日)

5月17日晚 中共上海市委宣传部、上海市精神文明办公室等13家单位举办"血脉相连众志成城——2008年上海市社会各界赈灾义演晚会",中共中央政治局委员、市委书记俞正声,市委副书记、市长韩正出席晚会并捐款。临近晚会结束,上海连日捐款5.09亿元。(上海市文化广播影视管理局2009年8月30日向市民政局提供《汶川特大地震抗震救灾志·社会赈灾志》资料)

5月17日晚 上海文化名人赈灾义演义捐晚会在贺绿汀音乐厅举行;晚会上,105岁的革命老人夏征农委托女儿向灾区学生捐赠价值10万元的学生服。(于晓芹:《百岁老人夏征农为震区捐款十万元助学》,《大江南北》2008年7月刊)

5月17日晚 2008年"上海之春"国际音乐节群文活动在杨浦大剧院闭幕。活动期间,特为"5·12"四川地震灾区受难者献上爱心捐款。上海市文广局党委副书记刘建,代表市文广局所有工作人员向上海市慈善基金会捐款30.056万元。

5月17日晚 日本驻上海总领事馆代表日本政府,向民政部提交包括50部血液透析仪在内的援助物资书，援助物资还包括1万支透析器、1万套回路管、1万份透析粉，总计约合721万元。民政部救灾救济司紧急致电请求上海市代为接收并做好运输工作。协调工作小组迅速安排市民政局、上海海关等单位办理入关手续，次日上午完成报关，下午到达成都双流国际机场。（上海市救灾援助指挥协调工作小组编：《上海市救灾援助情况快报(37)》，2008年5月18日）

5月17日深夜 东方航空公司连夜开启救灾绿色通道，运输上海援助灾区的医疗队、物资及赴川记者。（上海市救灾援助指挥协调工作小组编：《上海市救灾援助情况快报(39)》，2008年5月18日）

5月18日 东方卫视15日至18日每天早上7点到第二天凌晨1点，打通全天版面，实施全天新闻大直播。大直播全面深入报道上海方方面面支援灾区的行动，反映全国抗震救灾情况，运用现场连线、新闻回顾、背景分析、嘉宾访谈等综合手段进行组合式报道。（上海市救灾援助指挥协调工作小组编：《上海市救灾援助情况快报(10)》，2008年5月16日）

5月18日晨 上海第二批医疗救灾队60人和第三批救灾防疫队13人及上海文广集团20名记者奔赴灾区。12时20分，救灾队飞抵成都。市卫生局还新组建了16人的精神卫生专业队伍，随时准备赴灾区协助开展心理治疗。（上海市救灾援助指挥协调工作小组：《上海市救灾援助工作大事记》）

5月18日8时 上海市地震救援队医疗分队分5组，在四川绵竹市汉旺镇共救护人员28人，协助处理遇难人员34名。（上海市救灾援助指挥协调工作小组编：《上海市救灾援助情况快报(35)》，2008年5月18日）

5月18日9时30分 上海市抗震救灾志愿者服务热线正式开通，截至上午10点，赴灾区心理援助志愿者报名人数已超过400余人。（《上海支援抗震救灾实录·大事记》）

5月18日 上海市医疗救灾队75人，乘坐东航5407航班，中午顺利到达成都双流机场。（上海市救灾援助指挥协调工作小组编：《上海市救灾援助情况快报(40)》，2008年5月18日）

5月18日 中共中央总书记、国家主席、中央军委主席胡锦涛站在四川省什邡市灾情最严重的蓥华镇救援现场废墟上，坚定地喊出："任何困难都难不倒英雄的中国人民！"坚定的话语，道出了一个民族的信心！（新华时评："任何困难都难不倒英雄的中国人民！"2008年05月19日02:08:17新华网）

5月18日 团市委5月16日从3500余名报名者中精心挑选出20名来自内科、外科、骨科、儿科等专业的青年志愿者，组成服务队紧急奔赴四川灾区参加救灾援助活动。17日，服务队在绵竹分三路，投入到救灾工作中，当天工作至深夜11时，全天共救助灾民130人次。18日，根据指令，11名队员乘救护车将临时停机坪处的重症病人护送到成都各大医院，当天在近8小时的救援中，转救出10名重伤员。（上海市救灾援助指挥协调工作小组编：《上海市救灾援助情况快报(54)》，2008年5月21日）

5月18日 上海市政府办公厅、市文广局分别下发紧急通知，要求全市各部门、各单位按照国务院要求组织哀悼活动，全市各广播电视播出机构和电影放映、演出、娱乐场所等在全国哀悼日期间停止公共娱乐活动；市民防办对防空警报设施进行全面检查，并接通电源，确保所有警报器处于待发状态（参加鸣放的近千台防空警报器除个别发生故障外，均准时鸣响）。（上海市救灾援助指挥协调工作小组编：《上海市救灾援助情况专报（9）》，2008 年 5 月 19 日）

5 月 18 日 上海市城市规划设计研究院派出 4 批共计 60 余人的专家队伍到灾区第一线。此外，同济大学还从各附属医院积极抽调责任心强、业务熟练的 20 名医护人员参加了上海赴川医疗救援队。（上海市救灾援助指挥协调工作小组编：《上海市救灾援助情况快报（59）》，2008 年 5 月 22 日）

5 月 18 日 上海市政府侨办会同静安区委文化局、城市交响乐团共同举办赈灾义演活动。此前，该办于 5 月 14 日上午召开全办大会，紧急动员和部署抗震救灾工作；同日，举行接受侨商侨界企业捐赠仪式。5 月 17 日，组织百名侨界画家举办百幅作品捐赠义卖，并将义卖所得和侨界企业、人士捐款 1000 万元援助四川都江堰虹口小学恢复重建。市老年基金会、市拥军优属基金会分别捐款 100 万元。（上海市救灾援助指挥协调工作小组编：《上海市救灾援助情况专报（58）》，2008 年 6 月 18 日；上海市侨务办公室 2009 年 9 月市民政局提供《汶川灾情牵侨心 · 抗震救灾献侨爱——上海侨界积极为抗震救灾作贡献》）

5 月 18 日 天主教上海教区各教堂举行弥撒为灾区群众祈祷，当日信徒奉献 100 万元转交上海红十字会，其中德国籍信徒捐款 5000 欧元，韩国信徒捐献 3 万元。（上海市民族和宗教事务委员会 2009 年 8 月向市民政局提供《汶川大地震——上海民族宗教系统赈灾记事》）

5 月 18 日 87 岁高龄的著名表演艺术家秦怡向上海市慈善基金会捐款 20 万元，她深情地说："我老了，不能亲自到灾区为灾区人民做点什么了，我尽我最大的力量吧。"（赵薇薇：《87 岁的秦怡参加赈灾义演为灾区捐款 20 万》《东方早报》2008 年 05 月 30 日）

5 月 18 日 上海癌症康复俱乐部的会员，捐款 14 万元。（上海市社团管理局 2009 年 9 月向市民政局提供《汶川特大地震抗震救灾志 · 社会赈灾志》资料）

5 月 18 日 截至本日，巴西、挪威、法国、澳大利亚、卢森堡、匈牙利、瑞典、新加坡、日本、智利、西班牙、尼泊尔、瓦努阿图、俄罗斯等 14 个国家的驻沪领事馆的领事官员通过上海市外办捐助人民币 58010 元、美元 690 元、澳元 2000 元；其中，卢森堡总领事费瑞朋除个人捐助 1.7 万元外，还连夜致函本国政府、财政部长，卢森堡政府在原捐赠 50 万元人民币的基础上又追加 50 万元资金和一批救灾物资。（上海市政府外事办公室 2009 年 9 月向市民政局提供《汶川大地震市外事办参与全市赈灾情况资料》）

5 月 18 日 截至本日，上海市派出的 19 名救灾防疫队员在灾区积极开展灾后防病、疫情控制和心理干预等工作。4 位队员完成 200 多平方米的消毒、30 余人的卫生宣教和 41 人的培训工作，指导建立了 1 个、改建了 4 个患者专用的厕所，其余 15 名队员于 18 日上午从马尔康出发赶往汶川。（上海市救灾援助指挥协调工作小组编：《上海市救灾援助情况专报（8）》，2008 年 5 月18 日）

5 月 18 日 截至本日，团市委通过 12355 上海青少年公共服务平台发出招募“上海青年献血志愿者预备队”和“上海市 12355 灾区青少年心理康复援助志愿者预备队”的紧急倡议，得到全市青少年积极响应，献血志愿者预备队有 500 余人报名，心理志愿者预备队有近 200 人报名。（上海市救灾援助指挥协调工作小组编：《上海市救灾援助情况快报(54)》，2008 年 5 月 21 日）

5 月 18 日下午 国务院总理温家宝在中国地震局主持召开总指挥部第九次会议。会议听取地震局关于汶川地震震情及趋势分析汇报，研究部署有关工作措施。国务委员兼国务院秘书长马凯、国务委员兼公安部部长孟建柱和有关部门负责人出席会议。（《汶川特大地震上海市对口支援都江堰市灾后重建志》）

5 月 18 日下午 上海各界向四川地震灾区转赠了首批捐赠款 5.09 亿元。市委副书记殷一璀，市慈善基金会理事长陈铁迪，市红十字会会长谢丽娟，市委副秘书长姜樑，市政府副秘书长、协调工作小组组长沙海林等出席转赠仪式。（上海市救灾援助指挥协调工作小组编：《上海市救灾援助情况快报(39)》，2008 年 5 月 18 日）

5 月 18 日下午 上海市政府副秘书长、协调工作小组组长沙海林召开协调工作小组例会，听取上海援助四川灾区各项工作进展情况，研究协调下一阶段救灾援助工作的有关具体问题，强调要认真贯彻市委书记俞正声批示要求，切实做好上海社会各界捐赠款物的管理交接工作，进一步依法规范款物接收、转交、发放的程序，做到每笔款物都有案可查，每笔款物都找得到经办人，让人民群众放心，经得住历史检验。援助灾区的有关物资要做到“两个集中”，即上海市各个条线的援助物资要集中到协调工作小组统筹，四川省各条线、各地区的援助物资需求要集中到省政府统筹。（上海市救灾援助指挥协调工作小组编：《上海市救灾援助情况快报(41)》，2008 年 5 月 18 日；《汶川特大地震上海市对口支援都江堰市灾后重建志》）

5 月 18 日 截至本日 16 时，上海市卫生局组织的第一批 200 余名卫生救援人员分别在成都、安县、汶川、绵阳、绵竹、青川、广元等地积极开展医疗救援和卫生防疫工作。仁济医院、中山医院、儿科医院、新华医院、华山医院、市一医院、市六医院、市九医院等在灾区接待、救治了大量伤病员，并协助做好当地防疫工作。市六医院医疗救援队 3 名队员（1 男 2 女）因劳累过度被送往华西医院医治。下午，中央电视台《焦点访谈》栏目专门对华山医院医疗救援队作了专访。（上海市救灾援助指挥协调工作小组编：《上海市救灾援助情况专报(8)》，2008 年 5 月 18 日）

5 月 18 日 截至本日 16 时，第一批 30 辆急救车队在青川县竹园镇及周边地区共转运 90 车次，接送伤员 72 名，其中 43 名重伤员。第二批 6 辆急救车在广元、绵阳、安县、茶坪和成都周边地区执行救援任务，负责救援物资、药品、器械和人员的运送。团市委组织的青年志愿者服务队部分志愿者随急救车开展医疗急救工作。（上海市救灾援助指挥协调工作小组编：《上海市救灾援助情况专报(8)》，2008 年 5 月 18 日）

5 月 18 日 协调工作小组向灾区调运防疫物资、药品和医疗器械等 6.6 吨,价值 81.4 万元。主要包括余氯快检仪、六合一快检仪、复方电解质注射液、消毒片等。其中 17 日筹集的消毒药品、除害药械等价值 21 万元的物资已全部运抵四川。截至本日 17 时,应四川省政府和国家相关部委要求,上海市通过紧急调用市级储备物资和紧急采购等方式,累计组织 24 批抗震救灾支援物资(总价值 2677.28 万元,总重量 882 吨)。其中,医疗器械与药品 1232.53 万元,防寒物资 318.2 万元,防疫物资 76.81 万元,抢险救灾物资 606 万元,食品 314.5 万元,照明物资 129.24 万元。(上海市救灾援助指挥协调工作小组编:《上海市救灾援助情况专报(8)》,2008 年 5 月 18 日)

5 月 18 日 截至 18 日 18 时,上海铁路局通过积极调配运力,累计抢运各类救灾应急物资 628 车皮(全路局),主要包括消毒用品、发电机、棉衣棉被和军用物品等。上海市内闵行、北郊、桃浦、杨浦、南翔等 5 个站点实行全天候开放,1492 名装卸工轮班装车,确保各类救灾应急物资能随到随发。(上海市救灾援助指挥协调工作小组编:《上海市救灾援助情况快报(36)》,2008 年 5 月 18 日)

5 月 18 日晚 中宣部等七部委联合主办"爱的奉献——2008 抗震救灾大型募捐活动",总部在上海的巨人集团董事长史玉柱个人捐助 1000 万元。(《巨人集团董事长史玉柱捐 1000 万抗震救灾》人民网天津视窗 2008 年 5 月 19 日)

5 月 18 日晚 上海市演出行业协会举办的"为了灾区的儿童"第七届上海优秀儿童剧展演,专场义演在长宁文化艺术中心影剧院举行,邀请四川灾区在沪民工子女观赏,票房 10 万元捐赠灾区。(上海市社团管理局,《黄浦江畔寄深情 上海:社会组织担重任》http://www.chinanpo.gov.cn/web/showBulltetin.do id = 34939&dictionid = 200301&catid = &dz = 1)

5 月 19 日上午 中共中央政治局委员、市委书记俞正声打电话给协调工作小组,详细询问市政府副秘书长、协调工作小组组长沙海林上海市赴灾区救援人员的工作、生活情况,表达出对前方人员十分牵挂的心情,叮咛协调工作小组一定要高度重视、切实关心前方救援人员的健康安危,形成全市合力,全力以赴做好后勤保障工作。(上海市救灾援助指挥协调工作小组编:《上海市救灾援助情况专报(9)》,2008 年 5 月 19 日)

5 月 19 日上午 市委副书记、市长韩正到协调工作小组办公现场,听取工作汇报,重点询问派往四川灾区返回人员汇报各救援队的工作、生活情况。(上海市救灾援助指挥协调工作小组编:《上海市救灾援助情况快报(42)》,2008 年 5 月 19 日;《上海市救灾援助情况专报(9)》,2008 年 5 月 19 日)

5 月 19 日上午 上海市政府副秘书长、协调工作小组组长沙海林召开协调工作小组专题协调会议,研究贯彻落实市委书记俞正声、市长韩正指示精神,部署前线救援队伍轮换、后勤保障和组织协调等工作。会上,从救灾现场返回的市卫生局负责同志通报了上海市医疗救援队的工作情况。针对前一阶段工作中发现的问题,协调工作小组讨论后决定:(1)立即健全通信指挥系统,确保一线救援队伍信息畅通。建立以市民政局 VSAT 应急指挥车为骨架,以协调工作小组为后方枢纽、以上海援助四川抗震救灾成都工作站为前方枢纽的通讯指挥系统。(2)尽快轮换救援人员,确保援助工作高效有序。由市卫生局负责,在第一、二批医疗救援队已开展工作的基础上,抓紧派出第三批医疗救援队,替换首批队员,并抓紧组建第四批医疗救援队。对其他派往灾区的救援队伍、新闻记者的轮换和后勤保障问题,由市应急办、上海援助四川抗震救灾成都工作站负责联络、协调。(3)进一步强化现场组织协调,全力做好后勤保障。(上海市救灾援助指挥协调工作小组编:《上海市救灾援助情况专报(9)》,2008 年 5 月 19 日)

5 月 19 日 为帮助地震灾区的邮政事业快速恢复,上海市邮政公司 5 月 13 日通过邮航飞机发送了价值 20 万元的救灾物资。17 日晚上,又购置 500 顶帐篷,通过铁路运往灾区,19 日上午抵达成都。(上海市救灾援助指挥协调工作小组编:《上海市救灾援助情况专报(11)》,2008 年 5 月 19 日)

5 月 19 日上午 浦东新区、宝山、静安、徐汇等区县纷纷对有序做好"全国哀悼日"活动进行部署,并要求各单位、街道镇组织集体收看中央电视台新闻、举行默哀仪式。下午,各部门、各区县和企事业单位纷纷组织人员向灾区死难同胞默哀。(上海市救灾援助指挥协调工作小组编:《上海市救灾援助情况专报(9)》,2008 年 5 月 19 日)

5 月 19 日 团市委 17 日通过新华医院采购了价值 20 万元的药品运送至德阳市。18 日,又向陕西、甘肃、重庆三地团组织发去慰问信,并向上述三地青少年发展基金会各划拨 10 万元赈灾资金。19 日,向四川新津县发送了 40 箱消毒粉、35 箱消毒片,用于灾区防疫工作。(上海市救灾援助指挥协调工作小组编:《上海市救灾援助情况快报(54)》,2008 年 5 月 21 日)

5 月 19 日 上海市政府办公厅下发《关于加强本市抗震救灾募捐管理的紧急通知》,要求救灾的社会捐赠由民政部门、市红十字会、市慈善基金会等具有法定公募资格的机构及组织负责实施。救灾捐赠、募捐活动及款物分配、使用情况由民政部门统一向社会公布。(上海市民政局 2008 年 5 月 23 日沪民计发(2008)33 号《关于加强抗震救灾募捐资金管理的通知》。市救灾援助指挥协调工作小组编:《上海市救灾援助情况专报(11)》,2008 年 5 月 19 日)

5 月 19 日 协调工作小组派出工作组赴灾区。(上海市救灾援助指挥协调工作小组:《上海市救灾援助工作大事记》)

5 月 19 日 上海市民防办赴四川灾区救援保障队一行 5 人,携带 2 台特种车辆及部分抢险救灾物资,19 日奔赴灾区执行物资输送保障任务。(上海市救灾援助指挥协调工作小组编:《上海市救灾援助情况专报(14)》,2008 年 5 月 22 日)

5 月 19 日 上海市总工会收到 78 家区县局(产业)工会组织捐款 2200 万元,各级工会安排专项帮扶资金 5280.24 万元。市妇女儿童工作委员会、市妇联、市儿童基金会在徐汇公园举办"上海母亲关爱震区孤儿"行动,一周内收到捐款 1268 万元、物资 560 万元。(上海市总工会办公室 2009 年 8 月 24 日《上海市总工会全力以赴支援四川汶川地区抗震救灾》)

5月19日 台资上海震旦家具有限公司和震旦国际大楼上海有限公司分别捐款200万元和300万元。汤臣高尔夫上海有限公司、汤臣海景花园浦东新区有限公司、汤臣投资的大道置业公司、持股的张江微电子港分别捐款200万元、300万元、100万元、100万元。上海克莉丝汀食品有限公司捐款110万元及价值30万元的食品。中芯国际捐款100万元。(上海市救灾援助指挥协调工作小组编:《上海市救灾援助情况快报(9)》,2008年5月15日)

5月19日 澳大利亚奥华黄金股份有限公司等向上海东方爱心基金会捐助80台小型发电机、医用物品、食品、学生用品包机运往四川灾区。上海日本商工俱乐部发动会员及在沪企业,并从会费中支取100万元捐助灾区。(《日本政府向我国捐赠50台透析机等医疗设备》,上海市民政局网热点专题四川汶川地震捐赠工作动态栏目,2008年5月19日)

5月19日 截至本日,上海市伊斯兰教协会捐款20.4万元。(上海市民族宗教委员会2009年8月向市民政局提供《汶川大地震——上海民族宗教系统赈灾记事》)

5月19日 上海"刘博士心理阳光工作室"自发组建的"手牵手"志愿者心理危机干预志愿者14人赴四川灾区开展心理安抚。(《徐汇区康健社区"刘博士心理阳光工作室"的心理工作者赴四川救灾》,上海市民政局网热点专题四川汶川地震捐赠工作动态栏目,2008年5月22日)

5月19日 上海的社团、民非组织、基金会率先行动起来,积极投入到抗震救灾活动中。5月14日,上海市浦东社工协会、上海映绿公益事业发展中心、上海浦东非营利组织发展中心、上海闸北区热爱家园青年社区志愿者协会等,即与中国红十字总会李连杰"壹基金"达成实质性合作协议。从5月17日起,上海公益组织联合发起"民间空运救灾",筹集地震灾区最急需的物资,再由中国红十字总会李连杰"壹基金"提供航空运输资源,每日安排一架小型飞机,匀出4至5吨运量运载救灾物资。每日发往四川的救灾物资包括:3000余支手电筒、6万多个口罩、8箱消毒液、1000套用于手术止血的封闭剂、170箱婴儿奶粉、数十箱饮用水、12箱医疗器械等。(《上海支援抗震救灾实录·大事记》)

5月19日 截至本日,上海市各有关方面派出救援和志愿者队伍累计达到23支(967人),其中:卫生系统12支,公安系统2支,市地震局2支,市水务局2支,市民政局、东海救助局、市海洋局、市民防办、团市委各1支。上海市各支救援队伍分布情况:医疗救护队、医疗专家队在成都、绵阳;救护车队在青川;卫生防疫队在汶川;中医队、血透护士队在成都;特警救援队在都江堰;地震监测评估队分布在重庆、绵阳;水务抢修队在绵阳、江油;东海救助局直升机队和市海洋局直升机队在广汉;团市委组织的志愿者队在德阳;市民政局的卫星通讯车在成都。消防救援队一部分在映秀镇继续参与救援行动,另一部分撤至四川消防总队营房进行短暂休整。此外,市卫生局、市公安局、市地震局、市环保局、东海救助局、市建交委、市民防办、安畅牵引公司有36支队伍(约1636人)待命。(上海市救灾援助指挥协调工作小组编:《上海市救灾援助情况专报(11)》,2008年5月19日)

5月19日下午 国务院总理温家宝主持召开国务院抗震救灾总指挥部第十次会议，听取被困人员搜救、伤病员救治、遇难者善后处理和灾区卫生防疫等工作情况汇报。会议要求扩大搜救范围。对于灾区卫生防疫工作，会议要求卫生部门在5天内每天增派卫生防疫人员500名，派出1000名卫生监督员，紧急印制500万份宣传材料，制作的400台带有疫情报告软件和GPS定位系统的手机尽快发往成都，开展网络直报系统工作。（《汶川特大地震上海市对口支援都江堰市灾后重建志》）

5月19日下午 中共中央政治局委员、国务院副总理回良玉主持召开卫生防疫专题会议，强调要进一步强化各级政府的责任，要做好饮用水和食品安全，要重视灾区疫情监测与报告，要高度重视灾民安置点人员过于集中所带来的环境风险问题，防止暴发疫情。（《汶川特大地震上海市对口支援都江堰市灾后重建志》）

5月19日下午 上海市副市长沈骏召开专题会议，研究落实过渡性安置住房8万套建设任务。（上海市救灾援助指挥协调工作小组编：《上海市救灾援助情况专报(9)》，2008年5月19日）

5月19日下午 上海副市长沈晓明一行到市红十字会赈灾募捐现场，慰问工作人员和志愿者。随后，慰问了10位整装待发的市医疗急救中心120急救人员，并看望首批赴汶川救灾的第六人民医院骨科医生高洪家人。（上海市救灾援助指挥协调工作小组编：《上海市救灾援助情况专报(11)》，2008年5月19日；《上海市救灾援助情况快报(51)》，2008年5月20日）

5月19日下午 刚刚经受了“3·14”事件考验的上海市第五批援藏干部在总领队、日喀则地委副书记赵卫星的带领下，对四川汶川大地震遇难同胞进行深切哀悼并再次募捐。全体50名上海市第五批援藏干部共捐款10万余元。（《上海支援抗震救灾实录·大事记》）

5月19日下午 上海母亲关爱震区孤儿行动在沪启动。此次活动由上海市妇儿工委、市妇联、市儿童基金会发起，全国妇联书记处书记甄砚出席启动仪式。（《上海支援抗震救灾实录·大事记》）

5月19日14时28分 为表达全国各族人民对四川汶川大地震遇难同胞的深切哀悼，国务院决定，2008年5月19—21日为全国哀悼日。5月19日14时28分起，全国人民默哀3分钟。14时28分，上海的天空防空警报长鸣，公交、地铁、轮渡停驶鸣笛，上海市领导与全市人民一起肃立默哀3分钟。上海市领导俞正声、韩正、刘云耕、冯国勤、殷一璀、吴志明、王仲伟、沈红光、杨晓渡、江勤宏、杨雄、屠光绍、丁薛祥、徐麟等参加了哀悼活动。外滩观景平台举国默哀前，上千名市民、游客开始自觉聚拢，大家纷纷仰头，严肃地望着海关大钟。当海关大钟指针缓缓指向这一刻时，浦江过往船只汽笛长鸣，来往车辆自觉停下，鸣响喇叭。现场市民、游客表情凝重，长时间静默，沉重悼念四川汶川大地震中的遇难同胞。人群中一位年轻人手捧国旗举过头顶，表情肃穆。不少人手举标语，写着：加油中国！上海站南广场世博钟楼旁边，乘客、警察、志愿者等几百人围成圆圈，四川乘客站在圆圈中心，双手放到胸前含泪为遇难者祈祷。默哀结束后，其他乘客自发对四川乘客进行慰问。上海市人民政府门口放飞和平鸽，放飞希望。人民广场大屏幕不停播放四川地震画面，“我们和四川人民在一起”

“关心受难者同胞，大家行动起来”“团结一致，共同抗灾”等话语滚动出现。（http://www.sina.com.cn2008 年 05 月 18 日 18:44 新华网；东方网 2008 年 5 月 19 日 16:12 作者：刘歆、杜丽华、曹子琛、蒋佳佳、刘华宾选稿：郑闻文《14:28 上海警报长鸣全城默哀》）

5 月 19 日 在上海组织进行火炬传递的北京奥运圣火运行团队二队所有成员为地震遇难者默哀。上海站的传递活动将顺延至 23 日至 24 日进行。（张帆，《圣火运行团队上海为地震遇难者默哀传递顺延》，中国新闻社，2008 年 5 月 19 日）

5 月 19 日 15 时 上海大众交通集团与都江堰市塔子坝中学签订了灾后重建意向书，大众交通拟首期出资不低于 300 万元。这是都江堰市灾后签下的第一份援建学校意向书。都江堰市塔子坝中学创建于 1958 年，在校学生 1400 余人。在此次大地震灾害中，该校受损极为严重。（《上海支援抗震救灾实录·大事记》）

5 月 19 日 17 时 上海市当天调运物资 245.3 吨，价值 276.35 万元。截至 19 日 17 时，协调工作小组根据国家有关方面和四川省的要求，通过紧急调用市级储备物资和采购等方式，共组织并运出 20 批抗震救灾物资 1127 吨，价值 2954.43 万元；其他社会援助物资通过上海市帮助运往灾区 45302.8 吨。东航、上航、国航、川航、中国邮政航空、扬子江快运和铁路部门累计安排 91 个航班、742 个车皮。（上海市救灾援助指挥协调工作小组编：《上海市救灾援助情况专报(11)》，2008 年 5 月 19 日）

5 月 20 日凌晨 0 时 50 分 上海市公安消防总队应急救援队通过连续 16 小时的挖掘抢救，在映秀镇电厂地震废墟中，成功救出被埋 179 小时的电厂职工马元江。截至本日，该队成功救出被困人员 300 多人，其中 3 人被困废墟在 100 小时以上。下午，应急救援队一行 350 人奉命从成都返沪。市政府副秘书长、协调工作小组组长沙海林率领上海援助四川抗震救灾成都工作站工作人员及上海市在川企业代表送行。19 时 42 分、47 分，分乘 2 架包机安全到达浦东国际机场。市长助理、市公安局局长张学兵及市公安局、市消防局有关领导到机场迎接。（上海市公安局向上海市民政局报送《汶川特大地震抗震救灾志·社会赈灾志》上海部分素材）；（上海市救灾援助指挥协调工作小组编：《上海市救灾援助情况专报(12)》，2008 年 5 月 20 日；《上海市救灾援助情况快报(50)》，2008 年 5 月 20 日；《上海市救灾援助工作大事记》）

5 月 20 日 7 至 12 时 上海市赴川特警队出动警力，承担国务院副总理李克强视察灾区灾情的保卫工作。（上海市救灾援助指挥协调工作小组编：《上海市救灾援助情况专报(12)》，2008 年 5 月 20 日）

5 月 20 日上午 中共上海市委常委、副市长屠光绍和副市长赵雯一行到上海市社区服务中心慰问 24 小时轮班工作的捐赠热线工作人员，并前往市慈善基金会看望现场工作人员，向前来捐款的单位、个人表示感谢。（上海市民政局《上海市社会赈灾大事记(2008 年 5 月 12 日—10 月 14 日)》）

5 月 20 日上午 受上海市委、市政府主要领导委派，市政府副秘书长、协调工作小组组长沙海林和市卫生局局长徐建光一行飞赴成都，指挥上海市救灾援助工作，专程赴成都看望上海赴川参加抗震救灾的部分医疗卫生和前方记者。晚上，沙海林一行拜访四川省副省长黄小祥，转达俞正声、韩正对灾区群众的深切慰问，通报上海援助四川地震灾区抗震救灾有关工作情况。黄小祥说："患难之中见真情，四川人民永远不会忘记上海人民无私的援助。"（上海市救灾援助指挥协调工作小组编：《上海市救灾援助情况专报(12)》，2008 年 5 月 20 日；《上海市救灾援助情况快报(52、53)》，2008 年 5 月 20 日）

5 月 20 日上午 上海学生与都江堰灾区的学生爱心手拉手活动在普陀区金洲小学举行。来自都江堰市新建小学的郭子益、向鹏小朋友受到师生们的热情慰问，大家纷纷捐款，并送上学习用品。普陀区教育局还向灾区当场捐款 60 万元，帮助都江堰市援建一所希望小学。区教育系统捐款超过 300 万元。（《上海支援抗震救灾实录·大事记》）

5 月 20 日 上海市向灾区紧急调运了价值 15 万元的背包等上海各救援队急需物资。（上海市救灾援助指挥协调工作小组编：《上海市救灾援助情况专报(12)》，2008 年 5 月 20 日）

5 月 20 日 "上海真爱梦想公益基金会"募集到的 1 万顶帐篷和其他物资送到灾区。上海市浙江商会启动"我们和你在一起——汶川地震捐赠行动"，收到会员企业捐款 1.6 亿元，并通过均瑶集团旗下的吉祥航空连续 10 天向灾区送去价值 300 万元的药品。（上海市社团管理局 2009 年 9 月向市民政局提供《汶川特大地震抗震救灾志·社会赈灾志》上海社会组织部分资料）

5 月 20 日 自 5 月 16 日起，上海各大网站首页纷纷在醒目位置，打出整屏横幅："同饮长江水，川海血脉情———上海千万网民抗震救灾爱心集结"开展网民爱心大集结活动。截至 20 日 12 时，"上海千万网民抗震救灾爱心集结"活动覆盖网民数量已超过 500 万人次，参与活动的网站也在不断增加。解放网呼吁网友拿起手机，用短信表达对受难同胞的关切。PPLIVE 开通 6 路实时直播频道，15 路轮播频道，24 小时传递抗震救灾实况，并推出在线捐款帮灾区，截至 20 日累计募捐金额超过 600 万元。（《上海支援抗震救灾实录·大事记》）

5 月 20 日 由中科院上海微系统与信息技术研究所、中科院声学所和中科院计算所联合组织的抗震救灾分队，已在北川成功搭建战地宽带无线通信应急平台，可以 20 兆的带宽，把北川县城各区域内的救灾视频、图像和语音，实时传输到位于北川中学的北川抗震救灾指挥部。部队、武警、消防、志愿者、媒体等都使用该网络。（《上海支援抗震救灾实录·大事记》）

5 月 20 日 《抗震救灾·众志成城》附捐邮票发行。中国邮政集团公司决定将此套邮票的全部邮资收入 1560 万元和附捐款 1300 万元捐赠地震灾区。据悉，上海邮政共分配到 34 万套，全市 101 个邮政支局营业网点同时展开供应，到中午，这批邮票已经全部售罄。（《上海支援抗震救灾实录·大事记》）

5 月 20 日 绿地集团在捐赠 300 万元重建 6 座灾区中小学后，又通过上海市慈善基金会捐款

700万元。上海汽车工业集团公司捐款3198万元。上海电气集团总公司捐款2221.34万元。百联集团捐款1638.92万元,另捐物资100万元。上海实业集团有限公司捐款887.88万元,捐物342.3万元。上海国际港务集团股份有限公司捐款1139.7万元。光明食品有限公司捐款1138.25万元,捐物187万元。上海复兴高科技有限公司捐款300万元,捐物资700万元。上海证券交易所捐款3000万元、员工个人捐款42万元,另捐300多万元的通信器材和电脑网络设备。海通证券在捐款1000万元后,员工捐款213万元。虹宸置业有限公司负责人倪海春捐出(支票)100万元。(张骛:《绿地集团追加捐款700万元累计捐赠逾1000万》,《解放日报》,2008年5月21日,上海市国家资产委员会2009年9月向市民政局提供《市国资委系统企业集团为四川灾区捐款、捐物情况汇总表》)

5月20日 在北京备战奥运会的上海籍世界跨栏冠军刘翔和教练孙海平通过国家体育总局训练局5月14日向灾区捐款50万元。20日,刘翔又委托父母以个人名义向上海市红十字会再度捐赠300万元。(上海市体育局2009年8月24日向市民政局提供《市体育局系统向四川地震灾区捐助物资情况》;姜小玲:《巴金家人助灾区青少年以李尧棠之名延续爱心》《解放日报》2008年5月27日)

5月20日 截至本日,上海佛教界共向灾区捐款750.5万元。(上海市民族宗教委员会2009年8月向市民政局提供《汶川大地震——上海民族宗教系统赈灾记事》)

5月20日 截至本日,上海市各卫生救援队继续在成都、青川、广元、汶川、安县、绵阳、德阳等地开展医疗救治和卫生防疫工作。据不完全统计,本日共救治伤病员660余人。防疫人员共消毒10200平方米、改建55处厕所、处理215处垃圾堆、培训220余名救援武警和志愿者、在200多个灾民点开展心理干预。赴灾区的急救车中,31辆继续在青川与广元间转运伤病员。共转运39车次,接送伤员39名。其余5辆机动车主要负责为前线医疗救援队提供后勤保障。(上海市救灾援助指挥协调工作小组编:《上海市救灾援助情况专报(12)》,2008年5月20日)

5月20日 上海市建设交通委同有关部门迅速启动灾区群众过渡安置住房援建相关准备工作,确保按时间节点完成国务院下达给上海市8万套(6月30日前完成首期2万套)援建任务。晚上,召开紧急会议对做好灾区群众过渡安置住房援建工作再作部署,抓紧分解落实首期2万套的建设任务。(上海市救灾援助指挥协调工作小组:《上海市救灾援助工作大事记》)

5月20日下午 市委副书记、市长韩正、副市长沈骏一行到铁路北郊站2号仓库,察看即将发往四川灾区的救灾物资装运情况,并为上海水务局赴四川救灾抢修队员送行。随后到上航虹桥基地28亩地货运站检查上航抗震救灾运输工作,要求上航再接再厉,争分夺秒向灾区快运多运抗震救援物资。随后到虹桥机场空管局调度中心,仔细了解抗震救灾物资航班调度指挥情况,并现场慰问装运工人和机组人员。(上海航空公司向市地方志办公室供稿)

5月20日下午 上海市副市长艾宝俊考察上海洋帆实业有限公司、上海乐惠食品有限公司、上海莱士血液制品股份有限公司等救灾物资生产企业,详细了解帐篷、无菌方便米饭、血液制品等救灾物资生产、调运情况，并现场协调帮助解决企业生产经营中的具体困难，以保障救灾物资的生产供应。（上海市民政局《上海市社会赈灾大事记(2008 年 5 月 12 日—10 月 14 日)》）

5 月 20 日下午 上海市副市长沈晓明通过 120 远程急救医疗车辆定位系统，慰问在四川灾区参加抗震救灾的救护车救援队员。（上海市救灾援助指挥协调工作小组:《上海市救灾援助工作大事记》）

5 月 20 日 截至本日 16 时，上海市民政、红十字会、慈善基金会共接收捐款 8.58 亿元，接收各类救灾物资折合约 1.22 亿元。此外，据不完全统计，上海各界通过其他途径向灾区捐款约 2.85 亿元。（上海市救灾援助指挥协调工作小组编:《上海市救灾援助情况专报(12)》,2008 年 5 月 20 日）

5 月 20 日 据不完全统计，截至 17 时，东航、上航、国航、川航、吉祥航空、货运航空、铁路、中国邮政航空、扬子江快运等 9 家单位，共安排 124 个航班、896 个车皮，运送救灾物资 54744.5 吨。（《上海支援抗震救灾实录 · 大事记》）

5 月 20 日 截至本日 17 时，协调工作小组共向灾区调运了 28 批救灾物资，总价值 2981.73 万元，总重量 12127.7 吨。（上海市救灾援助指挥协调工作小组编:《上海市救灾援助情况专报(12)》,2008 年 5 月 20 日）

5 月 21 日 国务院总理温家宝主持召开国务院常务会议，研究部署抗震救灾和济济工作。会议强调，抗震救灾仍处在刻不容缓的紧要关头，要全力做好抗震救灾工作。要继续全力搜救被困人员，尽快将重伤员抢运到条件较好的医疗机构救治，增派和充实专业防疫力量，强化灾区防疫工作。同时，要做好灾区群众安置工作，及早谋划和适时开展恢复生产和灾后重建工作。（《汶川特大地震上海市对口支援都江堰市灾后重建志》）

5 月 21 日 国务院副总理、抗震救灾总指挥部副总指挥回良玉考察四川救灾物资转运中心和物资储备仓库，并主持会议专题研究物资调运工作。会议要求确保救灾物资质量安全，减少破损率，发放给群众的食品药品绝不能超过保质期。（《汶川特大地震上海市对口支援都江堰市灾后重建志》）

5 月 21 日 上海市民政局根据国务院抗震救灾指挥部群众生活组《关于请有关省级民政部门向灾区紧急提供救灾物资的通知》，解决 10 万件衣物，10 万条被子。截至本日，共发运衣服 25.5 万件，被子(睡袋)2.49 万条。（上海市民政局 2008 年 5 月 22 日《上海市民政局关于组织捐赠或采购四川灾区急需衣被的请示》）

5 月 21 日 “上海社工灾区援助团专家先遣队”一行 12 人 5 月 20 日晚抵达绵阳后即开展工作。21 日，在安县、绵阳等地灾民安置点进行了实地慰问、调研和采访。（上海市救灾援助指挥协调工作小组编:《上海市救灾援助情况专报(13)》,2008 年 5 月 21 日）

5 月 21 日 截至 21 日，市红十字会共组织 28 车皮、价值约 4810 万元的救灾物资发往灾区。5 月 19 日，上海市红十字会积极联系有关单位，在上海铁路北郊站设立捐赠物资快捷接收运送点，实行现场接收与发运；当日，即根据灾区疫情防治迫切需求，紧急向四川募集发运了 10 吨消毒药剂。

（上海市救灾援助指挥协调工作小组编：《上海市救灾援助情况专报（16）》，2008 年 5 月 24 日）

5 月 21 日上午 上海第四批 31 人的防疫队伍抵达成都后，即按卫生部紧急指令，经都江堰连夜赶赴汶川县漩口镇执行救灾防疫任务。（上海市救灾援助指挥协调工作小组编：《上海市救灾援助情况专报（13）》，2008 年 5 月 21 日）

5 月 21 日上午 由 23 人组成的第二军医大学卫生防疫队和心理救援队，飞赴四川灾区，参加抗震救援工作。（上海市救灾援助指挥协调工作小组编：《上海市救灾援助情况专报（14）》，2008 年 5 月 22 日）

5 月 21 日 市政府副秘书长、协调工作小组组长沙海林一行 14 人驱车 800 多公里，先后赴广元、绵阳、德阳、安县等地看望连日奋战在一线的上海医务人员和青年志愿者，转达市委书记俞正声、市长韩正和全市人民的牵挂、关心和慰问，并叮嘱大家在出色完成救援任务的同时，一定要注意安全。（上海市救灾援助指挥协调工作小组编：《上海市救灾援助情况专报（13）》，2008 年 5 月 21 日）

5 月 21 日 截至本日，上海新闻出版系统单位和个人累计捐款 4000 余万元。上海新华传媒还在上海书城 8 家连锁店以及全市近 30 家新华书店设立了“抗震救灾科普图书专架”和募捐箱，普及科学知识、呼吁奉献爱心。此外，市新闻出版行业工会加强对四川籍外来建设者的跟踪摸底，认真做好思想抚慰工作，并对受灾职工及家庭提供紧急援助。（上海市救灾援助指挥协调工作小组编：《上海市救灾援助情况专报（31）》，2008 年 6 月 2 日）

5 月 21 日 上海市新闻出版局日前紧急组织调购了 20 万元沪版少儿读物送给四川灾区的少年儿童。这批沪版少儿读物以低幼读物及连环画等图文类图书为主，这批捐赠图书已打包装车运往四川灾区。（《上海支援抗震救灾实录·大事记》）

5 月 21 日 截至本日，团市委、市青少年发展基金会收到社会各界捐款 1500 余万元。其中，“地震灾区孤儿助养助学基金”达 700 余万元。（上海市救灾援助指挥协调工作小组编：《上海市救灾援助情况快报（54）》，2008 年 5 月 21 日）

5 月 21 日 上海市农民工工作联席会议办公室下发通知，对来自地震灾区在沪农民工实施一次性特殊帮困救助。（上海市救灾援助指挥协调工作小组：《上海市救灾援助工作大事记》）

5 月 21 日 上海市普陀区江宁学校八年级 2 班王文清同学和妈妈商量后将积攒了 10 多年的压岁钱 5 万元捐给灾区。五世同堂、102 岁的丁妹英老人每月收入仅 460 元，在孙女、重孙女的陪同下，坐着轮椅车，将本打算做白内障手术的 1000 元钱捐给市慈善基金会。时代花园小区丁老太太是一名癌症患者，尽管行动不便，坚持到居委会捐出 100 元，几天后老人过世，临终前反复叮嘱老伴再捐 1000 元，老伴将钱送到居委会时，在场的人都感动得流下热泪。（普陀区 2009 年 8 月 31 日向市民政局提供《汶川特大地震抗震救灾志·社会赈灾志》资料；上海市慈善基金会《5 月 21 日上海市慈善基金会赈灾捐赠爱心花絮》）

5 月 21 日 截至本日，上海市基督教界为灾区捐款 433 万元。（上海市民族宗教委员会 2009 年 8 月向市民政局提供《汶川大地震——上海民族宗教系统赈灾记事》）

5 月 21 日下午 按照协调工作小组的意见，上海市卫生局对前线救治力量进行了部分调整，增派了 9 名儿内科、皮肤科、感染科专业的人员赴川救援，同时安排 47 名医务人员回沪休整待命。（上海市救灾援助指挥协调工作小组编：《上海市救灾援助情况专报(13)》，2008 年 5 月 21 日）

5 月 21 日下午 上海市消防医疗救援队 22 人搭乘包机返沪。（上海市救灾援助指挥协调工作小组编：《上海市救灾援助情况专报(13)》，2008 年 5 月 21 日）

5 月 21 日下午 上海市 9 家企业捐赠灾区的 9.7 吨、价值 59 万元的消毒品装运完毕，通过火车运往成都。（上海市救灾援助指挥协调工作小组编：《上海市救灾援助情况专报(13)》，2008 年 5 月 21 日）

5 月 21 日 截至本日 17 时，协调工作小组根据国家有关方面和四川省的要求，通过紧急调用市级储备物资和采购等方式，共组织运出 31 批抗震救灾物资 1174.2 吨，价值 3424.83 万元。（上海市救灾援助指挥协调工作小组编：《上海市救灾援助情况专报(13)》，2008 年 5 月 21 日）

5 月 22 日凌晨 上海市建设交通委援建灾区先遣队一行 13 人抵达四川绵阳，立即同当地政府取得联系，了解援建项目位置，水、电、煤及其他建筑材料、施工机械等保障情况。8 时，援建先遣队与绵阳规划局、建设局相关人员冒雨踏勘两块初选地块。踏勘结束后，赶赴绵阳市设计院了解地块及地下设施情况，有关专家还就过渡安置房建设等技术问题做了交流和沟通。在基本掌握当时情况后，援建先遣队召开会议，研究提出具体实施意见。（上海市救灾援助指挥协调工作小组编：《上海市救灾援助情况快报(57)》，2008 年 5 月 22 日）

5 月 22 日早晨 根据四川抗震救灾医疗卫生救援指挥部紧急指令，上海援川卫生救援队抽调 20 名医护人员，从凤凰山机场出发，分 4 组分别空运（往）汶川至今未能与外界接通的 4 个镇执行救援任务。至 18 时，有 2 个组（每组 5 名队员）已分别达到汶川草坡镇、耿达镇，2 个组在机场待命。（上海市救灾援助指挥协调工作小组编：《上海市救灾援助情况专报(14)》，2008 年 5 月 22 日）

5 月 22 日上午 中共中央政治局常务委员会召开会议，研究部署继续全力做好抗震救灾工作。中共中央总书记、国家主席、中央军委主席胡锦涛主持会议。会议听取了国务院抗震救灾总指挥部关于当前抗震救灾工作的汇报。会议强调，在全力做好抗震救灾工作的同时，各地区各部门要按照中央的决策部署，一手抓抗震救灾工作，一手抓经济社会发展。中央有关部门要指导受灾地区在深入调查、综合评估、科学规划的基础上，及早规划和适时开展灾后重建工作。（《胡锦涛主持政治局常委会：继续做好抗震救灾工作》2008 年 05 月 22 日 17:53:30 新华网）

5 月 22 日上午 上海市副市长沈晓明赴市公共卫生临床中心和市第十人民医院，实地察看接收地震灾区伤病员的医疗准备工作。（上海市救灾援助指挥协调工作小组：《上海市救灾援助工作大事记》）

5 月 22 日上午 上海市民政局召开区县民政局长专题会议，部署下一步支援灾区工作。（上海

市救灾援助指挥协调工作小组:《上海市救灾援助工作大事记》)

5月22日上午 上海洋帆实业有限公司紧急调运价值800万元、重86.2吨的12000顶帐篷,通过军机分三个架次运往成都、绵阳等地。(上海市救灾援助指挥协调工作小组编:《上海市救灾援助情况专报(14)》,2008年5月22日)

5月22日上午 “上海社工灾区援助团”先遣队赴绵阳市儿童福利院、绵阳帐篷学校高新区实验中学教学点和绵阳市老年公寓,看望、慰问灾区学生及孤儿,为后期展开工作作准备。(上海市救灾援助指挥协调工作小组编:《上海市救灾援助情况专报(14)》,2008年5月22日)

5月22日 由上海电力医院骨干医师、护士组成的国家电网上海救灾医疗队,15日15时50分抵达都江堰市紫坪铺大坝,就地对从重灾区映秀镇运送出来的伤员开展医疗救护工作。至22日,共救助人员3215名,其中实施医疗救治328名,提供医疗救助547名,提供医疗服务2240名,救助电力系统职工44名。19时08分,上海赴地震灾区医疗救援队,作为外省市援川医疗队中的先头部队空投进入映秀镇。同日,上海援川防疫队作为全国首支省级援川卫生防疫救援队从上海出发,深入灾区开展医疗卫生救援工作。(《汶川特大地震上海市对口支援都江堰市灾后重建志》;http://www.shanghai.gov.cn/shanghai/node2314/node20071/node20073/userobject21ai278539.html)

5月22日 上海市民政局5月20至22日向四川绵阳地区派出专家评估小组开展工作,并形成中国灾难救援史上第一份来自于社会工作的专业报告。报告提醒,有关援建工作应充分尊重当地文化、加强与政府联动、培育当地社工力量等。市社工协会在全市范围内招募专业社工,报名人数已超过1000人。有关部门在优选的基础上,培训并分批组建上海社工灾区服务团,到灾区开展为期2~3年的援助服务。市民政局同时建议,将“上海社工灾区服务团”纳入上海市对口援助灾区专业队伍之一进行统筹安排。(上海市救灾援助指挥协调工作小组编:《上海市救灾援助情况快报(89)》,2008年6月6日)

5月22日 市侨联常委、豪都房地产开发经营有限公司董事长屠海鸣在香港捐赠200万元,22日返沪后再次捐款500万元。(上海市海外联谊会2009年8月向市民政局提供《上海市海外联谊会抗震救灾大事记》)

5月22日 由上海市残疾人联合会组建的中国残联国家康复医疗队上海分队10人赴川参加抗震救灾工作,市残联副理事长季敏任队长。上海市政府副秘书长范希平为出征送行。(上海市救灾援助指挥协调工作小组:《上海市救灾援助工作大事记》;上海市残疾人联合会:《关于组织中国残联国家康复队上海分队赴四川开展医疗康复工作的报告》,2008年5月21日)

5月22日 本日开始,中国康复研究中心和上海、广东、辽宁等省(市)残联联合组建的康复医疗队,在成都、德阳、绵阳等地开展伤员医疗康复工作。上海阳光康复中心成为上海市首家四川地震转沪伤员康复治疗定点机构。(《汶川特大地震上海市对口支援都江堰市灾后重建志》)

5月22日 一场名为“百姓绘奥运,义卖赈灾区”的楼组家庭书画精品展在金山区朱泾镇举办,金山农民画创始人吴彤章等7位成员,现场绘画、刻纸、书法、剪贴画。同日,廊下8位农民画家发起的“上海廊下农民画义拍赈灾会”在金山石化瑞鑫百货广场举行,88幅农民画募款56740元。(沈永昌:《金山人民心系灾区奉献爱心——全区捐资捐物累计已达3000多万元》,《新民晚报》2008年6月4日)

5月22日 截至本日,据上海市旅游委统计,上海市通过各大旅行社赴川灾区的游客共计1413名,除1人确认死亡外,其余皆已安全撤离回沪。受市委副书记、市长韩正委托,上海市副市长赵雯自5月12日晚至5月15日16时,4天之内曾五次造访市旅游委,非常关切仍在震区的上海旅游团队情况,反复了解、研究游客的搜救安抚工作。市旅游委确认,截至5月13日17时,上海在灾区的游客共计1411名,其中外国游客14名;已取得联系的游客1332名(包括1名在松溪被坠落山石击中身亡的24岁女游客);另有2个旅行社3个团组的79人失去联系。至5月14日17时,已有269名震区游客安全抵沪,失散游客共83人。至5月15日16时,返沪的上海游客已达700余人,失联游客减至25人,继续请求搜救帮助。5月16日,上海市旅游委报告,汶川地震期间,上海市到四川旅游的人数共计1413人;已安全抵沪898人,另有215人当晚12时之前到达上海,276人已转移至安全地区。5月17日19时,到四川旅游的奉贤海景旅行社27名游客和中青旅旅行社的2名游客,搭乘上航FM9544航班从成都返回上海。5月20日15时,上海春秋旅行社23人团滞留在茂县的最后17名游客,乘坐军用直升机安全抵达成都,与前期到达成都的6名游客汇合。至此,曾一度在地震中与上海失去联系的23名游客全部安全撤离灾区。(上海市救灾援助指挥协调工作小组:《上海市救灾援助工作大事记》;市救灾援助指挥协调工作小组编:《上海市救灾援助情况快报(20)》,2008年5月16日;市救灾援助指挥协调工作小组编:《上海市救灾援助情况快报(32、35、49、56)》,2008年5月17、18、20、22日)

5月22日 截至本日,驻沪各部队捐款总额已达到2000余万元。(上海市救灾援助指挥协调工作小组编:《上海市救灾援助情况专报(14)》,2008年5月22日)

5月22日 全市妇联系统“上海母亲关爱震区孤儿行动”共为四川地震灾区募集捐款300余万元。(《上海支援抗震救灾实录·大事记》)

5月22日 上海市民信箱发布一项4600多位市民参与的网上抽样调查显示,几乎100%的上海市民都已捐助灾区。调查发现,98%的市民已捐助灾区,87%的市民认同“坚守本职岗位,认真工作”也是支援灾区的方式。在这次抗震救灾过程中,81%的市民感受最深的是“中华民族的强大凝聚力”,“政府的快速反应和信息透明度”也得到广泛认可。(《上海支援抗震救灾实录·大事记》)

5月22日 同济大学5月17日致函四川省政府,主动请战,派遣专家组赴川,为地震灾区提供技术支援。18日成立由建筑与城规学院院长吴志强为首的“灾后安置与重建规划专家组”,6人专家组由教授吕西林带队，到达广元市后立即展开房屋勘测和评估工作；18、19两日，专家组共评估房屋144栋，为灾后受损房屋的有效利用提供了智力支援。至22日12时，同济大学校内捐款达470余万元。（上海市救灾援助指挥协调工作小组编：《上海市救灾援助情况快报（28）》，2008年5月17日；市救灾援助指挥协调工作小组编：《上海市救灾援助情况快报（59）》，2008年5月22日）

5月22日 上海第五批60人救灾防疫队中午抵达成都机场后，赶往映秀镇。调整回沪待命的47名队员于16:25抵沪。（上海市救灾援助指挥协调工作小组编：《上海市救灾援助情况专报（14）》，2008年5月22日）

5月22日 上海市农委5月21日主动联系四川省委农村工作办公室，得知灾区急需防疫消毒剂的信息后，紧急组织厂家连夜生产400箱2.32吨二氧化氯消毒剂，22日下午通过空运，无偿支援灾区。同时，做好疫病防控物资储备和人员、技术准备，随时准备调拨支援灾区。（上海市救灾援助指挥协调工作小组编：《上海市救灾援助情况专报（14）》，2008年5月22日）

5月22日下午 市委副书记、市长韩正召开专题会议，研究部署下阶段援助灾区抗震救灾有关工作。副市长屠光绍、艾宝俊、沈骏、沈晓明参加。会上，市政府副秘书长、协调工作小组组长沙海林、市公安消防总队队长陈飞先后介绍了上海派往灾区队伍参加抗震救灾工作情况。协调工作小组和各有关部门分别汇报了救灾援助有关工作情况。韩正指出，按照国务院常务会议的要求，当前工作的重点是要坚持两手抓，一手要毫不松懈地抓抗震救灾，一手要坚定不移地抓经济社会发展。抗震救灾仍处于关键时期，我们要认真分析新的形势，研究部署好下阶段本市的救灾援助工作。（上海市救灾援助指挥协调工作小组编：《上海市救灾援助情况专报（14）》，2008年5月22日）

5月22日下午 市委统战部召开“我为灾区再做什么”——上海统一战线情系灾区座谈会，市委常委、统战部部长杨晓渡出席并讲话。各民主党派市委、市工商联、市少数民族联合会、各宗教团体、统战系统各单位、市知识分子联谊会负责人，以及市合作交流办、市民政局、市慈善基金会、市红十字会有关领导100余人参加座谈会。据不完全统计，截至5月21日，上海统一战线各方面成员已为灾区累计募捐超过4.6亿元。（《上海支援抗震救灾实录·大事记》）

5月22日下午 上海市城建集团3台大型施工机械及部分施工管理人员抵达绵阳。（上海市救灾援助指挥协调工作小组编：《上海市救灾援助情况快报（57）》，2008年5月22日）

5月22日 截至本日17时，协调工作小组共向灾区调运了34批抗震救灾援助物资，总价值4477.24万元，总重量12127.7吨。（上海市救灾援助指挥协调工作小组编：《上海市救灾援助情况专报（14）》，2008年5月22日）

5月22日晚 上海市经委紧急召开会议，明确建立救灾物资保障长效机制。（上海市救灾援助指挥协调工作小组：《上海市救灾援助工作大事记》）

5月23日上午 上海市公安局赴川特警救援队出动警力，顺利完成温家宝总理到绵竹市灾区

视察慰问的警卫工作。(上海市救灾援助指挥协调工作小组编:《上海市救灾援助情况专报(15)》,2008年5月23日)

5月23日上午 上海援助四川抗震救灾成都工作站获悉市民政局卫星突击队缺帐篷和食品,旋即与突击队联系,于18时将调拨的3顶帐篷和部分食品、矿泉水等物资及时交付突击队。(上海市救灾援助指挥协调工作小组编:《上海市救灾援助情况专报(15)》,2008年5月23日)

5月23日上午 上海文广新闻传媒集团(SMG)生活时尚频道倡议发起橙色心理救援行动,第一批志愿者出发奔赴四川灾区。从今晚起,每天请资深心理学专家为大家介绍灾后心理援助的相关知识。(《上海支援抗震救灾实录·大事记》)

5月23日中午 中共中央政治局委员、市委书记俞正声、市委副书记、市长韩正出席上海援建地震灾区过渡安置房建筑材料运输队发车仪式。仪式上,俞正声发表讲话并宣布发车,韩正为"上海援建队"授队旗。市国资委、市卫生局等为援建工作提供了大力协助。(上海市救灾援助指挥协调工作小组编:《上海市救灾援助情况专报(15)》,2008年5月23日;上海市对口支援都江堰灾后重建指挥部,沪对口指收303号,2008年8月22日)

5月23日 民政部下发紧急通知,确定上海对口支援都江堰市。(《上海支援抗震救灾实录·大事记》)

5月23日 根据卫生部《四川汶川地震伤员转送工作方案》,上海将接收转送而来的地震伤员,初步人数确定为400名(可能会根据实际情况微调)。(《上海支援抗震救灾实录·大事记》)

5月23日 在上海市外办协助下,韩国搜救队一行50余人,携带搜救犬和搜救器材,于14时30分经上海顺利转机回国。(上海市救灾援助指挥协调工作小组编:《上海市救灾援助情况快报(62)》,2008年5月24日)

5月23日 交通运输部要求组织充足水上运力,5月15日开辟长江—岷江航线,对救灾物资优先签证、优先引航、优先开闸、优先装卸。23日,发布上海—重庆—成都、上海—泸州—成都、上海—宜宾—成都、上海—乐山—成都4条救灾物资水陆联运线。(《汶川特大地震上海市对口支援都江堰市灾后重建志》)

5月23日 上海市公安局赴川特警救援队出动警力166名,支援绵竹市所属14个重点受灾乡镇派出所,开展救援和维护社会治安秩序工作。救援队突击二支队在广济镇中村巡逻时,将一名被困266小时的8旬老人(被废墟压住身体的老人系抗美援朝老战士)成功救出,并为其搭建了临时居所。(上海市救灾援助指挥协调工作小组编:《上海市救灾援助情况专报(17)》,2008年5月24日)

5月23日 上海中医界30位名中医举行赈灾义诊活动。义诊活动共接收爱心捐款48万余元。上海中医界已积极组织救援力量奔赴灾区,曙光医院、龙华医院、岳阳医院等陆续组织了医疗救援人员奔赴灾区,开展中西医结合救治工作。(《上海支援抗震救灾实录·大事记》)

5月23日 “上海越剧界联合赈灾义演”在上海逸夫舞台举行，老中青3代越剧演员同场演出。(wing随风,《“爱心点亮希望”上海越剧界举行联合赈灾义演》,http://shcharity - bbs. xinmin. cn/thread - 146 - 1 - 1. html,2009年4月29日,新民网“上海市慈善基金会官方论坛”助困栏目)

5月23日 在淮海路无限度广场举行“情系汶川——卢湾在行动”抗震救灾义演募捐活动，1小时义演募得1050万元。(卢湾区2009年9月向市民政局提供《汶川特大地震抗震救灾志·社会赈灾志》卢湾区部分资料)

5月23日 上海市外商投资企业协会会员企业捐赠现金3.1亿元和价值1850万元的救灾物资。(《汶川特大地震上海市对口支援都江堰市灾后重建志》)

5月23日 上海来符特商贸有限公司总经理和民营企业家任国龙、奚文亮21日各捐100万元。21日、23日，民营企业家管宝龙向市慈善基金会、市红十字会各捐105万元，合计210万元。(《杨浦区“5·12汶川地震”救灾捐赠工作情况》,上海市民政局网热点专题四川汶川地震捐赠工作动态栏目,2008年5月23日)

5月23日 截至本日，上海市少数民族联合会51个团体的少数民族会员向灾区捐款793.4万元。(上海市民族宗教委员会2009年8月向市民政局提供《汶川大地震——上海民族宗教系统赈灾记事》)

5月23日下午 上海市副市长沈骏赴市消防局，看望上海市参加抗震救灾的消防部队官兵。(上海市救灾援助指挥协调工作小组:《上海市救灾援助工作大事记》)

5月23日下午 上海市政府副秘书长翁铁慧在市卫生局召开现场办公会，研究部署下一步赴川救援及收治病人等工作，并通过视频向在川医疗队员表示慰问。(上海市救灾援助指挥协调工作小组编:《上海市救灾援助情况专报(15)》,2008年5月23日)

5月23日下午 41名受中国红十字会委托前来与德方合作建院的上海华山医院医疗队员到达都江堰市。德国11名医疗技术专家带着价值73.2万欧元的野战医院物资装备一到，医疗队即与德方专家及外交部、都江堰当地政府、红十字会的相关协调人员在空地上围成一圈，迅速确定了各自的分工和各项事务的分组。“这是我经历过的最高效的合作！在别的地方，我们至少需要5天时间！”德国专家感慨地说。52小时，空无一物的场地上建起一家拥有120张床位，外科、内科、儿科、妇产科、药房、手术室、产房、放射科、检验科等一应俱全，能为25万人提供医疗服务的野战医院。运行后，野战医院收治的病人数目从第一天的200多人迅速攀升到六七百人。(http://www. shanghai. gov. cn/shanghai/node2314/node20071/node20073/userobject21ai280779. html)

5月23日15时 上海市政府应急办22日中午向市市容环境卫生管理局转发成都市急需垃圾清扫车和洒水车各10辆的要求。该局立即动员各区(县)市容环卫管理部门和有关单位，组织筹集捐赠扫路车或洒水车。至23日15时，共捐赠10辆扫路车和5辆清洗车，总价值628.5万元；其中长宁区捐赠扫路车和清洗车各一台。(上海市市容环境卫生管理局:《关于援助灾区垃圾清扫车和洒水车

的情况汇报》,2008 年 5 月 23 日)

5 月 23 日 截至本日 17 时,协调工作小组根据国家有关方面和四川省的要求,通过紧急调用市级储备物资和采购等方式,共组织运出 34 批抗震救灾物资 1308.12 吨,价值 4477.24 万元。(上海市救灾援助指挥协调工作小组编:《上海市救灾援助情况专报(15)》,2008 年 5 月 23 日)

5 月 23 日 17 时 上海正阳投资集团董事长邹建明抱着"不管多少代价,一定要为灾区人民做点事"的想法,推迟履行 500 万元商业飞行合同,经过 3000 公里跋涉,将直升机降落在甘肃重灾区文县李子坝村,为村民送去方便面。(奉贤区 2009 年 8 月向《汶川特大地震抗震救灾志・社会赈灾志》提供奉贤区部分资料)

5 月 23 日 19 时 上海援助四川抗震救灾成都工作站获悉第三、四支赴川卫生防疫队缺乏水、食品等物资,迅速上报协调工作小组,并经紧急组织协调,于 19 时将 20 箱矿泉水、3 箱压缩饼干、6 箱火腿肠、10 箱方便米饭和 8 箱鲜湿拌面交付给市卫生局抗震救灾前方协调组。(上海市救灾援助指挥协调工作小组编:《上海市救灾援助情况专报(15)》,2008 年 5 月 23 日)

5 月 23 日晚 国务院总理温家宝在四川省都江堰市召开国务院抗震救灾总指挥部第 13 次会议。温家宝对灾后重建作出"及早规划、抓紧实施"的指示和工作部署。(国家发改委穆虹副主任 2008 年 10 月 28 日在中央党校介绍灾后恢复重建情况的报告)

5 月 23 日晚 为缅怀在四川大地震中逝去的同胞,上海交响乐团将原来每周五举办的室内乐音乐会改成了专场赈灾纪念音乐会。音乐会加演了肖邦的《葬礼进行曲》,为地震中逝去的亡灵哀悼。音乐会全部门票收入将捐赠灾区。(《上海支援抗震救灾实录・大事记》)

5 月 24 日凌晨 飞机搭载中国红十字会华山医院医疗救援队成员和在汶川大地震废墟中,被埋近 90 个小时后得以解救的北川曲山小学学生蒋瑀琪,返回上海;小琪随队转入上海华山医院接受进一步治疗。(注:5 月 16 日,被埋近 90 小时的蒋瑀琪成功解救后,被送到设在安县西苑中学内的华山医院医疗救援点救治。当时小琪腿部骨折、神经系统受损,但还是断断续续地向队员们叙述了她们 3 个女孩在黑暗中不停说话、相互鼓励,没吃没喝支撑了近 90 个小时的经历。在队员们的帮助下找到了她失散的父母。从此,华山医院与蒋瑀琪结下了不解之缘,被称为"华山的女儿",这位坚强的女孩就成了医疗队员们的牵挂。救援队员们特地前往后方部队医院看望了蒋瑀琪;他们委托在上海的家属,为小琪进行募捐,并承诺资助她完成学业;丁强院长在前线慰问期间,还特地取道绵阳,前往临时安置点看望了小琪一家;救援队返沪之时,小琪随队来到华山医院接受进一步的治疗。在医护人员的精心诊治和悉心呵护下,小琪的腿伤逐渐好转,带着华山人的深情厚谊,回到了自己的家乡)

5 月 24 日凌晨 2 时 30 分 上海市水务局水管抢修队 82 人全部抵达德阳、什邡和绵竹的施工地点开展工作。水利部 5 月 19 日 8 时致电要求上海对口支援四川省德阳市尽快恢复供水。10 时 30 分,市水务局会同城投公司召开赴川救灾准备会,迅速组建了由市水务局副局长沈依云为总指挥、城投公司纪委书记杨申鲁为副总指挥、涉及16个单位共83人、11部车辆的上海水务赴川抗震救灾抢修队（由上水管线公司为主组成抢修一队，由水务建设公司为主组成抢修二队），当晚准备工作就绪。20日凌晨，市水务局水资源处处长阮仁良等5名专家作为先遣组到达德阳，用两天时间深入灾区，完成了供水设施灾情勘查，拟订了首批抢修项目方案，并与在沪专家通过视频会商达成一致，同时在当地采购了一批设备和材料，为抢修队到达后迅速投入工作做好了充分的技术准备。下午，抢修队69名队员携带上海最好的供水抢修、水质检测车辆及相关物资，搭乘抗震救灾货运专列赶赴灾区。市委副书记、市长韩正，副市长沈骏等市领导和市水务局、城投公司领导亲往送行。（上海市水务局、上海市城市建设投资总公司，沪水务【008】439号，《关于上海水务赴川抗震救灾抢修工作的总结报告》，2008年6月12日；市救灾援助指挥协调工作小组编：《上海市救灾援助情况专报（17）》，2008年5月24日）

5月24日上午 上海市外办派人到机场迎送，到达上海的英国救灾医疗队一行7人，为医疗队办理了相关转机手续及17件器材、行李的托运手续，并在边检、海关等方面提供了便利。中午11时25分，医疗队转机赶赴四川地震灾区。（上海市救灾援助指挥协调工作小组编：《上海市救灾援助情况快报（62）》，2008年5月24日）

5月24日 上海市救灾卫星通信突击队在北川县擂鼓镇安装了一套远程影视教育系统，每天为灾区人民播放防疫科普教育片、数字电影、转播电视新闻等节目，得到当地好评。中央电视台、四川电视台、英国路透社、新浪网等媒体，对上海救灾通信突击队在现场的安装和系统播放情况进行了采访报道。（上海市救灾援助指挥协调工作小组编：《上海市救灾援助情况专报（22）》，2008年5月27日）

5月24日 上海市心理援助志愿服务队首批22名队员，在市文明办副主任陈振民的带领下奔赴绵阳灾区开展心理援助志愿服务工作，市人大常委会主任刘云耕出席向志愿服务队授旗仪式，并宣布志愿者服务队出征，市委常委、宣传部部长、市文明办副主任王仲伟出席仪式并讲话。（上海市精神文明建设委员会办公室、上海市志愿者协会：《首批赴川上海志愿者抗震救灾心理援助服务队工作情况报告》2008年6月4日）

5月24日 上海市组建了第四批20名院前急救人员赴川，市政协主席冯国勤、副市长沈晓明、市政协副主席钱景林、市政协秘书长陈海刚、市政府副秘书长翁铁慧为队员送行。（上海市救灾援助指挥协调工作小组编：《上海市救灾援助情况专报（17）》，2008年5月24日）

5月24日 上海市政府副秘书长、协调工作小组组长沙海林一行走访、慰问了部分上海在川企业，并召开座谈会，了解企业在大地震中受损情况，听取企业关于抗灾救灾的工作汇报，介绍上海援助四川抗灾救灾的工作情况。（上海市救灾援助指挥协调工作小组编：《上海市救灾援助情况专报（17）》，2008年5月24日）

5 月 24 日 上海市建交委召集市经委、宝钢集团、建工集团、交运集团等专题研究落实支援灾区过渡安置房的原料供应、生产及运输保障等工作。明确由宝钢集团落实供应上海援建 8 万套过渡安置房所需的 4 万吨彩钢板；由建工集团、城建集团、中建八局、三航局、中铁二十四局、绿地集团等单位组织落实原材料加工生产；由交运集团从各加工点组织配送原材料及成套产品运输。（上海市救灾援助指挥协调工作小组编：《上海市救灾援助情况快报(63)》,2008 年 5 月 24 日）

5 月 24 日 上海建工集团又有 221 名建设者乘火车赴四川绵阳灾区，目标明确：6 月底之前完成 2 万套过渡安置房。上海城建集团首批 52 名援建人员已于昨天抵达四川绵阳。从今天起，平均每天将以 300 套的速度建设过渡房。（《上海支援抗震救灾实录・大事记》）

5 月 24 日 上海市经委召集洋帆、鑫苑、德新、爱立达等 4 家帐篷生产企业以及纺织控股集团，了解 6 月 10 日后企业生产能力、库存及订单情况，协调生产中存在问题。各企业表示，为满足救灾需要，将采取各种措施，扩大产能，6 月 10 日前可完成已明确的 1 万顶帐篷。6 月 30 日前在完成民政部下达任务的基础上，还有增产 5 万顶帐篷的能力，可根据灾区需求和市领导决策安排生产。（上海市救灾援助指挥协调工作小组编：《上海市救灾援助情况快报(64)》,2008 年 5 月 24 日）

5 月 24 日 上海市卫生局召集各相关医疗机构布置地震灾区沪伤员的医疗转运、院内收治等工作。（上海市救灾援助指挥协调工作小组：《上海市救灾援助工作大事记》）

5 月 24 日 上海市民政局、市社团局发布《关于建立救灾捐赠和募活动备案制度的通知》，进一步明确救灾捐赠和募捐活动备案制度的备案对象及报备部门。（上海市救灾援助指挥协调工作小组：《上海市救灾援助工作大事记》）

5 月 24 日 宝钢集团总经理何文波向四川省人民政府转交了宝钢员工自发为地震灾区捐赠的 2323 万元。宝钢在地震发生的当晚，连夜组织了 200 万元帐篷、棉被、食品罐头等物资发往灾区；广大员工自发捐款捐物、无偿献血，截至 5 月 23 日，宝钢向地震灾区捐款捐物达 9857 万元。（《上海支援抗震救灾实录・大事记》）

5 月 24 日 上海市 310 余名援建人员、19 台大中型机械设备抵达绵阳。（上海市救灾援助指挥协调工作小组编：《上海市救灾援助情况专报(17)》,2008 年 5 月 24 日）

5 月 24 日下午 国务院总理温家宝在四川省人民医院，亲切看望和慰问了上海交通大学医学院附属仁济医院抗震救灾医疗队。（上海市救灾援助指挥协调工作小组编：《上海市救灾援助情况专报(17)》,2008 年 5 月 24 日）

5 月 24 日下午 上海志愿者抗震救灾心理援助服务队赴四川灾区出征仪式在上海图书馆举行。市人大常委会主任刘云耕出席并宣布志愿者服务队出征；市委常委、宣传部长、市文明委副主任王仲伟出席仪式并讲话。市委宣传部副部长、市文明办主任马春雷主持仪式。（《上海支援抗震救灾实录・大事记》）

5月24日14点28分 上海市首个为灾区青少年提供心理康复援助的专项基金——上海市"向阳"灾区青少年社会工作及心理康复援助专项基金成立。该基金将为灾区群众提供心理危机干预及创伤治疗,为救灾工作人员提供情绪支持,为受灾孤儿、伤残青少年提供长期心理干预及家庭综合治疗。(《上海支援抗震救灾实录·大事记》)

5月24日 截至本日17时,上海市有关部门和单位累计派往灾区各类应急救援队伍48支1521人,仍在灾区的各类救援队伍共43支982人。另有33支队伍约1627人随时准备赶赴灾区。(上海市救灾援助指挥协调工作小组编:《上海市救灾援助情况专报(17)》,2008年5月24日)

5月24日 截至本日17时,经协调工作小组协调,通过市经委筹集并运往灾区的抗震救援物资1308.12吨,价值4477.24万元。上海市其他社会援(捐)助物资通过航空和铁路运往灾区共96231.6吨。(上海市救灾援助指挥协调工作小组编:《上海市救灾援助情况专报(17)》,2008年5月24日)

5月24日 截至本日17时,上海市帐篷生产企业生产帐篷已累计逾5万顶,并发往灾区。其中,由协调工作小组紧急调运累计1680顶;由社会购买并援(捐)助的累计4933顶;其他均由中央部门调用。(上海市救灾援助指挥协调工作小组编:《上海市救灾援助情况专报(17)》,2008年5月24日)

5月24日晚 中共上海市委、市政府再次致电慰问,并决定再次援助四川1000万元,甘肃、陕西各500万元。(上海市救灾援助指挥协调工作小组编:《上海市救灾援助情况专报(17)》,2008年5月24日;《上海市救灾援助情况快报(65)》,2008年5月25日)

5月24日晚 上海市副市长沈晓明专题研究四川地震灾区来沪治疗伤员接收治疗工作。(上海市救灾援助指挥协调工作小组:《上海市救灾援助工作大事记》)

5月25日上午 受中共上海市委、市政府领导委托,市政府副秘书长、协调工作小组组长沙海林一行再度深入漩口、水磨镇等地慰问坚持在救灾一线的上海医疗队和驻沪部队救援队,并代表市委书记俞正声、市长韩正对全体队员在救援工作中表现出的不畏艰险、勇于奉献的精神表示了敬意和感谢。(上海市救灾援助指挥协调工作小组编:《上海市救灾援助情况专报(18)》,2008年5月25日)

5月25日上午 上海市政府副秘书长翁铁慧到机场迎接回沪休整的20名医疗急救队员,向队员们在抗震救灾中所做的贡献表示敬意和感谢,希望队员们经过短暂休整后做好来沪伤员的医疗救治工作。(上海市救灾援助指挥协调工作小组编:《上海市救灾援助情况专报(18)》,2008年5月25日)

5月25日上午 上海市卫生局对虹桥机场进行实地勘察,并与机场、公安等部门共同商讨落实收治四川灾区来沪伤员的各项准备工作。下午,召开专题会议,局长徐建光对伤员收治工作进行再部署。(上海市救灾援助指挥协调工作小组编:《上海市救灾援助情况专报(18)》,2008年5月25日)

5月25日 经过上海水务赴川抗震抢修队10多个小时的努力,绵竹市广济镇中午正式恢复自来水供应,这是汶川大地震后,广济镇1万多名居民和救援人员首次喝上干净自来水。截至当晚8时,上海水务抢修队实施了6个援助项目,恢复3个深井(水源)供水,建立5个临时供水点,排管道320米。(上海市

救灾援助指挥协调工作小组编:《上海市救灾援助情况快报(68)》,2008年5月26日)

5月25日 上海市民政局建立救灾捐款公示制度、捐款接受备案制度、捐款接受审计制度、职能部门分工监管责任制度;另外下发《关于做好四川地震灾区流浪灾民救助工作的通知》和《关于四川地震灾区来沪人员安置有关事项的通知》,着力做好灾区来沪人员在沪就业、就读的帮困、安抚工作。区县排摸灾区来沪务工、求学、旅游人员情况,开展慰问工作。闵行区33所农民工子弟学校805名学生来自重灾区,其中333名学生直系亲属因灾身亡或家中房屋全部倒塌。该区教育局团工委予以心理疏导。同时该区57所学校接受灾区147名学生来沪借读。(上海市民政局2008年5月24日沪民救发(2008)57号关于贯彻落实《上海市人民办公厅关于加强本市抗震救灾募捐管理的紧急通知》的有关事项通知)

5月25日 上海市教委5月14日至25日先后3次下发"通知",并召开高校学生处长会议,对进一步做好灾区学生资助和帮扶工作进行部署。在市教委下拨的帮困经费中设立用于资助灾区学生的专项,累计资助受灾学生1573人,发放资助款976321.60元。(上海市救灾援助指挥协调工作小组编:《上海市救灾援助情况专报(47)》,2008年6月12日)

5月25日 12355灾区青少年社会工作及心理康复专家志愿团上海分团成员20人前往德阳,开展志愿服务。(共青团上海市委员会2009年9月《关于团市委抗震救灾和对口支援工作的有关情况》)

5月25日 上海市慈善基金会普陀区分会、普陀区红十字会、普陀区归国华侨联合会、普陀区工商业联合会、上海炎黄画院及上海东方国际商品拍卖有限公司联合举办"赈灾慈善拍卖会",200多件拍品拍得善款40万元。(《普陀区举行"赈灾慈善拍卖会"》,上海市民政局网热点专题四川汶川地震捐赠工作动态栏目,2008年5月27日)

5月25日 上海"外来嫂"朱海珍主动与开服装厂的亲戚商量,捐出价值近4万元的羽绒被心800件。一位不愿留名的吴姓市民捐款100万元,留下一封信:灾难只是暂时的,我们有13亿坚定、坚韧的中华儿女,有英勇的子弟兵,一定会战胜困难,创造奇迹!(《长宁区向"5·12汶川地震"灾区捐赠工作情况信息专报》,上海市民政局网热点专题四川汶川地震捐赠工作动态栏目,2008年5月21日)

5月25日 在上海铁路局的支持下,市总工会组织约240吨价值500万元的救灾物资,包括消毒器械、学生用品、女性用品发往灾区。(上海市救灾援助指挥协调工作小组编;《上海市救灾援助情况专报(23)》,2008年5月28日)

5月25日 800多名上海小囡拿出自己的零花钱,认捐一个书包和一套文具,与一位灾区小伙伴结成爱心对子。(《上海支援抗震救灾实录·大事记》)

5月25日 "5·12"四川地震在沪台胞爱心募捐活动将两岸同胞手足情紧密相连,不少在沪台胞、台湾学生、定居台胞纷纷慷慨解囊,共募集捐款50多万元。(《上海支援抗震救灾实录·大事记》)

5月25日 宝钢开足马力加快首批5000万元捐赠彩板房的生产和制作,原来需要两个多月完成的3000吨彩钢板,执行目标定于8天内完成。截至5月23日,首批6个社区的大型彩板拱篷及1200套彩板房在都江堰灾区开工建造,建成后能容纳6000名灾区群众。宝钢在德阳汉旺也有十多间彩钢板房投入使用,12辆装载彩板房制作设备和材料共计250吨的车队,于5月21日晚从上海出发赶往灾区。宝钢还接到来自上海建工集团、河南建设厅等单位用于灾区重建的首批5万吨建筑用彩涂板生产合同。宝钢赈灾协调组明确表示:对现有钢板生产合同进行调整,为抗震救灾让路,确保为灾区提供钢板任务的完成。(《上海支援抗震救灾实录·大事记》)

5月25日 上海警备区某团"南京路上好八连"全连官兵除去当月生活必需开支外,剩余所有津贴和工资全部投进捐款箱。连队党支部将连队官兵两次捐献的共近万元爱心款,第一时间发往地震灾区。(《上海支援抗震救灾实录·大事记》)

5月25日 驻沪某部队至5月14日共捐款约125万元。15日,解放军南京政治学院上海分院官兵捐款58万元;23—25日,该院1134名党员缴纳"特殊党费"13.38万元,259名团员捐赠"特殊团费"8640.9元。驻沪海军捐款1360万元。上海警备区捐款1302.75万元。(市民政局编《社会赈灾志》资料)

5月25日 各行业协会发动会员捐献款物,上海通信广播电视行业协会捐赠总价值0.96亿元,上海海外联谊会0.94亿元,上海福建商会0.47亿元,上海四川商会0.4亿元,上海石材行业协会0.3亿元,上海市集成电路行业协会0.18亿元,上海保健品行业协会0.12亿元,上海市科技企业联合会0.11亿元。(上海市社团管理局2009年9月向市民政局提供《汶川特大地震抗震救灾志·社会赈灾志》上海社会组织部分资料)

5月25日 上海市首批援川过渡安置房开工仪式在绵阳举行。(上海市人民政府:《关于本市开展救灾援助的工作情况汇报(2008年5月28日市人大常委会通报稿)》)

5月25日 团市委组织的第二批志愿者20人奔赴四川德阳,帮助受灾群众特别是青少年重构社会支持系统,缓解心理危机、抚平心理创伤,树立生活信心。(上海市救灾援助指挥协调工作小组编:《上海市救灾援助情况专报(18)》,2008年5月25日)

5月25日 陕西省委、省政府来电,代表陕西人民对上海市再次发去慰问信并捐款500万元表示感谢。(上海市救灾援助指挥协调工作小组编:《上海市救灾援助情况专报(29)》,2008年6月1日)

5月25日 截至本日16时,上海市民政、红十字会、慈善基金会累计接收捐款16.45亿元,接收各类救灾物资折价约1.73亿元。此外,据不完全统计,上海市各界通过其他途径向灾区捐款约3.5亿元。(上海市救灾援助指挥协调工作小组编:《上海市救灾援助情况专报(18)》,2008年5月25日)

5月25日 据不完全统计,截至17时,铁路和东航、上航、国航、川航、吉祥航空、货运航空、春秋航空、长城航空、中国邮政航空、扬子江快运等运输单位,共安排1802个车皮、244个航班,运送救灾物资110182.2吨。(《上海支援抗震救灾实录·大事记》)

5月25日 截至本日17时,上海市有关部门和单位累计派往灾区各类应急救援队伍50支1576人,仍在灾区的各类救援队伍共45支1015人。另有33支队伍约1627人待命随时准备赶赴灾区。(上海市救灾援助指挥协调工作小组编:《上海市救灾援助情况专报(18)》,2008年5月25日)

5月25日18时 上海车队越野俱乐部民间抗震救灾志愿者一行5人抵达成都,随车携带该俱乐部捐赠给四川灾区价值130余万元的骨科医疗器械和妇女儿童生活用品。(上海市救灾援助指挥协调工作小组编:《上海市救灾援助情况专报(18)》,2008年5月25日)

5月26日 截至本日零时,上海海关共对医疗设备、救灾机械器具、食品药品和帐篷衣被等50批、总价值5000余万元的救灾物资实施快速通关。(上海市救灾援助指挥协调工作小组编:《上海市救灾援助情况专报(32)》,2008年6月3日)

5月26日 中共中央政治局召开会议,研究部署抗震救灾和灾后重建工作。中共中央总书记胡锦涛主持会议。会议指出,抗震救灾形势依然严峻,任务十分艰巨,仍处在刻不容缓的紧要关头。我们要坚持以人为本,在继续做好被困群众搜救工作的同时,把安置受灾群众、恢复生产、灾后重建摆在更加突出的位置。(《中共中央政治局会议研究部署抗震救灾和灾后重建工作》2008年05月26日15:52:02新华网)

5月26日上午 市委副书记、市长韩正主持召开市政府常务会议,研究援助四川地震灾区抗震救灾工作,听取协调工作小组关于上海市援助四川地震灾区抗震救灾工作的汇报。会议强调,要按照党中央、国务院的统一部署,根据当前抗震救灾工作的新形势,动员全市力量,克服一切困难,把救灾援助各项任务不折不扣地完成好。(上海市救灾援助指挥协调工作小组编:《上海市救灾援助情况专报(18)》,2008年5月25日;《上海市救灾援助情况快报(67)》,2008年5月26日)

5月26日上午 按照协调工作小组的统一部署,上海市公安局赴川特警救援队204名官兵回沪休整。中午,市电力医院救援队22人、团市委志愿者20人分别搭机返回上海休整。(上海市救灾援助指挥协调工作小组编:《上海市救灾援助情况专报(19)》,2008年5月26日)

5月26日 截至本日中午,全市党员自愿交纳“特殊党费”累计已达3605.2万元,其中自愿交纳“特殊党费”1000元以上的有9549人。中共中央组织部5月18日下发《关于做好部分党员交纳“特殊党费”用于支援抗震救灾工作的通知》,胡锦涛、江泽民、吴邦国、温家宝、贾庆林、李长春、习近平、李克强、贺国强等中央领导带头交纳抗震救灾“特殊党费”。5月19日,中央组织部率先在全国组织系统开展自愿交纳抗震救灾“特殊党费”的活动,上海党的各级组织纷纷响应,党员踊跃交纳。(《上海支援抗震救灾实录·大事记》《汶川特大地震上海市对口支援都江堰市灾后重建志》)

5月26日 协调工作小组将市经委第一批抗震救灾物资采购资金(涉及14家单位,总计

6528116.90元)的请示批转给市财政局,市财政局已办理拨付手续。27日下午拨付到相关供货单位。(上海市救灾援助指挥协调工作小组编:《上海市救灾援助情况专报(19、22)》,2008年5月26、27日)

5月26日 联合国难民署捐赠的第一批救灾帐篷由上海送往灾区。(《联合国难民署通过我局向地震灾区捐赠第二批救灾帐篷》,上海市民政局网热点专题四川汶川地震捐赠工作动态栏目,2008年6月6日)

5月26日 根据公安部统一部署,上海市公安局迅速启动对口支援,援建4780平方米的活动板房,支援7辆警务用车和50台GPS、26台车载电台等通信设备,选派了210余名公安干警赴都江堰市支援灾后重建治安维稳工作。(沪对口指收183号2009年3月27日)

5月26日 四川地震灾区第一批伤员141名(原定为144名),分3个航班抵达上海。在民航、机场、公安等部门的大力支持和配合下,伤员下机后随即被送上急救车,通过机场绿色通道,由警车引道,直接分送至瑞金、华山、六院、十院、长征、长海、华东、儿科、儿童医学中心等9家医疗机构。上海市副市长沈晓明代表市委、市政府到现场协调指挥伤员转运和救治工作。第二军医大学副校长刘振全少将到机场迎接伤员。(《汶川特大地震上海市对口支援都江堰市灾后重建志》;《上海卫生系统全力以赴迎接地震中受伤亲人》,中国上海,上海市政府网《市长之窗》,2008年5月27日;市救灾援助指挥协调工作小组编:《上海市救灾援助情况专报(19)》,2008年5月26日)

5月26日 市发改委发出紧急通知,决定对运输帐篷和过渡安置房等救灾物资的车辆免收车辆通行费。(上海市救灾援助指挥协调工作小组编:《上海市救灾援助情况专报(19)》,2008年5月26日)

5月26日 根据国家食品药品监管局通知要求,上海市食品药品监管局会同市民政局、市质量技术监管局、市出入境检验检疫局等有关部门联合下发《关于加强抗震救灾食品药品和医疗器械等捐赠物资规范管理工作的通知》,进一步规范向灾区捐赠食品、药品和医疗器械等物资管理,确保质量安全。(上海市救灾援助指挥协调工作小组编:《上海市救灾援助情况专报(19)》,2008年5月26日)

5月26日 运往灾区的彩钢夹心板、大型建筑设备和114套过渡安置房器材等安全抵达绵阳,上海1000余名建筑工人负责搭建。上海援建四川绵阳的过渡安置房,由建工集团、中建八局、城建集团、绿地集团、中建三航局、中铁二十四局等6家企业承建。(上海市救灾援助指挥协调工作小组编:《上海市救灾援助情况快报(68)》,2008年5月26日)

5月26日 上海市卫生救援人员分别在成都、绵阳、德阳、广元、汶川、什邡、青川、安县等地积极开展医疗救援和卫生防疫工作。据不完全统计,本日共救治伤病员960余人,开展手术70余台、消毒面积5.15平方米,处理厕所、水源、苍蝇孳生地72处,培训、卫生宣教606人,心理干预46人,发放卫生宣传资料4420余份,投放粘鼠、粘蝇板等1810片。(上海市救灾援助指挥协调工作小组编:《上海市救灾援助情况专报(19)》,2008年5月26日)

5月26日 上海建科院所属房屋质量检测站4名技术人员赶赴绵阳灾区,开展房屋安全性能

检测。（上海市救灾援助指挥协调工作小组编:《上海市救灾援助情况专报(32)》,2008 年 6 月 3 日）

5 月 26 日 上海市公安局特警总队 204 名官兵回沪休整。（上海市救灾援助指挥协调工作小组:《上海市救灾援助工作大事记》）

5 月 26 日 截至本日，据不完全统计，浦东新区工商联会员企业通过各种渠道向四川灾区捐款 4188.87 万元，捐物价值 729 万元。（上海市救灾援助指挥协调工作小组编:《上海市救灾援助情况专报(59)》,2008 年 6 月 18 日）

5 月 26 日 截至本日，据不完全统计，金山区工商联会员企业通过各种渠道向四川灾区捐款 1634.74 万元，捐物价值 15 万余元。（上海市救灾援助指挥协调工作小组编:《上海市救灾援助情况专报(59)》,2008 年 6 月 18 日）

5 月 26 日 四川汶川大地震后，在上海的巴金先生家人十分关心家乡灾情，他们从巴金先生生前遗愿设立的尧林教育助学基金中捐出 25 万元，用于在四川灾区建设一座希望小学；此外，巴金先生的子女李小林、李小棠姐弟在近日还以巴金先生的本名“李尧棠”的名义，分两次向上海市红十字会捐款 10 万元，救助灾区孤儿，把巴老的爱心继续延续下去。（《上海支援抗震救灾实录·大事记》）

5 月 26 日 截至本日，应上海市卫生局要求，市经委向上海氯碱化工股份有限公司紧急筹措的 200 吨漂白粉，其中 50 吨已作好随时调运的准备。应民政部救灾救济司 22 日要求，市经委已紧急筹措到 3.7 万条毛巾被、5 万套内衣裤，并落实了其余 6.3 万条毛巾被的生产能力。由上海市消毒品协会捐赠的 9.7 吨、价值 59 万元的消毒品，本日凌晨 4 时运抵成都东站。水产集团捐赠的 26 吨、价值 50 余万元的金枪鱼罐头通过铁路运往上海援助四川抗震救灾成都工作站。（上海市救灾援助指挥协调工作小组编:《上海市救灾援助情况专报(19)》,2008 年 5 月 26 日）

5 月 26 日 截至本日下午，上海统一战线成员和系统干部职工通过各种渠道，累积向灾区捐款捐物超过 6.2 亿元。据初步统计，市委统战部已向中央统战部、市委办公厅报送上海统一战线各类救灾援助信息近 100 条。同时，统战系统还积极发挥智力密集、人才荟萃的优势，支持成员赶赴灾区一线参与救援活动。上海共有 40 名民主党派成员奋战在救灾第一线，其中民盟 15 人、民建 4 人、民进 5 人、农工党 5 人、致公党 3 人，九三学社 8 人，工作领域涵盖医疗救助、新闻报道、心理干预、危房监测等方面。上海佛教、道教、天主教、基督教等宗教界采取多种形式的法会超度地震亡灵，为灾区人民祈福，为国家平安祈愿。各宗教团体还向全市信众发出倡议，呼吁信众积极行动起来，为灾区人民提供力所能及的援助和关爱，得到广大信众的支持和响应。（上海市救灾援助指挥协调工作小组编:《上海市救灾援助情况专报(21)》,2008 年 5 月 27 日）

5 月 26 日 截至本日 17 时，协调工作小组根据国家有关方面和四川省的要求，通过紧急调用市级储备物资和采购等方式，共组织运出 35 批抗震救灾物资 1334.12 吨，价值 4527.24 万元。（上海市救灾援助指挥协调工作小组编:《上海市救灾援助情况专报(19)》,2008 年 5 月 26 日）

5 月 26 日　截至本日 17 时，上海市有关部门和单位累计派往灾区各类应急救援队伍 52 支 2453 人，分别深入灾情严重的成都、绵阳、广元、德阳、阿坝等 5 个市（州）及都江堰、绵竹、青川、汶川、安县等，并奋战在灾情最严重的映秀、漩口、水磨等乡镇，累计搜救 250 人，救治 4300 余人。仍在灾区的各类救援队伍共 44 支 1636 人。另有 33 支队伍约 1727 人待命随时准备赶赴灾区。（上海市救灾援助指挥协调工作小组编：《上海市救灾援助情况专报(19)》，2008 年 5 月 26 日。上海市人民政府：《关于本市开展救灾援助的工作情况汇报(2008 年 5 月 28 日市人大常委会通报稿)》）

5 月 27 日上午　中共上海市委常委、市纪委书记董君舒主持召开市纪委、市监察委、市纠风办、市民政局、市财政局和市审计局等单位参加的工作会议，就如何共同发挥监管职能，确保每一笔抗震救灾捐赠资金全部到位支援灾区进行专题研究。市政府副秘书长、协调工作小组组长沙海林，市纪委副书记、市监察委主任、市纠风办主任顾国林参加了会议。会议要求，尽快出台一批加强对抗震救灾资金物资监管的规章制度。会议强调，各单位要切实履行好各自职责，加强联动，形成监管合力，发挥最大效益。（上海市救灾援助指挥协调工作小组编：《上海市救灾援助情况快报(76)》，2008 年 5 月 30 日；上海市民政局《上海市社会赈灾大事记(2008 年 5 月 12 日—10 月 14 日)》）

5 月 27 日　中共中央政治局委员、市委书记俞正声在市委有关会议上强调指出，抗震救灾正在进入新的阶段，上海要把支援灾区灾后重建工作放在重要位置，主动请战，为灾区恢复重建做出上海应有贡献。会议传达了中央有关会议精神。市委副书记、市长韩正在会上通报了上海支援灾区抗震救灾各项工作进程。（《上海支援抗震救灾实录・大事记》）

5 月 27 日　市委副书记、市长韩正号召全市机关公务员厉行节约，全市市级机关经常性预算开支削减 10%，停止新增公务用车，鼓励 19 个区县机关经常性经费预算开支压缩 5%，削减压缩下来的资金全部用于抗震救灾。（郑红：《市政府常务会议要求节约每一分钱用来援助灾区——市级机关经常性预算减一成》，《解放日报》2008 年 5 月 27 日）

5 月 27 日　上海市政府办公厅下发《关于进一步做好支援灾区抗震救灾工作的通知》（沪府办[2008]22 号），要求区县政府、市政府各委办局进一步做好救灾援助工作；筹措资金，确保救灾物资生产、供应和调配，做好灾区卫生救援和伤病员接受医治工作，完成过渡安置房援建，做好灾民安置救助，加强对捐赠款物的监管。（上海市应急管理委员会办公室 2009 年 9 月 4 日关于报送《汶川特大地震抗震救灾志・社会赈灾志》上海部分有关资料的函）

5 月 27 日　沪上首个关爱灾区母婴专项基金——“馨月汇特困母亲生育关爱基金”启动，该基金将首批资助 66 个汶川大地震受灾母婴家庭。接受资助的家庭还将接受心理疏导、健康咨询及技能培训等。市政协副主席吴幼英出席基金启动仪式。（《上海支援抗震救灾实录・大事记》）

5 月 27 日　共青团上海市级机关工作委员会向本系统 1.5 万名团员青年发出“为地震灾区中小学生捐献书包和文具”的倡议书，两天募集书包 1225 个、文具 9282 件、铅笔 2 万支。团市委捐赠消毒用品、药品、医疗器械、学习生活用品价值120万余元。(中共上海市市级机关工作委员会2009年9月向《汶川特大地震抗震救灾志·社会赈灾志》报送上海市级机关工委资料)

5月27日　安利台湾公司营销人员陈婉芳得知灾情严重,委托上海的授权代理人以自己孙女陈盛泽的名义捐款250万元,地震发生时陈婉芳曾捐过10万元。(《5月27日上海市慈善基金会赈灾捐赠爱心花絮》,上海市慈善基金会网站慈善新闻栏目,http://scf.88547.com/news/detail.phpnews_id=6201)

5月27日　拜耳公司与上海市红十字会签订"拜耳博爱计划"备忘录。主要内容为:向上海市红十字会捐款300万元;向地震灾区捐建学校、诊所所用的聚氨酯材料等。(上海对口支援都江堰指挥部上海市红十字会《关于拜耳(中国)有限公司定向捐建都江堰四川工商职业技术学院临时过渡房的情况汇报》沪对口指175号)

5月27日　全国86家中央企业通过红十字会设立"5·12灾后重建中央企业援助基金",共有150家央企捐款捐物32.07亿元,宝钢等驻上海的央企参加捐款。(《汶川特大地震上海市对口支援都江堰市灾后重建志》)

5月27日　应民政部要求,上海市50000套内衣裤、36230条毛巾被通过铁路起运,分别运往成都市和都江堰市。(上海市救灾援助指挥协调工作小组编:《上海市救灾援助情况专报(22)》,2008年5月27日)

5月27日　截至本日,上海市总工会共收到各级工会捐款到账数为6643万元。其中通过全总向灾区捐款2130万元,通过市民政局捐款2100万元。全市广大职工通过各种渠道向灾区捐款已达3.36亿元左右。(上海市救灾援助指挥协调工作小组编:《上海市救灾援助情况专报(23)》,2008年5月28日)

5月27日　截至本日,上海市市容环卫部门抽调环卫车辆支援灾区抗震救灾,已向灾区捐赠渣土车8台、垃圾清运车18台、吸粪车2台、洒水车5台和流动公厕10台,总价1198.5万元。(上海市救灾援助指挥协调工作小组编:《上海市救灾援助情况专报(24)》,2008年5月28日)

5月27日　截至本日,上海市邮政公司办理免收汇款业务7496笔,汇款总额542.48万元,办理赈灾包裹627件,免收56175.6元。(上海市救灾援助指挥协调工作小组编:《上海市救灾援助情况专报(25)》,2008年5月29日)

5月27日　截至本日,上海真爱梦想公益基金会已募集帐篷10098顶、睡袋近5000个、棉被2000条、防水油毡布10000平方米等价值220万元的物资,并资助派送专业救援队员23人。(上海市救灾援助指挥协调工作小组编:《上海市救灾援助情况专报(25)》,2008年5月29日)

5月27日　截至本日中午,上海在川建设人员已达1100余名,已有699套彩钢板房材料抵运绵阳,5941套在运往灾区路上,435套待起运。(上海市救灾援助指挥协调工作小组编:《上海市救灾援助

情况专报(22)》,2008年5月27日)

5月27日下午 国务院总理温家宝主持召开国务院抗震救灾总指挥部第十四次会议。会议重申了抗震救灾的具体工作,重点研究了受灾群众住房安置、卫生防疫和堰塞湖险情处置问题,并强调要开始准备灾后重建的前期工作。(《汶川特大地震上海市对口支援都江堰市灾后重建志》)

5月27日下午 上海市派遣由宝山、普陀、闵行、长宁区卫生局和仁济医院组织的32名医务人员,飞赴四川灾区参加医疗救治。(上海市救灾援助指挥协调工作小组编:《上海市救灾援助情况专报(22)》,2008年5月27日)

5月28日 上海市区两级双拥办5月20日至28日,会同有关街道(乡镇)和居(村)委会逐户走访慰问了614户入川抢险官兵在沪家属,其他23户官兵家属因暂不在上海等原因,已由其所在区县通过部队进行了慰问。各级双拥工作部门走访慰问以精神安慰为主,并为每户家庭送上500~2000元的慰问金(累计送出慰问金50.54万元),此外帮助19户家属解决了老人生活照料等实际困难。至28日,赴灾区抢险部队官兵在沪家属共637户。(上海市救灾援助指挥协调工作小组编:《上海市救灾援助情况快报(78)》,2008年5月30日)

5月28日上午 上海援助四川抗震救灾工作接待服务站副站长何怀青,带队赴绵阳慰问上海援建队和心理援助志愿者。(上海市救灾援助指挥协调工作小组编:《上海市救灾援助情况专报(24)》,2008年5月28日)

5月28日 截至本日中午,上海在川援建过渡安置房建设人员达1531人,当日赴川建设人员118人。(上海市救灾援助指挥协调工作小组编:《上海市救灾援助情况专报(24)》,2008年5月28日)

5月28日 抗震救灾资金物资监管工作汇报会在京召开。中共中央政治局常委、中央纪委书记贺国强强调,加强抗震救灾资金物资监管,当前要重点抓好七项工作:成立抗震救灾资金物资监督检查领导小组,切实加强组织领导;建立健全规章制度,为加强抗震救灾资金物资监管提供重要保障;充分发挥各方面作用,对抗震救灾资金物资管理使用情况进行全方位监督;开展专项审计,确保抗震救灾资金物资及时拨付、有效使用;组织专项检查,及时发现和纠正抗震救灾资金物资管理使用过程中出现的问题;坚持公开透明,切实把抗震救灾资金物资管理使用置于阳光之下;严格执行纪律,从快从严从重处理抗震救灾资金物资管理使用中的违纪违法行为。(《贺国强在抗震救灾资金物资监管工作汇报会上讲话》2008年05月28日19:18 复兴论坛 来源:CCTV.com)

5月28日 上海市质量技术监督局组建的抗震救灾服务队23人22日出发赴灾区,承担电梯、锅炉、压力容器等特种设备安全检验、检测、监察等工作。上海市政府副秘书长范希平为出征送行。28日,平安返沪。其间,共完成2台医用氧舱、13台附属压力容器、3000余台电梯的检验任务,得到国家质检总局、当地政府和质检同行以及灾区群众的高度赞誉。(上海市救灾援助指挥协调工作小组编:《上海市救灾援助情况专报(25)》,2008年5月29日;《上海市救灾援助工作大事记》)

5 月 28 日 上海市经委传达学习协调工作小组第三次全体会议精神,要求重点做好以下工作:突出物资保障,全力组织好帐篷、彩钢板等前方急需物资的生产、调运;突出监管,与市财政局规范、明确对救灾物资生产、流通企业的资金拨付程序;突出宣传,加大对相关企业在抗震救灾过程中涌现的典型人物和事迹的宣传力度。(上海市救灾援助指挥协调工作小组编:《上海市救灾援助情况专报(24)》,2008 年 5 月 28 日)

5 月 28 日 上海市劳动保障局下发紧急通知,要求用人单位对有返乡意愿并需结清工资的灾区农民工,在其离开单位时一次性及时予以结清。(上海市救灾援助指挥协调工作小组编:《上海市救灾援助情况专报(25)》,2008 年 5 月 29 日)

5 月 28 日 上海市赴川卫生救援人员本日共救治伤病员 750 余人,开展手术 9 台、消毒面积 6.92 万平方米,处理厕所、水源、垃圾、粪坑、苍蝇孳生地 403 处,培训、卫生宣教 248 人,心理干预 28 人,发放卫生宣传资料 12755 份,投放粘鼠、粘蝇板等 2480 片。(上海市救灾援助指挥协调工作小组编:《上海市救灾援助情况专报(24)》,2008 年 5 月 28 日)

5 月 28 日 四川灾区第二批伤员 166 名分 4 个航班顺利抵沪。为伤员开展手术 31 台(累计 57 台),有 6 名伤员病危,其余伤员生命体征平稳,精神状态较好。(上海市救灾援助指挥协调工作小组编:《上海市救灾援助情况专报(25)》,2008 年 5 月 29 日)

5 月 28 日 上海有 270 套安置房板材运抵绵阳,342 套安置房板材从上海启运。(上海市救灾援助指挥协调工作小组编:《上海市救灾援助情况专报(24)》,2008 年 5 月 28 日)

5 月 28 日 上海纺织集团按照市应急办指令,紧急调运毛巾被和内衣裤,分别支援四川应急办和上海对口支援地区都江堰。至 5 月 28 日,纺织集团共分 4 批调运救灾物资:民光春秋被 9000 条、内衣裤 5 万件/套、毛巾被 37000 条。此外还向奋战在支援四川抗震救灾第一线的上海救援队、医疗队提供内衣 2000 件、内裤 7000 条、毛巾 2000 条、袜子 1000 双。(http://www.shanghai.gov.cn/shanghai/node2314/node2315/node18454/userobject21ai278163.html)

5 月 28 日 截至本日,上海市食品药品监管局积极落实协调工作小组要求,进一步加大对食品、药品、医疗器械生产企业的监督检查和抽验力度,规范捐赠组织工作。同时,根据四川省抗震救灾急需药械目录的更新情况,提醒药械捐赠、供应单位有针对性地做好相关工作。(上海市救灾援助指挥协调工作小组编:《上海市救灾援助情况快报(78)》,2008 年 5 月 30 日)

5 月 28 日下午 中共中央政治局委员、市委书记俞正声,市委副书记、市长韩正,市委副书记殷一璀分别带队至上海部分医院和企业,看望四川转移来沪的伤病员,察看灾区急需物资的生产情况。(http://www.shanghai.gov.cn/shanghai/node2314/node20071/node20078/userobject21ai277458.html)

5 月 28 日下午 为认真贯彻中共上海市委常委会、市政府常务会议精神,进一步做好救灾援助各项工作,市政府副秘书长、协调工作小组组长沙海林召集市经委、市建设交通委、市民政局、市卫生局、市合作交流办、市政府新闻办、市应急办等23家部门和单位举行协调工作小组第三次全体会议。会议传达了市委常委会、市政府常务会议有关精神，听取了各相关单位最新工作进展，对前一段救灾援助工作进行阶段性评估，对下一阶段工作进行再动员、再部署。沙海林指出，协调工作小组成立两周来，救灾援助工作总体运行有序、有力、有效。会议明确，下阶段救灾援助工作要做到六个“更加突出”。一是更加突出重点。二是更加突出统筹。三是更加突出实效。四是更加突出监管。五是更加突出科学。六是更加突出宣传。会议还对进一步发挥协调小组统筹协调作用，加强信息沟通，强化捐赠管理，规范经费结算和充实上海援助四川抗震救灾成都工作站力量等进行了具体部署。（上海市救灾援助指挥协调工作小组编：《上海市救灾援助情况快报(71)》，2008年5月28日）

5月28日下午 住房和城乡建设部副部长黄卫在绵阳市视察了由上海建工承建的过渡安置房施工现场，要求实事求是、节约成本、优化方案，抓紧按时保质完成第一批过渡安置房建设。（上海市救灾援助指挥协调工作小组编：《上海市救灾援助情况专报(24)》，2008年5月28日）

5月28日下午 根据卫生部要求，上海市增派的37名重症监护中心ICU医护人员（护士30人、医生7人）下午飞赴四川灾区。（上海市救灾援助指挥协调工作小组编：《上海市救灾援助情况专报(24)》，2008年5月28日）

5月28日下午 上海市经委召集4家帐篷生产企业和所在区县经委负责人召开现场会议，协调生产中遇到的各类问题。晚上，召开会议对帐篷、彩钢板等重点物资的调运工作进行部署，明确将围绕“供得出、供得好、供得及时”的要求，落实好帐篷、彩钢板生产任务。同时，加强与协调工作小组的联系，摸清上海救援队在前方所需后勤保障物资情况，为下一步工作做好准备。（上海市救灾援助指挥协调工作小组编：《上海市救灾援助情况专报(25)》，2008年5月29日）

5月28日 住房和城乡建设部下发《关于调整第一批地震灾区过渡安置房建设和分配任务的通知》，上海首批援建任务为8万套，其中四川绵阳5万套，甘肃陇南、天水3万套。当晚，上海援建绵阳震灾区过渡安置房现场指挥部召开会议，要求各单位进一步明确施工节点，确保进度，5月31日前完成300套过渡安置房，6月10日完成样板街坊，6月23日前完成2.3万套过渡安置房。已落实13个地块，共计189公顷，可建37000套过渡安置房。同时，已完成场地平整面积121470平方米、混凝土地坪浇注1300平方米，进场施工机械93台。（上海市救灾援助指挥协调工作小组编：《上海市救灾援助情况专报(24)》，2008年5月28日；《上海市救灾援助工作大事记》）

5月28日 截至本日17时，根据国家有关方面和四川省的要求，协调工作小组通过紧急调用市级储备物资和采购等方式，共组织运出36批抗震救灾物资1410.92吨，价值4875.74万元。（上海市救灾援助指挥协调工作小组编：《上海市救灾援助情况专报(24)》，2008年5月28日）

5月28日 截至本日17时，上海市有关部门和单位累计派往灾区各类应急救援队队伍54支3233人，分别深入成都、绵阳、广元、德阳、阿坝等5个市（州）及都江堰、绵竹、什邡、青川、汶川、安县等救灾一线，奋战在灾情最严重的映秀、漩口、水磨等乡镇，累计搜救250人，救治7200余人。仍在灾区的各类救援队伍共41支2349人。另有36支队伍约1869人待命随时准备赶赴灾区。（上海市救灾援助指挥协调工作小组编：《上海市救灾援助情况专报(24)》，2008年5月28日。上海市人民政府：《关于本市开展救灾援助的工作情况汇报(2008年5月29日向市政协通报稿)》）

5月28日晚 上海洋帆实业有限公司生产的1000顶帐篷由铁路发往四川绵阳。（上海市救灾援助指挥协调工作小组编：《上海市救灾援助情况专报(24)》，2008年5月28日）

5月29日 截至本日8时，华东民航各单位共保障救灾航班867架次，运送人员19146人、物资4463.1吨。截至本日，全市道路运输行业共发车309次，运送抗震救灾物资64批共计1978吨。（上海市救灾援助指挥协调工作小组编：《上海市救灾援助情况专报(26)》，2008年5月30日）

5月29日上午 中共上海市委常委、市纪委书记董君舒带队到铁路上海杨浦站，视察上海支援灾区大宗物资接收点，检查指导物资接收、运输工作，并慰问一线工作人员。董君舒对下一阶段工作提出四点要求：一要尽最大努力满足灾区的需求，科学组织物资支援灾区。二要继续加强对抗震救灾捐赠物资的管理和监督检查工作。三要抓好抗震救灾先进典型宣传。四要落实中央要求，"一手抓抗震救灾，一手抓经济发展"。（上海市救灾援助指挥协调工作小组编：《上海市救灾援助情况快报(73)》，2008年5月29日；《上海市救灾援助情况专报(25)》，2008年5月29日）

5月29日上午 上海市政府副秘书长翁铁慧到机场迎接部分回沪休整的前三批赴川医务人员共75人，向队员们在抗震救灾中所做的贡献表示敬意和感谢。（上海市救灾援助指挥协调工作小组编：《上海市救灾援助情况专报(25)》，2008年5月29日）

5月29日 受市委副书记、市长韩正委托，市委常委、副市长屠光绍代表市政府分别向市人大常委会主任(扩大)会议、市政协主席(扩大)会议通报上海市救灾援助工作的有关情况，市人大常委会主任刘云耕和市政协主席冯国勤及人大、政协的相关同志听取通报情况。市政府副秘书长、协调工作小组组长沙海林和市政府办公厅、市应急办、市经委、市建设交通委、市民政局、市卫生局、市财政局等部门的负责同志参加通报会议。市人大、市政协同志对做好下一阶段抗震救灾援助工作提出了意见和建议：(1)全力以赴支援灾区重建工作。(2)倡导全市人民发扬艰苦朴素的作风。(3)坚持依法办事。(4)形成对外援助的制度性规定。(5)加强地震知识普及。(6)挖掘宝贵的精神财富。（上海市救灾援助指挥协调工作小组编：《上海市救灾援助情况快报(75)》，2008年5月29日；《上海市救灾援助情况专报(25)》，2008年5月29日）

5月29日 中共上海市纪委、市监察委召开区县监察委主任、市监察委派驻(派出)监察室主任工作会议，部署抗震救灾资金物资监管工作。（上海市救灾援助指挥协调工作小组编：《上海市救灾援助情况快报(76)》，2008年5月30日）

5月29日 上海市文明办、市科教党委、市卫生局、团市委、市教委联合开展上海青年志愿者亲情陪护行动，组织青年医务工作者和临床医学及护理、心理学及社会工作专业的大学生志愿者，向四川来沪伤员提供亲情陪护和心理援助服务。半天收到报名申请1000余份。（上海市救灾援助指挥协调工作小组编：《上海市救灾援助情况专报(25)》,2008年5月29日）

5月29日 上海燃气行业向四川灾区赠送家用液化气器具300套，包括液化气钢瓶、调压阀、橡皮管及燃器灶具等全套设备，能基本满足一般家庭生活需求。市燃气管理处同时编制了图文并茂的《液化石油气安全使用手册》一同送往灾区。（上海市救灾援助指挥协调工作小组编：《上海市救灾援助情况专报(25)》,2008年5月29日）

5月29日 115名施工人员离沪赴川。（上海市救灾援助指挥协调工作小组编：《上海市救灾援助情况专报(25)》,2008年5月29日）

5月29日 新闻媒体5月22日报道民政部明确上海民政对口支援都江堰市。至29日，上海大众交通、上海胜华电缆、上海绿地集团、上海(成都)心族宾馆等多家上海企业积极请战，要求参与对口支援，承担援建项目，有部分企业直接到都江堰市，联系承接对口支援任务。协调工作小组协商有关部门研究，有序引导本市企业参与灾区重建。（上海市救灾援助指挥协调工作小组编：《上海市救灾援助情况快报(72)》,2008年5月29日）

5月29日 5月24日至本日，上海市水务系统赴川抗震救灾抢修队恢复12个地区的供水，建立临时供水点37个，合计服务人口约9万人。（上海市救灾援助指挥协调工作小组编：《上海市救灾援助情况专报(26)》,2008年5月30日；市救灾援助指挥协调工作小组编：《上海市救灾援助情况专报(26)》,2008年5月30日）

5月29日 东方讲坛办公室、上海增爱基金会、美国LDS慈善协会，联合在市社联大楼举行"支援四川灾区1000万元物资"捐赠启动仪式。这次捐赠的1000万元物资，包括价值约750万元的帐篷、防潮垫、睡袋和价值约250万元的轮椅车、助行器。首批救灾物资发车送往四川灾区。此外，三家机构还陆续为灾区群众提供灾后心理辅导。（《上海支援抗震救灾实录·大事记》）

5月29日 由华东师范大学出版社出版的抗震救灾图书《惊天地　泣鬼神———汶川大地震诗抄》,10点至12点在上海书城二楼读者俱乐部举行义卖捐赠暨诗歌朗诵会。书中收录了诗歌120余首，图片100余帧，出版后的一半数量赠往灾区；另一半的销售所得全部捐出。（《上海支援抗震救灾实录·大事记》）

5月29日 截至本日，据不完全统计，上海市普陀区工商联会员企业通过各种渠道向四川灾区捐款4936万元，捐物价值1200多万元。（上海市救灾援助指挥协调工作小组编：《上海市救灾援助情况专报(59)》,2008年6月18日）

5月29日 截至本日，上海市15个区县的121个家庭，已接待来自灾区家庭141户共354人。他们来沪以投亲靠友为主，人员中老人、小孩共217人，占60%以上，来沪后的日常生活由亲友安排

和资助。(上海市救灾援助指挥协调工作小组编:《上海市救灾援助情况专报(25)》,2008 年 5 月 29 日)

5 月 29 日 截至本日,上海各级政协委员情系灾区,采取不同方式积极开展捐款捐物活动。文艺界、教育界向上海全体政协委员发出“为灾区重建校园捐款”的倡议书,得到了民革、民进、民盟、经济界、科技界等 23 个界别的积极响应。市政协原副主席杨宣武交纳特殊党费 1 万元;市政协原副主席严东生专程委托他人代捐 2 万元;市政协原副秘书长、93 岁高龄李云住院期间还专门委托工作人员代捐 1 万元。据不完全统计,各级政协委员共捐款 26071.36 万元,港币 9345.55 元。此外,各级政协委员还充分发挥自身专业优势,积极参与抗震救灾。(上海市救灾援助指挥协调工作小组编:《上海市救灾援助情况快报(74)》,2008 年 5 月 29 日)

5 月 29 日 截至本日,上海市“两新”组织捐款捐物总价值近 10 亿元,其中有 28839 家民营企业通过各种渠道向灾区人民捐赠 3.1 亿多元。230 多名“两新”组织人士通过各种渠道奔赴灾区第一线参加抗震救灾。(上海市救灾援助指挥协调工作小组编:《上海市救灾援助情况专报(39)》,2008 年 6 月 7 日)

5 月 29 日下午 由上海市浦东新区社发局、卢湾区卫生局和市三院组织的 15 名医务人员飞赴四川灾区。(上海市救灾援助指挥协调工作小组编:《上海市救灾援助情况专报(25)》,2008 年 5 月 29 日)

5 月 29 日 截至本日 15 时,上海援建过渡安置房共开工 10 个地块,现场施工人员 1915 人,完成混凝土地坪浇注 8488 平方米,搭建过渡安置房 162 套。(上海市救灾援助指挥协调工作小组编:《上海市救灾援助情况专报(25)》,2008 年 5 月 29 日)

5 月 29 日 截至本日 17 时,上海市有关部门和单位累计派往灾区各类应急救援队伍 54 支 3483 人,仍在灾区的各类救援队伍共 41 支 2517 人。另有 36 支队伍约 1869 人待命随时准备赶赴灾区。(上海市救灾援助指挥协调工作小组编:《上海市救灾援助情况专报(25)》,2008 年 5 月 29 日)

5 月 30 日 截至本日零时,上海市人民心系灾区,踊跃献血,市血液中心库存 11703 人份。(上海市救灾援助指挥协调工作小组编:《上海市救灾援助情况专报(26)》,2008 年 5 月 30 日)

5 月 30 日上午 上海市卫生局召开会议听取各来沪伤员收治医院伤员救治情况,并就治疗过程中的手术、手术知情同意、会诊、转院、原有疾病的治疗、心理干预等问题征求各医院的意见。(上海市救灾援助指挥协调工作小组编:《上海市救灾援助情况专报(26)》,2008 年 5 月 30 日)

5 月 30 日上午 由上海市科教党委、团市委、市教委、市邮政公司、文广集团、市少工委共同发起的“鸿雁传书、爱心专递,情相系、心相印,我给震区小伙伴写封信”活动正式启动,首批发出的 2 万封信表达了全市中小学生对灾区小伙伴的关爱之情,用同龄人的视角、感受、思想、心灵和话语去抚慰灾区的同伴,给予他们战胜困难、顽强生活的勇气和信心。(上海市救灾援助指挥协调工作小组编:《上海市救灾援助情况专报(26)》,2008 年 5 月 30 日)

5月30日上午 上海市首场区县抗震救灾专题报告会在徐汇区举行。来自抗震救灾一线的市公安局消防总队副总队长丁克虎和消防总队黄浦支队副支队长姜亦山介绍了抢救幸存者的感人事迹。(《上海支援抗震救灾实录·大事记》)

5月30日 上海公安应急救援队抗震救灾报告会举行。会前,中共中央政治局委员、市委书记俞正声会见了赴灾区参加抢险救援的公安干警和消防官兵。市委副书记、市长韩正,市委副书记殷一璀,市委常委、市委政法委书记吴志明,市委常委、宣传部部长王仲伟,市委常委、市委秘书长丁薛祥,市高级人民法院院长应勇,市人民检察院检察长陈旭,市长助理、市公安局局长张学兵参加会见。俞正声说,汶川地震发生以来,上海人民想灾区人民所想,急灾区人民所急,在自己岗位,用不同方式,为灾区人民做出了贡献。我们要按照党中央、国务院部署,一手抓抗震救灾,一手抓好本职工作,为灾区人民抗震救灾做出新贡献。(《上海支援抗震救灾实录·大事记》)

5月30日 上海市人大常委会主任刘云耕,市政协主席冯国勤,市委常委、常务副市长杨雄,市委常委、副市长屠光绍等分别带队前往医院,慰问四川地震灾区到上海救治的伤员。(《向小伤员送上节日礼物市领导分四路慰问四川地震灾区来沪伤病员》中国上海上海市政府网《市长之窗》,2008年5月31日)

5月30日下午 上海市副市长胡延照专门听取市民政局关于抗震救灾工作的情况汇报,并对下一步相关工作进行部署。市政府副秘书长范希平参加。胡延照指出,关于社会捐赠工作,要充分重视捐赠资金到位、拨付使用、公开监督、捐赠管理和保持捐赠的持续性等问题;社会捐赠资金监管要公开透明,确保不出问题;资金募捐和使用要与定向捐赠、对口支持以及国家交付上海的任务紧密结合起来考虑。关于灾后重建工作,要全面及时了解掌握灾区所需,民政部门社工协助恢复社会关系、"三孤"人员帮扶等工作要在灾后重建方案中统筹考虑,特别是社工协助重建社会关系方面,要紧密配合当地工作,在当地的领导下开展。关于灾区来沪人员问题,要坚决按照中央及民政部的相关要求处理,做好工作预案。已经开展的相关工作要在现有政策框架下操作,市、区救助站要全面开放,充分发挥社区力量,分散、个案处理,热情友好地做好接待工作。此外,就做好前方队伍管理、后勤保障和人员替换以及关心慰问援助人员家属等提出了要求。(上海市救灾援助指挥协调工作小组编:《上海市救灾援助情况快报(80)》,2008年5月30日)

5月30日 截至本日,共有39家基金会通过上海市民政局、市慈善基金会、市红十字会或直接向地震灾区捐赠款物合计1933.7087万元;共有9家基金会接受企业和个人等社会力量的捐赠款物合计1428.04万元。同时,部分基金会积极探索建立长效机制,设立专项基金。为进一步规范捐赠款物和专项基金的运作和管理,市民政局、市社团局先后下发一系列通知,引导各基金会通过市民政局、市慈善基金会或市红十字会,统一向灾区捐赠;认真做好对捐赠款物的统计,适时向社会公布,接受各界监督;接受审计等相关部门审计,并向社会公布审计结果。(上海市救灾援助指挥协调工作小

组编:《上海市救灾援助情况快报(87)》,2008 年 6 月 4 日)

5 月 30 日　上海市经委专题研究抗震救灾物资组织工作,明确下阶段将重点确保帐篷、彩钢板的生产,做好过渡安置房生活设施配备预案。(上海市救灾援助指挥协调工作小组:《上海市救灾援助工作大事记》)

5 月 30 日　新华社发表题为“上海:冲刺近 14 万顶帐篷,提前筹备灾民度夏物资”的文章,对上海全市上下齐心协力支援抗震救灾、提前一步筹备度夏物资的做法给予肯定。(上海市救灾援助指挥协调工作小组:《上海市救灾援助工作大事记》)

5 月 30 日　灾区首批 132 名师生入住松江。整齐划一的宿舍区,干净的床铺,还有特别配备的专线电话和电视机。大地震发生后,上海松江区达丰(上海)电脑有限公司不仅募集了 500 万元的善款;同时,没有忘记远在广元和都江堰几所学校里的定向培训生。当了解到这些学校的校舍都遭到了不同程度的毁坏,学生无法正常学习生活时,公司当即作出决定,将已经统计到的 450 多名在灾难中失去房屋、无力生活的毕业生陆续安置到松江园区,帮助他们安排工作或进行下一阶段的学习。(http://www.shanghai.gov.cn/shanghai/node2314/node2315/node4411/userobject21ai277743.html)

5 月 30 日　上海为四川灾区来沪伤员开展手术 21 台(累计 78 台),有 6 名伤员病危,其余伤员生命体征平稳,精神状态较好。上海市赴川卫生救援人员当日共救治伤病员 1100 余人,开展手术 25 台、消毒面积 4.9 万平方米,消毒厕所、帐篷 59 个,探查水源 17 处,处理人畜尸体 6 具,培训人员 390 人,心理干预 360 人,发放卫生宣传资料 1550 份,投放粘鼠灭蚊装置 2150 张/块。(上海市救灾援助指挥协调工作小组编:《上海市救灾援助情况专报(26)》,2008 年 5 月30 日)

5 月 30 日　东海救助局赴川的直升机 B7106 执行任务共 7 架次,运送水 650 公斤,饼干 200 公斤,公安特警 8 人。(上海市救灾援助指挥协调工作小组编:《上海市救灾援助情况专报(28)》,2008 年 5 月31 日)

5 月 30 日　12355 灾区青少年社会工作、心理康复援助专家志愿团上海分团分两队,昨日分别前往德阳绵竹清平乡和潺亭中学,开展心理康复援助工作。(上海市救灾援助指挥协调工作小组编:《上海市救灾援助情况专报(28)》,2008 年 5 月 31 日)

5 月 30 日　截至本日,据不完全统计,上海市宝山区工商联共有 539 家会员企业通过各种渠道向四川灾区捐款 2600 余万元。(上海市救灾援助指挥协调工作小组编:《上海市救灾援助情况专报(59)》,2008 年 6 月 18 日)

5 月 30 日　截至本日,根据建设部《关于调整第一批地震灾区过渡安置房建设和分配任务的通知》要求,上海市第一批 8 万套援建任务为四川绵阳地区 5 万套、甘肃陇南和天水地区 3 万套。按照要求,市建设交通委确定上海市 6 家施工单位共同负责承建。宝钢集团每日供应 900 吨彩钢板,确保上海市过渡安置房建设所需建材供应充足。(上海市救灾援助指挥协调工作小组编:《上海市救灾援

助情况专报(27)》,2008 年 5 月 31 日)

5 月 30 日　截至本日,上海市在绵阳援建人员已达 2440 人,其中管理干部 246 人,工程技术人员 140 人,施工安装人员 2054 人。各类施工机械 113 台、各类工具 583 件,保障车辆 205 辆,累计完成安装过渡安置房 316 套,已达到绵阳待安装 1742 套,运输途中 4000 套。(上海市救灾援助指挥协调工作小组编:《上海市救灾援助情况专报(27)》,2008 年 5 月 31 日)

5 月 30 日　截至本日,瑞金、长海、长征、市六、市十等 19 家三级综合医院和专科医院已收治灾区伤病员 307 名,收治工作所在医院涉及浦东、黄浦、卢湾、徐汇、静安、普陀、闸北、虹口、杨浦、宝山、闵行等 11 个区县。相关区县纷纷采取积极措施,全力配合医疗机构开展伤员救治和安抚工作。(上海市救灾援助指挥协调工作小组编:《上海市救灾援助情况快报(77)》,2008 年 5 月 30 日)

5 月 30 日　截至本日 14 时,上海建设绵阳地震灾区过渡安置房共开工 14 个地块,现场施工人员 2440 人,进场施工机械 133 台,完成过渡安置房搭建 316 套。本日又有 139 人离沪赴川。(上海市救灾援助指挥协调工作小组编:《上海市救灾援助情况专报(26)》,2008 年 5 月 30 日)

5 月 30 日　截至本日 16 时,上海市已接待来自灾区投亲靠友人员共计 219 户、526 人。其中男性 214 人,女性 312 人;18 岁以下 183 人,18 至 60 岁 197 人,60 岁以上 146 人。(上海市救灾援助指挥协调工作小组编:《上海市救灾援助情况专报(26)》,2008 年 5 月 30 日)

5 月 30 日 19 时　绵阳市唐家山堰塞湖避险疏散指挥部指挥长 5 月 29 日下午签发第一号令,要求各有关单位和个人,按照三分之一溃坝预案,对淹没线以下地区实施紧急撤离。此次撤离,共涉及上海市援建 14 个地块中的 5 个工地。至 30 日 19 时,上海完成对位于三分之一溃坝线下的两个工地的撤离工作。(上海市救灾援助指挥协调工作小组编:《上海市救灾援助情况快报(79)》,2008 年 5 月 30 日)

5 月 30 日晚　上海市政府副秘书长、协调工作小组组长沙海林召集市发改委、市建交委、市财政局、市交通局、市应急办、上海交运集团研究抗震救灾公路运输价格问题。(上海市救灾援助指挥协调工作小组:《上海市救灾援助工作大事记》)

5 月 31 日 10 时 37 分　一个 3650 克重的男婴,平安降生在中(上海华山医院)德联手组建的都江堰野战医院手术室里,被父亲取名叫“方中德”,以纪念他的诞生地——中德红十字会野战医院。(http://www. shanghai. gov. cn/shanghai/node2314/node20071/node20073/userobject21ai280779. html)

5 月 31 日　自 5 月 14 日 10 时 20 分,首列 57005 次救字字头专列驶出绵阳火车站,至 5 月 31 日,国务院共调动 21 次专列,99 架专机,出动医务人员 5000 多人,向上海等 20 个省(区、市)58 个城市 375 家医疗机构共转运伤员 10015 人,安置陪护家属 9000 人。(《汶川特大地震上海市对口支援都江堰市灾后重建志》)

5 月 31 日　中共中央政治局委员、市委书记俞正声和市委常委、市委秘书长丁薛祥,副市长沈骏先后到奉浦钢结构工程有限公司和上海洋帆实业有限公司,察看上海救灾物资生产情况。俞正声指出,上海要按照党中央、国务院的要求,把支援灾区恢复重建工作放在重要位置,千方百计、全力以赴生产灾区急需的各种救灾和恢复重建物资,为支援灾区做出应有贡献。(上海市救灾援助指挥协调工作小组编:《上海市救灾援助情况专报(28)》,2008 年 5 月 31 日)

5 月 31 日 国务院办公厅下发《关于加强汶川地震抗震救灾捐赠款物管理使用的通知》。通知中加强救灾捐赠款物管理使用的基本原则包括自愿捐赠,不得摊派;尊重意愿,专款专用;统一规划,突出重点;公开透明,加强监督。各级民政部门负责以政府名义接收救灾捐赠款物,各有关部门可接收本系统的捐赠款物。各级红十字会、慈善总会等具有救灾宗旨的公募基金会可以救灾名义向社会开展募捐活动,接收救灾捐赠。没有救灾宗旨的公募基金会以救灾名义开展募捐活动,应经民政部门批准,未经批准已经开展募捐活动的公募基金会要及时到民政部门补办审批手续。组织开展义演、义赛、义卖等各类救灾募捐活动,要按规定报有关部门批准,募集的捐赠款物要及时移交民政部门或者红十字会、慈善总会等具有救灾宗旨的公募基金会。各级民政部门在救灾捐赠工作中,一律不得在捐赠资金中列支管理费用,相关费用由财政部门按规定安排。完善统计和信息公开制度,增强救灾捐赠工作透明度。(中央政府门户网站 www. gov. cn2008 年 05 月 31 日国务院办公厅)

5 月 31 日 上海市卫生局紧急下发通知,对诊疗过程中的手术、知情同意、会诊、转院、心理干预等做出明确规定,并组织成立由骨科、普外科、泌尿外科、肾脏内科、院内感染、精神科等专业共 39 名专家组成的"上海汶川地震伤员医疗救治专家组",参与重大手术、特大手术、致残手术、高危手术的术前讨论和风险评估,参与诊疗过程中的院外会诊等。要求各医院进一步加强对年老、病重伤员的监护和巡视,根据病情,安排一对一 24 小时看护,对重症伤员实行每日会诊制度;加强院内各学科间的协作,做好各项防控院内感染的措施等。(上海市救灾援助指挥协调工作小组编:《上海市救灾援助情况专报(28)》,2008 年 5 月 31 日)

5 月 31 日 上海援助四川抗震救灾成都工作站专程赴绵竹重灾区,慰问市水务局水管抢修队的 82 名同志。慰问过程中,市政府副秘书长、协调工作小组组长沙海林特意致电,亲切慰问抢修队队员。(上海市救灾援助指挥协调工作小组编:《上海市救灾援助情况专报(28)》,2008 年 5 月 31 日)

5 月 31 日 上海援助四川抗震救灾成都工作站赴绵阳、都江堰,了解市建交委灾区过渡安置房援建工作现场指挥部、上海梅林正广和(绵阳)股份有限公司等单位有关情况,为设立工作站前方联络点进行前期准备。(上海市救灾援助指挥协调工作小组编:《上海市救灾援助情况专报(28)》,2008 年 5 月 31 日)

5 月 31 日 "心手相连、情系汶川"川沪两地中小学生"六一"主题活动在都江堰幸福小学举行,市救灾卫星通信车提供了现场技术保障。(上海市救灾援助指挥协调工作小组编:《上海市救灾援助情况专报(29)》,2008 年 6 月 1 日)

5月31日 上海市慈善基金会联合SMG艺术人文频道举行“上海艺术家赈灾爱心义拍活动”，上海大学美术学院兼职教授陈佩秋的画、钢琴家孔祥东的琴、上海市电影家协会副主席奚美娟的奖杯等18件艺术品以超过百万元的总价被全部拍走，善款用于四川省灾后重建。同日，市慈善基金会巾帼圆桌基金在上海四季酒店举行慈善义卖，19件拍品参拍，筹款用于地震灾难中的孤儿、孤老及伤残儿童。（李君娜:《上海各界积极行动赈灾——佛教界义演捐赠500万元，艺术家赈灾义拍百万元》，《解放日报》2008年6月1日第3版）

5月31日 上海市道教协会会长史孝进，副会长丁常云、刘巧林参加中国道教协会在四川鹤鸣山举办的“中国道教界为汶川地震灾区祈福·追荐·赈灾大法会”，再次捐款100万元。截至5月底，上海市道教界捐款164万元。（上海市民族宗教委员会2009年8月《汶川大地震——上海民族宗教系统赈灾记事》）

5月31日 截至本日，上海市各中小学、幼儿园共接收672名地震灾区转移来沪继续就读学生。市教委下发《通知》要求各区县对灾区来沪投亲靠友的适龄儿童少年按就近入学的原则尽快安排插班就读，对家庭遭受地震灾害影响且目前经济困难的，予以必要的关心和帮助；对民政部门统一安排由上海家庭领养的灾区孤儿，按就近入学原则统筹安排进入义务教育学校就读，并依法享受义务教育的相关待遇；过细做好教育教学工作，加大心理健康教育的工作力度。同时，安排地震灾区技工学校100名在校学生至市高级技工学校、江南造船集团职业技术学校、沪东中华造船集团高级技工学校等学校就读。（上海市救灾援助指挥协调工作小组编:《上海市救灾援助情况专报(34)》，2008年6月4日）

5月31日 截至本日，上海高校共有1757名学生家庭受灾；上海高校灾区生源毕业生共有361人，其中未签订就业协议109人。（上海市救灾援助指挥协调工作小组编:《上海市救灾援助情况专报(47)》，2008年6月12日）

5月31日下午 上海市建交委主任黄融等赶赴四川绵竹，向住房和城乡建设部部长姜伟新汇报了上海市过渡房援建工作的最新进展情况。根据姜伟新指示，黄融先后到建工集团、城建集团、中建八局在绵阳的援建工地进行慰问，并连夜召开现场指挥部全体会议，要求一手抓好唐家山堰塞湖淹没线以下工地的应急撤离准备工作，一手抓紧推进过渡安置房建设，确保6月25日前按期完成首期2万套任务。（上海市救灾援助指挥协调工作小组编:《上海市救灾援助情况快报(84)》，2008年6月3日）

5月31日 截至本日14时，上海建设绵阳地震灾区过渡安置房已完成503套，正在安装247套，另有2544套待安装。上海在绵阳灾区投入安装过渡安置房工作共有2952人。（上海市救灾援助指挥协调工作小组编:《上海市救灾援助情况专报(28)》，2008年5月31日）

5月31日19时15分 上海市作协与上海图书馆在上图四楼多功能厅联合举办“炎黄情，华夏魂”抗震救灾诗歌朗诵会，这也是由市作协主办的“海上心声”诗歌朗诵夏季专场，得到上海市文化基金会支持。(《上海支援抗震救灾实录·大事记》)

5月31日晚 长海医院收治的一名87岁地震灾区伤员在家属喂饭过程中出现心脏呼吸骤停，经全力抢救无效，于20时30分宣告死亡。(上海市救灾援助指挥协调工作小组:《上海市救灾援助工作大事记》)

5月31日 追思哀悼唤起了无疆大爱，捐赠活动达到高潮。20日，全市捐赠2.34亿元，21日捐赠2.26亿元，22日2.01亿元，23日1.57亿元，24日1.6亿元。至5月底，上海市民政局、市红十字会、市慈善基金会共接受社会捐款19.38亿元，接收各类救灾物资折价约1.96亿元。据不完全统计，上海市各界通过其他途径向灾区捐款约3.54亿元。(http://www.sina.com.cn2008年05月18日18:44新华网；东方网2008年5月19日16:12作者:刘歆、杜丽华、曹子琛、蒋佳佳、刘华宾选稿:郑闻文《14:28上海警报长鸣全城默哀》)，(上海市救灾援助指挥协调工作小组编:《上海市救灾援助情况专报(28)》,2008年5月31日)

5月 上海永琪美容美发经营管理有限公司捐资323.38万元用于资助四川省都江堰市建设崇义中学永琪宿舍楼，并于2010年8月建成。同时，在都江堰市职业高级中学开设美容美发专业课程班。(《汶川特大地震上海市对口支援都江堰市灾后重建志》)

5月 至本月底，中共上海市委办公厅干部职工捐款56万元。市人大办公厅捐款87615元。市政府办公厅捐款101650元。市政协机关干部职工捐款396216元，还组织市政协委员捐款3556850.25元，支援重建都江堰市北街小学。(中共上海市委办公厅2009年8月向市民政局提供《汶川特大地震抗震救灾志·社会赈灾志》资料)

6月1日 截至本日8时，上海民航各单位共保障运输救灾人员、物资375架次，运送救灾人员13619人次、物资2768.2吨。(上海市救灾援助指挥协调工作小组编:《上海市救灾援助情况专报(30)》,2008年6月2日)

6月1日上午 中共上海市委宣传部副部长陈东率领由上海9家文艺单位15位艺术家组成的慰问团，赴绵竹重灾区慰问了战斗在第一线的上海救援队、解放军指战员和灾区学校的孩子们。晚上，慰问团乘机返沪。(上海市救灾援助指挥协调工作小组编:《上海市救灾援助情况专报(29)》,2008年6月1日)

6月1日上午 副市长、市妇儿工委主任赵雯等领导来到儿科医院，亲切看望在这里接受治疗的四川地震灾区儿童以及赴四川和安徽阜阳救援返回的医务人员，并和孩子们一起欢度节日。赵雯给孩子们赠送了课本、食品和慰问金等，鼓励小朋友们坚强自信、乐观向上，主动配合治疗，争取早日康复。(《上海支援抗震救灾实录·大事记》)

6月1日上午 绿地集团举行了援建四川绵阳灾区过渡安置房配套学校誓师大会暨物资运输

车队发车仪式。承担学校建设任务的绿地集团施工队伍以及16辆满载建设物资的运输车队正式发车奔赴四川。上海市人大常委会主任刘云耕宣布发车,副市长胡延照讲话。绿地集团在援建1万套过渡安置房的基础上,建设与上海援建绵阳过渡安置房相配套的百余所中小学校,目前捐建都江堰等灾区中小学的工作已全面启动。(《文汇报》,2008年6月2日)

6月1日 上海市总工会女职工委员会代表全市270万女职工慰问了正在上海儿童医院治疗的灾区儿童及家属,送上了节日礼物和慰问金,致以节日祝福,并以市妇联团体会员的名义向灾区儿童捐赠了价值38万余元的3000个书包和2000件衣服。(上海市救灾援助指挥协调工作小组编:《上海市救灾援助情况快报(86)》,2008年6月3日)

6月1日 在浦东新区图书馆的大厅里,来自上海现代美术馆培训班的50多位小朋友参加"心愿"——浦东新区少年儿童庆"六一"书画创作活动。他们用画笔为灾区小朋友祈福,用自己的画作赈灾义卖。(http://www.shanghai.gov.cn/shanghai/node2314/node20071/node20079/node20082/userobject21ai277996.html)

6月1日 有施工人员43人离沪赴川。东海救助局报,直升机B-7106在川执行任务2架次,飞行1小时40分,运送水500公斤、装备200公斤、空降官兵7人。(上海市救灾援助指挥协调工作小组编:《上海市救灾援助情况专报(29)》,2008年6月1日)

6月1日 上海教育电视台在江油市举行"抗震救灾'六一'特别直播"活动,市救灾卫星通信车提供了信号传输等技术支持。(上海市救灾援助指挥协调工作小组编:《上海市救灾援助情况专报(29)》,2008年6月1日)

6月1日 上海援助四川抗震救灾成都工作站走访、慰问了上海绿地集团成都置业有限公司、上海航空公司成都营业部等部分上海在川企业。(上海市救灾援助指挥协调工作小组编:《上海市救灾援助情况专报(29)》,2008年6月1日)

6月1日 截至本日,上海市水务系统赴川抗震救灾抢修队恢复24个地区的供水(15口深井水源、8个溪水水源),安装了1台水泵、4台发电机和16个水箱,建立了62个集中供水点,配置了223个水龙头,排接管道22079米。(上海市救灾援助指挥协调工作小组编:《上海市救灾援助情况专报(31)》,2008年6月2日)

6月1日 "哈哈美丽心世界"慈善赈灾晚会在上海大舞台举行。晚会的门票收入和现场募捐都用于灾区重建。(《上海支援抗震救灾实录·大事记》)

6月1日 上海海洋水族馆与浦东新区红十字会发起两场"心手相连,重建四川家园"的爱心赈灾活动,在海洋水族馆门前进行义卖和义演。中福会少年宫儿童节期间推出亲子活动、义卖等,全部所得捐赠灾区。(《上海支援抗震救灾实录·大事记》)

6月1日 由上海市慈善基金会、小主人报社共同举办的——"《小主人报》千名小记者为四川灾区儿童重建校园大募捐活动”在全市 8 个区的 60 多个指定地点展开。来自上海 100 多所小学的千名优秀少先队员兼《小主人报》小记者走上街头，为四川的少年儿童重建校园募集资金。（《上海支援抗震救灾实录·大事记》）

6 月 1 日 由上海市政府侨办举办，市侨界企业家协会、市侨商会、上海海上书画院、上海炎黄画院共同参与的“百名书画家百幅作品赈灾义卖捐建地震灾区希望小学”活动举行。上海侨界书画团体纷纷发动书画家挥毫泼墨，专门创作了 130 余幅作品，支持抗震救灾和灾后重建。义卖会上，侨界企业家、侨商和侨界人士纷纷慷慨解囊，表达爱心。（《上海支援抗震救灾实录·大事记》）

6 月 1 日 上海市少年儿童抗震救灾爱心传递系列活动在上海少儿图书馆正式启动，帮助灾区儿童树立生活信心，战胜地震灾害。（《上海支援抗震救灾实录·大事记》）

6 月 1 日 截至本日 14 时，上海建设绵阳地震灾区过渡安置房共开工 15 个地块，现场施工人员 3105 人，进场施工机械 177 台，完成过渡安置房搭建 831 套。（上海市救灾援助指挥协调工作小组编：《上海市救灾援助情况专报(29)》，2008 年 6 月 1 日）

6 月 1 日下午和晚上 上海歌剧院在东方艺术中心音乐厅举行的“爱心牵手”交响音乐会结束后，数千份爱心卡和两场音乐会的票房收入，由上海慈善基金会转交到四川灾区。（《上海支援抗震救灾实录·大事记》）

6 月 2 日上午 市委副书记、市长韩正出席市政府工作会议，强调当前工作要坚持“两手抓”。一手抓好支援灾区抗震救灾和灾后重建各项任务的坚决落实，一手抓好全市经济社会发展各项措施的有力推进。（上海市救灾援助指挥协调工作小组编：《上海市救灾援助情况专报(31)》，2008 年 6 月 2 日）

6 月 2 日上午 10 时 15 分，上海拍卖行迎来两位捐赠者：84 岁的建筑学家、美籍华人杨大芬及其先生，他们带来两幅刚从刘海粟美术馆展出结束的油画作品，当场签订了委托协议，参加于本月 12 日举行的上海百家拍卖企业为救助地震灾民赈灾慈善义拍。两幅作品一幅为《九寨沟》，一幅为《黄龙公园》，是 1995 年杨大芬到四川旅游之后所作。杨大芬的先生已 90 高龄，他告诉记者，他是四川人，因此他们选择这两幅有特别意义的作品参与拍卖。（《新民晚报》，2008 年 6 月 2 日）

6 月 2 日 11 时 20 分 上海出入境检验检疫局卫生防疫队携带 80 箱重 2 吨、价值 20 万元的卫生药品和器械等，飞赴四川灾区。上海出入境检验检疫局局长徐金记向首批防疫队授队旗。5 月 29 日，根据国家质检总局“派遣一支 10 人组成的赴川卫生防疫队”的通知，上海出入境检验检疫局从 22 人中选出 10 人，组建成上海出入境检验检疫局卫生防疫一队；其余 12 人待命。（《汶川特大地震上海市对口支援都江堰市灾后重建志》；《上海支援抗震救灾实录·大事记》）

6 月 2 日 上海市外办按照“外事工作必须服从服务于抗震救灾工作大局”的要求，对因公出访和外事活动进行了相应调整。全市已批准出访的团组被取消或推迟的共 110 批 514 人次，其中局级人员66次;各单位取消上报审批团组303批1853人次,其中局级人员117人次。取消或推迟的团组中,由市领导带队计划5月底、6月初出访的团组有4批。此外,市外办对赴国外开展的友城交流活动和一些外国城市代表团在沪活动以及在沪举行的一些外事活动作了相应调整。(上海市救灾援助指挥协调工作小组编:《上海市救灾援助情况快报(81)》,2008年6月2日)

6月2日 上海市经委分几路赴家具大卖场实地查看、了解家具的尺寸、款式、价格等情况,进一步做好过渡安置房家具配备工作;为确保帐篷生产质量,联合市质量技术监督局严格监控帐篷生产企业,针对上海洋帆实业有限公司生产帐篷所需钢管接头供应紧张问题,紧急搜寻全市可生产企业,已初步落实2家。(上海市救灾援助指挥协调工作小组编:《上海市救灾援助情况专报(31)》,2008年6月2日)

6月2日 市经委向上海纺织集团紧急采购5.45万套衣裤、5.99万床毛巾被等运往灾区,价值620.36万元。(上海市民政局2008年5月22日《上海市民政局关于组织捐赠或采购四川灾区急需衣被的请示》)

6月2日 本日起,共青团上海市委开展上海青年志愿者亲情陪护行动,800余名青年志愿者为上海收治的306名灾区伤员提供亲情陪护和心理援助服务。同月,团市委紧急招募20名上海大学生抗震救灾专项行动志愿者参加西部计划,赴都江堰参与灾后重建和志愿者管理。(上海市民政局《上海市社会赈灾大事记(2008年5月12日—10月14日)》)

6月2日 连日来,上海多家医院陆续接纳了到沪治疗的四川灾区伤员。为了让灾区伤员在上海治疗期间感受到家庭式的温暖,市妇联和市卫生局联合在全市妇女和家庭中发起"四川上海一家亲——上海母亲关爱行动"。动员和倡议全市五好文明家庭、家庭志愿者及有专业特长的心理咨询工作者,与灾区伤员家庭结对。根据对方需求,为他们提供可口的饭菜、替换的衣服和其他帮助。同时市妇联还配合民政部门发动上海家庭做好灾区孤儿的领养、助养和助学工作,并配合教育部门关心、帮助在上海就学的、在地震中失去亲人的四川籍学生。(《上海支援抗震救灾实录·大事记》)

6月2日 上海市市级机关工作党委收到来自宝钢的"特殊党费"。截至本日,宝钢已有35154名党员交纳"特殊党费"1262万元,交纳1000元以上的有5002人。加上以公司名义向灾区捐款捐物7220万元、员工个人捐款3158万元,宝钢捐赠总额至此升至1.164亿元。(http://www.shanghai.gov.cn/shanghai/node2314/node2315/node15343/userobject21ai278678.html)

6月2日 上海市水务系统赴川抗震救灾抢修队赴四川灾区抢修完成什邡市蓥华镇的自来水恢复供水设施建造,受益人口达12000人,建成管道10.8公里。(《上海支援抗震救灾实录·大事记》)

6月2日 国家质检总局卫生防疫技术服务队上海分队启程奔赴四川灾区。汶川特大地震灾害时刻牵动着上海检验检疫局干部职工的心,5月19日,在局党组发出组建灾后卫生防疫志愿者队伍的号召后,500 多人争先恐后报名参加。经过挑选,10 名业务尖子组成首批卫生防疫队,并在 24 小时之内配备了必要的技术装备和生活用品,随时待命出发。出发的首批队员均为公共卫生和临床医学专业人员,有着丰富的工作经验。抵达灾区后,他们在国家质检总局的统一指挥下,在灾区开展卫生防疫、消毒处理和传染病媒介生物的控制等工作。(《上海支援抗震救灾实录·大事记》)

6 月 2 日 根据四川省食品药品监管局关于对境外捐赠的三类医疗器械开展追踪检测的紧急请示,国家食品药品监管局医疗器械司日前紧急要求上海医疗器械质量监督检验中心(上海市医疗器械检测所)组建现场检验工作组,前往四川省开展多参数床旁监护仪现场检验工作。今天起,本市医疗器械专家已在川进行现场检验工作。(《上海支援抗震救灾实录·大事记》)

6 月 2 日 由文汇新民联合报业集团妇委会倡议发起的"文新妈妈的爱"活动,共收到广大女职工和不少男职工捐赠的 500 多个书包和 100 多套文具用品。六一节前,这批带着文新职工关爱的礼物已送达四川灾区小朋友的手中。(《上海支援抗震救灾实录·大事记》)

6 月 2 日 "情系同胞情·爱心献灾区——抗震救灾书画义展义卖"活动闭幕,共义卖书画 46 幅,募集善款 30.5 万元。5 月 30 日,由上海市慈善基金会、上海大剧院艺术设计有限公司联合举办的义展义卖活动在上海大剧院画廊开幕,17 位著名书画家捐出作品参与义展义卖。(《上海支援抗震救灾实录·大事记》)

6 月 2 日 由上海沪剧院、上海锦辉艺术传播有限公司、宝山沪剧团、长宁沪剧团、勤苑沪剧团等联袂推出的"让我们和你在一起"大型赈灾义演在美琪大戏院举办,台上台下处处涌动着爱的暖流。此次的义演收入由市民政局转交灾区人民。此外,上海沪剧院还有一个约定:一年内,将演出卖掉的每张戏票留 10 元作为捐款;一年内,每位演职员每月捐 100 元,争取一年捐款 50 万元,为灾区小朋友建一座坚固的希望小学。(《上海支援抗震救灾实录·大事记》)

6 月 2 日 解放日报报业集团文化讲坛举办特别专场———向生命致敬!走上讲坛的,是四川灾区受灾群众代表刘小桦同学和刚从四川抗震救灾一线采访归来的解放日报报业集团所属媒体的 10 位记者代表。他们讲述对灾情和苦难的深重感受、对抢救生命守望相助的深刻感动,共同表达了对生命的最诚挚敬意。500 多名观众聆听了这些发自肺腑的感人声音。(《上海支援抗震救灾实录·大事记》)

6 月 2 日 截至本日,上海铁路局共开行"抢"字列车 180 列,装运帐篷、药品、医疗设备等物资 3074 车。(上海市救灾援助指挥协调工作小组编:《上海市救灾援助情况专报(34)》,2008 年 6 月 4 日)

6 月 2 日 截至本日,驻沪部队通过各种渠道累计捐款逾 4198 万元。(上海市救灾援助指挥协调工作小组编:《上海市救灾援助情况专报(34)》,2008 年 6 月 4 日)

6 月 2 日下午 中共上海市委宣传部、市科教党委、市卫生局共同组织召开了上海市抗震救灾医疗卫生救援队事迹报告会，市委副书记殷一璀出席会议并讲话。（上海市救灾援助指挥协调工作小组编：《上海市救灾援助情况专报(31)》，2008 年 6 月 2 日）

6 月 2 日下午 上海市有 7 名医疗急救队员赴川参加急救转运任务。至此，共有 337 名医疗防疫人员在川参与救援、防疫工作。（上海市救灾援助指挥协调工作小组编：《上海市救灾援助情况专报(31)》，2008 年 6 月 2 日）

6 月 2 日下午 据市卫生局报告，灾区来沪伤员共 307 名，其中伤情较重 97 名、病危 6 名、死亡 1 人（详见救灾援助情况专报 28 期），其余伤员生命体征平稳。截至本日，上海市医疗机构共为来沪医治的四川地震灾区伤员开展手术累计 118 台。从已收治的地震伤员情况判断，一是伤情普遍较重。转运来沪的伤员中，已截肢 22 名，开放性骨折 51 名，伤口创面大，伴随感染症状严重，部分已出现坏死，一些伤员的保肢难度较大。二是年龄跨度大，高龄伤员多。接收伤员中最大年龄 97 岁，最小 3 岁，60 岁以上伤员 97 名，80 岁以上 33 名，90 岁以上 4 名。三是复合伤多，合并症多。地震伤员多存在挤压伤综合征、躯干四肢多处骨折、合并神经血管损伤，又往往伴有心脏病、肝硬化、糖尿病等基础疾病，个别伤员还有怀孕、聋哑等特殊情况，伤情十分复杂。市卫生局已下发紧急通知，对诊疗过程中的手术、知情同意、会诊、转院、心理干预等做出明确规定，并组织成立了由骨科、普外科、泌尿外科、肾脏内科、院内感染、精神科等专业的 39 名专家组成“上海汶川地震伤员医疗救治专家组”。有关收治医院按照“集中伤员、集中专家、集中资源、集中救治”的方式，切实加强病例会诊、手术、特殊病人护理，院内感染、与患者家属沟通、转院收治等各项工作。（上海市救灾援助指挥协调工作小组编：《上海市救灾援助情况专报(31)》，2008 年 6 月 2 日；《上海市救灾援助情况快报(85)》，2008 年 6 月 3 日）

6 月 2 日下午 “抗震救灾书画义展义卖闭幕式暨慈善义卖专墙揭幕仪式”在上海大剧院画廊举行，活动共募集善款 30 余万元，上海市慈善基金会理事长陈铁迪为“慈善义卖专墙”揭幕。（《上海支援抗震救灾实录・大事记》）

6 月 2 日 截至本日 14 时，上海建设绵阳地震灾区过渡安置房共开工 16 个地块，现场施工人员 3491 人（招募当地务工人员 659 人），进场施工机械 202 台，完成过渡安置房搭建 1411 套。（上海市救灾援助指挥协调工作小组编：《上海市救灾援助情况专报(31)》，2008 年 6 月 2 日）

6 月 3 日 摩洛哥国王穆罕默德六世 5 月 30 日至 6 月 3 日来沪私人访问，通过市外办向市红十字会捐赠 10 万美元给地震灾区。（上海市政府对外事务办公室 2009 年 9 月市民政局提供《汶川大地震市外事办参与全市赈灾情况资料》）

6 月 3 日上午 有 10 名护士和 13 名防疫人员赴川参加卫生救援任务。至此，上海市共有 322 名医疗防疫人员在川各工作点参与救援、防疫工作。（上海市救灾援助指挥协调工作小组编：《上海市救灾援助情况专报(32)》，2008 年 6 月 3 日）

6月3日上午 载有上海机场浓浓关爱的援川复苏型救护车从虹桥机场出发开往四川绵阳机场，这是上海机场集团向灾区捐助的第2批急救医疗物资。这辆价值88万余元的援川复苏型救护车配备了包括心电监护除颤仪、气动力呼吸机等车内急救设备。(《上海支援抗震救灾实录·大事记》)

6月3日 上海市各收治医院共为来沪伤员开展手术20台(累计达138台)，有6名伤员病危、97名病重，其余伤员生命体征平稳，精神状态较好。另外，为做好伤员信息报送工作，市卫生局组织开发了信息报告系统，确保及时、准确地掌握伤员病情及救治情况。(上海市救灾援助指挥协调工作小组编:《上海市救灾援助情况专报(32)》,2008年6月3日)

6月3日 根据赴川队员的实际需要和信息报送工作要求，上海市卫生局制定《上海市赴川抗震救灾医疗防疫队员须知》，发给每位新队员，提醒队员做好信息报送、人身安全、自身防护、个人装备保管等事项。(上海市救灾援助指挥协调工作小组编:《上海市救灾援助情况专报(32)》,2008年6月3日)

6月3日 上海市救灾卫星通信突击队在都江堰市中德红十字野战医院架设的双向视频会议系统与上海华山医院总部联调成功，既可用于视频通信联络，也可实现远程会诊，同时还能提供上网功能。(上海市救灾援助指挥协调工作小组编:《上海市救灾援助情况专报(37)》,2008年6月5日)

6月3日 由上海水务局和城投公司组成的上海市水务系统赴川抗震救灾抢修队，经过队员们11天的连续作战，抢修一队完成了绵竹市武都镇、遵道镇的抢修任务，抢修二队完成了什邡市八角镇的抢修任务，两个队还分别根据驻地政府的要求，帮助广济镇和湔氐镇新建了三个临时供水点。至此，上海市水务系统赴川抗震救灾抢修队共为灾区恢复了29个地区的供水，其中共恢复18口深井水源，10个泉水(溪水)水源；安装了1台水泵，4台发电机，20个水箱；为灾区居民建立了71个集中供水点，配置了247个水龙头。确保了安置点14万多灾民能用上安全、干净、放心的生活用水。(《上海支援抗震救灾实录·大事记》)

6月3日 上海燃气市北销售公司日前举行抗震救灾志愿队组建誓师大会，数百名员工踊跃报名。最后由82名职工志愿者组成的燃气管道抢修和液化气安装两支志愿突击队赴灾区，将为上海支援灾区的11万套彩钢板抗震房配套安装液化气。(《上海支援抗震救灾实录·大事记》)

6月3日 上海市少年儿童抗震救灾爱心传递系列活动近日在上海少儿图书馆正式启动。上海少儿图书馆还在绵阳市选择一所学校援建“爱心书屋”，帮助灾区儿童树立生活信心，战胜地震灾害。(《上海支援抗震救灾实录·大事记》)

6月3日 复旦大学举行的“灾区半月的实践与思考:建立长期心理帮扶和对口援助”新闻发布会上透露，复旦大学心理援助队为北川中学开设了心理课程，每天为学生进行辅导，同时还长期为当地培训心理咨询教师。(《上海支援抗震救灾实录·大事记》)

6月3日 在静安区劳动和社会保障局的协调与指导下，“四川地震灾区青年学生职业培训及就业援助联盟”成立，上海现代应用技术培训中心免费为部分灾区学生提供培训及书杂费。（《上海支援抗震救灾实录·大事记》）

6月3日 连日来，徐汇教育系统一路绿灯，无条件热情接收暂时失学的灾区来沪学生。来自四川地震灾区北川、广元、江油、绵阳、都江堰等地的33名适龄学生已被安排到该区10余所学校借读。5月22日以来，来自四川灾区30多名失学学生在上海家属的陪同下陆续来到徐汇区招生中心寻求帮助。招生中心特事特办，工作人员双休日放弃休息持续工作，从登记、调查到协调安排，以最快速度（1天左右）安排这些灾区学生进入居住地所在区域各小学、初中临时就读。（《文汇报》，2008年6月3日）

6月3日 截至本日，上海市总工会女职工委员会组织发动青浦、徐汇、南汇等区县以及城建集团、宝冶建设、宝钢冶金、上海石化、纺织系统等企业的女职工们向灾区儿童捐赠生活学习用品。上海市各级工会女职工委员会共筹集书包3万余个、衣服2万套、球鞋2万双，各类学习用品600多箱，总价值约230万元，已由专列送达灾区，并通过四川省总工会女职工委员会，在5月30日前送到灾区孩子们的手中。（上海市救灾援助指挥协调工作小组编：《上海市救灾援助情况快报(86)》，2008年6月3日）

6月3日中午 前期派出的58名医疗防疫队员调整回沪。（上海市救灾援助指挥协调工作小组编：《上海市救灾援助情况专报(32)》，2008年6月3日）

6月3日 截至本日14时，上海建设绵阳地震灾区过渡安置房共开工16个地块，现场施工人员3851人（招募当地务工人员1059人），进场施工机械201台，完成过渡安置房搭建2137套（其中，建工集团完成739套、城建集团完成564套、中建八局完成834套）。同时，绿地集团完成6.6万平方米场地平整和11所学校过渡安置房排版设计，中铁二十局完成约2.6公顷场地平整，现代设计集团基本完成1至17号地块的设计工作，市政院基本完成已开工地块的市政配套总体设计方案，建科院组织上海参建设计单位和绵阳市有关部门进行施工图纸评审，建立了过渡安置房的质量控制体系。此外，城建集团还积极进行灾区中小学校临时校舍建设，初步规划建设8所小学、3所中学和6所医院。（上海市救灾援助指挥协调工作小组编：《上海市救灾援助情况专报(32)》，2008年6月3日）

6月3日下午 国务院总理温家宝主持召开国务院抗震救灾总指挥部第十六次会议，部署灾区恢复生产工作，讨论《国家汶川地震灾后重建规划工作方案》。（《汶川特大上海市对口支援都江堰市灾后重建志》）

6月3日下午 12355灾区社会工作及心理康复援助专家志愿团一行20人结束在四川灾区为期10天的志愿服务工作，平安返回上海。（《上海支援抗震救灾实录·大事记》）

6月3日 截至本日16时，上海市已接待来自灾区投亲靠友人员共计533户、1249人（比5月

30日数据增加314户、723人)。其中男性523人,女性726人;18岁以下451人,18岁至60岁407人,60岁以上391人。(上海市救灾援助指挥协调工作小组编:《上海市救灾援助情况专报(34)》,2008年6月4日)

6月4日上午 上海市红十字会会长谢丽娟一行到都江堰,看望慰问了奋战在中德红十字医院的华山医院医疗队,并代表上海红十字会向医院捐款50万元。谢丽娟一行4人6月3日下午在成都拜会了中国红十字会会长彭珮云,汇报了上海红十字会在此次赈灾募捐中的工作情况和赈灾善款使用的想法和思路。随后,又拜会了四川省红十字会领导,双方就赈灾善款的使用、拨付和监管等问题交换了意见。(上海市救灾援助指挥协调工作小组编:《上海市救灾援助情况专报(32、34)》,2008年6月3、4日)

6月4日 13名防疫人员和22名医护人员调整回沪。至此,上海市共有317名医疗防疫人员在川各工作点参与医疗、防疫工作。(上海市救灾援助指挥协调工作小组编:《上海市救灾援助情况专报(34)》,2008年6月4日)

6月4日 上海市卫生局开发的上海市突发公共卫生事件应急信息系统(地震伤员管理平台)试运行。(上海市救灾援助指挥协调工作小组编:《上海市救灾援助情况专报(37)》,2008年6月5日)

6月4日 根据《中华人民共和国公益事业捐赠法》、民政部发布的《救灾捐赠管理办法》和《中共中央纪委监察部民政部财政部审计署关于加强对抗震救灾资金物资监管的通知》规定,市民政局、市红十字会、市慈善基金会向社会公示了首批援助四川地震灾区5.09亿元的去向、用途。(《上海支援抗震救灾实录·大事记》)

6月4日 上海高校本年秋季招生在四川增加30个招生计划,用于录取灾区延考考生。根据教育部规定,上海部属高校和市属高校都将已经确定的四川省招生计划按照8:2拆分,取其中的20%单独作为受灾地区的招生计划,另外再增加2%招生计划用于受灾延考区的招生。(《上海支援抗震救灾实录·大事记》)

6月4日 截至本日,上海已有超过5万顶帐篷支援四川地震灾区。承担帐篷生产任务的上海洋帆实业有限公司、上海鑫苑休闲用品公司、上海德新旅游用品有限公司和上海爱立达野营用品有限公司不计代价,全力投入救灾物资生产,力争在6月底前为灾区总计供应近14万顶帐篷。(《上海支援抗震救灾实录·大事记》)

6月4日 截至本日,上海市文明办、市志愿者协会会同有关部门分别组建了抗震救灾无偿献血应急救援志愿者、灾后重建中小学教育志愿者和灾后心理援助志愿者,共有7000余名志愿者和100多家企事业单位参加了抗震救灾无偿献血应急救援志愿者的报名,2010名志愿者(1712人有教师资质证书)参加了灾后重建中小学教育志愿者的报名,1867名志愿者和上海市心理咨询行业协会下属70多家团体单位报名参加了灾后心理援助志愿者。(上海市救灾援助指挥协调工作小组编:《上

海市救灾援助情况专报(34)》,2008 年 6 月 4 日)

6 月 4 日下午 上海增爱基金会端午送爱心活动走进同济大学校园,给家处地震灾区的学生带来了节日的问候和关爱,并将 200 余箱粽子送到受灾学生手中。同济大学也为每位受灾的学生发放了价值 300 元的慈善爱心屋爱心卡和面值 100 元的电话卡。(《上海支援抗震救灾实录·大事记》)

6 月 4 日下午 上海 1500 多家清真拉面馆的少数民族经营者和务工人员派出代表,通过上海市少数民族联合会捐款 10.63 万元,支持市民族联为灾区援建民族希望小学的活动。(《上海支援抗震救灾实录·大事记》)

6 月 4 日 截至本日 17 时,上海市有关部门和单位累计派往灾区各类应急救援队伍 56 支 5713 人,仍在灾区的各类救援队伍共 39 支 4526 人。另有 36 支队伍约 1869 人随时待命随时准备赶赴灾区。(上海市救灾援助指挥协调工作小组编:《上海市救灾援助情况专报(34)》,2008 年 6 月 4 日)

6 月 5 日上午 中共中央政治局常务委员会召开会议,研究部署汶川地震灾后恢复重建对口支援工作。中共中央总书记胡锦涛主持会议。会议要求,对口支援机制建立后,承担对口支援任务的有关省市要按照中央的统一部署,积极为灾区提供人力、物力、财力、智力等各种形式的支援,优先解决受灾群众基本生活条件,帮助恢复建设城乡基础设施、公共服务设施和居民住房,开展人才培训、科技支持服务等。中央统一研究制定对口支援的优惠政策。(《政治局常委会议部署灾后重建对口支援胡锦涛主持》中国网,http://www.china.com.cn/txt/2008-06/05/content_15645491.htm)

6 月 5 日上午 由市委宣传部和团市委共同举办的“青春奉献 众志成城———上海青年志愿者抗震救灾先进事迹报告会”在市政协大礼堂举行。解放日报报业集团新闻晨报吴飞、市公安局特警总队张红伟、市消防总队黄浦支队许维爽、上海青年医疗卫生志愿者服务队队长潘伟华、上海青年医疗卫生志愿者服务队队员徐斌、文汇新民联合报业集团李清川等作了报告。(《上海支援抗震救灾实录·大事记》)

6 月 5 日 由上海市慈善基金会、上海市教育委员会、四川省教育厅共同举办的“爱让城市更美丽——沪川百名校长、教师夏令营”活动在华东师范大学举行。该夏令营以心理康复培训为主,邀请华东师范大学心理教育专家,为在四川地震中造成心理创伤和影响的灾区中小学师生开展有针对性的心理疏导培训。心理培训课程从 7 月 28—31 日分 4 天进行,培训的主题分别为:灾区学生心理援助和心理教育的原则和方法、灾区学校心理健康教育工作的开展等。(《灾区校长来沪心理康复》,2008 年 7 月 28 日《新闻晚报》)

6 月 5 日 上海市医疗器械质量监督现场检验工作组 4 位专家,顺利完成在川救灾援助质量检验任务后返沪。1 至 4 日,专家组曾对日本、伊拉克、韩国、乌克兰、以色列等国捐赠的 30 台多参数床旁监护仪、11 台心电图检测仪等共 41 台仪器进行了现场质量检测。(上海市救灾援助指挥协调工作小组编:《上海市救灾援助情况专报(32)》,2008 年 6 月 3 日;《上海市救灾援助情况专报(37)》,2008 年

6月5日)

6月5日 上海市水务系统赴川抗震救灾抢修队圆满完成任务后启程返沪。共援助或恢复了18个镇的供水,其中恢复深井水源20个,泉水(溪水)水源10个;建立集中生活供水点74个,服务人口约14.18万人。(上海市水务局、上海市城市建设投资总公司,沪水务【008】439号,《关于上海水务赴川抗震救灾抢修工作的总结报告》,2008年6月12日)

6月5日 上海市各收治医院共为来沪伤员开展手术9台(累计162台),有6名伤员病危、97名病重,其余伤员生命体征平稳,精神状态较好。市卫生局根据伤员具体情况和各院专科特色,在充分考虑伤员安危的前提下,对个别伤员调整了收治医院。(上海市救灾援助指挥协调工作小组编:《上海市救灾援助情况专报(37)》,2008年6月5日)

6月5日 上海市赴川卫生救援人员共救治伤病员1215人,开展手术21台,消毒面积5.07万平方米,消毒厕所188个,消毒车辆1060辆,培训、卫生宣教人员809人,心理干预700人,发放卫生宣传资料1760份,探查水源33处,入户调查421户,安放粘鼠灭蚊装置1960张/块。(上海市救灾援助指挥协调工作小组编:《上海市救灾援助情况专报(37)》,2008年6月5日)

6月5日 按照国家中医药管理局通知要求,由6名骨科、普外、妇科中医专家组成的第二批中医专家组赴川。至此,全市共有323名医疗防疫人员在川各工作点参与医疗、防疫工作。(上海市救灾援助指挥协调工作小组编:《上海市救灾援助情况专报(37)》,2008年6月5日)

6月5日 上海援助四川抗震救灾成都工作站工作人员深入绵阳、北川等地受灾群众安置点,实地了解到安置点急需电风扇、藿香正气水等防暑降温用品以及煤气、太阳能热水器等淋浴设备。另外,工作站工作人员历时10个小时,先后到绵阳、北川等地受灾群众安置点,给灾区群众送上了由新闻午报社与易初莲花超市有限公司联合捐助的4万个上海粽子。(上海市救灾援助指挥协调工作小组编:《上海市救灾援助情况专报(37)》,2008年6月5日)

6月5日 "5·12"地震后,华东军用物资采购局迅速启动二级应急采购机制,采取超常规措施,实行24小时工作制,与承担军用物资生产任务的企业联系,紧急加工生产和筹措灾区所需物资,全力支援抗震救灾,物资总价值超过2.5亿元。(《上海支援抗震救灾实录·大事记》)

6月5日 民盟上海市委举行赴川抗震救灾盟员报告会。市人大常委会副主任、民盟上海市委主委郑惠强出席会议并讲话。民盟上海市委宣布,在都江堰市援建一所中等职业学校,之后在师资培训、专业设置、课程建设等方面予以长期援助。(《上海支援抗震救灾实录·大事记》)

6月5日 市卫生局通报上海在灾区开展医疗救援的最新消息,自5月14日入川至今,上海援川医疗队已诊治灾区伤病员达2万余名,开展各类手术770余例。据市卫生局介绍,上海在四川的医疗救援队队员为420余人,医疗队分别在四川成都、绵阳、汶川、广元、德阳等5地开展医疗救援工作。(《上海支援抗震救灾实录·大事记》)

6月5日 截至本日，上海侨界人士向地震灾区捐赠善款已达2.35亿元。（《上海支援抗震救灾实录·大事记》）

6月5日 截至本日，上海共生产民政部救灾帐篷15560顶。其中，上海洋帆实业有限公司累计生产15000顶，上海德新旅游用品有限公司已生产560顶。（上海市救灾援助指挥协调工作小组编：《上海市救灾援助情况专报(37)》，2008年6月5日）

6月5日下午 上海市政府副秘书长、协调工作小组组长沙海林召集市建设交通委等部门召开会议，专题研究前阶段救灾援助经费结算问题。会议要求，各有关部门要根据任务发出的主体对已发生费用进行归类、清理和结算，发生的费用经清理后，严格按程序报批，并根据中央有关部委明确的规定，从财政和社会捐赠资金等来源中合理支出。民政、财政要完善有关资金管理办法，指导各部门合理使用资金，确保实现科学救灾、可持续救灾。（上海市救灾援助指挥协调工作小组编：《上海市救灾援助情况专报(37)》，2008年6月5日）

6月5日 截至本日16时，上海市民政局、市红十字会、市慈善基金会累计接收捐款21.17亿元，接收各类救灾物资折价约2.08亿元。此外，据不完全统计，上海市各界通过其他途径向灾区捐款约3.56亿元。（上海市救灾援助指挥协调工作小组编：《上海市救灾援助情况专报(37)》，2008年6月5日）

6月5日 截至本日16时，上海市已接待来自灾区投亲靠友人员共计594户、1382人（比6月3日数据增加61户、133人）。其中男性577人，女性805人；18岁以下506人，18岁至60岁452人，60岁以上424人。（上海市救灾援助指挥协调工作小组编：《上海市救灾援助情况专报(37)》，2008年6月5日）

6月5日 截至本日17时，根据国家有关方面和四川省的要求，协调工作小组通过紧急调用市级储备物资和采购等方式，累计共组织运出37批抗震救灾物资1430.92吨，价值4985.74万元。（上海市救灾援助指挥协调工作小组编：《上海市救灾援助情况专报(37)》，2008年6月5日）

6月5日晚 上海市建设绵阳过渡安置房现场指挥部开会，研究部署过渡房建设下阶段工作。当晚，接绵阳市通知，唐家山堰塞湖水位将在6月6日中午后达到740米泄洪高程，按照三分之一溃坝预案实施撤离疏散。现场指挥部迅速将通知传达到各参建单位，要求中铁24局承建的13号地块迅速撤离。绿地建设集团承建的9号地块、10号地块已先期撤离，其他有关单位按疏散预案做好各项准备。（上海市救灾援助指挥协调工作小组编：《上海市救灾援助情况专报(38)》，2008年6月6日）

6月6日 国务院办公厅发出《关于印发国家汶川地震灾后重建规划工作方案的通知》，明确规划编制工作的主要任务、责任主体和时间要求。

6月6日 中共上海市纪委副书记、市监察委主任顾国林主持召开会议，研究部署下一阶段抗震救灾资金物资监管有关工作。（上海市救灾援助指挥协调工作小组编：《上海市救灾援助情况专报(56)》，2008年6月17日）

6月6日 由浦东新区、杨浦区、普陀区、长宁区卫生局组派的8名医务人员赴川参加救援任务。至此，上海市共有324名医疗防疫人员在川各工作点参与医疗、防疫工作。（上海市救灾援助指挥协调工作小组编：《上海市救灾援助情况专报(38)》，2008年6月6日）

6月6日 上海援助四川抗震救灾成都工作站各组认真做好各项工作。联络组联系在绵阳、都江堰灾区上海各救援队情况，提前做好应对唐家山堰塞湖泄洪险情的防范措施；物资组认真做好应急物资准备；信息组起草阶段工作总结并布置站内宣传。（上海市救灾援助指挥协调工作小组编：《上海市救灾援助情况专报(38)》，2008年6月6日）

6月6日 闸北团区委在第十人民医院成立了临时团支部。临时团支部由4名来自灾区的团员和一直为他们提供志愿服务的风华初级中学的10名团员组成。在大宁灵石公园里，临时团支部举行了一次别开生面的团日活动；14名团员面对鲜红的团旗重温入团誓词。端午在即，风华初级中学的团员们给4名灾区的团员送上热气腾腾的粽子，以及精心准备的香包，为他们送去端午的问候和祝福。（《上海支援抗震救灾实录·大事记》）

6月6日 市民政局关于救灾捐赠、募捐活动备案和通报制度答记者问，保证捐赠的每一分资金都用于灾区。（《上海支援抗震救灾实录·大事记》）

6月6日 截至本日，联合国难民署、奥地利红十字会等11家境外企业(个人)已通过上海市民政局向灾区捐款捐物，韩国航桥物流国际货运有限公司、日本三菱铅笔株式会社等6家境外企业(个人)已与市民政局联系表示了捐赠意愿。（上海市救灾援助指挥协调工作小组编：《上海市救灾援助情况专报(42)》，2008年6月9日）

6月6日下午 为做好来沪医治的地震灾区伤员的心理干预工作，上海市卫生局抗震救灾工作领导小组伤员收治组召开会议，会上上海市心理专家就伤员心理治疗工作提出指导建议。（上海市救灾援助指挥协调工作小组编：《上海市救灾援助情况专报(38)》，2008年6月6日）

6月7日上午9时 空军上海虹桥路干休所10名老八路，他们带着一颗关爱的热心，前往上海市儿童医院看望8位地震灾区的小朋友。（《上海支援抗震救灾实录·大事记》）

6月7日上午 7名ICU医生，9名120急救车队队员以及5名中医专家圆满完成在川医疗救援工作顺利返沪。（上海市救灾援助指挥协调工作小组编：《上海市救灾援助情况专报(40)》，2008年6月7日）

6月7日上午 住房和城乡建设部副部长陈大卫一行来到上海建设绵阳过渡安置房现场指挥部，对上海有关援建单位进行慰问，并视察由上海建工集团承建的3号地块现场，高度肯定上海援建过渡安置房的设计水平和施工质量，要求各有关单位再接再厉，克服困难，协同配合，确保完成下达的各项任务。（上海市救灾援助指挥协调工作小组编：《上海市救灾援助情况专报(40)》，2008年6月7日）

6月7日 截至本日17时，根据国家有关方面和四川省的要求，协调工作小组通过紧急调用市级储备物资和采购等方式，累计共组织运出38批抗震救灾物资1495.92吨，价值5242.04万元。（上海市救灾援助指挥协调工作小组编：《上海市救灾援助情况专报(40)》，2008年6月7日）

6月7日 截至本日17时，上海援建绵阳过渡安置房共开工23个，现场施工人员5660人(其中当地招募1292人)，进场大型施工机械175台，完成过渡安置房搭建5500套。（上海市救灾援助指挥协调工作小组编：《上海市救灾援助情况专报(40)》，2008年6月7日）

6月7至8日 中共中央政治局委员、市委书记俞正声利用端午节假日到都江堰市、绵阳市，分别视察上海要对口支援的都江堰市地震灾情和上海援建绵阳市过渡安置房建设情况，着重了解成都市及都江堰市对上海对口支援的考虑和要求，沿途慰问了上海在川参与抗震救灾相关工作的20多支队伍。按照俞正声“一切为了抗震救灾大局，多为灾区着想，不要打扰当地政府，也不要做宣传报道”的要求，视察慰问活动轻车简从，上海方面陪同人员有市委副秘书长李强、市政府副秘书长、协调工作小组组长沙海林，市建交委主任黄融和同济大学规划设计院院长吴志强。7日下午，都江堰市市长许兴国见到俞正声后，立即报告四川省委、省政府。省委、省政府特别委派成都市有关领导赶到都江堰。傍晚，在都江堰市武装部应急指挥中心三楼会议室与成都市、都江堰领导等会谈。俞正声表示：中央对口支援的方案还没有正式公布，今天来主要是听听对口支援地区的想法，对上海的希望和要求，回去后认真研究，以使上海的部署更符合都江堰实际。8日，四川省委领导全程陪同，慰问了在成都市区及都江堰、绵阳市的各支队伍和上海援助四川抗震救灾成都工作站工作人员，听取了前方人员的简要汇报，询问了工作生活情况，代表市委、市政府致以节日慰问，并送上粽子等慰问品。视察慰问活动，行程近700公里；俞正声早、中、晚餐时都用来和一线同志、参与抗震救灾的驻川企业负责人交谈，了解抗震救灾的实际情况；会见活动一直到临上飞机的最后几分钟；住在上海光明集团所属心族宾馆普通套房，吃盒饭或自助餐。（上海市救灾援助指挥协调工作小组编：《上海市救灾援助情况专报(43)》，2008年6月10日）

6月8日 国务院总理温家宝签署第526号国务院令，公布《汶川地震灾后恢复重建条例》，自公布之日起施行。《汶川地震灾后恢复重建条例》于6月4日在国务院第11次常务会议通过。这是中国首个专门针对一个地方地震灾后恢复重建的条例，标志汶川地震灾后恢复重建工作纳入法制化轨道。（郭爱娣　文《国务院发布灾后重建条例偷工减料将追究责任》2008年06月10日《京华时报》）

6月8日 上海市卫生局抗震救灾工作领导小组前方协调组联系四川省救灾指挥部，协调解决上海市在汶川草坡、耿达、三江、银杏医疗队给养供应紧张问题，并为上海市在川卫生救援队员们送去了端午节的慰问物资以及后方领导的节日问候。（上海市救灾援助指挥协调工作小组编：《上海市

救灾援助情况专报(41)》,2008 年 6 月 8 日)

6 月 9 日上午 国务院总理温家宝主持召开国务院抗震救灾总指挥部第十八次会议,研究进一步做好灾区医疗防疫和甘肃、陕西抗震救灾工作。要求做好灾区对口支援建设工作,坚持“地方为主,对口支援”的原则。(《汶川特大地震上海市对口支援都江堰市灾后重建志》)

6 月 9 日上午 四川省委书记刘奇葆视察了由上海建工集团施工的过渡安置房工地,听取了上海市建设绵阳过渡安置房现场指挥部有关工作汇报,查看了建设中的 7 号地块现场,询问了公建配套和施工中的一些问题,对上海各建设单位克服天气炎热、现场条件艰苦等困难,严格按照时间节点、保质保量推进过渡安置房建设表示感谢,并请指挥部负责同志转达他对市委书记俞正声亲临绵阳施工现场的衷心感谢。要求四川省、绵阳市有关部门积极配合上海各建设单位,加强协调,提供方便,确保工程进度。(上海市救灾援助指挥协调工作小组编:《上海市救灾援助情况专报(42)》,2008 年 6 月 9 日)

6 月 9 日 中共中央政治局委员、市委书记俞正声,市委副书记、市长韩正听取协调工作小组汇报,指示立即成立对口支援前期工作调研组。(《关于开展本市救灾援助的有关情况》,2008 年 6 月 18 日上海市人民政府向国务院汇报材料)

6 月 9 日 复旦大学心理援助专家组成员、志愿者雷达,由于过度疲劳以及地震后的道路原因,在 9 日半夜从北川中学长虹安置点返回德阳驻地的途中遭遇车祸身亡,留下了年迈的双亲和即将临产的妻子。从“5·12”汶川大地震到去世的那一天,雷达已经连续近一个月,每天为抗震救灾志愿工作 18 个小时。(《上海支援抗震救灾实录·大事记》)

6 月 9 日 上海市民政局安排 2 名人员先期赴都江堰市,了解当地受灾情况,并在当地设立卫星通信联络点,为开展对口支援工作做准备。下午,市民政局与都江堰市进行了视频会谈。(上海市救灾援助指挥协调工作小组编:《上海市救灾援助情况专报(46)》,2008 年 6 月 11 日)

6 月 9 日下午 农工党上海市委举行抗震救灾先进事迹座谈会。全国人大常委会副委员长、农工党中央主席桑国卫出席并亲切接见赴四川震区救援的医护人员。上海市政协副主席、农工党上海市委主委蔡威也参加了会议。(《上海支援抗震救灾实录·大事记》)

6 月 9 日下午 上海市建设绵阳过渡安置房现场指挥部开会,传达学习中共中央政治局委员、市委书记俞正声视察上海建设过渡安置房工地、慰问各参建单位和广大建设者时的重要讲话精神,研究部署过渡房建设下阶段工作。会议要求各参建单位密切关注建设部、省建设厅和绵阳市的要求,密切关注、学习各兄弟省市的动态和经验,又好又快地推进过渡安置房建设。一要集中精力抓进度。二要集中精力抓质量。三要集中精力抓安全。(上海市救灾援助指挥协调工作小组编:《上海市救灾援助情况专报(42)》,2008 年 6 月 9 日)

6 月 9 日 14 时 05 分 上海市第一张抗震救灾诗与歌专辑《生死不离》在百联西郊购物中心、大宁国际商业广场和上海书城三地举行义卖签售，收入全部用于购买钢琴，以点对点方式捐给重建后的灾区中小学。由SMG、上海新汇文化娱乐集团下属音像公司用一周时间录制的这张专辑采用双CD形式，分别收录15首歌曲和13首诗歌朗诵作品，全面梳理了国人在抗震救灾中的心灵旅程。歌曲部分特别收录三首由上海音乐人特别为抗震救灾制作的歌曲《中华脊梁》《妈妈的爱》和《生死不离》。宋祖英、廖昌永、孙楠、那英、刘欢、罗中旭、满江等均出现在演唱者名单上。诗朗诵专辑则从几百首抗震诗歌中挑选，《这一刻，我们生死不离》《孩子，快抓紧妈妈的手》等均在其中。（《上海支援抗震救灾实录·大事记》）

6月10日上午　上海市卫生局组织的第8批防疫队共90名队员赴川。至此，上海市共有296名医疗防疫人员在川各工作点参与医疗、防疫工作。5月12日汶川大地震后，上海市卫生局按照卫生部和市委、市府的部署和要求，第一时间组派医疗防疫救援队赴灾区投入救援工作，先后共向灾区派遣了613名医疗防疫人员和36辆医疗救护车，加上驻沪部队医院医疗队、青年志愿者医疗队等，上海共向地震灾区派遣医疗卫生救援人员1000余人，堪称上海历史上最大规模的一次医疗救援行动。入川后，全体医疗防疫救援队员冒着余震、泥石流等危险，克服了生活极其艰苦的环境，共救治伤员2万余名，开展手术770余例，转运伤员764人次；消杀面积1572万平方米，处理垃圾815堆，投放灭蝇鼠蚊板54279片，探查水源217个，改建厕所2010个；开展卫生宣教42995人，心理干预4063人，培训当地防疫队伍3498人，培训心理干预人员1879人，为灾区抢救更多的伤员群众，确保大灾之后无大疫，做出了积极贡献。（上海市救灾援助指挥协调工作小组编：《上海市救灾援助情况专报(44)》，2008年6月10日；《上海支援抗震救灾实录·大事记》）

6月10日　上海市副市长艾宝俊、市政府副秘书长肖贵玉出席上海市向川甘陕捐赠帐篷发运仪式，上海向三省分别捐赠4万顶、1万顶、1万顶帐篷，三省驻沪办负责人代表所在省接受捐赠。（上海市应急管理委员会办公室2009年9月4日关于报送《汶川特大地震抗震救灾志·社会赈灾志》上海部分有关资料的函；市救灾援助指挥协调工作小组编：《上海市救灾援助情况专报(44)》，2008年6月10日）

6月10日　上海市民政局、市红十字会和市慈善基金会就社会捐赠资金使用达成一致意见，按照市委、市政府的统一部署，所有资金统筹安排，尽可能采取项目化的方式，用于支援都江堰市等受灾地区的抗震救灾和灾后重建工作。对社会捐赠资金中定向项目进行梳理，经市民政局汇总，上报协调工作小组后统一协调安排。（上海市救灾援助指挥协调工作小组编：《上海市救灾援助情况专报(46)》，2008年6月11日）

6月10日　上海市规划局组成专门工作小组赴成都地震灾区开展现勘查等前期工作。帮助提供成都市2至4个镇（乡）灾后重建规划编制援助。（上海市救灾援助指挥协调工作小组：《上海市救灾援助工作大事记》）

6月10日 国家发改委发出《关于保障灾后重建物资供应加强价格监管的通知》后，上海市发改委即会同市经委转发至各区县发改委、经委及有关企业，并结合上海市实际提出具体贯彻意见。（上海市救灾援助指挥协调工作小组编：《上海市救灾援助情况专报(46)》，2008年6月11日）

6月10日 上海市希望工程办公室成立"上海市希望工程赴川援建抗震希望小学小分队"赴都江堰援建抗震希望小学。（共青团上海市委员会2009年9月向市民政局提供《关于团市委抗震救灾和对口支援工作的有关情况》）

6月10日 上海市各收治医院共为来沪伤员开展手术11台(累计182台)。有1名伤员出院、5名病危、98名病重，其余伤员生命体征平稳。（上海市救灾援助指挥协调工作小组编：《上海市救灾援助情况专报(44)》，2008年6月10日）

6月10日 由上海市卫生局、文汇报社和文汇出版社联合编著的《生命大拯救》报告文学集首发仪式昨日举行。这本20余万字的《生命大拯救》报告文学集，对上海医疗防疫队投入抗震救灾作了全景式叙述和描写，为医务工作者提供了一部非常有意义的医德教育读本。（《上海支援抗震救灾实录・大事记》）

6月10日 四川汶川发生8.0级强烈地震以来，上海高校用关心、爱心、暖心抚慰来自地震灾区家庭受到影响的每一个学生，连日来，在师生的关心帮助下，来自灾区的学生纷纷表示要刻苦学习，为重建家园而努力。据最新统计，通过对上海30所公办高校、22所民办高校以及部分行业办学校等高校的全面排摸，上海高校共有1767名学生家庭在地震中受灾，其中房屋倒塌等财产严重受损的学生为412人，亲属严重受伤的为4人，有亲属死亡的为7人，仍未与家人取得联系的为3人。市科教党委、市教委在第一时间迅速动员全市各高校行动起来，各高校及时开展了对于家庭受灾学生的帮困救助工作，确保受灾学生生活正常。同济大学、上海电力学院、上海第二工业大等学校设立了专项困难补助金，及时向受灾学生发放现金、电话卡和慈善爱心券；复旦为每位受灾学生发放面值200元的亲情电话卡和500至1000元补助金；华东师大针对每一名受灾学生制订了不同的帮困组合方案，通过助学贷款、勤工助学、助学金、学费减免等多种途径进行帮困解难；建桥学院免去受灾学生的本学年学费，并每月给予300元生活补贴费；上海商学院为每位受灾学生减免20%的学费；上海大学提前发放6月份国家助学金及6月伙食补贴，并大力为受灾学生提供勤工助学岗位，还根据不同受灾程度对学生分级减免学费。各高校深入开展灾区学生心理疏导工作。华东师大心理咨询中心老师为灾区学生开通专门热线；复旦大学设立了学生生活园区"心情驿站""阳光心情"和"知心姐姐谈心室"等心理健康咨询室，延长了服务时间，加强对受灾严重学生的心理干预；上海交通大学医学院成立由班委、团支部和学生党员组成的灾后扶助工作小组，与受灾学生"结对子"，主动关心他们的生活、学习和心理健康。针对受灾学生中有部分本科生和研究生暑期毕业，仍有学生未签约，各高校正深入了解，帮助这些学生解决就业问题。受灾学生对各界关怀非常感激，复旦大学来自北川的

2005 级学生王兵接到 1000 元补助后，悄悄将其中 500 元交还学校，附信中他说，“留一部分给同样受灾的父老乡亲”。(《文汇报》,2008 年 6 月 10 日)

6 月 10 日下午 上海市卫生局召集 19 家收治医院召开会议，专题研究伤员出院和费用补助等问题。关于伤员费用补助，各收治医院要根据卫生部、民政部、财政部联合通知精神，做好伤员的医疗救治及家属的食宿安排，并认真做好费用补贴登记备案工作。(上海市救灾援助指挥协调工作小组编:《上海市救灾援助情况专报(46)》,2008 年 6 月 11 日)

6 月 10 日 截至本日，上海承担民政部帐篷生产任务的两家企业累计生产帐篷 27800 顶。其中，上海洋帆实业有限公司累计生产 26000 顶，上海德新旅游用品有限公司累计生产 1800 顶。(上海市救灾援助指挥协调工作小组编:《上海市救灾援助情况专报(44)》,2008 年 6 月 10 日)

6 月 10 日 截至本日，上海城建集团已完成 2000 间住房的搭建任务，其中上海援建一号地块的 222 间住房、37 间配套用房以及公用设施已全面竣工。(《上海支援抗震救灾实录 · 大事记》)

6 月 10 日 截至本日 14 时，上海建设绵阳地震灾区过渡安置房共开工 23 个地块，现场施工人员 7026 人(其中招募当地务工人员 1993 人)，进场施工机械 193 台(其中租用当地施工机械 132 台)，完成过渡安置房搭建 8704 套。(上海市救灾援助指挥协调工作小组编:《上海市救灾援助情况专报(44)》,2008 年 6 月 10 日)

6 月 10 日 截至本日 16 时，上海市民政局、市红十字会、市慈善基金会累计接收捐款 21.74 亿元，接收各类救灾物资折价约 2.24 亿元。此外，据不完全统计，全市各界通过其他途径向灾区捐款约 3.61 亿元。(上海市救灾援助指挥协调工作小组编:《上海市救灾援助情况专报(44)》,2008 年 6 月 10 日)

6 月 10 日 截至本日 16 时，全市已接待来自灾区投亲靠友人员共计 718 户、1647 人(比 6 月 6 日数据增加 47 户、104 人)。其中男性 699 人，女性 948 人；18 岁以下 596 人，18 至 60 岁 551 人，60 岁以上 500 人。(上海市救灾援助指挥协调工作小组编:《上海市救灾援助情况专报(44)》,2008 年 6 月 10 日)

6 月 10 日 截至本日 17 时，根据国家有关方面和四川省的要求，协调工作小组通过紧急调用市级储备物资和采购等方式，累计共组织运出 39 批抗震救灾物资 1625.92 吨，价值 5802.94 万元。(上海市救灾援助指挥协调工作小组编:《上海市救灾援助情况专报(44)》,2008 年 6 月 10 日)

6 月 10 日 截至本日 17 时，上海市有关部门和单位累计派往灾区各类应急救援队伍 57 支 8708 人，仍在灾区的各类救援队伍共 35 支 7407 人。另有 36 支队伍约 1869 人待命随时准备赶赴灾区。(上海市救灾援助指挥协调工作小组编:《上海市救灾援助情况专报(44)》,2008 年 6 月 10 日)

6 月 10 日晚 上海市副市长沈晓明召集对口支援前期工作调研组召开会议，市政府副秘书长、协调工作小组组长沙海林、市政府副秘书长翁铁慧参加会议。根据市委书记俞正声、市长韩正指示精神，由沈晓明、沙海林带队,市政府办公厅(市应急办)、市发改委、市建设交通委、市教委、市旅游委、市卫生局、市民政局、市政府合作交流办、市水务局、市市政局等部门领导和职能处室负责人以及建科院、现代建筑设计集团、同济大学的专家组成对口支援灾区前期工作调研组,6月11日至13日赴四川省都江堰市开展工作。调研组主要任务,一是全面掌握上海市对口支援的都江堰市基本情况并实地走访察看灾情;二是对一些近期可以启动的援助项目,比如学校、卫生站等进行深入了解,争取能基本确定下来;三是对都江堰市要求上海援建的基础设施、景点修复等项目所需的资金、队伍等进行初步判断。四是尽快汇总当地援助项目的需求,提出上海市对口支援的工作方案,为中央对口支援工作会议以后市委常委会决策提供依据。(上海市救灾援助指挥协调工作小组编:《上海市救灾援助情况专报(45、46)》,2008年6月10日、11日)

6月11日 国务院办公厅《关于印发汶川地震灾后恢复重建对口支援方案的通知》(国办发〔2008〕53号)发布。文件要求各地根据经济发展水平和区域发展战略,中央统筹协调,组织东部和中部地区省市支援地震受灾地区,其中上海市对口支援都江堰市灾后恢复重建,文件同时要求,各支援省市每年对口支援实物工作量按不低于本省市上年地方财政收入的1%考虑。对口支援坚持"硬件"与"软件"相结合,"输血"与"造血"相结合,当前和长远相结合,调动人力、物力、财力、智力等多种力量,优先解决灾区群众基本生活条件。(《都江堰工作组大事记》)

6月11日 遵照中央军委命令,第二军医大学5月14日派出由7支医疗队、7支防疫队和1支心理救援队共275人组成的抗震救灾医疗队,抵达四川灾区开展医疗救治工作。5月17日下午,驻安县医疗队收治了一名57岁的颈椎外伤病人,长征医院教授叶晓健、医师何海龙在野战条件下成功实施了手术,是国内首例野战条件下行全麻"颈后路椎板减压术"。至6月11日,共诊治各类伤员14456人次,收治入院3206人,实施手术1308例(重大手术276例),派出157支小分队巡诊病人18303人次。另外,在4个市县开展防疫和心理救援工作,消毒面积11.44万平方米,心理咨询2080余人,发放卫生防病宣传资料4500余份,普及灾区防疫健康教育27700余人次。(上海市救灾援助指挥协调工作小组编:《上海市救灾援助情况专报(51)》,2008年6月14日)

6月11日下午 81名防疫队员返沪。至此,上海市共有295名医疗防疫人员在川各工作点参与医疗、防疫工作。(上海市救灾援助指挥协调工作小组编:《上海市救灾援助情况专报(46)》,2008年6月11日)

6月11日 截至本日14时,上海建设绵阳地震灾区过渡安置房共开工23个地块,现场施工人员9101人(其中招募当地务工人员2575人),进场施工机械230台(其中租用当地施工机械129台)。完成过渡安置房搭建10440套,其中,建工集团完成3627套、城建集团完成2390套、中建八局完成3889套、绿地集团完成380套、中铁二十四局完成114套、三航局完成40套。建工集团承建的1号地块、城建集团施工的1号地块已经整体完成。(上海市救灾援助指挥协调工作小组编:《上海市

救灾援助情况专报(46)》,2008年6月11日)

6月12日上午 上海建工绵阳指挥部透露,上海在绵阳援建的首座学校——“绵阳市申游爱心学校”已基本建成,不久交付绵阳市教育局使用。上海市援建的绵阳安置房已建成11000套,上海有6家特级企业(建工集团、城建集团、中建八局、绿地建设集团、中交三航局、中铁24局)执行施工任务,2家大型设计集团(上海现代设计集团、市政设计总院)承担总体、建筑及市政配套设计任务,上海市建科院承担工程监理和项目管理。上海建工集团每日新建成安置房近600套,中建八局接近800套。(《上海支援抗震救灾实录·大事记》)

6月12日上午 第二军医大学抗震救灾医疗队第7队在四川江油市903医院开设的肝胆外科专家门诊正式接诊病人,成为在灾区开设的第一个专家门诊。(《上海支援抗震救灾实录·大事记》)

6月12日 中共中央总书记、国家主席、中央军委主席胡锦涛致信中国福利会成立70周年。胡锦涛在信中说,70年来,由宋庆龄先生创办的中国福利会,始终与祖国共命运、与时代同步伐,在妇幼保健卫生、儿童教育福利等方面做了大量卓有成效的工作,在我国革命、建设、改革事业中发挥了独特的作用。

胡锦涛希望中国福利会大力弘扬宋庆龄先生的伟大精神和崇高品格,怀仁爱之心,倾全部之力,始终全心全意为妇女儿童服务,千方百计给广大妇女儿童以更多的实际帮助,为促进我国妇女儿童事业发展、为构建社会主义和谐社会而不懈奋斗。当前,全国各族人民正在党和政府领导下奋力开展抗震救灾斗争。中国福利会要充分发挥自身优势,积极投入到赈灾工作中去,尽全力给受灾妇女儿童提供物质支持和心理抚慰,为夺取抗震救灾斗争的全面胜利贡献力量。(胡锦涛:《中国福利会成立70周年贺信》)

6月12日 上海市交通局通过陆上货运交易中心紧急公开招标援建灾区过渡安置房板材运输车辆,至中午已有70家企业1400辆适车辆参加投标。(上海市救灾援助指挥协调工作小组:《上海市救灾援助工作大事记》)

6月12日 上海政府网报道:为更好地协助灾区恢复重建,上海市规划局的专家小组对都江堰市进行了实地考察。上海市规划局专家小组重点考察了都江堰市受损严重的老城区和一些临时安置房。同济大学的专家组已经在成都市规划局安营扎寨,本月20日拿出一份有关都江堰市重建的规划纲要。在这份纲要的基础上,3个月内,上海的设计人员完成都江堰重建规划的框架设计。

6月12日 由上海汉石投资管理有限公司捐资40万元援建的上海市首座抗震希望小学在都江堰兴建。这所抗震学校严格按照中国青少年发展基金会规定的标准兴建,每间教室54平方米,由钢筋骨架和板材结构组成,每间有2扇门和4个窗户。北京诚栋房屋制造有限公司负责施工。(《上海支援抗震救灾实录·大事记》)

6月12日 长宁沪剧团正在争分夺秒地排演大型原创现代沪剧《废墟上的爱》,这是上海文艺界推出的第一台抗震救灾的大戏。该剧以一所学校为切入点，描绘了几个家庭在地震中生死离别的遭遇，塑造了临危不惧、奋不顾身、舍生忘死、挽救他人生命的教师和警察形象。（《上海支援抗震救灾实录·大事记》）

6月12日 上海汶川震灾区助养助学基金正式启动，3名在地震中失去双亲以及房屋被震坍的孤儿，均受到了上海希望工程赴川援建抗震希望小学小分队发放的3000元助学捐款。该基金已募集到资金1100余万元。（《上海支援抗震救灾实录·大事记》）

6月12日 专门讲述危机与灾难心理干预及心灵创伤治疗的《救治心理创伤———从灾难现场到心灵重建》由世纪出版集团上海人民出版社出版，首印一万册全部捐赠给四川省红十字会、成都军区政治部及全国相关心理咨询、培训机构，为抗震救灾工作提供切实帮助。（《上海支援抗震救灾实录·大事记》）

6月12日 市双拥工作领导小组办公室办公室发出的通知，从即日起，本市将以区县为单位，对驻沪部队中地震灾区籍的家庭受灾官兵开展大规模的慰问帮扶工作，向其中来自地震灾区的400多名官兵受灾受难家庭，赠送1000元到1万元不等的慰问金，所需经费全部由市拥军优属基金会支付。该活动将由市、区县两级双拥办组织实施，采取上门到官兵所在部队走访慰问或举办座谈会的方式进行。（《上海支援抗震救灾实录·大事记》）

6月12日下午 上海百家拍卖企业赈灾慈善拍卖会在上海大剧院举行，由市慈善基金会、上海拍卖行业协会携手百家拍卖行募集的100多件拍品，成交额626万元。上海市退休教师沈翠英捐出的一套位于徐汇区南丹东路的三房两厅147.82平方米住房拍得450万元。当这套房产经过一番激烈竞拍，最终被上海国际商品拍卖有限公司拍下后，坐在第一排的沈翠英握着儿子、儿媳的手激动万分，“我很满意，很高兴！实现我帮四川灾区孩子重建学校的梦更近了！”拍卖得款用于在都江堰建造能抵御8级地震的都江堰尚慈翠英小学，她说，把房款捐给灾区“比留给孙子孙女更有意义”。（《“比留给孙子孙女更有意义”退休教师捐给灾区房产拍得450万元》http://www.shanghai.gov.cn/shanghai/node2314/node20071/node20073/userobject21ai280213.html）

6月12日 截至本日，国资委系统企业向灾区捐款捐物总计数额2.47亿元，其中，单位捐款1.28亿元，个人捐款0.8亿元，捐物3068万元，特殊党费850万元。其中，电气、百联、上汽、医药、国际港务、锦江国际等6家集团捐款捐物均超过1000万元；申能、上实、建工、光明食品、仪电、广电、城建、华谊、纺织、东方国际、国盛等11家集团捐款捐物均超过500万元。（《上海支援抗震救灾实录·大事记》）

6月12日 截至本日，上海市审计局组织力量赴市民政局、市红十字会和市慈善基金会等，全力做好抗震救灾款物审计监管工作，了解抗震救灾款物的募集、使用、管理情况，及时掌握款物量、募集款物流程及募集工作实施机制、进度等情况。（上海市救灾援助指挥协调工作小组：《上海市救灾援

助工作大事记》)

6月12日 截至本日,上海市教委在地震灾害发生后,举办了高校心理健康教育与咨询中心主任专题研讨会,组织了对高校辅导员和专兼职心理咨询师开展地震等突发事件处理和危机干预专题培训,开展了心理健康教育活动月活动。全市各高校精心组织开展热线咨询、现场咨询、心理征文和心理健康讲座等活动,把安抚学生情绪摆在重要位置。同时,市教委还会同各高校遴选心理健康教育专家,组建上海高校突发事件处理和危机干预专家队伍,做好"心理救灾"准备工作。(上海市救灾援助指挥协调工作小组编:《上海市救灾援助情况专报(47)》,2008年6月12日)

6月12日 截至本日,上海市教委组织安排了一批国家级重点学校、重点专业,满足灾区中职校在校生转移学习的需要,在落实教育部2008年中等职业学校跨省招生计划的基础上,进一步向灾区学生倾斜。地震灾区来沪就读中职校在校生,可以取得上海市中等职业学校学籍,享有上海市中等职业学校招收外省市学生同等待遇,并纳入上海市中等职业学校学生资助体系。市教委还明确,来自地震灾区和因地震灾害受影响的在沪就读学生可享受国家助学金政策。每生每年可享受1000元国家助学金(除毕业年级学生外),可免去2600~4000元学费和400~600元书簿费,另外补贴伙食费。(上海市救灾援助指挥协调工作小组编:《上海市救灾援助情况专报(47)》,2008年6月12日)

6月12日 截至本日,根据教育部统一安排,上海市市属高校增加四川省生源计划15名。34所市属高校,将招生计划按1:4比例分拆为延期和非延期举行高考区域两部分。调整后的四川生源计划为870人,其中延考区招生计划为191人,非延考区招生计划为679人。由此,上海市市属高校2008年四川生源计划比2007年增加191人,增幅达26%。同时,上海市市属高校增加甘肃省2008年生源计划数为20人,调整后2008年甘肃省生源计划数为1096人,比2007年增加649人,增加1.45倍。(上海市救灾援助指挥协调工作小组编:《上海市救灾援助情况专报(47)》,2008年6月12日)

6月12日 截至本日,共有1271名地震灾区适龄儿童少年来沪插班就读。其中幼儿园103人,占总数8.1%;小学729人,占总数57.3%;初中376人,占总数29.6%;高中63人,占总数5.0%。(上海市救灾援助指挥协调工作小组编:《上海市救灾援助情况专报(47)》,2008年6月12日)

6月12日 截至本日,上海市共有8120名志愿者和100多家企事业单位报名,建立救灾"活血库",随时为灾区献血。(上海市精神文明建设办公室2009年8月向市民政局提供《上海志愿者抗震救灾心理援助服务队工作情况》)

6月13日上午 中共中央、国务院在北京召开省区市和中央部门主要负责同志会议。会议指出,当前抗震救灾形势依然严峻、任务十分繁重。要坚持以人为本,继续全力以赴做好救治伤员、安置受灾群众、加强卫生防疫、防范次生灾害、抢修基础设施等方面的工作,并在这个基础上,尽快开展灾后恢复重建工作。会议指出,为了加快地震灾后恢复重建,中央制定《汶川地震灾后恢复重建对口支援方案》,组织广东、江苏、上海、山东、浙江、北京、辽宁、河南、河北、山西、福建、湖南、湖北、安徽、天津、黑龙江、重庆、江西、吉林，对口支援四川省19个县(市)和甘肃省、陕西省受灾严重地区。各省区市、中央各部门、中央管理的部分企业主要负责人，军队各大单位和武警部队主要负责人出席会议。国务院抗震救灾总指挥部、北京奥组委等有关方面负责人列席会议。(《中共中央、国务院在京召开省区市和中央部门主要负责同志会议》2008年06月13日22:39:10 新华网)

6月13日 《人民日报》发表社论——《战胜新挑战夺取新胜利》。社论说:6月13日，中央在京召开省区市和中央部门主要负责同志会议。这是一次极其重要的会议。四川汶川的特大地震，给受灾地区人民生命财产和经济社会发展造成重大损失。在党中央、国务院和中央军委坚强领导下，全党全军全国各族人民万众一心、众志成城，迎难而上、百折不挠，形成了抗击地震灾害的强大力量，展开了气壮山河的抗震救灾斗争。这场斗争，显示了党和人民的伟大力量，弘扬了中华民族的伟大精神，谱写了自强不息、团结奋斗的英雄凯歌。(2008年06月13日20:07 新华网)

6月13日 上海市副市长沈晓明、市政府副秘书长、协调工作小组组长沙海林带队，市政府办公厅(市应急办)、市发改委、市建设交通委、市教委、市旅游委、卫生局、市民政局、市政府合作交流办、市水务局、市市政局等部门领导和职能处室负责人以及建科院、现代建筑设计集团、同济大学组成的对口支援灾区前期工作调研组于6月11日至13日，赴四川省都江堰市进行对口支援灾区前期调研。成都市副市长王忠林，都江堰市市委副书记、市长许兴国对上海工作组的到来表示欢迎。都江堰市恢复和重建共有530多个项目，有90多项亟待恢复和重建的项目。其中包括恢复和重建都江堰、青城山景区;山区乡镇道路恢复和重建;供给水和污水处理;30多所学校的重建;17个医疗机构的重建;公共公益设施重建等。沈晓明还实地考察了受损严重的福利院、救助站、烈士陵园，对都江堰红十字野战医院的上海医疗救援人员予以慰问，感谢他们为四川地震灾区人民所做的贡献，也感谢他们为上海争光。(上海市救灾援助指挥协调工作小组:《上海市救灾援助工作大事记》;民政部中国社会新闻出版总社网页:《历经风雨的天空将更加明亮——上海对口援建都江堰前期考察随笔》;都江堰更新新闻网:《上海对口支援重建前期工作展开》2008年6月13日16:55:06)

6月13日上午 上海市政工程设计研究总院透露，已基本完成绵阳安置房设计任务。由于地点分散、施工任务紧，绵阳21个地块的设计方案全部调整，个别地块的设计方案甚至修改了3至4次。市政总院在6月7日绘制出了第一批图纸，第二批图纸基本定稿。(《上海支援抗震救灾实录·大事记》)

6月13日 市工商局明令禁止各种借赈灾搞促销的行为，并表示发布各种义演、义赛、义卖募捐活动的广告必须经过备案查验。(《上海支援抗震救灾实录·大事记》)

6月13日 截至本日，上海海关累计验放入境抗震救灾物资121批，约占全国六分之一、总价值约9600万元。汶川大地震发生后，上海海关为入境救灾物资、载运工具、医疗救助人员及相关医疗救护设备物品等提供24小时通关便利。(《上海支援抗震救灾实录·大事记》)

6月13日下午 受中华全国总工会委托,四川省交通工会主席刘念江到中交三航局承建的欧家坝16号地块施工现场,慰问一线施工人员,并将“抗震救灾,重建家园——工人先锋号”旗帜授予该局绵阳过渡安置房建设者。(上海市救灾援助指挥协调工作小组编:《上海市救灾援助情况专报(47)》,2008年6月12日)

6月13日下午 完成3名驻华西医院ICU专家的轮换工作。(上海市救灾援助指挥协调工作小组编:《上海市救灾援助情况专报(53)》,2008年6月14日)

6月13日晚 国际巨星成龙抵沪,连夜赶录了《少年强》和《相信自己》两首抗震救灾公益歌曲。这是继录制《生死不离》之后,成龙再次献给灾区同胞的励志作品。(《上海支援抗震救灾实录·大事记》)

6月14日上午 市委副书记、市长韩正召开专题会议,研究上海市对口支援都江堰灾后重建工作,常务副市长杨雄,副市长胡延照、沈骏、沈晓明参加。会议明确,要坚持以项目为主线开展对口支援各项工作;首批援建项目中把解决民生问题的项目作为重中之重;成立市对口支援领导小组;现有的协调工作小组充实力量,转为对口支援指挥部;抓紧成立专家组指导对口支援有关工作。(上海市救灾援助指挥协调工作小组编:《上海市救灾援助情况专报(53)》,2008年6月14日)

6月14日 国内首张抗震救灾诗与歌专辑《生死不离》自6月9日发行开始,仅5天已义卖出专辑10070张,成为近年来唱片销售的一个奇迹。(《上海支援抗震救灾实录·大事记》)

6月14日 市残联康复处及市残疾人辅助器具中心的康复医师,到长征医院、儿童医疗等19家医院,13至14日向灾区伤员提供106部轮椅,109副拐杖,68部助行器,受益286人次。(《汶川特大地震上海市对口支援都江堰市灾后重建志》)

6月14日 中国福利会设立“重建家园”专项基金2000万元,救助四川地震灾区妇女儿童。中福会长期以来一直致力于妇女儿童事业,通过西部“母婴平安”等项目扶助妇女儿童。本次设立的重建基金,主要用于灾区学校重建、儿童营养调查等。(《上海支援抗震救灾实录·大事记》)

6月14日 截至本日,上海市施工队伍在绵阳已安装过渡安置房14808套(当日安装1604套),正安装1600套,另有9845套等待安装。其中建工集团累计完成5013套,城建集团累计完成3254套,中建八局累计完成5211套,绿地集团累计完成800套,中铁二十四局累计完成225套,中交三航局累计完成305套。(上海市救灾援助指挥协调工作小组编:《上海市救灾援助情况专报(48)》,2008年6月14日)

6月14日 截至本日,应中央部门和四川省政府要求,以及上海市救援队伍需要,上海市紧急调集并运往灾区的抗震救援物资1645.92吨,价值5914.94万元。其他社会援(捐)助物资通过上海市帮助运往灾区共235501吨。(上海市救灾援助指挥协调工作小组编:《上海市救灾援助情况专报(48)》,2008年6月14日)

6月14日　截至本日,上海市共派往灾区各类应急救援队伍57支11576人次,仍在灾区的各类救援队伍共35支9163人。(上海市救灾援助指挥协调工作小组编:《上海市救灾援助情况专报(48)》,2008年6月14日)

6月14日　上海市卫生救援人员当日在灾区共救治伤员1372人次,开展手术26台,消毒面积14.98万平方米,消毒厕所114座、车辆655辆,探查水源55处,培训卫生宣教人员1848人、心理干预人员802人,入户调查228户,指导建立排水沟254米,安放粘鼠灭蚊装置4130张/块。(上海市救灾援助指挥协调工作小组编:《上海市救灾援助情况专报(53)》,2008年6月14日)

6月14日　截至本日,上海市共接收地震灾区投亲人员累计807户,1844人。人数位居前4位的是浦东新区(324人)、闵行区(282人)、杨浦区(184人)、普陀区(181人)。(上海市救灾援助指挥协调工作小组编:《上海市救灾援助情况专报(53)》,2008年6月14日)

6月14日下午　上海市侨联、上海民盟书画院发起"抗震救灾重建家园——名家书画义拍"活动,共募得善款143.7万元用于灾区重建校园。(上海市华侨联合会2009年9月市民政局提供《上海侨联系统采取多种形式支援灾区抗震救灾》)

6月14日下午　上海国际电影节举行了一场名为"汇影人力量,担艺术责任"的特别论坛。中国电影人第一时间来到灾情第一线,短短半个月内,就有近10部与地震有关的影视作品抢拍或正式筹备。(《上海支援抗震救灾实录·大事记》)

6月15日　上海市召开党政负责干部大会,传达落实中央6月13日召开的省市区和中央部门主要负责同志会议精神,对做好上海"当前工作"进行动员和部署。中共中央政治局委员、市委书记俞正声,市委副书记、市长韩正发表重要讲话,指出要继续做好抗震救灾工作,全力做好对口支援工作。上海承担对口支援都江堰市的灾后恢复重建任务,各有关部门和地区要心系都江堰、聚焦都江堰,把都江堰的繁荣、昌盛、重建,作为上海义不容辞的责任,必须全力以赴,从灾区的具体困难和现实需要出发,积极提供人力、物力、财力、智力等支持,成为都江堰坚实的后盾,为恢复重建提供强大的支撑力。要继续做好灾区伤员的救治工作和临时安置房的建设工作。(《本市传达落实省市区和中央部门主要负责同志会议精神》http://www.shanghai.gov.cn/shanghai/node2314/node20071/node20078/userobject21ai280464.htm,中国上海,上海市政府网《四川汶川地震专题》,2008年06月16日)

6月15日　徐汇、黄浦、静安、长宁、崇明、杨浦、宝山、嘉定、金山等9个区县12日至15日,已对178名家庭受灾官兵进行了慰问。截至6月5日,驻沪部队共有445名灾区官兵的家庭遭受亲属伤亡、房屋毁损等程度不同的损害。10日,上海市双拥办发出《关于开展慰问驻沪部队灾区籍官兵工作的通知》,开展慰问帮扶工作,向官兵赠送一份慰问金(根据受灾情况赠送1000元至10000元)和一封由市双拥办统一印制的慰问信。11日市双拥办召开专题会议,分解工作任务,要求各区县与驻沪部队紧密合作。市拥军优属基金会也决定按100万元额度出资用于慰问帮扶。(上海市救灾援助

指挥协调工作小组编:《上海市救灾援助情况快报(92)》,2008 年 6 月 17 日)

6 月 15 日 由上海市老年基金会、上海中国画院、上海文广新闻传媒集团、新民晚报社和上海朵云轩拍卖有限公司联合主办的上海中国画院赈灾书画作品拍卖会在浦东展览馆举行。由上海中国画院 57 位著名画家捐献的 345 幅精美作品装裱而成的 30 本册页,共拍得善款近 1500 万元,全部捐赠都江堰市为在地震中失去儿女的孤老建养老院。(《上海中国画院赈灾书画作品拍卖会举行》http://www. shanghai. gov. cn/shanghai/node2314/node2315/node4411/userobject21ai280471html,中国上海市政府网《上海要闻》2009 年 5 月)

6 月 15 日中午 由上海东方爱心基金会出资建设的四川绵竹市广济镇广济东方爱心学校举行开学典礼,广济东方爱心学校可容纳 2000 名学生。上海东方爱心基金会出资 200 万元为四川重灾区援建 3 所板房学校,什邡民主中心小学、什邡市方亭二小两所学校也在 8 月 1 日前开学,可解决近 4000 名学生的灾后就学困难。上海东方爱心基金会还用 3 年左右的时间,在什邡和绵竹援建共计 30 至 40 所活动板房学校和固定学校,每个学校可供 300 名学生就读。(《上海支援抗震救灾实录·大事记》)

6 月 15 日 上海建设绵阳过渡安置房现场指挥部发出通知,要求各参建单位进一步落实防火措施,确保灾区群众在过渡安置房居住的消防安全。(上海市救灾援助指挥协调工作小组编:《上海市救灾援助情况专报(54)》,2008 年 6 月 15 日)

6 月 15 日 上海市经委召集上海洋帆实业有限公司、上海鑫苑休闲用品公司、上海德新旅游用品有限公司、上海爱立达野营用品有限公司等 4 家帐篷生产企业开会,落实 5 万顶帐篷的生产和运输计划,其中发往陕西的 1 万顶帐篷时间提前至 6 月 23 日和 25 日发运。会上,市经委再次向企业强调确保帐篷生产质量,并向企业进一步明确了资金拨付流程。截至本日,上海承担民政部帐篷生产任务的两家企业累计生产帐篷 45360 顶。其中,上海洋帆实业有限公司累计生产 42000 顶,上海德新旅游用品有限公司累计生产 3360 顶。(上海市救灾援助指挥协调工作小组编:《上海市救灾援助情况专报(54)》,2008 年 6 月 15 日)

6 月 15 日 截至本日 16 时,上海市民政、红十字会、慈善基金会累计接收捐款 22. 62 亿元,接收各类救灾物资折价约 2. 31 亿元。此外,据不完全统计,全市各界通过其他途径向灾区捐款约 3. 62 亿元。(上海市救灾援助指挥协调工作小组编:《上海市救灾援助情况专报(54)》,2008 年 6 月 15 日)

6 月 15 日 上海市各收治医院共为来沪伤员开展手术 1 台(累计 221 台)。已累计 2 人出院;住院病人中,3 名病危、39 名病重,其余伤员生命体征平稳。(上海市救灾援助指挥协调工作小组编:《上海市救灾援助情况专报(54)》,2008 年 6 月 15 日)

6 月 15 日 截至本日 17 时,上海市有关部门和单位累计派往灾区各类应急救援队伍 57 支 11666 人,仍在灾区的各类救援队伍共 35 支 9251 人。其中,共有 294 名上海医疗防疫人员仍坚持在灾区各工作点参与医疗、防疫工作。(上海市救灾援助指挥协调工作小组编:《上海市救灾援助情况专报(54)》,2008 年 6 月 15 日)

6 月 16 日 “上海坚决按照中央方针、政策办,一定做好灾区恢复重建的坚强后盾与可靠后方。这是不讲条件的。”中共中央政治局委员、市委书记俞正声此前在四川灾区考察时说,灾区重建全国一盘棋,四川灾区的事就是上海的事,解决灾区困难是我们义不容辞的责任。我们坚决按照中央要求,保质、保量、按期完成过渡安置房和对口支援地区的学校、医院等重建任务,上海有责任和义务做得更好,走在全国前列。(《上海支援抗震救灾实录·大事记》)

6 月 16 日 市委副书记、市长韩正主持召开市政府常务会议,研究对口支援都江堰市灾后重建等工作。决定成立对口支援都江堰市灾后重建领导小组,下设办公室作为援建工作总指挥部。组建对口支援都江堰市灾后恢复重建专家小组。研究制定对口支援资金管理办法。(上海市救灾援助指挥协调工作小组:《上海市救灾援助工作大事记》)

6 月 16 日 上海各级社会团体管理部门引导动员全市 8500 多家社会组织,积极组织参与支援抗震救灾,共为地震灾区捐款捐物达近 10 亿元。浦东、普陀、静安、闵行、虹口等区充分发挥社会组织的枢纽效应,鼓励社会组织整合资源,发挥专业优势和自身优势,为灾区救灾做贡献。(《上海支援抗震救灾实录·大事记》)

6 月 16 日 泰利福医疗器械商贸(上海)有限公司、上海医用吸引器厂、上海仁和医疗设备有限公司、上海诺诚电气有限公司、尼普洛贸易(上海)有限公司、德勤华永会计师事务所等 21 家企业于 5 月 20 日至 6 月 16 日捐赠救灾物资,价值 1300 万元。(上海市工商联合会 2008 年 5 月 16 日《上海市工商联为四川地震捐款名单(三)》)

6 月 16 日下午 由《文汇报》和市国资委党委联合主办的抗震救灾先进事迹报告会,在上海市国资委党校举行。上海市公安消防总队黄浦支队副参谋长张毅、长海医院普一科教授主任毕建威、中山医院外科护士长顾奕、《文汇报》和《新民晚报》特派记者代表,分别在报告会上讲述了奔赴抗震救灾第一线的上海公安消防和医务救援人员的先进事迹,以及在灾区的见闻和感受。来自本市国资委系统的集团公司和大企业约 300 名领导参加了报告会。(《上海支援抗震救灾实录·大事记》)

6 月 16 日 截至本日 14 时,上海建设绵阳地震灾区过渡安置房共开工 24 个地块,现场施工人员 9423 人(其中招募当地务工人员 2921 人),进场施工机械 247 台(其中租用当地施工机械 213 台),完成过渡安置房搭建 16920 套。(上海市救灾援助指挥协调工作小组编:《上海市救灾援助情况专报(55)》,2008 年 6 月 16 日)

6 月 16 日晚 上海建设绵阳过渡安置房现场指挥部召开会议,传达市建交委关于成立四川绵阳、甘肃陇南过渡安置房现场指挥部和临时党委的通知,并对在建设绵阳过渡安置房现场开展立功竞赛活动进行部署。会议要求,确保 6 月 20 日前 1 号、2 号地块过渡安置房小区和 1 所九年制学校交付使用，确保6月25日前完成2万套过渡安置房。同时，在施工过程中，要狠抓安全质量，高度重视住房和城乡建设部通知中指出的防火、防水、防雷击等问题。要加强现场管理，落实安全防范措施，决不能出安全责任事故。（上海市救灾援助指挥协调工作小组编：《上海市救灾援助情况专报(57)》，2008年6月17日）

6月17日 中共上海市委举行常委会，听取并审议对口支援前期工作调研组关于对口支援都江堰市灾后重建有关调查情况的报告。会议研究指出，紧密结合都江堰实际情况，决定成立对口支援工作领导小组，市长韩正任组长，下设上海对口支援都江堰市灾后重建指挥部。（《上海对口支援要努力走在全国前列首批援建都江堰项目年内开工》http://www.shanghai.gov.cn/shanghai/node2314/node2315/node4411/userobject21ai280913.html，上海市政府网《上海要闻》，2008年6月18日）

6月17日 上海市人大常委会及机关认真学习中共中央总书记、国家主席、中央军委主席胡锦涛、国务院总理温家宝在省市区和中央部门主要负责同志会议上的讲话精神，以及中共中央政治局委员、市委书记俞正声在全市党政负责干部大会上的讲话精神。市人大常委会主任刘云耕指出，要发挥好人大的职能作用，全力支持和保障本市对口支援都江堰市的工作。（《全力保障对口支援都江堰市人大学习中央和市委精神》http://www.shanghai.gov.cn/shanghai/node2314/node20071/node20073/userobject21ai280923.html，上海市政府网《四川汶川地震专题》，2008年6月18日）

6月17日 由市委宣传部、市妇联联合举办的“巾帼情怀，爱的奉献”上海各界妇女抗震救灾事迹报告会下午在上海图书馆报告厅举行。报告会开始前，全场肃立，向在汶川大地震中遇难的同胞默哀。报告会上，上海首批赴四川抗震救灾医疗队成员、仁济医院护士陈洁萍，上海第二批抗震救灾医疗队成员、瑞金医院肾脏科医生陈晓农，上海文广新闻传媒集团电视新闻中心记者虞之青，上海抗震救灾心理援助志愿者服务队副队长兼临时党支部书记、市精神文明办综合处王福美等优秀女性代表，饱含深情地讲述了在抗震救灾斗争中的亲身经历和真切感受。以捐房赈灾义举获得上海市民敬意的61岁徐汇区居民、退休教师沈翠英则讲述了捐献房子前后的所思所为。会场上掌声经久不息。市委宣传部、市妇联领导以及上海各界妇女代表800余人参加报告会。（《上海支援抗震救灾实录·大事记》）

6月17日 由上海市卫生局主办的卫生系统抗震救灾主题活动剧目《守护生命》在上海大剧院隆重举行。市委副书记殷一璀出席。《守护生命》主题活动的内容全部根据上海医疗救援队和防疫队队员的救灾经历和先进事迹改编创作，真实展现了上海医疗救援队和防疫队在灾区不畏艰险、不惧牺牲，全力以赴抢救伤员性命，投入灾区防疫工作的点点滴滴，展现了医务工作者的神圣使命和高尚情操。副市长沈晓明出席昨天的主题活动。申城派遣灾区并已返沪的全体医疗防疫队员及家属，各医疗卫生单位代表约1600余人观看了演出。（《上海支援抗震救灾实录·大事记》）

6月17日 市人大常委会主任、市老年基金会名誉理事长刘云耕出席市老年基金会浦东分会成立仪式，并在浦东新区市民中心亲切接见了上海中国画院陈佩秋、徐昌酩、张森等为赈灾作画义拍的著名艺术家代表，对书画大师们作出的努力以及为灾区老人奉献的真挚爱心表示感谢。（《上海支援抗震救灾实录·大事记》）

6月17日 市政府侨办召开“华侨华人与抗震救灾座谈会”，发挥华侨华人智力优势和专业特长，听取他们对四川地震灾区灾后恢复重建工作的意见和建议。（《上海支援抗震救灾实录·大事记》）

6月17日 截至本日，共有50个相关海外社团和一批海外侨胞向灾区人民捐款3780万元，支援灾区灾后重建。（《上海支援抗震救灾实录·大事记》）

6月17日 上海市启动2008年大学生志愿服务西部计划抗震救灾专项行动后，报名人数就已达到了274名。（《上海支援抗震救灾实录·大事记》）

6月17日 5月19日至6月17日，上海市救灾卫星通信突击队以成都为中心，深入绵竹、绵阳安县、都江堰、江油、北川等重灾区15次，在川建成11个卫星移动站，完成民政部、市政府、市民政局等多方视频会议的通信保障工作，同时为上海文广传媒、上海教育电视台及陕西电视台拍摄和传输了节目，并全程跟踪拍摄市领导及社工队在川的考察慰问活动。（上海市救灾援助指挥协调工作小组编：《上海市救灾援助情况专报(57)》，2008年6月17日）

6月17日晚 中共中央政治局委员、市委书记俞正声，市委副书记、市长韩正会见了从灾区返沪的上海医疗防疫队员，代表市委、市政府向大家在灾区救援工作中的杰出表现表示衷心感谢。俞正声说，上海广大党员干部要学习上海医疗防疫等救援人员在灾区一线表现出的英雄气概，奋不顾身、全心全意为人民服务的精神，继续做好对口支援都江堰灾后重建工作，圆满完成党中央、国务院交给上海的对口支援任务。市委副书记殷一璀，市委常委、宣传部长王仲伟，市委常委、市委秘书长丁薛祥，副市长沈晓明参加会见。地震发生后，上海先后派出1300多名医务防疫工作者和60多辆救护车到灾区一线，共实施700多台手术，救治伤员2.7万多人次。截至本日，还有数百人在灾区承担医疗防疫工作。（http://www.shanghai.gov.cn/shanghai/node2314/node20071/node20078/userobject21ai280915.html）

6月18日 上海市对口支援都江堰市灾后重建工作领导小组（以下简称“领导小组”）成立。组长韩正（市长）、副组长胡延照（副市长），成员共49人，包括市政府正副秘书长、各有关委办局主任局长、各区（县）区（县）长以及市政府发展研究中心、上海申康医院发展中心、市慈善基金会、市红十字会负责人。领导小组下设办公室，同时为上海市对口支援都江堰市灾后重建指挥部（以下简称“上海援建指挥部”），沙海林兼任办公室主任、总指挥。从上海援建项目推进实际需要出发，指挥部聘请上海城投（项目管理公司）、上海建科院（代建单位）、上海东华造价（财务监理）三家专业公司，依托其人员、技术、业务等方面的专业优势，对援建项目进行专业化管理，形成了“1+3”（指挥部+

项目管理公司、代建单位、财务监理）的援建指挥机制。（沪府办发【2008】19号文件《上海市人民政府办公厅关于建立上海市对口支援都江堰市灾后重建工作领导小组的通知》；上海市对口支援都江堰市灾后重建指挥部，沪对口指收448号，《上海市对口支援都江堰工作基本情况》，2009年7月7日）

6月18日上午 上海市副市长胡延照召开会议，专题研究市民政局、市农委、市合作交流办等相关部门对口支援都江堰灾后重建有关工作。（上海市救灾援助指挥协调工作小组编：《上海市救灾援助情况专报(60)》，2008年6月18日）

6月18日上午 全国首家灾区儿童夏令营“好孩子夏令营”在上海东方绿舟开营。来自全国各地的800名好孩子育儿网签约专家作为灾区儿童夏令营学术支持顾问，为灾区儿童进行集中、系统、持久的心理关怀，首期夏令营由华东师范大学心理学系老师对孩子们进行面对面专业辅导。（《上海支援抗震救灾实录·大事记》）

6月18日 截至12时，上海在四川绵阳灾区累计完成过渡安置房搭建21687套，提前7天实现了住房和城乡建设部下达的6月25日前完成2万套过渡安置房建设的目标。参建人员总数达到9288人。其中，还聘用了当地劳务人员2925人。（《上海支援抗震救灾实录·大事记》）

6月18日 上海市政府侨办会同市侨界企业家协会、市侨商会、上海海上书画院、上海炎黄画院，6月1日举行“百名书画家百幅作品赈灾义卖暨赵凯、赵璧如父女书画作品赈灾捐赠仪式”。此外，还在“上海侨务”网站开通“心手相连、守望相助，众志成城、抗震救灾”专栏，积极营造氛围。至18日，募集捐款2.3732亿元，市政府侨办直接接受侨界捐款1596万元，各区（县）侨办接受捐款数额505万元。（上海市救灾援助指挥协调工作小组编：《上海市救灾援助情况专报(58)》，2008年6月18日；上海市侨务办公室2009年9月市民政局提供《汶川灾情牵侨心　抗震救灾献侨爱——上海侨界积极为抗震救灾做贡献》）

6月18日 由上海市公安局捐赠的7辆警车等首批对口支援警用装备物资交付给都江堰市公安局。与此同时，仅用4天时间即搭建完成的2个派出所临时办公用房也交付使用。（《上海市公安局首批对口支援警用装备交付都江堰市公安局》http://www.shanghai.gov.cn/shanghai/node2314/node20071/node20258/userobject21ai281154.html，上海市政府网《四川汶川地震专题》，2008年6月19日）

6月18日 上海援建灾区的首个安置房小区，通过绵阳市有关建设部门的竣工验收，已具备交付使用的条件。这一小区位于上海建工集团援建的四川绵阳2号地块，共500套过渡安置房，包括水电等生活设施。这意味着1400余名受灾群众即将告别救灾帐篷，迁入生活设施较为完善的过渡安置房小区。坐落在绵阳游仙区老龙山下的500套过渡安置房和配套设施组成的小区，还包括一座九年制综合学校。（《上海支援抗震救灾实录·大事记》）

6月18日 上海建工集团承建的2－1号地块488套住宅、2－2号地块105间教室，上海城建集团承建的1－1号地块259套住宅，顺利通过住房和城乡建设部驻绵阳工作组、绵阳市建设局以及绵阳市游仙区民政、教育、消防、卫生、国土资源及质量监督等部门联合验收组验收。(上海市救灾援助指挥协调工作小组编:《上海市救灾援助情况专报(60)》,2008 年 6 月 18 日)

6 月 18 日 截至本日 14 时,上海建设绵阳地震灾区过渡安置房共完成过渡安置房搭建 21687 套,提前 7 天实现 6 月 25 日前完成 20000 套的目标。(上海市救灾援助指挥协调工作小组编:《上海市救灾援助情况专报(60)》,2008 年 6 月 18 日)

6 月 18 日 截至本日 17 时,上海市有关部门和单位累计派往灾区各类应急救援队伍 57 支 12362 人,仍在灾区的各类救援队伍共 35 支 9618 人,分布于成都、绵阳、广元、德阳、阿坝等 5 个市(州)及都江堰、绵竹、什邡、青川、汶川、安县等救灾一线,奋战在灾情最严重的映秀、漩口、水磨乡镇,累计搜救 250 人,救治 16634 人。(上海市民政局《上海市社会赈灾大事记(2008 年 5 月 12 日—10 月 14 日)》;上海市救灾援助指挥协调工作小组编:《上海市救灾援助情况专报(60)》,2008 年 6 月 18 日)

6 月 18 日晚 经上海市各收治医院积极治疗,25 名来沪伤员和 24 名家属乘火车返川。为方便运送伤员的车辆顺畅进出,上海铁路局临时调整行车调度计划,将原停靠 13 号站台的 K282 次列车调为 1 号站台。同时开辟软席"K282 次爱心候车专区",20 多名车站志愿者帮助搬运行李,随时为伤员及其家属提供服务。上海客运段列车员特意为伤员乘坐的 7 号车厢多准备数套卧具,以便途中随时更换。列车员还特意了解了医嘱和病人饮食需求,专门制作了伤员菜谱,以适应四川旅客的口味,并做到 24 小时不间断供应。从 5 月 26 日起,按照卫生部的部署,上海共接受了灾区转送来的 306 名伤员,被安排在 19 所市级大医院诊治,经过精心治疗,大多数伤病员身体康复良好。(http://www.shanghai.gov.cn/shanghai/node2314/node20071/node20073/userobject21ai281148.html;市救灾援助指挥协调工作小组编:《上海市救灾援助情况专报(60)》,2008 年 6 月 18 日)

6 月 19 日 9 时 由中共上海市委宣传部、新华通讯社上海分社联合主办的"抗震救灾众志成城——2008 中国抗震救灾大型新闻图片展"在上海展览中心拉开帷幕。前来参观者络绎不绝,开展首日即迎来了 6000 余观众。250 余幅照片反映了气壮山河的抗震救灾斗争,让参观者充满了敬意。(http://www.shanghai.gov.cn/shanghai/node2314/node20071/node20073/userobject21ai281402.html)

6 月 19 日 上海市政府副秘书长、上海援建指挥部总指挥沙海林带领市政府办公厅(市应急办)、市发展改革委、市建设交通委、市农委、市教委、市旅游委、市卫生局、市民政局、市政府合作交流办等单位有关负责人组成的"调研组",6 月 18 日至 19 日专程赴都江堰市沟通落实第一批援助项目,并与当地主要领导和有关负责人进行座谈,分组与都江堰市有关部门进行沟通、实地调研,就拟启动的第一批备选援建项目基本达成一致意见。第一批拟启动援助项目的初步安排,按照上海市 2008 年对口援助实物工作量需不低于上年财政收入 1% 的要求,结合社会捐助资金投入与财政性资金投入的具体特点,初步安排 44 个项目,总投资约 32.3 亿元。(上海市发展和改革委员会投资处柳国炎 2009 年 12 月 29 日提供的资料长编电子卡片,上海市对口支援都江堰灾后重建指挥部,《关于本市对

口支援都江堰市灾后恢复重建第一批启动项目有关建议的汇报》)

6月19日上午 上海市副市长胡延照、市政府副秘书长范希平赴浦东新区上海德新旅游用品有限公司和上海洋帆实业公司实地调研救灾帐篷生产情况，听取了相关工作汇报，慰问了一线职工，并出席了洋帆公司“救灾帐篷完工交付仪式”。(上海市救灾援助指挥协调工作小组编:《上海市救灾援助情况专报(60)》,2008年6月18日)

6月19日上午 由中宣部、中组部、解放军总政治部、中共四川省委联合组织的“抗震救灾英模事迹报告团”抵达上海。报告团一行11人，由中共中央宣传部宣教局办公室主任王雅卿带队。6名报告人分别为:四川省北川县北川中学校长刘亚春、空军空降兵某师师长杨杰、四川省江油市公安局巡警大队民警蒋晓娟、四川省阿坝公路局装载机驾驶员义德阳、四川省绵阳市游仙区人武部部长郑强、黑龙江省哈尔滨市巡特警支队支队长刘亚民。(《上海支援抗震救灾实录·大事记》)

6月19日 国务院办公厅印发《汶川地震灾后恢复重建对口支援方案》,按照“一省帮一重灾县”原则，东部和中部19个省市每年对口支援实物工作量按不低于本省市上年地方财政收入的1%,对口支援期限按3年安排。对口支援地区安排如下:山东省—北川县、广东省—汶川县、浙江省—青川县、江苏省—绵竹市、北京市—什邡市、上海市—都江堰市、河北省—平武县、辽宁省—安县、河南省—江油市、福建省—彭州市、山西省—茂县、湖南省—理县、吉林省—黑水县、安徽省—松潘县、江西省—小金县、湖北省—汉源县、重庆市—崇州市、黑龙江省—剑阁县，广东省(主要为深圳市)—甘肃省受灾严重地区、天津市—陕西省受灾严重地区。(http://www.shanghai.gov.cn/shanghai/node2314/node20071/node20072/userobject21ai281152.html)

6月19日 上海市各收治医院共为来沪伤员开展手术7台(累计243台)。已累计28人出院:住院病人中,2名病危、30名病重，其余伤员生命体征平稳。(上海市救灾援助指挥协调工作小组编:《上海市救灾援助情况专报(61)》,2008年6月19日)

6月19日 上海市赴川卫生救援人员当日共救治伤病员1337人次，开展手术17台，消毒面积99769平方米，消毒厕所105个，培训卫生宣教人员1729人，入户调查169户，发放宣传资料650份，安放粘鼠灭蚊装置400张/块。(上海市救灾援助指挥协调工作小组编:《上海市救灾援助情况专报(61)》,2008年6月19日)

6月19日 上海市卢湾区卫生局派出的5人医疗队在完成救灾医疗任务后返回上海。(上海市救灾援助指挥协调工作小组编:《上海市救灾援助情况专报(61)》,2008年6月19日)

6月19日 截至本日，上海承担民政部帐篷生产任务的两家企业累计生产帐篷54710顶。(上海市救灾援助指挥协调工作小组编:《上海市救灾援助情况专报(61)》,2008年6月19日)

6月19日 截至本日14时，上海建设绵阳地震灾区过渡安置房共开工24个地块，现场施工人员10414人(其中招募当地务工人员3398人),进场施工机械319台(其中租用当地施工机械283

台),完成过渡安置房搭建23875套。(上海市救灾援助指挥协调工作小组编:《上海市救灾援助情况专报(61)》,2008年6月19日)

6月19日 截至本日16时,上海市民政局、市红十字会和市慈善基金会累计接收捐款22.97亿元,接受各类救灾物资折价约2.37亿元。此外,据不完全统计,全市各界通过其他途径向灾区捐款约3.64亿元。(上海市救灾援助协调工作小组编:《上海市救灾援助情况专报(61)》,2008年6月19日)

6月19日 截至本日16时,上海市已接待来自灾区投亲靠友人员共计882户、2027人(比6月18日数据增加16户、34人)。其中男性875人,女性1152人;18岁以下710人,18至60岁681人,60岁以上636人。(上海市救灾援助指挥协调工作小组编:《上海市救灾援助情况专报(61)》,2008年6月19日)

6月19日 截至本日17时,上海市有关部门和单位累计派往灾区各类应急救援队伍57支12362人,分别深入成都、绵阳、广元、德阳、阿坝等5个市(州)及都江堰、绵竹、什邡、青川、汶川、安县救灾一线,奋战在灾情最严重的映秀、漩口、水磨等乡镇,累计搜救250人,救治16634人。仍在灾区的各类救援队伍共34支9604人。(上海市救灾援助指挥协调工作小组编:《上海市救灾援助情况专报(61)》,2008年6月19日。灾后重建领导小组通报《关于本市开展救灾援助和对口支援都江堰市灾后重建工作的有关情况》)

6月20日早 中共中央政治局委员、市委书记俞正声,市委副书记、市长韩正来到展览馆,观看正在上海展览中心西二馆免费向观众展出的"抗震救灾 众志成城——2008中国抗震救灾大型新闻图片展"。市人大常委会主任刘云耕,市政协主席冯国勤,市委副书记殷一璀,市委常委、宣传部长王仲伟,市委常委、组织部长沈红光,市委常委、市委秘书长丁薛祥,市委常委、浦东新区区委书记徐麟等一同观看了展览。展览分关怀、灾情、营救、援助和恢复五部分,通过250余幅(件)来自灾区和全国各地的珍贵照片和实物,真实再现了党中央果断决策和周密部署、中央领导亲临一线的动人情景;记述了汶川地震触目惊心的灾情;展示了人民子弟兵抗震救灾、救死扶伤的坚强意志和感人场面,全国人民、世界华人、国际社会守望相助、雪中送炭的生动事迹。(《上海支援抗震救灾实录·大事记》)

6月20日上午 全国抗震救灾英模事迹报告会在上海展览中心友谊会堂举行。中共中央政治局委员、市委书记俞正声出席报告会,并会见了报告团成员。俞正声代表市委、市人大、市政府、市政协和2000万上海人民,向报告团表示热烈欢迎和崇高的敬意。俞正声说,上海广大干部群众要学习英模的生动事迹,把伟大的抗震救灾精神转化为进一步做好支援灾区重建工作的实际行动,转化为推动上海经济社会又好又快发展的强大力量,努力夺取抗震救灾和经济社会发展的新胜利。市委副书记、市长韩正,市人大常委会主任刘云耕,市政协主席冯国勤,市委常委、宣传部长王仲伟,市委常委、组织部长沈红光,市委常委、市委秘书长丁薛祥,市委常委、浦东新区区委书记徐麟,副市长沈晓明等参加会见并出席报告会,市委副书记殷一璀参加会见并主持报告会。报告会在雄壮的国歌声中开始。与会人员首先集体向四川汶川地震遇难同胞默哀一分钟。工作人员向报告团成员献上鲜花,表达崇高的敬意。(http://www.shanghai.gov.cn/shanghai/node2314/node20071/node20079/node20082/userobject21ai281699.html)

6月20日上午 上海古猗园以荷花灯祈福这一特殊方式,拉开了2008年荷花展序幕。主办方上海古猗园,为了表达对灾区人民的支援,决定开幕式从简,将节省下来的费用以及当天全部门票收入捐献给四川灾区。(《上海支援抗震救灾实录·大事记》)

6月20日 "上海水务赴川抗震救灾事迹报告会"举行,副市长沈骏参加报告会。四川汶川大地震发生后,在水利部和上海市委市政府的关心支持下,市水务局、城投总公司5月19日紧急抽调83名精兵强将,组成上海水务赴川抗震救灾抢修队,开赴重灾区德阳市。转战受灾最严重的绵竹市、什邡市和罗江县的18个镇,建设集中应急供水点74个,铺设供水管道10多公里,惠及人口14万多人。(《上海支援抗震救灾实录·大事记》)

6月20日 由戏剧曲艺频道赶制的9部10集反映四川汶川大地震后众志成城、抗震救灾感人事迹的广播剧,本周日起在中波1197千赫推出。该系列广播剧以纪实性为基础。最后一刻以自己的身躯保护女儿生命的母亲、英雄教师谭千秋等在抗震救灾中感动无数中国人的人物都在广播剧中得到体现。(《上海支援抗震救灾实录·大事记》)

6月20日 截至17时,上海在灾区共建立集中生活供水点74个,援助或恢复18个镇的供水;完成绵阳地震灾区过渡安置房搭建26019套。全市共收治灾区伤员307人,累计为来沪伤员开展手术236台,收治病人中已有29人出院,绝大多数伤病员伤情稳定,情绪良好。(《上海支援抗震救灾实录·大事记》)

6月21日 中共中央总书记、国家主席、中央军委主席胡锦涛针对灾区扩大就业工作做出重要指示:"灾区有大批劳动者急需就业,沿海一些地区又急需劳动力。望加强协调,牵线搭桥,发挥对口支援机制作用,把这件互惠互利的事办好。"(人力资源社会保障部就业促进司资料)

6月21日上午 勇救同学的四川抗震小英雄、9岁男孩林浩,被送进驻沪解放军第455医院整形美容激光中心,接受植发手术。下午2时30分,手术成功,林浩头皮上那个鸡蛋大小的疤痕上"长"出了千余根头发,疤痕被覆盖如初。解放军455医院整形外科植发专家李桂海医师专程赶到成都接林浩到上海手术,并代表医院整形外科,赠送给林浩一个最新款式的PSP游戏机,满足了小林浩到上海前的另一个愿望。(《上海支援抗震救灾实录·大事记》)

6月21日 《文学报》为地震灾区学校图书馆重建,吁请作家捐赠本人著作签名本,仅一周,已收到捐赠签名本300多册。(《上海支援抗震救灾实录·大事记》)

6月21日 截至本日，上海建工集团在绵阳地区建设的过渡安置房已累计完成10300套，并在建设过程中创出“四个第一”。上海建工集团只用8天时间就建成上海在绵阳的第一座九年制综合类学校；上海在绵阳的第一个公建配套齐全的小区首先通过验收，并交付绵阳当地政府；5天时间第一个完成了在距离绵阳市80多公里的盐亭县112间、6000多平方米、分布三个点的高考考场建设任务。（《上海支援抗震救灾实录·大事记》）

6月21日下午 上海市政府召开上海市对口支援都江堰市灾后恢复重建工作领导小组第一次会议。会议审议了市发展改革委关于上海市对口支援都江堰市灾后恢复重建第一批启动项目的有关建议。市委副书记、市长韩正出席，要求全市上下要坚定不移贯彻落实好中央要求，举全市之力，全力以赴做好对口支援都江堰市灾后恢复重建各项工作。（上海市救灾援助指挥协调工作小组：《上海市救灾援助工作大事记》；《关于开展本市救灾援助的有关情况》，2008年6月18日上海市人民政府向国务院汇报材料）

6月22日 “社会爱心奶奶”沈翠英与刚从教育岗位退休的“上海奶奶”一行15人搭乘中午航班前往灾区。“上海奶奶爱心团”带去了大包的大白兔糖、上百本书籍和汇师小学学生折的数百支千纸鹤，把爱心和祝福带给灾区的孩子。（上海市地方志办公室编：《上海支援抗震救灾实录》，上海：上海世纪出版股份有限公司上海教育出版社，2008年12月第1版，第623页）

6月22日 绵阳市申游爱心学校开学，这是上海建工集团在绵阳援建的首座学校，可为1360名中小学生提供良好的学习条件。学校设有34间标准教室和5间老师办公室，有厕所、盥洗室、厨房等配套设施，还建有2000多平方米高质量塑胶操场和跑道。（《上海支援抗震救灾实录·大事记》）

6月23日 上海市对口支援都江堰市灾后恢复重建首批启动项目意向书签字仪式在都江堰市举行。市委副书记、市长韩正，副市长胡延照，市政府秘书长姜平，市政府副秘书长、上海援建指挥部总指挥沙海林，上海市合作交流办公室主任林湘，上海市城乡建设交通委员会主任黄融，成都市委副书记、市长葛红林，成都市副市长、成都市恢复重建都江堰市工作委员会主任王忠林及都江堰市委领导、市政府等出席签字仪式。沙海林和王忠林分别在首批启动项目意向书上签字。首批项目包括：建设和修复永久性安置房小区，建设修复中小学、医疗卫生设施、社会福利设施、城乡道路、供排水设施、农业基础设施等，并提供都江堰急需的设备和规划编制等服务，同时选派师资和医务人员、人才培训等服务。具体包括2个城乡居民住房项目、10个学校项目、2个医院项目、1个社会福利院项目、1个城乡道路项目、3个供（排）水设施项目、1个农业基础设施项目、3个提供急需设备支持项目。另根据协议书中第9、10条，含文物修复和都江堰市灾后重建等5项专业规划2个项目。（上海市对口支援都江堰市灾后重建指挥部《上海市对口支援都江堰市签约启动五批117个项目简介》）

6月23日 都江堰市中小学生在45个临时校点复课，临时校点能容纳该市92所学校、近7万名中小学生。为7万名中小学生和他们的家庭，重建学校的选址成为大课题，上海规划组制订了临时安置、永久安置点和城市发展三步走的建设方案。在都江堰幸福小学六年级二班的简易教室里，来自解放日报报业集团、黄浦区团委、安利公司等单位的代表将首批3000封漂流信送到了学生代表手中。在漂流信发放仪式上，上海志愿者还与灾区小朋友表演了互动节目，跳起欢快的儿童舞蹈。同时，解放日报报业集团、黄浦区团委、惠而浦公司等还向幸福小学、向峨乡海虹小学等捐赠了教学器材和文具用品。“牵手·漂流信”活动由解放日报报业集团奔赴地震灾区的85名特派记者联合发起。（上海大众集团、普陀区教育局援建都江堰中小学捐设两项教育基金 http://www.shanghai.gov.cn/shanghai/node2314/node2315/node4411/userobject21ai282248.html）

6月23日 国土资源部将都江堰市地质灾害综合评估成果送达上海市政府，供在灾区开展灾后恢复重建对口支援工作中参考。（国土资源部，国土资函[2008]340号《关于提供四川地震灾区都江堰市地质灾害调查综合评估成果的函》，2008年6月23日发）

6月23日 同济大学信息：汶川大地震受灾地区都江堰市的重建规划团队采取“1+9”模式，即由同济专家负责汇总，日本、法国等境外9家投标入围单位参与咨询。上海同济城市规划设计研究院副院长周玉斌教授表示，经过详细调查测绘，以当地老城区为基础的重建方案正在全面规划中，预计7月中旬将完成初步规划。规划团队负责人表示，都江堰是座历史名城，灾后重建，如何通过合理布局，彰显城市特征，对都江堰来说是个重要课题。他说，先辈在修建都江堰水利工程时，把岷江分成了内江和外江，内江在都江堰城区中又被分成了4条河，最北面的一条水流最缓、最南面的最湍急。重建规划考虑充分利用这一独特的山水风貌。此外，还借鉴国外经验，将学校、体育场、医院等城镇中的公共设施建造得更加牢固抗震，一旦发生地质灾害，这些地方都能成为居民避险的第一选择。规划实施前进行公示，广泛征求受灾地区群众的意见。（http://www.shanghai.gov.cn/shanghai/node2314/node2315/node4411/userobject21ai281930.html）

6月23日 汶川大地震后，东航发起了“爱心妈妈”活动，筹集了奶粉、尿布和妇女卫生用品等救灾物资。下午，东航“爱心使者”一行到都江堰市，在市妇联的陪同下先后去都江堰市妇女儿童医院、中医院、红十字医院和心语快乐幼儿园上门捐赠。（《上海支援抗震救灾实录·大事记》）

6月23日 公安部中华见义勇为基金会、上海天大医疗美容医院联合成立全国首家见义勇为容貌救护站，来自辽宁的杨文勇、湖南湘乡的戴战略成为首批接受救护的英雄。见义勇为容貌救护站除专业整形医生外，还有来自高校的心理系专家为因救灾而毁容的英雄进行心理辅导。（《上海支援抗震救灾实录·大事记》）

6月23日 “永不放弃——上海公安抗震救灾纪实展”在上海公安博物馆开幕。展览通过来自抗震救灾一线的照片、公安民警为抗震救灾创作的书画作品和部分实物，生动再现了上海公安应急救援队全体队员在汶川抗震救灾中不屈不挠的战斗精神和英勇经历。公安部政治部主任蔡安季，市委常委、市委政法委书记吴志明为纪实展揭幕，市长助理、市公安局局长张学兵致开幕词。（《上海

支援抗震救灾实录·大事记》)

6 月 24 日 上海大众集团、普陀区教育局共同援建都江堰中小学签约仪式在都江堰市教育局举行,上海大众集团与普陀区教育局、都江堰市政府共同签订了援建都江堰市塔子坝中学的协议,该校落成后被命名为“都江堰市大众塔子坝中学”。普陀区教育局捐款 60 万元,与都江堰市教育局签订援建都江堰柳街小学的协议,该校落成后被命名为“都江堰市普陀柳街小学”。由大众集团和普陀区分别投入 100 万元设立的大众博爱塔子坝中学教育奖励基金和普陀都江堰教育援助基金同时成立。(《大众集团与普陀教育局援建都江堰中小学签约》http://www. shanghai. gov. cn/shanghai/node2314/node2315/node4411/userobject21ai282080. html,上海市政府网,《上海要闻》,2008 年 06 月 24 日)

6 月 24 日 《上海市医疗卫生工作人员对口支援都江堰市工作方案》拟定,上海组派 284 位医疗卫生人员于 6 月 29 日前到达四川省都江堰市。首批医疗卫生人员 6 月 25 日出发。《医疗对口支援方案》包括:上海交通大学医学院援助都江堰市人民医院,复旦大学援助都江堰市第二人民医院,上海中医药大学援助都江堰市中医医院,上海申康医院发展中心援助都江堰市妇幼保健院。市疾病预防控制中心、市健康教育所援助都江堰市疾病预防控制中心,市卫生局卫生监督所、市食品药品监督所援助都江堰市卫生执法监督所。至 9 月底,全面完成当地市、乡临时公共卫生机构建设;到年底,都江堰市公共卫生服务体系全面恢复。另外,上海 19 个区县卫生系统对口支援都江堰 19 个乡镇医疗卫生机构,各区县卫生局组派 810 人的医疗卫生防疫队,配备 2 辆车。到 7 月底,都江堰市区、乡镇和灾民安置点要普遍建立医疗服务体系,开展基本医疗服务;到 9 月底,全面完成市、乡临时医疗机构建设,基本恢复正常医疗服务秩序;到年底,都江堰市医疗服务体系全面恢复,临时业务用房、基本设备和技术人员配备比较齐全。(http://www. shanghai. gov. cn/shanghai/node2314/node2315/node4411/userobject21ai282082. html)

6 月 24 日 截至本日,上海市首批援助都江堰市灾后学校恢复重建的帐篷和课桌椅全部到位,安装到都江堰市 21 所中小学。上海市教委把急需的帐篷及课桌椅等物资支持列在首位,采取上海运送与当地采购相结合,为灾区临时板房教室配置 2 万套中小学课桌椅。(上海大众集团、普陀区教育局援建都江堰中小学捐设两项教育基金 http://www. shanghai. gov. cn/shanghai/node2314/node2315/node4411/userobject21ai282248. html,上海市政府网《上海要闻》,2008 年 6 月 25 日)

6 月 24 日 由中共上海市委宣传部和新华社上海分社联合主办的“抗震救灾 众志成城——2008 中国抗震救灾大型新闻图片巡回展”6 月 19 日在上海展览中心西二馆一楼开展。一周来参观者数量直线上升,展览现场气氛热烈,预约电话此起彼伏。截至 24 日 16 时,观众总数已达 11.5 万多人,仅 24 日当天参观人数就突破 5 万。应广大参观者的强烈要求,主办方决定将此次展览延期至 6 月 29 日,开放时间和地址不变。而从 6 月 30 日起至 7 月 13 日,本次展览将移展至浦东新区图书

馆。(《上海支援抗震救灾实录·大事记》)

6月24日 上海市总工会对荣获全国“抗震救灾重建家园工人先锋号”的上海市公安消防总队应急救援队、《东方早报》等37个集体,以及仍奋战在抗震救灾第一线的上海隧道工程股份有限公司援建队等19个集体授予上海“抗震救灾重建家园工人先锋号”荣誉称号。中华全国总工会于近期对一批抗震救灾先进集体授予全国“抗震救灾重建家园工人先锋号”荣誉称号,文汇新民联合报业集团东方早报社的“东方早报抗震救灾报道组”,是上海市唯一一个获得全国和上海“抗震救灾重建家园工人先锋号”双项称号的新闻媒体单位。14时,上海市总工会举行向获奖集体授旗仪式。(《上海支援抗震救灾实录·大事记》)

6月24日 上海市委副书记、市长韩正,副市长胡延照赴绵阳,检查过渡安置房建设工作。韩正一行首先出席了“上海申游爱心学校”落成入学仪式。韩正向该校校长赠送了钥匙。然后韩正视察了过渡安置房施工现场,并和上海建设绵阳过渡安置房现场指挥部全体同志合影。

6月25日上午 上海市副市长、市对口支援都江堰市灾后重建工作领导小组副组长胡延照,上海市政府副秘书长、上海援建指挥部总指挥沙海林一行在都江堰海蓉药业招待所会议室与都江堰灾后重建工作指挥部总指挥、成都市副市长王忠林等进行简要座谈。胡延照表示尽快启动已签约的上海第一批援建项目,援建项目主要采取“交钥匙”方式,希望都江堰市把第二批援建项目再筛选一遍,开展两地工业、商业和旅游业等方面的合作,尽早启动上海对口支援都江堰市灾后重建工作指挥部的工作。(上海市对口支援都江堰市灾后重建指挥部,《会谈纪要“6月25日胡延照、沙海林与成都市副市长王忠林同志座谈纪要”》,2008年6月25日发)

6月25日上午 “抗震救灾 众志成城——2008中国抗震救灾大型新闻图片巡回展”(社区版)巡展启动仪式在上海展览中心举行。此次社区版巡展活动选取了233幅照片,制成42块标准展板,分为关怀、灾情、营救、援助和恢复五个部分,即日起至7月中旬分20路深入全市19个区县机关、社区、村镇、企业、楼宇等巡展。上海东方宣教中心还面对部分高等院校志愿者、医院医护人员、驻沪部队官兵、援川企业职工等重点单位干部群众开展巡展。(《上海支援抗震救灾实录·大事记》)

6月25日 四川地震发生后,“上海社工灾区援助团”专家先后前往绵阳、都江堰进行社会工作介入评估,形成了安置社区建设的基本看法,并确定都江堰市“勤俭人家”安置点作为工作点。市民政局从全市报名的1000多名志愿者中面试确定了3名志愿者,和华东理工大学7名具备心理学、社会工作背景的教师共同组成上海社工服务团华东理工大学队前往都江堰。(《上海支援抗震救灾实录·大事记》)

6月25日 上海首批社工服务团——华东理工大学队到都江堰市开展专业化的社工服务,帮助灾区群众重构社会关系。服务队由华东理工大学社会与公共管理学院牵头组建,包括来自该院社会工作系的5名教师、2名研究生,从全市1000多报名者中遴选出的、来自闵行区和卢湾区的2名一线社工,以及1名全国人大环境委员会委员。其中年龄最大的55岁,最小的25岁。(《华东理工大学社工服务队出征四川灾区》http://www.shanghai.gov.cn/shanghai/node2314/node2315/node18454/userobject21ai282610.html,上海市政府网《上海要闻》,2008年6月26日)

6月25日 根据中央部署和都江堰市的实际情况,经上海和都江堰市有关部门的充分协商,日前确定了包括建设和修复城乡居民住房、学校、医院、社会福利设施、城乡道路、市政基础设施、农业基础设施等23个硬件项目和文物修复、规划编制服务、师资和医务人员选派、人才培训、市场推介等10项软支持项目。(《上海支援抗震救灾实录·大事记》)

6月25日 继6月18日首批25名从灾区转送来沪的伤员康复出院后,今天又有52名伤员康复返回家乡四川。据介绍,上海共接受了四川灾区转送来的307名伤员,19所市级医院共为他们施行手术263台次。昨晚出院返川的伤员分别来自仁济、儿科、华东、长海、儿童医学中心、三院、同济、曙光、瑞金、一院、六院、十院、九院、长征、华山等15家医院。(《上海支援抗震救灾实录·大事记》)

6月25日 市教委克服时间紧、要求高、任务重的困难,采取上海运送和当地采购相结合的办法,承担起为灾区临时板房教室配置2万套中小学课桌椅的任务。首批1.4万套,在克服重重困难后,于6月23日前全都安装到都江堰市21所中小学。其余6000套中小学课桌椅7月10日前到位,确保都江堰更换掉所有从废墟中捡出的临时应急用的破旧课桌椅。(《上海支援抗震救灾实录·大事记》)

6月25日 市建设交通系统纪念建党87周年暨抗震救灾事迹报告会上,一批先进基层党组织、优秀共产党员受到表彰。上海市水务系统赴川抗震救灾抢险队指挥部临时党支部、上海铁路局北郊站党委、中建八局有限公司赴四川抗震救灾指挥部临时党总支等3个基层党组织被市建设交通工作党委授予"上海市建设交通系统抗震救灾先进基层党组织"称号;许解良、张继丰、沈依云、阮仁良、董明、胡东海、徐明财、林华、郭传贤、杨茂明等10位同志被授予"上海市建设交通系统抗震救灾优秀共产党员"称号,并予以通报表彰。(《上海支援抗震救灾实录·大事记》)

6月25日 为帮助都江堰灾区农民尽快恢复生产,重建家园,根据《上海市农委对口支援都江堰市农业恢复重建首批项目建设初步方案》,上海市农委紧急采购的18台农药残留测试仪、36台移动式提灌机、18台移动式喷灌机、9台上海纽荷兰拖拉机、1台太湖半喂入式联合收割机等一批价值100万元的农机具,于6月25日运抵都江堰灾区。这标志着对口支援都江堰灾区农业恢复重建工作进入实质性启动阶段。(http://www.shanghai.gov.cn/shanghai/node2314/node2315/node18454/userobject21ai282225.html)

6月25日下午 上海市公安局在都江堰市公安局临时办公点举行援建都江堰市公安局办公用房交付仪式。上海市公安局党委副书记、副局长程九龙受中共上海市委常委、市委政法委书记、市公安局党委书记吴志明和市长助理、市公安局局长张学兵的委托,将承载上海公安民警深情厚谊的239套4780平方米公安临时办公用房钥匙交付给当地公安机关。此前上海市公安局已向都江堰市公安局交付包括5辆帕拉丁越野车、1辆全顺面包车、4座无线通讯集群基站、26套集群基地电台、100套集群车载电台、2套GPS集群监控终端、50套GPS定位终端以及视频会议系统在内的一批车辆及通讯指挥设施。“5·12”汶川地震后,根据公安部和上海市委、市政府的统一部署,上海市公安局承担了对口支援都江堰公安机关的任务。截至本日,都江堰市公安机关和基层所队已恢复正常的工作运转。(http://www.shanghai.gov.cn/shanghai/node2314/node2315/node18454/userobject21ai282360.html)

6月25日下午 “让党的旗帜更加鲜红——市级机关系统纪念建党87周年暨抗震救灾先进事迹报告会”在上海交通大学医学院隆重举行。(《上海支援抗震救灾实录·大事记》)

6月25日晚 上海市侨商会成立四周年暨支援灾区重建晚会在上海大剧院举行。国务院侨办主任李海峰发来贺电,中共上海市委常委、统战部长杨晓渡出席。市侨商会将四周年庆典活动和支援灾区重建相结合,一切从简,将省下的费用用于资助灾区100名贫困学生,并动用上海侨商慈善基金会在灾区捐建上海侨商侨爱学校。(《上海支援抗震救灾实录·大事记》)

6月26日 市人大举办专题报告会,市政府、市地震局相关负责人介绍了本市抗震救灾援助和防震减灾工作情况、防震减灾科学知识等。市人大常委会副主任陈豪、周禹鹏、王培生、杨定华、郑惠强,老同志陈铁迪等出席会议。(《上海支援抗震救灾实录·大事记》)

6月26日 在上海市慈善基金会和上海锦绣文章出版社联合举办的《生命的力量》——吴学华中国汶川抗震救灾纪实摄影画册捐赠暨画册首发仪式上,上海锦绣文章出版社向市慈善基金会捐赠500本价值10万余元的画册,定向赠送给参加抗震抢险的400多位英勇的上海消防官兵。上海市公安消防总队政委李金文少将、赴川抗震救灾应急救援队员周庆阳代表433名参战官兵,从市慈善基金会理事长陈铁迪手中接过画册。在首发仪式上,吴学华把上海消防官兵抢救尚婷和蒋雨航的两幅巨幅摄影作品赠送给了市慈善基金会,并向市慈善基金会捐款6000元,用于灾区建设。(《上海支援抗震救灾实录·大事记》)

6月26日 为筹集赈灾善款,市慈善基金会、市宁波经济建设促进协会联合举行了“情系灾区,重建家园——赈灾书画义卖”活动。义卖最终收到善款81万元,全部捐赠给市慈善基金会用于四川地震灾区重建家园。(《上海支援抗震救灾实录·大事记》)

6月26日晚 市委副书记、市长韩正主持召开上海市对口支援都江堰市灾后重建工作领导小组第二次专题会议,研究建立举全市之力、各区县全面参与对口支援灾后重建工作机制,保质保量按期完成首批启动的对口支援项目。韩正指出,上海对口支援都江堰工作要领导有力、组织有序、工作有效,全市统筹协调、点面结合,不折不扣完成中央交给上海的光荣任务。副市长胡延照出席。(《上海支援抗震救灾实录·大事记》)

6月27日 日本女子团体早安少女组向上海慈善基金会捐赠了800多张价值1000万日元(合人民币60多万元)的演唱会门票,邀请曾赴灾区救援的消防、武警、医务工作者以及他们的家属观看演出。她们于28日晚在上海大舞台举办演唱会。团队所属经纪公司董事说,其实早安少女组在之前的东京演唱会现场就募集了约7万元的善款,来到中国后,团员再一次被上海人民的抗震救灾事迹深深打动,所以希望通过这样的形式来表达对英雄们的慰问和景仰之情。(《新民晚报》,2008年6月28日)

6月28日上午 中共上海市委组织部举办对口支援灾后重建工作选派干部培训班。市委常委、组织部长沈红光,市政府副秘书长、市对口支援都江堰市灾后重建工作领导小组办公室(指挥部)总指挥沙海林,市委组织部副部长陆凤妹等与会。指挥部领导成员及6个专业组成员参加培训。会上,沙海林通报对口支援灾后重建有关情况;总指挥助理张海涛介绍赴川准备情况,确定沙海林、是明芳及各组组长、联络协调组全体成员次日晚先期赴川。最后,沈红光、陆凤妹进行工作动员,提出要求和希望。(上海市对口支援都江堰市灾后重建指挥部,《对口支援工作简报第2期·市委组织部举办对口支援灾后重建工作选派干部培训班》,2008年6月28日发)

6月28日上午 上海文艺界明星王汝刚、高曙光、孙徐春、毛威、豆豆、仝阿梅、许榕真、孙美娜、计一彪等,来到上海摩城虹桥天都商城,他们热情登台献演了朗诵、独唱、滑稽、小品等节目,歌颂抗震救灾的英雄,并认购了一批义拍的精美商品,为灾区捐款。毛威主持了演出与义拍,并当场捐赠1万元,这也是他在SMG捐赠万元后再次向灾区表达爱心。"爱心架彩虹"的所得善款全部捐给了长宁区慈善基金会。(《新民晚报》,2008年6月28日)

6月28日 汶川大地震中的"敬礼娃娃"郎铮,日前在西安唐都医院病房中收到了一把来自上海的紫砂壶。第四军医大学唐都医院政委项革是紫砂壶收藏爱好者,日前他领着紫砂壶的主人黄栋华去见正住院的"敬礼娃娃"郎铮。小郎铮理着短平头,大耳朵、大眼睛,活泼顽皮。当小郎铮见到紫砂壶上有他的浮雕时,咧开嘴笑了。汶川大地震发生后,上海鸿运斋积极捐款赈灾。一天,鸿运斋主黄栋华在四川的壶友打电话建议他特制一把纪念壶。于是黄栋华请设计师秦永福设计了一把"国殇壶"。壶为方形,似一座建筑物,壶钮为"5·12"三字。并以地震波示意图、地表断裂纹为壶之纹饰。壶身正面是小郎铮敬礼浮雕和国务院颁发的哀悼日公告。黄栋华计划将此壶义卖筹款,在北川建一个抗震幼儿园。(《新民晚报》,2008年6月28日)

6月29日清晨 上海192名医疗卫生人员乘飞机前往成都,标志着上海卫生系统对口支援都江堰市工作全面启动。上海对口支援都江堰市医疗卫生人员共计263名。其中,6月25日,由各区县卫生局和有关大学等单位选派的31人的对口支援先遣队已出发赶赴都江堰市;6月26日上午,由19个区县卫生局和市食品药品监督局派出的40名驾驶员和20辆车也已出发,于27日晚抵达都江堰市。在地震中,都江堰市近12万平方米的医疗机构用房几乎全部倒塌或损坏。对口支援方案要求,年底全面恢复

当地医疗服务和公共卫生体系。(《上海支援抗震救灾实录·大事记》)

6月29日上午 由上海市文学艺术界联合会和上海国际文化传播协会共同策划、编撰,上海文化出版社出版的大型纪实画册《5·12中国汶川大地震》,在锦江小礼堂举行首发仪式。在首发仪式上,市委常委、宣传部长王仲伟向刚从抗震救灾第一线归来的消防、特警、医护工作者、志愿者、建设者和新闻媒体等单位和个人赠送了画册。画册中许多照片是第一次公开发表,记录了从地震发生瞬间到救援、防疫、重建有序展开的全过程。(《上海支援抗震救灾实录·大事记》)

6月29日 由上海市对口支援都江堰市灾后重建指挥部总指挥沙海林带领,指挥部各专业小组组长、联络协调组全体成员、综合计划组部分人员组成的指挥部先遣组,搭乘上航MU9465航班于22时20分离开浦东机场,先期赶赴都江堰。(上海市对口支援都江堰市灾后重建指挥部,《对口支援工作简报第3期(上海市对口支援都江堰市灾后重建指挥部先遣组29日晚前往都江堰)》2008年6月29日发)

6月29日 6名专家社工进驻都江堰,其他3支服务队——复旦大学服务队、阳光上海·师大服务队、浦东新区服务队进驻都江堰安置点。上海社工灾区援助团专家先遣队一行12人5月20日抵达四川绵阳,开展灾后社会服务需求评估。至6月25日,上海社工灾后重建服务团的第一支队伍——华东理工大学服务队正式进驻都江堰"勤俭人家"安置点。(朱希峰《以"社区重建"为理念的灾后社会工作服务——"上海社工灾后重建服务团"情况简介》,上海市民政局社工处2009年8月资料)

6月29日下午 在上海展览中心举行的"抗震救灾 众志成城——2008中国抗震救灾大型新闻图片巡回展"落下帷幕。11天来,共有观众21万余人次前来参观,献花4万余支,留言7000余条。图片展从即日起至7月13日移至浦东新区图书馆展出,社区版巡展活动也在各区县展开,并持续到7月中旬。(《上海支援抗震救灾实录·大事记》)

6月30日 截至本日,上海市政府已将新增援建四川都江堰1万套过渡安置房的任务交给上海建工集团承担。上海建工集团已紧急调集一建、四建和安装公司"精兵强将"赴都江堰施工现场,全面展开施工。其中,一建在都江堰幸福镇民主村已搭建第一批过渡安置房。上海建工集团已在四川绵阳灾区完成了12600多套过渡安置房的搭建任务,并为距离绵阳市区81公里的盐亭县3所学校抢建112间共6048平方米的高考学生考场等。至此,绵阳过渡安置房建设的高峰已过,进入安置房公建配套、总体配套和学校等综合设施建设的攻坚阶段。上海建工集团的3500多名建设者昼夜奋战,在7月20日前全面完成绵阳灾区过渡安置房援建任务。(《上海支援抗震救灾实录·大事记》)

6月30日 至本日,上海累计向四川派出57支专业队伍(共计15404人),搜救250人,救治4.6万人;紧急调集并运往灾区抗震救灾物资3611吨,价值1.17亿元;全市社会各界向四川灾区捐款总计约27.6亿元;为四川灾区搭建过渡安置板房5万套(绵阳4万套、都江堰1万套)。(上海市对口支援都江堰灾后重建指挥部,《岷江黄浦江水水相融,上海都江堰心心相连——上海对口支援都江堰灾后重建工作情况介绍》2008年11月28日)

6 月 30 日下午 中共中央在中南海怀仁堂召开抗震救灾先进基层党组织和优秀共产党员代表座谈会。总书记胡锦涛出席并发表讲话。他强调,万众一心、众志成城,不畏艰险、百折不挠,以人为本、尊重科学的伟大抗震救灾精神是爱国主义、集体主义、社会主义精神的集中体现和新的发展,是我们党和军队光荣传统和优良作风的集中体现和新的发展,是中华民族民族精神在当代中国的集中体现和新的发展。我们要在全党全社会大力弘扬抗震救灾精神,为中国特色社会主义事业不断发展提供强大精神动力。胡锦涛指出,抗震救灾斗争能够迅速取得重大阶段性胜利有多方面的原因,其中最重要的一个原因就是党的坚强领导,各级党组织和广大共产党员发挥了中流砥柱作用。胡锦涛强调,抗震救灾斗争直接检验了我们党的领导水平和执政能力,直接检验了各级党组织的战斗力和广大共产党员的先进性。胡锦涛指出,多难兴邦,多难砺党。胡锦涛强调,当前,抗震救灾工作进入安置受灾群众和恢复重建阶段,要进一步做好抗震救灾和恢复重建工作。吴邦国、温家宝、贾庆林、李长春、习近平、李克强等中央领导出席座谈会。座谈会由习近平主持。(http://www.shanghai.gov.cn/shanghai/node2314/node20071/node20072/userobject21ai283298.html)

6 月 30 日傍晚 随着最后一批 1.81 万顶帐篷从铁路北郊站起运,由上海再次捐赠地震灾区的 6 万顶帐篷全部生产发运完毕。“5·12”汶川大地震发生以来,上海市委、市政府高度重视救灾帐篷的生产、调运工作。市委、市政府领导多次赴有关企业察看帐篷生产、调度、运输等情况,协调解决企业的实际困难,并在及时向地震灾区发运近 10 万顶帐篷的基础上,决定再向四川、甘肃、陕西三省地震灾区捐赠 6 万顶帐篷。(《上海支援抗震救灾实录·大事记》)

6 月 截至本月,中央农村工作领导小组办公室致信上海市副市长胡延照,并转来四川省农村工作领导小组办公室感谢上海市农委的函,建议市政府以适当方式对市农委及其干部鼎力支持抗震救灾、支援灾区的高尚行为予以表彰。“5·12”大地震后,市农委按照市委、市政府“灾区需要什么,就尽最大努力提供什么”的指示,与灾区兄弟部门主动联系、主动对接、主动关心、主动请战,进一步完善有关工作预案,细化具体工作措施,全力做好各项救灾工作。一是组织做好救灾捐助工作。组织农业龙头企业,向灾区紧急调运 7 吨食品和 400 箱二氧化氯消毒剂,并组织捐款 97 万余元。二是做好援助灾区干部和专业人才的准备。市畜牧办随时可为灾区提供动物防疫技术和人才等方面的支援。再次,落实市政府常务会议有关工作要求,厉行节约,缩减 10% 行政开支。(上海市救灾援助指挥协调工作小组编:《上海市救灾援助情况快报(88)》,2008 年 6 月 6 日)

6 月 截至本月,上海市总工会一方面动员各级工会、广大职工捐款捐物,另一方面下发紧急通知,要求切实关心来自地震灾区务工人员的生产生活。各级工会纷纷以实际行动支援抗震救灾和灾后重建工作。一是全面排摸在沪灾区农民工情况。二是做好在沪灾区农民工的思想疏导和情绪稳定工作。三是对灾区农民工实施特殊帮扶救助。各级工会共安排专项帮扶资金 5332 万元,向 18555 人次在沪灾区农民工实施帮扶援助,走访慰问 16076 人次,慰问金额达 479.2 万元。四是加强农民工权益维护。市总工会下发《通知》,要求各级工会督促相关企业为急需返乡的农民工及时足额结清工资;尽可能为返乡农民工提供带薪假期,不得随意解除劳动关系,让其处理好善后事宜能重返工作岗位;配合劳动监察部门查处侵害农民工权益的行为,切实维护来自灾区农民工的合法权益。(上海市救灾援助指挥协调工作小组编:《上海市救灾援助情况快报(91)》,2008 年 6 月 8 日)

6 月 截至本月底,在沪台资企业捐款及捐赠物资达 3.81 亿元。捐赠款物超过 500 万元的台资企业有 12 家:大润发有限公司、旺旺集团、统一中投公司、达丰电脑、顶新集团、震旦集团、汤臣集团、达芙妮鞋业、百脑汇、长荣集团、裕隆集团、正隆集团。(上海市台湾工作办公室 2009 年 8 月向市民政局提供《在沪台资企业积极捐款捐物支援地震灾区》)

6 月 截至本月底,上海民族宗教界为灾区捐款捐物达 2664 万元,其中少数民族联合会组织 58 万元,佛教界 1680 万元,道教界 175 万元,伊斯兰教界 85 万元,天主教界 200 万元,基督教界 466 万元。(上海市民族宗教委员会 2009 年 8 月向市民政局提供《汶川大地震——上海民族宗教系统赈灾记事》)

6 月 截至本月底(5.12—6.30),上海市卫生局紧急采购 2711 台(件),价值 1452.53 万元的医疗设备,全部由市民政局在接受的社会捐赠款中列支。(上海市民政局网站热点专题,汶川抗震救灾捐赠 2009 年 6 月 5 日,《上海民政部门 5·12 地震抗震救灾捐赠款的支出情况表》)

7 月 1 日 上海市副市长胡延照、上海支援都江堰重建指挥部总指挥沙海林先后赶赴都江堰市人民医院、龙池镇、虹口乡、幸福镇活动板房工地、紫坪铺水库、泰安古镇,慰问上海医疗和建设队伍,实地考察都江堰受灾情况,听取当地政府和人民对灾后重建的建议。并与陪同考察的成都市副市长王忠林、都江堰市委领导等当地干部交换有关灾后重建工作的意见。胡延照要求上海医疗卫生队要成为灾区最好最出色的医疗救护队伍。(上海市对口支援都江堰市灾后重建指挥部《对口支援工作简报第 6 期·胡延照副市长慰问上海援建队伍实地查看灾情并指导推进对口支援工作》,2008 年 7 月 1 日发)

7 月 2 日上午 上海援建指挥部人员整体入驻青城山镇玉景园,正式进驻都江堰市,与都江堰市上海对口支援工作组召开第一次联席会议。双方分别通报了对口支援工作的进展情况,重点研究了项目推进建设工作机制相关事项,并就沟通机制、审批流程、实施主体、时间节点等达成一致意见。双方一致认为,要依据规划、规范程序、提高效率、特事特办,尽快启动对口支援首批项目,尤其是事关灾区群众切身利益的民生类项目。上海援建指挥部副总指挥是明芳、总指挥助理张海涛和指挥部成员参加了联席会。(《都江堰工作组大事记》)

7 月 3 日 都江堰市灾后重建工作委员会上海对口支援工作组与上海援建指挥部举行对口支援首批启动项目工作对接会。都江堰市灾后重建工作委员会上海对口支援工作组组长郑家荣、常务副组长周道富,上海援建指挥部副总指挥是明芳出席会议,都江堰市工作组成员、上海指挥部成员和首批启动的 23 个项目具体负责人参加了当天的对接会。同日,指挥部讨论项目实施工作。联络协调组与都江堰市有关部门商谈指挥部文件流转事项，并察看安置房建设进展情况。20时30分，指挥部21名后续人员到达都江堰市。至此，指挥部全体人员到位。（《上海援建都江堰指挥部工作大事记》）

7月3日晚 上海建工集团都江堰过渡安置房建设分指挥部召开会议，进一步学习领会中共中央政治局委员、市委书记俞正声，市委副书记市长韩正指示精神，交流绵阳过渡安置房建设的成功经验，并提出“一二三”目标和措施：一是开展一项立功竞赛，建成整个都江堰过渡安置房的样板工程；二是控制两个时间节点：7月15日前完成搭建，7月25日前完成竣工验收；三是抓好三个关键环节：提高工程质量，搞好竣工验收和三方签字。（上海市对口支援都江堰市灾后重建指挥部《对口支援工作简报第10期・上海援建都江堰一万套过渡安置房建设全面展开》，2008年7月5日发）

7月4日 上海援建指挥部领导成员全部确定：总指挥沙海林，副总指挥林湘（兼）、黄融（兼）、许解良、是明芳，总指挥助理张海涛。5日，指挥部领导成员明确职责分工。（沪对口【2008】1号文件《上海市对口支援都江堰市灾后重建工作领导小组关于明确指挥部成员的通知》，2008年7月8日发）

7月4日下午 上海援助四川抗震救灾成都工作站在驻地召开阶段性小结座谈会。成都工作站与在川企业负责人、志愿者在座谈会上发言，认为成都工作站在及时报送灾区需求和一线队伍工作信息、做好物资转交和一线队伍保障、动员在川企业参与抗震救灾等工作中发挥了重要作用，保障了抗震救灾有力、有序、有效地进行。上海援建指挥部总指挥沙海林、总指挥助理张海涛等参加。该工作站经过50多天连续奋战，圆满完成抗震救灾应急任务和抗震救灾相关工作，根据上海市政府决定，整体划入上海援建指挥部。（上海市对口支援都江堰市灾后重建指挥部《对口支援工作简报第12期・上海援助四川抗震救灾成都工作站进行阶段性工作小结》，2008年7月6日发）

7月5日 上海在位于海拔1300米的都江堰市龙池镇山区安置点开始搭设过渡安置房，标志上海建工集团承建的都江堰市1万套过渡安置房建设全面开工。截至当晚18时，已搭建过渡安置房1239套。23日上午11时，建工集团现场负责人将象征着龙池镇695套安置房的一把金钥匙，交到当地政府领导手上。至此，由建工集团承建的都江堰市1万套过渡安置房全部建成，创造了1个月内全面完成板房设计、施工总承包的新纪录。（上海市对口支援都江堰市灾后重建指挥部《对口支援工作简报第10期・上海援建都江堰一万套过渡安置房建设全面展开》2008年7月5日发）

7月5日下午 上海援建指挥部总指挥沙海林和指挥部其他领导成员到成都市政中心，拜访成都市市长葛红林。沙海林在汇报中说：“我们今天正式向成都市委、市政府报到，今后对口支援工作接受成都市委、市政府和都江堰市委、市政府领导。希望都江堰市对有关项目进行统筹，明确项目需求，指挥部在总盘子不变的前提下，按照都江堰市的要求并经过双方协商，分轻重缓急逐步推进。”葛红林建议上海对口支援工作加强项目管理，将上海—成都民用航空航线起降机场调整到虹桥机场，对上海提出将中央各部委下达的援建要求纳入总盘子统筹考虑表示赞同。（上海市对口支援都江堰市灾后重建指

挥部《对口支援工作简报第11期、专刊第2期,沙海林拜访成都市市长葛红林》,2008年7月5日发)

7月6日上午 上海援建指挥部总指挥沙海林及上海援建指挥部其他领导成员拜访都江堰市委领导,正式向都江堰市委、市政府报到,并汇报了指挥部工作进展情况。都江堰市委领导召集都江堰市灾后重建工作委员会上海对口支援工作组成员单位负责人,听取上海对口支援首批启动23个项目动工前期工作进展情况专题汇报,并就涉及有关事宜进行了研究。都江堰市委领导就做好上海援建首批启动项目提出四点意见:一是统一思想认识;二是灾后重建要正确定位;三是要把解决民生问题放在首位;四是要抓好(城乡)统筹。(上海市对口支援都江堰市灾后重建指挥部《对口支援工作简报第13期·指挥部正式向都江堰市委市政府报到》,2008年7月6日发)

7月6日 上海提前1个月超额完成住房和城乡建设部下达的上海援建绵阳市2期3.5万套过渡安置房建设任务,共搭建完成39786套。

7月7日 中共中央政治局委员、市委书记俞正声,市委副书记、市长韩正在《对口支援工作简报》(第13期)上批示,俞正声批示:上海要坚决执行中央决定,按照中央要求,加快行动,做好对口支援都江堰灾后重建工作,努力走在全国前列。要明确对口支援的方针、政策和资金管理办法,尽快确定第一批援建项目,做到软项目和硬项目相结合,严把工程质量关,要动员社会各界积极参与灾区学校、卫生、社会福利等公共设施建设。韩正批示:上海将严格按照中央有关对口支援八项任务和方式、一切从都江堰实际出发开展对口支援工作,滚动实施援建项目,启动第一批、研究第二批、准备第三批。“指挥部各项工作有序推进,贯彻中央精神,按市委市政府的工作要求,克服各种困难,体现了上海干部应有的精神状态和务实作风。我们的援建工作一定要在当地党委政府领导下,把解决百姓困难放在首位,有力有序开展。”7月9日,上海援建指挥部召开全体成员会议进行传达、学习。(上海市农委援建都江堰领导小组办公室编《农业对口支援工件简报》第1期2008年7月7日;上海市人民政府市长韩正,《在〈对口支援工作简报〉第13期上的批示》,2008年7月7日发)

7月7日 都江堰市委、市政府、市政协领导,到上海援建指挥部驻地,慰问指挥部全体成员,并出席两地指挥部工作座谈会。上海援建指挥部总指挥沙海林及指挥部全体成员参加座谈会。都江堰市委领导介绍了都江堰市产业发展特别是服务业发展的情况。都江堰市规划局还通报了都江堰市基本情况和灾后重建规划思路:延续原有的目标与总体框架,在空间开发上,实施“依托旧城,就近安置,新旧联动”的策略;在发展理念上,始终坚持将保护生态环境作为第一责任,将造福于民作为第一追求;在产业发展上,重点是恢复旅游业,加快发展高科技工业和生态农业。(上海市对口支援都江堰市灾后重建指挥部《对口支援工作简报第15期·都江堰市四套班子慰问指挥部通报灾后重建规划思路》,2008年7月7日发)

7月8日上午 上海援建指挥部和都江堰市灾后重建工作委员会召开现场办公会,专题研究首批援建项目启动工作。上海援建指挥部总指挥沙海林和成都市副市长、都江堰市灾后重建工作委员会主任王忠林，都江堰市委、市政府领导出席会议，上海援建指挥部全体成员和成都市、都江堰市两级各相关职能部门负责人参加会议。基本确定在7月31日前开工4个项目，在9月30日前开工15个项目，其余项目在2008年年底前开工，学校项目力争在2009年9月1日前竣工并投入使用。项目进度严格按照7月31日、9月30日、12月31日三个节点完成。王忠林主持会议并提出要求：一是所有上海援建都江堰市的项目一律由上海援建指挥部和都江堰市灾后重建工作委员会上海市对口支援工作组共同协商后，由上海援建指挥部统筹安排和协调；二是所有援建项目的手续办理实行“一站式”服务，各有关部门要主动跟踪援建项目，实现项目前期工作与审批工作同步结束；三是有关部门务必通力合作，确保医疗中心、幸福家园二期、社会福利院3个项目的各项手续于7月25日前按时或提前办结；四是加快进行9月底以前开工项目的前期工作，力争其中部分项目在7月底实现提前开工；五是要全力做好上海对口支援首批启动项目“七通一平”等配套服务的资金保障。（上海市对口支援都江堰市灾后重建指挥部《对口支援工作简报第18期·指挥部与都江堰市召开项目推进现场办公会》，2008年7月8日发）

7月9日 上海市建筑科学研究院（集团）有限公司向上海援建指挥部发出《请战书》，恳请加入上海市对口支援工作的队伍。上海援建指挥部2008年8月1日发出《关于委托上海市建筑科学研究院（集团）有限公司承担上海市对口支援都江堰市灾后重建工程项目管理和工程检测管理的通知》，至此，市建科院开始参与援建项目、工程的管理。（上海市对口支援都江堰市灾后重建指挥部，《关于委托上海市建筑科学研究院（集团）有限公司承担上海市对口支援都江堰市灾后重建工程项目管理和工程检测管理的通知》，2008年8月1日发）

7月11日晚 上海援建指挥部召开总指挥第二次办公会议，传达上海市市长韩正、副市长胡延照听取关于首批启动项目建设和指挥部工作情况汇报后的指示精神，研究加强援助项目统筹、推进项目建设、加强资金管理和指挥部临时党委工作以及内部建设等事项。（上海市对口支援都江堰市灾后重建指挥部《上海市对口支援都江堰市灾后重建指挥部总指挥办公会议纪要2008.2》，2008年7月14日发）

7月12日 上海市对口支援都江堰市灾后重建指挥部总指挥沙海林专程到都江堰市勤俭人家灾民安置板房居民小区，慰问开展社工活动的华东理工大学上海社工队。（《上海市援建都江堰指挥部工作大事记》）

7月14日上午 中国福利会副主席、党组书记、上海宋庆龄基金会副主席洪纽一率10余名教师到都江堰市胥家镇中小学临时校点开展“流动少年宫”活动，拉开中福会支援都江堰灾后重建服务系列活动序幕。中福会制订了《中国福利会支援都江堰市灾后重建服务方案》，“流动少年宫”第一批计划自7月14—18日，到6所基层学校开展各为3小时的活动；第二批计划于9月在6~8所学校进行。从7月26日起，在上海举办两次为期各为6天的“沪川小伙伴心连心夏令营”，220名都江堰中小学生和教师赴东方绿舟、宋庆龄故居、科技馆等地学习考察。此外，开展配置“爱心书库”、捐赠学习用品、培训幼儿教师、进行母婴保健和科学辅助再生育指导等系列服务活动。(上海市对口支援都江堰市灾后重建指挥部《对口支援工作简报第23期、专刊第3期·中福会开展灾后重建服务系列活动》,2008年7月14日发)

7月14日下午 国家发改委主任张平主持召开国家汶川地震灾后重建规划组第三次全体会议。会议明确:《国家汶川地震灾后恢复重建规划》的范围包括四川、陕西、甘肃三省的51个严重受灾的县(市、区),其中10个极重灾县。都江堰市为10个极重灾县之一。

7月15日 都江堰市连日普降大到暴雨,雨量超过70毫米,局部达到110毫米,是"5·12"大地震后最强降水,低洼地带出现积涝。上海市各支医疗队积极迎战暴雨、克服困难,坚守岗位为灾区群众服务。上午,总指挥沙海林带领上海援建指挥部部分成员到中德红十字野战医院、中兴镇、胥家镇、天马镇,实地检查各医疗点防涝工作,并看望华山医院、嘉定区、杨浦区和卢湾区医疗队员。下午,市合作交流工作委员会书记、副总指挥林湘一行到驻地,商议支援保障工作。(上海市对口支援都江堰市灾后重建指挥部《对口支援工作简报第51期"本市各援建队伍冒余震战暴雨坚守岗位"》,2008年8月5日发)

7月16—17日 援建项目专家评审组在上海援建指挥部驻地评审首批拟建项目。截至24日,上海投资咨询公司组织上海和四川方面的有关专家,对首批启动的教育、医疗卫生、福利院、水务、安置房等五大类13个项目的可行性研究报告进行了评估,并完成各项目可行性研究评估报告。经专家评估审核,建议首批启动项目总建筑规模调整为218587平方米(不包括幸福二期305800平方米),核减面积19324平方米(主要是医疗中心核减11923平方米、综合福利院核减7503平方米),核减率8.12%;总投资规模调整为96068.93万元(不包括幸福二期57792万元),核减投资14556万元(主要是污水处理项目核减4281万元、医疗中心核减6017万元、综合福利院核减3169万元),核减率13.16%。(上海市对口支援都江堰灾后重建指挥部,沪对口指收133号,2008年7月21日)

7月19日 中央抗震救灾资金物资监督检查工作组在成都召开对口支援省(市)指挥部监督工作负责人会议,交流抗震救灾和灾后重建资金物资监管的情况,提出存在问题和建议意见。座谈会由中央检查组组长、中央纪委纠风室主任、国务院纠风办副主任赵惠令主持。山东、广东、北京、上海等17个省(市)指挥部的负责人参加座谈会。赵惠令特别指出:上海市指挥部和市抗震救灾资金物资监管领导小组,在市委、市政府领导下,加强项目、资金和物资的监管,增强工作预见性,建立健全有关制度,为资金物资监管提供了重要保障。(上海市对口支援都江堰市灾后重建指挥部《对口支援工作简报》第28期"中央抗震救灾监督组要求廉洁救灾援建表扬上海为资金物资监管提供保障",2008年7月21日发)

7月19日 上海公安机关对口支援都江堰的首批180名警力启程赴川。他们全部是男性,平均年龄31岁,其中大多数是治安民警,分别来自全市14个区县分局和部分市局单位。支援警力在川工作期间，实行与受援单位民警同吃、同住、同工作的方式，混编入当地基层派出所和其他基层单位开展工作。首批工作时间3个月。（《上海公安机关对口支援都江堰的首批180名警力启程赴川》http://www.shanghai.gov.cn/shanghai/node2314/node20071/node20258/userobject21ai286632.html，上海市政府网，《四川汶川地震专题》，2008年7月20日）

7月20日 中央军委主席胡锦涛签发《组织抗震救灾部队分期分批回撤》命令。命令明确，在安排足够兵力确保圆满完成抗震救灾任务的前提下，按照“统筹安排、保障需要、区分缓急、分期分批”的要求，有计划组织部队分期分批回撤。从21日起，担负抗震救灾任务的部队按照中央军委主席胡锦涛和中央军委命令指示，采用铁路、摩托化和空中机动方式，开始分期分批回撤。（《汶川特大地震上海市对口支援都江堰市灾后重建志》）

7月21日 上海市建设交通委完成住房和城乡建设部下达上海援建都江堰1万套过渡安置房建设任务，并通过了竣工验收。

7月21日下午 都江堰市召开市委十二届八次全体（扩大）会议，全面部署都江堰市灾后重建和经济发展各项任务。上海援建指挥部总指挥助理张海涛列席会议。会议明确都江堰市灾后重建的总体任务：围绕安置、重建和维稳三条主线，突出抓好重建规划编制、产业恢复提升、基础设施建设、维护社会稳定四个重点，做好体制机制创新、对内对外开放、用活重建政策三篇文章，重建精神家园和物质家园。（注：56岁的张海涛全程参与了救灾援助和灾后重建工作，2008年10月都江堰连续下了1个月的雨，就连走廊里的地砖都长满了青苔。一天晚上，他工作回来不小心摔倒了地上，胸部两根肋骨断裂。领导亲友劝他好好休息。他回复说：(1)伤筋动骨未必一百天，不一定需要休息；(2)多少有一点自己不小心的成分，不好意思休息；(3)援建时间紧任务重，舍不得休息；(4)共产党员是特殊材料做成的人，用不着休息。最终，他连半天也没有休息）（上海市对口支援都江堰市灾后重建指挥部《对口支援工作简报》第30期“都江堰市委召开全会部署灾后重建和经济发展各项任务”2008年7月21日发）

7月22日 民政部、发展改革委、财政部、国土资源部、地震局联合印发《关于印发汶川地震灾害范围评估结果的通知》（民发〔2008〕105号）。汶川地震灾害范围评估结果为：极重灾区，共10个县（市），分别是四川省汶川县、北川县、绵竹市、什邡市、青川县、茂县、安县、都江堰市、平武县、彭州市。重灾区共41个县（市、区），分别是四川省29个，甘肃省8个，陕西省4个。一般灾区共186个县（市、区），分别是四川省100个，甘肃省32个，陕西省36个，重庆市10个，云南省3个，宁夏回族自治区5个。（《汶川特大地震上海市对口支援都江堰市灾后重建志》）

7月23日下午 市长葛红林等成都市领导到驻地看望慰问上海援建指挥部成员，并与总指挥沙海林等人研究援建工作。葛红林提出“近期希望上海援助的事项”：国家文物局修复都江堰国家级文物项目、成都市参加上海世博会城市最佳实践区“活水公园”项目、青城山—都江堰旅游景点基础设施建设、在上海城市规划展示馆设立都江堰市总体规划沙盘模型、建设安置点公共服务设施等。还表示援建项目所需钢筋、水泥可纳入成都市统一保障范围，对沙石供应也可进行定点监控，以控制成本。沙海林表示将及时研究和尊重成都市的意见建议。（上海市对口支援都江堰市灾后重建指挥部《对口支援工作简报》第35期，专刊第4期“成都市市长葛红林到指挥部商谈工作”，2008年7月23日发）

7月24日 上海医疗队浦东分队致信中共中央政治局委员、市委书记俞正声，表示：我们一定会全力以赴，出色地完成抗震救灾、援助重建的任务，不辜负领导的重托，不辜负上海人民的期望！不辜负党和国家的培养！俞正声批示：请沙海林同志转告浦东医疗分队的同志，感谢他们的辛勤劳动和艰苦奋斗的工作精神，希望他们注意身体健康，也请指挥部注意对口支援人员的生活和健康。（上海市信访办《来信摘报》“上海援助四川地震灾区医疗队浦东分队来信报告他们在都江堰市开展医疗援建工作的有关情况”，2008年8月7日发）

7月24日 四川省对口支援办公室援建组组长景卡生一行赴都江堰市调研对口支援工作，详细了解项目运作方式、启动资金筹集、灾后重建规划等情况，认为上海对口支援指挥部与都江堰市全面及时地进行工作对接，首批启动项目顺利推进，行动快，效果好。对接顺畅、推进有力、运行有序、双方工作上相互满意度较高。上海市开展对口支援工作精细、低调、务实、高效，都江堰市协调配合有力、有序、有效，双方善于相互学习和借鉴。（上海市对口支援都江堰市灾后重建指挥部《对口支援工作简报第37期·四川省对口支援办肯定上海援建工作》，2008年7月24日发）

7月27—29日 在上海援建指挥部进驻都江堰市一个月之际，市委副书记、市长韩正及副市长胡延照、市政府秘书长姜平、副秘书长范希平以及上海市有关委办局和区的负责人，赴指挥部驻地、龙池镇、泰安古镇、青城山镇、中兴镇、都江堰市公安局和汶川县映秀镇、北川老县城等地，实地察看灾情、慰问队伍，并向地震遇难者敬献花篮。韩正强调，对口支援的原则和要求，最关键的是“三个一切”：即一切按照党中央、国务院关于对口支援的八项任务要求来贯彻落实；一切从当地实际出发，从老百姓最迫切的民生需求着手；一切在当地党委、政府的领导下开展工作。韩正、胡延照还就进一步做好援建工作具体事项提出要求：一是明确双方职责分工；二是统筹各方援建要求；三是坚持“四个优先”；四是坚持建筑属地管理；五是把握规划设计原则；六是尊重捐赠人意愿；七是尽快落实民生项目。29日上午8时，韩正等市领导与指挥部全体成员在驻地门前合影留念。下午5时50分，韩正等市领导由成都双流机场飞沪。（上海市对口支援都江堰市灾后重建指挥部《对口支援工作简报第40期·韩正市长一行亲切慰问上海各援建队伍深入重灾区察看灾情指导对口支援工作》，2008年7月29日发）

7月28日9时30分 上海对口支援都江堰市灾后重建首批启动项目开工仪式在都江堰市幸福镇举行，标志着上海对口支援都江堰市灾后重建进入全面的、实质性的建设期。上海市对口支援都江堰市灾后重建首批项目正式启动。下午，市委副书记、市长韩正在都江堰市出席首批启动项目的签字仪式。韩正在讲话时首先代表上海市委、市政府和2000万上海人民向英雄的四川人民表示崇高的敬意。他说，岷江黄浦江水水相连、上海都江堰心心相印。对口支援都江堰是党中央、国务院交给上海的光荣任务，我们深感责任重大。上海市委、市政府和全体上海人民将坚定不移地全面贯彻落实党中央、国务院关于开展灾后重建、对口支援的一系列方针政策，举全市之力做好对口支援都江堰工作。韩正说，我们带着全体上海人民对灾区人民的深厚情谊、带着全体上海人民的重托来到都江堰，和大家一起商量如何把对口支援工作做得更好、更实，我们是代表上海人民来领任务书的。他说，上海将严格按照中央有关对口支援八项任务和方式、一切从都江堰实际出发、在当地党委和政府的领导下开展对口支援工作，滚动实施援建项目，启动第一批、研究第二批、准备第三批。他说，请成都人民放心、请都江堰人民放心，上海一定派出最有经验的专家、建设和管理人员参加援建，确保每一个项目都建成优质项目，经得起都江堰人民的检验、经得起上海人民的检验、经得起历史的检验。（http://www.shanghai.gov.cn/shanghai/node2314/node2315/node4411/userobject21ai281929.html；上海市对口支援都江堰市灾后重建指挥部《对口支援工作简报第40期（韩正市长一行亲切慰问上海各援建队伍深入重灾区察看灾情指导对口支援工作）》，2008年7月29日发；《韩正再赴都江堰看望慰问上海建设者：确保援建项目经得起历史检验》，上海市政府网《四川汶川地震专题》，2008年7月30日）

7月 本月至8月，上海建工集团6000多名建设者连续奋战两个月，先后完成四川都江堰、绵阳2.3万余套安置板房和12个医疗点板房以及一批临时高考考场的建设任务。（《展现上海援建都江堰的主力军风采——上海建工集团都江堰援建侧记》，《中国建设报》2009年5月13日）

8月1日上午 成都市召开抗震救灾过渡安置表彰暨灾后重建动员大会，向上海等援建省市赠送了锦旗并宣读了感谢信。上海援建指挥部副总指挥许解良介绍上海援建过渡安置房的完成情况及基本做法。从6月21日到7月21日，上海在短短1个月时间里，全面完成了在都江堰4个镇12个安置点援建1万套过渡安置房的任务，总建筑面积19.73万平方米。为保证工程质量和进度，采取了五方面措施：一是减少中间环节，采用设计施工总承包模式。二是坚持以人为本，提高安置房舒适性。三是坚守质量底线，保障使用安全。四是加强综合协调，形成合力保进度。五是加强投资监督，实现阳光工程。（上海市对口支援都江堰市灾后重建指挥部《对口支援工作简报第45期·成都市召开过渡安置表彰动员会》，2008年8月2日发）

8月1日 四川省政府召开首次援建省（市）对口支援工作座谈会，四川省对口支援办公室介绍了各省（市）援建工作情况。上海、广东、山东、浙江、辽宁、福建、吉林、黑龙江等8个省（市）援建前方指挥部（工作组）交流了援建工作进展、做法以及存在问题，并提出建议。受四川省省长蒋巨峰委托，四川省副省长、灾后恢复重建对口支援组组长王宁指出，上海等省（市）对口援建工作体现了“真、快、实”。（上海市对口支援都江堰市灾后重建指挥部《对口支援工作简报第47期（四川省召开首

次对口支援工作座谈会)》,2008年8月3日发)

8月5日 上海市侨界支援都江堰市"灾后重建——赈灾物资捐赠仪式"在上海市政府侨办会议室举行。四川省侨办代表都江堰市接受了上海市侨办转交的价值1400万元的赈灾物资。(《上海援建都江堰指挥部工作大事记》)

8月5日 上海建工集团举行总结表彰大会,354名赴川抗震救灾援建过渡安置房的建设者戴上了"军功章"。自5月23日起,上海建工集团先后有6000多名建设者奔赴四川绵阳和都江堰抗震救灾。(《赴川建设者戴上"军功章":上海建工集团举行总结表彰大会》,上海市政府网《上海要闻》,2008年8月6日)

8月12日 四川省政府举行"抗震救灾,百日攻坚"系列新闻发布会首场发布会。会上宣布,四川灾区已全面完成地震受灾群众的过渡安置工作,445.4万户家庭共1000余万灾区群众全部住进过渡安置房。同时,四川灾区城乡住房恢复重建工作已全面展开。这标志着四川省抗震救灾工作进入灾后恢复重建阶段。(《汶川特大地震上海市对口支援都江堰市灾后重建志》)

8月14日 驻沪海军411医院抗震救灾医疗队的48名队员返回上海,至此,上海赴川医疗队全部凯旋。南京军区副司令员徐承云,南京军区机关领导顾守成、谢亢威、姜国禹、陈中岳、刘少银,上海市副市长沈晓明出席欢迎仪式。在灾区的3个月里,411医院医疗队辗转都江堰、紫坪铺水库、水磨镇、映秀镇、银杏乡等重灾区,成功实施手术400余台,成功抢救了513名重伤员,救治群众近万人次。(《上海赴川抗震医疗队最后一批官兵从汶川县回到上海》,上海市政府网《四川汶川地震专题》,2008年8月14日)

8月19日上午 四川省政府在北京举行新闻发布会,向外界宣布四川省抗震救灾斗争取得重大阶段性胜利:从废墟中救出生还者83988人,救治住院伤员91171人;道路、通信、供水、供电基本恢复;大灾之后无大疫,而且灾区过去常见的流行病也大幅减少;105处堰塞湖、1996座震损水库基本排除险情,排查地质灾害隐患点9346处。截至8月12日,全省规模以上受灾工业企业已有93.4%恢复生产;灾区商业网点过渡性恢复已达92%以上。(《汶川特大地震上海市对口支援都江堰市灾后重建志》)

8月20日 由德国和中国红十字会联合组建的"中德红十字野战医院"自2008年5月26日成立后,在中国红十字会、上海华山医院及都江堰市人民医院医务工作者的共同努力下,免费为都江堰市灾区诊治病员7万余人次,广大医务工作者发扬"人道、博爱、奉献"的精神,为灾区63万群众的基本医疗保障做出了巨大贡献,保障了都江堰市医疗卫生工作的平稳过渡。按中国红十字会总会意见,中德红十字野战医院8月26日正式关闭。(中德红十字野战医院应中国红十字会总会红赈发[2008]250号文件要求下发的停诊公告,现存于华山医院档案室)

8月21日上午 上海援建指挥部召开第四次总指挥办公会议。原则同意指挥部经济发展组起草的《上海市对口支援都江堰市灾后重建工作大纲》、工程建设组《上海市对口支援都江堰市灾后重建项目管理规程》、综合计划组《上海市对口支援都江堰市灾后重建第二批首轮启动项目》;讨论了经济发展组起草的《上海市对口支援都江堰市灾后重建经济恢复重建、促进两地经济合作的政策措施》、工程建设组和综合计划组《上海市对口支援都江堰市灾后重建首批启动项目施工合同有关情况》;会议还通报了工程建设组起草的《上海市对口支援都江堰市灾后重建项目市政公用配套实施办法》和指挥部办公用房建设情况。(上海市对口支援都江堰市灾后重建指挥部《上海市对口支援都江堰市灾后重建指挥部总指挥办公会议纪要(2008－4)》,2008 年 8 月 22 日发)

8 月 22 日 中共中央政治局委员、市委书记俞正声在上海市建交委的过渡安置房建设总结报告上批示:各参建单位的同志讲政治、顾大局、做贡献,想灾区人民之所想,急灾区人民之所急,出色完成了中央交给的过渡安置房任务,反映了上海建设队伍良好的精神风貌和杰出的业务素质,灾区人民感谢你们,上海人民感谢你们。希望认真总结经验,表彰先进,在今后的援建工作和上海市的建设任务中取得更好的成绩。(上海市对口支援都江堰市灾后重建指挥部,对口支援工作简报第 110 期《本市表彰过渡安置房建设先进集体和个人》,2008 年 9 月 27 日发)

8 月 截至 8 月底,上海全市各类社会组织及其会员单位通过市民政局、市慈善基金会和红十字会等多种方式共向四川地震灾区捐款捐物总计近 10 亿元,自身捐款 4034 万元。(《汶川特大地震上海市对口支援都江堰市灾后重建志》)

9 月 2 日下午 在四川考察灾后重建工作的国务院总理温家宝亲临都江堰人民医院住院部板房医院、紫东街新建小学、都江堰市最大安置点“勤俭人家”,考察都江堰市灾后重建进展和上海援建的部分项目情况,对上海对口支援工作给予肯定。沙海林前往成都市金牛宾馆,参加由国务院总理温家宝主持召开的援建工作座谈会。温家宝强调:城乡居民住房建设是恢复重建的重中之重,力争用一年多时间,基本完成因灾倒塌和严重损毁住房的重建任务,保证受灾群众在 2009 年 12 月底前住进新房。(上海市对口支援都江堰市灾后重建指挥部《对口支援工作简报第 83 期 · 温家宝总理视察上海对口援建项目》,2008 年 9 月 2 日发。上海市对口支援都江堰市灾后重建指挥部《对口支援工作简报第 84 期 · 温家宝总理视察本市援建社会工作服务情况》,2008 年 9 月 3 日发)

9 月 5 日 住房和城乡建设部部长姜伟新致信俞正声、韩正:代表住房和城乡建设部向你们并通过你们向上海市建设和交通委员会及全体援建人员表示衷心的感谢并致以崇高的敬意!(住房和城乡建设部《关于感谢上海出色完成过渡安置房任务的函》,2008 年 9 月 5 日发)

9 月 13 日 都江堰市抗震救灾暨灾后恢复重建图片展在上海图书馆开展,主要分为“魅力都江堰”“创业都江堰”“震后都江堰”等几大板块,以大量的图片和文字,介绍了都江堰市的自然风光、旅游资源、历史积淀、文化底蕴和抗震救灾、灾后恢复重建等概况,并展示了上海市对口支援都江堰市灾后重建的最新进展。(上海市对口支援都江堰市灾后重建指挥部《对口支援工作简报第 92 期 · 都江堰市灾后重建图片展在上海开展代表团考察张江高科技园区和松江区》,2008 年 9 月 14 日发)

9 月 20—21 日 上海市纪委副书记、监察委主任、市抗震救灾资金物资监督检查领导小组组长顾国林和市纪委、监察委、市发改委等有关部门负责人赴都江堰市，调研和指导援建资金物资管理工作，并与成都市纪委、都江堰市纪委和上海援建指挥部座谈研究加强资金物资监督工作措施，进一步促进和保障对口支援工作顺利进行。调研组一行听取了指挥部关于对口支援资金物资监督管理的制度体系、工作措施和运作情况后表示，指挥部始终高度重视援建专项资金管理，做到了体制上安全、管理上规范、操作上简便、监督上有效，使援建资金物资监管工作也走在全国前列。（上海市对口支援都江堰市灾后重建指挥部《对口支援工作简报第102期·市抗震救灾资金物资监督小组检查指导工作》，2008年9月22日发）

9月25日 国务院新闻办公室根据国务院抗震救灾总指挥部授权发布：据民政部报告，截至9月25日12时，四川汶川地震已确认69227人遇难，374643人受伤，失踪17923人。总参谋部报告，截至9月25日12时，抢险救灾人员已累计解救和转移1486407人。卫生部报告，截至9月25日12时，因地震受伤住院治疗累计96544人（不包括灾区病员人数），已出院93597人，仍有272人住院，其中四川转外省市伤员仍住院106人，共救治伤病员4305820人次。民政部报告，截至9月25日12时，向灾区调运的救灾帐篷共计157.97万顶、被子486.69万床、衣物1410.13万件、燃油414.6万吨、煤炭885.8万吨。住房城乡建设部报告，截至9月10日，地震灾区过渡安置房（活动板房）已全部安装完成，共安装677131套。中国地震局报告，9月22日12时至9月25日12时，汶川地震主震区监测到3.9级以下余震397次，无4.0级以上余震。主震区已累计监测到余震31222次。财政部报告：截至9月25日12时，各级政府共投入抗震救灾资金809.36亿元。中央财政投入734.57亿元，其中：应急抢险救灾资金331.32亿元，灾后恢复重建资金403.25亿元。地方财政投入74.79亿元。民政部报告：截至9月25日12时，全国共接收国内外社会各界捐赠款物总计594.68亿元，实际到账款物594.08亿元，已向灾区拨付捐赠款物合计268.80亿元。发展改革委报告：截至9月24日，向灾区调运的中央储备救灾粮累计出库481942吨，食用油累计出库12168吨。交通运输部报告：截至9月25日12时，公路受损里程累计53295公里，已修通53020公里。商务部报告：截至9月25日12时，四川、甘肃、陕西因灾受损商业网点（含个体工商户）总计138960家，已有128163家恢复营业。人力资源社会保障部报告：截至9月25日12时，地震灾区有组织劳务输出合计215851人，本地就业合计856560人。（国务院新闻办公室网站www.scio.gov.cn 2008－09－26）

9月26日下午 上海市召开援建地震灾区过渡安置房总结表彰大会，参加过渡安置房建设的10个先进集体和44名先进个人受到表彰。副市长沈骏出席会议并讲话。“5·12”大地震发生后，上海市迅速成立援建地震灾区安置房建设指挥部，第一时间派出先遣队抵达四川灾区。在65天时间里，上海建工集团、中建八局、城建集团、中交三航局、中铁二十四局、绿地集团、现代设计集团、市政设计总院和上海建科院等单位共完成安置房援建任务58663套，共投入现场施工人员14000人，进场大型施工机械400余台，动用运输车辆5000余辆，运输板材近2万吨。（上海市对口支援都江堰市灾后重建指挥部《对

口支援工作简报第110期·本市表彰过渡安置房建设先进集体和个人》,2008年9月27日发)

10月7日 下午和晚上,党和国家领导人胡锦涛、吴邦国、温家宝、贾庆林、李长春、习近平、李克强、贺国强等分别到中国人民革命军事博物馆,参观“万众一心 众志成城——抗震救灾主题展览”。胡锦涛强调,气壮山河的抗震救灾斗争铸就了伟大的抗震救灾精神。大力弘扬伟大的抗震救灾精神,就一定能够战胜前进道路上的任何艰难险阻,把党和国家各项事业不断推向前进。中共中央政治局委员王刚、王兆国、王岐山、回良玉、刘淇等也参观了展览。(《汶川特大地震上海市对口支援都江堰市灾后重建志》)

10月7日 中共中央、国务院、中央军委公布《关于表彰全国抗震救灾英雄集体和抗震救灾模范的决定》。决定授予成都市公安局交通警察支队等320个集体“全国抗震救灾英雄集体”荣誉称号;追授雷勇等5人“全国抗震救灾模范”荣誉称号;授予蒋敏等517人“全国抗震救灾模范”荣誉称号。本次,上海市有复旦大学附属华山医院中德红十字会野战医院、上海市援建汶川地震灾区绵阳陇南过渡安置房现场指挥部2个集体,姜亦山、王晋超、范存义、何晓(女)4位个人受到中共中央、国务院、中央军委的联合表彰。(《汶川特大地震上海市对口支援都江堰市灾后重建志》)

10月8日上午 中共中央、国务院、中央军委在首都人民大会堂隆重举行全国抗震救灾总结表彰大会。中共中央总书记、国家主席、中央军委主席胡锦涛在会上发表重要讲话。胡锦涛强调,在波澜壮阔的抗震救灾斗争中,我们用理想凝聚力量、用信念铸就坚强、用真情凝结关爱,大力培育和弘扬了万众一心、众志成城,不畏艰险、百折不挠,以人为本、尊重科学的伟大抗震救灾精神。伟大抗震救灾精神,是党和人民极为宝贵的精神财富。我们要在全党全社会大力弘扬伟大抗震救灾精神,使之转化为艰苦奋斗、重建家园的坚定意志,转化为推动经济社会又好又快发展的强大力量。中共中央政治局常委吴邦国、温家宝、贾庆林、李长春、习近平、李克强、贺国强等出席大会。大会由温家宝主持。中央政治局委员王刚、王乐泉、王兆国、王岐山等出席表彰大会。各省、自治区、直辖市主要负责人,中央和国家机关各部门主要负责人,解放军各总部、各大单位和武警部队主要负责人,中央管理的部分企业主要负责人,全国抗震救灾英雄集体代表和抗震救灾模范以及各方面代表等,约6000人参加大会。(中国上海政府网2008年10月9日《大力弘扬伟大抗震救灾精神全国抗震救灾总结表彰大会在京举行》)

10月9日 上海市召开区县结对都江堰市乡镇灾后重建工作座谈会。副市长胡延照、市政府副秘书长范希平,市政府副秘书长、上海援建指挥部总指挥沙海林出席会议,19个区(县)政府分管副区(县)长和职能部门负责人参加会议。胡延照指出区县开展对口支援要突出三个方面:一是以软件项目援建为主。二是以办实事为主,解决灾区群众最关心、最直接的急、难、愁问题。三是开展经济合作,帮助当地发展经济,增强可持续发展能力。会上,19个区县分组讨论,对《关于本市区县结对都江堰市乡镇灾后重建工作的意见(征求意见稿)》提出了修改意见和建议。这标志着区县结对支援都江堰乡镇灾后重建工作的全面启动。(上海市对口支援都江堰市灾后重建指挥部《对口支援工作简报第117期·本市

召开区县结对支援都江堰市乡镇灾后重建工作座谈会》,2008 年 10 月 10 日发)

10 月 14 日 为贯彻落实中央对口支援资金物资监督检查工作座谈会精神,上海市与成都市建立了物资资金监管联席会议制度。联席会议的成员单位为上海市纪委、上海市监察局、上海援建指挥部、成都市纪委、成都市监察局、都江堰市纪委、都江堰市监察局、成都市恢复重建都江堰市工作委员会。联席会议下设办公室和联系人。联席会议定期会商加强资金物资监管事宜,研究确定有关监督检查工作。会商加强对援建队伍的廉政教育、警示教育和预防教育有关事宜。会商重大项目的建设情况、行政效能监察情况、办信查案工作情况。成员单位认为需要召开联席会议的,可以提出召开会议的动议。上海援建指挥部与都江堰市纪委监察局之间沟通原则上每月一次。可以邀请上海市和成都市抗震救灾资金物资监督检查领导小组其他成员单位负责人参加。(上海市对口支援都江堰市灾后重建指挥部《上海市对口支援都江堰市灾后重建资金物资监管制度汇编》,2008 年 10 月 14 日发)

10 月 14 日 国务院总理温家宝主持召开抗震救灾总指挥部第 26 次会议,决定成立由国家发改委牵头的恢复重建协调小组,负责协调重大政策问题,指导重建规划落实,组织好规划实施的中期评估和规划实施结束时的全面工作。(国家汶川大地震灾后重建规划组办公室《灾后重建规划总结及大事记》)

10 月 14 日 本日,中央宣布对灾区全国性捐赠活动结束。截至本日,上海市共接受社会捐赠款 25.25 亿元,款物折合 27.78 亿元。(《汶川特大地震上海市对口支援都江堰市灾后重建志》)

英雄集体

上海市援建汶川地震灾区绵阳陇南过渡安置房现场指挥部

汶川特大地震发生后,2008 年 5 月 20 日,国家住房和城乡建设部通过电视电话会议部署上海市承建绵阳等灾区 8 万套过渡安置房任务。当晚,上海市委、市政府指令:市建设交通工作党委、上海市建设交通委在第一时间成立抗震救灾领导小组,组建上海市援建汶川地震灾区绵阳、陇南过渡安置房现场指挥部(以下简称"指挥部")。21 日 19 时,指挥部指挥许解良率先遣队从虹桥机场乘机飞赴绵阳机场,次日凌晨一下飞机,马上投入现场踏勘、项目选址和建设材料、施工机械调度,以及安排上海援建队伍入川等工作。通宵拟订工作方案。23 日,根据绵阳市委、市政府的部署,上海市和驻上海的建筑企业,包括建工集团、城建集团、绿地建设集团、中建八局、三航局、中铁二十四局、现代设计集团、市政设计总院、建科院等单位派出的设计施工队伍,携带重型施工设备迅速进入绵阳灾区现场。25 日,首批在 6 个地块、153. 33 公顷场地开工建设。短短 5 天,上海建设绵阳过渡安置房工程启动。

6 月 2 日晚,指挥部抵达甘肃陇南后,马上与当地政府部门沟通协调,在地方政府未落实建设地块的情况下,主动深入乡镇了解情况,掌握援建项目相关资料。建设过程中保持与各方沟通,根据上级计划的调整随时应变。尽管部分地块项目从任务明确到最终完成要求不足 1 个月,但指挥部依然设法确保按时按质完成。

指挥部深入一线,靠前指挥,解决选址困难、施工艰难、气候恶劣、后勤保障不继等问题。各参建单位面对任务分配、规划设计、材料供应、物资运输、市政配套、安全质量等矛盾与问题,合作团结,在人员、设备、材料等方面相互补缺,不让一个单位受阻待工。

在绵阳,25 日青川发生 6. 4 级余震,指挥部搬到室外工作;唐家山堰塞湖发生险情,指挥部抓紧组织施工的同时,关照施工队伍做好避险疏散工作;当地提供的建设过渡安置房地块点多分散,有的是水稻田,有的是高差几米的坡地,参建单位打破常规,"一地一图、一块一议","晴天抢基础、雨天抓配套,白天抢工程、晚上抓协调",往往下午定地,连夜开工,与时间赛跑。6 天建起 10 多米高的混凝土搅拌台,7 天建成拥有 34 间教室的九年制临时学校,10 天建成 1 个完整的街坊;提前完成绵阳、陇南过渡安置房建设任务。

6 月中旬,接受援建甘肃灾区的任务后,指挥部领导带领中铁二十四局、中交三航局等援建队伍和现代设计集团、市政设计总院、建科院规划设计人员星夜从绵阳驱车 10 多个小时,冒着泥石流和山体滑坡危险,350 公里山路转战陇南。近千名上海建设者在文县、礼县的崇山峻岭中,克服地块分

安置房建设施工工地

散、山高路险、水土不服等种种困难，数十个建设地块同时开工。建设过程中，指挥部人员冒着余震不断、山路滑坡坍塌的危险，不顾高原反应，路途颠簸，上高原、进山区、下乡村，辗转于甘肃6地24县，深入各个建设点开展工作，有序推进在甘肃全省31个地块的过渡安置房建设工作。在甘肃援建期间总行程2万余公里，成为名副其实的“流动指挥部”。

指挥部始终把质量与安全放在首位，保证各道工序严格按技术要求施工，发现质量问题及时督促整改。其间，制定了《关于在甘肃过渡安置房建设工作中进一步加强安全质量管理的通知》《安置房技术建议》《安置房材料、基础施工方面若干问题的建议》《过渡安置房验收规程》等文件。施工中没有发生一起伤亡事故，工程全部一次验收通过，质量受到国家建设部驻现场指导组、当地政府有关部门的好评。

上海市建设和交通工作党委在现场指挥部成立的同时，组建现场指挥部临时党委，承担确保任务完成的职责，围绕加强党建促援建，发挥党组织的战斗堡垒作用。指挥部的党员不计个人得失，有的顾不上照顾年幼的孩子，有的克服身体的病痛，有的推迟婚期，为了让受灾群众早日住进过渡安置房，他们夜以继日地工作。在援建队伍中，指挥部临时党委组建了101个临时党组织，临时党组织又成立了党员突击队，开展立功竞赛，弘扬好人好事。中建八局指挥部临时党总支开展“一个党员保一套、一个党小组保一排、一个支部保一片”的党员先锋岗活动，施工速度居各参建单位之首。市建一公司副总经理许建强随先遣队到绵阳，连续10多天不分昼夜指挥施工；中铁二十四局援建队党工委书记杨茂明不顾家有年近九旬、生病住院的父母双亲，义无反顾、没日没夜地工作。党员干部率先垂范，激励广大党员群众发出“我是党员，我先上”的要求。环境恶劣、条件简陋，有时一连七八天只能以方便面、饼干、矿泉水果腹。陇南灾区山路崎岖，运输不便，场地狭小，大家硬是车拉人推，把板材送到一线。党员的行动又感召了群众，许多青年在抗灾一线向组织提出了入党申请。

5月22日至7月24日两个月左右的时间，现场指挥部组织、协调、指挥1.3万余名建设者高标准、高质量、高速度完成了川、甘两省356个地块共计58663套过渡安置房的建设任务。

鉴于在抗震救灾中的贡献，2008年10月8日，在北京人民大会堂举行的全国抗震救灾总结表彰大会上，作为全国抗震救灾英雄集体，上海市援建汶川地震灾区绵阳、陇南过渡安置房现场指挥部受到党中央、国务院和中央军委的表彰。

复旦大学附属华山医院中德红十字会野战医院

“5·12”大地震发生后，都江堰市原有的24家市属医疗机构，17家驻市及民营医疗机构，房屋倒塌有3家，严重受损22家，不同程度损坏11家，地震中受伤的灾民从废墟中救出一时无法救治。灾情牵动着亿万同胞的心，同时引起国际社会的关注。外国医学专家托马斯·莫赫（ThomasMoch）

临时搭建的中德红十字会野战医院

认为:“现在地震灾区已经不缺少医疗救护人员了,最缺的是医院。”为此,德国红十字会捐赠了一套价值 73.2 万欧元的医疗装备,准备运往灾区筹建野战医院。中国红十字会及卫生部立刻委派中国红十字会直属的华山医院,与德国的 11 位医疗技术专家合作,在都江堰市建立首家国际援助的医院——中德野战医院。

5 月 22 日下午 5 时接任务后,华山医院不到 2 小时即组建了华山医疗救援队,12 小时后由黄峰平副院长带领乘飞机赶赴成都后,转乘大巴于 23 日傍晚到达都江堰。站在野战医院选址上,空无一物的马路旁是丛生的杂草和开裂的楼房。灾情不容有片刻迟疑,黄峰平立即与外交部、都江堰市政府、红十字会人员及德国专家进行汇报、协商,并在空地上召开“野战会议”,决定统一设项目运营、医疗、护理、行政总务 4 个小组。剩下的目标是尽快把医院建好!

当装备还在拆箱,就有一位手臂骨折的伤员求诊。大家忘记舟车劳顿和烈日下的疲累,忘记就餐和搭建帐篷给自己遮风避雨,均身兼数职,拿手术刀的医生扛起笨重的箱子,娇小的护士拼装设备仪器,还有的医护人员充当水电工、公务员、消毒员。烈日下,11 位德国医疗技术专家、40 位来自华山医院、上海妇产科医院、上海儿科医院的医疗队员,100 多位都江堰市人民医院的医务人员和各地

2008 年 6 月 17 日,复旦大学附属华山医院中德红十字会野战医院专家们在都江堰野战医院研究工作

赶来的抗震救灾志愿者,齐心合力,将25个巨大的帆布帐篷矗立起来。短短52小时,在空无一物的4600平方米选址上建起拥有120张床位,外科、内科、儿科、妇产科、药房、手术室、产房、放射科、检验科俱全的医院,这是中国灾荒史上在灾区建成的第一家具有国际水准的野战医院,它也是德国红十字会迄今为止搭建过的最大、最高级别的野战医院。德国专家约希姆·伽德曼(JoachimGardemann)感慨地说:“这是我经历过的最高效的合作! 在别的地方,我们至少需要5天时间!”

“时间就是生命,效率也是生命,所以我们整队人员都必须进入军事化管理”,中德野战医院院长黄峰平对大家像对军人一样发出命令。队员们都以战士的标准要求自己,不管任务多繁重没有半点懈怠。起初,当地医务人员没有到岗,队员们白天救治数百名病员,早晚察看住院伤患者,半夜乘救护车出诊。随着就诊人数日益增多,仅靠意志难于久撑。第二任院长、华山医院副院长邹和建提出“加强医院内涵建设”的要求,并提出把“以病人为中心”的国际医院标准理念用于野战医院的管理。在和当地医院协商后,将大门一分为二,一个入口,一个出口,便于病人转送;预检处用一条线分隔为二,提高了效率;清创室从外科帐篷后挪位,减少交叉感染。还制定出上级医生查房、护理查房、传染病登记、留观卡管理、留观病例记录、病区护理管理、门诊急诊开诊时间、出具转院证明、死亡证明、救护车转运原则、院内感染管理、病例卡管理流程、媒体采访参观、手术室管理等制度和规定,用以特殊时期规范医务行为。

野战医院从建成初的每天200多就诊人次,突破到每日1000多人次,不仅都江堰市,慕名而来的伤病员还覆盖到绵阳、德阳、北川、安县、绵竹等县市。它代替了震后都江堰灾区几乎全部瘫痪的原医疗单位的工作。在余震不断的情况下,克服帐篷里高达50多度的气温,帐外大雨帐内小雨积水过膝等困难。一位步行10多天从映秀镇到都江堰的老太太,在队员们的细心照料下恢复了健康与笑容;服农药自杀的女孩,在轮番手工洗胃后被从死亡线上拉了回来;患红斑狼疮的女孩对症施药后缓解了症状,当起了志愿者……

方旭的妻子张燕羊水破了,要在野战医院生产,医院马上准备一个母婴同室的病房。素不相识的病人、家属也都关注着小生命在大灾之年的诞生。德国麻醉师托马斯给孩子取了个英文名叫ERU,即紧急反应组织(Emergency Response Union)的简称。缺少血源,队员们自觉地在手术室门口排起长队,随时义务献血。5月31日10时37分,一个重达3650克的男婴平安降生,被父亲取名“方中德”,他们用这样特殊的方式表达对中德野战医院和华山医院医疗队的感激。大地震震塌了方旭辛辛苦苦经营的家,但“小中德”的诞生又让他和妻子燃起了对未来的希望。

6月23日,在中德野战医院建成一月之际,医疗队员与德国专家、当地医务人员一起植下三株都江堰市树——银杏,并在纪念铭文上写下:“三”株源于道家思想中的“一生二,二生三,三生万物”,寓意都江堰市凤凰涅槃,生生不息;象征德国、上海、都江堰人民的亲密无间,友谊长存!

从5月23日出发筹建,到8月25日拆除后撤回,3个多月里,华山医院先后派出5批共121名医疗队员，由院领导黄峰平、邹和建、王佩敏（副书记）、李趣翎（书记）分批率领，院长丁强、党委书记冯晓源、顾小萍也多次赴都江堰了解野战医院情况，慰问队员。3个多月的时间里，在都江堰市医疗设施恢复之前，中德野战医院对60万市民的健康起了支柱作用。队员们每天完成繁重的医疗诊治与救治工作的同时，主动承担帮助当地医务人员恢复重建医院的工作，引入JCI先进的国际医院标准流程，对他们进行专业培训，并建立相关的制度，促进当地重建医院的工作步入正轨。华山医院还接受中国红十字会的任务，派遣检验、制剂、设备动力5位专家与奥地利、西班牙的救援队员共同开展水处理工作，为确保大灾之后无大疫做出了贡献。上海市是都江堰市灾后重建的对口支援单位，为了对口支援都江堰市的重建工作，野战医院特别为上海对口支援人员开辟了就医的"绿色通道"，为上海援建者义诊，并送上生活用品和药品，使他们更好地帮助都江堰人民重建家园。

震后3个月里，中德野战医院共救治各类伤员达7.2万人次，被都江堰人民称为"生命驿站"，医务人员被称为"生命的守护神"，创造了救援史上的奇迹，与当地人民结下深厚的友谊，受到当地政府和社会各界的好评。中共中央政治局委员、市委书记俞正声、市长韩正、副市长沈晓明，红十字总会会长彭珮云、常务副会长江亦曼，卫生部部长陈竺等领导，还有德国外长施泰因、红十字会和红新月会国际联合会主席德尔托罗等都给予了高度的评价。都江堰市医务人员和市民向中德红十字会野战医院赠送了书有"上海华山医院——都江堰人民需要你！"的横幅。

鉴于在抗震救灾中的贡献，2008年10月8日，在北京人民大会堂举行的全国抗震救灾总结表彰大会上，作为全国抗震救灾英雄集体，复旦大学附属华山医院中德红十字会野战医院受到党中央、国务院和中央军委的表彰。

上海市公安消防总队赴川抗震救灾救援大队

四川汶川"5·12"特大地震发生以来，上海市公安消防总队坚决执行上级命令，迅速调派精干力量组建赴川抗震救灾救援大队，连夜赶赴灾区执行抢险救援任务。广大参战官兵充分发挥技术优势、装备优势，冲锋在前、英勇顽强、连续奋战，为抢救灾区人民群众生命财产安全做出了突出贡献。5月14日至22日，上海市公安消防总队参战官兵从地震废墟中营救出被埋群众358人，医疗急救灾区伤病员167人，协助处理遇难群众110名。

火速赶往重灾区。灾情发生后，总队党委高度重视，迅速部署做好力量集结工作。5月13日晚11时，接到公安部消防局发出的增援指令后，总队党委第一时间召开会议，第一时间启动跨区域应急救援预案，仅用3个半小时就完成了救援力量队伍的集结和各项准备工作。14日凌晨4时许，由总队长陈飞率领407名救援尖兵登机赶赴灾区。在接受指挥部发出的赶赴重灾区汶川执行救援任务的指令后，迅速成立战地指挥部，拟定了作战计划，分兵3组赶赴汶川。第一组由特勤支队20名官兵组成先遣队，乘坐直升机空降进入汶川映秀镇，率先开展救援。第二组由陈飞总队长带领280

名救援队员组成突击队，徒步进入汶川。第三组留守都江堰开展救援行动，并随时准备增援汶川。

竭尽全力抢救人民生命。14 日当天，第一组乘坐直升机到达汶川映秀镇后，立即赶到当地一所小学开展救援，在最短的时间内从倒塌校舍中救出 3 名被困师生。14 日 17 时，在经过 14 小时强行军，克服了沿途道路毁损、山体滑坡、余震不断等重重困难，总队长陈飞率领第二组达到映秀镇。达到灾区后，部队不顾疲劳，不畏流血牺牲，迅速分成多个小组，分头挺进群众最需要的地方开展救援工作。同时，留守都江堰的救援队分队也同时就地开展救援工作，并派出多个战斗小组分赴漩口镇、水磨镇、阿坝州铝厂等灾区开展营救工作。参战官兵充分发挥装备优势，利用先进的生命探测仪器，在废墟中进行地毯式的搜索，不断探寻幸存者的生命迹象，不放过任何一个生命信号。一旦发现信号，无论多么微弱，参战官兵都奋不顾身、全力施救，官兵们凭借平时练就的过硬本领和长期从事抢险救援任务积累的丰富经验，熟练运用手中专业工具，在极其复杂的作业环境和异常艰苦的条件下，一次次打通生命通道，成功地营救出 358 名被埋压的群众。

成功救出马元江

全力以赴做好抗震救灾各项工作。根据抗震救灾前线总指挥部的命令，由上海市公安消防总队总队长陈飞担任映秀镇现场救援总指挥，调度指挥上海、山东、江西、安徽、海南等 5 个消防总队跨区域应急救援队和解放军成都军区第 13 军、武警成都指挥学院救援队、总兵力约 1500 人的救援队伍。陈飞总队长迅速召集会议，明确各分队的主要职责和任务，建立了每天召开晨会部署救援任务、晚上召开小结会汇报救援进展情况的协调会议制度，确保了各支参战部队分工明确、行动统一、信息通畅，有效保障了抢险救援工作的顺利开展。上海市公安消防总队参战官兵充分发扬吃大苦、耐大劳的顽强作风，总是坚持战斗在最艰苦的地方，总是将有限的物资优先分配给其他参战部队，很好地团结了其他参战部队，形成了强大的合力。在全力以赴投入救援工作的同时，上海市公安消防总队充分发挥优势，迅速调集总队后勤部、医院 22 名精干力量组成救援医疗队，携带的 7 种 140 余件医疗器械、28 种 800 余盒药品、30 种 150 余件医疗器械赶赴灾区，在绵竹市和汉旺镇开展医疗救护工作，先后成功医治灾区伤病员 167 人，为救死扶伤和卫生防疫工作做出了突出贡献。2008 年 6 月 19 日，上海市公安消防总队赴四川抗震救灾应急救援队临时党委被中组部评为“抗震救灾先进基层党组织”。

鉴于在抗震救灾中的贡献，2008 年 10 月 8 日，在北京人民大会堂举行的全国抗震救灾总结表彰大会上，作为全国抗震救灾英雄集体，上海市公安消防总队赴川抗震救灾救援大队受到党中央、国务院和中央军委的表彰。

解放军第 411 医院抗震救灾医疗队

在震中汶川县的水磨镇，411 医院医疗队是震后进驻的首支、也是唯一一支成建制、携带药品器材最齐全的医疗队；在映秀镇，411 医院医疗队见证了该镇从死亡废墟中逐渐复苏的点点滴滴；在震后“孤岛”的银杏乡，411 医院医疗队被当地群众和兄弟部队官兵誉为“铁脚光头医疗队”。

5 月 14 日晚 6 点 30 分，南京军区赴川抗震救灾医疗队抵达成都。411 医院医疗队立即连夜向震中汶川开进。可是，通往汶川的路上到处是塌方，70% 以上的路面损坏，桥梁全部被毁。医疗队在紫坪铺大坝被困。他们立即组织 30 人的敢死队，乘冲锋舟从水路突进，未能成功，但是丝毫没有改变挺进汶川的决心。

5 月 16 日晚 8 点，通往水磨镇的生命通道稍能通行，医疗队立即连夜开进。卡车在松软湿滑的山路上艰难爬行，一边是水流湍急的岷江，一边是随时可能滑坡的高山，沿途满是被山石砸扁、被泥石流吞没的车辆和遇难的同胞。车轮轧着山路边缘缓缓前行，旁边不时传来石头掉落岷江的巨响。在生死考验面前，车上 60 多名队员没有一人畏惧或胆怯，大家心中只有一个念头：快点！再快点！早一分钟到达就能多救一条生命！

4 个多小时后，医疗队终于到达水磨镇。没来得及整理行囊，队员们就立即在菜市场开设野战医疗所，争分夺秒抢救受伤群众。从废墟中救出来的彝族孕妇英卓危在旦夕，队员们就在市场的卖菜水泥案板上为她实施手术，将她从死亡线上拉了回来；被砖墙压伤导致身体大面积血肿的李翠花，全身无法动弹、局部开始糜烂，出现感染性休克，经引流手术转危为安；受伤后没有得到及时处理、身上腐烂感染严重并休克的杨勇，经紧急救治后恢复了神智……就在这个菜市场里的水泥案板

运送伤员

上，医疗队先后 实施手术 160 余台，成功救治了 1200 多名伤员。到了 6 月下旬、抗震救灾战斗进入到后半期，医疗队还成功抢救了触电猝死达 10 分钟的工人刘学华，足背动脉和肌腱被割断、失血过多休克的曹光明，心肌梗塞猝死的 74 岁老人杨鑫林等，把一条条生命从鬼门关里夺了回来。这个镇卫生院的领导感慨地说“只有你们的医疗队，才携带器材那么齐全，才能在这种条件下动这些高难度的手术”。

一张张水泥案板，不仅是救人的手术台，也是队员们的床。这些来自大都市的医护人员们，就在这样的床铺上和衣而睡了近 60 天。许多队员身上长了虱子，被咬满了疙瘩，但是为了灾区人民，他们无怨无悔。

5 月 17 日凌晨，411 医疗队在水磨镇积极开展抢救工作的同时，派出泌尿外科郎根强主任率领突击小分队前往映秀镇救援。小分队到达漩口镇后，前面没路了。从里面跑出来的群众说，只能沿着江边的老路进去，许多地方也没法通行，劝他们不要再往前走了。护士赵秀艳坚定地对他们说“就是爬，我们也要爬进去！”

道路崎岖泥泞，大部分地方被碎石掩埋，山上不时还有石头往下掉；下面是水流湍急的岷江，稍有不慎就会随乱石一同滚落。许多时候队员们不得不把身上的药箱和背囊推到前面，再手脚并用地爬过去。有的地方山高路陡，有的地方泥土松软；频繁的余震让大地不时地颤抖，顽强的意志让队员们坚定地前行。这是一次与死神同行的挺进，但死神的威胁，始终挡不住队员们勇敢的步伐！5公里的山路，他们整整行进了4个多小时，终于把"南京军区抗震救灾医疗队"的旗帜插在了震中的废墟上。

次日，通往映秀的道路终于能通行了。他们决定留一支医疗队在水磨，另一支医疗队携带着全套器材装备，成建制挺进映秀。

映秀，曾经像她的名字一样美丽，震后已经变成了人间地狱。中学、小学、幼儿园、居民楼、商店全部成了废墟，几千条鲜活的生命瞬间迷失。队员们强忍着悲痛，受着空气中弥漫的腐臭，立即展开救援工作。在漩口中学附近，一位满头白发的老人因为老伴和小孙子还没有挖出来，呆在那里整整三天三夜，粒米未进，身体极度虚弱。队员们想方设法把他带回了医疗所，边给他输液治疗，边给他做心理疏导。

巡诊路上

在开设野战医疗帐篷集中救治的同时，医疗队还每天派出小分队翻山越岭走村串户巡诊。路早就被泥石流掩埋了，他们只能从山坡上沿着一些深深浅浅的脚印小心地攀爬，沿途不时会遇到遇难人员的遗体。从里面逃出来的群众睁着惊恐的眼睛劝他们不要再往里面走了。但是，队员们决心已定：就算是鬼门关，也要进去抢救受伤群众！就算是地狱，也要为山里的人们带去希望和光明！

大山深处的黄家村，因为太偏远，一直没有医疗队进去救援。队员们跋山涉水前去诊治，还把带去的食品全部发给村民，自己只以水充饥。一位老大爷流着泪带领群众高呼："共产党万岁！解放军万岁！"

银杏乡与映秀镇仅十公里之遥，由于道路中断，这段距离却成了无法逾越的

"天堑"。队员们几次试图翻山越岭,徒步进入,但都无功而返。由于天气等原因,直升机也常常无法起飞。天空终于转晴医疗队立即派出一支 8 人的突击队,搭乘直升机飞往银杏。

直升机在狭窄、陡峭的山谷中穿行,两侧都是满眼凄凉的废墟及滑坡的山体、坍塌的公路。10 分钟的空中飞行犹如一趟"死亡之旅",浓雾、气流等险情不断。当直升机终于在银杏乡的一小块平地上安全降落时,队员们才长长地舒了一口气。可两天后,因为天气等原因,空中补给线又一次中断了。队员们的食品、饮用水等成了一大难题,他们只能跟兄弟部队官兵搭伙,一天只喝两餐稀粥。没有洗漱用水,男队员全部理成了光头,女队员只能蓬头垢面。

进入银杏的第二天当得知东界脑村还是一个"无医区"时,突击队员们立即徒步前往。刚刚开出来的山路,泥土松软湿滑,蜿蜒陡峭。队员们背着药箱,手脚并用,冒着生命危险限难攀爬。翻过了一座高达 2000 米的"死亡之山",还要穿过一条长 1925 米的皂角湾隧道。隧道里一片漆黑,队员们打着手电筒,小心翼翼地绕过坑坑洼洼和黑洞,一步一步往前挪。历经艰险,他们终于成为了灾后抵达该村的第一支医疗队。看到这几个"天降神兵",村民们都愣住了。村民梁桂霞激动地说"那么险的路,我们山里人都不敢走,你们是咋进来的? 太了不得了!"就是这段往返 12 公里、需 4 个小时行进的"死亡之旅",他们整整走了 4 趟,直到里面的群众全部转移。

靠着一双双铁脚板,这个突击队先后翻山越岭 400 多公里,深人高山村寨巡诊 5600 多人次,收治 345 人,进行手术 23 台,把一个个生命从地狱边缘抢了回来,被当地群众和兄弟部队官兵亲切地称为"铁脚光头医疗队"。几十天来,这支"铁脚光头医疗队",就像屹立在山顶上的青松,用忠诚为灾区坚守,用生命为灾区坚守!

医疗队在重灾区,除在驻扎营地设置救治点外,先后派出 146 批 673 人次的医疗小分队,徒步深入 30 个村(组),累计行程约 2000 公里山路,为灾区群众、救灾部队和武警官兵等提供医疗救治、心理干预和卫生防疫服务。共诊治和发放药品近 15719 人次(其中灾区群众约 12000 余名),组织部队官兵体检 1326 人次,开展卫生防疫宣教 12 次,发放宣传资料 4500 册,开展大手术 12 例,中小手术 805 例,累计发放药品 8 大类、120 余品种,总价值 100 余万元,受到了军区抗震救灾前线指挥部、映秀任务区指挥部以及当地政府、灾区群众和救灾部队官兵的充分肯定和赞誉,收到四川省人民政府等地方政府赠送的锦旗 41 面。

鉴于在抗震救灾中的贡献,2008 年 10 月 8 日,在北京人民大会堂举行的全国抗震救灾总结表彰大会上,作为全国抗震救灾英雄集体,解放军第 411 医院抗震救援医疗队受到党中央、国务院和中央军委的表彰。

抗震救灾模范

范存义(1964—　)

男,汉族,籍贯、出生地山东宁阳县,户籍上海市,1964 年 4 月生,中共党员,上海医科大学研究生院博士研究生毕业。1987 年 8 月参加工作。1994 年 8 月起历任上海市第六人民医院院长助理、骨科主任医师、博士生导师。

"5・12"汶川特大地震发生,范存义多次要求参加医疗队赴灾区救援。5 月 13 日,医院奉命由 12 名医生、6 名护士组成上海市第六人民医院抗震救灾医疗队由上海虹桥机场登机飞赴地震灾区,范任队长。14 日下午 2 时 30 分到达成都后按抗震救灾指挥部的命令进驻凤凰山军用机场。为早到救灾前线,范急切与各方联系。待命 24 小时后,奉命分两批空降汶川县映秀镇。由于飞机限载,范要求大家扔下行李,减少食品和饮用水,尽可能带上必备的药品和器械飞往映秀,成为第一支到达该灾区的地方医疗队。

此时,位于震中的映秀镇一片废墟伤亡惨重,仅映秀镇小学就有 262 名学生和 21 名教职工遇难。除了飞机的轰鸣和滚石发出的声响死一般沉寂,令人窒息。根据当地救灾指挥部的意见,医疗队冒着余震和随时可能发生的山体滑坡危险,与部队、消防官兵一起搜救伤员,对掩埋在废墟中的伤员现场救治,设立医疗点进行救护,到群众聚集点巡诊,对部队、消防官兵进行医疗保障。作为队长的范存义总是冲在最前面。

5 月 17 日下午 2 时,当蒋雨航身在贵州的母亲得知汶川地震后,立即从千里以外辗转多种交通工具赶往映秀镇寻找儿子。当天上午 8 时上海市公安消防总队队员已发现埋在废墟下的蒋雨航,正全力施救。为确保抢救成功,范存义带领医疗队制定周密的救治方案。因医疗器材缺乏,遂就地取材,临时用门板制成担架,用木条做成夹板,用椅子制成输液架,用窗帘做成被单,用纱布作蒙眼布,分工后随时准备急救。"时间无情人有情,人们纷纷为废墟下的幸存者祈祷和加油",持续挖掘 10 个多小时后,20 岁的高速公路收费员蒋雨航被救出。范存义立刻指挥医疗队员对患者进行现场抢救和全面评估。随后,3 名队员跟着担架,轮流高举输液瓶急走十多公里的崎岖山路,将蒋护送到医疗点继续治疗。使被埋废墟 124 小时、滴水未进的蒋宇航成功获救,创造了人类生命史上的一个奇迹!

5 月 16 日,山东省公安消防总队发现埋在 6 层水泥板下双下肢被压的映秀电力公司女职员虞锦华。到 18 日救出,虞在废墟下埋了 150 个小时,各方协作,动用救援力量 300 多人,现场营救长达五六个小时。范存义带领上海医疗队员也加入施救。他们将头孢拉定胶囊里的药粉兑上水用吸管让虞锦华吮吸,给她补充营养与水,并不断鼓励这位坚强的女性,"我们是医疗队员!现在已经给你用药了,你要坚持住,我们一定要把你救出来!"他们的努力为抢救赢得了时间。

映秀镇居民多分散居住在交通不便的山坡上,震后山体滑坡,受伤群众无法出行医治。范存义不顾危险，带着队员在崎岖的山路和废墟中穿行。成功地为一位60多岁的老人排脓清创治疗膝伤，为另一位头皮裂伤的老妈妈清创换药。老大爷感激地说："有你们来救我，太感谢了……"

部队与消防官兵长途跋涉不间断地抢险救人，不少严重脱水、中暑、皮肤过敏、外伤感染。范存义带领医疗队因地制宜：手术器械不够，就用手术刀片和少量消毒液完成清创；消炎药、皮炎药用完，试着将蛇药用水化开涂搽皮疹患处；抗过敏口服药用完了，把地塞米松针剂稀释后给患者注射，尽力提供医疗保障。

震后灾区没有饮用水，没有电，没有通讯，没有交通，没有补给。范存义要求党员、团员践行"一不怕苦，二不怕死，连续作战"的精神，并身体力行。山区的映秀镇昼夜温差大，白天30℃以上，帐篷闷热；夜晚3℃～4℃，冻得瑟瑟发抖，只能背靠背取暖。18名队员与1名随队记者挤在两顶6人标准的帐篷里，行李、医疗用品占据一定空间，睡袋下满是瓦砾，不敢翻身，也不舍得翻身，因为每天只睡2～3小时的觉。灾后气候无常，暴雨不断，好几晚醒来被泡在水中。范存义是大家的主心骨，突发情况总能妥善处置。

艰苦与高强度的工作挑战着医疗队员的身体极限，几乎所有人都有脱水症状。面对供给困难，范存义决定对食品、药品集中保管、平均分配。他始终像兄长一样关心着每位队员的健康和安全，把有限的饮用水递给同志，把帐篷最好的位置让给队员，把自己的衣服披在他人身上。6名女队员本是家里的"乖乖女"，他担心她们在恶劣的条件下承受不下来，主动谈话缓解她们的情绪。为了让远在上海的单位同事和队员家属安心，他千方百计寻打卫星电话报平安。在灾区的5天4夜，全体医疗队员在范存义的带领下，面对极其恶劣的生存环境，没有一个畏惧，没有一个胆怯，更没有一个退缩，始终保持着高昂的斗志，共诊治病人602人次（含较重病人15例），出色地完成了抗震救灾医疗救治任务。

范存义2004年获上海市科教进步三等奖、上海医学科技三等奖、上海市教委课程建设二等奖，2005年被授予上海市徐汇区光启杯十佳青年称号；2008年10月8日，在北京人民大会堂举行的全国抗震救灾总结表彰大会上作为全国抗震救灾模范受到党中央、国务院和中央军委的表彰。

何　晓（1974—　）

女，汉族，籍贯、出生地四川自贡市，户籍上海市，1974年3月11日出生，群众，上海体育学院体育新闻专业硕士研究生毕业，1995年7月参加工作，任上海东方广播电台记者，2002年英国威尔士大学国际新闻专业学习，次年8月任上海东方卫视记者，2006年1月起任上海文广新闻传媒集团电视新闻中心记者。

"5·12"汶川大地震发生消息确认15分钟后，何晓一行5人立即出发于13日凌晨抵达重庆，连夜赶往成都，成为第一批抵达灾区的外省市电视媒体报道队伍，她本人也成为上海电视媒体最先奔赴灾区现场的记者之一。

何晓等抵达成都后，便立即赶赴国务院抗震救灾总指挥部所在地——都江堰，连续工作42个小时没有休息，抓紧采访、拍摄、报道，多次在成都、都江堰与上海东方卫视、上海电视台新闻综合频道进行卫星或电话连线，及时报道抢险救灾最新进展和灾区群众生活，第一时间把灾区的真实场面展现给观众。

5月17日17时左右，何晓一行想尽办法争取到搭乘直升机的机会，带着300多公斤重的卫星设备进入地震重灾区映秀镇，从而使上海文广新闻传媒集团成为国内第一家把卫星设备带入当地的媒体。19时左右，何晓等把上海消防救援队深入灾区的救援情况素材传送出来；22时左右，何晓在现场进行直播报道，成为第一个在映秀进行卫星连线直播报道的记者，上海文广新闻传媒集团也由此成为第一家在映秀进行卫星连线直播报道的电视媒体。当天夜里，飞沙走石，天空下起地震后当地最大的一场雨，何晓等5个人只有两顶小帐篷，而设备就占去大部分的空间，周围都是山体滑坡，险象环生，何晓等浑身湿透，一夜不敢睡觉，但天色刚亮，她又忘记恐惧，投入到第二天的采访报道中。

在地震发生后的两周内，何晓一直坚持在抗震救灾现场，始终保持着紧张的工作状态，每天进行现场连线5~6次，先后发回现场报道近30条，其中，向中央电视台提供成片7条次、电话连线2次，长消息《汶川映秀：慈母千里寻亲目睹儿子被救》获得2008年上海广播电视奖二等奖，全面深入地报道了上海消防救护队的工作和灾区抗震救灾的情况，让上海观众通过电视媒体及时了解到前方的最新救援消息。

何晓每天清晨6点出去采访，深夜两三点才回到驻地。白天，忙于拍摄报道；晚上，还要写稿件、传报道，和后方电视台联系，安排第二天的采访拍摄。在灾区，余震不断，途中到处是坍陷、泥石流、堵塞的河道、随时都会倒塌的房屋，严重威胁着何晓等人的生命安全，但何晓毫不退缩，为了及时报道灾区情况始终不停地忙碌。没有雨具，就在雨中进行现场采访报道和卫星连线出镜；没有食物，就干啃方便面；“方便”问题不方便，就尽量不喝水或少喝水。

何晓是四川人，家就在成都，但在半个多月的采访报道中没有回过一次家，最后妈妈还是在电视上看到她，才知道她正在四川灾区采访，母女电话里相互致了问候、报了平安。何晓在极为恶劣的工作环境中，拍摄了800多分钟的录像资料，真实记录上海消防救援队在灾区的救援工作和灾区人民抗震救灾的壮举，圆满完成拍摄报道任务，得到社会各界和领导的肯定。

从业十余年间，何晓涉足广播、电视两大媒体，曾获上海新闻奖二等奖1次、三等奖4次，中国广播电视学会奖二等奖2次，中国广播电视奖三等奖1次，中国新闻奖二等奖1次。2008年10月8日，在北京人民大会堂举行的全国抗震救灾总结表彰大会上作为全国抗震救灾模范受到党中央、国务院和中央军委的表彰。

姜亦山（1969—　）

男，汉族，籍贯、出生地黑龙江省哈尔滨市，1969年8月30日出生，中共党员，1987年9月入武警学院消防工程系本科读书后参加工作，1991—1993年在哈尔滨消防支队，1994年后在上海市消防总队第三、四、五支队，黄浦区公安消防支队，市公安特勤消防支队工作，历任中队长、参谋长、综合处长、副支队长等职。

汶川“5·12”特大地震发生后，任上海市公安消防总队特勤支队副支队长的姜亦山接受命令，担

任上海消防部队赴川抗震救灾特勤支队救援分队队长。5 月 14 日 17 时 41 分，作为第一支先遣突击队 22 名队员之一的姜亦山乘坐直升机空降进入受灾最严重的映秀镇。刚一到达，作为先遣突击队队长的姜亦山立即与当地阿坝藏族羌族自治州党委政府联系，迅速了解情况，组织开展救援工作。先遣突击队克服气候恶劣、救援难度极高、缺乏专业救援工具、群众情绪激动等诸多困难，在第一时间组织先遣队员全力营救幸存者。从第一个被救者李秋曼，到张春梅、三郎洛尔依、许阳，在与总队长陈飞将军率领的徒步行军大部队会合前 20 个小时里，在抢救生命“72 小时黄金时间”内，他们成功救出 7 名幸存者。此后，姜亦山又与支队 50 名官兵鏖战 8 天 8 夜，成功营救 12 名幸存者，搜救出 27 名遇难者。其中马元江、蒋雨航的成功搜救被媒体称为奇迹。

5 月 19 日早晨 8 时，姜亦山等接到映秀镇前线指挥部命令，通过生命探测仪发现映秀湾水力发电总厂办公楼的废墟中还有位幸存者，后来得知是总厂发电部副主任马元江，要求速去救援。到现场发现救援难度极大：整个楼房立柱倒塌、楼板厚而坚固；多个救援队营救失败，整个废墟呈堆积状，稍有震动可能会进一步坍塌；被困者深埋 10 米以下情况不明，救援空间只能容一人进出。需要打一条通道，作业中什么危险都可能发生。人的生理极限 72 小时，而马元江被埋已长达 161 小时。时间紧迫，指挥部又通知，附近会发生 6~7 级余震。姜亦山没有退却。他安排两个特勤“尖兵”，拿起风镐、液压钳等设备轮流进入只能容一人的操作空间，喷洒白酒驱除浓烈的尸体味，一厘米一厘米推进，打了近 10 米通道，持续挖掘十几个小时，晚上 9 点，终于触摸到马元江。突然余震发生，石块噼里啪啦砸在消防战士的钢盔上。姜亦山继续指挥救援，经过 17 个小时抢救，20 日凌晨 0 时 50 分马元江被抬出，守候的百姓沸腾了，记者、消防官兵也沸腾了！此时，马元江已经被困废墟 179 个小时！后经医生截肢治疗，31 岁的马元江生命体征平稳。

在映秀镇的抢险救援中，解救蒋雨航是最复杂、最艰难、最惊心动魄的。他不仅埋得深，而且其东面、西面、南面被几根柱子死死困住。每当消防官兵从上面用风镐打碎混凝土，用液压剪剪断钢筋，在废墟中打出一条狭小的生命通道时，一根柱子就横亘在前面，这根柱子支撑着边上的几块钢梁，一拆就会全部压下来。好不容易像蚂蚁搬家似地挪到蒋雨航附近，一步之遥，却只能看到他，无法解救他。3 根柱子挡住去路。时间一分一秒地流走，蒋雨航微弱的声音开始沉寂。姜亦山果断决定，从结构较为稳固但是挖掘最困难的北面开挖。北面 6 层坍塌的楼板层层叠加堆积，外面看，根本打不通，但生命的通道正是从这里被打开。清除了 6 层楼板后，一只手伸出轻轻舞动几下。消防战士赶紧递上生理盐水，同时安慰他。此时，只要把夹住蒋雨航的楼板去掉一块就可以了。经反复勘察后，姜亦山决定用撬棒扩大两块楼板的间隙，再安排身材瘦小的战士进去救援。一个小个子的战士让战友拉住双腿，“倒挂金钟”钻了进去。正在他一点一点往里进的时候，大地一阵剧烈的颤动，又是余震。此时，钻在洞里的消防战士就算要退出来都来不及。所有外面的人都失去了反应，一个个呆看着洞口，经过了最漫长的 5 秒钟。终于，18 点 06 分，蒋雨航随着消防战士出来了！一阵掌声一阵欢呼，蒋雨航终于获救了。

一个个幸存者的获救，让姜亦山和消防战士们感到欣慰，而来自灾区百姓的鼓励更是给他们增添了动力。在救援现场，不管有无生命迹象，不论救援情况多么复杂，只要还有救援空间，只要人民群众有要求，他就会指挥战士全力以赴，为的是尽力延长受灾群众心中对亲人生存的希望。他每天要组织指挥 8 个救援现场搜救约 18 小时，余震、乱石、钢筋、腐臭，这些阻挡不了他和他的战士。他始终抱着一个信念：只要有幸存者在，就决不放弃。他带领消防官兵创造了一个又一个生命救援的奇迹。

姜亦山 1999 年在上海市公安消防总队第三支队荣记三等功一次。2008 年 8 月因抗震救灾工作突出被公安部记一等功，被评为全国公安系统抗震救灾先进个人。2008 年 10 月 8 日，在北京人民大会堂举行的全国抗震救灾总结表彰大会上，他作为全国抗震救灾模范受到党中央、国务院和中央军委的表彰。

王晋超（1973—　）

男，汉族，籍贯山东青岛市、出生地山西忻州市，户籍上海市，1973 年 1 月 4 日生，中共党员，1991—1994 年解放军战士，1994—1997 年解放军南京通信工程学院学员，1997—2003 年解放军军官，2004 年 12 月起任上海维赛特网络系统有限公司网络控制中心副主任、工程师；大学本科学历。

汶川"5・12"特大地震发生后，灾区通信瘫痪，上海维赛特网络系统有限公司接上海市抗震救灾指挥部组建救灾卫星突击队赴四川灾区的命令，王晋超主动报名受命任突击队队长。5 月 17 日他率领 9 名突击队员、2 辆卫星通信车日夜兼程 2395 公里，仅用 38 个小时就从上海突入到抗震救灾第一线，投入通信恢复和保障工作。

抗震救灾的命令要及时通过通信系统发出，灾区人民要了解中央的声音，救灾的各种工作要通过通信进行联系，因此，瘫痪的通信设施必须在尽快的时间内恢复抢建。在一线近一个月时间，王晋超先后率队往返成都、都江堰、绵阳、绵竹、江油、阿坝等重灾区 20 余次，完成 9 个卫星双向视频会议系统的安装。王晋超任突击队技术总指挥和后勤总协调，带领突击队员用双手搬石块建天线基座，铺设线路，超负荷地工作：白天抢建，夜晚 10 点后把当天拍摄的素材传回上海，工作后只能在卫星车或水泥地上休息。余震频频，后方单位、家人为他们的安危揪心，但过度紧张的工作和疲惫让他们忘记了自身的安危。在都江堰建卫星站时，王晋超领导队员们完成线路安装和调试后，才发现整栋楼里只剩下突击队员，其他人员都已撤到楼下躲避余震。

5 月 20 日，突击队紧急调试设备，确保了上海市抗震救灾应急指挥部与赴川前线人员的第一次多方视频会议成功举行。为保障 5 月 21 日全国民政系统支援汶川大地震灾区电视电话会顺利召开，已经 3 天没有休息的王晋超带领 2 名技术人员连日抢建卫星站，调试卫星信号，到 21 日下午 3 时完成所有线路的调试。此次会议收看点覆盖全国 31 个省、市、自治区民政厅局机关和 852 个县，总计 4 万多名民政干部与会。民政部部长李学举讲话，四川省民政厅厅长介绍汶川大地震最新灾情。通过 VSAT 民政卫星视频会议系统将双主会场信息传输至全国各地，这是我国历史上灾害期间通过专网召开的最大规模的电视电话内部会议。下午 5 时，会议结束，5 天没怎么休息的王晋超就在四川省民政厅门前的广场水泥地上睡着了。当晚,他又带领突击队在绵阳冒雨建站。

5 月 27 日在都江堰,当突击队了解到上海华山医院与德国红十字会共同组建的中德红十字野战医院,在救治灾民时因手机信号微弱、时断时续,无法通过网络与上海方面进行远程诊断时,王晋超按照“灾区需要什么就做什么”的既定方针,指挥突击队员在暴雨中,冒着雷电和余震的危险,为中德医院安装一套 2.4 米天线的双向视频会议系统。该系统既可较长时间支持前方野战医院与后方上海华山医院总部进行视频通话在内的通信联络,也可用作远程会诊,还能让医院工作人员上网,在第一时间了解灾区最新情况。之后,王晋超每次到都江堰,都会检查这套关系灾区群众生命救护的视频会议系统的运行情况。

灾区应急救灾保障工作大多紧急,只要接到命令,突击队便会立即设法赶到现场。王晋超领导的突击队曾经先后为上海文广集团媒体、上海教育电视台传输在灾区拍摄的第一手资料,并为陕西电视台等兄弟省市的电视台传输电视节目共计 8 次,其中 2 次是异地卫星连线直播。六一儿童节期间,突击队在都江堰通过设备调试以及流程演练等近 5 个小时工作,为上海教育电视台的特别直播节目提供技术支持,给特殊时期灾区孩子们自己的节日送去温馨和问候。

王晋超践行突击队“不扰民、不作秀、不完成任务不回撤”的诺言。目睹灾区人民的悲痛,王晋超与队员们感同身受,为了减轻他们的痛苦,他们一起为灾区人民设计了一套集影视、宣传、教育等功能于一体的全网络化数字影视教育系统——远程影视教育系统。该系统先在绵阳擂鼓镇安装,为灾区人民播放了灾后第一部电影。此后,根据灾区临时安置点的需要,突击队又建立 22 个远程影视教育系统,并采用流动放映车在各安置点间流动播放,播放电影 274 场次,转播中央电视台新闻联播节目和各种科教宣传片、心理辅导片等,每晚 8 时起连播 3 小时,场均 1500 人左右,总观看超过 4 万人次。北京奥运会期间,该套系统还为灾区群众播放了奥运比赛。群众反映“画面很清晰”“电影很精彩”。此外,突击队在灾区参与重要拍摄任务 6 次;独自完成素材拍摄任务 18 次,素材片时长 16 小时;制作完成 11 期系列报道、4 期专题报道、36 期科教宣传片,共计 14.5 小时,为报道灾区实情和弘扬抗震救灾精神做出了贡献。王晋超率领的上海救灾卫星突击队在灾区的行动引起社会关注,中央电视台、四川电视台、陕西电视台、《解放日报》《文汇报》和路透社等中外媒体对其进行了集中报道。

王晋超 1999 年、2002 年分获解放军嘉奖,2000 年被评为优秀党员。2008 年 10 月 8 日,在北京人民大会堂举行的全国抗震救灾总结表彰大会上作为全国抗震救灾模范受到党中央、国务院和中央军委的表彰。

周庆阳(1979—)

男,1979 年 2 月出生,1997 年 12 月应征入伍,2000 年 8 月入党,三级士官,先后被评为“上海市公安局新长征突击手”、优秀共产党员、优秀士官,5 次荣立三等功。

汶川地震发生后,在支队启动地震救援应急预案,准备赴川执行救援任务时,周庆阳第一个向中队党支部作出请战决心,并获组织批准。5 月 14 日凌晨,以周庆阳为骨干的上海消防特勤地震救援队,随同总队抗震救援队乘专机星夜奔赴了抗震救灾最前沿。到达灾区后,他再次主动请缨,乘直升

机第一时间抵达重灾区映秀镇开展救援，成为了上海总队20名先遣队员中的一员，也成为第一支到达映秀镇的消防部队中的一员。

作为一名抢险班的老班长，周庆阳10多年的抢险救援经历，磨砺了他对抢险器材装备娴熟应用和对灾害现场科学判断与评估的本领。经过将近200小时艰苦卓绝的抢险战斗，他与死神抗争，挽救了一个又一个危难中的群众生命。在救援现场，他说的最多的一句话就是："我有经验，让我来"。5月14日下午，特勤战士第一个救出来的是一名年仅10岁的女孩李秋曼。周庆阳利用携带的生命探测仪发现了废墟中的李秋曼，经过仔细勘察后，他发现李秋曼身上起码有5层水泥预制板！情况万分危急！周庆阳充分利用经验，发挥过硬本领，拿起无齿锯、液压剪扩器、手动冲击钻等尖端的救援设备，以"绣花"的耐心，小心翼翼而又艰难地清除压在小女孩身上的水泥板，接着又用轻便破拆工具把小女孩周围的混凝土块清除掉，用液压钳把周围的钢筋全部剪断。经过近5个小时的紧急营救，小女孩终于得救了。在参加抗震救灾的8个昼夜200多个小时里，周庆阳共参与营救出被困人员22人！

无论是深入狭小的空间搜寻被困者，还是冒着随时可能倒塌的建筑物，周庆阳总是第一个出现在最危险的地方，战斗在最艰苦的岗位上。他把最危险的留给了自己，把安全留给了战友，把生的希望留给群众。5月17日下午，埋在废墟中124小时的幸存者蒋雨航被成功救出。当时，蒋雨航被埋在一幢局部倒塌的6层楼的废墟里，余震不断，随时有再次发生倒塌的危险。救援异常危险！在大型机械无法到场的情况下，周庆阳和战友们冒险深入建筑物内实施救援，并利用随身携带的千斤顶、撬杠、钢丝绳将压在蒋雨航身上的楼板一块一块的去掉，然后和战士们一起用手刨挖清理被困人员身体周围的碎石，经过10个多小时的艰难营救，蒋雨航终于被成功救出。

2008年10月8日，在北京人民大会堂举行的全国抗震救灾总结表彰大会上，他作为全国抗震救灾模范收到党中央、国务院和中央军委的表彰。

蔡苕升（1951— ）

男，汉族，籍贯浙江德清，1951年9月生，户籍上海市，中共党员。大专文化。1970年参加工作，先后担任上海市民政局基层单位领导、局计财处处长、双退办主任、救济救灾处处长兼市社会救助事务中心主任，市救灾援助指挥协调工作小组社会捐赠组组长，上海市对口援建都江堰市灾后重建指挥部社会工作组成员。

2008年5月12日下午，蔡苕升在回单位的路上听到四川发生地震的消息，长期从事救灾工作的经验让他深深感到这次地震给兄弟省带来的灾难将是空前的，于是，他第一时间拨通了四川省民政厅救灾处处长的电话，对方在电话里哽咽地说："蔡处，惨了，太惨了！"蔡苕升立即通知全处室人员待命，并不断和国家民政部、市合作交流办有关部门联系了解情况，抓紧收集各方消息和信息，按照救灾援助应急预案，抓紧制定援助方案请示急报领导。在得知都江堰市遭到毁灭性的灾害情况后，蔡苕升马上通过各种关系想方设法找到了正在救灾第一线、素不相识的同行都江堰市民政局局长赵登强，第一时间直接了解都江堰抗震救灾情况，询问灾区急需的物资，掌握第一手资料。事后，赵登强每每回忆起这一刻，总是说："在救灾最困难的时候，接到来自兄弟省市民政部门的第一个电话，就是上海的蔡处，深感温暖"。

蔡苕升有心律不齐的病症，发病期间每天早搏数量少的数千次，多则要上万次，主要依靠大剂量的药物来控制病情，服药量是一般病人的三倍，副作用也特别大。"5·12"汶川特大地震发生时，蔡苕升因为心脏严重早搏刚经过为期两周的住院治疗。灾情就是命令，他一头扎进了救灾第一线，白天全身心投入捐赠款物的接收组织；晚上又研究优化工作流程，解决工作中碰到的问题。他早已忘记医生让他注意休息的嘱咐，坚守在工作岗位。在救灾捐赠的高峰时期，2008 年 5 月 14 日晚上，蔡苕升又被委派到市救灾援助指挥协调工作小组，负责任务最繁重的环节——社会捐赠组，按照协调工作小组领导的要求，研究制定各种应急方案，有针对性地解决在救灾过程中出现的各类困难，处置相关问题，会同相关部门及时协调海关、安检、边防以及机场等部门，制定了多方联动机制，以最快的速度将灾区急需的药品、食物、帐篷等救灾物资转运到四川。每天要处理捐赠接收、协调资金、物资调拨、数据统计等大量事务。他几乎没有空闲间隙，更没有双休日和节假日，每天要忙到深夜 12 点，连吃饭、吃药都需要提醒。看到他如此忘我工作，旁边的同志都为他的健康捏一把汗。

协调工作小组工作结束不久，蔡苕升又主动请缨远赴都江堰参加灾后援建工作，是指挥部所有成员中年龄最大的成员之一。超负荷的工作量，灾区艰苦的工作条件使他心脏病复发，也曾多次住院治疗，病情严重时每分钟心律只有 30 多次、最快有 120 多次，晚上只能依靠安眠药来维持睡眠。上海社工在都江堰市相关灾民板房安置区建立了社会工作服务站点。每次上海派出的社工团队轮换，他都抽空去看望。在帮助指导都江堰市社工组织建立的过程中，他出主意，想办法，倾注了很多心血，做了大量工作。在都江堰灾区一线，蔡苕升冒着余震、山体滑坡和暴雨等危险，始终把妥善安排好困难群众的基本生活作为援建工作的重中之重。无论分内分外，只要是对灾区人民有利，对灾区恢复重建有利，他不分节假日、不分上下班，全情投入、全力以赴，出色完成了岗位工作和上海援建指挥部交给的各项任务。

蔡苕升先后获得市民政系统和市优秀共产党员称号，2004 年被评为上海市劳动模范。2008 年 10 月 22 日，中共四川省委、四川省人民政府决定授予他"四川省抗震救灾模范"荣誉称号。

李国忠（1956— ）

男，汉族，出生地上海浦东，1956 年 3 月生，户籍上海市，中共党员，1982 年参加工作，上海建工四建集团有限公司项目经理、支部书记。

"5·12"汶川特大地震发生后，李国忠于 6 月 24 日赶赴都江堰参加抗震救灾，任抗震救灾项目经理。他带领 106 名管理人员（组成六支突击队）2300 名建设者，要在 2008 年 8 月 1 日奥运会开幕之前完成 6991 套过渡安置房的任务。技术出身的他亲自抓设计和深化工作，克服余震不断、经常断水、断电和几千人的吃、喝、拉、撒、睡等困难，每天奔走于 4 个平原安置点、龙池镇山区

（八一沟）安置点（离震中汶川3公里）和倪家平安置点（海拔2960米）。人称“独立团李将军”的他不怕苦、不怕累，敢于拼搏，震后的山区山体松动，加上灾区暴雨不断，经常有山体滑坡和泥石流。有胆识、有勇气的他，就经受过山体滑坡的考验，2008年7月9日上午9点10分在到龙池山区安置点的路上，山体滑坡滚下2米直径大的石头，离他的车辆仅有2米。他平均每天工作十五六个小时，在他的带领下6991套安置过渡房7月25日顺利完成，比原计划提前6天。入住的灾民说出了心里话：感谢上海人民，感谢上海建工。

救灾工作尚未结束，消瘦了很多的李国忠带领他的团队，马不停蹄地投入到搭设12个板房医院的工作，仅用28天就高质量地完成板房医院搭设工作，使当时都江堰到处可见的帐篷医院消失，当时国务院总理温家宝在视察中医板房医院时称赞，这是我见过的最好板房医院。

抗震救灾工程结束，援建工作开始，李国忠带领他的团队（56人）投入灾后重建。在第一批上海对口援建的30多个工程项目综合评比中，他率领的团队建设的医疗中心和慧民雅居始终是前三名。人称“黑脸包公”的他，在工程上始终以安全为底线、质量为第一、技术为领先来引领二个工程。他视质量为自己的生命，在医疗中心高排架施工和19米柱和梁、板砼有一套独特的施工方法和质量标准，完成后的高度19米柱和梁、板砼质量完美无缺，实属罕见。

李国忠曾获2008年全国优秀项目经理，2008年10月22日，中共四川省委、四川省人民政府决定授予他“四川省抗震救灾模范”荣誉称号。

赵华强（1969.9—　）

男，1969年9月出生，户籍上海市，中共党员，大学学历，副研究员，上海市医疗急救中心主任，上海市卫生系统对口支援都江堰市灾后重建前方工作组成员。

赵华强作为上海第三批援藏干部，2001年5月赴藏，三年中，他跋山涉水、披星戴月，战胜高原缺氧和恶劣气候等各种困难，跑遍了日喀则18个县市和乡镇。“5·12”汶川特大地震发生，他第一时间随医疗队飞赴震区，全力投入救灾工作，通过精心组织和安排，成功、稳妥地组织运送了370名灾区伤员来沪救治。震后，汶川灾区已经有一些灾民出现腹泻、破伤风等灾后疫情的症状。“大灾后防大疫”，上海医疗队最担心的就是鼠疫等灾后疫情。2008年5月16日，计划空投的医护人员已经带足了十几箱消毒药片、药水和抗生素、抗病毒药。作为上海医疗队负责人赵华强要求“工作人员进入灾区后，立即就地搭建野战医院，指导幸存者尽早服药防疫，并对现场河水、粪便、垃圾第一时间进行消毒”。之后，他又接受了市卫生局赋予的艰巨任务，带领首批上海卫生系统对口支援医疗卫生队伍赴都江堰开展工作，积极协助当地投入抗震救灾和灾后重建工作，成绩显著。

赵华强曾获2008年卫生部等4部局抗震救灾医药卫生先进个人。2008年10月22日，中共四川省委、四川省人民政府决定授予他“四川省抗震救灾模范”荣誉称号。

后 记

经过全体参编人员和编纂工作办公室成员历时数月、紧张而又辛勤的工作，《汶川特大地震上海市救灾援助实录》终于付梓了。

《实录》编纂工作于2014年12月下旬正式启动，2015年5月初出版，历时近5个月。当市方志办接到此项任务后，市委常委、市委宣传部部长徐麟亲自打电话给洪民荣主任，指示要求市方志办全力以赴、高质量地完成任务。面对时间紧、任务重、要求高、参编人员分散、材料选择庞杂的情况，洪民荣主任接到电话的当天就亲自点将，成立了由市方志办各处室青年业务骨干组成的编纂工作办公室。全体参编人员在编纂过程中，广泛收集资料，仔细梳理材料，精心编纂篇章。编纂工作办公室成员本着对历史负责的精神，对文稿进行认真细致的审核，现已大功告成，并获得市委常委、市委统战部部长沙海林的肯定。数月来，编纂工作办公室成员叶萍、郭万隆、王师师、陈畅、李洪珍等不辞辛劳，放弃双休日，春节不回老家过年，大家齐心协力、精诚合作，全身心地投入《实录》编纂工作，没有半句怨言，没有丁点牢骚，有的则是满满的收获，有的更是真诚的感言。

去年12月中旬，当接到《实录》编纂任务时，大家的第一反应是担心能否在只有不到五个月的时间里完成。12月24日要开启动大会，22日下午拿到参编单位的名单，在没有明确的联系部门和具体联系人情况下，编纂办公室几位同志只能一次又一次地打电话，一遍又一遍地发传真，直到把每个参编单位都通知到，落实好。2月上旬编纂工作进入初稿审稿阶段，各编纂单位交上来的稿子长短不一，多的几万字，少的两千多字，形式也各异，有的像新闻报道，有的像工作总结，如何把这些文章整合成一个整体，实在是一件很困难、很花时间的事情。整个2月份都是在看稿、修改中度过的，春节也不例外。由于编纂办公室成员还要承担自己处室的本职工作，许多《实录》的联系工作都只能在地铁上、马路上见缝插针地完成，不少稿件也是利用午休时间、晚饭以后争分夺秒进行修改。好在相关处室的领导对《实录》编纂工作十分支持，主动协调分担他们的部分工作任务。处室领导的关怀使他们感到背后有着一个温暖强大的团队在支持着。虽然他们没有直接参与抗震救灾，投入波澜壮阔的洪流中，但能亲身参与编纂此书浓墨重彩的华丽篇章，这段充满忙碌和激情的岁月，让他们无怨无悔。

编纂办公室几位同志感触最深的是，生键红副主任带队考察，取经江苏省地方志办公室，座谈已到很晚时间，宾主双方都已饥饿疲乏时，江苏省地方志办公室方未艾主任说："咱们吃饭吧，大家饿了，可以边吃边聊。"可是，生主任说："吃饭就算啦，谢谢您！我们要严格执行八项规定，铁打的纪律不能破。”其实不过是一顿客饭而已，但是她无论如何都不接受。会议一结束，我们就去吃饭，她说今晚就大排档晚餐，可以边吃边讨论下一阶段的工作，真是工作狂！饿着肚子讨论，她还兴致勃勃，大谈要深刻领悟解读同仁经验，要谨守修志规范，要形式服务内容，要反映救灾援助的紧急场景，要有血有肉，要可信可读，要全面也要典型，要具体也要生动，要真正做到如实记录。我们已都吃完，她还在津津有味地大谈特谈。真是拿她没办法！实录似乎已成了团队生命的组成部分。想想也许是吧！

现在《实录》要面世了，真心感谢各编纂单位参编人员的倾力支持。松江区委常委、统战部部长李群策默默支持了编纂工作，感谢市政府合作交流办副主任何怀青，市政府办公厅原副巡视员、全程参与救灾援助和灾后重建工作的张海涛，中福会少年宫主任陈白桦，市医疗急救中心主任朱勤忠，市政府合作交流办企业服务处处长俞斌，市政府办公厅政府信息公开处副处长唐顶春，亲历和参与抗震救灾多次重大事件的中国铁路通信信号上海工程集团有限公司第五分公司总经理王军等领导、老师的指导和帮助。他们或提供线索，或提供资料图照，或审阅稿件，他们的鼎力支持，是我们工作的动力。负责文字编辑的《解放日报》党政部原副主任、高级记者张伟光，原《I时代报》主编助理丁昌华，《解放日报》新闻编辑白彦平，撰写《吹响文化援川的集结号》的《探索与争鸣》杂志副主编叶祝弟，统合纂稿大事记的李佳策老师，编排图照的郭万隆老师，他们认真负责的精神，着实令人感怀。

在这里，我们要衷心感谢所有关心支持《实录》编纂工作的各级领导！感谢各编纂单位参编人员和审稿老师！感谢《实录》编纂工作办公室的同志们！

由于编者水平有限，不足之处，恳请广大读者批评指正。

2015年4月

审稿专家

（排名不分先后）

陈　东　李群策　韩　勇　何怀青　张伟令　洪纽一　张海涛

蔡苕升　朱勤忠　曾传盛　周智强　谢海光　刘　芳　汤　铭

供稿单位与撰稿人

上海市应急管理委员会办公室	邓正荣			
上海市人民政府合作交流办公室	韩沪幸	曾　勇	蒋晨明	
上海市经济和信息化委员会	葛东波	黄文彬		
上海市旅游局	杨旭东	傅炜钧		
上海邮政公司	张　晖	陆怡琼		
上海市地震局	陈　迁			
上海市消防局	陈国清	韦玥玥	邵　明	
上海市公安局	张　毅	张　欣	张　翼	杜　斌
武警上海市总队	赵锦荣	秦宏峰		
上海市质量技术监督局	钟小明	金　彦		
上海市水务局	李　琼	阮仁良	李立铮	
	谷鸿鹄	陆薇薇	赵积英	
上海市食品药品监督管理局	张仁伟	陈尧水	王广平	
	张　磊	赵燕君	彭少杰	
	柴　雄	任　芮	吴　磊	
上海市国有资产监督管理委员会	邵　珉	张　帆		
上海交通委员会	沙伟倩	袁新建	何　青	
上海航空有限公司	武保华			
中国民用航空华东地区管理局	陈　辉			
中国东方航空集团公司	石义刚			
上海机场(集团)有限公司	陈来生			
上海交运集团股份有限公司	贺方志			
上海铁路局	徐　加			
上海国际港务(集团)股份有限公司	凌厉锋			
上海市卫生和计划生育委员会	宗　敏	黄昭莉	马宏赟	宋国梵
上海市精神文明建设委员会办公室	姜　鸣	陈麟辉	高　翔	叶百安
宝钢集团有限公司	张文良	王长志	吉雅泰	
上海市城乡建设和管理委员会	徐存福	潘延平	陈　宁	
	朱建纲	乔福全	张　倩	
上海建工集团公司	朱洁士			
上海城建集团公司	王　君			

中国建筑第八工程局有限公司	王广滨			
中交第三航务工程局有限公司	陈昌盛	黄书展		
中铁二十四局集团有限公司	文　雄			
上海绿地建设集团	徐　鸣	贺盛全		
上海建筑科学研究院	郁　勇			
上海现代设计集团公司	翁晓翔	陈　娜		
上海市政工程设计研究总院集团有限公司	徐国锋			
上海市民政局	李志龙	林　超	郝　曌	
中市上海委统战部	王庆洲	胡伟平		
上海市工商业联合会	王志华	王昌范	徐　舫	毛东林
上海市慈善基金会	庄　严	倪志平	励　晨	
上海市红十字会	孙大红	滕桂香	刘　颖	赵国强
上海市人民政府外事办公室	黄品芳	杨志海	郭　建	
中国共产主义青年团上海市委员会	胡　喆	吴少戎		
中国福利会	查　颖			
上海市教育委员会	何　斌	冯静波	鲍炳中	
上海市发展和改革委员会	柳国炎			
上海市农业委员会	王德弟	施　忠	曹丽华	徐　杰
证大集团	杨　娴			
解放日报社	杨　波			
文汇报社	郑　蔚			
新民晚报社	郭　影			
劳动报社	顾亦雄			
青年报社	黄　烨			
东方早报社	黄　杨	孙　翔		
浦东新区	柴志光	吴才珺	金达辉	
	赵鸿刚	孟　渊		
徐汇区	阎宗桂	袁　元	张　滋	
长宁区	刘国华	查斐佳	苏莉莉	
	钱　萍	甘建华		
普陀区	何丽芬	史瑾瑜	颜伊磊	
闸北区	孙臣康	朱慈芳	冯梅椿	
虹口区	许莅群	贾明艳	王　芳	
杨浦区	徐　忠	汪宇婧	夏　飞	

黄浦区	张　健	陆　勤	周　敏	陆　晨
静安区	唐长国	顾瑞钧	李佳丽	
宝山区	王珏婷	赵荣发	陈　亮	奚　玲
	李晓惠	马树林	王素炎	
	鞠　焰	洪秀凌	谭雪明	孙小尘
	朱伟飞	朱一梦	吴思敏	
闵行区	许庆龙	李志英		
嘉定区	沈越岭	吴　庆	顾易易	
金山区	徐建昌	王后法	蔡伟哲	顾逸萍
	丁　昕	于文豪	冯李华	
松江区	程志强	梁　潇	洪姝佳	
青浦区	胡爱明	张景琦	史慕松	
奉贤区	丁惠义	马莉苑	张燕伶	夏伟燕
崇明县	朱鑫德	杨　兴	陈美玉	徐　兵
	郭　焰	朱　洪	王海明	陈沁雯
	冯文语	张　旋	张成龙	龚雨婷
	罗　东	田　畑		
中国国民党革命委员会上海市委员会	罗湘绮			
中国民主同盟上海市委员会	徐宏炜			
中国民主建国会上海市委员会	徐志明	劳　洁		
中国民主促进会上海市委员会	谈　玲			
中国农工民主党上海市委员会	严燕韵	潘　佳		
中国致公党上海市委员会	汪　洊	杨丽宁		
九三学社上海市委员会	季　萍	张越群		
台湾民主自治同盟上海市委员会	胡立宇			
上海市民族和宗教事务委员会	朱　军	何赛杰		
上海市佛教协会	项洪武	护　林		
上海市道教协会	张　欣			
上海市伊斯兰教协会	王义芳			
上海市天主教爱国会	虞　荔			
上海市基督教两会	郭　峰			
上海基督教青年会、女青年会	马兆珍			